うかる！行政書士

2023年度版
総合テキスト

伊藤塾 編

日本経済新聞出版

目　　次

ガイダンス

Chapter 1 本書の使い方 ……………10

Chapter 2 行政書士試験 ……………21
　1　行政書士試験概要

　2　現行試験制度下における
　　　試験分析
　3　学習上のポイント
　4　合格後を考える

Part 1　憲　法

憲法ガイダンス ……………………32

Chapter 1 憲法総論 ……………C 36
　1　憲　法
　2　法の支配
　3　日本国憲法の基本原理

Chapter 2 人権総論 ……………A 41
　1　人　権
　2　人権の分類
　3　人権享有主体性
　4　基本的人権の限界

Chapter 3 包括的基本権と
　　　　　　　法の下の平等 ……B 51
　1　生命・自由・幸福追求権
　2　法の下の平等

Chapter 4 精神的自由① ……………B 60
　1　思想・良心の自由
　2　信教の自由
　3　学問の自由

Chapter 5 精神的自由②
　　　　　　　（表現の自由） ……A 67
　1　表現の自由の意味
　2　表現の自由の内容
　3　表現の自由の限界

Chapter 6 経済的自由・人身の自由
　　　　　　　……………………A 78
　1　経済的自由
　2　人身の自由

Chapter 7 受益権・社会権・参政権
　　　　　　　……………………B 87
　1　受益権

　2　社会権
　3　参政権

Chapter 8 国　会 ……………A 94
　1　国会の地位
　2　国会の組織と活動
　3　国会議員の特権
　4　国会の権能と議院の権能

Chapter 9 内　閣 ……………A 103
　1　行政権と内閣
　2　内閣の組織
　3　内閣の権能と内閣総理大臣の権能

Chapter 10 裁判所 ……………A 109
　1　司法権
　2　裁判所の組織と権能
　3　司法権の独立
　4　違憲審査権

Chapter 11 天　皇 ……………B 120
　1　天皇の地位と性格
　2　天皇の権能
　3　皇室経費

Chapter 12 財　政 ……………B 124
　1　財政の基本原則
　2　財政監督の方式

Chapter 13 地方自治 ……………B 129
　1　地方自治の意義

Chapter 14 憲法改正 ……………C 131
　1　憲法改正の手続
　2　憲法改正の限界

Part **2** 民　法

民法ガイダンス……………………………135

Chapter **1** 全体構造………………… C 140
1　民法の基本構造
2　民法の指導原理──近代私法の３原則

Chapter **2** 私権の行使………………… C 143
1　私権の意義
2　私権の制限

Chapter **3** 権利の主体………………… A 145
1　人（自然人）
2　法　人

Chapter **4** 権利の客体（物）……… C 157
1　物の意義・分類
2　不動産と動産
3　主物と従物
4　元物と果実

Chapter **5** 法律行為………………… C 159
1　概　説
2　契約の成立から効力発生まで
3　公序良俗

Chapter **6** 意思表示………………… A 161
1　意思表示総説
2　意思表示各論
3　意思表示の効力発生

Chapter **7** 無効と取消し…………… B 174
1　無　効
2　取消し

Chapter **8** 代　理…………………… A 176
1　代理総説
2　代理権
3　代理行為
4　復代理
5　無権代理
6　表見代理

Chapter **9** 条件・期限・期間…… C 191
1　条　件
2　期限・期間

Chapter **10** 時　効………………… B 193
1　時効総説

2　取得時効
3　消滅時効
4　時効の効果
5　時効の完成猶予・更新等

Chapter **11** 物権法総論…………… C 203
1　意　義
2　物権の種類
3　物権的請求権

Chapter **12** 物権変動……………… A 206
1　法律行為に基づく物権変動
2　不動産の物権変動
3　動産の物権変動

Chapter **13** 占有権………………… B 217
1　占有の成立と態様、承継
2　占有権の効果
3　即時取得

Chapter **14** 所有権………………… B 226
1　所有権総説
2　所有権の取得
3　共　有

Chapter **15** 用益物権……………… B 232
1　永小作権
2　地上権
3　地役権

Chapter **16** 担保物権総説………… B 237
1　序　論
2　種　類
3　性質・効力
4　担保物権の比較

Chapter **17** 留置権………………… B 241
1　総　説
2　成立要件
3　効　力
4　留置権の消滅

Chapter **18** 先取特権……………… C 248
1　意　義
2　種　類
3　性　質

3

Chapter 19 **質　権**……………………$\boxed{\text{C}}$ 250
1　意　義
2　設　定
3　質権の種類・比較

Chapter 20 **抵当権**……………………$\boxed{\text{A}}$ 253
1　総　説
2　抵当権の効力
3　抵当権と用益権との関係
4　抵当不動産の第三取得者の地位
5　抵当権侵害
6　抵当権の処分
7　共同抵当
8　抵当権の消滅原因

Chapter 21 **債権法総説**……………$\boxed{\text{C}}$ 268
1　債　権
2　債権法の全体像

Chapter 22 **債権の目的**…………$\boxed{\text{B}}$ 270
1　特定物債権
2　種類債権

Chapter 23 **債権の効力**…………$\boxed{\text{B}}$ 273
1　現実的履行の強制
2　債務不履行に基づく損害賠償請求
3　債権者の受領遅滞

Chapter 24 **責任財産の保全**……$\boxed{\text{B}}$ 279
1　総　説
2　債権者代位権
3　詐害行為取消権

Chapter 25 **多数当事者の債権・債務**
………………………$\boxed{\text{A}}$ 291
1　分割債権・分割債務
2　不可分債権・不可分債務
3　連帯債権
4　連帯債務
5　保証債務
6　個人根保証契約

Chapter 26 **債権譲渡**……………$\boxed{\text{B}}$ 309
1　債権譲渡
2　債務引受け

Chapter 27 **債権の消滅**…………$\boxed{\text{B}}$ 316
1　総　説
2　弁　済
3　代物弁済・供託

4　相　殺
5　更改・免除・混同

Chapter 28 **契約の意義・成立**……$\boxed{\text{B}}$ 329
1　契約の意義
2　契約の成立
3　契約の原始的不能

Chapter 29 **契約の効力・契約上の
地位の移転**……………$\boxed{\text{A}}$ 335
1　同時履行の抗弁権
2　危険負担
3　第三者のためにする契約
4　契約上の地位の移転

Chapter 30 **契約の解除**……………$\boxed{\text{A}}$ 340
1　総　説
2　法定解除権の発生要件
3　解除の方法
4　解除の効果
5　解除権の消滅

Chapter 31 **典型契約の類型**………$\boxed{\text{C}}$ 346
1　典型契約の類型

Chapter 32 **財産移転型契約**………$\boxed{\text{B}}$ 348
1　売買契約の意義・成立
2　売買契約の効力
3　贈与契約
4　交換契約

Chapter 33 **貸借型契約**……………$\boxed{\text{B}}$ 361
1　賃貸借契約の意義・効力
2　賃貸借契約の終了
3　消費貸借契約
4　使用貸借契約

Chapter 34 **労務提供型契約　その他**
………………………$\boxed{\text{B}}$ 375
1　請負契約
2　委任契約
3　寄託契約
4　その他の契約

Chapter 35 **事務管理**………………$\boxed{\text{C}}$ 384
1　事務管理とは
2　効　果

Chapter 36 **不当利得**………………$\boxed{\text{C}}$ 386
1　不当利得とは

2 一般不当利得
3 特殊な不当利得

Chapter 37 不法行為 ············ A 390
1 総　説
2 一般不法行為
3 特殊な不法行為

Chapter 38 親族法総説 ············ C 399
1 親族法とは
2 親　族

Chapter 39 夫婦関係 ············ B 402
1 婚　姻
2 婚姻の解消

Chapter 40 親子関係 ············ B 406
1 総　説
2 実　子
3 養　子
4 親　権

Chapter 41 相続法総説 ············ A 414
1 総　説
2 相続人
3 相続の効力
4 相続の承認・放棄

Chapter 42 遺　言 ············ B 425
1 総　説
2 遺言の方式
3 遺言の効力
4 遺　贈
5 遺言の撤回

Chapter 43 配偶者居住権 ············ C 429
1 意　義
2 要件・効力等

Chapter 44 遺留分 ············ B 431
1 遺留分の範囲
2 遺留分侵害額請求権
3 遺留分の放棄

Part 3 商　法

商法ガイダンス ······························ 436

Chapter 1 商法総則・商行為 ······ A 439
1 商行為と商人（商法の適用範囲）
2 商行為の特則
3 商業登記
4 商　号
5 営業譲渡
6 商業使用人と代理商

Chapter 2 会社法総論 ············ B 448
1 法人性
2 営利性
3 社団性
4 会社の種類
5 会社の分類等

Chapter 3 持分会社 ············ A 452
1 総　論
2 設　立
3 社　員
4 管　理
5 持分会社と株式会社との比較

Chapter 4 株式会社総論 ············ B 457
1 特　質
2 資本金
3 公開会社・大会社

Chapter 5 株　式 ············ A 461
1 株式の意義
2 株式の内容と種類
3 株券と株主名簿
4 株式の譲渡
5 株式会社による自己の株式の取得

Chapter 6 機　関 ············ A 478
1 総　論
2 株主総会
3 取締役
4 取締役会
5 会計参与
6 監査役
7 監査役会
8 会計監査人
9 指名委員会等・執行役
　（指名委員会等設置会社）

5

10　監査等委員会設置会社
11　役員等の損害賠償責任

Chapter 7　設　立 ··················· B 505
1　概　要
2　設立の手続
3　設立の登記

Chapter 8　資金調達 ··················· C 514
1　株式会社の資金調達
2　募集株式の発行等
3　社債の発行

Chapter 9　組織再編 ··················· B 519
1　合　併
2　会社分割
3　株式交換・株式移転
4　組織変更
5　事業譲渡等

Chapter 10　計算その他 ··············· C 525
1　計　算
2　定款の変更
3　解散・清算

Part 4　行政法

行政法ガイダンス ··················· 530

Chapter 1　行政法総論 ··············· B 535
1　行政と行政法
2　行政上の法律関係

Chapter 2　行政組織法等 ··········· B 541
1　行政主体と行政機関
2　国の行政機関
3　公　物

Chapter 3　行政作用法 ··············· A 553
1　総　説
2　行政行為
3　行政裁量
4　行政上の強制措置
5　その他の行政作用

Chapter 4　行政手続法 ··············· A 580
1　全体構造
2　申請に対する処分
3　不利益処分
4　行政指導
5　処分等の求め
6　届　出
7　命令等を定める手続
8　適用除外

Chapter 5　行政救済法の体系 ······ C 598
1　行政救済法の体系
2　行政救済法の対象となる行為

Chapter 6　行政不服審査法 ········· A 600
1　総　説

2　行政不服申立ての対象
3　行政不服申立ての種類
4　行政不服申立てをするための要件
5　審理手続
6　裁決及び決定
7　教示制度

Chapter 7　行政事件訴訟法 ········· A 628
1　総　説
2　行政事件訴訟の種類
3　取消訴訟の対象
4　取消訴訟を提起するための要件
5　審理手続
6　判　決
7　その他の行政事件訴訟
8　教示制度

Chapter 8　国家賠償法 ··············· A 652
1　総　説
2　公権力の行使に基づく賠償責任
3　公の営造物に基づく賠償責任
4　国家賠償法と他の法の適用関係等

Chapter 9　損失補償制度 ············· C 663
1　総　説
2　損失補償が必要なのは
　　どのような場合か
3　損失補償の内容と方法

Chapter 10　地方自治総論 ··········· B 667
1　総　説
2　地方公共団体の種類

Chapter 11 住民の直接参政制度 ……… Ⓐ 674

1　選　挙
2　直接請求

Chapter 12 地方公共団体の機関 ……… Ⓐ 678

1　議　会
2　執行機関
3　地域自治区

Chapter 13 地方公共団体の権能 ……… Ⓑ 696

1　事務処理
2　条例の制定
3　財産管理

Chapter 14 国と地方公共団体及び 地方公共団体相互の関係 ……… Ⓑ 704

1　国と地方公共団体の関係
2　地方公共団体相互の関係

Part 5 　基礎法学

基礎法学ガイダンス ……………… 714

Chapter 1 法学概論 ……………… Ⓒ 716

1　法の効力

2　法の分類
3　法の解釈
4　基本原理

Part 6 　一般知識等

一般知識等ガイダンス …………… 722

Chapter 1 政　治 ……………… Ⓐ 725

1　各国の政治体制
2　行政国家現象
3　行政改革
4　行政統制
5　地方分権
6　政党国家現象
7　国際政治

Chapter 2 経　済 ……………… Ⓐ 752

1　経済学説
2　財　政
3　日本銀行・金融政策

4　経済指標（GDP と GNP）
5　貿　易

Chapter 3 社　会 ……………… Ⓐ 772

1　日本の社会保障制度
2　環境問題

Chapter 4 情報通信・個人情報保護 ……… Ⓐ 788

1　デジタル社会
2　情報セキュリティ
3　IT 関連の法律
4　個人情報保護
5　マイナンバー法

あとがき ……………………………………… 824

法令等科目さくいん ………………………… 826

一般知識等科目さくいん …………………… 834

※　各 Chapter のページ数の前にあるⒶⒷⒸは、重要度レベルを示しています。

本書の法令は、2022 年 11 月 30 日までに公布され、かつ 2023 年 4 月 1 日までに施行が見込まれる
ものに準じて掲載しています。
刊行後の法改正などの新情報は、伊藤塾ホームページに掲載いたします。
https://www.itojuku.co.jp/shiken/gyosei/index.html

ガイダンス

Chapter 1 本書の使い方

　本書は、あらゆる学習段階、つまり、受験学習開始から試験直前までのどの段階でも使えるように、合格に必要な内容をこの1冊にすべて盛り込みました。伊藤塾の講義でお伝えしている補足知識や関連情報も、Festina lente（p.15参照）やページの右欄にある側注にアイコンを付してふんだんに入れてあります。

　特に初めて法律を学習する場合は難しいと思うかもしれませんが、本書を**最低2回は通読**してください。その際、ただ読むだけではいけません。次の方法で効果的に学習してください。

1回目の読み方 初めて本書を読む方は、次の注意事項を守ってください。

□ 科目の「扉」

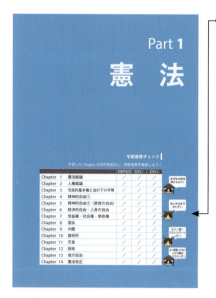

❶「学習進度チェック」

　本試験は1年に1度しかありません。試験に合格するためには、闇雲に学習するのではなく、スケジュール管理が**重要**です。

　まず19ページにある全体の「学習進度表」に予定を書き込みましょう。それをもとにして、各科目の扉にある「学習進度チェック」に、Chapter単位で学習予定を入れてから学習を開始しましょう。「日付①」の欄には、本書を1回読んで、**理解した日付**を、「日付②」の欄には、2回目に**学習した日付**を入れてください。日々の学習においても、全体の学習進度表とあわせて使うことで、適切なスケジュール管理ができます。

☐「ガイダンス」

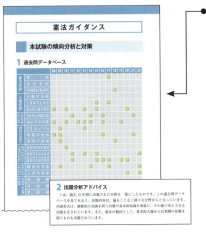

❷「本試験の傾向分析と対策」

「過去問データベース」は、過去に出題された項目に◯が入っています。◯がある項目は、意識して学習してください。

「出題分析アドバイス」を読んで、合格のためにはどの分野が重要なのかを大まかに認識してください。

❸「合理的学習法」

しっかり読んでください！「得点計画」には学習の指針と目標得点を明示していますので、これをもとに学習計画を立てましょう。そして、「全体構造」を読み、この分野に対する大まかなイメージをつかんでおけば、その後、個別の内容を理解する上でも役立ちます。

☐ Chapter の「イントロダクション」

❹ 法律の学習においてメリハリづけは大変重要です。重要度のレベルを高いほうからA、B、Cであらわしていますので、まずはレベル A の Chapter からしっかり理解できるように学習を進めましょう。

勇み足でベーシックから読み始めることなく、その Chapter の学習指針を示している文章の内容を心にとどめておいてください。

チャート図は、Chapter を一度学習してからここに戻り、再度見返してください。そのときに、Chapter で学習した事柄を思い浮かべることができれば、理解できたといえます。

「重要度」を目印に学習を進めよう。

Chapter 1
本書の使い方　11

☐ Chapter の「ベーシック」

❺ ここは、最も重要です！ 1行1行をしっかり理解しながら読んでください。無理に覚えようとする必要はありません。まずは理解するという心掛けでOKです。わからない用語が出てきた場合には、「索引」を調べて意味を理解しておきましょう。

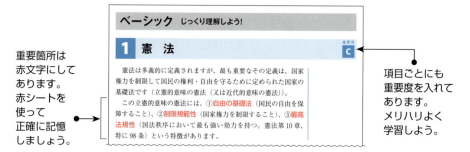

重要箇所は
赤文字にして
あります。
赤シートを
使って
正確に記憶
しましょう。

項目ごとにも
重要度を入れて
あります。
メリハリよく
学習しよう。

☐ Chapter の「ファイナルチェック」

❻ Chapter で学習した内容を問う、○×形式の確認テストです。本当に理解できたのかを確認するために必ず挑戦してください。1回目は間違ってしまっても気にせずに次のChapter へ進んでください。

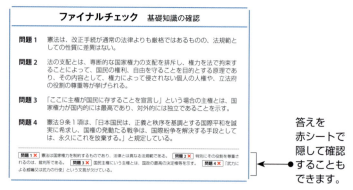

答えを
赤シートで
隠して確認
することも
できます。

☐ 別冊『ハンディ行政書士試験六法』

❼ 行政書士試験の範囲になっている条文数は膨大です。その中から、行政書士試験の学習に必要な条文を抜粋して収録したのが、巻末にある「ハンディ行政書士試験六法」です。条文ベースの学習は、現在の本試験出題傾向からして必須です。取り外し、本書や『うかる！ 行政書士 総合問題集』と一緒に使用しましょう。

12 | ガイダンス

❽ 1回目の「まとめ」

- 前記の手順に従って、常に理解することを心掛けて1回目の学習をしてください。途中で、どうしてもわからなくなってしまうことがあるかもしれませんが、そういうときは、潔くあきらめて次に進むようにしてください。**深入りは禁物**です。
- 行政書士の試験は、**繰り返しの学習**が大切です。初めて読んだときにわからなくても、2回目、3回目でわかるようになることもよくあります。
- どうしてもわからない場合でも悲観せず、「そのうちにわかるだろう」というくらいの気持ちで、先に進んでください。

2回目の読み方 2回目以降は、次のことに注意して読むと効果的です。

☐ 科目の「扉」

❾ 1回目の「学習進度チェック」と全体の「学習進度表」を見比べ、2回目のスケジュールを立てましょう。その際、1回目に理解しにくかったChapterでAランクの項目には、時間を割くようにしましょう。

☐ 「ガイダンス」

❿ 「本試験の傾向分析と対策」にある過去問データベースの表を見て、以前に学習した内容を思い出しながら、重要な箇所とそうでない箇所を意識するようにしてください。

⓫ 「合理的学習法」の「得点計画」については、もう一度注意をしておけば十分です。

☐ Chapterの「イントロダクション」

⓬ まずチャート図を見てください。Chapterで学習したおおまかな内容を思い出せることが重要です。思い出すことができれば、そのChapterを理解できた証拠です。

☐ Chapterの「ベーシック」

⓭ 「ベーシック」は、以前に学習したことを思い出しながら、読み進めてください。今

度は赤文字の箇所を覚えるようにし、側注の「要チェック！過去問題」「参考データ」などに気をつけながら読んでください。2回目以降の読み方で重点を置くべきなのは、**基本的な重要事項を覚えることと、ハイレベルな発展的知識に触れること**にあります。また、赤シートを使い、知識の定着を図りましょう。

□ Chapterの「ファイナルチェック」

❶❹ 「ファイナルチェック」は、一度解いたからもう見直さないというのではなく、答えを覚えてしまうくらいまで解くようにしてください。

2回目以降は、解けて当たり前になっていることが望ましいですが、間違えてしまった場合は、本文の該当箇所に戻って、もう一度その部分を読み返すようにしましょう。

2回目は、「**本試験レベルの問題にチャレンジ！**」にもアクセスし、現時点での力をチェックしましょう。「ファイナルチェック」よりも本試験に近い問題を掲載しています。学んだ知識をそのままとせず、演習力に結びつけましょう。この問題にチャレンジすることは、学んだ知識を確実なものとするためにも効果的です。

そして、『うかる！ 行政書士 総合問題集』も並行して学習しましょう。

❶❺ 2回目の「まとめ」

- 2回目以降は、**覚えること**が最も重要になります。どんなに理解をしていても、例えば数字など、基本的な事項を覚えていないようでは、なかなか問題を解けるようにはなりません。
- ただし、「覚える」という作業には、一般的に苦痛が伴います。この苦痛から逃れたいがために、途中で挫折してしまう人がいるのも事実です。
- したがって、挫折しない程度に苦痛を感じながら覚えていくということが大切です。その方法は、いくつかあると思いますが、1つ挙げられるのが、繰り返しの学習です。1回で覚えようとせず、何度も何度も繰り返し覚えるのです。
- 最初に、「最低2回は通読してください」と述べましたが、これは、知識を定着させるために**できる限り繰り返し読むこと**を伊藤塾が推奨しているからです。
- そして、最後は、覚えた知識をそのままとせずに、「本試験レベルの問題にチャレンジ！」や『うかる！行政書士 総合問題集』を利用して、演習力を養いましょう。

本書をさらに効果的に使用するために

ガイダンス

☐ 側注

側注で本文の理解を深めましょう。1回目はとばしてもかまいませんが、2回目以降はしっかり目を通すようにしましょう。

■ ポイント	学習する上で注意すべきポイントを説明しています。
■ 語句解説	わかりにくい用語、本文の理解を助ける言葉を簡潔に説明しています。
■ 参考データ	理解の助けになり、さらに高得点を目指すための応用的な知識や情報を取り上げています。
☑ 要チェック！過去問題	過去の本試験で出題された問題を例として示しています。問題文の後にあるカッコ内、例えば（R2-3-5改）の部分は、令和2年度問題3の選択肢5を示します。赤シートで答えを隠せば、問題演習にも役立ちます。なお、「改」とあるのは、法改正等により過去問を改変している問題です。

☐ Festina lente

Festina lente（フェスティナ レンテ）とは、ラテン語で**ゆっくり、急げ**という意味です。

行政書士試験のための勉強は、じっくりと腰を据えて取り組まなければなりません。しかし、いくらでも時間があるというわけではないのです。つまり Festina lente とは、**時間を有効に使って、効率的に学習する**、その取組み方をあらわしたものです。Festina lente が出てきたら、他のアイコンより少し時間をかけて、その意味を理解するようにしてください。

Festina lente

従来、国の行政活動である絵画等の芸術作品の展示は、文部科学省の一部である国立美術館が行っていたんだよ。
このような仕事を従来より柔軟に行えるようにして質の高いサービスを提供するために、国から独立させた組織が独立行政法人国立美術館なんだよ。

2 行政機関

1 意 義

行政機関とは、行政主体たる国や公共団体に効果を帰属させるため、現実に職務を行う機関をいいます。行政主体が、自己の名と責任で行政を行うといっても、国や公共団体そのものが行動することはできないので、行政機関が、国や公共団体の手足となって職務を行うのです。

2 行政機関の権限

(1) 効果の帰属

法律により、行政機関には一定範囲の権限と責任が割り当て

Festina lente

例えば、会社は法人だけど、会社自身が行為を行うことはできないよね。そこで代表取締役等の行為を会社に効果を帰属させるんだよ。こんなふうに、法人に代わって行為を行うものを「機関」というよ。

Festina lente には、2つのタイプがありますが、意味の違いはありません。

この背中に甲羅を背負ったウサギは、伊藤塾行政書士試験科のキャラクターです。本書では、メイン講師である志水晋介を模したスタイルにしています。博士タイプと受験生タイプの2種類があり、その場に応じた学習アドバイスをしています。

Chapter 1
本書の使い方 **15**

🗒 得点計画表

18ページにある得点計画表を見てください。

本試験で合格点を取るためには、バランスよく得点することが必要です。得点計画を立てることで、どの科目にどの程度の時間をかけるべきかが明確になり、バランスよく効率的に学習を進めることができます。各科目の冒頭にある合理的学習法を参考に、得点計画を立ててみましょう。

🗒 学習進度表

19ページにある学習進度表を見てください。

学習モデルプラン（p.20）を参考に、「学習予定日」を記入しましょう。そして、実際に学習し、各科目単位で学習し終わったら、科目の終了日を記入し、「学習進度」の欄を塗りつぶしていきましょう。これまでの全体の学習進度が一目で確認でき、スケジュールの管理やモチベーションの維持に役立ちます。

🗒 学習モデルプラン

20ページにある学習モデルプランを見てください。

「うかる！ 行政書士」シリーズを使った、本試験までの学習モデルプランを掲載しています。学習計画が立てにくい場合は参考にしてください。なお、学習モデルプランと自分が学習を開始する時期が異なっていても心配する必要はありません。このモデルプランは、どのように学習を進めればよいか、各段階で何を意識して学習すればよいかの参考になるものです。本試験日から逆算して自分に適した学習予定日を考えてみましょう。

■最後に、「うかる！ 行政書士」シリーズ（日本経済新聞出版）を使用する上での、これからの学習法をアドバイスします。

　本書で身につけた知識を確認するには、『うかる！ 行政書士 総合問題集』が最適です。この問題集には、過去に実際に本試験で出題された問題と伊藤塾の行政書士試験科の講師陣らが作ったオリジナル問題を、ジャンルごとにそろえ、重要問題を盛り込みました。本書の該当箇所へのリンク情報なども付加していますから、試験直前まで実践的に使うことができます。

　さらに、身につけた知識でどのように問題を解くのか、問題を解くにはどのように知識が重要かを学ぶには、『うかる！ 行政書士 民法・行政法 解法スキル完全マスター』と『うかる！ 行政書士 憲法・商法・一般知識等 解法スキル完全マスター』がお薦めです。この本は、いわばテキストと問題集の"橋渡し"をするものであり、効率良く得点するスキルやテクニックが身につけられるので必見です。試験直前期には、『うかる！ 行政書士 新・必修項目115』を利用して、最後の知識整理を図ることをお勧めします。この本は、各科目の重要テーマを厳選し、そのポイントを簡潔に整理しています。したがって、時間のない直前期でも、効率よく、効果的に、知識の整理を図ることができます。

　そして、最後に総仕上げとして、『うかる！ 行政書士 直前模試』に挑戦して、本試験のシミュレーションをすれば、試験対策は万全といえるでしょう。この本は毎年多くの本試験問題を的中させているため、本試験の予想問題集としても活用することができます。また、法律の勉強方法について、不安がある、どのように進めればよいかわからないという場合は、『伊藤塾式　人生を変える勉強法』を読んでみてください。この本は、伊藤塾が長年の受験指導を通して培ってきた、伊藤塾の勉強法の集大成です。受験経験の有無、学習環境を問わず、自分のゴール（試験の合格や合格後の姿）と現時点の自分とを結ぶ「勉強法の王道」がきっと見つかるはずです。

得点計画表

記述式	/ 60点
択一式	/240点
合　計	/300点

〈択一式出題形式の内訳〉

5肢択一式

法令等	基礎法学	/ 2問
	憲　法	/ 5問
	行政法（地方自治法を含む）	/19問
	民　法	/ 9問
	商　法（会社法を含む）	/ 5問
	小　計	/40問
一般知識等	政治・経済・社会	/ 7～ 8問
	情報通信・個人情報保護	/ 3～ 4問
	文章理解	/ 3問
	小　計	/14問
合　計		/54問

多肢選択式

多肢選択式	/ 3問

※ 5肢択一式は1問4点、多肢選択式は1問8点（空欄1つにつき2点）、記述式は1問20点（ただし部分点あり）

学習進度表

	学習予定日	学習日	学習進度
『うかる！ 行政書士 総合テキスト』を購入			
ガイダンス	／	／	
憲　法	／	／	
民　法	／	／	
商　法	／	／	50%
行政法	／	／	
基礎法学	／	／	
一般知識等	／	／	100%

科目が終わったら塗りつぶそう！

まずは大枠を押さえよう！

あと半分まできたぞ!!

もう一息！ラストスパートだ!!

よく頑張ったね！これで試験もバッチリだ!!

ガイダンス

Chapter 1
本書の使い方　19

学習モデルプラン

11月〜	**第1段階** 学習方法を確定させる
12月〜	**第2段階** 体系をつかむ
	第3段階 理解し定着させる
8月〜	**第4段階** 繰り返す 実力診断
10月〜	
	11月12日 本試験予定

第1、2段階について
『うかる！ 行政書士 入門ゼミ』
行政書士試験の全体像をつかみましょう。最初は理解できなくても、一通り最後まで読んでみることが大切です。

第3段階について
『うかる！ 行政書士 総合テキスト』
合格に必要な知識を身につけます。ここでの基礎力作りが直前期に生きてきます。学習環境にもよりますが、最低2回は通読しましょう。学習ペースとしては、12〜1月までに行政法・民法、2〜3月でその他の科目を終わらせ、4月以降も同様に繰り返しましょう。本試験前の2週間で全体を見渡せる程度に、確認すべき事項を自分なりに絞り込んでおきましょう。

『うかる！ 行政書士 総合問題集』
身につけた知識が使える知識になっているかどうかを本書で確認しましょう。学習ペースとしては、『総合テキスト』の憲法のChapterが終わったら、『総合問題集』の憲法のChapterを解くというように、『総合テキスト』の学習と並行して進めるとよいでしょう。

『うかる！ 行政書士 民法・行政法 解法スキル完全マスター』
『うかる！ 行政書士 憲法・商法・一般知識等 解法スキル完全マスター』
問題を解くためのスキルを身につけ、得点力を養いましょう。

第4段階について
『うかる！ 行政書士 新・必修項目115』
直前期の知識の整理に使いましょう。隙間時間を有効に活用して、繰り返し確認しましょう。

『うかる！ 行政書士 直前模試』
本試験とほぼ同一形式で、出題が予想される良問を2セット収録しています。重要度の高い問題で間違えたものに関しては、しっかり復習しておきましょう。

伊藤塾では、思い立った時に学習が始められるよう、学習レベルや学習環境に合わせた講座を多数取り揃えています。詳しくは、伊藤塾ホームページをご覧ください。
https://www.itojuku.co.jp/gyosei/index.html

20 ガイダンス

Chapter 2 行政書士試験

ガイダンス

1 行政書士試験概要

1 受験者数・合格者数・合格率の推移

試験実施年度	受験者数	合格者数	合格率
2006(平成18)年度	70,713人	3,385人	4.79%
2007(平成19)年度	65,157人	5,631人	8.64%
2008(平成20)年度	63,907人	4,133人	6.47%
2009(平成21)年度	67,348人	6,095人	9.05%
2010(平成22)年度	70,586人	4,662人	6.60%
2011(平成23)年度	66,297人	5,337人	8.05%
2012(平成24)年度	59,948人	5,508人	9.19%
2013(平成25)年度	55,436人	5,597人	10.10%
2014(平成26)年度	48,869人	4,043人	8.27%
2015(平成27)年度	44,366人	5,820人	13.12%
2016(平成28)年度	41,053人	4,084人	9.95%
2017(平成29)年度	40,449人	6,360人	15.72%
2018(平成30)年度	39,105人	4,968人	12.70%
2019(令和元)年度	39,821人	4,571人	11.48%
2020(令和2)年度	41,681人	4,470人	10.72%
2021(令和3)年度	47,870人	5,353人	11.18%
2022(令和4)年度	発表後、伊藤塾ホームページに掲載		

2 試験概要（令和4年度）

1 受験資格

年齢、学歴、国籍等に関係なく、誰でも受験することができます。

2　受験手数料

10,400 円

3　試験日・試験時間

11 月の第 2 日曜日　　午後 1 時〜午後 4 時（3 時間）

4　試験科目

試　験　科　目	内　容　等
行政書士の業務に関し必要な法令等 （出題数 46 題）	憲法、行政法（行政法の一般的な法理論、行政手続法、行政不服審査法、行政事件訴訟法、国家賠償法及び地方自治法を中心とする）、民法、商法（※）及び基礎法学の中からそれぞれ出題し、法令については、令和 4 年 4 月 1 日現在施行されている法令に関して出題します。 ※商法については、会社法を含みます。
行政書士の業務に関連する一般知識等 （出題数 14 題）	政治・経済・社会、情報通信・個人情報保護、文章理解

なお、令和 4 年度については令和 4 年 4 月 1 日現在施行されている法令に関して出題されました。

5　出題形式及び配点

試験は、筆記試験によって行います。

出題の形式は、「行政書士の業務に関し必要な法令等（出題数 46 題）」は、択一式及び記述式で、「行政書士の業務に関連する一般知識等（出題数 14 題）」は、択一式です。

なお、記述式は、40 字程度で記述するものを出題します。

6　合格基準点

次の要件のいずれをも満たした者を合格とします。

ア　行政書士の業務に関し必要な法令等科目の得点が、満点の 50％以上である者
イ　行政書士の業務に関連する一般知識等科目の得点が、満点の 40％以上である者
ウ　試験全体の得点が、満点の 60％以上である者

（注）合格基準については、問題の難易度を評価し、補正的措置を加えることもあります。

3　合格発表

試験を実施する日の属する年度の 1 月の第 4 又は 5 週に属する日に、一般財団法人行政書士試験研究センターの掲示板に、合格者の受験番号が掲示されます。また、掲示後、受験者全員に合否通知書が郵送されます。

4 試験委員情報

　行政書士試験の問題作成は、試験委員によって行われます。その結果、試験委員が研究している分野について問題が作成されることが多いようです。

　伊藤塾では、各試験委員がどのような分野を研究対象としているのかについて情報を収集、分析し、その結果に基づいてテキストや問題集を制作しています。

　なお、2022（令和4）年度の試験委員は、以下の先生方です（担当科目については、伊藤塾の分析となります）。

氏　名	職　業	担当科目
只野　雅人	一橋大学教授	憲　法
林　知更	東京大学教授	
山田　洋	獨協大学教授	行政法
神橋　一彦	立教大学教授	
野口貴公美	一橋大学教授	
下井　康史	千葉大学教授	
高橋　信行	國學院大學教授	
府川　繭子	青山学院大学准教授	
鎌野　邦樹	早稲田大学教授	民　法
武川　幸嗣	慶應義塾大学教授	
舟橋　哲	立正大学教授	
大木　満	明治学院大学教授	
山部　俊文	明治大学教授	商　法
中曽根玲子	國學院大學教授	
沼尾　波子	東洋大学教授	政治・経済・社会 情報通信・個人情報保護 基礎法学
金井　利之	東京大学教授	
寺田　麻佑	国際基督教大学准教授	
指宿　信	成城大学教授	
山本　薫子	東京都立大学准教授	
石塚　修	筑波大学教授	文章理解

2 現行試験制度下における試験分析

現行試験制度の下で2006（平成18）年度から試験が実施されました。ここでは、試験の特徴を分析していきます。

1 特徴その① 行政法

過去17回の法令等科目の出題数は、次のとおりです。

〈法令等科目の出題問題数〉

(内容) ＼ (形式)	択一式	多肢選択式	記述式	計
基礎法学	2	0	0	2
憲 法	5	1	0	6
行政法	19	2	1	22
民 法	9	0	2	11
商 法	5	0	0	5
合 計	40	3	3	46

これを見てわかると思いますが、まず、最も大切な出題科目は行政法です。

法令等科目全46問中、その22問が行政法からの出題ですから、法令等科目の約半分が行政法からの出題ということになります。

ただし、行政法と一言でいっても、この科目は複数の法律等から構成されています。

もう少し具体的に見ると、次頁のようになります。

ここでわかる大きな特徴は、まず、択一式問題では、2022（令和4）年度は行政手続法が3題、行政不服審査法が3題、行政事件訴訟法は3題出題となっている点です。過去の本試験では、行政手続法が最も重視される傾向にあったのですが、これらがほぼ均等な配分での出題となりました。

第2の特徴としては、例年、地方自治法の択一式問題が3題出題されている点です。2000（平成12）年度の試験制度改正以来、地方自治法は重視される傾向にありました。これが現行の試験制度でも引き継がれたといえます。地方自治法は、行政法の内容のひとつとして考えられているため、独立した出題科目である憲法や商法と比べて、その重要性が見えにくいのですが、実質的には、同じくらい重要な内容として学習したほうがよいでしょう。

〈令和 4 年度の行政法出題問題数〉

(内容) \ (形式)	択一式	多肢選択式	記述式	計
行政法の一般的な法理論	3	0	0	3
行 政 手 続 法	3	0	0	3
行政不服審査法	3	0	0	3
行政事件訴訟法	3	0	1	4
国家賠償法・損失補償	2	1	0	3
地 方 自 治 法	3	0	0	3
総 合 問 題	2	1	0	3
合 計	19	2	1	22

2 特徴その② 多肢選択式

　内容面では択一式の出題のときと実質的な違いはなく、従来の記述式をより簡単にした（以前は、穴埋め部分を自分で言葉を考えて埋めなければならなかったのに対して、選択式の場合は、語句群から適当な言葉を選択して埋めればよい）形式となっています。

3 特徴その③ 記述式

　40 字程度で解答を記述させる問題が、現行の試験制度から出題されるようになりました。過去 17 回とも、民法から 2 題、行政法から 1 題が出されています。

　行政法は、行政事件訴訟法や行政手続法の具体的な手続の流れや訴訟要件を問う問題が多く出題されていますので、手続の流れや訴訟要件を意識した学習をされている方にとっては、比較的易しい問題といえます。

　一方、民法は、要件・効果の「要件」や民法の大原則の例外を問う問題が出題されています。また、判例について問う問題も出題されています。2022（令和 4）年度に出題された民法の 2 問は、いずれも事例を挙げてその法律関係を問う問題でした。法的思考力等を意識した学習をしてきているかが問われているのかもしれません。

　いずれにせよ記述式については、問題と解答を暗記するだけの学習ではなく、択一式の学習と同様に、日頃から、定義、要件・効果、原則、例外を意識した学習が要求されているといえます。

4 特徴その④　情報通信・個人情報保護

　一般知識等科目では、情報通信・個人情報保護の内容の問題が大幅に増えました。

　実は、2005（平成17）年度までの一般知識等科目は、法令等科目のように試験内容が明らかにされていなかったのが、現行試験制度から、「政治・経済・社会、情報通信・個人情報保護、文章理解」と、出題範囲を明記するようになりました。

　この理由は、情報通信・個人情報保護を試験範囲として明示したかったためです。しかしながら、情報通信・個人情報保護だけを表示したのでは他の出題内容との整合性が保てません。そこで、その他の分野についても、必要性はなかったものの、試験範囲としてあえて明示するようになったのです。こうした経緯から、情報通信・個人情報保護は当初から重視されていたといえます。

5 特徴その⑤　政治・経済・社会

　一般知識等科目14問のうち、政治・経済・社会については、2022（令和4）年度では5肢択一式で8問出題されました。「政治」では各国の政治制度や地方自治、また、「経済」では日本銀行や貿易、「社会」では社会保障制度や環境問題等を素材とした出題がなされています。配分は年度によって異なりますので、3つのどの分野から出題されても解答できるようにバランスよく学習してください。

3 学習上のポイント

　行政書士試験は、現行の試験制度によって、高次の法律専門家登用試験となりました。一見すると、法律初学者にとっては、合格しづらくなったように思われがちですが、決してそうではありません。きちんとしたカリキュラムで学習を進めていけば、必ず合格を勝ち取れる試験です。そして、現行試験制度の下で合格できる能力があるということは、法律的素養が身についているということであり、他の法律系資格試験を受験する際の有利な武器や、晴れて行政書士として実務に携わることになったときの財産となります。

　では、試験に向けてどのような点がポイントとなるのでしょうか。

1 法的思考力

　現行試験制度において出題される問題や内容の配分を分析すると、法令などの理解力・思考力が重視されていることがわかります。今日、社会の要請として、真の

法律的素養を身につけた行政書士が必要となっています。そこで、単なる知識を問うのではなく、法律専門家として必要な、真の理解力・思考力を問うため、試験制度の改正が2005（平成17）年になされました。もっとも、いかに法的思考力等が問われるからといって、考える勉強だけをやればよいかといえばそうではありません。知識が不足している状態では、いくら考えて問題を解こうと思っても、考えるための素材がないので正解を導くことはなかなか難しいでしょう。

したがって、これから皆さんは、まず、法的知識を確実に身につけていく学習から始め、本試験のときには法的知識＋法的思考力が身についている状態になるよう、学習計画を立ててください。

次から各試験科目を学習する上でのポイントをお話しします。配点が高い行政法と民法は、行政書士の実務においても特に身につけておく必要がある科目です。

2 行政法

行政法の問題は、行政法の一般的な法理論、行政手続法、行政不服審査法、行政事件訴訟法、国家賠償法、地方自治法に分かれています。

行政法の学習のポイントは、「行政法の一般的な法理論」に関しては、抽象的な用語の定義や基本原理が出てきますから、それらを具体例とあわせて覚えていくとよいでしょう。他の行政法の分野に関しては、条文・判例中心の学習を心掛けてください。そして、手続の流れや訴訟要件を意識した学習は、記述対策にも効果的です。

3 民　法

民法の学習を本格的に始めると、ある一定の法律効果を生じさせるためにはどのような要件が必要か、ということを学ぶことになります。ですから、民法を学ぶときには、要件・効果をしっかり意識して学習してください。このような学習の進め方は、択一式の問題を解く知識となるとともに、そのまま記述対策ともなり、効率のよいレベルアップにつながります。

4 その他の法令

試験制度の改正により、行政書士法、戸籍法、住民基本台帳法、労働法、税法については法令等科目から削除されましたが、これらが出題される可能性が100％なくなったわけではなく、今後も一般知識等科目で出題される可能性があります。特に行政書士法は、実務においても重要な役割を担っているため、試験問題として復活する可能性があり、一度は条文に目を通しておく必要があると考えられます。

5 一般知識等

　一般知識等科目では、政治・経済・社会の分野、情報通信・個人情報保護の分野、文章理解の分野の3分野から出題されます。合格するためにはこの科目で4割以上を得点しなければなりません。これらの科目の中で、個人情報保護は**法令からの出題**であることから、対策の立てやすい分野です。

　政治・経済・社会の分野への対策としては、日々ニュースや新聞等に目を通し、最近の**時事問題**について押さえておいてください。

　文章理解においては、**すべての答えの根拠は、問題文中に必ずある**ということを意識した学習を心掛けてください。

6 合理的学習

　行政書士試験で合格点を取るためには、**バランスよく**得点することが必要です。**得点計画を立てる**ことで、どの科目にどの程度の時間をかけるべきかが明確になり、バランスよく効率的に学習を進めることができます。得点計画を立てる際は、まず、一般知識等科目が合否判定基準をギリギリ満たした（最低6題得点）と仮定した上で、法令等科目のことを考えるとよいでしょう。つまり、全体の合否判定基準は180点以上であることから、法令等科目の得点目標としては、180 − 24 = 156点以上となります。次に、この156点をどのような内訳で得点すればよいかを、各科目冒頭の合理的学習法を参考にして考えてみましょう。得点計画表は18ページに掲載しています。

　また、「うかる！行政書士」シリーズを使った本試験までの学習モデルプランも20ページに掲載しています。学習の計画がなかなか立てられない場合は、参考にしてみてください。

4 合格後を考える

1 行政書士とは

　行政書士は、「行政書士法」という法律でその存在が定められている国家資格です。この法律では、行政書士は、他人の依頼を受け報酬を得て、

　① **官公署に提出する書類その他権利義務又は事実証明に関する書類の作成**
　② **官公署提出書類の提出手続の代理、聴聞手続・弁明手続の代理**

③　行政書士が作成した官公署に提出する書類にかかる許認可等に関する不服申立ての手続について代理等

④　契約書等の書類作成

⑤　書類の作成に関する相談業務

を行うと定められています。

　また、行政書士の業務は、弁護士の業務と重なっている部分がかなり多いのが特徴です。それは、行政書士法の中で、行政書士が「権利義務又は事実証明に関する」書類作成（の代理）及びその相談業務ができると規定されているからです。

　現行の「行政書士法」は、これまで何度か改正が行われました。中でも 1980 年の改正によって、「提出代行権」とともに「相談業務」を行うことができるようになったこと、また、2002 年の改正により「代理権」が与えられたことが有名です。そして、2003 年の改正における行政書士法人制度、使用人行政書士制度の創設、2006 年の行政書士法施行規則の改正によって行政書士が労働者派遣業を行えるようになったことは、行政書士の業務等に大きな影響を与えることになりました。

　さらに、2014 年に行政書士法が改正され、新たに行政書士の業務として、行政書士が作成した官公署に提出する書類にかかる許認可等に関する不服申立ての手続について代理、及びその手続について官公署に提出する書類を作成することが追加されました。従来は、行政に対して不服を申し立てる方法を依頼者に代わって行うことができるのは弁護士だけでしたが、特定行政書士法定研修を受講し、研修の最後に実施される考査試験に合格した行政書士（特定行政書士）も、一定の行政に対する不服申立てについては、依頼者に代わって行うことができるようになりました。

2　行政書士の魅力

　行政書士の仕事は、皆さんの生活にも密接に関係するものです。

　福祉行政が重視され、国民と行政が多くの面で関連を持つことになった現代では、国民が官公署に書類を提出する機会も多くなっています。加えて、行政の複雑化・高度化に伴い、その作成に高度の知識を要する書類も増加しています。

　このように、行政書士は、依頼者の相談に応じ、膨大な種類の書類作成をすることができるため、業務の範囲がとても広く、「法廷に立たない弁護士」とさえ言われています。

　また、行政書士は、法律で相談業務を行うことが認められており、「代理権」も与えられたことから、新しい時代の行政書士業務として「法務コンサルタント」としての可能性が広がっています。法務コンサルタントとしての行政書士の仕事は、紛争を未然に防ぐことや、仮に紛争となった場合でも訴訟の前に早期解決に導くこ

とが中心となります。

これは予防法務と呼ばれ、非常に重要です。なぜなら、裁判になれば勝てるというようなトラブルであっても、多くの人にとっては、裁判をすること自体が大変なエネルギーを必要とするからです。無意味な紛争を防ぎ、企業経営や市民生活が円滑に営めるようにすることが、行政書士の仕事となります。

3 未来の行政書士へ

現在、行政書士は、社会のニーズに対応し、その活躍の範囲を大きく広げています。官公庁に提出する書類の作成はもちろんのこと、新しい分野として注目を集めている「著作権業務」をはじめ、悪徳商法などから市民の権利を守る「市民法務」、また、国際化に伴い近年取扱い件数が増加している「国際業務」では、外国人の帰化申請や在留資格の取得を通じて外国人の人権擁護に寄与しています。

このように、現在の行政書士は、相談したいときに相談できるまさに"市民に一番身近な法律家"といえます。

行政書士という仕事は、あなたにとって一生ものの資格となることでしょう。

合格のための5つの法則

1　最後まで諦めない気持ち
2　繰り返しの復習
3　問題演習の重視
4　手を広げない
5　謙虚・感謝の気持ち

Part 1

憲　法

学習進度チェック

学習した Chapter の日付を記入し、学習進度を確認しよう！

			学習予定日	日付①	日付②
Chapter	1	憲法総論	/	/	/
Chapter	2	人権総論	/	/	/
Chapter	3	包括的基本権と法の下の平等	/	/	/
Chapter	4	精神的自由①	/	/	/
Chapter	5	精神的自由②（表現の自由）	/	/	/
Chapter	6	経済的自由・人身の自由	/	/	/
Chapter	7	受益権・社会権・参政権	/	/	/
Chapter	8	国会	/	/	/
Chapter	9	内閣	/	/	/
Chapter	10	裁判所	/	/	/
Chapter	11	天皇	/	/	/
Chapter	12	財政	/	/	/
Chapter	13	地方自治	/	/	/
Chapter	14	憲法改正	/	/	/

まずは大枠を
押さえよう！

あと半分まで
きたぞ！！

もう一息！
ラストスパート
だ！！

よく頑張ったね！
これで憲法
マスターだ!!

憲法ガイダンス

本試験の傾向分析と対策

1 過去問データベース

		08	09	10	11	12	13	14	15	16	17	18	19	20	21	22
憲法総論	憲　　　法										○					
	法　の　支　配															
	日本国憲法の基本原理											○				
人権総論	人　権　の　分　類															
	人権享有主体性								○		○					
	基本的人権の限界	○		○			○		○					○		
包括的基本権と法の下の平等	生命・自由・幸福追求権				○			○		○					○	
	法の下の平等	○		○		○	○	○		○			○			
精神的自由①	思想・良心の自由		○				○									
	信教の自由	○	○							○					○	
	学問の自由		○									○				
精神的自由②（表現の自由）	表現の自由の意味			○												
	表現の自由の内容				○		○		○							○
	表現の自由の限界				○				○	○	○			○	○	
人身の自由・経済的自由	経済的自由		○					○		○						○
	人身の自由													○		○
参政権・受益権・社会権	受　益　権															
	社　会　権	○				○			○			○		○		
	参　政　権	○			○							○	○			

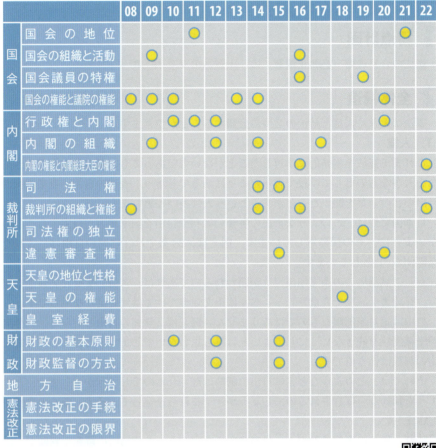

最新の試験対策は、伊藤塾のホームページやメルマガにて配信中

2 出題分析アドバイス

1は、過去15年間に出題された分野を一覧にしたものです。この過去問データベースを見てみると、出題内容は、偏ることなく様々な分野からとなっています。出題形式は、横断的な知識を問う出題や基本的知識を前提に、その場で考えさせる出題もなされています。また、最近の傾向として、基本的人権からは判例の見解を問うものも出題されています。

合理的学習法

1 得点計画

　憲法の合格戦略（必要正解数）は、**出題数の7割程度**です。

2 全体構造

　憲法は大きく人権と統治の2つに分類することができます。

1　人権

　これまで憲法を本格的に学習したことがない人であっても、基本的人権という概念を大事なものとして学校で習ったことはあるでしょう。表現の自由、職業選択の自由などの言葉を聞いたことがあるという人は多いと思います。

　日本国憲法は、このような市民の各種の権利や自由を国家権力が侵害することのないように、その保障をしています。例えば、23条では「学問の自由は、これを保障する。」としています。

　もし、試験でこの条文知識だけが問われるのであれば、苦労しません。残念ながら、行政書士試験で要求されるレベルは条文知識だけでは到底足りないのです。

　自由は絶対無制限なものではありません。例えば、学問の自由といって、人体実験や核実験を好きなようにしてよいとは誰も思わないでしょう。自由といっても一定の制限は伴うのです。

　それでは、どのようなときに自由の制約は許されるのでしょうか？　また、どのような制約ならば許されるのでしょうか？　これらを巡って、過去、多くの事件が起きました。

　これら過去の事件に対する、最高裁判所を中心とした裁判所の解釈や判断が、試験では出題されます。裁判所のこのような先例を「判例」といいますが、行政書士試験では、各種の人権について学ぶ際に、条文知識のみならず、多くの重要判例を学ばなければなりません。

　しかも、判例が重要であるのは憲法に限ったことではないのですが、行政書士試験では、特に憲法については、判例は結論だけでなく、その結論に至る理由づけの部分についてまでも出題されます。

　そのため、最終的には、憲法の重要判例は、結論だけでなく、なぜそういう判断を最高裁判所がしたのかということまで記憶をしていかなければなりませんが、最初からこのレベルの勉強をすることは難しいです。また、行政法や民法を学習しな

ければ理解しにくいものもあります。そこで、最初からじっくりと学習するというよりも、最初はわからないことは後回しにして先に進むことを意識するとよいでしょう。

せっかく行政書士試験合格を志したのに、憲法でつまずき、行政法や民法の学習に手が回らないということは絶対に避けたいものです。試験対策上は、あくまでも憲法は行政法や民法の補完科目であるという考えを持っていても構いません。

2 統治

統治と聞いてもピンとこないかもしれませんが、権力分立（三権分立）、国会、内閣、裁判所と聞けば、記憶がよみがえる人も多いでしょう。

統治は基本的には条文知識が大切です。それほど深い理解を要求される内容ではありませんが、数字など、正確に覚えなければならないことも多いです。また、国会と議院（衆議院・参議院）や内閣と内閣総理大臣は異なるため、この違いにも意識していかなければなりません。例えば、国政調査権について規定する 62 条は「両議院は、各々国政に関する調査を行ひ、これに関して、証人の出頭及び証言並びに記録の提出を要求することができる。」としています。そうすると、国政調査権は、国会の権限ではなく、議院の権限となります。これを問題では、「国政調査権は国会の権限である」というように引っかけてきます。

記憶力に自信のない人には敬遠したくなるテーマかもしれませんが、記憶力の違いは程度の問題であり、記憶力に自信があるという人であっても一度で覚えられるわけではありません。記憶するためには繰り返し勉強をすることです。

別冊の「ハンディ行政書士試験六法」を利用し、何度も統治の条文を読み込むようにしていきましょう。

Chapter 1 憲法総論

イントロダクション 学習のポイント

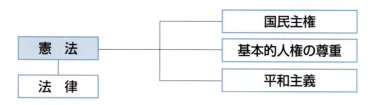

　憲法総論は、抽象的で勉強しづらいところかもしれません。試験での出題はほとんどないので、簡単に仕上げましょう。
　まず、**憲法と法律**は異なります。憲法の特徴を踏まえつつ、その違いを意識しましょう。そして、日本国憲法に流れる**法の支配**という考え方を知り、日本国憲法の基本原理を学んでいきます。3つの基本原理のうち、**国民主権**が最も大切です。主権という言葉には3つの意味があることを理解し、国民主権にいう主権とは何かを考えていきましょう。

ベーシック じっくり理解しよう！

1 憲 法

　憲法は多義的に定義されますが、最も重要なその定義は、国家権力を制限して国民の権利・自由を守るために定められた国家の基礎法です（立憲的意味の憲法（又は近代的意味の憲法））。
　この立憲的意味の憲法には、①**自由の基礎法**（国民の自由を保障すること）、②**制限規範性**（国家権力を制限すること）、③**最高法規性**（国法秩序において最も強い効力を持つ。憲法第10章、特に98条）という特徴があります。

Festina lente

法律というのは、1つの国家機関（国会）が国民の権利・自由等を制約するための決まりなのだよ。一方、憲法はあらゆる国家機関の行動を制限するという性質を持っている点で他の法律と全く異なっているのだ。

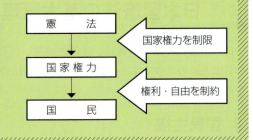

2 法の支配

重要度 C

　法の支配とは、**専断的な国家権力の支配（人の支配）を排斥し、権力を法（憲法）で拘束することによって、国民の権利・自由を擁護することを目的とする原理**です。この原理はイギリスやアメリカの法体系の根幹として発展してきました。

〈人の支配から法の支配へ〉

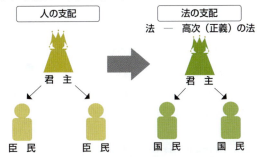

〈日本国憲法における法の支配のあらわれ〉

法の支配の内容	日本国憲法の規定
① 最高法規	第10章　最高法規
② 個人の人権	第3章　国民の権利及び義務
③ 適正手続	31条　法定手続の保障
④ 裁判所の役割の尊重	76条3項　司法権の独立 81条　違憲立法審査権 76条2項　特別裁判所の禁止

3 日本国憲法の基本原理

重要度 **B**

日本国憲法の基本原理は、①国民主権、②基本的人権の尊重、③平和主義の３つです。これは、日本国憲法の前文第１段において宣言されています。

1 国民主権

主権という言葉には、一般的に３つの意義があります。

国家権力そのもの（統治権）*1	国家が有する支配権を包括的に示す場合をいう。すなわち、立法権、行政権、司法権を総称する統治権とほぼ同意義である。
国家権力の最高独立性*2	国家権力が国内的には最高であり、対外的には独立であることを示す場合をいう。
国政の最高の決定権*3	国の政治のあり方を最終的に決定する力、又は、権威を示す場合をいう。

このうち、国民主権における主権は、国政の最高の決定権という意味です。

すなわち、国民主権とは国民に主権があることをいいますが、この場合の主権は、国政の最高決定権、つまり、国の政治のあり方を最終的に決定する力、又は、権威を意味します。

Festina lente

日本国憲法は、上記のように、国民主権を採用しているよ。

これに対して、大日本帝国憲法、通称明治憲法では、天皇主権をとっていたんだ。

要するに、明治憲法の時代は、日本の国政の最高決定権は、天皇という個人にあったんだよ。

ちなみに、日本国憲法の下では、天皇は、「象徴」としての地位が与えられているよ。つまり、わかりやすくいうと、天皇の存在は、日本のシンボルということなんだ。

---

2 基本的人権の尊重

基本的人権とは、人が人であるというだけで当然に認められる

---

*1
■ **参考データ**

国家権力そのものの例としては、「日本国の主権は、本州、北海道、九州及四国並に吾等の決定する諸小島に局限せらるべし。」(ポツダム宣言８項)のように使われる場合です。

*2
■ **参考データ**

国家権力の最高独立性の例としては、「自国の主権を維持し」(前文)のように使われる場合です。

*3
■ **参考データ**

国政の最高決定権の例としては、「ここに主権が国民に存することを宣言し」(前文)のように使われる場合です。

Part 1
憲 法

38

基本的な権利をいいます。例えば、日本国憲法でも、人は心の中で何を考えようと国家から規制を受けず自由であるという権利（思想及び良心の自由）等が明文上認められています。

　そもそも、日本国憲法は、「個人の尊重」の価値観を基本としています。「個人の尊重」とは、国民一人ひとりが個人として人間らしく扱われるということです。このことは、国民一人ひとりの幸せのために国家が存在するのであって、国家のために個人が存在するのではないということを意味します。

　そして、人が個人として尊重されるために必要な権利や自由というものが、基本的人権、又は単に、人権といわれるものです。

　日本国憲法は、この基本的人権が「侵すことのできない永久の権利」（11 条、97 条）としてすべての国民に保障されるとしています。

Festina lente

　人に権利や自由を与えるのは、一体誰だろう。
　王様等の君主から与えられるのだろうか。
　実は、人は、君主等の人から権利や自由を与えられるのではないよ。イメージするためにいうならば、権利や自由は「天」から授けられるものなんだ。
　要するに、権利や自由、すなわち、基本的人権は、人が生まれながらにして持っているものということだよ。だから、基本的人権は、人が人であるというだけで当然に認められる基本的な権利と説明されるよ。

3 平和主義

　日本国憲法は、第二次世界大戦の悲惨な体験を踏まえ、戦争についての深い反省に基づいて、平和主義を基本原理として採用し、戦争と戦力の放棄を宣言しました（前文、9 条）。

　日本国憲法は、9 条 1 項で、侵略戦争を放棄するとともに、2 項で、正義と秩序を基調とする国際平和を誠実に希求するために、自衛戦争も含めた一切の戦力の不保持を宣言したこと、そして、国の交戦権を否認したことにおいて、徹底した戦争否定の態度を打ち出しています。

ファイナルチェック　基礎知識の確認

問題 1　憲法は、改正手続が通常の法律よりも厳格ではあるものの、法規範としての性質に差異はない。

問題 2　法の支配とは、専断的な国家権力の支配を排斥し、権力を法で拘束することによって、国民の権利、自由を守ることを目的とする原理であり、その内容として、権力によって侵されない個人の人権や、立法府の役割の尊重等が挙げられる。

問題 3　「ここに主権が国民に存することを宣言し」という場合の主権とは、国家権力が国内的には最高であり、対外的には独立であることを示す。

問題 4　憲法9条1項は、「日本国民は、正義と秩序を基調とする国際平和を誠実に希求し、国権の発動たる戦争は、国際紛争を解決する手段としては、永久にこれを放棄する。」と規定している。

問題1 ✗ 憲法は国家権力を制約するものであり、法律とは異なる法規範である。　**問題2 ✗** 特別にその役割を尊重されるのは、裁判所である。　**問題3 ✗** 国民主権にいう主権とは、国政の最高の決定権等を示す。　**問題4 ✗** 「武力による威嚇又は武力の行使」という文言が欠けている。

本試験レベルの問題にチャレンジ！ ▶▶▶

Chapter 2 人権総論

重要度 A

イントロダクション　学習のポイント

　個別の人権を勉強する前に、人権とは何か？　どういった種類があるのか？　そして、人権は誰に保障されている権利なのか？　を勉強していきます。中でも、誰に保障されているかという**人権享有主体性**は、試験でも大切なテーマです。
　ところで、人権が保障されるといっても、実は人権も絶対無制約なものではなく、一定の制限を受けます。この Chapter の最終テーマはこの基本的人権の限界になります。このテーマの中では、**公務員の人権**と**私人間効力**が大切です。

ベーシック　じっくり理解しよう！

Festina lente

　ここでは、具体例等で、憲法上認められている人権が登場するけど、これらが実際にどういった権利なのかは、後々学習していくから、ここでは、「そういった権利があるんだぁ」って思っておけばいい。
　そして、一度、人権の学習が終わったら、もう一度、この Chapter を読んでくださいね。

1　人　権

重要度 C

　人権には、固有性、不可侵性、普遍性という特徴があります。

〈人権の性質〉

性　質	内　容
① 人権の固有性	人権は、人であることにより当然に有する権利である。
② 人権の不可侵性	人権は、原則として公権力により侵されない。
③ 人権の普遍性	人権は、人種・性別・身分等の区別によらず、人であることにより当然に享有できる権利である。

2　人権の分類

重要度
C

　人権は、大別して、自由権、参政権、社会権、受益権に分けることができます。

1 自由権（国家からの自由）

　自由権とは、国家が個人の領域に対して権力的に介入することを排除して、個人の自由な意思決定と活動とを保障する人権です。このことから国家からの自由と呼ばれます。

　自由権は、精神的自由、経済的自由、人身の自由に分類されます。

2 参政権（国家への自由）

　参政権とは、国民の国政に参加する権利です。これは国家への自由といわれ、自由権の確保に仕えるものです。すなわち、国民が自由であるためには、その政治に参加していくことが最も望ましいというところから認められる人権です。[1]

3 社会権（国家による自由）

　社会権とは、社会的、経済的弱者が人間に値する生活を営むことができるように、国家の積極的な配慮を求めることのできる権利です。この権利の実現のためには、国家の積極的な関与が必要なことから、国家による自由と呼ばれます。[2]

[1]
■ 参考データ

参政権の具体例は、選挙権（15条）や被選挙権（立候補の自由）に代表されますが、他に憲法改正の国民投票（96条）や、最高裁判所裁判官の国民審査（79条2項）もこれに含まれることになります。

[2]
■ 参考データ

社会権の具体例として、生存権（25条）等が挙げられます。

Part 1
憲　法

4 受益権

受益権とは、国に対して一定の作為を要求する権利です。

裁判を受ける権利、請願権、国家賠償請求権、刑事補償請求権等がこの受益権にあたりますが、裁判を受ける権利等は、古くから自由権と相伴って保障されてきたものです。

3 人権享有主体性

重要度 **A**

人権は、人が人である以上、人種、性別、社会的身分等の区別に関係なく当然に享有できる普遍的な権利です。

しかし、憲法第3章は「国民の権利及び義務」と題して、文言上、権利の主体を「国民」に限定しています。ここにいう国民とは、形式的には、日本国籍を有する自然人を指します。そこで、「国民」にあたらない法人、外国人に関して、人権を享有する主体となり得るかが問題となります。*3

1 法人の人権享有主体性

判例は、性質上可能な限り、法人にも人権は保障されるとしています。そこで、法人にも人権が保障されるかについては、その人権の性質ごとに検討していく必要があります。*4*5

> **判例** 八幡製鉄事件（最大判昭45.6.24）
>
> **争点** ①法人に人権享有主体性は認められるか。
> ②会社に政治活動をする自由（政治献金）は認められるか。
>
> **結論** ①、②とも　認められる。
>
> **判旨** 憲法第3章に定める国民の権利及び義務の各条項は、性質上可能な限り、内国の法人にも適用されるものと解すべきであるから、会社は、自然人たる国民と同様、国や政党の特定の政策を支持、推進し又は反対するなどの政治的行為をなす自由を有するのである。政治資金の寄附もまさにその自由の一環であり、会社によってなされた場合、政治の動向に影響を与えることがあったとしても、自然人たる国民による寄附と別異に扱うべき憲法上の要請があるものではない。

*3
■ 語句解説

法人とは、法によって人格を与えられた団体をいいます。具体的には、社団法人や財団法人のほか、会社等もこれにあたります。

*4
■ 語句解説

判例とは、裁判所の先例、つまり、ある事柄に対する裁判所としての見解をいいます。
判例は、判決や決定といった裁判所の裁定によって積み重ねられます。

*5
■ ポイント

法人には、生存権、生命や身体に関する自由、選挙権などは認められません。

Chapter 2
人権総論

Festina lente

判例について説明しておくね。八幡製鉄事件であれば、横にある「(最大判昭45.6.24)」とある部分は、判例の種類・裁判年月日を指すよ。

「最」は、最高裁判所を指す。高等裁判所の判例なら、ここが「高」となる。

「大」は、最高裁判所大法廷を指す。最高裁判所小法廷の場合は、表示しないのが通例なんだ。

「判」は、判決を指す。判決とは、裁判所の裁判の1つだよ。裁判所の裁判が決定である場合は、ここが「決」となるよ。

判例 南九州税理士会事件（最判平 8.3.19）

 政治団体へ政治献金を行うことは、強制加入である税理士会の目的の範囲内の行為か。

結論 目的の範囲外の行為である。

判旨 税理士会が政党など（政治資金）規正法上の政治団体に金員の寄付をすることは、たとい税理士にかかる法令の制定廃に関する政治的要求を実現するためのものであっても、（税理士）法49条2項で定められた税理士会の目的の範囲外の行為であり、右寄付をするために会員から特別会費を徴収する旨の決議は無効であると解すべきである。

判例 群馬司法書士会事件（最判平 14.4.25）

 被災した他の司法書士会への復興支援拠出金の寄付は、司法書士会の目的の範囲内か。

結論 目的の範囲内である。

判旨 兵庫県司法書士会に本件拠出金を寄付することは、被上告人（群馬司法書士会）の権利能力の範囲内にあるというべきである。そうすると、被上告人は、本件拠出金の調達方法についても、特段の事情がある場合を除き、多数決原理に基づき自ら決定することができるというべきである。これを本件についてみると、被上告人がいわゆる強制加入団体であることを考慮しても会員に社会通念上過大な負担を課するものではないのであるから、本件負担金の徴収について、特段の事情があるとは認められない。

2 外国人の人権享有主体性

外国人は、自然人ではあるものの、日本国籍を有しないため、国民とはいえません。しかし、人であるがゆえに認められる人権

が外国人にも保障されるのは当然である以上、判例は、**基本的人権は権利の性質上、日本国民のみを対象としていると解されるものを除き外国人にも保障される**としています（マクリーン事件：最大判昭53.10.4）。

1 入国の自由、出国の自由、再入国の自由

入国の自由は、外国人には**保障されず**、国際慣習法上、各国の裁量に委ねられています。また、在留する権利も保障されません。

出国の自由について判例は、**22条2項を根拠として**、外国人の**出国の自由を認めています**。そして、出国は一般的には当然帰国（再入国）を前提とすることなので、再入国の自由もまた外国人に保障されることになりそうですが、判例は、「憲法上、外国へ一時旅行する自由を保障されているものではない」と判示して、**再入国の自由は保障されない**としています。ただし、再入国の許否を決めるにあたっての法務大臣の裁量は全くの自由ではなく、一定の制約に服するとの考え方が有力です。*1

2 政治活動の自由

政治活動の自由とは、政治的表現の自由の問題です。表現の自由という側面から見ると、これは精神的自由ですから、日本人であろうと外国人であろうと精神的活動という点では変わりません。*2

しかし、政治的な表現の自由は、参政権的側面を有しているので、国民主権に抵触するおそれがあります。

そこで、判例は、外国人に保障される政治的表現の自由は、**我が国の政治的意思決定又はその実施に影響を及ぼす活動等に関しては保障されない**が、それ以外の政治活動の自由については保障されるとしています（マクリーン事件）。

3 参政権

公務員を選定罷免する権利を保障した憲法15条1項の規定は、**権利の性質上日本国民のみをその対象**とし、憲法15条1項の規定による権利の保障は、国レベルでも地方レベルでも**我が国に在留する外国人には及びません**。

もっとも、憲法第8章は地方自治について制度的に保障しており、住民の日常生活に密接な関連を有する事務については、住民自治に基づいて処理することは許されます。*3

Part 1
憲法

＊1
☑要チェック！過去問題

わが国に在留する外国人は、憲法上、外国に一時旅行する自由を保障されているものではない。

➡○（H27-3-2）

＊2
■ 語句解説

精神的自由とは、自由権のうち人間の精神活動の自由にかかるものをいいます。自由権は、その性質によって経済的自由権と精神的自由権と人身の自由に分けることができます。

＊3
■ 語句解説

住民自治とは、その地域の政治は、その地域の住民の意思によって行っていくという考え方です。

Chapter 2
人権総論

45

したがって、**法律をもって地方公共団体の長や議会議員等に対する（地方レベルの）選挙権を定住外国人等に認めることは、憲法上禁止されないと解されています**（定住外国人地方参政権事件：最判平 7.2.28）。＊1

4 その他、問題となる権利

指紋押捺を強制されない自由 （最判平 7.12.15）	保障されるが、絶対無制限のものではなく、指紋押捺強制制度（すでに全廃）は合憲
公務就任権 （最大判平 17.1.26）	地方公共団体が日本国民である職員に限り管理職に昇任することができることとする措置をとることは憲法に違反しない。
社会権 （塩見訴訟　最判平元.3.2）	福祉的給付を行うにあたり、自国民を在留外国人より優先的に扱うことも許される。

> ＊1
> **要チェック！過去問題**
> 仮に立法によって外国人に対して地方参政権を認めることができるとしても、その実現は基本的に立法裁量の問題である。
> （H23-4-5）

4 基本的人権の限界

重要度 A

1 公共の福祉

人権は、絶対無制限というわけではなく、他者の人権にも配慮しなければなりません。つまり、ある個人の人権と別の個人の人権がぶつかりあったときに、その衝突の調整の限りにおいて人権が制約されます。このような**人権と人権の矛盾、衝突の調整の原理**が公共の福祉です。

2 特別な法律関係

1 公務員の人権

日本国憲法は、「すべて公務員は、全体の奉仕者であつて、一部の奉仕者ではない」（15条2項）とし、73条4号は、内閣は「法律の定める基準に従ひ、官吏に関する事務を掌理すること」と定めています。このように、憲法が公務員という存在とその自律性を憲法秩序の構成要素として認めていることから、公務員は一般国民とは異なり、公共の福祉による制約以外にも**公務員であるがゆえの制約を受ける**と考えられます。＊2

> ＊2
> **語句解説**
> **官吏**とは、一般的に、行政組織に属する国家公務員をいいます。
> **掌理**とは、ある事務を管轄し、これをおさめることをいいます。

Festina lente

判例も、全逓東京中郵判決（最大判昭 41.10.26）において、公務員にも一般の勤労者と同様に基本権が保障されるが、その職務の性質上、国民全体の利益の保障という見地からの制約を当然の内在的制約として内包するとしているよ。

(1) 公務員の政治活動の自由

政治活動の自由は、政治的な表現の自由であり、21条1項の表現の自由の問題です。

この点、公務員の政治活動は、国家公務員法102条1項により、「職員は、……人事院規則で定める**政治的行為をしてはならない**」と規定されています。そして、人事院規則14－7（5項）により、政治的目的というものが定義されています。つまり、公務員は、政治的目的の行為を禁止されることになるわけです。

これらの規定について判例は、**職務の性質などにかかわりなく、一律に公務員の政治活動の規制は合憲**としました（猿払事件：最大判昭49.11.6）。ただし、近時、これらの規定を限定的に解釈・適用するような判例も出ています。

*3
要チェック！過去問題

公務員は政治的行為を制約されているが、処罰対象となり得る政治的行為は、公務員としての職務遂行の政治的中立性を害するおそれが、実質的に認められるものに限られる。

（H 29-3-3）

判例　国家公務員法違反被告事件（最判平 24.12.7）*3

争点　管理職的地位になく、その職務の内容や権限に裁量の余地のない公務員は、政治的ビラの配布行為について処罰されるか。

結論　処罰されない。

判旨　国家公務員法の罰則規定により禁止されるのは、民主主義社会において重要な意義を有する表現の自由としての政治活動の自由ではあるものの、禁止の対象とされるものは、公務員の職務の遂行の政治的中立性を損なうおそれが実質的に認められる政治的行為に限られ、このようなおそれが認められない政治的行為や人事院規則が規定する行為類型以外の政治的行為が禁止されるものではない。被告人は、社会保険事務所に年金審査官として勤務する事務官であり、管理職的地位にはなく、そして、本件配布行為は、勤務時間外である休日に、国ないし職場の施設を利用せずに、公務員としての地位を利用することなく行われたものである上、公務員により組織される団体の活動としての性格もなく、公務員であることを明らかにすることなく、無言で郵便受けに文書を配布したにとどまるものであって、公務員による行為と認識し得る態様でもなかったものである。これらの事情によれば、本件配布行為は本件罰則規定の構成要件に該当しないというべきである。

(2) 公務員の労働基本権

現行法上、**警察職員**、**消防職員**、自衛隊員、海上保安庁又は刑事収容施設に勤務する職員は、**団結権、団体交渉権、争議権、の労働三権のすべてを制限**されています。

また、**非現業の一般公務員は、団体交渉権と争議権が制限**されています。そして、**現業公務員は、争議権が制限**されています。[*1]

このように、公務員の労働基本権が大幅に制約される根拠は、憲法が公務員関係の存在と自律性を憲法秩序の構成要素として認めていることにあるとされます。

判例 　**全農林警職法事件（最大判昭 48.4.25）** [*2][*3]

争点 　公務員の一律かつ全面的な争議行為禁止規定は合憲か。

結論 　合憲である。

判旨 　憲法 28 条の労働基本権の保障は公務員に対しても及ぶが、この労働基本権は勤労者を含めた国民全体の共同利益の見地からする制約を免れない。この理を「非現業の国家公務員」について述べると、次のとおりである。（イ）公務員の地位の特殊性と職務の公共性を根拠として、その労働基本権に対し必要やむを得ない限度の制限を加えることは、十分な合理性がある。（ロ）公務員の給与をはじめ、その他の勤務条件は、国会の制定した法律、予算によって定められることとなっており、したがって、公務員が政府に対し争議行為を行うことは的はずれである。（ハ）私企業の場合には、労働者の要求はいわゆる市場抑制力が働くが、公務員の場合にはそのような制約はない。（ニ）公務員の労働基本権を制限するにあたっては、これに代わる相応の措置が講じられなければならないが、人事院制度などによって十分なものがあるといえる。

2　被収容者の人権

被収容者の人権を制限する根拠も、公務員の場合と同じく、憲法が収容関係とその自律性を憲法の構成要素として認めていることにあるとされます（18 条、31 条）。

この点について判例は、未決拘禁者の閲読の自由の制限について、監獄（現刑事収容施設）内の規律及び秩序の維持上放置することができない程度の障害が生ずる相当の蓋然性がある場合に限って許されるとしました（「よど号」ハイジャック新聞記事抹消

[*1]
■ **語句解説**

現業というのは、国有林野事業などの非管理的な業務のことを指します。

[*2]
■ **参考データ**

公務員の労働基本権について、最高裁は、都教組事件（最大判昭 44.4.2）では、公務員の一律かつ全面的な争議行為の禁止規定を、合憲限定解釈により合憲と判断しました。しかし、全農林警職法事件で、合憲限定解釈を否定して合憲とする判断を下しており、現在ではこの判決が定着しています。しかし、これに対しては、個々の公務員の職務上の地位や職務の内容に即した必要最小限度の制限のみを認めるべきとの批判もあります。

[*3]
☑ **要チェック！過去問題**

公務員の争議行為は禁止されているが、政治的目的のために行われる争議行為は、表現の自由としての側面も有するので、これを規制することは許されない。

➡ ✗（H24-7-4）

事件：最大判昭 58.6.22)。*4*5

3 私人間効力

　人権は、伝統的な憲法理論では、国家権力（公権力）との関係で保障される国民の権利、自由であると考えられてきました。つまり、憲法は、もともと、国家と私たち国民との間を規律する公法です。

　しかし、現代においては、私たち私人の中に人権を侵害するおそれのある社会的権力として、マスコミや企業等、巨大な資本と情報力を持つ私的団体が登場してきました。

　そこで、憲法の規定を国家と私人のみならず、私人間にも適用し、一般国民の人権を保障しなければならないのではないかが問題となりました。

1 間接適用説

　私人の中に社会的権力が登場し、国民の権利に対して脅威となっている現代において、憲法の規定を全く考慮しないのでは、国民の人権保障を十分図れなくなってしまいます。その反面、憲法を直接適用すると私的自治の原則を害してしまうことになります。*6

　そこで、一般私人の人権を社会的権力から保護するために、私法の一般条項（民法 90 条、709 条等）を適用する際に、憲法の精神をその解釈に読み込んで解決しようとする考えが登場しました。これを、間接適用説といいます。判例もこの立場に立っています。

---

*4
■ 参考データ
現在では、監獄ではなく刑事収容施設と呼ばれています。

*5
■ 語句解説
蓋然性とは、あることが実際に起こる可能性が高いことをいいます。

*6
■ 語句解説
私的自治の原則とは、私人と私人の間の法律関係には国家が介入しないのが原則であり、国家とは無関係に私人相互間で契約を結ぶ等して取引関係やその他の法律関係を築いていくことをいいます。

Festina lente
間接適用説に立っても、もともと、直接的な私法的効力を持つ人権規定は直接適用されるよ（15 条 4 項、18 条、27 条 3 項、28 条）。

判例	**三菱樹脂事件（最大判昭 48.12.12）**
争点	①憲法の人権規定は、私人間にも適用されるか。 ②私人相互間で自由・平等侵害があった際、どのように保護していくことができるか。
結論	①直接適用はされない。 ②民法 1 条、90 条や不法行為に関する諸規定を運用して保護していく。
判旨	①憲法の規定は、もっぱら国又は公共団体と個人との関係を規律するものであり、私人相互の関係を直接規律することを予定するものではない。 ②私的自治に対する一般的制限規定である民法 1 条、90 条や不法行為に関する諸規定

> などの適切な運用によって、一面で私的自治の原則を尊重しながら、他面で社会的許容性の限度を超える侵害に対し基本的な自由や平等の利益を保護し、その間の適切な調整を図る。

ファイナルチェック　基礎知識の確認

問題1　憲法第3章「国民の権利及び義務」にいう国民とは、日本国籍を有する自然人を指す。

問題2　法人には、性質上可能な限り、人権享有主体性が認められており、例えば、財産権等は、法人にも保障されている。

問題3　税理士会がする政治資金規正法上の政治団体に対する政治献金は、それが税理士法改正に関わるものであったとしても、税理士会の目的の範囲外の行為と解される。

問題4　我が国に在留する外国人のうちでも、永住者等であってその居住区域の地方公共団体と特段に緊密な関係を持つに至ったと認められる者については、憲法上、地方公共団体の長に対する選挙権が保障されている。

問題5　「公務員は、政治的目的のために、寄附金を求め、若しくは受領してはならない。」という規定を法律で設けることは、憲法上、許されない。

問題6　刑事収容施設内の規律及び秩序の維持上放置することができない程度の障害が生ずる相当の蓋然性がある場合には、それを防止するために必要かつ合理的な範囲内で、被収容者の閲読の自由を制約することは許される。

問題7　憲法の規定は、すべて、私人間には直接適用されない。

問題1 ○　**問題2 ○**　**問題3 ○**　(南九州税理士会事件)　**問題4 ✕**　憲法上は、外国人には、選挙権は保障されていない。　**問題5 ✕**　判例は、本問のような規定（国家公務員法102条1項）を合憲とした。　**問題6 ○**　(よど号ハイジャック新聞記事抹消事件)　**問題7 ✕**　間接適用説に立っても、性質上直接的な私法的効力を持つ人権規定は、直接適用される。

本試験レベルの問題にチャレンジ！▶▶▶

Chapter 3 包括的基本権と法の下の平等

重要度 B

Part 1 憲法

イントロダクション　学習のポイント

　この Chapter では、前半で新しい人権、後半で法の下の平等について勉強します。ともに、大切なテーマです。
　これらのテーマに関連する最高裁判所の重要判例も多くあります。特に、14条の「法の下の平等」に関しては、非嫡出子相続分差別規定違憲決定など、近年、最高裁判所において違憲の判断がされたものもあります。

ベーシック　じっくり理解しよう!

1 生命・自由・幸福追求権 (13条)

重要度 A

1 幸福追求権の意味

　13条後段は、すべての人権の基礎となる幸福追求権を定める規定です。憲法は、歴史上重要な権利について、14条以下で保障していますが、時代の変化とともに新たに保障すべき必要性が生じる権利もあります。そこで、14条以下に含まれない新しい人格的生存に不可欠な権利・自由については、13条後段によって人権としての保障を受け得るとされます。

2 新しい人権

1 プライバシー権

プライバシーの権利は、従来、マスコミ等による私生活の暴露等に対する、「放っておいてもらう権利」として構成されてきました。

しかし、情報技術の進展に伴い、行政機関や企業によって大量の個人情報が収集・保有されるようになった現代社会においては、単に他人の目から放っておいてもらうのみでなく、自己に関する情報を自分自身でコントロールできて初めて人格的な生存が可能となります。

現代では、プライバシー権を情報のコントロールという側面から捉え直し、「自己に関する情報をコントロールする権利」(情報プライバシー権) として再構成するに至っています。*1

この観点から、いわゆる個人情報保護法が制定されました。

*1 要チェック！過去問題
プライバシーの権利について、個人の私的領域に他者を無断で立ち入らせないという消極的側面と並んで、積極的に自己に関する情報をコントロールする権利という側面も認める見解が有力である。
→ ○ (H26-3-3)

前科照会事件（最判昭 56.4.14）

市長が弁護士会の照会に応じ、犯罪の種類、軽重を問わず、前科などを報告することは、公権力の違法な行使にあたるか。

結論　あたる。

判旨　前科及び犯罪経歴は人の名誉、信用に直接にかかわる事項であり、前科などのある者もこれをみだりに公開されないという法律上の保護に値する利益を有する。……漫然と弁護士会の照会に応じ、犯罪の種類、軽重を問わず、前科などのすべてを報告することは、公権力の違法な行使にあたると解するのが相当である。

指紋押捺事件（最判平 7.12.15）*2

争点　指紋の押捺を強制されない権利は、13条のプライバシー権に含まれるか。

結論　含まれる。

判旨　憲法13条で保障する国民の私生活上の自由の一つとして、何人もみだりに指紋の押捺を強制されない自由を有するというべきものであり、国家機関が正当な理由もなく指紋の押捺を強制することは、同条の趣旨に反して許されない。

*2 要チェック！過去問題
指紋は、性質上万人不同、終生不変とはいえ、指先の紋様にすぎず、それ自体では個人の私生活や人格、思想等個人の内心に関する情報ではないから、プライバシーとして保護されるものではない。
→ ✗ (H23-3-3)

2 自己決定権

判例 「エホバの証人」信者輸血拒否事件（最判平 12.2.29）

争点 宗教上の信念に基づく輸血拒否の意思決定は、人格権として認められるか。

結論 認められる。

判旨 患者が、輸血を受けることは自己の宗教上の信念に反するとして、輸血を伴う医療行為を拒否するとの明確な意思を有している場合、このような意思決定をする権利は、人格権の一内容として尊重されなければならない。

3 その他の「新しい人権」

肖像権（みだりにその容ぼう・姿態を撮影されない自由）、**名誉権**が、「新しい人権」として判例によって認められています（京都府学連事件：最大判昭 44.12.24、北方ジャーナル事件：最大判昭 61.6.11）。*3

*3 要チェック！過去問題
個人の容ぼうや姿態は公道上などで誰もが容易に確認できるものであるから、個人の私生活上の自由の一つとして、警察官によって本人の承諾なしにみだりにその容ぼう・姿態を撮影されない自由を認めることはできない。
➡ ✕（R3-4-1）

Festina lente
北方ジャーナル事件は表現の自由でも勉強するよ。ここでは名誉権も保障されると覚えておこう。

2 法の下の平等（14条）

重要度 **B**

14条の規定は、国家は国民を不合理に差別してはならないことを定めたものであり、これは、立法、行政、司法すべての国家行為を拘束するという一般的な原則であると同時に、個々の国民に対しては平等権、すなわち、法的に平等に扱われる権利ないし不合理な差別をされない権利を保障したものと解されています。

1 法の下の「平等」の意味

1 相対的平等

「平等」とは、人の事実上の差異に着目して等しいものは等しく、等しくないものは等しくなく取り扱うべきであるという相対的平等を意味すると考えられます。

判例は、相対的平等の立場から、**人の事実上の差異に着目した合理的な差別は許される**という考えをとっています。*4

*4 参考データ
例えば、財産権の制限（税の徴収）と参政権の制限を対比してみると、税の徴収は、財産権の制限になりますが、年収の多寡に応じて、課税額を変えること（累進課税）は、合理的な差別といえます。これに対して、年収によって、参政権に差異を設けること（制限選挙）は、合理的な差別とはいえません。

2 形式的平等

平等という概念の中に、単なる形式的な平等を超えて国家権力による実質的な平等をも読み込んでいくべきかという問題があります。つまり、実際には個人の努力では追いつかない差異があるわけですから、その点に配慮して格差是正に国家が介入していくことまで14条が要請しているのかということです。

この点について14条は、法の取扱いの平等、いわば、形式的平等を目指していると考えられています。実質的平等の実現は、福祉国家の理念に基づく社会権の保障等によって立法府主導で実現されるべきと解されます。*1

2 平等の具体的内容

1 14条1項後段列挙事由

14条1項後段の列挙事由は、歴史的に差別の理由とされてきた事由、すなわち、人種・信条・性別・社会的身分・門地を例示列挙したものですから、これら以外の事由についても保障は及び得ます（判例）。*2

憲法14条に関しては重要な判例が多数あります。代表的な判例をみていきましょう。

> **判例** 女子再婚禁止期間事件（最大判平27.12.16）*3
>
> **争点** 女性について6か月の再婚禁止期間を定める旧民法733条1項（以下、本件規定）の規定は、憲法14条1項に違反するか。
>
> **結論** 本件規定のうち100日の再婚禁止期間を設ける部分は、憲法14条1項に違反するものではない。しかし、本件規定のうち100日超過部分は、平成20年当時において、14条1項に違反する。
>
> **判旨** 女性の再婚後に生まれる子については、計算上100日の再婚禁止期間を設けることによって、父性の推定の重複が回避されることになるところ、本件規定のうち100日超過部分については、民法772条の定める父性の推定の重複を回避するために必要な期間ということはできない。医療や科学技術が発達した今日においては、再婚禁止期間を厳密に父性の推定が重複することを回避するための期間に限定せず、一定の期間の幅を設けることを正当化することは困難になったといわざるを得ない。本件規定のうち100日超過部分は、国会に認められる合

Festina lente

相対的平等とは事実上の差異に着目する考え方であるのに対し、実質的平等とはその差異を是正する方向を目指す考え方だよ。

---

*1

■ **語句解説**

福祉国家とは、国民の福祉の増進や確保を目標とした国家体制をいいます。

---

*2

■ **語句解説**

門地とは、家柄のことをいいます。

---

*3

☑ **要チェック！過去問題**

厳密に父性の推定が重複することを回避するための期間（100日）を超えて女性の再婚を禁止する民法の規定は、婚姻および家族に関する事項について国会に認められる合理的な立法裁量の範囲を超え、憲法に違反するに至った。

➡ **○**（R1-4-4）

理的な立法裁量の範囲を超えるものとして、その立法目的との関連において合理性を欠くものになっていたと解される。

判例　非嫡出子相続分差別規定違憲決定（最大決平25.9.4）*4

事案　被相続人の遺産につき、嫡出である子らが、嫡出でない子らに対し、遺産の分割の審判を申し立て、民法900条4号但書の規定のうち嫡出でない子の相続分を嫡出子の相続分の2分の1とする部分（以下、本件規定）を適用して算出された法定相続分を前提に、遺産の分割をすべきものとした。

争点　本件規定は、法の下の平等を定める憲法14条1項に違反するか。

結論　違反する。

判旨　法律婚という制度自体は我が国に定着しているとしても、……子にとっては自ら選択ないし修正する余地のない事柄を理由としてその子に不利益を及ぼすことは許されず、子を個人として尊重し、その権利を保障すべきであるという考えが確立されてきているものということができる。以上を総合すれば、被相続人に相続が開始した当時においては、立法府の裁量権を考慮しても、嫡出子と嫡出でない子の法定相続分を区別する合理的な根拠は失われていたというべきである。したがって、本件規定は、憲法14条1項に違反していたものというべきである。

*4
■ **語句解説**

嫡出子とは、婚姻している夫婦の間に生まれた子等をいいます。
一方、**非嫡出子**とは、原則として婚姻していない男女の間に生まれた子をいいます。

判例　尊属殺重罰規定違憲判決（最大判昭48.4.4）

事案　実父に夫婦同様の関係を強いられてきた被告人が、虐待にたまりかねて実父を殺害し、自首した。

争点　普通殺に比べて尊属殺に著しく重罰を科すことが、法の下の平等の原則に反しないか。

結論　反する。

判旨　旧刑法200条の立法目的は尊属を卑属又はその配偶者が殺害することをもって一般に高度の社会的道義的非難に値するものとし、かかる所為を通常の殺人の場合より厳重に処罰し、もって特に強くこれを禁圧しようとするにある。かかる差別的取扱いをもってただちに合理的な根拠を欠くものと断ずることはできない。しかし、旧刑法200条は、尊属殺の法定刑を死刑又は無期懲役刑のみに限っている点において、その立法目的達成のため必要な限度を遥かに超え、普通殺に関する刑法199条の法定刑に比し著しく不合理な差別的取扱いをするものと認められ、憲法14条1項に違反して無効である。

> **判例** **国籍法違憲判決（最大判平20.6.4）**
>
> **争点** 旧国籍法3条1項の規定が、日本国民である父の非嫡出子について、父母の婚姻により嫡出子たる身分を取得した者に限り日本国籍の取得を認めていることによって、同じく日本国民である父から認知された子でありながら父母が法律上の婚姻をしていない非嫡出子は、その他同項所定の要件を満たしても日本国籍を取得することができないという区別が生じており、このことが憲法14条1項に違反しないか。
>
> **結論** 違反する。
>
> **判旨** 本件区別については、立法目的自体に合理的な根拠は認められるものの、立法目的との間における合理的関連性はすでに失われ、今日において、旧国籍法3条1項の規定は合理性を欠いた過剰な要件を課するものとなっているというべきである。そうすると、本件区別は、遅くとも上告人らが法務大臣あてに国籍取得届を提出した当時には、立法府に与えられた裁量権を考慮してもなおその立法目的との間において合理的関連性を欠くものとなっていたと解される。したがって、上記時点において、旧国籍法3条1項の規定が本件区別を生じさせていることは、憲法14条1項に違反するものであったというべきである。

2 議員定数不均衡の合憲性

(1) 議員定数不均衡とは

議員定数不均衡とは、国会議員の選挙において、各選挙区の議員定数の配分に不均衡があるため、人口数（若しくは有権者数）との比率において、選挙人の投票価値（1票の重み）に不平等が存在することが違憲ではないか、という問題です。[*1]

(2) 判例の考え方

投票価値の平等は政治的価値の平等ということですから、選挙区間における議員1人あたりの選挙人数の較差は、本来1対1が最も望ましいということになります。

しかし、これまでの判例を見ると、1対1ではない場合も合憲とした判例があります。

議員定数不均衡問題については、試験対策上、判例の考え方は大きく3つのステップがあると理解しておくとよいでしょう。

(3) 違憲か合憲か

第1ステップとして、最大較差に対する過去の最高裁判所の判断は次のとおりです。

[*1]
■ **参考データ**

例えば、ある選挙区（仮に「甲選挙区」とする）では、1人の候補者が当選するのに3万票必要だとしましょう。それに対して、別の選挙区（仮に「乙選挙区」とする）では、1人が当選するのに6万票必要だとします。そうすると、「1人1票」というのは同じですが、乙選挙区の1票に対して甲選挙区の1票には2倍の価値があるということになり、その点が問題となります。

〈衆議院議員定数不均衡問題〉

判断日	最大較差	判　断
1976.4.14	4.99	違憲・事情判決
1983.11.7	3.94	違憲状態
1985.7.17	4.40	違憲・事情判決
1988.10.21	2.92	合　憲
1993.1.20	3.18	違憲状態
2011.3.23	2.30	違憲状態
2013.11.20	2.43	違憲状態
2015.11.25	2.13	違憲状態
2018.12.19	1.98	合　憲

〈参議院議員定数不均衡問題〉

判断日	最大較差	判　断
1983.4.27	5.26	合　憲
1986.3.27	5.37	合　憲
1987.9.24	5.56	合　憲
1996.9.11	6.59	違憲状態
1998.9.2	4.97	合　憲
2009.9.30	4.86	合　憲
2012.10.17	5.00	違憲状態
2014.11.26	4.77	違憲状態
2017.9.27	3.08	合　憲
2020.11.18	3.00	合　憲

Festina lente

　2022（令和４）年７月の参院選における「１票の格差訴訟」
では、高裁・高裁支部に提訴された16件の訴訟のうち８件が「違
憲状態」で、仙台高裁では「違憲」とされたんだ。その理由は、１
つ前の2019年の選挙で、選挙区の見直しの検討を求められてい
たのに、格差が増えた選挙区があったので、具体的な措置が取られ
なかったという指摘があるからだよ。今後の最高裁の判断に注目し
ておこう。

(4) 合理的期間論

　これまでの判例では、最大較差が違憲状態にあったとして
も、直ちに定数配分規定を違憲とはしません。すなわち、第２
ステップとして、合理的期間論という考え方が出てきます。す
なわち、許容できない較差が生じていても、国会が法改正をす
るために必要な合理的な期間内であれば定数配分規定を違憲と
しません。そして、合理的期間を経過してもなお是正されない
場合に、初めて違憲という判断がなされます。

(5) 事情判決の法理[1]

　　合理的期間を経過した場合、定数配分規定は違憲となりますが、ここで次に、違憲の定数配分規定に基づいてなされた選挙が無効になるかという問題が生じます。これが第3ステップです。この点について、事情判決の法理という考え方が一般的に採用されています。

　　すなわち、**事情判決の法理により、違法を宣言するにとどめられ、選挙は無効とはなりません。**

判例 衆議院議員定数不均衡事件（最大判平25.11.20）[2]

争点 2009年8月30日の衆議院議員総選挙（平成21年選挙）当時に憲法の投票価値の平等の要求に反する状態にあった、衆議院小選挙区選出議員の選挙の一人別枠方式を含む区割基準を定める規定は、2012（平成24）年12月16日の衆議院議員総選挙（本件選挙）について、憲法14条1項等に違反するか。

結論 憲法の投票価値の平等の要求に反する状態にあったが、憲法上要求される合理的期間内に是正がされなかったとはいえず、違反しない。

判旨 本件選挙は、平成21年選挙と同様の選挙区割りで行われ、最大較差も拡大していた（2.425倍）ため、本件選挙区割りは憲法の投票価値の平等の要求に反する状態にあったが、本件選挙までに、一人別枠方式を定めた規定が削除され、全国の選挙区間の人口較差を2倍未満に収めることを可能とする定数配分と区割り改定の枠組みが定められ、国会での是正の実現に向けた取組みが、最大判平23.3.23の趣旨を踏まえた立法裁量権の行使として相当なものでなかったとはいえず、憲法上要求される合理的期間を徒過したということはできない。

---

[1] **要チェック！過去問題** 投票価値の不平等が、国会の合理的裁量の範囲を超えると判断される場合には、選挙は違憲・違法となるが、不均衡の是正のために国会に認められる合理的是正期間を経過していなければ、事情判決の法理により選挙を有効とすることも許される。
→ ✗（H26-5-2）

[2] **参考データ** 広島高岡山支判平25.11.28は、2013（平成25）年7月21日の参議院議員選挙について、参議院議員定数配分規定を違憲と判断し、事情判決の法理を用いることなく、岡山選挙区の選挙を無効としています。これは参議院議員選挙を初めて無効とした画期的な判決であり、今後の議員定数不均衡訴訟に少なからず影響を与えると考えられます。

Festina lente

　　一人別枠方式とは、衆議院小選挙区の選挙区割りで用いられている特別な割当て方式だよ。まず各都道府県に1区を割り振り、残りの議席を改めて各都道府県に人口比例で振り分けていくから、人口比例の対象が少なくなり、結果的に人口の少ない都道府県が多めの議席配分を受けることになるんだ。

　　最大判平23.3.23は、過疎地域への配慮という立法時の意義が合理性を失ったことを根拠に、一人別枠方式を定める規定が、平成21年選挙の当時、憲法の投票価値の平等の要求に反する状態にあったとしたんだよ。

ファイナルチェック　基礎知識の確認

問題1　市区町村長が漫然と弁護士会の照会に応じ、犯罪の種類、軽重を問わず、特定個人の前科等のすべてを報告することは、公権力の違法な行使にあたる。

問題2　患者が、輸血を受けることは自己の宗教上の信念に反するとして輸血を伴う医療行為を拒否するとの明確な意思を有している場合、このような意思決定をする権利は、人格権の一内容として尊重されなければならない。

問題3　相続財産について、非嫡出子に嫡出子の2分の1の法定相続分しか認めない民法の規定は、法の下の平等に違反する。

問題4　参議院議員選挙において、1対6.59の較差が生じているのは、違憲であり、その較差を生み出した定数配分規定は、憲法14条に反し、選挙は無効である。

問題1 ○（前科照会事件）　**問題2 ○**（「エホバの証人」信者輸血拒否事件）　**問題3 ○**（非嫡出子相続分差別規定違憲決定）　**問題4 ✗**（参議院議員定数不均衡事件）

本試験レベルの問題にチャレンジ！▶▶▶

Chapter 3　包括的基本権と法の下の平等

Chapter 4 精神的自由①

重要度 B

イントロダクション　学習のポイント

　精神的自由のうち、表現の自由は内容が多いため、このChapterでは、まず表現の自由以外の精神的自由、すなわち、**思想・良心の自由**、**信教の自由**、**学問の自由**について勉強します。また、信教の自由、学問の自由の保障をそれぞれ間接的に確保する制度として政教分離原則、**大学の自治**という制度が保障されています。これらについてもあわせて勉強しますが、中でも**政教分離原則**は、このChapterの中では最重要なテーマと考えてください。

ベーシック　じっくり理解しよう!

1 思想・良心の自由 (19条)[*1]

重要度 B

1 思想・良心の自由の保障の内容

	内　容
内心の自由	思想・良心の自由は、内心にとどまる限りは他人の人権と衝突することがあり得ないので、内心の領域にとどまる限り、国家との関係では**絶対的な自由**として保障されている。

*1　■ 語句解説

思想・良心の自由とは、簡単にいえば、心の中であれば、何を考えていようと自由であるという権利です。

沈黙の自由	国民がいかなる思想を抱いているかについて、国家権力が露顕を強制することは許されないとするものである。
不利益取扱いの禁止	国家は、内心の思想に基づく不利益な取扱いをしたり特定の思想を禁止したりすることは、一切できない。

　謝罪広告の強制（民法723条）が、思想・良心の自由を侵害するかが問題となった事案について、判例は、「単に事態の真相を告白し陳謝の意を表明するにとどまる程度」であれば、思想・良心の自由を侵害しないと判断しました（謝罪広告事件：最大判昭31.7.4）。*2*3

> **判例　君が代起立斉唱の職務命令（最判平23.5.30）**
>
> **争点**　卒業式において、国歌斉唱の際に国旗に向かって起立し国歌を斉唱することを命ずる校長の職務命令は憲法19条に違反しないか。
>
> **結論**　違反しない。
>
> **判旨**　本件の起立斉唱行為は、学校の儀式的行事における慣例上の儀礼的な所作として外部からも認識されるものであって、特定の思想又はこれに反する思想の表明として外部から認識されるものと評価することは困難であり、本件職務命令は、当該教諭に特定の思想を持つことを強制したり、これに反する思想を持つことを禁止したりするものではなく、特定の思想の有無について告白することを強要するものともいえない。

Festina lente

　思想・良心の自由について、判例は、思想と全く関係のない、単なる事実の知・不知という点には保障が及ばないと考えているんだ。

*2
■ **ポイント**

謝罪広告が、謝罪ということにウェイトを置くと、思想・良心の自由に反するおそれが高いが、単に事態の真相を告白することに主眼があり、付随的に陳謝の意を表明するにとどまる程度であれば合憲だということです。

*3
☑ **要チェック！過去問題**

憲法19条の「思想及び良心の自由」は、国民がいかなる思想を抱いているかについて国家権力が開示を強制することを禁止するものであるため、謝罪広告の強制は、それが事態の真相を告白し陳謝の意を表するに止まる程度であっても許されない。
➡ ✕ (H21-5-2)

2　信教の自由（20条）

重要度 **A**

1　信教の自由

　信教の自由の内容は、次の3点です。

Chapter 4
精神的自由①　61

	内　容 *1
信仰の自由	宗教を信仰し、又は信仰しないこと、信仰する宗教を選択、変更することについて、個人が全く任意に決定する自由を有することを意味する。これらはあくまでも内心の領域にとどまるわけであるから、他の人の人権と衝突しない。したがって、思想・良心の自由と同様、絶対的に保障される。
宗教的行為の自由	信仰に関して個人が単独で、又は、他の者と共同して、祭壇を設け、礼拝や祈祷を行う等、宗教上の祝典、儀式、行事その他の布教等を任意に行う自由を意味する。ここでは、宗教的行為をしない自由や宗教的行為への参加を強制されない自由も含んでいる。
宗教的結社の自由	特定の宗教を宣伝し、又は、共同で宗教的行為を行うことを目的とする団体を結成する自由である。ここでも、このような宗教的な団体に加わらない自由も、当然保障される。

*1
■ 参考データ

これら3つの自由は、狭い意味での信教の自由です。

2 信教の自由の限界

　宗教的行為の自由と宗教的結社の自由は、内心の領域にとどまりません。ですから、他の人の人権とぶつかり合うおそれがあります。したがって、信教の自由も絶対無制限のものではありません。

*2
☑ 要チェック!
過去問題

憲法20条3項は、国が宗教教育のように自ら特定宗教を宣伝する活動を行うことを禁止する趣旨であるため、宗教団体の行う宗教上の祭祀に際して国が公金を支出することが同項に違反することはない。

➡✗ (H21-5-4)

判例	宗教法人オウム真理教解散命令事件（最決平 8.1.30）

事案　大量殺人を目的として計画的、組織的にサリンを生成した宗教法人について、宗教法人法81条1項1号及び2号前段に規定する事由があるとして、解散命令が出された。

争点　宗教法人の解散命令は、20条1項に反し違憲か。

結論　合憲である。

判旨　宗教法人法81条に規定する宗教法人の解散命令の制度は、もっぱら宗教法人の世俗的側面を対象とし、かつ、もっぱら世俗的目的によるものであって、宗教団体や信者の精神的・宗教的側面に容かいする意図によるものではなく、その制度の目的も合理的であるということができる。そして、抗告人が、法令に違反して、著しく公共の福祉を害すると明らかに認められ、宗教団体の目的を著しく逸脱した行為をしたことが明らかである。抗告人の右のような行為に対処するには、抗告人を解散し、その法人格を失わせることが必要かつ適切であり、他方、解散命令によって宗教団体であるオウム真理教やその信者らが行う宗教上の行為に何らかの支障を生ずることが避けられないとしても、その支障は、解散命令に伴う間接的で事実上のものであるにとどまる。したがって、本件解散命令は、宗教団体であるオウム真理教

やその信者らの精神的・宗教的側面に及ぼす影響を考慮しても、抗告人の行為に対処するのに必要でやむを得ない法的規制であるということができる。

3 政教分離の原則*2*3

政教分離とは、**国家の非宗教性**ないし**宗教に対する中立性**のことです。憲法では政教分離は、20条1項後段、3項のほかに、89条前段にも規定されています。

1 法的性質

判例は、政教分離原則の法的性質について、**制度的保障**であると考えています。制度的保障というのは、一定の制度に対して、立法によってもその核心ないし本質的部分を侵害できないという特別な保障を与え、制度それ自体を客観的に保障していくことをいいます。*4

2 政教分離の限界

国家と宗教とは分離しなければなりません。しかし、現代の福祉国家の理念の下で、国家と宗教のかかわりを完全に排除することは不可能であるし、不合理です。

したがって、国家と宗教との相当程度のかかわり合いは認めざるを得ないのです。

判例は、行為の目的が宗教的意義を持つかどうか、その効果が宗教に対する援助、助長、促進、又は圧迫、干渉になるような行為かどうかという**目的効果基準**を主に用いて、政教分離原則違反か否かを判断しています（津地鎮祭事件：最大判昭52.7.13）。

判例	愛媛玉串料訴訟事件（最大判平9.4.2）
争点	公金による玉串料等の奉納は、政教分離原則（20条3項、89条）に反するか。
結論	反する。
判旨	（目的効果基準を用いた点では津地鎮祭事件を踏襲した上で）しかし、①例大祭などは神社境内で行われる神道の重要な儀式であること、②県が他の宗教団体の同種の儀式に対して公費を支出していない等を挙げ、玉串料の奉納は、慣習化した社会的儀礼的行為とはいえず、その目的は宗教的意義を

*3
■ 参考データ
20条1項前段及び2項では、人権としての信教の自由を保障しています（狭い意味での信教の自由）。これに対して、1項後段と3項は政教分離の規定と考えられています。

*4
■ ポイント
日本国憲法の中で他に制度的保障と解されているものには、①**大学の自治**（23条）、②**私有財産制度**（29条）、③**地方自治制度**（92条）があります。それぞれ、①学問の自由、②財産権、③地方自治という箇所で学習します。

政教分離とは、簡単にいうと、政治と宗教は切り離されなければならないという制度なんだよ。

持つ。その効果も特定の宗教を援助、助長する効果を持つと認めるべきであり、これによってもたらされる県と靖国神社とのかかわり合いが社会通念上、相当とされる限度を超えるものであって、県の行為が憲法20条3項で禁じた「宗教的活動」にあたり、その支出も憲法89条に違反する。

判例 砂川政教分離訴訟（最大判平22.1.20）

争点 市が連合町内会に対し市有地を無償で神社施設の敷地としての利用に供している行為が憲法89条、20条1項後段に違反するか。

結論 違反する。

判旨 本件利用提供行為を、社会通念に照らして総合的に判断すると、市と本件神社ないし神道とのかかわり合いが、我が国の社会的、文化的諸条件に照らし、信教の自由の保障の確保という制度の根本目的との関係で相当とされる限度を超えるものとして、憲法89条の禁止する公の財産の利用提供にあたり、ひいては憲法20条1項後段の禁止する宗教団体に対する特権の付与にも該当すると解するのが相当である。

Festina lente

砂川政教分離訴訟は、目的効果基準を用いずに、神社への敷地の無償貸与を違憲としたんだ。

---

3 学問の自由 (23条)

重要度 **B**

1 学問の自由の内容

学問の自由の内容は、以下の3つに分類されます。

①	学問研究の自由
②	研究結果発表の自由
③	教授の自由

なお、判例は、普通教育においても、「一定の範囲における教授の自由が保障される」としています（旭川学テ事件：最大判昭51.5.21）。[1]

---

*1
☑ 要チェック！ 過去問題

権力主体としての国の子どもの教育に対するかかわり合いは、右のような国民の教育義務の遂行を側面から助成するための諸条件の整備に限られ、子どもの教育の内容及び方法については、国は原則として介入権能をもたず、教育は、その実施にあたる教師が、その教育専門家としての立場から、国民全体

---

64 Part 1
憲 法

2 大学の自治

　大学の自治とは、大学における研究教育の自由を十分に保障するために、大学の内部行政に関しては大学の自主的な決定に任せ、大学内の問題に権力が干渉することを排除しようとするものです。大学の自治は、23条が学問の自由を保障していることから当然認められるものであり、**制度的保障**の1つであると考えられています。

　大学の自治の内容としては、以下の3つがあります。

① 人事の自治	② 施設の管理の自治	③ 学生の管理の自治

　問題となるのは、学生も大学の自治の主体たり得るかです。
　判例は、教授その他の研究者の自由と自治の効果として、学生も学問の自由と施設の利用を認められるにすぎないとしています。

判例　東大ポポロ事件（最大判昭38.5.22）*2

争点　①学生は大学の自治の主体となるか。
　　　　②警察の介入は大学の自治を侵すことになるか。

結論　①**主体とならない。**
　　　　②**学生の集会が実社会の政治的社会的活動にかかわる場合には、大学の自治を侵すことにはならない。**

　（前提として学問の自由と大学の自治を享有する主体は**教授その他の研究者**であり、学生はそれらの自由と自治の効果として学問の自由と施設の利用が認められているにすぎないとした上で、）そして、大学における学生の集会もその範囲において自由と自治を認められるにすぎず、「**実社会の政治的社会的活動に当る行為**をする場合には、大学の有する特別の学問の自由と自治は享有しない」ので、「本件の集会に警察官が立ち入ったことは、大学の学問の自由と自治を犯すものではない」。

に対して教育的、文化的責任を負うような形で、……決定、遂行すべきものであり、このことはまた、憲法二三条における学問の自由の保障が、学問研究の自由ばかりでなく、**教授の自由**をも含み、**教授の自由**は、教育の本質上、高等教育のみならず、普通教育におけるそれにも及ぶと解すべきことによっても裏付けられる、と主張するのである。
(H24-41 多肢選択)

*2 **要チェック！過去問題**
大学における学生の集会は、大学の公認した学内団体であるとか、大学の許可した学内集会であるということのみによって、特別な自由と自治を享有するものではない。
→ ○ (H21-6-1)

Chapter 4　精神的自由①　65

ファイナルチェック　基礎知識の確認

問題 1　謝罪広告の強制は、その広告内容が単に事態の真相を告白し、陳謝の意を表明するに止まる程度であれば、思想・良心の自由を侵害しない。

問題 2　信教の自由も絶対無制約なものではないが、例えば、著しく公共の福祉を害すると明らかに認められる行為をした宗教法人に対して、その解散を認めることは憲法に反する。

問題 3　憲法が国及びその機関に行うことを禁止している宗教的行為とは、その行為の目的が宗教的意義を持ち、その効果が宗教に対する援助、助長、促進又は圧迫、干渉等になるような行為をいう。

問題 4　憲法 23 条は、「学問の自由及び大学の自治は、これを保障する。」と規定している。

問題 5　23 条は、もっぱら大学の教授に対して学問の自由を保障しているのであって、大学の学生には、学問の自由は保障されない。

問題 1 ◯（謝罪広告事件）　**問題 2 ✗**　宗教法人オウム真理教解散命令事件で、判例は、解散命令は必要でやむを得ない法的規制であるとした。　**問題 3 ◯**（津地鎮祭事件）　**問題 4 ✗**　憲法 23 条は、大学の自治については明示していない。　**問題 5 ✗**　学問の自由の保障はすべての国民に対して及ぶ。

本試験レベルの問題にチャレンジ！ ▶▶▶

Chapter 5 精神的自由②（表現の自由）

重要度 A

イントロダクション　学習のポイント

　行政書士試験の勉強上、最も重要な人権が表現の自由です。内容も多岐にわたりますが、中でも、表現の自由の内容としては**報道の自由**と**取材の自由**が、表現の自由の限界では**事前抑制の理論（検閲）**が大切です。

　内容が多いからこそ、勉強をしているときにどこを勉強しているのか？意味なのか？内容なのか？限界なのか？を意識しながら勉強していきましょう。

ベーシック　じっくり理解しよう！

1　表現の自由の意味（21条）*1

重要度 A

1　「表現の自由」の価値

　表現の自由とは、思想や信仰など内心における精神作用を外部に公表する精神活動の自由をいいます。精神的自由権は、内心の思想等を外部に表現し、他者に伝達することで、初めて真価を発揮することができるという点で、表現の自由は、精神的自由権の中でも、非常に重要な権利です。

　表現の自由を保障する目的は、次の2点にあるとされます。

*1
■ **語句解説**
表現の自由の「**表現**」とは、単に思想・信条の発表に限定されず、思想・信条・意見・知識・事実・感情等個人の精神活動にかかわる一切の伝達に関する活動を意味するとされます。

Chapter 5 精神的自由②（表現の自由）　67

1つは、言論活動を通じて自己の人格を発展させるという個人的な意義（これを自己実現の価値といいます）にあり、もう1つは、国民主権の原理の下で、国民が政治に参加し、民主的な政治を実現するという社会的な意義（これを自己統治の価値といいます）にあります。

2 知る権利

　知る権利とは、国民が自由に情報を受け取り、又は国家に対して情報の公開を請求する権利をいいます。

　この知る権利を保障する明文の規定は憲法上存在しませんが、表現の自由の一環をなすものとして、21条1項で保障されるものと考えられています。現代社会においては、情報の有する意義が、社会生活の中で飛躍的に増大しており、表現の自由を「受け手」の側から捉え直す必要があるからです。

Festina lente

　請求権としての知る権利は、抽象的権利であると考えられているんだよ。

　これは、憲法21条を直接の根拠にして、国（行政・裁判所）に情報の公開を請求することはできず、具体的な立法を待って請求できるようになる権利ということなんだ。[1]

3 反論権（アクセス権）

　マスメディアの報道でいったん名誉毀損等によって人権を侵害されると、回復が非常に困難となります。そこで反論記事の掲載などを求める反論権が問題になることがあります。

　しかし、もしこれを認めてしまうと、マスメディアに対して反論文の掲載を強制することになり、これを避けようとしてマスコミの表現が萎縮する結果、かえって国民の知る権利が損なわれるおそれがあります。したがって、判例は、憲法21条のみを根拠として反論文の掲載の請求は認められないとしています（サンケイ新聞事件：最判昭62.4.24）。

[1]
■ 参考データ
なお、現在は、行政機関に対する情報公開請求権を具体的に定めた「行政機関の保有する情報の公開に関する法律」（略して、「情報公開法」という）が制定され、2001年4月より施行されています。

2 表現の自由の内容

1 集会、結社の自由*2

1 集会の自由 *3

集会の自由が保障されることの意味は、集会を主催し、指導し、又は集会に参加する等の行為について、公権力が制限を加えることが禁止され、また、そのような行為を公権力によって強制されないことを意味します。

また、集会に対して、道路、公園、広場、公会堂といった一定の場所の提供を公権力が拒んではならないという義務、つまり、公共施設の管理者たる公権力に対して、集会を行おうとする者が、公共施設の利用を要求できる権利を含んでいると解されます。

2 公共施設の使用の許可制の合憲性

市民会館等の公共施設の利用について、条例等で許可制をとっているケースが多くあります。集会を公共施設で行おうとする場合、使用許可が得られないと集会を行うことができなくなります。これは、表現の自由に対する制約であり、その合憲性が問題となります。

判例は、「主催者が集会を平穏に行おうとしているのに、その集会の目的や主催者の思想、信条等に反対する者らが、これを実力で阻止し、妨害しようとして紛争を起こすおそれがあることを理由に公の施設の利用を拒むことができるのは、……警察の警備などによってもなお混乱を防止することができない等**特別な事情がある場合に限られる**」として、当該不許可処分を違法としました（上尾市福祉会館使用不許可処分事件：最判平 8.3.15）。*4

3 集団行動の自由と限界

デモ行進のような集団行動の自由が保障されるか否かが問題となりますが、動く集会として、あるいは「その他一切の表現の自由」として**憲法21条で保障されている**と解されます。集団行動は、言論・出版と異なり、一定の行動を伴うものであり、特別の制約に服することがあります。とりわけ、集団行動を規制する、地方公共団体の公安条例の合憲性が問題となってきます。

---

*2 参考データ
憲法は、集会、結社の自由を、言論、出版の自由とともに21条で規定しています。これは、集会や結社が集合、結合を通じて集団としての意思を形成し、それを集団として外部に表明する自由を含むことから、表現の自由の一類型として捉えることができるからです。

*3 語句解説
集会とは、特定、又は、不特定の多数人が一定の場所において共通の目的を持って集まる一時的な集合体です。

*4 参考データ
上尾市福祉会館使用不許可処分事件とは、合同葬儀のために福祉会館の使用許可申請をしたところ、①反対者による合同葬儀の妨害から混乱が生じるおそれがある、②会館内の結婚式等の利用に支障が生じるという理由から不許可処分にされた事件です。

判例は、**一般的な許可制を定めて、集団行動を事前に抑制することは許されない**が、特定の場所又は方法について合理的かつ明確な基準のもとで許可制をとること、さらに公共の安全に対し明らかな差し迫った危険を及ぼすことが予見されるときは許可しない旨を定めることは許されると解しています（新潟県公安条例事件：最大判昭 29.11.24）。

判例 東京都公安条例事件（最大判昭 35.7.20）

争点 集団行動に対して許可制を定めて事前に抑制する東京都公安条例は 21 条に違反しないか。

結論 違反しない。

判旨 （集団の潜在的な力は甚だしい場合には一瞬にして暴徒と化すとし、これは群集心理の法則と現実の経験に徴して明らかであると説き、）本件条例は、公共の安寧を保持する上に直接危険を及ぼすと明らかに認められる場合の外は、これを許可しなければならないという規定（3 条）によれば、不許可の場合が厳格に制限されており、**この許可制はその実質において届出制と異なるところがないため、本件条例による措置は合憲である。**

---

4 結社の自由 [*1]

結社の自由には、①団体を結成し、それに加入する自由、②団体が団体として活動する自由、③団体を結成しない、加入しない、加入した団体から脱退する自由、があります。もっとも、結社の自由も全く無制約ではあり得ず、自ずから制約に服します。例えば、犯罪を行うことを目的とする結社は認められません。[*2]

また、団体は内部統制権（多数決で決まったことには従わなければならない）を有しますが、その**統制権にも限界があります。**

[*1]
■ 語句解説

結社とは、共同の目的のためにする特定の多数人の継続的な精神的結合体です。

[*2]
■ 参考データ

行政書士会、弁護士会、税理士会等のように、専門技術を要し、公共的性格を有する職業の団体については、強制加入が認められています。

Festina lente

例えば、労働組合が特定の候補者を支持する政治活動を行うことは認められるけど、それに対抗して立候補した組合員を除名処分とすることは許されないものと判例は示しているのだよ（最大判昭 43.12.4）。

2 報道の自由と取材の自由

1 報道の自由

報道の自由とは、報道機関が、国民に事実を伝達する自由をい

います。

この点、判例は、報道機関の報道は、国民の知る権利に奉仕するものであり、**事実の報道の自由は、表現の自由を規定した21条の保障の下にある**と述べています。

2　取材の自由
(1) 取材の自由の保障

取材とは、報道の前提としての情報収集活動の一種です。

判例は、報道機関の報道が正しい内容を持つためには、**報道のための取材の自由も、21条の精神に照らし、十分尊重に値する**としています。

(2) 取材の自由と公正な裁判実現の要請との調整

表現の自由と同様に、憲法37条1項が要請する**公正な刑事裁判**を実現するためにも報道機関の取材により得られたものが証拠として必要となる場合もあります。

判例は、取材の自由がある程度の制約を被ることもやむを得ないが、裁判所による証拠の提出命令の必要性と取材の自由が妨げられる程度、及びこれが報道の自由に及ぼす影響の度合い等の事情を比較衡量して提出命令を出すべきかどうかを決めるべきとしています（博多駅テレビフィルム提出命令事件：最大決昭44.11.26）。

> **Festina lente**
>
> 結局、報道の自由は、21条の保障の下にあるけど、取材の自由は、21条によって直接保障されるものではないんだね。

判例　博多駅テレビフィルム提出命令事件（最大決昭44.11.26）

争点
①取材の自由は憲法上保障されるか。
②**裁判所による取材ビデオテープの押収**は、21条に反し違憲か。

結論
①**21条の精神に照らし、十分尊重に値する。**
②合憲。

判旨
①報道機関の報道が正しい内容を持つためには、報道の自由とともに、報道のための取材の自由も、憲法21条の精神に照らし、十分尊重に値するものといわなければならない。
②公正な裁判の実現というような憲法上の要請があるときは、ある程度の制約を受けることのあることも否定することができない。しかしながら、それによって受ける報道機関の不利益が**必要な限度を超えない**ように配慮されなければならない。本件の場合、報道機関が被る不利益は、報道の自由そのものではなく、将来の取材の自由が妨げられるおそれがあるというにとどまるものと解されるのであって、……この程度の不利益は、報道機関の立場を十分尊重すべきものとの見地に立っても、なお**受忍されなければならない程度のもの**というべきである。

（3）取材の自由と適正迅速な捜査の遂行の要請との調整

捜査機関が、報道機関の取材活動により得られたものを証拠として押収することは、取材の自由を侵害し、違憲とならないかが問題となりますが、判例は、検察官ないし警察官による報道機関の取材ビデオテープの差押え、押収についてまで、公正な裁判の実現に不可欠な、適正迅速な捜査の遂行という要請がある場合には認められるとしています（日本テレビ・ビデオテープ押収事件：最決平元.1.30、TBSビデオテープ差押事件：最決平2.7.9）。

（4）国家機密との関係

報道機関による政府情報の取材行為につき、国家公務員法の定める「そそのかし」罪が成立するか、取材の自由の限界が問題となりますが、判例は、取材行為の許されない限界について、その手段・方法が法秩序全体の精神に照らし相当なものとして社会観念上是認されるものである場合には、刑法35条で違法性は阻却されると解しています（外務省秘密電文漏洩事件：最決昭53.5.31）。*¹

（5）法廷における取材制限

裁判の法廷において傍聴人がメモを取ることについて、判例は、人権ではないが、21条1項の規定の精神に照らして尊重されるべきであり、特段の事情のない限り、傍聴人の自由に任せるべきだとしています（レペタ事件：最大判平元.3.8）。

3 名誉・プライバシーと表現との調整

1 名誉との調整

表現の自由の行使であっても、人の名誉を侵害することはできないので、名誉毀損罪（刑法230条）による制約を受けることになります。しかし、名誉毀損にあたるとも思える表現の中にも、国会議員や官僚等の資質を世に問うための表現等は、社会的価値が認められる場合があります。

そこで、我が国では、刑法230条の2という規定を設けて、表現の自由と名誉権の調和を図ろうとしています。

具体的には、同条1項は、その表現が名誉毀損的な表現であっても、①公共の利害に関する事実であって、②公益目的で、③内

Festina lente

国民主権の下では本来、国家の情報は国民の情報であり、原則として公開すべきものであるんだ。例外的に、プライバシー保護の要請、裁判の公正、外交や防衛上の要請等から非公開にすることが認められるにすぎないんだね。

*¹
■ 参考データ

国家公務員法は、公務員が職務上知ることのできた秘密を漏らすことを禁止し（国家公務員法100条1項）、公務員が秘密を漏らすことのそそのかし行為をした者を処罰の対象としています（同法111条、109条12号）。

容が**真実**であると証明されれば処罰をしないと規定しています。

Festina lente

　ところで、例えば、あるジャーナリストが、特定の公務員が、賄賂を受け取ったという記事を書いたとするね。普通の犯罪であれば被害者がいるから、被害者からの告発ということがあり得るけど、こういった贈収賄罪に関しては被害者がいないので、国家機関によっても真実性は立証しにくいんだ。そうすると、ジャーナリストが確かな資料のもとに記事を書いたとしても、最終的に真実性を証明しきれない場合があるんだよ。

　この場合、さっきの①②③の要件のうち、①②の要件は満たしても、真実性の証明という③の要件は満たさず、名誉毀損罪として処罰される可能性が生じてしまうんだ。そこで、内容の真実性について、判例は、**確実な資料、根拠に照らして、相当な理由のもとに、真実であると確信して書いたのであれば、結果的に、真実性の証明がなかったとしても処罰しない**と判断したんだよ（「夕刊和歌山時事」事件：最大判昭44.6.25）。

2　プライバシー権との調整

　表現の自由は、プライバシー権と対立することがあります。例えば、友人の私生活をもとにした私小説や、有名人の私生活等を掲載している週刊誌等です。

　表現の自由もプライバシーも重要な権利ですので、具体的な事情を考慮して**どちらを重視すべきかを判断**すべきです。

　なお、プライバシーの侵害の要件としては、「宴のあと」事件（東京地判昭39.9.28）判決が挙げた、①私生活上の事実又は事実らしく受け取られるおそれがあり、②一般人の感受性を基準として当該私人の立場に立った場合公開を欲しないであろうと認められ、③一般の人々にいまだ知られていない事柄であることを必要とする、という3要件が、一般的に支持されています。

4　選挙運動の自由

　選挙運動の自由は、21条の表現の自由として保障されます。選挙を通じて公権力の行使者の選定に参加するという選挙本来の意義を発揮するには、有権者が必要かつ十分な判断資料に接することが必要であり、そのためには、その資料を提供する選挙運動の自由が必要不可欠だからです。

　ただ、選挙運動が全く自由に放任されると、腐敗が生じ、選挙の公正が害されることになります。そこで、公職選挙法は選挙運動の時・主体・方法等について規制しています。具体的に問題と

なるのは、公職選挙法の定める**戸別訪問禁止規定**が合憲かという点です。この点、判例は、①戸別訪問は買収や利益誘導の危険性がある、②情実・感情による投票の左右、③選挙人の迷惑、④過当競争により候補者が煩に堪えない、等の理由から**合憲**であるとしています（戸別訪問禁止規定違反事件：最判昭56.6.15）。

3 表現の自由の限界

1 二重の基準の理論

1 二重の基準の理論の意義と根拠

二重の基準の理論とは、表現の自由等の精神的自由の規制立法は、職業選択の自由等の経済的自由の規制立法よりも厳格な審査基準で審査されるべきであるという考え方です。

2 二重の基準の理論の具体化

(1) 精神的自由（権）を制約する法律の憲法判断

表現の自由等の精神的自由（権）を制約する法律の憲法判断については、裁判所が積極的に介入し、**厳格な審査基準**の下に憲法判断を行っていきます。

(2) 経済的自由（権）を制約する法律の憲法判断

職業選択の自由などの経済的自由（権）を規制する法律の憲法判断については、精神的自由（権）とは異なり、裁判所が積極的に介入するというよりは、**国会の判断を尊重**していくべきことになります。

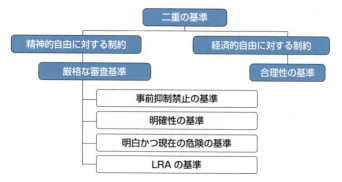

2 厳格な審査基準——事前抑制の理論

1 事前抑制の理論の意義と根拠

事前抑制の理論とは、表現行為がなされるに先立ち、公権力が何らかの方法でこれを抑制すること、及び実質的にこれと同視できるような影響を表現行為に及ぼす規制方法は、原則として排除されるべきだとする理論をいいます。*1

2 検閲の禁止

この事前抑制の禁止の1つの具体的なあらわれとして、検閲の禁止があります（21条2項）。

判例は、検閲とは、**行政権**が主体となって、**思想内容等**の表現物を対象とし、その全部又は一部の発表の禁止を目的として、対象とされる一定の表現物につき**網羅的一般的**に、**発表前**にその内容を審査した上、不適当と認めるものの**発表を禁止**することを、その特質として備えるものを指すと解しています。*2

判例は、このように検閲概念を非常にせまく定義した上で、検閲を例外なく**絶対的に禁止**しています。

(1) 税関検査

税関検査については、判例は、**合憲**とします。

判例　税関検査合憲判決（最大判昭59.12.12）

　①検閲の意義。
　②税関検査は検閲にあたるか。

　①判旨の中の①参照。
　②検閲にあたらない。

判旨　多数意見は、①検閲とは「行政権が主体となって、思想内容等の表現物を対象とし、その全部又は一部の発表の禁止を目的として、対象とされる一定の表現物につき網羅的一般的に、発表前にその内容を審査した上、不適当と認めるものの発表を禁止すること」と定義する。
②税関検査の場合は、表現物は**国外で発表済み**であり、輸入を禁止されても発表の機会が全面的に奪われるわけではない。また、検査は関税徴収手続の一環として付随的に、容易に判定し得る限りで行われるもので、**思想内容等の網羅的審査・規制を目的としない**。さらに、輸入禁止処分には**司法審査の機会**が与えられている。よって、税関検査は検閲にあたらない。

---

*1 **参考データ**
表現の自由に対する事前抑制は排除されるべきだとする根拠は、①事前抑制は、公の批判の機会を減少、あるいはなくしてしまうこと、また、②規制側の予測に基づいてなされるため、濫用のおそれが大きいこと、さらに、③実際上の抑止効果が大きく、国民が萎縮して、表現活動をやめてしまうおそれがあることにあります。

*2 **ポイント**
検閲を行う主体は行政権に限ります。なぜなら、歴史的に検閲は行政権によって行われてきたからです。

検閲は、公共の福祉を理由としても、認められることはないんだよ。

Chapter 5 精神的自由②（表現の自由）

(2) 裁判所による事前差止め

　裁判所による事前差止行為は、主体が行政権ではないため、検閲にはあたりませんが、事前抑制の一形態となるので、判例は、原則として許されないとしています。

　また、その審査手続についても、口頭弁論、又は債務者の審尋を行い、表現内容の真実性等の主張立証の機会を債務者に与えることを原則としています。

> **判例** 「北方ジャーナル」事件（最大判昭61.6.11）＊1
>
> **争点**
> ①出版差止めは検閲にあたるか。
> ②事前抑制は憲法21条で禁止されているか。
> ③公務員に対する評価に関する事前差止めは許されるか。
>
> **結論**
> ①検閲にあたらない。
> ②原則として禁止されているが、厳格かつ明確な要件のもとで許される。
> ③原則として許されず、極めて厳格な要件の下で許される。（下記判旨参照）
>
> **判旨**
> 本件事前差止めは、表現物の内容の網羅的一般的な審査に基づく事前規制が行政機関によりそれ自体を目的として行われる場合とは異なるから「検閲」にはあたらない。としても、表現行為に対する事前差止めは原則として許されないものといわなければならない。ただ、右のような場合においても、その表現内容が真実でなく、又はそれがもっぱら公益を図る目的のものでないことが明白であって、かつ、被害者が重大にして著しく回復困難な損害を被るおそれがあるときは、……例外的に事前差止めが許される。

(3) 教科書検定

　判例は、教科書検定については、仮に検定に不合格になっても一般図書として販売をすることはできるため、事前に発表を差し止めるというわけではないという点から、これを合憲とします（第一次家永訴訟：最判平5.3.16）。＊2

＊1 **要チェック！過去問題**
表現行為を事前に規制することは原則として許されないとされ、検閲は判例によれば絶対的に禁じられるが、裁判所による表現行為の事前差し止めは厳格な要件のもとで許容される場合がある。
→ ◯(R2-4-4)

＊2 **要チェック！過去問題**
教科書検定による不合格処分は、発表前の審査によって一般図書としての発行を制限するため、表現の自由の事前抑制に該当する。
→ ✗(R1-6-2)

ファイナルチェック　基礎知識の確認

問題1　市の福祉会館の使用許可の申請を、申請者に反対する者が申請者の行おうとする集会を妨害して混乱が生じるおそれがあるという理由で、拒否することは、原則として、21条違反とならない。

問題2　集団行動を制限する公安条例は、届出制を採用しない限り、21条に違反する。

問題3　報道の自由は、21条によって直接保障されているわけではないが、21条の精神に照らし、十分尊重に値する。

問題4　犯罪捜査のために捜査機関が取材を記録したビデオテープを差し押さえることは、適正迅速な捜査を遂げる必要がある場合でも許されない。

問題5　裁判所が、被害者からの請求に基づいて、その者の名誉を侵害する文書の出版差止めを命ずることは、21条に違反する。

問題6　検閲は、原則として禁止され、公共の福祉のために必要がある場合において、厳格かつ明確な要件の下においてのみ許容される。

問題1 ✗ この理由により申請を拒否できるのは、特別な事情がある場合に限られる（上尾市福祉会館使用不許可処分事件）。　**問題2 ✗** 許可制であっても、実質的に届出制と異ならなければ、21条に違反しない。　**問題3 ✗** 報道の自由は、21条の保障の下にある（博多駅テレビフィルム提出命令事件）。　**問題4 ✗** 許されることもある（日本テレビ・ビデオテープ押収事件、TBSビデオテープ差押事件）。　**問題5 ✗** 裁判所による事前差止めは、許されることがある（北方ジャーナル事件）。　**問題6 ✗** 検閲は絶対的に禁止され、公共の福祉を理由とする例外の許容も認められない。

本試験レベルの問題にチャレンジ！ ▶▶▶

Chapter 6 経済的自由・人身の自由

重要度

イントロダクション 学習のポイント

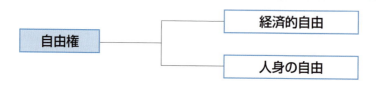

　この Chapter では、精神的自由以外の自由権、すなわち、**経済的自由**と**人身の自由**について勉強します。

　経済的自由には、**職業選択の自由**と**財産権**があります。また、人身の自由に関しては、日本国憲法は条文を多く設けており、刑事手続について適正さを重視していることがわかります。大きく、公訴提起される（刑事事件として訴えられる）前後に分けて、**被疑者の人権**、**被告人の人権**と勉強していくとわかりやすいでしょう。人身の自由は、人権の中でも条文が大切なテーマなので、勉強をするときは必ず条文もチェックしていきましょう。

ベーシック じっくり理解しよう!

1 経済的自由（22条、29条）*1

重要度 A

1 職業選択の自由

1 職業選択の自由の意義と営業の自由
(1) 職業選択の自由の意義
　職業選択の自由は、自己が就く職業を決定する自由を意味します。

*1 ポイント

職業選択の自由、居住・移転の自由、財産権をまとめて、経済的自由といいます。

(2) 営業の自由

営業の自由とは、自己の選択した職業を行う自由のことです。営業の自由も職業選択の自由に含まれます。なぜなら、職業を選択する自由を認められても、それを行う自由を認められなければ、無意味だからです。

2 職業選択の自由の限界

職業選択の自由は、表現の自由等の精神的自由権に比べて、一般により強い規制を受けます。

そして、職業選択の自由に対する具体的な規制としては、その規制目的によって、消極目的規制と積極目的規制とに分けるのが一般的です。

Festina lente

職業選択の自由が精神的自由よりもより強い規制を受けるのは、①職業がその性質上、社会的相互関連性が強いため、無制限な職業活動を許すと、社会生活に不可欠な公共の安全と秩序の維持を脅かす事態が生じるおそれが大きく、②現代社会の要請する福祉国家（国民に対して、その生活の保障をすることを目的とする国家）の理念を実現するためには、政策的な配慮に基づいて積極的な規制が必要とされる場合が少なくないからなんだよ。

(1) 規制の類型*2

	規制目的	規制手段	具体例
消極目的	国民の生命及び健康に対する危険を、防止若しくは除去ないし緩和するために課せられる規制	許可制	風俗営業、飲食業、貸金業等
		届出制	理容業等
		資格制	医師、薬剤師、弁護士等
積極目的	福祉国家の理念に基づいて、経済の調和のとれた発展を確保し、社会的・経済的弱者を保護するための規制	特許制	電気、水道、鉄道等の公共事業
		国家独占	旧郵便事業、旧タバコ専売等

(2) 規制の合憲性判定基準

経済的自由としての職業選択の自由の規制に対する合憲性判定基準は、まず、二重の基準の理論から、精神的自由の規制を審査するときよりも緩やかな審査基準を使うことになります。この基準を一般に合理性の基準と呼びます。

さらに、合理性の基準の中でも、消極目的規制と積極目的規

---

*2 ☑要チェック！過去問題

個人の経済活動に対する法的規制は、個人の自由な経済活動からもたらされる諸々の弊害が社会公共の安全と秩序の維持の見地から看過することができないような場合に、消極的に、かような弊害を除去ないし緩和するために必要かつ合理的な規制である限りにおいてのみ許される。

➡✗（H26-4-5）

制で、審査基準を分けて考えるのが一般的です（**二分論**）。

消極目的規制	厳格な合理性の基準	裁判所が規制目的の必要性、合理性及び同じ目的を達成できる、**より緩やかな規制手段の有無を立法事実に基づいて審査する。***1
積極目的規制	明白性の原則	当該規制が**著しく不合理であることの明白である場合に限って違憲**とする。*2

判例としては、薬局の開設に対する規制を消極目的の規制とした上で、その許可条件の1つである距離制限を違憲としたもの（薬局距離制限事件）や、その規制を積極目的の規制とした上で、規制を合憲とした小売市場距離制限事件（最大判昭47.11.22）、公衆浴場距離制限事件（最判平元.1.20）が有名です。*3*4

なお、判例の中には、二分論をとらずに判断したものもあります（酒類販売免許制事件）。

> **判例** 薬局距離制限事件（最大判昭50.4.30）
>
> **争点** 薬局の開設に適正配置を要求する薬事法は、22条1項に反しないか。
>
> **結論** 反する（消極目的）。
>
> **判旨** 一般に許可制は、それが社会政策ないしは経済政策上の積極的な目的のための措置ではなく、自由な職業活動が社会公共に対してもたらす弊害を防止するための消極的、警察的措置である場合には、許可制に比べて職業の自由に対するよりゆるやかな制限である職業活動の内容及び態様に対する規制によっては右の目的を十分に達成することができないと認められることを要するものというべきである。

> **判例** 酒類販売免許制事件（最判平4.12.15）*5
>
> **争点** 酒税法10条10号の規定は、22条1項に反しないか。
>
> **結論** 反しない。
>
> **判旨** ①租税の適正かつ確実な賦課徴収を図るという**国家の財政目的**のための職業の許可制による規制は、その必要性と合理性についての立法府の判断が、政策的、技術的

*1
■ 語句解説
立法事実とは、立法の基礎を形成し、かつその合理性を支える社会的、経済的な事実をいいます。

*2
■ 参考データ
積極目的規制の場合は、裁判所は、立法府の裁量を広汎に認めています。

*3

過去問題
小売市場の開設経営を都道府県知事の許可にかからしめる法律については、中小企業保護を理由として、合憲判決が出ている。
→○（H21-4-イ）

*4
要チェック！
過去問題
公衆浴場を開業する場合の適正配置規制については、健全で安定した浴場経営による国民の保健福祉の維持を理由として、合憲とされている。
→○（H21-4-エ）

な裁量の範囲を逸脱し、著しく不合理なものでない限り、憲法22条1項に違反しない。②酒税法が酒類の販売業についても免許制を採用しているのは、酒類製造者に納税義務を課し、酒類販売業者を介しての代金の回収を通じてその税負担を消費者に転嫁するという仕組みをとっていることに伴うものであるから、立法府の裁量の範囲を逸脱するものではない。

*5
☑ 要チェック！過去問題

酒販免許制については、職業活動の内容や態様を規制する点で、許可制よりも厳しい規制であるため、適用違憲の判決が下された例がある。
➡ ✗（H21-4-オ）

Part 1 ■ 憲法

2 居住・移転の自由

居住・移転の自由は、自己の住所、又は、居所を自由に決定し、移動することを内容とし、旅行の自由を含んでいます。

なお、海外渡航の自由については、**22条2項**で保障されるとするのが判例です（帆足計事件）。

3 財産権の保障

1 財産権保障の意味

29条1項の規定している「財産権」とは、**具体的な財産権**と、この財産権を制度として保障するための**私有財産制**を意味しています。*6

2 財産権の一般的制限

29条2項は、1項で保障された財産権が公共の福祉による制約に服することを示しています。

なお、憲法上は、「法律」で定めると規定されていますが、これには、地方公共団体の制定する**条例**も含まれると解釈されています。条例まで含めると解釈するのは、条例は法律と同じように、地方公共団体の議会において**民主的手続**によって制定されるからです。

*6
■ 語句解説

私有財産制とは、財産を個人が所有することを認める体制・制度のことをいいます。

Festina lente

財産権とは、財産権的価値を有する一切の権利を意味するんだ。つまり、所有権等の物権や債権、そのほか、著作権等の知的財産権等もこれに含まれるんだよ。

判例 森林法共有林事件（最大判昭62.4.22）

争点 共有林について、その持分価額2分の1以下の共有者が、民法256条1項に基づいて分割請求することに制限を加える旧森林法186条は、憲法29条2項に反し違憲ではないか。

結論 違憲である。

判旨 （森林法）186条の立法目的は、森林の細分化を防止することによって森林経営の安定を図り……もって国民経済の発展に資することにある。しか

Chapter 6
経済的自由・人身の自由 81

し、右の目的と規制の手段との間には合理的関連性がないし、他の形態による森林の細分化は許容しておきながら右の共有者についてのみ分割請求を認めないことは、必要な限度を超えて厳格な禁止であり、また、現物分割においても、当該共有物の性質等に応じた合理的な分割ができ、共有森林につき現物分割を許しても直ちに森林の細分化をきたすものではないから、同条は憲法29条2項に違反する。

3 損失補償

29条3項は、私有財産を公共のために用いるには、正当な補償が必要であると規定しています。この補償を、損失補償といいます。損失補償制度には、公共の利益のために特定の人に加えられる経済上の損失は全体において負担すべきである、という平等原則の考え方が含まれています。[*1]

2 人身の自由

重要度
A

人身の自由とは、人の身体が肉体的にも精神的にも拘束を受けないことを意味します。それは、自由の概念の最も基本的な内容であり、それなくしては自由が成立しないのであり、個人の尊重に直接結び付く根本的価値を持つものといってよいものです。

1 基本原則

1 奴隷的拘束からの自由 (18条)

奴隷的拘束とは、自由な人格者であることと両立しない程度の身体の自由の拘束状態のことを指します。

例えば、戦前の日本の鉱山採掘人夫の監獄部屋等がこれにあたります。

誰も奴隷的な拘束を受けないということは、あたり前のことです。しかし、過去に人が人を奴隷的に拘束したことが幾度となくあり、そのようなことを二度と繰り返さないために、憲法に明文上規定されました。

「その意に反する苦役」とは、広く本人の意思に反して強制される労役を指します。[*2]

*1
■ 参考データ

例えば、ここでは収用（私有財産を強制的に取り上げる手続）について考えると、ダム建設のために個人の土地が収用されたとすれば、国民は、水道水の確保や洪水の防止等の利益を得られます。その一方で、土地を失った人は損失を被るので、それを埋めるために損失補償が必要となるのです。

*2
■ 参考データ

例えば、強制的な土木工事への従事等がこれにあたります。

Part 1
憲 法

2 適正手続の保障 (31条)

Festina lente

31条は、アメリカ合衆国憲法の法の適正な手続（due process of law）を定める規定に由来するんだ。これは、公権力を手続的に拘束し、人権を手続的に保障していこうとする思想であり、法の支配のあらわれといえるね。

人権保障と手続保障は密接不可分の関係にあるといえるんだね。

（1）31条の保障

31条は、「法律の定める手続」とあり、明文上は手続の法定ということだけを定めています。しかし、手続をいくら法定したところで、その内容が適正でなければ手続が適正とはいえないはずです。

したがって、手続内容の適正さということまでも31条は要求していると解されます。さらに、実体の法定・適正がなければ、人権保障は担保されませんから、実体の法定・適正までも31条で要求されているとするのが通説です。

（2）告知と聴聞

手続内容の適正とは、具体的には、告知と聴聞の機会の保障です。

この告知と聴聞とは、公権力が国民に刑罰その他の不利益を科す場合には、当事者にあらかじめその内容を告知し、当事者に対して弁解と防御の機会を与えなければならないとするものをいいます。

判例も、第三者所有物没収事件において、31条の適正手続の内容として、告知と聴聞を受ける権利は含まれるとしています（最大判昭37.11.28）。[*3]

（3）行政手続への準用

31条の文言に「その他の刑罰を科せられない」とあるように、31条は、本来、刑事手続に関する規定です。しかし、今日、刑事手続の場面ばかりではなく行政手続における人権侵害が問題となっており、国民の生活への行政介入が適正手続により行われることが、国民の権利保障にとって無視しえない重要性を持つに至っています。

Festina lente

消防、水防活動等で緊急の必要性がある場合に、強制的に協力を求めることは、18条に反しないとされているよ。

Festina lente

この権利が刑事手続における適正性の内容をなすことについては、すでに判例も認めているんだよ。

[*3] 要チェック！過去問題

告知、弁解、防御の機会を与えることなく所有物を没収することは許されないが、貨物の密輸出で有罪となった被告人が、そうした手続的保障がないままに第三者の所有物が没収されたことを理由に、手続の違憲性を主張することはできない。

➡✕ （R4-5-1）

Part 1　憲法

Chapter 6
経済的自由・人身の自由

よって、その趣旨は、行政手続にも準用されることもあると考えられています（成田新法事件：最大判平4.7.1）。

2 被疑者の権利[*1]

1 不当な逮捕・抑留・拘禁からの自由 （33条、34条）

（1）身体拘束に対する保障

33条は、逮捕等の身体拘束には、原則として司法官憲の発する令状（逮捕状、勾引状、勾留状）が必要であると定めます（令状主義）。これは、裁判官の発する令状を事前に要求して、司法的チェックを経ることで、恣意的な人身の自由の侵害を阻止する趣旨です。[*2]

憲法は、この令状主義の例外として現行犯逮捕を予定しています。なぜなら、①犯罪とその犯人が明らかであるため誤認逮捕のおそれが少なく、②罪証隠滅・逃亡を防止するため直ちに逮捕する必要性が高いからです。

（2）身体拘束の要件、防御権の保障

抑留とは、身体の拘束のうち、一時的なものをいい、刑事訴訟法にいう逮捕が典型です。

拘禁とは、身体の拘束のうち、より継続的なものをいい、刑事訴訟法にいう勾留が典型です。34条は、過去に違法・不当な抑留又は拘禁が度々なされたことを受けて、その反省から抑留又は拘禁についての手続的な保障を定めたものです。

なお、34条は、被疑者だけでなく被告人にも保障が及びます。

2 住居等の不可侵 （35条）

住居は人の私生活の中心であり、プライバシー保護の観点から捜査機関による侵入、捜索及び押収について、令状主義が規定されました。どこで何を差し押さえるのかを明示する令状を要求し、一般令状を禁止した点に重要性があります。[*3]

なお、犯罪捜査以外の行政警察行為（行政警察活動）としての所持品検査には、35条の令状主義の原則が適用されます。よって、令状なしで所持品を強制的に開示されることはないのが原則です。

[*1]

■ 語句解説

被疑者とは、犯罪の嫌疑を受け、捜査の対象とされているが、まだ公訴を提起されていない者をいいます。

[*2]

■ 語句解説

司法官憲とは、裁判官のことをいいます。
勾引状とは、裁判所又は裁判官が被告人、証人等を一定の場所に引致するために発する令状のことをいいます。
勾留状とは、被疑者又は被告人が、罪を犯したと疑うに足りる相当な理由があり、かつ、住居不定、罪証隠滅のおそれ又は逃亡のおそれのいずれか1つの理由があるときに、被疑者・被告人を拘束するために、裁判所又は裁判官が発する令状をいいます。

[*3]

■ 語句解説

一般令状とは、どこで何を捜索・押収するかを特定せず、いつでもどこでも証拠を探して捜索・押収することを認める令状のことです。
権限の濫用がなされやすいので禁止されます。

3 被告人の権利 [*4]

1 拷問・残虐刑の禁止 （36条）

拷問及び残虐な刑罰は、絶対に禁止されています。

2 公平な裁判所の迅速な公開裁判を受ける権利

(1)「公平な裁判所」の裁判

「公平な裁判所」の裁判とは、**構成その他において偏頗（か たよっていること）や不公平のおそれのない裁判所による裁判** を意味し、個々の事件についての内容や実質が具体的に公正妥 当な裁判を指すのではありません（最大判昭23.5.5）。

(2)「迅速な」裁判

「迅速な」裁判とは、**不当**に遅延していない裁判のことをい います。

迅速な裁判に反した場合は、**直接37条に基づいて**、免訴 判決によって救済されます（高田事件：最大判昭47.12.20）。[*5]

(3)「公開」裁判

「公開」裁判とは、その対審及び判決が公開の法廷で行われ る裁判のことをいいます。[*6]

3 証人審問権・喚問権、弁護人依頼権 （37条2項、3項）

刑事被告人には、証人審問権・喚問権が37条2項で保障され るとともに、弁護人依頼権が3項で保障されています。なお、被 告人が弁護人を依頼することができないときは、国でこれを付し ます（国選弁護人）。

4 不利益な供述の強要禁止 （38条1項）

「自己に不利益な供述」とは、本人の刑事責任に関する不利益 な供述、すなわち有罪判決の基礎となる事実、量刑上不利益とな る事実等の供述を指します。一般に**黙秘権**といわれています。

氏名の供述がここにいう不利益な供述に含まれるかどうかが問 題となりますが、判例はこれを**否定**しています（京成電鉄事件： 最大判昭32.2.20）。

5 自白の証拠能力の制限 （38条2項）

38条2項は、**本人の自由な意思に基づかない自白は証拠とし て認められない**とする規定です。

[*4]
■ 語句解説
被告人とは、罪を犯 したとして公訴を提 起されている者をい います。

[*5]
■ 語句解説
免訴とは、裁判所が、 一定の場合に、被告 事件の実体に対する 判断をしないで訴訟 手続を打ち切る裁判 のことをいいます （刑事訴訟法337条）。

[*6]
■ 語句解説
対審とは、訴訟の審 理方法の1つで、対 立する当事者に裁判 官の面前で主張を述 べさせ、審理に関与 させる方法をいいま す。

6 自白の補強証拠（38条3項）

38条3項は、<u>自白だけでは有罪にできない</u>という規定です。

7 刑罰不遡及と二重処罰の禁止（39条）

実行の時に適法であった行為については、刑事責任を問われません。<u>事後法の禁止</u>ないし<u>遡及処罰の禁止</u>といわれ、<u>罪刑法定主義</u>の重要な帰結の1つです。*1

また、<u>二重処罰は禁止</u>されます。すなわち、すでに無罪とされた行為についても、刑事責任を問われません。さらに、同一犯罪については重ねて刑事責任は問われません。

8 刑事補償（40条）

40条を受けて、<u>刑事補償法</u>が制定されました。

---

*1
■ 語句解説

事後法（遡及処罰）の禁止とは、一定の行為の後に、当該行為を取り締まる法律を定めて罰することは許されないということです。

罪刑法定主義とは、どのような行為が犯罪となり、それに対してどのような刑罰が科せられるかについて、あらかじめ成文の法律をもって規定しておかなければ人を処罰することができないという刑法の基本原則です。
我が国でも、憲法31条でこの原則が採用されていると解されています（通説）。

ファイナルチェック　基礎知識の確認

問題1　最高裁判所は、薬局の開設に適正配置を要求する薬事法の規定について、不良医薬品の供給の防止等の目的のために必要かつ合理的な規制を定めたものということができず、憲法22条1項に違反し、無効であるとした。

問題2　最高裁判所は、共有林について分割請求権を制限している森林法の規定について、森林の細分化を防止し森林経営の安定を図るという当該規定の目的との合理的関連性がないとし、当該規定を違憲であるとした。

問題3　何人も、いかなる場合であっても、権限を有する司法官憲が発し、かつ理由となっている犯罪を明示する令状によらなければ、逮捕されない。

問題1 ○（薬局距離制限事件）　**問題2 ○**（森林法共有林事件）　**問題3 ✕**　令状主義の例外として、現行犯として逮捕される場合がある（33条）。

本試験レベルの問題にチャレンジ！ ▶▶▶

Chapter 7 受益権・社会権・参政権

重要度 B

Part 1 憲法

イントロダクション　学習のポイント

　この Chapter では、自由権以外の人権について、具体的には**受益権**、**社会権**、**参政権**について勉強します。このうち、社会権には、生存権、教育を受ける権利、勤労の権利、労働基本権があります。基本的には条文の勉強で大丈夫ですが、**生存権**や**教育を受ける権利**、**労働基本権**については、重要判例があるため、ある程度内容に踏み込んだ勉強をするとよいでしょう。

ベーシック　じっくり理解しよう！

1 受益権*2

重要度 B

1 請願権（16条）

　請願とは、国、又は、地方公共団体の機関に対して、国務に対する希望を述べることです。したがって、請願権の保障は、請願を受けた機関にそれを**誠実に処理する義務**を課すにとどまる（請願法5条）だけで、請願の内容を審理、判定する法的義務は生じません。

　憲法上、請願は**誰でも**することができます。

*2 ■ 語句解説

受益権とは、国家に対して一定の作為を要求する権利であり、国務請求権とも呼ばれます。受益権には、①請願権、②裁判を受ける権利、③国家賠償請求権、④刑事補償請求権があります。

また、**どの機関に対しても**請願することができます。*1

2 裁判を受ける権利 (32条)

　裁判を受ける権利は、政治権力から独立した公平な司法機関に対して、すべての個人が平等に権利、自由の救済を求め、かつ、そのような公平な裁判所以外の機関から裁判されることのない権利のことをいいます。

3 国家賠償請求権 (17条)

　国家賠償制度は、公権力の不法な行使に対する国家の賠償責任を認める制度です。これを具体化した法律が国家賠償法です。

判例 郵便法免責規定違憲判決（最大判平 14.9.11）

争点 郵便物の配達事故について国の賠償責任を制限した郵便法 68 条、73 条（平成 14 年法 121 号による改正前）は、憲法 17 条に違反しないか。

結論 郵便法 68 条、73 条の一部は、憲法 17 条が立法府に付与した裁量の範囲を逸脱しており、同条に違反する。

判旨 憲法 17 条は、立法府に無制限の裁量権を付与するといった法律に対する白紙委任を認めているものではない。

　郵便法 68 条、73 条の規定のうち、①書留郵便物について、郵便業務従事者の故意又は重大な過失によって損害が生じた場合に、不法行為に基づく国の損害賠償責任を免除し、又は制限している部分、及び②特別送達郵便物について、郵便業務従事者の軽過失による不法行為に基づき損害が生じた場合に、国家賠償法に基づく国の損害賠償責任を免除し、又は制限している部分は、合理性・必要性を認めることが困難であり、憲法 17 条が立法府に付与した裁量の範囲を逸脱したものであるといわざるを得ず、同条に違反し無効である。

---

4 刑事補償請求権 (40条)

　身体を拘束された者が後に無罪の裁判を受けた場合、被った損害を補償する必要があります。そこで、公平の観点から結果に対する補償請求を認めたのが 40 条です。

---

*1
■ 参考データ
請願事項は、条文に列挙された事項だけではなく、あらゆる事項が請願の対象となります。

Festina lente
ここは、行政法で国家賠償法としてしっかり学習するところだから、サラリとやってしまっていいよ。

Part 1
憲　法

2 社会権　重要度 B

1 社会権総説

　社会権とは、社会的経済的な弱者が、国家に公共的な配慮を求めることができる権利ということができます。このように、国民が国に対して一定の行為を要求する権利（**作為請求権**）である点で、国の介入の排除を目的とする権利（不作為請求権）である自由権とは性質が異なります。

　社会権の中には、これから説明していく①生存権、②教育を受ける権利、③勤労の権利、④労働基本権等が含まれています。

2 生存権（25条）

　生存権とは、25条1項にあるように、健康で文化的な最低限度の生活を営む権利のことをいいます。

　同条2項は、国に社会国家として国民の生存権の実現に努力すべき義務があるとします。もっとも、具体的な実施には予算の裏づけを必要とし、また、権利の具体的内容も、一義的には明確ではありません。そこで、**生存権の内容を具体化する立法があって初めて、生存権は具体的な権利になる**と考えられています。それを受けて、生活保護法、児童福祉法等の各種社会福祉立法や、国民健康保険法、雇用保険法等の各種社会保険立法等の社会保障制度が設けられています。*2

*2
■ 語句解説
社会国家とは、国家が国民の生活を保障する国家体制をいいます。

 朝日訴訟（最大判昭42.5.24）

争点　25条1項の規定は、具体的権利を定めたものか。

結論　具体的権利を定めたものではない。

判旨　憲法25条1項は、すべての国民が健康で文化的な最低限度の生活を営み得るように国政を運営すべきことを**国の責務として宣言**したにとどまり、直接個々の国民に対して具体的権利を賦与したものではない。具体的権利としては、憲法の規定の趣旨を実現するために制定された**生活保護法**によって、初めて与えられているというべきである。

> **判例** **堀木訴訟（最大判昭 57.7.7）**[*1]
>
> **争点** 児童扶養手当法の併給禁止規定は、25 条に違反しないか。
>
> **結論** **違反しない。**
>
> **判旨** 具体的にどのような立法措置を講ずるかの選択決定は、立法府の広い裁量に委ねられており、それが**著しく合理性を欠き明らかに裁量の逸脱・濫用と見ざるを得ないような場合を除き**、裁判所が審査判断するのに適しない事柄であるといわなければならない。

3 教育を受ける権利

1 意　義

　教育を受ける権利とは、国等によって教育を受ける権利を侵害されないという自由権的側面と、国民が国家に対して合理的な教育制度と施設を整え、適切な教育の場を提供することを要求するという社会権的側面を持った、複合的な権利です。

　教育を受ける権利の中で最も重要なのは、学習権です。

　学習権とは、国民各自が一個の人間として、また、一市民として、成長、発達し、自己の人格を完成、実現するために必要な学習をする権利のことをいいます。特に、自ら学習することのできない子どもにとっての学習権とは、その学習要求を充足するための教育を自己に施すことを大人一般に対して要求する権利を含むものです。

2 教育権の所在

　教育権とは、教育の内容や方法について決定する権利のことをいいます。

　判例は、**教師に一定の範囲の教育の自由の保障はある**が、国は教科目、授業時間数等の教育の大綱について決定できるとした上で、国の過度の教育内容への介入は教育の自主性を害し、許されないと考えています。つまり、**教育権の所在は、国民**（親、教師）**と国家の双方にある**と解しています（旭川学テ事件：最大判昭 51.5.21）。

3 義務教育の無償（26 条 2 項）

　26 条 2 項は、義務教育の無償を規定するが、無償の範囲につ

[*1] **要チェック！ 過去問題**

行政府が、現実の生活条件を無視して著しく低い基準を設定する等、憲法および生活保護法の趣旨・目的に反し、法律によって与えられた裁量権の限界を越えた場合または裁量権を濫用した場合には、違法な行為として司法審査の対象となり得る。
→ ○（H30-5-2）

Festina lente

教育とは、個人が人格を形成し、社会において有意義な生活を送るために不可欠なものなんだよ。また、国民は教育によって、民主主義の政治過程に参与できる資質を培うことができるんだよ。

いて、判例は、教育の対価である**授業料の無償**を定めたものと解しています（教科書代金負担請求訴訟：最大判昭 39.2.26）。*2

4 勤労の権利 (27条)

国民の生活は、第一次的には各自の労働によって維持されています。そこで、憲法は勤労の権利を保障し、労働条件の整備を国家に課すとともに、勤労を国民の義務ともしています。

5 労働基本権 (28条)*3

1 勤労者の定義

勤労者とは、労働力を提供して対価を得て生活する者をいいます。**公務員もここにいう勤労者に含まれます。**

2 労働基本権の趣旨、内容

資本主義社会における自由競争原理の下では、生産手段を持たない者は、自分の労働力を提供して生活するしかありません。そうすると、使う者（使用者）より使われる者（労働者）のほうが不利な立場に立たされるのは必然ですから、労使間は対等ではなく、使用者が不当な労働契約を強制してしまいがちです。

そこで、両者間の実質的対等を図ることを目的として規定されたのが、この労働基本権です。

労働基本権は、具体的には、**団結権、団体交渉権、団体行動権（争議権）**の3つからなり、**労働三権**ともいわれます。

3 労働基本権の意味

団 結 権	労働者の団体を組織する権利（労働組合結成権）のことであり、労働者を団結させて使用者の地位と対等に立たせるための権利である。
団体交渉権	労働者の団体が使用者と労働条件について交渉する権利であり、交渉の結果、締結されるのが**労働協約**（労働組合法14条）である。
団体行動権（争議権）	労働者の団体が労働条件の実現を図るために団体行動を行う権利であり、その中心は**争議行為**である。争議行為とは、いわゆるストライキ等を指す。

*2
■ **参考データ**

現在では、法律により、教科書は無償で配布されています。

Festina lente

27条3項の児童酷使の禁止は、私人間（使用者対児童）を規律するものでもあるんだ（私人間効力）。

*3
■ **参考データ**

28条を受けて、労働組合法が成立しました。

Festina lente

労働基本権の制限で一番問題となるのが、公務員の労働基本権に対する制限なんだけど、これについては、人権総論の基本的人権の限界の箇所で説明したよ。

Chapter 7
受益権・社会権・参政権

3 参政権

1 参政権の意義

参政権とは、国民が主権者として、直接、又は、代表者を通じて国の政治に参加する権利であり、代表的なものとして**選挙権**、**被選挙権**があります。民主主義を人類普遍の原理とし、国民主権原理を採用する日本国憲法において、参政権は基本的人権として民主政治を実現する上で不可欠のものとされます。

2 選挙権・被選挙権

選挙権とは、選挙人として、選挙に参加することのできる資格、又は、地位を意味します。

被選挙権とは、公職の選挙において候補者となり、当選人となり得る資格、又は、地位を意味します。立候補の自由ともいいます。

被選挙権は、憲法で明文上規定されてはいませんが、**選挙権（15条1項）と表裏一体**のものとして、憲法上の権利として保障されます（判例）。

〈選挙権の要件〉

要件	内容	反対概念
普通選挙	普通選挙とは、財力、教育、性別等を選挙権の要件としない制度をいう。日本国憲法は、「公務員の選挙については、**成年者**による普通選挙を保障する」（15条3項）と定めて、この原則を確認している。	制限選挙
平等選挙	平等選挙とは、選挙権の価値は平等、すなわち1人1票を原則とする制度をいう。現在は、選挙権の数的な平等の原則のみならず、投票の価値的平等の要請をも含むものと考えられている。	複数選挙 等級選挙 *1
自由選挙	自由選挙とは、棄権しても罰金、公民権停止、氏名の公表等の制裁を受けない制度をいう。	強制投票

*1
■ 語句解説

複数選挙とは、特定の選挙人に2票以上の投票を認める制度をいい、**等級選挙**とは選挙人を特定の等級に分けて等級ごとに代表者を選出する制度をいいます。

秘密選挙	秘密選挙とは、誰に投票したかを秘密にする制度をいう。憲法は、「すべて選挙における投票の秘密は、これを侵してはならない。選挙人は、その選択に関し公的にも私的にも責任を問はれない。」(15条4項)と定めて、この原則を確認している。	公開投票
直接選挙	直接選挙とは、選挙人が公務員を直接に選挙する制度をいう。	間接選挙 複選制*2

*2
■ 語句解説
間接選挙とは、選挙人がまず選挙委員を選び、その選挙委員が公務員を選挙する制度をいいます。例えば、アメリカの大統領選挙等はこれです。また、すでに選挙されて公職にある者が公務員を選挙する制度を**複選制**といいます。両者の違いは、間接選挙における選挙人は、選挙が終了すればその地位も消滅しますが、複選制では地位は消滅しないという点です。

ファイナルチェック　基礎知識の確認

問題1　憲法25条1項は、すべての国民が健康で文化的な最低限度の生活を営み得るように国政を運営すべきことを国の責務として宣言したにとどまらず、直接個々の国民に対して具体的権利を賦与したものである。

問題2　憲法26条2項は、普通教育の対価としての授業料を徴収しないことを定めたにとどまらず、教科書の代金や教材費についても無償とすべきことを要請する趣旨の規定である。

問題3　日本の選挙制度は、普通選挙・平等選挙・自由選挙・秘密選挙・間接選挙としての性質を持つ。

問題1 ✗　憲法25条1項は、直接個々の国民に対して具体的権利を賦与したものではない（朝日訴訟）。　**問題2 ✗**　判例によれば、義務教育の無償とは、授業料不徴収の意味であり、教科書、学用品その他教育に必要な一切の費用まで無償とすることを定めたものではない。　**問題3 ✗**　間接選挙ではなく、直接選挙としての性質を持つ。

本試験レベルの問題にチャレンジ！ ▶▶▶

Chapter 8 国会

重要度 A

イントロダクション　学習のポイント

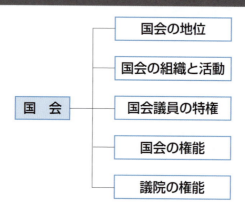

　いよいよ統治に入ります。統治を勉強する上でまず三権分立という考え方を理解しておいてください。
　そして、三権のうちの1つ、立法権を担当するのが国会です。
　統治は基本的に条文知識が大切であり、それはこのテーマでも変わりません。ただし、比較をしなければならない箇所が多いため、本書の表を利用しながら覚えていくようにしましょう。
　また、国会と衆議院・参議院という各議院は別概念として捉えましょう。国会と議院の権能の比較も大切です。

ベーシック　じっくり理解しよう！

Festina lente

　この Chapter から「統治」の学習が始まるよ。
　ところで、統治を学習する上で忘れてはならない概念があるんだよ。それは、「三権分

立」という概念なんだよ。

　そもそも、日本国憲法は、特定の者が権力を握るとその権力を濫用して、国民の権利・自由を侵害してしまうという歴史からできたものなんだよ。

　そこで、国民の権利・自由を守るためには、特定の者に権力が集中しない統治のシステムを作ればよいということになったんだね。

　これが、三権分立の考え方だよ。つまり、国家権力を、行政を担当する行政権、法律の制定を担当する立法権、裁判を担当する司法権と３つに分け、それぞれを別々の機関に割り振るのが三権分立なんだよ。ちなみに、日本の場合は、行政権は内閣に、立法権は国会に、司法権は裁判所に割り振っているよ。

　なお、三権分立は国民の権利・自由を守るためのシステムであるから、「自由主義」という考え方に基づくものなんだよ。

1 国会の地位

重要度 **B**

　日本国憲法は、主権者としての国民が自ら直接統治を行う直接民主制ではなく、国民から国政を託された代表者が国家権力を行使する**代表民主制**を採用しています（前文第１段、43条）。この統治制度の下において、国会は、主権者たる国民を代表する機関としての性格を有します。よって、この代表機関性が国会の地位の基礎にあることになります。

1 国民の代表機関 (43条1項)

　43条１項の「代表」とは、民法で学ぶ「代理」のような、法的な意味の代表ではなく、**政治的代表**を指すと考えられています。すなわち、国民は代表機関を通じて行動し、代表機関は全国民のために行動しさえすれば、それで全国民の意思を反映するものとみなされるという趣旨で代表を捉えるのです。よって、この考え方によれば、代表者は必ずしも選挙民の意思に法的に拘束される必要はないということになります（**自由委任**）。[*1]

　さらに、この考え方を一歩進めて、「代表」とは、政治的代表ではあるが、選挙により表明される国民の多様な意思や社会の実際の勢力は国会にできるだけ忠実に反映されるべきだという考え方が現在有力です。この意味での代表を、**社会学的代表**といいます。

> [*1]
> ☑ **要チェック！過去問題**
> 議員は議会で自己の信念のみに基づいて発言・表決すべきであり、選挙区など特定の選出母体の訓令に法的に拘束されない、との原則は、自由委任の原則と呼ばれる。
> → ○ (H23-6-4)

2 国権の最高機関 (41条)

憲法は国会を「国権の最高機関」と位置づけています。ここにいう「最高」とは、国会が裁判所等よりも一歩上に立つという意味ではなく、国会が立法権をはじめ重要な権能を憲法上与えられ、国政の中心的な地位を占める機関であるということを強調する政治的美称にすぎないと考えられています。

3 唯一の立法機関 (41条)

国会が国の「唯一」の立法機関であるとは、①国会中心立法の原則と、②国会単独立法の原則の2つを意味しています。

1 国会中心立法の原則

(1) 意　義

国会中心立法の原則とは、国の行う立法は、憲法に特別の定めがある場合を除いて、国会によってなされなくてはならないという原則をいいます。

(2) 例　外

①	議院規則 （58条2項）
②	裁判所規則 （77条1項）

2 国会単独立法の原則

(1) 意　義

国会単独立法の原則とは、国会による立法は、国会以外の他の機関の関与がなくとも、国会の議決のみで成立するという原則をいいます。

(2) 例　外：地方自治特別法制定のための住民投票

地方自治特別法制定のための住民投票（95条）の制度は、特定の地方公共団体のみに適用される法律を制定するには、その地方の住民投票による過半数の賛成を必要とするものであり、憲法上規定されている例外です。

Part 1
憲　法

2 国会の組織と活動

重要度 **A**

1 国会の組織

1 二院制（42条）

（1）二院制の存在理由

　日本国憲法は、衆議院と参議院の二院制を採用しています。現在における二院制の主要な存在根拠は、①衆議院の**軽率な行為や過誤**を参議院がチェックして是正すること、②異なる時期に選挙を行うことによって、その時々の**民意を国会に忠実に反映**させること、にあるとされます。

〈両院の組織上の差異〉

	衆議院	参議院
議員任期	4年 （解散の場合は任期満了前に終了）	6年（解散制度なし） 3年ごとに半数改選
議員定数	465人[*1]	248人[*2]
議員資格	満25歳以上	満30歳以上
選挙区	小選挙区と比例代表区	大選挙区と比例代表区

（2）衆議院の優越

　日本国憲法は、議院の権能の範囲と議決の価値に関して、衆議院の優越を認める規定をいくつか置いています。衆議院に優越的な地位を与えた理由としては、①一院を重視することで国会の意思形成を容易にできること、②議員の任期、解散制度等からみて、衆議院のほうが民意により密着していること等が挙げられます。

a　衆議院にのみ認められる権限

①	**内閣不信任決議権**（69条）
②	**予算先議権**（60条1項）

[*1]
■ **参考データ**

2016年5月の公職選挙法等の一部改正により、衆議院議員の定数が475人から465人に削減されることとなりました（小選挙区6減、比例代表4減）。

[*2]
■ **参考データ**

2018年7月の改正によるものです（定数6増）。

Part 1
■
憲
法

Chapter 8
国　会

b　参議院にも認められるが衆議院の議決が優先するもの

事　項	内　容
法律案の議決 （59条）	①法律案は、憲法に特別の定めがある場合を除いては、両議院で可決したときに法律となる。 ②衆議院で可決し、参議院でこれと異なった議決をした法律案は、衆議院で出席議員の3分の2以上の多数で再び可決したときは、法律となる。 ③なお、衆議院は、参議院が衆議院と異なった議決をしたときは、両院協議会を開くことを求めることができる。＊1＊2 ④参議院が、衆議院の可決した法律案を受け取った後、国会休会中の期間を除いて60日以内に、議決しないときは、衆議院は、参議院がその法律案を否決したものとみなすことができる。
予算の議決 （60条2項）	予算について、参議院で衆議院と異なった議決をした場合に、法律の定めるところにより、両院協議会を開いても意見が一致しないとき、又は参議院が、衆議院の可決した予算を受け取った後、国会休会中の期間を除いて30日以内に、議決をしないときは、衆議院の議決を国会の議決とする。
条約の承認 （61条・ 60条2項）	条約の承認について、参議院で衆議院と異なった議決をした場合に、法律の定めるところにより、両院協議会を開いても意見が一致しないとき、又は参議院が、衆議院が承認の議決をした条約を受け取った後、国会休会中の期間を除いて30日以内に、議決をしないときは、衆議院の議決を国会の議決とする。
内閣総理大臣 の指名 （67条2項）	内閣総理大臣の指名について、衆議院と参議院とが異なった指名の議決をした場合に、法律の定めるところにより、両院協議会を開いても意見が一致しないとき、又は衆議院が指名の議決をした後、国会休会中の期間を除いて10日以内に、参議院が、指名の議決をしないときは、衆議院の議決を国会の議決とする。

	法律案	予算案	条　約	内閣総理大臣の指名
衆議院の先議権	な　し	あ　り	な　し	
参議院が議決しない日数の要件	60日	30日		10日
議決しない場合の効果	参議院の議決を否決とみなすことができる	衆議院の議決を国会の議決とする		
再　議　決	出席議員の3分の2以上の多数決	不　要		
両院協議会	任意的	必要的		

2　政　党

政党とは、一定の政策を掲げ、それに対する国民の支持を背景に、政府機構の支配の獲得、維持を通じてその実現を図ろうとする、自主的、恒常的な政治組織・団体です。

現在において、政党は、議会制民主主義を支える重要な存在で

＊1
■ 語句解説

両院協議会とは、衆議院と参議院が異なった議決をしたときに、その調整のために設置される機関を

Part 1
憲　法

す。日本国憲法において、政党についての直接の規定はありませんが、結社の自由を保障し（21条1項）、議院内閣制を採用している（66条3項等）ことから、**政党の存在を当然に想定**していると考えられています。

2 国会の活動

1 会期の定義と種類

会期とは、国会が活動するものとされる一定の期間をいいます。国会の会期には、毎年1回定期に召集される「**常会**」、臨時の必要に応じて召集される「**臨時会**」、衆議院が解散され、その後の総選挙が行われた後に召集される「**特別会**」があります。

なお、国会は、会期ごとに活動し（**会期独立の原則**）、国会の会期中に議決に至らなかった案件は、原則として後の会期に継続しません（**会期不継続の原則** 国会法68条）。

また、同一問題については、会議の効率的運営のため、同じ会期中に再び審議しません（**一事不再議の原則**）。

（1）常 会（52条）

52条は、国会の常会の召集について定め、国会の活動について会期制をとることを定めたものです。常会の会期は、国会法10条により、150日間と定められています。

（2）臨時会（53条）

常会が閉会した後も、国会の活動を必要とする事態が生じ得ることから、これに対応するために、臨時会の制度が設けられました。臨時会の召集決定は、原則として、内閣に委ねられていますが、いずれかの議院の**総議員の4分の1以上**の要求があれば、内閣はその召集を決定しなければなりません。

（3）特別会（54条1項）

衆議院の解散後に施行される総選挙の後に召集される国会を、特別会といいます。

2 緊急集会（54条2項、3項）

緊急集会とは、衆議院が解散されて、総選挙が施行され、特別会が召集されるまでの間に、国会の開会を要する緊急の事態が生じたとき、それに応えて国会の権能を代行する制度です。

緊急集会は、**内閣のみ**求めることができます。

いいます。

＊2
☑ **要チェック！ 過去問題**
衆議院で可決された法律案を参議院が否決した場合は、両院協議会を必ずしも開かなくてもよい。
➡ ◯（H21-7-3）

また、緊急集会でとられた措置は臨時のものです。すなわち、次の国会開会の後 **10 日以内**に**衆議院の同意**がない限り、**将来に向かって効力を失う**ことになります。

3 会議の原則 （56 条、57 条）

定定数	定定数とは、会議体において、議事を開き、審議を行い、議決をなすために必要とされる最小限度の出席者数をいう → 議事及び議決の定定数は、総議員の **3 分の 1** （56 条 1 項）
表決数	表決数とは、会議体において意思決定を行うに必要な賛成表決の数をいう → 両議院の議事は、憲法に特別の定めのある場合を除いては、**出席議員の過半数**で決する（56 条 2 項） → 憲法に特別の定めのある場合 ①資格争訟裁判で議員の議席を失わせる場合（55 条） ②秘密会を開く場合（57 条 1 項但書） ③懲罰により議員を除名する場合（58 条 2 項） ④衆議院で法律案を再議決する場合（59 条 2 項） ⑤憲法改正の発議（96 条 1 項）
公 開	(1) 原 則 → 両議院の会議は、**公開**とする（57 条 1 項本文） → 「公開」とは、会議録の保存・公表・頒布以外に、国民による本会議の自由な傍聴、新聞・放送等の報道機関による会議内容の自由な報道を含む (2) 例 外 → **出席議員の 3 分の 2 以上**の多数で議決したときは、**秘密会**を開くことができる（57 条 1 項但書）

3 国会議員の特権

重要度 **B**

1 不逮捕特権 （50 条）[*1]

原則	国会議員には不逮捕特権が認められている。これは、行政権による逮捕権の濫用を防ぎ、議員の職務遂行を確保する趣旨である。
例外	逮捕権の濫用を防ぐというのが目的だから、**院外での現行犯**や、**院の許諾がある場合**には、逮捕権の濫用は考えにくいので、例外として国会法 33 条で、会期中でも逮捕が許容されている。会期前に逮捕された議員については、議院は釈放を要求できる。

[*1]
☑ **要チェック！過去問題**

両議院の議員は、法律の定める場合を除いては、国会の会期中逮捕されず、会期前に逮捕された議員は、開会後直ちにこれを釈放しなければならない。

→ ✗ （H24-4-2）

Part 1
憲 法

2 免責特権 (51条)

免責特権の趣旨は、議員に院内での言論の自由を厚く保障することにあります。

「議院で行つた」とは、議院の活動として議員が職務上行った行為（職務活動に付随する行為を含む）を指します。

免除される「責任」は、民事責任、刑事責任などの院外での**法的責任**です。ただ、**院内の懲罰責任は免責されず**、責任を問われる余地があります。

この免責特権に関しては、職務上関係ない発言に適用がないのは当然です。

3 議員の歳費受領権 (49条)*2

議員の歳費受領権は、裁判官の報酬とは異なり、憲法上、「減額できない」旨の定めはありません。

*2
■ **語句解説**
歳費とは、国会議員の受ける報酬のことをいいます。

4 国会の権能と議院の権能

重要度
A

国会の権能	議院の権能
①憲法改正の発議（96条1項）	①会期前に逮捕された議員の釈放要求権（50条）
②法律の議決（59条）	②議員の資格争訟の裁判権（55条）
③条約の承認（73条3号、61条）	③役員選任権（58条1項）
④内閣総理大臣の指名	④議院規則制定権・議員懲罰権（58条2項）
（6条1項、67条1項前段）	⑤国政調査権（62条）
⑤内閣の報告を受ける権能	⑥請願の受理・議決（国会法79条等）
（72条、91条）	⑦秘密会（57条1項但書）
⑥弾劾裁判所の設置（64条1項）*3	⑧国務大臣の出席要求（63条）
⑦財政の統制（第7章等）	
⑧皇室財産の授受の議決（8条）	
⑨予算の議決（86条、60条）	

*3
☑ **要チェック！過去問題**

裁判官の弾劾は、議院の権能として正しい。
➡ ✗（H25-6-ウ）

Chapter 8
国 会

ファイナルチェック　基礎知識の確認

問題 1　憲法上、両議院で可決しても法律が成立しない場合がある。

問題 2　内閣総理大臣は、衆議院議員の中から衆議院の議決で、これを指名する。

問題 3　衆議院が解散されたときは、解散の日から 40 日以内に、衆議院議員の総選挙を行い、その選挙の日から 30 日以内に、国会を召集しなければならないが、この国会を臨時会という。

問題 4　両議院の議員は、院外における現行犯罪の場合を除いては、会期中その院の許諾がなければ逮捕されない。

問題 5　条約の締結に必要な国会の承認については、衆議院に先議権が認められるので、先に衆議院に提出しなければならない。

問題1 ◯（59条1項、95条）　**問題2 ✗**（67条1項）　**問題3 ✗** 特別会という（54条1項）。　**問題4 ◯**（50条、国会法33条）　**問題5 ✗** 条約の承認については、衆議院の先議権は認められていない。

本試験レベルの問題にチャレンジ！ ▶▶▶

Chapter 9 内閣

重要度 A

イントロダクション　学習のポイント

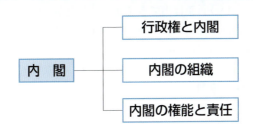

　内閣は国会・裁判所に比べると、必要な勉強量が少ないために攻略しやすいものと思います。国会と同様に、条文知識を覚えるために本書の表を利用して勉強するとよいでしょう。

ベーシック　じっくり理解しよう！

1 行政権と内閣

重要度 B

1 行政権の概念 (65条)

　行政権とは、すべての国家作用のうちから、立法作用と司法作用を除いた残りの作用です（控除説）。

　内閣は、行政権を担当する政府機関です。行政活動は内閣だけではできないので、実際には多くの行政機関を必要とします。内閣は行政全体を総合調整し、統括します。

2 議院内閣制

1 意義

議院内閣制とは、議会と政府を一応分離した上で（権力分立）、内閣が国会に対して連帯責任を負い、国会の信任が内閣の存立のために必要（民主的責任行政）なシステムのことをいいます。

2 日本国憲法における議院内閣制

日本国憲法は議院内閣制を採用していると解されていますが、憲法上、議院内閣制という言葉は出てきません。したがって、日本国憲法上、議院内閣制が採用されているということは、いくつかの条文の中から読みとっていかなければなりません。

議院内閣制の根拠となる条文は以下のとおりです。

（1）内閣の連帯責任の原則（66条3項）

国会に対する内閣の連帯責任を定め、議院内閣制をとることを明らかにした規定です。ここでいう「責任」は、法的責任ではなく、**政治的責任**を指します。つまり、国会に対する責任の取り方として、刑事責任や民事責任（損害賠償責任）等を負うわけではないということです。[*1]

（2）衆議院の内閣不信任決議権（69条）

衆議院の信任が内閣存立の基礎であり、衆議院が内閣を信任しないときの、内閣の責任の取り方を定めたものです。

すなわち、議院内閣制の下で、国会の不信任に対する内閣の責任は、衆議院を解散するか、あるいは、総辞職するかのいずれかであることを明らかにしました。

（3）内閣総理大臣の指名権（67条1項）

内閣総理大臣の資格及びその指名手続について定めたものです。行政府の長である内閣総理大臣の指名権を国会が有することは、立法府による行政府の統制手段の1つであり、議院内閣制のあらわれです。

（4）内閣総理大臣及び国務大臣の過半数が国会議員であること（67条1項、68条1項但書）

行政府の長である**内閣総理大臣は国会議員**でなければならず、かつ、国会の議決で、最優先的に指名しなければならないとしました。これは議院内閣制を組織的に保障するものです。

> [*1]
> ☑ **要チェック！
> 過去問題**
> 大臣に対する弾劾制度を認めない日本国憲法においては、内閣に対して問われる「責任」は、政治責任であって狭義の法的責任ではない。
> ➡ ⭕（H24-3-5）

そして、内閣総理大臣に国務大臣の任命・罷免権を与え、内閣の一体性と統一性の確保を図ると同時に、**国務大臣の過半数は、国会議員**でなければならないとして、議院内閣制を組織的に保障しました。[*2]

（5）内閣総理大臣、国務大臣の議院出席の権利と義務（63条）

議院内閣制の下で、国会による内閣の責任追及の方法の1つとして、議員による国務大臣に対する質問があります。本条は、議員の質問の権利を担保すべく、内閣総理大臣その他の国務大臣の議院への出席の権利及び義務を定めました。

3 衆議院の解散

1 意 義

解散とは、任期満了前に議員全員の資格を失わせる行為をいいます。

憲法上、衆議院についてのみ認められています。

解散権に関する条文は、7条3号と69条の2つです。

2 解散権の所在

憲法は69条を除いて解散権の所在について明文を置いていませんが、通説は、内閣は、天皇の行う国事に関する行為（国事行為）に助言と承認を与えて、国事行為について責任を負うべき立場にあるので、助言と承認の中に実質的な解散権があると考え、**7条3号によって、内閣が衆議院の解散権を有している**と解しています。[*3]

---

2 内閣の組織

重要度 **B**

1 内閣の組織（66条）

1 内閣総理大臣及びその他の国務大臣

内閣は、内閣総理大臣とその他の国務大臣で組織される合議体です。[*4]

そして、内閣総理大臣は、行政各部を指揮監督します。具体的には、行政各部の上に国務大臣を配置し、各省の長として行政事

---

*2
☑ **要チェック！過去問題**

内閣総理大臣は、国会の同意を得て国務大臣を任命するが、その過半数は国会議員でなければならない。
➡ ✕（H29-5-1）

Part 1
■ 憲法

---

*3
■ **参考データ**

これにより解散権の行使は69条の場合に限定されないことになります。例えば、争点Aがあって総選挙が行われ、その後争点Bが生じたとしましょう。争点Bが国家を二分するような大きな争点で、国会や内閣で統一的な意思形成をなし得なくなった場合、解散総選挙をして民意を問うということができるのです。

---

*4
■ **参考データ**

原則として、国務大臣の数は14人以内です（内閣法2条2項本文）。ただし、特別の必要がある場合には、17人以内とすることができます（同項但書）。

Chapter 9
内 閣   **105**

務を分担、管理させています。

> **Festina lente**
> 　国務大臣には内閣という合議体のメンバーという側面と、それぞれの行政各部の長という側面の2つがあるんだよ。

2　内閣構成員の資格
（1）文民であること
　内閣総理大臣及びその他の国務大臣は、文民でなければなりません（66条2項）。文民統制の原則の趣旨を徹底するためです。*1

（2）国会議員であること
　内閣総理大臣及び国務大臣の過半数は、国会議員でなければなりません（67条1項、68条1項但書）。

2　内閣総理大臣

　内閣総理大臣は、国会議員の中から国会の議決で指名され（67条1項）、天皇が任命します（6条1項）。内閣総理大臣は、内閣という合議体の首長として位置づけられます（66条1項）。これは、内閣の一体性と統一性を確保し、内閣の連帯責任の強化を図るためです。

3　内閣の総辞職 （69条〜71条）

　内閣は、いつでも総辞職することができますが、以下に挙げた3つの場合には、内閣は総辞職しなければなりません。*2*3

　なお、総辞職した内閣は、新たに内閣総理大臣が任命されるまでは引き続き職務を行うことになります。

〈総辞職の原因〉

事　案	備　考
①衆議院で不信任の決議案を可決し、又は信任の決議案を否決したときに、10日以内に衆議院が解散されない場合　（69条）	

---

*1
■ 語句解説

文民とは、政府見解によれば、旧陸海軍の職業軍人の経歴を有する者であって、軍国主義的思想に深く染まっていると考えられる者以外の者及び自衛官の職にある者以外の者をいいます。

Festina lente

明治憲法下では、内閣総理大臣は、「同輩中の首席」にすぎず、他の国務大臣と対等の地位にあるにすぎなかったんだ。

*2
☑ **要チェック！過去問題**

内閣の「責任」のとり方は任意かつ多様であるべきなので、日本国憲法の下で総辞職が必要的に要求されることはない。
➡ ✗ （H24-3-4）

*3
☑ **要チェック！過去問題**

内閣は、衆議院で不信任の決議案が可決されたとき、直ちに総辞職しなければならない。
➡ ✗ （H26-6-3）

②内閣総理大臣が欠けた場合 （70条前段）	・ 欠ける原因には、死亡、内閣総理大臣となる資格の喪失、辞職等がある
③衆議院議員総選挙の後、初めて国会の召集があった場合 （70条後段）	・ 任期満了による総選挙後→臨時会 ・ 解散による総選挙後→特別会

Part 1

憲 法

Festina lente

内閣総理大臣を除く国務大臣の過半数が辞職した場合であっても、内閣は、総辞職をしなければならないわけではないんだ。

3 内閣の権能と内閣総理大臣の権能

重要度 **B**

内閣の権能については、内閣総理大臣の権能とは異なり、閣議（内閣法4条）が必要です。*4

内閣の権能	内閣総理大臣の権能
①法律の誠実な執行と国務の総理 ②外交関係の処理 ③条約の締結 ④官吏に関する事務の掌理 ⑤予算の作成と国会への提出 ⑥政令の制定 ⑦恩赦の決定、その他一般の行政事務 （以上、73条） ⑧天皇の国事行為に対する助言と承認 （3条、7条） ⑨最高裁判所長官の指名（6条2項） ⑩最高裁判所長官以外の裁判官の任命 （79条1項、80条1項） ⑪緊急集会の請求（54条2項但書） ⑫臨時会の召集決定（53条） ⑬予備費の支出（87条） ⑭決算の提出及び財政状況の報告（90条1項、91条）	①国務大臣の任免権（68条） ②内閣を代表して議案を国会に提出し、一般国務及び外交関係について国会に報告し、行政各部を指揮監督（※）する権限（72条） ③法令への連署（74条） ④国務大臣の訴追に対する同意（75条）

※ 内閣総理大臣は、指揮監督権につき閣議にかけて決定した方針が存在しなくても、「内閣の明示の意思に反しない限り、行政各部に対し、随時、その所掌事務について一定の方向で処理するよう指導、助言を与える権限を有する」（最大判平7.2.22）。

*4

■ 語句解説

閣議とは、合議体である内閣の構成員である内閣総理大臣及び国務大臣全体の会議のことです。内閣がその職権を行うのは閣議によるものとされ（内閣法4条1項）、内閣総理大臣がこれを主宰します（同条2項）。

Chapter 9
内閣 **107**

ファイナルチェック　基礎知識の確認

問題1　内閣総理大臣とその他の国務大臣は、文民でなければならず、また、国会議員でなければならない。

問題2　内閣総理大臣は、衆議院で不信任の決議案を可決し、又は信任の決議案を否決したときは、10日以内に衆議院が解散されない限り、単独で責任を負い辞職しなければならない。

問題3　内閣総理大臣は、法律を誠実に執行し、国務を総理する。

問題1 ✗ 国務大臣全員が国会議員である必要はない（68条1項但書）。　**問題2 ✗** 内閣が、総辞職をしなければならないのであって、内閣総理大臣が単独で責任を負い辞職しなければならないわけではない（69条）。　**問題3 ✗** 法律を誠実に執行し、国務を総理するのは、内閣の事務である（73条1号）。

本試験レベルの問題にチャレンジ！ ▶▶▶

Chapter 10 裁判所

イントロダクション　学習のポイント

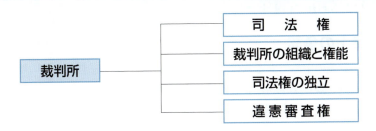

　この Chapter では、まず司法権とは何か？裁判所はどのような事件を取り扱うことができるか？について勉強します。これを**司法権の範囲と限界**といいますが、このテーマは統治の中でも判例がとても大切になります。
　その後は条文知識を中心に勉強をすることになりますが、特に**司法権の独立**で扱う条文知識は重要です。

ベーシック　じっくり理解しよう！

1 司法権

1 司法権の意義

　司法権とは、**具体的な争訟**について、法を適用し、宣言することによって、これを裁定する国家の作用をいいます。
　まず、具体的で法律的な事件がなければ、裁判所は動きません。法律を適用して解決できる事件が発生して初めて、その事件に法律を解釈して適用するのです。その上で裁定します。

2 司法権の範囲

明治憲法の時代は、民事事件、刑事事件のみが司法権の範囲であり、行政事件は通常の裁判所とは別の系統の行政裁判所の所管でした。

しかし、日本国憲法では、**行政事件の裁判も含めて**すべての裁判作用が司法権の範囲です。このことは、具体的には、特別裁判所の設置を禁止し、行政機関による終審裁判を禁止した（76条2項）ことにあらわれています。*1

3 法律上の争訟

司法権の意義の中心である具体的な争訟（事件性）とは、「一切の法律上の争訟」（裁判所法3条1項）と同じ意味です。この法律上の争訟にあたらなければ、原則として、裁判所の審査権は及びません。

法律上の争訟とは、①**当事者間の具体的な権利義務ないし法律関係の存否に関する紛争**であって、かつ、②**それが法律を適用することにより終局的に解決することができるもの**、をいいます。

1 当事者間の具体的な権利義務ないし法律関係の存否に関する紛争であること

まず、具体的な権利義務ないし法律関係の存否に関する紛争であることが必要ですから、**抽象的に法律の解釈又は効力を訴訟で争うことはできません**（警察予備隊違憲訴訟：最大判昭27.10.8）。

また、学問上の優劣や芸術上の優劣は、権利義務にかかわるものではなく、法律関係であるとはいえないため、司法権の範囲外であり、裁判で争うことができません。

2 法律を適用することにより終局的に解決することができるものであること

法律を適用することによって終局的に解決できるものという要件については、**「板まんだら事件」**という有名な判例があります。

この事件は、Aが板まんだら（本尊）を持つ寺院に金銭を寄附したところ、その板まんだらはニセ物であって御利益がないとして、民法のところで勉強する錯誤無効(旧民法95条)を主張し、寄附金の返還請求をしたというものです。

---

*1

■ **語句解説**

特別裁判所とは、特殊の身分を持つ人、又は、特定の種類の事件について裁判するために、一般的に司法権を行う通常裁判所の系列のほかに設けられる特別の裁判所、例えば、明治憲法下の皇室裁判所、軍法会議、行政裁判所等のことです。

Festina lente

　このように紛争の外形は具体的な権利義務の有無を争っているものの、錯誤が成立するためには板まんだらがニセ物でないといけないのだ。

　でも、ニセ物かどうかは宗教上の教義にもよるのだ。宗教団体側からすれば、正式に寺院に奉納されている以上、御利益はあるともいえるよね。そうなると、宗教の教義に立ち入らないと錯誤無効か否かを決められないのだ。つまり法律によって問題を解決することができないケースなのだよ。

```
錯誤無効       ← 具体的権利に関する紛争
による
返還請求権
   ↑
錯誤の成否     ← 宗教上の教義に
は本尊が          立ち入った判断
本物かどうか
```

判例　板まんだら事件（最判昭56.4.7）

争点　純然たる信仰の価値、又は、宗教上の教義に関する判断自体を求める訴えは、法律上の争訟にあたるか。

結論　あたらない。

判旨　訴訟は、形式的には具体的な権利義務に関する紛争であるが、その前提として信仰の価値又は宗教上の教義に関する判断を行わなければならず、法令の適用による終局的な解決の不可能なものであるから、法律上の争訟にあたらない。

4 司法権の限界

　司法権の限界とは、法律上の争訟として司法権の範囲に含まれたとしても、裁判所が司法審査をしない、又は、できない場合があるという問題をいいます。具体的には下記のとおりです。

1 憲法の明文上の限界

(1) 議員の資格争訟の裁判

　議員の資格争訟は、議院の自律権の問題であり、各議院で裁判します（55条）。

(2) 裁判官の弾劾裁判

　裁判官の弾劾裁判については、両議院の議員からなる弾劾裁判所が設置されるので、通常の裁判所では審判されません（64条）。

2　国際法上の限界

国際法上の限界には、治外法権や条約による裁判権の制限等があります。*1

3　憲法の解釈上の限界

（1）自律権に属する行為

自律権とは、議事手続（56条）や懲罰（58条2項）等、国会、又は、各議院の内部事項については、他の機関からの圧迫や干渉を加えられずに自主的に決定できる権能のことをいいます。このような自律権に属する行為については、裁判所は国会又は各議院の自主性を尊重して司法審査しません。

（2）自由裁量に属する行為

国会や内閣などの自由裁量に属する行為については、裁量権を著しく逸脱するか、著しく濫用した場合でないと、裁判所の司法審査が及ばないとされています。*2

（3）統治行為論

統治行為論とは、国家機関の行為のうち、極めて高度に政治性のある行為については、裁判所の司法審査の対象とならないという理論のことです。

この司法権に対する制約は、三権分立の原理に由来し、当該国家行為の高度の政治性、裁判所の司法機関としての性格、裁判に必然的に随伴する手続上の制約等にかんがみ、司法権の本質に内在する制約であるとして、判例は、権力分立を根拠として統治行為の存在を肯定しています。

判例	苫米地事件（最大判昭35.6.8）

争点　衆議院の解散は司法審査の対象となるか。

結論　ならない。

判旨　衆議院の解散は、極めて政治性の高い国家統治の基本に関する行為であって、かくのごとき行為について、その法律上の有効無効を審査することは司法裁判所の権限の外にあると解すべきである。

---

*1
■ 参考データ

例えば、外国の外交官が日本で犯罪を犯した場合も、当然具体的な争訟事件であり、司法権の範囲に含まれます。しかし、外交官には治外法権が認められているので、日本の裁判所では、原則として裁判されません。

*2
■ 参考データ

自由裁量に属する行為として、例えば、内閣総理大臣による国務大臣の任命・罷免（68条）、内閣総理大臣による国務大臣の訴追の同意（75条）等が挙げられます。

> **判例　砂川事件（最大判昭34.12.16）**
>
> **争点**　日米安全保障条約は違憲審査の対象となるか。
>
> **結論**　ならない。
>
> **判旨**　日米安全保障条約は、主権国としての我が国の存立の基礎に極めて重大な関係を持つ高度の政治性を有するものというべきであって、その内容が違憲か否かの法的判断は、その条約を締結した内閣及びこれを承認した国会の高度の政治的ないし自由裁量的判断と表裏をなす点がすくなくない。それゆえ、違憲か否かの法的判断は、純司法的機能を使命とする司法裁判所の審査には原則としてなじまない性質のものであり、したがって、一見極めて明白に違憲無効であると認められない限りは、裁判所の司法審査権の範囲外にある。

（4）部分社会の法理

部分社会の法理とは、一般市民法秩序（一般市民社会における法秩序）と直接関連しない純然たる内部紛争は、司法審査の対象にならないという考えのことをいいます。*3

裁判所は、一般市民社会（市民法秩序）における法規範に基づいて紛争を解決するのであって、一般市民社会の中にある部分社会（例えば政党等）内部の紛争については、その部分社会内部の法規範（ルール）によって解決すべきだと考えられているのです。

もっとも、団体の内部紛争であっても、一般市民法秩序にかかわるものには司法審査が及びます。

> **判例　地方議会議員懲罰の司法審査（最大判令2.11.25）**
>
> **争点**　普通地方公共団体の議会の議員に対する出席停止の懲罰の適否は、司法審査の対象となるか。
>
> **結論**　司法審査の対象となる。
>
> **判旨**　出席停止の懲罰の性質や議員活動に対する制約の程度に照らすと、これが議員の権利行使の一時的制限にすぎないものとして、その適否が専ら議会の自主的、自律的な解決に委ねられるべきであるということはできない。そうすると、出席停止の懲罰は、議会の自律的な権能に基づいてされたものとして、議会に一定の裁量が認められるべきであるものの、裁判所は、常にその適否を判断することができる。

*3
■ポイント
例えば、大学の中には学則というルールがあり、それに基づく秩序があります。さらに、大学の中にはいくつかのサークルがあって、例えば会費の納入のように、サークルの中にはサークルの規則があります。
このような部分社会（団体）内部での争いは団体の自治に委ねるほうが妥当なことが多いはずです。

Festina lente
従来の判例（最大判昭35.10.19）は、除名処分については司法審査が及ぶものの、出席停止の懲罰については司法審査が及ばない、としていたけれど、最近、判例が変更されたんだ。

> **判例** 富山大学事件（最判昭 52.3.15）*1
>
> **争点** 大学の単位不認定処分は司法審査の対象となるか。
>
> **結論** 原則としてならない。
>
> **判旨** 大学は、国公立であると私立であるとを問わず、一般市民社会とは異なる特殊な部分社会を形成している。単位授与（認定）行為は、他にそれが一般市民法秩序と直接の関係を有するものであることを肯認するに足りる特段の事情のない限り、純然たる大学内部の問題として大学の自主的、自律的な判断に委ねられるべきものであって、裁判所の司法審査の対象にはならない。

*1 **要チェック！過去問題**
大学による単位授与行為（認定）は、純然たる大学内部の問題として大学の自律的判断にゆだねられるべきものであり、一般市民法秩序と直接の関係を有すると認めるにたる特段の事情がない限り、裁判所の審査は及ばない。
→ 〇 (H27-6-2)

> **判例** 共産党袴田事件（最判昭 63.12.20）*2
>
> **争点** 政党の党員の除名処分は司法審査の対象となるか。
>
> **結論** 判旨参照。
>
> **判旨** 政党が党員に対してした処分が一般市民法秩序と直接の関係を有しない内部的な問題にとどまる限り、裁判所の審判権は及ばないが、一般市民としての権利利益を侵害する場合であっても、右処分の当否は、当該政党の自律的に定めた規範が公序良俗に反するなどの特段の事情のない限り右規範に照らし、右規範を有しないときは条理に基づき、適正な手続に則ってされたか否かによって決すべきであり、その審理も右の点に限られる。

*2 **要チェック！過去問題**
政党の結社としての自律性からすると、政党の党員に対する処分は原則として自律的運営にゆだねるべきであり、一般市民法秩序と直接の関係を有しない内部的問題にとどまる限りは、裁判所の審査は及ばない。
→ 〇 (H27-6-4)

5 司法権の帰属 (76条)

1 特別裁判所の禁止

特別裁判所の設置は、平等原則や司法の民主化の観点、また、法の解釈の統一という観点から適切でないことから、憲法が明文で禁止したものです。司法権重視という意味において法の支配のあらわれともいえます。

2 行政機関による終審裁判の禁止

行政機関による終審裁判の禁止も、特別裁判所の禁止と基本的に同じ目的です。

Festina lente
日本国憲法の下でも家事事件と少年事件だけを扱う家庭裁判所があるけど、家庭裁判所は通常の司法裁判所の系列下にあるので、特別裁判所にはあたらないんだ。

しかし、この規定を反対に解釈すれば、行政機関による裁判も前審としてならば許されるということです。

2 裁判所の組織と権能

1 裁判所の組織 (79条、80条)

裁判所には、最高裁判所と下級裁判所があります。

最高裁判所は、行政事件訴訟を含むすべての訴訟についての終審裁判所です。また、合憲、違憲の判断や、判例変更等一定の場合は、大法廷で裁判することが必要とされています（裁判所法9条、10条）。*3

下級裁判所には、高等裁判所、地方裁判所、家庭裁判所、簡易裁判所の4種類があります（同法2条）。

*3
■ 参考データ
最高裁判所の審理及び裁判は、大法廷又は小法廷で行われます(裁判所法9条1項)。大法廷は最高裁判所裁判官15人全員で構成され、小法廷は3人以上の裁判官で構成されます（同条2項）。

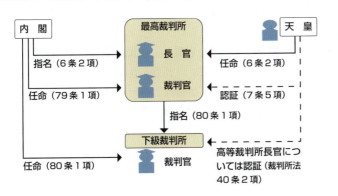

2 最高裁判所裁判官の国民審査

最高裁判所裁判官の国民審査とは、最高裁判所裁判官を罷免するか否かを国民の投票によって決める手続のことをいいます。最高裁判所は法律等が憲法に適合するか否かを決定する権限を有する終審裁判所です（81条）。その重要性から、最高裁判所の裁判官についてのみ国民審査を規定しているのです。*4

最高裁判所裁判官の国民審査制度の法的性質をどのように解するかが争われていますが、判例・通説は、**リコール制（解職制）**

*4
■ 参考データ
下級裁判所の裁判官については、国民審査は行われません。また、国民審査は、参議院議員の通常選挙の時に行われることはありません（79条2項）。

であるとしています。その理由は、79条3項が、国民審査の法的効果として裁判官が罷免されるとしているからです。

3 裁判所規則制定権 (77条)*1

裁判所規則とは、裁判所の内部ルールをいいます。最高裁判所に規則制定権が認められている趣旨は、裁判所の自主性の確保と裁判所の専門的判断を尊重する点にあります。

4 裁判の公開 (82条)

1 原 則

裁判の対審と判決は、公開されるのが原則です（82条1項）。

2 例 外

(1) 非公開にするための要件

対審の公開には例外があり、①裁判官が全員一致で、②公の秩序、又は、善良の風俗を害するおそれがあると判断した場合には、対審を公開しないことができます。

(2) 非公開が許されない場合

憲法は、裁判の公正さを損なう危険性を回避し、国民の重要な人権を守るために、すなわち①政治犯罪、②出版に関する犯罪、③憲法第3章で保障する国民の権利が問題となっている事件については、常にその対審を公開しなければならないとしています。

また、判決自体については例外なく、常に公開されなくてはなりません。

> *1 **要チェック！過去問題**
>
> 最高裁判所は、裁判所の内部規律・司法事務処理に関し規則を制定することができるが、訴訟手続や弁護士に関する定めは法律事項であるから、規則で定めることはできない。
>
> ➡ ✗ (H26-7-4)

---

3 司法権の独立

重要度 **A**

1 司法権の独立の意義

裁判が公正に行われ、人権保障が確保されるためには、司法権が立法権、行政権から独立していなければなりません。また、同時に裁判を担当する個々の裁判官が裁判をするにあたっていかなる外部からの圧力や干渉も受けずに、公正無私の立場で職責を果

たすことが必要です。

　法の支配の下、日本国憲法では、明治憲法下では不十分であった司法権の独立を著しく強化しています。*2

2 司法権の独立の内容

1 司法権独立の原則の内容

(1) 裁判官の職権の独立

　裁判官の職権の独立とは、裁判官が裁判をするにあたって独立して職権を行使することです。具体的には、単に他の指示、命令に拘束されないというだけではなく、事実上、他の機関から裁判について重大な影響を受けないということも含まれます。

(2) 司法権の独立

　司法権の独立とは、司法権が立法権、行政権から独立していることです。これは個々の裁判官が独立して職権行使できるためには、裁判所が全体として、他の国家機関から独立して活動を行えるような仕組みが必要であるということに基づきます。

2 裁判官の職権の独立

(1) 裁判官の職権の独立 (76条3項)

　76条3項は、裁判の公正を保つために、裁判官に対するあらゆる不当な干渉や圧力を排除し、裁判官の独立を保障したものです。あらゆる不当な干渉や圧力というのは、立法権、行政権はもとより、司法権内部の指示、命令も含まれます。

(2) 裁判官の職権の独立の強化に仕える制度

a　裁判官の身分保障

　これについては、後述します。

b　司法権の自主性を確保する諸制度

ア　行政機関による裁判官の懲戒処分の禁止 (78条後段)

　司法権の自主性を確保するために、司法権以外の権力が懲戒処分を行うことを禁止しました。行政機関だけでなく、立法機関も懲戒処分を行うことはできません。

イ　下級裁判所裁判官の指名 (80条1項)

　下級裁判所裁判官の任命方法は、最高裁判所の指名によることとし、司法府の自律性を認める一方で、裁判官の独善化を防ぐため 10年 の任期制を採用しました。

---

*2
■ 参考データ

司法権の独立の原則は、近代立憲主義の大原則として、日本国憲法のみならず、諸外国の憲法でも広く認められています。

Part 1 ■ 憲法

Festina lente

裁判官の良心をどのように解するかについて、通説は、裁判官個人の主観的な良心ではなく、客観的な裁判官としての良心であると解しているよ。

Chapter 10
裁判所

117

ウ 規則制定権（既述、77条）

3 裁判官の身分保障

1 身分保障の内容

職権行使の独立の実効性を保つためには、裁判官の身分を保障することが必要です。そこで、日本国憲法には、以下の規定が置かれています。

①	罷免事由の限定
②	行政機関による懲戒処分の禁止*1
③	相当額の報酬の保障

2 裁判官が罷免される場合（78条前段）

78条に挙げられている①**心身の故障**、②**公の弾劾**のほか、③**国民審査**（最高裁判所の裁判官のみ　79条2項、3項、4項）の場合以外では、裁判官を罷免することはできません。裁判官が安心して裁判に専念できるようにすることによって、その独立を確保するためです。

3 行政機関による懲戒処分の禁止（既述、78条後段）

4 相当額の報酬の保障（79条6項、80条2項）

裁判官には、定期、相当額の報酬の保障と、その**減額の禁止**が憲法上要請されています。*2

*1 ■語句解説
裁判官の懲戒とは、その身分関係の秩序を維持するために、裁判官の非行に対して科される制裁のことをいいます。

*2 ■ポイント
一般の公務員に関しては、定期、相当額の報酬の保障と、その減額の禁止の規定はありません。

4 違憲審査権（81条）

重要度

違憲審査権とは、一切の法律、命令、規則、又は、処分が憲法に適合するかしないかを決定する権限のことをいいます。

憲法は国家の根本法・基本法であることから、条約や法律、その他の法令、処分よりも上位にあり、最高規範だとされています（98条1項）。最高規範である憲法に反する法律などは効力を持つことができません。

では、本条により認められる裁判所の違憲審査権は、どのようなものなのでしょうか。

裁判所による違憲審査には、①特別に設けられた憲法裁判所が、具体的争訟と関係なく、抽象的に違憲審査を行う方式（抽象的違憲審査制）と、②通常の裁判所が、具体的な訴訟事件を裁判する際に、その前提として事件の解決に必要な限度で、適用法条の違憲審査を行う方式（付随的違憲審査制）があります。

　このうち、我が国の違憲審査制は、**付随的審査制**のみを定めたものだと解するのが判例・通説です。

　また、最高裁判所が言い渡した違憲判決はいかなる効力を持つのでしょうか。この点、違憲判決の効力は、当該事件止まりであり、違憲とされた法令は**当該事件についてのみその適用を排除**されると解されています（個別的効力説）。

> **Festina lente**
> 81条の条文上は「最高裁判所は」と規定されているけれど、下級裁判所も司法権を行使するのだから、終審裁判所としてでなければ、違憲審査権を行使できると判例・通説は考えているよ（最大判昭25.2.1）。

ファイナルチェック　基礎知識の確認

問題1　判例は、衆議院の解散は、極めて政治性の高い国家統治の基本に関する行為であって、その法律上の有効無効を審査することは司法裁判所の権限の外にあると解している。

問題2　裁判所が、裁判官の全員一致で、公の秩序又は善良の風俗を害するおそれがあると決した場合には、対審及び判決は、公開しないでこれを行うことができる。

問題3　最高裁判所の裁判官は、憲法78条に定める「公の弾劾」によって罷免される場合があるほか、憲法79条に定める国民審査によって罷免される場合があるが、それ以外の方法によって罷免されることはない。

問題4　憲法上、最高裁判所、下級裁判所を問わず、裁判官は、すべて定期に相当額の報酬を受け、この報酬は、在任中、これを減額することができない。

問題1 ◯（苫米地事件）　**問題2 ✕** 判決は、公開しないでこれを行うことはできない（82条2項）。　**問題3 ✕**「心身の故障のために職務を執ることができないと決定された場合」にも罷免される（78条前段）。　**問題4 ◯**（79条6項、80条2項）

本試験レベルの問題にチャレンジ！　▶▶▶

Chapter 11 天　皇

重要度 B

イントロダクション　学習のポイント

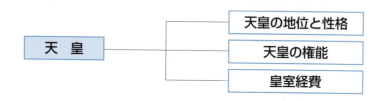

　この Chapter では、天皇の国事行為について実質的な決定権がどこにあるかが大切です。また、ここまでの統治のまとめとして、各国家機関の指名・任命の関係を勉強します。

ベーシック　じっくり理解しよう！

1　天皇の地位と性格（1条、2条）

重要度 C

　明治憲法の時代、主権は天皇にあり、天皇は統治権の総覧者（そうらん）として、立法・行政・司法等すべての国家作用を完全に支配する権限を持っていました（明治憲法4条）。

　しかし、日本国憲法では、国民主権が採用されたことによって、天皇は象徴としての役割を果たすにすぎず、その地位は国民の総意に基づくものとされました（象徴天皇制　1条）。*1

　なお、日本の天皇制は世襲制であり、これは、14条の法の下の平等の重大な例外となります。

*1
■語句解説
象徴とは、感覚で捉えられない無形のものを、ある有形の存在をもって具体化する作用ないしはその媒介物を意味します。例えば鳩が平和の象徴であるといわれるのと同じで、天皇が日本国の象徴であり、日本国民統合の象徴であるということです。

2 天皇の権能 （3条～7条）

重要度 **A**

Part
1

憲
法

　日本国憲法は、まず3条で、天皇の国事行為については、**内閣の助言と承認**が必要であることを規定し、4条1項で、天皇は国政に関する権能を有しないことを明言しています。このように、天皇は国政に関する権能を一切有しておらず、憲法に挙げられた国事行為しか行うことができない、というところに大きな特徴があります。*2

　また、天皇の行う国事行為については、助言と承認をする内閣が責任を負うのであって、天皇は一切責任を負わないことになっています。

　なお、天皇の国事行為については、6条、7条に挙げられています。これについては、正確に把握しておく必要があります。

天皇の国事行為	実質的決定権の所在
内閣総理大臣の任命（6条1項）	**国会**（67条1項、6条1項）
最高裁判所長官の任命（6条2項）	**内閣**（6条2項）
憲法改正の公布（7条1号）	**国民**（96条）
法律の公布（7条1号）	**国会**（59条1項）
政令の公布（7条1号）	**内閣**（73条6号）
条約の公布（7条1号）	**内閣と国会の協働**（73条3号、61条）
国務大臣の任免の認証（7条5号）	**内閣総理大臣**（68条）
恩赦の認証（7条6号）*3	**内閣**（73条7号）
批准書等の認証（7条8号）	**内閣**（73条3号）

*2
■ 語句解説

国事行為とは、政治に関係しない形式的・儀礼的行為のことをいいます。

Festina lente

天皇は、最高裁の長官を任命するけど、長官以外の最高裁の裁判官の任命権はないんだよ。この点に注意しておこう。

*3
■ 語句解説

恩赦とは、大赦、特赦、減刑、刑の執行の免除及び復権のことをいいます。

Chapter 11
天　皇
121

〈各国家機関の指名・任命〉

	指　名	任　命	任命の条件	認　証	任　期
最高裁判所長官（1名）	内閣の指名	天皇が任命			な　し定年は70歳
最高裁判所裁判官(14名)		内閣が任命		天皇が認証	
下級裁判所裁判官	最高裁判所の指名	内閣が任命	最高裁判所の指名した者の名簿による	高等裁判所長官のみ天皇が認証	10年再任されることができる
内閣総理大臣	国会の指名	天皇が任命	国会議員であること		
国務大臣		内閣総理大臣が任命	過半数が国会議員であること	天皇が認証	

3 皇室経費 （8条、88条）

重要度 **B**

　天皇の財産や皇族の財産はすべて国に属するので、天皇・皇族の活動に要する費用、すなわち皇室経費は予算に計上されることになります（88条）。つまり、国会の議決が必要になります。

　また、天皇・皇族が自らの財産を譲渡したり、第三者から財産を譲り受けたりすることにも、国会の議決が必要という制限があります（8条　ただし、日常的なものについてまで常にその都度、国会の議決が必要なわけではありません）。財産の授受を通じて天皇が不当な影響力を持つことを防止する必要があるからです。[1]

*1
■ ポイント

予算については衆議院優越の原則があるので、衆議院の議決だけで成立する場合もあります（60条2項）。一方、8条の議決は衆議院優越の原則は採用されておらず、衆参両院によって可決されなければなりません。

ファイナルチェック　基礎知識の確認

問題1　天皇は、憲法に定める国事に関する行為のみを行い、国政に関する権能を有しない。

問題2　天皇は、内閣の指名に基づいて、最高裁判所の裁判官を任命する。

問題3　天皇は、国会の指名に基づいて、内閣総理大臣を任命し、また、天皇は、内閣総理大臣の指名に基づいて、他の国務大臣を任命する。

問題4　皇室が財産を賜与することは、国会の議決に基づかなければならないが、皇室が財産を譲り受けることも、国会の議決に基づかなければならない。

問題1 ○（4条1項）　**問題2 ✕** 最高裁判所の長たる裁判官を任命する（6条2項）。　**問題3 ✕** 国務大臣を任命するのは、内閣総理大臣である（68条1項）。　**問題4 ○**（8条）

本試験レベルの問題にチャレンジ！ ▶▶▶

Chapter 12 財 政

重要度 B

イントロダクション　学習のポイント

　財政は、本来、行政活動の性質を有しますが、税金という私たちの生活に直結する問題が含まれるため、国会の関与が強く認められます。**財政民主主義**や**租税法律主義**というこれらの考え方を理解するようにしましょう。

ベーシック　じっくり理解しよう!

1 財政の基本原則

重要度 C

1 財政民主主義 (83条)

1 財政の意義

　財政とは、国家がその任務を行うために必要な財力を調達し、管理し、使用する作用、すなわち、国家の歳入と歳出をいいます。*1

2 財政民主主義

　国家が使用する費用というものは、結局国民が負担するものですから、財政の適正な運営は国民の重大な関心事です。日本国憲法は、財政について特に1章を設け、国民の代表機関である国会

*1
■ 参考データ
具体的にいえば、国家が国民から税金を徴収し、予算を組んで何にどの程度使うかを決定し、それを実際に支出するという一連の作業を指します。

の強いコントロールを及ぼしています。法律と予算は、いわば国家政策の車の両輪のようなもので、一方が欠けると国家は活動できません。また、ともに国民の自由や権利、生活に大きな影響を与えるものです。そのため、これを主権者である国民自身がコントロールすることは、民主主義の観点から、いわば当然といえます。

2 租税法律主義 (84条)

1 租税の意味

租税とは、国、又は、地方公共団体が、その課税権に基づいて、その使用する経費に充当するために、一方的、強制的に賦課、徴収する金銭給付のことをいいます。*2

2 趣旨

租税は国民に対して、直接負担を求めるものですから、必ず国民の同意を得なければなりません。イギリスのマグナカルタ（1215年）や「代表なくして課税なし」というアメリカ独立の際の政治原理に由来します。

この規定は、歳入面から財政民主主義を定めたものです。

3 法律により議決を要する事項

①納税義務者、課税物件（所得に課税する等）、課税標準（所得金額を基準とする等）、税率等の課税要件と、②税の賦課・徴収の手続が法定されていることが必要です。

これによって、新たな租税の賦課や、現行の租税の変更が行われる場合でも、国民はあらかじめ予測できることになります。

また、条例も、地方住民の代表である地方議会で定めたものですから、地方税について、条例により新たに租税を課し、又は、現行の租税を変更することができるとしても、84条の趣旨には反しません。よって、84条の法律には、地方公共団体の租税については、条例をも含むと解されています。*3

通達課税と租税法律主義（最判昭33.3.28）

争点 事実上課税されていなかった法律上の課税物件を、通達で課税物件と扱うことは84条に反するか。*4

結論 通達の内容が法の正しい解釈に合致するものであれば反しない。

---

*2
■ ポイント

給与所得について、必要経費の実額控除が認められないこと、所得の捕捉率が著しく高いこと等は、事業所得に比べて著しく不公平ではなく、14条1項に反しません（サラリーマン税金訴訟：最大判昭60.3.27）。

*3
要チェック！過去問題

市町村が行う国民健康保険の保険料は、被保険者において保険給付を受け得ることに対する反対給付として徴収されるから、憲法84条は直接適用される。
➡ ✗（H22-6-イ）

*4
■ 語句解説

通達とは、行政内部での上級庁から下級庁に対する文書による命令をいいます。

| 判旨 | 本件の課税がたまたま所論通達を機縁として行われたものであっても、通達の内容が法の正しい解釈に合致するものである以上、本件課税処分は、法の根拠に基づく処分と解するに妨げがない。 |

判例 国民健康保険と租税法律主義（最大判平18.3.1）

| 争点 | 市町村が行う国民健康保険の保険料について、憲法84条の規定が直接に適用されるか。 |

| 結論 | 直接には適用されないが、同条の趣旨が及ぶ。 |

| 判旨 | 国又は地方公共団体が、課税権に基づき、その経費に充てるための資金を調達する目的をもって、特別の給付に対する反対給付としてではなく、一定の要件に該当するすべての者に対して課する金銭給付は、その形式のいかんにかかわらず、憲法84条に規定する租税に当たるというべきである。市町村が行う国民健康保険の保険料は、これと異なり、被保険者において保険給付を受け得ることに対する反対給付として徴収されるものである。
したがって、上記保険料に憲法84条の規定が直接に適用されることはないというべきである。
もっとも、国、地方公共団体等が賦課徴収する租税以外の公課であっても、憲法84条に規定する租税ではないという理由だけから、そのすべてが当然に同条に現れた上記のような法原則のらち外にあると判断することは相当ではない。そして、租税以外の公課であっても、租税に類似する性質を有するものについては、憲法84条の趣旨が及ぶと解すべきであるが、その場合であっても、租税以外の公課は、賦課要件が法律又は条例にどの程度明確に定められるべきかなど、その規律の在り方については、当該公課の性質、賦課徴収の目的、その強制の度合い等を総合考慮して判断すべきものである。 |

3 国費の支出及び国庫債務負担行為の議決 (85条)[1]

85条は、83条の財政民主主義の理念を歳出面から規定したものです。国の支出は、すべて**国会の議決**に基づくことを定めています。

4 公金支出の禁止 (89条)

国、又は、地方公共団体の所有する公金やその他の公の財産は、もともと国民の負担によるものですから、適正に管理され、

[1]

■ 語句解説

国費の支出とは、国の各般の需要を満たすための現金の支払をいいます。
国庫債務負担行為とは、国が各般の経費を調達するために、金銭給付を内容とする債務を負担することをいいます。

Part 1
憲 法

民主的にコントロールされる必要があります。憲法は、特に、宗教上の組織若しくは団体と公の支配に属しない慈善、教育、博愛の事業に対する公金などの支出を禁止しました。

なお、89条前段は、宗教上の組織若しくは団体への公金の支出を禁止することによって、**政教分離の原則を財政面から確保し**ようとするものです。

2 財政監督の方式

重要度 **C**

1 予 算 (86条)

1 意 義

予算とは、一会計年度（4月1日から翌年の3月31日）における国の財政行為の準則をいいます。

予算の作成・提出権は、**内閣に専属**し（73条5号）、国会の議決にあっては、**衆議院先議**となっているほか、**衆議院の優越**も認められています（60条）。

2 国会による減額修正と増額修正の可否

国会は予算の議決権を有しますが、修正権はどこまで有するのでしょうか。

この点、まず減額修正については、財政民主主義の観点からいって、国会の修正権に制限がないと解されています。

一方、増額修正については、内閣の予算作成・提出権を損なわない範囲内において可能であるというのが政府見解です。

2 決算審査 (90条)

1 意 義

決算とは、一会計年度の国家の現実の収入、支出の実績を示す確定的計数を内容とする国家行為の一形式をいいます。[*2]

2 国会の決算審査[*3]

内閣は検査報告とともに、決算を国会に提出しなければなりません。この趣旨は、国会が提出された決算を審議し、それを認めるか否かを議決することが必要だということです。

*2
■ **参考データ**

決算は、財務大臣が作成し、閣議決定により成立します。

*3
☑️ **要チェック！過去問題**

国の収入支出の決算は、すべて毎年会計検査院がこれを検査し、内閣は、次の年度に、その検査報告とともに、これを国会に提出しなければならない。
➡ **O** (H24-5-3)

Chapter 12
財 政

内閣は、会計検査院による検査が終わった後、翌年度に、その検査報告書とともに決算を国会に提出し、国会の決算審査が始まります。国会の審査方法としては、一種の報告事項として扱います（実務）。

　内閣は、決算を衆議院、参議院の両議院に同時に、かつ、別々に提出し、両議院一致の議決は必要ではありません。そして、国会が、仮に特定の支出を違法と議決しても、その支出の効力には影響を及ぼしません。

3 内閣の財政状況報告 （91条）

　91条は、内閣が、国会及び国民に対して国の財政状況を報告する義務を規定し、財政状況公開の原則を明らかにしたものです。

ファイナルチェック　基礎知識の確認

問題1　内閣は、予算を作成し、国会に提出するときは、あらかじめ会計検査院の検査を受けなければならない。

問題2　法律で、国費の支出を要する行為が定められている場合であっても、それらの行為に伴って国費を支出するには、国会の議決に基づくことを必要とする。

問題3　国の収入支出の決算については、会計検査院が検査し、内閣が国会に提出しなければならないが、国会において否決された場合であっても、支出は無効とはならない。

問題1 ✗ 会計検査院の検査は、決算の提出の際に必要となる（86条、90条1項）。（90条1項参照）　**問題2 ○** （85条）　**問題3 ○**

本試験レベルの問題にチャレンジ！▶▶▶

Chapter 13 地方自治

重要度 B

イントロダクション　学習のポイント

地方自治 ─┬─ 地方自治の意義
　　　　　└─ 地方公共団体の権能

行政書士試験では、憲法として地方自治が出題される可能性は非常に低いです。地方自治法の勉強に役立つという視点で読み進めておけば十分でしょう。

ベーシック　じっくり理解しよう!

1 地方自治の意義

重要度 C

1 地方自治の性質

1 意 義

　地方自治とは、国家の一部である一定の地域団体（地方公共団体）が、住民自らの意思と責任に基づき、その地域における政治、行政を行うことをいいます。[*1]

　この地方自治の存在理由は、1つは、**中央政府の権力を抑制**してその濫用から少数者や個人を守ることです（自由主義的意義）。もう1つは、国レベルの**代表民主制を補完**し、「民主主義の小学校」としての役割を果たすことです（民主主義的意義）。

2 地方自治の保障の性質

　地方自治は、制度として憲法上保障されており（**制度的保障**）、歴史的に形成された制度の中核部分については、法律によっても侵害することはできないと考えられています。そして、この中核

*1
■ 参考データ

明治憲法下では、地方自治は、憲法で定められず、すべて法律で定められました。また、地方自治は、中央集権国家の統一的支配のための手段として考えられていたため、不完全なものでした。
しかし、日本国憲法下では、地方自治を憲法上の制度として厚く保障しています（憲法第8章）。

Part 1 憲法

Chapter 13 地方自治　129

部分にあたるのが、地方自治の本旨というものです。

2 地方自治の本旨 (92条)

地方自治の本旨は、具体的には、住民自治と団体自治の2つの要素から構成されます。

1 住民自治

住民自治とは、地方自治が住民の意思に基づいて行われるという民主主義的な要素をいいます。住民自治は、中央の代表民主制を補完する役割を果たします。

この住民自治は、以下の規定によって具体化されています。

①	地方公共団体の長、議会の議員等の直接選挙（93条2項）
②	地方自治特別法制定のための住民投票（95条）

2 団体自治

団体自治とは、地方自治が国から独立した団体に委ねられ、団体自らの意思と責任の下でなされるという自由主義的な要素をいいます。団体自治は、中央政府の権力を抑制する役割を果たします。団体自治の内容は、94条において具体化されており、①財産の管理、②事務の処理、③行政の執行、④条例の制定です。

ファイナルチェック　基礎知識の確認

問題1　憲法は、住民自治を具体化する制度として、地方公共団体の長や議会の議員はその地方公共団体の住民が直接選挙することを定めている。

問題2　憲法上、一の地方公共団体のみに適用される特別法は、その地方公共団体の議会の同意を得なければ、国会は、これを制定することができないと規定されている。

問題1 ○ （93条2項）　問題2 ✗　地方公共団体の住民の投票においてその過半数の同意を得なければならない（95条）。

本試験レベルの問題にチャレンジ！ ▶▶▶

Chapter 14 憲法改正

重要度 C

Part 1 憲法

イントロダクション 学習のポイント

憲法改正について憲法は96条で規定しています。試験対策上はこの96条の条文知識を押さえておけばよいでしょう。

ベーシック じっくり理解しよう!

1 憲法改正の手続 (96条)

重要度 C

憲法改正とは、憲法上定められた改正手続に従って、憲法典の規定を修正、削除、追加する等の変更行為をいいます。

憲法改正の手続は、国会の発議→国民の承認→天皇の公布という手順を経て行われます。[*1]

手続の流れ	注意点
① 国会の発議	国民に提案される憲法改正案を国会が決定すること（原案の提出ではない）をいう。
② 国民の承認	「特別の国民投票又は国会の定める選挙の際行われる投票」による。
③ 天皇の公布	改正権者である国民の意思による改正であるため、「国民の名で」行われる。

[*1]
要チェック！過去問題

憲法の改正は国会が発議するが、そのためには、各議院の総議員の3分の2以上の賛成が必要とされる。
→ ⭕ (H13-7-1)

国会の発議とは、国民に提案される憲法改正案を国会が決定す

ることをいいます。国会の発議には、各議院の総議員の3分の2以上の賛成が必要とされています（96条1項）。

> **Festina lente**
> 最近、憲法改正の発議の要件を3分の2から過半数に緩和する動きがあるけど、国家が政治をしやすくするために憲法改正の要件を緩和することは、国家権力を制限し国民が国家をコントロールするという立憲民主主義に反するから許されないよ。

2 憲法改正の限界

重要度 C

憲法改正の限界とは、憲法改正手続に従えば、どのような内容の改正を行うことも法的に許されるかという問題をいいます。

この点、国民主権、基本的人権の尊重、平和主義の三原則と96条の憲法改正規定については、改正することは許されないとする限界説が通説です。

限界を超えた改正が現実になされてしまったときは、元の憲法からみるとその改正は無効です。ただし、有効なものとして実施されてしまった場合には、新たな憲法の制定ということになります。この場合には、一種の革命があったと考えることになります。

ファイナルチェック　基礎知識の確認

問題1　憲法改正は、各議院の出席議員の3分の2以上の賛成で、国会が、これを発議し、国民の承認を経なければならない。

問題2　憲法の改正は国会が発議するが、両議院の意見が一致しない場合には、衆議院の議決が国会の発議となる。

問題3　憲法改正について国民の承認を経たときは、天皇は、自らの名で、この憲法と一体をなすものとして、その改正された憲法を公布する。

問題1 ✗ 各議院の総議員の3分の2以上の賛成が必要である（96条1項）。　**問題2 ✗** 衆議院の優越は認められていない。　**問題3 ✗** 天皇は、「国民の名で」、公布する（96条2項）。

本試験レベルの問題にチャレンジ！ ▶▶▶

Part 2

民法

学習進度チェック

学習したChapterの日付を記入し、学習進度を確認しよう！

	学習予定日	日付①	日付②
Chapter 1 　全体構造	／	／	／
Chapter 2 　私権の行使	／	／	／
Chapter 3 　権利の主体	／	／	／
Chapter 4 　権利の客体（物）	／	／	／
Chapter 5 　法律行為	／	／	／
Chapter 6 　意思表示	／	／	／
Chapter 7 　無効と取消し	／	／	／
Chapter 8 　代理	／	／	／
Chapter 9 　条件・期限・期間	／	／	／
Chapter 10 　時効	／	／	／
Chapter 11 　物権法総論	／	／	／
Chapter 12 　物権変動	／	／	／
Chapter 13 　占有権	／	／	／
Chapter 14 　所有権	／	／	／
Chapter 15 　用益物権	／	／	／

まずは各テーマのイメージをつかもう！

		学習予定日	日付①	日付②
Chapter 16	担保物権総説	/	/	/
Chapter 17	留置権	/	/	/
Chapter 18	先取特権	/	/	/
Chapter 19	質権	/	/	/
Chapter 20	抵当権	/	/	/
Chapter 21	債権法総説	/	/	/
Chapter 22	債権の目的	/	/	/
Chapter 23	債権の効力	/	/	/
Chapter 24	責任財産の保全	/	/	/
Chapter 25	多数当事者の債権・債務	/	/	/
Chapter 26	債権譲渡	/	/	/
Chapter 27	債権の消滅	/	/	/
Chapter 28	契約の意義・成立	/	/	/
Chapter 29	契約の効力・契約上の地位の移転	/	/	/
Chapter 30	契約の解除	/	/	/
Chapter 31	典型契約の類型	/	/	/
Chapter 32	財産移転型契約	/	/	/
Chapter 33	貸借型契約	/	/	/
Chapter 34	労務提供型契約　その他	/	/	/
Chapter 35	事務管理	/	/	/
Chapter 36	不当利得	/	/	/
Chapter 37	不法行為	/	/	/
Chapter 38	親族法総説	/	/	/
Chapter 39	夫婦関係	/	/	/
Chapter 40	親子関係	/	/	/
Chapter 41	相続法総説	/	/	/
Chapter 42	遺言	/	/	/
Chapter 43	配偶者居住権	/	/	/
Chapter 44	遺留分	/	/	/

ここから
債権法！
あと半分だ！

もう一息！
ラストスパート
だ！！

よく頑張ったね！
これで民法
マスターだ！！

民法ガイダンス

本試験の傾向分析と対策

1 過去問データベース

	08	09	10	11	12	13	14	15	16	17	18	19	20	21	22
全 体 構 造															
私 権 の 行 使															
権 利 の 主 体	○	○	○	○	○		○	○		○	○		○	○	
権利の客体（物）										○					
法 律 行 為											○				
意 思 表 示	○		○	○		○	○	○		○	○			○	○
無 効 と 取 消 し	○			○			○								
代 理	○	○		○	○				○		○	○			○
条 件・期 限・期 間											○				
時 効	○	○	○			○			○	○		○			
物 権 法 総 論	○													○	○
物 権 変 動	○				○		○			○	○				○
占 有 権	○	○					○						○		○
所 有 権	○		○	○	○		○	○	○		○				
用 益 物 権					○		○				○				
担 保 物 権 総 説															
留 置 権		○				○		○		○			○		
先 取 特 権						○	○		○	○					
質 権												○			
抵 当 権	○	○	○	○			○				○		○		
債 権 法 総 説												○			
債 権 の 目 的															
債 権 の 効 力	○	○					○	○						○	○
責 任 財 産 の 保 全	○					○	○		○					○	

	08	09	10	11	12	13	14	15	16	17	18	19	20	21	22
多数当事者の債権債務	○	○	○	○			○			○					
債 権 譲 渡	○									○			○		
債 権 の 消 滅	○		○			○	○			○					
契約の意義・成立															
契約の効力・契約上の地位の移転						○						○	○		
契 約 の 解 除				○	○										○
典 型 契 約 の 類 型															
財 産 移 転 型 契 約	○	○		○	○	○	○	○		○			○		
貸 借 型 契 約	○	○			○	○			○	○	○	○	○		○
労務提供型契約 その他		○								○			○		
事 務 管 理			○							○					
不 当 利 得			○			○									
不 法 行 為	○	○				○	○	○	○	○	○		○	○	
親 族 法 総 説															
夫 婦 関 係						○	○	○			○				
親 子 関 係	○		○				○	○					○		
相 続 法 総 説		○	○		○								○		○
遺 言			○		○					○					
配 偶 者 居 住 権													○		
遺 留 分															

最新の試験対策は、伊藤塾のホームページやメルマガにて配信中

2 出題分析アドバイス

　過去の本試験では、民法の条文全体から満遍なく出題されていますが、その中でも、債権分野に関する出題が頻繁になされていますので、それらの分野に関しては、特に注意して学習することが必要です。また、制度の横断的理解を問う問題や重要な最高裁判所判例も出題されており、それらについても準備を怠ってはなりません。

合理的学習法

1 得点計画

民法の合格戦略（必要正解数）は、出題数の**5割程度**です。確実に半分は正解となるようにしてください。

2 全体構造

民法は学習しやすく、得点しづらい科目です。

民法は、私たちの市民生活を支える基本の法律であるため、その内容はとてもイメージしやすいです。例えば、「AとBがA所有の自転車を売却した場合」という記述から、その売却シーンを思い浮かべることは難しくはないでしょう。このように民法はイメージしやすいために、基本的な法律用語さえ頭に入ってしまえば、学習内容を理解することは憲法や行政法と比べて、難しいことではないでしょう。

もちろん、民法でも、法律初学者にとってはしっくりこないものもあります。その代表例は、「遡及効」です。この言葉は文字どおり、遡って及んで効力が発生するという意味ですが、効力が遡って及ぶということがどうしても最初のうちはなじめないのです。例えば、AがBに脅されてその所有する家をBに売却し、その後、BがCにその家を売却したとします。その後、Aは畏怖状態を抜けたのでBとの契約を取り消したとします。この取消しには遡及効があります。そうすると、最初からAとBとの間には売買契約がなかったことになります。そのため、BがCに売った家は実はAの家であったということになってしまいます。AはCに対して、その家は自分の家なのにBが売ったのだから返してくれと主張してよいのでしょうか？　確かにCが買った時点ではその家はBのものでした。ところが、その後、A・B間の契約が取り消されて最初からなかったことにされたために、Cが買った時点でもその家はAのものであったということになってしまうのです。これがなかなか最初のうちはなじめません。

しかし、このようになじめない概念も、ある程度学習を継続していくうちに、徐々に慣れてきます。したがって、なじめないモヤモヤ感を抱えつつも、学習を継続してほしいと思います。そのうちに、遡及効という言葉が自然に感じられるようになるはずです。

さて、このような民法ですが、いざ問題となると、民法全体を横断するような総合問題が出題されやすく、また、具体的な事例を設定して出題されるパターンが多

いため、どこの何の知識を使って解く問題なのかの判断が難しいものが多いです。

　そのため、テキストを読んでわかったつもりだったのに、いざ問題となると解けないという受験生が少なくありません。これをクリアしていくためには、早い段階から問題に慣れ親しんでおくことが大切です。あるテーマをテキストで学習したら、その都度問題を解いてみて、今学習した知識がどのような形で出題されるのかを知っておくようにしましょう。

　例えば、民法では契約の種類として全部で13種類の契約類型について規定しています。しかし、実際の社会では、民法に規定されていない契約も存在します。これらは、民法に規定されていないからといって許されないわけではもちろんありません。すなわち、2人の間で結んだ契約が、民法に規定されていない契約であったとしても、許されるのです。

　このように日本では、契約等の市民の行為は、原則としてその市民の自由な意思に任せているのです。これは、私的自治の原則といわれています。

　結局、民法は、よりよい市民社会を形成するために、一般的な問題の解決方法を提示するとともに、個々の契約に対しては、市民一人ひとりの意思を尊重する態度を示しているのです。

　日本の民法の構成を見ると、一般的な規定など共通部分をまとめて、個別の規定より前に配置しています。これをパンデクテン方式といいます。

　そのために、現実の法律関係と規定の配列がうまく対応していません。例えば、売買に関する規定を知りたいときに、売買の箇所を見るだけでは足りず、手前にある契約総則の規定や、さらに手前にある債権総則の規定も見なければなりません。

　したがって、民法を効率的に学習するためには、現実の法律関係を想像して、それぞれのテーマのイメージを最初につかむことが大切です。

3 民法体系と本書リンク

　下のフローチャートは民法の体系を示したものです。学習しているChapterが、全体図のどこにあたるのかを確認しながら学習を進めましょう。

　全体の中での位置づけを意識することで、合格に必要な体系的理解が深まります。

〈民法の全体図〉

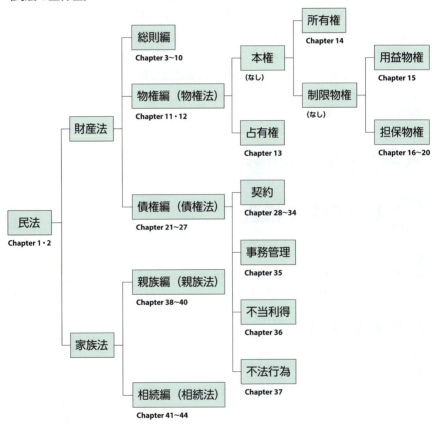

Chapter 1 全体構造

重要度 C

イントロダクション　学習のポイント

　民法は、私たちの日常生活を規律する基本となる法律です。したがって、その範囲は非常に広いものとなっています。ただし、試験では出題される箇所とされない箇所があるため、メリハリをつけて、重要度の高いものに力を入れていきましょう。この Chapter では、民法典の構造を勉強した上で、民法に流れる基本原理について勉強します。特に **私的自治の原則** という考え方はよく使いますので、理解するようにしましょう。

ベーシック　じっくり理解しよう!

1 民法の基本構造

重要度 C

1 民法の意義

　民法は、私法の一般法です。*1 *2

2 民法典の構成

　民法典は、5編に分かれています。

1 財産法

　第1編「総則」は、財産法全体に通ずる通則的な規定をしたものです。*3

　第2編「物権」は、所有権を中心として、人が一定の物を支配し得ることを内容とする権利（物権）について、その種類・内容及び変動の方法等について規定しています。

　第3編「債権」は、人が他の人に一定の行為を請求し得ることを内容とする権利（債権）について、その内容・効果及び発生原

*1
■語句解説
私法 とは、私人相互間の法律関係を規律する法をいいます。憲法、刑法などの「公法」と対比されます。

*2
■語句解説
一般法 とは、地域・人・事項について限定せず、広く一般的に適用される法をいいます。特定の地域・人・事項について限定して適用され

因のうちの重要なものについて規定しています。

　第1編「総則」、第2編「物権」、第3編「債権」は、財産の支配及び取引に関する法規を定めているので、財産法と呼ばれます。

2 家族法

　第4編「親族」は、夫婦及び親子を中心とする親族関係について、その成立要件や相互間の権利義務について規定しています。

　第5編「相続」は、ある人が死亡したときにその人に属していた財産が誰にどの範囲で受け継がれるかについて規定しています。

　第4編「親族」、第5編「相続」は、家族関係に関する法規を定めているので、家族法と呼ばれます。

る法である「特別法」と対比されます。民法の特別法には、商法、借地借家法等があります。特別法は、一般法に優先します。

*3
■ 参考データ
民法は共通する項目については、「総則」という形で前に括っていきます。このような法律の方式をパンデクテン方式といいます。

2 民法の指導原理 ── 近代私法の3原則　重要度 C

1 権利能力平等の原則

　権利能力平等の原則とは、すべての自然人は、等しく権利義務の主体となる資格（権利能力）を有する原則をいいます。*4

2 所有権絶対の原則

　所有権絶対の原則とは、所有権は、何人に対しても主張することができ、他人がその所有物に対する支配に干渉することができない原則をいいます。

3 私的自治の原則

　私的自治の原則とは、私法的な法律関係については、個人は自らの意思に基づいて、自由に法律関係を形成できる原則をいいます。

*4
■ 語句解説
自然人とは私たち生きている人間のことをいいます。会社などの団体である法人と区別するためにこのように呼びます。

この原則は、**契約自由の原則**を包含します。契約自由の原則とは、契約を締結するかどうか、誰と契約を締結するか、どのような内容の契約を締結するかについて、自由に決定できることをいいます。

　また、私的自治の原則は、**過失責任の原則**を含みます。過失責任の原則とは、他人に損害を与えた場合には、加害者に何らかの責められる事情（故意、又は過失）がなければ、損害賠償責任を負わされることがないという原則をいいます（709条参照）。

Festina lente

　私的自治の原則は大切な考え方なのだ。人が自らの意思に基づいて自由に法律関係を形成できるということは、私たちは契約を締結するとき、民法の規定と異なる内容の特約をつけても良いということになるんだ。ただ、民法の規定の中には、社会生活を営む上で最低限守らなければならないことも規定しているのだ。これを強行規定というが、私的自治の原則といっても、さすがに強行規定には違反できないんだ。つまり、この関係を示すと次のような優先順位になるのだよ。

　強行規定＞当事者の特約＞任意規定（強行規定以外の民法の規定）

　ここから、契約内容を定めること、どのように定めるかがとても重要なことであることが理解できるね。

ファイナルチェック　基礎知識の確認

問題1　私的自治の原則とは、個人が自らの意思に基づいて、自由に私法上の法律関係を形成できる原則をいう。

問題2　私的自治の原則の中に含まれる過失責任の原則とは、他人に損害を与えた場合でも、加害者に故意又は過失がなければ、損害賠償責任を負わされることがないという原則である。

問題1 ◯　私的自治の原則は、民法の指導原理の1つである。　**問題2** ◯　過失責任の原則は、非難されるような状態にあった者に対して責任を負わせる。

本試験レベルの問題にチャレンジ！　▶▶▶

Chapter 2 私権の行使

重要度 C

イントロダクション　学習のポイント

　民法では、私たちは物に対して物権、人に対して債権という権利を持てることを規定しています。ただし、これらの権利は、それを持っているからといって好き勝手に行使していいものではなく、権利行使が妥当でない場面においては、その行使は制限されます。この Chapter で勉強する制限として、信義則という概念はこれからの勉強でも何度か出てくるものですので、覚えておきましょう。

ベーシック　じっくり理解しよう!

1 私権の意義

　私権の内容及び行使は、絶対的なものではなく、公共の福祉に合致し（1条1項）、信義則に従わなければならず（同条2項）、権利の濫用は許されません（同条3項）。*1

*1
■語句解説
私権とは、ある権利主体が私法上持つ権利（物権、債権等）の総称のことです。

2 私権の制限

1 公共の福祉

　私権は絶対的なものではなく、その内容及び行使は、公共の福祉と調和しなければなりません（1条1項）。

2 信義則

　信義則とは、私権の行使や義務の履行は、社会生活上一般に期待されている信頼を裏切らないよう、相互に誠意をもって行わな

ければならないことをいいます（1条2項）。

3 権利濫用の禁止

1 意義

権利濫用の禁止とは、外形的には権利の行使にみえるけれども、権利の社会性に反し、権利行使として是認できない行為をいいます（1条3項）。

> **判例** Yが設置した宇奈月温泉の引湯管は、全長7,500mのうち6m足らずがAの土地の約2坪を通過していたが、適法な利用権の設定を受けていなかった。これを知った原告Xが、Aからこの土地を譲り受け、土地所有権に基づいて、Yに対して引湯管の撤去を求める妨害排除請求の訴えを提起した事件について、Xの当該行為は権利濫用にあたるとした（宇奈月温泉事件：大判昭10.10.5）。

Festina lente

ここで少し考えてみよう。本来、所有権を侵害されると侵害者に対して妨害の排除などを求めることができる。自分の土地に隣の人が車を止めていたら「どかしてください」と請求できることに違和感はないと思う。それならば、この事案でも、妨害排除請求をXはできるはずだよね。でも本当にそれで妥当な結論になるのだろうか。結局、信義則や権利濫用という考え方は、民法の規定・理論をあてはめると妥当な結論が出ないような場面において、妥当な結論を導くためにあえて民法の規定・理論を使わないという考え方なんだ。だから、そう頻繁に使われるものではない。ただ、大切な考え方なんだよ。

2 効果

私権の行使が権利濫用と判断されると、次のような効果が生じると解されています。

① 相手方に損害を与えたときは、権利者は、不法行為責任（709条）を負う。
② 権利本来の効果が認められない。例えば、妨害排除請求等が認められなくなる。
③ 権利自体が剥奪される場合がある（親権の喪失等　834条、835条）。

本試験レベルの問題にチャレンジ！ ▶▶▶

Chapter 3 権利の主体

重要度 A

イントロダクション　学習のポイント

　ここから民法総則に入ります。物権や債権という私法上の権利をいかなる者が有することができるか。この点について、民法は、私法上の権利の主体となる地位を**権利能力**と表現し、自然人と法人は権利能力を有するとしました。

　また、権利義務の主体となれるかという問題と実際に契約などを行うことができるかという問題を別の問題として考え、**意思能力**や**行為能力**という概念を整備しました。なお、行為能力を制限される者を制限行為能力者と呼びますが、**制限行為能力者制度**は民法でも大切なテーマの1つです。

ベーシック　じっくり理解しよう！

1 人（自然人）

重要度 A

1 能力総説

　私法上の権利義務の帰属主体たり得る地位・資格を「**権利能力**」といいます。すべての自然人には権利能力が認められ、権利義務の主体となります。

　しかし、権利能力が認められても、私的自治の原則から、自分の行為の法的な結果を弁識できる状態でなければなりません。そこで、民法は、「**意思能力**」を有効な法律行為をする要件としており、意思能力のない者が行った法律行為は無効になります（3条の2）。*1

　もっとも、意思能力の有無は具体的行為ごとに正常な判断能力があったかの判断を要することになるため、その証明・判断は必ずしも容易ではありません。

*1
■ 参考データ

意思能力の有無は問題となっている行為ごとに判断されますが、おおよそ7〜10歳前後の精神能力と理解されています。

そこで、民法は、一般的に判断能力が不十分とみられる者を**制限行為能力者**として定型化し、その者の行為及び効果を類型化して、制限行為能力者と取引の相手方の利益調整を図っています。

2 権利能力

1 意 義

権利能力とは、私法上の権利義務の帰属主体となることができる地位・資格をいいます。

2 権利能力の始期

(1) 出 生

出生により、人は権利能力を取得します（3条1項）。*1

*1
■ 参考データ
民法では、出生の時期は、胎児の身体が母体から全部露出した時になります。

(2) 胎児についての例外

胎児の段階では、出生していないため、**原則として権利能力が否定**されます。

しかし、民法では、例外として①**不法行為に基づく損害賠償請求**（721条）、②**相続**（886条）、③**遺贈**（965条）については、すでに生まれたものとみなされます。

Festina lente

「すでに生まれたものとみなされる」という言葉の意味について、判例・通説は、停止条件説という立場をとっているんだ。この立場によると、実は、**胎児の段階では権利能力は認められない**。そして、その子が生きて生まれれば、胎児の時に起こってしまった不法行為や相続について遡って権利能力を取得することになるんだ。だから、胎児の段階では、親などの法定代理人（この概念は制限行為能力者のところで勉強するね）でも、胎児を代理してその権利を行使することはできないことになるんだ。*2

*2
☑ 要チェック！
過去問題

胎児に対する不法行為に基づく当該胎児の損害賠償請求権については、胎児はすでに生まれたものとみなされるので、胎児の母は、胎児の出生前に胎児を代理して不法行為の加害者に対し損害賠償請求をすることができる。
➡ ✗（H24-27-1）

3 権利能力の終期

(1) 死 亡

自然人は、**死亡**によって、権利能力を失います。

死亡により権利能力を失う結果、死亡者に帰属していた権利

義務は、相続人に承継されます（882条、896条）。

(2) 同時死亡の推定

死亡した者が数人ある場合に、その死亡の先後関係が明らかでないときは、同時に死亡したものと推定されます（32条の2）。*3

この結果、同時死亡者間での相続は、相互に発生しないことになります。

(3) 失踪宣告

a 意 義

失踪宣告とは、不在者の生死不明の状態が継続して死亡の可能性が高い場合に、以前住んでいた場所を中心とした法律関係について、不在者の死亡を擬制する制度をいいます（30条、31条）。*4

失踪は、普通失踪と特別失踪（従軍・船舶の沈没等の死亡の推測を高めるような危難にあった場合）に分けることができます。

そして、失踪宣告を受けた者は、普通失踪では7年間の期間の満了の時に、特別失踪では危難が去った時に、死亡したものとみなされます（31条）。*5

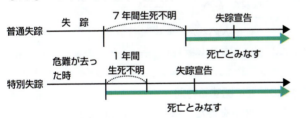

死亡したものとみなされるので、相続が開始します（882条）。また、婚姻をしていた場合は、その婚姻は解消し、その者の配偶者は再婚することができます。

b 失踪宣告の取消し

ア 意 義

失踪宣告の効力を失わせるためには、家庭裁判所による失踪宣告の取消しが必要になります（32条1項前段）。

イ 原 則

失踪宣告の取消しによって、失踪宣告の効果として生

---

*3 **語句解説**
推定とは、反証がなされない場合に、ある事柄について、法令が一応の判断を下すことをいいます。つまり、反証がなされれば覆すことができます。

*4 **語句解説**
擬制とは、本来異なるものを、法令上、一定の法律関係につき同一なものと認定してしまうことをいいます。「みなす」という表現がされる場合は擬制を意味します。擬制は推定と異なり、反証がなされても覆すことはできません。

*5 **要チェック！過去問題**
Aの生死が7年間明らかでないときは、利害関係人の請求により、家庭裁判所は、Aについての失踪の宣告をすることができ、これにより、Aは、<u>失踪の宣告を受けた時に死亡したものとみなされる</u>。
→✗（R3-28-4）

じた財産上・身分上の変動は、そもそもなかったものとされます（遡及効）。

ウ　例　外

失踪宣告後、取消前に「善意でした行為」は、取消しによってその効力に影響を及ぼされません（32条1項後段）。もっとも、ここで「善意」とは、当事者双方が善意であることを要します（判例・通説）。*1

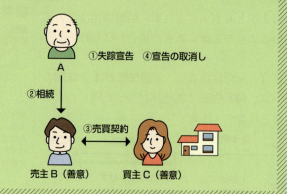

Festina lente

例えば、Aが失踪宣告を受け、子BがAの家を相続したとしよう。そして、Bがその家をCに売った後に、Aが帰ってきて失踪宣告を取り消したとする。この場合、BCともにAが生存していたことについて知らなかったのであれば、Cは家をAに返さなくてよいことになるのだ。

エ　返還すべき財産の範囲に関する特則

失踪の宣告によって財産を得た者は、その取消しによって権利を失います（32条2項本文）。

ただし、失踪宣告を信じて財産を取得した者を保護するため、現に利益を受けている限度（現存利益）においてのみ、その財産を返還する義務を負います（同項但書）。なお、32条2項但書は、善意者のみに適用され、悪意者には適用されません（通説）。悪意者は、受けた利益すべてに利息を付して返還することを要します（704条前段）。*2

---

*1 ■語句解説

善意とは、知らないことを意味します。なお、これに対して、悪意とは知っていることを意味します。

*2 ■語句解説

現存利益とは、利益がそのまま又は形を変えて残っていることをいいます。
①消費してなくなった場合（遊興費にあてた場合等）には、現存利益はないから、返還義務を負いません。
②生活費、借金の返済等にあてた場合は、現存利益があるから、返還義務を負います。例えば、取得した財産が100万円で、手元に残っているのが30万円、遊興費で使ったのが20万円、生活費で使ったのが50万円の場合には、現存利益である80万円を返還する義務を負います。

Festina lente

先ほどの例の続きを考えてみよう。CはAに家を返さなくてもよかったが、Bが受け取った売買代金はどうなるんだろう？ この代金はAに返さなければならないね。ただ、Bは善意だった。だから、そのお金で遊んでしまったときは、なくなってしまった分はAに返さなくてもよいことになるんだ。

3 行為能力

1 意 義

行為能力とは、自ら単独で確定的に有効な意思表示をなし得る能力をいいます。

実際上、法律行為を行った当時に意思能力があったか否かを判断することは困難です。そこで、意思能力の証明は容易ではないため、民法は一般的に能力不十分とみられる者を定型化し、これに保護者を付して能力不足を補わせ、また保護者の権限を無視した行為を取り消し得るものとし、その**財産の保全**を図りました。

なお、このうち、禁治産・準禁治産制度に代えて導入された「成年後見制度」（後見・保佐・補助の3類型）は、「**自己決定の尊重**」の理念と本人保護との調和を図る趣旨で設けられました。これは、高齢者・知的障害者等の一人ひとりの判断能力に応じた、柔軟で利用しやすい制度を目指したものとされています。

2 未成年者

(1) 意 義

未成年者とは、成年に達していない者をいいます。18歳をもって成年とすると定めているため（4条）、**18歳未満の者**が、未成年者にあたります。*3

(2) 未成年者の行為能力

a 原 則

未成年者が売買契約等の法律行為をするには、保護者である**法定代理人の同意**を必要とします（5条1項本文）。

同意を得ないでした法律行為は、**取り消すことができます**（同条2項）。

---

*3

■ 参考データ

2022年4月1日より、民法の成年年齢が20歳から18歳に引き下げられました。

Part 2

■

民

法

Chapter 3
権利の主体 **149**

b 例 外

次の法律行為については、未成年者は、自ら単独で（法定代理人の同意を得ないで）、法律行為をすることができます。

① **単に権利を得たり、又は義務を免れるべき法律行為**（5条1項但書）。例えば、贈与を受けること、未成年者が債務を免除される契約を締結すること等については、未成年者は単独で行うことができます。

② **法定代理人が目的を定めて処分を許した財産をその目的の範囲内で処分したり、又は目的を定めないで処分を許した財産の処分をすること**（5条3項）。例えば、学資や特定の旅費としての金銭、小遣い等がこれらの財産にあたります。

③ 法定代理人から一種又は数種の**営業を許された場合**、その営業に関する法律行為（6条1項）

(3) 保護者：法定代理人

a 意 義

保護者は、法定代理人であり、一次的には**親権者**（818条）、二次的には**未成年後見人**（838条）がなります。*1*2

b 権 限

ア 代理権（824条、859条）

法定代理人は、未成年者に代わって法律行為を行う代理権を有します。

イ 同意権（5条1項）

法定代理人は、未成年者の行為に同意する権利を有します。同意を得て行った未成年者の法律行為は、有効であり、取り消すことはできません。

ウ 取消権（120条1項）

法定代理人の同意が必要な法律行為について同意を得ないで行った未成年者の法律行為について、法定代理人は取消権を有します。取消権の行使によって、その行為は初めから無効であったものとみなされます（121条）。

エ 追認権（122条）

法定代理人は、その同意が必要な法律行為について同意を得ないで行った未成年者の法律行為を追認すること

---

*1

■ 語句解説

親権者とは、未成年の子に対して親権を行う者をいい、父母が婚姻中は父母が共同して親権者となります（818条3項）。

*2

■ 参考データ

もともと未成年後見人は1人であることを要し、かつ、自然人であることを要していましたが、2011年法改正により、未成年後見人も、成年後見人と同様、複数人でもよく、また法人でもよいとされました（旧842条削除、新840条2項、3項参照）。

ができます。未成年者の行為は、この追認によって確定的に有効な法律行為となり、取り消すことはできなくなります。

Festina lente

追認は、事後的な同意というイメージをしておくといいよ。結局、法定代理人は、法定代理人の同意を得ないで行った未成年者の行為を事後的に取り消すことも追認することもできるんだ。

3 成年被後見人

（1）意　義

成年被後見人とは、精神上の障害により**事理を弁識する能力を欠く常況**にある者で、家庭裁判所から**後見開始の審判**を受けた者をいいます（7条）。

（2）成年被後見人の行為能力

成年被後見人が単独で行った法律行為は、**原則として取り消すことができます**（9条本文）。ただし、**日用品の購入その他日常生活に関する行為**については、成年被後見人は単独で行うことができます（同条但書）。生活を営む上で通常必要な法律行為について成年被後見人の自己決定権をできるだけ尊重するため、この規定が設けられました。

（3）保護者：成年後見人

a　意　義

後見開始の審判がなされると、家庭裁判所は、職権で、成年被後見人の保護者である**成年後見人**を選任します（8条、843条1項）。

b　権　限

成年後見人には①**代理権**（859条1項）、②**取消権**（120条1項）、③**追認権**（122条）が認められます。

4 被保佐人

（1）意　義

被保佐人とは、精神上の障害により**事理を弁識する能力が著しく不十分**な者で、家庭裁判所から**保佐開始の審判**を受けた者をいいます（11条）。

Festina lente

成年後見人には、同意権がないよ。成年被後見人は事理弁識能力を欠く常況にあるので、事前に同意を与えて単独で行為させることは、成年被後見人本人の保護の観点から、望ましくないからね。だから、成年被後見人が成年後見人の同意を得て法律行為を行っても、これを取り消すことができるんだ。

（2）被保佐人の行為能力

a　原　則

被保佐人は、**原則として、単独で有効な法律行為をすることができます**（13条1項参照）。

b　例　外

被保佐人が次に掲げるような**財産上重要な行為**をするためには、**保佐人の同意**が必要です（13条1項柱書本文）。被保佐人が保佐人の同意を得ずにしたこれらの法律行為は、取り消すことができます（同条4項）。

①　元本を領収し、又は利用すること（同条1項1号）

②　借財又は保証をすること（2号）*1

③　不動産その他重要な財産に関する権利の得喪を目的とする行為をすること（3号）

④　訴訟行為をすること（4号）

⑤　贈与、和解又は仲裁合意をすること（5号）

⑥　相続の承認若しくは放棄又は遺産の分割をすること（6号）

⑦　贈与の申込みを拒絶し、遺贈を放棄し、負担付贈与の申込みを承諾し、又は負担付遺贈を承認すること（7号）

⑧　新築、改築、増築又は大修繕をすること（8号）

⑨　602条に定める期間を超える賃貸借をすること（9号）*2

⑩　①～⑨に掲げる行為を制限行為能力者の法定代理人としてすること（10号）

⑪　家庭裁判所が、特別の審判により、保佐人の同意を要するとした事項（同条2項本文）

（3）保護者：保佐人

a　意　義

保佐開始の審判がなされると、家庭裁判所は、職権で、被保佐人の保護者である保佐人を選任します（12条、876条の2第1項）。

b　権　限

保佐人には、①**代理権**（876条の4第1項）、②**同意権**（13条）、③**取消権**（120条1項）、④**追認権**（122条）が認めら

> *1
> ■ **参考データ**
> 時効利益の放棄、時効完成後の債務承認については、同意が必要です。

> *2
> ■ **参考データ**
> 602条の賃貸借を短期賃貸借といい、具体的には例えば土地ならば5年、建物ならば3年です。

れます。*3

5　被補助人

(1)　意　義

被補助人とは、精神上の障害により事理を弁識する能力が不十分な者で、家庭裁判所から補助開始の審判を受けた者をいいます（15条）。*4

(2)　被補助人の行為能力

a　原　則

被補助人は、原則として単独で有効な法律行為をすることができます。

b　例　外

13条1項各号に挙げられたものの中から、家庭裁判所が定めた特定の一部の行為については、補助人の同意を必要とすることができます（17条1項）。なお、被補助人が、補助人の同意を得ずにした法律行為は、取り消すことができます（同条4項）。

(3)　保護者：補助人

a　意　義

補助開始の審判がなされると、家庭裁判所は、職権で、被補助人の保護者である補助人を選任します（16条、876条の7第1項）。*5

*3
■ 参考データ

代理権は当然に付与されるものでなく、一定の者の請求により、保佐人に代理権を付与する旨の審判をすることができます（876条の4第1項）。なお、請求者が被保佐人本人でない場合、被保佐人の同意が必要になります（同条2項）。

*4
■ 参考データ

補助開始の審判の請求者が、（被補助人になろうとする）本人ではない場合、本人の同意が必要です（15条2項）。

*5
■ 参考データ

未成年後見人、成年後見人、保佐人、補助人は複数人でもよく、また法人も認められます。

	未成年者	成年被後見人	被保佐人	被補助人
保護者	親権者、未成年後見人	成年後見人	保佐人	補助人
取り消せない場合	・単に権利を得、又は義務を免れる行為 ・処分を許された財産 ・営業の許可を受けた場合	日用品の購入等	・13条1項列挙事由、及び家庭裁判所が保佐人の同意を要する旨の審判をした行為以外 ・日用品の購入等	審判により同意を要するとされた行為以外
保護者の権限	・同意権 ・代理権 ・追認権 ・取消権	・代理権 ・追認権 ・取消権 ※同意権なし	・同意権 ・代理権 ※代理権付与の審判をした場合 ・追認権 ・取消権	・同意権・代理権 ・追認権・取消権 ※常にすべての権限が認められるわけではない。

Chapter 3
権利の主体　　153

b 権　限

　　補助人には、①代理権（876条の9第1項）、②同意権（17条1項）、③取消権（120条1項）、④追認権（122条）が認められます。*1*2

6　取消権者の範囲と取消しの効果

(1) 取消権者（120条1項）
① 制限行為能力者本人 *3
② 制限行為能力者が他の制限行為能力者の法定代理人としてした行為にあっては、当該他の制限行為能力者
③ 制限行為能力者の代理人、承継人、及び同意権者

(2) 取消しの効果

その法律行為は遡及的に無効となります（121条）。

その結果、譲り受けた物やその他の給付につき、法律上の原因がなくなるため、制限行為能力者は、譲り受けた物やその他の給付を相手方に返還しなければなりません（121条の2第1項）。もっとも、制限行為能力者保護の観点から、制限行為能力者の返還義務の範囲は、現に利益を受けている限度で足りるとされています（同条3項後段）。

7　制限行為能力者の相手方を保護する制度

(1) 相手方の催告権（20条）

a 意　義

　　制限行為能力者の相手方の催告とは、制限行為能力者の行為を追認するか否かの確答を求めることをいいます。民法は、相手方に対し、制限行為能力者の法律行為を追認するか又は取り消すかの確答を求める催告権を認めています。

b 効　果

① 単独で追認することができる者（行為能力を回復した後の本人・保護者）が、催告を受けたにもかかわらず確答を発しないとき

---

*1
■参考データ

代理権は当然に付与されるものでなく、一定の者の請求により、補助人に代理権を付与する旨の審判をすることができます（876条の9第1項）。なお、請求者が被補助人本人でない場合、本人の同意が必要になります（同条2項・876条の4第2項）。

*2
■参考データ

保佐人と異なり、同意権も当然に付与されるものでなく、一定の者の請求により、補助人に同意権を付与する旨の審判をすることができます（17条1項本文）。なお、請求者が被補助人本人でない場合、被補助人の同意が必要になります（同条2項）。

*3
■参考データ

制限行為能力者本人も取り消すことはできます。この取消しの際には、保護者の同意を得る必要はありません。

*4
要チェック！過去問題

被保佐人が保佐人の同意を要する行為をその同意を得ずに行った場合において、相手方が被保佐人に対して、一定期間内に保佐人の追認を得るべき旨の催告をしたが、その期間内に

この場合には、追認をしたものとみなされます（20条1項、2項）。

② 単独で追認できない者（被保佐人・被補助人）が、催告を受けたにもかかわらず確答を発しないとき

　　この場合には、取り消したものとみなされます（同条3項、4項）。*4

③ 未成年者や成年被後見人には、そもそも催告の受領能力がないため、その者に催告をしても何の効果も生じません（98条の2柱書本文）。

(2) 制限行為能力者の詐術（21条）

　制限行為能力者の詐術とは、制限行為能力者が行為能力者であることを取引の相手方に信じさせるために行う術策をいいます。制限行為能力者が詐術を用いて、自らを行為能力者だと相手方に誤信させた場合には、そのような制限行為能力者を保護する必要はないので、取引の安全を優先させ、詐術を用いた制限行為能力者の取消権を否定しました。*5

> 回答がなかったときは、当該行為を追認したものと擬制される。
> → （R2-27-4）

> *5
> ■ 参考データ
> 制限行為能力者であることを隠さず、同意権者の同意があるかのように信じさせる場合も、「詐術」にあたります。
> また、制限行為能力者であることを単に黙秘するのみでは、「詐術」にあたりません。しかし、制限行為能力者の他の言動等と相まって相手方の誤信を強めさせたような場合には、「詐術」にあたります。

2 法人

重要度 C

1 法人の意義

　法人とは、自然人以外で、法律によって権利能力を認められたものをいいます。実際の社会生活において、自然人の集団や財産の集合である団体も、社会的存在として一定の役割を果たしているので、自然人と同様に権利義務の主体たり得る資格を認めることが有用かつ適切です。そこで、一定の団体には、法人格（権利能力）が付与されています。

　法人は、その存在態様に応じて、人の集団である社団法人と、財産の集合である財団法人に分類することができます。また、法人は、その目的によって、営利法人と非営利法人に分類することができます。

2 権利能力なき社団

1 意 義

権利能力なき社団とは、実質的には社団法人と同様の実体を持ちながら、法人格のない団体をいいます。例えば、大学のサークル、小学校のPTAなどがこれにあたります。*1

その実体が社団と変わらないため、できるだけ社団法人の規定を類推適用すべきであると解されています（通説）。

2 共同所有の形態

権利能力なき社団には法人格がないため、その団体自体に権利義務を帰属させることはできません。

もっとも、権利能力なき社団は、実質的には法人と同様の実体を持つため、法人の財産関係に近い共同所有の形態を想定すべきです。そこで、権利能力なき社団では、その権利義務は構成員に総有的に帰属すると解されています（判例）。*2

Festina lente

不動産登記法上、権利能力なき社団名義の登記は認められていないよ。また、虚偽の登記の誘発防止のため、権利能力なき社団の肩書の付いた代表者名義の登記も認められていない。そこで、①代表者の個人名義や、②全員の共有名義等による登記をするほかに方法はないんだ。

---

*1 参考データ
①団体としての組織を備えていること、②意思決定に多数決の原則が行われていること、③構成員が変更しても団体が存続すること、④代表の方法、総会の運営、財産管理、その他団体として主要な点が確定していることが権利能力なき社団と認められるために必要となります（判例）。

*2 語句解説
総有とは、共同所有者に潜在的な持分すら認められず、ただ、使用収益権のみが認められるような共同所有の形態をいいます。

ファイナルチェック　基礎知識の確認

問題1 胎児は、原則として、権利能力は否定されるが、例外として、①損害賠償の請求、②相続、③遺贈については、すでに生まれたものとみなされる。

問題2 本人以外の者の請求によって保佐開始の審判をするためには、本人の同意が必要である。

問題1⭕　問題2❌　同意は不要である。

本試験レベルの問題にチャレンジ！▶▶▶

Chapter 4 権利の客体（物）

重要度 C

イントロダクション　学習のポイント

物権の客体となるものを「物（ぶつ）」といいます。この Chapter では、物の様々な分類について勉強します。特に不動産と動産は民法で異なる取扱いをすることがあるため、しっかりと覚えておきましょう。

ベーシック　じっくり理解しよう！

1 物の意義・分類

重要度 C

「物」とは、有体物をいいます（85条）。*3

民法は、物について、①動産・不動産（86条）、②主物・従物（87条）、③元物・果実（88条、89条）という3種の分類方法で規定しています。

*3
■ 語句解説
有体物とは、空間の一部を占める外界の物質（固体・液体・気体）すべてをいいます。

2 不動産と動産

重要度 B

1 不動産

不動産とは、土地及びその定着物をいいます（86条1項）。

土地の定着物とは、土地に固定されており、取引上継続的に固定されて扱われるものをいいます。例えば、石垣などがあります。ただし、建物は、土地とは別個独立の不動産とされます。

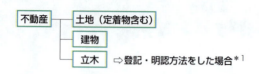

*1 語句解説
立木も、登記又は明認方法を施せば、土地とは別個の不動産として扱われます。
明認方法とは、例えば、樹皮を削り、あるいは標木を立てて、これに所有者の氏名を墨書する等して、所有権の所在を公示することをいいます。

2 動　産

動産とは、**不動産以外の物**をいいます（86条2項）。

3 主物と従物

重要度 B

従物とは、物の所有者がその物の常用に供するために、これに付属させた自己の所有に属する他の物をいいます（87条1項）。

これに対し、主物とは、従物を付属させる対象となる物をいいます。

例えば、母屋と納屋、土地と石灯籠、刀と鞘は、主物と従物の関係にあります。

当事者に別段の意思表示のない限り、**従物は、主物の処分に従います**（同条2項）。*2

*2 参考データ
従たる権利についても、87条2項が類推適用されます。例えば、借地権者が所有する建物を売却すれば、買受人は、建物だけでなく、借地権（賃借権や地上権）も取得することができます。

4 元物と果実

重要度 C

果実とは、元物より生じる経済的収益をいいます。果実は、**天然果実**と**法定果実**に分けられます。

天然果実とは、元物から経済用途に従って、有機的あるいは無機的に産出される物をいいます（88条1項）。例えば、牛乳、鶏卵、鉱物等があります。

法定果実とは、元物の使用の対価として受けるべき金銭その他の物をいいます（同条2項）。例えば、利息、賃料等があります。

これに対し、元物とは、果実を生じさせる物をいいます。例えば、乳牛、鶏、使用家屋等です。

Chapter 5 法律行為

重要度 C

イントロダクション 学習のポイント

民法では、一定の**要件**を満たすと一定の**効果**が生じるという規定が多くあります。効果を発生させる要件の代表格が**契約**です。この Chapter では、契約の効力がどのように発生するのかという流れを理解するとともに、あわせて、**公序良俗**という概念について勉強します。

ベーシック じっくり理解しよう!

1 概 説

重要度 C

1 総 説

権利は、一定の事実を原因として変動（発生・変更・消滅）します。この要件となる一定の事実を**法律要件**といい、効果として生じる一定の私権の変動を**法律効果**といいます。

この法律要件には、①法律行為、②準法律行為、③事件があります。*3

2 法律行為

法律行為とは、**意思表示**を要素とする法律要件をいいます。

意思表示とは、一定の法律効果の発生を欲する意思を外部に対して表示する行為をいいます。

法律行為の代表例は、売買契約等の契約です。

*3
■ 語句解説

準法律行為とは、法律効果を発生させる行為のうちで、法律行為ではないものをいいます。意思表示を要素としない点で、法律行為と異なります。
事件とは、時の経過や人の死亡など、人の精神作用に基づかない事実をいいます。

2 契約の成立から効力発生まで

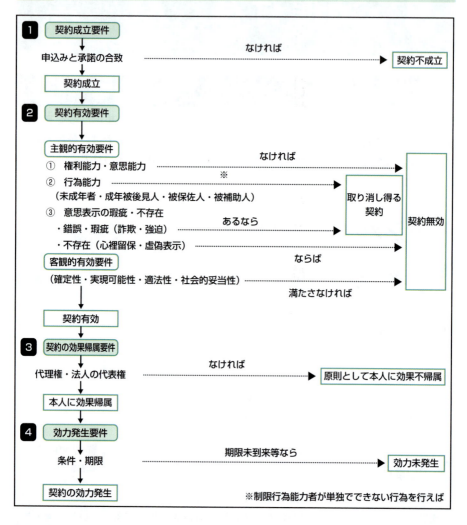

3 公序良俗

公序良俗とは、公の秩序と善良の風俗を指します。
公序良俗に反する法律行為は、**無効**です（90条）。

Chapter 6 意思表示

重要度 A

イントロダクション　学習のポイント

　私たちは、通常、自分が本当に欲する物を買いますが、必ずしもそうではないこともあります。例えば、買う気がないのに冗談で買うと言ったり、間違えて別の物を買ってしまったり。また、おどされたり、だまされたりして買ってしまうということもあるかもしれません。このような場合、どのような取扱いをすべきでしょうか。これがこの Chapter のメインテーマになります。

ベーシック　じっくり理解しよう!

1　意思表示総説

重要度 C

　意思表示とは、一定の法律効果の発生を欲する意思を外部に対して表示する行為をいいます。

　意思表示は、まず、意思表示が形成される前段階としての「動機」の段階があり、次に、意思表示の要素としての、「内心的効果意思」、「表示意思」、及び「表示行為」の各段階を経て形成されます。

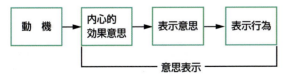

　動機とは、意思表示をするに至る内心上の原因をいいます。*1
　内心的効果意思とは、法によって実現する効果（法律効果）を欲する意思をいいます。*2

*1
■ 参考データ
例えば、「この絵画が真作であるならば、価値があるから所有したい」との考えが動機にあたります。

*2
■ 参考データ
例えば、「この絵画を1億円で買う売買契約を成立させよう」との考えが内心的効果意思にあたります。

2 意思表示各論

重要度 A

1 心裡留保

1 意義

心裡留保とは、表示行為に示された効果意思に対応する内心的効果意思が欠けており、かつ、表意者がそのことを知りながらする意思表示をいいます（93条1項）。

> **Festina lente**
>
> 心裡留保は、要するにウソや冗談のことだね。ウソや冗談を言ったら、どうなるのだろう？ 約束だから守らないといけない（有効）のか、それともやっぱりウソや冗談だから守る必要はない（無効）のか。これから勉強する「意思の不存在」のポイントは、結局、有効か無効のどちらなのか？ もし無効であるとすると、無効は誰に対しても主張できるのだろうか？になるのだ。その点に注目して読み進めよう！

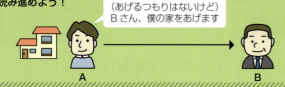

2 効果

(1) 原則

民法は、原則として心裡留保であっても意思表示の効力は妨げられないことを定めました（有効　93条1項本文）。

(2) 例外

相手方が、表意者の意思表示が表意者の真意ではないことを知っているか（悪意）、又は知ることができた（有過失）場合には、相手方を保護する必要がないため、心裡留保は無効となります（93条1項但書）。*1 *2

しかし、心裡留保が例外として無効となる場合に、第三者を全く保護しないのでは取引の安全が害されることから、民法は、「善意の第三者」の保護を定めています（同条2項）。

---

*1
■ 参考データ
知ることができた状態を（善意だが）過失があると評価します。過失については、ウッカリをイメージしておけば十分です。

*2
■ 参考データ
結局、原則どおり心裡留保が有効になるのは、相手方が善意無過失の場合に限られます。

Festina lente

例えば、Aが冗談でBに家を格安で売却したとしよう。この格安さにBはAが冗談で言っていることを気付いていたとするよ。そうすると、AはBに対してはその契約が無効であることを主張できる。ここまではいいかな。では、Bがその家をAの心裡留保を知らないCに売却した場合はどうなるだろう？

確かにA・B間の売買契約が無効である以上、その家はAの物であって、BはAの物（他人物）をCに売却したと考えることもできる。でも、冗談を言ったAと事情を知らずに取引に入ってしまったCのどちらを守るべきだろう？ 2人を天秤にかけるイメージで考えてみて。そうするとやっぱりCを守るべきとなるんじゃないかな。

だから、この場合は、Aは、無効をCには主張できないとするんだ。こうすることによって、家は無事にCが取得できるよ。

ところで、ここで何度か「主張」という言葉を使ったよね。実は、主張という言葉は法律の世界では「対抗」と呼ばれるんだ。だから、これから「対抗」という言葉が出てきたときには、主張できるかどうかだな、と考えてね。

2 通謀虚偽表示

1 意 義

通謀虚偽表示とは、相手方と通じて、表示された効果意思と対応する内心的効果意思が欠けていることを知りながらする意思表示をいいます（94条1項）。

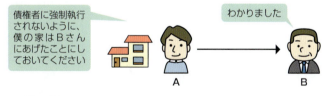

2 効 果

(1) 無 効

通謀虚偽表示は無効です（94条1項）。

(2) 善意の第三者の保護

ただし、表示を信頼した第三者を保護し、ひいては取引の安全を害さないために、善意の第三者には無効を対抗できません（94条2項）。

3 第三者の保護

「第三者」という言葉を制限して解釈すべきか問題になります。

(1)「第三者」の意義

94条2項の「第三者」とは、**虚偽表示の当事者及びその包括承継人以外の者で、虚偽表示に基づいて新たに独立の法律上の利害関係を有するに至った者**をいいます（判例）。[*1]

a 「第三者」にあたる者

ア 不動産の仮装譲受人から更に譲り受けた者及び転得者

イ 仮装譲渡された不動産につき抵当権の設定を受けた者

例えば、AからBへ仮装譲渡された土地に、Bが、善意である自己の債権者Cのために抵当権を設定した場合には、AとBは、抵当権設定の無効をCに主張できません。[*2]

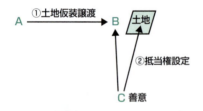

*1
■ 参考データ
包括承継人とは、例えば相続人があたります。

*2
✓ 要チェック！
過去問題
Aが自己の所有する甲土地をBと通謀してBに売却（仮装売買）した。Bが甲土地につきAに無断でEのために抵当権を設定した場合に、Aは、善意のEに対して、A・B間の売買の無効を対抗することができない。
→ ○（H20-27-エ）

Festina lente

抵当権は担保物権の1つだよ。詳しくは抵当権のところで勉強するけど、いろんなところで使う概念だから、ある程度のイメージを持っておくといいね。

債権というと、お金を貸しているイメージを持つんじゃないかな。そのイメージで考えてみると、お金を貸していても、結局返してもらえないと意味がないよね。つまり、債権というのは債権者の立場からすれば回収できなきゃ意味がない。そこで、債務者がたくさんの人から借金をしているようなとき、債権者の立場から見ると不安だよね。せめて何かあったときにも自分だけは返してほしいと思うはずだ。そこで「担保」の出番となる。

担保のうち、抵当権というのは、抵当権を債務者の不動産に対して持っていると、債

務者が弁済をできなくなったときに、その不動産を競売にかけられるんだ。これを抵当権の実行という。で、誰かが競落すると、抵当権を持つ債権者は競落金から優先的に弁済を受けられる。こういう仕組みなんだ。

ところで、抵当権ってどうしたら持てるの？ってことだけど、それは債権者と債務者の契約によって設定できる。ちなみに、抵当権は、債務者以外の不動産にも設定できるよ。この場合、自分の不動産に抵当権を設定してあげた人を物上保証人っていうんだ。

ウ 仮装債権の譲受人

例えば、AがB銀行と通謀して仮装の預金債権を設定し、その仮装預金債権を善意であるCに譲渡した場合には、AとBは、預金債権の無効をCに主張できません。*3

エ 虚偽表示の目的物に対して差押えをした者

債権者は差押えをした時点で、新たな法律上の利害関係に入ったといえるので、「第三者」にあたります。

例えば、AからBへ仮装譲渡された土地に、善意であるBの債権者Cがその土地を差し押さえた場合には、AとBは、土地の譲渡の無効をCに主張できません。*4

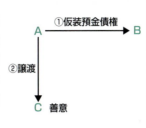

*3
■ 参考データ
債権も財産の一種です。したがって、自由に譲渡できるのが原則です。

b 「第三者」にあたらない者

ア 債権の仮装譲渡の譲受人から取立てのために債権を譲り受けた者

例えば、Aの債権者Bが、その債権をCへ仮装譲渡し、Cがその債権をDへ取立てのために譲渡した場合には、Dは、B・C間の債権譲渡の有効を主張して、Aに対して債権の取立てをすることはできません。

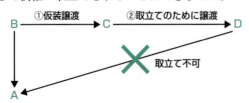

*4
✓要チェック！過去問題

AはBと通謀してA所有の土地をBに仮装譲渡したところ、Bの債権者である善意のCが、当該土地に対して差押えを行った。この場合、Aは、虚偽表示の無効をCに対抗できない。
➡○ (R4-27-4)

Chapter 6 意思表示
165

イ　仮装譲受人に対する一般債権者

　　この者は、仮装譲渡に基づいて「新たに」法律上の利害関係に入ったわけではないから、「第三者」にあたりません。

　　例えば、AからBへ土地の仮装譲渡がなされた場合に、Bの一般債権者Cは、土地の譲渡の有効を主張することができません。

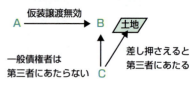

ウ　仮装譲渡された債権の債務者

　　例えば、AからBへ債権の仮装譲渡があった場合には、当該債権の債務者Cは、債権の譲渡があったことを理由にAからの請求を拒めません。

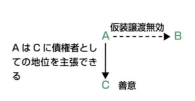

エ　先順位抵当権が仮装放棄された場合の後順位抵当権者[*1]

　　この者は、「新たに」法律上の利害関係に入ったわけではありませんから、「第三者」にあたりません。

オ　土地が仮装譲渡されて建物が建築された場合の借家人

　　この者は、土地の仮装譲渡について事実上の利害関係が認められるにすぎず、「法律上の」利害関係がないため、「第三者」にあたりません。次の事例で、Aは、Cに対し建物からの退去を請求することができます。

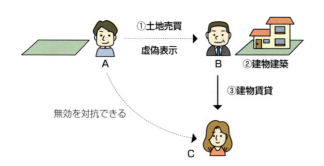

*1 ■参考データ

抵当権は、1つの不動産に複数設定できます。この場合、登記の先後で抵当権の優先順位は決まります。そして、競落金から、1番の順位の抵当権者がまず配当を受け、次に2番、3番という具合に残額から回収できる仕組みになっています。

c　まとめ

94条2項の「第三者」に該当する	不動産の仮装譲受人から更に譲り受けた者及び転得者
	仮装譲渡された不動産につき抵当権の設定を受けた者
	仮装債権の譲受人
	虚偽表示の目的物に対して差押えをした者
94条2項の「第三者」に該当しない	債権の仮装譲渡の譲受人から取立てのために債権を譲り受けた者
	仮装譲受人に対する一般債権者
	仮装譲渡された債権の債務者
	先順位抵当権が仮装放棄された場合の後順位抵当権者
	土地が仮装譲渡されて建物が建築された場合の借家人

(2) 「善意」の意義

94条2項の「善意」とは、当該意思表示が通謀虚偽表示であることを知らないことをいいます。なお、第三者は善意であれば、登記を備えていなくとも保護されます。

(3) 転得者の問題

a　第三者Cが悪意で転得者Dが善意の場合

Cは悪意なので94条2項で保護されないが、転得者を保護すべき要請は直接の第三者と変わらないので、Dは、94条2項の「善意の第三者」にあたり、保護されます（判例）。

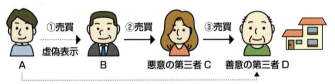

b　第三者Cが善意で転得者Dが悪意の場合

善意の第三者のもとで権利が確定し、転得者はその地位を取得することなどから、一度、善意者Cがあらわれれば、後者Dは、たとえ悪意であっても保護されます（絶対的構成　判例）。

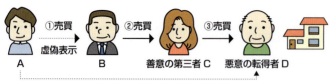

4 94条2項の類推適用

例えば、Aが、自己所有の建物がB名義で登記されているのを知りながら放置していた場合において、Bからその建物を善意で買い受けたCとAとの関係にも、94条2項は類推適用されます。*1

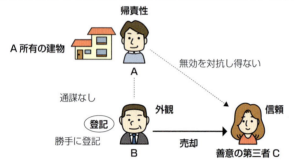

すなわち、この事例の場合、Bが勝手に登記をしたわけですから、Aの意思表示は通謀虚偽表示ではありません。

しかし、B名義の登記を知りながら長年にわたり放置していた場合、Bから建物の売却を受けた善意のCに対しては、Aは、建物が自己の所有であることを対抗できません。

3 錯 誤

1 意 義

錯誤とは、表示行為により表示された効果意思に対応する内心的効果意思が①存在しないこと（表示の錯誤　95条1項1号）、又は②存在するものの何らかの誤解に基づくものであること（動機の錯誤　同項2号）について、表意者自身が知らないことをいいます。

2 錯誤の分類

錯誤は、表示の錯誤と動機の錯誤に分類され、表示の錯誤はさらに表示上の錯誤、内容の錯誤に分類されます。

*1
■ 参考データ

94条2項の趣旨は、虚偽の外観の作出について帰責性がある権利者の犠牲のもとに、虚偽の外観を信頼して取引をなした第三者を保護し、もって取引の安全を図る点にあります。このような考え方を「外観法理」といいます。

Festina lente

錯誤は、勘違いや言い間違い、書き間違いなどをイメージするといいよ。ところで、心裡留保はウソや冗談だったね。じゃあ、心裡留保と錯誤の違いはわかるかな？　答えは、内心的効果意思と表示された効果意思の不一致を表意者自身が知っているかどうかだよ。その不一致を知っている場合が心裡留保、知らない場合が錯誤なんだ。

(1) 表示の錯誤

表示上の錯誤とは、表示行為自体を誤るものであり、誤記・言い間違いの類をいいます。例えば、「10 ドル」と言うつもりで、うっかり「10 ポンド」と言った場合です。

内容の錯誤とは、表示行為の意義を誤ることをいいます。例えば、ドルとポンドの価値が同じだと考えて、「10 ポンド」と言った場合です。

(2) 動機の錯誤

動機の錯誤とは、意思表示をする動機に錯誤がある場合をいいます。意思表示の形成プロセスでいえば、動機と内心的効果意思の間に不一致がある場合です。例えば、受胎している良馬と誤信して、駄馬を買った場合です。

3 要件

① 錯誤に基づくものであること（95条1項柱書）
② その錯誤が法律行為の目的及び取引上の社会通念に照らして重要なものであること（同条1項柱書）
③ その事情が法律行為の基礎とされていることが表示されていたこと（動機の錯誤のみが対象　同条2項）
④ 表意者に重過失がないこと（同条3項）*2*3

4 効果

(1) 原則

原則として錯誤による意思表示を**取り消すことができます**（95条1項柱書）。

(2) 善意無過失の第三者の保護

意思表示が錯誤により取り消された場合に、第三者を全く保護しないのでは取引の安全が害されることから、民法は、「善意無過失の第三者」の保護を定めています（95条4項）。

〈錯誤と第三者〉

*2 **語句解説**
重過失とは重大な過失をいいます。重過失と比較したときに、通常の過失のことを**軽過失**といいます。

*3 **参考データ**
表意者に重過失があっても、①相手方が悪意又は重過失の場合、②相手方が表意者と同一の錯誤に陥っていた場合には、表意者は意思表示の取消しをすることができます（95条3項1号、2号）。これらの場合は、取引の安全を考慮する必要がないからです。

5　第三者の保護
(1)「第三者」の意義
　95条4項の「第三者」とは、錯誤による取消しの意思表示がされる前に現れたものでなければなりません。
(2) 錯誤取消後の第三者
　取消後の第三者については、対抗問題として処理し、不動産取引であれば、登記を先に具備した者が保護されると解されています（177条）。
6　主張権者
　錯誤によって取り消すことができる行為は、その意思表示をした者又はその代理人若しくは承継人に限り、取り消すことができます（120条2項）。

4 詐　欺

1　意　義
　詐欺とは、他人をだまして（欺いて）、錯誤に陥らせ、その錯誤によって意思表示させる行為をいいます。
2　効　果
　民法は、詐欺による意思表示を取り消し得るものとしました（96条1項）。
3　善意無過失の第三者の保護
　詐欺による意思表示の取消しは、善意無過失の第三者に対抗することができません（96条3項）。
(1)「第三者」の意義
　96条3項の「第三者」とは、詐欺による法律行為に基づいて取得された権利について、詐欺取消前に新たに独立した法律上の利害関係に入った者をいいます（判例）。
　そして、取消後に利害関係を有することになった第三者は、同項の「第三者」には含まれません。

(2) 詐欺取消後の第三者[*1]

取消後の第三者は96条3項によっては保護されないことになりますが、一切保護されないとすれば、取引の安全を害します。そこで、取消後の第三者を保護するための法律構成が問題となります。

この点については、詐欺を受けた表意者と取消後の第三者とは、物権相互間の優先的効力を争う対抗関係に立ち、**対抗要件（不動産の場合は登記）を先に備えた者が優先**する（177条）と解されています。

> [*1]
> ■ 参考データ
> ここは不動産物権変動を勉強すると理解できる箇所です。今のところは、取消前の第三者が善意であれば、保護されると覚えておけば十分です。

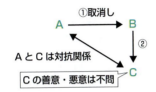

4　第三者による詐欺

意思表示の相手方以外の者が詐欺をした場合、相手方は、通常、詐欺の事実を知ることができません。

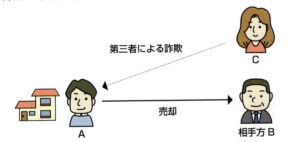

そこで、民法は、相手方保護のため、**相手方が詐欺の事実を知り（悪意）、又は知ることができたとき（有過失）に限り**、意思表示の取消しを認めています（96条2項）。[*2]

5　強　迫

1　意　義

強迫とは、不法に害悪を告知して、相手方に畏怖を生じさせ、その畏怖によって意思表示をさせる行為をいいます。

2　効　果

強迫による意思表示は取り消すことができます（96条1項）。

> [*2]
> ✓ 要チェック！
> 過去問題
> Aが自己所有の甲土地をBに売却する旨の契約が締結された。AがEの詐欺によって本件売買契約を締結した場合、この事実をBが知っていたとき、または知らなかったことにつき過失があったときは、AはEの詐欺を理由として本件売買契約を取り消すことができる。
> ➡ ○（H26-28-4）

また、この取消しは、詐欺の場合と異なり、**取消前に現れた第三者に対しても、対抗することができます。**[*1]

3　取消後の第三者

　取消後の第三者と表意者との関係については、詐欺取消しの場合と同様に目的物が不動産の場合、**177条によって処理**されます（判例・通説）。

[*1] ■参考データ
第三者による強迫の場合は、第三者による詐欺と異なり、相手方の善意悪意にかかわらず、表意者は取り消すことができます。

	当事者間の効力	善意の第三者に対抗できるか
心裡留保	原則：有効 例外：無効	×
通謀虚偽表示	無効	×

	当事者間の効力	善意無過失の第三者に対抗できるか
錯誤	取り消すことができる （原則　表意者善意無重過失）	× （取消前に現れた者に対して） ※　取消後に現れた者との関係は177条で処理
詐欺	取り消すことができる	× （取消前に現れた者に対して） ※　取消後に現れた者との関係は177条で処理
強迫	取り消すことができる	○ （取消前に現れた者に対して） ※　取消後に現れた者との関係は177条で処理

3　意思表示の効力発生

重要度 C

1　到達主義

　意思表示は、相手方に通知が到達した時に効力を生ずるのが原則です（97条1項）。これを到達主義といいます。
　これに対して、意思表示を発した時に効力が生ずるとする発信主義があります。民法は、特別な場合においてのみ発信主義を採用しており、発信主義の例として、制限行為能力者の相手方がした催告への確答（20条）等があります。[*2]

[*2] ■参考データ
発信時に権利能力・行為能力があれば、到達の当時、表意者は権利能力又は行為能力を有する必要はありません（97条3項）。

ファイナルチェック　基礎知識の確認

問題 1　詐欺に基づく意思表示は、原則として取り消すことができるが、96条3項によって、取消後の善意無過失の第三者に対しては取消しを対抗することができない。

問題 2　強迫に基づく意思表示は、取消前の第三者に対しては、その善意・悪意を問わず、その取消しを対抗することができる。

問題1 ✗　96条3項にいう善意無過失の「第三者」とは、取消前の第三者をいう。　問題2 ○

本試験レベルの問題にチャレンジ！▶▶▶

Chapter 7 無効と取消し

イントロダクション　学習のポイント

これまで勉強してきた無効と取消しの一般的な内容について勉強します。特に、取消しに注目していきましょう。

ベーシック　じっくり理解しよう！

1 無　効

重要度 C

1 意　義

無効とは、法律行為の効果が初めから生じないことをいいます。

無効は、本来すべての人に対する関係において無効であり、誰からでも、誰に対しても主張できます（絶対的無効）。例えば、公序良俗違反となる行為がこれにあたります（90条）。*1

2 取消し

重要度 B

1 意　義

取消しとは、法律上定められた一定の事由に基づき、特定の者（取消権者）の単独の意思表示によって、法律行為を行為時に遡ってなかったものとすることをいいます。

2 取消しの効果（遡及的無効・原状回復義務）

取消しにより、その行為は最初からなかったものとされます

*1
■参考データ
例えば、意思無能力の無効（3条の2）は、表意者のみが無効主張できるのが原則であると解されています。このように、主張権者等に制限がある場合を相対的無効（取消的無効）といいます。

（遡及的無効　121条）。したがって、例えば、売主Aが制限行為能力を理由として買主Bとの売買契約を取り消すと（5条2項）、すでにBに引き渡した目的物があれば、Aは、Bに対しその返還を請求することができます（121条の2第1項）。

3 取り消し得る行為の有効確定

いつでも取消権を行使できるとすれば、相手方を長期にわたり不安定な状態に置くことになり、妥当でありません。そこで、①追認、②法定追認、③取消権の消滅の制度が設けられています。

1 追 認

取り消し得る行為の追認とは、取り消し得る行為を確定的に有効なものとする意思表示です（122条）。

追認し得る時期は、取消しの原因となっていた状況が消滅した後、つまり、行為能力者となってから、又は、錯誤、詐欺・強迫の状態を脱してからでなければ、追認することができません（124条1項）。*2*3

なぜなら、これらの状態になって初めて、取消権の放棄による自己の利益・不利益を適切に判断できるからです。

そして、追認は取消権の放棄なので、追認は、取消権を有することを知った後にしなければ、その効力を生じません（同項）。

2 法定追認

(1) 意 義

法定追認とは、取り消し得る行為について、追認と認められるような一定の事実があるとき、これを追認したものとみなし、以後取り消し得ないものとすることをいいます（125条）。これは、取消権者の意思のいかんを問わないで法律上追認したものとみなし、法的安定を図るための制度です。

(2) 要 件

① 取消権者が追認できる状況にあること
② 125条所定の行為があること*4

3 取消権の消滅

取消権は、追認をすることができる時から5年、行為の時から20年のうち、どちらか早く経過したほうによって消滅します（126条）。

Festina lente

つまり、追認により、法律行為が当初より確定的に有効なものとなるんだよ。

---

*2
■ 参考データ

法定代理人・保佐人・補助人は、いつでも追認することができます（124条2項1号）。

---

*3
☑ 要チェック！過去問題

AはBの強迫によって売買契約を締結したが、その後もBに対する畏怖の状態が続いたので取消しの意思表示をしないまま10年が経過した。このような場合であっても、AはBの強迫を理由として売買契約を取り消すことができる。

➡ **○**（H26-28-1）

---

*4
■ 参考データ

125条は条文で確認しておきましょう。

Part 2
民法

Chapter 7
無効と取消し　175

Chapter 8 代理

重要度 A

イントロダクション　学習のポイント

代理は民法の中でも最頻出テーマといっても過言ではありません。毎年のように出題されるので、しっかりと勉強をしていきましょう。特に、後半の**無権代理**、**表見代理**は重要です。また、これとの関係で、**代理人の権限濫用**や**代理権の消滅原因**にも注意が必要です。

ベーシック　じっくり理解しよう！

1 代理総説

重要度 C

1 意 義

民法は、代理人が、本人に代わって意思表示をし、その効果が直接本人に帰属する制度を認めています。

代理とは、**代理人が本人のためにすることを示して**相手方に対して意思表示をなし、又は相手方から意思表示を受けることによって、その**法律効果が直接本人に帰属する**ことを認める制度をいいます（99条）。*1

Festina lente
　代理制度では、本人、代理人、相手方の三者が登場し、法律関係が複雑になるので、誰と誰の法律関係が問題となっているのかについて注意する必要があります。

具体的には、①代理人に代理権が存在し、②代理人が相手方に対し顕名をして、③代理権の範囲内において意思表示（代理行為）をすることを要件として、法律効果を本人と相手方との間に

*1
■ 参考データ

代理に類似する制度として、使者があります。使者とは、本人以外の者で、本人の完成した意思表示をそのまま伝達する者（伝達機関としての使者）や、本人の決定した意思を表示してその意思表示を完成させる者（表示機関としての使者）をいいます。
使者の場合、**意思決定をするのが本人**である点で、代理人が意思決定を行う「代理」と異なります。

直接帰属させる制度です。

2 任意代理と法定代理

　任意代理とは、本人の意思に基づいて代理権が生じる場合をいいます。

　これに対し、法定代理とは、本人の意思ではなく、法律の規定に基づいて代理権が生じる場合をいいます。

2 代理権

重要度 A

1 代理権の発生

1 法定代理権
　法定代理権は、本人の意思によらずに法律上与えられます。
　例えば、未成年者の親権者（818条）等に与えられます。

2 任意代理権
　任意代理権は、本人の意思、すなわち本人と代理人との間における授権行為（代理権授与行為ともいう）によって、生じます。

2 代理権の範囲

　法定代理は、本人の意思ではなく、法律の規定により代理権が生じるので、代理権の範囲は、法律の規定により定まります。
　これに対して、任意代理は、授権行為によって代理権が発生するので、代理権の範囲は、授権行為の内容により定まります。*2

*2
■ 参考データ
権限の定めのない代理人は、①保存行為、②代理の目的である物又は権利の性質を変えない範囲において、その利用又は改良を目的とする行為のみをする権限を有します（103条）。

3 代理権の制限

1 自己契約・双方代理その他利益相反行為

(1) 定 義

a 自己契約

自己契約とは、同一の法律行為について、当事者の一方が相手方の代理人となることをいいます。

例えば、AとBが自動車の売買契約を締結するに際して、買主Bが売主Aの代理人となる場合です。

b 双方代理

双方代理とは、同一人が同一の法律行為について、当事者双方の代理人となることをいいます。

例えば、AとBが自動車の売買契約を締結するに際して、Cが買主B及び売主Aの双方の代理人となる場合です。

c その他利益相反行為

その他利益相反行為とは、自己契約・双方代理に該当しない利益相反行為で、代理行為自体を外形的、客観的に判断して、代理人と本人との利益が相反する行為をいいます。

例えば、Aの代理人であるBが、自らがCに対して負担している債務について、Aを代理して、Cとの間でAを保証人とする契約を締結する場合です。

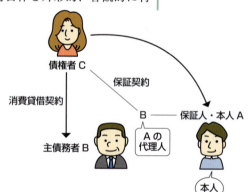

(2) 効 果

a 原 則

自己契約・双方代理その他利益相反行為の場合には**無権代理行為**となり、**本人に効果が帰属しないのが原則**です（108条1項本文、同条2項本文、113条1項）。

なぜなら、これらの場合には、本人の利益を害するおそれがあるからです。

b 例 外

次のように、本人の利益が害されない場合には、例外的

に自己契約・双方代理その他利益相反行為が認められます（108条1項但書、同条2項但書）。

① **本人の許諾**がある場合
② **債務の履行**。例えば、弁済期の到来した代金の支払（弁済）等
③ 債務の履行に準ずべきもの。例えば、売買契約に基づく所有権移転登記申請（判例）等

2 代理人の権限濫用

代理人の権限濫用とは、代理権の範囲内で代理人が代理行為を行ったが、実はその行為が自己又は第三者の利益を図る目的を有するものであったために、本人がそれによって損害を被る場合をいいます。

例えば、Aの代理人Bが、相手方Cとの間で売買によって取得した代金を着服したような場合です。

代理人の権限濫用があっても、代理権の範囲内の行為であるから、**原則として本人に効果が帰属**します。

しかし、常に代理行為の効果が本人に帰属するのでは、本人に酷であり、妥当性を欠きます。

そこで、①相手方が、代理人が自己又は第三者の利益を図る目的を有することを知っている場合、又は、②合理的な注意をしていれば、代理人がそのような目的を有することを知ることができた場合には、相手方の代理行為への信頼を保護する必要はないので、代理人の権限濫用行為は、無権代理とみなされます（107条）。

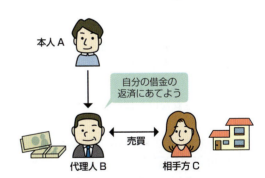

4 代理権の消滅

代理権の消滅原因をまとめると次頁の表になります。

		死　亡	破産手続開始の決定	後見開始の審判	解約告知
任意代理	本　人	○	○	—	○
	代理人	○	○	○	○
法定代理	本　人	○	—	—	—
	代理人	○	○	○	—

3　代理行為

重要度 B

1　意　義

　代理行為とは、代理人が本人のためにすることを示してする意思表示をいいます。代理行為の効果が本人に帰属するには、①代理人が、本人のためにすることを示すこと（顕名）、②代理権の存在、③代理行為が代理権の範囲内であることが必要です（99条）。*1

2　顕　名

1　意　義

　顕名とは、代理人が代理行為として意思表示をする場合、本人のためにすること（本人に法律行為の効果を帰属させること）を示すことをいいます。代理行為の効果が本人に帰属するためには、顕名がなされなければならないのが原則です（顕名主義　99条1項）。

*1
■参考データ
代理では代理人が自らの判断で意思決定を行っていること、「代理人について決する」という101条1項の文言から、代理行為の性質については、代理関係における行為主体は代理人であると解されています（代理人行為説）。

Festina lente

　相手方の立場に立って考えてみるとわかりやすいよ。実際には、代理人が相手方のところに「契約しませんか？」と来るよね。そのとき、代理人がきちんと本人の代理人ですと名乗らないと、相手方としては、自分の目の前にいる人と契約すると勘違いしてしまうでしょ？　だから、顕名が必要なんだ。

2 顕名のない場合

代理人自身のためにした意思表示とみなされ（100条本文）、**代理人と相手方との間に効果が帰属**します。これは、取引の相手が代理人自身であると信頼した相手方を保護するためです。

ただし、**相手方が、代理人が本人のためにすることを知り、又は知ることができたときは、本人と相手方との間に効果が帰属**します（同条但書）。

3 代理人の能力

代理人は、行為能力を有する者である必要はなく（102条本文）、**制限行為能力者でも構いません**。代理行為の効果は、本人に帰属し、代理人（制限行為能力者）には帰属しないからです。

したがって、代理人は、制限行為能力を理由に代理行為を取り消すことはできません。*2

4 代理行為の効果

1 代理の効果

代理人のした法律行為の効果は、直接本人に帰属します（99条1項）。代理人が詐欺されたときの取消権等も本人に帰属します。

2 代理行為の瑕疵

(1) 原　則

心裡留保・虚偽表示・錯誤等の存否、詐欺・強迫を受けたか否か、及び行為の当時ある事情を知っていたか、知らないことに過失があったか否か等、法律行為の効力に影響を及ぼすべき事実の有無は、**代理人を基準**として判断するのが原則です（101条1項）。

(2) 例　外

特定の法律行為をすることを委託された代理人がその行為をしたときは、代理人がある事情を知らなくても、**本人が知っているか又は過失によって知らなければ、本人は、代理人の不知を主張することができません**（101条3項）。

*2 ■参考データ
ただし、制限行為能力者が他の制限行為能力者の法定代理人としてした行為については取り消すことができます（102条但書）。本人である他の制限行為能力者の保護を図る必要があるからです。

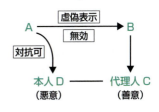

4 復代理

重要度 **B**

1 意　義

　復代理とは、代理人が、自分の権限内の行為を行わせるため、自分の名で更に代理人を選任して、本人を代理させる場合をいいます（104条以下）。代理人により選任された代理人は、復代理人と呼ばれます。

	任意代理	法定代理
復任権の存否	原則：な　し 例外：次の場合にあり 　①本人の許諾を得たとき 　②やむを得ない事情があるとき	常にあり
代理人の責任	本人・代理人間の代理権授与契約の債務不履行として、債務不履行の一般規定（415条）によって処理される。	原則：全責任 例外：やむを得ない事由により復代理人を選任したときは、選任・監督上の責任のみを負う。

2 効　果

1 本人に効果帰属

　復代理人は、代理人の代理人ではなく、本人の代理人ですから（106条1項）、本人の名において代理行為をなし、本人に効果が帰属します。

2 代理人と同一の権利義務

　復代理人と本人との間も、本人と代理人との間と同一の法律関係に立ちます（106条2項）。

3 復代理権

　復代理人は代理人の代理権に基づきます。したがって、復代理人の代理権（復代理権という）の範囲は、原代理人の代理権の範囲を越えることができません。例えば、原代理人に100万円借用する代理権があるときは、復代理人もその範囲において復代理権を有します。

　また、原代理人の代理権が消滅すれば、復代理権も消滅しま

*1
■参考データ

原代理人の代理権は、復代理人を選任しても失われません。
復代理人の選任は、原代理人の代理権の譲渡ではないからです。

す。*1

5 無権代理　重要度 A

1 意　義

　無権代理とは、代理人として代理行為をした者に代理権がない場合をいいます。また、無権代理には、代理権は与えられているが、代理行為が代理権の範囲を越えている場合も含まれます。

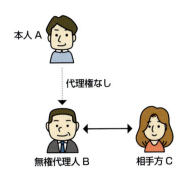

2 効　果

　無権代理行為がなされても、代理行為の効果は、本人に帰属しないのが原則です（113条1項）。

3 本人がとり得る法的手段

1 追認権

　追認権とは、無権代理人がした行為について、有権代理の場合と同じような効力を生じさせる権利をいいます（113条、116条）。
　原則として、追認には遡及効があるため、追認があると初めから代理人の行為が有権代理であったことになります（116条本文）。

2 追認拒絶権

　本人は、追認を拒絶することもできます（113条2項）。

4 相手方がとり得る法的手段

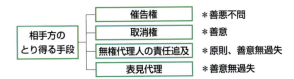

1 相手方の催告権

　この場合の催告とは、無権代理行為を追認するか否かの確答を

本人に促す意思の通知をいいます。

相手方は、本人に対し、相当の期間を定めて、催告することができます（114条前段）。相手方の善意・悪意を問いません。

本人がその期間内に確答をすれば、確答の内容に従って契約が有効又は無効に確定しますが、その期間内に確答をしない場合には、追認を拒絶したものとみなされます（同条後段）。

2 相手方の取消権

善意の相手方は、無権代理行為を取り消すことができます（115条）。相手方が取消権を行使すると無権代理行為が初めからなかったことになり、無権代理人の責任追及、本人への表見代理の責任追及ができなくなります。

ただし、本人が追認した場合には、相手方はもはや取消権を行使できません。

3 無権代理人の責任追及

(1) 責任の内容

無権代理行為の効果が本人に帰属しない場合に、相手方を保護するため、無権代理人に無過失責任を負わせました（117条1項）。無権代理人は、本人が相手方に対して負担すべきであったであろうものと同一の内容の債務を履行する責任を負います。また、履行できない場合には損害賠償責任を負います。

(2) 要 件

① 代理人が代理権の存在を証明することができないこと
② 本人が追認をなさないこと
③ 相手方が取消権を行使していないこと
④ 相手方が、代理権のないことについて善意無過失であること（ただし、相手方が代理権のないことを知らないことに過失がある場合でも、代理人が悪意であるときは無権代理人に対する責任追及が可能である）
⑤ 無権代理人が行為能力を有すること

4 表見代理

この点については後述（p.187）します。

5 無権代理と相続

相続によって、被相続人の財産に属した一切の権利義務が相続

人に承継されます（896条本文）。そこで、相続によって無権代理人の地位（資格）と本人の地位（資格）が同一人に帰属した場合（すなわち、無権代理人が本人を相続した場合、又は本人が無権代理人を相続した場合）、無権代理行為は有効になるのか、すなわち追認の拒絶が許されないかが問題となります。

1 無権代理人が本人を相続した場合
(1) 単独相続の場合
無権代理人Bが相手方Cに無権代理行為をした後に、本人Aが死亡し、BがAを単独相続したような場合です。

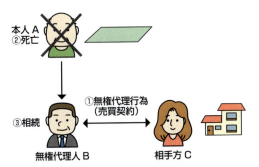

この場合、判例によれば、本人自ら法律行為をしたのと同様の法律上の地位を生じ、**相続により無権代理行為が当然に有効**になります。*¹

(2) 共同相続した場合
本人Aが死亡し、無権代理人B及び無権代理人でないDが共同相続したような場合です。

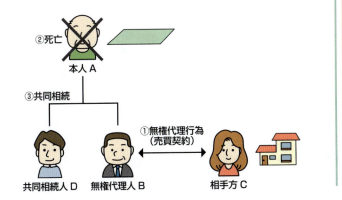

> **Festina lente**
> 無権代理と相続は大事なテーマではあるけれど、相続の基本を勉強してからのほうが理解はしやすいと思うよ。相続を勉強した後に、もう一度戻って勉強し直そう。

*¹
要チェック！過去問題
Aが所有する甲土地につき、Aの長男BがAに無断で同人の代理人と称してCに売却した。Aが死亡してBが単独相続した場合、Bは本人の資格に基づいて本件売買契約につき追認を拒絶することができない。
→ ○（H28-28-1）

この場合、無権代理行為をした相続人Bは、追認拒絶をすることはできません。一方、無権代理人以外の相続人Dは、追認権、追認拒絶権のいずれも行使できます。

そして、追認権は、その性質上、相続人全員に不可分的に帰属するので、共同相続人全員が共同して追認権を行使しない限り、無権代理行為は、無権代理人の相続分に相当する部分についても有効とならないとするのが判例です（追認不可分説）。*1

(3) 本人が死亡前に追認、又は追認拒絶をしていた場合

本人が無権代理行為の追認拒絶をした後に、無権代理人が本人を相続したような場合です。本人が追認を拒絶すれば、無権代理行為の効力が本人に及ばないことが確定します。

したがって、無権代理人が本人の追認拒絶の効果を主張することは、それ自体信義則に反せず、単独相続か共同相続かを問わず、確定した効果を承継します（判例）。

2 本人が無権代理人を相続した場合

無権代理人Bがその行為後に死亡し、本人Aが相続したような場合です。

この場合は、本人Aは、追認拒絶をすることができます（判例）。なぜなら、相続人たるAが被相続人の無権代理行為を拒絶しても、何ら信義則に反しないからです。

*1 要チェック！過去問題

Aの子Bが、Aに無断でAの代理人としてA所有の土地をCに売却する契約を結んだ。Aが追認または追認拒絶をしないまま死亡してBがAを相続した場合、共同相続人の有無にかかわらず、この売買契約は当然に有効となる。
→✗（H20-28-4）

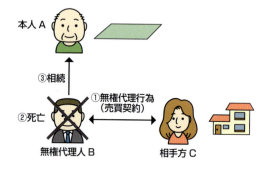

ただし、追認拒絶をできるとしても、相手方Cは、相続人であるAに対して、無権代理人の責任（117条 履行義務、損害賠償義務）の承継を主張することはできます（判例）。*2

3 相続人が無権代理人と本人の両方を相続した場合

無権代理人Bが死亡し、その地位をDが相続した後に、更に

*2 参考データ

無権代理行為が本人を売主とする不動産の売買契約である場合、無権代理人の責任を相続により承継した本人は、不動産の引渡しについては拒め、金銭賠償の責任のみ負うと解するのが通説です。

本人 A が死亡し、その地位をも D が相続したような場合です。

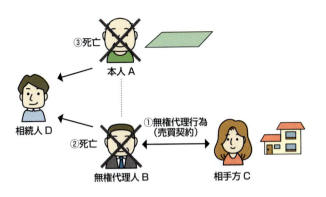

この場合、判例は、相続の順序に従えば、無権代理人が本人を相続した場合と同視できることを理由に、**相続人が本人の資格で無権代理行為の追認を拒絶する余地はない**としています。*3

> *3 要チェック！過去問題
> A が所有する甲土地につき、A の長男 B が A に無断で同人の代理人と称して C に売却した。B が死亡して A の妻 D が A とともに共同相続した後、A も死亡して D が相続するに至った場合、D は本人の資格で無権代理行為の追認を拒絶する余地はない。
> → ○（H28-28-2）

6 表見代理

重要度 A

1 総説

1 意義

表見代理とは、無権代理行為のうち、外観上、行為の相手方に、本人と無権代理人との間に代理権が存在することを信じさせるだけの事情がある場合に、**有権代理と同様の効果**を生じさせる制度をいいます（109条、110条、112条）。

2 趣旨

表見代理制度は、**表見法理**に基づきます。表見法理とは、虚偽の外観作出について責められるべき事情がある者に外形どおりの責任を負わせることによって、これを信じて取引をなした者の保護を図る理論をいいます。

3 種類

民法は、表見代理を3種類に分けて規定しています。

① **代理権授与の表示による表見代理**（109条）
② **権限外の行為の表見代理**（110条）

> Festina lente
> 表見代理という制度は類型がしっかりと定められているんだ。だから、表見代理が成立するかは、いずれの類型が認められるかをチェックしていけばいいんだ。ただ、基本の3類型は組み合わせることも認められているよ。例えば、代理権消滅後に、消滅した代理権の権限外の無権代理行為も表見代理として認められているんだ。

③ **代理権消滅後の表見代理**（112条）

4 効 果

表見代理の成立が認められると、**本人に代理行為の効果が帰属**します。

ただし、表見代理が成立する場合でも無権代理であることに変わりはありません。ですから、相手方は、表見代理を主張せずに、無権代理人の責任を追及することができますし（通説）、取消権を行使することもできます（115条）。

2 代理権授与の表示による表見代理

1 意 義

代理権授与の表示による表見代理とは、本人が代理権を与えたと表示しながら、実は代理権を授与していない場合に成立する表見代理をいいます（109条1項）。

例えば、AはBに何ら代理権を与えていないにもかかわらず、Cに対して「Bに代理権を与えた」旨を告げた場合、これを信じてBと取引をした善意無過失のCは、代理権授与の表示による表見代理により保護されます。

2 要 件

① 代理権を授与した旨の表示があること
② 表示された代理権の範囲内の行為であること*1
③ 第三者が**善意無過失**であること

*1 ■参考データ
表示された代理権の範囲を越えて無権代理が行われた場合にも、表見代理となり得ます（109条2項）。

3 権限外の行為の表見代理

1 意 義

権限外の行為の表見代理とは、代理人が、代理権の範囲外の代理行為をした場合に成立する表見代理をいいます（110条）。

例えば、本人Aは代理人Bに対し、A所有の時計を質入れする代理権（基本代理権）を付与したが、BはCへ時計を売却したとします。この場合、Cは善意無過失であれば、権限外の行為の表見代理の成立により保護されます。

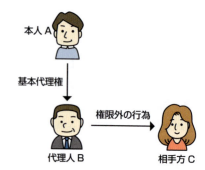

2 要 件
① 権限（基本代理権）が存在すること

基本代理権は、**私法上の法律行為の代理権**に限られます（判例）。

ただし、不動産の登記申請行為についての代理権は、それが私法上の契約に基づく債務の履行のためのものであれば、私法的作用を有するから、基本代理権となります（判例）。

② 代理人が基本代理権の範囲外の行為をすること（権限外の行為）

③ 第三者に**正当な理由（善意無過失）**があること

3 夫婦の日常の家事に関する第三者の保護との関係
(1) 761条の意義
761条は、本来、夫婦間の連帯責任を定めた規定ですが、日常家事の処理の便宜を図るために、同条を根拠として夫婦相互に日常家事に関する法定代理権を認めることができると解されています（判例・通説）。

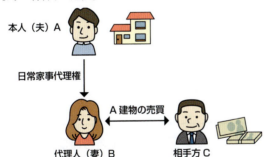

(2) 表見代理との関係
夫婦の一方の行為が日常の家事の範囲を越えている場合には、761条によって第三者の保護を図ることはできません。

また、日常の家事に関する代理権を基本権限として110条を直接適用すると、日常の家事の範囲をはるかに越えた重大な行為がなされたときでも表見代理が成立するおそれがあり、夫婦の財産的独立（762条）が損なわれます。

そこで、判例は、問題となる法律行為が**「当該夫婦の日常の家事に関する法律行為の範囲内に属する」と信じるにつき正当な理由のあるときに限り、110条の趣旨を類推適用**して、第

三者を保護しています。

4 代理権消滅後の表見代理

1 意 義

代理権消滅後の表見代理とは、代理権が消滅して、もはや代理人ではなくなった者が代理行為をした場合に成立する表見代理をいいます（112条1項）。

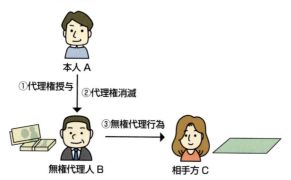

2 要 件

① かつて代理権が存在していたこと
② かつての代理権の範囲内の行為であること*1
③ 第三者が**善意無過失**であること*2

*1
■ 参考データ
代理権消滅後の無権代理行為が、かつての代理権の範囲を逸脱している場合にも表見代理となります（112条2項）。

*2
■ 参考データ
112条の「第三者」は直接の相手方であり、転得者は含まれません。なぜなら、転得者が、代理人の代理権の存在を信頼することは通常ないからです。

ファイナルチェック　基礎知識の確認

問題1 無権代理人が契約をした場合において、相手方は、代理権のないことを知らなかったときに限り、相当の期間を定め、当該期間内に追認するかどうか確答することを本人に対して催告することができる。

問題2 権限外の行為の表見代理が成立するためには、①基本代理権、②それを逸脱する代理行為、③権限ありと信ずべき正当な理由が要件となる。

問題1 ✗　催告権（114条）は、相手方の善意・悪意を問わずに行使することができる。　　問題2 ○　（110条）

本試験レベルの問題にチャレンジ！▶▶▶

Chapter 9 条件・期限・期間

重要度 C

イントロダクション　学習のポイント

契約が成立しても直ちに効力が発生するとは限りません。場合によっては、**条件**や**期限**をつけることによって、効力の発生を将来に先延ばしすることがあります。

ベーシック　じっくり理解しよう！

1 条件

重要度 C

1 意 義

条件とは、法律行為の効力の発生又は消滅について、**将来の不確実な事実**の成否にかからしめることをいいます（127条以下）。次の2種類があります。*3

停止条件とは、条件が成就することによって**法律行為の効力が発生**するものをいいます。例えば、「行政書士試験に受かったら100万円をあげる。」等の条件がこれにあたります。

解除条件とは、条件が成就することによってすでに**発生している法律行為の効力が消滅**するものをいいます。例えば、「100万円をあげるが、行政書士試験に受かったら返せ。」等の条件がこれにあたります。

2 条件の成就

1 条件成就の効果

停止条件付法律行為は、条件成就の時からその効力を生じ（127条1項）、解除条件付法律行為は、条件成就の時からその効力が失われます（同条2項）。

*3
■ 参考データ
例えば、婚姻、認知、相続放棄等の身分行為には条件をつけることはできません。

Part 2 民法

Chapter 9 条件・期限・期間　191

2　条件成就の妨害

　条件成就によって不利益を受ける者が、故意に条件の成就を妨害した場合、相手方は、条件が成就したものとみなすことができます（130条1項）。*1

2 期限・期間

重要度 **C**

1　期　限

　期限とは、法律行為の効力の発生、消滅、又は債務の履行を、将来到来することが確実な事実の発生にかからしめる、法律行為の付款をいいます。

　期限には、事実の発生時点が確定している確定期限（例えば、「2030年7月3日」等）と、発生時点が不明な不確定期限（例えば、「Aが死亡したとき」等）があります。

2　期限の利益

1　意　義

　期限の利益とは、期限が到来するまでの間、法律行為の効力の発生、消滅又は債務の履行が猶予されることによって、当事者が受ける利益をいいます。

　期限の利益は、通常、債務者のためにあると推定され（136条1項）、かつ放棄することができます（同条2項本文）。

2　期限の利益喪失事由（137条）

　債務者が担保を滅失させる等、137条の定める一定の事由が生じた場合には、期限の利益を失います。

3　期　間

　期間とは、ある時点からある時点までの継続した時の区分をいいます。なお、日、週、月又は年によって期間を定めたときは、初日は算入されず、翌日起算となるのが原則です（初日不算入の原則　140条本文）。

---

*1
参考データ

条件成就によって利益を受ける者が故意に条件を成就させた場合、相手方は、条件が成就しなかったものとみなすことができます（130条2項）。

Festina lente

条件と期限の区別は実際には難しい場面があるよ。この点、「出世払い特約」がどちらになるか争われたことがあるけど、不確定期限とした判例があるんだ。

Chapter 10 時　効

重要度 B

Part 2 民法

イントロダクション　学習のポイント

民法は、長期間にわたる事実状態を尊重して、権利を取得させたり（**取得時効**）、消滅させたり（**消滅時効**）する制度を設けています。また、2種類の時効に共通する内容として、時効という制度は原権利者にとっては不都合なものであるため、原権利者が時効の完成を妨げる規定などを整備しています。

ベーシック　じっくり理解しよう！

1 時効総説

重要度 C

1 定　義

時効とは、一定の事実状態が一定期間継続すると、それが真実の権利関係であるかどうかを問わずに、その事実状態をそのまま正当な権利関係として認めようとする制度をいいます（144条以下）。

時効には、権利取得の効果が与えられる**取得時効**（162条以下）と、権利を消滅させる**消滅時効**（166条以下）とがあります。

2 時効制度の存在理由

① 永続した事実状態を法律上も尊重することにより、社会秩序・法律関係全体の安定を図る。
② 証拠の散逸による権利関係の立証の困難を救済する。
③ 権利の上に眠る者は保護に値しない。

2 取得時効

重要度 B

1 意 義

取得時効とは、権利者らしい状態が一定期間継続することによって権利取得の効果が与えられる時効をいいます（162条以下）。

2 取得時効の対象となる権利

所有権などの財産権を時効取得できます（162条1項、163条）。*1

3 取得時効の要件

取得時効の要件は、①**所有の意思**をもって、②**平穏**に、かつ、**公然**と、③**他人の物**を、④**占有**すること、及び⑤**時効期間が満了**することです（162条）。

取得時効の時効期間は、**占有の開始が善意無過失の場合は10年**（同条2項）、それ以外の場合は**20年**（同条1項）です。

1 善意無過失の占有の場合（162条2項）
(1) 善意無過失の意義

善意無過失とは、自己に所有権があるものと信じ、かつ、そのように信じることについて過失がないことを意味します。

占有の始めに善意無過失であれば、途中で悪意となっても、10年で時効取得することができます。

(2) 占有の承継がある場合

占有の承継がある場合、占有者は、「自己固有の占有」か、

*1
■ 参考データ
具体的には、地上権、永小作権、地役権等の用益物権、質権等です。また、不動産賃借権も取得時効の対象になります。

Festina lente
占有についての詳細は、物権（占有権）で勉強します。

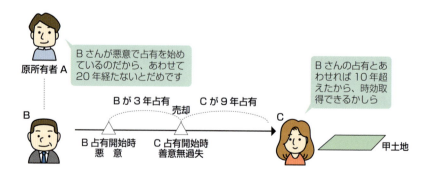

「前主の占有をあわせた占有」かのいずれかを選択して、主張することができます（187条1項）。ただし、前主の占有をあわせて主張する場合には、前主の瑕疵も承継します（同条2項）。

2 悪意又は過失ある善意占有の場合（162条1項）

悪意又は過失のある善意占有の場合は、20年の占有の継続が要件となります。

3 消滅時効

重要度

1 意　義

消滅時効とは、法律上は権利を行使することができるにもかかわらず、権利者が権利を行使しない状態が一定の期間継続した場合に、その権利を消滅させる時効（制度）をいいます（166条以下）。

1 消滅時効の対象となる権利
① 債権（166条1項）
② 債権又は所有権以外の財産権（同条2項　地上権・永小作権・地役権等）

2 消滅時効の対象とならない権利
所有権、占有権は消滅時効の対象になりません。また、所有権に基づく物権的請求権や登記請求権も、消滅時効にかかりません。

2 時効期間の起算点

1 意　義

債権は、次に掲げる場合には、時効によって消滅します（166条1項）。
① 債権者が権利を行使することができることを知った時から5年間行使しないとき（同項1号）。
② 権利を行使することができる時から10年間行使しないとき（同項2号）。

これらの時効期間が進行を始める時点を時効期間の起算点といいます。

なお、「権利を行使することができることを知った時」を主観的起算点といい、「権利を行使することができる時」を客観的起算点といいます。このうち、「権利を行使することができる時」（166条1項2号）とは、権利を行使するのに法律上の障害がなくなった時を意味します（事実上の障害ではありません）。*1

また、**債権又は所有権以外の財産権**は、**権利を行使することができる時**から**20年間**行使しないときは、時効によって消滅します（同条2項）。

2　消滅時効と履行遅滞

	消滅時効の客観的起算点	履行遅滞の起算点
確定期限の定めのある債権	期限到来時	期限到来時（412条1項）
不確定期限の定めのある債権	期限到来時	履行の請求を受けた時又は期限到来を知った時のいずれか早い時（412条2項）
期限の定めのない債権（703条等）	債権成立時	催告時（412条3項）
停止条件付債権	条件成就時	条件成就後、債権者が履行請求した時
債務不履行による損害賠償請求権	本来の債権について履行請求できる時（判例）	催告時（※1）
契約解除による原状回復請求権	契約解除時（判例　※2）	催告時（※1）
返還時期の定めのない消費貸借	債権成立後、相当期間経過後	催告後、相当期間経過後（591条）
不法行為に基づく損害賠償請求権	不法行為時（724条2号） ※　なお、主観的起算点は、損害及び加害者を知った時	不法行為時（判例　※3）

※1　この債務は、期限の定めのない債務です。
※2　契約解除による原状回復請求権は、解除した時に発生するので、解除した時が消滅時効の起算点となります。
※3　期限の定めのない債務ですが、被害者救済の観点から、例外的に不法行為時からと解されています（不法行為時からの遅延損害金を請求することができます）。

---

*1
■ 参考データ
例えば、債権に同行履行の抗弁権（533条）等が付着している場合であっても、債権者は、自己の債務について弁済の提供をするなどして抗弁権を排除できるため、法律上は権利行使が可能な状態と評価でき、消滅時効は進行します。

3 時効期間の満了

1 消滅時効期間

消滅時効にかかる権利	期間	
	主観的起算点から	客観的起算点から
債権（※1）	5年（166条1項1号）	10年（166条1項2号）
債権・所有権以外の財産権	なし	20年（166条2項）
不法行為による損害賠償請求権	3年（724条1号）	20年（724条2号）
人の生命又は身体の侵害による損害賠償請求権	5年 （不法行為：724条の2 債務不履行：166条1項1号）	20年 （不法行為：724条2号 債務不履行：167条）
定期金債権	10年（168条1項1号）	20年（168条1項2号）
判決で確定した権利（※2）	なし	10年（169条1項）（※3）

※1 商事消滅時効に関する旧商法522条が削除されたため、民法166条1項は、民事・商事を問わず適用されます。
※2 時効期間が10年とされるのは、判決の確定により強い証明力が与えられるため、法律関係の早期安定を図る必要がなくなるからです。
※3 確定の時に弁済期の到来していない債権は除きます。

Festina lente
履行遅滞を勉強するときに前頁の消滅時効の起算点と履行遅滞の時期の表に戻ろう。

2 短期消滅時効

　法律関係の早期安定を図るため、5年ないし10年よりも短い消滅時効期間（短期消滅時効）が定められている権利があります。

詐害行為取消権（426条）	① 債務者が債権者を害することを知って行為をしたことを債権者が知った時から2年 ② 行為の時から10年
相続回復請求権（884条）	相続権侵害の事実を知った時から5年、相続開始の時から20年
相続承認・放棄の取消権（919条3項）	追認をすることができる時から6か月、承認又は放棄の時から10年
遺留分侵害額請求権（1048条）	相続の開始、及び贈与、遺贈を知った時から1年、相続開始の時から10年

短期消滅時効の対象となる債権も、判決により債権の存在が確定した場合には、時効期間は10年となります（169条1項）。

4 時効の効果

重要度 B

1 時効の援用

1 意　義

時効の援用とは、時効によって利益を受ける者が、時効の利益を受ける意思を表示することをいいます。時効が完成しても当事者が援用しない限り、時効の効果は生じません（145条）。援用するか否かは、当事者の自由な意思に委ねられています。

2 援用権者

援用ができる者を援用権者といい、145条は援用権者を「当事者（消滅時効にあっては、保証人、物上保証人、第三取得者その他権利の消滅について正当な利益を有する者を含む。）」と表示しています。この援用権者の範囲については、判例は**時効により直接に利益を受ける者**と解しています。

Festina lente
援用権者は試験でも大切なところだから、ちゃんと覚えないといけないよ。でも、民法を一通り勉強してからのほうがわかりやすいから、とりあえずは飛ばしてしまっても構わないよ。

条文・判例で援用権者と認められた者	判例で援用権を否定された者
①保証人（主たる債務の消滅時効について） ②連帯保証人（主たる債務の消滅時効について） ③物上保証人（被担保債権の消滅時効について） ④抵当不動産の第三取得者（被担保債権の消滅時効について） ⑤詐害行為の受益者（詐害行為取消権の被保全債権の消滅時効について）	①土地の所有権を時効取得すべき者から、その土地上にある同人の所有する建物を賃借している者（建物賃貸人のための土地所有権の取得時効について） ②後順位抵当権者（先順位抵当権の被担保債権の消滅時効について）

3 援用の方法

援用を実体法上の行為とみる立場（不確定効果説）からは、援用は**裁判外でもなし得ます**。援用は時効の効果を確定させる意義を持つので、撤回することはできません。

4 援用の及ぶ範囲

援用権者が数人いる場合、1人が援用しても、その効果は他の者には及ばないと解されています（援用の相対効）。これは、当事者の意思を尊重する援用制度の趣旨を徹底するためです。

例えば、保証人が主たる債務の消滅時効を援用しても、その効果は主たる債務者に及びません。保証人との関係で主たる債務が消滅するだけです。*1

2 時効利益の放棄

1 意 義

時効利益の放棄とは、時効完成後に時効の利益を受けないという意思表示をすることをいいます。

放棄の意思表示は時効完成後にしなければならず、あらかじめ（時効完成前に）、放棄することはできません（146条）。債権者が債務者に強制して時効利益の放棄の特約を取り付けることを防止するためです。

2 効 果

時効利益を放棄すると、援用権者は、援用権を喪失し、時効の効果を援用することができません。また、時効利益の放棄の効果は、放棄した者に限って及びます（放棄の相対効）。例えば、主債務者が時効利益を放棄しても、保証人は、主債務の消滅時効を援用することができます。*2

3 時効完成後の自認行為

債務者の債務の存在を認める自認行為（債務の弁済、弁済猶予の申入れ等）について、時効完成を知ってなされた場合には、時効利益の放棄にあたることに問題ありません。

しかし、時効完成を知らないで債務の存在を認める自認行為がなされた場合については、時効完成を知らない以上、時効利益の放棄にあたりません。しかし、相手方が債務者はもはや時効を援用しないだろうとの期待を抱くことから、信義則上（1条2項）、債務者が時効を援用することは許されません（判例）。

3 遡及効

時効が完成し、援用されると、取得時効では、新たな権利を原

*1
■ 参考データ

ただし、主たる債務者が主たる債務の消滅時効を援用して主たる債務が消滅すると、付従性によって保証債務も消滅します。詳細は保証で勉強します。

*2
■ 参考データ

時効利益の放棄後、新たに時効期間が経過した場合には、新たな時効が完成し、援用が可能です（判例）。

始取得し（162条、163条）、一方、消滅時効では、権利が消滅するという効力が生じます（166条以下）。

このような時効の効力は、**起算点に遡ります**（144条）。すなわち、取得時効においては、占有の開始時に遡って権利を取得し、消滅時効においては、権利を行使することができる時に遡って権利を失います。

Festina lente

　所有権の取得方法には、**原始取得**と**承継取得**という大きく2種類があるんだ。このうち、原始取得とは、権利を他人の権利に基づかずに独自に取得すること、要するに原始取得した者は、前主の権利に制限物権等の制約が存在しても、そうした制約のない完全な権利を取得できるんだよ。取得時効のほかにも、無主物先占（239条）、即時取得（192条）などがあるんだ。ちなみに、承継取得とは、ある権利を前主の権利に基づいて取得すること。売買契約によって、売主から買主が目的物の所有権を取得したり、相続によって、被相続人の財産を相続人が取得する場合が、承継取得なんだよ。

5 時効の完成猶予・更新等

重要度 B

1 時効の完成猶予・更新

1 意　義

　時効の完成猶予とは、時効がまだ完成していない段階で、一定の行為があれば、時効期間の完成が猶予されることをいいます。

　時効の更新とは、進行中であった時効期間が更新されることをいいます。時効の更新が生じる場合には、それまで進行していた時効期間が無になり、あらためて時効が起算されます。*1

*1
■ 参考データ
時効完成猶予・更新の趣旨は、時効制度が権利の上に眠る者を保護せず、永続した事実状態を尊重する制度であるということを前提として、権利者が眠りから覚めて、権利を行使し、事実状態の永続を阻止する事情がある場合において、時効の効力を否定することにあります。

2 時効の完成猶予・更新事由

完成猶予・更新事由	完成猶予期間	更　新
① 裁判上の請求 ② 支払督促	その事由が終了するまでの間（確定判決等によって権利が確定することなく終了した場合は、その時から6か月を経過するまでの間）	その事由が終了した時から（確定判決等によって権利が確定した場合のみ）（なお、その場合の時効期間は10年）
① 強制執行 ② 担保権の実行	その事由が終了するまでの間（申立ての取下げ等によって終了した場合は、その時から6か月を経過するまでの間）	その事由が終了した時から（申立ての取下げ等によってその事由が終了した場合を除く）
① 仮差押え ② 仮処分	その事由が終了した時から6か月を経過するまでの間	なし
催告（※1、※2）	その時から6か月を経過するまでの間	なし
権利についての協議を行う旨の合意が書面でされたとき（※3、※4）	次に掲げる時のいずれか早い時までの間 ・合意から1年経過時 ・合意による協議期間(1年未満)経過時 ・協議続行拒絶通知から6か月を経過した時	なし
権利の承認	なし	承認の時から

※1　催告によって時効の完成が猶予されている間にされた再度の催告は、時効の完成猶予の効力を有しません。

※2　権利についての協議を行う旨の合意により時効の完成が猶予されている間にされた催告についても、時効の完成猶予の効力を有しません。

※3　協議を行う旨の合意により時効の完成が猶予されている間にされた再度の合意は、時効の完成猶予の効力を有します（ただし、その効力は、時効の完成が猶予されなかったとすれば時効が完成すべき時から通じて5年を超えることができません）。

※4　催告によって時効の完成が猶予されている間にされた協議を行う旨の合意は、時効の完成猶予の効力を有しません。

2 その他の時効完成猶予事由

完成猶予事由	完成猶予期間
時効の期間の満了前6か月以内の間に未成年者又は成年被後見人に法定代理人がないとき	その者が行為能力者となった時又は法定代理人が就職した時から6か月を経過するまでの間
未成年者又は成年被後見人がその財産を管理する父、母又は後見人に対して権利を有するとき	その者が行為能力者となった時又は後任の法定代理人が就職した時から6か月を経過するまでの間
夫婦間の権利	婚姻の解消の時から6か月を経過するまでの間
相続財産	相続人が確定した時、管理人が選任された時又は破産手続開始の決定があった時から6か月を経過するまでの間
天災等	その障害が消滅した時から3か月を経過するまでの間

ファイナルチェック　基礎知識の確認

問題1　占有者がその占有開始時に目的物について他人の物であることにつき善意・無過失でも、その後、他人の物であることを知った場合、悪意の占有者として時効期間が計算される。

問題2　一定の事実が継続する場合に、それが本当の権利関係と一致するか否かを問わず、事実状態に即した権利関係を確定し得る制度を時効制度といい、消滅時効と取得時効とがある。

問題1 ✗　占有の開始の時に、善意・無過失であれば足りる。　問題2 ○

本試験レベルの問題にチャレンジ！▶▶▶

Chapter 11 物権法総論

イントロダクション　学習のポイント

いよいよ物権に入ります。この Chapter ではこれから勉強する物権の全体像を知るとともに、物権を有する者に認められる**物権的請求権**について勉強します。

ベーシック　じっくり理解しよう!

1 意 義

　物権とは、一定の物を直接に支配して利益を受ける排他的な権利をいいます。物権には、直接支配性と排他性という特徴があります。
　直接支配性とは、権利者が、他人を介さず直接に物を支配することをいいます。また、排他性とは、物権が1個成立すると、同一物について同一内容の物権が重ねて成立しないことをいいます。

> **Festina lente**
> 　**一物一権主義**という言葉があるよ。この考え方は、物権の客体は1つの独立した物でなければならず、物の一部や複数の物の集合体ではいけないというものなんだ。権利は客体の数に応じてその数の分だけ存在することが通常であるし、また、物の一部又は物の集合の上に物権を認めると、外部から物権の存在を認識することが困難となり、取引の安全を害することから、解釈上認められているんだよ。ただ、物の一部や集合物に物権を認める社会的必要があり、かつ、外部から権利の存在を認識することが容易ならば、物の一部又は集合の上に物権を設定することも認められる。例えば、一筆の土地の一部について、所有権の成立や時効取得が認められるよ。

2 物権の種類

1 占有権と本権

　占有権とは、物を現実に支配しているという事実状態に基づいて認められる権利をいいます。

　本権としての物権とは、現実に物を支配しているか否かにかかわらず、物の支配を適法とする権利をいいます。

2 所有権と制限物権

　本権としての物権は、①所有権と②制限物権とに分けられます。

　所有権とは、目的物を自由に使用・収益・処分して、その利益のすべてを享受できる権利をいいます（206条）。

　これに対して、制限物権とは、目的物の持つ様々な価値の一部だけを支配する権利をいいます。

3 物権的請求権

1 意　義

　物権的請求権とは、物権の円満な支配が妨げられたり又は妨げられるおそれがあるときに、その侵害の除去又は予防を請求することができる権利をいい、物上請求権ということもあります。

2 種 類

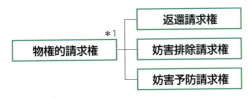

1 物権的返還請求権
　物権的返還請求権とは、物権の目的物の占有が奪われた場合において、その返還を請求する権利をいいます。

2 物権的妨害排除請求権
　物権的妨害排除請求権とは、占有侵奪以外の方法で物権が違法に妨害されている場合において、妨害物の除去や妨害行為の停止を求める権利をいいます。
　例えば、土地を他人が勝手に資材置場に使っているので、所有者が資材の除去を請求すること等がこれにあたります。

3 物権的妨害予防請求権
　物権的妨害予防請求権とは、将来、物権侵害の生ずる可能性が高い場合において、妨害の予防を請求する権利をいいます。*2

*1 ■参考データ
物権的請求権は、物権から派生し、物権に依存する権利であるため、物権と切り離して物権的請求権のみを譲渡することはできません。また、所有権は消滅時効にかからないので、所有権に基づく物権的請求権も消滅時効にかかりません。

*2 ■参考データ
例えば、隣地の所有者が境界に沿って深く土地を掘り下げたため、こちらの土地が崩れる危険が生じたので、これを防止するための措置を求めること等がこれにあたります。

ファイナルチェック　基礎知識の確認

問題1　物権的妨害予防請求権とは、物を奪われる以外の方法で、物権の侵害が生じている場合に、妨害の除去を請求することができる権利をいう。

問題2　Aの所有する建物をBが無権原で占有している場合、Aは、Bに対し所有権に基づく返還請求権を行使することができるが、この返還請求権は、消滅時効により消滅することはない。

問題1 ✗　物権的妨害予防請求権とは、将来、物権侵害が生じる可能性が高い場合に、その予防を請求する権利をいう。
問題2 ○

本試験レベルの問題にチャレンジ！▶▶▶

Chapter 12 物権変動

重要度 A

イントロダクション　学習のポイント

　物権は、発生、移転、変更、消滅します。これを総称して**物権変動**といいます。民法は、物権変動があった場合には、取引の安全を考えて、**不動産の場合は登記**、**動産の場合は引渡し**という形で公示すべきであると考えています（**公示の原則**）。なお、不動産の場合、登記には**公信力**がないとされており、登記と真の権利状態が異なるときは、真の権利状態が優先されます。すなわち、登記名義が売主であっても、真の権利者が別にいる場合は、買主は権利を取得することはできません。これに対して、動産の場合、即時取得という制度が用意されていますが、これについては占有権（Chapter 13）で勉強します。**物権変動**はとても大切なテーマです。

ベーシック　じっくり理解しよう！

1　法律行為に基づく物権変動

重要度 B

1　総説

　176条は、「物権の設定及び移転は、当事者の意思表示のみによって、その効力を生ずる。」と規定しています。つまり、物権は当事者の**意思表示だけで**変動します。*1

*1
■ 参考データ
このような考え方を意思主義といいます。

2　物権変動の時期

　例えば、売買契約を締結すると、その後、引渡しや登記、また、代金の支払などがなされますが、どの時点で売主から買主へ契約の目的物の所有権は移転するのでしょうか。
　この点、判例・通説は、意思主義の考え方から、特約がない限

り、原則として、売買契約をした時点で物権変動が生じるとしています（契約時説）。

2 不動産の物権変動

重要度 A

1 不動産登記

不動産の物権変動を公示する方法は、登記です（177条）。*2

2 177条の意義

177条は、「不動産に関する物権の得喪及び変更は、……その登記をしなければ、第三者に対抗することができない。」と規定しています。

1 対抗の意義

所有権は意思表示のみで移転しますが（176条）、所有権の移転を第三者に対して主張するには、登記を備えることを要します。

例えば、Aが、所有する家をBに譲渡した後に、Cにも譲渡した二重譲渡の事例を考えると、Bは、所有権移転登記を備えなければ、Cに対して所有権取得を対抗することができません。

他方で、Cも登記を備えなければ、Bに対して所有権の取得を対抗することができません。

2 第三者の意義
(1) 177条の第三者とは

177条の第三者は、当事者若しくはその包括承継人以外の者で、登記の欠缺を主張するにつき正当の利益を有する者をいいます（判例）。例えば、同一不動産上に所有権、抵当権等の物権を取得した者や差押債権者は、第三者にあたります。*3

(2) 第三者にあたらない者

次の者は、登記の欠缺を主張する正当の利益を有しない

*2
■ 参考データ
登記は、国が作成、管理する登記簿に、不動産物権変動の事実及びその内容を記録して行います。登記権利者（例えば、買主）は、登記に協力しない登記義務者（例えば、売主）に対して、登記申請に協力せよと請求する権利を有します。これを登記請求権といいます。

所有者A

①売却　未登記
第1譲受人B

②売却
Bより先に
登記

登記
第2譲受人C

とてもすてきな家だわ
Bさんは、登記をしていないみたい
Aさんに売ってもらって、先に登記をしちゃおう

*3
■ 語句解説

欠缺とは、不存在を意味します。

め、第三者にあたらず、権利者は、登記なくして権利を対抗することができます。

a 不動産登記法5条所定の者

詐欺や強迫によって登記の申請を妨げた者や他人のために登記を申請する義務のある者は、第三者にあたりません。

b 無権利の名義人

例えば、無効登記の名義人などです。

また、無権利の名義人からの譲受人も無権利者であり、第三者にあたりません。

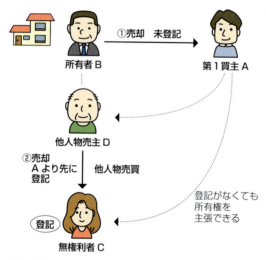

c 不法占拠者・不法行為者

例えば、賃貸借契約が終了しているにもかかわらず、土地を明け渡さない賃借人等がこれにあたります。

d 前主・後主の関係にある者

これは、A→B→Cと所有権が移転した場合における、AとCとの関係のことです。AとBは当事者であり、Cから見るとAはBの延長線上にあるので、CにとってAは第三者にあたらず、Cは、Aに対し、登記なくして所有権を対抗することができます。

e 背信的悪意者

背信的悪意者とは、物権変動を知っている第三者であって、その物権変動について登記の欠缺を主張することが信

義則（1条2項）に反すると認められる者をいいます。詳細は後述します。

(3) 第三者の主観的要件

a　善意であることの要否

第三者は、善意である必要はありません（判例・通説）。

例えば、BがAに土地を譲渡したにもかかわらず、Aよりも好条件を提示してきたCにも同土地を譲渡した場合において、CがA・B間の売買を単に知っていたとしても（単純悪意）、177条の第三者にあたるので、Aは、登記なくして所有権取得をCに対し対抗することができません。

b　背信的悪意者排除論

単なる悪意を超えて、Aの利益を害するために、Bから所有権を取得したような背信的悪意者Cは、社会生活上正当な自由競争の範囲を逸脱しています。

それゆえ、背信的悪意者は、登記の欠缺を主張することが信義則（1条2項）に反し許されず、177条の第三者にあたらないと解されています（判例・通説）。

① それでは、背信的悪意者からの譲受人（転得者）の取扱いをいかに解すべきでしょうか。例えば、Bが土地をAとCに二重に譲渡し、登記を備えたCが背信的悪意者であった場合において、Cから更に土地を譲り受けたDは、土地所有権を取得することができるでしょうか。

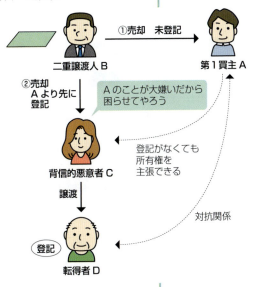

この点において判例・通説では、**Dは、背信的悪意者でない限り、権利を取得することができる**としています。

② 一方で、善意ないし単純悪意者からの譲受人が背信的悪意者である場合の取扱いをいかに解すべきでしょうか。

例えば、Bが土地をAとCに二重に譲渡し、登記を備えたCが善意であった場合において、Cから更に土地を譲り受けた背信的悪意者Dは、土地所有権を取得することができるでしょうか。

この点について、**DがCをわら人形として利用したのではない限り、権利を取得することができる**と解されています（絶対的構成　通説）。

3 登記を対抗要件とする物権変動

1 取消しと登記——取消後の第三者

取消後、被詐欺者（A）が登記を復帰させる前に登場した第三者（C）の保護をいかに図るべきかが問題となります。

この点、判例・通説は、**AとCは対抗関係に立ち、登記を先に備えたほうを優先**するとします（177条説）。

取消しがなされた以上、これによる法律関係の変動は迅速に公示すべきであり、これを怠る者は不利益を受けてもやむを得ませんし、また、取消しによる遡及的無効を復帰的物権変動と評価することも可能だからです。

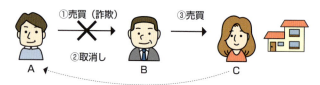

Cは先に登記していれば、所有権を対抗できる

Festina lente

取消後の第三者が、取消しの原因（制限行為能力・錯誤・詐欺・強迫）にかかわらず、一律に177条で処理をするのに対して、取消前にあらわれた第三者が保護されるかはその原因によって異なったね。

ここまでをまとめると右のような表になるよ。

	取消前の第三者	取消後の第三者
制限行為能力による取消し	保護されない	177条
錯誤取消し	95条4項	177条
詐欺取消し	96条3項	177条
強迫取消し	保護されない	177条

2　解除と登記

例えば、AがBに土地を売却し、登記を移転したが、Bが代金を払わないので契約を解除した場合、Bからの転得者Cがいたとき、法律関係はどうなるのでしょうか。

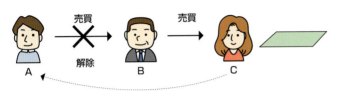

Cは登記していれば、所有権を対抗できる

この点について判例は、転売の時期が解除の前後を問わず、第三者が保護されるためには、登記（対抗要件）を備える必要があるとします。

3　取得時効と登記

時効による所有権の取得を第三者に対抗するには登記が必要でしょうか。例えば、Aが所有する不動産をBが占有している場合に、AがCにその不動産を売却した場合を考えてみましょう。

(1) Cが時効完成前の譲受人であるとき

この場合、Bは登記なく、Cに時効による所有権取得を対抗できます。*1

(2) Cが時効完成後の譲受人であるとき

この場合、Bは登記がなければ、Cに時効による所有権取得を対抗できません（対抗関係）。

> **Festina lente**
> この論点についての判例の考え方は次の5つにまとめることができるよ。
> ①時効取得した者と時効取得された者は当事者の関係→登記不要
> ②時効取得時までの第三者は当事者の関係→登記不要
> ③時効取得後の第三者は対抗関係→登記必要
> ④時効の起算点は固定する。
> ⑤時効完成後の第三者が登記経由後、占有者が更に時効取得に必要な期間を経過した場合は、②と同じ。

*1 要チェック！過去問題
不動産を時効により取得した占有者は、取得時効が完成する前に当該不動産を譲り受けた者に対して、登記がなければ時効取得をもって対抗することができない。
➡✗（H25-28-2）

Chapter 12 物権変動　211

4 相続と登記
(1) 被相続人からの譲受人と相続人との関係

被相続人からの譲受人は、相続人に対して登記なくしてその譲受けを対抗できます。相続人は被相続人を包括承継するので、譲受人との関係は当事者の関係であり、対抗関係ではないからです。

> **Festina lente**
> 大切なテーマだけど、相続を勉強してから取り組んだほうが理解しやすいよ。

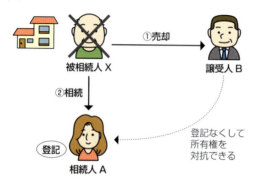

(2) 共同相続と登記

共同相続人のA・BのうちAが勝手に相続財産について単独登記をして、第三者Yに譲り渡した場合、他の共同相続人Bは登記なくしてその持分を対抗できます（判例）。

Aは他の共同相続人の持分については無権利であり、登記に公信力がない以上、Yは、他の共同相続人の持分については権利を取得できないからです。

> **Festina lente**
> 共同相続とは、相続人が複数いる場合をいうよ。共同相続の場面で被相続人が死亡した場合、その相続財産は相続人の共有となるんだ（898条）。例えば、父親甲が死亡して子ども乙と丙の2人だけが相続した場合、乙と丙は、それぞれ2分の1の持分をもって、甲が所有していた不動産等を共同相続することになるよ。

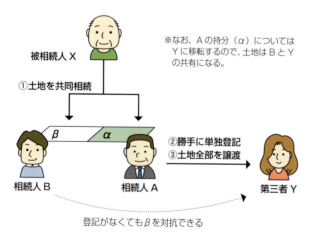

(3) 相続放棄

Xを共同相続したAとBのうち、Aが相続を放棄したが、その登記をしないでいるうちに、Aの債権者Yがその持分を差し押さえた場合、**Bは単独相続をYに対して登記なくして主張**できます。

なぜならば、相続放棄の遡及効（939条）によって、Aは初めから相続人でなかったことになり、初めからAの持分も存在しないからです。

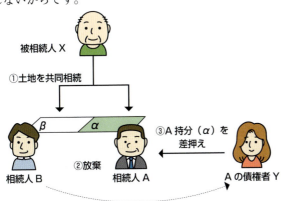

登記がなくても土地全部の所有権を対抗できる

(4) 遺産分割と登記

遺産分割とは、共同相続の場合に、一応相続人の共有となっている遺産を分割して、各相続人の財産関係に解消することをいいます（906条～914条）。

a 遺産分割前の第三者

例えば、Xを共同相続したAとBの遺産分割協議によって、相続財産である土地をBの単独所有とすることとしたが、Aの債権者Yがその持分を差し押さえていた場合、Bは、単独所有をYに対して対抗することができるか、問題となります。

まず、Bは、**自己の持分（β）を登記なくしてYに対抗することができます**。なぜなら、AはBの持分（β）については無権利であり、それゆえ、Yは、Bの持分については権利を取得できず、無権利者であって、第三者にあたらないからです。

それでは、Aの持分（a）についてはどうでしょうか。

この点、遺産分割前にYが差押えをした場合、その後遺産分割協議によってaがB所有になったとしても、Yは、909条但書によって保護されることになります。そして、この場合の909条但書で保護される第三者は、善意・悪意を問わないが、**登記**が必要と考えられています。

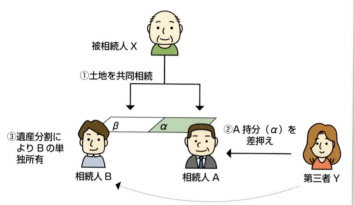

b 遺産分割後の第三者

それでは、遺産分割後の譲受人（又は差押債権者）に対して、遺産分割による持分の取得を登記なくして対抗できるでしょうか。

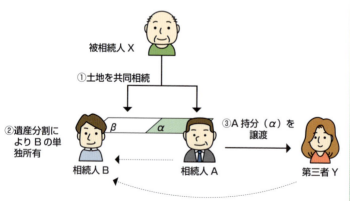

この点については、相続人と遺産分割後の譲受人（又は差押債権者）は**対抗関係**に立ち、相続人は遺産分割による持分の取得を**登記**なくして対抗できないと解されています（899条の2第1項）。

(5) 遺贈と登記

被相続人Xから、特定不動産の遺贈（特定遺贈）を受けたBが、Xの死亡後、所有権移転登記をしないでいるうちに、相続人Aの債権者Yがこの不動産を差し押さえてきた場合、Bは、Yに対して登記なくして不動産所有権を対抗できません（判例）。

> **Festina lente**
> 相続放棄と遺産分割を比べると、登記の要否について結論が異なることに違和感を覚えるかもしれないね。遺産分割は、相続放棄と異なり、相続開始後遺産分割がなされるまでの期間制限がなく（915条参照）、かつ、家庭裁判所でなされるわけでもないことから（938条参照）、第三者保護の必要性は高いと説明されているよ。

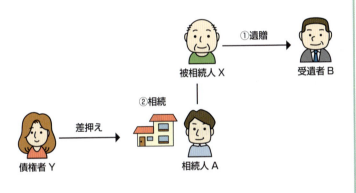

なぜなら、遺贈はXの生前における意思表示に基づく物権変動であり、かつ、Xを包括承継したAはXと同一人格であるため、BとYは**対抗関係**に立つからです（177条）。*1

> *1 **参考データ**
> 899条の2第1項の規定は、財産法上の対抗要件制度の規律が直接適用されない包括承継の場合について対抗要件主義を定めるものです。遺贈は特定承継なので本条の適用対象外となり、177条が適用されます。

3 動産の物権変動

重要度 C

178条は、動産の物権変動について「動産に関する物権の譲渡は、その動産の引渡しがなければ、第三者に対抗することができない。」と規定しています。

動産の物権変動における対抗要件は、**引渡し**です。引渡しとは、当事者の一方から他の一方に対し占有を移転することをいいます。*2

具体的には、次の態様が認められています。

> *2 **参考データ**
> 動産物権変動でも、船舶や自動車、航空機等は、登記や登録が対抗要件となっています。

	定　義	具体例
現実の引渡し	物理的に目的物の支配を移転すること	AがBに対して、現実に物を引き渡した
簡易の引渡し	すでに相手方Bが物理的に支配している物について、AがBに渡したことにすること	賃貸人Aが、賃借人Bに対して目的物を譲渡し、簡易の引渡しをした
占有改定	物理的にはA側に物が置かれたままの状態で、相手方Bに渡したことにすること	Aが自己の所有する物をBに譲渡し、同時にBから賃借した
指図による占有移転	目的物を他人Cが保持している場合に、本人AがCに対し、以後その物をBのために占有せよと命じ、Bがこれを承諾することによって、AからBへ占有が移転すること	AがCに賃貸している物をBへ譲渡するにあたり、指図による占有移転をした

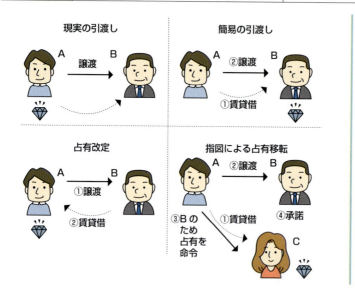

本試験レベルの問題にチャレンジ！▶▶▶

Chapter 13 占有権

重要度 B

イントロダクション　学習のポイント

占有をしている事実状態は、それだけで保護に値します。そこで、民法は、占有をしている者に**占有権**という物権を認めています。これは所有権などと異なり、ただ占有をしているという事実状態があるだけで認められるものです。占有権の中では、**即時取得**が大切です。

ベーシック　じっくり理解しよう!

1 占有の成立と態様、承継

重要度 C

1 占有の意義

占有とは、自己のためにする意思で、物を所持している事実状態をいいます。例えば、土地について、使用利益や果実を得る目的で、自己の支配下に置くことが占有です。

2 占有の成立要件

占有は、①**物を所持**していること、②その所持を**自己のためにする意思（占有意思）**があることにより成立します（180条）。*1

自己のためにする意思とは、所持による事実上の利益を自己に帰属させようとする意思をいいます。所有の意思に限られず、その物から利益を得る意思があればよいので、賃借の意思であっても、自己のためにする意思は認められます。

なお、自己のためにする意思の有無は、物の所持を生じさせた原因（権原）の性質に従って客観的に判断され（判例・通説）、個々の所持者の主観的な意思を問いません。*2

*1
■ 参考データ
物の所持とは、事実的支配を意味するので、現実にその物を持っている必要はありません。

*2
■ 参考データ
たとえ盗人であっても、自己のためにする意思が認められます。

Festina lente

　従業員は、雇主の機械・器具を所持していても、独立の占有は認められないよ。従業員のように、他人の指図に従い、その手足となって物を所持することにより、その他人の占有を補助するにすぎない者は占有補助者といわれているんだ。

3 占有の態様

1 自主占有と他主占有

(1) 意　義

　自主占有とは、所有の意思をもってする占有をいいます。これに対し、他主占有とは、所有の意思のない占有をいいます。

　所有の意思の有無は、物の所持を生じさせた原因、すなわち権原の性質に従って、客観的に判断されます。

　例えば、所有権を譲り受けた者や盗人等は、所有者として物を支配するために占有を開始した者ですから、所有の意思が認められ、これらの者の占有は自主占有です。

　これに対して、地上権者・賃借人等には、所有者として物を支配する意思はないので、所有の意思が認められず、これらの者の占有は他主占有です。*1

(2) 他主占有から自主占有への変更

　他主占有者が、①自己に占有をさせた者に対し所有の意思のあることを表示したとき、又は②新たな権原により、更に所有の意思をもって占有を始めたときは、他主占有が自主占有に変わります（185条）。

*1
■ 参考データ
自主占有と他主占有の区別の実益は、取得時効の要件（162条）や占有者の損害賠償責任（191条）等についてあらわれます。

Festina lente

　①は、例えば、賃借人が賃貸人に対して、以後、賃貸借契約の目的物を自己の物として占有使用すると宣言し、賃料を支払わないような場合を指すよ。一方で、②は、例えば、他主占有者である賃借人が、賃借物を買い取ったようなときは、売買契約は新たな権原にあたるから、自主占有者となるんだ。

　ところで、ここで1つ重要な論点がある。それは相続を「新たな権原」といえるかどうかなんだ。実はこれは結構難しい問題なんだ。だから、結論はもう少し勉強してから出すことにするね。

Part 2
民法

2　代理占有と自己占有

代理占有とは、占有代理人を通じた所持により、本人が物の占有を取得する関係をいいます（181条、204条）。間接占有ともいいます。

本　人　　　　　　　占有代理人
（賃貸人）　　　　　（賃借人）
間接占有者　　　　　直接占有者
代理占有者　　　　　自己占有者

3　その他の態様

占有者の善意・悪意により区別されます。**善意占有**とは、本権がないにもかかわらず、本権があると信じてする占有をいいます。**悪意占有**とは、本権のない占有者が自己に本権のないことを知り、又はその存在に疑いを有している占有をいいます。*2

また、善意占有は、その誤信に過失があったか否かにより、①過失ある占有と②過失なき占有とに分けることができます。

これらの区別は、取得時効（162条、163条）、即時取得（192条）、果実収取権（189条、190条）等において実益があります。

4　推定規定

占有者は、**所有の意思**をもって、**善意**で、**平穏**に、かつ、**公然**と占有をするものと推定されます（186条1項）。

しかし、無過失については、186条1項に規定がないので、推定されません（判例）。したがって、占有者が**取得時効**（162条、163条）を主張する場合、占有の事実をもって、「善意」「平穏」「公然」を証明する必要はありませんが、**「無過失」の証明責任は負います**。*3

また、ある時点において引渡しを受けたこと、及び現在占有していることが証明されれば、占有は、その間継続していたものと推定されます（186条2項）。したがって、占有者が取得時効を主張する場合、元の占有と現在の占有を証明すれば、「継続」自体を証明する必要がありません。

---

*2 **参考データ**
占有の場面での「善意」は単に知らないという意味を超えて、積極的に自分に正当な権原があると信じることを意味します。

*3 **参考データ**
即時取得（後述）については、前主の占有について権利の推定（188条）が働くので、前主の占有を信頼した取得者は、無過失が推定されます（判例）。

Chapter 13　占有権

4 占有権の承継取得

1 意義

物の支配状態が移転したと認められれば、占有そのものの承継が生じ、それに伴って占有権も承継されます。

占有権は、相続によっても承継取得します（判例）。

2 占有承継の効果

占有承継人は、自己の占有のみを主張することができ、また、自己の占有に前主の占有をあわせて主張することもできます（187条1項）。ただし、前主の占有をあわせて主張する場合には、悪意又は有過失等の瑕疵もまた承継します（同条2項）。

Festina lente

さあ、ここで、以前に触れた、相続を「新たな権原」といえるかについて、考え直してみよう。例えば、AがCの家屋を賃借して住んでいたが、8年後に死亡した。その後Aの相続人BがA所有の家屋だったと信じて11年利用し続けた場合、Bは家屋を時効取得できるか、こんな具体例を考えてみてほしい。

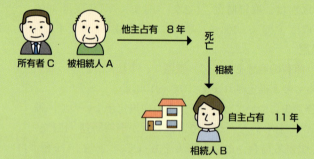

まず、ここまでの勉強で、相続によっても占有は承継できることはわかったね。だから、Bは相続によってAの占有を承継する。

次に、Bは自己固有の占有のみを主張できるか？それともAの占有とあわせてしか主張できないか？が問題になる。もし、Aの占有とあわせてしか主張できないとすると、相続を新権原ということができないからね。

これについては、相続を原因とする場合であっても、187条1項は適用できるから、自己固有の占有のみを主張してもいい。

ここまでが前提知識。じゃあ、相続を新権原としていいのかな？

判例は、①新たに相続財産を事実上支配することにより占有を開始し、②その占有に所有の意思があると客観的に認められるときには、相続は新たな権原にあたり、自主占有への転換が認められるとしているよ。

2 占有権の効果

1 本権の推定

占有者は、占有物に対して適法な占有権原（本権）を有するものと推定されます（188条）。それゆえ、所有権を主張する占有者が占有している事実を証明すれば、その者は所有者であると推定され、それを争う者が占有者に所有権がないことを立証しなければなりません。

2 占有物に関する費用の償還請求

1 必要費

必要費とは、物の保存や管理に必要な費用をいい、家屋の雨漏りの修繕費、公租公課等がこれにあたります。

占有者は、占有が本権に基づかないことについて善意であるか悪意であるかを問わず、また、所有の意思の有無を問わず、占有回復者に対し、原則として、必要費の全額の償還を請求することができます（196条1項本文）。

ただし、占有者が果実を取得した場合には（例えば、家屋を賃貸して賃料を収受していた等）、通常の必要費は占有者の負担となり、占有回復者に償還請求をすることができません（同項但書）。この場合には、占有者は、果実により得た利益で必要費をまかなえるからです。

2 有益費
(1) 意　義

有益費とは、物を改良し、物の価値を増加する費用をいい、土地の土盛り、通路の舗装、店舗の内装替え等がこれにあたります。

有益費の支出による物の価格の増加が現存する場合に限り、占有者は、占有回復者の選択に従って、費やした金額又は現存の増価額のいずれかについて、償還請求することができます（196条2項本文）。

（2）期限の許与

悪意の占有者から有益費償還請求がなされた場合、占有回復者は、裁判所に期限の許与を求めることができます（196条2項但書）。このような猶予がなされると、有益費償還債務は「弁済期にない」ことになるため、占有者の留置権は認められず、占有物を直ちに返還しなければなりません（295条1項但書）。

〈その他の善意占有と悪意占有の効果の比較〉

	善意占有者	悪意占有者
果実収取権 （189条、190条）	原則……あり 暴行若しくは強迫・隠匿……なし 敗訴……なし	な し （返還＋代価償還）
損害賠償の範囲 （191条）（※）	現存利益 （他主占有は損害の全部）	損害の全部

※ 占有者が責めに帰すべき事由によって占有物を滅失・損傷した場合の損害賠償のこと。

3 占有訴権

1 意 義

占有訴権とは、占有者が占有を妨害され、又は妨害されるおそれがある場合に、妨害者に対して妨害の排除を請求する権利をいいます（197条～202条）。占有者に本権があるか否かを問わず、占有を侵奪・妨害等された者は自己の占有を円満なものに回復する権利を有します。

2 各種占有訴権の内容

	要 件	請求内容
占有保持の訴え （198条）	占有者の占有が妨害されているとき	①妨害の停止 及び ②損害賠償
占有保全の訴え （199条）	占有妨害のおそれがあるとき	①妨害の予防 又は ②損害賠償の担保
占有回収の訴え （200条）	占有を奪われたとき（※）	①物の返還 及び ②損害賠償

※ 「占有を奪われた」とは、占有者の意思に反して所持が奪われることをいいます。例えば、占有する動産が窃取された場合、占有する土地上に勝手に建物を建てられた場合等です。騙取された場合や、遺失して拾得された場合には、「占有を奪われた」とはいえないので、占有回収の訴えを提起することができません。

3　占有継続の擬制

　占有回収の訴えを提起して勝訴し、物の占有を回復した者は、現実に占有していなかった間も占有を失わず、占有が継続していたものと擬制されます（203条但書）。*1

4　占有訴権の当事者

(1) 行使できる者

　占有訴権の主体は、占有者です（197条前段）。また、他人のために占有をする者（賃借人のような占有代理人等）も、占有訴権を行使することができます（同条後段）。*2

(2) 行使の相手方

　占有回収の訴えは、占有侵奪者からその事情を知らないで占有を取得した**善意の特定承継人**に対して、行使することはできません（200条2項）。

*1
■ 参考データ
取得時効（162条、163条）や留置権（295条）等の占有を要件としているものにおいて重要となります。

*2
■ 参考データ
占有者に対して、占有補助者は、独自の占有を有しないので、占有訴権を行使することができません。

3　即時取得

重要度 A

1　意　義

　即時取得とは、処分権限を持たない単なる動産の占有者を正当な権利者と誤信して取引した者が、その動産について完全な権利を取得することができる制度をいいます（192条）。

> **Festina lente**
> 　例えば、A所有の動産を占有している（無権利者の）Bが、権限なくその動産をCに売却した場合、Cは、その動産の所有権を取得できないのが原則だよね。Aの立場に立って考えれば、当然のことと思えるんじゃないかな。
> 　でも、動産取引は不動産取引の場合と比較して頻繁で、しかも、動産物権変動の対抗要件である引渡しは公示手段として不十分なんだ。だから、動産取引の安全を図るために、民法は、動産の占有に公信力を認めて、占有を信頼して動産取引をしたCが、所有権を原始取得することができる即時取得を設けたんだ。

2 要件

1 目的物が動産であること *1
2 前主との間に有効な取引行為があること

(1) 取引行為の意味

即時取得は動産取引の安全を図る制度なので、成立するためには、取引行為があることを要します。例えば、相続や、他人の山林を自己の山林と誤信して伐採し、伐木を取得すること等は、取引行為にあたりません（判例）。

(2) 有効の意味

取引行為に、制限行為能力、錯誤、詐欺、強迫、無権代理等の瑕疵がある場合、即時取得は成立しません。

しかし、転得者には、即時取得が成立し得ます。

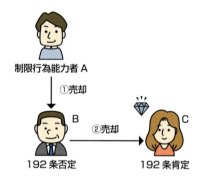

3 前主に占有があること、前主が無権利であること
4 平穏・公然・善意・無過失に占有を取得したこと *2

① 取得者には平穏・公然・善意が推定されます（186条1項）。また、無過失も188条により推定されます（判例）。
② 192条は、動産の占有を始めたことを要求していますが、占有改定（183条）はこれにあたりません。

3 効果

即時取得の要件を満たすと、即時にその動産について行使する権利を取得します。

取得とは、原始取得を意味し、動産の上に存した他物権は消滅します。

---

*1
■ 参考データ
登記を対抗要件とする船舶、登録を対抗要件とする自動車・航空機等は、動産ですが、公示制度が完備されているので即時取得は適用されません。
ただし、未登録の自動車や登録を抹消した自動車は、公示がされていないので、192条の動産にあたります（判例）。

*2
☑ 要チェック！過去問題

A所有のカメラをBが処分権限なしに占有していたところ、CがBに所有権があると誤信し、かつ、そのように信じたことに過失なくBから同カメラを買い受けた。Cが同カメラを即時取得するための要件としての平穏、公然、善意は推定されるのに対して、無過失は推定されないので、Cは無過失の占有であることを自ら立証しなければならない。
➡ ✗（H23-29-イ改）

4 盗品・遺失物の回復

1 意義

即時取得が成立しても、動産が盗品又は遺失物であるときは、被害者又は遺失主は、盗難又は遺失の時から２年間、回復請求をすることができます（193条）。*3

2 要件

① 即時取得の要件を満たすこと
② 盗品又は遺失物であること
③ 盗難又は遺失の時から２年間を経過していないこと

3 効果

被害者又は遺失主は、盗難又は遺失の時から２年間、即時取得者に対してその物の回復を請求することができます。*4

4 194条の特則

盗品又は遺失物を、競売若しくは公の市場（店舗等）において、又はその物と同種の物を販売する商人から善意で買い受けて、即時取得した者がいるときには、被害者又は遺失主は、即時取得した者が支払った代価を弁償しなければ、回復請求をすることができません（194条）。

*3 ■参考データ
詐欺・横領等により占有者の意思によって占有が離れた場合は、盗品又は遺失物でないので、回復請求は認められません。

*4 ■参考データ
回復請求の相手方には、直接即時取得した者のみならず、特定承継した者も含まれます（通説）。例えば、即時取得した者から動産を買い受けた者等です。

ファイナルチェック　基礎知識の確認

問題1　Ａが所有する動産甲を、Ｂが、その処分の権限なく占有している場合、Ｃが、甲の所有者がＢであると信じ、かつ、そう信じることにつき過失なくＢから甲を買い受け、Ｂが甲を以後Ｃのために占有する意思を表示したときは、Ｃは甲の所有権を取得する。

問題1 ✖　Ｂは無権利者であるため、Ｃが甲の所有権を取得するためには即時取得によらなければならないが、占有改定による即時取得は認められない。

本試験レベルの問題にチャレンジ！ ▶▶▶

Chapter 14 所有権

重要度 B

イントロダクション　学習のポイント

いま、本書を読み進め、マークをしたり、書き込みをされていることだろうと思います。自分の本だから当然と思われるでしょう。このように**自由に使用**してよく、また、やろうと思えば、他人に貸したり（**収益**）、売ったり（**処分**）することができる権利を**所有権**といいます。これまでの物権の勉強でも所有権をイメージしながら勉強してきたのではないでしょうか。この Chapter では、特に複数人で共同所有する形態である**共有**について注意していきましょう。

ベーシック　じっくり理解しよう！

1 所有権総説

重要度 C

1 意　義

　所有権とは、目的物を全面的に支配する物権であり、法令の制限内において**自由**にその目的物を**使用**、**収益**、及び**処分**することができる権利をいいます（206条）。

2 相隣関係

1 意　義

　相隣関係とは、隣接する不動産の所有者が、その不動産を円滑に利用するために、相互に不動産の利用を調整しあう関係をいいます（209条～238条）。

2 公道に至るための他の土地の通行権

(1) 意　義

　公道に至るための他の土地の通行権とは、ある土地が他人の

土地に囲まれて公道に通じないとき（袋地）、その土地の所有者が、公道に至るために隣地を通行することができる権利をいいます（210条）。

公道に至るための他の土地の通行権は、袋地の有効な利用を図るための権利です。

(2) 特殊性

公道に至るための他の土地の通行権は、袋地の所有権に基づいて当然に認められる権利であるため、袋地所有者は袋地の所有権移転登記を備えていなくても行使することができます（判例）。

また、所有権は時効により消滅しないので、長期間行使しなかったとしても公道に至るための他の土地の通行権が時効消滅することはありません。[*1]

(3) 通行の方法

a 通常の場合

袋地所有者（通行権者）は、袋地を利用するために必要な限度で、かつ、その土地を囲んでいる土地にとって損害の最も少ない場所や方法で、通行しなければなりません（211条1項）。[*2]

そして、通行権者は、その土地を囲んでいる土地に発生した損害に対して、償金を支払わなければなりません（212条本文）。

b 土地の分割又は一部譲渡によって袋地が生じた場合

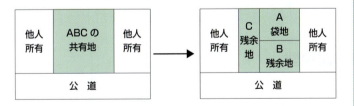

次の点で、通常の場合と異なります（213条）。

ア 通行できる土地

共有地の分割の場合には他の分割者の土地についてのみ、また、一部譲渡の場合にはその譲渡人若しくは譲受

[*1] ■参考データ
袋地が袋地でなくったときは、公道に至るための他の土地の通行権は当然に消滅します。

[*2] ■参考データ
通行権者は、必要に応じて、通路を開設することができます（211条2項）。

人の土地についてのみ、袋地所有者は公道に至るための他の土地の通行権を行使できます（213条1項前段、2項）。自ら袋地を作り出した者のために、無関係な隣接者が通行を受忍すべきいわれはないからです。*1

イ　償金の支払

通行に際して、通行権者は償金を支払う必要はありません（213条1項後段、2項）。

*1
■ 参考データ
213条により通行権を行使される袋地を囲んでいる土地（残余地）が譲渡された場合、残余地に対する通行権は、残余地が第三者に譲渡された場合にも消滅しません（判例）。

2　所有権の取得

重要度

　所有権の取得原因には、まず、**原始取得**と**承継取得**があります。原始取得は、取得時効、即時取得、特殊な取得方法に分けられます。

　特殊な取得方法については、無主物先占（239条）、遺失物の拾得（240条）、埋蔵物の発見（241条）、添付があります。

　添付とは、所有者の異なる2個以上の物が、結合して分割できなくなったり、工作を加えられて1個の新たな物となった場合において、所有権の得喪を生じさせて、1個の物としての所有権を認めた上で、所有権を誰か1人若しくは数人に帰属させる制度をいいます（242条～248条）。

　添付には、付合、混和、加工があります。

3　共　有

重要度

1　共同所有の諸類型

1　意　義

　共同所有とは、1つの物を複数の者が共同で所有する場合をいいます。

　民法典には「共有」という言葉しか使用されていませんが、1つの物を複数の者が共同で所有する形態（広義の共有）には、「共有」（狭義の共有）のほか、「合有」「総有」という概念があります。

	具体例	持　分	持分の処分	分割請求
共　有	・249 条以下 ・相続財産（判例）	各人が具体的持分を持つ	自　由	自　由
合　有	・組合財産（668 条）	潜在的持分を持つ （脱退時に返還）	否　定	否　定
総　有	・入会権 ・権利能力なき社団（判例）	な　し	―	―

2 共有の内部関係

1 共有持分

　共有持分（持分権）とは、各共有者が目的物に対して有する権利をいいます。AとBが自動車1台を平等の割合で共有しているとすれば、AとBは各々2分の1ずつ持分を有します。

　持分は、法律の規定や共有者の合意があればそれによりますが、なければ平等と推定されます（250 条）。

2 目的物の使用・収益・処分

　共有者は、共有物の全部について、その持分に応じて使用することができます（249 条1項）。先の例を前提にすると、AとBは例えば1か月ごとに共有する自動車を交替で使用できます。収益についても同様です。

　また、共有者は、各自、自分の持分を自由に処分することができます。

3 共有物の変更・管理・保存

(1) 共有物の変更

　共有物の変更とは、共有物の性質若しくは形状を物理的に変化させることや、法律的に処分することをいいます。ただし、共有物の形状・効用の著しい変更を伴わない場合（軽微変更）を含みません（251 条1項かっこ書）。共有物の変更は、例えば、共有山林の大規模な伐採、共有物全部の売却及びその解除が、これにあたります。

　共有物の変更は、共有者に大きな影響を与えるため、各共有者は、他の共有者全員の同意がない限り、共有物の変更をすることはできません（同項）。

Chapter 14
所有権
229

(2) 共有物の管理

　共有物の管理とは、変更にも保存行為にもあたらないものをいいます。**利用・改良行為**のほか、**軽微変更も含まれます**（252条1項）。例えば、共有宅地の使用収益方法の決定、共有物の短期賃貸借契約がこれにあたります。

　共有物の管理は、共有者の利益にかかわるので、**持分の価格**に従い、その**過半数**で決します（同項前段）。ただし、共有者間の決定に基づいて使用する共有者に特別の影響を及ぼすべきときは、その承諾が必要です（同条3項）。

(3) 共有物の保存

　保存行為とは、共有物の**現状を維持**する行為をいいます。共有物の補修、妨害の排除等がこれにあたります。共有者全員の利益になるので、各共有者は**単独で**行うことができます（252条5項）。

(4) まとめ

	意　義	要　件
変　更	共有物の性質・形状を物理的に変化させたり、法律的に処分したりすること ※　共有物の形状・効用の著しい変更を伴わない場合（軽微変更）は含まない	共有者全員の同意が必要
管　理	変更にも保存行為にもあたらないもの ※　利用・改良行為のほか、軽微変更も含まれる	持分の過半数で決する ※　ただし、共有者間の決定に基づいて使用する共有者に特別の影響を及ぼすべきときは、その承諾が必要
保存行為	共有物の現状を維持する行為	各共有者が単独で可能

4　内部関係における持分の主張

　各共有者は、他の共有者に対して持分権を主張することができます。

Festina lente

　共有物を共有者が共有者間の決定に基づかずに単独で使用している場合を想定してみよう。この場合、他の共有者は引渡請求をすることができるかな？　判例は、単独で使用している共有者も共有物全部の使用をする権利を有するのであるから、**当然には引渡請求は認められない**としているよ。また、共有者の一部の者から、共有者の協議に基づ

> かないで、占有使用することを承認された第三者に対して、承認しなかった共有者は当然には共有物の明渡しを請求することはできないとしているよ。

5 持分の放棄及び共有者の死亡

共有者の1人がその持分を放棄したとき、又は相続人なくして死亡したときは、その持分は、**他の共有者にそれぞれの持分の割合に従って帰属**します（255条）。なお、持分の放棄も物権変動であるため、第三者に対抗するには**登記が必要**です（177条）。

もっとも、共有者のうちの1人が相続人なくして死亡した場合において、特別縁故者がいるとき、判例は958条の2を優先し、共有持分は**特別縁故者に帰属**するとしています。[*1]

6 所在等不明共有者の持分の取得・譲渡等

民法改正（令和3年法律第24号）により、所有者不明土地の利用を円滑化するため、所在等不明共有者の不動産の持分について、他の共有者が取得や譲渡等をすることができる制度が設けられました（262条の2、262条の3）。

[*1] ■ 参考データ
特別縁故者制度とは、相続人がいなくて死亡した場合に、世話になった人等がいたときは、その人に財産を分け与えるという制度です（958条の2）。

3 共有の対外関係

1 単独で行使することができる請求

① 自己の持分権の確認請求
② **第三者の不正登記の抹消請求**（判例）
③ **自己の持分に応じた損害賠償請求**（判例）
④ **妨害排除請求**（保存行為　判例）
⑤ 共有物全体の**返還請求**（保存行為　判例）

2 共同で行使することを要する請求

第三者に対する共有関係であることの確認請求は、共有者全員でなすことが必要です（判例）。

4 共有物の分割

各共有者は、**いつでも**共有物の分割を請求することができます（256条1項本文）。もっとも、**分割禁止特約（不分割特約）**をすることもできます。[*2]

[*2] ■ 参考データ
分割禁止特約の期間は5年を超えることができません（256条1項但書）。

本試験レベルの問題にチャレンジ！ ▶▶▶

Chapter 15 用益物権

重要度 B

イントロダクション　学習のポイント

制限物権のうち、まず**用益物権**についてです。用益物権とは、他人の所有物を使用・収益する権利をいいます。具体的には、**永小作権**、**地上権**、**地役権**があります。

ベーシック　じっくり理解しよう!

1 永小作権

重要度 C

永小作権とは、**耕作又は牧畜をなすことを目的**として、他人の土地を利用する権利をいいます（270条以下）。

永小作権も物権ですから、その設定、移転は、**登記**をしなければ第三者に対抗することができません（177条）。*1

*1
■参考データ
小作料は永小作権の要素であり、設定契約において小作料を定めなければなりません（270条）。

2 地上権

重要度 B

1 意　義

地上権とは、**工作物又は竹木を所有するために**、他人の土地を使用することができる権利をいいます（265条）。

地上権は、地上権者と地上権設定者との間の設定契約によって発生し、譲渡や相続によって承継されます。*2

地上権は不動産に関する物権ですから、その設定、移転は、**登記**をしなければ第三者に対抗することができません（177条）。

*2
■参考データ
法律の規定によって生ずる法定地上権もあります（388条）。

2 賃借権との比較

		地上権	賃借権
権利の性質		物権	債権
対抗力		177条	605条
登記協力義務		あり	なし
存続期間	約定期間あり	制限なし 永久地上権も可能	①最長：50年（604条） ②最短：制限なし
存続期間	約定期間なし	①慣習（268条1項） ②当事者の請求により裁判所が定める（268条2項） → 20～50年 ③地上権者は放棄可（268条1項）	いつでも解約申入可（617条） → 申入れの後　土地：1年 　　　　　　　建物：3か月 　　　　　　　動産：1日 で終了
地代支払義務		無償でもよい	賃借権の当然の内容
土地修補義務		特約により生じる	①賃貸人に修繕義務あり（原則：606条1項本文） ②賃借人の責めに帰すべき事由によってその修繕が必要となったときは、賃貸人に修繕義務なし（例外：同項但書）
妨害排除請求権		物権的請求権	対抗力あれば可（605条の4）
流通性（譲渡性）		あり（承諾不要）	賃貸人の承諾が必要（612条）

3 地役権

重要度 B

1 意義

　地役権とは、ある土地（<u>要役地</u>）の便益（利用価値）を増すために、他人の土地（<u>承役地</u>）を利用する権利をいいます（280条）。
　要役地とは、地役権の設定により、他の土地を用益して利用価値を増す土地をいいます。一方、承役地とは、地役

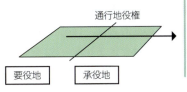

Festina lente
地役権の勉強では、要役地と承役地のイメージができなければ理解できないから、なるべく早めに要役地と承役地については覚えてしまってね。

権によって制限を受ける土地をいいます。

例えば、ある土地が利便性の高い道路に出るために、隣地を通行させてもらうような場合、通行地役権を設定します。

この場合、ある土地は要役地であり、隣地は承役地になります。

2 発生原因

1 設定契約

地役権は、地役権者と設定者との地役権設定契約により発生します。

例えば、人が通行するための通行地役権のほか、田畑に水を引くための引水地役権、電線路施設のための地役権等があります。

2 時効取得

地役権も時効取得の対象となります。しかし、地役権の時効取得は、「継続的に行使され、かつ、外形上認識することができるもの」に限られています（283条）。[*1]

3 法的性質

1 付従性

要役地から分離して地役権のみを譲渡すること、又は他の権利の目的とすること（地役権のみに質権を設定すること等）はできません（281条2項）。

2 随伴性

要役地所有権が移転すると、それに伴い地役権も当然に移転します（281条1項本文前段）。また、要役地が他の権利の目的となると、地役権もその目的となります（同項本文後段）。例えば、地役権の設定された要役地に抵当権（369条）が設定されると、抵当権の効力は地役権に及びます。

3 不可分性

民法は、共有地にかかる地役権をできるだけ共有地全体につき、合一に存続させようとしています。

（1）分割・譲渡における不可分性

要役地又は承役地の共有者は、自己の持分のみについて、地役権を消滅させることはできません（282条1項）。

また、要役地又は承役地が、共有地の分割又は共有持分の譲

[*1]
■ 参考データ

継続的に行使とは、権利行使が時間的に継続することをいい、通行地役権の場合は、要役地の所有者によって承役地上に通路が開設されることを要します（判例）。

Festina lente

付従性と随伴性については、地役権は要役地（の所有権）と切り離せないというイメージを持っておくとわかりやすいと思うよ。

Festina lente

地役権で一番難しいのがこの不可分性の勉強だと思う。少しでもわかりやすく勉強するために、キーワードを「全体・存続」としておこう。

渡によって数人の所有に帰属するようになるときは、地役権は、原則として各部のため又は各部の上に存在することになります（同条2項本文）。*2

（2）時効における不可分性

まず、共有地を要役地とする地役権に関して消滅時効が進行している場合において、共有者の1人につき消滅時効の完成猶予又は更新の事由が生じたときは、完成猶予又は更新の効果は共有者全員に生じます（292条）。

他方、共有地の共有者の1人が時効によって地役権を取得すると、他の共有者も地役権を取得します（284条1項）。また、共有地を要役地とする地役権の取得時効の完成猶予又は更新は、それらの共有者全員について生じないと効力を生じません（同条2項、3項）。

> **Festina lente**
>
> 先ほどのキーワード「全体・存続」からイメージすると、地役権はできるだけ認めたい方向に働くよね。だから、消滅時効では1人に完成猶予事由などが生じると全員時効の完成が猶予される。取得時効では1人が取得すれば全員取得することになるんだ。

4 内 容

地役権の存続期間の制限は民法上ありませんから、当事者は、地役権設定契約において自由に存続期間を定めることができます。また、永久地役権の設定も可能であると解されています（通説）。そして、対価の支払は、地役権の要素ではないので（280条参照）、有償、無償を問いません。

5 地役権の対抗

1 対抗要件

地役権は物権ですから、その得喪及び変更は、登記が対抗要件となります（177条）。

2 土地の譲渡

（1）承役地が譲渡された場合

地役権者は、地役権設定登記がない限り、原則として、承役

---

*2
■ **参考データ**

例外的に、分割又は一部の譲渡によって地役権を必要としなくなった土地についてまで地役権を存続させるのは不合理ですから、こういった場合は地役権を必要とする土地の地役権のみが存続します（282条2項但書）。

Part 2 民法

Chapter 15
用益物権

235

地の新所有者に対抗することができません（177条）。

> **Festina lente**
>
> 　例外的に、登記がなくても地役権者が承役地の新所有者に対抗できるとした判例があるよ。
> 　つまり、通行地役権の承役地が譲渡された場合に、譲渡の時に、承役地が要役地の所有者によって継続的に通路として使用されていることがその位置、形状、構造等の物理的状況から客観的に明らかであり、かつ、譲受人がそのことを認識していたか又は認識することが可能であったときは、譲受人は、通行地役権が設定されていることを知らなかったとしても、特段の事情がない限り、地役権設定登記の欠缺を主張するについて正当な利益を有する第三者にあたらないとしたんだ。わかりやすくかみ砕いていえば、土地を買おうと思う人は普通その土地を見に行くよね。見に行った時に、その土地上に別の土地の人が使う通路があったら普通おかしいなと思うでしょ。それなら、（登記もないし）地役権という権利の存在を知らなかったなんて言い訳にできないだろうから、その人は177条の第三者にあたらないとしたんだ。

(2) 要役地が譲渡された場合

　要役地の譲受人は、地役権の随伴性により、土地所有権だけでなく、地役権も取得することができます（281条1項本文）。

　この場合、譲受人は、要役地の所有権移転登記をすれば、承役地の所有者に対し、地役権の移転を対抗することができます（通説）。

ファイナルチェック　基礎知識の確認

問題1　地役権は、継続的に行使され、かつ、外形上認識することができるものに限り、時効によって取得することができる。

問題2　AがB所有の甲土地に地上権の設定を受けた場合、地上権を第三者Cに譲渡するためには、Bの承諾が必要である。

問題1 ⭕ （283条）　問題2 ❌ 地上権は、土地の所有者の承諾なく自由に譲渡することができる。

本試験レベルの問題にチャレンジ！ ▶▶▶

Chapter 16 担保物権総説

重要度 B

イントロダクション　学習のポイント

　制限物権のうち、担保物権についてこれから勉強します。担保物権とは、他人の所有物を債権の担保のために利用する権利です。担保物権は、法定担保物権と約定担保物権に分かれます。法定担保物権とは、一定の要件の下で法律上当然に成立するものであり、約定担保物権とは、契約によって成立するものです。法定担保物権は留置権と先取特権に、約定担保物権は質権と抵当権に分類されます。

ベーシック　じっくり理解しよう!

1　序　論

重要度 C

1　担保物権の意義

　担保物権とは、債権者が自らの債権の履行を確保するために、債務者又は第三者が所有する物に対して、優先的に権利行使をすることができる権利をいいます。*1

2　人的担保と物的担保

　債権担保の作用を果たす制度には、人的担保と物的担保とがあります。*2

1　人的担保
　人的担保とは、連帯債務（436条以下）、保証債務（446条以下）のように、他人の資力を担保として成立するものをいいます。

2　物的担保
　物的担保とは、債務者又は第三者（物上保証人という）の個々の財産上の担保をいいます。

*1
■参考データ
すべての債権者は、債務者に対して平等の関係に立ちます（債権者平等の原則）。この債権者平等の原則の例外をなすのが、担保物権の制度です。

*2
■参考データ
人的担保は、他人の資力が担保に大きく影響しますが、物的担保は、このような影響を受けないものが多く、人的担保と比べて確実であるといえます。

Chapter 16
担保物権総説　237

2 種　類

1 典型担保物権
　民法の規定する担保物権は、留置権、先取特権、質権、及び抵当権です。これらを典型担保物権ともいいます。

2 法定担保物権と約定担保物権
　典型担保物権は、成立の仕方によって、法定担保物権と約定担保物権とに分けることができます。

　法定担保物権とは、法律上当然に生じる担保物権をいいます。
　一方、約定担保物権とは、当事者の設定行為により生じる担保物権をいいます。

3 性質・効力

1 性　質
　担保物権には、次の性質があるとされています（**担保物権の通有性**という）。ただし、すべての担保物権が、これらの性質を有するわけではなく、各々の担保物権の特性に応じて異なっています。
1 付従性
　担保物権は、債権担保を目的として成立するので、**債権が不存在又は無効であれば、担保物権は成立しません**。これを付従性といいます。

2 随伴性

債権が他人に譲渡されると、担保物権もこれに伴って譲受人に移転します。これを随伴性といいます。

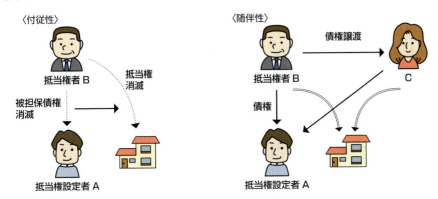

3 不可分性

担保物権は、担保する債権（被担保債権という）の**全部の弁済を受けるまで、目的物全部の上にその効力を及ぼします**（296条、305条、350条、372条）。これを不可分性といいます。

4 物上代位性

物上代位とは、担保目的物が売却、賃貸、滅失又は損傷したような場合に、担保物権の設定者が受けるべき**金銭その他の物に対しても、担保権の効力を及ぼすことができる**ことをいいます。先取特権（304条）、質権（350条）、**抵当権**（372条）に認められます。

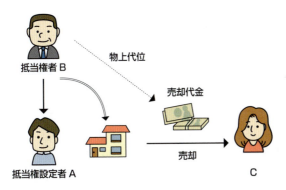

2 効 力

1 優先弁済的効力

債務の弁済が得られないとき、担保の目的物の持つ価値から他の債権者に優先して弁済を受けることができる効力をいいます。

2 留置的効力

担保の目的物を債権者の手元に留置し、債務者に心理的圧迫を加えることにより、弁済を促す効力をいいます。

---

4 担保物権の比較

重要度 B

	留置権	先取特権			質 権			抵当権
		一 般	動 産	不動産	動 産	不動産	権 利	
付 従 性	○							
随 伴 性	○							
不可分性	○ 296条	○ 305条・296条			○ 350条・296条			○ 372条・296条
物上代位性	×	×	○ 304条		○ 350条・304条			○ 372条・304条
優先弁済的効力	×	○ 303条			○ 342条			○ 369条1項
留置的効力	○ 295条	× 			○ 347条		△（※）	×
当事者による設定契約	× 295条	× 303条			○ 342条、344条、520条の7等			○ 369条
登記の可否	×	○ 336条	×	○ 337条、338条、340条	× 352条	○ 177条、361条・373条	× 364条	○ 177条、373条

※ 債権証書の交付がある場合には、その証書につき留置的効力を有し、その限りで347条の準用があります（362条2項）。

Part 2
民 法

Chapter 17 留置権

重要度 B

イントロダクション　学習のポイント

　担保物権のうち、留置権についてこの Chapter で勉強します。留置権とはその名称のとおり、被担保債権の弁済があるまでの間、物を留置することができる権利です。物を留置することによって、弁済を促します。その成立要件が大切になります。

ベーシック　じっくり理解しよう！

1　総　説

重要度 B

1　意　義

　留置権とは、他人の物の占有者が、その物に関して生じた債権を有している場合に、その債権の弁済を受けるまで、その物を留置して、債務者の弁済を間接的に強制する法定担保物権をいいます（295 条以下）。

　例えば、A が時計の修理を B に依頼して B がこれを修理した場合において、A が修理代金を支払わないにもかかわらず、所有権に基づく返還請求をしたときに、B がこれに応じなければならないとすると、B の代金の回収が困難になるおそれがあります。

Festina lente

　つまり、修理代金を払ってくれるまでは返さないぞ！と主張できることだね。B さんの立場に立って考えれば、時計を返したけど、修理代金を払ってもらえなかったら……って不安になるものね。

そこで、民法は、当事者の公平を図るため、債権の弁済がない限り、債権者に物を留置する権利（留置権）を認めました。

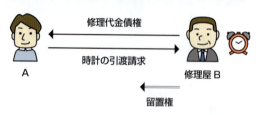

2 性　質

留置権は、担保物権の通有性のうち、①付従性、②随伴性、③不可分性を有しますが、物上代位性はありません。

留置権は目的物を留置することが主たる内容であって、目的物の交換価値を把握するものではないからです。

2 成立要件

重要度 B

留置権が成立するためには、①他人の物を占有していること、②その物に関して生じた債権を有すること（牽連性）、③債権が弁済期にあること、④占有が不法行為によって始まったものでないことが必要です（295条）。

1 他人の物を占有していること

留置権は、占有している物に関して生じる権利ですから、物の占有を離れて留置権は成立しません。

2 その物に関して生じた債権を有すること（牽連性）

通常、①債権が目的物自体から生じた場合、及び②債権が物の返還請求権と同一の法律関係又は事実関係から生じた場合には、目的物と債権の牽連性があると解されています。

1 債権が目的物自体から生じた場合

例えば、①占有物に必要費や有益費を費やして、償還請求権が

生じたとき（196条、608条）、②物の瑕疵により損害を受けて損害賠償請求権が生じたとき（661条）等があります。

2　債権が物の返還請求権と同一の法律関係又は事実関係から生じた場合

例えば、売買契約から生ずる代金債権と目的物引渡請求権や、物の修理委託契約から生ずる修理代金債権と目的物返還請求権等は、同一の法律関係から生じているといえます。

また、2人の者が互いに傘を取り違えて持ち帰ったときの相互の返還請求権は、同一の事実関係から生じているといえます。

3　個別的検討

Festina lente

ここが留置権の一番難しいところなんだ。もう一度、簡単にいうと、留置権は牽連性の要件を満たさないと成立しないよね。じゃあ、牽連性があるかどうかをどう判断するか。費用償還請求権のような、まさにその目的物自体から債権が発生する場合は判断は難しくない。難しいのは、債権が物の返還請求権と同一の法律関係から生じる場合だよ。

このときのポイントは、「被担保債権が成立したときの債務者と物の引渡請求権者が同一」であるかどうかだ。あくまでも「被担保債権が成立したとき」の人で確認しなきゃダメだよ。

(1)　牽連性が肯定される場合

① 目的物がAからB、BからCへと転売された場合、AはBに対する代金請求権をもって、Cに対して当該目的物を留置できます（判例）。

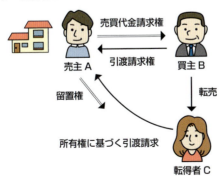

② 家屋に対する費用償還請求権を被担保債権とする家屋の留置は認められます（判例）。

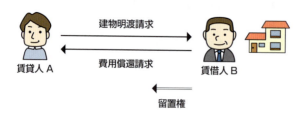

（2）牽連性が否定される場合

① Aが建物甲をB、Cに二重譲渡して、Bが先に引渡しを受けたが、Aは第二譲受人Cに登記名義を移転したので、CがBに対して甲の明渡請求をした場合、被担保債権（損害賠償請求権）の成立時点において被担保債権の債務者と物の引渡請求権者が同一人ではないので牽連性は認められず、Bは、Cに対して留置権を行使することはできません（判例）。

損害賠償請求権が成立した時点の債務者はAであり、引渡請求をする者はCだからです。*1

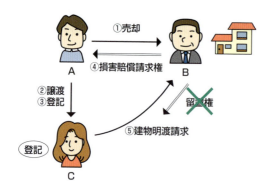

② C所有の不動産をAがBに売却した（他人物売買）とき、Bは、Aに対して有する565条・564条、415条に基づく損害賠償債権を被担保債権として、Cからの明渡請求に対して留置権を主張することはできません（判例）。*2

*1 要チェック！過去問題
Aが自己所有の建物をBに売却し引き渡したが、登記をBに移転する前にCに二重に売却しCが先に登記を備えた場合、Bは、Cからの建物引渡請求に対して、Aに対する損害賠償債権を保全するために留置権を行使することができる。
→✗（H27-30-2）

*2 要チェック！過去問題
AがC所有の建物をBに売却し引き渡したが、Cから所有権を取得して移転することができなかった場合、Bは、Cからの建物引渡請求に対して、Aに対する損害賠償債権を保全するために留置権を行使することはできない。
→○（H27-30-3）

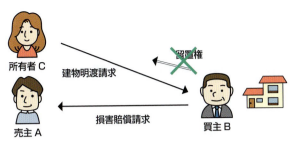

③ 敷金返還請求権を被担保債権とする家屋の留置は認められません（判例）。なぜならば、具体的な敷金返還請求権は、家屋の明渡しによって初めて認められるからです（明渡しが先履行）。

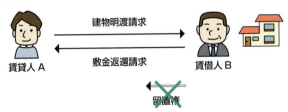

3 債権が弁済期にあること

留置権は、債権の弁済期が到来しない間は、成立しません（295条1項但書）。

4 占有が不法行為によって始まったものでないこと

不法行為によって占有を始めた者には、留置権は成立しません（295条2項）。この場合には、留置権を認めて占有者を保護すべきではないからです。*3

*3
■ 参考データ
家屋賃借人が賃貸借契約解除後も依然として家屋を占拠し、その間に修繕を加えたような場合、295条2項を類推適用し、悪意有過失の占有者の留置権の主張を認めません（判例）。

3 効　力

重要度
B

1 留置的効力

留置権の基本的な効力です。なお、留置権は不可分性を有する

ので、**債権の全部の弁済を受けるまで、目的物の全部を留置する**ことができます（296条）。

2 留置的効力に関連して生じる付随的問題

留置権者による**果実の収取**・留置物の**保管・使用**について、297条、298条で規定されています。

さらに、**費用償還請求権**について299条で規定されており、留置権者が、留置物について、**必要費**を支出した場合には、全額を請求することができます（299条1項）。

また、**有益費**を支出した場合には、価格の増加が現存する限り、所有者の選択に従い、支出金額又は増価額の償還請求をすることができます（同条2項本文）。ただし、裁判所は、所有者の請求によって、償還に**期限を許与**することができます（同項但書）。

3 第三者に対する効力

留置権は物権なので、債務者以外の第三者に対しても主張することができます。そして、留置権の**対抗要件は占有**であり（302条参照）、留置権成立後の留置不動産の新所有者に対しても、占有があれば、対抗することができます。*1

4 裁判上行使した場合の効果

1 引換給付判決

訴訟において留置権を行使した場合、裁判所は、所有者の引渡請求を棄却せずに、留置権者に対して、弁済を受けるのと引換えに物を所有者へ引き渡すように命じる判決（引換給付判決）をします（判例）。

> ## Festina lente
> 原告が被告に対して、物の引渡請求をした場合を考えてみよう。この場合、被告が「自分には留置権があるから引き渡さないんだ」と主張する。普通に考えれば、被告の主張に理由があるから、原告の請求は棄却されそうだよね（原告敗訴）。でも、そうしないで、裁判所は、引換給付判決をするんだ。

*1
■ **参考データ**
目的物が不動産であっても、留置権は登記できません（不動産登記法3条参照）。

2 時効の完成猶予

留置権者は、被担保債権の債権者でもあります。そこで、留置権を行使した場合、被担保債権の消滅時効の完成が猶予されるかが問題となります。

この点、留置権の行使は、被担保債権の消滅時効（166条1項）の進行を妨げません（300条）。*2

4 留置権の消滅

重要度 C

1 物権・担保物権の一般的消滅原因

① 留置権は、物権共通の消滅原因である目的物の滅失、混同（179条）、及び留置権の放棄により消滅します。
② 被担保債権が消滅すると、留置権は、その目的を失って消滅します（付従性）。*3

2 留置権特有の消滅原因

1 留置権消滅請求

留置権者が保管義務等に違反した場合には、債務者（所有者を含む）は、請求により、留置権を消滅させることができます（298条3項）。

2 担保の供与による消滅請求

債務者は、留置物に代わる相当な担保（代担保という）を提供して留置権の消滅を請求することができます（301条）。

3 占有の喪失

留置権は、占有している物に関して生じる権利ですから、留置権者が物の占有を失えば、留置権は当然に消滅します（302条）。

もっとも、占有回収の訴えにより占有を回復できれば（200条）、占有は継続していたとみなされるから、留置権は消滅しません（203条但書　判例）。

*2
■参考データ
裁判上、留置権の行使を主張した場合には、当該被担保債権について、「裁判上の請求」（147条1項1号）があったものと評価され、訴訟終了の時から6か月の間、時効の完成が猶予されることとなります。

*3
■参考データ
被担保債権の一部が弁済されただけでは、目的物全部について留置権が失われません（不可分性　296条）。

本試験レベルの問題にチャレンジ！ ▶▶▶

Chapter 18 先取特権

重要度 C

イントロダクション　学習のポイント

もう 1 つの法定担保物権が先取特権です。試験ではほとんど出題されないので、軽く読み進めてください。

ベーシック　じっくり理解しよう!

1　意　義

重要度 C

　先取特権とは、法律の定める特殊な債権を有する者が、債務者の財産から法律上当然に優先弁済を受ける法定担保物権のことをいいます（303 条以下）。
　例えば、A の甲に対する雇用関係に基づく債権について考えてみます。
　甲に対して、A・B・C が債権を有する場合において、甲が債務の全部を弁済することができないとき、本来、A・B・C は、債権額の割合に応じて弁済を受けるのが原則です（債権者平等の原則）。しかし、B・C の債権は普通の貸金債権であり、A の債権が甲の雇人として働いたことによる給料債権であるというような場合にもこれを徹底すると、給料により生活をする A の保護に欠けます。
　そこで、民法は、このような場合には、A に先取特権、つまり、B・C に優先して弁済を受ける権利があることを認めています（306 条 2 号参照）。

2 種類

```
先取特権 ─┬─ 一般先取特権
          ├─ 動産先取特権
          └─ 不動産先取特権
```

重要度 C

*1
■ 参考データ
一般先取特権は、①共益の費用、②雇用関係、③葬式の費用、④日用品の供給を原因として生じた債権に認められます（306条）。

一般先取特権とは、債務者のすべての財産が先取特権の対象になるものをいいます（306条～310条）。*1

動産先取特権とは、特定の動産についてのみ、優先権を主張できるものをいいます（311条～324条）。

不動産先取特権とは、特定の不動産についてのみ、優先権を主張できるものをいいます（325条～328条）。*2

*2
■ 参考データ
不動産先取特権は、①不動産の保存、②不動産の工事、③不動産の売買を原因として生じた債権に認められます（325条）。

3 性質

重要度 C

先取特権は非占有担保であり、目的物の占有は先取特権者に移転しません（留置的効力はない）。

ただし、先取特権には、担保物権の効力として優先弁済的効力があるので、先取特権者は、他の債権者に先立って弁済を受けることができます（303条）。

また、先取特権は、付従性、随伴性、不可分性（305条・296条）、物上代位性（304条）といった担保物権の通有性を備えています。

本試験レベルの問題にチャレンジ！ ▶▶▶

Chapter 19 質権

重要度 C

イントロダクション　学習のポイント

質権は契約によって設定される約定担保物権です。ただし、約定担保物権では抵当権が重要になるため、質権の重要度は相対的に低くなります。先取特権と同様に、軽く読み進めてください。

ベーシック　じっくり理解しよう!

1　意　義

重要度 C

1　定　義

質権とは、債権者が、その債権の担保として債務者又は第三者から受け取った物を債務の弁済があるまで留置して、その弁済を間接的に強制するとともに、弁済がない場合にはその物から優先弁済を受けることを内容とする約定担保物権をいいます（342条以下）。

例えば、AがBから金銭を借りる場合において、Aが時計に質権を設定してBに引き渡したとき、Bは、Aから金銭の返還を受けるまでその時計を手元にとどめることができます。そして、もし、返済期日に弁済がないときは、Bは、その時計を競売すること等により、他の債権者に先立って金銭を回収することができます。

Festina lente

質権という言葉から思い浮かぶのが質屋さんじゃないかな。質屋さんに時計を質入れしてお金を借りるシーンはイメージしやすいかもね。まさに、質権はそのイメージでいいんだ。つまり、質権は、時計を質入れし（引渡し）て成立するんだから。ただ、質屋さんの場合、質流れといって、お金を返せなかったときに質物が流れてしまうイメージもあるけど、民法の質権では質流れは許されないよ（349条）。

2 特　徴

1　約定担保物権

　質権は、質権者と質権設定者との質権設定契約によって設定されます。

2　性質・効力

　質権には、**付従性**、**随伴性**、**不可分性**（350条・296条）、**物上代位性**（350条・304条）等、担保物権としての通有性があります。また、質権には、**留置的効力**と**優先弁済的効力**があります。

2　設　定

重要度 **B**

1　要物契約

　質権は、当事者の質権設定の合意だけでなく、目的物を**引き渡す**ことにより効力が発生します（344条）。すなわち、質権設定については、引渡しが効力発生要件です。*1

　この引渡しには、現実の引渡し（182条1項）のみならず、簡易の引渡し（同条2項）や指図による占有移転（184条）が含まれますが、**占有改定（183条）は含まれません**（345条参照）。

2　目的物

　質権の目的物は、譲渡することができる物に限られます（343条）。したがって、禁制品や法律上譲渡が禁止されたものには質権設定はできません。

3　対抗要件*2

種　類	第三者対抗要件
動 産 質	目的物の占有の継続（352条）
不動産質	登記（177条）
権 利 質	確定日付ある通知・承諾等（364条、467条）

＊1
✓ 要チェック！
過去問題

質権が成立するためには目的物の引渡しが必要であるが、この引渡しには、設定者を以後、質権者の代理人として占有させる、占有改定による引渡しは含まれない。
➡ ◯（R2-28-エ）

＊2
■ 参考データ

質物が第三者によって奪われたときは、占有回収の訴え（200条）によって、質物を回復することができます（353条）。

Part
2
民
法

Chapter 19
質　権　**251**

3 質権の種類・比較

質権は、その目的物により、動産質、不動産質、及び権利質に分けられます。

	動産質	不動産質	権利質
設定要件	質権設定の合意、目的物の引渡し（344条、345条） → 占有改定による引渡しは不可	指図証券等以外の債権：合意のみ 指図証券等：合意・交付（520条の7等）	
対抗要件	占有の継続（352条）	登記（177条）	指図証券等以外の債権：確定日付ある通知又は承諾（364条、467条） 指図証券等：合意・交付（520条の7等）
存続期間	なし	10年（360条）	なし
果実収取権	優先弁済にあてるのみ（350条・297条）	あり（356条）	

ファイナルチェック　基礎知識の確認

問題1　不動産質権における第三者対抗要件は、不動産の引渡しである。

問題2　動産質権者が質物の占有を奪われたときは、質権に基づく返還請求をすることができる。

問題1❌　不動産質権の第三者対抗要件は、登記である（177条）。　　問題2❌　占有回収の訴えによってのみ、その質物を回復することができる（353条）。

本試験レベルの問題にチャレンジ！　▶▶▶

Chapter 20 抵当権

イントロダクション　学習のポイント

抵当権は、担保物権の中で最重要のテーマです。内容も多いところですので、じっくりと攻略していきましょう。抵当権の大きな特徴は、非占有担保（留置的効力がない）という点にあります。つまり、不動産に抵当権を設定しても、その不動産の占有は抵当権を設定した所有者の下にとどまります。そして、抵当権者は、被担保債権が弁済されなかった場合に、抵当権を実行（競売）し、落札した者が払い込んだ金銭から優先的に弁済を受けることができます。

ベーシック　じっくり理解しよう！

1 総　説

1 意　義

1 意　義

　抵当権とは、債務者又は第三者が、債務の担保に供した不動産や一定の権利等の目的物を担保提供者（抵当権設定者）の使用収益に任せておきながら、債務者の債務不履行の場合にその目的物の価額から優先弁済を受けることを内容とする約定担保物権をいいます（369条以下）。

　例えば、AがBに金銭を貸した場合に、Aは、その金銭債権の担保として、債務者B自身が所有する甲建物に抵当権の設定を受けたり、第三者Cが所有する乙建物に抵当権の設定を受けたりすることができます。

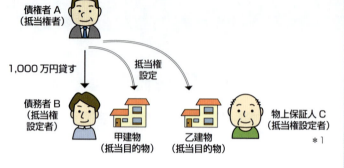

2 特　徴
（1）約定担保物権
（2）性質・効力

抵当権には、付従性、随伴性、不可分性（372条・296条）、物上代位性（372条・304条）があります。

そして、抵当権は、担保目的物の占有を抵当権者に移転しない非占有担保なので、留置的効力がなく、もっぱら優先弁済的効力を有する権利です。*2

2 設　定

1 設定契約

抵当権者（債権者）と抵当権設定者（債務者又は第三者）との抵当権設定契約により成立します。

2 目的物（369条）
① 不動産
② 地上権
③ 永小作権

3 被担保債権

被担保債権は金銭債権であることが多いですが、それ以外の債権でも被担保債権とすることができます。なぜなら、それ以外の債権であっても、それが債務不履行となったときには損害賠償請求権たる金銭債権に転化するからです。*3

4 対抗要件

抵当権も物権であるため、登記が対抗要件となります（177条）。

*1
■ 参考データ
債務者以外の人が（債務者のために）債権者と抵当権設定契約を締結しても構いません。こういった場合の債務者以外の人を物上保証人といいます。

*2
■ 参考データ
抵当権は目的物の交換価値のみを支配する権利であるといわれます。

*3
■ 参考データ
抵当権の成立における付従性は緩和されており、将来発生する債権でも、被担保債権とすることができます（例えば、条件付き・期限付きの債権でも構いません）。

また、抵当権は同一目的物上に複数設定することができ、その場合、それらの順位は、登記の前後によります（373条）。*4

そして、抵当権が実行され、抵当権の目的不動産が競落されたとき、順位の高いものから、優先弁済を受けることができます。

> **Festina lente**
> 例えば、被担保債権が消滅し、抵当権が消滅したにもかかわらず、抵当権の登記のみが抹消されずに残存している場合に、この登記を別の新しい抵当権に流用できるかという問題があるよ。こういう論点を一般的に無効登記の流用というよ。
> 判例は、①流用前に第三者（後順位抵当権者・第三取得者）がいる限り、登記は無効で、②流用後に第三者が出現した場合には、抵当権者は、流用登記をもって第三者に対抗できるとしているんだ。

*4
■ 参考データ
例えば、第１順位の抵当権が被担保債権の弁済による付従性によって消滅したときは、第２順位の抵当権の順位は、第１順位へと上昇します（順位上昇の原則）。

2 抵当権の効力

重要度 A

1 被担保債権の範囲

1 元　本

2 利息その他の定期金

利息その他の定期金は、その満期となった「最後の２年分」についてのみ担保されます（375条１項本文）。遅延損害金についても同様です（同条２項本文）。既存の抵当権の被担保債権額が予想外に増大することを防止して、後順位抵当権者や一般債権者を保護するためです。

そのため、後順位抵当権者や一般債権者がいないときは、同条の制限はなく、利息その他の定期金、遅延損害金の全額について配当を受けることができると解されています。

2 抵当権の効力の及ぶ目的物の範囲

1 付加一体物

抵当権は、抵当地の上に存する建物を除き、その目的である不動産（抵当不動産という）に付加して一体となっている物（付加一体物という）に及びます（370条本文）。

ところで、付加一体物の定義について、民法は規定していません。そこで、付加一体物の範囲が問題となります。

(1) 付合物

付合物は不動産の所有者に帰属するので（242条本文）、**付合の時期を問わず**付加一体物にあたり、**抵当権の効力が及ぶ**ことに問題はありません。*1

(2) 従 物

従物（土地に付属された石灯籠、取り外しのできる庭石、建物に備え付けられた畳等）が、付加一体物に含まれるかについては、見解が分かれています。

判例は、付加一体物とは物理的一体性のある物をいい、**従物は独立の物であるから、370条の付加一体物に含まれない**としています。ただし、判例の考え方によっても、**抵当権設定時に存在していた従物には、87条2項**（従物は主物の処分（抵当権設定）に従う）**の効果として抵当権の効力が及びます。***2

(3) 従たる権利

従たる権利については、370条類推適用、又は87条2項類推適用（判例）により、抵当権の効力が及ぶと解されています。

例えば、債務者AがCから借りている土地の上に所有する建物について、債権者Bが抵当権の設定を受けた場合、抵当権の効力は、その建物だけでなく、**Aの借地権についても及びます。***3

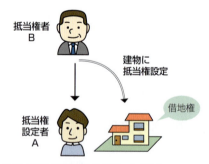

(4) 付加一体物又は従物が分離した場合

例えば、山林に抵当権を設定していたが、その山林上の立木が伐採されたような場合、すなわち、抵当権の効力が及んでい

---

*1
■ 参考データ
例えば、石垣、敷石、立木、苗等には、土地の抵当権の効力が及びます。

*2
■ 参考データ
通説は、付加一体物とは、経済的な観点から不動産との統一体をなしているものを指し、従物は付加一体物にあたるので、370条により、抵当権設定の前後を問わず、抵当権の効力が及ぶと解します。

*3
☑ 要チェック！過去問題
借地上の建物に抵当権が設定された場合において、その建物の抵当権の効力は、特段の合意がない限り借地権には及ばない。
➡ ✗ （H30-30-2）

た物が後に不動産から分離されて動産となった場合、なお、抵当権の効力がこれに及ぶかが問題となります。

この点については、分離物（伐採された立木）にも抵当権の効力は及ぶと解します。

ただし、抵当権の効力が及ぶとしても、それを第三者に対抗できるか（対抗力）については、別途検討が必要です。

そして、通説は抵当権は登記を対抗要件とすることから、分離物が抵当不動産の上に存在し、いわば登記による公示の衣に包まれている限りにおいて第三者に対抗することができるが、搬出されると対抗できなくなると解します（対抗力喪失説）。

Festina lente

対抗力喪失説によると、結局、次のようになるよ。

まず、抵当権設定者との関係では、対抗関係でないため、抵当権者は、搬出された伐木を山林へ返還するように請求できる。次に、第三者が不法に伐採して搬出したような場合も、この者は177条の第三者にあたらないから、搬出された伐木を山林へ返還するように請求できる。そして、抵当権設定者から伐木を買い受けた者との関係は？というと、その伐木がいまだ山林上に残っていれば、抵当権者はその伐木に抵当権が及んでいることを対抗できるけど、その伐木が搬出されてしまうと、対抗できなくなるんだ。

2 果 実

（1）原 則

抵当権は、非占有担保ですから（369条1項）、抵当権の効力は、原則として抵当不動産の果実に及びません。

（2）例 外

ただし、被担保債権について不履行があったときは、その後に生じた抵当不動産の果実に抵当権の効力が及びます（371条）。なお、371条の果実には、天然果実のみならず、法定果実も含まれます。[*4]

3 抵当権と物上代位

1 意 義

物上代位とは、担保目的物が滅失や損傷したような場合に、設定者の受けるべき金銭その他の物に対しても、担保権の効力を及ぼすことができることをいいます。

*4
■ 参考データ

例えば、抵当建物が借家となっており、抵当権設定者が賃料債権を有しているとき、被担保債権に債務不履行が生じた後は、抵当権の効力は賃料債権（法定果実）に及びます。

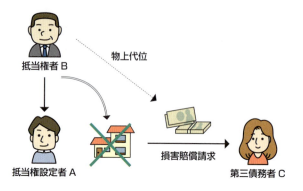

2 代位の目的物
(1) 売買代金
売買代金債権を物上代位の目的とすることはできます。
(2) 賃　料
賃料も、判例によれば、交換価値のなし崩し的具体化として、物上代位の手続によれば、抵当権の効力が及びます。
(3) 滅失や損傷によって生じた債権
抵当権の目的物が滅失や損傷したことによって債務者が受ける①不法行為に基づく損害賠償請求権、②保険金請求権（判例）についても、物上代位が認められます。

3 行使の要件
抵当権者が物上代位によって優先弁済を受けるためには、価値代表物の払渡し又は引渡しの前に差押えをすることを要します（372条・304条1項但書）。

> **Festina lente**
> 例えば、抵当権設定者への弁済があった場合には、「払渡し又は引渡し」にあたり、物上代位ができなくなるんだ。
> 債権譲渡は、判例によれば、「払渡し又は引渡し」にあたらないよ。

3 抵当権と用益権との関係

重要度 A

1 法定地上権
1 意　義
法定地上権とは、土地と建物が同一の所有者に属して存在する場合において、土地と建物の一方又は両方に抵当権が設定され、その実行により競売されて、土地と建物が異なる所有者に属する

ようになったときに、**法律上当然に、地上権を発生**させる制度をいいます（388条）。

〈建物に抵当権が設定された場合〉

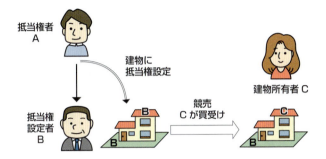

〈土地に抵当権が設定された場合〉

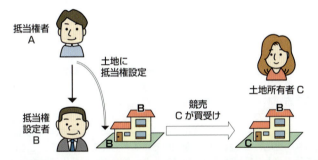

> ### Festina lente
> 　上の2つの図を見てほしい。Bの土地上にCが土地利用権なく建物を所有している、Cの土地上にBが土地利用権なく建物を所有している状態になってしまっているよね。土地利用権がない以上、建物所有者は土地の所有者から、建物収去土地明渡請求を受けるおそれがある。これでは、社会経済上不利益なので、このような場合に、当然に土地利用権（法定地上権）の発生を認めたんだ。

2　成立要件
① 抵当権設定時に、土地上に建物が存在すること
② 抵当権設定時に、土地と建物が同一の所有者に属すること
③ 土地・建物の一方又は双方に、抵当権が設定されたこと
④ 抵当権実行（競売）によって、土地と建物が異なる所有者に属するに至ったこと

（1）抵当権設定時に、土地上に建物が存在すること

a　更地に抵当権を設定した場合

　　更地に抵当権を設定した後に建物を建てた場合、要件①を満たさないので、**法定地上権は成立しません**（判例）。

　　また、1番抵当権設定時には更地であったが、2番抵当権設定時には建物が築造された場合、2番抵当権が実行されても、**法定地上権は成立しません**（判例）。2番抵当権の実行によって1番抵当権も実行されるので、**1番抵当権を基準**としなければならないからです。

b　土地に抵当権が設定された当時建物が存在したが、その後建物が滅失した場合

　　土地のみに抵当権が設定されており、土地上の建物が滅失後に再築された場合には、**旧建物を基準として法定地上権が成立します**。[*1]

*1

■ **参考データ**

旧借地法では、建物の種類によって存続期間が異なっていたため、新建物と旧建物のどちらで存続期間を判断するのか問題となりました。

Festina lente

　　法定地上権が成立するかどうかは、成立要件の4つを当てはめれば、基本的にわかるんだ。ただ、要件をそのまま当てはめて結論を出すものばかりじゃないよ。例えば、**全体価値考慮説**という考え方があるよ。この考え方によると、**土地と建物に共同して抵当権が設定**されており、**建物が滅失**した場合、建物が滅失後に**再築**されたとしても、**原則として法定地上権は成立しない**となるんだ。抵当権者は、建物が滅失した場合、土地については法定地上権のない更地として担保価値を把握できると考えている。ここで法定地上権の成立を認めてしまうと、抵当権者が当初予定していたよりも担保価値がずっと低額になってしまうため、このような結論をとるんだ。全体価値考慮説のポイントは、「土地と建物に共同抵当」、「建物が滅失し、再築」だよ。

（2）抵当権設定時に、土地と建物が同一の所有者に属すること

a　抵当権設定時、土地と建物が別人に帰属していたが、その後、土地と建物が同一の所有者に属するようになった場合

　　抵当権設定当時、土地と建物が別人に帰属していれば、すでに契約によって土地利用権が設定されているはずですから、**法定地上権を成立させる必要はありません**（判例）。

b　抵当権設定時に土地と建物が同一の所有者に属していたが、別々の所有者に帰属するようになった場合

　　抵当権設定後、土地所有者と建物所有者とが異なるに至

っても、**法定地上権は成立します**（判例）。

c 先順位抵当権を基準にすると法定地上権は成立しないが、後順位抵当権を基準にすると法定地上権が成立する場合

　土地を目的とする先順位の甲抵当権が解除により消滅した後に、後順位の乙抵当権が実行された場合において、土地と地上建物が甲抵当権の設定時には同一の所有者に属していなかったが、乙抵当権の設定時には同一の所有者に属していれば、**法定地上権は成立します**（判例）。

(3) 土地・建物の一方又は双方に、抵当権が設定されたこと

　条文は「土地又は建物」のみと規定しています。しかし、双方に抵当権が設定されている場合にも、競売の結果、買受人が異なることがあるので、この場合にも法定地上権は成立し得ます。*2

(4) 抵当権実行（競売）によって、土地と建物が異なる所有者に属するに至ったこと

2 土地抵当権者の建物一括競売権

土地（更地）に抵当権を設定した後に建物が建築された場合、本来、法定地上権は成立しないため、抵当権者は土地を更地の価値で競売することができます。

　しかし、土地と建物を一括して競売するほうが、土地の買い手を見つけやすく、また建物収去の問題も生じません。

　そこで、土地（更地）に抵当権を設定した後、その抵当地に建物が築造された場合には、**土地抵当権者は、土地とともに建物を競売することができる**こととされています（389条1項本文）。

　もっとも、この場合であっても、抵当権の優先弁済権の及ぶ範囲は、更地として競売された**土地の価格分のみ**です（同項但書）。

3 抵当権に後れる賃借人の地位

　抵当権設定後に目的物の賃貸借契約があったとき、その**賃借権は抵当権の対抗要件に後れる**ので、賃借人は、抵当権が実行されると、抵当不動産を明け渡さなければなりません。

　しかし、これを貫くと賃借人の保護に欠けることがあるので、

*2
■ **参考データ**
土地・建物が共有である場合に、法定地上権が成立するかが問題となることがあります。これについては、**土地共有の場合、法定地上権不成立、建物共有の場合、法定地上権成立**と覚えておきましょう。

Part
2
民
法

Chapter 20
抵当権　261

次の制度が設けられています。*1

1 抵当権者の同意による賃借権の存続

登記をした賃借権は、その登記前に登記をした抵当権を有するすべての者が同意し、かつ、その同意の登記があるときは、その同意した抵当権者に対抗することができます（387条1項）。

2 明渡猶予期間制度

明渡猶予期間制度とは、抵当権者に対抗できない賃借権により抵当建物を占有する者のうち、一定の要件を満たす者に対しては、建物の競売により所有権が買受人に移転した時から6か月を経過するまで、その明渡しを猶予する制度をいいます（395条1項）。

抵当権実行としての競売の際に、急に明渡しを迫られることによる不利益から賃借人を保護し、他方、明渡しまでの期間を一定にすることで抵当権者の予測可能性を高めた制度です。

*1
■ 参考データ

賃貸物件（対抗力あり）に、抵当権が設定されると、抵当権のほうが後れるので、賃借人は、抵当権が実行され、新所有者があらわれても、その者に賃借権を対抗できます。

4 抵当不動産の第三取得者の地位

重要度 A

抵当権の登記に後れる抵当不動産の第三取得者は、抵当権の実行により、不動産の所有権を失う不安定な地位に置かれるから、この者を保護する必要があります。

そこで、民法は、次のような第三取得者の保護のための制度を設けています。

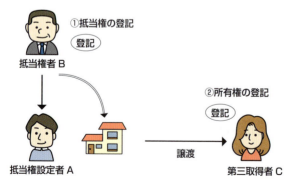

1 代価弁済

1 意義

代価弁済とは、抵当不動産につき**所有権又は地上権を買い受けた**第三取得者が、**抵当権者の請求に応じて**抵当不動産の代価を弁済した場合には、その代価が被担保債権額に満たなくても、抵当権を消滅させる制度をいいます（378条）。

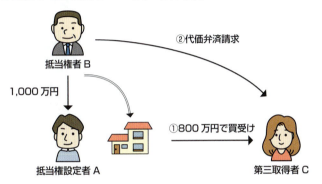

2 効果

(1) 所有権を買い受けた者が代価弁済した場合

この場合は、弁済額が抵当権の被担保債権額に満たなくても、**抵当権は消滅**します。また、債務者は代価弁済の範囲で債務を免れ、**残債務は無担保債務**として存続します。

> ### Festina lente
> 上の図でもう一度考えてみよう。第三取得者Cが買い受けた建物はあくまでも抵当権付きの建物だよね。そこで、債務者であるAが弁済を怠ると、Bは抵当権を実行するだろう。そうすると、Cはせっかく買った家なのに、手放さなければならない（なお、Cが競落することは認められている（390条））。これじゃ、Cがかわいそうだから代価弁済が認められる。
> 　代価弁済、つまり、BがCに「800万円を自分に支払ってくれたら、抵当権を消してあげますよ。」と持ちかけてくれると、CはBに800万円を払って抵当権を消滅させることができるんだ。ただ、この800万円ってよくよく考えるとAに払うべきお金だったよね。だから、その分はAの債務も減少するんだ（1,000万円－800万円＝200万円）。で200万円の債務は、抵当権がすでに消滅しているから無担保になるわけ。

(2) 地上権を買い受けた者が代価弁済をした場合

この場合は、抵当権が消滅するわけではなく、**地上権者が、**

抵当権者及び買受人に地上権を対抗することができることになります。*1

2 抵当権消滅請求

1 意　義

抵当権消滅請求とは、抵当不動産につき**所有権を取得した**第三者が、抵当権者に自ら抵当不動産を評価した額を提供し、その承諾を得た金額を払い渡し、又は供託して、抵当権を消滅させる制度をいいます（379条以下）。

2 抵当権消滅請求権者

抵当不動産につき所有権を取得した第三取得者です（379条）。*2

3 効　果

抵当権は消滅し（386条）、所有権は抵当権の負担のないものとなります。そして、請求金額が被担保債権額に満たないときは、**差額は無担保債権**となります。

5 抵当権侵害

重要度 A

抵当権も物権ですから、侵害があれば、抵当権者は、**物権的請求権**を行使することによってその侵害を排除することができます。*3

また、侵害によって抵当権者に損害が生じたときは、抵当権者は、**不法行為に基づく損害賠償**を請求することができます（709条）。

1 物権的請求権

1 侵害行為停止の請求

抵当権に対する侵害があるといえるには、**被担保債権が担保されなくなるおそれ**を生ずれば足ります。例えば、山林に抵当権が設定されている場合、抵当権設定者や第三者による樹木の伐採及び不法な搬出に対して、抵当権者は、抵当権に基づく物権的請求権を行使して搬出禁止の請求をすることができます（判例）。

2 不法占有者に対する妨害排除請求*4

抵当権も物権ですから、抵当不動産の交換価値の実現が妨げら

---

*1
■ 参考データ
そのため、抵当権者が抵当不動産を競売することはできますが、競売後も地上権は存続して、地上権者は買受人に対抗することができます。

Festina lente
代価弁済はどちらかというと抵当権者の請求を待つという第三取得者の側からは受け身の制度だったけど、抵当権消滅請求は**第三取得者から請求**できることから能動的な制度とイメージできるね。

*2
■ 参考データ
主たる債務者、保証人及びこれらの者の承継人は、たとえ所有権を取得しても、抵当権消滅請求をすることができません（380条）。

*3
■ 参考データ
抵当目的物の使用収益は抵当権設定者に委ねられますから、**抵当権設定者による通常の利用は、抵当権侵害にあたりません**。

れ、**抵当権者の優先弁済請求権の行使が困難となるような状態**があるときには、不法占有者に対して**抵当権に基づく妨害排除請求**をすることができます。

ただし、抵当権はあくまでも非占有担保であるため、**原則として自己への明渡しを求めることはできません。**

例外的に、**抵当不動産の所有者において抵当不動産を適切に維持管理することが期待できない場合**には、抵当権者に、直接抵当不動産を明け渡すことを認められます。*5

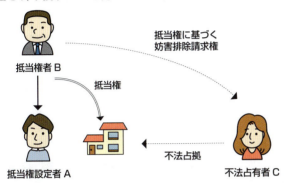

3　占有権原のある占有者に対する抵当権に基づく妨害排除請求

競売手続を妨害する目的で設定された占有権原に基づく占有者に対しても、その占有により抵当不動産の交換価値の実現が妨げられて抵当権者の優先弁済請求権の行使が困難となるような状態にある場合、抵当権者は、占有者に対し、抵当権に基づく妨害排除請求をすることができます。

2 不法行為に基づく損害賠償請求権

損害が発生したといえるためには、抵当権の侵害により目的物の価値が減少し、その結果、**被担保債権が十分に満足されなくなったこと**が必要です。

そして、**抵当権実行前でも、弁済期後であれば**、損害賠償を請求することができます（判例・通説）。

3 期限の利益の喪失

債務者の行為により抵当目的物を滅失、損傷、又は減少させた

---

*4
■ 参考データ
論理的には、不法占有者に対しては、抵当権設定者の妨害排除請求権を代位行使することも可能です（債権者代位権参照）。

*5
☑ 要チェック！過去問題
第三者が抵当不動産を不法占有することによって同不動産の交換価値の実現が妨げられ、抵当権者の優先弁済権の行使が困難となるような状態があるときは、抵当権に基づく妨害排除請求権が認められるが、抵当権は占有を目的とする権利ではないため、抵当権者が占有者に対し直接自己への抵当不動産の明渡しを求めることは常にできない。
➡ ✗（H29-31-2）

場合、債務者は、故意・過失を問わず、期限の利益を失います（137条2号）。

6 抵当権の処分

具体的には、転抵当、抵当権の譲渡・放棄、抵当権の順位の譲渡・放棄が認められます（376条1項）。*1

		相手方（受益者）	効　果
抵当権の	譲　渡	一般債権者に対して	受益者が優位
	放　棄	一般債権者に対して	受益者と処分者は同順位
抵当権の順位の	譲　渡	後順位抵当権者に対して	受益者が優位
	放　棄	後順位抵当権者に対して	受益者と処分者は同順位

また、抵当権の順位を変更することもできます（374条1項）。
抵当権の順位の変更とは、同一不動産上に存在する数個の抵当権の順位を相互に入れ替えることをいいます。例えば、第1順位甲、第2順位乙、第3順位丙の各抵当権の順位を、丙・乙・甲の順位に変更する場合です。順位の変更は当事者の合意のほか、登記をしなければ効力を生じません（同条2項）。

*1
■ 語句解説
転抵当とは、抵当権者がその抵当権をもって他の債権の担保とすることをいいます。

7 共同抵当

共同抵当とは、同一債権の担保として数個の不動産上に抵当権が設定される場合をいいます（392条）。共同抵当における配当の方式には、同時配当と異時配当とがあります。

8 抵当権の消滅原因

1 物権・担保物権共通の消滅原因

物権共通の消滅原因として、目的物の滅失、混同、抵当権の放

棄（376条1項の抵当権の放棄ではない）があります。

また、担保物権共通の消滅原因として、付従性により担保物権が消滅する被担保債権の弁済等があります。

さらに、抵当不動産が競売された場合にも、消滅します。競売の場合は、競売代金により債権全額が弁済されたかを問わず、抵当権が消滅します。

2 抵当権の時効消滅

1 債務者又は物上保証人との関係

抵当権は、債務者又は物上保証人との関係では、被担保債権と同時でなければ、消滅時効にかかりません（396条）。

2 第三取得者・後順位抵当権者との関係

396条の反対解釈により、第三取得者や後順位抵当権者との関係では、抵当権のみが独立して20年の消滅時効にかかります（166条2項　判例）。

3 目的物の時効取得による消滅

債務者又は抵当権設定者でない者が、抵当不動産を時効取得すると、抵当権は消滅します（397条）。

時効取得は原始取得なので、時効取得が成立するとその反射的効果として、抵当権は消滅することになるからです。

ファイナルチェック　基礎知識の確認

問題1　土地賃借人が所有する地上建物に設定された抵当権の効力は、特約がない限り、敷地の賃借権には及ばない。

問題1 ✕　賃借権にも及ぶ。

本試験レベルの問題にチャレンジ！ ▶▶▶

Chapter 21 債権法総説

重要度 C

イントロダクション　学習のポイント

　ここから債権に入ります。民法は、債権の発生原因を①**契約**、②**事務管理**、③**不当利得**、④**不法行為**の4種類規定しています。そして、発生原因は異なってもおよそ債権としての共通内容を**債権総論**として規定しています。この Chapter では、債権法の全体像を意識するようにしましょう。

ベーシック　じっくり理解しよう!

1 債　権

重要度 C

　債権とは、特定人（**債権者**）が特定の義務者（**債務者**）に対して**一定の給付を請求する権利**をいいます。給付とは、例えば、売主が買主に対して目的物を引き渡すこと等のことであり、債権の目的となる債務者の行為をいいます。

2 債権法の全体像

重要度 C

　民法は、399 条から 520 条の 20 まで、債権自体の効力、移転、消滅に関する規定を置いており、これを講学上、**債権総論**と呼んでいます。
　これに対し、債権の発生原因となる契約、事務管理、不当利得、不法行為を**債権各論**といいます。

〈債権法の全体像〉

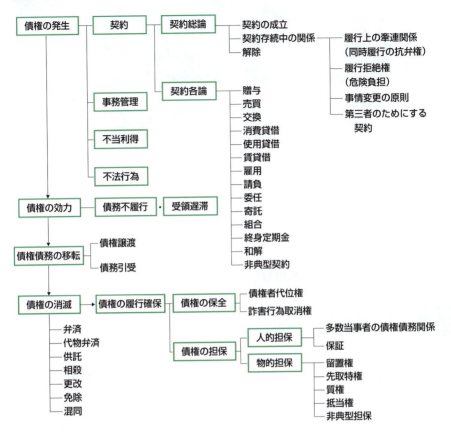

ファイナルチェック　基礎知識の確認

問題1　劇団の座長Aが、俳優Bに演技させる債権を有していたとしても、他の劇団の座長Cも同日同時刻に自分の劇場で俳優Bに演技させる債権を取得することができる。

問題1 ○　債権は相対的な権利だからである。

本試験レベルの問題にチャレンジ！▶▶▶

Chapter 22 債権の目的

重要度 B

イントロダクション　学習のポイント

引渡債務の目的物に着目すると、債権は**特定物債権**と**種類債権**に分けることができます。

特定物債権とは特定物の引渡しを目的とする債権であり、種類債権とは種類物（不特定物）の引渡しを目的とする債権です。それぞれの債権に関連する**善管注意義務**と**調達義務**と**種類債権の特定**に力を入れていきましょう。

ベーシック　じっくり理解しよう！

1 特定物債権

重要度 B

1 意　義

特定物債権とは、当事者が、その個性に着目した物（これを特定物といいます）の引渡しを目的とした債権をいいます。例えば、中古自動車、土地、建物等の引渡しを目的とする債権がこれにあたります。

2 善管注意義務

特定物引渡債務を負う債務者は、目的物を引き渡すまで、**善良な管理者の注意**をもって、目的物を保存しなければなりません（**善管注意義務**　400条）。債務者が、この善管注意義務に違反して、目的物を滅失、損傷したときは、債務不履行に基づく損害賠償責任を負います（415条）。*1

Festina lente
特定物は、代えのきかない物、世の中にその1つしかない物とイメージしておこう。

*1
📖 語句解説

善管注意義務の内容と程度は、契約その他の債権の発生原因及び取引上の社会通念に照らして定まるものです（400条）。これは、「自己の財産に対するのと同一の注意」（659条等）、「自己のためにするのと同一の注意」（827条等）よりも、重い注意義務です。

善管注意義務が要求される場合	財産法	①留置権者（298条1項） ②質権者（350条・298条1項） ③特定物引渡前の債務者（400条） ④使用借主（400条、593条） ⑤賃借人（400条、601条） ⑥有償の受寄者（400条、657条） ⑦有償・無償の受任者（644条） ⑧事務管理者（698条反対解釈）
	身分法	①後見監督人（852条・644条） ②後見人（869条・644条） ③遺言執行者（1012条3項・644条）
自己の財産に対するのと同一の注意義務が要求される場合	財産法	無償の受寄者（659条）
	身分法	①親権者（827条） ②相続人（918条1項） ③限定承認者（926条1項） ④相続放棄者（940条1項）

3 引渡し

　債権の目的が特定物の引渡しである場合において、契約その他の債権の発生原因及び取引上の社会通念に照らして**その引渡しをすべき時の品質を定めることができないとき**は、弁済をする者は、その**引渡しをすべき時の現状**でその物を引き渡さなければなりません（483条）。

4 所有権の移転時期

　特定物の売買においては、原則として売買契約時に所有権が買主に移転します。

Festina lente
契約によっては、**契約内容に適合した品質の特定物を引き渡す義務**が生じる場合もあるんだよ。

2 種類債権

重要度 B

1 意　義

　種類債権とは、当事者が、その個性に着目せず、種類と数量のみに着目した物（これを種類物といいます）の引渡しを目的とした債権をいいます。例えば、新車、米等の引渡しを目的とする債

権がこれにあたります。

　また、種類債権の一種に制限種類債権があります。これは、種類債権のうち、給付すべき種類物の範囲に一定の制限が設けられている債権をいいます。*1

2 調達義務

　債務者は、同一種類の物が市場に存在する限り、これを調達して給付する義務（調達義務）を負います。

3 種類債権の特定

1 意　義

　種類債権では、一定の種類の中から一定の量が選び出されて、給付の目的物が確定します。これを種類債権の特定といいます。

2 特定の時期

① 当事者が契約によって目的物を選定したとき

② 債務者が物の給付をするのに必要な行為を完了したとき（401条2項前段）*2

	内　容	特定の判断基準
持参債務	目的物を債権者の住所地において引き渡すべき債務	目的物を債権者の住所において、現実に提供した時
取立債務	目的物を債務者の住所地において引き渡すべき債務	①目的物を「分離」し、②債権者の取立てがあれば、直ちに引渡可能な状態において（「準備」）、③これを債権者に「通知」した時

③ 債権者の同意を得て給付すべき物を指定したとき（401条2項後段）

3 瑕疵ある物と特定

　瑕疵ある不特定物を提供しても、種類債権は特定しないため、債権者は債務者に対し、完全な履行を請求することができます。

4 特定の効果

　債務者は、債権者に引き渡すまで善管注意義務を負います（400条）。そして、目的物の所有権は、特約なき限り、特定した時に買主に移転します。

*1
■ 参考データ
例えば、甲倉庫にある米10キロの引渡しを目的とする債権等がこれにあたります。

*2
■ 参考データ
②は、債務者としてなすべき行為を完了し、債権者側においてなすべき行為さえあれば、直ちに債権が実現される状態を意味します。

Chapter 23 債権の効力

重要度 B

イントロダクション　学習のポイント

債務が約束どおりに履行されれば、問題なく、債務は消滅します。

問題は約束どおりに履行されない場合、どうするかです。これを債務不履行といい、債務不履行は①遅れている（履行遅滞）、②履行が不可能（履行不能）、③履行したが完全なものではなかった（不完全履行）と類型化されます。

そして、いずれにしても、債権者に損害が発生していれば、損害賠償請求などをすることができます。ここでは、債務不履行の要件と効果についてしっかりと学んでいきましょう。

ベーシック　じっくり理解しよう!

1　現実的履行の強制

重要度 C

債権は、債務者に対し一定の給付を要求する権利ですが、債権者が債務者に給付を請求しても、債務者が給付しない場合もあり得ます。

このような場合には、原則として、債権者は、裁判所に訴えて債権の存在を確認し、かつ、債務者に対して債務の履行を命じてもらうことができます。また、この判決に基づいて、債権の内容を強制的に実現できます。

この点に関して、民法は、「債務者が任意に債務の履行をしないときは、債権者は、民事執行法その他強制執行の手続に関する法令の規定に従い、直接強制、代替執行、間接強制その他の方法による履行の強制を裁判所に請求することができる。」と規定し（414条1項本文）、具体的な方法は民事執行法に委ねています。

2 債務不履行に基づく損害賠償請求

重要度 A

1 意 義

債務不履行とは、債務者に正当な理由がないにもかかわらず、**債務の本旨に従った債務の履行をしない**ことをいいます。

これには、①履行が可能であるにもかかわらず、履行期が経過しても履行しない「**履行遅滞**」（412条参照）、②履行の不能な場合である「**履行不能**」（412条の2）、③不完全な履行をした場合である「**不完全履行**」の3つの態様があります。＊1

> ＊1
> ■ 参考データ
> 類型上3つに分類できますが、不完全履行は、追完が可能であれば、結局履行遅滞に、追完が不可能であれば、結局履行不能になります。

2 履行遅滞

1 要 件

履行遅滞に基づく損害賠償請求の要件は、①履行期に債務を履行することが可能であるにもかかわらず履行されないこと、②債務がその履行期を徒過したこと、③債務者の責めに帰すべき事由に基づくこと、④履行しないことが違法であること、⑤損害が発生したこと、⑥履行遅滞と損害との間に相当因果関係があることです。

(1) 履行することが可能であるにもかかわらず履行されないこと（要件①）

これは、後述する履行不能と区別するための要件です。

(2) 履行期を徒過したこと（要件②）

遅滞となる時期は、債権の種類によって異なります。

a 確定期限の定めのある債務

「2023年10月31日に支払う」というように、履行期が確定期限であるときは、期限の到来の時から当然に遅滞となります（412条1項）。

b 不確定期限の定めのある債務

「Aが死亡したら履行する」というように、履行期が不確定期限であるときは、債務者はその期限の到来した後に履行の請求を受けた時又はその期限の到来を知った時のいずれか早い時から遅滞となります（412条2項）。

c 期限の定めのない債務

期限の定めがないときは、原則として、債務者が履行の請求を受けた時から遅滞となります（412条3項）。

(3) 不履行が債務者の責めに帰すべき事由に基づくこと（要件③）

債務不履行が、「契約その他の債務の発生原因及び取引上の社会通念に照らして債務者の責めに帰することができない事由」による場合には、債務者は、損害賠償責任を負いません（415条1項但書）。この免責事由は、債務の発生原因に則して判断されるべきものです。*2

(4) 履行しないことが違法であること（要件④）

債務者は履行が遅延したとしても、そのことに正当の事由（留置権、同時履行の抗弁権の存在等）があれば、違法性がなく、債務不履行責任を負いません。

(5) 損害が発生したこと（要件⑤）

損害には、大別して財産に対して加えられた財産的損害と、それ以外の非財産的損害（精神的損害　例えば慰謝料など）があります。このうち、財産的損害には、積極的損害（代わりの商品を購入するための支出等）と消極的損害（転売利益を得られなかった等の逸失利益）が含まれます。

(6) 履行遅滞と損害との間に相当因果関係があること（要件⑥）

債務不履行がなければ、損害は生じなかったという関係が必要となります。

2 効 果

履行遅滞によって生じる損害の中心は、債務の履行が遅れたことによる損害であり、その賠償を遅延賠償といいます（415条1項）。

3 履行不能

1 要 件

履行不能に基づく損害賠償請求の要件は、①履行が不能であること、②不能が債務者の責めに帰すべき事由に基づくこと、③損害が発生したこと、④履行不能と損害との間に相当因果関係があ

---

*2

■ 参考データ

金銭債務については特則が設けられており、金銭債務の債務者は、**不可抗力**の場合も債務不履行責任を負います（419条3項）。つまり、債務者の帰責事由は不要です。

ることです。

(1) 履行が不能であること（要件①）

履行が不能である場合には、債権の成立時に履行が不能である場合（原始的不能）と、債権の成立後に履行が不能となった場合（後発的不能）があります。

履行不能には、物理的不能だけでなく、社会通念上の履行不能も含まれるので、不動産の二重譲渡で売主が他の買主に移転登記を経た場合等も、履行不能にあたります。*1

(2) 不能が債務者の責めに帰すべき事由に基づくこと（要件②）

履行遅滞と同様です。ただし、債務者がその債務について遅滞の責任を負っている間に当事者双方の責めに帰することができない事由によってその債務の履行が不能となったときは、その履行の不能は、債務者の責めに帰すべき事由によるものとみなされます（413条の2第1項）。

(3) その他の要件

要件③、④については、履行遅滞の要件⑤、⑥と同様です。

2 効 果

(1) 損害賠償請求権

履行不能による損害賠償は、目的物の給付に代わる損害の賠償（塡補賠償）です（415条2項1号）。

(2) 代償請求権

債務の履行が不能となった場合に、債権者の履行請求権は消滅します。この場合に、債務者が履行不能を生じさせたのと同一の原因によって、履行の目的物に代わる権利や利益（これを代償といいます）を得たときは、債権者は、自らが受けた損害の額の限度において、債務者に対し、代償の譲渡を求めることができます（422条の2）。*2

4 不完全履行

不完全履行の要件は、①一応債務が履行されたこと、②履行として給付された内容が質的に当該債権本来の内容に達していないこと、③不完全履行が債務者の責めに帰すべき事由に基づくこと、④損害が発生したこと、⑤不完全履行と損害との間に相当因果関係があることが必要であると解されています。

*1 ■参考データ
履行期前に給付の不能なことが確実となったときは、履行期の到来を待たずに履行不能となります。また、履行期が徒過した後に不能となったときも、この時から履行不能となります。

*2 ■参考データ
例えば、債務者の目的物が滅失したときに、債務者が取得する損害保険金請求権などです。

Festina lente
不完全履行の要件を定めた条文はないよ。

5 損害賠償の方法と内容等

1 損害賠償の方法

民法では、**金銭賠償**が原則とされていますが（417条）、別途契約によって、現実に損害を回復すること（原状回復）を損害賠償の方法とすることができます。

2 損害賠償の内容

(1) 原　則

原則として、債務不履行との間に事実的因果関係のある損害の全部ではなく、そのうち、通常ならば生じる損害（**通常損害**）の額だけを請求できます（416条1項）。*3

(2) 例　外

特別な事情から生じた損害（**特別損害**）については、**債務者が、履行期ないし不履行時に、その特別な事情を予見すべきであった場合**は、その額も請求できます（416条2項）。*4

3 損害賠償に関する例外及び減額調整

(1) 金銭債務の特則

金銭債務の賠償額は、実損害ではなく、原則として**一定の率**によります（419条1項）。

また、債権者は、損害賠償にあたって、**損害の証明を要せず**（同条2項）、債務者は、不可抗力の場合も債務不履行責任を負います（同条3項）。

(2) 損害賠償額の予定

損害賠償額の予定とは、債務不履行の場合に債務者が賠償すべき額をあらかじめ当事者間の契約で定めておくことをいいます（420条1項）。これは、過失の有無や損害の大小等を問題とせずに、一律に解決するための契約です。

損害賠償額の予定があるときは、債権者は、債務不履行の事実を証明すれば、**損害の発生やその額を証明しなくても、約定の賠償額を請求**することができます。そして、裁判所は、過大な賠償の予定等がなされているときは、民法90条を理由として当該予定条項を無効としたり、予定賠償額を**減額すること**ができます。しかし、裁判所は、予定賠償額を**増額することができるわけではありません**。

---

*3
■ 参考データ

例えば、種類物売買の目的物が給付されなかった場合の同種の物を買うために余計にかかった費用等がこれにあたります。

*4
■ 参考データ

例えば、不動産の売買契約において、価格が暴騰したので買主が第三者に対して自己に有利な転売契約を結んでいたところ、売主が債務を履行しなかった場合の転売によって得られたはずの利益等がこれにあたります。

（3）過失相殺

過失相殺とは、債務不履行又はこれによる損害の発生若しくは拡大に関して債権者にも過失があったときに、裁判所がこれを考慮して債務者の損害賠償責任の有無及び賠償額を定めることをいいます（418条）。その趣旨は、債権者と債務者の公平を図ることにあります。

3 債権者の受領遅滞

重要度 C

例えば、自動車の売主が引渡しのために買主の自宅まで約束の自動車を運んでいったところ、買主が正当な理由なく自動車を引き取ろうとしないということも起こり得ます。

このように、債権者が、債務の内容を実現するためになすべき債務者への協力行為を拒み、又は協力行為をすることができない場合には、債務者は、弁済の提供（債務者が給付に必要な準備をして債権者の協力を求めること）をなせば、債務を履行しないことによって生ずべき責任を負わないとされています（492条）。

このとき、債権者は受領遅滞に陥り、受領遅滞によって生じる不利益・負担は、債権者が引き受けなければなりません（413条、413条の2第2項）。*1*2

*1
■参考データ
もっとも、これらの規定は、債権者であることのみを理由に債権者に受領義務や協力義務を課すものではありません。

*2
■参考データ
受領遅滞の効果の1つとして、債務者の目的物の保存義務がそれまでの善管注意義務（400条）から、自己の財産に対するのと同一の注意義務（413条1項）へと軽減されます。

本試験レベルの問題にチャレンジ！ ▶▶▶

Chapter 24 責任財産の保全

重要度 B

イントロダクション　学習のポイント

　この Chapter では債権者代位権と詐害行為取消権について勉強します。受験生が苦手にするテーマの１つです。一度にマスターするのは難しいかもしれません。責任財産の保全といわれてもピンとこないかもしれませんが、簡単にいえば、債権者は、債務者の財産がなくならないようにするためにどういうことをできるか？という問題です。まず、２つの要件に着目していきましょう。また、２つの比較は大切ですから、表を利用して混乱しないようにしていきましょう。

ベーシック　じっくり理解しよう!

1　総　説

重要度 C

　債務者が債務を弁済しないとき、債権者は、裁判所に訴えて債権の存在を確認してもらい、それに基づいた強制執行手続により、自分の債権を回収することができます。

　このような強制執行に備えて、債務者の強制執行の対象となる財産、すなわち責任財産を確保しておく制度として、民法上、債権者代位権（423条以下）と詐害行為取消権（424条以下）の２つがあります。これらは、いずれも、本来債務者の自由に委ねられている責任財産の管理に対して債権者が干渉するものですから、自己の財産管理に対する債務者の自由と、責任財産の維持に対する債権者の利益との調和を図る必要があります。

*3
■ 参考データ

債権者代位権と詐害行為取消権の実際の運用は、将来の強制執行に備える機能を超えて、終局的な債権回収の手段としても活用されています。

2 債権者代位権

重要度 A

債権者代位権とは、**債務者がその有する財産権を行使しない場合**に、債権者が自己の債権を保全するために債務者に代わり、自己の名において、債務者の権利を行使して、債務者の責任財産の維持、充実を図る制度をいいます（423条以下）。

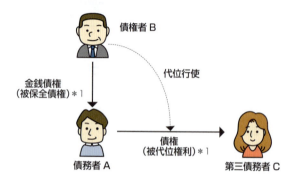

*1
■ **語句解説**

債権者代位権を行使する債権者（代位債権者）が有する債権を**被保全債権**といい、債務者が第三債務者に対して有する債権を**被代位権利**といいます。

1 要　件

債権者代位権の要件は、①**被保全債権が存在すること**、②**債権者が自己の債権を保全する必要があること**、③**債務者が自ら権利を行使しないこと**、④**被保全債権が原則として弁済期に達していること**、⑤**被代位権利が代位権の客体となり得る債権であること**です。

1　被保全債権が存在すること（要件①）

詐害行為取消権の場合と異なり、被保全債権は代位権を行使するときに存在していればよく、被代位権利の成立前に存在している必要はありません。*2

2　債権者が自己の債権を保全する必要があること（要件②）

「債権を保全する必要がある」（423条1項本文）とは、原則として**債務者が無資力**であることを意味し、債権者の被保全債権は**金銭債権**でなければなりません。

3　債務者が自ら権利を行使しないこと（要件③）

債務者が権利を行使している場合には、それがいかに不当なものであったとしても、債権者代位権を行使することはできませ

*2
■ **参考データ**

被保全債権が強制執行により実現することのできないものであるときは、被代位権利を行使することができません（423条3項）。債権者代位権は強制執行の準備のための制度だからです。

ん。この場合は、詐害行為取消権の問題となります。

4 被保全債権が原則として弁済期に達していること（要件④）*3

債権者は、その債権の期限が到来しない間は、被代位権利を行使することができません（423条2項本文）。ただし、**保存行為**（例えば、債務者の債権の時効の完成を阻止する行為、未登記の権利の登記等）については、弁済期前にもすることができます（同項但書）。

5 被代位権利が代位権の客体となり得ること（要件⑤）

(1) 原 則

被代位権利は債務者の財産権であれば、原則として種類は問いません。例えば、代金債権のような請求権や取消権のような形成権、時効の援用権等も被代位権利となります。

(2) 一身専属権

一身専属権については、債務者の自由意思に委ねられるべきなので、被代位権利となりません（423条1項但書）。

Festina lente

例えば、一身専属権には①夫婦間の契約取消権（754条）、②遺留分侵害額請求権（1046条）、③契約の承諾、④債権譲渡の通知、⑤離婚における財産分与請求権、⑥慰謝料請求権等があるよ。

ただし、⑤離婚における財産分与請求権の権利内容が具体化した後は、単純な金銭債権となるから、代位行使することができるんだ。また、⑥慰謝料請求権も具体的な金額が確定すれば、単純な金銭債権となるから、代位行使することができるよ。

---

(3) 差押禁止債権

差押えが禁止される債権（民事執行法152条参照）は、被代位権利となりません（民法423条1項但書）。

2 行使の方法と範囲

1 行使の方法

債権者代位権は、**裁判外でも裁判上でも**行使することができます。また、債権者代位権は、債権者が**自己の名において**債務者の権利を行使するのであって、債務者の代理人として行使するので

---

*3
☑ **要チェック！過去問題**

債権者は、債務者の相手方に対する債権の期限が到来していれば、自己の債務者に対する債権の期限が到来していなくても、被代位権利を行使することができる。
➡ ✕（R3-32-2）

Part 2 民法

Chapter 24 責任財産の保全 281

はありません。*1

2　行使の範囲

　債権者は、被代位権利を行使する場合において、被代位権利の目的が可分であるときは、自己の債権の額の限度においてのみ、被代位権利を行使することができます（423条の2）。代位権の行使は債務者の財産に対する干渉となるので、債権保全に必要な範囲に限定されるからです。

3　相手方の地位

　債権者が被代位権利を行使したときは、相手方は、債務者に対して主張することができる抗弁をもって、債権者に対抗することができます（423条の4）。*2

3　効　果

1　債務者の取立てその他の処分権限等

　債権者が被代位権利を行使した場合であっても、債務者は、被代位権利について、自ら取立てその他の処分をすることを妨げられません（423条の5前段）。

　この場合、相手方も、被代位権利について、債務者に対して履行をすることを妨げられません（同条後段）。そして、債務者が相手方からの履行を受領すれば、当該権利は消滅します。

2　総債権者のための共同担保

　債権者が被代位権利を行使した場合、代位債権者は債務者の権利を行使するので、その行使の効果は直接に債務者に帰属し、債務者の下に回収された財産は、総債権者のための共同担保となります。

　代位債権者も、代位によって優先弁済権を取得することなく、他の一般債権者と平等弁済を受けることができるにすぎません（債権者平等の原則）。

3　代位債権者の事実上の優先弁済権

（1）被代位権利が金銭の支払請求権である場合

　弁済の効果は債務者に帰属します。もっとも、債権者は、被代位権利を行使する場合において、被代位権利が金銭の支払を目的とするものであるときは、相手方に対し、その支払を自己に対してすることを求めることができます（423条の3前段）。

---

*1
■ 参考データ
債権者は、被代位権利の行使に係る訴えを提起したときは、遅滞なく、債務者に対し、訴訟告知（民事訴訟法53条参照）をしなければなりません（民法423条の6）。

*2
■ 参考データ
例えば、債務者Bが売主として買主Cに対して有する代金債権を債権者Aが代位行使する場合、買主Cは同時履行の抗弁権を主張して、代金の支払を拒むことができます。

Festina lente

代位行使によって差押えと同様の効果が生じるわけではないから、代位債権者から通知がなされても、また訴訟告知（423条の6）がなされても、債務者の処分権限には影響がなく、債務者は、相手方に対して権利行使をすることができるんだよ。

このとき、代位債権者が第三者から受領した目的物が金銭であって、かつ、代位債権者の被保全債権も金銭債権である場合（金銭を目的とする給付債権へと転化している場合も含みます）には、代位債権者は、債務者が自己に対して有する返還請求権（金銭債権）と、自己が債務者に対して有する被保全債権（金銭債権）を**相殺**することによって、**事実上優先弁済**を受けたのと同一の結果となります。つまり、現実には、債権者代位権は、通常の強制執行手続よりも簡便な債権回収の手段として機能します。

この場合において、相手方が債権者に対してその支払をしたときは、被代位権利は、これによって消滅します（同条後段）。

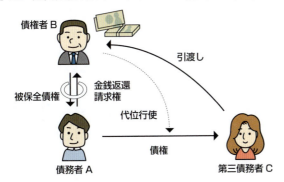

（2）被代位権利が物の引渡請求権である場合

債権者は、被代位権利を行使する場合において、被代位権利が**動産の引渡し**を目的とするものであるときは、相手方に対し、**その引渡しを自己に対してすることを求めることができます**（423条の3前段）。*3

この場合において、相手方が債権者に対してその引渡しをしたときに被代位権利が消滅するのは、（1）被代位権利が金銭の支払請求権である場合と同様です。

（3）被代位権利が不動産の登記請求権の場合

不動産登記請求権については、債務者の下に登記を戻すだけですむので、受領拒絶ということは考えられず、**直接債権者に登記を移転するように請求することはできません。**

---

*3
要チェック！過去問題

債権者は、被代位権利を行使する場合において、被代位権利が動産の引渡しを目的とするものであっても、債務者の相手方に対し、その引渡しを自己に対してすることを求めることはできない。

→✗(R3-32-3)

4 個別権利実現準備型の債権者代位権

1 意 義

債権者代位権は、本来、債務者の責任財産を保全するための制度ですから、被保全債権は金銭債権であるのが原則です（責任財産保全型の債権者代位権）。

しかし、**金銭債権以外の債権の保全**のためにも、債権者代位権を利用することが、条文上及び判例上認められています。これを個別権利実現準備型の債権者代位権といいます。[*1]

2 具体例

(1) 登記請求権の代位行使（423条の7）

登記又は登録をしなければ権利の得喪及び変更を第三者に対抗することができない財産を譲り受けた者は、その譲渡人が第三者に対して有する登記手続又は登録手続をすべきことを請求する権利を行使しないときは、その権利を行使することができます（423条の7前段）。例えば、不動産がA→B→Cと譲渡されたのに、登記がなおAにある場合、CはBに対する登記請求権を保全するため、BのAに対する登記請求権を代位行使することができます。

[*1] ■ 参考データ
個別権利実現準備型の債権者代位権においては、債務者の責任財産を保全するために代位権が行使されるのではなくて、債権者の債務者に対する金銭債権以外の債権を保全するために行使されるので、**債務者の無資力要件は不要**となります。

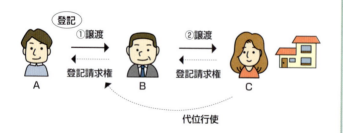

(2) 債権譲渡の通知請求権の代位行使

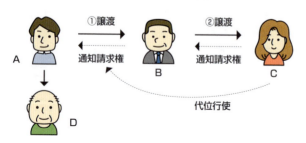

AのDに対する債権が、B、更にCへと転売されていった場合、CはBに代位して、Aに対し、Bへの譲渡をDに通知するように求める権利を行使することができます。

(3) 賃貸人の所有権に基づく妨害排除請求権の代位行使

　A・C間の賃貸借契約の目的となっている土地を不法に占有しているBに対して、賃借人Cは、土地所有者である賃貸人AのBに対する所有権に基づく妨害排除請求権を代位行使することができます。

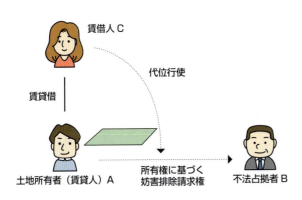

3 詐害行為取消権

重要度 B

　詐害行為取消権とは、**債務者が債権者を害することを知って行為をした場合**、債権者がその行為の取消しを裁判所に請求することができる権利をいいます。

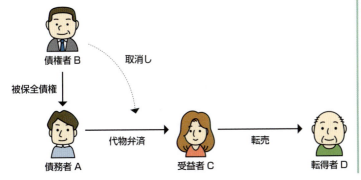

Festina lente
債務者の責任財産の保全と強制執行の準備手続を趣旨とする点では、債権者代位権と同様だよ。ただし、詐害行為取消権においては、取消しの対象となった行為の相手方（受益者）がいることから、その相手方の取引の安全にも配慮しなければならないんだ。

1 要 件

① 債務者が債権者を害する法律行為をしたこと（客観的要件）
② 債務者に詐害意思があり、受益者（転得者）が詐害の事実を知っていること（主観的要件）

1 客観的要件

債権者を害する法律行為（詐害行為）とは、債務者の総財産を減少させ、債権者に債権全額の弁済を得られなくさせる行為をいいます。

（1）被保全債権が金銭債権であること

原則として、被保全債権は**金銭債権**に限られます。

なお、債権者は、その債権が強制執行により実現することのできないものであるときは、詐害行為取消請求をすることができません（424条4項）。

（2）被保全債権が詐害行為前の原因に基づいて生じたものであること

債権者は、その債権が詐害行為の前の原因に基づいて生じたものである場合に限り、詐害行為取消請求をすることができます（424条3項）。すなわち、被保全債権の発生原因は、**詐害行為の前に生じたもの**であることを要します。なぜなら、詐害行為取消権の趣旨は、被保全債権の取得時点の責任財産を保全することにあるからです。[*1]

（3）債務者の無資力

詐害行為時と取消権行使時の双方の時点において、債務者が**無資力**であることが、要求されます。

（4）財産権を目的とする行為

詐害行為は、債務者の法律行為であって財産権を目的とするものに限られる（424条2項）ため、婚姻や相続放棄等の**身分行為は、詐害行為とならないのが原則**です。ただし、身分行為であっても、財産権にかかわる行為は詐害行為となり得ます。

例えば、**遺産分割協議**は、相続財産の帰属を確定させるものであって、その性質上、財産権を目的とする法律行為であるため、取消権の対象となります（判例）。これに対して、**離婚による財産分与**は、原則として詐害行為取消権の対象になりませ

[*1]
■ **参考データ**

弁済期が到来していることまでは要しません。

Part 2
民 法

ん。ただし、離婚による財産分与が不相当に過大であるとき
は、財産分与に仮託してなされた財産処分行為にあたるため、
不相当に過大な部分については、取消権を行使することができ
ます（判例）。

（5）詐害性判断の特則*2

a　相当の対価を得てした財産の処分行為（424条の2）

債務者が、その有する財産を処分する行為をした場合に
おいて、受益者から相当の対価を取得しているときは、当
該行為は、原則として、詐害行為にあたりません。例えば、
債務者が相当価格で所有する不動産を売却する場合（相当
価格処分行為）です。

もっとも、例外として、債権者は、次に掲げる要件のい
ずれにも該当する場合に限り、その行為について、詐害行
為取消請求をすることができます。

①　その行為が、不動産の金銭への換価その他の当該処
分による財産の種類の変更により、債務者において隠
匿、無償の供与その他の債権者を害することとなる処
分（隠匿等の処分）をするおそれを現に生じさせるも
のであること

②　債務者が、その行為の当時、対価として取得した金
銭その他の財産について、隠匿等の処分をする意思を
有していたこと

③　受益者が、その行為の当時、債務者が隠匿等の処分
をする意思を有していたことを知っていたこと

b　特定の債権者に対する担保の供与等（424条の3）

債務者がした既存の債務についての担保の供与又は債務の
消滅に関する行為は、原則として、詐害行為にあたりません。

もっとも、例外として、債権者は、次に掲げる要件のい
ずれにも該当する場合に限り、詐害行為取消請求をするこ
とができます（同条1項）。

①　その行為が、債務者が支払不能（債務者が、支払能
力を欠くために、その債務のうち弁済期にあるものに
つき、一般的かつ継続的に弁済することができない状
態）の時に行われたものであること

*2
■ **参考データ**
責任財産が減少する
行為に詐害性があり
ますが、必ずしも減
少するわけではない
行為であっても、特
則として詐害性があ
ると判断される場面
があります。

② その行為が、債務者と受益者とが通謀して他の債権者を害する意図をもって行われたものであること

c 過大な代物弁済等（424 条の 4）

債務者がした債務の消滅に関する行為であって、受益者の受けた給付の価額がその行為によって消滅した債務の額より過大であるものについて、424 条に規定する要件に該当するときは、債権者は、その消滅した債務の額に相当する部分以外の部分について、詐害行為取消請求をすることができます。

2 主観的要件

（1）受益者を被告とする場合

主観的要件として、債務者が詐害意思を有すること、及び受益者が悪意であることを要します（424 条 1 項）。*1

（2）転得者を被告とする場合

主観的要件として、債務者が詐害意思を有すること、及び受益者が悪意であることを要します（424 条の 5、424 条 1 項）。さらに、その転得者が、転得の当時、債務者がした行為が債権者を害することを知っていたことを要します（424 条の 5 第 1 号）。

2 行　使

1 行使の方法

詐害行為取消権は、必ず訴えによらなければなりません（424 条、424 条の 5）。また、詐害行為取消訴訟の被告は、受益者又は転得者であり（424 条の 7 第 1 項 1 号、2 号）、債務者は被告となりません。

債権者は、詐害行為取消請求に係る訴えを提起したときは、遅滞なく、債務者に対し、訴訟告知をしなければなりません（同条 2 項）。*2

2 逸出財産の返還の方法

債権者は、受益者に対する詐害行為取消請求において、債務者がした行為の取消しとともに、その行為によって受益者に移転した財産の返還を請求することができます（現物返還の原則　424 条の 6 第 1 項前段）。

---

*1
■ 語句解説

債務者の詐害意思とは、その行為が債権者を害すること、すなわち、総債権者に対する弁済の資力に不足をきたすことを知っていることをいいます。
受益者の悪意とは、債務者の詐害行為を知っていること、すなわち、債務者の当該行為が債権者を害するものであることを知っていることをいいます。

*2
■ 参考データ

訴訟告知をするのは、詐害行為取消請求を認容する確定判決は、債務者及びそのすべての債権者に対してその効力を有する（425 条）ことから、**債務者に対する手続保障**を図るためです。

もっとも、例外として、受益者がその財産の返還をすることが困難であるときは、債権者は、その**価額の償還**を請求することができます（同項後段）。

3　行使の範囲

債権者は、詐害行為取消請求をする場合において、債務者がした行為の目的が**可分**であるときは、**自己の債権の額の限度**においてのみ、その行為の取消しを請求することができます（424条の8第1項）。*3

しかし、詐害行為の目的物が**不可分**の場合には、その価額が債権額を上回るときでも、**詐害行為全体**について取消権を行使することができます。

4　期間制限

詐害行為取消請求に係る訴えは、債務者が債権者を害することを知って行為をしたことを**債権者が知った時から2年**を経過したときは、提起することができません（426条前段）。

また、詐害行為取消請求に係る訴えは、**行為の時から10年**を経過したときも、提起することができません（同条後段）。

3　効　果

1　認容判決の効力が及ぶ者の範囲

詐害行為取消請求を認容する確定判決は、被告とされた受益者又は転得者のみならず、**債務者及びそのすべての債権者**に対しても**その効力を有します**（425条）。

2　債務者に回復された財産をめぐる法律関係

詐害行為取消権の行使の結果として取り戻された財産は、**債務者の責任財産**として回復されます。

債務者のすべての債権者は、債権の成立と詐害行為の時期の前後を問わず、取り戻された財産につき、民事執行法の規定に従い、強制執行等をすることができます。

3　取消債権者の事実上の優先弁済権

(1)　目的物が金銭又は動産の場合

債権者は、受益者又は転得者に対して財産の返還を請求する場合において、その返還の請求が**金銭の支払又は動産の引渡し**を求めるものであるときは、受益者に対してその支払又は引渡

Festina lente

詐害行為取消権の制度は、逸出財産を債務者の一般財産に原状回復することを目的とするものとして構想されているんだ。だから、**現物返還**が可能な場合には、できるだけその方法によるべきなんだよ。

---

*3
参考データ

債権者が受益者又は転得者に対して価額の償還を請求する場合についても、**自己の債権の額の限度**においてのみ、その行為の取消しを請求することができます（424条の8第2項）。

Festina lente

詐害行為取消権の行使の効果は、債務者のすべての債権者（詐害行為の時又は判決確定の時より後に債権者になった者を含む）の利益のために生じるんだよ。

Chapter 24
責任財産の保全

しを、転得者に対してその引渡しを、**自己に対してすることを求めることができます**（424条の9第1項前段）。*1

（2）目的物が不動産の場合

取消債権者は、債務者名義の登記の回復を請求できるにとどまり、**直接自己への移転登記を請求することはできません**。

*1
■ **参考データ**
その結果、相手方から金銭を受領した取消債権者は、債務者の返還請求権と被保全債権とを相殺することにより、他の債権者に優先して自己の被保全債権を回収することになり、**事実上の優先弁済**が認められます。

4 債権者代位権と詐害行為取消権の比較

	債権者代位権	詐害行為取消権
制度趣旨	債務者の責任財産の保全	
適用場面	一般財産の減少を放置する行為があったとき	一般財産を積極的に減少させる行為があったとき
被保全債権	・履行期にあること　→ ただし、保存行為は、履行期前でもよい ・代位の目的たる権利より前に成立したことを要しない ・被保全債権となるべき債権が強制執行により実現することができないものであるときは、債権者は、被代位権利を行使することができない	・詐害行為前の原因に基づいて生じたものであること ・履行期の前後を問わない
債務者の無資力	原則：必要 例外：個別権利実現準備型の債権者代位権の場合、不要	常に必要
客体	債務者に属する権利　→ ただし、①一身専属権、②差押不可能な権利は、除かれる	詐害行為　→ ただし、財産権を目的としない行為は除かれる
行使方法	裁判上、裁判外を問わない	裁判上行使することが必要
効果	債務者にも及ぶ（民事訴訟法115条1項2号）	債務者及びそのすべての債権者に対してその効力を有する
期間制限	なし	①債務者が債権者を害することを知って行為をしたことを債権者が知った時から2年 ②行為の時から10年

本試験レベルの問題にチャレンジ！▶▶▶

Chapter 25 多数当事者の債権・債務

重要度 A

イントロダクション　学習のポイント

　1人の債権者に対して複数の債務者がいる場合を多数当事者の債務関係といいます。この場合、各債務者の債務はそれぞれ分割・独立しており、ある債務者に起こった事由は他の債務者に対して影響を及ぼさないのが原則です（**分割債務の原則**）。しかし、ある債務者が弁済をできないような場合、債権者としては他の債務者に弁済をしてもらえれば、自分の債権を回収することができます。そこで、特約によって**連帯債務**にすることが認められています。

　なお、一定の要件を満たす場合、民法などの法律によって複数の債務が連帯債務になることもあります。また、債権者が債権回収を確実にする方法として、ほかにも**保証・連帯保証**が認められています。担保物権などの物的担保と並んで、人的担保といわれる民法が認めた担保制度です。この場合にも、保証人や債務者に生じた事由が他の保証人などに影響を与えるかが問題となります。

ベーシック　じっくり理解しよう！

1　分割債権・分割債務

重要度 B

1　意　義

　分割債権とは、1個の可分な給付を目的とした債権が、多数の者に一定の割合で分割的に帰属する関係をいいます（427条）。例えば、次頁の図のAとBとCが共有する建物を売却した場合のDに対する3,000万円の代金債権がこれにあたります。

　分割債務とは、1個の可分な給付を目的とした債務が、多数の者に一定の割合で分割的に帰属する関係をいいます（同条）。例えば、次頁の図のAとBとCがDの所有する建物を共同購入し

た場合のDに対する3,000万円の代金債務がこれにあたります。

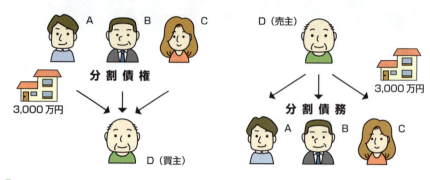

2 効 力

各債権者又は各債務者は、別段の意思表示がない限り、平等の割合で分割された債権を有し、又は債務を負います（427条）。

各債権又は各債務は、一定の割合において分割され、相互に全く独立したものです。それゆえ、各債権者は自分の債権のみを単独で行使することができ、各債務者は自分の債務のみを弁済すべき義務を負います。また、**1人の債権者又は債務者について生じた事由は、すべて相対的効力しか有しません。**[*1]

*1
■ 語句解説
相対的効力とは、数人の債権者又は債務者のうちの1人に生じた事由の効力が、他の債権者や債務者に影響を及ぼさないことをいいます。これに対して、**絶対的効力**とは、数人の債権者又は債務者のうちの1人に生じた事由の効力が、他の債権者や債務者に影響を及ぼすことをいいます。

Festina lente
分割債権・分割債務が原則だけど、給付の目的が、性質上不可分である場合などは、不可分になるよ。例えば、1台の自動車、1棟の家屋等の所有権移転ないし引渡しをするという給付は不可分債務だね。

2 不可分債権・不可分債務

重要度 B

1 意 義

不可分債権とは、多数人が1個の不可分給付を目的とする債権を有する場合をいいます（428条）。

これに対して、不可分債務とは、多数人が1個の不可分給付を目的とする債務を負担する場合をいいます（430条）。給付の目的

が、性質上不可分である場合（例えば、1台の自動車、1棟の家屋等の所有権移転ないし引渡しをするという給付）に限定されます。*2

2 効力

1 不可分債権の場合

各債権者は、すべての債権者のために履行を請求することができます（428条・432条）。それゆえ、各債権者は、単独で、自己に全部の給付をするように請求することができます。例えば、AとBが共同して家屋の使用貸借の貸主となっていた場合において、Aは、単独で、使用貸借契約の終了を原因とする家屋明渡請求権を行使することができます。

一方で、債務者は、すべての債権者のために各債権者に対して履行をすることができます（432条）。それゆえ、債務者は、債権者のうち1人を選び、この者に対して全部の履行をすることができます。

2 不可分債務の場合

債権者は、不可分債務者の1人に対して、又はすべての債務者に対して、同時又は順次に、全部の履行を請求することができます（430条・436条）。

*2
■ 参考データ
金銭給付は可分なので、分割債権債務となるのが原則です。そして、債権の目的が、「その性質上可分である」が意思表示により「不可分債務」となるケースは認められません。例えば、不動産の共同賃借人の負担する賃料債務は連帯債務となります。

3 連帯債権

重要度 B

1 意義

連帯債権とは、数人の債権者が、同一内容の可分の給付について、各自が独立に全部の給付を求める債権を有し、そのうちの1人に対して給付があれば、他の債権者の債権も消滅する多数当事者の債権をいいます（432条以下）。

連帯債権の成立には、法令の規定による場合、及び当事者の意思表示による場合があります。

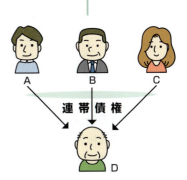

Chapter 25 多数当事者の債権・債務

2 効 力

1 対外的効力

各債権者は、**すべての債権者のために全部又は一部の履行を請求**することができ、債務者は、すべての債権者のために各債権者に対して履行をすることができます（432条）。

2 影響力

(1) 相対的効力

連帯債権において各債権者が有する権利は、本来、それぞれ別個独立なものですから、連帯債権者の1人について生じた事由は、**他の連帯債権者に影響を与えない（相対効）**のが原則です（435条の2）。

しかし、例外的に、一定の事由については、他の債権者に影響を与える絶対的効力を認めています。

(2) 絶対的効力

弁済、代物弁済、履行の請求、更改、免除、相殺及び混同については、**絶対的効力**を生じます。

a 弁済、代物弁済

例えば、Dが連帯債権者の1人であるCに全額を支払うと、AとBの債権も消滅します。

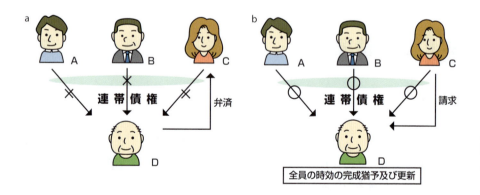

b 履行の請求

連帯債権者の1人、例えばCがDに対して請求すれば、その効果はAとBにも及びます（432条）。これにより、C

のみならず、A及びBとの関係でも消滅時効の完成猶予及び更新がされることになります（147条1項1号、2項）。

c 更改

更改とは、給付の内容の重要な変更、又は債務者若しくは債権者の交替によって、新債務を成立させるとともに旧債務を消滅させる契約のことをいいます（513条）。

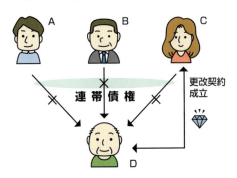

Dが、連帯債権者の1人、例えばCとの間で、更改契約を結んだ場合は、Cがその権利を失わなければ分与されるべき利益にかかる部分については、AもBも履行を請求することができません（433条）。

d 免除

免除とは、債権を無償で消滅させる債権者の一方的意思表示をいいます（519条）。

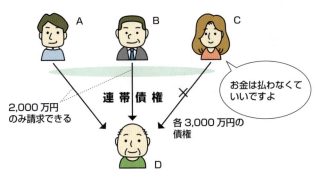

連帯債権者の1人、例えばCがDの債務を免除したとします。この場合、Cの債権は全額消滅し、AとBは、Cがその権利を失わなければ分与されるべき利益にかかる部分

（1,000万円）については、履行を請求することができません（433条）。その結果、AとBは、2,000万円の連帯債権を有することになります。

e　相　殺

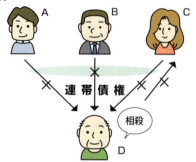

　Dが、連帯債権者の1人、例えば、Cに対して債権があり、この債権と代金債務を相殺したとします。この場合、AとBの債権も消滅します（434条）。

f　混　同

　混同とは、同一債権について債権者としての地位と債務者としての地位が同一人に帰属し、債権が消滅することをいいます（520条）。

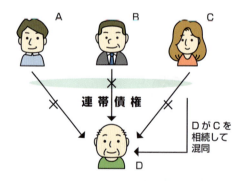

　例えばDが、連帯債権者の1人であるCを相続すると、Dは弁済したものとみなされ、AとBの債権も消滅します（435条）。

3　対内的効力

　債務者からの弁済を受領した債権者は、他の債権者に利益を分配すべきです。

4 連帯債務

重要度 A

1 意 義

　連帯債務とは、数人の債務者が、同一内容の可分の給付について、各自が独立に**全部の給付をなすべき債務**を負担し、そのうちの1人の給付があれば、他の債務者の債務も消滅する多数当事者の債務をいいます（436条以下）。

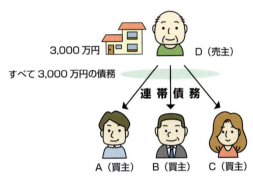

　連帯債務は、債務者の数に応じた数個の独立した債務ですから、各債務者の債務の態様を異にすることができます（例えば、利息、期限等）。また、債務者の1人についての債権にのみ、抵当権を設定したり、保証人を付けたりすることができます。
　連帯債務の成立には、意思表示による場合、及び法律の規定による場合があります。

2 効 力

1 対外的効力

　債権者は、連帯債務者の**1人、数人又は全員**に対して、給付の**全部又は一部**の請求をすることができます（436条）。**同時**に請求してもよいし、**順次**に請求しても構いません（同条）。
　なお、連帯債務は、別個の独立の債務ですから、連帯債務者の1人について法律行為の無効又は取消しの原因があっても、他の連帯債務者の債務は、その効力を妨げられません（437条）。

2 影響力
(1) 相対的効力
　連帯債務において各債務者が負う債務は、本来、それぞれ別個独立なものですから、連帯債務者の1人について生じた事由は、他の債務者に影響を与えない（相対的効力）のが原則です（441条）。
　しかし、例外的に、一定の事由については、他の債務者に影響を与える絶対的効力を認めています。

(2) 絶対的効力
　弁済、代物弁済、更改、相殺、及び混同については、絶対的効力を生じます。

a 弁済、代物弁済
　連帯債務者の1人、例えばCが、Dに全額を支払うと、AとBの債務も消滅します。

b 更改
　更改とは、給付の内容の重要な変更、又は債務者若しくは債権者の交替によって、新債務を成立させるとともに旧債務を消滅させる契約のことをいいます（513条）。

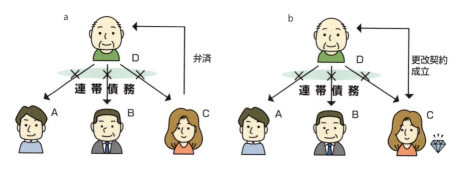

　Dが、連帯債務者の1人、例えばCとの間で、更改契約を結んだ場合は、他の連帯債務者AとBも連帯債務を免れます（438条）。

c 相殺
ア 自己の債権による相殺
　連帯債務者の1人、例えば、Cが、Dに対して債権があり、この債権と代金債務を相殺したとします。この場

合、AとBの債務も消滅します（439条1項）。

イ　他の連帯債務者が債権を有する場合の履行拒絶

　　例えば、連帯債務者Aが、Dに対して1,500万円の債権を有していたとします。このとき、BとCは、Aの**負担部分の限度**1,000万円まで、債務の履行を拒むことができます（439条2項）。*1

> *1
> **■ 語句解説**
> **負担部分**とは、連帯債務者の内部において、それぞれが最終的に負担する割合をいいます。原則として負担部分は平等です。

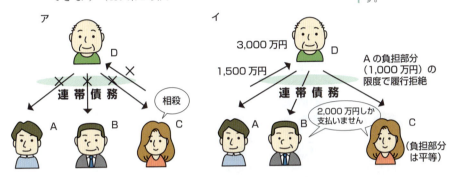

d　混同

　　混同とは、同一債権について債権者としての地位と債務者としての地位が同一人に帰属し、債権が消滅することをいいます（520条）。

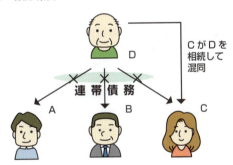

　　例えばCが、Dを相続すると、Cは弁済したものとみなされ、Cの債務は消滅し、他の連帯債務者AとBも、連帯債務全額を免れます（440条）。

3　対内的効力

　　連帯債務者の1人が、弁済その他自己の財産をもって共同の免責を得たときは、その連帯債務者は、その免責を得た額が自己の

負担部分を超えるかどうかにかかわらず、他の連帯債務者に対し、その免責を得るために支出した財産の額のうち各自の負担部分に応じた額の求償権を取得します（442条1項）。

例えば、債務者A、B、Cが、負担部分平等で、1,200万円の連帯債務を負っている場合に、Cがその負担部分400万円を超えない300万円しか弁済しなかった場合でも、Cはその300万円について、AとBに各100万円ずつ、求償をすることができます。

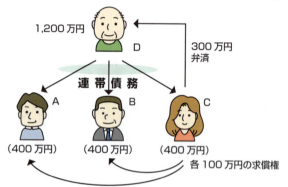

(1) 求償権の範囲

求償の範囲には、弁済その他免責があった日以後の法定利息、及び避けることができなかった費用（例えば、弁済のために債権者方まで出向いた交通費等）、その他の損害が含まれます（442条2項）。

(2) 通知義務

連帯債務者が弁済その他自己の財産をもって共同の免責を得る場合、他の債務者に影響を及ぼすことになるから、事前及び事後において、他の連帯債務者に対して通知することが要求されます（443条）。

(3) 償還無資力者がいる場合

連帯債務者の中に償還をする資力のない者がいるときは、その償還をすることができない部分は、求償者及び他の資力ある者の間で、各自の負担部分に応じて分割して負担します（444条1項）。弁済者のみに償還無資力の負担を負わせることは不公平だからです。

この場合に、求償者及び他の資力のある者がいずれも負担部

分を有しない者であるときは、その償還をすることができない部分は、求償者及び他の資力のある者の間で、等しい割合で分割して負担します（同条2項）。

また、これらの場合に、償還を受けることができないことについて**求償者に過失**があるときは、他の連帯債務者に対して**分担を請求することはできません**（同条3項）。

例えば、B、C、DがAに対して120万円の連帯債務を負担していたところ（負担部分は平等）、Bが120万円全額をAに弁済し、他の連帯債務者CとDに対して、40万円ずつ求償しましたが、Dが無資力であったとします。この場合、Dの負担部分40万円について、BとCは、それぞれの負担部分に応じて（事例では平等）、20万円ずつ負担することになります。ただし、Bが求償権の行使を怠っていたため、Dが無資力となり償還を受けることができなくなった場合のように、求償者に過失があるときは、Bは、Cに対してその分担を請求することはできません。

(4) 連帯債務者の1人との間に免除等があった場合

連帯債務者の1人に対して債務の免除がされ、又は連帯債務者の1人のために時効が完成した場合においても、他の連帯債務者は、その1人の連帯債務者に対し、求償権を行使することができます（445条、442条1項）。

5 保証債務 *1

重要度 **A**

1 意 義

保証契約とは、**債権者と保証人との間**でする、主たる債務者がその債務の履行をしないときに、保証人が主たる債務者に代わって履行するという合意をいいます。

この保証は、人的担保の典型例です。すなわち、本来の債務者以外の債務者（保証人）を設定し、その債務者（保証人）のすべての財産に対して、債務の履行を強制することで、被担保債権の履行がより確実になるのです。

*1
■ 語句解説
保証人の負う義務を**保証債務**といいます。また、保証人の保証債務と区別するため、債務者を**主たる債務者**、主たる債務者の負う債務を**主たる債務**といいます。

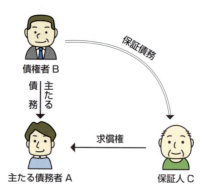

2 保証債務の性質
1 同一内容性
　保証債務は、あくまでも主たる債務を担保するための債務ですから、その内容は主たる債務と同一のものとなります。
2 付従性
　付従性とは、一般的に権利又は債務が、その成立、存続、消滅等において主たる権利と運命をともにすることをいいます。
- ① **主たる債務が成立しなければ保証債務は成立しません**（成立における付従性）。
- ② 保証債務は、その内容や態様において、主たる債務より軽くなることは差し支えありませんが、**主たる債務より重くなってはいけません**（内容における付従性　448条1項、2項）。
- ③ **主たる債務が消滅すれば、保証債務もまた消滅**します（消滅における付従性）。

3 随伴性
　随伴性とは、主たる債務者に対する債権が債権者から第三者に移転すれば、**保証債務も一緒に移転**することをいいます。
4 補充性
　補充性とは、保証人は、主たる債務者が約束を守らなかったときに初めて責任を負う、すなわち、**二次的な責任**を負っていることをいいます（446条1項）。

3 成立要件
　主たる債務が債権者と主たる債務者との間の契約によって成立

するのに対して、保証債務は、債権者と保証人との間の保証契約によって成立します。すなわち、主たる債務と保証債務とは別個独立の債務です。なお、保証契約は、書面でしなければ、その効力を生じません（446条2項）。*1

4 効 力

1 保証債務の範囲

保証債務の範囲は、特約のない限り、元本のほか、利息、違約金、損害賠償、その他その債務に従たるすべてのものを含みます（447条1項）。また、特約があれば、その範囲を限定することができます。

2 保証人の抗弁権等

保証債務の補充性により、保証人には、①催告の抗弁権（452条）、②検索の抗弁権（453条）が認められます。また、保証債務の付従性から、③主たる債務者に生じた権利の援用が認められます。

(1) 催告の抗弁権

催告の抗弁権とは、債権者が主たる債務者に請求しないでいきなり保証人に請求してきた場合において、保証人が、まず主たる債務者に催告すべきことを請求できることをいいます（452条）。

(2) 検索の抗弁権

検索の抗弁権とは、保証人は、債権者が主たる債務者に催告をした後であっても、①主たる債務者に弁済をする資力があり、かつ、②執行が容易なことを証明して、まず主たる債務者の財産について執行すべきことを主張できることをいいます（453条）。

(3) 主たる債務者に生じた権利の援用

① 保証債務の付従性から、保証人は、主たる債務者が債権者に対して同時履行の抗弁権を有しているときは、これを主張して、債権者の請求を拒むことができます（457条2項）。

② 保証人は、主たる債務者が債権者に対して相殺権、取消権又は解除権を有するときは、これらの権利の行使によって主たる債務者がその債務を免れるべき限度において、債権者に対して債務の履行を拒むことができます（457条3項）。

---

*1
■ 参考データ
保証人になる資格には何ら制限はありません。ただし、債務者が法律上、保証人を立てる義務がある場合には、保証人は、①行為能力者であること（450条1項1号）、②弁済する資力を有すること（同項2号）という要件を満たすことが必要です。

Part 2
民法

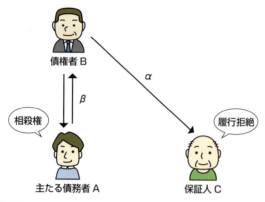

3 影響力
(1) 主たる債務者について生じた事由の効力

主たる債務者について生じた事由の効力は、付従性に基づき、原則として保証人に及びます（絶対的効力）。

例えば、主たる債務者に対する履行の請求その他の事由による時効の完成猶予及び更新は、保証人に対しても効力を生じます（457条1項）。

例外として、①債権者と主たる債務者との間で、保証契約後に主たる債務を加重した場合の効力（448条2項）、②債権譲渡の際の債務者の抗弁放棄の効果（468条1項参照）、③主たる債務者による時効利益の放棄（146条参照）等は、保証人に及びません。*1

(2) 保証人について生じた事由の効力

保証人について生じた事由の効力は、主たる債務を消滅させる行為（弁済、相殺等）のほかは、主たる債務者に影響を及ぼしません。

ただし、連帯保証については例外があります（458条）。

4 情報提供義務
(1) 主たる債務の履行状況に関する情報の提供義務

保証人が主たる債務者の委託を受けて保証をした場合において、保証人の請求があったときは、債権者は、保証人に対し、遅滞なく、主たる債務の元本及び主たる債務に関する利息、違約金、損害賠償その他その債務に従たるすべてのものについての不履行の有無並びにこれらの残額及びそのうち弁済期が到来

---

*1 ■ 参考データ

債権譲渡の通知（467条）は、主たる債務者への通知のみで足り、これによって保証人に対しても対抗することができます。逆に、保証人への通知は、主たる債務者に対する対抗要件にならないだけでなく、保証人に対する対抗要件にもなりません。

しているものの額に関する**情報を提供**しなければなりません（458条の2）。

（2）主たる債務者が期限の利益を喪失した場合における情報の提供義務

主たる債務者が期限の利益を有する場合において、その利益を喪失したときは、債権者は、保証人に対し、その利益の喪失を知った時から2か月以内に、その旨を通知しなければなりません（458条の3第1項）。*2

5　対内的効力

保証人が債権者に弁済した場合、保証人は、主たる債務者に対して**求償権**を取得します（459条～465条）。

（1）通知義務

a　保証人の通知義務

主たる債務者の委託を受けた保証人は、主たる債務者に対して、弁済その他債務の消滅行為の**事前及び事後に通知**する義務を負い、この通知を怠ると**求償権の制限**を受けます（463条1項、3項）。

主債務者の意志に反しない委託を受けない保証人は、主たる債務者に対して、弁済その他債務の消滅行為の**事後に通知**する義務を負い、この通知を怠ると**求償権の制限**を受けます（同条3項）。

b　主たる債務者の通知義務

保証人が主たる債務者の委託を受けた者である場合、主たる債務者は、弁済その他債務の消滅行為をした後、保証人に対して通知しなければなりません（**事後通知**）。*3

（2）求償権の範囲

a　委託を受けた保証人

① 保証人が**主たる債務者の委託を受けて保証**をした場合において、主たる債務者に代わって弁済その他債務の消滅行為をしたときは、その保証人は、主たる債務者に対し、そのために**支出した財産の額の求償権**を有します（459条1項）。

委託を受けた保証人の求償権の範囲は、連帯債務の場合と同様です（459条2項・442条2項）。

Festina lente

これは、主たる債務者が主たる債務について債務不履行に陥ったものの、保証人が長期間にわたってそのことを知らなかった場合、保証人が請求を受ける時点では遅延損害金が多額になり、保証人に酷な結果となることから、それを避けるために設けられた規定なんだ。

Part 2 民法

＊2
■参考データ

この期間内に通知をしなかった場合、債権者は、保証人に対し、主たる債務者が期限の利益を喪失した時から現に通知をするまでに生じた遅延損害金に係る保証債務の履行を請求することができません（458条の3第2項）。

＊3
■参考データ

この場合、通知がなく、その後、保証人が善意で弁済その他債務の消滅行為をしたときは、保証人は、その行為を有効であったものとみなすことができ（463条2項）、主たる債務者に対して求償をすることができます。

② 委託を受けた保証人は、主たる債務の弁済期到来前に弁済その他債務の消滅行為をすることができます。この場合、保証人は、**主たる債務者がその当時利益を受けた限度**において求償権を有します（459条の2第1項前段）。

b 委託を受けない保証人

① 保証をしたことが**主たる債務者の意思に反しない場合**には、弁済その他債務の消滅行為をした当時を基準として、**主たる債務者が利益を受けた限度で求償**をすることができます（462条1項・459条の2第1項）。[*1]

② さらに、保証をしたことが**主たる債務者の意思に反する場合**には、求償の当時を基準として、主たる債務者が**現に利益を受けている限度で求償**し得るにとどまります（462条2項前段）。

(3) 事前求償権

主たる債務者から委託を受けて保証をした保証人は、主たる債務者に対し、一定の事由があるときに限り、**あらかじめ求償**をすることができます（460条1号〜3号参照）。[*2]

5 連帯保証

連帯保証とは、保証人が、主たる債務者と連帯して保証債務を負担することをいいます。連帯保証債務も、保証債務の一種ですから、主たる債務の存在を前提として付従性がありますが、次の点で通常の保証債務とは異なります。

1 補充性の否定

連帯保証人には、**催告及び検索の抗弁権がありません**（454条）。

2 分別の利益の否定

連帯保証人が数人いても、**分別の利益がありません**。

---

*1
■ **参考データ**
それゆえ、利息や損害賠償を請求することはできません。

*2
■ **参考データ**
たとえば、債務が弁済期にあるときなどがこれにあたります。

Festina lente

分別の利益について説明するね。主債務を保証する人が複数いるときの状態を**共同保証**というんだ。この場合は、原則として、保証人の責任を軽減し、共同保証人間の関係を簡略化するために、各保証人は、債務額を全保証人に均分した部分（負担部分）についてのみ保証する仕組みになっている（456条・427条）。これを**分別の利益**というよ。

例えば、Aの100万円の債務を単純保証したBとCは、債権者の請求があった場合、

100万円全額を支払う必要はなく、それぞれ50万円ずつ支払えばいいんだ。ただし、分別の利益は、連帯保証の場合は認められないよ。つまり、ＢとＣが連帯保証人のときは、それぞれ100万円全額を支払わなければならないんだ。

3　連帯債務の規定の準用

　連帯保証において各保証人が負う債務は、本来、それぞれ別個独立なものであるから、連帯保証人の１人について生じた事由は、他の連帯保証人に影響を与えない（相対的効力）のが原則です（458条・441条）。

　主たる債務者又は連帯保証人につき生じた事由の効力について、民法は絶対的効力を定める連帯債務の規定を準用しています（458条・438条、439条１項、440条）。

〈多数当事者の債権及び債務の全体像〉

○：絶対効　×：相対効　△：その連帯債務者の自己負担部分についてのみ

		履行	代物弁済	相殺	更改	請求	混同	他人の債権で相殺	免除	時効完成
分割債権 分割債務		×	×	×	×	×	×	—	×	×
不可分債権		○	○	○	×	○	×	—	×	×
不可分債務		○（主債務を満足させるもの）		○	○	×	×	△ 負担部分のみ履行拒絶	×	×
連帯債権		○	○	○	△ 分与割合利益部分のみ	○	○	—	△ 分与割合利益部分のみ	×
連帯債務		○（主債務を満足させるもの）		○	○	×	○	△ 負担部分のみ履行拒絶	×	×
単純保証	主	○（付従性から）ただし、時効の利益の放棄は影響しない（相対効）						—	○	○
	保	○（主債務を満足させるもの）			×	×	×	—	×	×
連帯保証	主	○（付従性から）ただし、時効の利益の放棄は影響しない（相対効）						—	○	○
	保	○（主債務を満足させるもの）			×	×	○	—	×	×

Chapter 25
多数当事者の債権・債務

6 個人根保証契約

重要度 C

　保証制度は、様々な経済取引において利用されていることから、保証人保護の必要性の程度、そのための措置の要否も場面ごとに一律でなく、また、保証人保護のためにとるべき措置についても様々なものが考えられます。この点、保証人が個人である場合には、人的無限責任を負うことに伴う保証人の経済生活の破綻という問題を考慮する必要があるのに対し、法人である場合にはそのような考慮が不要である上に、機関保証に代表されるように、保証の要否や必要な範囲について特段の規制を設けなくても保証人において合理的な判断をすることが期待できます。

　そこで、民法は、特に保証人保護の措置を講ずる必要のある、法人でない個人が根保証契約（一定の範囲に属する不特定の債務を主たる債務とする保証契約）をした場合（個人根保証契約）について、保証人保護の方策を規定しています（465条の2〜465条の10）。

本試験レベルの問題にチャレンジ！▶▶▶

Chapter 26 債権譲渡

重要度 B

イントロダクション　学習のポイント

債権譲渡はこれまで行政書士試験での出題があまりありません。しかし、一般的には大切なテーマであり、また出題されたときは得点が容易なため、おろそかにしてはいけません。

対抗要件が最も大切ですので、対抗要件を勉強するときは、債務者に対する対抗要件と債務者以外の第三者に対する対抗要件を区別するようにしてください。

ベーシック　じっくり理解しよう！

1 債権譲渡

重要度 C

債権譲渡とは、譲渡人と譲受人との合意によって成立する、債権の同一性を保ちつつ、債権を移転することを目的とする契約です。

これは、債権者が債権をあたかも動産や不動産のように売却することを可能とするものです。

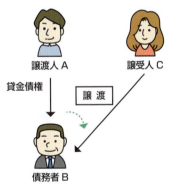

1 自由譲渡性

1 原　則

債権は、原則として、自由に譲渡することができます（466条1項本文）。

2 例外
(1) 性質上の制限
債権者が変わってしまうと給付内容も全く変わってしまうような債権（例えば、画家に肖像画を描いてもらう債権等）は、譲渡することができません（466条1項但書）。

(2) 法律上の制限
例えば、扶養請求権は、特定の債権者自身に給付して生活を保護することを目的としており、譲渡を認めるとこの目的が没却されることから、法律上、譲渡することができないとされています（881条）。

(3) 当事者の特約による制限（譲渡制限特約）
a 総説
債権者・債務者間においては、債権譲渡を禁止ないし制限する特約（譲渡制限特約）を結ぶことができます（466条2項）。これは、譲渡に伴う事務手続の煩雑化や、過誤払いの危険を避ける等の趣旨に基づきます。

b 悪意・重過失である譲受人との関係
譲渡制限特約に違反した債権譲渡であっても、**原則として有効**です。

ただし、譲渡制限特約について**悪意・重過失である譲受人**に対しては、債務者は、その特約を主張して**債務の履行を拒絶**することができます。また、債務者は、譲渡人に対する弁済その他の債務を消滅させる事由をもって、**悪意・重過失の譲受人に対抗**することができます（466条3項）。

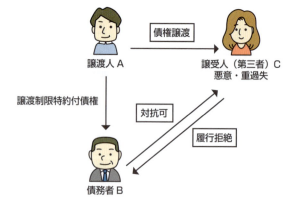

c 差押債権者との関係

債務者は、譲渡制限特約をもって、強制執行をした**差押債権者に対抗することができません**（466条の4第1項）。なぜなら、私人間の特約により法定外の差押禁止財産を作り出せるのは不当だからです。*1

3 将来債権の譲渡

将来発生すべき債権（将来債権）も、現在の時点において譲渡することが可能です（466条の6第1項）。そして、譲渡契約の時に債権が現に発生していなくても、譲受人は、発生した債権を当然に取得します（同条2項）。

2 債権譲渡の対抗要件

1 債務者に対する対抗要件

債権譲渡は、譲渡人と譲受人間の合意によって効力を生じますが、これに関与しない債務者は、債権者が誰であるかわからず、譲渡人と譲受人に二重に弁済するおそれがあります。そこで、467条1項は、債務者の二重弁済を防止するため、**通知又は承諾**がない限り、債務者に譲渡の効果を主張できないとして法律関係を画一的に処理しています。

（1）通 知

通知とは、債権が譲渡されたという事実を**譲渡人が債務者に通知**することをいいます。通知については、以下の点を押さえておきましょう。

① 通知は譲渡と同時でなくても構いませんが、譲渡前の通知は無効です。

② 通知をするのは譲渡人です。**譲受人が譲渡人に代位して通知することはできません**（判例）。

③ 保証人がいる場合、債権譲渡の通知は、主たる債務者に対してしなければ、たとえ保証人に対してしても、主たる債務者だけでなく、保証人に対しても対抗することはできません。

（2）承 諾

承諾とは、**債務者が債権譲渡の事実に対する認識を表明する**ことをいいます。承諾は、**譲渡人又は譲受人のいずれに対して**

---

*1
■ **参考データ**

譲渡制限特約のある債権を差し押さえたのが、悪意・重過失の譲受人の債権者であった場合には、債務者は、その債務の履行を拒むことができますし、譲渡人に対する弁済その他の債務を消滅させる事由をもって対抗することができます（466条の4第2項）。

しても構いません。*1

2 債務者以外の第三者に対する対抗要件

AのBに対する債権をCが譲り受けた場合に、この債権がAからDにさらに二重に譲渡されることがあります。このような場合に、Cが、Dという債務者以外の第三者に対抗するには、確定日付のある証書による通知又は承諾を要します（467条2項）。

この趣旨は、債権譲渡の日付及び通知又は承諾の日付を明確にし、もって債権者（A）と債務者（B）とが通謀してこれらの日付を遡らせて、第三者の権利を害することを可及的に防止するためです。

*1
■ 参考データ
譲渡前の承諾も、譲渡の目的債権・譲受人が特定していれば、債務者に二重弁済等の不測の損害を及ぼすおそれがないので、有効とされます。

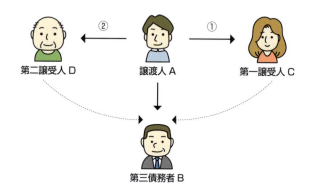

（1）一方にのみ確定日付がある場合

確定日付のある証書による通知又は承諾を有する譲受人が、単なる通知又は承諾しかない譲受人に優先します。

（2）ともに確定日付がある場合

a 異時到達の場合

債権が二重譲渡され、2人の譲受人がともに確定日付のある証書による通知又は承諾を得ているとき、譲受人相互間の優劣は、確定日付のある証書による通知が債務者に到達した日時又は確定日付のある証書による債務者の承諾の日時の先後によって判断されます。

例えば、次の表の例では、先に債務者の下に通知が到達したCが優先することになります。

Dへの譲渡		Cへの譲渡
10月3日	譲渡の日付	10月1日
10月5日	確定日付	10月6日
10月10日	通知到達日付	10月8日

b 同時到達の場合（到達の先後不明の場合を含む）

各譲受人は、債務者に対して、債権者として、その**全額の弁済**を請求することができます（判例）。その反面、債務者は、譲受人の1人に弁済すれば、債務を免れます。

○：優先する ×：劣後する △：優劣関係は生じない

			第1譲受人	第2譲受人
		第2譲受人のみに確定日付がある場合	×	○
ともに確定日付がある場合	異時到達	第1譲受人の通知が、先に債務者に到達した場合	○	×
		第2譲受人の通知が、先に債務者に到達した場合	×	○
		通知の確定日付は第2譲受人が先であるが、第1譲受人の通知が先に債務者に到達した場合	○	×
	同時到達		△	△

3 債権譲渡における債務者の抗弁

債務者は、**対抗要件具備時**（譲渡通知を受け、又は、譲渡の承諾をした時）**までに譲渡人に対して生じた事由**（例えば、債権不成立、取消し、解除、弁済等）をもって、**譲受人に対抗**することができます。債務者は債権譲渡に関与していないため、債務者が債権譲渡前よりも不利な地位に置かれてはならないからです。

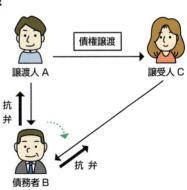

2 債務引受け

債務引受けとは、債務をその同一性を維持したままで、引受人に移転する契約をいいます。

債務引受けには、①併存的債務引受け（470条、471条）、②免責的債務引受け（472条以下）の2種類があります。

1 併存的債務引受け

併存的債務引受けとは、引受人が従来の債務者と併存して同一内容の債務を負担する契約をいいます（重畳的債務引受けともいいます）（470条1項）。

例えば、AがBに対して100万円の金銭債権を有する場合において、引受人CがBの債務について併存的債務引受けをすると、Bと共にCも連帯債務者となります。

1 要 件

上記の例で、A・B・C三者の三面契約によるときには問題は生じません。

また、AとCのみが契約した場合には、債務者Bの意思に反していても効力が発生します（470条2項）。

さらに、BとCのみが契約した場合には、債権者AがCに対して承諾をした時に効力が発生します（同条3項）。このB・C間の契約は、第三者のためにする契約となります（同条4項）。

2 効 果

併存的債務引受けがなされると、債務者と連帯して引受人も同一内容の債務を債権者に対して負担し、債務者は債務を免れません。

2 免責的債務引受け

免責的債務引受けとは、引受人が債務を引き受けることにより、従来の債務者が責任を免れることをいいます。

例えば、AがBに対して100万円の金銭債権を有する場合において、引受人CがBの債務について免責的債務引受けをすると、以後、Cが債務者となり、Bは債務者ではなくなります

（472条1項）。

1　要件

上記の例で、A・B・C三者の三面契約によるときには問題は生じません。

また、AとCのみが契約した場合には、債権者AがBに対して当該契約が成立した旨の通知をした時に効力が発生します（472条2項）。

さらに、BとCのみが契約した場合には、債権者AがCに対して承諾をした時に効力が発生します（同条3項）。

2　効果

免責的債務引受けがなされると、債務の同一性が維持されたまま、債務が引受人に移転し、旧債務者は債務を免れます。

ファイナルチェック　基礎知識の確認

問題1　譲渡制限特約付債権について、譲受人が善意で当該債権を譲り受けた場合であっても、過失がないときでなければ、債務者は、譲受人に対してその債務の履行を拒むことができる。

問題2　AのBに対する債権をAがCとDに二重譲渡した場合において、まずCへの譲渡につき確定日付のない通知がBに到達し、その後、Dへの譲渡につき確定日付のある通知が到達したときは、先に通知が到達したCが優先する。

問題1 ✗　重過失でなければ、債務の履行を受けることができる（466条3項）。　問題2 ✗　確定日付のない通知と確定日付のある通知では、確定日付のある通知のほうが優先する。

本試験レベルの問題にチャレンジ！ ▶▶▶

Chapter 27 債権の消滅

重要度 B

イントロダクション　学習のポイント

　債権（債務）は<u>弁済</u>によって消滅します。そこで、誰（<u>弁済者</u>）が誰（<u>弁済受領権者</u>）に対して弁済することによって消滅するかが主に問題になります。通常は、債務者が債権者に対して弁済と考えるところですが、民法は他の弁済であっても有効になる場合を規定します。また、債権者が受け取らなかったとしても、債務者が受取りの直前まで行動した以上、債務者に債務不履行責任を負わせることは妥当でありません。そこで、債務者として果たすべき行動をしたときに、民法は一定の効果を与えています（<u>弁済の提供</u>）。

　また、互いに債権を有している場合には、現実のやり取りをしなくても、互いの債権を帳消しにすることが認められています。これを<u>相殺</u>といいます。相殺では、相殺が認められるための<u>要件</u>が大切になります。

ベーシック　じっくり理解しよう！

1　総　説

重要度 C

　債権は、給付内容の実現を目的とする権利ですから、給付内容を実現すれば、その目的を達成して消滅します。これが、①<u>弁済</u>です。

　逆に、目的たる給付の実現が不能となった場合にも、債権は消滅します（ただし、債務者の責めに帰すべき事由による履行不能の場合は、債権は、債務不履行に基づく損害賠償請求権に転化して存続します）。

　そのほかに債権が消滅する特殊な原因として、民法は、②<u>代物弁済</u>、③<u>供託</u>、④<u>相殺</u>、⑤<u>更改</u>、⑥<u>免除</u>、及び⑦<u>混同</u>を規定しています。

Festina lente

債権は権利の一種なので、消滅時効や、債権の発生原因となった法律行為の取消し、解除等のように、一般的な権利の消滅原因によっても消滅するんだよ。

2 弁 済

重要度 **A**

弁済とは、債務の内容である一定の給付を実現して債権者を満足させる債務者その他の第三者の準法律行為をいいます（473条以下）。

1 方 法

1 弁済の目的物に関する規定[*1]

特定物の引渡しを目的とする債務は、当事者間の契約その他の債権の発生原因及び取引上の社会通念に照らし、引渡時の品質を定めることができる場合（例えば、売買契約、請負契約）には、その契約等の内容に適合した物を引き渡すべきです。

これに対して、引渡時の品質を定めることができない場合（例えば、事務管理を原因とする特定物の返還請求権）には、その引渡しをすべき時の現状でその物を引き渡せばよいとされています（483条）。

2 弁済の場所に関する規定

弁済の場所は、まず、特約や慣習によって定まります。

それが不明な場合には、特定物の引渡しは、債権の発生当時に物の存在していた場所となります（通常は取立債務）。

そして、その他の弁済は、債権者の現在の住所となります（持参債務の原則 484条1項）。

給付の内容	弁済の場所
特定物の引渡し	債権発生の時にその物が存在した場所
特定物の引渡し以外	債権者の現在の住所

3 弁済の費用に関する規定

運送費、荷造費、登録税、関税等の弁済の費用は、特約や特別の慣行がなければ、債務者が負担します（485条本文）。

ただし、債権者の住所の移転、その他の行為によって費用が増加したときは、その増加額は債権者の負担となります（同条但書）。[*2]

Festina lente

債務者は、特定物の引渡しをするまで善管注意義務を負うんだ（400条）。だから、物が損傷した場合、その損傷が帰責事由に基づくときは、債務不履行責任が問題となるよ（415条）。

[*1]
■ 参考データ

債権者の預金又は貯金の口座に対する払込みによってする弁済は、債権者がその預金又は貯金に係る債務者に対してその払込みに係る金額の払戻しを請求する権利を取得した時に、その効力を生じます（477条）。

[*2]
■ 参考データ

契約費用（目的物の評価費用、証書作成費用等）は当事者双方が平等に負担します（558条、559条）。

Chapter 27
債権の消滅

2 弁済の提供

　弁済の提供とは、債務者が給付の実現に必要な準備をして、債権者の協力を求めることをいいます（493条）。履行の提供ともいいます。

1 要　件

　弁済の提供は、債務の本旨に従った現実の提供があることを要するのが原則です（493条本文）。

　ただし、口頭の提供（受領の催告）で足りる場合があります（同条但書）。

（1）債務の本旨に従った現実の提供

　　現実の提供といえるためには、債権者が給付を受領する以外には何もしなくてよいほどの提供をすることを要します。

（2）口頭の提供（受領の催告）

　　口頭の提供とは、債務者が現実の提供をなすための必要な準備を完了して、弁済受領権者にその受領を催告することをいいます。

　　a　口頭の提供が許される場合（493条但書）

　　　①　債権者があらかじめその受領を拒んだ場合

　　　②　債務の履行について債権者の行為を要する場合

　　b　口頭の提供すら不要の場合

　　　債権者の受領しない意思が明確なときは、債務者は、口頭の提供も不要となります（判例）。

2 効　果

　①　債務者は履行遅滞の責任を免れる（492条）*1

　②　債務が双務契約上のものである場合には、相手方は、同時履行の抗弁権（533条）を失う

　③　約定利息が発生しない

　④　危険負担は債権者主義となる（536条2項）

　⑤　受領遅滞中の履行不能は、債権者の責めに帰すべき事由によるものとみなされる（413条の2第2項）

　⑥　注意義務（400条）が軽減されるので、債務者は、後に生じた履行不能について、故意又は重過失がない限り、債務不履行責任を負わない

*1
■ 参考データ

債務者は、遅延賠償、遅延利息、違約金の支払を免れます。また、債権者は、履行遅滞を理由とする解除、担保権の実行をすることはできません。

Part 2
民　法

⑦　増加費用は債権者が負担する（413条2項）

3 弁済者

債務者本人が弁済すべきことは当然です（473条）。

また、債務者以外の第三者も、自己の名において、他人の債務を弁済する意思で、弁済することができるのが原則です（**第三者弁済**　474条1項）。

ただし、常に第三者が弁済できるわけではなく、次のような制限があります。制限に違反した第三者弁済は、無効となります。

1　債務の性質がこれを許さないとき（474条4項前段）

債務者本人が弁済しなければ、債権の目的が達成されない場合（例えば、著名な学者の講演等）がこれにあたります。

2　当事者が第三者の弁済を禁止し、若しくは制限する旨の意思表示をしたとき（474条4項後段）

3　弁済をするについて正当な利益を有しない第三者が債務者又は債権者の意思に反して弁済をすること（474条2項、3項）

①債務者の意思に反することを債権者が知りながら、弁済をするについて正当な利益を有しない第三者が、債務者の意思に反して弁済をした場合、その弁済は**無効**となります（474条2項）。

また、②第三者が債務者の委託を受けて弁済することを債権者が知らずに、弁済をするについて正当な利益を有しない第三者が、債権者の意思に反して弁済をした場合、その弁済は**無効**となります（同条3項）。正当な利益とは、弁済をすることについての**法律上の利害関係**をいいます。

（1）法律上の利害関係が否定される場合

例えば、単に親子関係があることや、友人関係にあること等は、事実上の利害関係にすぎません。

（2）法律上の利害関係が肯定される場合

例えば、①**物上保証人**、②**担保不動産の第三取得者**には、被担保債権の弁済をすることについて法律上の利害関係があります。

なお、判例は、**借地上の建物賃借人は、敷地の地代弁済について法律上の利害関係を有する**としています。

Festina lente

この制限は、債務者が他人に弁済されることを潔しとしない場合や、債務者が第三者の過酷な求償にさらされる可能性を考慮したものなんだよ。

Part 2　民法

Chapter 27
債権の消滅
319

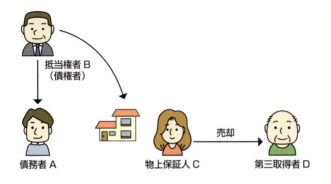

4 弁済による代位

　弁済による代位とは、主債務者以外の者が弁済をした場合に、債権者が債務者に対して持っていた権利が、弁済をした第三者に移転する制度をいいます。

　この制度により、弁済者は、主債務者に対する求償権が確保されるので、安心して弁済することができます。

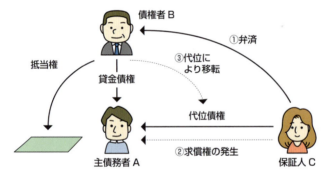

　弁済による代位には、①法定代位と②任意代位があります。
　法定代位とは、弁済をなすことについて、正当な利益を有する者が、その弁済によって当然に債権者に代位することをいいます（499条）。
　任意代位とは、弁済をするについて正当な利益を有しない者が弁済により債権者に代位することをいいます（同条）。任意代位の場合、債権譲渡の債務者対抗要件、第三者対抗要件を満たさなければ、代位の事実を債務者、第三者に対抗することはできません（500条・467条）。

例えば、債務者Aが債権者Bに対して債務を負っている場合に、Cがこれを弁済し、弁済による代位をしたとします。Cは、Aに対して求償権を取得し、その求償権の範囲内において、BがAに対して有していた履行請求権、損害賠償請求権等を行使することができます。また、Bが債権の担保として有していた一切の権利を行使することができます（501条1項、2項）。

5 弁済受領権

1 総説

弁済は、**弁済を受領する権限を有する者**（弁済受領権者）に対してなされなければなりません。通常は、**債権者**が弁済受領権を有します。

弁済受領権者以外への弁済は、原則として無効です。しかし、その給付が原因となって何らかの意味で真の債権者が利益を受ける場合があります。この場合には、債権者が現に利益を受ける限度で、給付者の善意・悪意を問わずに弁済としての効力が生じます（479条）。

2 受領権者としての外観を有する者に対する弁済（478条）

受領権者としての外観を有する者とは、受領権者でないのに**取引通念上、受領権者らしい外観を呈する者**をいいます（このような者を表見受領者といいます）。*1

例えば、預金証書・印鑑の持参人であって受領権者でない者、真正又は偽造の受取証書の持参人であって受領権者でない者、債権の二重譲渡における劣後譲受人等がこれにあたります。

表見受領権者に対してした弁済は、その弁済をした者が**善意**であり、かつ、**過失**がなかったときに限り、効力を有します。

■ 語句解説

*1
受領権者とは、債権者及び法令の規定又は当事者の意思表示によって弁済を受領する権限を付与された第三者をいいます。

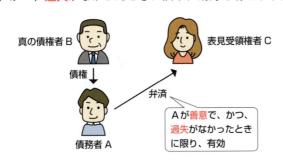

6 弁済の証拠

二重払いを避け、また、第三者弁済による求償や代位等を容易にするため、弁済の証明手段が必要となります。

そこで民法は、次の制度を定めています。

1 受取証書

弁済者は、弁済と引換えに、弁済受領者に対し、受取証書の交付を請求することができ（486条）、**弁済と受取証書の交付とは同時履行の関係**にあります。

2 債権証書

債権証書とは、債権の成立を証する文書をいいます。債権証書がある場合において、弁済者が全部の弁済をしたときは、その証書の返還を請求することができます（487条）。

なお、**弁済と債権証書の返還は同時履行の関係になく**、弁済者は、弁済後において、証書の返還請求をすることができます。

3 代物弁済・供託

重要度 C

1 代物弁済

代物弁済とは、**本来の給付に代えて**、他の物の給付をもって債務を消滅させる契約をいいます（482条）。

例えば、AがBに対する借金を返済する代わりに、Bとの合意により、Aの所有する高級時計を給付して、50万円の債務を消滅させることがこれにあたります。[*1]

2 供 託

供託とは、給付の目的物を供託所に寄託して債務を免れる制度をいいます。

[*1]
■ 参考データ
代物弁済は**諾成契約**であって、弁済者と債権者の間の合意のみによって成立します。そして、代物弁済は契約なので、契約自由の原則により、「他の給付」は、本来の給付に相当する価値を有する必要はありませんし、給付の種類も問いません。

4 相殺　重要度 A

　相殺とは、2人の者が相互に同種の目的を有する債務を負担する場合において、その債務を対当額において消滅させる意思表示をいいます（505条）。相殺する側の債権を自働債権といい、相殺される側の債権を受働債権といいます。

　例えば、AがBに対して60万円の代金支払請求権（α債権）を有しており、BもAに対して30万円の貸金返還請求権（β債権）を有している場合において、両債権が相殺適状にあるときは、Aは、α債権を自働債権とし、Bのβ債権を受働債権として相殺することができます。相殺により、対当額30万円分が消滅し、AのBに対する30万円の債権が残ります。

> **Festina lente**
> 相殺には、弁済する時間と費用を節減できるという機能があるんだ。また、決済において当事者の公平を図ることができるんだよ。

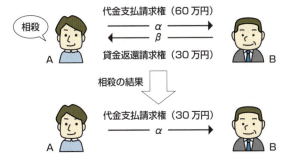

1 相殺の要件

1 相殺適状

　相殺適状とは、相殺をなすのに適した状態をいいます。具体的には、次の要件を備えていることが必要です。

(1) 当事者間に対立した債権が存在すること（505条1項）

　相殺する者と相手方との間に、債権が対立していなければならないのが原則です。

(2) 双方の債権が同種の内容を有すること

　この要件により、実際上は、代替物の引渡しを目的とする種類債務、特に金銭債務同士の相殺に限られることになります。

(3) 双方の債権が弁済期にあること

　条文上は、「双方の債務が弁済期にあるとき」とされていま

す（505条1項本文）。

自働債権は、相手方の期限の利益を奪わないようにするため、必ず弁済期にあることが必要です。

受働債権についても、期限の利益を放棄することができるというだけでなく、期限の利益の放棄又は喪失等により、その弁済期が現実に到来していることが必要です。

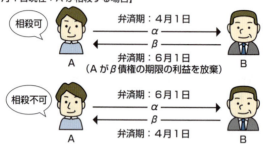

（4）双方の債権が有効に存在すること

双方の債権が、相殺の意思表示のとき、有効に存在することを要するのが原則です。

ただし、時効消滅について、例外が認められています。すなわち、自働債権が時効によって消滅した場合でも、**自働債権が時効消滅前に相殺適状にあった**のであれば、**相殺することができます**（508条）。これは、当事者がいずれは相殺による決済が可能であると考えて、権利行使をしないまま、期間が経過してしまいがちであるので、当事者の合理的期待を保護するために規定されています。*1*2

2　相殺禁止

相殺適状にあっても、相殺が禁止されるときは、相殺をすることができません。これには、性質上の相殺禁止、相殺制限特約、及び法律による相殺禁止があります。

（1）性質上の相殺禁止（505条1項但書）

自働債権に**抗弁権**（例えば、同時履行の抗弁権等）が付着している場合には、**相殺をすることができません**。この場合に相殺を認めると、相手方の抗弁権を一方的に奪う結果となるからです。

---

*1
■ 参考データ
すでに消滅時効にかかった債権を譲り受け、これを自働債権として相殺することはできません。なぜなら、このような場合には、そもそも時効消滅前に相殺適状になかったからです。

*2
■ 参考データ
受働債権の消滅時効が完成している場合に、相殺権者が、時効の利益を放棄して相殺することは自由です。

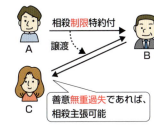

（2）相殺制限特約

当事者間に相殺制限特約がある場合には、相殺をすることができません（505条2項）。

ただし、相殺制限の特約は、**善意無重過失の第三者**（債権譲受人、債務引受人等）に対抗することはできないので、債権の譲受人が善意無重過失であれば、その債権を自働債権とする相殺をすることができます。

（3）法律による相殺禁止

a 受働債権が不法行為等によって生じたとき（509条）

①**悪意による不法行為に基づく損害賠償の債務**（同条1号）、②**人の生命又は身体の侵害による損害賠償の債務**（同条2号）を**受働債権とする相殺は許されません**。なぜなら、このような相殺を許すと不法行為の誘発の危険があるとともに、損害賠償の現実の支払により被害者を救済する必要があるからです。*3

これに対して、被害者側から不法行為者に対して相殺をすること、すなわち、損害賠償債権を自働債権として相殺することは、509条の趣旨から考えて、認められます（判例）。

b 受働債権が差押禁止債権であるとき（510条）

受働債権が、扶養料、俸給、恩給、扶助料等、差押えが禁止されたものであるときは、相殺することができません。もし、相殺を認めると、現実の履行が回避されてしまうからです。

---

*3
■ 参考データ

①、②に掲げる債務に係る債権を、債権者が他人から譲り受けたときは、相手方に対する不法行為の誘発の防止や現実の支払を債権者に受けさせることによって被害者救済を図るという本条の趣旨があてはまらないことから、①、②の債権を受働債権とする相殺は許されます。

これに対して、差押禁止債権の債権者がこれを自働債権として相殺することは認められます。

c　自働債権が受働債権の差押後に取得された債権であるとき（511条1項）

このような場合にもなお相殺を認めると、差押制度の実効性を失わせ、差押債権者の利益を害します。

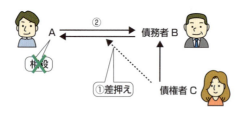

d　自働債権が差押えを受けたとき（481条）

自働債権が差押えを受けたときは、相殺をもって差押債権者に対して対抗することはできません。自働債権の処分権が制限されているためです。

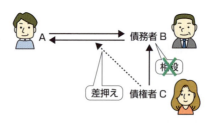

2 相殺の方法

相殺は、当事者の一方から相手方に対する一方的な意思表示によって行います（506条1項前段）。

相殺の意思表示に、条件や期限を付けることはできません（同項後段）。なぜなら、条件を付けると相手方の地位を不安定にしますし、また、相殺は遡及効が生じるので、期限をつけても無意味だからです。

3 相殺の効果

1 債権の消滅
双方の債権は、その**対当額において消滅**します（505条1項本文）。

2 相殺の遡及効
双方の債権が**相殺適状を生じた時に遡って**効力を生じます（506条2項）。それゆえ、相殺適状後の利息は発生しませんし、相殺適状後に生じた遅滞の効果も消滅します。

5 更改・免除・混同

重要度

1 更改

更改とは、給付の内容の重要な変更、又は債務者若しくは債権者の交替によって、新債務を成立させるとともに、旧債務を消滅させる契約のことをいいます（513条）。更改の法的性質は、新債務の成立とともに、旧債務を消滅させる有因契約です。

例えば、AがBに対して100万円の金銭債権を有している場合において、AとBの合意により、自動車1台の給付を目的とする債権に切り替えること等がこれにあたります。

2 免除

免除とは、債権を無償で消滅させる債権者の単独行為をいいます（519条）。債権者の債務者に対する一方的意思表示によるので、債務者の意思は問題となりませんし、明示・黙示、方式等を問いません。

3 混同

混同とは、債権と債務が同一人に帰属することをいい、この場合、当該債権は原則として消滅します（520条本文）。

例えば、父Aが子Bに対して100万円の金銭債権を有している場合において、BがAを相続したときは、混同により、100万

円の金銭債権は原則として消滅します。混同が生じる場合としては、相続のほかに、合併、債権の譲受け等があります。

混同が生ずれば、原則として債権が消滅しますが、債権が第三者の権利の目的であるときは消滅しません（同条但書）。

建物転借人Cが建物賃貸人Aからその建物を買い受けても、混同は生じず、A・B間の賃貸借関係、及びB・C間の転貸借関係は、当然には消滅しません。

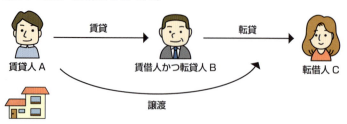

本試験レベルの問題にチャレンジ！▶▶▶

Chapter 28 契約の意義・成立

重要度 B

イントロダクション　学習のポイント

　この Chapter から債権各論に入ります。債権各論とは債権の発生原因をいいます。具体的には、契約・事務管理・不当利得・不法行為の 4 つが債権発生原因です。まずは契約から見ていくわけですが、民法は契約の類型を全部で 13 種類規定しています。ただし、これらの類型に共通する内容もあるので、各種典型契約の前にその共通項を契約総論として規定します。この Chapter では契約総論のうち、まず契約の成立について勉強します。

ベーシック　じっくり理解しよう!

1 契約の意義

重要度 C

1 意　義

　契約は、申込みと承諾という当事者の相対立する意思表示が合致することにより成立する法律行為です。

　例えば、A が B に「自分の家屋を 3,000 万円で売りたい」とい

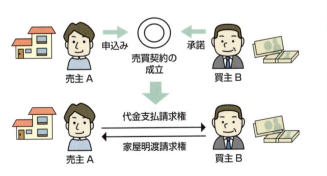

う意思表示（申込み）をし、BがAに対して、Aの提示した条件に同意する意思表示（承諾）をした場合には、売買契約が成立します（555条）。そして、売買契約が有効に成立すれば、売主Aは買主Bに対して代金の支払を請求することができ、BはAに対して家屋の明渡しを請求することができます。

2 契約の分類

1 双務契約と片務契約

双務契約とは、契約の当事者双方が債務を負担しあう契約をいいます（例えば、売買契約、賃貸借契約等）。

これに対して、片務契約とは、一方当事者のみが債務を負担する契約をいいます（例えば、贈与契約等）。

この区別の主な実益は、双務契約については、同時履行の抗弁権（533条）、危険負担（536条）の適用があるという点にあります。

2 有償契約と無償契約

有償契約とは、当事者双方が対価的意味を持つ、経済的出捐をなす契約をいいます（売買契約、賃貸借契約等）。

これに対し、無償契約とは、一方当事者が対価的意味を持つ経済的出捐をしない契約をいいます（贈与契約、使用貸借契約等）。

この区別の主な実益は、有償契約については、売買契約の規定が原則として準用される点にあります（559条）。

3 諾成契約と要物契約

諾成契約とは、当事者の合意のみで成立する契約をいい、要物契約とは、当事者の合意のほかに物の引渡しその他の給付をなすことを成立要件とする契約をいいます。

民法では、諾成契約が原則とされています。

4 要式契約と不要式契約

要式契約とは、一定の方式を成立の要件とする契約をいい、不要式契約とは、一定の方式を必要としない契約をいいます。

民法では、不要式契約が原則とされています（522条2項）。

5 典型契約と非典型契約

典型契約（有名契約）とは、民法が規定している13種の契約類型をいいます。

これに対して、**非典型契約（無名契約）** とは、民法に規定が置かれていない契約類型をいいます（宿泊契約、出版契約等）。
　契約自由の原則（521条2項）により、民法に規定が置かれていない契約を締結することは自由にできます。

3 契約自由の原則

　契約自由の原則とは、契約が当事者の自由な意思に従って形成されることをいい、近代私法の基本原則です。*1

1 契約締結の自由
　何人も、法令に特別の定めがある場合を除き、契約をするかどうかを自由に決定することができます（521条1項）。

2 契約内容の自由
　契約の当事者は、法令の制限内において、契約の内容を自由に決定することができます（521条2項）。

*1
■ 参考データ
現代では、弱者保護の観点から、契約自由の原則に修正が加えられます。
例えば、合意された契約条項であっても、一方当事者（弱者）に不利な内容の場合、その効力が否定されること等（借地借家法9条、労働基準法13条等）があります。

2　契約の成立

重要度

1 申込み

　申込みとは、一定の契約を締結しようとする意思表示をいいます。

1 申込みの効力発生時期と申込者の死亡・行為能力喪失

　申込みも意思表示ですから、**到達時**に効力が発生します（到達主義　97条1項）。
　ところで、意思表示は、意思表示後の表意者の死亡や意思能力の喪失、行為能力の制限があっても原則として影響を受けません（同条3項）。
　もっとも、「申込み」の意思表示について、例外を定めており、申込者が申込みの通知を発した後に①死亡し、②意思能力を有しない常況にある者となり、又は、③行為能力の制限を受けた場合に、申込者がその事実が生じたとすればその申込みは効力を有しない旨の意思を表示していたとき、又はその相手方が承諾の通知を発するまでにその事実が生じたことを知ったときは、その申込

みは、その効力を有しません（526条）。

2 申込みの拘束力

（1）承諾期間を定めた申込み

承諾期間を定めた申込みは、申込者が撤回をする権利を留保したときを除き、**任意に撤回することができません**（523条1項）。

（2）承諾期間を定めない申込み

a 隔地者間における申込み

承諾期間を定めない申込みは、申込者が撤回をする権利を留保したときを除き、承諾の通知を受けるための**相当な期間は撤回することができません**（525条1項）。

b 対話者間における申込み

対話者間における承諾期間の定めのない申込みは、その対話が継続している間は、いつでも撤回することができます（525条2項）。*1

2 承　諾

承諾とは、申込みを受けてこれに同意することにより契約を成立させる意思表示をいいます。

1 承諾期間の定めのある申込みに対する承諾

承諾は、その期間内に申込者に到達することを要し、**期間内に到達しなければ、契約は成立しません**（523条2項）。*2

2 承諾期間の定めのない申込みに対する承諾

承諾は、申込みの効力が存続している間に申込者に到達すれば、契約が成立します。

3 契約の成立時期

承諾の通知が**到達した時**に契約が成立します（到達主義　97条1項）。

4 約款による契約

1 意　義

約款とは、多数の契約に用いるためにあらかじめ定式化された契約条項の総体をいいます。

---

*1
■ **参考データ**

対話が継続している間に申込者が承諾の通知を受けなかった場合、申込者が対話の終了後もその申込みが効力を失わない旨を表示したときを除き、その申込みは、その効力を失います（525条3項）。

*2
■ **参考データ**

申込者は、期間経過後に到達した承諾を新たな申込みとみなして（524条）、これに承諾することで契約を成立させることができます。

日常生活では約款を利用して契約が締結される例は少なくなく、旅行・宿泊・運送・保険・建築請負など、様々な場面で用いられています。

民法は、約款のうち、「定型約款」に関する規律を設けています。

2　定型約款の意義

定型約款とは、定型取引（ある特定の者が不特定多数の者を相手方として行う取引であって、その内容の全部又は一部が画一的であることがその双方にとって合理的なものをいいます）において、契約の内容とすることを目的として、その特定の者により準備された条項の総体をいいます（548条の2第1項柱書）。

定型約款とは以下のすべての要件を満たす「条項の総体」です。[*3]

(1)「定型取引」に用いられるものであること

「定型取引」とは、次のいずれをも満たす取引のことをいいます。

　a　特定の者が不特定多数の者を相手方として行う取引であること

　　これは、相手方の個性に着目せずに行う取引であるか否かに着目した要件です。[*4]

　b　取引の内容の全部又は一部が画一的であることが当事者の双方にとって合理的なものであること

　　「取引の内容の全部又は一部が画一的であることが当事者の双方にとって合理的な取引」とは、①多数の相手方に対して同一の内容で契約を締結することが通常であり、かつ、②相手方が交渉を行わず、一方当事者が準備した契約条項の総体をそのまま受け入れて契約の締結に至ることが取引通念に照らして合理的である取引（交渉による修正や変更の余地のないもの）を意味します。

(2) 契約内容とすることを目的として準備されたものであること

(3) 当該定型取引の当事者の一方により準備されたものであること

Festina lente

約款による契約では、契約条件について個別交渉がなく、一方当事者によって作成又は使用された契約条件を他方が受け入れるのが通例だね。また、相手方は、その契約条件を受け入れるか否かの自由しかないのが通例だから、相手方（とりわけ消費者）にとって自己決定権を行使する機会が保障されているのか、約款による契約が私的自治の原則に合致するといえるのか、という問題が生じるんだ。

[*3]
■ 参考データ

左記の定義からすれば、生命保険約款、損害保険約款、旅行業約款、宿泊約款、運送約款、預金規定、コンピュータ・ソフトウェアの利用規約など、日本で一般に「約款」と呼ばれているものは、ほとんどが定型約款の定義に該当します。

[*4]
■ 参考データ

例えば、労働契約は、相手方（労働者）の個性に着目して行われる取引であるため、「定型取引」にはあたりません。

Chapter 28
契約の意義・成立

3　定型約款の拘束力

(1) 個別条項についての合意擬制（548条の2第1項）

① 定型取引を行うことの合意をした者が、定型約款を契約の内容とする旨の合意をしていたときは、定型約款の個別の条項についても合意をしたものとみなされます（同項1号）。

② 定型約款を準備した者（定型約款準備者）が、あらかじめその定型約款を契約の内容とする旨を相手方に表示していたときは、定型約款の個別の条項についても合意をしたものとみなされます（同項2号）。

(2) 不当な個別条項（548条の2第2項）

①相手方の権利を制限し、又は相手方の義務を加重する条項であって、②その定型取引の態様及びその実情並びに取引上の社会通念に照らして1条2項に規定する基本原則（信義則）に反して相手方の利益を一方的に害すると認められるものについては、合意をしなかったものとみなされます。

3　契約の原始的不能

重要度

　契約の原始的不能とは、契約締結時において、契約の実現可能性がないことをいいます。例えば、建物の売買契約において契約成立時にすでに建物が焼失していた場合等がこれにあたります。

　原始的不能であっても、契約は有効です（412条の2第2項参照）。

Festina lente

原始的不能に対して、契約後に契約の実現可能性がなくなる場合を後発的不能というんだ。契約の原始的不能、後発的不能いずれの場合であっても、①債務者に帰責事由があれば、債務不履行の問題となり、②債務者に帰責事由がなければ、危険負担の問題となるよ。

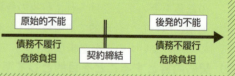

本試験レベルの問題にチャレンジ！▶▶▶

Chapter 29 契約の効力・契約上の地位の移転

重要度 A

イントロダクション　学習のポイント

　民法は、契約総則の「第2款　契約の効力」において、①同時履行の抗弁権（533条）、②危険負担（536条）、及び③第三者のためにする契約（537条以下）の規定を置いています。
　①と②は、双務契約に関する原則を定めたものであり、③は、契約の効力が例外的に第三者に及ぶ場合の制度です。
　また、「第3款　契約上の地位の移転」では、当事者の一方が契約上の地位を第三者に移転する方法について規定しています。

ベーシック　じっくり理解しよう!

1　同時履行の抗弁権

重要度 A

　同時履行の抗弁権とは、売買契約等の双務契約における当事者の一方が、相手方が債務の履行（債務の履行に代わる損害賠償の債務の履行を含みます）の提供をするまで、自己の債務の履行を拒絶することができる権限をいいます（533条）。
　例えば、AがBにダイヤモンドを100万円で売却し、ダイヤモンドの引渡しと代金の支払時期について5月8日と定めましたが、買主Bが5月8日になっても代金を支払っていないとします。そして、買主Bが、5月10日に、代金の提供をせずにダイヤモンドの引渡しを請求してきたとします。
　この場合、契約で定めたダイヤモンドの引渡期限である5月8日はすでに到来していますが、Aは、代金を払ってもらっていないのに、Bにダイヤモンドを引き渡さなければならないとしたら、不公平です。

そこで、民法は、双務契約上の両当事者の債務について同時履行の抗弁権を定め、両債務の履行上の牽連関係を認めています。

> **Festina lente**
>
> 双務契約では、当事者の双方が対価的な関係のある債務を負うから、両債務の間には、特別の関係が生じるよ。これを**牽連性**というんだ。簡単にいえば、一方債務があってこそ他方債務もあるということだ。同時履行の抗弁権も、一方あってこその他方なら、一方がなされない段階で他方をなす必要はないだろう、ということなんだ。

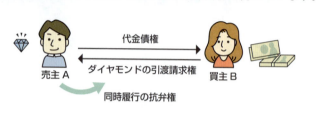

この事例では、売主Aは、買主Bからのダイヤモンドの引渡請求に対して、同時履行の抗弁権を主張して、自己の債務であるダイヤモンドの引渡しを拒絶することができます。

1 同時履行の抗弁権が認められる場合、認められない場合

同時履行の抗弁権が認められる場合	①双務契約における両当事者の債務（533条）
	②解除による原状回復義務（546条）
	③売主の担保責任（562条以下、533条）
	④請負人の担保責任（636条、533条）
	⑤負担付贈与における負担と贈与（553条）
	⑥弁済と受取証書の交付（486条）
	⑦契約が無効又は取り消された場合の当事者相互の返還義務（判例）
同時履行の抗弁権が認められない場合	①弁済と債権証書の返還（487条）
	②弁済と抵当権設定登記の抹消請求（判例）
	③賃借家屋の明渡しと敷金の返還（622条の2、判例）
	④造作買取請求と建物の明渡し（判例）

2 効　果

1　履行遅滞責任を負わない

同時履行の抗弁権を有している場合には、履行を遅滞していることに違法性はないからです。

2　裁判上主張されたときは、引換給付判決がなされる

3　同時履行の抗弁権が付着している債権を自働債権として、相殺することはできない

相殺を認めると、相手方の同時履行の抗弁権を一方的に奪ってしまうからです。

> **Festina lente**
> 同時履行の抗弁権の付着した債権であっても、消滅時効は、弁済期から進行するよ（166条1項）。

3 同時履行の抗弁権と留置権の比較

<table>
<tr><th colspan="2"></th><th>同時履行の抗弁権</th><th>留置権</th></tr>
<tr><td rowspan="2">共通点</td><td>趣　旨</td><td colspan="2">公平の見地</td></tr>
<tr><td>効　果</td><td colspan="2">債務者に自己の債務の履行を拒絶する権能を認める</td></tr>
<tr><td rowspan="5">相違点</td><td>法的性質</td><td>双務契約の効力の一種</td><td>担保物権の一種</td></tr>
<tr><td>拒絶の内容</td><td>給付内容を問わない</td><td>他人の物の留置のみ</td></tr>
<tr><td>対第三者</td><td>主張できない</td><td>主張できる</td></tr>
<tr><td>可分性</td><td>可分（不履行に応じて割合的）（※）</td><td>不可分</td></tr>
<tr><td>担保の供与</td><td>担保の供与によっても不消滅</td><td>担保の供与により消滅請求（301条）</td></tr>
<tr><td></td><td>競売申立権</td><td>な　し</td><td>あ　り</td></tr>
</table>

※　履行を拒絶する債務は、相手方の不履行の度合いに応じて割合的であり得ます。

---

2 危険負担

重要度　**A**

危険負担の制度は、双務契約において、一方の債務が履行不能（原始的不能を含みます）である場合に、債権者が反対債務の履行を拒絶することができるかという問題です。

例えば、売買契約成立後引渡し前に売買の目的物である家屋が類焼して売主の引渡債務が履行不能となった場合、買主（債権者）は代金債務の履行を拒絶することができるでしょうか。

履行拒絶？→危険負担の問題

売主Aの引渡債務が建物の滅失により履行不能となった以上、買主BはAに対し、目的物の引渡しを請求することはできません（412条の2第1項）。そこで、これと対価関係にある反対債務の履行も拒絶することができるかが問題となります。

1 原則

双務契約（α債務とβ債務が発生）において一方の債務（α債務）が債務者の帰責事由なく履行不能となった場合、債権者は、債務者から反対債務（β債務）の履行請求を受けたとき、自己の債務（β債務）の**履行を拒絶することができます**（536条1項）。[*1]

2 例外

債権者の帰責事由によって履行不能が生じた場合、債権者は反対債務の履行を拒絶することができません。この場合、債務者は、自己の債務を免れたことによって得た利益を債権者に償還しなければなりません（536条2項）。[*2]

3 第三者のためにする契約

重要度 C

第三者のためにする契約とは、契約当事者の一方が第三者に直接に債務を負担することを約する契約をいいます（537条〜539条）。

例えば、売主Aが買主Bに対して自動車を売却し、売買代金を第三者Cに受領させるという場合がこれにあたります。この場合、Cは、Bに対して直接代金の支払を請求することができます。なお、Bを諾約者といい、Aを要約者といい、Cを受益者といいます。

[*1] ■参考データ
債権者は自己の債務の履行を拒絶できるだけです。自己の債務を消滅させたい場合、債権者は契約の**解除**をしなければなりません。

Festina lente
売買の目的物が特定され、引き渡された場合、それ以後に、目的物が両当事者の責めに帰すことができない事由によって滅失・損傷した場合、買主は追完請求等をすることもできないし、代金の支払を免れることはできなくなるよ（567条1項）。簡単にいうと、買った物を引き取った後にそれが壊れても、売主に帰責事由がないなら、買主は代金の支払を拒むことはできないんだ。

[*2] ■参考データ
債権者の**受領遅滞**後に当事者双方の責めに帰することができない事由によってその債務の履行が不能となったときは、その履行の不能は、**債権者の帰責事由**によるものとみなされます（413条の2第2項）。

1 要件

① 要約者と諾約者との間に有効な契約が成立すること
② 受益者に直接権利を取得させるという契約であること

2 効果

1 第三者の地位

第三者は、**契約の利益を享受する意思表示**をすることによって、諾約者に対する直接の請求権を取得します（537条3項）。

2 要約者・諾約者の地位

要約者と諾約者間においては、通常の契約と同様の権利義務が発生します。そして、諾約者は、要約者に対して有する抗弁について（同時履行の抗弁権等）、受益者に対抗することができます（539条）。

なお、受益者の受益の意思表示があった後は、受益者が諾約者に対して権利を取得するので、要約者・諾約者間の合意のみにより、受益者の権利を変更することができなくなります（538条1項）。

また、受益者が受益の意思表示をした後、諾約者が受益者に対する債務の履行をしない場合、要約者は、受益者の承諾を要件として、契約を解除することができます（同条2項）。

> **Festina lente**
> 胎児や設立中の会社など、将来出現する者を受益者とする第三者のためにする契約も有効だよ（537条2項）。

4 契約上の地位の移転

重要度 C

契約の当事者の一方が第三者との間で契約上の地位を譲渡する旨の合意をした場合において、その**契約の相手方がその譲渡を承諾**したときは、契約上の地位は、その第三者に移転します（539条の2）。

例えば、A・B間で契約が成立し、Aがその契約上の地位をCに譲渡する場合、Bの承諾が必要となります。

本試験レベルの問題にチャレンジ！ ▶▶▶

Chapter 30 契約の解除

重要度

イントロダクション　学習のポイント

契約総論の最終テーマが契約の解除です。一度有効に成立した契約も、例えば、債務不履行のようなその後の事情によって、契約をなかった状態に戻すことができます。これが解除です。解除は、解除権を有する者の一方的な意思表示によって、行われます。解除に似たような制度として取消しについて勉強しましたが、取消しはそもそも契約の有効要件にかかわる問題でした。

ベーシック　じっくり理解しよう!

1 総　説

重要度
C

　解除とは、契約が有効に成立した後に、一方当事者の意思表示によって、その契約が初めから存在しなかった場合と同様の状態に戻す効果を生じさせることをいいます。
　例えば、売主Aと買主BがA所有の家屋の売買契約を締結したとします。そこで、Bが代金の全部又は一部をAに支払ったのですが、Aが家屋の引渡しを遅滞しているとします。
　この場合、Bを契約の拘束力から解放する制度が解除です。すなわち、Bは、Aとの契約を解除すれば、契約をなかったものとすることができ、支払っていた代金の返還を求めることができます。

解除には、契約により当事者の一方ないし双方に解除権を与える**約定解除**と、法律の規定により解除権が生じる**法定解除**があります。*1

*1
■ 参考データ
解除に類似する制度として、当事者の合意によって契約関係を消滅させる**合意解除（解除契約）**も認められています。

2 法定解除権の発生要件

重要度 A

541条及び542条は、法定解除権の発生に関する規定です。
なお、各種契約に基づく特殊な解除を定めた条文として、550条、594条3項、607条、610条、611条2項、612条2項等があり、これらについては契約各論で学習します。

1 催告解除の要件 (541条)

1 債務が履行期に履行可能であること
2 債務者が履行期を徒過したこと
3 履行しないことが違法であること

履行しないことが違法でない事由として、同時履行の抗弁権（533条）や留置権（295条）などが挙げられます。

4 相当の期間を定めて催告すること

相当期間の催告は、債務者に履行の機会を再度与えるために要求されています。*2

5 相当期間が経過すること

解除権が発生した後でも、債権者が解除の意思表示をする前に、債務者が本来の給付に加え、遅滞により生じた損害の賠償を提供したときは、一度発生した解除権は消滅します（判例）。

6 債務の不履行が契約及び取引上の社会通念に照らして軽微でないこと (541条但書)

「債務不履行」＋「催告」＋「相当期間の経過」を全体として考慮した上で、債務不履行が軽微と評価される場合には、債務不履行により債権者が契約を維持する利益ないし期待を失っていないため、解除権が否定されます。

7 債務の不履行が債権者の帰責事由によるものでないこ

*2
■ 参考データ
期間を定めないで催告したり、不相当に短い期間を定めて催告した場合でも、客観的に相当期間が経過した後は、解除することができます（判例）。
期間の定めのない債務について債務者が履行しない場合、債権者が契約を解除するためには、412条3項の履行の請求をすれば足り、さらに541条の「催告」をする必要はありません（二重の催告は不要）。

と（543条）

8　債権者が解除の意思表示をすること

2 無催告解除ができる場合

　債務不履行を受けた債権者が、催告をして履行をする機会を債務者に与えるまでもなく、直ちに契約を解除することができる場合があります（542条1項、2項）。

　なお、債務不履行が債権者の帰責事由によるものであるときは、債権者は、契約の解除をすることができません（543条）。

> ## Festina lente
>
> 　例えば、買主が売買契約の目的物である売主の所有する中古カメラを不注意で壊してしまい、その引渡しが不能となった場合、買主は債務不履行を理由としてその契約を解除することができないよ。しかも、この場合、売主は買主に対して売買代金の支払を求めることができるんだ（536条2項前段）。

1　契約の全部解除（542条1項）

　次のいずれかの場合は、無催告で契約の全部を解除できます。

（1）債務の全部の履行が不能である場合（1号）*1

（2）債務者が債務の全部の履行を拒絶する意思を明確に表示した場合（2号）

（3）債務の一部の履行が不能である場合又は債務者がその債務の一部の履行を拒絶する意思を明確に表示した場合において、残存する部分のみでは契約をした目的を達することができない場合（3号）

（4）契約の性質又は当事者の意思表示により、特定の日時又は一定の期間内に履行をしなければ契約をした目的を達することができない場合において、債務者が履行をしないでその時期を経過したとき（4号）

　例えば、中元の進物用の団扇を6月中に送付すべき約束でした売買契約等がこれにあたります。

（5）上記の場合のほか、債務者がその債務の履行をせず、債権者がその履行の催告をしても契約をした目的を達するのに足りる履行がされる見込みがないことが明らかで

---

*1
☑ **要チェック！
過去問題**

特定物の売買契約において、契約締結後に目的物が不可抗力によって滅失した場合、買主は、履行不能を理由として契約を解除することができない。

➡ ✕（R4-31-2）

ある場合（5号）

2　契約の一部解除（542条2項）

次のいずれかの場合は、無催告で契約の一部を解除できます。

(1) 債務の一部の履行が不能であるとき（1号）
(2) 債務者がその債務の一部の履行を拒絶する意思を明確に表示したとき（2号）

3　解除の方法

重要度 B

1　意思表示

解除は、相手方に対する**意思表示**によって効力が生じます（540条1項）。

いったん解除の意思表示をした後は、**撤回することができません**（同条2項）。撤回を認めると相手方の地位が不安定となるからです。

2　解除権の不可分性

契約当事者の一方が複数の場合、解除の意思表示は、特約がない限り、その**全員から又は全員に対して**しなければなりません（解除権行使の不可分性　544条1項）。法律関係の複雑化を避けるためです。*2

また、その**1人について解除権が消滅**したときは、**他の者についても消滅します**（解除権消滅の不可分性　同条2項）。

*2
■ 参考データ

共有物を目的とする賃貸借契約の解除は、共有物の管理に関する事項（252条本文）にあたるので、544条1項の適用はなく、持分価格の過半数により決せられます（判例）。

4　解除の効果

重要度 A

1　当事者間の関係

解除がなされると、各当事者は**原状回復義務**を負います（545条1項本文）。

原状回復義務については、反対の特約がない限り、保証人も責

任を負います（判例）。

そして、各当事者の原状回復義務は、**同時履行の関係**に立ちます（546条・533条）。

2 第三者との関係

> **Festina lente**
>
> 545条1項但書は、解除により「第三者の権利を害することはできない」と規定します。
> 例えば、売主Ａと買主Ｂの間で土地売買契約が締結されたが、Ｂの債務不履行によりＡが契約を解除した場合を考えてみましょう。
>
> ①売買 / ③解除 ②売買
> Ａ　　　　　　　Ｂ　　　　　　　Ｃ
>
> この場合、解除により当該売買契約は遡及的に消滅するので、Ｂが解除前に第三者Ｃに土地を転売していたとしても、論理的には、Ｃは無権利者から土地を購入したことになり、土地所有権を取得することができなくなります。
> しかし、これを貫くと取引の安全が害されるので、545条1項但書は、第三者を保護しています。

取引の安全保護という545条1項但書の趣旨から、第三者とは、解除された契約から生じた法律効果を基礎として、**解除前に新たな権利を取得した者**をいうと解されています。[*1]

なお、第三者は**登記**（不動産の場合）を具備していることを要すると解されています（判例）。

*1
■ **参考データ**
解除前の第三者は、545条1項但書により保護されますが、解除後の第三者は、解除権者と第三者との対抗問題（177条）として処理されます。

5 解除権の消滅

重要度 B

1 547条による消滅

解除権の行使について**期間の定めがない場合**は、相手方は、解除権者に対し、相当の期間を定めて、その期間内に解除をするか

どうかを確答すべき旨の催告をすることができ、その期間内に解除の通知を受けないときは、解除権は消滅します。解除されるか否かがわからない相手方の不安定な地位を解消させるためです。

2 548条による消滅

解除権を有する者が故意若しくは過失によって契約の目的物を著しく損傷し、若しくは返還することができなくなったとき、又は加工若しくは改造によってこれを他の種類の物に変えた場合にも解除権を認めることは、信義則に反するので、解除権は消滅します。ただし、解除権を有する者が、解除権を有することを知らずに、上記行為をしたときは、解除権は消滅しません。

3 その他の原因による消滅

解除権の放棄、解除権の時効消滅等があります。

> **Festina lente**
>
> 解除権は、債権に準じて、債権者が債務不履行を知った時から5年間又は債務不履行時から10年間の消滅時効にかかるよ（166条1項）。なお、解除によって生ずる原状回復請求権は、債権者が原状回復請求権の成立を知った時から5年間又は解除時から10年間の消滅時効にかかると考えられているけど（166条1項）、両起算点は、ほとんどの場合に一致するため、10年の消滅時効が問題となることはまれであるとされているんだ。

ファイナルチェック　基礎知識の確認

問題1　履行遅滞による契約の解除をするに先立ち、期間を定めて履行の催告をしたが、その期間が不相当に短かった場合であっても、催告時と解除時の間に相当な期間が経過していれば、解除は有効である。

問題1 ◯ （判例）

本試験レベルの問題にチャレンジ！ ▶▶▶

Chapter 31 典型契約の類型

重要度 C

イントロダクション　学習のポイント

このChapterから**契約各論**、つまり、各種典型契約について勉強していきます。

まずは典型契約の種類とそれぞれの特徴について見ていきましょう。

ベーシック　じっくり理解しよう!

1　典型契約の類型

典型契約とは、一般市民が日常の取引において多く利用する契約内容を類型化したものです。

当事者が契約を結ぶ場合、必ずしも個々の内容まで定めているとは限りません。そこで、典型契約の規定は、当事者間の契約内容を補充する役割があります。

また、非典型契約を結ぶこともできますが、契約の内容に欠ける部分や、当事者の意思が不明瞭な場合もあります。この場合には、当事者が契約で達成しようとした目的に沿って、それを実現するために適した典型契約の規定を利用することができます。

		双務	片務	有償	無償	要物	諾成	特　徴
財産移転型	贈　与		○		○		○	財産の無償供与
	売　買	○		○			○	財産権と金銭の交換
	交　換	○		○			○	金銭以外の財産権相互の交換
貸借型	消費貸借（※）		□		□	○	○	借用物の所有権を借主が取得
	使用貸借		○		○		○	借用物の使用収益と返還義務・無償
	賃貸借	○		○			○	借用物の使用収益と返還義務・有償
労務提供型	雇　用	○		○			○	指揮命令下の労務提供と報酬支払
	請　負	○		○			○	仕事完成と報酬支払
	委　任		□		□		○	事務委託と自由判断による処理
	寄　託		□		□		○	物の保管
その他	組　合	○		○			○	出資と共同事業の経営
	終身定期金		□		□		○	終身間、定期的な金銭その他の給付
	和　解	○		○			○	互譲と紛争の終息

□：民法の定める原則型ですが、別の形式も法律上・解釈上可能であることを意味します。
※　消費貸借契約は、要物契約（587条）、諾成契約（587条の2）のいずれもあります。

本試験レベルの問題にチャレンジ！ ▶▶▶

Chapter 32 財産移転型契約

イントロダクション　学習のポイント

　典型契約のうち、財産移転型の契約は、①贈与、②売買、③交換の3種類があります。
　中でも②売買契約は契約の基本であるとともに、売買契約の規定は原則として他の有償契約にも準用されること（559条）から大切なテーマです。売買契約の中でも、**売主の担保責任**は特に重要なので、その責任の種類・内容についてはしっかりと勉強していきましょう。

ベーシック　じっくり理解しよう!

1 売買契約の意義・成立

　売買契約とは、当事者の一方（売主）がある財産権を相手方（買主）に移転することを約束し、これに対して買主がその代金を支払うことを約束することによって効力を生ずる契約をいいます（555条）。諾成・双務・有償の契約です。

1 売買の一方の予約

　売買の一方の予約とは、当事者の一方が予約完結権を有する予約をいいます。予約完結権を有する者の一方的意思表示により、売買契約は成立します（556条1項）。

2 手付

　手付とは、契約の締結の際に、買主から売主に対して交付される金銭その他の有価物をいいます（557条1項）。

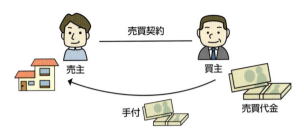

1 証約手付

証約手付とは、契約を締結したことを示し、その証拠という趣旨で交付される手付をいいます。手付は、最低限、証約手付の性質を有します。

2 解約手付

解約手付とは、手付の金額だけの損失を覚悟すれば、相手方の債務不履行がなくても契約を解除できるという趣旨で交付される手付をいいます。交付された手付は、解約手付と推定されます。

買主が売主に解約手付を交付したときは、買主はその手付を放棄し、売主はその倍額を現実に提供して、契約の解除をすることができます（557条1項本文）。ただし、その相手方が契約の履行に着手した後は、解除することはできません（同項但書）。

(1) 買主はその手付を放棄し、売主はその倍額を現実に提供

売主の倍額償還は、現実の提供を要します。

(2) 相手方が契約の履行に着手した後はこの限りでない

この要件は、履行に着手した当事者が不測の損害を被ることを防止する趣旨です。*1

履行に着手した当事者であっても、相手方が履行に着手するまでの間は、解約手付により契約を解除できます。

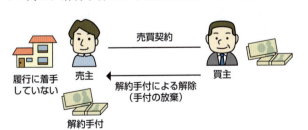

*1
■ 参考データ
契約の履行に着手とは、客観的に外部から認識できるような形で履行行為の一部をなし、又は履行の提供をするために欠くことのできない前提行為をした場合をいいます（判例）。

3 違約手付

違約手付とは、違約罰又は損害賠償額の予定として交付される手付をいいます。違約手付は、損害賠償額の予定と推定されます（420条3項参照）。

違約罰としての手付	買主が履行しないときに、売主が手付金を取得できるだけでなく、それ以外に売主はさらに違約につき損害賠償を請求できるという手付
損害賠償額の予定としての手付	当事者の一方の債務不履行の場合に生ずる損害賠償として、手付の交付者は手付を没収され、手付の受領者は手付の倍額を返還すれば足り、それを超える損害賠償を認めないという手付

2 売買契約の効力

重要度

1 売主の義務

1 財産権移転義務

財産権移転義務とは、「ある財産権を相手方に移転する」義務をいいます（555条）。売買の中心的な効力の1つです。

(1) 権利を移転する義務

売主は、買主に対して目的たる財産権を移転しなければなりません（555条）。

他人の権利（権利の一部が他人に属する場合におけるその権利の一部を含みます）を売買の目的としたときは、売主は、その権利を取得して買主に移転する義務を負います（561条）。

例えば、AがC所有の不動産を自己の所有物としてBに売却した場合、契約としては**有効**であり（**他人物売買**）、Aは、Cから不動産の所有権を取得して、Bに移転する義務を負います（561条）。その義務が果たせなかった場合、Aは、Bに対して**債務不履行責任**を負うことになります（415条、541条、542条）。*1

*1 ■ 参考データ
権利の一部が他人に属する場合に、その権利の移転ができないときは、売主は、担保責任（債務不履行責任の特則）を負うことになります（565条・562条〜564条、415条、541条、542条）。

所有者C　売主A　────売買契約────　買主B

（2）対抗要件を具備させる義務（560条）

売主は、買主に対し、登記、登録その他の売買の目的である権利の移転についての対抗要件を備えさせる義務を負います。

（3）権利の移転に必要な行為をする義務

権利の移転のためになんらかの行為が必要である場合には、売主は、その行為をしなければなりません。

（4）引渡義務などの占有を移転する義務

売主は、目的物を引き渡すなど目的物の占有を移転しなければなりません。

2　果実引渡義務

575条は、目的物から生じる果実の引渡しと代金の利息の支払を簡潔に処理するため、果実と代金の利息を相殺的に処理する旨を定めています。

すなわち、**引渡前に目的物から生じた果実は、売主に帰属**し、買主は、**目的物の引渡日から代金の利息支払義務**を負います。

$$\boxed{果実} - \boxed{管理費} = \boxed{利息}$$

なお、判例によれば、売主は、目的物の引渡しを遅滞していても、買主の代金が未払いである限り、果実を取得することができます。また、買主が代金全額を支払えば、売主は、目的物を占有していても果実収取権を失います。

3　担保責任

担保責任とは、売買の目的物に契約不適合がある場合や移転した権利に契約不適合がある場合に、売主が買主に対して負う責任をいいます（562条〜570条）。

これは、売主の不完全な履行がなされたことに対する**債務不履行責任の特則**です。

> **Festina lente**
> 例えば、賃借権の売買の場合には、売主は、賃貸人の承諾を得なければならないよ（612条）。

〈担保責任の内容〉

不適合の種類		規律の内容	条文
目的物の契約不適合	種類、品質又は数量の契約不適合	追完請求権	562条
		代金減額請求権	563条
		損害賠償請求権・契約の解除	564条
	種類又は品質の契約不適合（追加的規律）	担保責任の期間の制限	566条
		競売における担保責任の特則の対象外	568条4項
移転した権利の契約不適合	移転した権利の不適合（他人に一部が帰属する権利の不移転を含む）（※）	追完請求権、代金減額請求権、損害賠償請求・契約の解除	565条
	契約に適合しない抵当権等	費用の償還請求	570条

※　権利の全部が他人に属する場合は、565条ではなく、債務不履行責任（415条、541条、542条）によります。

（1）目的物の契約不適合

　　目的物の契約不適合とは、「引き渡された目的物が種類、品質又は数量に関して契約の内容に適合しないものであるとき」をいいます（562条1項本文）。

a　要　件
ア　引き渡された目的物

　　目的物が何であるかという限定はなく、特定物か不特定物か、又は代替物か非代替物であるかを問いません。

　　また、引渡しのない履行遅滞や履行不能は目的物の契約不適合にはあたらないため、債務不履行の一般的規律によって処理されることになります。

イ　種類、品質又は数量に関して契約の内容に適合しないものであるとき
例①　品　質

　　例えば、BがAから中古車1台を買う契約を結んだが、実は契約前から当該中古車のエンジン部分には欠陥があり、走行できないことが判明した場合、売主は担保責任を負うことになります。

エンジンに欠陥　売主A　売買契約　中古車1台　買主B

　種類・品質の契約不適合には、物質的な欠陥のみならず、環境的瑕疵（その物を取り巻く外部状況の欠点、例えば近くに暴力団事務所のある建物など）、心理的瑕疵（その物に付着する心理的な負担、例えば自殺来歴のある建物など）も含まれます。

　目的物に法律上の利用制限がある場合にも、欠陥にあたります（判例）。

例②　数量不足又は物の一部滅失

　例えば、AがBに1㎡あたり10万円として土地を100㎡売却したが、実際には90㎡しかなかった場合、売主は担保責任を負うことになります。

実際の土地は90㎡　売主A　売買契約　10万円／㎡で100㎡の土地　買主B

　売買の目的物に数量不足があったすべての場合に数量の契約不適合があったということになるのではなく、売買契約の当事者が当該契約のもとで「数量」に特別の意味を与え、それを基礎として売買がされた場合にはじめて、数量の不適合があったと評価されることになります。*1

b　効　果

　ア　追完請求権（562条）

　買主は、売主に対し、①目的物の**修補**、②**代替物の引渡し**又は③**不足分の引渡し**による**履行の追完を請求**することができます（同条1項本文）。

　もっとも、売主は、買主に不相当な負担を課するものでないときは、買主が請求した方法と異なる方法による履行の追完をすることができます（同項但書）。例えば、買主の修補請求に対し、売主は、買主に対し不相当な負担を課すものでなければ、代替物を引き渡すことによっ

*1
■参考データ
「数量」を契約の内容とした場合とは、当事者において目的物の実際に有する数量を確保するため、その一定の面積、容積等のあることを売主が契約において表示し、かつ、この数量を基礎として代金額が定められた売買契約をいいます（判例）。

て追完することができます。

　また、目的物の契約不適合が**買主の帰責事由**によるものであるときは、買主は、売主に対し、**履行の追完を請求することができません**（同条 2 項）。この趣旨は、契約不適合が買主の帰責事由によるものである場合にまで、追完請求を認めるべきではないという点にあります。

イ　代金減額請求権（563 条）

　買主が**相当の期間を定めて履行の追完の催告**をし、その期間内に履行の追完がないときは、買主は、その不適合の程度に応じて**代金の減額を請求**することができます（追完請求権の優位性　同条 1 項）。

　もっとも、次に掲げる場合には、例外的に、買主は、催告することなく、直ちに代金の減額を請求することができます（同条 2 項各号）。

① 履行の追完が不能であるとき

② 売主が履行の追完を拒絶する意思を明確に表示したとき

③ 契約の性質又は当事者の意思表示により、特定の日時又は一定の期間内に履行をしなければ契約をした目的を達することができない場合において、売主が履行の追完をしないでその時期を経過したとき

④ 上記に掲げる場合のほか、買主が催告をしても履行の追完を受ける見込みがないことが明らかであるとき

　また、目的物の契約不適合が**買主の帰責事由**によるものであるときは、買主は、売主に対し、**代金減額請求をすることができません**（同条 3 項）。

ウ　損害賠償請求権・解除権（564 条、415 条、541 条、542 条）

　買主は、追完請求権、代金減額請求権を有する場合であっても、債務不履行に基づく損害賠償請求、及び解除をすることができます。[1]

c　期間制限（566 条）

　売主が「**種類又は品質**」に関して契約の内容に適合しない目的物を買主に引き渡した場合において、**買主がその不適合を知った時から 1 年以内にその旨を売主に通知しない**

---

[1]

☑ 要チェック！
過去問題

A が甲建物を B に売却する旨の売買契約において、B に引き渡された甲が契約の内容に適合しない場合、B は、A に対して、履行の追完または代金の減額を請求することができるが、これにより債務不履行を理由とする損害賠償の請求は妨げられない。

➡ ◯（R3-33-イ）

---

354 | Part 2
民　法

ときは、買主は、その不適合を理由として、履行の追完の請求、代金の減額の請求、損害賠償の請求及び契約の解除をすることができません（同条本文）。*2

ただし、**売主が引渡しの時にその不適合を知り、又は重大な過失によって知らなかったとき**は、この期間制限は適用されません（同条但書）。悪意・重過失のある売主は保護する必要がないからです。

*2 **参考データ**
この趣旨は、目的物の引渡しによって履行が完了したときの売主の期待を保護し、短期の期間制限を設けることにより、法律関係を早期に安定化させることにあります。

(2) 移転した権利の契約不適合

売主が買主に移転した**権利**が**契約の内容に適合しない**ものである場合（権利の**一部が他人に属する場合においてその権利の一部を移転しないとき**を含みます）には、562条から564条までの規定が準用されます（565条）。

a 要 件

ア 「移転した権利が契約の内容に適合しないものである場合」

例① 売買の目的物である不動産の上に地上権、永小作権、地役権、留置権、質権、先取特権、抵当権の負担があった場合

例えば、Bが家を建てようと思ってAから土地を購入したところ、その土地上にはCの地上権が設定されており（登記済み）、Bが家を建てることができなかった場合、売主は担保責任を負うことになります。

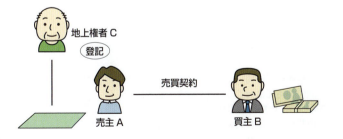

例② 売買の目的物である不動産のために存すると称した地役権が存在しなかった場合

例③ 売買の目的物である不動産の上に対抗力を有する他人の賃借権が存在している場合

イ 「権利の一部が他人に属する場合においてその権利の一部を移転しないとき」

例えば、AがBに不動産を売却したが、不動産の一部がCの所有に属していた場合において、その一部をBに移転できなかった場合、AはBに対して担保責任を負うことになります（565条・562条〜564条、415条、541条、542条）。

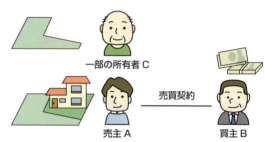

b 効 果
ア 追完請求権（565条・562条）
イ 代金減額請求権（565条・563条）
ウ 損害賠償請求権・解除権（565条・564条、415条、541条、542条）
エ 抵当権等がある場合の買主による費用の償還請求（570条）

買い受けた不動産について契約の内容に適合しない先取特権、質権又は抵当権が存していた場合において、買主が費用を支出してその不動産の所有権を保存したときは、買主は、売主に対し、その費用の償還を請求することができます。*1

Festina lente

契約不適合を理由とする担保責任に関する民法の規定は、任意規定だよ。だから、当事者間の特約によってこれを排除することができるのが原則なんだ（572条）。ただ、①知りながら告げなかった事実、及び②自ら第三者のために設定し又は第三者に譲り渡した権利については、売主はその責任を免れることができない。これらの場合に、特約による免責を認めるのは、信義則に反するからね。

*1 参考データ
具体的には、買主が、被担保債権の第三者弁済（474条）、代価弁済（378条）、又は抵当権消滅請求（379条）をした場合です。

(3) 担保責任の全体像

	追完請求権	代金減額請求	解 除・ 損害賠償	権利行使期間 の定め
物の品質、種類に関する 契約不適合（562条）	○	○	○	1 年（566条） （※ 2）
物の数量に関する 契約不適合（562条）	○	○	○	5 年又は 10 年 （※ 3）
権利移転に関する 契約不適合（565条）（※ 1）	○	○	○	5 年又は 10 年 （※ 3）

※ 1　権利の一部が他人に属する場合において、その権利の一部を移転しないときを含む。
※ 2　債権の消滅時効の一般原則（166条 1 項）の適用を排除するものではない。
※ 3　債権の消滅時効の一般原則（同項）による。

2 買主の義務

1 代金支払義務

代金の支払期限や支払場所は、契約ないし慣習（92条）により定められるのが通常ですが、目的物の引渡しに期限があるときは、代金支払にも同じ期限が定められていると推定されます（573条）。

また、目的物の引渡しと同時に代金を支払う特約があるときは、引渡場所で代金を支払うことを要します（574条）。*2

2 利息支払義務

買主は、目的物の引渡しを受けるまで代金に利息を付ける必要はありません。また、引渡しを受けても代金支払時期がそれ以降に約定されているときは、その期限が到来するまで代金に利息を付ける必要はありません（575条 2 項）。

3 買戻し・再売買の予約

買戻しとは、売買契約を締結する際に、売主が一定期間内に売買代金（別段の合意をした場合にあっては、その合意により定めた金額）と契約費用を返還すれば、目的物を取り戻せる旨を約束することをいいます（579条以下）。

再売買の予約とは、売買に際して、売主が将来目的物を再び買い戻すことを予約することをいいます（556条）。

両者は、債権の担保という機能を有する点で共通します。

*2
■ 参考データ
目的物について権利を主張する者があって、買主がその買い受けた権利の全部又は一部を失うおそれがあるときは、買主は、その危険の程度に応じて、代金の全部又は一部の支払を拒むことができます（576条本文）。

	買戻し	再売買の予約
目的物	不動産に限定（579条） → 動産の買戻特約も当事者間では有効	制限なし
特約の時期	売買契約と同時（579条）	制限なし
返還すべき額	現実に支払った代金（※） ＋ 契約費用（579条）	制限なし
対抗要件	登記（581条）	仮登記
権利行使期間	① 10年超の定めは不可 ② 定めがなければ5年内 ③ 一度定めたら、伸長・更新不可	予約完結権は5年又は10年の消滅時効（166条1項）
意思表示の相手方	現在の所有者	当初の予約義務者
行使方法	売買代金（※）と契約費用を提供する（583条）	意思表示のみ

※ 別段の合意をした場合にあってはその合意により定めた金額。

3 贈与契約

重要度
C

1 意 義

　贈与とは、ある人（贈与者）が相手方（受贈者）に無償である財産を与える意思を表示し、相手方がこれを受諾することによって成立する契約をいいます（549条）。諾成・無償・片務契約です。

 　　　贈与契約　　　
　　　　贈与者A　　　　　　　　　　受贈者B

1 書面によらない贈与

　書面によらない贈与は、履行の終わった部分を除いて、各当事者は、いつでも解除することができます（550条本文）。
　これに対して、履行の終わった部分については、解除することはできません（同条但書）。なぜなら、この場合には、贈与者の

贈与意思が外部に表示されて明確になっているからです。*1

引渡しがあれば（占有改定による引渡しも含まれます）、登記が済んでいなくても、「履行の終わった」にあたります（判例）。

*1 ■ 参考データ
履行の終わった部分とは、贈与者の贈与意思が外部に対して明確に示された状態と解されています。

また、引渡しがなくても、**移転登記**がなされた場合には、「履行の終わった」にあたります（判例）。

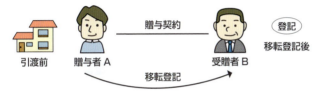

2　書面による贈与

書面による贈与では、各当事者は、解除することはできません（550条本文の反対解釈）。贈与の意思が書面に記されることにより、明確になっているからです。

2　効力──贈与者の引渡義務

贈与者は、贈与契約の内容に従って、財産権を給付する義務（物の引渡し、不動産の引渡し・移転登記）を負います。

そして、贈与の無償性にかんがみ、贈与者は、贈与の目的である物又は権利を、贈与の目的として**特定した時の状態で引き渡し、又は移転**することを約したものと推定されます（551条1項）。

なお、特定物の贈与では、贈与者は、目的物を引き渡すまで、善管注意義務を負います（400条）。

Festina lente

特殊な贈与として、①負担付贈与と②死因贈与があるよ。負担付贈与とは、贈与契約に際して、受贈者も何らかの給付を負担する契約をいって（553条）、贈与者は、その負担の限度において売主と同じ担保責任を負うんだ（551条2項）。これに対して、死因贈与とは、贈与者の死亡によって効力を生ずる贈与契約をいって（554条）、死亡が効力発

生要件である点で遺贈（964条以下）と類似するから、その性質に反しない限り、遺贈に関する規定が準用されるんだ（554条）。

4　交換契約

重要度 C

　例えば、AがBに自転車を、BがAにスキー用具一式を渡すというように、当事者が互いに金銭の所有権以外の財産権を移転する契約を交換契約といいます（586条1項）。売買契約と同様に、有償・双務・諾成契約です。

　当事者間に特約がない限り、売買契約に関する規定が準用されます（559条）。

ファイナルチェック　基礎知識の確認

問題1　買主が手付として500万円を交付した場合、売主が契約を解除するためには、買主に対して、口頭の提供をするのみでは足りず、その倍額の1,000万円につき現実の提供を行うことを要する。

問題2　Aが所有する甲不動産について、Bを売主とし、Cを買主とする売買契約が成立した場合、甲不動産の所有権は売買契約成立時にBからCに移転するが、BがAから所有権を取得することができないため売買契約が解除されたときは、甲不動産の所有権はCからAに直接復帰する。

問題3　書面によらない不動産の贈与において、受贈者に登記を移転すれば、引渡しが未了でも、贈与者は贈与を解除することができない。

問題1 ○　口頭の提供とは、必要な準備を完了し、受領を催告すること。　**問題2 ✗**　この場合、売主は他人の権利を取得して買主に移転する義務を負うのであり（561条）、売買契約成立時に売主から買主に所有権が移転するわけではない。
問題3 ○　（550条但書　判例）

本試験レベルの問題にチャレンジ！ ▶▶▶

Chapter 33 貸借型契約

重要度 B

イントロダクション　学習のポイント

典型契約のうち、貸借型の契約は、①**賃貸借**、②**消費貸借**、③**使用貸借**の3種類があります。利用するために物を借りたときに賃料を支払うのが賃貸借であり、タダ（無償）で借りるのが使用貸借です。一方、消費するために物を借り、例えば、隣家からお米を借りる、お金を借りるなどの場合、同じ物を用意して返すのが消費貸借です。賃貸借が試験では重要です。

ベーシック　じっくり理解しよう！

1 賃貸借契約の意義・効力

重要度 A

賃貸借契約とは、当事者の一方（賃貸人）がある物の使用及び収益を相手方（賃借人）にさせることを約し、相手方（賃借人）がこれに対してその賃料を支払うこと及び引渡しを受けた物を契約が終了したときに返還することを約する契約をいいます（601条）。有償・双務・諾成契約です。*1

また、他人物の賃貸借契約も有効です（559条・561条参照）。

1 賃貸人・賃借人間の効力

1 賃貸人の義務
(1) 使用収益させる義務

賃貸人は、賃借人に対して目的物を使用収益させる義務を負

*1

参考データ

不動産賃借人の保護を図るため、借地借家法が制定されています。同法では、建物の所有を目的とする地上権及び土地の賃借権（借地権）の存続期間、効力等、並びに建物の賃貸借（借家権）の契約の更新、効力等に関して特別の規定がなされています。

います（601条）。

（2）修繕義務

　賃貸人は、特約がない限り、目的物の使用収益に必要な**修繕をする義務**を負います（606条1項）。ただし、**賃借人の帰責事由**によってその修繕が必要となったときは、修繕義務を負いません（同項但書）。

（3）費用償還義務

a　必要費

　賃借人が目的物を保存するのに必要な費用（**必要費**　例えば、畳の修繕費、公租公課等）を支出したときは、特約がない限り、賃貸人に対して、**直ちに**その償還を請求することができます（608条1項）。

b　有益費

　賃借人が目的物の改良のための費用（**有益費**　例えば、建物の増築費用、壁紙の貼替費用等）を支出したときは、特約がない限り、**賃貸借終了時**において、目的物の価格の増加が賃貸借終了時に現存する限りで、賃貸人の選択に従い、支出した費用又は増価額のいずれかを償還するように請求することができます（608条2項本文、196条2項）。

> ## Festina lente
> 　**必要費償還請求**及び**有益費償還請求**は、貸主が目的物の**返還を受けた時から1年以内**に行使されなければ、消滅するよ（622条・600条）。つまり、2つの請求権は行使できる時期は異なるけれど、できなくなる時期は一緒なんだ。

（4）担保責任

　賃貸借は有償契約ですから、賃貸人は、売買契約の売主と同様に、賃借人に対して**担保責任**を負います（559条、562条以下）。

2　賃借人の義務

（1）賃料支払義務

　賃借人は、目的物の使用収益の対価として、賃料を支払わなければなりません（601条）。

(2) 用法遵守義務、目的物保管・返還義務、原状回復義務

賃借人は、契約又は目的物の性質によって定まった**用法に従って**、使用収益することを要し（616条・594条1項）、目的物を返還するまで**善管注意義務**を負います（400条）。

また、賃貸借契約が終了したときは、賃借人は、賃貸人に対し、目的物を**返還する義務**を負います（601条）。

さらに、賃借人は、賃借物を受け取った後にこれに生じた損傷（通常の使用及び収益によって生じた賃借物の損耗並びに賃借物の経年変化を除く）がある場合において、賃貸借が終了したときは、その損傷を**原状に復する義務**を負います（621条本文）[*1]。

> **＊1**
> ■ **参考データ**
> 損傷が**賃借人の責めに帰することができない事由**によるものであるときは、原状回復義務を負いません（621条但書）。

2 賃借権の譲渡・転貸

賃借権の譲渡とは、賃借人Bが第三者Cに対してBの賃借人の地位を移転することをいいます。また、転貸とは、賃借人Bが賃貸借の目的物をDに又貸しすることをいいます。

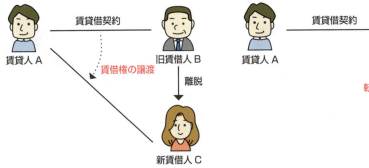

賃借人は、**賃貸人の承諾**がなければ、賃借権を第三者に譲渡することができず、また、賃借物を第三者に転貸することができません（612条1項）。なぜなら、賃貸借は人的信頼関係に基づくからです。

土地賃借人が借地上に建てた**建物を第三者に賃貸**することは、建物の使用収益であって、**土地の転貸にはあたりません**（判例）。

1 賃貸人の承諾がない場合

例えば、AがBに対し建物を賃貸している場合において、B

が、無断で賃借権をCに譲渡した場合（無断譲渡）、又は無断で賃借物をDに転貸した場合（無断転貸）における関係者間の法律関係を考えてみましょう。

（1）B・C間、B・D間の法律関係

612条1項の意味は、Aの承諾のない限り、譲渡・転貸は、Aに対抗できないという点にありますから、**B・C間の賃借権の譲渡、B・D間の賃借物の転貸自体は、有効**です。[*1]

（2）A・B間の法律関係

無断譲渡又は無断転貸がなされ、CやDが**賃借物を使用収益したとき**は、Aは、Bとの間の賃貸借契約を解除することができます（612条2項）。

*1
■ 参考データ
BはAの承諾を得る義務を負い、これができなければ、CやDは、契約を解除することができます（542条1項1号）。

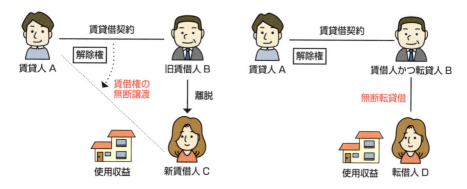

もっとも、条文を形式的に適用すると、あまりに広く解除が認められてしまい、賃借人に酷なケースも出てくるため、解釈により、解除が制限されています。そこで、たとえ無断譲渡・転貸があったとしても、例えば、使用収益の実態には変化がないなど、賃借人の当該行為が**賃貸人に対する背信的行為と認めるに足らない特段の事情**がある場合は、612条2項の解除権は発生しないと解されています（判例）。

（3）A・C間、A・D間の法律関係

無断譲渡・転貸は、賃貸人に対しては、何ら効力を生じないため、CやDは、Aとの関係では不法占有者となります。したがって、Aは、Bとの賃貸借契約を解除しなくても、CやDに対して、**所有権に基づく返還請求**をすることができます。

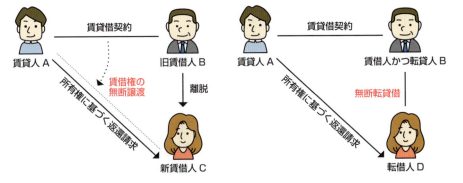

2　賃貸人の承諾がある場合

例えば、Aが建物をBに賃貸している場合において、Bが、Aの承諾を得て、賃借権をCに譲渡した場合、又は賃借物をDに転貸した場合を考えてみましょう。

(1) 譲渡の場合

Bは契約から脱け出て、A・C間の賃貸借が継続します。

(2) 転貸の場合

a　Bは賃借人のままであるが、Dは、A・B間の賃貸借に基づくBの債務の範囲を限度として、**Aに対して直接義務を負います**（613条1項前段）。これは、賃貸人Aを保護するために規定されたものです。例えば、Aは、Dに対して賃料を請求することができます。この場合、Dは賃料の前払いをもってAに対抗することができません（同項後段）。*2

b　A・B間で賃貸借契約を**合意解除**しても、この解除を**Dに対抗することはできません**（613条3項本文）。もっとも、その解除の当時、AがBの債務不履行による解除権を有していたときは、Dに対抗することができます（同項但書）。

また、AがBの**債務不履行を理由として賃貸借契約を解除**したときは、Dは、転貸借をもって**Aに対抗することはできません**。なぜなら、B・D間の転貸借の存在の前提となっているA・B間の賃貸借が消滅しているからです。

なお、**AがDに目的物の返還を請求**した時に、BのDに対する債務が社会通念上履行不能となるので、その時に**転貸借契約が終了**します（判例）。

*2
■ 参考データ

ここでいう賃料の前払いとは、すでに賃料を支払ったことを意味するのではなく、転貸借契約における弁済期を基準として、賃料をその弁済期よりも前に支払うという趣旨です。

3 賃借人の第三者に対する関係

賃借権は債権なので、賃借人は、賃貸人に対しては目的物を使用収益させるように要求できますが、賃貸人たる地位につかない新所有者に対しては使用収益させるように要求できないのが原則です（これを「売買は賃貸借を破る」といいます）。

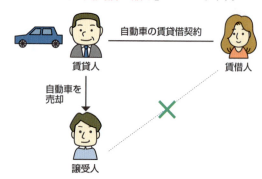

例外として、不動産賃借権は、登記をすれば、その不動産について物権を取得した者その他の第三者に対抗することができます（605条）。すなわち、新所有者に対しても、対抗することができます。*1

1 目的物の譲受人に対する関係

例えば、AがBに対して不動産を賃貸している場合において、AがYに不動産を譲渡したという事例を考えてみましょう。

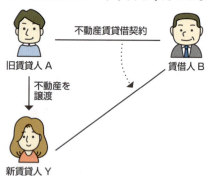

（1）賃借権の対抗要件がある場合

民法605条、借地借家法10条又は31条その他の法令の規定による賃貸借の対抗要件を備えた場合において、その不動産が

*1
■ 参考データ

土地の賃借人は、借地権の登記がなくても、当該土地上にある自分の建物の登記があれば、第三者に対して借地権を対抗することができます（借地借家法10条1項）。また、建物の賃借人は、賃借権の登記がなくても、建物の引渡しがあったときは、建物の新所有者等に対して借家権を対抗することができます（同法31条）。

譲渡されたときは、その不動産の賃貸人たる地位は、その譲受人に移転します（605条の2第1項）。*2

　もっとも、不動産の譲渡人及び譲受人が、賃貸人たる地位を譲渡人に留保する旨及びその不動産を譲受人が譲渡人に賃貸する旨の合意をしたときは、賃貸人たる地位は、譲受人に移転しません（同条2項前段）。そして、この場合において、譲渡人と譲受人との間の賃貸借が終了したとき、譲渡人に留保されていた賃貸人たる地位は、譲受人に移転します（同項後段）。

　なお、賃貸人たる地位の移転は、賃貸物である不動産について所有権の移転の登記をしなければ、賃借人に対抗することができません（同条3項）。権利関係を明確にし、賃料の二重払いを防ぐ必要があるからです。*3

(2) 賃借権の対抗要件がない場合

　Ｙは、当然には賃貸人たる地位を承継せず、Ｂに対して所有権に基づく妨害排除請求をすることができます。ただし、不動産所有権の移転は、所有権移転登記を具備しなければ第三者に対抗することができず（177条）、不動産の賃借人は同条の「第三者」にあたると解されます。したがって、Ｙは所有権移転登記を具備しなければ、Ｂに対して所有権の移転を対抗することができず、所有権に基づく妨害排除請求をすることもできません。

　ところで、対抗要件がないため605条の2第1項による賃貸人たる地位の移転はありませんが、不動産の譲渡人は、その賃貸人たる地位について、賃借人の承諾を要しないで、譲渡人と譲受人との合意により、譲受人に移転させることができます（605条の3前段）。したがって、Ａ・Ｙ間で賃貸人たる地位の移転の合意をすれば、Ｙは、新賃貸人となります。ただし、賃貸人たる地位の移転は、賃貸物である不動産について所有権の移転の登記をしなければ、賃借人に対抗することができません（同条後段、605条の2第3項）。

2　不法占拠者に対する関係

　例えば、ＡがＢに対して土地を賃貸している場合において、Ｚが土地を不法占拠しているとき、Ｂは、いかなる手段によってＺを排除することができるでしょうか。*4

---

*2
■ 参考データ

譲受人は賃借権を対抗される立場にあり、そのことを覚悟して譲り受けている以上、賃貸人たる地位を移転させて賃料請求権などを認めることが当事者の合理的意思に合致するからです。

---

*3
☑ 要チェック！過去問題

Ａ所有の甲土地をＢに対して建物所有の目的で賃貸する旨の賃貸借契約が締結され、Ｂが甲土地上に乙建物を建築して建物所有権保存登記をした後、ＡがＣに甲土地を売却した。Ｃは、甲土地について所有権移転登記を備えなければ、Ｂに対して、本件賃貸借契約に基づく賃料の支払を請求することができない。
➡ ◯ (R2-33-3)

---

*4
■ 参考データ

賃借人は、不法占拠者に対して不法行為に基づく損害賠償請求権を行使することも考えられます。

Part 2 民法

Chapter 33
貸借型契約　367

(1) 賃借権に基づく妨害停止請求等

不動産の賃借人は、対抗要件を備えた場合において、次のような請求をすることができます（605条の4）。

① その不動産の占有を第三者が妨害しているときは、その第三者に対する妨害の停止の請求（同条1号）
② その不動産を第三者が占有しているときは、その第三者に対する返還の請求（同条2号）

したがって、Bが土地賃借権について対抗要件を備えていれば、Bは、Zに対して、賃借権に基づく妨害停止請求等をすることができます。

(2) 占有訴権に基づく妨害排除請求

Bが土地を占有している場合において、ZがBの占有を妨害したときは、Bは、Zに対して、占有訴権に基づき妨害の排除を請求することができます（197条以下）。

(3) 所有権に基づく妨害排除請求権の代位行使

Bが土地を占有していなかったとしても、Aに対して賃貸人の使用収益させる義務の履行としてZの占有を排除するように請求することができるので、Aが妨害排除を請求しないときは、Bは、債権者代位権（423条）の転用により、Aの所有権に基づく妨害排除請求権を代位行使することができます。

4 敷 金

1 意 義

敷金とは、いかなる名目によるかを問わず、賃料債務その他の賃貸借に基づいて生ずる賃借人の賃貸人に対する金銭の給付を目的とする債務を担保する目的で、賃借人が賃貸人に交付する金銭

をいいます（622条の2第1項柱書かっこ書）。

賃貸人は、敷金を受け取っている場合において、次に掲げるときは、賃借人に対し、その受け取った**敷金の額から賃貸借に基づいて生じた賃借人の賃貸人に対する金銭の給付を目的とする債務の額を控除した残額を返還**しなければなりません（同項柱書）。*1

① 賃貸借が終了し、かつ、**賃貸物の返還を受けたとき**（同項1号）

② 賃借人が適法に**賃借権を譲り渡したとき**（同項2号）

賃貸人は、賃借人が賃貸借に基づいて生じた金銭の給付を目的とする債務を履行しないときは、**敷金をその債務の弁済に充てることができます**。一方、賃借人は、賃貸人に対し、敷金をその**債務の弁済に充てることを請求することはできません**（622条の2第2項）。

2 賃貸人・賃借人の地位に変更があった場合

(1) 賃貸人たる地位の移転がある場合

賃貸人たる地位が譲受人（又はその承継人）に移転したときは、敷金の返還に係る債務は、**譲受人（又はその承継人）が承継**します（605条の2第4項）。

(2) 適法な賃借権の譲渡がある場合

特段の事情がない限り、敷金は承継されません。

その結果、賃貸人は、賃借人に対し、その受け取った敷金の額から賃貸借に基づいて生じた賃借人の賃貸人に対する金銭債務の額を控除した残額を返還しなければなりません（622条の2第1項2号）。*2

＊1

■ 参考データ

賃借人の賃貸人に対する敷金返還請求権は、賃借人が賃貸物を返還した時に発生するので、敷金返還請求と賃貸物の返還請求とは、同時履行の関係に立ちません（判例）。

＊2

■ 参考データ

当然に承継すると考えると旧賃借人に不測の損害が生じるおそれがある一方で、賃貸人は新賃借人に対して敷金の交付を求めればよいからです。

Part 2 民法

---

2 賃貸借契約の終了

重要度 **A**

1 期間満了（存続期間の定めのある場合）

1 賃貸借契約の存続期間

賃貸借の存続期間は、**50年**を超えることができません。契約でこれより長い期間を定めたときであっても、その期間は、**50年**となります（604条1項）。

なお、最短については民法上制限がありません。

Chapter 33
貸借型契約
369

2　賃貸借契約の更新
（1）合意による更新

賃貸借の存続期間は、**更新**することができます。ただし、その期間は、更新の時から**50年**を超えることができません（604条2項）。

（2）黙示の更新

賃貸借の期間が満了した後、**賃借人が賃借物の使用又は収益を継続する場合**において、**賃貸人がこれを知りながら異議を述べないとき**は、従前の賃貸借と同一の条件で更に賃貸借をしたものと推定されます（619条1項前段）。

2　解約申入れ（存続期間の定めのない場合）

存続期間の定めのない賃貸借契約の場合、**当事者は、いつでも**解約申入れをすることができ、申入れから一定の期間経過後に（土地は1年、建物は3か月、動産等は1日）、契約は終了します（617条1項）。

3　解　除[1]

賃貸人は、①賃借人に賃料未払い等の債務不履行があるときには解除の一般原則に従い、解除することができます（541条）。

なお、**信頼関係破壊の理論**により修正を受けます。すなわち、賃借人の義務違反が賃貸借契約の基礎をなす信頼関係を破壊しない場合には**解除できません**。他方で、①の解除には本来催告が必要ですが、例えば、極端な用法違反をして賃借物を使用したなど、義務違反の程度が著しく、催告が無意味であると判断して差し支えないと考えられるときは、**無催告の解除**が認められます（判例）。

信頼関係の破壊なし ←	債務不履行の程度	→ 信頼関係の破壊が著しい
解除不可	催告して解除	無催告解除

また、②賃借権の無断譲渡・転貸があるときには、原則として無催告で契約を解除することができます（612条2項）。

---

[1] **■参考データ**

解除の効果は、遡及する通常の解除の場合と異なり、将来に向かって消滅します（620条）。

4 賃借物の全部滅失等

賃借物の全部が滅失その他の事由により使用及び収益をすることができなくなった場合には、賃貸借は、これによって終了します（616条の2）。**当事者の帰責事由を問わず**、当然に終了します。賃貸借契約は継続的契約であり、このような場合に契約を存続させることは無意味だからです。

3 消費貸借契約

重要度
B

消費貸借契約とは、借主が貸主から金銭その他の代替物を借りて、後日、これと同種・同等・同量の物を返還する契約のことをいいます（587条）。

原則として無償・片務・要物契約ですが、利息を特約で付ければ有償となり、また、書面によれば諾成契約にすることも可能です。*2

1 要 件

1 原 則

消費貸借は、当事者の一方が種類、品質及び数量の同じ物をもって**返還をすることを約して**相手方から金銭その他の物を**受け取ることによって**、その効力を生じます（587条）。すなわち、消費貸借契約は、①目的物の授受と②返還の合意により成立します（要物契約）。

2 諾成的消費貸借契約

(1) 要件（契約の成立）

書面でする消費貸借は、当事者の一方が金銭その他の物を引き渡すことを**約し**、相手方がその受け取った物と種類、品質及び数量の同じ物をもって返還をすることを**約することによって**、その効力を生じます（諾成的消費貸借 587条の2第1項）。*3

(2) 物を受け取るまでの契約の解除

書面でする消費貸借の**借主**は、貸主から金銭その他の物を**受け取るまで**、**契約の解除**をすることができます（587条の2第2

---

*2
■ **参考データ**

利息の特約があるときは、貸主は、借主が金銭その他の物を**受け取った日以後**の利息を請求することができます（589条2項）。

*3
■ **参考データ**

書面を要求したのは、借主が軽率に借入れの合意をして債務を負担してしまうことを防止するため、借入意思を書面にまとめさせることで、借入をするかどうかを熟慮させるためです。

Chapter 33
貸借型契約　　371

項前段）。借主に借りる義務を負わせない趣旨です。この場合において、貸主は、その契約の解除によって損害を受けたときは、借主に対し、その賠償を請求することができます（同項後段）。

（3）物を受け取る前の契約の終了

　書面でする消費貸借は、借主が貸主から金銭その他の物を受け取る前に当事者の一方が破産手続開始の決定を受けたときは、その効力を失います（587条の2第3項）。

2 効　力

1　貸主の責任

　消費貸借契約が要物契約として成立する場合、要物契約では目的物を引き渡した時点で契約が成立するので、貸主に貸す義務は生じません。これに対して、書面でする諾成的消費貸借では、貸主に貸す義務が生じることになります。

　また、利息の特約の有無に応じて、貸主は、次のような責任を負います。

（1）利息付消費貸借の場合

　利息付消費貸借は有償契約であるため、貸主は、売買契約における売主の担保責任と同様の責任を負います（559条）。*1

（2）無利息の消費貸借の場合

　貸主は、贈与契約における贈与者と同様の引渡義務等を負います（590条1項・551条）。

　すなわち、貸主は、消費貸借の目的である物を、消費貸借の目的として特定した時の状態で引き渡せば足ります。

2　借主の義務

　借主は、貸主から受け取った物の所有権を取得し、貸主に受け取った物と同種・同質・同量の物を返還する義務を負います（587条）。また、利息の特約があるときは、利息を支払うことを要します（589条）。

　なお、利息の特約の有無にかかわらず、貸主から引き渡された物が種類又は品質に関して契約の内容に適合しないものである場合、つまり、受け取った物に欠陥がある場合は、借主は、その物の価額を返還することができます（590条2項）。

---

*1
■参考データ

引き渡された目的物が種類、品質又は数量に関して契約の内容に適合しないものであるときは、借主は、貸主に対し、代替物の引渡し又は不足分の引渡しによる履行の追完を請求することができるので（559条・562条1項本文）、貸主は、履行の追完義務を負います。

3 終　了

1　返還時期の定めがある場合

　確定した返還時期の定めがあれば、借主は、その時期に返還しなければなりません（412条1項参照）。

　不確定の返還時期の定めがある場合、借主がその期限の到来後に履行の請求を受けた時又はその期限の到来を知った時に返還しなければなりません（同条2項参照）。*2

2　返還時期の定めがない場合

　貸主は、相当の期間を定めて、借主に返還を催告することができます（591条1項）。催告があれば直ちに返還しなければならないとすれば、借主に酷だからです。

4 準消費貸借契約

　準消費貸借契約とは、他の債務において給付すべき金銭その他の物を目的物として消費貸借を成立させる契約をいいます（588条）。

　例えば、AがBに対し30万円で時計を売却した場合において、BがAに代金債務30万円を直ちに給付せずに、消費貸借契約の目的とする契約がこれにあたります。

　準消費貸借契約が成立すると、旧債務は消滅して、新債務が成立します。

---

*2
■ 参考データ

借主は、返還の時期の定めの有無にかかわらず、いつでも返還をすることができます（591条2項）。また、返還の時期を定めた場合において、貸主は、借主がその時期の前に返還をしたことによって損害を受けたときは、借主に対し、その賠償を請求することができます（同条3項）。

---

4 使用貸借契約

重要度 **C**

　使用貸借契約とは、当事者の一方がある物を引き渡すことを約し、相手方がその受け取った物について無償で使用及び収益をして契約が終了したときに返還をすることを約する契約です（593条）。無償・片務・諾成契約です。*3

　使用借権には、第三者に対する対抗力は認められません。したがって、貸主が目的物を第三者に譲渡して、第三者が対抗要件を備えると、借主は、使用借権を対抗することができなくなります。

　また、この契約は、無償であり、貸主の借主に対する人的信頼関係を基礎としているので、借主の死亡により終了します（597

---

*3
■ 参考データ

使用貸借契約は、平成29年改正前は要物契約でしたが、改正により諾成契約となりました。

Chapter 33
貸借型契約

条3項)。

	使用貸借契約	賃貸借契約
法的性質	無償・片務・諾成	有償・双務・諾成
対抗力	なし	登記その他の方法によりあり（605条、借地借家法10条1項、31条）
貸主の修繕義務	なし	あり（606条1項）
通常の必要費	借主負担（595条1項）	貸主負担（608条1項）
費用償還時期	特別の必要費又は有益費（595条2項・583条2項） → 目的物返還の時から1年以内（600条1項）	必要費：直ちに（608条1項） 有益費：賃貸借終了時（同条2項） → 目的物返還の時から1年以内（622条・600条1項）
貸主の責任	引渡義務等（596条・551条）	担保責任あり（559条・562条以下）
借主の死亡	終了する（597条3項）	終了しない
存続期間	定めなし	民法上は、最長50年（604条1項）

ファイナルチェック　基礎知識の確認

問題1　賃貸人の承諾を得て、賃借権が旧賃借人から新賃借人に移転された場合、敷金に関する権利義務は、当然に新賃借人に承継される。

問題2　賃借人が賃貸人の承諾を得ないで、第三者に無断で賃借権を譲渡し、使用収益させた場合において、賃借人の当該行為が賃貸人に対する背信的行為と認めるに足らない特段の事情がある場合には、612条の解除権は発生しない。

問題3　土地賃貸借の賃借人は、当該土地の所有権移転に伴い賃貸人たる地位を譲り受けた者に対し、当該土地の所有権移転登記が経由されていないことを理由として、賃料の支払請求を拒むことができない。

問題1❌　賃貸人の承諾を得て、賃借権が旧賃借人から新賃借人に移転された場合、敷金に関する権利義務は、特段の事情がない限り、新賃借人に承継されない。　問題2⭕（判例）　問題3❌　譲受人が、賃料の支払請求をするには登記が必要である。

本試験レベルの問題にチャレンジ！ ▶▶▶

Chapter 34 労務提供型契約 その他

重要度 B

イントロダクション　学習のポイント

この Chapter では残りの典型契約について勉強します。中でも、大切なのが請負契約と委任契約です。イメージを持つならば、**仕事の結果**を重視するのが**請負契約**で、**仕事の過程**を重視するのが**委任契約**としておくとよいでしょう。

請負契約では**担保責任**が、委任契約では委任者・受任者の**義務**、**終了原因**が重要です。

ベーシック　じっくり理解しよう!

1 請負契約

重要度 B

請負契約とは、当事者の一方（請負人）がある**仕事を完成**することを約し、相手方（注文者）がその仕事の結果に対して**報酬**を与えることを約する契約をいいます（632条）。有償・双務・諾成契約です。

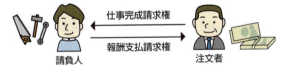

1 請負人の義務

1 仕事完成義務
請負人は、**仕事を完成させる義務**を負います（632条）。

2 完成物引渡義務
契約の目的物が物の製作である場合、請負人は、仕事を完成した後、さらにその完成物を注文者に**引き渡す義務**を負います。

*1
■ 参考データ
請負人は、特約がある場合や請負人自身による仕事が意義を有する場合（例えば、演奏や講演等）を除いて、下請負人を使用して仕事を完成させることができます。

Chapter 34 労務提供型契約　その他　**375**

3　担保責任

　請負人は、完成した仕事の目的物が種類又は品質に関して請負契約の内容に適合しない場合、注文者に対し、以下の担保責任を負います（559条・562条〜564条）。

（1）内　容

a　追完請求権

　引き渡された目的物が種類、品質に関して契約の内容に適合しない場合には、注文者は、請負人に対して履行の追完を請求することができます（559条・562条）。*1

b　報酬減額請求権

　注文者は、相当の期間を定めて履行の追完の催告をし、その期間内に履行の追完がないときは、契約不適合の程度に応じて報酬の減額を請求することができます（559条・563条）。

c　損害賠償請求権・解除権

　注文者は、契約不適合を理由として、請負人に対して債務不履行に基づく損害賠償を請求することができます（559条・564条、415条）。

　損害賠償請求権は、報酬債権と相殺することができます（判例）。また、注文者は、請負契約を解除することができます（559条・564条、541条）。

（2）担保責任を負わない場合

a　担保責任に関する規定の不適用（636条）

　仕事の目的物の種類又は品質に関する請負契約の内容の不適合が、注文者が提供した材料の性質又は注文者の与えた指図によって生じた場合には、請負人は、原則として担保責任を負いません（636条本文）。

b　担保責任免除特約（559条・572条）

　当事者間で担保責任を排除する特約があった場合、請負人は、原則として担保責任を負いません。

（3）期間制限

　請負人が種類・品質に関して契約の内容に適合しない仕事の目的物を注文者に引き渡した場合（引渡しを要しない場合にあっては、仕事が終了した時に目的物が種類・品質に関して契約

---

*1
■ 参考データ

追完請求権の例としては、修補請求権、工事のやり直しの請求権等が挙げられます。

Festina lente

不誠実な請負人を保護する必要はないよね。だから、請負人が、注文者の材料又は指図が不適当なことを知りながら注文者に告げなかったときは、請負人は担保責任を負うし、免除特約があっても、請負人が知って告げなかった事実については、請負人は免責されないんだ。

の内容に適合しない場合）において、仕事の目的物の契約不適合を注文者が知ったときは、注文者は、その時から1年以内に契約不適合の旨を請負人に通知しなければ、その不適合を理由とする履行の追完請求、報酬の減額の請求、損害賠償の請求、契約の解除をすることができません（637条1項）。*2

2 注文者の義務

注文者は、①仕事の目的物を引き渡すべきときには、その引渡しと同時に、②引渡しを要しないときは、仕事完成後に、報酬を支払うことを要します（633条）。

また、①注文者の帰責事由なく仕事を完成することができなくなった場合、又は、②請負契約が仕事完成前に解除された場合において、請負人がすでにした仕事の結果のうち可分な部分の給付によって注文者が利益を受けるときは、請負人は、注文者が受ける利益の割合に応じて報酬を請求することができます（634条）。

3 完成目的物の所有権の帰属

請負人の仕事完成後、目的物の引渡しを要する場合、完成した目的物の所有権の帰属が問題となります。

1 特約がある場合

建物完成と同時に注文者に所有権が帰属する旨の特約がある場合、建物完成と同時に注文者に所有権が帰属します。

2 特約がない場合

（1）注文者が材料の全部又は主要な部分を提供した場合

建物の所有権は、完成と同時に注文者に原始的に帰属します（判例）。

（2）請負人が材料の全部又は主要な部分を提供した場合

完成建物の所有権は、請負人に帰属します。そして、注文者への引渡しによって、注文者に所有権が移転します（判例）。

4 請負契約の終了

請負契約は、仕事の完了、及び契約法一般の解除権の行使によって終了するほか、次の特殊の解除権が認められています。

---

*2
■ 参考データ

請負人が仕事の目的物の契約不適合を知っていたとき、又は知らなかったことにつき重過失があったときは、注文者は、1年以内に契約不適合の通知をしなくても、履行の追完請求、報酬の減額の請求、損害賠償の請求、契約の解除をすることができます（637条2項）。

1　仕事完成前における注文者による解除

注文者は、請負人が仕事を完成しない間は、いつでも損害を賠償して契約を解除することができます（641条）。*1

2　注文者の破産による解除

注文者が破産手続開始の決定を受けたときは、仕事完成前の請負人又は破産管財人は、契約を解除することができます（642条1項）。

*1
■ 参考データ
注文者が仕事の完成を欲しないという場合にまで仕事を継続させるのは無意味ですし、損害が賠償されれば、請負人にも酷とはいえないためです。

2　委任契約

重要度 B

委任契約とは、当事者の一方（委任者）が、法律行為をなすことを相手方（受任者）に対して委託し、相手方がこれを承諾することによって成立する契約をいいます（643条）。

委任契約は、原則として、無償・片務・諾成契約です（同条、648条1項）。特約により委任者が受任者に報酬を支払うときは、有償・双務契約となります。*2

*2
■ 参考データ
事実行為を委任する場合を準委任といい、委任の規定が準用されます（656条）。

1　受任者の義務

1　善管注意義務（644条）

受任者は、委任事務の処理をするにあたり、委任契約の無償・有償を問わず、善管注意義務を負います。*3

2　報告義務（645条）

受任者は、委任事務を処理している間、委任者の求めに応じて、いつでも事務処理の状況を報告し、委任終了後には、遅滞なくその経過及び結果を報告しなければなりません。

3　受領物等の引渡し・取得権利の移転義務（646条）

受任者は、委任事務を処理するにあたって取得した金銭・果実・その他の物を委任者に引き渡さなければなりません。

また、受任者は、委任者のために自己の名で取得した権利を委

*3
■ 参考データ
委任契約は、委任者・受任者間の信頼関係を基礎とする契約ですから、受任者は、原則として自ら委任事務を処理しなければなりません。ただし、委任者の許諾がある場合、又はやむを得ない事由がある場合には、受任者は、他人に委任事務を代行させることができます（復委任644条の2第1項）。

任者に移転しなければなりません。

4 金銭を消費した場合の責任 (647条)

受任者が委任者に引き渡すべき金額を自分のために消費した場合、受任者の故意・過失の有無、損害の証明の有無を問わず、その消費した日以後の利息を支払う義務を負います。

2 委任者の義務

1 費用前払義務 (649条)

委任事務を処理するについて費用を要するときは、委任者は、受任者の請求により、その前払いをしなければなりません。

2 費用償還義務 (650条1項)

受任者は、委任事務を処理するのに必要と認められる費用を支出したときは、委任者に対して、その費用及び支出の日以後におけるその利息の償還を請求することができます。

3 代弁済又は担保提供義務 (650条2項)

受任者は、委任事務を処理するために必要と認められる債務を負担したときは、委任者に対して、自己に代わってその弁済をすることを請求することができます。また、その債務が弁済期にないときは、委任者に対して、相当の担保を供させることができます。

4 損害賠償義務 (650条3項)

受任者は、委任事務を処理するため、自己に過失なく損害を受けたときは、委任者に対して、その賠償を請求することができます。この場合、委任者の故意・過失は問いません。

5 有償委任における報酬支払義務 (648条、648条の2)

(1) 履行割合型委任

事務処理の労務に対して報酬を受けるべき場合には、受任者は、委任事務を履行した後でなければ、これを請求することができません (648条2項本文)。*4

ただし、期間によって報酬を定めたときは、期間が経過した後、委任者は、報酬を支払うことを要します (同項但書・624条2項)。

また、委任が、①委任者の帰責事由なく委任事務の履行をすることができなくなったとき、又は②委任が履行の中途で終了

---

*4
■ 参考データ

受任者は、委任事務の処理との同時履行を主張することはできません。

Part
2

民

法

Chapter 34
労務提供型契約　その他　379

したときは、受任者は、すでにした**履行の割合に応じて報酬を請求**することができます（648条3項）。

（2）成果完成型委任

委任事務の履行により得られる成果に対して報酬を受けるべき場合、受任者は、その成果の引渡しを要するときは、その**成果の引渡しと同時**でなければ報酬を請求することができません（648条の2第1項）。

また、委任者の帰責事由なく成果を得ることができなくなった場合又は成果を得る前に委任契約が解除された場合には、①すでにした委任事務の処理の結果が可分であり、かつ、②その部分の給付によって委任者が利益を受けるときに限り、受任者は、**委任者が受ける利益の割合に応じて報酬を請求**することができます（同条2項・634条）。

3 委任契約の終了

1 無理由解除（651条1項）

委任は、**両当事者において、いつでも解除**することができ、**将来に向かってのみ**効力が生じます（652条・620条）。

ただし、①**相手方に不利な時期**に委任を解除した場合、②委任者が受任者の利益（もっぱら報酬を得ることによるものを除きます）をも目的とする委任を解除した場合は、**やむを得ない事由があるとき**を除いて、損害を賠償しなければなりません（651条2項）。

2 その他の事由

①委任者又は受任者が死亡したとき、②委任者又は受任者が破産手続開始の決定を受けたとき、③受任者が後見開始の審判を受けたときは、委任契約が終了します（653条）。

	死　亡	破産手続開始の決定	後見開始の審判
委任者	終　了	終　了	存　続
受任者	終　了	終　了	終　了

3 寄託契約

寄託とは、当事者の一方（寄託者）がある物を保管することを相手方（受寄者）に委託し、相手方がこれを承諾することによって成立する契約をいいます（657条）。

寄託契約は、原則として、無償・片務・諾成契約です（657条、665条・648条1項）。特約により寄託者が受寄者に報酬を支払うときは、有償・双務契約となります。

> **Festina lente**
> 受寄者は寄託物を保管する義務を負うけど（657条）、注意義務の程度が、有償寄託では善管注意義務であるのに対して（400条）、無償寄託では自己の財産に対するのと同一の注意義務で足りるよ（659条）。

4 その他の契約

1 雇用契約

雇用契約とは、当事者の一方（労働者）が相手方に対して労働に服することを約し、相手方（使用者）がこれにその報酬を与えることを約する契約をいいます（623条）。有償・双務・諾成契約です。

2 組合契約

組合契約とは、数人の当事者がそれぞれ出資をして共同の事業を営むことを約する契約をいいます（667条1項）。組合契約は、有償・双務・諾成契約です。そして、組合員の1人について意思表示の無効又は取消原因があった場合でも、他の組合員の間においては、組合契約は、その効力を妨げられません（667条の3）。

1 組合の業務決定・業務執行（内部関係）
(1) 業務執行者が定められていない場合

組合の業務は、組合員の過半数をもって決定し、各組合員が執行します（670条1項）。

(2) 業務執行者が定められている場合

この場合、業務は、業務執行者が決定し、これを執行します（670条2項、3項前段）。そして、業務執行者が複数いる場合には、組合の業務は、業務執行者の**過半数**をもって決定し、各業務執行者がこれを執行します（同項後段）。

2 組合の対外的関係（組合代理）

組合には法人格がないため、ある組合員が組合の業務執行として第三者との間でした法律行為の効果は、代理の方式により他の組合員に帰属します（組合代理　670条の2）。

3 組合の財産関係

各組合員の出資その他の組合財産は、総組合員の「共有」に属するとされていますが（668条）、組合財産については、組合員の持分処分が制限され、清算前の組合財産分割が禁止される（676条）等、物権法の共有（249条以下）とは異なる態様を規定しているため、物権法の共有と区別して、**合有**と呼ばれます。

(1) 組合の債権

個々の組合員は、持分の割合の債権を単独で行使することはできません（676条2項）。

また、組合員の債権者は、組合財産についてその権利を行使することができません（677条）。したがって、右の図のような場合で、X組合の債務者Yが組合員Aに対して債権を有している場合でも、Yは、相殺することができません。

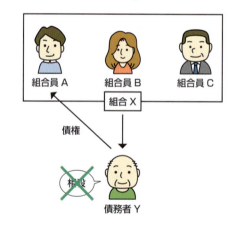

(2) 組合の債務

組合の債権者は、組合財産について、その権利を行使することができます（675条1項）。

組合の債権者は、その選択に従い、その債権が発生した当時における損失分担の割合によって各組合員に割り付けた額又は等しい割合で、各組合員個人に対して弁済を請求し、その個人財産に対して執行することもできます（同条2項本文）。

3 終身定期金契約

　終身定期金契約とは、ある人（債務者）が、自己、相手方、又は第三者の死亡するまで、相手方（債権者）又は第三者（受益者）に、定期に、金銭その他の代替物を給付する契約をいいます（689条）。社会保障として公的年金制度が充実したため、実際にはほとんど使われていません。

4 和解契約

　和解契約とは、当事者が互いに譲歩して、その間に存する争いをやめる旨を合意する契約をいいます（695条）。双務・有償・諾成契約です。

> **Festina lente**
> 　和解によって争いのあった法律関係が確定すると、和解の内容に反する証拠が後にあらわれても、和解の効力は覆らない。これを和解の**確定効**というんだ（696条）。

ファイナルチェック　基礎知識の確認

問題1　請負人が債務の本旨に従って仕事を完成した後であっても、注文者は、損害を賠償して契約の解除をすることができる。

問題2　受任者が委任者に不利な時期に委任契約を解除した場合、受任者は、やむを得ない事由があるときを除き、委任者に生じた損害を賠償しなければならない。

問題1 ✗　解除できるのは仕事の完成前である（641条）。　問題2 ○　（651条2項1号）

本試験レベルの問題にチャレンジ！ ▶▶▶

Chapter 35 事務管理

重要度 C

イントロダクション　学習のポイント

契約と同様に債権発生原因の1つが**事務管理**です。
試験では重視されないので、委任契約との比較表を利用して効率よく勉強してください。

ベーシック　じっくり理解しよう！

1 事務管理とは

重要度 C

　事務管理とは、法律上の義務なくして、他人のためにその事務を管理（処理）することをいいます（697条）。
　例えば、隣人の留守中にその屋根が暴風雨で壊れたのを見つけて、頼まれていないのに修繕することがこれにあたります。
　本来、自己の事務については自らが自由に処分すべきであり、法律上の権限なくして他人の事務に干渉することは違法です。しかし、社会生活における相互扶助の観点から、それが必要な場合もあるので、他人の生活への不当な干渉の排除と社会生活における相互扶助の要請との調和を図るため、事務管理の規定が置かれています。

2 効　果

重要度 C

　事務管理が成立すると、行為の違法性が阻却されるので、管理者は不法行為責任（709条）を負いません。
　その他の効果として、民法は、管理者の管理義務などについて

定めています。なお、本人の身体・名誉・財産に対する急迫の危害を免れさせるための事務管理では（**緊急事務管理**という）、注意義務は軽減され、管理者は、**悪意又は重過失**がなければ、損害賠償責任を負いません（698条）。*1

〈委任の規定の準用〉

委　任	寄　託 (665条)	組　合 (671条 業務執行組合員について)	事務管理 (701条)
善管注意義務 (644条)	有　償 → 善管注意義務 　(400条) 無　償 → 自己の財産と同一の義務 (659条)	○	原　則 → 善管注意義務 緊急事務管理 → 注意義務軽減 (698条)
報告義務 (645条)	危険通知義務 (660条1項)	○	管理開始通知義務 (699条)
引渡義務 (646条)	○	○	○
消費責任 (647条)	○	○	○
報酬請求権 (履行割合型 648条・特約)	○	○	規定なし
報酬請求権 (成果完成型 648条の2)	× (準用なし)	○	×
費用前払請求権 (649条)	○	○	規定なし
費用償還請求権 (650条1項)	○	○	有益費用 (702条1項、3項)
代弁済請求権 (650条2項)	○	○	○ (702条2項)
損害賠償請求権 (650条3項) ※ 無過失責任	× 過失責任 (661条)	○	規定なし
復委任 (644条の2)	原則禁止 (658条2項)	○	×

*1 **要チェック！過去問題**

AはBのためにある事務処理を行った。Aは、これが、①A・B間における委任契約に基づく債務の履行である場合において、事務の処理に関して費用を要するときは、Bに対しその費用の前払いを請求することができるのに対し、②Bのために行った事務管理である場合には、Bに対し事務の管理により生じる費用の前払いを請求することができない。
→ ○ (H22-32-ア)

本試験レベルの問題にチャレンジ！ ▶▶▶

Chapter 35
事務管理

Chapter 36 不当利得

重要度 C

イントロダクション　学習のポイント

不当利得も債権発生原因の1つです。他人が自分の財産を原因なく有している場合、返還を請求することができます。これが不当利得に基づく返還請求権です。

なお、客観的には不当利得に基づく返還請求権が認められそうな場合であっても、その請求を認めるべきでないときがあります。これは、特殊な不当利得で勉強します。試験ではあまり重視されないので、効率よく勉強していきましょう。

ベーシック　じっくり理解しよう!

1 不当利得とは

　不当利得制度とは、法律上正当な理由がないにもかかわらず、他人の財産又は労務から利得を受け、これによってその他人に損害を及ぼした場合に、その利得の返還を命じ、当事者間の公平・正義の実現を図るものです。

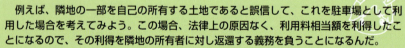

Festina lente
　例えば、隣地の一部を自己の所有する土地であると誤信して、これを駐車場として利用した場合を考えてみよう。この場合、法律上の原因なく、利用料相当額を利得したことになるので、その利得を隣地の所有者に対し返還する義務を負うことになるんだ。

2 一般不当利得

1 要　件
① 他人の財産又は労務によって利益を受けたこと（受益）

② 他人に損失があること（損失）

③ 受益と損失との間に因果関係があること（因果関係）

④ 法律上の原因がないこと

2 効 果

1 善意の受益者

利益の存する限度（現存利益）で返還義務を負います（703条）。なお、生活費にあてたときは、本来支払わなければならないものを免れたので、現存利益があるものと評価されます。

2 悪意の受益者

受けた利益に利息を付して返還し、なお損害があれば、損害賠償の義務も負います（704条）。

3 給付利得の場合

例えば、売買契約が詐欺を理由に取り消された場合、すでに目的物が引き渡されていたり、代金が支払われていたようなときは、受益者は、相手方に対して原状回復義務（全部返還義務）を負うのが原則です（121条の2第1項）。

---

3 特殊な不当利得

重要度 **C**

1 非債弁済 （705条）

債務がないのに弁済した者が、その弁済の当時、債務の不存在を知っていたときは、給付したものの返還を請求できません。

本来、このような弁済は、不当利得として返還請求できるはずですが、債務の不存在を知りつつ、あえて弁済として給付した弁済者を保護する必要はありません。そこで、民法は、非債弁済の規定を置きました。

2 期限前の弁済 （706条）

債務者は、期限到来前に債務を弁済した場合、給付物の返還を請求することができません（706条本文）。

ただし、債務者が錯誤によってその弁済をしたときは、債権者

Chapter 36
不当利得

387

は、これによって得た**利益**（例えば、期限までの利息相当額等）を返還しなければなりません（同条但書）。

3 他人の債務の弁済 (707条)

債務者でない第三者が、錯誤によって他人の債務の弁済をした場合において、**債権者が、善意で証書を滅失させ、若しくは損傷し、担保を放棄し、又は時効によって債権を失ったとき**には、弁済者は、不当利得を理由として、給付したものの返還を請求することができません（707条1項）。**弁済は有効**となり、債務は消滅します。[*1]

4 不法原因給付 (708条)

1 意 義

不法原因給付とは、不法な原因のために給付を行った者が、その給付したものの返還を請求することができないという法律関係をいいます（708条本文）。

例えば、「報酬を前払いするから、Aを殺してくれ」との殺人契約に基づいて100万円を支払った者は、殺人契約が公序良俗に反し無効であるにもかかわらず、不当利得の返還として100万円の返還を請求することはできないことになります。

2 趣 旨

本来、不法の原因のための契約は**公序良俗に反して無効**ですから（90条）、これによって給付したものについては不当利得返還請求が認められるはずです。

しかし、この請求を認めると、法が反社会的な行為をなした者を救済する結果になり、妥当ではありません。

そこで、**クリーン・ハンズの原則**のもと、不法の原因のために給付をした者は、自らその無効を主張して法的救済を求めることは許されないとしました。[*2]

3 要 件

(1) 不法の原因があること

708条は、90条と表裏一体の関係にあるので、不法とは、公序良俗に反することをいいます。

[*1]
■ **参考データ**

弁済者は、債権者には不当利得返還請求をできませんが、債務者には求償できます（707条2項）。

[*2]
■ **語句解説**

クリーン・ハンズの原則とは、裁判所の救済を受けようとする者は、汚れなき手でなければならないとする原則をいいます。

(2) 給付がなされること

給付をしたといえるためには、相手方に終局的な利益を与えたといえる場合でなければなりません。*3

(3) 不法の原因が受益者のみに存しないこと

不法原因が、給付者・受益者の双方に存する場合でも、受益者の不法のほうが著しく大きい場合には、不当利得返還請求が認められます（判例）。

4 効 果

(1) 不当利得返還請求の否定 *4

(2) 給付物の所有権の帰属

給付の内容が物の所有権移転である場合、所有権に基づく返還請求権についても、708条が類推適用され、否定されると解されています。そして、給付した物の返還を請求することができなくなったことの反射的効果として、**所有権は、相手方に帰属**すると解されています（判例・通説）。

例えば、A・B間で妾契約を締結し、これに基づいてAがBに建物を給付したとします。

この場合、Aは、妾契約が無効であるとして、不当利得返還請求権を行使することもできず、また所有権に基づいて建物の返還請求をすることもできず、その反射的効果として、建物所有権はBに帰属します。

---

*3 参考データ
既登記不動産では、引渡しがあっただけでは、「給付をした」にあたらず、**移転登記**がなされて初めて、「給付をした」にあたります。これに対して、**未登記不動産**では、引渡しがあれば、「給付をした」にあたります（判例）。

*4 参考データ
当事者間で、不法原因給付の後になされた、給付した物を任意に返還する旨の特約は、708条の趣旨に反しないので、有効です（判例）。

ファイナルチェック　基礎知識の確認

問題1 不当利得の返還請求権が成立するためには、受益と損失との間に因果関係があり、それについて法律上の原因がないことが必要となる。

問題2 債務者でない第三者が錯誤によって他人の債務を弁済した場合であっても、債権者が善意で証書を滅失させたときは、弁済者は給付物の返還を請求できない。

問題1 ◯（703条）　問題2 ◯（707条1項）

本試験レベルの問題にチャレンジ！▶▶▶

Chapter 37 不法行為

イントロダクション　学習のポイント

4つ目の債権発生原因が**不法行為**です。不法行為があると被害者は加害者に対して**損害賠償請求権**を取得します。契約と並び、大切なテーマですから、しっかりと勉強していきましょう。

まず、交通事故などをイメージするとわかりやすい**一般不法行為**について勉強し、その後、**特殊な不法行為**について勉強していきます。

不法行為を勉強する際には、**被害者救済**の視点を忘れないようにしましょう。

ベーシック　じっくり理解しよう!

1　総　説

不法行為制度とは、ある者（加害者）が他人（被害者）の権利、利益を違法に侵害した結果、他人（被害者）に損害を与えた場合において、**被害者の加害者に対する損害賠償請求権**を発生させる制度をいいます（709条以下）。

不法行為制度の趣旨は、**被害者の救済**及び**損害の公平な分担**にあります。

不法行為に関する民法の規定は、不法行為の要件及び効果についての原則的規定である一般不法行為と、一般不法行為を修正した特殊な不法行為（714条～719条）からなります。

2 一般不法行為 重要度 A

1 要 件

① 行為者の**故意又は過失**ある行為に基づくこと
② 他人の権利又は法律上保護される利益を侵害したこと（違法性）*1
③ 損害の発生
④ 行為と損害の発生との間に因果関係があること
⑤ 行為者に**責任能力**があること*2

2 効 果

不法行為が成立すると**損害賠償請求権**が発生します。

1 賠償の方法

不法行為による損害賠償は、**原則として金銭賠償**です（722条1項・417条）。

ただし、**名誉毀損の場合**には、金銭賠償だけでは損害の回復が困難なので、損害賠償に代え、又は損害賠償とともに、**名誉を回復するのに適当な処分**（例えば、謝罪広告等）が認められます（723条）。

2 損害の種類

損害には、財産的損害と非財産的損害があります。そして、財産的損害には、積極的損害（現実に生じた損害）と消極的損害（不法行為がなければ得られたであろう利益の喪失＝逸失利益）があります。

非財産的損害には、被害者の感じた苦痛・不快感についての精神的損害や名誉・信用の毀損による無形の損害が含まれます。なお、精神的損害に対する賠償を慰謝料といいます。

3 損害賠償の範囲

加害者が賠償すべき損害の範囲は、416条の類推適用により、加害行為と相当因果関係に立つ損害です（判例）。

---

*1 **参考データ**

正当防衛（720条1項）、緊急避難（同条2項）が認められれば、違法性が阻却されます。

*2 **語句解説**

責任能力とは、不法行為の領域において、自己の行為が違法なものとして、法律上非難されるものであることを弁識できる能力をいい（712条、713条本文参照）、おおむね12歳くらいが基準となると解されています。

4 請求権者
(1) 被害者本人

　不法行為によって直接に被害を受けた本人が、損害賠償請求権を有するのが原則です。

　なお、この損害賠償請求権は相続の対象になります。この点、不法行為により被害者が即死した場合、被害者は死亡の瞬間に権利主体でなくなるから、損害賠償請求権は被害者のもとで発生せず、相続される余地はないのではないかという問題がありますが、判例は、相続を肯定しています。受傷後しばらくして死亡した場合には、損害賠償請求権が認められるのに、即死の場合に認めないとするのでは、均衡を欠くからです。[*1]

(2) 近親者

　不法行為によって生命を侵害された被害者の近親者（＝父母・配偶者・子）は、固有の慰謝料請求権を取得します（711条）。[*2][*3]

5 過失相殺

　不法行為の際には、被害者にも過失が存在する場合があります。そこで、損害の公平な分担という見地から被害者の過失を考慮して、被った損害額から合理的な減額をした金額をもって、加害者が現実に賠償義務を負うべき額とするという過失相殺の制度が定められています（722条2項）。[*4]

　過失相殺が認められると、裁判所は損害額を減額することができます。債務不履行における過失相殺（418条）と異なり、被害者救済の観点から、①賠償額をゼロにはできず、②過失相殺は裁量的とされています。

(1) 被害者側の過失

　損害の公平な分担、及び求償関係の一挙解決の見地から、被害者本人と身分上、生活関係上、一体をなすとみられるような関係にある者（親、配偶者等）の過失は考慮されます（判例）。

　例えば、Aの運転する自動車とCの運転する自動車が事故を起こし、Cの運転する自動車に同乗していたCの夫Bが怪我をした場合、BのAに対する損害賠償額を算定するにあたり、Cの過失を考慮することができます。

[*1]
■ 参考データ
精神的損害に対する慰謝料請求権も相続の対象になります。

[*2]
■ 参考データ
近親者が、被害者が死亡したときにも比肩すべき精神上の苦痛を受けたと認められる場合には、近親者は、709条、710条を根拠として、固有の慰謝料を請求することができます（判例）。

[*3]
☑ 要チェック！
過去問題
他人の不法行為により夫が死亡した場合には、その妻は、相続によって夫本人の慰謝料請求権を行使できるので、妻には固有の慰謝料請求権は認められていない。
➡ ✕（H26-34-2）

[*4]
■ 参考データ
過失相殺の「過失」が認められるためには、被害者に責任能力は不要であり、事理を弁識するに足る知能（事理弁識能力5～6歳程度のもの）が備わっていれば足ります（判例）。

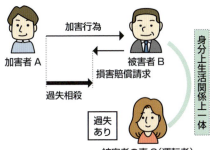

（2）722条2項類推適用

被害者の体質的素因や心因的素因によって損害が拡大した場合、損害の公平な分担という見地から、損害賠償額の認定にあたってその素因が考慮される場合があると解されています（722条2項類推適用　判例）。

> **Festina lente**
> 判例は、加害行為と加害行為前から存在した被害者の疾患が共に原因となって損害が発生した場合には、公平の観点から、損害賠償額を定めるにあたって、被害者の疾患を考慮することができることを認めているんだ。ただ、単なる身体的特徴では、考慮することはできないよ。交通事故の被害者が平均的な体格ないし通常の体質と異なる身体的特徴を有していたとしても、それが疾患にあたらない場合には、特段の事情の存しない限り、これを損害賠償の額を定めるに際し考慮することはできないとした判例があるよ。

6　期間制限

損害及び加害者を知った時から3年、又は不法行為時から20年の期間経過により、不法行為に基づく損害賠償請求権は消滅します（724条）。*5

7　債務不履行責任との関係

例えば、タクシー事故で乗客が損害を受けた場合のように、運送契約等に基づく債務不履行責任と不法行為責任の要件の両方を満たすことがあります。

この場合は、被害者は、任意にいずれの責任をも追及することができます（請求権競合説　判例）。

---

*5
■参考データ
人の生命又は身体を害する不法行為に基づく損害賠償請求権については、この期間が5年又は20年となります（724条の2）。

	不法行為責任	債務不履行責任
帰責性の立証責任	被害者（原則どおり）	債務者（立証責任の転換）
過失相殺 責任免除	できない（722条2項）	できる（418条）
過失相殺 金額軽減	できる	
過失相殺 考慮	任意的（722条2項）	必要的（418条）
損害賠償の範囲	416条類推適用	416条
損害賠償請求権を受働債権として相殺すること（509条）	原則：できる 例外：①悪意による不法行為に基づく損害賠償債務 ②人の生命・身体の侵害による損害賠償債務	原則：できる 例外：人の生命・身体の侵害による損害賠償債務
損害賠償の方法	原則：金銭賠償（722条1項） 例外：名誉毀損における原状回復（723条）	原則：金銭賠償（417条） 例外：特約による
期間制限 原則	3年又は20年（724条）	5年又は10年（166条1項）
期間制限 人の生命・身体を害する場合	5年又は20年（724条の2）	5年又は20年（167条）

3 特殊な不法行為

重要度 A

1 監督義務者等の責任（714条）

違法行為により他人に損害を与えても、**責任無能力者**は責任を負いません。

そこで、被害者救済の観点から、これらの者を監督すべき法定の義務ある監督義務者（親権者、後見人）及び代理監督者（幼稚園の教諭等）に責任を負わせようとするのがこの制度です。

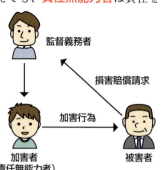

1 要 件

① 責任無能力者の加害行為が、責任能力以外の一般不法行為（709条）の要件を備えていること

② 監督義務者又は代理監督者が、監督の義務を怠らなかったことを立証できなかったこと

2 効 果

監督義務者等が損害賠償責任を負います。

> **Festina lente**
> 714条の責任はあくまでも加害者に責任能力が欠ける場合を前提としているから、未成年者が責任能力を有する場合には、未成年者自身が不法行為責任を負い、714条は適用されないよ。でも、未成年者には資力がないことが多いよね。そこで、未成年者が責任能力を有する場合でも、監督義務者の義務違反と損害との間に相当因果関係が認められるときは、監督義務者は、709条に基づいて不法行為責任を負うんだ（判例）。

2 使用者責任（715条）

　使用者責任とは、他人に使用されている者（被用者）が、その使用者の**事業を執行するにつき**、他人に損害を加えた場合に、使用者（及び代理監督者）が損害賠償責任を負うことをいいます。

　例えば、宅配業者Aの運転手Bが、宅配中に不注意で通行人Cを車ではねた場合、被用者のBは、709条に基づき損害賠償責任を負い、使用者のAは、715条に基づき損害賠償責任を負います。

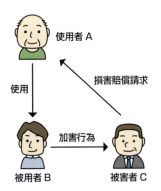

　使用者責任は、被用者の活動により利益をあげている使用者が、損失についても負担するのが公平であるという**報償責任の原理**に基づきます。

1 要 件

① ある事業のために他人を使用していること
② 事業の執行について第三者に損害を加えたこと[*1]
　被用者の職務の範囲は、被害者保護の観点から、行為の外形を標準として客観的に判断されます（**外形標準説**　判例）。
③ **被用者が一般不法行為の要件を備えていること**
④ **使用者が、被用者の選任監督につき相当の注意をしたこと、又は相当の注意をしても損害が生じたことを証明できなかったこと**

2 効 果

（1）損害賠償責任

　使用者責任を負う使用者は、被用者の加害行為から生じた損害をすべて賠償する責任を負います。この場合、被用者の賠償義務と使用者の賠償義務は、**連帯債務**の関係となります。

（2）求償関係

　使用者（及び代理監督者）は、被害者に損害を賠償したときは、**被用者に対して求償することができます**（715条3項）。

　ただし、使用者は、**信義則上、相当と認められる限度**において求償することができるにすぎません（判例）。[*2]

3 注文者の責任 （716条）

　請負人がその仕事に際して第三者に損害を加えても、注文者は、原則として損害賠償責任を負いません。[*3]

　ただし、注文者が請負人に対してした注文又は指図に過失があり、これによって第三者に損害を与えたときには、注文者は責任を負います。

4 工作物責任 （717条）

　工作物責任とは、**土地の工作物**の設置又は保存に瑕疵があり、これによって他人に損害が生じた場合に、工作物の占有者又は所有者が、損害賠償責任を負うことをいいます。

　例えば、Aが住んでいる家のブロック塀が老朽化していたために倒壊し、そこを通行していたBが怪我をした場合、Aは工作物責任を負います。

[*1]
■ **参考データ**

被害者が、適法な職務権限内の行為でないことについて悪意又は重過失あるときは、信義則上、保護に値しないので、使用者責任を問うことはできません（判例）。

[*2]
☑ **要チェック！過去問題**

使用者Aが、その事業の執行につき行った被用者Bの加害行為について、Cに対して使用者責任に基づき損害賠償金の全額を支払った場合には、AはBに対してその<u>全額</u>を求償することができる。
➡✗（H28-34-ア）

[*3]
■ **参考データ**

これは、請負人の行為は請負人自身の事業の執行であって、注文者と請負人の間では使用関係が生じないため、注文者は使用者責任のような責任を負わないことを注意的に規定したものです（通説）。

工作物責任は、他人に損害を生ぜしめる危険性を有する工作物を支配している以上、その危険について責任を負うべきであるという**危険責任の原理**に基づきます。

1 要 件
① 土地の工作物であること
② 土地の工作物の設置又は保存に瑕疵があること
③ 瑕疵と損害との間に因果関係があること
④ 占有者に免責事由のないこと（なお、**所有者の責任は無過失責任**）

2 効 果
第１次的には、**占有者が損害賠償責任**を負います。そして、占有者が免責事由を立証したときは、**所有者が損害賠償責任**を負います（第２次的な賠償義務者）。

5 共同不法行為者の責任 (719条)

共同不法行為者の責任とは、①数人の者が共同の不法行為によって他人に損害を加えたとき（狭義の共同不法行為責任）、又は②共同行為者のうち、誰が実際に損害を加えたのか明らかでないときに、生じた損害全額について共同行為者が連帯して責任を負うことをいいます。

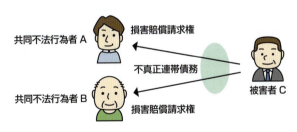

その趣旨は、共同不法行為者の全員に、損害の全部について連帯して賠償させることで被害者の責任追及を容易にし、被害者の救済を図ることにあります。

1 要 件
(1) 狭義の共同不法行為
① 各人の行為が独立して一般不法行為の要件を備えていること

② 各行為者の間に共同関係があること*1

(2) 加害者不明の共同不法行為

例えば、数人の者が殴りあっている間に、被害者が誰かからナイフで傷つけられた場合に問題となります。

①2人以上の者の共同行為があること、②損害が共同行為者中のいずれかによって生じたこと、及び③各人が因果関係を除く一般不法行為の要件を満たしていることが要件となります。

2 効 果

(1) 損害賠償責任

共同不法行為者は、それぞれ、共同不法行為と相当因果関係にある全損害について、連帯して賠償する責任を負います（連帯債務）。

(2) 求償関係

共同不法行為者の1人が被害者に賠償をしたときは、その者は、他の共同不法行為者に対し、免責を得るために支払った額（その額が共同の免責を得た額を超える場合にあっては、免責を得た額）のうち各自の負担部分に応じた額の求償をすることができます（442条1項、判例）。

*1
■ 参考データ
共同関係としては、被害者保護の見地から、意思の連絡がなくても、客観的関連共同性（社会的にみて、数人の加害行為が一体とみられる関係をいう）があればよいと解されています（判例・通説）。

ファイナルチェック　基礎知識の確認

問題1 未成年者が責任能力を有する場合であっても、監督義務者の義務違反と未成年者の不法行為によって生じた結果との間に相当因果関係が認められるときは、監督義務者に対して不法行為に基づく損害賠償を請求することができる。

問題1 ⭕ （判例）

本試験レベルの問題にチャレンジ！ ▶▶▶

Chapter 38 親族法総説

イントロダクション　学習のポイント

この Chapter から親族法に入ります。これ以降の勉強は、効率を重視していきましょう。例年、親族と相続のどちらかから択一式で 1 問出題されます。

ベーシック　じっくり理解しよう!

1 親族法とは

　親族法とは、家族をめぐる問題処理の基準を与える法です。
　人の共同生活の基盤をなすのは家庭生活であり、人と人とが最も緊密に結ばれる関係は家族関係です。親族法は、こうした家族関係をめぐって紛争が生じた場合に、その解決の基準を与え、また、国が家族関係に関する問題について後見的に介入する必要を生ずる場合の基準を与えています。
　親族法は、身分関係を対象とします。ここにいう身分とは、夫・妻・子というように親族法上の特定の地位のことを意味します。

2 親　族

　親族とは、6親等内の血族、配偶者、3親等内の姻族をいいます（725 条）。

1 親族の種類

1 血族

血族（**自然血族**）とは、出生によって血縁のつながる者の関係をいいます。また、**養子縁組**によって、養子と養親及び養親の血族の間に親族関係を生じます。これを**法定血族**といい、自然血族と同様に扱われます（727条）。

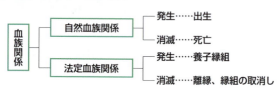

2 姻族

姻族とは、婚姻を媒介とした配偶者の一方と他方の血族の関係をいいます。

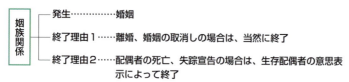

3 配偶者

配偶者とは、婚姻によって夫婦となった者の一方から見た他方をいいます。

配偶者関係は婚姻により生じ、死亡、婚姻の取消し、離婚により終了します。

2 親族の範囲

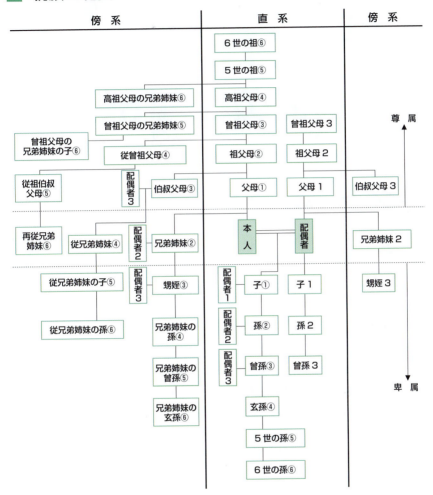

- ①、②、③‥‥は、血族とその親等をあらわす。
- 1、2、3‥‥‥は、姻族とその親等をあらわす。
- ※ 直系とは、祖父母、父母、子、孫のように、ある者から見て系統が上下に直線的に連なるものをいう。傍系とは、兄弟、おじ・おば、いとこのように、ある者と共同始祖を介して血統が連なるものをいう。
- ※ 尊属とは、自分より前の世代に属する者をいう。卑属とは、自分より後の世代に属する者をいう。自分と同じ世代にある者（例えば、兄弟姉妹、いとこ）は尊属でも卑属でもない。

Chapter 39 夫婦関係

重要度 B

イントロダクション　学習のポイント

親族法の中でも比較的大切なのが夫婦関係の婚姻です。
婚姻の成立を中心に効率よく勉強しましょう。

ベーシック　じっくり理解しよう！

1　婚　姻

重要度 B

婚姻とは、結婚すること、及び結婚している状態をいいます。

1 婚姻の成立

1 形式的要件（739条）

戸籍法の定めに基づく**届出**が必要です（739条1項）。

届出は、当事者双方及び成年の証人2人以上が、口頭又は署名した書面でしなければなりません（同条2項）。

2 実質的要件

実質的要件としては、**婚姻意思の合致**と**婚姻障害の不存在**が必要です。

（1）婚姻意思の合致

婚姻意思の内容としては、単に婚姻届出に向けられた意思（形式的意思）だけでは足りず、夫婦共同生活を送る意思（**実質的意思**）が必要です。*1

*1
 参考データ

成年被後見人が婚姻をする場合、成年後見人の同意を得ることを要しません（738条）。

(2) 婚姻障害の不存在

婚姻適齢	婚姻は、18歳にならなければ、することができない（731条）。*2
重婚の禁止	重婚とは、婚姻届出のある者が重ねて婚姻届を出す場合をいう（732条）。後婚については取消原因（744条）となり、前婚については離婚原因（770条1項1号〜5号）となり得る。
近親婚の禁止	①直系血族又は3親等内の傍系血族の間（734条） 　この血族には、法定血族も含まれる。ただし、養子と養方の傍系血族との間の婚姻は可能 ②直系姻族の間（735条） 　直系姻族の間では、姻族関係が終了した後でも婚姻をすることができない。 ③養子、その配偶者、直系卑属又はその配偶者と、養親又はその直系尊属との間（736条）
再婚禁止期間	女は、前婚の解消又は取消しの日から起算して100日を経過した後でなければ、再婚をすることができない（733条1項）。これは、父性確定の困難を避けるためである。もっとも、女が前婚の解消若しくは取消しの時に懐胎していなかった場合又は女が前婚の解消若しくは取消しの後に出産した場合には733条1項は適用されない（同条2項）。

2 婚姻の無効と取消し

1 婚姻の無効（742条）

無効原因には、①婚姻意思のないとき（742条1号）、②届出をしないとき（同条2号）があります。*3

2 婚姻の取消し

(1) 取消原因

公益的見地から取消しが認められるものとして、不適齢婚、重婚、近親婚、再婚禁止期間内の婚姻の取消しがあります（744条〜746条）。また、私益的見地から取消しが認められるものとして、詐欺・強迫による婚姻の取消しがあります（747条）。

(2) 取消しの方法

婚姻を取り消すためには、家庭裁判所に請求しなければなりません（744条1項、747条1項）。

(3) 取消しの効果

婚姻取消しの効果は、遡及しません（748条1項）。婚姻の取消しについては、離婚に関する規定（子の監護者の決定、離婚復氏、財産分与等）が準用されます（749条）。

---

*2
■ 参考データ

婚姻適齢は、従来、男18歳、女16歳でしたが、2022年4月1日より、男女とも18歳となりました。

*3
■ 参考データ

内縁関係にある当事者の婚姻届を、他方当事者の承諾なしに、当事者の一方が提出した場合、後に他方当事者が届出の事実を知ってこれを追認したときは、婚姻はその届出の当初に遡って有効となります（116条類推適用判例）。

取消事由	取消権者（744条）			取消制限等
不適齢婚	①各当事者	②親族	③検察官	・適齢後の取消しはできない（745条1項）。ただし、本人には、3か月の熟慮期間あり（同条2項本文） ・適齢後に追認すれば、取消しは不可（同項但書）
重婚	^	^	^	④ 当事者の配偶者
再婚禁止期間違反	^	^	^	⑤ 前配偶者	前婚の解消若しくは取消しの日から起算して100日を経過し、又は女が再婚後に出産したときは、取消しは不可（746条）
近親婚	^	^	^	
詐欺強迫	表意者のみ				・追認により、取消しは不可（747条2項） ・詐欺を発見し、若しくは強迫を免れてから3か月経過すると、取消しは不可（同項）

3 婚姻の効果

① 氏の共同（750条）

夫婦は、婚姻の際に定めるところに従って、夫又は妻の氏を称します（夫婦同氏の原則）。

② 同居・協力・扶助義務（752条）

③ **契約取消権**（754条）

夫婦間の契約は、婚姻中はいつでも取り消すことができます。夫婦間の契約の履行は、当事者間の道義に委ね、法による強制を避けるためです。*1

*1

■ 参考データ
夫婦関係が円満を欠き、破綻に瀕している場合における契約には、本条の適用はありません。また、夫婦円満のときに契約が締結されても、夫婦関係が不和になり、婚姻が実質的に破綻してからは、取り消すことができません（判例）。

2 婚姻の解消

重要度 C

婚姻の解消とは、いったん有効に生じた婚姻の効果について、婚姻成立後に生じた事由に基づき、将来に向かって消滅させることをいいます。婚姻の解消には、離婚によるものと、当事者の死亡によるものとがあります。

	離 婚	死 亡
再婚禁止期間	適用あり（733条）	
姻族関係	当然に終了（728条1項）	意思表示により終了（728条2項）
復 氏	原則：当然復氏する（767条1項） 例外：離婚後3か月以内の届出により、離婚の際の氏を称することができる（同条2項）	原則：復氏しない 例外：届出により、いつでも従前の氏に復することができる（751条1項）
財 産	財産分与（768条）	相続（890条、896条）

Festina lente

離婚の方法は①協議離婚（763条）、②調停離婚、③審判離婚、④裁判離婚（770条）があるよ。ちなみに、協議離婚とは、夫婦の離婚意思の合致と届出によって成立する離婚のことをいって、ここでいう離婚意思は、婚姻意思と異なって、離婚届出に向けられた意思で足りるんだ（形式的意思説）。

本試験レベルの問題にチャレンジ！ ▶▶▶

Chapter 40 親子関係

重要度 B

イントロダクション　学習のポイント

この Chapter では、親子関係を争う方法と親権に重点を置いて勉強していきましょう。

ベーシック　じっくり理解しよう！

1　総説

重要度 C

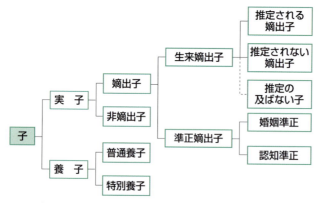

　子は、自然血族関係に基づく実子と、法定血族関係に基づく養子とに大きく分類できます。

　さらに、実子は、嫡出子と非嫡出子とに分けられます。民法上、嫡出子と非嫡出子との間で、親権者（818条1項、3項、819条4項）の取扱いを異にし、かつ嫡出推定を受ける子と受けない子で父子関係を否定する手続を異にしています（774条、775条、人事訴訟法2条2号）。

　養子は、普通養子と特別養子とに分かれます。普通養子縁組で

は、実方との親族関係は消滅しないので、養子は実方、養方双方との間に親族関係が生じます。これに対して、特別養子縁組では、実方との親族関係が断絶します（817条の9本文）。

2 実子

重要度 B

1 嫡出子

嫡出子とは、**婚姻関係にある男女間に懐胎・出生した子**をいいます。嫡出子は、出生時より嫡出性を取得する「生来嫡出子」と、一定の事由が生じることによって嫡出性が認められる「準正嫡出子」があります。

1 推定される嫡出子

妻が**婚姻中に懐胎**した子は、**夫の子と推定**されます（772条1項）。また、**婚姻成立の日から200日後、又は婚姻の解消若しくは取消しの日から300日以内に生まれた子**は、婚姻中に懐胎したものと推定されます（同条2項）。

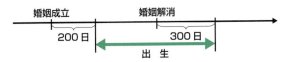

（1）嫡出否認の訴え

772条によって嫡出推定を受ける子は、**嫡出否認の訴え**によらなければ、嫡出子たる身分を奪われません（774条、775条参照）。

嫡出否認の訴えは、夫が子の出生を知った時から、**1年以内**に提起しなければなりません（777条）。

（2）父を定めることを目的とする訴え

再婚禁止期間に違反した結果、前婚による嫡出推定と後婚による嫡出推定とが重複する場合、裁判所が、子の父は前夫か又は後夫かについて決定します（773条）。

2 推定されない嫡出子

推定されない嫡出子とは、772条の嫡出推定を受けないが、嫡

出子である子をいいます。*1

親子関係不存在確認の訴えによって、いつでも誰からでもその身分を覆すことができます。

3　推定の及ばない子

推定の及ばない子とは、嫡出推定の及ぶ期間内に生まれたが、妻が懐胎期間中に夫によって懐胎することが不可能な事実のあるときに出生した子をいいます。例えば、①長期間の別居で事実上の離婚状態にあり、夫婦関係が断絶していた、②夫が海外に単身赴任中であった、③夫が刑事施設に収容中であったなどの場合がこれにあたります。

親子関係不存在確認の訴えによって、いつでも誰からでもその身分を覆すことができます。

4　まとめ（訴えの種類）

推定される嫡出子	嫡出否認の訴え（774条以下）
推定されない嫡出子	親子関係不存在確認の訴え
推定の及ばない子	親子関係不存在確認の訴え
二重の推定が及ぶ場合	父を定めることを目的とする訴え（773条）

2　非嫡出子

非嫡出子とは、婚姻関係にない男女間に生まれた子をいいます。

嫡出でない子は、認知によって初めて法律上の親子関係が認められます（779条）。

1　認　知

認知とは、嫡出でない子と父（又は母）との間に、意思表示又は裁判により親子関係を発生させる制度をいいます。*2

民法は、父がその意思に基づいて自発的に認知する任意認知（779条）と子の認知の訴えによってなされる強制認知（認知の訴え　787条）を定めています。

（1）任意認知

父が未成年者又は成年被後見人であっても、認知をするには意思能力さえあれば足り、その法定代理人の同意を要しません（780条）。

---

*1
■ 参考データ

例えば、内縁関係にあった男女が婚姻して、婚姻後200日以内に子が産まれたような場合です。

*2
■ 参考データ

認知の効果は出生時に遡ります（784条本文）。

そして、原則として、認知される側の承諾は不要です。*3

なお、認知は、戸籍法の定めるところにより、届け出ることによって行います。また、遺言によってもすることができます。

(2) 強制認知 （787条）*4

子、その直系卑属又はこれらの者の法定代理人は、認知の訴えを提起することができます（787条本文）。

2 準 正 （789条）

準正とは、父母の婚姻を原因として、嫡出でない子が、嫡出子たる身分を取得する制度をいいます。

(1) 婚姻準正

すでに父によって認知された嫡出でない子（非嫡出子）がいる場合に、父母が婚姻することで、その子が嫡出子たる身分を取得することを婚姻準正といいます。婚姻準正の効果は、**婚姻の時**から生じます（789条1項）。

(2) 認知準正

父から認知されていない嫡出でない子の父母が婚姻した場合に、婚姻中、父が認知することでその子が嫡出子たる身分を取得することを認知準正といいます。認知準正の効果については、認知の時から生じると規定されていますが（789条2項）、**婚姻の時**から効果が生じると解するのが多数説です。

3 養 子

重要度 **C**

1 縁組の要件

1 形式的要件

縁組は、婚姻と同様、これを**届け出る**ことによって成立します（799条・739条1項）。*5

2 実質的要件

(1) 縁組意思の合致

縁組意思とは、社会通念上親子関係と認められる関係を成立させる意思をいいます（**実質的意思説** 判例・通説）。*6

成年被後見人は、意思能力がある限り、単独で縁組をするこ

---

*3
■ 参考データ

胎児を認知する場合は、母の承諾を得なければなりません（783条1項）。

*4
■ 参考データ

認知請求権は、放棄することができません（判例）。

*5
■ 参考データ

出生後間もない他人の子を自分たちの嫡出子として届け出ても（「藁の上からの養子」という）、嫡出親子関係のみならず、養親子関係も生じません（判例）。養子縁組は厳格な要式行為だからです。

*6
■ 参考データ

もっぱら相続税の節税のために養子縁組をする場合であっても、直ちに当該養子縁組について民法802条1号にいう「当事者間に縁組をする意思がないとき」にはあたりません（判例）。

Part 2
民法

とができ（799条・738条）、未成年者も、15歳以上であれば、父母が反対しても縁組することができます。

なお、15歳未満の者は、法定代理人を介してのみ縁組をすることができます（代諾養子縁組　797条1項）。

（2）縁組障害事由の不存在

養親の年齢	養親は20歳に達した者でなければならない（792条）。
養子になる者の制限	尊属又は年長者を、養子とすることはできない（793条）。
後見人の縁組	後見人が被後見人を養子とするには、家庭裁判所の許可が必要（794条）
配偶者のある者の縁組	①配偶者のある者が未成年者を養子とするには、原則として配偶者とともにしなければならない（795条本文）。②配偶者のある者が縁組をするには、原則としてその配偶者の同意を得なければならない（796条本文）。
養子が未成年者の場合	未成年者を養子とするには、原則として家庭裁判所の許可を得なければならない（798条本文）。

2 縁組の効果

養子は、縁組の日から養親の嫡出子たる身分を取得します（809条）。これに関連して生じる効果として、①養子が未成年のときは養親の親権に服し（818条2項）、②養子は原則として養親の氏を称する（810条）ことになります。

また、養子と養親の血族との間にも親族関係（法定血族関係）が発生します（727条）。

Festina lente

縁組の解消方法として、①協議離縁、②裁判離縁、③死後離縁があるよ。離縁をすると、養親と養子との間の法定嫡出親子関係が消滅し、養親の血族との間の法定血族関係も消滅するんだ。そして、原則として、養子は縁組前の氏に復するよ。

3 特別養子

特別養子制度とは、実方との親族関係を断絶し、実体的な法律関係のみならず、戸籍上も養親の実子として取り扱う制度をいいます（817条の2以下）。

特別養子縁組は、**家庭裁判所の審判**によって成立します（817
条の2第1項）。

〈普通養子縁組と特別養子縁組の比較〉

	普通養子縁組	特別養子縁組
方 式	① 当事者の合意 ② 届出	① 養親となる者の請求 ② 家庭裁判所の審判
実父母の同意	養子が15歳未満の場合、法定代理人の承諾及び父母である監護権者の同意が必要	原則として父母の同意が必要
年 齢	養親：20歳に達していること 養子：制限なし（ただし、養親の尊属・年長者は不可）	養親：一方は25歳、他方は20歳に達していること*1 養子：原則、縁組請求時に15歳未満*2
実親との関係	実方の父母及びその血族との親族関係は存続	実方の父母及びその血族との親族関係は、原則として終了

---

*1
**要チェック！
過去問題**

特別養子縁組において養親となる者は、配偶者のある者であって、夫婦いずれもが20歳以上であり、かつ、そのいずれかは25歳以上でなければならない。
➡**〇**（R2-35-イ）

*2
■ 参考データ

令和元年法律第34号による改正後のもの（改正前は、原則として6歳未満）。

Part 2
■ 民法

---

4 親 権

重要度
B

　親権とは、父母が未成年の子を一人前の社会人となるまで養育するため、子を監護教育し、子の財産を管理することを内容とする親の権利義務の総称をいいます（818条以下）。

1 身上監護権（820条）

　親権を行う者は、子の利益のために子の監護及び教育をする権利を有し、義務を負います。

2 財産管理権（824条本文）

　親権者は、子の財産を管理し、その財産上の行為について子を代表します。

3 利益相反行為の規制（826条）

　親権を行う父又は母とその子との利益が相反する行為（利益相

反行為）については、親権者に親権の公正な行使を期待すること
はできません。

　そこで、826条1項は、親権者の代理権・同意権を制限し、**家庭裁判所の選任した特別代理人**に、これらの権利を行使させ、もって未成年の子の利益を保護しています。[*1]

1　判断基準

　利益相反行為にあたるか否かは、その行為自体の**外形から判断**すべきであって、親権者の意図や当該行為の実質的効果等によって判断すべきではないと解されています（判例　形式的判断説）。[*2]

Festina lente

　外形から判断することから、①子の財産を親権者に譲渡する行為は、対価が相当なものであっても、利益相反行為にあたるし、②親権者が、自己の債務のために、子の不動産に抵当権を設定する行為は、たとえそれが子の養育費を作るためであっても、利益相反行為にあたるよ。

　これに対して、子を債務者として借財し、その子の不動産に抵当権を設定する行為は、たとえ、親権者が借財によって得た金銭を自己の用に供する意図であっても、利益相反行為にあたらないんだ。

2　違反の効果

　特別代理人の選任を待たずに親権者自ら子を代理して行った利益相反行為は、**無権代理行為**であり、後に選任された特別代理人又は成年に達した子が**追認**しなければ、子に効果が帰属しません（判例）。

4　親権の喪失等

　父又は母による虐待又は悪意の遺棄があるときその他父又は母による親権の行使が著しく困難又は不適当であることにより子の利益を著しく害するときは、家庭裁判所は、**子**、その親族、未成年後見人、未成年後見監督人又は検察官の請求により、その父又は母について、**親権喪失の審判**をすることができます（834条本文）。[*3]

　また、父又は母による親権の行使が困難又は不適当であることにより子の利益を害するときは、家庭裁判所は、**子**、その親族、

[*1]

■ **参考データ**

共同親権者の1人とだけ利益が相反する場合には、他方の単独代理は認められず、特別代理人と他方親権者と共同で代理します（判例）。

[*2]

☑ **要チェック！過去問題**

親権者が、自らが債務者となって銀行から借り入れを行うにあたって、子の所有名義である土地に抵当権を設定する行為は、当該行為がどのような目的で行なわれたかに関わりなく利益相反行為にあたる。

➡ **〇** (H26-35-エ)

[*3]

■ **参考データ**

親権の喪失の審判により、親権者は、親権に属する一切の権限（身上監護権、財産管理権、代理権等）を失います。

Part 2
民法

未成年後見人、未成年後見監督人又は検察官の請求により、その父又は母について、**親権停止の審判**をすることができます（834条の2第1項）。そして、停止をする場合、家庭裁判所は、**2年**を超えない範囲内で期間を定めます（同条2項）。

ファイナルチェック　基礎知識の確認

問題1　未成年者が認知をする場合、法定代理人の同意は不要であり、また、成年被後見人が認知をする場合も、成年後見人の同意を必要としない。

問題2　婚姻成立の日から200日後、又は婚姻の解消若しくは取消しの日から300日以内に生まれた子は、婚姻中に懐胎したものと推定される。

問題3　特別養子縁組の当事者は、その協議により離縁することができる。

問題1 ◯（780条）　**問題2 ◯**（772条2項）　**問題3 ✗**　特別養子縁組の離縁は、家庭裁判所によって行われる（817条の10）。

本試験レベルの問題にチャレンジ！ ▶▶▶

Chapter 41 相続法総説

重要度 A

イントロダクション　学習のポイント

この Chapter から相続法に入ります。

ある人が亡くなった場合、相続が発生します。そこで、相続人になるのは誰か？相続人が複数いる場合、どのような配分で相続財産を取得できるか？が問題となります。

また、相続は亡くなった被相続人を包括承継するため、必ずしもプラスの財産のみを引き継ぐとは限りません。そこで、相続をしないという選択、つまり相続放棄も認められています。

この Chapter の内容は相続の基本ですから、しっかりと勉強していきましょう。

ベーシック　じっくり理解しよう!

1 総　説

重要度 C

1 相続の意義

相続とは、ある人が死亡した場合に、その者の権利義務を、一定の身分関係に立つ者が包括的に承継することをいいます（882条以下）。

相続の開始によって承継される財産的地位の従来の主体を被相続人といい、新たな主体を相続人といいます。

2 相続の開始

相続は、自然人の死亡という事実のみを原因として直ちに開始します（882条）。*1

*1
■ 参考データ

失踪宣告があると、被宣告者は死亡したとみなされるので（31条）、相続が開始します。

2 相続人

重要度 **A**

1 相続人の範囲

1 配偶者

被相続人の配偶者（夫から見た妻、妻から見た夫）は、**常に**相続人となります（890条前段）。

「配偶者」とは、**法律上の配偶者**であり、内縁の配偶者は含まれません。

2 血族相続人

（1）種 類

次の者が相続人となります。なお、これらの者の優先順位は次の順と同様です。

① **子**（887条1項）、その代襲相続人（同条2項本文、3項)*2

② **直系尊属**（889条1項1号）

③ **兄弟姉妹**（同項2号）、その代襲相続人（同条2項）

（2）順 位

相続開始時に生存する最優先順位の血族相続人が相続します。直系尊属（父母、祖父母など）の中では、親等の近い者が優先します（889条1項1号但書）。

> *2
> ■ **参考データ**
> 実子と養子との間に順位の差はありません。

Festina lente

要するに、亡くなった被相続人に子どもがいるときは、たとえ親兄弟がいても、子どもが相続人になって親兄弟は相続人にならないんだ。そして、その被相続人に配偶者がいるときは、子どもと配偶者が相続人になるんだ。結局、相続人としてあり得るパターンは、①配偶者のみ、②子のみ、③直系尊属のみ、④兄弟姉妹のみ、⑤配偶者＋子、⑥配偶者＋直系尊属、⑦配偶者＋兄弟姉妹の全7パターンだね。

---

2 代襲相続

1 意 義

代襲相続とは、相続開始以前に相続人となるべき者が死亡その他の事由で相続権を失った場合において、その者の直系卑属

Chapter 41
相続法総説 **415**

（子）が、その者に代わって同一順位で相続することをいいます（889条2項・887条2項）。

例えば、死亡したAには子Cがおり、Cには子E（Aの孫）がいたとします。ここで、Cがすでに死亡していた場合、Eは、Cに代わって、Aを代襲相続します。

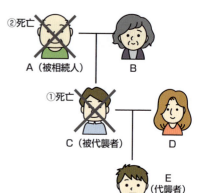

2 代襲原因

（1）相続開始以前の死亡

同時死亡（32条の2参照）も含まれます。

例えば、先の例において、A・Cが共に海で遭難し、死亡したとき（A・Cのどちらが先に死亡したかは不明）は、同時に死亡したものと推定されるので、Eは、Cに代わって、Aを代襲相続します。

（2）相続欠格（891条）[*1]

先の例において、Cが相続欠格に該当する場合にも、Eは、Cに代わってAを代襲相続します。[*2]

（3）廃除（892条）

先の例において、Cが廃除された場合にも、Eは、Cに代わってAを代襲相続します。

これに対し、相続放棄は、代襲原因となりません。したがって、先の例において、Cが相続放棄した場合には、EはCを代襲してAの相続人となることはできません。

3 再代襲相続

代襲者についても代襲原因が発生すれば、その子が代襲者となります。これを再代襲相続といいます（887条3項）。

例えば、次頁の図①の被相続人Aの子Bに代襲原因が発生すれば、孫C・Dが代襲者となりますが、孫Dについても代襲原因が発生すれば、孫Dの子Eが代襲者となります。

なお、兄弟姉妹については、1回のみ代襲相続が認められるため（889条2項は、887条3項を準用していない）、次頁の図②の場合において、Bの子Cは、代襲相続することができますが、Cの子Dは、たとえCが死亡していたとしても、Aを代襲相続することはできません。

[*1] 参考データ
相続欠格や廃除については3、4でお話しします。

[*2] 要チェック！過去問題
相続欠格においては、被相続人の子が欠格者となった場合には、欠格者の子は代襲相続人となることができないが、相続人の廃除においては、被相続人の子について廃除が確定した場合でも、被廃除者の子は代襲相続人となることができる。
→ ✕ （H21-35-エ）

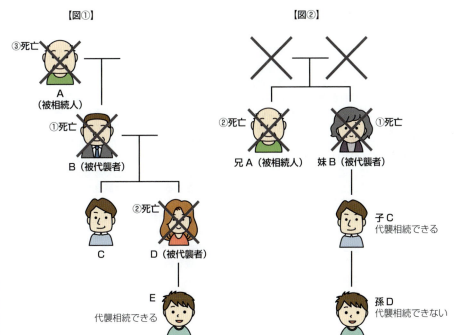

3 相続欠格

1 意　義
相続欠格とは、相続人の不正行為に対する制裁として、相続権を当然に喪失させる制度をいいます（891条）。

2 欠格事由
891条に法定されています。

3 効　果
欠格事由に該当する者は、被相続人の意思に関係なく、法律上、当然に相続権を失います（891条）。相続欠格者は受遺能力も失います（965条）。

4 推定相続人の廃除

1 意　義
推定相続人の廃除とは、被相続人の意思によって、遺留分を有する推定相続人の相続権を喪失させる制度をいいます（892条以下）。

> **Festina lente**
>
> 例えば、自分に対して虐待をする子どもに財産を相続させたくないと思ったとき、どうすればいいだろう？ このとき思いつくのは、それなら遺言でその財産を別の人に相続させればいいじゃないかということかもしれない。確かにそうなんだけど、実は、民法は遺留分という制度を準備しているんだ。つまり、残された遺族の生活保障などの観点から、相続財産のうち一定分については、遺族にいく仕組みを作ってるんだ。そうすると、別の人にあげますよと遺言に書いても、一定分（遺留分）についてはその虐待する子どものところにいっちゃう。そこで、廃除という制度を作ったんだ。廃除をすれば、その虐待する子どもは相続人じゃなくなるから、その子に財産はいかなくなるんだよ。
>
> ただ、廃除は、残された遺族にとって大きな影響を与えるから、亡くなる人の好き嫌いで利用できるようじゃまずいよね。だから、廃除をするかどうかは家庭裁判所が判断する仕組みになってるよ。
>
> ところで、遺留分は後述するけど、すべての法定相続人に認められるわけじゃなくて、兄弟姉妹にはそもそも認められないんだ。とすると、兄弟姉妹については、わざわざ廃除しなくても、遺言で兄弟姉妹にいかないように相続財産を処分しちゃえば OK だよね。だから、廃除は、遺留分を有する推定相続人の相続権を喪失させる制度なんだ。兄弟姉妹を廃除することはできないよ。

2 要　件

① 廃除される者が、遺留分を有する推定相続人であること
② 廃除原因があること
　例えば、被相続人に対する虐待、重大な侮辱、その他の著しい非行があったことがこれにあたります。
③ 被相続人が家庭裁判所に廃除の請求をすること
④ 廃除の審判又は調停があること

3 効　果

被廃除者は、当該被相続人との関係で相続権を失います。

3 相続の効力

重要度 A

1 相続財産の包括承継

被相続人の死亡により、原則として、被相続人に属していた一切の権利義務が相続人に包括的に承継されます（包括承継 896 条本文）。*1

*1
■ 参考データ
例外的に、被相続人の一身に専属したもの（一身専属権）は承継されません。例えば、代理権などが有名です。

2 相続分

1 意 義

相続分とは、数人の相続人が共同で相続財産を承継する場合における、各相続人の承継割合をいいます。指定相続分（被相続人の意思によって決定される相続分　902条）がない場合に、法定相続分（900条）によって決定されます。*2*3

2 法定相続分

(1) 意 義

法定相続分とは、被相続人による相続分の指定がない場合に、法律の規定によって定まる相続分をいいます（900条）。

配偶者以外の相続人		配偶者
第1順位：子	1／2	1／2
第2順位：直系尊属	1／3	2／3
第3順位：兄弟姉妹	1／4	3／4

(2) 法定相続分の基準

a　配偶者と子が相続人であるとき

配偶者は2分の1、子は2分の1です（900条1号）。子が数人あるときは、全員でその2分の1を均分します（同条4号本文）。

b　配偶者と直系尊属が相続人であるとき

配偶者は3分の2、直系尊属は3分の1です（900条2号）。直系尊属が複数人いる場合は、各自の相続分は、相等しいものとします（同条4号本文）。

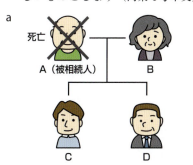

a
B：2分の1　C：4分の1　D：4分の1

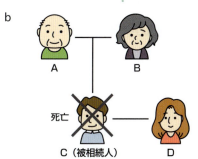

b
A：6分の1　B：6分の1　D：3分の2

*2
■ 参考データ
遺留分に反する指定があった場合でも、無効とはなりません。そのような相続分指定は、遺留分を侵害された遺留分権利者からの遺留分侵害額請求の規律（1046条1項）に服することになります。

*3
■ 参考データ
債権者は、相続分の指定があっても、法定相続分に従って権利行使することができますが、債権者側で指定相続分を承認した場合にはその指定相続分に従って権利行使することとなります（902条の2）。

c　配偶者と兄弟姉妹が相続人であるとき

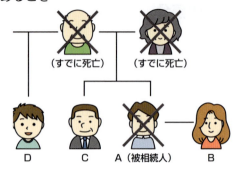

　配偶者は4分の3、兄弟姉妹は4分の1です（900条3号）。兄弟姉妹が数人あるときは、原則として各自の相続分は均等です（同条4号本文）。

　ただし、父母の一方のみを同じくする兄弟姉妹の相続分は、父母の双方を同じくする兄弟姉妹の相続分の2分の1です（同号但書）。

3　代襲相続人の相続分

　代襲相続人の相続分は、被代襲者の受けるべきであったものと同様です（901条1項本文、2項）。代襲相続人が数人あるときは、被代襲者が受けるべきであった部分につき、900条の定めに従って各自の相続分を決めます（901条1項但書）。

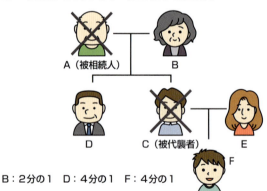

B：2分の1　D：4分の1　F：4分の1

3　遺産の共有関係

1　序　説

　数人の相続人又は包括受遺者（990条）がいる場合、直ちに遺産を分割しようとしても、相続開始と遺産分割との間に必要な相当の時間的間隔は避けられません。

　そこで、相続人が数人あるときは、相続財産はその共有に属すると定めるとともに（898条1項）、各共同相続人は、その相続分に応じて被相続人の権利義務を承継すると定めています（899

Festina lente

基本はこんな感じだよ。応用として、相続とは別に財産をもらっていた相続人と他の相続人の公平を図る制度として、特別受益者の相続分（903条）とか、相続財産の増加に寄与した相続人と他の相続人の公平を図る制度として寄与分（904条の2）があるよ。

条)。[1]

2 債権の共同相続
(1) 可分債権
債権が可分債権である場合、相続分の割合に応じて当然に分割されて承継します（判例）。[2]
(2) 不可分債権
債権が不可分債権である場合、共同相続人全員に不可分的に帰属します。

3 債務の共同相続
(1) 可分債務
債務が可分債務である場合、可分債権の場合と同様、各相続人の相続分に応じて当然に分割されます（判例）。
(2) 不可分債務
債務が不可分債務である場合、共同相続人全員に不可分的に帰属するため、それぞれの相続人が全部についての履行の責任を負います。
(3) 連帯債務
債務が連帯債務である場合、原債務は当然分割され、各共同相続人は、各自その承継した範囲において、本来の連帯債務者（被相続人以外の連帯債務者）とともに連帯債務を負います（判例）。
(4) 金銭の共同相続
相続人は、遺産の分割までの間は、相続開始時に存した金銭を相続財産として保管している他の相続人に対して、自己の相続分に相当する金銭の支払を求めることはできません（判例）。

4 遺産分割

1 意　義
遺産分割とは、共同相続の場合に、一応相続人の共有となっている遺産を相続分に応じて分割し、各相続人の単独財産にすることをいいます（906条以下）。

2 分割の方法
(1) 指定分割（908条1項）
遺言による分割方法の指定がある場合は、それに従います。[3]

---

*1
■ 参考データ
898条1項の「共有」の意義について、判例は、249条以下の「共有」と同義であると解しています。したがって、各共同相続人は、相続財産を構成する個々の財産上に持分権を有し、この持分権を遺産分割前でも単独で自由に処分することができます（249条以下）。

*2
■ 参考データ
ただし、共同相続された普通預金債権、通常貯金債権及び定期貯金債権は、いずれも、相続開始と同時に当然に相続分に応じて分割されることはなく、遺産分割の対象となります（判例）。

*3
■ 参考データ
判例は、**「相続させる」趣旨の遺言**は、遺贈と解すべき特段の事情がない限り、遺産分割の方法を定めたものであるとしています。特定の財産を特定の相続人に「相続させる」旨の遺言は、「特定財産承継遺言」といいます（1014条2項参照）。相続人は、対抗要件を備えなければ法定相続分を超える部分の取得について、第三者に対抗できません（899条の2第1項）。

(2) 協議分割（907条1項）

協議分割とは、共同相続人の協議による分割をいいます。協議は、共同相続人全員でしなければなりません。

(3) 審判分割（907条2項）

審判分割とは、相続人の申立てによって家庭裁判所が行う分割をいいます。

3 遺産分割の効力[*1]

遺産分割の効果は、**相続開始の時に遡る**ため、分割によって取得した各個の権利は、相続開始の時からその相続人に帰属していたことになります（909条本文）。

ただし、遺産分割によって、**遺産分割前**に個々の相続財産の持分を取得した**第三者の権利を害することはできません**（同条但書）。なお、法定相続分（900条、901条）を超える部分については、対抗要件を備えなければ、第三者に対抗することができません（899条の2第1項）。

[*1] ■ 参考データ
共同相続人は、すでに成立している遺産分割協議につき、その全部又は一部を**全員の合意により解除**した上（合意解除）、改めて分割協議を成立させることはできます（判例）。

4 相続の承認・放棄

重要度

1 総論

1 意義

相続の開始によって当然に相続の効果が相続人に帰属しますが、相続人は、これを①無条件に承認するか（**単純承認** 920条）、②相続によって得た積極財産の限度においてのみ、被相続人の債務及び遺贈を弁済するという留保付きで承認するか（**限定承認** 922条以下）、③相続による効果の帰属を全面的に拒絶するか（**相続放棄** 938条以下）の選択の自由を有します。[*2]

2 承認・放棄の熟慮期間（915条1項）

相続の承認・放棄は、相続人が、**自己のために相続の開始があったことを知った時から3か月以内**になされなければなりません。

3 承認又は放棄前の相続財産の管理

相続人は、承認又は放棄するまでの間、その**固有財産におけるのと同一の注意**をもって、相続財産を管理する義務があります

[*2] ■ 参考データ
相続人が承認及び放棄をするには、行為能力が必要です。

（918条本文）。

2 単純承認

1 意 義

　単純承認とは、相続人が、被相続人の権利義務を全面的に承継することを内容として相続を承認することをいいます（920条）。

2 法定単純承認

　単純承認の意思表示がなくても、次の場合には、相続人は単純承認をしたものとみなされます（921条）。

①	相続人が相続財産の全部又は一部を処分したとき（921条1号本文）
②	相続人が、承認又は放棄をなすべき期間（3か月）内に、限定承認又は放棄をしないでその期間が徒過したとき（同条2号）
③	相続人が限定承認又は放棄をした後でも、相続財産の全部又は一部を隠匿し、私にこれを消費し、悪意で財産目録中に記載しなかったような背信行為があるとき（同条3号本文）

3 効 果

　相続人が単純承認をした場合、無限に被相続人の権利義務を承継します（920条）。

3 限定承認

1 意 義

　限定承認とは、相続人が、相続によって得た積極財産の限度においてのみ、被相続人の債務及び遺贈を弁済すべきことを留保して、相続を承認することをいいます（922条以下）。相続によって得たプラスの財産の限度でのみ、被相続人の債務や遺贈等マイナスの部分を負担するという留保付きで相続を承認することを認め、債務の過大な承継から相続人の利益を保護する制度です。

2 方 法

（1）方 式（924条）

　相続人が限定承認をしようとする場合、自己のために相続の開始があったことを知った時から3か月以内に、相続財産の目録を作成して、これを家庭裁判所に提出し、限定承認する旨の申述をしなければなりません。

（2）共同相続人の限定承認

　相続人が数人いるときは、その全員が共同してのみ、限定承

Festina lente

でも、共同相続人の1人が相続放棄をした場合には、その者は初めから相続人でなかったことになるので（939条）、他の共同相続人全員で限定承認をすることができるよ。

Chapter 41
相続法総説　**423**

認をすることができます（923条）。

4 相続放棄

1 意　義

相続放棄とは、相続人が、熟慮期間内に、その自由意思によって一定の手続に従い、全面的に遺産の承継を拒否することをいいます（938条以下）。

2 方　式（938条）

相続の放棄は、相続開始後に、家庭裁判所に申述することを要し、相続開始前に相続放棄をすることはできません。

3 効　果

(1) 放棄の遡及効（939条）

相続を放棄した場合、相続開始の時に遡ってその効力が生じ、放棄した者は、その相続について初めから相続人とならなかったものとみなされます。

(2) 放棄後の相続財産の管理（940条1項）

相続を放棄した者は、その放棄の時に相続財産に属する財産を現に占有しているときは、相続人又は相続財産の清算人に対して当該財産を引き渡すまでの間、自己の財産におけるのと同一の注意をもって、その財産を保存しなければなりません。*1

> **Festina lente**
> ただ、各相続人は、単独で相続放棄をすることができるんだ。

*1
■ 参考データ
限定承認をした相続人も、その固有財産におけるのと同一の注意をもって、相続財産の管理を継続する義務を負います（926条1項）。

ファイナルチェック　基礎知識の確認

問題1　Aの法定相続人であるBCD間で遺産分割協議が成立した場合、Bが遺産分割協議で負担することになった債務を一向に履行しようとしないときであっても、BCD全員が遺産分割協議の全部を合意解除することはできない。

問題2　被相続人Aの兄Bが、Aを日常的に虐待していた場合、AはBを相続人から廃除することができる。

問題1 ✗ 合意により解除した上で、改めて遺産分割協議を成立させることができる。　**問題2 ✗** 兄弟姉妹は遺留分がないため、廃除の対象とならない（892条、1042条1項柱書参照）。

本試験レベルの問題にチャレンジ！ ▶▶▶

Chapter 42 遺言

イントロダクション　学習のポイント

自分の財産を死後どのように処分するかについて遺言をすることができます。

遺言は、死後本人の意思を確認することができないため、厳格な要式が定められており、要式に従わない遺言は無効となります。なお、試験対策上は要式についてはある程度の知識を備えておけば十分でしょう。

また、遺言は、その性質上、いつでも撤回することができます。

ベーシック　じっくり理解しよう!

1 総説

1 意義

遺言とは、一定の方式で表示された個人の意思に、この者の死後、それに即した法的効果を与えるという法技術をいいます（960条以下）。遺言制度は、遺言者の最終意思を尊重し、主に相続の法定の原則を修正するために用いられます。

2 遺言の法的性格

1　要式行為

遺言は、本人の最終の真意であることを確認し、また、偽造、変造を防止するため、要式行為とされています（960条）。したがって、方式に違反する遺言は、無効です。

2　単独行為

遺言は、相手方のいない単独行為であり、承諾なくして効力が生じます。

3 本人の独立の意思によること（961条）

代理は認められません。また、15歳以上の制限行為能力者が遺言をする場合、法定代理人等の同意を要しません。*1

4 撤回の自由（1022条）

遺言者の最終意思を確保するため、遺言は、いつでも、遺言の方式に従って撤回することができます。

3 共同遺言の禁止

遺言は、2人以上の者が同一の証書ですることができません（975条）。数人が同一の証書で遺言をすると、遺言者の真意があらわれず、また、各自が自由に撤回できないことになるからです。

*1
■ 参考データ
成年被後見人は、事理弁識能力を一時回復した時において、医師2人以上の立会いのもとで、単独で遺言をすることができます（973条）。また、被保佐人・被補助人は、単独で遺言をすることができます（962条）。

2 遺言の方式

重要度
C

遺言は、遺言者が死亡した時からその効力が生じるので（985条1項）、効力が生じる時は、もはやその意思を確認することができません。そこで、あらかじめ、遺言者の意思を明確にするため、遺言の方式が厳格に定められています（厳格要式性）。

遺言の方式には、大きく分けて、普通方式と特別方式があります。

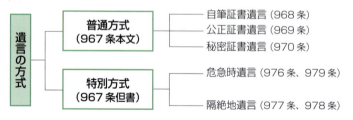

3 遺言の効力

重要度
C

遺言の効力が発生するのは、原則として、遺言者の死亡の時です（985条1項）。

ただし、停止条件付きの遺言の場合には、その条件が遺言者の

死亡後に成就したときは、条件が成就した時からその効力を生じます（同条 2 項）。

4 遺 贈

重要度 **C**

1 意 義

遺贈とは、遺言によって自らの財産を無償で他人に与えることをいいます（964 条）。

2 種 類

遺贈には、包括遺贈と特定遺贈があります（964 条）。

1 包括遺贈

包括遺贈とは、遺産の全部又は一部を一定の**割合**で示してする遺贈をいいます。例えば、内縁の妻に遺産の 4 分の 1 を与える等がこれにあたります。

民法は、包括受遺者は、**相続人と同一の権利義務**を有するとしています（990 条）。*2

2 特定遺贈

特定遺贈とは、**特定の具体的**な財産的利益の遺贈をいいます。例えば、遺言者の財産に属する特定の不動産や一定金額の贈与等がこれにあたります。

3 遺贈の承認又は放棄

1 包括遺贈の場合

包括受遺者は相続人と同一の権利義務を有するとされるため（990 条）、相続と同様に遺贈の承認又は放棄が認められます。包括受遺者が遺贈を放棄する場合には、自己のために包括遺贈があったことを知った時から 3 か月以内に放棄することを要します（990 条、915 条 1 項参照）。

2 特定遺贈の場合

受遺者は、遺言者の死亡後、いつでも、遺贈の放棄をすることができます（986 条 1 項）。

*2
■ 語 句 解 説

受遺者とは遺贈によって利益を受ける者をいいます。胎児は、遺贈については、すでに生まれたものとみなされるので（965 条・886 条 1 項）、胎児を受遺者とする遺贈も有効です。

Part 2 ■ 民 法

Chapter 42 427
遺 言

5 遺言の撤回

重要度 B

1 撤回の自由

遺言者は、いつでも、その遺言の全部又は一部を撤回することができます（1022条）。*1

2 法定撤回

遺言者が遺言の趣旨と抵触する行為をした場合、当該遺言は、本人の最終意思を反映したものとは考えられないので、**抵触した部分は、撤回**したものとみなされます（1023条以下）。*2

*1
■ 参考データ
遺言者は、遺言を撤回する権利を放棄することができません（1026条）。

*2
■ 参考データ
具体的には、①前の遺言と後の遺言の抵触（1023条1項）、②遺言とその後の生前処分等の抵触（同条2項）、③遺言書や遺贈の目的物の破棄（1024条）があります。

ファイナルチェック　基礎知識の確認

問題1　15歳に達した者は、原則として、単独で遺言をすることができる。

問題2　遺言者は、いつでも、遺言の方式に従って、遺言を撤回することができる。

問題3　包括受遺者は、相続人と同一の権利義務を有する。

問題4　前の遺言が後の遺言と抵触するときは、その抵触する部分については、後の遺言で前の遺言を撤回したものとみなされる。

問題1 ○（961条〜963条）　問題2 ○（1022条）　問題3 ○（990条）　問題4 ○（1023条1項）

本試験レベルの問題にチャレンジ！ ▶▶▶

Chapter 43 配偶者居住権

イントロダクション　学習のポイント

　配偶者居住権の制度は、住み慣れた居住環境での継続的な生活に対する配偶者の期待を保護するために、相続法の改正により新たに創設され、2020年4月に施行されました。要件及び効果を意識するようにしましょう。

ベーシック　じっくり理解しよう！

1 意　義

　配偶者居住権とは、**配偶者**が、**相続開始時に居住していた被相続人所有の建物**を対象として、終身又は一定期間、無償でその使用及び収益をすることができる**法定の権利**のことをいいます。*3

　配偶者居住権は、帰属上の一身専属権であり、その帰属主体は配偶者に限定され、譲渡することはできません（1032条2項）。

*3
■ 参考データ
配偶者短期居住権という制度も創設されました。これは、遺産分割が終了するまで等、短期間、無償で居住建物を使用することができる法定の権利です（1037条以下）。

2 要件・効力等

1 要　件

　遺産分割による取得の場合、以下の要件を満たす必要があります（1028条1項）。
① 配偶者が、**被相続人の財産に属した建物**に**相続開始の時**に居住していたこと

② 以下のいずれかに該当すること
　ⅰ 遺産の分割により配偶者居住権を取得するとされたとき
　ⅱ 配偶者居住権が遺贈の目的とされたとき
③ 被相続人が相続開始の時に居住建物を配偶者以外の者と共有していないこと*1

2 効　力

　配偶者は、居住建物の所有権者との関係で、居住建物の全部につき、無償で、使用及び収益する権利を取得します（1028条1項柱書本文）。

　また、配偶者居住権は、原則として配偶者の終身の間存続します（1030条本文）。

*1 要チェック！過去問題

夫Aと妻Bが居住していた甲建物が、Aの相続開始時にAとAの兄との共有であった場合には、Aが遺言において、遺産分割協議の結果にかかわらずBには甲建物を無償で使用及び収益させることを認めるとしていたときであっても、Bは配偶者居住権を取得しない。
➡ ◯（R3-35-ウ改）

本試験レベルの問題にチャレンジ！▶▶▶

Chapter 44 遺留分

重要度 B

イントロダクション　学習のポイント

　自分の財産を死後どのように処分するかは自由ですが、一方で、遺族にとってはその財産が生活を支えることにもなります。そこで、一定の財産については、遺族に残す仕組みがとられています。これが**遺留分**という制度です。

　遺留分を侵害する遺言があっても、直ちに無効になるわけではありませんが、遺族は**遺留分侵害額請求権**を行使することにより、侵害された自己の遺留分を回復することができます。

ベーシック　じっくり理解しよう！

1　遺留分の範囲

重要度 B

1　遺留分権利者

　遺留分権利者は、**兄弟姉妹を除く**、法定相続人です（1042条1項柱書）。すなわち、配偶者、子及びその代襲者、直系尊属です。ここには、胎児も含まれます（886条）。

2　遺留分の率

　直系尊属のみが相続人である場合は、被相続人の財産の**3分の1**であり、その他の場合は、被相続人の財産の**2分の1**です（1042条1項1号、2号）。遺留分権利者が複数いるときは、全体の遺留分の率に、それぞれの遺留分権利者の法定相続分の率を乗じたものが、その者の遺留分の率となります（同条2項、900条、901条）。

　例えば、相続人が配偶者Aと子B・C・Dであれば、Aの遺

留分の率は、1/2×1/2＝1/4、B・C・Dは、各々、1/2×1/2×1/3＝1/12です。

	配偶者	直系卑属	直系尊属
単独相続の場合	1/2	1/2	1/3
配偶者と共同相続の場合		1/2	1/2

2 遺留分侵害額請求権

重要度 B

1 意 義

　遺留分侵害額請求権とは、遺留分権利者の現実に受けた財産が遺贈又は贈与によって遺留分に満たないときに、遺留分侵害額に相当する金銭の支払を請求する権利です（1046条1項）。

　なお、遺留分を侵害する遺贈又は贈与は無効となるわけではなく、遺留分権利者が遺留分侵害額請求をしても、遺留分侵害額に相当する金銭債権が発生するにとどまり、遺贈又は贈与の目的とされた財産が相続財産に復帰するわけではありません。*1

*1
■ 参考データ
遺留分侵害額請求権の行使は、訴えによる必要はありません（判例）。

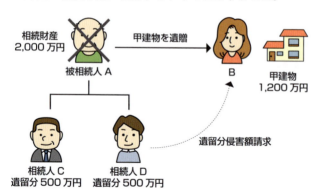

2 消滅時効

　遺留分侵害額請求権は、遺留分権利者が相続の開始及び遺留分を侵害する贈与又は遺贈があったことを知った時から1年間行使しないときは、時効により消滅します（1048条前段）。

相続開始の時から **10年**経過したときも、遺留分侵害額請求権は消滅します（**除斥期間** 同条後段）。

3 遺留分の放棄

重要度 **B**

1 方 法

相続開始前における遺留分の放棄は、**家庭裁判所の許可**を受けたときに限り、その効力を生じます（1049条1項）。なお、**相続開始後**の遺留分放棄には、家庭裁判所の許可は不要です。

2 効 果

共同相続人の1人のした遺留分の放棄は、**他の各共同相続人の遺留分に影響を及ぼしません**（1049条2項）。例えば、相続人として配偶者A と子B・C・D がいる場合、A が遺留分を放棄しても、B・C・D の遺留分の率は、各々1／12のままです。

また、遺留分の放棄は、相続放棄ではないので、遺留分を放棄しても相続権を失うわけではありません。

ファイナルチェック　基礎知識の確認

問題1　兄弟姉妹には、遺留分はない。

問題2　被相続人 A に配偶者 B、嫡出子 C が存在し、A が唯一の財産である120万円の金銭のすべてを C に遺贈した場合、B は30万円の範囲で C に遺贈の侵害額を請求することができる。

問題1 ◯（1042条1項柱書）　**問題2 ◯** 配偶者と子が共同相続する場合、配偶者の遺留分の率は、1/2 × 1/2 = 1/4 となる。

本試験レベルの問題にチャレンジ！ ▶▶▶

Part 3

商 法

学習進度チェック

学習した Chapter の日付を記入し、学習進度を確認しよう！

		学習予定日	日付①	日付②
Chapter 1	商法総則・商行為	/	/	/
Chapter 2	会社法総論	/	/	/
Chapter 3	持分会社	/	/	/
Chapter 4	株式会社総論	/	/	/
Chapter 5	株式	/	/	/
Chapter 6	機関	/	/	/
Chapter 7	設立	/	/	/
Chapter 8	資金調達	/	/	/
Chapter 9	組織再編	/	/	/
Chapter 10	計算その他	/	/	/

頻出項目を中心に学習しよう！

もう一息！ラストスパートだ！！

よく頑張ったね！これで商法マスターだ！！

商法ガイダンス

本試験の傾向分析と対策

1 過去問データベース

	08	09	10	11	12	13	14	15	16	17	18	19	20	21	22
商法総則・商行為	○	○	○	○	○	○	○	○	○	○	○	○	○	○	○
会社法総論															
持分会社			○						○						
株式会社総論	○												○		
株式	○	○		○	○	○	○	○		○	○		○	○	○
機関	○		○		○	○	○	○	○	○	○	○	○	○	○
設立				○	○		○	○	○	○	○	○	○		
資金調達	○			○											
組織再編		○			○										
計算その他	○			○				○			○		○		

最新の試験対策は、伊藤塾のホームページやメルマガにて配信中

2 出題分析アドバイス

　過去問データベースを見ると、主に株式会社の株式・機関、商法総則・商行為からの出題となっています。出題内容は、条文中心ですが、判例知識も問われることがあります。

合理的学習法

1 得点計画

　商法（会社法を含みます。以下、合理的学習法においては同じ）の出題は、5問となっています。会社法の成立、昨今の試験における私法重視傾向からみれば、頻出項目を中心に学習し、出題数の **4〜5割程度** を目途に得点計画を立てるべきです。

2 全体構造

　商法は、会社法と商法（商法総則・商行為）の2つの法律から出題されます。
　基本的な問題数は、会社法4題、商法1題です。

1 会社法

　受験生の中には会社勤めの方も多いと思いますが、会社にも様々な種類があります。合名会社、合資会社、合同会社、古いものだと有限会社がありますが、最も有名なものが株式会社でしょう。
　行政書士試験の会社法の出題の中心も株式会社です。
　それでは株式会社はどのように作ることができるのでしょうか？　取締役や株主総会という言葉を耳にしたことはあると思いますが、それぞれどのような役割を担っているのでしょうか？　株主と聞けば、株式を持っている人というイメージがあると思いますが、どのように株式は発行されるのでしょうか？　また株主となればどのような権利を持つのでしょうか？　こういったことが会社法で規定されています。
　行政書士となった後は、会社法の知識を持つことはとても大切です。実際、会社設立を主業務にしている行政書士はいますし、「会社を作りたいのですが……」という相談もそれなりに多いです。
　しかし、試験対策で考えると、残念ながら会社法の学習範囲の広さと比較して出題数が少ないために、効率のよいテーマとはいい難いのです。試験対策上は、頻出分野を中心にとにかく効率よく学習することを心掛けるとよいでしょう。省いてしまった部分については、試験が終わった後にしっかりと勉強するという気持ちで臨んでほしいと思います。

2 商法（商法総則・商行為）

　商法は、全範囲が出題されるのでなく、そのうち、商法総則と商行為の２編から出題されます。

　商法総則は、商人を対象に、商号や使用人等について規定しています。商人については、必ずしも一致する概念ではありませんが、個人事業主をイメージしてもらってもよいでしょう。なお、会社についての同様の規定は、会社法の総則部分に定められていますが、会社法総則については学習する必要はありません。会社法総則が仮に出題されたとしても、商法総則の知識をもって解けば十分です。

　一方、商行為は、商人や会社の契約などに伴う法律的な行為について規定しています。私生活上の法律的な行為については民法で規定されていますが、承認や会社ならではの特別的な定めはここに置かれています。そのような意味では、「民法ではこうなっていたが、それが商法だと（商人が行うと、あるいは商行為だと）こうなる」という視点での学習を取り入れるとよいでしょう。

　ただし、商法総則と商行為を併せてそれなりにボリュームのある範囲ではありますが、基本的に１題しか出題されないので、会社法同様、効率のよい学習を心掛けましょう。

Chapter 1 商法総則・商行為

重要度 A

イントロダクション　学習のポイント

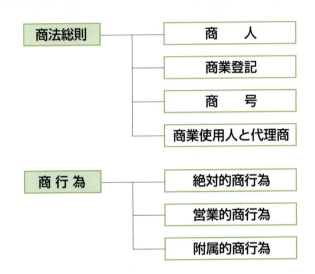

　商法総則・商行為からは毎年1問出題されます。
　そもそも商法は民法の特別法として位置づけられるため、どういう取引に商法が適用されるのかを理解しなければなりません。商法は、商法が適用される取引を商人と商行為という概念で規定しています。そこで、まず商行為とは何か？商人とはどういう者を指すか？を理解していきましょう。その上で、基本的な内容について勉強していきましょう。

ベーシック じっくり理解しよう!

1 商行為と商人（商法の適用範囲）

重要度 B

企業をめぐる大量・継続的な取引が円滑・確実に行われるように、商法では民法と異なる規制がなされています。そこで、ある取引（行為）について、商法と民法のどちらが適用されるかによって法律効果に差異が生じるため、商法の適用範囲が問題となります。この点に関して、商法は、**商行為**と**商人**という概念によってその適用範囲を画しています。*1

*1
■ ポイント
当事者の一方のために商行為となる行為について、商法が適用されます（3条1項）。

1 商行為とは

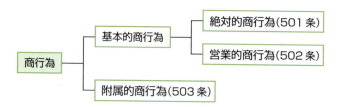

1 基本的商行為

行為自体の性質に着目して誰が行っても商行為として取り扱うべき行為を**基本的商行為**といいます。基本的商行為には、**絶対的商行為**と**営業的商行為**があります。

（1）絶対的商行為（501条）

絶対的商行為とは、行為の性質から**当然に**商行為となる行為をいいます。その行為の持つ客観的な営利的性格に着目して、商人でない者が1回限りで行う場合でも商行為となります。*2

例えば、利益を得て譲渡するつもりで、動産・不動産・有価証券を有償取得する行為（投機購買）や、取引所においてする取引等があります。

（2）営業的商行為（502条）

営業的商行為とは、**営業として**なされる（営利の目的をもって、反復継続して行うこと）ときに、初めて商行為となる行為をいいます。

*2
✓ 要チェック！過去問題
商行為とは、商人が営業としてする行為または営業のためにする行為のいずれかに当たり、商人でない者の行為は、商行為となることはない。
→ ✗（H29-36-5）

例えば、賃貸する意思で、動産・不動産を有償取得する行為（投機貸借）や、客の来集を目的とする場屋（飲食店等）における取引等があります。[*3]

2 附属的商行為 （503条）

附属的商行為とは、商人が営業のためにする行為をいいます。基本的商行為とは異なり、必ずしも行為自体としては営利性がありませんが、営業のための手段的行為であることから、商法を適用するため、商行為としているのです。

絶対的商行為 （501条）	①投機購買及びその実行行為
	②投機売却及びその実行行為
	③取引所においてする取引
	④手形その他の商業証券に関する行為
営業的商行為 （502条）	①投機貸借及びその実行行為
	②他人のためにする製造又は加工に関する行為
	③電気又はガスの供給に関する行為
	④運送に関する行為
	⑤作業又は労務の請負
	⑥出版、印刷又は撮影に関する行為
	⑦客の来集を目的とする場屋における取引
	⑧両替その他の銀行取引
	⑨保険
	⑩寄託の引受け
	⑪仲立ち又は取次ぎに関する行為
	⑫商行為の代理の引受け
	⑬信託の引受け
附属的商行為 （503条）	商人がその営業のためにする行為

3 会社の行為 （会社法5条）

会社がその事業としてする行為、及びその事業のためにする行為は、商行為とされます。

---

*3
☑️ 要チェック！
過去問題

商人でない個人が、賃貸して利益を得る意思で、レンタル用のDVDを買い入れる行為は、営業として行わない場合には、商行為とならない。
→❌（R3-36-エ）

Part
3

商

法

Chapter 1
商法総則・商行為　**441**

2 商人とは

商人には、商行為の概念を基礎とする固有の商人（4条1項）と商行為概念を基礎としない擬制商人（同条2項）があります。

固有の商人とは、自己の名で商行為をすることを業とする者をいいます。会社もこれにあたります。*1

擬制商人とは、固有の商人でない者で、店舗その他これに類似する設備によって物品の販売をすることを業とする者、鉱業を営む者をいいます。これらの者は、固有の商人ではありませんが、商人として扱われます。

*1
■ 語句解説
業とするとは、営利の目的で、反復・継続して行うことをいいます。

Festina lente

商法総則の規定のうちで、会社に適用されるものは、商法典とは別に会社法（会社法総則等）に規定されている。だから、商法総則は、会社以外の個人商人に適用されるってことだね。

---

2 商行為の特則

重要度 **B**

商行為に基づく法律関係においては、民法と異なった効果が様々に認められています。その主なものは、以下のとおりです。

① 商行為の代理については、顕名がなくても、原則としてその行為は本人に対して効力を生じる（504条、なお、民法99条1項参照）。

② 商行為の委任による代理権は、本人の死亡によって消滅しない（506条、なお、民法111条1項1号参照）。*2

③ 数人の者がその1人又は全員のために商行為となる行為によって債務を負担したときは、その債務は連帯債務となる（511条1項、なお、民法427条参照）。また、債務が主債務者の商行為によって生じたものであるとき、又は保証が商行為であるときは、保証人は連帯保証債務を負担する（511条2項、なお、民法454条参照）。

*2
☑ 要チェック！
過去問題
商行為の委任による代理権は、本人の死亡によって消滅する。
➡ ✗（H30-36-ア）

Part 3
商 法

3 商業登記

重要度 **B**

1 商業登記の意義

　商人と取引をする第三者は、その商人の取引上の重要な事項について正確に知ることができれば、安心して取引をすることができます。このような公示の要請に応えるべく、商業登記制度が定められています。

2 商業登記の効力

1 一般的効力

　登記すべき事項は、登記の後でなければ善意の第三者に対抗できません（9条1項前段）。

　逆に、当事者は、いったん登記すると、原則として当該事項について善意の第三者に対しても対抗することができます。これは、登記によって第三者の悪意が擬制されるからであると説明されています。もっとも、登記後であっても、第三者が正当な事由によって善意の場合には、その第三者に対抗することはできません（同項後段）。

2 不実登記の効力

　故意又は過失によって真実と異なる（不実の）登記をした者は、それが真実と異なることをもって善意の第三者に対抗できません（9条2項）。

　登記された内容が実際の事実と異なっている場合、本来、その登記には何の効力も生じないはずですが、不実登記を信頼した第三者を保護しているのです。外観法理に基づく規定です。

3 会社の登記

　会社の登記に関しても、同様の規定が会社法908条にあります。

4 商号

重要度 B

1 商号とは

商号とは、商人がその営業上自己をあらわす名称をいいます。

2 商号の選定

1 商号選定の自由

商人は、その営業の実体にかかわらず、自由に商号を選定することができます（**商号選定自由の原則** 11条1項）。

2 他の商人であると誤認させるおそれのある商号の使用禁止

何人も、**不正の目的**をもって、他の商人であると誤認させるおそれのある名称又は商号を用いることはできません（12条1項）。

3 名板貸人の責任

自己の商号を使用して営業又は事業を行うことを他人に**許諾**した商人（名板貸人）は、当該商人を営業主であると**誤認**してその他人（名板借人）と取引した者に対して、その取引から生じる債務につき、その他人と連帯して弁済の責任を負います（14条）。これは、取引の相手方を保護するための**外観法理**に基づく規定です。*1

会社についても、会社法総則に、同様の規定があります（会社法9条）。

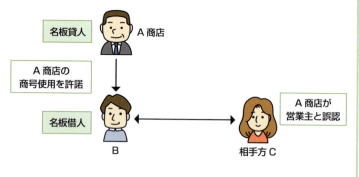

*1 要チェック！過去問題
商人Aが、商人Bに対してAの商号をもって営業を行うことを許諾したところ、Aの商号を使用したBと取引をした相手方Cは、当該取引（以下、「本件取引」という。）を自己とAとの取引であると誤認した。本件取引の相手方の誤認についてCに過失がなかった場合、契約はAの商号を使用したBとCの間で成立するが、AはBと連帯して本件取引によって生じた債務について責任を負う。
→ ○（H23-36-2）

4 商号の譲渡

商人の商号は、営業とともに譲渡する場合又は、営業を廃止する場合に限り、譲渡することができます（15条1項）。これは、商号が営業主体である商人の同一性をあらわすものとして、取引の相手方の信頼の対象となっているからです。

5 営業譲渡

重要度 B

1 意 義

一定の営業目的により組織化され有機的一体として機能する財産を「（客観的意味における）営業」といいます。「営業」には、動産・不動産・債権等の財産権のみならず、得意先やノウハウ等の事実関係も含まれるため、個々の営業用財産の単なる総和というわけではありません。*2

この「営業」を移転することを目的とする債権契約を営業譲渡といいます。

2 効 力

1 当事者間における効力

営業を譲渡した商人は、別段の意思表示のない限り、同一市町村及びこれに隣接する市町村の区域内においては、譲渡した日から20年間は、同一の営業を行ってはなりません（16条1項）。譲渡人に競業避止義務を課すことにより、営業の譲受人保護を図る趣旨です。*3

2 譲渡人の債権者との間の効力

（1）譲受人が譲渡人の商号を引き続き使用する場合

この場合は、譲受人も、譲渡人の営業により生じた債務を弁済する責任を負います（17条1項）。本来、譲渡人の債務は、債務引受がなされない限り、当然には譲受人に承継されないはずですが、商号が引き続き使用される場合に、営業譲渡を知らない債権者を保護する趣旨です。*4

Part 3 ■ 商 法

*2
■ **参考データ**
これに対して、商人の営業活動のことを、主観的意味における営業といいます。

*3
■ **参考データ**
さらに、譲渡人は、不正競争の目的をもって、同一の営業を行ってはなりません（16条3項）。

*4
■ **ポイント**
左のような趣旨から、遅滞なく、譲受人が弁済する責任を負わない旨の登記・通知がなされた場合は、譲受人は責任を負いません（17条2項）。

Chapter 1
商法総則・商行為　445

（2）譲受人が譲渡人の商号を引き続き使用しない場合

この場合でも、譲受人は、譲渡人の事業により生じた債務を引き受ける旨の広告をしたときは、その債務を弁済する責任を負います（18条1項）。

3 譲渡人の債務者との間の効力

譲受人が譲渡人の商号を引き続き使用する場合、譲渡人の営業により生じた債権について、その譲受人にした弁済は、弁済者が善意でかつ重過失がないときは、有効となります（17条4項）。これは、営業譲渡を知らない弁済者を保護する趣旨です。*1

3 会社の事業譲渡

会社に関しては、「事業譲渡」という文言が用いられていますが、会社法総則に、ほぼ同様の規定が置かれています（会社法21条以下）。

> ***1**
> ☑ **要チェック！**
> **過去問題**
> 乙（営業を譲り受けた商人）が甲（営業を譲渡した商人）の商号を引き続き使用する場合に、甲の営業によって生じた債権について、債務者である丙が乙に対して行った弁済は、<u>丙の過失の有無を問わず、丙が善意</u>であるときに、その効力を有する。
> ➡❌（R4-36-3）

---

6 商業使用人と代理商

重要度 **A**

商業使用人とは、雇用契約によって特定の商人（営業主）に従属し、企業の内部にあって、その商業上の業務を補助する者をいいます。支配人はこれにあたります。

これに対して、企業の外部から独立して補助する者として代理商があります。

1 支配人

支配人とは、営業主に代わってその営業に関する一切の裁判上又は裁判外の行為をする権限（包括的代理権）を有する商業使用人をいいます（21条1項）。支店長等がこれにあたります。

1 包括的代理権

営業主が支配人の有する代理権に制限を加えても、この制限をもって善意の第三者に対抗することができません（21条3項）。*2

2 義　務

支配人は、営業主の許諾がない限り、①自ら営業を行うこと、②自己又は第三者のために営業主の営業の部類に属する取引をす

> ***2**
> ☑ **要チェック！**
> **過去問題**
> 支配人の代理権の範囲は画一的に法定されているため、商人が支配人の代理権に加えた制限は、<u>悪意の第三者に対しても対抗することができない</u>。
> ➡❌（H26-36-3）

446 | Part 3
商　法

ること、③他の商人・会社の使用人となること、④会社の取締役・執行役・業務執行社員となること、はできません（**競業避止義務・精力分散防止義務** 23条1項）。

2 代理商

代理商とは、商業使用人以外で、商人のためにその平常の営業の部類に属する取引の代理又は媒介をする者です（27条）。

代理商は、**商業使用人ではなく、独立の商人**であり、本人とは委任又は準委任契約関係にあります。

代理商は、本人の許諾がない限り、①自己又は第三者のために本人の営業の部類に属する取引をすること、②本人の営業と同種の事業を行う会社の取締役・執行役・業務執行社員となることはできません（**競業避止義務** 28条1項）。もっとも、支配人と異なり、精力分散防止義務は負いません。

3 会社の使用人等

会社に関しても、会社法総則に、ほぼ同様の規定が置かれています（会社法10条以下）。

ファイナルチェック　基礎知識の確認

問題1 支配人は、商人の許可を受けなければ、自ら営業を行うことや他の商人の使用人となることができない。

問題2 自己の商号を使用して営業を行うことを他人に許諾した商人は、当該商人を営業主であると誤認してその他人と取引した者に対して、その取引から生じる債務につき、その他人と連帯して弁済の責任を負う。

問題3 商行為の委任による代理権は、本人の死亡によって消滅する。

問題1 ◯（23条1項1号、3号）　**問題2** ◯（14条）　**問題3** ✗ 消滅しない（506条）。

本試験レベルの問題にチャレンジ！　▶▶▶

Chapter 2 会社法総論

イントロダクション　学習のポイント

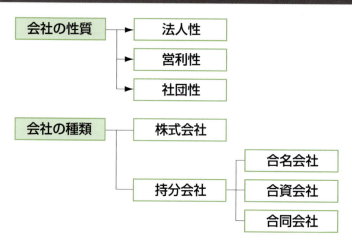

　会社法は非常に内容が多いため、まずこの Chapter では会社法の基本概念について勉強していきます。社員の責任に注目しながら、会社の種類についてしっかりと理解していきましょう。

ベーシック　じっくり理解しよう!

1 法人性

　会社が法人であることは、明文で規定されています（3条）。法人とは、自然人以外で権利義務の主体となり得る者をいいます。
　会社は、法定の手続が履行されると、当然に法人格が付与されます（準則主義）。

2 営利性　重要度 B

　営利性とは、対外的な企業活動で利益をあげ、それを構成員に分配することをいいます。利益の構成員への分配は、**剰余金の配当**又は**残余財産の分配**という形をとって行われます。

3 社団性　重要度 B

1 意　義
　社団とは、共同の目的を有する**複数人の結合体**をいいます。

2 一人会社
　一人会社とは、社員が1人の会社をいいます。一人会社も、社員の加入等によって社員が複数となる可能性があるので、潜在的には社団であるといえます。したがって、一人会社も社団性が**認められます**。

4 会社の種類　重要度 A

　会社法は、**株式会社**、**合名会社**、**合資会社**、及び**合同会社**の4種の会社を定めています（2条1号）。

1 株式会社
　株式会社とは、社員の地位が**株式**と称する細分化された均一な割合的単位の形をとり、その社員（株主）が、ただ会社に対し各自有する株式の引受価額を限度とする出資義務を負うだけで、会社債権者に対しては直接には責任を負わない（**間接有限責任**104条）会社のことをいいます。[1]

　株式会社は、大規模な、あるいはリスクの高い事業を行うことを可能にするための共同企業形態です。

*1
語句解説

社員とは、従業員のことではなく、出資をした会社の実質的所有者のことです。例えば、株式会社の場合は株主が社員にあたります。

2 合名会社

合名会社とは、会社債務について、会社債権者に対して**直接**、**連帯**して**無限責任**を負う社員（直接無限責任社員）のみで構成される会社をいいます（576条2項）。

合名会社では、社員は、原則として会社の**業務を執行し会社を代表**します（590条1項、599条1項）。合名会社は、人的信頼関係のある少人数の共同企業に適しています。

3 合資会社

合資会社とは、出資の価額を限度として会社の債務につき直接弁済をする責任を負う社員（**直接有限責任社員**）と**直接無限責任社員**とからなる**二元的**組織の会社をいいます（576条3項）。

合資会社における業務執行及び会社代表は、合名会社と同様に、原則として社員全員が行います（590条1項、599条1項）。合資会社は、合名会社と同様に、社員の人数が少ない共同企業に適しています。

4 合同会社

合同会社とは、**間接有限責任社員**のみで構成され（576条4項）、会社の内部関係については民法上の組合と同様の規律が適用される会社をいいます。合同会社における業務執行及び会社代表は、合名会社と同様に、原則として社員全員が行います（590条1項、599条1項）。

> **Festina lente**
>
> 現行の会社法は、近年の社会経済情勢の変化に対応し、会社法制を国民にわかりやすいものとするため、2005年に制定されたんだよ（施行は2006年）。

5 会社の分類等

重要度 **A**

1 株式会社と持分会社

会社は、大きく、株式会社と持分会社に分類することができます。すなわち、①会社の社員たる地位が株式である株式会社、及び特例有限会社は、「**株式会社**」に、②会社の社員たる地位が持分である合名会社・合資会社・合同会社は、「**持分会社**」となり

ます。学習の中心となるのは、株式会社です。*1

2 有限責任と無限責任

　有限責任とは、社員が一定の限度でしか責任を負わないことをいいます。これに対して、**無限責任**とは、会社の債務に関して、無限に責任を負うことをいいます。*2

3 直接責任と間接責任

　直接責任とは、会社債権者が請求してきたら、その請求に直接応じなければならないということをいいます。これに対して、**間接責任**とは、会社への出資行為を通じてのみ責任を負うことをいい、会社債権者が社員に請求してきても、直接それに応える必要はありません。

*1 ■ 参考データ
特例有限会社とは、会社法の施行時にすでに設立されている有限会社で、定款変更等の特段の手続をせずに、会社法施行後は会社法上の株式会社として存続するものをいいます。

*2 ■ ポイント
無限に責任を負うとは、社員の個人財産をもって全面的に責任を負うという意味です。

ファイナルチェック　基礎知識の確認

問題1　社員が1人の一人会社は、株式会社では認められるが、合名会社では認められない。

問題2　設立しようとする持分会社が「合同会社」である場合には、その社員の一部を無限責任社員とし、その他の社員を有限責任社員とする旨を、定款に記載・記録しなければならない。

問題3　無限責任とは、会社の債務に関して、社員の個人財産をもって無限に責任を負うことをいう。

問題1 ✗　合名会社においても一人会社は認められている。　問題2 ✗　設立しようとする持分会社が「合同会社」である場合には、その社員の全部を有限責任社員とする旨を記載・記録しなければならない。　問題3 ◯

本試験レベルの問題にチャレンジ！ ▶▶▶

Chapter 3 持分会社

重要度 A

イントロダクション　学習のポイント

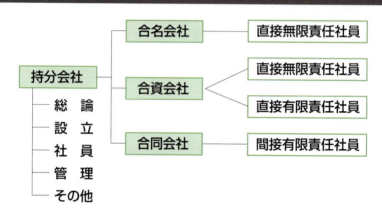

　この Chapter では、会社のうち、株式会社以外の会社である**持分会社**について勉強します。**合名会社**、**合資会社**、**合同会社**をあわせて持分会社といいます。基本的には合名会社、合資会社、合同会社を個別に勉強するのではなく、持分会社として勉強し、その上で、各会社の異なる点を整理していきましょう。

ベーシック　じっくり理解しよう!

1 総　論

重要度 C

　持分会社とは、社員たる地位が持分である合名会社・合資会社・合同会社のことです（575条1項）。
　持分会社は、株式会社とは異なり、いずれも**社員間に人的信頼関係**があり、また、**社員が経営について能力と意欲を有する**こと

を前提としています。このため、各社員は、無限責任社員と有限責任社員の区別なく、原則として会社の業務を執行し（590条1項）、会社を代表します（599条1項本文）。また、業務執行その他の内部の規律については、広く定款自治に委ねられています（577条参照）。

ただし、無限責任社員が存在しない合同会社では、会社債権者保護のため、他とは異なる規律が設けられている場合もあります。

2 設 立

重要度 C

持分会社の設立手続は、株式会社と比べて簡素化されています。

1 定款の作成

まず、社員になろうとする者が定款を作成し、その全員がこれに署名又は記名押印しなければなりません（575条1項）。

2 出資の履行

1 合名・合資会社の場合

①出資の履行の時期・程度を自由に定めることができ、②合名会社の社員・合資会社の無限責任社員は、信用や労務を出資の目的とすることができます。

これは、無限責任社員が存在するため、会社に財産が拠出されていなくても、会社債権者を保護することができるからです。

2 合同会社の場合

合同会社の社員になろうとする者は、定款の作成後、合同会社の設立の登記をする時までに、その出資にかかる金銭の全額を払い込み、又はその出資にかかる金銭以外の財産の全部を給付しなければなりません（578条本文）。これは、合同会社の社員は間接有限責任しか負わないため、会社債権者保護の観点から、その引当てとなる会社財産を確保する必要があるからです。

3 設立の登記

持分会社は、その本店の所在地において設立の登記をすることによって成立します（579条）。

3 社　員

重要度 **B**

1 持分の譲渡等

1 持分の譲渡

持分とは、持分会社の社員たる地位をいいます。社員は、定款に別段の定めがない限り、他の社員の全員の承諾がなければ、その持分を他人に譲渡することができないのが原則です（585条1項、4項）。これは、持分会社では、社員間の人的信頼関係が重要だからです。*1

もっとも、業務を執行しない有限責任社員は、定款に別段の定めがない限り、業務を執行する社員の全員の承諾があれば、その持分を他人に譲渡することができます（同条2項、4項）。

2 持分の全部の譲渡をした社員の責任

持分の全部を他人に譲渡した社員は、その旨の登記をする前に生じた持分会社の債務について、従前の責任の範囲内でこれを弁済する責任を負います（586条1項）。*2

---

*1
■ **ポイント**

持分会社は、自己の持分を譲り受けることはできません（587条1項）。持分会社がその持分を取得した場合には、当該持分は、その取得時に消滅します（同条2項）。

*2
■ **参考データ**

持分の全部の譲渡をした社員の責任は、当該登記後2年以内に請求又は請求の予告をしない会社債権者に対しては、当該登記後2年を経過した時に消滅します（586条2項）。

---

4 管　理

重要度 **B**

1 業務の執行

1 原　則

各社員が、持分会社の業務を執行します（590条1項）。社員が2人以上ある場合には、持分会社の業務は、定款に別段の定めがないときは、社員の過半数をもって決定します（同条2項）。*3

2 定款で業務執行社員を定めた場合

定款で業務を執行する社員を定めることができます（591条）。

業務執行社員が2人以上ある場合には、持分会社の業務は、定款に別段の定めがないときは、業務を執行する社員の過半数をもって決定します（同条1項前段）。ただし、支配人の選任及び解任は、定款で別段の定めがない限り、社員の過半数をもって決定しなければなりません（同条2項）。

---

*3
■ **ポイント**

持分会社の常務については、その完了前までに他の社員（業務執行社員）が異議を述べないときは、各社員（各業務執行社員）が単独で行うことができます（590条3項）。

業務執行社員を定款で定めた場合、各社員は、業務執行権を有しないときであっても、その業務及び財産の状況を調査することができます（592条1項）。これは、業務執行について重大な利害関係を有している各社員に監視権を認める趣旨です。

2 業務執行社員の義務

1 義　務

業務執行社員は、職務を行うにあたり、善管注意義務（593条1項）・忠実義務（同条2項）を負います。

また、業務執行社員は、株式会社の取締役と同様、競業避止義務を負い（594条）、利益相反取引の制限（595条）を受けます。*4

2 責　任

業務執行社員は、その任務を怠ったときは、持分会社に対し、連帯して、これによって生じた損害を賠償する責任を負います（596条）。

また、業務を執行する有限責任社員がその職務を行うについて悪意又は重過失があったときは、当該有限責任社員は、連帯して、これによって第三者に生じた損害を賠償する責任を負います（597条）。

3 会社の代表

業務執行社員は、持分会社を代表するのが原則です（599条1項本文）。

業務執行社員が2人以上ある場合でも、各業務執行社員が、持分会社を代表します（単独代表の原則　同条2項）。*5

持分会社を代表する社員は、持分会社の業務に関する一切の裁判上又は裁判外の行為をする権限を有し（同条4項）、かかる権限に加えた制限は、善意の第三者に対抗することができません（同条5項）。

Part 3
商　法

*4
■ 参考データ
競業避止義務については、①「自己又は第三者のために会社の事業の部類に属する取引をすること」に加え、②「会社の事業と同種の事業を目的とする会社の取締役、執行役又は業務執行社員となること」にも及んでおり、株式会社の取締役よりも厳しいものとなっています。

*5
■ ポイント
定款又は定款の定めに基づく社員の互選によって、業務を執行する社員の中から持分会社を代表する社員を定めることもできます（599条3項）。

5　持分会社と株式会社との比較

重要度 **B**

次頁の表のとおりです。

Chapter 3
持分会社　**455**

		持分会社			株式会社
		合名会社	合資会社	合同会社	
設立	社員の構成	直接無限責任社員 —	直接無限責任社員 直接有限責任社員	— 間接有限責任社員	株主
設立	出資の目的	信用・労務可	直接有限責任社員は金銭等に限る（576条1項6号）	金銭等に限る（576条1項6号）	金銭等に限る
設立	設立時の出資義務	×	×	○（578条）	○（34条、63条）
機関	所有と経営	原則一致			分離
機関	意思決定方法	社員の過半数（590条2項） ただし、定款により自由に決定可（同項）			出資額に応じた多数決原理
利益（剰余金）配当	財産の分配	定款により自由に決定 （定款に定めのない場合、出資額の価額に応じて分配、622条）			保有株式数に応じて分配 (109条1項、454条3項)
利益（剰余金）配当	利益（剰余金）配当制限	なし	なし	利益額の範囲内（628条）	分配可能額の範囲内（461条）
利益（剰余金）配当	持分の譲渡	原則として他の社員全員の承諾が必要（585条1項）			○（127条）
退社	任意退社	○（606条）			×
退社	退社に伴う持分の払戻し	○（611条）			×

ファイナルチェック　基礎知識の確認

問題1　合名会社の社員及び合資会社の無限責任社員は、信用を出資の目的とすることができる。

問題2　持分会社の各社員は、定款に別段の定めがある場合を除き、他の社員の同意がなくても、自由にその持分の全部又は一部を他人に譲渡することができる。

問題1 ○（576条1項6号参照）　問題2 ✗　原則として他の社員全員の承諾が必要である（585条1項）。

本試験レベルの問題にチャレンジ！▶▶▶

Chapter 4 株式会社総論

重要度 B

イントロダクション 学習のポイント

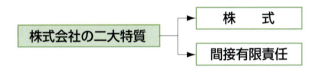

　会社法の中心課題は株式会社です。その分、範囲も広いため、まずは株式会社の総論的な知識をこの Chapter では勉強します。特に、公開会社という概念について、会社法が公開会社かそうでないかで規定を異にしていることが多いため、しっかりと理解し、覚えるようにしてください。

ベーシック じっくり理解しよう!

1 特 質
重要度 B

1 株 式

　株式とは、細分化された均一な割合的単位の形をとる、株式会社の社員たる地位をいいます。
　細分化することで、わずかな資金しか有しない者でも、出資が容易になります。また、均一な割合的単位とすることで、会社と社員間の法律関係を単純化し、社員の個性を喪失させることを可能としています。

2 間接有限責任

　有限責任とは、各株主が、会社に対して、自己の引き受けた株

式について**引受価額を出資**する責任のみを負うことをいいます（104条）。これにより、多数の者が安心して会社に資本参加することができるようにしているのです。

2 資本金

重要度 **B**

1 意 義

　資本金とは、**会社財産を確保**するための**基準**となる一定の計算上の数額をいいます。

　株主は間接有限責任を負うにすぎない（104条）ので、会社債権者が引当てとすることができるのは会社財産しかありません。そこで、**登記**及び**貸借対照表**を通じて公示される一定の数額を資本金として、会社財産を確保しようとしています。

> **Festina lente**
> 資本金は、一定の枠であって、絶えず変動する現実の会社財産とは異なるよ。

2 資本金の額

　資本金の額は、原則として、設立又は株式の発行に際して株主となる者が**払込み又は給付した財産の額**です（445条1項）。

　ただし、この額の**2分の1を超えない額**は、資本金として計上せず、後述する準備金とすることができます（同条2項、3項）。

3 資本金額の増加・減少

　株式会社は、**株主総会の普通決議**により、剰余金の額を減少して資本金額を増加することができます（450条、309条1項）。

　これに対して、資本金額を減少するには、厳格な手続が要求されます（資本不変の原則）。すなわち、原則として**株主総会の特別決議**が必要になり（447条1項、309条2項9号）、また、**会社債権者保護手続**として会社債権者に異議を述べる機会を与えなければなりません（449条）。

4 準備金

　準備金とは、株式会社において、純資産額が資本金額を超える額のうち、一定の目的のために**会社に積み立てておく留保額**をい

> **Festina lente**
> 準備金は、資本と同様、一定の枠であって、現実の会社財産とは異なるものだよ。

います（445条3項、4項参照）。

会社法は、資本金という一定額を基準として、それに更に準備金という制度を設けて、これらに対応する会社財産を維持することを求め、原則として資本金と準備金を超える部分に限って剰余金として株主に配当することを認めています。

3 公開会社・大会社

重要度 B

1 公開会社と非公開会社

公開会社とは、その発行する全部又は一部の株式の内容として譲渡による株式の取得について株式会社の承認を要する旨の定款の定めを設けていない会社をいいます（2条5号）。つまり、一部の種類の株式でも譲渡制限のないものがあれば、構成員の流動性があると評価でき、公開会社となります。*[1]

これに対して、非公開会社とは、発行する全部の種類の株式について、定款で譲渡制限をしている会社をいいます。

Festina lente
ここにいう公開会社か非公開会社かの区別は、株式譲渡制限の有無に求められるんだ。上場や店頭登録等の有無による区別ではないよ。

*[1] 要チェック！過去問題
公開会社であり、かつ大会社は、譲渡制限株式を発行することができない。
➡✗ (R2-40-1)

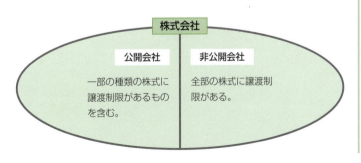

2 大会社と大会社以外の会社

　大会社とは、資本金として計上した額が5億円以上か、負債の部に計上した額が200億円以上の会社をいいます（2条6号）。

ファイナルチェック　基礎知識の確認

問題1　株主は、株式会社の債務について、債権者に対して直接弁済する責任を負う。

問題2　設立又は株式の発行に際して株主となる者が株式会社に対して払込み又は給付をした額のうち、2分の1を超えない額については、資本金として計上しないことができる。

問題1 ✗　間接責任であるため、直接弁済する責任を負うわけではない。　問題2 ○　（445条2項）

本試験レベルの問題にチャレンジ！▶▶▶

Chapter 5 株式

重要度 A

イントロダクション　学習のポイント

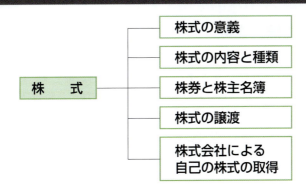

株式は会社法の中でも頻出のテーマです。
　中でも株主の権利、株主平等の原則、株式の内容と種類、株式の譲渡は基本的なテーマになります。メリハリをつけて勉強をするようにしましょう。

ベーシック　じっくり理解しよう!

1 株式の意義

重要度 A

1 総説

　株式とは、細分化された均一な割合的単位の形をとる、**株式会社の社員たる地位**をいいます。

2 株主の権利

　株主は、その有する株式につき、以下①から③に掲げる権利、

その他会社法の規定により認められた権利を有します（105条1項各号）。

① 剰余金の配当を受ける権利 *1
② 残余財産の分配を受ける権利 *1
③ 株主総会における議決権

株主に①及び②に掲げる権利の<u>全部</u>を与えない旨の定款の定めは、<u>無効</u>になります（同条2項）。これは、会社の営利性のあらわれです。

3 発行可能株式総数

株式会社は、発行可能株式総数を、<u>株式会社の成立の時までに、定款で定めなければなりません</u>（37条1項参照）。そして、公開会社の場合、設立時には<u>発行可能株式総数の少なくとも4分の1</u>は株式を発行しなければなりません（同条3項）。

また、株式会社は、定款を変更して発行可能株式総数の定めを<u>廃止することはできません</u>が、一定の限度で減少又は増加させることができます（113条）。

このように、発行可能株式総数を定款で定めておき、その授権の範囲内で会社が取締役会の決議等により適宜株式を発行することを認める制度を、<u>授権資本制度</u>といいます。*2

4 反対株主の株式買取請求権

反対株主の株式買取請求権とは、株式会社の一定の基礎的変更の場合において、それに反対する株主が、会社に対してその所有する株式を公正な価格で買い取ることを請求できる権利をいいます（116条1項）。

これにより、反対株主は、投下した資本を回収して経済的不利益を回避することができます。

旧法では、株式買取請求権が認められるのは、株主総会決議において反対の意思表示をした株主に限定されていました。

しかし、会社法では、株主総会において議決権を行使することができない株主や、株主総会決議を要しない場合のすべての株主にも株式買取請求が認められるようになりました。

---

*1
■ 語句解説
剰余金とは、会社に蓄積されている利益の額をいいます。
残余財産とは、会社が解散して清算があった場合に、債務を弁済して残った財産をいいます。

Festina lente
剰余金の配当は、旧法における利益配当・中間配当等を統一した言葉だよ。
また、旧法では、株主に対する配当は、期末・中間の年2回しか行うことができなかったけれど、会社法では、株主総会決議により、いつでも配当を行えるようになったんだ。

*2
☑ 要チェック！過去問題
会社成立時に株式会社が発行する株式数は、会社法上の公開会社の場合には、発行可能株式総数の4分の1を下回ることができないため、<u>定款作成時に発行可能株式総数を定めておかなければならないが</u>、会社法上の公開会社でない会社の場合には、発行株式数について制限がなく、<u>発行可能株式総数の定めを置かなくてよい。</u>
➡ ✗ （H21-37-1）

---

462 Part 3
商 法

5 株主平等の原則

1 意 義

株主平等の原則とは、株主としての資格に基づく法律関係について、会社は、株主をその有する株式の内容及び数に応じて平等に取り扱わなければならないという原則をいいます（109条1項参照）。

株主平等原則は、多数決の濫用から少数派株主を保護する機能を有します。

この原則に違反する行為は無効と解されています。もっとも、個々の行為について、不利益を受ける株主が任意に承認するのであれば、有効になります。

2 内 容

株主平等原則の内容は、各株式の内容が同一である限り、同一の取扱いがなされるべきこと（取扱いの平等）にあります。

もっとも、例外として、非公開会社における、定款に基づく剰余金の配当等についての異なる取扱い（109条2項）があります。*3

> *3 要チェック！過去問題
> 「公開会社でない株式会社が、剰余金の配当を受ける権利に関する事項について、株主ごとに異なる取扱いを行うこと」は、定款の定めを必要としない。
> ➡ ✗ (H26-40-1)

6 株主の権利に関する利益の供与

株式会社は、何人に対しても、株主の権利の行使に関し、財産上の利益の供与をしてはいけません（120条1項）。これは、会社財産の浪費を防止するとともに、会社経営の健全性を確保する（特に総会屋への利益供与の根絶を図る）ために設けられた規定です。*4

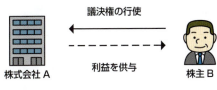

> *4 ポイント
> 例えば、株主になったBが、株主総会において議決権を行使する際に、会社にとって不利益に議決権を行使しないように、会社から金銭を受けていたような場合は、利益供与の禁止に違反することになります。

7 単元株制度

単元株式とは、定款の定めをもって一定数の株式を1単元として、株主の議決権を1単元に1個とする制度をいいます（188条）。

株式の単位の小さい会社では、1株しか有しない株主にも議決権を認めて、株主総会の招集通知を送付することは、株主管理コストの点から不合理です。そこで、定款自治のもと、株式会社の事務負担の軽減を図ることを認めるものです。*1

1　設定等

(1) 設定・増加

単元株式数（2条20号）を設定・変更する場合、原則として株主総会の特別決議による定款変更が必要です（466条、309条2項11号）。

また、単元株式数は、法務省令で定める数を超えることはできません（188条2項）。これは、過大な数を定めることにより少数株主を不当に害することを防止するためです。

(2) 廃止・減少

単元株式数を減少・廃止する場合には、株主の権利を害するおそれがないため、取締役の決定（取締役会設置会社においては、取締役会の決議）によって定款変更を行うことができます（195条1項）。

2　単元未満株主の権利

(1) 議決権

単元未満株主は、株主総会において議決権を行使することができません（189条1項）。

(2) 定款による権利の制限

単元未満株主は、議決権の存在を前提とする権利以外の株主としての権利は、すべて有しています。

もっとも、株式会社は、単元未満株主の一定の権利以外の権利の全部又は一部について、行使することができない旨を定款に定めることができます（189条2項柱書）。

3　株券の発行

株券発行会社であっても、単元未満株式にかかる株券を発行しないことができる旨を定款で定めることができます（189条3項）。

4　買取請求・売渡請求

(1) 買取請求

単元未満株主は、株式会社に対し、自己の有する単元未満株式を買い取ることを請求することができます（192条1項）。

---

*1

■ **ポイント**

会社法の制定前は、単元株制度と並んで、端株制度がありました。しかし、両制度の実質は変わりなく、実際には端株制度はあまり利用されていなかったことから、端株制度は廃止されました。

(2) 売渡請求

　株式会社は、単元未満株主が、会社に対してその有する単元未満株式の数と**あわせて単元株式となる数の株式を**その**単元未満株主に売り渡すよう請求できる**旨を、定款で定めることができます（194条1項）。

8 株式の併合と分割

1 株式の併合

　株式の併合とは、2株を1株に、あるいは3株を2株にというように、複数の株式をあわせて、それよりも少数の株式とすることをいいます（180条1項）。これは、1株の価値を大きくして株式の投資の対象としての単位を適正にする等のために行われます。

2 株式の分割

　株式の分割とは、1株を2株に、あるいは2株を3株にというように、株式を細分化して従来より多数の株式とすることをいい

ます（183条1項）。これは、株価の高い会社が1株の市場価格を下げて投資家が購入しやすいようにする等のために行われます。

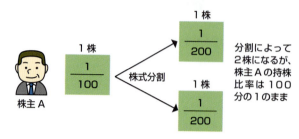

3 株式無償割当て

株式無償割当てとは、株主に対して新たに払込みをさせないで、当該株式会社の株式の割当てをすることをいいます（185条）。

株式無償割当ては、株主の申込み等の手続をとることなく、株主に**自動的に株式を取得させる**制度である点で、後述する募集株式の募集を行う場合に株主に割当てを受ける権利を与えるときとは異なります。

株式無償割当ては、その効果の点で株式の分割と似ています。しかし、次の点において異なります。すなわち、①株式の分割においては、同一の種類の株式の数が増加するのに対し、株式無償割当てにおいては、同一又は**異種の株式**を交付することができます。②株式の分割においては、自己株式の数も増加するのに対し、株式無償割当てにおいては、**自己株式については割当てができません**。③株式の分割においては自己株式を株主へ交付できないのに対し、株式無償割当てにおいては、**自己株式を株主に交付することができます**。

> *1 **要チェック！過去問題**
> 取締役会設置会社において株式の無償割当てをするには、その都度、割り当てる株式の数およびその効力の生ずる日を、株主総会の決議によって定めなければならない。
> ➡ ✕ (H26-38-3)

〈株式併合・株式分割・株式無償割当ての比較〉

	株式併合	株式分割	株式無償割当て*1
意　義	複数の株式をあわせて、それよりも少数の株式とすること	株式を細分化して従来より多数の株式とすること	株主に対して新たに払込みをさせないで、当該株式会社の株式の割当てをすること
手　続	株主総会の特別決議	株主総会の普通決議（取締役会設置会社では取締役会の決議）	株主総会の普通決議（取締役会設置会社では取締役会の決議）

2 株式の内容と種類

重要度 A

1 総論

株式会社は、一定の範囲と条件のもとで、①**すべての株式**の内容として特別な事項を定めること（107条）、②権利の内容の異なる複数の種類の株式を発行すること（**種類株式** 108条）が認められています。これらは、株式の多様化を図ることを認めることにより、株式による資金調達の多様化と支配関係の多様化の機会を株式会社に与えるためです。

1 全部の株式の内容についての特別の定め

株式会社は、その発行する全部の株式の内容として、以下①から③に掲げる株式を、**定款によって**定めることができます（107条1項）。*2

① 譲渡制限株式
② 取得請求権付株式
③ 取得条項付株式

2 種類株式

株式会社は、以下①から⑨に掲げる種類株式を発行することができます（108条1項）。この種類株式を発行するためには、一定の事項を**定款に定めなければなりません**（同条2項）。

① 剰余金の配当について内容の異なる種類株式
② 残余財産の分配について内容の異なる種類株式
③ 議決権制限（種類）株式
④ 譲渡制限種類株式
⑤ 取得請求権付種類株式
⑥ 取得条項付種類株式
⑦ 全部取得条項付種類株式
⑧ 拒否権付種類株式
⑨ 取締役・監査役選任に関する種類株式

2 譲渡制限株式

譲渡制限株式とは、譲渡によるその株式の取得について、当該

---

*2 要チェック！過去問題

会社は、その発行する**全部の株式の内容**として、株主総会において**議決権を行使することができる事項について制限がある旨**の定款の定めがある株式を発行することができる。

→✗（H28-38-イ）

株式会社の承認を要する株式をいいます（2条17号、107条1項1号、108条1項4号）。*1

これは、会社にとって好ましくない者が、株主として経営に関与することを防止して会社経営の安定を図るための制度です。

*1 参考データ
会社法では、一部の株式のみを譲渡制限種類株式とすることが可能になりました。

3 取得請求権付株式

取得請求権付株式とは、株主が、会社に対して取得を請求することができる株式をいいます（2条18号、107条1項2号、108条1項5号）。

株式会社は、取得の対価として、社債・新株予約権・新株予約権付社債・株式・その他の財産を株主に交付することを定款で定めることができます（107条2項2号、108条2項5号）。

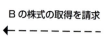

4 取得条項付株式

取得条項付株式とは、会社が、一定の事由が生じたことを条件として株式を取得することができる株式をいいます（2条19号、107条1項3号、108条1項6号）。

株式会社は、取得の対価として、社債・新株予約権・新株予約権付社債・株式・その他の財産を株主に交付することを定款で定めることができます（107条2項3号、108条2項6号）。

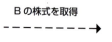

5 剰余金の配当・残余財産の分配について内容の異なる種類株式

株式会社は、剰余金の配当又は残余財産の分配のいずれかについて異なる定めをした種類株式を発行することができます（108条1項1号、2号）。これは、株主間では、経済的な需要が異なることから認められたものです。

このうち、剰余金の配当・残余財産の分配について、他の株式

に比べ優先的な定めをした種類株式を「優先株式」といいます。これに対して、他の株式に比べて劣後的な定めをした種類株式を「劣後株式」といいます。*2

6 議決権制限（種類）株式

議決権制限株式とは、株主総会において**議決権を行使することができる事項**について異なる種類株式をいいます（108条1項3号）。これは、剰余金配当等に期待する反面、議決権の行使には関心のないような株主のニーズに応えたものです。いかなる事項についても議決権を有しない株式（全部議決権制限株式）と、一定事項についてのみ議決権を有する株式（一部議決権制限株式）があります。

この議決権制限株式は、**公開会社**では、議決権制限株式の数が**発行済株式総数の2分の1**を超えたときは、直ちに、その割合を2分の1以下にする措置をとらなければなりません（115条）。これは、少ない株式を有する者が実質的に会社を支配することは好ましくないと考えられたためです。*3

7 全部取得条項付種類株式

全部取得条項付種類株式とは、2つ以上の種類株式を発行する株式会社において、そのうちの**1つの種類株式の全部を**、株主総会の特別決議によって会社が取得することができる種類株式をいいます（108条1項7号、171条1項、309条2項3号）。これは、倒産状態にある株式会社を、倒産手続によらないで、100%減資を行うような場合等を想定しています。

8 拒否権付種類株式

拒否権付種類株式とは、株主総会において決議すべき事項のうち、その決議のほか、その種類株式の株主を構成員とする**種類株主総会の決議**があることを必要とする種類株式をいいます（108条1項8号）。これは、定款上、ある種類の株主に拒否権を与えるもので、ベンチャー企業等において特に有用です。*4*5

---

*2
■ **参考データ**

会社が業績不振である場合、普通株の発行によっては誰も株式を引き受けず、資金調達が困難となるときがあります。そのようなときには、剰余金の配当で有利な優先株を発行すれば、株主の募集が容易になるため、資金を調達しやすくなります。

Part 3 ■ 商 法

*3
■ **ポイント**

非公開会社では、このような制限はありません。なぜなら、株主間の人的なつながりが強いため、少数者による会社支配を防止する必要性が低いからです。

*4
■ **語句解説**

種類株主総会とは、種類株主（ある種類の株主）で構成される総会をいいます。

*5
■ **参考データ**

例えば、取締役選任につき種類株主総会の決議を要すると定めた場合には、株主総会で選任した取締役であっても、種類株主総会でそれを否決すれば、取締役選任決議の効力が失われます。

Chapter 5 株 式

9 取締役・監査役選任に関する種類株式

取締役・監査役選任に関する種類株式とは、当該種類株式の種類株主を構成員とする**種類株主総会において、取締役又は監査役を選任**する種類株式をいいます（108条1項9号）。これは、出資割合や事業への関与の度合いに応じて取締役・監査役を選任することができるようにするための制度です。

指名委員会等設置会社及び**公開会社**では、この種類株式を発行することができないことになっています（同項柱書但書）。

〈株式の種類〉

	意　義	全部の株式の内容についての特別の定め	種類株式
譲渡制限株式	譲渡による当該株式の取得について当該株式会社の承認を要する株式	○	○
取得請求権付株式	株主が、会社に対して取得を請求することができる株式	○	○
取得条項付株式	会社が、一定の事由が生じたことを条件として株式を取得することができる株式	○	○
剰余金の配当・残余財産の分配について内容の異なる種類株式	優先株式・劣後株式	×	○
議決権制限（種類）株式	株主総会において議決権を行使することができる事項について異なる種類株式	×	○ 公開会社では、発行済株式総数の2分の1を超えてはならない
全部取得条項付種類株式	会社が、1つの種類株式の全部を株主総会の特別決議によって取得することができる種類株式	×	○

| 拒否権付種類株式 | 株主総会の決議のほか、種類株主総会の決議があることを必要とする種類株式 | × | ○ |
| 取締役・監査役選任に関する種類株式 | 種類株主総会において、取締役又は監査役を選任する種類株式 | × | ○
指名委員会等設置会社・公開会社では × |

3 株券と株主名簿

重要度 **A**

Part 3
商法

1 株　券

1 意　義

　株券とは、株主の地位たる株式を表章する有価証券をいいます（214条以下）。*1

2 株券の発行

(1) 意　義

　株券は、発行しないのが原則であり、定款の定めがある場合に限り発行することができます（214条）。

　株券を発行するか否かについては、すべての種類株式について一律に定めなければならず、株式の種類ごとに株券発行の有無を違えることはできません（同条かっこ書）。

(2) 株券の発行時期 *2

　株券発行会社は、株式を発行した日以後、遅滞なく、株券を発行しなければなりません（215条1項）。

　もっとも、株券発行会社のうち非公開会社は、株主が請求しない限り、株券を発行しないことができます（同条4項）。

3 株券不所持の申出

　株券発行会社の株主は、その株券発行会社に対し、株券の所持を希望しない旨を申し出ることができます（217条1項）。これは、株主が株券を紛失すると、善意取得（131条2項）により他の者に権利を奪われてしまうおそれがあるため、これを防ぐための制度です。

　もっとも、株券発行会社の株式を譲渡するには株券の交付が必

---

*1
■ **参考データ**

旧法においては、株主の名前が株券記載事項とされていましたが、会社法では、株主の名前は記載事項ではなくなりました（216条参照）。

*2
☑ **要チェック！**
過去問題

株式会社は株券を発行するか否かを定款で定めることができるが、会社法は、株券を発行しないことを原則としているので、株券を発行する旨を定款に定めた会社であっても、会社は、株主から株券の発行を請求された段階で初めて株券を発行すれば足りる。

➡ ✕（H21-37-2）

Chapter 5
株 式　　471

要ですので、株券不所持の申出をした株主は、いつでも、株券発行会社に対し、当該株式にかかる株券を発行するように請求することができます（217条6項前段）。

2 株主名簿

1 意 義

株主名簿とは、株主及び株券に関する事項を明らかにするため、会社法の規定により作成される帳簿をいいます（121条）。これは、株式譲渡自由の原則（127条）のもと、多数の絶えず変動する株主を、会社との関係で明確化・固定化するためのものです。*1

（1）作成義務・記載事項

株式会社は、株主名簿を作成し、これに一定の事項を記載・記録しなければなりません（121条）。また、株式会社は、株主名簿をその本店に備え置かなければなりません（125条1項）。*2

（2）名義書換

株式を取得した者は、株式会社に対し、その株式にかかる株主名簿記載事項を株主名簿に記載・記録することを請求できます（133条1項）。

2 基準日

株式会社は、一定の日（基準日）を定めて、基準日において株主名簿に記載・記録されている株主（基準日株主）を、その権利を行使することができる者と定めることができます（124条1項）。*3

基準日後に株式を取得した者は、基準日株主として取り扱われません。ただし、基準日が株主総会における議決権との関係で設定されているのであれば、その基準日後に株式を取得した者に議決権を行使させることができる旨を定めることができます（同条4項本文）。

3 株主名簿の閲覧・謄写

株主及び債権者は、株式会社の営業時間内はいつでも、請求の理由を明らかにして、株主名簿の閲覧又は謄写を請求することができます（125条2項）。

＊1
☑ **要チェック！過去問題**

すべての株式会社は、株主名簿を作成して、株主の氏名または名称および住所ならびに当該株主の有する株式の種類および数などを記載または記録しなければならない。

➡ ⭕ （H21-38-ア）

＊2
■ **参考データ**

株主名簿に記載・記録すべき事項には、①株主の氏名・名称及び住所、②その株主の有する株式の数、③株主が株式を取得した日、④株券発行会社である場合は株券の番号があります。

＊3
■ **ポイント**

例えば、2022年4月1日から2023年3月31日までの営業年度における営業成績の決算をして剰余金の配当を行うために、2023年6月1日に株主総会を開催するとします。その場合、決算期である2023年3月31日時点での株主に議決権を行使させる必要があるため、議決権を行使する者は3月31日現在の株主名簿上の株主と定めることが行われます。

4 株式の譲渡

重要度 A

1 株式譲渡の自由

1 意 義

株主は、その有する**株式を自由に譲渡することができるのが原則**です（127条）。なぜなら、株式会社では、株主に、退社による出資の払戻しが認められていないため、株式譲渡による投下資本回収の途を保障する必要があるし、他方で、株式会社では原則として株主の個性が重視されないため、株式譲渡の自由を認めても会社に不都合はないからです。

A株式会社

A社の株主B

株 式

自由に譲渡できるのが原則

C

2 効力発生要件

株式譲渡の効力発生要件については、株券不発行会社と株券発行会社とに分けて検討する必要があります。

(1) 株券不発行会社の場合

株券不発行会社の株式については、**当事者間の意思表示**のみで譲渡することができます。

(2) 株券発行会社の場合

株券発行会社の株式の譲渡は、当事者間の意思表示のほか、**株券を交付**しなければ、効力が生じないのが原則です（128条1項本文）。

ただし、株券発行会社が自己株式の処分による株式の譲渡をするときは、株券を交付しなくても効力が生じます（同項但書）。

(3) 対抗要件[*4]

	会社に対する対抗要件	第三者に対する対抗要件
株券発行会社	株主名簿	株券の占有
株券不発行会社	株主名簿	株主名簿

*4 **要チェック！過去問題**
株券発行会社においては、株式の譲受人は、株主名簿の名義書換えをしなければ、当該会社および第三者に対して株式の取得を対抗できない。
➡ ✗（H21-38-ウ）

2 株式の譲渡制限

株式の譲渡制限には、①時期による制限、②子会社による親会社株式の取得の制限、③株式会社による自己株式の取得の制限、④譲渡制限株式があります。*1

*1
■ 参考データ
自己株式の取得の制限については後述します。

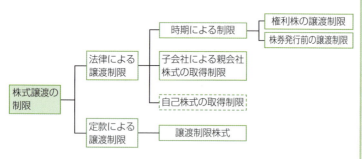

1 時期による制限
(1) 権利株の譲渡制限

株主となる権利（権利株）の譲渡は、**会社に対抗することができません**（35条、50条2項、63条2項、208条4項）。もっとも、権利株の譲渡も、**当事者間では有効**であると解されています。*2

*2
■ 語句解説
権利株とは、会社成立前、又は新株発行前の株式引受人の地位をいいます。

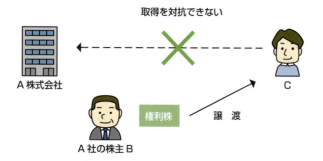

(2) 株券発行前の譲渡制限

株券発行会社においては、株券の発行前にした譲渡は、**会社との関係では効力を生じません**（128条2項）。

もっとも、株券発行前の株式譲渡も、**当事者間では有効**であると解されています。

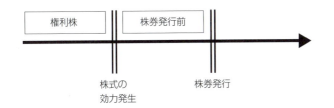

2　子会社による親会社株式の取得の制限

　子会社は、その親会社である株式会社の株式（**親会社株式**）を**取得することはできません**（135条1項）。これは、親会社と子会社とは法的には別個の存在ですが、経済的には一体の関係にあることから、会社支配の不正防止、会社財産の空洞化を防止するため、原則として禁止したものです。*3

　違法な親会社株式の取得は、**無効**と解されています。

　なお、一定の場合には親会社株式の取得が認められていますが（同条2項各号）、適法に取得した場合であっても、**相当の時期に処分**しなければなりませんし（同条3項）、子会社は保有している親会社株式について**議決権を有しません**（308条1項かっこ書）。

*3
■ 語句解説

子会社とは、会社がその総株主の議決権の過半数を有する株式会社その他の当該会社がその経営を支配している法人として法務省令で定めるものをいいます（2条3号）。

親会社とは、株式会社を子会社とする会社その他の当該株式会社の経営を支配している法人として法務省令で定めるものをいいます（2条4号）。

3　譲渡制限株式

　株式会社は、**定款で**、株式の譲渡について**株式会社の承認**を要することを定めることができます（107条1項1号、108条1項4号）。これは、会社の経営にとって好ましくない者が株主として会社経営に参加することを防止して会社経営の安定を図るために設けられるものです。

(1) 譲渡承認機関

　　取締役会設置会社では**取締役会**が譲渡承認機関であり、取締役会非設置会社では**株主総会**が譲渡承認機関であるのが原則で

す（139条1項本文）。*1

（2）承認を得ずになされた譲渡の効力

会社の承認を得ずに譲渡制限株式が譲渡された場合、**会社は株式取得者の名義書換請求を拒むことができます**が（134条柱書本文）、**譲渡当事者間ではその譲渡は有効**と解されています。

*1 ■ポイント
旧法では承認機関は取締役会でしたが、会社法においては取締役会が必要的機関ではなくなったため、取締役会を置いていない会社では、株主総会が承認機関となりました。

5 株式会社による自己の株式の取得

重要度 B

1 総論

1 意義

自己株式の取得とは、会社が自社の発行した株式を取得することをいいます。自己株式の取得は、一定の場合に認められています（155条）。

2 自己株式を取得できる場合

155条は、会社が自己株式を取得できる場合について、網羅的に規定しています。*2

同条が規定する自己株式を取得できる場合には、①取得条項付株式の取得、②譲渡制限株式の譲渡承認請求を承認しない場合の買取り、③株主との合意による有償取得、④取得請求権付株式の取得、⑤全部取得条項付種類株式の取得、⑥株式相続人に対する売渡しの請求、⑦単元未満株式の買取り等があります。

3 自己株式に関する権利

取得した自己株式には、**議決権が認められません**（308条2項、325条）。また、その他の共益権も認められません。会社自身が自

*2 ✓要チェック！過去問題
株式会社が他の会社の事業の全部を譲り受ける場合には、当該株式会社は、当該他の会社が有する当該株式会社の株式を取得することができる。
➡ ○（R2-38-3）

社の経営に参加するのは背理だからです。さらに、**剰余金配当請求権**（453条かっこ書、454条3項かっこ書）、**残余財産分配請求権**（504条3項かっこ書）等も、認められません。*3

これに対して、明文の除外規定がない株式分割・株式併合の効果は、自己株式にも及ぶと解されています。

4　自己株式の消却

株式会社は、自己株式を消却することができます（178条1項前段）。*4

この場合は、消却する自己株式の数を定めなければなりませんが（同項後段）、取締役会設置会社では、この決定は、**取締役会の決議**によらなければなりません（同条2項）。これに対して、取締役会非設置会社においては、**取締役の決定**で足ります。

> *3　**語句解説**
> **共益権**とは、株主が会社の経営に参加する権利をいいます。議決権や種々の監督是正権がこれにあたります。
> **自益権**とは、株主が会社から経済的利益を受ける権利をいいます。剰余金配当請求権や残余財産分配請求権がこれにあたります。

> *4　**語句解説**
> **株式の消却**とは、会社存続中に特定の株式を絶対的に消滅させることをいいます。

株式消却

ファイナルチェック　基礎知識の確認

問題1　公開会社では、設立時に発行可能株式総数の4分の1以上の株式を発行しなければならない。

問題2　株式の併合は、既存株主の利益に影響を与えるので、株主総会の特別決議が必要である。

問題3　単元株の定めのある取締役会設置会社が、当該定めを廃止する定款変更をする場合、取締役会決議によってすることができる。

問題4　株主から一切の決議権を奪うような議決権制限株式を発行することはできない。

問題1 ○（37条3項）　**問題2** ○（180条2項、309条2項4号）　**問題3** ○（195条1項）　**問題4** ✗　全部議決権制限株式も認められる。

本試験レベルの問題にチャレンジ！ ▶▶▶

Chapter 6 機関

イントロダクション　学習のポイント

　株式と並び、会社法で頻出のテーマが機関です。
　特に、株主総会と取締役（会）は大切です。
　取締役会設置会社か否かで、規定が異なることが多いため、一度に理解しようとすると混乱しやすいので、基本的な視点として取締役会設置会社の場合どうなるか？という視点から見ていくとよいでしょう。

ベーシック　じっくり理解しよう!

1 総論

1 株式会社の機関

　本来、出資者である株主は、株式会社の実質的所有者として、

会社の経営権を有するはずです。しかし、通常、株主が多数にのぼることが予定される株式会社では、すべての株主で会社を経営するのは不合理です。そこで、典型的な株式会社では、株主から構成される**株主総会**が会社の基本的事項についての意思決定を行い、株主総会が選任した**取締役**から構成される**取締役会**がそれ以外の事項の意思決定を行います。そして、取締役会が取締役の中から選定した**代表取締役**が業務の執行及び会社の代表を担当します。さらに、会社経営の適正化を図るために、株主総会が選任する**監査役**が取締役の職務執行を監査します。*1

その他、監査役から構成される**監査役会**、会計監査を行う**会計監査人**、取締役らと共同して計算書類等を作成する**会計参与**等の機関があります。

2 機関設計 *2

会社法は、株式会社の必要的機関として**株主総会**及び**取締役**を要求し（326条1項）、その他の機関は、定款で定めて設置する任意的機関としています（同条2項）。これにより、会社の実態に応じた柔軟な機関設計を可能にしているのです。ただし機関設計には、次のような一定のルールがあります（326条～328条等）。

機関設計のルール
① すべての株式会社には、株主総会と取締役を設置しなければならない。
② 公開会社には、取締役会を設置しなければならない。
③ 取締役会を設置する場合には、監査役、監査等委員会又は指名委員会等のいずれかを設置しなければならない。ただし、大会社以外の非公開会社において会計参与を設置する場合は、この限りでない。
④ 取締役会を設置しない場合には、監査役会、監査等委員会及び指名委員会等を設置することができない。
⑤ 監査役と監査等委員会又は指名委員会等をともに設置することはできない。
⑥ 大会社には、会計監査人を設置しなければならない。
⑦ 会計監査人を設置するには、監査役、監査等委員会又は指名委員会等のいずれかを設置しなければならない。

Festina lente

機関とは、その者が行った意思決定又は行為が法律上会社の意思決定又は行為と認められる会社の組織上の一定の地位にある者のことをいうよ。

*1

■ ポイント

株主は株式会社の実質的所有者であるといっても、会社経営の能力を有しないのが通常です。そこで、株式会社では、出資者が業務執行者を選任し、この業務執行者が会社の業務を決定し執行することとしました。これを**所有と経営の分離**といいます（326条1項）。なお、**公開会社**では、取締役等の資格として株主でなければならない旨を定款で定めることができないとされています（331条2項本文）。これを**社員資格と機関資格の分離**といいます。これに対して、個人的な信頼関係を有する株主からなる非公開会社では、定款をもって取締役等の資格を株主に限ることを認めています（同項但書）。

*2
☑ 要チェック！過去問題

取締役会または監査役を設置していない株式会社も設立することができる。
➡ ○（H19-38-5）

Part 3

商 法

Chapter 6
機 関　**479**

⑧ 会計監査人を設置しない場合は、監査等委員会又は指名委員会等を設置することができない。

⑨ 指名委員会等を設置した場合には、監査等委員会を設置することができない。

〈大会社でない取締役会設置会社(監査等委員会設置会社及び指名委員会等設置会社を除く)の必要的機関等〉

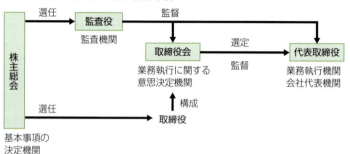

*1
■ 参考データ

監査等委員会設置会社では、監査等委員である取締役の任期は2年です。また、それ以外の取締役の任期は原則として1年ですが、定款又は株主総会の決議で短縮可能です（332条1項、3項、4項）。

3 役員等の意義・欠格事由・員数・任期

	意 義	欠格事由	員 数	任 期
取締役	・取締役会非設置会社の取締役は、会社の業務を執行し、原則として会社を代表する必要的機関 ・取締役会設置会社の取締役は、取締役会の一構成員にすぎない	・法人 ・法令で処罰された一定の者等 ・定款による制限 ・指名委員会等設置会社における支配人その他の使用人との兼任禁止	・取締役会非設置会社は1人以上 ・取締役会設置会社は3人以上	・原則として2年（定款又は株主総会の決議で短縮可能） ・指名委員会等設置会社でない非公開会社では、定款により、10年まで伸長可能 ・指名委員会等設置会社の場合は1年 *1
会計参与	取締役（指名委員会等設置会社では執行役）と共同して、計算書類等を作成する者	公認会計士、監査法人、税理士、税理士法人でない者	規制なし	
会計監査人	計算書類等の監査（会計監査）をする者	公認会計士又は監査法人でない者	規制なし	1年

	取締役（会計参与設置会社では会計参与を含む）の職務執行を監査する機関	・法定欠格事由・定款による資格制限については取締役と同じ ・その会社・子会社の取締役・支配人その他の使用人、又は子会社の会計参与・執行役との兼任禁止	・原則として１人でも数人でもよい ・ただし、監査役会設置会社においては３人以上で、そのうち半数以上が社外監査役である必要あり	・原則として４年（定款又は株主総会の決議で短縮不可） ・非公開会社では、定款により、10年まで伸長可能
監査役				

Part 3

商　法

2　株主総会

重要度 **A**

1　意　義

　株主総会とは、株主を構成員として会社の意思を決定する株式会社の必要的機関をいいます（295条以下）。

2　権　限

1　取締役会非設置会社の場合

　取締役会非設置会社においては、株主総会は、会社法に規定する事項及び株式会社の組織・運営・管理、その他**株式会社に関する一切の事項**について、決議をすることができます（295条1項）。つまり、強行規定又は株式会社の本質に反しない限り、いかなる事項についても決議ができるということです。

2　取締役会設置会社の場合

　取締役会設置会社においては、株主総会は、**会社法に規定する事項及び定款で定めた事項に限り**、決議をすることができます（295条2項）。

> **Festina lente**
>
> 会社法の規定により株主総会の決議を必要とする事項について、取締役等の株主総会以外の機関が決定することができることを内容とする定款の定めは、無効となるよ（295条3項）。

3　招　集

1　招集の時期

　株主総会は、必要がある場合には、いつでも、招集することができます（296条2項）が、定時株主総会は、毎事業年度の終了

Chapter 6
機関　481

後一定の時期に招集しなければなりません（同条1項）。

2　招集権者

取締役が招集するのが原則です（296条3項）。

ただし、一定の要件を満たした株主は、取締役に対し招集の請求をすることができ（297条1項）、さらに、この請求を会社が無視した場合には、裁判所の許可を得て、株主総会を招集することができます（同条4項）。*1*2

3　招集の決定

会社が株主総会を招集する場合、取締役会非設置会社では、取締役が日時、場所や株主総会の目的等の事項を決定します（298条1項）。

取締役会設置会社では、取締役会が上記決定事項を決定します（同条4項）。

4　招集の通知

（1）時　期

株主総会を招集するには、株主総会の日の2週間前までに、株主に対してその通知を発する必要があります（299条1項）。

この時期は、書面投票・電子投票（298条1項3号、4号）を定めた場合を除き、非公開会社では、1週間前までとなります。さらに、取締役会非設置会社の場合、定款で1週間よりも短縮することができます。*3

会社の態様		招集通知の時期
非公開会社（書面投票・電子投票を定めた場合を除く）	取締役会非設置会社	会日の1週間前（但し、定款で無制限に短縮可能）
	取締役会設置会社	会日の1週間前
公開会社		会日の2週間前

（2）方　法

招集通知は、①書面投票・電子投票を定めた場合又は②取締役会設置会社の場合には、書面・電磁的方法でしなければなりません（299条2項、3項）。

これに対して、①②以外の場合には、口頭・電話等の適宜の方法で連絡すれば足ります。

---

*1
■ 参考データ

招集の請求ができるのは、原則として、総株主の議決権の100分の3以上の議決権を6か月前から引き続き保有する株主です（297条1項）。ただし、非公開会社にあっては、6か月という制限はありません（同条2項）。また、上記の要件は、定款で軽減・撤廃することも可能です。

*2
☑ 要チェック！過去問題

公開会社ではない取締役会設置会社であって、監査役設置会社ではない会社において、総株主の議決権の100分の3以上の議決権を有する株主は、取締役に対して、株主総会の目的である事項および招集の理由を示して、株主総会の招集を請求することができる。
➡ ○（H24-38-1改）

*3
■ 語句解説

書面投票とは、株主総会に出席しない株主が書面により議決権を行使することができる制度をいいます（298条1項3号）。電子投票とは、株主総会に出席しない株主が電磁的方法により議決権を行使することができる制度をいいます（同項4号）。

5 招集手続の省略

株主の全員の同意があるときは、上記のような招集手続を経ることなく株主総会を開催することができます（300条本文）。

ただし、書面投票・電子投票を定める場合には、議決権行使書面等の交付が必要なので、省略できません（同条但書）。

4 株主提案権

1 議題提案権

株主は、取締役に対し、一定の事項（議決権を行使できる事項に限ります）を株主総会の目的とすることを請求することができます（303条1項）。

もっとも、取締役会設置会社では、①総株主の議決権の100分の1以上の議決権又は300個以上の議決権を、②6か月前から引き続き有する株主に限り、③株主総会の日の8週間前までに、上記請求をすることができます（同条2項）。*4

2 議案提出権

株主は、株主総会において、株主総会の目的である事項につき議案を提出することができます（304条本文）。

3 議案要領通知請求権

株主は、取締役に対し、株主総会の日の8週間前までに、株主総会の目的である事項につき当該株主が提出しようとする議案の要領を株主に通知することを請求することができます（305条）。要件は、議題提案権と同じです。

会社の態様		株主の提案権	
非公開会社	取締役会非設置会社	議題提案権・議案要領通知請求権は、単独株主権として認められる。	
	取締役会設置会社	議題提案権・議案要領通知請求権は、少数株主権として認められる（ただし、定款で単独株主権とすることも可能）。	6か月という期間制限なし
公開会社			6か月という期間制限あり

Festina lente

改正会社法（令和元年法律第70号）では、株主提案権の濫用的な行使を制限するため、株主が同一の株主総会において提出できる議案の数を10までとする上限ができたよ。

Part 3 商法

*4
■ 参考データ

ただし、303条2項の要件は、定款の定めによって軽減することができます。なお、非公開会社では、6か月という期間制限はありません（303条3項）。

Chapter 6
機関　483

5 議決権

議決権とは、株主総会の決議に加わる権利をいいます。

1 1株1議決権の原則とその例外

(1) 1株1議決権の原則

株主は、株主総会において、その有する**株式1株につき1個の議決権**を有します（1株1議決権の原則　308条1項本文）。単元株制度を採用している会社では、**1単元につき1個の議決権**となります（同項但書）。

ただし、非公開会社では、定款の定めによる異なった取扱いが認められます（109条2項）。例えば、1人1議決権等とすることも可能です。

(2) 議決権を有しない場合又は行使することができない場合

a 単元未満株式

単元未満株主は、議決権を有しません（308条1項但書参照）。

b 議決権制限株式

議決権制限株式の株主は、制限された事項について、議決権を行使することができません（108条1項3号）。[*1]

c 自己株式（308条2項）

自己株式については、会社は議決権を有しません。

d 相互保有株式（308条1項かっこ書）

相互保有株式の株主は、議決権を行使することができません。これは、当事会社の経営者同士が相互に相手の会社の支配権を持ち合うという議決権行使の歪曲化を防止するためです。

相互保有株式となるか否かは、株式会社がその経営を実質的に支配することが可能な関係にあるかどうかという実質基準により決定されます。その例として、**総議決権の4分の1以上の保有**が挙げられています。[*2]

e 特別な利害関係を有する株主が有する株式

会社が自己株式を取得する場合には、**自己株式取得を承認する株主総会**において、**売主となる株主**は、議決権を行

[*1]
■ **参考データ**

議決権制限株式の株主であっても、種類株主総会では議決権を行使することができます。

[*2]
■ **ポイント**

例えば、A社が実質的に支配するB社がA社株式を保有していた場合、B社は、A社の株式について議決権を行使することができません。

使することができません（140条3項本文、160条4項本文）。このような株主に議決権行使を認めることは株主間の公平に反するからです。

f　基準日後に発行された株式等

議決権を行使することができる株主を定めるための基準日を設定した場合、原則として、**基準日後に発行された株式の株主**及び**名義書換未了の株主**は議決権を行使することができません（124条1項参照）。

2　代理行使

株主は、**代理人によって**その議決権を行使することができます（310条1項前段）。これは、株主の議決権行使を容易にし、その行使の機会を保障するためです。*3

> **判例** **代理人資格を株主に限る**旨の定款の規定は、株主以外の第三者によって株主総会がかく乱されることを防止し、会社の利益を保護する趣旨にでたものと認められ、合理的理由による相当程度の制限ということができるから、**有効**である（最判昭43.11.1）。

3　書面投票・電子投票

株主の数が1,000人以上の会社では、書面によって議決権を行使することを認めなければなりません（書面投票　298条2項本文）。それ以外の会社でも、書面投票を採用することができます（同条1項3号）。

また、会社は、株主総会に出席しない株主に電磁的方法により議決権を行使することを認めることができます（電子投票　同項4号）。

4　議決権の不統一行使

株主は、その**議決権を統一しないで行使**することができます（313条1項）。これは、株式の信託等の場合、株主名簿上は1人の株主になっていても、実質上は複数の株主に権利が帰属しているので、実質上の株主の意向に従って議決権を行使することを認める趣旨です。*4*5

そのため、会社は、このような場合以外の議決権の不統一行使を拒むことができます（同条3項）。

＊3
☑ 要チェック！過去問題

株主総会は株主が議決権を行使するための重要な機会であるため、本人が議決権を行使する場合のほか、代理人による議決権行使の機会が保障されているが、会社法上の公開会社であっても、当該代理人の資格を株主に制限する旨を定款に定めることができる。

→ **○**（H21-37-3）

＊4
■ ポイント

例えば、2個以上の議決権を有する株主が、その一部で賛成し残りで反対することができます。

＊5
■ 参考データ

取締役会設置会社において、議決権の不統一行使をしようとする株主は、総会の3日前までに、会社に対して、①議決権の不統一行使の旨、及び②その理由を通知しなければなりません（事前通知　313条2項）。

〈株主総会の議決権とその行使方法〉

	議決権	議決権の行使方法
原　則	１株１議決権の原則	株主自身が総会に出席して行使
例　外	①単元未満株式 ②議決権制限株式 ③自己株式 ④相互保有株式 ⑤基準日後に発行された株式 ⑥自己株式取得・売渡請求において特別な利害関係を有する株主	①代理行使 ②書面による行使（書面投票） ③電磁的方法による行使（電子投票） ④不統一行使

6 決議方法

1 普通決議

　株主総会の決議は、議決権を行使することができる株主の**議決権**の**過半数**を有する株主が出席し（定足数）、出席した当該株主の**議決権**の**過半数**（決議要件）をもって行うのが原則です（309条１項）。ただし、定款の定めにより、定足数及び決議要件を変更することができます。*1

2 特別決議

　次の①～⑫に掲げている株主総会の決議は、当該株主総会において議決権を行使することができる株主の**議決権**の**過半数**を有する株主が出席し（定足数）、出席した当該株主の**議決権**の**３分の２以上**（決議要件）にあたる多数をもって行わなければなりません（309条２項前段）。ただし、定足数は、定款の定めにより議決権の３分の１以上の範囲で加重又は軽減することができ、決議要件は、定款の定めにより加重することができます（同項前段かっこ書）。さらに、当該決議の要件に加えて、一定の数以上の株主の賛成を要する旨（頭数要件）その他の要件を定款で定めることもできます（同項後段）。

*1
■ 参考データ

取締役・監査役・会計参与の選任・解任決議は重要な事項なので、定款をもってしても、定足数について、議決権を行使できる株主の議決権の３分の１未満に引き下げることはできません（341条参照）。

Festina lente

株主総会の特別決議事項（309条２項）は、次のとおりだよ。
① **譲渡制限株式**の株式会社による**買取決定**等
② **特定の株主からの自己株式取得**に関する決定
③ **全部取得条項付種類株式の取得決定**及び**譲渡制限株式の相続人に対する売渡請求**の

決定
④ 株式の併合
⑤ 募集株式の発行等における募集事項の決定、募集事項の決定の委任、非公開会社における株主割当ての決定、及び募集株式の第三者割当ての決定
⑥ 新株予約権の発行における募集事項の決定、募集事項の決定の委任、非公開会社における新株予約権の株主割当ての決定、及び募集新株予約権の第三者割当ての決定
⑦ 累積投票によって選任された取締役の解任決議又は監査役の解任決議
⑧ 役員等の会社に対する損害賠償責任の株主総会決議による免除
⑨ 資本金の額の減少決議（ただし、定時株主総会における資本金の減少による資本の欠損塡補の場合は普通決議）
⑩ 現物配当で、かつ株主に対して当該配当財産に代わる金銭分配請求権を与えない場合の剰余金配当決議
⑪ 定款の変更、事業の譲渡等、解散についての規定により株主総会の決議を要する場合
⑫ 組織変更、合併、会社分割、株式交換及び株式移転についての規定により、株主総会の決議を要する場合

3　特殊な決議

（1）309 条 3 項の特殊な決議

　①全部の株式の内容として譲渡制限の定款の定めを設ける定款変更、②一定の場合における合併契約書等の承認等の株主総会の決議は、当該株主総会において議決権を行使することができる株主の半数以上（頭数要件）であって、当該株主の議決権の3分の2以上にあたる多数をもって行わなければなりません（309 条 3 項）。

　この特殊決議では、定款において、要件を加重することのみ認められており、軽減することはできません（同項かっこ書）。

（2）309 条 4 項の特殊な決議

　非公開会社において、105 条 1 項各号に規定されている株主の権利について株主ごとに異なる取扱いを行う旨の属人的な定款の定め（109 条 2 項）を設ける定款変更を行う場合の株主総会の決議は、総株主の半数以上（頭数要件）であって、総株主の議決権の4分の3以上にあたる多数をもって行わなければなりません（309 条 4 項）。

　この特殊決議は、定款において、要件を加重することのみ認められており、軽減することはできません（同項かっこ書）。

4　決議の省略

総会の決議事項について、議決権を行使できる株主の全員が書

面又は電磁的記録により同意の意思表示をしたときは、当該事項を可決する旨の株主総会の決議があったものとみなされます（319条1項）。*1

7 議 事

1 説明義務

取締役・会計参与・監査役・執行役は、株主総会において、株主から特定の事項について説明を求められた場合には、当該事項について必要な説明をしなければなりません（314条本文）。

ただし、正当な理由がある一定の場合には、説明義務を負いません（説明拒否事由　同条但書）。

2 株主総会議事録

株主総会の議事について、法務省令で定めるところにより、株主総会議事録を作成しなければなりません（318条1項）。

株主及び**債権者**は、株式会社の営業時間内は、いつでも、総会議事録の**閲覧・謄写の請求**をすることができます（同条4項）。

また、株式会社の**親会社社員**は、その権利を行使するため必要があるときは、**裁判所の許可**を得て、**子会社**の株主総会議事録の**閲覧・謄写の請求**をすることができます（同条5項）。

8 株主総会決議の瑕疵の主張方法

株主総会決議に法令違反等の瑕疵がある場合、決議は無効となるのが原則です。しかし、会社をめぐる利害関係人は多く、決議を前提にしてその後に行為が積み重なっている場合もあることから、常に無効とすると法的安定性を損ないます。そこで会社法は、瑕疵の程度に応じて各種の訴えの制度を定めているのです。

1 株主総会決議取消しの訴え（831条）

株主総会決議取消しの訴えとは、比較的軽微な瑕疵のある決議について、一応有効としつつ、取消判決によりその決議の時にさかのぼって無効とすることを目的とする形成訴訟です。

(1) 決議取消事由

① **招集手続**又は**決議の方法**が**法令・定款**に**違反**し、又は**著しく不公正**なとき *2

② **決議の内容**が**定款**に**違反**するとき

---

*1
■ 参考データ
総会への報告事項についても同様の省略が認められています（320条）。

*2
■ ポイント
招集手続又は決議方法に法令・定款違反があっても、①その違反事実が重大でなく、かつ、②決議の結果に影響を及ぼさないと認めるときは、裁判所は、決議取消請求を棄却することができます（**裁量棄却** 831条2項）。

③ **特別利害関係人が議決権を行使**したため、**著しく不当な決議**がなされたとき *3

（2）提訴権者・提訴期間

株主、取締役、監査役、及び**清算人**が、総会決議の日から**3か月以内**に提訴する必要があります（831条1項）。

自己に対する招集手続に瑕疵がなくても、他の株主に対する招集手続の瑕疵を理由に訴えを提起できます。

（3）判決の効力

法的安定を図るため、決議取消判決は、確定すると、**当事者以外の第三者**に対しても効力を生じます（**対世効** 838条）。

また、決議取消判決により、その決議は、**決議時に遡って無効**となります（**遡及効** 839条の反対解釈）。

2 株主総会決議無効確認の訴え（830条2項）

株主総会決議無効確認の訴えは、**決議の内容が法令に違反**する場合の訴えです。この場合、決議は当然に無効であるため、一般原則により、**いつでも誰でも**主張でき、必ずしも訴えによる必要はありません。

3 株主総会決議不存在確認の訴え（830条1項）

株主総会決議不存在確認の訴えは、決議の手続的な瑕疵の程度が著しく、そのために決議が法律上存在すると認められない場合の訴えです。決議無効確認の訴えと同様です。*4

*3
■ 語句解説

特別利害関係人とは、当該決議に何らかの個人的な利害関係を有する者をいいます。

Part
3
商
法

*4
■ 参考データ

決議不存在確認の訴えには、①決議が物理的に存在しない場合、②代表権を有さない取締役が有効な決定・決議に基づかないで総会を招集した場合、③招集通知漏れが著しい場合、等があります。

	決議取消しの訴え（831条）	決議無効確認の訴え（830条2項）	決議不存在確認の訴え（830条1項）
原　因	①招集手続又は決議方法の法令・定款違反、又は著しく不公正なとき ②決議内容の定款違反 ③特別利害関係人の議決権行使による著しく不当な決議	決議内容の法令違反	①決議が物理的に存在しない場合 ②法的に株主総会の決議として評価されるものが存在しない場合
提訴権者	株主・取締役・監査役・清算人	誰でも	
提訴期間	決議の日より3か月以内	いつでも	
判決効	対世効（838条） 遡及効（839条反対解釈）	対世効（838条） もともと無効又は不存在	

Chapter 6
機関

3 取締役

重要度 **B**

1 意 義

　取締役会非設置会社においては、取締役とは、原則として、会社の**業務執行**をし、会社を代表する機関です。これに対し、取締役会設置会社においては、取締役とは、**取締役会を構成**する者をいい、会社の機関ではありません。*1

2 資格・選任等

1 資 格

　法人、倒産法等で処罰された者など、欠格事由のある者は、取締役となることができません（331条1項）。これは、会社経営者としてふさわしくない者を除外する趣旨です。

　また、公開会社では、定款の定めによっても、取締役の資格を株主に限定することはできません（同条2項）。これは、公開会社では、**社員資格と機関資格の分離**を承認する趣旨です。これに対して、非公開会社においては、定款の定めにより、取締役の資格を株主に限定することができます（同項但書）。*2

2 員 数

　取締役会非設置会社の場合は、**1人**でも構いませんが（326条1項）、**取締役会設置会社**の場合は、**3人以上**必要です（331条5項）。

3 選 任

(1) 手 続

　株主総会の決議により、選任されます（329条1項）。*3

(2) 決議方法

　選任の決議は、**普通決議**で行われますが、定款をもってしても、①定足数は行使することができる議決権の過半数から3分の1までしか緩和できず、②決議要件は出席した株主の議決権の過半数より上回る割合にしかできなくなっています（341条）。これは、取締役選任の重要性から、慎重を期す趣旨です。

　なお、少数派株主からも取締役を選出する可能性を与えるた

---

*1

■ **ポイント**

指名委員会等設置会社の業務執行は、執行役が行い、取締役が行うことはできません。

Festina lente

改正会社法（令和元年法律第70号）により、成年被後見人や被保佐人が欠格事由から削除されたよ。

*2

☑ **要チェック！過去問題**

すべての株式会社は、定款において、取締役の資格として当該株式会社の株主である旨を定めることができる。
➡ ✗ （H21-40-1）

*3

■ **参考データ**

設立時取締役の選任は、①発起設立の場合は発起人の議決権の過半数をもって（40条1項）、②募集設立の場合は創立総会の決議によって（88条）、行われます。

Part 3
商 法

490

め、累積投票の制度が設けられています（342条）。これは、株主総会の目的である事項が2人以上の取締役の選任である場合に、株主からの請求により、各株主が1株につき選任する取締役の数と同数の議決権を有することになり、株主は1人に集中して投票することが可能となるという制度です。ただし、この制度は定款で排除することも可能です。

4 任 期

取締役の任期は、選任後**2年**以内に終了する事業年度のうち最終のものに関する定時株主総会の終結の時までであるのが原則です（332条1項本文）。*4

5 終 任

取締役は、①任期満了、②委任契約の終了事由（取締役の死亡、破産手続開始、後見開始等　民法653条）、③辞任、④欠格事由の発生、⑤会社の解散、⑥解任決議、⑦解任の訴えにより終任します。

（1）解任決議

会社は、いつでも株主総会の決議により取締役を解任することができます（339条1項）。

その決議方法は、選任と同じ普通決議です（341条）。ただし、累積投票によって選任された取締役の解任は、特別決議によらなければなりません（309条2項7号）。

（2）解任の訴え

取締役の職務の執行について不正の行為又は法令・定款に違反する重大な事実があるにもかかわらず、解任決議が成立しなかった場合、一定の要件を満たす株主は、訴えをもって当該役員についての解任請求をすることができます（854条1項）。*5*6

3 権限①──業務の執行

1 取締役会非設置会社の場合

取締役は、定款に別段の定めがある場合を除き、取締役会非設置会社の業務を執行します（348条1項）。

取締役が2人以上いる場合、取締役会非設置会社の業務は、定款に別段の定めがある場合を除き、取締役の過半数をもって決定することになります（同条2項）。

---

*4
■ ポイント

指名委員会等設置会社の取締役の任期は、選任後**1年**以内に終了する事業年度のうち最終のものに関する定時株主総会の終結の時までです（332条6項）。

*5
■ 参考データ

解任の訴えを提起できるのは、①総株主の議決権の100分の3以上の議決権を6か月以上前から引き続き保有する株主、②発行済株式の100分の3以上の数の株式を6か月以上前から引き続き保有する株主です（定款で要件軽減可。非公開会社では、6か月要件なし）。

*6
☑ 要チェック！過去問題

取締役が法令若しくは定款に違反する行為をし、当該行為によって株式会社に著しい損害が生じるおそれがある場合には、株主は直ちに当該取締役の解任の訴えを提起することができる。
➡ ✕（H21-40-5）

Part 3 商法

Chapter 6
機 関　491

2　取締役会設置会社の場合

　取締役会設置会社では、取締役会の決定に基づいて、①代表取締役、②業務執行取締役として選定された者が、業務執行を行います（363条1項）。

4 権限②──会社の代表

1　会社を代表する者

　会社を代表する者、すなわち、株式会社を代表する取締役のことを、代表取締役といいます（47条1項かっこ書）。

（1）取締役会非設置会社

　　取締役会非設置会社では、原則として、取締役が株式会社を代表します（349条1項本文）。取締役が2人以上いる場合でも、取締役各自が株式会社を代表することになります（各自代表の原則　同条2項）。

　　ただし、他に代表取締役その他株式会社を代表する者を定めた場合には、この者が株式会社を代表します（同条1項但書）。

（2）取締役会設置会社

　　取締役会設置会社（指名委員会等設置会社を除く）では、取締役会は、取締役の中から、代表取締役を選定しなければなりません（362条3項）。

2　代表の権限

　代表取締役は、株式会社の業務に関する一切の裁判上又は裁判外の行為をする権限を有します（349条4項）。かかる権限に加えた制限は、取引の安全を図るため、善意の第三者に対抗することができません（同条5項）。

3　表見代表取締役

　株式会社は、代表取締役以外の取締役に社長、副社長その他株式会社を代表する権限を有するものと認められる名称を付した場合には、当該取締役がした行為について、「善意」の第三者に対してその責任を負います（354条）。これは、表見法理に基づく責任です。*1

*1
■ ポイント

ここでの「善意」とは、代表権限がないことについて、善意かつ無重過失であることを意味します。

5 取締役と会社との関係

1 一般的な義務

　会社と取締役との法律関係には、委任の規定が適用されます（330条）。したがって、取締役は、株式会社に対し、受任者としての**善管注意義務**を負います（民法644条）。また、**忠実義務**（355条）を負います。

2 競業取引の制限

　取締役は、自己又は第三者のために、**株式会社の事業の部類に属する取引**をしようとするときは、**株主総会**（取締役会設置会社においては**取締役会**）において、当該取引につき**重要な事実を開示**し、その**承認**を得なければなりません（356条1項1号、365条1項）。これは、取締役がその地位に基づき、会社の事業に関して取得した知識を、会社と競業関係にある自己又は第三者のために利用して会社に損害を与えることを防止するためです。[*2]

3 利益相反取引の制限

　取締役は、①取締役が、**自己又は第三者のために**株式会社と取引をしようとする場合（直接取引）、②株式会社が取締役の債務を保証することその他取締役以外の者との間において**株式会社と当該取締役との利益が相反する取引**をしようとする場合（間接取引）には、**株主総会**（取締役会設置会社においては**取締役会**）において、当該取引につき**重要な事実を開示**し、その**承認**を受けなければなりません（356条1項2号、3号、365条1項）。これは、取締役が会社の利益を犠牲にして、自己又は第三者の利益を図ることを防止するためです。[*3]

> **判例** 株主総会の承認を得ずになされた利益相反取引は、会社と取締役との間では無効であるが、取引の安全を図るため、会社は、第三者に対しては、株主総会の承認がないこと、及び第三者の悪意を立証しなければ、無効を主張することができない（**相対的無効** 最大判昭43.12.25）。

4 取締役の報酬等

　取締役の報酬、賞与その他の職務執行の対価として株式会社から受ける財産上の利益（報酬等）についての以下①から③に掲げる事項は、**定款又は株主総会の決議**によって定めなければなりま

---

*2
■ **参考データ**

株式会社の事業の部類に属する取引とは、会社の取引と市場において競合し、会社と取締役との間に利益衝突をきたす可能性のある取引をいいます。

*3
☑ **要チェック! 過去問題**

取締役会設置会社において、取締役が自己または第三者のために会社と取引をしようとするときには、その取引について重要な事実を開示して、取締役会の承認を受けなければならない。

➡ ◯（H25-39-ア）

Festina lente

改正会社法（令和元年法律第70号）では、報酬等の透明性の向上のため、上場会社等の取締役会は、定款や株主総会の決議により取締役の個人別の報酬等の内容が具体的に定められていない場合、その決定方針を定めなければならないとされたよ。

Chapter 6
機 関
493

せん（361条1項）。取締役が決定できるとすれば、自らの報酬等を多く決定するお手盛りの危険があるので、制限を設けているのです。

① 報酬等のうち額が確定しているものについては、その額
② 報酬等のうち額が確定していないものについては、その具体的な算定方法
③ 報酬等のうち金銭でないものについては、その具体的な内容

6 株主による取締役の行為の差止め

6か月（定款で短縮可。非公開会社では制限なし）前から引き続き株式を有する株主は、取締役が株式会社の目的の範囲外の行為その他法令・定款違反の行為をし、又はこれらの行為をするおそれがある場合において、当該行為によって当該株式会社に著しい損害が生ずるおそれがあるときは、当該取締役に対し、当該行為をやめることを請求することができます（360条1項）。これは、業務執行を担当する取締役が同僚の違法行為を抑止することを必ずしも期待できないからです。[1]

*1
■ 参考データ
監査役、監査等委員、監査委員による差止めも別に認められています（385条、399条の6、407条）。そのため、監査役設置会社、監査等委員会設置会社又は指名委員会等設置会社においては、株主は、株式会社に「回復することができない損害」が生ずるおそれがなければ（要件が厳しい）、差止請求をすることができません（360条3項）。

---

4 取締役会

重要度 **A**

1 意 義

取締役会とは、取締役の全員をもって構成され、その会議における決議によって業務執行に関する会社の意思を決定し、かつ、取締役（指名委員会等設置会社では執行役及び取締役）の職務執行を監督することを権限とする機関をいいます。公開会社では、必ず設けなければなりません（327条1項1号）。

2 権 限

取締役会（指名委員会等設置会社を除く。以下同じ　416条参照）は、①取締役会設置会社の業務執行の決定、②取締役の職務の執行の監督、③代表取締役の選定及び解職を職務として行いま

Part 3
商 法

す（362条2項）。

業務執行の決定は、代表取締役に委任することができますが、以下に掲げる事項その他の重要な業務執行の決定については、代表取締役に委任することができません（同条4項）。これは、慎重な意思決定を確保するためです。

Festina lente

代表取締役に委任することができない事項として、次のものがあるよ。
- 重要な財産の処分及び譲受け
- 多額の借財
- 支配人その他の重要な使用人の選任及び解任
- 支店その他の重要な組織の設置、変更及び廃止
- 募集社債の総額その他の社債を引き受ける者の募集に関する重要な事項として法務省令で定める事項
- 取締役の職務の執行が法令及び定款に適合することを確保するための体制その他株式会社の業務の適正を確保するために必要なものとして法務省令で定める体制（いわゆる「内部統制システム」）の整備*2
- 定款の定めに基づく役員等の株式会社に対する損害賠償責任の免除

3 運　営

1 招　集

取締役会を招集する者は、取締役会の日の1週間（定款で短縮可）前までに、各取締役（監査役設置会社においては、各取締役及び各監査役）に対してその通知を発しなければなりません（368条1項）。

ただし、取締役（及び監査役）全員の同意により、招集の手続を省略できます（同条2項）。

取締役会は、各取締役が招集するのが原則ですが（366条1項本文）、取締役会を招集する取締役を定款・取締役会で定めたときは、その取締役が招集します（同項但書）。ただし、招集権者以外の取締役は、招集権者に対し、招集を請求することができ（同条2項）、これに応じてもらえない場合は、自ら招集することができます（同条3項）。*3

2 決議方法

(1) 原　則

取締役会の決議は、議決に加わることができる取締役の過半

---

*2
■ 参考データ

大会社である取締役会設置会社においては、取締役会は、内部統制システムに関する事項を決定しなければなりません（362条5項）。

*3
■ ポイント

監査役、株主にも、それぞれ一定の場合には、取締役会の招集権が認められています（383条2項、3項、367条）。

数（定足数）が出席し、その**過半数**（決議要件）をもって行います（369条1項）。

取締役は**1人につき1議決権**を有し、議決権の代理行使・不統一行使は認められません。[*1]

（2）例外①：書面決議

取締役会設置会社は、取締役が取締役会の決議の目的である事項について提案をした場合において、当該議決に加わることのできる取締役の**全員**が**書面又は電磁的記録により同意**の意思表示をしたとき（監査役設置会社では、業務監査権限を有する監査役が異議を述べないことを要する）は、当該提案を可決する旨の取締役会の決議があったものとみなす旨を**定款**で定めることができます（370条）。これは、機動的な会社運営を実現するための制度です。[*2]

	可否	要　件
株主総会の書面決議	可	株主の同意
取締役会の書面決議	可	定款＋取締役の同意 （監査役設置会社では、業務監査権限を有する監査役が異議を述べないことを要する）
監査役、委員会、特別取締役の書面決議	不可	

（3）例外②：特別取締役による決議

取締役会設置会社（指名委員会等設置会社を除く）が一定の要件を満たすときは、取締役会は、**①重要な財産の処分、譲受け**、及び**②多額の借財**に関する取締役会の決議について、あらかじめ**選定した3人以上の取締役**（特別取締役）のうち、議決に加わることができるものの過半数が出席し（定足数）、その過半数をもって（決議要件）行うことができる旨を定めることができます（373条1項）。この制度は、取締役の数が多い会社において、迅速な意思決定を可能とするためのものです。[*3]

3　議事録

取締役会の議事については、法務省令で定めるところにより、取締役会議事録を作成しなければなりません（369条3項）。

[*1]

■ **参考データ**

特別利害関係を有する取締役は、議決に加わることができません（369条2項）。例えば、取締役の競業取引や取締役・会社間の取引の承認等です。当該取締役に一切の私心を去って公正に議決権を行使することを期待しがたいからです。

[*2] ☑**要チェック！過去問題**

取締役会は、取締役が相互の協議や意見交換を通じて意思決定を行う場であるため、本来は現実の会議を開くことが必要であるが、定款の定めにより、取締役の全員が書面により提案に同意した場合には、これに異議を唱える者は他にありえないため、当該提案を可決する旨の取締役会の決議があったものとみなすことができる。

➡ ✕（H21-37-4）

[*3]

■ **参考データ**

特別取締役による決議の定めを設ける要件は、取締役会設置会社（指名委員会等設置会社を除く）が、①取締役の数が6人以上であること、及び②取締役のうち1人以上が社外取締役であること、です。

その閲覧請求は、次のとおりです。

取締役会設置会社	株主	原則	株主は、その権利を行使するため必要があるときは、株式会社の営業時間内は、いつでも、取締役会議事録等の閲覧・謄写の請求をすることができる（371条2項）。
		例外	監査役設置会社、監査等委員会設置会社又は指名委員会等設置会社である場合には、株主は、裁判所の許可を得なければならない（371条3項）。
	債権者		取締役会設置会社の債権者は、役員又は執行役の責任を追及するため必要があるときは、裁判所の許可を得て、当該取締役会設置会社の議事録等の閲覧・謄写の請求をすることができる（371条4項）。
	親会社社員		取締役会設置会社の親会社社員がその権利を行使するため必要があるときは、裁判所の許可を得て、子会社の取締役会議事録等につき閲覧又は謄写の請求をすることができる（371条5項）。

〈株主総会と取締役会の整理〉

	株主総会	取締役会
意　義	株主を構成員として、会社の意思を決定する株式会社の必要的機関	取締役全員をもって構成され、その会議により業務執行に関する会社の意思決定をするとともに、取締役の職務執行を監督する機関
招集通知	開催の2週間前までに通知することが必要。ただし、非公開会社では1週間前までとなり、取締役会非設置会社の場合、定款で更に短縮可	開催の1週間前までに通知することが必要。ただし、定款で短縮可
招集手続の省略	株主全員の同意により省略可	取締役（及び監査役）全員の同意により省略可
決議の方法	原則として、議決権を行使できる株主の議決権の過半数を有する株主の出席のもとで、出席株主の議決権の過半数をもって行う。	原則として、議決権を行使できる取締役の過半数の出席のもとで、出席者の過半数をもって行う。
特別利害関係人の決議への参加	自己株式取得の相手方の場合を除き、認められる（決議が著しく不当な場合に決議取消しの原因となるにすぎない）。	認められない。
議決権の行使方法	代理行使、不統一行使が認められる。	代理行使、不統一行使は認められない。

Chapter 6
機　関　497

決議の省略	議決権を行使できる株主の全員が書面又は電磁的記録により同意の意思表示をしたときは、当該事項を可決する旨の株主総会の決議があったものとみなす。	議決に加わることのできる取締役の全員が書面又は電磁的記録により同意の意思表示をしたときは、当該提案を可決する旨の取締役会の決議があったものとみなす旨を定款で定めることができる（監査役設置会社では、業務監査権限を有する監査役が異議を述べないことを要する）。

5 会計参与

重要度 B

　会計参与とは、取締役（指名委員会等設置会社では執行役）と**共同して、計算書類等を作成**することを職務とする者をいいます（374条1項前段、6項参照）。これは、専門家である会計参与が取締役と共同して計算書類を作成することにより、計算書類等の正確性を担保することを目的とするものです。

　株式会社は、定款の定めによって、会計参与を置くことができます（326条2項）。*1

*1
■ ポイント
大会社でない非公開会社（監査等委員会設置会社・指名委員会等設置会社を除く）が、取締役会を設置する場合（取締役会設置会社）には、監査役又は会計参与の設置が義務づけられます（327条2項）。

6 監査役

重要度 C

1 意　義

　監査役とは、取締役（会計参与設置会社においては、取締役及び会計参与）の職務の執行を監査する機関をいいます（381条1項前段）。

　監査役は、定款の定めによって置くことができる任意機関です（326条2項）。

　ただし、**取締役会設置会社**（監査等委員会設置会社及び指名委員会等設置会社を除く）は、原則として監査役を置かなければなりません（327条2項本文）。これは、監査機関を設置して取締役会の権限行使を監督するためです。*2

　また、**会計監査人設置会社**（監査等委員会設置会社及び指名委

*2

参考データ
取締役会設置会社でも、大会社以外の非公開会社で、かつ、会計参与設置会社では、監査役を設置しなくても構いません（327条2項但書）。監査等委員会設置会社及び指名委員会等設置会社では、監査役を設置することができません（同条4項）。

員会等設置会社を除く）でも、監査役を設置しなければなりません（同条3項）。

2 権　限

1　業務監査権限

　監査役は、取締役の職務執行を監査する機関であり（381条1項前段）、原則として、会社の業務全般の監査権限を有します。

2　取締役会への出席義務

　監査役は、取締役会に出席し、必要があると認めるときは、意見を述べなければなりません（383条1項）。また、必要があると認めるときは、取締役会の招集を請求することができ（同条2項）、応じてもらえないときは、自ら招集することができます（同条3項）。

3　取締役の違法行為の差止め

　監査役は（会計監査限定監査役を除く）、取締役が会社の目的の範囲外の行為その他法令・定款に違反する行為をし、それにより会社に著しい損害を生ずるおそれがある場合には、当該取締役に対し、その行為をやめるべきことを請求することができます（385条1項）。

4　情報収集権

　監査役は（会計限定監査役を除く）、いつでも、取締役及び会計参与並びに支配人その他の使用人に対して事業の報告を求め、会社の業務・財産の状況を調査することができます（381条2項）。さらに、監査役設置会社の子会社に対しても、必要があれば、事業の報告を求め、又はその業務・財産の調査をすることができます（同条3項）。

7　監査役会

重要度 **C**

　監査役会とは、すべての監査役で組織され、監査の方針や監査役の職務執行に関する事項の決定等を行う機関です（390条1項、2項）。監査役を集合体として結束させ、経営陣に対する発言力の強化を図るとともに、監査役の役割分担を容易にし、情報の共

有を可能にすることにより、組織的・効率的な監査を可能にするためのものです。

監査等委員会設置会社及び指名委員会等設置会社以外の大会社で公開会社である会社は、監査役会を設置しなければなりませんが（328条1項）、それ以外の会社（監査等委員会設置会社及び指名委員会等設置会社を除く）は、定款の定めによって監査役会を任意に設置することができます（326条2項）。

監査役会を設置した場合、監査役は**3人以上**で、その**半数以上は社外監査役**でなければならず（335条3項）、**1人以上の常勤監査役**を選定しなければなりません（390条3項）。＊1

＊1
■ 語句解説

社外監査役とは、就任前の10年間その株式会社又はその子会社の取締役・会計参与・使用人となったことがないなど、会社法所定の要件を満たすものをいいます。

常勤監査役とは、会社の営業時間中、原則として、その監査役としての職務を行う者をいいます。

8 会計監査人

重要度 C

　会計監査人とは、株式会社の**計算書類等を監査**することを職務とする者をいいます（396条1項前段）。
　会計監査人は、業務を監査する機関が設置されている場合に限り、置くことができます（327条3項参照）。また、監査等委員会設置会社及び指名委員会等設置会社及び大会社では、会計監査人を置かなければなりません（同条5項、328条1項、2項）。

9 指名委員会等・執行役（指名委員会等設置会社）

重要度 C

1 意　義

　指名委員会等設置会社とは、指名委員会、監査委員会及び報酬委員会を置く株式会社のことをいいます（2条12号）。すべての株式会社が、指名委員会等設置会社となることができます（326条2項）。＊2

　指名委員会等の設置を選択した会社では、代表取締役及び監査役（監査役会）を置くことができず（327条4項）、その代わりに、**執行役（代表執行役）、取締役会、指名委員会・監査委員**

＊2
■ 参考データ

従来、**委員会設置会社**と呼ばれていた形態は、2014年改正によって導入された**監査等委員会設置会社**と区別するために、**指名委員会等設置会社**という名称になりました。

500　Part 3
　　　 商　法

会・報酬委員会及び会計監査人が置かれることになります（402条1項、327条1項4号、5項）。

〈指名委員会等設置会社の必要的機関等〉

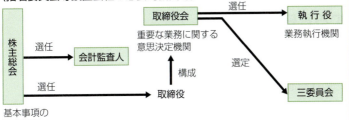

2 指名委員会等設置会社の取締役の権限・資格

　指名委員会等設置会社の取締役は、法令に別段の定めがある場合を除いて、業務執行をすることができません（415条）。業務執行権限は、執行役に与えられています（418条2号）。

　また、指名委員会等設置会社の取締役は、支配人その他の使用人（執行役はこれにあたらない）を兼ねることはできません（331条4項）。

　これらは、執行と監督の分離により、取締役会の監督機関としての役割を徹底させる趣旨です。

> **Festina lente**
> ただし、「監査委員でない取締役」は、執行役との兼任が可能であるため（400条4項参照）、執行役の資格を有していれば、その資格での業務執行は可能だよ。

10 監査等委員会設置会社　重要度 A

　監査等委員会設置会社とは、監査等委員会を置く株式会社のことをいいます（2条11号の2）。監査等委員会は、2014年の会社法の改正で新しく認められた制度で、取締役の業務の執行の監査を行うことを主な仕事としています。監査等委員会を置くかどうかは会社の自由です（326条2項）。

　監査等委員会に所属する取締役と、そこに所属しない取締役は株主総会で別々に選ばれ、監査等委員会に所属する取締役の過半数は社外取締役でなければなりません（331条6項）。監査等委員は取締役が務めるため、取締役として取締役会で議決権を行使することができます。

11 役員等の損害賠償責任

重要度 **A**

1 会社に対する責任

1 意 義

取締役、会計参与、監査役、執行役又は会計監査人（以下、役員等という）は、その**任務を怠った**ことにより会社に損害が発生したときは、会社に対して損害賠償責任を負います（任務懈怠責任 423条1項）。

本来、役員等は、会社と委任ないし準委任の関係にあるため、任務懈怠によって会社に対し債務不履行責任を負うはずです（民法415条）。しかし、これだけでは会社の利益保護としては十分ではないので、特別に423条の責任が定められているのです。

この責任は、**過失責任**です。

なお、責任を負う役員等が複数存在する場合には、当該役員等は**連帯債務者**となります（430条）。

2 責任の特則

（1）競業取引

取締役又は執行役が株主総会（取締役会設置会社においては、取締役会）の承認を得ないで行った競業取引（356条1項、419条2項）により会社に損害が発生した場合、当該取引によって取締役等が得た利益の額は、会社の損害額と推定されます（423条2項）。これは、損害額の認定を容易にするためです。

（2）利益相反取引

取締役又は執行役が行った利益相反取引により会社に損害が発生した場合、当該利益相反取引を行った取締役又は執行役等は、原則として、その任務を怠ったものと推定されます（423条3項各号）。

さらに、自己のために会社と利益相反取引をした取締役又は執行役の責任は、**無過失責任**となり、後述する責任の一部免除が認められません（428条）。

（3）利益供与

株式会社が利益供与（120条1項）をした場合、当該利益供

与に関与した取締役・執行役は、当該株式会社に対して、連帯して、供与した利益の価額に相当する額を支払う義務を負います（同条4項本文）。

この責任は、立証責任の転換された過失責任です。ただし、当該利益供与行為をした取締役については、無過失責任です（同項但書）。

(4) 剰余金の配当等に関する責任

分配可能額を超えて剰余金の配当等をなした業務執行取締役・執行役は、当該株式会社に対して、連帯して、分配された額を支払う義務を負います（462条1項）。

この責任は、立証責任の転換された過失責任です（同条2項）。

3 責任の免除

以上に述べた役員等の任務懈怠責任は、原則として、総株主の同意によらなければ、免除することはできません（424条）。

もっとも、会社に損害を与えた行為につき、善意かつ重大な過失がないときは、一定の要件を満たせば、責任の一部を免除することができます（425条～427条）。

2 第三者に対する責任

役員等は、職務を行うにつき悪意又は重過失あるときは、これにより損害を受けた第三者に対して損害賠償責任を負います（429条1項）。

本来、役員等は第三者に対し不法行為責任（民法709条）しか負わないはずです。しかし、株式会社が経済社会で重要な地位を占め、しかも株式会社の活動が役員等の職務執行に依存していることを考慮して、第三者保護のため、特に役員等の第三者に対する責任が定められているのです（法定責任説）。

この責任の成立のためには、任務懈怠につき悪意又は重過失のあることが必要です。

また、損害の範囲は、直接損害であるか、間接損害であるかを問いません。さらに、「第三者」の範囲については、会社債権者のみならず、株主も含まれると解するのが多数説です。*1

なお、責任を負う役員等が複数存在する場合には、当該役員等は連帯債務者となります（430条）。

*1
■ 語句解説

直接損害とは、役員等の行為によって第三者が直接に損害を受ける場合をいいます。
間接損害とは、第1次的には会社に損害が生じ、その結果、第2次的に第三者が損害を受ける場合をいいます。

ファイナルチェック　基礎知識の確認

問題 1　株式会社には、株主総会、取締役及び監査役を必ず設置しなければならない。

問題 2　株主総会の招集手続が法令に違反する場合や決議の内容が定款に違反する場合には、株主総会の決議は当然に無効となる。

問題 3　取締役会設置会社でない株式会社において、取締役が自己のために株式会社と取引をしようとする場合には、株主全員の承認を受けなければならない。

問題 4　取締役会は、支配人の選任を代表取締役に委任することができる。

問題1 ✗　株式会社において必ず設置しなければならないのは、株主総会及び取締役である。　**問題2 ✗**　このような場合は、決議取消原因となるにすぎない（831条1項1号、2号）。　**問題3 ✗**　この承認は株主総会の普通決議で足りる（356条1項2号）。　**問題4 ✗**　取締役会は、支配人の選任等の重要な業務執行の決定を（代表）取締役に委任することができない（362条4項3号）。

本試験レベルの問題にチャレンジ！▶▶▶

Chapter 7 設 立

重要度 B

イントロダクション　学習のポイント

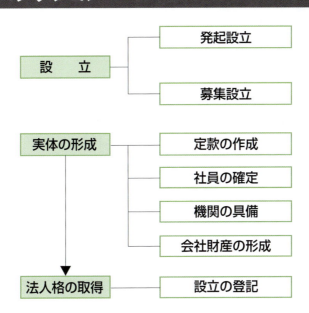

会社は実体を形成し、登記をすることによって成立します。
設立には、発起設立と募集設立という2種類の方法が認められています。
　まず、発起設立と募集設立という2つの方法を理解し、実体の形成の中でも定款の作成について比較的力を入れていくとよいでしょう。

ベーシック じっくり理解しよう！

1 概　要

重要度

1 設立の意義

株式会社の設立とは、株式会社という団体を形成し、法人格を取得し、法律上の人格者（法人）となることをいいます。

設立には、大きく、実体の形成と法人格の付与という2つの面があります。

1 実体の形成

株式会社の実体の形成は、①団体の根本規則である**定款を作成**し、②出資者たる**社員（株主）を確定**し、③団体の活動を担う**機関を具備**し、④出資により**会社財産を形成**することによって行われます。

2 法人格の取得

会社は、会社法の規定に従って実体が形成されると、本店の所在地において**設立登記**をすることによって法人となります（準則主義　49条、911条）。

2 設立の方法

1 発起設立と募集設立

会社法は、株式会社の設立について、**発起設立**及び**募集設立**という方法を定めています（25条1項）。

発起設立とは、設立の企画者である発起人が設立の際に発行する株式の**すべて**を引き受ける方法をいいます（同項1号）。

これに対して、募集設立とは、発起人が設立に際して発行する株式の総数の**一部**を引き受け、残部について株式引受人を募集する方法をいいます（同項2号、57条以下）。

2 出資額の規制

株式会社を容易に設立することができるようにするため、**出資額の規制はありません**。[*1]

■ **参考データ** [*1]

旧法では、株式会社では1,000万円、有限会社では300万円の最低資本金が必要でした。しかし、会社法では最低資本金制度は撤廃され、資本金が1円でも株式会社を設立できるようになりました。

2 設立の手続

重要度 **B**

1 定款の作成

定款とは、社団法人の組織活動の根本規則をいいます。発起設立・募集設立のいずれの場合でも、設立の第1段階は、発起人による定款の作成です（26条）。

1 発起人

定款は発起人によって作成されます（26条1項）。発起人とは、会社設立の企画者として定款に発起人として署名した者をいいます。*2

発起人の資格には制限がなく、制限行為能力者、法人、外国人でも構いません。また、員数にも制限がなく、最低1名以上であればよいとされています。

各発起人は、発起設立・募集設立を問わず、設立時発行株式を1株以上引き受けなければなりません（25条2項）。

2 定款の作成と方式

定款は発起人が作成し、その全員がこれに署名又は記名押印しなければなりません（26条1項）。また、定款は電磁的記録をもって作成することができます（同条2項）。

作成された定款は、公証人の認証を受けなければ効力を生じません（30条1項）。これは、内容を明確にして後日の紛争を防止するとともに、不正行為を防止するためです。なお、定款認証後に定款を変更する場合には、認証は不要です。

3 定款の内容

(1) 定款の記載・記録事項

定款の記載・記録事項には、絶対的記載事項、相対的記載事項、任意的記載事項の3種類があります。

絶対的記載事項とは、定款に必ず記載しなければならない事項をいい、この記載がないと定款全体が無効となります。*3*4

相対的記載事項とは、定款に記載しなくても定款自体の効力は有効ですが、定款に記載しないとその効力が認められない事項をいいます。

---

*2
■ 参考データ

たとえ会社設立の企画者であったとしても、定款に発起人として署名していない者は、法律上は発起人ではありません。もっとも、株式募集に関する文書に賛成人等として自己の氏名を掲げること等を承諾した者は、擬似発起人として、発起人と同様の責任を負います（103条4項）。

*3
■ ポイント

絶対的記載事項には、以下のものがあります（27条各号、37条1項）。
①目的、②商号、③本店の所在地、④設立に際して出資される財産の価額又はその最低額、⑤発起人の氏名・名称及び住所、⑥発行可能株式総数（会社成立時までに記載・記録すればよい）。

*4
■ 参考データ

旧法では、設立時発行株式総数が絶対的記載事項とされていましたが、会社法では除外されました。その代わりに、設立に際して出資される財産の価額又はその最低額が絶対的記載事項になりました。

Part 3
■
商法

Chapter 7
設 立

任意的記載事項は、**定款に記載しなくても効力があります**が、定款に記載すると明確性が高まるとともに、その変更について定款変更手続が必要になるという効果があります（29条参照）。

〈定款の記載事項〉[*1]

絶対的記載事項

① 目　的
② 商　号
③ 本店の所在地
④ 設立に際して出資される財産の価額又はその最低額
⑤ 発起人の氏名・名称及び住所
⑥ 発行可能株式総数

相対的記載事項

① 現物出資
② 財産引受け
③ 発起人の報酬・特別利益
④ 設立費用
⑤ 株式の内容制限事項
⑥ 種類株式に関する事項
⑦ 株券を発行する旨の定め　等

｝変態設立事項

（2）変態設立事項

　変態設立事項とは、会社法28条に列挙される相対的記載事項をいいます。これには、①現物出資、②財産引受け、③発起人の報酬・特別利益、④設立費用があります。[*2][*3]
　変態設立事項は、発起人又は第三者の利益を図り、会社の財産的基礎を危うくさせ得る事項であるため、**定款に記載・記録しなければ、その効力を生じません**（28条柱書）。

変態設立事項	定款に記載・記録すべき内容
① 現物出資	金銭以外の財産を出資する者の氏名・名称、当該財産及びその価額、その者に対して割り当てる設立時発行株式の数
② 財産引受け	株式会社の成立後に譲り受けることを約した財産・その価額、その譲渡人の氏名・名称

[*1]
✓ **要チェック！過去問題**

株式会社の定款には、当該株式会社の目的、商号、本店の所在地、<u>資本金の額、設立時発行株式の数</u>、ならびに発起人の氏名または名称および住所を記載または記録しなければならない。

➡ ✗ （H29-37-1）

[*2]
■ **語句解説**

現物出資とは、金銭以外の財産をもってする出資をいいます（28条1号）。
財産引受けとは、発起人が、設立中の会社のために会社の成立後に財産を譲り受ける契約をすることをいいます（28条2号）。

[*3]
■ **ポイント**

設立時に現物出資ができる者は、発起人に限定されます（34条1項、63条1項参照）。

③	発起人の報酬・特別利益	株式会社の成立により発起人が受ける報酬その他の特別の利益、その発起人の氏名・名称
④	設立費用	株式会社の負担する設立に関する費用

Festina lente

　例えば、1株5万円で株式を発行していて、ある人が100万円相当の自動車を現物出資して、20株の発行を受けた場合を考えてみよう。

　この自動車が本当に100万円相当ならいいけど、発起人が自己や第三者の利益を図るために自動車の価値を過大評価していて、実際は50万円の価値しかない場合もあるんだ。

　とすると、1株2万5千円で発行したことになって他の出資をした株主との間で不公平だし、50万円相当の財産しか出資されていないから、会社の財産的基礎を書いてしまうよね。

　そこで、現物出資は、変態設立事項として定款に記載・記録しなければ効力を生じないとして、さらに、後述する検査役の調査が必要としたんだよ。

Part 3

商 法

4　定款の備置き・閲覧等

　定款は、本店及び支店に備え置き、発起人・株主・会社債権者の閲覧・謄写に供しなければなりません（31条1項、2項）。

　また、親会社の株主等も、権利を行使するため必要があるときは、裁判所の許可を得て、子会社の定款について閲覧・謄写の請求をすることができます（同条3項）。

2　社員の確定

　株式会社の設立には、団体の構成員であり、かつ、団体に対する出資者である社員（株主）を確定することが必要です。

1　設立時発行株式に関する事項の決定

　まず、設立時に発行する株式について、必要な事項を決定します。

　発行事項については、原則として発起人の多数決で決定できますが（民法670条参照）、一定の事項は、定款に定めがある場合を除いて、発起人全員の同意で決めなければなりません（32条、58条1項、2項）。

2　株式の引受け

　株式の引受けとは、株式会社の設立又は募集株式の発行に際して出資者となることをいいます。

Chapter 7
設 立

発起設立では、発起人が設立時発行株式の全部を引き受けます。

募集設立の場合には、発起人が株式を引き受けるほかに、引受人を募集します。募集に対して申込みがあると、割当てがなされ引受けが確定し、引受人は払込みをすると、会社成立時に株主となります。*1

3 発行可能株式総数の決定と変更

発行可能株式総数とは、株式会社が発行することができる株式の総数をいいます。設立時の定款（原始定款）で定める必要はありませんが、会社の成立の時までには定款に定めなければなりません（37条1項、98条）。

3 機関の具備

1 設立時役員等の選任

設立時役員等とは、設立時取締役、設立時会計参与、設立時監査役、設立時会計監査人をいいます（38条）。*2

	発起設立	募集設立
選任すべき役員	設立時取締役 設立時会計参与（会計参与設置会社である場合のみ） 設立時監査役（監査役設置会社である場合のみ） 設立時会計監査人（会計監査人設置会社である場合のみ）	
選任の方法	発起人の議決権の過半数（40条1項）	創立総会の決議（88条）

2 設立時代表取締役、設立時委員等の選定

	設立時代表取締役	設立時委員等
選定すべき株式会社	取締役会設置会社	指名委員会等設置会社
選定の方法	設立時取締役の過半数（47条3項、48条3項）	

3 創立総会
（1）意 義

募集設立の場合、発起人は、設立時発行株式の払込期日又は払込期間の末日のうち最も遅い日以後、遅滞なく、創立総会を招集しなければなりません（65条1項）。

---

*1
■ **語句解説**

株式の割当てとは、株式の申込みがあった場合に、その申込人に引き受けさせる株式数を決定することをいいます。

*2
■ **語句解説**

設立時取締役とは、会社の設立に際して取締役となる者をいいます。この設立時取締役は、設立手続の調査（46条、93条）や、設立時代表取締役の選定等を行います。

創立総会とは、設立時株主の総会をいいます。創立総会は、会社成立後の株主総会に相当するもので、設立中の会社の決議機関です。*3

（2）決議方法

創立総会は、原則として、議決権を行使することができる設立時株主の議決権の**過半数**であって、出席した当該設立時株主の議決権の**3分の2以上**にあたる多数（決議要件）をもって決議します（73条1項）。

4 出資による会社財産の形成

1 出資の履行

（1）全額払込み・全部給付

①発起人は**引受け後遅滞なく**、②募集株式の引受人は**払込期日又は払込期間中**に、引き受けた株式につき発行価額全額の払込みをし、また現物出資の場合はその**全部の給付**をしなければなりません（34条1項本文、63条1項）。

（2）失　権

発起設立・募集設立いずれの場合でも、発起人及び募集株式の引受人が**出資の履行をしない場合**には、設立時発行株式の**株主となる権利を失います**（36条3項、63条3項）。

（3）払込取扱場所・払込取扱機関による保管証明

発起人の不正行為を防止して払込みの確実を図るために、払込みは、発起人が定めた**銀行・信託銀行等の払込取扱場所**においてしなければなりません（34条2項、63条1項）。

また、**募集設立**の場合には、発起人は払込取扱機関に対して保管証明書の交付を請求できます（64条1項）。この保管証明書を交付した場合、払込取扱機関は**払込金保管証明責任**を負い、払い込まれた金銭の返還に関して制限があったとしても、これを成立後の株式会社に対抗することができません（同条2項）。*4

2 変態設立事項の調査

変態設立事項については、原則として、発起人の請求に基づいて裁判所が選任した**検査役**の調査が必要です（33条）。*5

---

*3
■ 参考データ
創立総会では、設立に関する事項の報告が行われます（87条）。そして、創立総会は、設立時役員等の選任・解任、定款の変更のほか、会社の設立の廃止、創立総会の終結、その他株式会社の設立に関する事項に限り、決議をすることができます（66条）。

*4
■ 参考データ
会社法では、発起設立においては払込金保管証明制度が廃止されました。発起人のみが出資者であり、出資者自身がその出資された財産の保管に携われることから、財産の保管状況を明らかにする必要がないためです。

*5
■ 参考データ
現物出資と財産引受けについては、検査役の調査が不要となる場合があります。①価額の総額が500万円を超えない場合、②市場価格のある有価証券の場合、③弁護士等の証明を受けた場合です（33条10項）。

3 設立の登記

1 登記事項

設立登記における登記事項は、911条3項に列挙されています。代表的なものとして、以下のような事項があります。

① 目　的
② 商　号
③ 本店及び支店の所在場所
④ 資本金の額
⑤ 発行可能株式総数
⑥ 発行する株式の内容
⑦ 取締役の氏名
⑧ 代表取締役の氏名・住所　等

2 登記の効果

設立登記により、株式会社が成立し、法人格を取得します（49条）。会社の成立とともに、出資を履行した発起人・設立時募集株式の引受人は株主となり（50条1項、102条2項）、設立時役員等は会社の役員等になります。*1

> *1 要チェック！過去問題
> 発起人は、その引き受けた設立時発行株式について、その出資に係る金銭の全額を払い込み、またはその出資に係る金銭以外の財産の全部を給付した時に、設立時発行株式の株主となる。
> ➡✕（H29-37-3）

〈発起設立と募集設立の比較〉

	発起設立	募集設立
定款作成	発起人	
引受人	発起人がすべての株式を引き受ける	発起人が一部の株式を引き受け、残部については発起人以外の者を募集する
変態設立事項についての検査役の調査 調査	原則として必要	
変態設立事項についての検査役の調査 報告先	裁判所	創立総会
創立総会	開催しない	開催する

機関	設立時役員等の選任	発起人の議決権の過半数による	創立総会の決議による
	設立時代表取締役の選定	設立時取締役の過半数による	

ファイナルチェック 基礎知識の確認

問題1 株式会社は、定款の作成、社員（株主）の確定、出資、機関の具備によって法人格を取得するが、登記をしなければ第三者に対して会社の成立を対抗することができない。

問題2 株式会社の資本金の額は、公開会社では1,000万円以上、非公開会社では300万円以上でなければならない。

問題3 変態設立事項には、現物出資、財産引受け、発起人の報酬・特別の利益、設立費用があり、定款に記載又は記録しなければ効力を生じない。

問題1 ✗ 登記は対抗要件ではなく、会社の成立要件である（49条）。 問題2 ✗ 最低資本金の制度は撤廃された。
問題3 ◯ （28条各号）

本試験レベルの問題にチャレンジ！ ▶▶▶

Chapter 8 資金調達

イントロダクション　学習のポイント

　資金調達の方法として、この Chapter では、募集株式の発行等と社債の発行について勉強します。社債では、株式との基本的な違いについて注目するとよいでしょう。

ベーシック　じっくり理解しよう!

1 株式会社の資金調達

　株式会社が企業活動を行っていくためには、適宜にその資金を調達していくことが必要です。
　株式会社が資金を調達する方法としては、金融機関等から金銭を借り入れるという方法もありますが、その他、①新株を発行する、②所有している自己株式を処分する、③社債を発行するという3つの方法が考えられます。*1

*1
■ 語句解説

新株の発行とは、会社成立後に株式を発行することをいいます。

2 募集株式の発行等

重要度 C

1 意 義

募集株式とは、募集に応じて株式の引受けの申込みをした者に対して割り当てる株式をいいます。

会社法は、**新株を発行する場合・自己株式を処分する場合**の双方をあわせて「募集株式の発行等」とし、その規律を定めています（199条以下）。

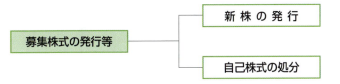

2 募集事項の決定等

株式会社は、募集株式の発行等をしようとするときは、その都度、一定の募集事項を定めなければなりません（199条1項各号）。*2

3 募集株式の割当て

株式会社は、申込者の中から募集株式の割当てを受ける者を定め、かつ、その者に割り当てる募集株式の数を定めなければなりません（204条1項前段）。

株主割当ての場合において、株主が引受けの申込みの期日までに申込みをしないときは、その株主は、募集株式の割当てを受ける権利を失います（同条4項）。

4 金銭以外の財産の出資

株式会社は、金銭以外の財産の出資（現物出資）を認めるときは、募集事項の決定の後、遅滞なく、現物出資財産の価額を調査させるため、裁判所に対し、**検査役**の選任の申立てをしなければなりません（207条1項）。*3*4

*2
■参考データ
決定すべき募集事項には、①募集株式の数、②募集株式の払込金額・その算定方法、③現物出資の場合はその旨と当該財産の内容・価額、④払込期日・払込期間、⑤増加する資本金・資本準備金に関する事項があります。

*3
■ポイント
設立段階では、現物出資ができる者は発起人に限定されていましたが（34条、63条参照）、募集株式の発行等では、そのような制限はありません（208条2項）。

*4
■参考データ
設立時と同様、一定の場合には検査役の調査が不要になります（207条9項）。

Chapter 8 資金調達　515

5 出資の履行

1 払込金額の全額払込み・現物出資の全部給付

募集株式の引受人は、募集株式の払込金額の**全額を払い込み**、又は**全額に相当する現物出資財産を給付**しなければなりません（208条1項、2項）。

2 引受人からの出資義務の相殺禁止

募集株式の引受人は、**出資の履行（払込み・給付）をする債務と株式会社に対する債権**とを相殺することができません（208条3項）。

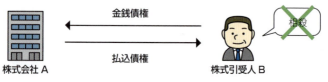

3 引受人の失権

募集株式の引受人は、出資の履行をしないときは、**株主となる権利を失います**（208条5項）。

4 株主となる時期

募集株式の引受人は、原則として、払込期日を定めた場合にはその期日に、払込期間を定めた場合には期間中の出資をした日に、募集株式の株主となります（209条1項）。

3 社債の発行

重要度 C

1 意 義

社債とは、会社法の規定に基づき会社が行う割当てにより発生するその**会社を債務者とする金銭債権**であって、676条各号に掲げる事項についての定めに従い償還されるものをいいます（2条23号）。

多額かつ長期の資金調達は、金融機関等から借り入れる方法では困難ですし、また、募集株式の発行等では、会社の支配関係に

影響を及ぼしてしまいます。そこで、多額かつ長期の資金調達の方法として社債が発達しました。

なお、社債は、株式会社のみならず、**持分会社や特例有限会社においても**発行することができます。*1

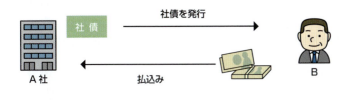

> *1
> ■ 参考データ
> 株式会社は、新株予約権付社債を発行することもできます。新株予約権付社債とは、新株予約権を付した社債をいいます。例えば、社債権者として安定的に利息を受け、会社の業績が上がれば新株予約権を行使して株主となるといったことが可能です。

2 株式との比較

1 共通点

社債と株式とは、いずれも株式会社が**一般大衆から長期かつ多額の資金を調達する方法**として用いられます。

そして、公開会社では原則として取締役会決議によって発行することができる点（201条1項、362条4項5号）、有価証券を発行することができる点（214条、676条6号）で、株式と社債は共通します。

2 相違点

株式は、株式会社の**社員たる地位**であるのに対して、社債は、会社に対する**債権**である点において、両者は根本的に異なります。

〈株式と社債の相違点〉

	株　式	社　債
根本的差異	株式会社の社員たる地位 →　株主は**会社の構成員**	会社に対する債権 →　社債権者は会社に対する**債権者**
会社経営への関与	株主は議決権・監督是正権等により、**会社経営に直接・間接的に関与する。**	社債権者には**会社経営に関する権限はない。**
配当・利息	分配可能額の範囲内で、**不確定**額の剰余金の配当を受ける。	**一定**の約定された利息の支払を請求できる。
会社が解散した場合	一般債権者、社債権者に後れて、**全債務を弁済した後に**残余財産の分配を受ける。	**株主より先に**、一般債権者と同順位で会社財産から弁済を受ける。

ファイナルチェック　基礎知識の確認

問題1　取締役会設置会社が募集株式の発行等に際して株主に株式の割当てを受ける権利を与えない場合、有利発行のときを除き、公開会社であるか否かを問わず、取締役会の決議により募集事項を決定しなければならない。

問題2　社債を募集形態で発行することができるのは、株式会社のみである。

問題3　株主が、株主総会における議決権の行使等を通じて、株式会社の経営に参与する権利を有するのと同様に、社債権者も、社債権者集会における議決権の行使等を通じて、会社の経営に参与する権利を有する。

問題1 ✗　非公開会社では、株主総会の特別決議で決定する。　**問題2** ✗　持分会社も発行できる。　**問題3** ✗　株主は、株式会社の経営に参与する権利を有するが、社債権者は、会社の経営に参与する権利を有するわけではない。

本試験レベルの問題にチャレンジ！ ▶▶▶

Chapter 9 組織再編

重要度 B

イントロダクション　学習のポイント

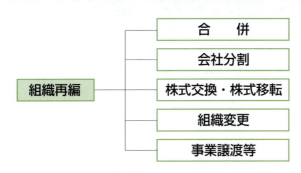

　企業は、その経済的な効率をより上げるために、結合したり分割したりして、企業組織を再編することがあります。その方法には、合併、会社分割、株式交換・株式移転、組織変更、事業譲渡等がありますが、合併を中心に勉強しておきましょう。

ベーシック　じっくり理解しよう!

1 合　併

重要度 B

1 意　義

　合併とは、2つ以上の会社が契約によって1つの会社に合体することをいいます。
　合併には、①新設合併と②吸収合併とがあります。*1

*1
■ 語句解説
新設合併とは、2つ以上の会社がする合併であって、合併により消滅する会社の権利義務を、合併により設立する会社に承継させるものをい

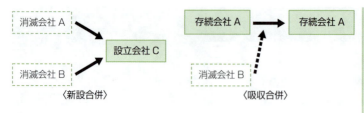

います（2条28号）。**吸収合併**とは、会社が他の会社とする合併であって、合併により消滅する会社の権利義務の全部を、合併後存続する会社に承継させるものをいいます（同条27号）。

2 手続

合併は株主の利害に大きく影響するので、①当事会社間で**合併契約**を締結し（748条）、②原則として各当事会社が**株主総会の特別決議**による承認を得ることが必要です（783条、795条、804条、309条2項12号）。また、③**反対株主に株式買取請求権**が認められています（785条、797条、806条）。さらに、④合併に異議のある会社債権者を保護するため、**会社債権者保護手続**を行うことが必要になります（789条、799条、810条）。

3 効果

存続会社を除くすべての会社は**解散**し（471条4号）、新設合併の場合には**新会社が成立**します。この場合、消滅会社は解散すると同時に消滅し、**清算は行われません**（475条1号かっこ書）。消滅会社の権利義務は、存続会社・設立会社に**包括的に承継**されます。そして、消滅会社の株主は、合併の対価として、持株数に応じて存続会社・設立会社の株式等の交付を受け、存続会社・設立会社の株主になります。*1

*1
■ **参考データ**
旧法においては、消滅会社の株主に対して交付される対価は、存続会社・設立会社の株式に限定されていました。しかし、会社法では、株式ではなく、金銭等の財産を対価とすることが認められました（749条1項2号等）。また、この対価の柔軟化は、合併だけでなく吸収分割・株式交換の場合にも認められました。

〈合併と事業譲渡との比較〉

	合併	事業譲渡
共通点	・事業用財産の重要な部分の移転を生じさせる ・原則として株主総会の特別決議が必要 ・反対株主は株式買取請求権を有する	
財産の移転	消滅会社の全財産が包括的に移転	契約で定めた範囲の財産が個別に移転
会社・株主への影響	・消滅会社は、法律上当然に解散 ・消滅会社の株主は、存続会社・新設会社の株式等を受け取る	譲渡会社は、事業の全部譲渡の場合でも当然には解散しない
会社債権者保護手続	あり	なし

2 会社分割

重要度 B

1 意 義

会社分割とは、1つの会社を2つ以上の会社に分けることをいいます。

会社分割には、①新設分割と②吸収分割とがあります。*2

*2
■ 語句解説
新設分割とは、1つ又は2つ以上の株式会社又は合同会社がその事業に関して有する権利義務の全部又は一部を、分割により設立する会社に承継させることをいいます（2条30号）。
吸収分割とは、株式会社又は合同会社がその事業に関して有する権利義務の全部又は一部を、分割後他の会社に承継させることをいいます（同条29号）。

2 手 続

合併と同様に、株主及び会社債権者に影響を与えるため、同様の手続が必要になります。

すなわち、①分割計画の作成（762条）又は分割契約の締結（757条）をして、②原則として各当事会社で株主総会の特別決議による承認を受け（783条、795条、804条、309条2項12号）、③反対株主には株式買取請求権が認められます（785条、797条、806条）。そして、④会社債権者保護手続がとられます（789条、799条、810条）。

3 効 果

合併の場合と異なり、分割会社は存続し、解散することはありません。

新設分割の場合、新会社が成立して分割会社の権利義務を承継し（764条1項）、吸収分割の場合は、承継会社が分割会社の権利義務を承継します（759条1項）。

また、金銭その他の財産のみが交付される場合を除いて、分割会社は設立会社・承継会社の株主又は社員となります（764条8項、759条8項1号）。

3 株式交換・株式移転

重要度 B

1 意 義

株式交換・株式移転は、ある株式会社がその株主総会の特別決議による承認等により **他の株式会社の100%子会社となる制度** です。*1*2

その親会社となる会社が **既存の会社** である場合が「株式交換」、**新設会社** である場合が「株式移転」です。すなわち、株式交換とは、株式会社がその発行済株式の全部を他の株式会社又は合同会社に取得させることをいいます（2条31号）。これに対して、株式移転とは、1つ又は2つ以上の株式会社がその発行済株式の全部を新たに設立する株式会社に取得させることをいいます（同条32号）。

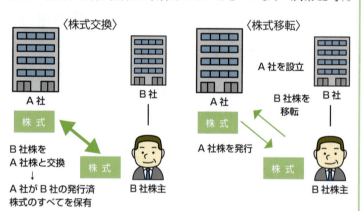

2 手 続

株式交換・株式移転は株主の利害に大きく影響するので、原則として **株主総会の特別決議** による承認を得ることが必要です（783条、795条、804条、309条2項12号）。また、**反対株主に株式買取請求権** が認められています（785条、797条、806条）。

なお、株式交換・株式移転により当事会社の財産に変動はないため、原則として **会社債権者保護手続は不要** です。

*1
■ 語句解説
100%子会社（完全子会社）とは、発行済株式のすべてを親会社に保有される会社をいいます。

*2
■ 参考データ
100%子会社を創設する方法は、他にも、その会社の株主に対して第三者割当てによる新株発行をして、株式の現物出資を求める方法等があります。しかし、この方法では第三者割当てに応じない株主がいた場合には100%の子会社化は不可能ですし、検査役の調査が必要となる等の難点があります。そこで、株主総会の特別決議等の手続を経れば強制的に100%子会社を創設できるようにした制度が、株式交換・株式移転です。

3 効　果

　株式交換・株式移転により、完全子会社となる会社の**すべての株式**を完全親会社となる会社が取得します（769条1項、774条1項）。そして、完全子会社となる会社の株主は、**完全親会社の株主**となり（769条3項、774条2項）、あるいは対価として完全親会社から株式以外の財産の交付を受けます（768条1項2号、773条1項7号）。

Festina lente

　改正会社法（令和元年法律第70号）では、新たに「株式交付」という制度が設けられたよ（2条32号の2）。これは、他社（B社）を買収しようとする会社（A社）が円滑にB社を子会社とすることができるようにするための制度で、A社がB社を子会社とするためにB社の株式を譲り受け、その株式の譲渡人に対して対価としてA社の株式を交付することができるとするものなんだ。

4　組織変更

重要度 **B**

1 意　義

　会社の組織変更とは、会社が法人格の同一性を保ちつつ別の類型の会社になることをいい、①**株式会社から持分会社**（合名会社・合資会社・合同会社）への組織変更と、②**持分会社から株式会社**への組織変更とがあります（2条26号）。

　なお、合名会社・合資会社・合同会社間での変更は、「持分会社の種類」の変更にすぎず、組織変更にはあたりません。

2 手　続

　組織変更を行うには、①**組織変更計画**を作成し（743条）、②**総株主又は総社員の同意**を得なければなりません（776条1項、781条1項）。また、③**会社債権者保護手続**を行うことが必要です（779条、781条2項）。

Chapter 9
組織再編
523

5 事業譲渡等

重要度 C

株式会社が、次に掲げる行為をする場合には、**株主総会の特別決議**による承認を受けなければなりません（467条1項、309条2項11号）。これらの行為は会社の事業の将来に重要な影響を及ぼすので、株主を保護する必要があるからです。また、**反対株主に株式買取請求権**が認められています（469条）。

① 事業の全部の譲渡
② 事業の重要な一部の譲渡 *1
③ 他の会社の事業の全部の譲受け
④ 事業の全部の賃貸、事業の全部の経営の委任、他人と事業上の損益の全部を共通にする契約その他これらに準ずる契約の締結、変更又は解約
⑤ 株式会社の成立後2年以内における、その成立前から存在する財産であってその事業のために継続して使用するものの取得（事後設立）

> *1 ✅ **要チェック！過去問題**
> 会社が他の会社の事業の全部または重要な一部を譲り受ける場合には、譲受会社において株主総会の特別決議による承認を要するが、譲受会社が対価として交付する財産の帳簿価格の合計額が譲受会社の総資産の額の五分の一を超えないときは、株主総会の承認は不要である。
> ➡ ❌（H21-39-オ）

ファイナルチェック　基礎知識の確認

問題1　吸収合併により消滅する株式会社については、清算が必要となる。

問題2　会社分割においては、消滅する株式会社について清算が必要となる。

問題3　株式交換とは、1又は2以上の株式会社が、その発行済株式の全部を新たに設立する株式会社に取得させることをいう。

問題4　合名会社が株式会社となるには、組織変更の手続が必要となる。

問題1 ❌ 消滅会社は合併により、解散と同時に消滅し、清算不要である。　問題2 ❌ 分割会社は存続し、解散しない。　問題3 ❌ 株式会社がその発行済株式の全部を他の株式会社又は合同会社に取得させることをいう。　問題4 ⭕
（781条1項）

本試験レベルの問題にチャレンジ！ ▶▶▶

Chapter 10 計算その他

重要度 C

イントロダクション　学習のポイント

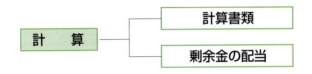

　このChapterは、これまで勉強した会社法のテーマ以外を簡単にまとめてあります。**剰余金の配当**と**定款の変更**に力をいれておきましょう。

ベーシック　じっくり理解しよう!

1　計算

重要度 C

1　総説

　会社の財産状況や経営成績を正確に把握することは、株主にとって剰余金の配当の面だけでなく、取締役の監督という面においても重要です。また、株式会社では会社財産のみが会社債権者のよりどころになるため、会社の財産状況を明らかにすることは、会社債権者の保護のためにも不可欠です。

　そこで、会社法は、会社の財産状況を健全化し、更にその財産状況を公開するための手続を定めています。

2　計算書類の作成と承認

　株式会社は、法務省令で定めるところにより、各事業年度にかかる計算書類を**作成**しなければなりません（435条2項）。*2

*2
■ 語句解説

計算書類とは、貸借対照表、損益計算書、その他株式会社の財産及び損益の状況を示すために必要かつ適当なものとして法務省令で定めるものをいいます（435条2項かっこ書）。会計帳簿は含まれません。

そして、この計算書類は、**定時株主総会**に提出又は提供し、その**承認**を受けなければなりません（438条1項、2項）。

また、定時株主総会の1週間前の日（取締役会設置会社では、2週間前の日）から、計算書類を5年間本店に、その写しを3年間支店に、それぞれ**備え置いて**、株主及び会社債権者の**閲覧**に供し、また請求に応じてその**謄本又は抄本を交付**しなければなりません（442条）。*1

3 剰余金の配当

1 総説

会社の営利性とは、対外的な事業活動によって利益を得ることにとどまらず、それを構成員に分配することを意味します。

そこで、株式会社は、その株主に対し、**剰余金の配当**をすることができるとされています（105条1項1号、453条）。*2

2 要件

剰余金の配当は、株式会社の債権者にとって唯一の引当てである会社財産を流出させるので、会社財産を確保するため、原則として、①**株主総会の決議**（454条1項）、②**分配可能額の存在**（461条）という要件を満たさなければなりません。*3

なお、回数の制限はありません。

3 違法な剰余金の配当

分配可能額を超えて剰余金の配当をした場合には、**会社**は株主に対して交付を受けた金銭等の帳簿価額に相当する金銭の支払を請求でき（462条1項）、また、**会社債権者**も直接株主に対して交付を受けた金銭等の帳簿価額に相当する金銭の支払を請求できます（463条2項）。さらに、**業務執行者**及び剰余金配当議案を提案した**取締役**は、**会社に交付した金銭等の帳簿価額に相当する金銭を支払う義務**を負います（462条1項各号）。

---

*1
■ **参考データ**
親会社の社員は、その権利を行使するために必要なときは、裁判所の許可を得れば、子会社の計算書類の閲覧又は謄本・抄本の交付請求をすることができます（442条4項）。

*2
■ **ポイント**
株式会社が自己株式を保有している場合であっても、自らに剰余金の配当をすることはできません（453条かっこ書）。また、株式会社の純資産額が300万円を下回る場合には、配当をすることができません（458条）。

*3
☑ **要チェック！過去問題**
株式会社が最終事業年度において当期純利益を計上した場合には、当該純利益の額を超えない範囲内で、**分配可能額を超えて剰余金の配当を行うことができる。**
（R3-40-オ）

---

2 定款の変更

重要度 B

会社の根本規則である定款も、事情により変更する必要が生じる場合があります。そのような定款の変更は、原則として**株主総**

会の特別決議ですることができます（466条、309条2項11号）。

〈定款変更の手続〉

原　則	株主総会の特別決議が必要
例　外 （株主総会の決議を要しない場合）	①　株式分割を行う場合には、株主総会決議によらないで、株式分割の割合に応じた発行可能株式総数を増加させる定款変更ができる（184条2項）。 ②　株式の分割と同時に単元株式数の設定・増加を行い、かつ、その前後で各株主の有する議決権の数も変化しないように割合を定めた場合には、株主総会の決議を経ることなく、定款の変更をすることができる（191条）。 ③　株主総会の決議によらないで、取締役の決定（取締役会設置会社においては、取締役会の決議）によって単元株式数を減少・廃止する定款変更を行うことができる（195条1項）。

3 解散・清算

重要度 **C**

1 意　義

　会社の法人格の消滅をもたらす原因となる事実を解散といいます。そして、解散後に会社の一切の権利義務を処理して残余財産を株主に分配する手続を清算といいます。

2 解　散

　株式会社は、次の事由によって解散します（471条各号）。

　①定款で定めた存続期間の満了、②定款で定めた解散の事由の発生、③株主総会の特別決議（309条2項11号）、④合併（消滅会社）、⑤破産手続開始の決定、⑥解散命令、解散判決。

3 清　算

　会社の法人格は、**解散によっては直ちに消滅はせず**、会社は清算手続に入り、その結了によって消滅します（476条）。

ファイナルチェック　基礎知識の確認

問題 1　株式会社は、その純資産額が 300 万円以上でなければ、剰余金の配当をすることができない。

問題 2　株式会社が定款を変更する場合、原則として株主全員の同意が必要となる。

問題1 ○ （458条、453条）　問題2 ✗ 原則として株主総会の特別決議ですることができる（466条、309条2項11号）。

本試験レベルの問題にチャレンジ！▶▶▶

Part 4 行政法

学習進度チェック

学習したChapterの日付を記入し、学習進度を確認しよう！

	学習予定日	日付①	日付②
Chapter 1 行政法総論	/	/	/
Chapter 2 行政組織法等	/	/	/
Chapter 3 行政作用法	/	/	/
Chapter 4 行政手続法	/	/	/
Chapter 5 行政救済法の体系	/	/	/
Chapter 6 行政不服審査法	/	/	/
Chapter 7 行政事件訴訟法	/	/	/
Chapter 8 国家賠償法	/	/	/
Chapter 9 損失補償制度	/	/	/
Chapter 10 地方自治総論	/	/	/
Chapter 11 住民の直接参政制度	/	/	/
Chapter 12 地方公共団体の機関	/	/	/
Chapter 13 地方公共団体の権能	/	/	/
Chapter 14 国と地方公共団体及び地方公共団体相互の関係	/	/	/

行政法は得意科目にしよう！

コツコツと覚えていこう！

もう一息！ラストスパートだ！！

よく頑張ったね！これで行政法マスターだ!!

行政法ガイダンス

本試験の傾向分析と対策

1 過去問データベース

		08	09	10	11	12	13	14	15	16	17	18	19	20	21	22
行政法の一般的な法理論	行政法総論	○	○	○	○		○		○			○		○	○	○
	行政組織法等	○	○				○		○	○		○	○			○
	行政作用法	○			○	○		○	○	○	○	○		○	○	○
行政手続法		○	○	○	○	○	○	○	○	○	○	○	○	○	○	○
行政救済法	行政不服審査法	○	○	○	○	○	○	○	○	○	○	○	○	○	○	○
	行政事件訴訟法	○	○	○	○	○	○	○	○	○	○	○	○	○	○	○
	国家賠償	○	○	○	○	○	○	○	○	○	○	○	○	○	○	○
	損失補償	○				○			○		○		○	○		○
地方自治法	地方自治総論		○			○		○					○			○
	住民の直接参政制度	○	○	○			○	○	○	○				○		○
	地方公共団体の機関				○	○		○	○		○		○		○	○
	地方公共団体の権能	○	○	○	○		○	○	○	○	○	○	○	○	○	○
	国と地方公共団体及び地方公共団体相互の関係	○				○					○					○

最新の試験対策は、伊藤塾のホームページやメルマガにて配信中

2 出題分析アドバイス

　行政書士の活躍の場が大きい行政手続法や行政不服審査法は重要性が高くなっています。特に行政手続法は、1994年の施行から25年以上経ち、その存在が重視されています。例えば、現在では、「パブリックコメント」という制度が、「意見公募手続等」として立法化されているなど、条文で諸々の手続が規定されているので、しっかりと条文知識を記憶する必要があるでしょう。また、行政法の一般的な法理論や行政事件訴訟法も同様に重要性が増しています。

　地方自治法に関しては、近年の出題傾向をみると、地方公共団体の機関、その中でも特に執行機関が、国と地方公共団体及び地方公共団体相互の関係、その中でも特に国と地方公共団体の関係が多く問われています。

合理的学習法

1 得点計画

　行政法を、行政法の一般的な法理論、行政手続法、行政救済法、地方自治法と分けてみていきます。

1 得点計画

　行政法の一般的な法理論と行政救済法をあわせた部分の合格戦略（必要正解数）は、択一式出題問題のうち **6〜7割** を得点することです。

　行政手続法の合格戦略は、**7〜8割** です。

　地方自治法の合格戦略は、**5割** です。確実に半分は正解してください。

　行政法全体でみれば、およそ **7割** となります。

　出題問題数からみれば、最も多い科目となるので、苦手科目としてはいけない科目の1つに挙げられます。

2 合理的学習法

a 行政法の一般的な法理論（行政組織法・行政作用法・行政救済法）

　　合格点を確保するためには、用語の定義や基本原理について、押さえておく必要があります。また、行政上の強制措置についてはほぼ1年ごとに出題されているので注意が必要です。

ガイダンス | **531**

b　行政手続法

　本試験では、条文の知識を問う出題がほとんどです。行政不服審査法や地方自治法との横断的な知識を問う問題なども出題されています。

　合格点を確保するためには、①処分に関する手続（申請に対する処分手続と不利益処分手続）、②行政指導に関する手続、③届出に関する手続、④命令等を定める手続の４つの手続について、条文を中心に整理し、基本的な事項をしっかりと覚えましょう。

c　行政救済法（行政不服審査法・行政事件訴訟法・国家賠償法・損失補償制度）

　行政不服審査法、行政事件訴訟法については条文を中心に、国家賠償法・損失補償制度については判例を中心に、学習する必要があります。また、行政不服審査法と行政事件訴訟法は密接に関連しているので、2013（平成25）年度でも比較問題が出題されており、セットで学習すると効率的です。

d　地方自治法

　内容的には、執行機関、国と地方公共団体の関係等の頻出事項を、過去問を中心に整理することが必要です。また、地方自治法には、憲法の条文と似ているものが多数あるので、憲法と比較しながら知識を整理していくと効率よく学習できます。

2　全体構造

1　行政法の一般的な法理論

　行政法を好きではない人の多くの理由は、このテーマに原因があります。行政法のテーマは抽象的な内容がほとんどです。そもそも行政とのやり取りを日常的に感じている人はあまり多くないでしょう。そのため、行政法はイメージしづらい科目といえます。ただでさえそうであるのに、更に抽象的な用語や定義が多く出てくるのです。

　さて、それではこのテーマを乗り切るためにどうすればよいでしょうか？　まず、具体的に考える、すなわち、具体例をイメージしていくことです。例えば、行政主体という言葉があった場合、自分が住んでいる都道府県や市町村をイメージしてみる。そして、役所の様々な部署から様々な手紙が届いたりして、都道府県や市町村という存在が自分に対して手紙を寄こしているのだと考えてみる。このようにしていくと、抽象的なものを抽象的なまま丸暗記せずにすみます。それから、テキストを見ながらでも構わないので、とりあえず早めに問題を解いてみることです。問題が解けるようになると苦手意識は薄らぐものです。

2　行政手続法・行政不服審査法・行政事件訴訟法

　これら３つの法律はぜひとも得意にしなければなりません。行政書士になった後にも、これらの法律で学んだ知識を活かすことにより、個別の行政法規の見え方は違ってくるはずです。

　いずれの法律も基本的には条文知識が大切です。そして、いずれも手続に関係する法律であるため、手続の時間の流れを意識して読んでいくことが理解のポイントになります。

　最初から細かいことまで覚える必要はなく、まずは大まかな手続の流れを頭に入れて、それから繰り返し条文を読んで、細かい内容を頭に入れていけばよいでしょう。別冊の「ハンディ行政書士試験六法」で、最も大事にしなければならないのがこの３つの法律です。

　なお、行政事件訴訟法では、判例が重要となる箇所（処分性・原告適格・訴えの利益）もあります。

　どのような法律であるかを簡単にイメージしておくために、代表的なシーンを紹介しておきます。

　許可や免許（以下「許認可」という）が必要とされる職業は様々あります。身近な職業でいえば、不動産屋（正確には宅地建物取引業者）を開業するためには、宅地建物取引業の免許を受けなければなりません。そして、これらの許認可を受けて事業を行っていた者が不祥事を起こしてしまった場合、最悪だと業界追放、すなわち、許認可を与えた行政庁によって許認可を取り消されてしまいます。

　それでは、このような取消処分を事業者の言い分を聞くことなく、一方的に行ってもよいのでしょうか？　当然、そのようなことは許されていません。取消処分をするためには、原則として処分の相手方に意見陳述の機会が保障されます。このような手続を聴聞手続といいます。このように、一定の処分をする際に必要となる事前の手続を規定しているのが行政手続法です。

　ところで、たとえ聴聞手続を経てなされた取消処分であっても、処分の相手方からしてみると、納得できないということもあるでしょう。そこで、このような場合に、処分の相手方がその処分の取消しを求めて争うことができる仕組みが設けられています。これが行政不服審査法や行政事件訴訟法です。

　すなわち、私たちは、行政によって不利益な処分がなされた場合、その処分の取消しを求めて、行政に審査請求をしたり（行政不服審査法）、裁判所に取消訴訟を提起すること（行政事件訴訟法）ができます。なお、この審査請求と取消訴訟の関係は、処分の相手方が原則として自由に選択でき、また両方同時に行うことも可能です。

Part
4

行政法

ガイダンス | 533

3 その他

　その他、国家賠償法、地方自治法が出題法令として明記されています。

　国家賠償法では重要判例を記憶していくことが大切です。国家賠償とは、先の取消処分を例にするのであれば、許認可を取り消されたため、事業を営むことができなくなり、会社に損害が生じたような場合に、処分をした国や公共団体を相手方として損害賠償請求を求めることをいいます。この損害賠償請求の要件などについて規定している法律が国家賠償法であり、要件の1つひとつに重要判例が複数存在します。

　一方、地方自治法は出題範囲がとても広いため、メリハリをつけて試験頻出テーマを学習していくとよいでしょう。

　自分が住んでいる都道府県や市（区）町村をイメージしてください。地方自治法は、そもそも都道府県とは何か、市（区）町村とは何か、それぞれどういう役割を担っているのかについて規定しています。その上で、都道府県や市（区）町村などの各地方公共団体には、地方議会や都道府県知事・市（区）町村長などが置かれていますが、これらの組織や運営に関する事項の大枠なども定めています。

　ところで、試験案内には明記されていませんが、公務員法（国家公務員法・地方公務員法）や損失補償が出題されることもあります。公務員法については試験で出題されやすい箇所を学習するとよいでしょう。損失補償は学習内容が少ないため、効率よく仕上げることができます。ただし、損失補償が出題されることはそれほどありません。

Chapter 1 行政法総論

重要度 B

イントロダクション　学習のポイント

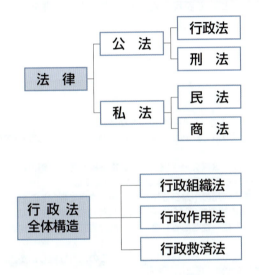

　行政法は行政書士試験の最重要科目です。この行政法の中でも、最初に勉強する行政法の一般的な法理論（Chapter 1〜Chapter 3）は、抽象的な概念が多く、なかなか理解しにくいところだろうと思います。抽象的な概念を丸暗記しても役に立たない知識になってしまいますから、具体例や図を利用してできる限りイメージを持ちながら勉強をしていくとよいでしょう。Chapter 1 では行政法総論を勉強しますが、大切な箇所は行政法の基本原理である法律による行政の原理と行政上の法律関係になります。

ベーシック　じっくり理解しよう！

1　行政と行政法

重要度 C

1　行政法とは

行政法とは、日本国で施行されている数多くの法律の中から、特に**行政に関する法律**をまとめて表現した言葉です。六法全書を開いても、「行政法」という1つの法律があるわけではありませんので、注意をしてください。

Festina lente

では、「行政」とは、どのようなものなんだろうか？
普段意識することはあまりないかもしれないけど、我々は、行政と多くの場面で接触しているんだ。
水道の供給、ゴミの収集、公営交通手段（バス、電車等）の運営等、行政の活動は多様で、それらなしに我々の生活は成り立たないとさえいえるね。
このような行政を「国家作用の中から立法作用と司法作用を控除したもの」と定義する控除説と、「法の下に法の規制を受けながら、現実具体的に国家目的の積極的実現を目指して行われる全体として統一性をもった継続的な形成的国家活動」と定義する積極説が、対立しているんだよ。
いずれの定義も一長一短あることに留意しつつも、このような難しい議論には深入りしないで、控除説を押さえておけばよいだろう。

2　行政法の分類

行政に関する法律は、次のように大きく3種類に分けることができます。
① **誰が**行政を行うのか ── 行政**組織法**
② 行政は**何を**行うのか ── 行政**作用法**
③ 行政によって不利益を受けた国民は**どのように救済**されるのか ── 行政**救済法**

1　行政組織法

行政組織法とは、誰が行政を行うのか、つまり、行政を営む組

織や機構に関する法律をまとめて表現した言葉です。内閣法、国家行政組織法、地方自治法等が、行政組織法にあたります。

これらは、国や地方公共団体の機関の設置、廃止、それぞれの機関が担当する事務の範囲等について定めています。[1]

2 行政作用法

行政作用法とは、行政は何を行うのか、つまり行政が実施すべき内容・権限に関する法律をまとめて表現した言葉です。警察官職務執行法や生活保護法等が、行政作用法にあたります。

3 行政救済法

行政救済法とは、行政活動によって不利益を受けた国民の救済方法に関する法律をまとめて表現した言葉です。行政救済法（行政救済制度）には、①行政不服申立制度、②行政事件訴訟制度、③国家賠償制度、④損失補償制度があります。

〈行政法の分類まとめ〉

```
  まず、組織する ────── 行政組織法

  次に、活動させる ────── 行政作用法

      ↑ 活動をフォロー

  活動が国民に損害を与え
  たときは救済する    ────── 行政救済法
```

3 行政法の基本原理

行政全般にわたる基本原理として、法律による行政の原理（法治主義）があります。

法律による行政の原理（法治主義）とは、国民の権利・自由を守るため、行政権の行使が、国民の代表である議会が制定する法律に基づいて行われることを要求する原理です。行政権の権力濫用から国民の権利・自由を守るための原理といえます。法律による行政の原理は、具体的には、行政活動は、現に存在する法律に違反してはいけないという原則（法律の優位の原則）や、ある種の行政活動を行うためには法律の根拠が必要であるという原則（法律の留保の原則）などを意味します。

---

[1]

■ **ポイント**

国や地方公共団体のために、機関が、その手足となって、職務を行います。

Part 4
■
行政法

Chapter 1
行政法総論

> **Festina lente**
> どういった行政活動に法律の根拠が必要であるかについては、学説の対立があるよ。この点、従来の通説を侵害留保説というんだ。この説によれば、国民の権利自由を制限するような行政活動を行うためには法律の根拠が必要となるよ。この他にも権力的作用については、法律の根拠が必要だとする権力留保説という考え方もあるんだ。基本的には、侵害留保説を覚えておくようにしよう！

2 行政上の法律関係

重要度 A

1 公法と私法

公法とは、国、又は地方公共団体とその構成員（国民、住民）との関係について定めた法律をいいます（憲法、刑法、訴訟法等）。

これに対して、私法とは、個人相互の私的生活関係について定めた法律をいいます（民法、商法等）。

この分類によれば、行政に関する法規は公法に属することになります。

2 公法と私法の適用場面

1 行政上の法律関係

行政と国民との法律関係を行政上の法律関係といいますが、この法律関係に私法が適用されるかが問題となります。この点については、個別判例が多く出ています。試験対策上は、個別の事例ごとに、私法が適用されたか否かという視点で記憶していくとよいでしょう。

2 問題となった判例

私法を適用したもの （又は適用の余地を認めたもの）	私法の適用の余地を 認めなかったもの
①現金出納の権限を有しない地方公共団体の長の借入金受領行為には、民法110条が類推適用される（最判昭34.7.14）。 ②公営住宅の利用関係には、民法及び借家法（現借地借家法）の適用がある（最判昭59.12.13）。*1 ③国の安全配慮義務違反に基づく債務不履行責任については、会計法30条の適用はなく、旧民法167条1項が適用される（最判昭50.2.25）。 ④租税滞納処分としての土地の差押えには、民法177条が適用される（最判昭31.4.24）。*2 ⑤地方議会議員の報酬請求権は、譲渡し得る（最判昭53.2.23）。 ⑥課税処分は、信義則の法理によって違法なものとして取り消され得る（最判昭62.10.30）。 ⑦独占禁止法19条に違反した契約の私法上の効力は、直ちに無効とはならない（最判昭52.6.20）。 ⑧公共団体の工場誘致施策が変更されたことによって損害を被った者は、信義則違反などを理由として、公共団体の不法行為責任を追及し得る（最判昭56.1.27）。	①防火地域内にある耐火構造の建築物の外壁位置について定める建築基準法65条の規定は、民法234条1項の適用を排除する（最判平元.9.19）。 ②生活保護法に基づき要保護者が国から生活保護を受ける権利は、財産的権利であるものの、他者に譲渡することはできず、相続の対象ともなり得ない（最判昭42.5.24）。

> **＊1 要チェック！過去問題**
> 公営住宅の使用関係については、公営住宅法およびこれに基づく条例が特別法として民法および借家法（事件当時）に優先して適用されるが、公営住宅法および条例に特別の定めがない限り、原則として一般法である民法および借家法の適用があり、その契約関係を規律するについては、信頼関係の法理の適用がある。
> ➡ ○（H22-10-2）

> **＊2 要チェック！過去問題**
> 租税滞納処分における国と相手方との関係は、一般統治権に基づく権力関係であるから、<u>民法の対抗要件の規定は適用されない</u>。
> ➡ ✗（H22-10-4改）

判例　租税法律主義と信義則の適用（最判昭62.10.30）

事案　Aは、承認を受けることなく、自己の名義で青色申告を行っていたが、特に注意されることなく税務署に受理されていた。しかし、数年後にこの青色申告の効力が否定され、更正処分がとられることとなった。

争点　公平性が重要視される租税法律関係において、信義則の適用によって個別に救済され得るか。

結論　租税関係については、原則として信義則の適用によって個別に救済されることはない。しかし、特別の事情が存する場合には、信義則の法理が適用され得る。

判例 会計法 30 条の消滅時効（最判昭 50.2.25）

事案 自衛隊員であるAは、自衛隊車両整備工場で車両の整備をしていたところ、同僚の隊員が運転する大型自動車にひかれて死亡した。そこで、Aの両親は、国に対し、安全配慮義務違反に基づく損害賠償を求めた。

争点 国が公務員に対する安全配慮義務を懈怠したために、公務員が生命・健康を害した場合、国に対する損害賠償請求権の消滅時効について、会計法 30 条（5 年）の適用はあるか。

結論 会計法 30 条の適用はなく、消滅時効期間は、旧民法 167 条 1 項による。

※ 会計法 30 条が金銭の給付を目的とする国の権利及び国に対する権利につき 5 年の消滅時効を定めたのは、国の権利義務を早期に決済する必要があるなど、主として行政上の便宜を考慮したことに基づくから。

ファイナルチェック　基礎知識の確認

問題 1 原則として、行政の活動が行われるためには、法律の根拠を必要とする。

問題 2 不文法が行政法の法源となることは少なく、不文法の中でも、判例法は法源となるが、慣習法や条理は法源とならない。

問題 3 建築基準法は、防火地域又は準防火地域内にある外壁が耐火構造の建築物について、その外壁を隣地境界線に接して設けることができる旨規定しているが、この場合、民法の境界線付近の建築制限の規定の適用が優先される。

問題 1 ○　**問題 2 ✕** 慣習法や条理も法源になり得ると考えられている。　**問題 3 ✕** 建築基準法の当該規定は、建物を建築する場合に境界線から 50cm 以上の距離を置くことを求めている民法 234 条 1 項の適用を排除するものとされる（最判平元 .9.19）。

本試験レベルの問題にチャレンジ！ ▶▶▶

Chapter 2 行政組織法等

重要度 B

イントロダクション　学習のポイント

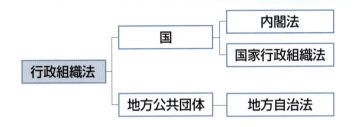

　行政組織法等では、**行政主体**と**行政機関**が大切です。定義は大切ですが、最初から定義を覚えようとするよりも、むしろ最初は具体例をもってイメージできるようにしていきましょう。そして、行政機関の種類を勉強する際は、それぞれの役割にも注目しましょう。
　また、**権限の代行**を勉強する際には、**権限の委任**と**権限の代理**の比較が重要です。比較をすることによってそれぞれの特徴が理解できるようになると思いますから、表を利用して違いを意識していきましょう。

ベーシック　じっくり理解しよう!

1 行政主体と行政機関

重要度 A

1 行政主体

1 意　義

　行政主体とは、行政を行う**権利と義務**を持ち、**自己の名と責任**で行政を行う団体をいいます。

2 種類

行政主体には、国と公共団体があります。公共団体の代表的な例としては「地方公共団体」があり、そのほかに特殊法人、独立行政法人などがあります。

なお、行政主体はすべて法人として扱われ、その機関（行政機関）の活動の効果はすべて行政主体に帰属します。

〈行政主体の種類〉

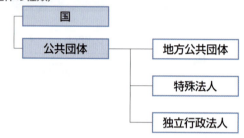

以下では、特殊法人、独立行政法人について説明します。

(1) 特殊法人

特殊法人とは、法律により直接に設立される法人又は特別の法律により特別の設立行為をもって設立すべきものとされる法人（独立行政法人を除く）をいいます。政府は、必要な事業を行う場合、その業務の性質が企業的経営になじみ、これを通常の行政機関に担当させても、各種の制度上の制約から能率的な経営を期待できないときなどに、特殊法人を設け、これに国家的責任を担保するに足りる特別の監督を行うとともに、できる限り経営の自主性と弾力性を認めて能率的経営を行わせます。[1]

(2) 独立行政法人

独立行政法人制度は、各府省の行政活動から一定の事務・事業を分離し、これを担当する機関に独立の法人格を与えて、業務の質の向上や活性化、効率性の向上、自律的な運営、透明性の向上を図ることを目的とする制度のことです。[2]

[1] ■参考データ
特殊法人は、抜本的な見直しが行われ、2022年4月現在では、33法人となっています。例えば、日本放送協会や、日本たばこ産業株式会社などがあります。

[2] ■参考データ
独立行政法人の例として、文部科学省所管の大学入試センター、国立美術館等があります。
また、独立行政法人は、中央省庁再編に伴い行政の効率化・スリム化を目的とした1999年の行政改革で設けられたものです。

Festina lente

　従来、国の行政活動である絵画等の芸術作品の展示は、文部科学省の一部である国立美術館が行っていたんだよ。

　このような仕事を従来より柔軟に行えるようにして質の高いサービスを提供するために、国から独立させた組織が独立行政法人国立美術館なんだよ。

2 行政機関

1 意　義

　行政機関とは、行政主体たる国や公共団体に効果を帰属させるため、**現実に職務を行う**機関をいいます。行政主体が、自己の名と責任で行政を行うといっても、国や公共団体そのものが行動することはできないので、行政機関が、国や公共団体の手足となって職務を行うのです。

2　行政機関の権限

（1）効果の帰属

　法律により、行政機関には一定範囲の権限と責任が割り当てられ、行政機関がその権限の範囲内において行う行為の**効果は行政主体に帰属**します。行政機関そのものには法人格がなく、また、国や公共団体の手足となって職務を行うにすぎないので、その行為の効果は、**行政機関には帰属しません。**＊3

（2）権限の尊重

　行政機関は、**他の行政機関が行った行政行為を**、原則として**尊重**しなければならず、これと矛盾した行為をとることは許されません。もっとも、他の行政機関が行った行政行為が明白に権限を踰越してなされたものであるときは、矛盾した行為をとっても構いません。明白に権限を踰越してなされた行政行為は、法律による行政の見地から、無効な行政行為と解すべきだからです。

3　種　類

　行政機関は、その有する権限に応じて以下のように分類されます。

（1）行政庁

　行政庁とは、行政主体の法律上の**意思を決定**し、これを**外部に表示**する権限を持つ機関をいいます。例として、各省大臣、

Festina lente

例えば、会社は法人だけど、会社自身が行為を行うことはできないよね。そこで代表取締役等の行為を会社の行為とみなして会社に効果を帰属させるんだよ。こんなふうに、法人に代わって行為を行うものを「機関」というよ。

Part 4
■
行政法

＊3

■ **ポイント**

例えば、行政機関である税務署長が課税処分を行うと、その効果は行政主体である国に帰属します。

Chapter 2
行政組織法等　**543**

都道府県知事、市町村長、独立行政委員会があります。

行政庁の意思決定の方法としては、独任制と合議制の2種類があります。*1*2

独任制	独任制とは、行政庁が**1人で意思決定**を行う制度をいう。**行政庁は独任制が原則**である。なぜなら、多種多様な行政需要に迅速に応え、かつ責任の所在を明確にするには、独任制が適しているからである。各省大臣、都道府県知事、市町村長等主要な行政庁は、いずれも独任制である。
合議制	合議制とは、行政庁が複数人で構成され、その**複数人が話し合いによって意思決定**を行う制度をいう。行政庁は独任制が原則であるが、**慎重さ**が要求される領域や**専門技術的な判断**を必要とする領域、**政治的中立性**が要求される領域においては、各界の有識者や利害関係人などの合議によって、公正な意思決定を担保する必要がある。したがって、このような領域では例外として合議制がとられている。合議制の行政庁の例として、独立行政委員会等がある。*3

（2）補助機関

補助機関とは、行政庁その他の行政機関の職務を補助するために、**日常的な事務を遂行**する機関をいいます。例として、法務省や文部科学省といった各省の局長・課長等が挙げられます。

（3）執行機関

執行機関とは、行政目的を達成するために、国民の身体や財産に対して**直接に実力を行使する**機関をいいます。例として、警察官、徴税職員等が挙げられます。

（4）諮問機関

諮問機関とは、行政庁から諮問を受けて**意見を述べる**機関をいいます。例として、法制審議会、中央教育審議会、社会保障審議会、情報公開・個人情報保護審査会などがあります。審議会の答申（意見）は、**行政庁を法的には拘束しません**が、しかし、最大限尊重されるべきものです。

また、諮問するか否かは、**原則として行政庁の自由裁量**によって決定されます。しかし、**例外として、法令で諮問が義務づけられている**場合もあります。*4

（5）参与機関（議決機関）

参与機関（議決機関）とは、行政庁の意思を**法的に拘束する**

＊1
■ ポイント

例えば、ある企業が独占禁止法に違反したか否かについて1人だけの判断に委ねるのは、公平の観点から疑問があります。このような場合には合議制が望ましいのです。

＊2
☑ 要チェック！過去問題

行政庁とは、行政主体の意思を決定し、これを外部に表示する権限を有する行政機関をいう。
➡ ◯（H21-9-ア）

＊3
■ 語句解説

独立行政委員会とは、内閣から独立した立場で行政権を行使する機関をいいます。政治的中立性が強く要求される職務を行うため、内閣から独立している必要があるのです。独立行政委員会の例として、人事院、公正取引委員会が挙げられます。

＊4
■ ポイント

原則は、諮問しなくてもよい。
例外として、法律によって諮問しなければならない場合あり。
例えば、「行政機関の保有する情報の公開に関する法律」（情報公開法）19条が例外です。

544 | Part 4
行政法

議決を行う行政機関をいいます。**権限が強化された諮問機関**と考えておけばよいでしょう。例として、電波監理審議会があります。なお、行政庁が、参与機関の議決を経ることを要求されているにもかかわらず、参与機関の議決を経ないで行政行為を行った場合には、当該行政行為は無効となります。

(6) 監査機関

　監査機関とは、行政機関の**事務や会計の処理を検査**し、その適否を監査する機関をいいます。例として、会計検査院があります。[5]

	意　義	具体例
行政庁	行政主体の法律上の意思を決定し、これを外部に表示する権限を持つ機関	各省大臣、都道府県知事、市町村長、独立行政委員会
補助機関	行政庁その他の行政機関の職務を補助するために、日常的な事務を遂行する機関	各省の事務次官、局長、課長、事務官等、副知事、副市町村長、会計管理者、部長、課長その他の一般職員
執行機関	行政目的を達成するために、国民の身体や財産に対して直接に実力を行使する機関	警察官、徴税職員
諮問機関	行政庁から諮問を受けて意見を述べる機関	法制審議会、中央教育審議会、社会保障審議会、情報公開・個人情報保護審査会
参与機関（議決機関）	行政庁の意思を法的に拘束する議決を行う機関（権限が強化された諮問機関）	労働保険審査会、公認会計士・監査審査会
監査機関	行政機関の事務や会計の処理を検査し、その適否を監査する機関	行政評価局、会計検査院

4　権限の代行

　法律による行政の原理から、行政機関の権限はそれぞれ法令によって定められており、その範囲内でのみ活動できるにすぎないのが原則です。しかし、病気や怪我等のため自ら権限を行使することができない場合や不適切な場合もあります。その場合には、

Festina lente

諮問が義務づけられている場合において諮問をせずに行った場合で、諮問の趣旨が利害関係人の保護にあるときは、諮問をせずに行った行政庁の意思決定は無効となるよ。諮問の趣旨が行政の便宜にある場合には、行政庁の意思決定は取り消すことができるにすぎないんだ。

[5]
■ ポイント

会計検査院は、行政庁でもあり、監査機関でもあります。

Part 4
■ 行政法

他の行政機関に、その権限の全部、又は一部を行使させる必要があります。これを権限の代行といいます。

権限の代行には、①権限の委任、②権限の代理、③代決（専決ともいう）があります。

（1）権限の委任

権限の委任とは、ある行政機関の権限の一部を、別の行政機関に委任して行使させることをいいます。権限を委任した場合、その部分について、委任した行政機関（委任機関—行政庁であることが多い）の権限はなくなります。つまり、ある行政機関の権限の一部を、そっくりそのまま他の行政機関（受任機関—多くの場合、行政庁の下級行政機関又は補助機関）に移してしまうのです。*1

法律上与えられた権限の所在を変えるのですから、権限の委任をするには、必ず法律上の根拠が必要となります。

また、誰に権限があるのかをはっきりさせるため、外部（国民）への公示（国民が一定の事項を知ることができる状態に置くこと）が必要となります。

なお、権限の全部、又はその主要な部分を委任することは許されません。権限を法定した意味がなくなるからです。

委任を受けた行政機関（受任機関）は、自己の名と責任でその権限を行使します。

委任機関は、原則として、受任機関を指揮監督することはできません。すでに、権限そのものが受任機関に移転しているからです。もっとも、委任機関が自己の下級行政機関に対して権限を委任した場合は、当該下級行政機関を指揮監督することができます。

（2）権限の代理

権限の代理とは、ある行政機関の権限を、別の行政機関が代理機関となって行使することです。

上述した権限の委任と権限の代理の最大の違いは、権限が移転するか否かです。権限の代理では、代理権を与えられた機関（代理機関—補助機関であることが多い）は、権限行使を代わりに行うにすぎません。権限は、あくまでも本来の行政機関（被代理機関—行政庁であることが多い）にあります。また、

*1
■ ポイント

権限の委任では、受任した行政庁がA庁だとすると、「A」という名で権限の行使を行います。一方、権限の代理では、例えば委任庁がBとすると、「Bの代理のA」として権限を行使することになります。

Part 4
行政法

代理機関は、代理行為を行う際には顕名（けんめい）（代理関係があることと、被代理機関がどこなのかを明示する行為）が必要です。

権限の代理には、①授権代理と②法定代理があります。

授権代理	授権代理とは、本来の行政機関からの授権に基づいて代理関係が発生し、代理行為を行うことをいう。授権をするための法律上の根拠は不要である。また、授権は権限の一部についてのみ行うことができる。そして、被代理機関は、権限行使に関して代理機関を指揮監督することができる。
法定代理	法定代理とは、行政機関が欠けたときや事故があったときに、法律の定めるところに従い、他の行政機関が本来の行政機関の権限を代理することをいう。授権代理とは異なり、被代理機関は代理機関を指揮監督することはできない。

〈権限の委任と権限の代理の比較〉

	権限の委任	権限の代理	
		授権代理	法定代理
権限の移転	あ　り	な　し	
法律の根拠	必　要	不　要	必　要
権限行使の方法	受任機関（自分）の名で行う。	顕名必要	
委任機関・被代理機関による監督	できない（ただし、受任機関が自己の下級機関である場合のみできる）	できる	できない

（3）代決・専決

代決・専決とは、法律によって権限の与えられた機関の権限を、補助機関が決裁することです。簡単にいえば、補助機関が、行政庁の印を公文書に押印して、案件を処理することで、事務処理上の便宜のためのものです。

5　権限の監督

行政組織は、全体として統一的な行政事務の処理を可能とするため、ピラミッド型の階層的な構成をとっています。そこでは、行政機関相互の意思や判断を統一するために、上下の関係においては指揮監督、対等関係においては協議といった手段が用いられています。*2

（1）指揮監督

指揮監督権限には、①監視権、②許認可権、③訓令・通達権

*2
■ ポイント

上級行政庁（例えば国税局長）が下級庁（例えば税務署長）に権限の委任を行うと、先にみたとおり、上級庁はその権限を失います。しかし、上級庁である以上、下級庁を指揮監督することは依然として可能です。

Part 4 行政法

Chapter 2
行政組織法等　547

（指揮命令権）、④取消・停止権、⑤権限争議決定権（裁定権）があります。これらの指揮監督権は、上級行政機関が下級行政機関の権限行使の適法性及び行政組織内部の意思統一を確保するための制度です。したがって、**一般国民を法的に拘束する効力はありません。**

監視権	監視権とは、上級行政機関が下級行政機関の実情を把握するために、その事務の執行を調査したり、事務の執行について報告をさせる権限をいう。
許認可権	許認可権とは、上級行政機関が下級行政機関に、あらかじめ権限行使について許可や認可を求めるよう要求する権限をいう。
訓令・通達権 （指揮命令権）	訓令とは、下級行政機関に対して行政行為の内容を指示するために上級行政機関が発する命令をいい、そのうち**特に書面の形式によるものを通達という。**上級行政機関は、**法律の根拠がなくても、**この訓令・通達権に基づいて下級行政機関を指揮監督することができる。
取消・停止権	取消・停止権とは、上級行政機関が、下級行政機関の違法、又は不当な行為を職権により取り消し、停止する権限をいう。上級行政機関は、**法律の根拠がなくても、**この権限を行使することができる。
権限争議決定権 （裁定権）	権限争議決定権とは、下級行政機関相互において権限の有無・範囲に争いがある場合に、上級行政機関がそれを解決する権限をいう。

（2）協 議

協議とは、**対等の関係にある行政機関の間**における意思統一の方法をいいます。同一の事項が、複数の行政機関の権限に関係する場合などに行われます。

法律上協議を義務づけられているにもかかわらず協議を経ないでなされた行政行為は、無効となります。

2　国の行政機関

重要度 **C**

2001年1月6日に、中央省庁はこれまでの1府22省庁から**1府12省庁**に再編されました。この中央省庁再編の目的は、こ

Festina lente

通達には国民を拘束する力はないんだよ。憲法の判例でも、通達の変更によって今まで非課税になっていたパチンコ台を課税物品に加えたとしても、通達の変更自体が憲法84条に違反するわけじゃないってこと。これは、憲法の勉強でもあるんだよ。

Part 4
行政法

れまでの官僚主導の政治を排し、**政治家主導の政治を実現**することにあります。つまり、内閣総理大臣の指導のもと、内閣機能を強化し、国民の視点に立った総合性と機動性のある政策の立案と実施を実現することにあります。

1 内閣と内閣府

1 内 閣

内閣とは、その長である内閣総理大臣と14人以内（特別に必要がある場合は3人増員できる）の国務大臣から構成される**合議機関**をいいます（内閣法2条）。内閣は、**行政権本来の主体**であり（憲法65条）、行政権の担い手として、政策の決定、行政各部の総合調整などを行います。

2 内閣府

内閣府とは、中央省庁再編に基づき、それまでの**総理府、経済企画庁、沖縄開発庁、金融再生委員会の4つを統合**して設置された機関をいいます。内閣府は、内閣に設置され、内閣の事務を補助します。また、内閣府にはその外局として、委員会や庁が置かれ、その例として、国家公安委員会、金融庁があります。内閣府は、別々になされている各省庁の政策を総合的に調整していく役割を担います。

2 その他の行政機関

行政権は内閣に属するといっても、すべての行政を内閣が処理するのは困難です。そこで、行政を実際に担っているのは、内閣の統括の下に置かれた各行政機関です。国の行政機関には、省、委員会及び庁があり、その**設置及び廃止は、別に法律（国家行政組織法）の定めるところ**によります。

> **Festina lente**
> ここでいっている「行政機関」は、前に説明した行政庁や諮問機関などとはちょっと意味が違うよ。ここでは、どっちかっていうと、日常用語に近い意味なんだ。大臣や職員とかから構成される組織体全体のことをいうと理解しておくといいよ。

Festina lente

なお、国務大臣の定数は、復興庁と東京オリンピック・パラリンピック競技大会推進本部が置かれている間は、16人以内（特別に必要がある場合は19人以内）とすることができるんだよ。

Part 4 ■ 行政法

Chapter 2
行政組織法等 **549**

〈国の行政機関〉

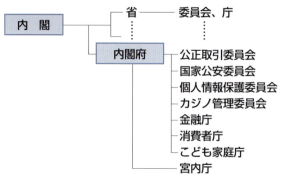

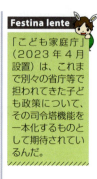

Festina lente
「こども家庭庁」（2023年4月設置）は、これまで別々の省庁等で担われてきた子ども政策について、その司令塔機能を一本化するものとして期待されているんだ。

省	委員会	庁
総務省	公害等調整委員会	消防庁
法務省	公安審査委員会	公安調査庁　出入国在留管理庁
外務省	―	―
財務省	―	国税庁
文部科学省	―	文化庁　スポーツ庁
厚生労働省	中央労働委員会	―
農林水産省	―	林野庁　水産庁
経済産業省	―	中小企業庁　特許庁　資源エネルギー庁
国土交通省	運輸安全委員会	気象庁　海上保安庁　観光庁
環境省	原子力規制委員会	―
防衛省	―	防衛装備庁

3 公　物

重要度 C

1 意　義

行政活動を行うには、様々な物的手段（要するに物）が必要と

なります。公物とは、行政主体により、直接に公の目的のために使用される有体物（存在が目に見える物）をいいます。公物の例に、消防車、パトカー、道路、河川、公園、庁舎等があります。

わざわざ物の種類として公物という概念を持ち込んだのは、その物についての責任者が誰であるのかを明確にさせるためです。例えば、公物に欠陥があったために国民が損害を被った場合、責任を負うのは行政主体ということになります（これに対して、普通の物の場合には、その物の占有者や所有者が責任を負います）。

2 分 類

公物は、様々な視点から分類することができます。例えば、使用目的の違いによって、①公共用物と、②公用物とに分けることができます。

公共用物*1	一般国民に使用される物
公 用 物*2	国や公共団体の内部の者によって使用される物

3 公物の取得時効

一般国民が公物を長期にわたって占有した場合、公物を時効取得できるかが問題となります。

この点について、判例は、公物について黙示の公用廃止が認められる場合に限って時効取得が認められるという判断を示しています（最判昭51.12.24）。

公用廃止とは、物が公物として供用されている場合に、供用を廃止することです。

4 公物の使用関係

公物の使用関係とは、公物の管理者と一般国民との間の公物の使用に関する法律関係をいいます。

1 公共用物の使用関係

公共用物は、もともと一般国民による自由な使用が予定されている物です。このことを前提にして、公共用物の使用関係は、①一般使用、②許可使用、③特許使用の3つに分類されます。

Festina lente

行政主体が所有している有体物が公物なのではないんだよ。国有地のように行政主体が所有している公物もあるけれど、国立美術館展示の私有の絵のように個人が所有している公物もあるんだよ。

Part 4 ■ 行政法

*1 ■ 参考データ
公共用物の例として、道路、河川、橋、公園等が挙げられます。

*2 ■ 参考データ
公用物の例として、官公庁舎（役所の建物）、公用車等が挙げられます。

Chapter 2
行政組織法等 **551**

一般使用[*1]	一般使用とは、許可その他の特別な行為を必要とすることなく、**誰でも自由**に公物を利用することが認められている場合の使用関係をいう。	
許可使用[*2]	許可使用とは、公物の使用が公共の安全や秩序に影響を及ぼすときなどに、その使用を**許可に基づかせる**場合の使用関係をいう。	
特許使用[*3]	特許使用とは、特定の人のために、**一般国民には許されない特別の使用を許す場合**の使用関係をいう。	

[*1] ■参考データ
一般使用の例として、交通のための公道の使用が挙げられます（公道は、もともと交通の用のため、一般国民の自由な使用が予定されています）。

[*2] ■参考データ
許可使用の例として、公道でデモ行進をするような、普通とは異なる使用を許す場合が挙げられます。

[*3] ■参考データ
特許使用の例として、電力会社が公道に電柱を立てる等、公共用物を継続的に使用する場合が挙げられます。

2 公用物の使用関係

公用物は、本来行政目的を実現するために供される物です。したがって、基本的にその利用関係は、行政の内部的規律の問題となるにとどまります。もっとも、**官公庁舎内の売店・食堂の設置・経営**等のように、公用物の本来の目的を妨げない限度で、公用物が一般国民の利用に供されることがあります。これを、**公用物の目的外使用**といいます。

ファイナルチェック　基礎知識の確認

問題1 諮問機関とは、審議会・調査会など、行政庁の諮問によって意見を述べる行政機関であり、諮問機関の意見は行政庁を法的に拘束する。

問題2 上級行政機関は、法律上の根拠がない場合であっても、外部に公示することにより、自己の権限の一部をその下級行政機関に委任することができる。

問題3 橋や道路は公共用物であるが、河川や湖などの自然は公共用物には該当しない。

問題1 ✗ 諮問機関の意見は行政庁を拘束しない。　**問題2 ✗** 権限の委任は、法律上の根拠が必要である。
問題3 ✗ 河川や湖等の自然も公共用物に該当する。

本試験レベルの問題にチャレンジ！ ▶▶▶

Chapter 3 行政作用法

重要度 A

イントロダクション 学習のポイント

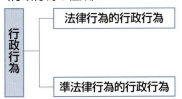

〈行政行為の種類〉

〈行政上の強制〉

　行政法の一般的な法理論の中心課題です。ボリュームのあるところですが、まずは行政行為を中心に勉強していきましょう。行政行為は、本テキストに掲載されている内容で見落としても構わない箇所はありません。その中でも特に重要になってくるのは、行政行為の種類、行政行為の効力としての公定力、無効と取消しの比較、職権取消しと撤回の比較です。行政行為の種類では、まず体系図を頭に入れて、それぞれの具体例をもって定義をイメージしていきましょう。また、無効と取消しの比較や職権取消しと撤回の比較はそれぞれの比較の表で整理をしましょう。行政行為以外の行政作用の中では、行政上の強制措置が重要です。

ベーシック じっくり理解しよう!

1 総説

重要度 C

　数多くある行政活動が、我々の権利・利益を侵害しないようにするためには、行政活動に関するルールを設ける必要があります。そのルールの集まりが行政作用法です。
　行政活動の仕方（形式）は多様ですが、中でも典型といえるものが、以下で説明する行政行為と呼ばれるものです。

2 行政行為

重要度 A

1 意義

　行政行為とは、行政が、法に基づき一方的に国民に働き掛けることで、国民の権利義務に変動を生じさせ、それによって行政目的を実現する行為をいいます。*1

　行政が行政目的を達成するためには、民法の世界のように、相手方である国民と対等の立場で交渉するのでは足りない場合が少なくありません。例えば、税金の徴収についていちいち国民と交渉していたのでは、滞納が頻発する危険があります。そこで、公共の利益実現のため、行政が一方的に行う行政行為という概念が必要となります。*2

*1
■ 参考データ
例えば、課税処分や、風俗営業の許可、公務員の罷免、土地収用の裁決等が行政行為に含まれます。

*2
■ ポイント
法律学における概念は、効果等の差異によって分類されます。そこで、分類を見たらそれがどんな差を生じるのかを意識して勉強すると理解が早まります。

2 行政行為の種類

1 法律行為的行政行為と準法律行為的行政行為

　法律行為的行政行為とは、行政庁が意思表示により望んだことと同様の法律効果が発生する行為をいいます。

　準法律行為的行政行為とは、単に行政庁が判断したことや認識したことを表示した場合に、法律が一定の法的効果を与える行為をいいます。意思ではなく、行為を捉えて直接法律の規定に基づき効果が発生する点が法律行為的行政行為とは異なります。

　法律行為的行政行為には、条件や期限等の附款を設けることができますが、準法律行為的行政行為にはこれを設けることができないという差があるので、分類の意味があります。

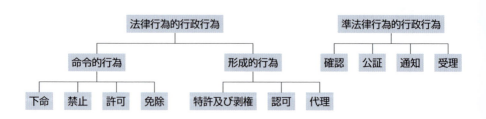

2 法律行為的行政行為（命令的行為と形成的行為）

Festina lente

例えば、自動車の運転は本来国民の自由に属する行為。実際、自動車が発明された当初はみんな勝手に道を走っていたんだ。ただ、運転の基礎ができていない人に運転させることは危険なことがわかってきたから、国民の自由の上にひとまず禁止の網をかぶせておき、運転免許を得た人に対してのみこの網を外して自由を回復してあげることにしたんだよ。これが命令的行為ってこと。

これに対して、発電所を営む事業などは国民生活全般に直結するから、国民の権利・自由に含めることはできないよ。これはもともと国が独占している権限なんだ。東京電力などは本来国民の自由ではない事業を行う権利を国から与えてもらっている。これが形成的行為ってこと。

(1) 命令的行為

命令的行為とは、行政庁が、国民に対して**義務を命じ**、また**逆に義務を除去する**行政行為の総称です。この命令的行為は、①下命、②禁止、③許可、④免除の4つに分けることができます。

a 下命

下命とは、国民に一定の行為をする義務を課す行為をいいます。*3

b 禁止

禁止とは、国民に一定の行為をしてはならない義務を課す行為をいいます。*4

c 許可

許可とは、禁止を解除する行為をいいます。例として、自動車の運転免許の付与、飲食店営業の許可があります。

d 免除

免除とは、下命を解除する行為をいいます。*5

〈命令的行為相互の関係〉

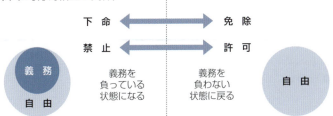

---

*3 ■参考データ
下命の例として、税務署長の課税処分があります。

*4 ■参考データ
禁止の例として、営業の停止命令、道路の通行禁止があります。

Festina lente
複数の許可の申請が競合する場合は、早い者勝ちになるんだよ（先願主義）。

*5 ■参考データ
免除の例として、納税義務の免除、児童の就学義務の免除等があります。

(2) 形成的行為

形成的行為とは、国民が**本来有していない**特別の**権利や法的地位などを与えたり奪ったりする**行為をいいます。命令的行為が人の自由を規律する行為であるのに対し、形成的行為は国民に対して新たに権利、能力を付与する等の行為です。この形成的行為は、①特許（剥権）、②認可、③代理の３つに分けることができます。

a 特 許（及び剥権）

特許とは、国民に対して特定の権利、又は法律関係を**設定する**行為をいいます（設権行為ともいう）。特許は行政庁の自由裁量行為です。例えば、内容の両立しない特許申請が重なった場合には、行政庁が**裁量で選ぶ**ことができます（**自由選択主義**）。*1*2

*1
■ 参考データ
特許の例として、河川の占用許可等があります。

*2
■ ポイント
許可の場合における先願主義と対比してください。特許は国が国民に権利を与えてあげるものだから、早い者順ではなく適切な人を選ぶのです。

Festina lente

例えば、道路は、皆で使うものだから、特定の人が独占的に利用することは、許されないはずだよね。けれども、道路に電柱や電話ボックスを設置するために道路の占用の許可（道路法32条の条文上は、「許可」となっているけど、「特許」にあたるよ）が出されると、その人だけが、独占的に利用することができるようになるんだよ。

一方、剥権とは、特許によって設定された**権利又は法律関係を消滅させる**行為をいいます。剥権の例として、河川の占用許可取消し等があります。

〈特許と剥権の関係〉

特　許　　←――――→　　剥　権
特殊な状態になる　　普通の状態に戻る

b 認 可

認可とは、第三者の行為を**補充して**その**法律上の効果を完成**させる行為をいいます。*3

第三者の行為　＋　認可　→　有効な法律行為となる
認可がないので無効

*3
■ 参考データ
認可の例として、農地の権利移転の許可等があります。

Festina lente

例えば、Aさんが所有する農地をBさんに売ろうとする場合、「売りましょう」「買いましょう」という合意だけでは足りず、原則として、農業委員会の許可（農地法3条の条文上は、「許可」となっているけれど、「認可」にあたるよ）があって初めて、売買契約の効力が発生するんだよ。

c 代 理

代理とは、行政主体が、他の法的主体がなすべき行為を代わりに行い、その結果として、他の法的主体が行ったのと同じ効果をもたらす行為をいいます。*4

*4
■ 参考データ
代理の例として、土地収用裁決等があります。

Part 4
■ 行政法

Festina lente

例えば、ある県が道路を作ろうとしたんだけれども、道路予定地の所有者であるAさんが、「土地は一切売りません」と主張している場合、県が収用委員会に収用裁決の申請をし、収用の裁決がなされると、県は、道路予定地を取得できることになるんだよ。

3 準法律行為的行政行為の分類

準法律行為的行政行為は、①確認、②公証、③通知、④受理の4つに分けることができます。準法律的行政行為は、行政の意思ではなく法律の規定によってその効果が生じます。

(1) 確 認

確認とは、特定の事実や法律関係の存否又は真否を確定する行為をいいます。判断の表示とも表現されます。*5

(2) 公 証

公証とは、特定の事実や法律関係の存否を公に証明する行為をいいます。認識の表示とも表現されます。*6

*5
■ 参考データ
確認の例として、選挙における当選人の決定、発明の特許等があります。当選の効果が生じるのは、行政の意思に基づくのではなく、公職選挙法の規定があるからです。

*6
■ 参考データ
公証の例として、行政書士の登録等があります。登録の効果が生じるのは、行政庁の意思に基づくのではなく、行政書士法の規定があるからです。

〈確 認〉

不確定の事実や法律関係 → 行政庁 → 行政庁によって確定された

〈公 証〉

すでに確定している事実や法律関係 → 行政庁 → 行政庁はこれを認識して公に（国民に）伝える

Chapter 3
行政作用法　**557**

（3）通　知

通知とは、相手方に特定の事項を知らせる行為をいいます。[1]

（4）受　理

受理とは、相手方の行為を有効な行為として受領する行為をいいます。受理の例として、各種申請の受理等が考えられます。

以上、行政行為の種類をみてきましたが、これらの区別は相対的であり絶対的なものではないことに注意が必要です。

> [1]
> ■ 参考データ
>
> 通知の例として、納税の督促（払えという催促）等があります。納税義務が生じるのは、行政の意思に基づくのではなく、税法の規定があるからです。

			意　義	具体例
法律行為的行政行為	命令的行為	下命	作為を命ずる行為	課税処分、違法建築物の除却（取壊し）命令
		禁止	不作為を命ずる行為	営業の禁止、道路の通行禁止
		許可	一般的な禁止を解除する行為	運転免許の付与、医師の免許の付与、質屋営業の許可、風俗営業の許可
		免除	作為義務を解除する行為	納税義務の免除、児童の就学義務の免除
	形成的行為	特許	特定の権利又は法律関係を設定する行為	公務員の任命、河川の占用許可、外国人の帰化の許可、公有水面埋立免許
		剥権	特許によって設定された権利又は法律関係を消滅させる行為	公務員の罷免、河川の占用許可取消し
		認可	第三者の行為を補充してその法律上の効果を完成させる行為	銀行の合併の認可、土地改良区の設立認可、農地の権利移転の許可、公共料金値上げの認可、河川占用権の譲渡の承認
		代理	行政主体が他の法的主体の行為を代わってすること	土地収用裁決、公共団体の役員の選任
準法律行為的行政行為		確　認	特定の事実や法律関係の存否又は真否を確定する行為	選挙における当選人の決定、発明の特許、市町村の境界の決定、土地収用事業の認定
		公　証	特定の事実や法律関係の存否を公に証明する行為	行政書士の登録、戸籍への記載、不動産登記簿への登記、犬の鑑札の交付、選挙人名簿への登録

| 準法律行為的行政行為 | 通　知 | 相手方に特定の事項を知らせる行為 | 納税の督促 |
| | 受　理 | 相手方の行為を有効な行為として受領する行為 | 各種申請の受理 |

3 行政行為の効力

1 効力の種類

　行政行為は、私人間における法律行為とは異なる特殊な効力を有しています。そのような効力には、①公定力、②不可争力、③自力執行力、④不可変更力がありますが、代表的なものが①公定力です。

　なお、これらの効力は、すべての行政行為に対して一律に認められるものではありません。

（1）公定力

　公定力とは、仮に違法な行政行為がなされた場合でも、それが無効な行政行為でない限り、取り消されるまでは有効な行為として扱われる効力をいいます。

　公定力を正面から認めた規定はありませんが、行政法関係の安定性の維持、国民の信頼保護の観点から認められる効力です。*2

（2）不可争力

　不可争力とは、行政行為がなされてから一定期間が経過すると、もはや国民のほうからその効力を、不服申立てや取消訴訟によって争うことができなくなる効力をいいます。*3

　行政行為は多くの人々に影響を与える行為であるため、早期にその効力を安定させる必要があります。その観点から認められる効力です。なお、行政庁自身は、職権で取り消すことができます。

---

*2

■ ■ ポイント

民法でも、例えば詐欺によって行われた意思表示（民法96条1項）は、取消権者によって取り消されるまでは有効と扱われます（同法121条参照）。

公定力と民法の詐欺による意思表示の効果との違いは、行政行為の場合、後に説明する取消訴訟という特別な訴訟によらない限り、裁判所もこれを有効とみなさなければならない点にあります。

*3

■ ■ 参考データ

不服申立てとは、行政庁に対して行政行為の見直しを求める手段であり、取消訴訟は裁判所に訴えることによって行政行為の効力を消滅させる手段です。

Chapter 3
行政作用法

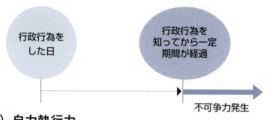

（3）自力執行力

　自力執行力とは、行政行為の内容を行政庁が自力で強制的に実現できる効力をいいます。例えば、いつまでも税金を支払わない者がいる場合には、行政庁は自分で取り立てることができます。この自力執行力は、行政目的を早期に実現するために認められる効力です。

　自力執行力は非常に強力な効力であり、行政権濫用のおそれがあるため、法律の根拠がある場合にのみ認められます。例えば、税金の取立ては、国税徴収法、地方税法によって自力執行力が認められています。行政代執行法も、自力執行力を認めた法律の１つです。*1

（4）不可変更力

　不可変更力とは、行政庁自身も、もはやその行政行為を取消し・変更できなくなる効力をいいます。審査請求における裁決などの準司法的な（裁判に似ている）行政行為にのみ認められる効力です。この効力は、紛争解決という目的を達成するために認められます。*2

　なお、裁判所は取り消すことができます（三権分立より）。

2　行政行為の効力発生時期

　行政行為の効力の発生時期は、法令が特段の定めをしている場合を除き、行政行為が相手方に到達した時です。

4 行政行為の瑕疵

　すでに述べた法律による行政の原理によると、行政活動は、現に存在する法律に違反してはいけませんでした。行政行為の内容が法律に定める要件に適合しない場合には、違法な行政行為となります。

　また、違法ではなくとも行政行為の内容が公益に反する場合に

Festina lente

例えば、10万円の課税処分を受けたAさんが、その課税処分は違法だと考えても、課税処分が有効であることを前提として10万円を納めなければならないんだよ。
10万円を取り戻すためには、取消訴訟を提起して、課税処分を取り消さなくてはならないんだよ。
このように、行政行為に公定力があるため、仮に行政行為が違法であっても、国民は拘束されることになるんだよ。

*1
■ポイント
行政行為自体も国民の権利義務に影響を与えるために法律の根拠が必要ですが、さらに、自力執行力が認められるためには特別の法律の根拠が必要になるのです。

*2
■語句解説
審査請求は、行政庁に対して行政行為についての不満を述べて、その是正を求める手続です。そして、その場合における行政庁の判断を裁決といいます。

は、不当な行政行為となる場合があります。

行政行為の瑕疵とは、このような行政行為の違法性・不当性の原因となる瑕疵をいいます。行政行為の瑕疵には、①行政行為を無効とする瑕疵と、②行政行為を取り消すことができるものにする瑕疵とがあります（それぞれの瑕疵について争い方が異なるので、このように区別する実益があります）。

1　行政行為を無効とする瑕疵

行政行為を無効とする瑕疵とは、違法性が強い瑕疵をいいます。この瑕疵により無効となった行政行為は、初めから全く効力を持ちません（特に**公定力がない**ことが重要）。したがって、裁判によるまでもなく効力を否定できます。

それでは、どの程度の瑕疵があると、行政行為は無効となるのでしょうか。この点について、判例は基本的に「重大明白説」を採用しています。

すなわち、無効な行政行為とは、①行政行為に内在する瑕疵が重要な法規違反であること、②瑕疵の存在が明白であることの2つの要件を備えている場合をいいます。

そして、ここで「瑕疵の存在が明白」について、判例は外見上一見明白説に立ちます。この立場によると、瑕疵の存在が明白であるといえるためには、処分成立の当初から、外形上、客観的に明白であることを指すものと解します。*3

〈無効な行政行為の例〉

行為者に関する瑕疵	強度の強迫等によって、行政庁に全く意思のないままなされた行政行為（ただし、詐欺や錯誤に基づく行政行為は無効ではない）
形式に関する瑕疵	書面による必要があるのに、口頭で済ませた行政行為
手続に関する瑕疵	議会（議決機関）の議決が義務づけられているのに、議決を経ないでなされた行政行為
内容に関する瑕疵	内容が不明確な行政行為

2　行政行為を取り消すことができるものにする瑕疵

(1) 意　義

行政行為を取り消すことができるものにする瑕疵とは、無効となるに至らない程度の瑕疵をいいます。取り消されると、行

Festina lente

無効となった行政行為には公定力がないということは、さっきの例でいえば、10万円の課税処分を受けたAさんは、取消訴訟を提起して、課税処分を取り消さなくても、10万円を取り戻すことができるということだよ。

Part 4
行政法

---

*3
要チェック！過去問題

処分に重大かつ明白な瑕疵があり、それが当然に無効とされる場合において、当該瑕疵が明白であるかどうかは、当該処分の外形上、客観的に誤認が一見看取し得るものであるかどうかにより決すべきである。
➡○(R2-9-1)

Chapter 3
行政作用法　561

為は最初に遡って無効となります。しかし、取り消されない限り無効とはなりません。この場合が先述した公定力のはたらくケースです。

（2）取消権者

取り消すことができるのは、正当な権限を持った行政庁、又は、裁判所です。したがって、瑕疵を争う者（瑕疵があることを理由に行政行為の取消しを望む者）は、行政庁に対する不服申立て又は裁判所での取消訴訟のどちらかを選ぶことになります。また、行政庁が自ら進んで取り消すこともできます（職権による取消し）。自分のミスを直すだけなので、職権による取消しをするための法律上の根拠は不要です。

（3）取消権の制限

行政行為によって利益を受けた者がいる場合（授益的行政行為がなされた場合）には、職権による取消しをすべきでない場合があります。かかる者の利益を保護するためです。もっとも、この場合でも公益上の必要性が高い場合であれば取り消すことができると考えるべきです。

〈無効な行為と取り消すことができる行為の比較〉

	無効な行政行為	取り消すことができる行政行為
瑕疵の程度	重大かつ明白	無効に至らない程度
行政行為の効力	な　し （裁判によるまでもなく効力を否定できる）	取り消されるまでは有効 （公定力より）
瑕疵を認定できる者	誰でも無効主張できる	行政庁　裁判所
瑕疵を争う方法	不　要 （効力が生じていないから）	不服申立て 訴訟による取消し 職権による取消し

3　行政行為の撤回

（1）意　義

行政行為の撤回とは、有効に成立した行政行為の効力を、その後に発生した新しい事情を理由として、将来に向かって消滅させることをいいます。[1]

*1
■ **ポイント**

撤回という用語は学問上使われるもので、法令の文言で、「取消し」となっているものを解釈によって

（2）撤回権者

撤回をすることができるのは、原則として**行政行為を行った行政庁**に限られます。撤回権は、処分権と表裏一体だからです。

上級行政庁（監督行政庁）は、特別の定めがある場合にのみ撤回できます。

なお、撤回をするための法律上の根拠は不要です。

（3）撤回権の制限

行政行為によって利益を受けた者がいる場合（授益的行政行為がなされた場合）には、撤回をすべきでない場合があります。かかる者の利益を保護するためです。もっとも、この場合でも公益上の必要性が高ければ撤回できると考えるべきです。実際にも、行政庁は、両利益を比較衡量して、撤回の当否を決定しています。

撤回とする場合が多いのです。例えば、運転免許の取消しは、行政法学では撤回にあたります。

		撤　回	取消し（職権取消し、争訟取消し）
共　通　点		法律上の根拠不要、原則として取消し・撤回は自由 （もっとも、利益を受けた者がいる場合には制限され得る）	
相違点	撤回又は取消事由の発生時期	後発的	原始的（初めから）
	権利の行使者	行政行為を行った行政庁のみ	正当な権限を有する行政庁 （行った行政庁と監督する行政庁） 裁判所（争訟取消しのみ）
	遡及効の有無	な　し （将来に向かってのみ）	あ　り

4　違法性の承継

例えば、違法な先行処分Aとそれに基づく後行処分Bがなされたとします。その際、Bの効力を否定する理由として、先行処分であるAが違法であることを挙げることは、原則としてできません。形式上は、それぞれ別個の行政行為だからです。

しかし、**先行処分と後行処分が連続した一連の手続**で、**同一の目的**を有している場合には、後行処分が先行処分の違法性を承継し、後行処分も違法となるため、このような主張が許されることになります。これが違法性の承継です。[2]

[2]
■ 参考データ

例えば、農地買収計画と買収処分は、土地取得という目的を実現するための一連の手続であるから、農地買収計画が違法であれば、その違法性は買収処分に承継され、買収処分も違法となります。

Chapter 3
行政作用法　**563**

5 瑕疵の治癒及び違法行為の転換

瑕疵ある行政行為は、本来は取り消され又は無効とされるべきです。しかし、法的安定性に配慮すべき場合もあります。そこで一定の場合には、瑕疵ある行政行為を、適法な行政行為として扱うことができると考えるべきです。判例でも認められているのが、①瑕疵の治癒と、②違法行為の転換です。

(1) 瑕疵の治癒

瑕疵の治癒とは、瑕疵ある**行政行為がなされた後**その瑕疵が修復され、**適法な行為になる**ことをいいます。

瑕疵が軽微で、治癒する利益がある場合等に認められます。

Festina lente

行為の当時は違法だとしても、後から違法だった原因がなくなる場合があるのだよ。例えば、農地を買収する計画に対して、不服の申立てがなされたとする。このときに不服申立てに対する裁決が出る前に、買収処分がなされると、買収処分はホントは違法なはずだね。

でも、その後に不服申立てに棄却裁決が出ると、結局は合法な買収計画だったことになるんだから、裁決の結果を待たずに買収が行われたっていうちっちゃな違法性は無視してもいい！

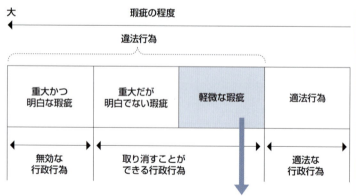

(2) 違法行為の転換

違法行為の転換とは、ある行政行為が違法ないし無効である場合に、その行政行為を**別の行政行為としてみたときに適法**であるならば、その**別の行政行為として扱うこと**をいいます。*1

■ポイント

*1
違法行為の転換とは、例えば、死者を名あて人として農地買収処分がなされ、買収令書をその相続人に手渡した場合には、その相続人を名あて人として処分がなされたものとみなして、適法と扱う場合等です。

5 行政行為の附款

1 意 義

行政行為の附款とは、行政行為の効果を制限したり、特別な義務を課すために、行政行為の**主たる内容に付加される、付随的な定め**をいいます。

附款は、行政行為の目的を達成するために付けられます。*2

*2
■ポイント

行政行為の附款とは、例えば、許可の内容が自動車の運転免許を付与するが、眼鏡をかけることとなっている場合は、自動車の運転免許を付与するという部分が主たる内容であり、眼鏡をかけることという部分が付随的な定め、すなわち附款です。

2 附款を付けることができる場合

附款は、法令が明文で定めている場合(法定附款という)はもちろん、行政庁の裁量が認められる**行為の場合**には、**明文の規定がなくても**行政庁の裁量の範囲内で付けることができます。これに対し、行政庁の裁量が認められない行為には付けることができません。

なお、附款はそれ自体が意思表示ですから、意思表示に基づく行政行為である**法律行為的行政行為にのみ付けることができます。準法律行為的行政行為には付けることができません。**また、行政目的達成に必要な最小限度でのみ付けることができます。*3

*3
■ポイント

法律行為的行政行為は、附款を付けることができる。
準法律行為的行政行為は、附款を付けることができない。

3 種 類

附款には、①条件、②期限、③負担、④取消(撤回)権の留保、⑤法律効果の一部除外の5種類があります。

(1) 条 件

条件とは、行政行為の効力の発生、消滅を、発生不確実な将来の事実にかからせる意思表示をいいます。条件のうち、事実の発生によって行政行為の効果が生ずるものを停止条件、行政行為の効果が消滅するものを解除条件といいます。[*1]

（2）期　限

期限とは、行政行為の効力の発生、消滅を、将来発生することの確実な事実にかからせる意思表示をいいます。[*2]

当該事実が発生するまでは、行政行為の効力が不確定な状態に置かれます。事実の発生によって効力が発生する場合を始期といい、効力が消滅する場合を終期といいます。

（3）負　担

負担とは、許認可等の行政行為に付加される意思表示で、相手方に特別の義務を課すものをいいます。

相手方が負担に従わなくても、本体たる行政行為の効力は消滅しません。[*3]

（4）取消（撤回）権の留保

取消（撤回）権の留保とは、許認可などの行政行為をするにあたって、許認可を取り消す（撤回する）権利を留保する旨の意思表示を付加することをいいます。[*4]

（5）法律効果の一部除外

法律効果の一部除外とは、行政行為をする際に、法令がその行政行為に認めている効果の一部を発生させないこととする意思表示のことをいいます。[*5]

[*1]
■ 参考データ
条件の例として、会社成立を条件とするバス事業の免許等があります。

[*2]
■ 参考データ
期限の例として、自動車運転免許の「○年の誕生日まで有効」という記述等があります。

[*3]
■ 参考データ
運転免許付与の際の眼鏡使用は負担の例です。

[*4]
■ ポイント
庁舎の中で売店を設置する許可をする際に、取消権を留保するのが通例となっています。

[*5]
■ 参考データ
法律効果の一部除外の例として、公務員に出張を命じて旅費を支給しない場合等が挙げられます。

	意　義	具体例
条　件	行政行為の効果を発生不確実な将来の事実にかからせる意思表示	「工事開始より通行止め」 （工事は必ず始まるとは限らないので、これは条件）
期　限	行政行為の効果を将来発生することの確実な事実にかからせる意思表示	「○月○日より通行止め」 （特定の日付は必ずやってくるので、これは期限）
負　担	許認可等の行政行為に付加される意思表示で相手方に特別の義務を命ずるもの	「自動車の運転免許を付与するが、眼鏡をかけること」 「道路の占用許可の対価として、占用料の納付を命じることができる」

取消・撤回権の留保	許認可等の行政行為をするにあたって、これを取消し・撤回する権利を留保する旨の意思表示を付加すること	「公物の占有を許可するが、○○の場合は許可を取り消す」
法律効果の一部除外	行政行為をする際に、法令がその行政行為に認めている効果の一部を発生させないこととする意思表示	「公務員に出張を命じて旅費を支給しない」

4　附款の瑕疵

　附款の瑕疵には、①附款が違法であるため取り消し得る場合と、②附款に強度の違法性があるため無効である場合とがあります。なお、附款が違法であるため取り消し得る場合であっても、取り消されるまでは一応有効なものとして扱われます。附款は、行政行為の一部であり、公定力を有するからです。

　なお、取り消す場合には、附款を含めた行政行為全体を取り消すこともできるし、**附款だけを取り消すこともできるのが原則**です。もっとも**本体である行政行為と不可分一体にある附款の場合**には、その附款がなかったら行政行為がなされなかったといえるので、**附款を含めた行政行為全体が違法**となります。したがって、この場合には全体を取り消さなければならず、附款のみを取り消すことは許されません。*6

*6
■ポイント
附款が違法であり、その附款と本体の行政行為とが不可分一体の関係にある場合には、附款のみの取消しを求める訴訟を提起することはできません。

不可分一体のときは本体が違法な附款に毒されてゆく……

3　行政裁量

重要度 A

1　行政裁量

　行政裁量とは、行政庁に認められる判断の余地をいいます。**効果裁量**のほか、**要件裁量**も認められます。また、**時の裁量**を認めた判例もあります。

判例 専門技術的判断と裁判所の審査（伊方原発訴訟）
（最判平4.10.29）

原子炉施設の安全性に関する判断は、専門分野の学識経験者等を擁する原子力委員会の科学的、専門技術的知見に基づく意見を尊重して行う内閣総理大臣の合理的な判断に委ねる趣旨と解する。

判例 小田急立体交差事業認可取消訴訟上告審
（最判平18.11.2）

都市施設の規模、配置等に関する事項を定めるにあたっての判断は、これを決定する行政庁の広範な裁量に委ねられている。

判例 懲戒権者による国家公務員に対する懲戒処分（神戸税関事件）
（最判昭52.12.20）

公務員につき、国家公務員法に定められた懲戒事由がある場合に、懲戒処分を行うかどうか、懲戒処分を行うときにいかなる処分を選ぶかは、懲戒権者の裁量に任されているものと解すべきである。

2 裁量権の逸脱・濫用

裁量権の逸脱とは、法の許容する裁量の範囲を超えることをいい、裁量権の濫用とは、法の許容する裁量の範囲内であっても法の趣旨に反して裁量権を行使することをいいます。

行政庁の裁量処分については、裁量権の範囲を超え又はその濫用があった場合に限り、裁判所は、その処分を取り消すことができます（行政事件訴訟法30条）。

判例 専門技術的判断と裁判所の審査（伊方原発訴訟）
（最判平4.10.29）

原子炉施設の安全性に関する判断の適否が争われる原子炉設置許可処分の取消訴訟における裁判所の審理、判断は、原子力委員会若しくは原子炉安全専門審査会の専門技術的な調査審議及び判断を基にしてされた内閣総理大臣の判断に不合理な点があるか否かという観点から行われるべきであって、現在の科学水準に照らし、当該調査審議において用いられた具体的審査基準に不合理な点があり、あるいは当該原子炉施設がこの具体的審査基準に適合するとした原子力委員会若しくは原子炉安全専門審査会の調査審議及び判断の過程に看過し難い過誤、欠落が

あり、内閣総理大臣の判断がこれに依拠してされたと認められる場合には、内閣総理大臣の当該判断に不合理な点があるものとして、当該判断に基づく原子炉設置許可処分は違法と解すべきである。

判例 小田急立体交差事業認可取消訴訟上告審
（最判平 18.11.2）

　裁判所が都市施設に関する都市計画の決定又は変更の内容の適否を審査するにあたっては、当該決定又は変更が裁量権の行使としてされたことを前提として、**その基礎とされた重要な事実に誤認があること等により重要な事実の基礎を欠くこととなる場合、又は、事実に対する評価が明らかに合理性を欠くこと、判断の過程において考慮すべき事情を考慮しないこと等によりその内容が社会通念に照らし著しく妥当性を欠くものと認められる場合に限り、裁量権の範囲を逸脱し又はこれを濫用したものとして違法となるとすべきもの**と解するのが相当である。

判例 懲戒権者による国家公務員に対する懲戒処分（神戸税関事件）
（最判昭 52.12.20）

　もとより、裁量は、恣意にわたることを得ないものであることは当然であるが、懲戒権者が当該裁量権の行使としてした懲戒処分は、**それが社会観念上著しく妥当を欠いて裁量権を付与した目的を逸脱し、これを濫用したと認められる場合でない限り、その裁量権の範囲内にあるものとして、違法とならないもの**というべきである。

　裁判所が懲戒処分の適否を審査するにあたっては、懲戒権者と同一の立場に立って懲戒処分をすべきであったかどうか又はいかなる処分を選択すべきであったかについて判断し、その結果と懲戒処分とを比較してその軽重を論ずべきものではなく、**懲戒権者の裁量権の行使に基づく処分が社会観念上著しく妥当を欠き、裁量権を濫用したと認められる場合に限り違法であると判断すべきもの**である。

Festina lente

　行政裁量に関する判例は、①行政裁量が認められるかどうか、②認められる場合、裁量権の逸脱・濫用にあたるかどうか、という流れになっているよ。もちろん、①の段階で行政裁量が認められないならば、裁量権の逸脱・濫用の話にはなりません。

4 行政上の強制措置

重要度 A

　行政主体は、行政上の目的達成のため、下命に代表されるように、国民に義務を課すことがあります。

　そして、その行政上の義務が履行されなかった場合、行政上の目的を達成することはできません。

　そこで、実効性を確保する手段として、①行政自身が、行政上の義務が履行された状態を**自力で強制的**に作り出す強制執行の制度、②行政上の義務を履行しなかったことに対する制裁としての行政罰の制度が用意されています。

　これらの制度は、1つの義務不履行に対して、どちらも行うことができます。例えば、行政罰のみでは目的を達成できないときは、行政上の強制執行をすることもできます。

　上記の手段とは異なり、行政上の義務不履行を前提としない手段として、③行政上の即時強制があります。[*1]

	行政上の強制執行	行政罰
共通点	法律上の根拠が必要 行政上の義務不履行を前提とする	
相違点	将来に向かって行政上必要な状態を実現する作用	過去の行政上の義務違反に対する制裁

1 行政上の強制執行

　行政上の強制執行とは、行政上の**義務が国民によって履行されないとき**に、行政自身が、履行された状態を**自力で強制的**に作り出す作用をいいます。行政行為で学んだ自力執行力のあらわれです。行政上の強制執行には、①代執行、②執行罰（間接強制）、③直接強制、④行政上の強制徴収の4つがあります。[*2]

*1 **要チェック！過去問題**
義務不履行者に対しては、行政強制、罰則の間接強制などによる実効性の確保が図られるが、統一的な仕組みが設けられているわけではない。
→ ○（H14-9-4）

*2 **参考データ**
行政権の行使について強力な手段が認められている以上、行政上の強制執行ができる場合には、民事上の強制執行をすることはできないとするのが判例です（最判昭41.2.23）。

Festina lente

日本では、原則として、自力救済が禁止されているから、借りたお金を返さない人に対して、貸主は、自力で強制的に取り返すことは許されず、裁判所に訴えて強制執行を行うんだよ。

これに対して、税金を払わない国民に対して、税務署は、行政上の強制執行によって、自力で強制的に徴収することが許されているんだよ。

それは、義務が履行されない状態を放置していたのでは、行政目的を円滑に実現できないからなんだ。

また、恣意的な運用を防ぐため、行政上の強制執行をするには法律上の根拠が必要だよ。

1　代執行

(1) 意　義

代執行とは、行政上の代替的作為義務（他人が代わってすることができ、かつ、一定の行為が必要な義務）を義務者が履行しない場合に、行政庁が自ら義務者のなすべき行為を行い、又は第三者にそれを行わせ、その費用を義務者から徴収する作用をいいます。

代執行に関する一般法として行政代執行法があります。前記の定義、義務の内容は行政代執行法2条が規定するものです。なお、代執行の対象とされる義務は、法律（法律の委任に基づく命令、規則及び条例を含む）により直接命じられ、又は法律に基づき行政庁により命じられたものでなければなりません。*3*4

(2) 要　件

行政代執行法に基づく代執行は、以下の4要件を満たす場合にすることができます（行政代執行法2条）。*5

①　法律、又は行政行為（命令）による作為義務があること
②　その義務が代替的作為義務であること
③　他の手段によってはその義務の履行が困難であること
④　その不履行を放置することが著しく公益に反すること

(3) 手　続（行政代執行法に基づく手続）

代執行は、相当の履行期限を定め、その期限までに履行がなされないときは代執行をなすべき旨を、あらかじめ文書で戒告しなければなりません（行政代執行法3条1項）。また、義務の履行がなされないときは、当該行政庁は、代執行令書をもって

---

*3
■ 参考データ

代執行の例として、違法な建築物があってその除去義務が課せられている場合、義務の不履行に対しては行政庁が自ら除去を行うことができ、それに要した費用を義務者から徴収できます。

*4
■ ポイント

代執行とは、行政庁自らが行うのであって、民事上の強制執行が裁判所によってなされるのと異なります。

*5
■ 参考データ

①不作為義務を代執行することはできません。
②義務は法律や命令によって具体的に課されたものである必要があります。したがって、庁舎で売店を設置する許可が取り消されたからといって、それだけで代執行が可能となるわけではありません。

Part
4
■
行政法

Chapter 3
行政作用法　**571**

代執行をなすべき時期、代執行費用の見積額等を義務者に通知します（同条2項）。

ただし、非常の場合又は危険切迫の場合において、当該行為の急速な実施について緊急の必要があり、**手続をとる暇がないとき**は、手続の一部が省略されます（同条3項）。

なお、代執行の実施の際には、執行責任者は、自分が執行責任者であることを示す証票（身分証明書等）を携帯しなければならず、その呈示を求められたときは、呈示しなければなりません（同法4条）。

〈手順〉

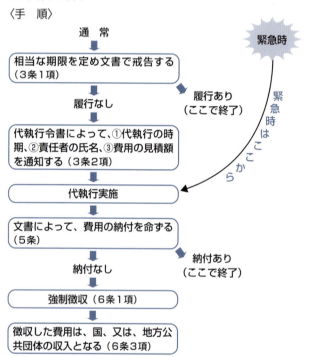

2 執行罰（間接強制）

執行罰とは、主に、**非代替的作為義務**（他人が代わって行うことができない義務）や**不作為義務**（○○してはいけないという義務）が履行されない場合に、行政庁が**一定の期限を示し**、その**期限内に義務の履行がなされないときには過料（金銭を支払う罰）を課す**旨を予告することで、義務者に心理的圧迫を加え、間接的

Festina lente
執行「罰」といっても、刑罰ではないよ。

に義務の履行を強制する作用をいいます。[1][2]

3　直接強制

　直接強制とは、義務者が義務を履行しない場合において、行政庁が義務者の身体又は財産に強制力を加えて義務の内容を実現する作用をいいます。

　直接強制は、私人の身体や財産に直接実力を行使する作用であるため、人権侵害の程度が極めて大きい作用です。したがって、現在直接強制を定めた一般法は存在せず、個別法でわずかに認められているにすぎません（例えば、成田空港の安全確保に関する緊急措置法3条1項、8項）。

4　行政上の強制徴収

　行政上の強制徴収とは、国民が税金などを納めない場合に強制的に徴収する作用をいいます。直接強制の一種で、金銭債権について特に簡易・迅速な方法を認めたものです。[3]

　国税の強制徴収に関する法律として国税徴収法があります。国税以外の金銭債権を強制徴収するためには、国税徴収法を準用する、といった規定が数多く置かれています。地方税法48条も国税徴収法を準用する旨の規定をしています。

2　行政罰

　行政罰とは、行政上の義務違反行為に対して科される罰則をいいます。

　行政罰は、過去の行政上の義務違反に対する制裁である点において、強制的な義務の実現である強制執行とは本質的に異なります（もっとも、行政罰には制裁を加えることで義務の履行を間接的に強制する機能もあります）。

　行政罰は、①行政刑罰と、②秩序罰の2つに分けられます。行政罰は法律あるいは条例の根拠がなければ科すことはできません。また、行政罰のうち秩序罰は、地方公共団体の長が定める規則によって定めることもできます。

　そして、二重処罰禁止の法理（憲法39条後段）も適用されます。したがって反復して同じ行政罰を科すことはできません。[4]

1　行政刑罰 [5]

　行政刑罰とは、行政上の重大な義務違反を犯罪として処罰する

---

*1
参考データ
現在、執行罰についての一般法は存在せず、砂防法36条に規定があるのみです。

*2
参考データ
執行罰はこれから履行をさせるための心理的圧迫を加えることが目的です。
これとは別に、これまで義務を怠っていたことに対する行政刑罰を科すことも可能です。

*3
ポイント
民法上、借りたお金を返さない人に対しては、自力で強制的に取り返すことは許されず、裁判所に訴えて強制執行を行います。これに対して、税金を払わない国民に対して、税務署は自力で強制的に徴収することが許されるのです。

*4
参考データ
税金の過少申告を行った場合に、秩序罰たる重加算税と行政刑罰（脱税の罪）を両方科すことは憲法39条の二重処罰には該当せず、許されるというのが判例です（最判昭45.9.11）。

*5
参考データ
行政刑罰の例として、営業停止処分に違反した者を、3年以下の懲役又は300万円以下の罰金に処すと規定している、食品衛生法71条の規定が挙げられます。

Part
4
■
行政法

Chapter 3　573
行政作用法

際に科される刑罰のことをいいます。その種類として、①懲役、②禁錮、③罰金、④拘留、⑤科料があります。

　行政刑罰の対象となる行為は犯罪行為ですから、刑法総則の規定（例えば、共犯の処罰方法の規定）が適用されます。また、刑事訴訟法の手続に基づいて裁判所が刑罰を科すことになります。

　行政刑罰は、実際の違反者のみならず、その使用者にも科される場合があります（両罰規定という）。法人も使用者として処罰される場合があります。

2　秩序罰

　秩序罰とは、犯罪に至らない、行政上の軽微な義務違反に対して科される罰則のことをいいます。秩序罰にあたる罰則は過料のみです。

　秩序罰は、国の法令に基づく場合には非訟事件手続法に従って裁判所により科され、条例や規則に基づく場合は地方公共団体の長が科します。*1

*1
■ 参考データ

例えば、戸籍法では、出生の届出は14日以内にしなければならず（戸籍法49条1項）、正当な理由がなく怠った者は、5万円以下の過料に処せられる（同法137条）とされています。これが秩序罰の例です。

		行政刑罰	秩序罰
共　通　点		行政上の義務不履行に対して科される制裁 反復して科すことはできない（執行罰と異なる）	
相違点	対　象	重い義務違反 （例：不衛生食品の販売）	軽い義務違反 （例：届出義務の不履行）
	規定できる法規範	法律、条例	法律、条例、地方公共団体の長が定める規則
	刑法総則の適用	あ　り（犯罪だから）	な　し
	手　続	刑事訴訟手続によって科される	国の法令に基づく場合には非訟事件手続法に従って裁判所によって科され、条例や規則に基づく場合は地方公共団体の長によって科される
	処罰内容	懲役、禁錮、罰金、拘留、科料	過　料

3　行政上の即時強制

　行政上の即時強制とは、あらかじめ義務を命ずる余裕のない急

迫の障害が存在するような場合に、**義務を命ずることなく直ちに国民の身体や財産に規制を加え、行政上必要な状態を作り出す**作用をいいます。*2

　行政上の即時強制は、国民の身体や財産に対する重大な侵害行為です。したがって、憲法上の令状主義が適用され得るし、行政目的達成のための必要最小限度においてのみ認められます。また、法律上の根拠がなければすることができません。消火活動の場合には、消防法29条と30条がその根拠となっています。*3

	行政上の強制執行	行政上の即時強制
共通点	法律上の根拠が必要 将来に向かって行政上必要な状態を実現する作用	
相違点	行政上の義務不履行を前提とする	行政上の義務不履行を前提としない

> *2 **要チェック！過去問題**
> 義務の不履行があった場合、直接に義務者の身体や財産に実力を加えることを即時強制という。
> → ✗ (H21-10-2)

> *3 **参考データ**
> 例えば、火災の場合には、消防機関は、公共の安全を守るために、国民の財産に対して有無を言わさずに放水し、消火に努めるとされています。これが、行政上の即時強制の代表的な例です。

5　その他の行政作用

重要度 C

1　行政立法

1　意　義

　行政立法とは、**行政機関**が**法規範（ルール）を作ること**をいいます。行政立法には、①**法規命令**と、②**行政規則**の2種類があります。

　ルールを作る機関といえば国会が思い浮かびますが、現代の行政活動は広範かつ専門的になってきているため、行政活動全般にわたって国会がすべてのルールを作らなければならないとすると柔軟性に欠け、かえって国民の利益となりません。

　そこで、行政機関が、自ら法規範を作る必要が生じるのです。

　ただし、憲法41条は、**国会に立法権を独占**させているので、国民の権利義務にかかわる法規範を作るには、必ず国会の関与を要します。すなわち、法律の委任がなく、行政機関が独自に国民の権利義務にかかわる法規範を定立することはできないのです。

そのため、行政立法の規定内容が法律による委任の範囲を越えた場合、その部分は無効となります。

2 法規命令

法規命令とは、行政機関が定立する法規範のうち、**国民の権利義務に直接かかわる**ものをいいます。

法規命令はさらに、①**委任命令**と、②**執行命令**の2つに区別されます。

(1) 委任命令

委任命令とは、国会の委任に基づいて国民の権利義務を規制する命令をいいます。手続ではなく**実体的**なルールを定める命令です。委任命令を作るには、**法律によって個別的かつ具体的な委任がなされていなければなりません**。

つまり、いわゆる白紙委任・包括委任（何ら条件を付けずに一切を任せること）は許されません。

なお、個別的かつ具体的な委任があれば、委任命令において罰則を設けることもできます。

(2) 執行命令

執行命令とは、法律を執行するために**必要な手続について**定める命令をいいます。新たに国民の権利義務を規制する法規範を作るわけではないので、執行命令を定めるには、**法律による個別的・具体的な委任は不要**です。なお、地方公共団体における法律の執行は、議会が制定する条例や、その長が定める規則によっても行うことができます。

3 行政規則

行政規則とは、行政機関が作る法規範のうち、国民の権利義務にかかわるものではなく、単に**行政機関内部でのルール**にすぎないものをいいます。行政機関内部でのルールにすぎないため、行政規則を定めるには、法律の根拠は不要です。

> **Festina lente**
>
> 　行政規則は、学問上の概念で、訓令や通達等様々な名称が付されているんだよ。
> 　「通達行政」という言葉からもわかるように、現実の行政において、通達の果たす役割は重要なものになっているんだよ。

2 行政計画

　行政計画とは、行政機関が公共事業その他行政活動を行うに先立って、その方向性を定めることをいいます。

　行政計画は、実行前の、単なる行政の内部的な取り決めにすぎません。したがって、行政計画は、原則として取消訴訟の対象となりません。もっとも、行政計画には、その内容次第で我々の生活に大きく影響する場合があります。*1

> **Festina lente**
>
> 　行政計画の具体例として、国における防災基本計画、都道府県及び市町村における地域防災計画が挙げられるよ。

3 行政契約

　行政契約とは、行政主体が一方当事者となって、国民と対等な立場で締結する契約をいいます。

　行政契約は、当事者の意思表示の合致によって締結されます。国民にとって嫌であれば契約を結ぶ必要はないので、行政契約を締結するための法律上の根拠は不要です。*2

4 行政指導

　行政指導とは、行政機関が行政目的を達成するために助言や指導、勧告といった手段で国民に働き掛けてその任意の協力を求め、国民を誘導して行政機関の欲する行為をなさしめようとする作用をいいます。

　行政指導は相手の任意の協力を得て行政目的を達成する手段ですから、行政指導をするための法律の根拠は不要です。

　なお、現実には、行政側が有する許認可権限や補助金交付権限

Part 4

■ 行政法

*1
■ **参考データ**

行政計画そのもの（都市再開発法に基づく市街地の再開発計画に関する事例）に対する取消訴訟を認めた判例もあります（最判平4.11.26）。これは市街地の再開発計画の決定が、宅地の所有者の法的地位に直接的な影響を及ぼすことを根拠にしています。

*2
■ **参考データ**

例えば、役所で用いられている多くの物品は、売買契約によって購入されています。また、空港やダムの建設のために必要な土地の多くも、土地収用という強制的な手段ではなく、売買契約によって取得されているのが現実です。

Chapter 3
行政作用法

等を背景に、相手が従わざるを得ない行政指導がなされる場合も多くあります。それが行政指導に対する法的規制が必要とされる理由であり、行政手続法第4章（32条以下）でその適正化を図っています。

行政指導は学問上、①規制的行政指導（例えば違法建築物に対する改修勧告）、②調整的行政指導（例えば建築主と近隣住民との間のマンション建築に関連するトラブルの調整）、③助成的行政指導（税務相談）に分類されます。

5 行政調査

1 意 義

行政調査とは、行政機関が行政目的を達成するために必要な情報を収集する作用をいいます。例えば、具体的な税務処分をする目的で行う税務調査などがこれにあたります。

行政調査の行為類型には、国民との関係において、①刑罰によって実効性が担保されるもの、②物理的な実力行使が可能なもの、③単純な事実行為（任意調査）などがあります。

2 法律の根拠の要否

①　罰則等を設けるときは法律の根拠が必要
②　実力行使が認められるためには法律の根拠が必要
③　任意調査については、法律の根拠が不要

もっとも、任意調査は無制限に許されるわけではなく、必要性、緊急性などを考慮し、具体的状況のもとで相当と認められる限度において許容されます（所持品検査：最判昭53.9.7）。

3 行政調査と犯罪調査

行政調査によって得た資料を犯罪捜査のために用いることはできません。

これに対して、犯罪調査によって得た資料を行政行為等のために用いることはできます（判例）。

4 行政調査の手続

行政調査に令状主義（憲法35条）等の適用が及ぶかについて、刑事責任追及を目的とするものでないとの理由のみで、その手続における一切の強制が当然に憲法35条による保障の枠外にあるとはいえませんが、調査の目的や性質などにより、令状を要件と

しなくても憲法35条に反しない場合があります（川崎民商事件：最大判昭47.11.22）。

ファイナルチェック　基礎知識の確認

問題1　特許とは、特定の権利又は法律関係を設定する行為をいい、権利などの設定は、行政庁の裁量とされている。したがって、内容の両立しない特許申請が重なった場合には、行政庁が裁量で誰に権利などを設定するかを選ぶことができる。

問題2　公定力とは、仮に違法な行政行為がなされた場合でも、取り消されるまでは有効な行為として扱われる効力をいい、その瑕疵の程度にかかわらず、すべての行政行為に認められる効力である。

問題3　道路交通法に基づく自動車運転免許を受けた者が酒気帯び運転等の道路交通法に違反する行為をしたことを理由として、この者の運転免許を取り消す処分は、行政法学上、「撤回」にあたる。

問題4　運転免許証の「免許の条件等」の欄に「眼鏡等」との記載がある場合、この記載は、行政法学上の附款のうち、「条件」と呼ばれるものである。

問題5　営業停止処分を受けたにもかかわらずなお営業を続けている者に対しては、当該営業を停止させるための手段として、行政代執行法による代執行を用いることができる。

問題1 ○　**問題2 ✗**　行政行為の瑕疵の程度が重大かつ明白である場合は、その行政行為は無効となり、初めから全く効力を持たない。　**問題3 ○**　**問題4 ✗**　附款のうち、「負担」と呼ばれるものである。　**問題5 ✗**　営業を停止する義務は、代替的作為義務ではない。

本試験レベルの問題にチャレンジ！ ▶▶▶

Chapter 4 行政手続法

イントロダクション　学習のポイント

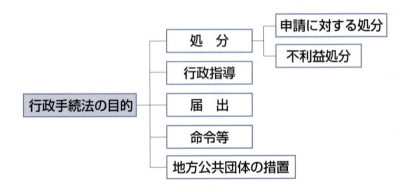

　行政手続法は条文がとても大切です。本書を読み進めていく際も、条文を逐一確認しながら勉強していきましょう。
　行政手続法は、一定の行政作用を行うために必要となる事前の手続を一般的に定めています。一定の行政作用とは具体的には、申請に対する処分、不利益処分、行政指導、届出、命令等です。
　どの手続もしっかりと勉強しなければなりませんが、特に不利益処分（その中でも、不利益処分をするために必要となる意見陳述手続としての聴聞）と命令等が大切です。
　また、行政手続法は、その法律の中で行政手続法を適用しない行政作用についても規定しています。これを適用除外といいますが、この適用除外もよく出題されます。ただし、最初のうちは行政手続法の手続をしっかりと勉強すべきであるため、適用除外については、一通り勉強が終わってから、記憶項目として覚えていくようにするとよいでしょう。

ベーシック じっくり理解しよう！

1 全体構造

重要度 A

1 目 的 (1条1項)

法の目的	①行政運営の公正の確保・透明性の向上
	②国民の権利利益の保護 *1

　行政運営が不正になされ、その結果国民の権利・利益が害される場合、不服申立てや訴訟提起という手段によって対抗することができます。しかし、事が起きてしまった後で間違いを正すという手段（事後的是正手段）のみでは国民は満足できません。

　そこで、**行政手続がなされる過程にも法律のコントロール**を及ぼすことが重要になってきます。これまでも実際の事件を解決するために判例が行政手続法理を明らかにする場合もありましたが、一般的な法律を定めてコントロールの具体的な内容を明確化・統一化することが期待されていました。このような要請に応えるために1993年に制定されたのが行政手続法です（施行は1994年）。

> *1 要チェック！過去問題
> 行政手続法は、行政運営における公正の確保と透明性の向上を図り、もって国民の権利利益の保護に資することを目的とする。
> → ○ (H21-12-2、H29-11)

Festina lente
　例えば、今なら近隣地域にライバルの自動車分解整備事業者がなくビジネスチャンスがあるという場合。行政庁の許可がすぐには下りず、裁判の決着が数年後になってしまうと、その間に他店ができちゃって、固定客を取られてしまうね。この場合、事後的に助けてもらっても、あんまり意味がない。それだけに、ハナから間違った処分を防ぐに越したことはないよ。

2 行政手続法の対象となる行政作用 (1条2項)

　行政手続法は、当初、行政立法を対象としていませんでしたが、行政立法についての手続的規律の重要性が指摘されるところとなりました。

　そこで、行政手続法改正法案が、2005年3月に国会に提出され、2005年6月に可決、成立し、公布されました（なお、改正

法は2006年4月1日より施行されています)。

2005年に改正された行政手続法の適用対象となる行政作用は、①**処分**（申請に対する処分、不利益処分）、②**行政指導**、③**届出**、④**命令等**です（1条2項）。*1*2

行政行為の発動の前段階にある重要な行政作用である行政計画や、行政指導と並んで非権力的な行為形式の1つである行政契約、行政作用の実現手段である行政強制等については、行政手続法は適用されず、今後の検討課題となっています。

なお、処分、行政指導、届出、命令等に該当する行為であっても、一定の類型については、行政手続法が適用されないものがあることに注意が必要です（3条、4条）。

*1
■ 語句解説
処分とは、行政庁の公権力の行使にあたる行為をいい、ほぼ行政行為に相当します。

*2
■ ポイント
行政手続法は、適用対象として、行政立法という学問上の用語を用いることなく、「命令等」とし、定義規定である2条8号の中で、これを具体化しています。

2　申請に対する処分

重要度
A

申請とは、法令に基づき、行政庁の許可、認可、免許その他の自己に対し何らかの**利益を付与する処分を求める行為**であって、当該行為に対して**行政庁が諾否の応答をすべき**こととされているものをいいます（2条3号）。*3

申請に対する処分の手続は、

（認可その他）

又は、

という過程をたどります。

*3
■ 参考データ
例えば、バスやタクシー等の一般旅客自動車運送事業を営もうとする場合、行政庁から許可を受けなければなりません。許可を受けるためには許可申請を行う必要があります。

Festina lente

ここで、申請に対する処分によって、国民が迷惑を被るパターンを推理してみよう。こんなことが思いあたるんじゃないかな？
①申請したのに受理されない。
②受理はされたが、いつまでたっても審査がなされない。
③審査基準がなく、行政庁の独断で不公平な判断がなされる。
④審査基準は行政庁内部には存在するが、公開されていないため基準自体が適正か否か、あるいは審査にあたって審査基準が実際に遵守されたか否かわからない。
⑤審査の理由が明らかでなく、不服を申し立てるにも何を主張していいかわからない。

行政手続法は、まさにこのような事態を防止するための規定を置きました。以下では条文の順序には従わず、前記 Festina lente の①～⑤までのイメージを軸に説明します。

1 申請に対する審査と応答 (7条)

申請がなされたにもかかわらず、行政庁がこれを「受理」しない運用がなされることがこれまで少なくありませんでした。

そこで、法は「受理」概念を否定し、申請が到達しただけで、行政庁の何らかの意思表示を経ることなく、行政庁に形式・内容の審査義務が発生することを明確にしたのです。

もし、申請に形式的な不備がある場合には、「ここを直して提出してください」とすることもできますし（補正）、あるいは申請を不適法として許認可を拒否することもできます。しかし、受理しないという処理はできないのです。これにより、いつまでも宙ぶらりんでおかれるよりも国民の保護につながります。*4*5*6

2 標準処理期間 (6条)

申請が到達し審査がなされ得る状態になったとしても、審査の期限がはるか先というのでは、国民の利益の保護にはなりません。そこで、行政庁に申請してから処分を下すまでの標準的な期間（標準処理期間）を定める努力義務を課しました。

ここに標準処理期間とは、許認可等について応答をするまでに通常要すべき標準的な期間のことをいいます。これには行政庁が行う事前指導期間は算入されません。

また、標準処理期間を設定した場合は、それを公にしておかなければなりません（法的義務）。期間を遵守したか否かが明らかとなるようにするためです。*7

3 審査基準 (5条)

申請に対する諾否を行政庁の勝手な裁量の下に置くなら、独断的で不公平・不公正な判断がなされる危険が大きくなります。そこで、行政庁は審査基準を定めなければならないこととされました。

審査基準とは、申請により求められた許認可等をするかどうかをその法令の定めに従って判断するために必要とされる基準をいいます。

---

*4
■ ポイント

行政不服審査法における審査請求の場合、形式の不適法については、補正を命じなければなりません（行政不服審査法23条）。ここに行政手続法7条との違いがあります。

*5
■ 参考データ

申請に不備がなければ
↓
速やかに審査

申請の形式の不備等
↓
速やかに補正を求めるか、許認可の拒否

*6
☑ 要チェック！
過去問題

許可申請書の記載に形式上の不備があった場合については、知事は、期限を定めて申請者に補正を求めなければならず、直ちに申請を拒否する処分をすることは許されない。
➡ ✗（H24－11－5改）

*7
■ ポイント

標準処理期間を定める努力義務
↓
いったん定めた期間を公表する法的義務

審査基準を定めるにあたっては、当該許認可などの性質に照らして**できる限り具体的**なものとする必要があります。抽象的な基準では解釈の余地が大きくなり、結局、行政庁の審査の独断性を排除することができなくなるからです。

そして、行政庁は、行政上特別の支障があるときを除き、法令により当該申請の提出先とされている機関の事務所における備付けその他の適当な方法により審査基準を**公にしておかなければなりません**。このように審査基準が設定、公にされていると、行政庁の判断過程の透明性が確保され、また予見可能性が高まるとともに、不公正な取扱いを防止することができるからです。*1

4 理由の提示 (8条) *2

行政庁が処分の理由を明らかにすることは、行政庁の判断を慎重にさせ、公正の確保につながります。また、不服申立てにおける争点や、再申請の際に補正すべき点を申請者に明示することにもなります。そこで、申請により求められた許認可等を拒否する処分をする際の、理由の提示を義務づけました。ただし、数量的な基準に明らかに適合しない場合は、申請者の求めがあったときを除いて理由を明示する必要はありません。

なお、申請により求められた許認可などを拒否する**処分を書面でする場合**には、処分の理由も**書面**で明確に示す必要があります。

5 情報の提供 (9条)

9条は審査の透明化を図るために設けられた規定です。1項で申請後の審査の状況に関する情報、2項で申請に必要な情報の提供についての規定を設けています。

6 公聴会の開催等 (10条)

審査に際して、処分について利害関係を有する者の利益を考慮して、許認可を決定すべきことが法律で定められていることがあります。そこで、そのような場合に公聴会等の方法で利害関係者の意見を聴き、情報を収集する機会を設ける**努力義務**を行政庁に課しました。*3

*1
■ **ポイント**

具体的な審査基準を、
↓
①定めて（法的義務）
↓
②公表する（法的義務）

*2
☑ **要チェック！過去問題**

申請により求められた許認可等を拒否する場合において、申請者に対する理由の提示が必要とされるのは、<u>申請を全部拒否するときに限られ、一部拒否のときはその限りでない。</u>
➡ ✗ (R1-13-エ)

*3
■ **参考データ**

鉄道事業法の料金認可に際して、旅客の利益を考慮する場合等が挙げられます。

7 複数行政庁の関与 (11条)

11条は複数の行政庁が関与した場合について規定しています。
1項では、他の行政庁が審査中であることを理由にして、審査又は判断を殊更に遅延させてはならないことを定め、2項では、相互連絡、説明の聴取の共同実施などにより、審査の促進に努めなければならない旨を定めています。

*4 ■ 参考データ
例えば、個人タクシーの営業許可を取り消されることが不利益処分です。

3 不利益処分

重要度 A

不利益処分とは、行政庁が、法令に基づき、特定の者を名あて人として、直接に、これに義務を課し、又はその権利を制限する処分をいいます（2条4号）。*4

ただし、次のものは不利益処分に該当しません。
① 事実上の行為及び事実上の行為をするにあたりその範囲、時期等を明らかにするために法令上必要とされている手続としての処分
② 申請により求められた許認可等を拒否する処分その他申請に基づき当該申請をした者を名あて人としてされる処分*5
③ 名あて人となるべき者の同意の下にすることとされている処分
④ 許認可等の効力を失わせる処分であって、当該許認可等の基礎となった事実が消滅した旨の届出があったことを理由としてされるもの

*5 ✓要チェック！過去問題
「不利益処分」とは、<u>申請により求められた許認可等を拒否する処分など、申請に基づき当該申請をした者を名あて人としてされる処分</u>のほか、行政庁が、法令に基づき、特定の者を名あて人として、直接に、これに義務を課し、またはその権利を制限する処分をいう。
➡✕(R2-11-1)

Festina lente

今度は、不利益処分によって、国民が迷惑を被るパターンを推理してみるよ。やっぱりこんなことが思いあたるんじゃないかな？
①処分の理由が明らかでなく、不服を申し立てるにも何を主張していいかわからない。
②どのような場合にどのような内容の処分がなされるか基準がなく、行政庁の独断で不公平な処分がなされる。
③処分基準は行政庁内部には存在するが、公開されていないため基準自体が適正か否か、あるいは審査にあたって処分基準が実際に遵守されたか否かわからない。
④ある日突然権利を奪われ、言い分を聞いてもらう機会がない。

行政手続法は、まさにこのような事態を防止するための規定を置きました。以下で前記①～④の順序どおりに説明します。

1 理由の提示 (14条)

行政庁が不利益処分をする場合、なぜ不利益処分をするかについて何らかの理由が存在します。その理由を明らかにすることは行政庁の判断を慎重にさせ、公正の確保にもつながります。また、不服申立ての際に何を主張すればいいかも明確になるという利点もあります。そこで理由の提示を原則としました。*1

2 処分基準 (12条)

処分の発動を行政庁の勝手な裁量の下に置くなら、独断で不公平・不公正な処分がなされる危険が大きくなります。そこで、行政庁は処分基準を定めるよう努めなければなりません。*2

処分基準とは、不利益処分をするかどうか又はどのような不利益処分とするかについてその法令の定めに従って判断するために必要とされる基準をいいます。

処分基準を定めるにあたっては、当該不利益処分の性質に照らしてできる限り具体的なものとする必要があります。抽象的な基準では解釈の余地が大きくなり、結局、行政庁の処分の独断性を排除することができなくなるからです。

そして、行政庁は、処分基準を定めた場合にはそれを公にする努力義務を負います。*3

3 不利益処分をする場合の意見陳述手続 (13条)

不利益処分を受ける者は、不利益処分を受けるか否かにあたっては、自らの言い分を十分に聞いてもらい、防御する機会を与えてもらいたいでしょう。さもないと不公正な判断がなされる危険もあるし、処分が下されるにしても納得がいかないからです。

このような意見陳述のための手続には、①口頭で意見陳述をする聴聞手続と、②原則として書面で意見陳述をする弁明の機会の付与手続とがあります。*4

①許認可等を取り消す不利益処分をしようとするとき、②その他、名あて人の資格又は地位を直接に剥奪する不利益処分をしよ

---

*1
■ 参考データ

どの程度の理由を提示すべきかは、処分の根拠法令の規定内容、処分基準の存否及び内容並びに公表の有無、処分の性質及び内容、処分の原因となる事実関係の内容等を総合考慮して決すべきとされています（最判平23.6.7）。

*2
■ ポイント

審査基準と異なり、不利益処分に関する処分基準の制定は、努力義務にとどめられています（「努めなければならない」）。この違いは、不利益処分は発動の実績が乏しいものも少なくなく、事前に基準を作成することが困難な場合があることを考慮したことによります。

*3
■ ポイント

公表義務も申請に対する審査基準とは異なり、努力義務とされています。その理由は、例えば、法令違反を3回しないと営業許可取消しをしないと公表した場合、悪徳業者等に2回までは違反しても大丈夫と捉えられて、違反行為を助長するおそれ等があるからです。

586 Part 4
行政法

うとするとき、③名あて人が法人である場合におけるその役員の解任を命ずる不利益処分、名あて人の業務に従事する者の解任を命ずる不利益処分又は名あて人の会員である者の除名を命ずる不利益処分をしようとするとき、④上記以外の場合であって行政庁が相当と認めるときは、聴聞手続がとられます。*5

それ以外の場合に、弁明の機会の付与手続がとられます。

なお、不利益処分を課す場合であっても、例外的に、「公益上、緊急に不利益処分をする必要があるため、意見陳述のための手続を執ることができないとき」などは、意見陳述手続をとらなくても構いません。

*4
■ 語句解説

聴聞手続とは、営業許可の取消し等、不利益の度合いが大きいものに対してなされる手続をいいます。
弁明の機会の付与手続とは、営業停止処分など、比較的不利益の程度が小さいものに対してなされる手続をいいます。

〈申請に対する処分と不利益処分の比較〉

申請に対する処分	不利益処分	
審査基準（5条）	処分基準（12条）	
標準処理期間（6条）		
申請に対する審査と応答（7条）	不利益処分をする場合の手続（13条）	聴聞（15条〜28条）
		弁明の機会の付与（29条〜31条）
理由の提示（8条）	理由の提示（14条）	
情報提供の努力義務（9条）		

4 聴 聞

まず、聴聞手続に関する規定を説明します。

1 通 知 （15条1項）

行政庁は、聴聞を行う場合、不利益処分の名あて人となるべき者（当事者）に対して、聴聞を行うべき期日までに相当な期間をおいて、一定事項を書面により通知しなければなりません。何について、いつまでに防御すべきか、そして、どのような形で防御できるかを知らせるためです。

2 代理人 （16条）

自分よりも法律知識のある者などを代理人として利用できるのであれば、当事者の防御権行使に役立ちます。そこで聴聞手続に関しては、自由に代理人を選任することができます。

*5
☑ 要チェック！過去問題

行政手続法は、不利益処分を行うに当たって弁明の機会を付与する場合を列挙し、それら列挙する場合に該当しないときには聴聞を行うものと規定しているが、弁明の機会を付与すべき場合であっても、行政庁の裁量で聴聞を行うことができる。

➡ ✗（H25-11-1）

Chapter 4
行政手続法

代理人は、各自、当事者のために、聴聞に関する一切の行為を
することができます。

なお、代理人の資格については、書面で明確に証明しなければ
なりません。

3　参加人（17条）

不利益処分について一定の利害関係を有する者についても、そ
の利益を守るために手続に関与させる要請は少なくありません。そ
こでこのような者の手続関与についての規定を設けました。また、
参加人にも代理人選任権などが付与されています（17条2項）。

4　意見陳述のための手続

審理の公正を担保し、不利益処分を受ける者の権利利益を保護
する観点から、審理する者（主宰者）と処分する者（行政庁）を
それぞれ別個の機関としています。聴聞においては、第三者であ
る主宰者のもと、行政庁と不利益処分の対象となる者を対等の立
場に置き、裁判のような方式で審理がなされるのです。

（1）聴聞の主宰（19条）

聴聞は、行政庁が指名する職員その他政令で定める者が主宰
します（進行係を務めます）。進行における公正性かつ中立性
を担保するため、当該聴聞の当事者等一定の者は、主宰者とな
ることができません。

（2）審理の方式（20条）

Festina lente

審理っていうからには、審理の王様である裁判に似ている手続に
なるよ。つまり、検察官の起訴みたいに行政庁の職員が処分の理由
を説明し、国民の側が自分の主張をしたり、行政庁の言い分に質問
したりするんだ。そして、裁判官みたいな役目の主宰者が両当事者
に質問したりするんだよ。そんなイメージで！

20条は、聴聞の期日における審理の方式について具体的な
定めを置き、行政庁側の職員と当事者などとのやりとりを通じ
て審理内容を明らかにしようとしています。

聴聞の期日における審理は非公開が原則です。当事者のプラ
イバシー保護や、公開とする場合の行政庁側の負担（会場の確
保等）を考慮したためです。ただし、行政庁の裁量で公開とす

ることもできます。*1

(3) 文書等の閲覧 (18条)

　①当事者及び②当該不利益処分がされた場合に自己の利益を害されることとなる参加人は、防御権を行使する前提として行政庁が持っている資料を閲覧することができます。すなわち、これらの者は、聴聞の通知があった時から聴聞が終結する時までの間、行政庁に対し、文書等の閲覧を請求できます。そして、行政庁は、第三者の利益を害するおそれがあるときその他正当な理由があるときでなければ、その閲覧を拒むことができません。

(4) 陳述書等の提出 (21条)

　当事者、参加人が聴聞に出頭できない場合にも、**当事者、参加人の防御権行使を保障するため**、陳述書及び証拠書類等の提出権（書面による防御権行使）を認めました。

(5) 聴聞調書及び報告書 (24条)

　行政庁と聴聞主宰者の役割分担を前提としつつ、「不利益処分の原因となる事実」の認定が**主宰者**によって**適正**になされることを**形式面から担保**するために、聴聞調書（聴聞の審理の経過を記載したもの）と報告書（当事者等の主張に理由があるか否かに関する主宰者の意見を記載したもの）という2種類の書類の作成を主宰者に義務づけています。

　また、自己の主張が主宰者によって正しく理解され公正に評価されたかを検証する手段として、当事者及び参加人に、**聴聞調書及び報告書の閲覧権**を与えています。*2

5 聴聞の再開 (25条)

　聴聞の時点では真正であると思われていた書類に誤りがあった場合や、証言の内容に疑いが生じた場合には、公正な審理を行うため、一度終了した聴聞手続を再開する必要があります。そこで行政庁は、必要があると認めるときは、主宰者に対し聴聞の再開を命ずることができることとしました。*3

6 不利益処分の決定 (26条)

　結果として不利益処分がなされるとしても、聴聞手続を経た以上、**聴聞内容と主宰者の意見を尊重しつつ**なされるべきです。26条はこのことを確認しています。

---

*1
■ **参考データ**
聴聞手続の流れ
行政庁職員の処分に関する説明
↓
当事者・参加人の意見陳述、証拠書類提出、行政庁職員への質問
↓
主宰者の当事者への質問、行政庁職員への説明要求

Part 4
行政法

*2
☑ **要チェック！過去問題**
聴聞の当事者または参加人は、聴聞の主宰者によって作成された調書および報告書の閲覧を求めることができる。
➡ ◯ (H29-13-3)

*3
■ **参考データ**
せっかく手続を行ったのに、後から覆すことを認めると、いつまでも法律関係が確定せず、不安定になるというデメリットがあります。そこで、法律関係の安定を犠牲にしてもなお、適正な処分の実現を優先すべき場合が、「必要があると認めるとき」です。

Chapter 4
行政手続法　589

7　審査請求の制限 (27条)

　行政不服審査制度は**事後的な救済制度**であり、行政手続法の聴聞は事前の手続です。したがって両者は別個の制度であり、聴聞手続を経た不利益処分に対して不満があれば、不服申立てができるのが原則です。

　これに対して、聴聞手続過程における付随的処分に対しては、審査請求をすることができません (27条)。*1

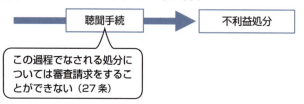

> *1 要チェック！過去問題
> 行政手続法が定める「聴聞」の節の規定に基づく処分またはその不作為に不服がある場合は、それについて行政不服審査法に基づく<u>審査請求をすることができる</u>。
> ➡ ✗ (R4-12-4)

5　弁明の機会の付与手続

1　通　知 (30条)

　弁明相当処分においても、不利益処分の対象となるべき者に、自己の権利利益を、いつまでに、どのような形で防御できるかを示す必要があります。通知はそのための手段です。

2　弁明の機会の付与の方式 (29条)

　弁明は原則として**書面**（弁明書）を提出して行います。証拠書類等を提出することもできます。*2

> *2 要チェック！過去問題
> 弁明の機会の付与における弁明は、<u>行政庁が弁明を記載した書面でするこ</u>とを認めたときを除き、口頭で行うものとされている。
> ➡ ✗ (H23-11-4)

〈聴聞手続と弁明手続の比較〉

		聴聞手続	弁明手続
共通点		処分基準の設定・公表　証拠提出権　理由の提示　代理人選任権	
相違点	審理方式	原則として口頭	原則として書面
	文書閲覧権	あり	なし
	参加人の規定	あり	なし

4　行政指導

重要度

　行政指導とは、行政機関がその任務又は**所掌事務の範囲内**にお

いて一定の行政目的を実現するため**特定の者**に一定の作為又は不作為を求める指導、勧告、助言その他の行為であって**処分に該当しないもの**をいいます（2条6号）。本来、行政指導は国民の自発的な協力（任意の協力）を求めて行う非権力的な行為であり、法律効果を生じない事実行為です。

しかし、現実には、半ば強制的な指導が行われることも少なくありませんでした。

そこで、行政指導をしてはならない場合に関する実体的な規定と、行政指導を行うに際しての手続的な規定が行政手続法の中に置かれることになり、その適正化を図っています。*3

1 行政指導の一般原則 （32条）*4

行政指導は、相手方の任意の協力を求めるものですから、**法律の根拠は不要**です。

しかし、当該行政機関の所掌事務の範囲でなければ指導も行うことはできないことにかわりはありません。

なお、2項における「不利益な取扱い」とは、殊更に報復的ないし制裁的な意図を持って取り扱うことをいいます。したがって、行政指導に従った者に対してのみ一定の助成を行うなどの措置をとる際に、従わなかった者が結果としてその助成を受けられないというのは「不利益な取扱い」にあたりません。

2 申請に関連する行政指導及び許認可等の権限に関連する行政指導 （33条、34条）

行政指導のうち、従来からとりわけ問題の多かった「**申請の取下げ又は内容の変更を求める行政指導**」及び「許認可などの権限に関連する行政指導」について、一般原則に加えて、特に定めました。

すなわち、①申請に関連する行政指導については、申請者が行政指導に従う意思がない旨を表明したにもかかわらず行政指導を継続するようなことがあってはならないこと（33条）、②許認可等の権限に関連する行政指導については、当該権限を行使し得る旨を殊更に示すことにより相手方に当該行政指導に従うことを余儀なくさせるようなことをしてはならないこと（34条）という定

*3
■ **参考データ**

行政指導を規律するルールは判例を通じて作られたものが多く、行政手続法は判例を立法化したものといえます。

Part 4 ■ 行政法

*4
☑ **要チェック！過去問題**

行政指導に携わる者は、とくに必要がある場合には、当該行政機関の任務または所掌事務の範囲に属さない事項についても行政指導を行うことができる。
➡ ✕（H22-13-2）

Festina lente

「申請の取下げ又は内容の変更を求める行政指導」の例として、建築確認申請を出したら、「教育施設の負担金1,000万円を払わないなら申請を取り下げてくれ」って市から言われるような場合、指導を隠れミノにした不当な申請の不受理だから、申請者の権利の行使を妨げているね。

Chapter 4
行政手続法　**591**

めが置かれています。

3 行政指導の方式 (35条)

行政指導の相手方が、行政指導に対して、任意に協力するかどうかについて合理的な判断をするためには、まず、**どのような行為を求めているのか**を、行政側に明確に示してもらう必要があります。**行政指導の責任者は誰か**、という点も判断に影響するでしょう。そこで、行政指導をする者に対してこれらの点を**明確にする義務**が課されています。[*1]

また、明確性の観点からは、行政指導が書面によってなされるほうが望ましい場合もあります。そこで、請求があれば、行政指導をする者は相手方に対して**書面を交付**しなければならないとしました。もっともこれには例外もあります。

4 複数の者を対象とする行政指導 (36条)

同種の行政指導が多数の者になされる場合、行政指導の明確性とともに、**多数の者に対する公平性**が要求されます。そこで公平性を実現するため、行政機関は行政指導指針の策定・公表をしなければなりません。

行政指導指針とは、同一の行政目的を実現するため一定の条件に該当する複数の者に対し行政指導をしようとするときにこれらの行政指導に共通してその内容となるべき事項をいいます。

5 行政指導の中止等の求め (36条の2)

法令に違反する行為の是正を求める行政指導であって、その根拠や要件が法律に規定されているものについては、当該行政指導の相手方に大きな事実上の不利益が生ずるおそれがあります。そこで、相手方からの申出を端緒として、当該行政指導をした行政機関が改めて調査を行い、当該行政指導がその要件を定めた法律の規定に違反する場合には、その中止その他必要な措置を講ずることとする制度を新設しました（**「行政指導の中止等の求め」**の制度）。[*2]

[*1] 要チェック！過去問題

行政指導について、その相手方に対して、当該行政指導の趣旨および内容ならびに責任者を示すことは、当該行政指導に携わる者の努力義務にとどまり、義務とはされていない。
➡ ✗ (H28-12-4)

[*2] 要チェック！過去問題

行政指導（その根拠となる規定が法律に置かれているものに限る。）の相手方は、当該行政指導が法律所定の要件に適合しないと思料する場合、当該行政指導をした行政機関に対し、その旨を申し出て、当該行政指導の中止を求めることができる。
➡ ○ (H30-12-4)

Part 4
行政法

5 処分等の求め (36条の3) 重要度 B

「処分等の求め」は、処分をする権限を有する行政庁又は行政指導をする権限を有する行政機関が、法令に違反する事実を知る者からの申出を端緒として、必要な調査を行い、その結果に基づき必要があると認めるときは、その是正のための処分又は行政指導を行うこととすることにより、行政運営における公正の確保と透明性の向上を図り、もって国民の権利利益の保護に資することを目的とするものです。

この制度は、非申請型義務付け訴訟に対応する制度として、2014年改正によって、創設されました。非申請型義務付けの審査請求は、処分に至る前の行政過程に位置付けられることから、法律の体系上、行政手続法の対象とする事前手続の問題と捉えられました。そのため、行政手続法上の制度として立法されたものです。*3

> *3
> ■要チェック！過去問題
> 何人も、法令に違反する事実がある場合において、法令違反の是正のためにされるべき処分がされていないと思料するときは、権限を有する行政庁に対し、当該処分をすることを求めることができる。
> → ○ (H28-11-4)

6 届 出 (37条) 重要度 C

届出とは、行政庁に対し一定の事項を通知する行為をいいます。通知するだけで義務を果たしたことになり、申請と違って行政庁による諾否の応答は必要ありません。しかし、実際には届出の受理を拒否するという運用がなされることが少なくありませんでした。許可制から届出制に規制が緩和されたとしても、届出の受理が拒否されるなら許可制が維持されるのと事実上は変わらなくなってしまいます。

そこで37条は、届出の形式的な要件さえ満たしていれば、届出先に到達した段階で、届出としての効力が生ずるとしました。*4

> *4
> ■参考データ
> 届出制の場合、届出がなされることによって、例えば百貨店の出店等の行為を行うことが可能となることになります。そこで、行政庁としては届出自体をなかったことにしようとする場合が少なくなかったのです。

7 命令等を定める手続 重要度 B

命令等とは、内閣又は行政機関が定めるもので、法律に基づく

命令（処分の要件を定める告示を含む）又は規則、審査基準、処分基準、行政指導指針をいいます（2条8号）。*1

1 命令等を定める場合の一般原則 (38条)

法律による行政の原理から、命令等は、法律に従わなければなりません。

そこで、命令等を定める機関（以下、命令等制定機関という）は、命令等を定めるにあたっては、当該命令等がこれを定める根拠となる法令の趣旨に適合するようにしなければなりません。

また、一度定めた命令等であっても、適宜見直して、時代にあったものにすべきであると考えられます。

そこで、命令等制定機関は、命令等を定めた後においても、当該命令等の規定の実施状況、社会経済情勢の変化等を勘案し、必要に応じ、当該命令等の内容について検討を加え、その適正を確保するよう努めなければなりません。

2 意見公募手続等

命令等制定機関は、①意見公募手続、②提出意見の考慮、③結果の公示等が義務づけられます。

意見公募手続の流れは、このような感じになるぞ。

1 意見公募手続 (39条)
(1) 概　観^{*2}

命令等制定機関は、命令等を定めようとする場合には、案及

---

*1 ■ 語句解説

ここでの**命令**は、政令・省令を指します。また、ここでの**規則**は、地方公共団体の執行機関（長や委員会等）の制定する規則を指します。議院規則や最高裁判所規則は含まれません。

*2 ✓要チェック！過去問題

命令等制定機関は、命令等を定めようとする場合には、当該命令等の案およびこれに関連する資料をあらかじめ公示して、広く一般の意見を求めなければならない。
→◯ (R3-11-1)

び関連資料を公示して、広く一般の意見や情報の公募を行わなければなりません。*3

意見提出期間は、公示の日から、30日以上です。

公示する命令等の案は、具体的かつ明確な内容のもので、題名及び根拠条項が明示されたものでなければなりません。

(2) 意見公募手続の特例 (40条)

40条では、意見公募手続の特例が定められています。

まず、命令等を定めようとする場合、30日以上の意見提出期間を定めることができないやむを得ない理由があるときは、30日を下回る意見提出期間を定めることができます。この場合、その理由を明らかにしなければなりません。*4

また、委員会等の議を経て命令等を定めようとする場合、当該委員会等が意見公募手続に準じた手続を実施したときは、自ら意見公募手続を実施する必要はありません。

2 提出意見の考慮 (42条)

命令等制定機関は、提出された意見を十分に考慮しなければなりません。

しかし、命令等制定機関は、提出された意見の内容を命令等に必ず反映させなければならないわけではありません。

3 結果の公示等 (43条) *5

命令等制定機関は、意見公募手続を実施して命令等を定めた場合は、命令等の公布（公布をしないものは、公にする行為）と同時期に、①命令等の題名、②命令等の案の公示の日、③提出意見（提出意見がなかった場合にあっては、その旨）、④提出意見を考慮した結果（意見公募手続を実施した命令等の案と定めた命令等との差異を含みます）及び理由を公示しなければなりません。*6

なお、提出意見については、必要に応じ、「当該提出意見を整理又は要約したもの」を公示することもできます。ただし、この場合には、公示の後遅滞なく、当該提出意見を当該命令等制定機関の事務所における備付けその他の適当な方法により公にしなければなりません。また、第三者の利益を害するおそれがあるとき、その他正当な理由があるときは、当該提出意見の全部又は一部を除くことができます。

---

*3
■ ポイント
公益上、緊急に命令等を定める必要がある場合等のように、39条4項が規定する事情がある場合には、意見公募手続を行う必要はありません。

Part 4 ■ 行政法

*4
☑ 要チェック！過去問題
意見提出の期間は同法で法定されており、これを下回る期間を定めることは認められていない。
→ ✗ (H22-11-4)

*5
☑ 要チェック！過去問題
意見公募手続において、提出意見があった場合には、提出意見やそれを考慮した結果などを公示しなければならないが、提出意見がなかった場合には、その旨を公示する必要はない。
→ ✗ (H22-11-5)

*6
■ 参考データ
命令等の案や結果の公示は、電子情報処理組織を使用する方法その他の情報通信の技術を利用する方法により行われます（45条）。具体的には、インターネットのウェブサイトに公示することを基本としています。

Chapter 4
行政手続法　595

〈法的義務と努力義務〉

法的義務	努力義務
①標準処理期間を定めた場合の公表 ②できる限り具体的な審査基準の設定と審査基準の公表（例外あり） ③申請に対する審査、応答 ④申請により求められた許認可等を拒否する場合の理由の提示（原則として同時に、また、書面によるべき場合あり） ⑤不利益処分の理由の提示 ⑥複数の者を対象とする行政指導を行う場合の行政指導指針の制定と公表 ⑦命令等を定める場合の意見公募手続	①標準処理期間の設定 ②審査の状況等の情報提供 ③公聴会の開催 ④複数行政庁が関与する場合の協同 ⑤不利益処分の基準の設定と公表 ⑥意見公募手続の周知と関連情報の提供

8 適用除外*1

重要度
A

このように行政手続法は、処分、行政指導、届出に関する手続、命令等を定める手続といった行政作用に適用されるものですが、その中には行政手続法の適用になじまない作用もあります。また、各地域の特性に応じた処理が必要になる場合もあります。そこで、行政手続法は、一定の行政作用や、地方公共団体がする措置について適用除外を規定しています。

1 適用除外（3条）

行政作用には、個別に慎重な手続が設けられているものや、一律に行政手続法を適用するのが妥当でないもの等があります。このような作用については、3条により行政手続法の適用が除外されます。

2 地方公共団体の措置（46条）*2*3

行政手続法は、国会で制定されるため、必ずしも個々の地方公共団体の特殊性を考慮しているわけではありません。

そこで、地方自治を尊重するために、地方公共団体の機関がする処分（その根拠となる規定が条例又は規則に置かれているものに限る）及び行政指導、地方公共団体の機関に対する届出（通知の根拠となる規定が条例又は規則に置かれているものに限る）並

*1 要チェック！過去問題
地方公共団体の行政庁が法律を根拠とする許認可等の審査基準を定める場合には、意見公募手続が義務付けられている。
→✗（H22-11-2）

*2 要チェック！過去問題
地方公共団体の機関がする行政指導については、その根拠となる規定が法律に置かれているものであれば、行政指導について定める行政手続法の規定は適用される。
→✗（R3-13-エ）

びに地方公共団体の機関が命令等を定める行為については、今まで学んできた行政手続法2章から6章までの規定は適用されません（3条3項）。

もっとも、地方公共団体は、行政手続法の適用除外とされた行政手続について、行政手続法の趣旨にのっとり、行政運営における公正の確保と透明性の向上を図るため必要な措置を講ずるよう努めなければなりません（46条）。

これを受けて、地方公共団体では、行政手続条例の制定が進んでいます。

> *3 **要チェック！過去問題**
> 地方公共団体の機関が命令等を定める行為について、行政手続法の意見公募手続に関する規定は適用されないが、地方公共団体の機関がする処分については、<u>その根拠となる規定が条例に定められているもの</u>であっても、同法の処分手続に関する規定が適用される。
> ➡✗（H26-13-2）

ファイナルチェック　基礎知識の確認

問題1　行政手続法は、その第1条で行政運営における公正・透明の原則と並んで、説明責任（アカウンタビリティ）を明示している。

問題2　産業廃棄物処理業の許可申請を拒否する処分をする場合、申請者に聴聞又は弁明の機会を付与しなければならない。

問題3　行政庁は、申請が到達してから、その申請に対する処分をするまでに通常要すべき標準的な期間を定めなければならない。

問題4　地方公共団体の機関が命令等を定める行為については、その根拠となる規定が法律に置かれている場合には、行政手続法の意見公募手続等に関する規定が適用される。

問題5　行政目的を達成するためならば、行政指導に従わなかった者を不利益に取り扱うことは許される。

問題1 ✗ 説明責任は、明示していない（1条）。　**問題2 ✗** 申請拒否処分は不利益処分に含まれないため、本問のような手続をとることを要しない（2条4号ロ）。　**問題3 ✗** 標準処理期間を定めるのは努力義務である（6条）。　**問題4 ✗** 地方公共団体の機関が「命令等を定める行為」については、意見公募手続等の規定は適用されない（3条3項）。　**問題5 ✗** 不利益に扱うことは許されない（32条2項）。

本試験レベルの問題にチャレンジ！ ▶▶▶

Chapter 5 行政救済法の体系

重要度 C

イントロダクション 学習のポイント

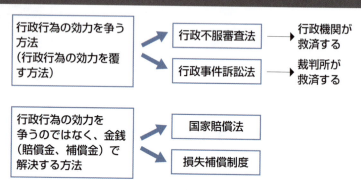

　行政不服審査法、行政事件訴訟法、国家賠償法、損失補償制度をあわせて、行政救済法といいます。まず、4つの法律の関係に着目してみましょう。

ベーシック じっくり理解しよう！

1 行政救済法の体系

重要度 C

　行政活動は、本来国民の権利利益を保護し、社会の秩序を維持するために行われるはずです。しかし、行政活動がいつも適法かつ妥当に行われるとは限りません。ときには、違法・不当な行政活動によって国民の身体や財産に損害が及ぶこともあるでしょう。そこで、そのような事態に備えて**国民の権利利益の救済を図るシステム**を用意しておく必要があります。

　現行法の下では、①**行政不服審査法**、②**行政事件訴訟法**、③**国家賠償法**、④**損失補償制度**が用意されています。

2 行政救済法の対象となる行為

重要度 C

　行政救済法を発動するのは、行政機関の**公法に基づく行為**によって不利益を受けた場合であり、私法上の行為によって不利益を受けた場合には発動しません。

　なお、現実には、国や地方公共団体が私人と同じ立場で活動する場面があります。例えば、市役所が商店から一般事務用品を購入する場合です。このような場合には、行政機関の行為には、行政法ではなく私法が適用されます。したがって、私法上の行為によって国民が不利益を受けた場合の救済は、**民事訴訟**によることになります。*1

*1
☑ 要チェック！
過去問題

地方公共団体がごみ焼却場を建設するために、建設会社と建築請負契約を結んだ場合、ごみ焼却場の操業によって重大な損害が生ずるおそれのある周辺住民は、当該契約の締結行為について、当該地方公共団体を被告として、抗告訴訟としての差止めの訴えを提起することができる。
➡ ✗（H24-9-3）

本試験レベルの問題にチャレンジ！ ▶▶▶

Chapter 6 行政不服審査法

重要度 A

イントロダクション　学習のポイント

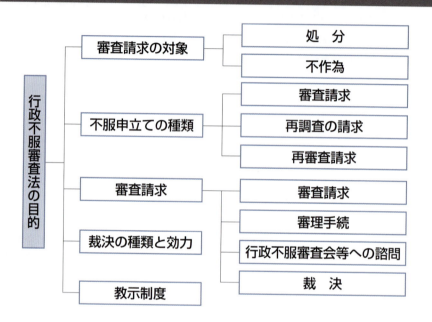

　行政不服審査法は、行政不服申立ての一般法であり、2014年に抜本的改正がなされました。行政不服申立てとは、行政庁の処分などに対して不服がある場合に「行政庁」に対してその是正を求める手続をいいます。

　行政不服審査法は、行政に不服を申し立てる手段として、①審査請求、②再調査の請求、③再審査請求を定めています。このうち、②と③については個別法で定めた場合のみ、利用することができる仕組みとなっており、①の審査請求が基本的な行政不服申立てです。

　そこで、まず、この審査請求の仕組み（審査請求の主体、手続、裁決など）について条文知識を整理していくことが重要となります。

ベーシック じっくり理解しよう！

1 総説　重要度 B

1 行政不服申立ての意義[*1]

　行政不服申立てとは、行政庁の処分その他公権力の行使にあたる行為に関して不満のある者が、行政機関に対して不服を申し立て、その**違法性・不当性を審査**してもらい、違法・不当な行為の改善や排除を求める手続をいいます。つまり、行政活動に対する不満については、その他の不満の場合とは異なり、裁判に訴える方法に加え、行政機関に不服を申し立てる方法まで用意されていることになるのです。

　では、なぜ行政機関に不服を申し立てる方法まで用意されたのでしょうか。それは、裁判によらず行政機関に不服を申し立てる方法で国民の不満が解決できれば、裁判費用がかからず、解決が早いので、その分国民にとって都合がよく、また、行政機関にとっても自己統制ができるからです。

[*1] 要チェック！過去問題
行政不服審査制度は「国民の権利利益の救済を図る」ことを目的としているので、同法に基づく不服申立てを行うことができるのは、日本国籍を有する者に限られる。
➡ ✗ (H23-14-1)

2 行政不服申立てと行政不服審査法

　行政不服審査法は、①**行政庁の違法・不当な処分**に対する**個人の権利・利益の簡易迅速な救済**と、②**行政の自己統制**を目的として 1962 年 9 月に制定された、行政不服申立てに関する一般法です。

　2014 年に、これまでの旧法の問題点を改善するために、抜本的な改正がなされました。

〈2014 年改正法の主な改正点〉

公正性の向上を図る改正点	①審理員による審理手続
	②行政不服審査会の諮問手続
	③審査請求人・参加人の手続的権利の拡充
利便性の向上を図る改正点	④不服申立期間の延長
	⑤異議申立ての廃止（審査請求への一元化）

Chapter 6 行政不服審査法　601

利便性の向上を図る改正点	⑥標準審理期間の設定、審理の計画的遂行
	⑦不服申立前置の減少

2 行政不服申立ての対象

　行政不服審査法は、いかなる行政庁の行為について不服申立てができるかについて、原則として一般的・概括的に不服申立てができるとする**一般概括主義**を採用しています。したがって、国民は、行政庁の行為により権利利益を侵害された場合には、法律に特段の規定がない場合であっても、不服申立てをすることができます。

　もっとも、あらゆる行為について不服申立てができるのではなく、不服申立ての対象となる行政庁の行為は、**「行政庁の処分その他公権力の行使に当たる行為」**（1条2項）に限られています。*1

1 処分 （1条2項、2条）

　処分とは、行政庁が、法令に基づき優越的立場において、国民に対し権利を設定し、義務を課し、その他具体的な法律上の効果を発生させる行為をいいます。**違法な処分**のみならず、**不当な裁量処分**も処分にあたり、不服申立ての対象とすることができます。

　また、法律上の効果を発生させる行為だけでなく、公権力の行使にあたる事実上の行為で、人の収容、物の留置その他その内容が継続的性質を有するもの（伝染病患者の強制隔離等）等も処分に含まれ、不服申立ての対象となるものと解されています。*2

2 不作為 （3条）

　不作為とは、**法令に基づく申請に対して何らの処分をもしないこと**をいいます。

　いわゆる「行政による申請の握りつぶし」の余地を与えないため、不作為についても不服申立てが認められるのです。

*1
■ ポイント

行政手続法の対象となる行政作用は、①処分、②行政指導、③届出、④命令等です。

*2
■ 参考データ

行政作用法における行政行為は「処分」にあたりますが、行政不服審査法上の「処分」は行政行為に加えて一定の事実行為をも含むので、より広い概念といえます。後者の「処分」のほうが広いのは、行政行為以外によっても国民の権利・利益は侵害される場合があるからです。

3 行政不服申立ての種類

重要度 A

1 総説

行政不服審査法は、行政不服申立ての類型を原則として**審査請求**に一元化しています。また、個別法により、**再調査の請求**と**再審査請求**という類型を設けることができます。

1 審査請求

審査請求とは、**行政庁の処分、又は不作為**に対して、**審査請求をするべき行政庁**（p.605の表参照）に対し不服を申し立てる手続をいいます（2条、3条）。

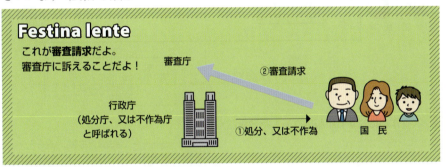

2 再調査の請求

再調査の請求とは、**審査請求の前段階**で、**処分庁が審査請求よりも簡略な手続で処分について再調査する手続**をいいます。再調査の請求は、個別法によって、特に規定がある場合にのみ認められます（5条1項本文）。

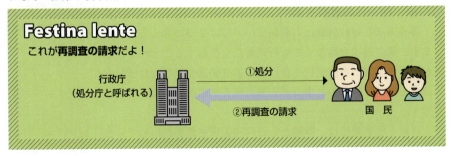

3 再審査請求

再審査請求とは、**審査請求の裁決に不服のある者**が、**更に不服を申し立てる手続**をいいます。再審査請求は、個別法によって、特に規定がある場合にのみ認められます（6条1項）。

2 不服申立て相互の関係・行政訴訟との関係

〈処分に対する不服申立て・行政訴訟〉

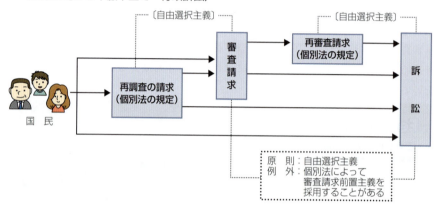

〈不作為に対する不服申立て・行政訴訟〉

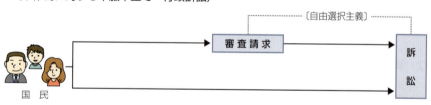

1 審査請求と行政訴訟
（1）原　則：自由選択主義*1

　審査請求と行政訴訟との関係については2つの考え方があります。審査請求を経なくても行政訴訟を提起することができるとする考え方（自由選択主義）と、審査請求を経なければ行政訴訟を提起できないとする考え方（審査請求前置主義）の2つです。

　行政不服審査法は、**原則として自由選択主義**を採用しています。

---

*1 要チェック！過去問題

処分取消訴訟は、当該処分につき法令の規定により審査請求をすることができる場合においては、特段の定めがない限り、当該処分についての審査請求に対する裁決を経た後でなければこれを提起することができない。
→✗（R3-18-5）

(2) 例　外：個別法による審査請求前置主義

　もっとも、行政不服審査法は、個別法において審査請求前置主義を採用することを禁止していません（1条2項）。したがって、個別法において審査請求前置を採用することがあり、その実例として、国税通則法等における不服申立前置が挙げられます。

2　再調査の請求と審査請求との関係

(1) 原　則：自由選択主義

　行政庁の処分につき処分庁以外の行政庁に対して審査請求をすることができる場合において、**法律に再調査の請求をすることができる旨の定めがあるとき**は、当該処分に不服がある者は、処分庁に対して**再調査の請求**と**審査請求**の**いずれもすることができます**（自由選択主義　5条1項）。

(2) 例　外*2

　ただし、当該処分について審査請求をした場合、再調査の請求をすることはできません（5条1項但書）。さらに、再調査の請求をしたときは、原則として、当該再調査の請求についての決定を経た後でなければ、審査請求をすることができません（同条2項）。

3　再審査請求と行政訴訟

　行政庁の処分につき**法律に再審査請求をすることができる旨の定めがある場合**には、当該処分についての審査請求の裁決に不服がある者は、**再審査請求**をすることができます（行政訴訟との関係では自由選択主義　6条1項）。

3 不服申立てにおける審査庁

1　審査請求をするべき行政庁

場　面	審査庁
① 処分庁等に上級行政庁がない場合*3	当該処分庁等
② 処分庁等が主任の大臣若しくは宮内庁長官若しくは内閣府設置法49条1項若しくは2項若しくは国家行政組織法3条2項に規定する庁の長である場合*4	
③ 宮内庁長官が処分庁等の上級行政庁である場合	宮内庁長官

---

*2 **要チェック！過去問題**
行政庁の処分につき処分庁に対して再調査の請求を行ったときでも、法律に審査請求ができる旨の規定がある場合には、再調査の請求人は、<u>当該再調査の請求と並行して、審査請求もすることができる。</u>
➡✕ (R3-15-2)

*3 **参考データ**
例えば、地方公共団体の長である市町村長は選挙で選任されるのであって、都道府県知事に任命されるわけではないから、知事は市町村長の上級庁にはあたりません。

*4 **参考データ**
4条1号は、主任の大臣などには上級庁がないものとする規定です。したがって、内閣総理大臣は主任の大臣の上級庁としては扱われません。

Part 4 行政法

Chapter 6
行政不服審査法

④	内閣府設置法49条1項若しくは2項若しくは国家行政組織法3条2項に規定する庁の長が処分庁等の上級行政庁である場合	当該庁の長
⑤	主任の大臣が処分庁等の上級行政庁である場合（①②③④の場合を除く）	当該主任の大臣
⑥	①②③④⑤に掲げる場合以外の場合*1	当該処分庁等の最上級行政庁
⑦	法律（条例に基づく処分については、条例）に特別の定めがある場合	当該定めによる行政庁

※ 「処分庁等」とは、処分をした行政庁（以下「処分庁」という）又は不作為に係る行政庁（以下「不作為庁」という）をいいます。
※ 内閣府設置法49条
　1項　内閣府には、その外局として、委員会及び庁を置くことができる。
　2項　法律で国務大臣をもってその長に充てることと定められている前項の委員会には、特に必要がある場合においては、委員会又は庁を置くことができる。
※ 国家行政組織法3条
　2項　行政組織のため置かれる国の行政機関は、省、委員会及び庁とし、その設置及び廃止は、別に法律の定めるところによる。

2　再調査の請求をするべき行政庁

　行政庁の処分につき処分庁以外の行政庁に対して審査請求をすることができる場合において、法律に再調査の請求をすることができる旨の定めがあるときは、当該処分に不服がある者は、処分庁に対して再調査の請求をすることができます（5条1項本文）。

3　再審査請求をするべき行政庁

　再審査請求は、原裁決（再審査請求をすることができる原処分についての審査請求の裁決をいいます）又は当該原処分を対象として、法律に定める行政庁に対してするものです（6条2項）。

*1

■ポイント
審査の公平性を担保するために、処分を行った機関ではなく、その最上級行政庁の審査が必要となります。ただ、最上級行政庁は自分で行った処分ではないために、審査の迅速性はやや損なわれます。結局、法はメリットとデメリットの最適配分を考慮しているのです。

4　行政不服申立てをするための要件

重要度
A

　実際に不服を申し立てたとしても、直ちに内容についての審理が始まるわけではありません。行政庁に内容についての審理をしてもらうためには、決められたルールに従って不服申立てがなされなければならないのです。ルール違反の不服申立てについてまで審理しなければならないとすると、結果的に内容についての審理が無駄になる等の不都合があるからです。このルールを不服申

立要件といいます。

　不服申立要件を満たさない不服申立ては、内容について審理されずに、却下されます。つまり、門前払いです。要件を満たした不服申立てのみが、その内容について審理されることになります。*2

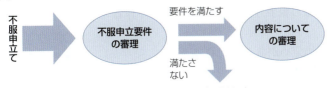

なお、不服申立要件には次のものがあります。

①行政庁の処分等が存在すること　②不服を申し立てる権限のある者によって、不服申立てがなされること

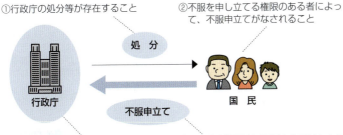

③不服申立てを処理する権限を有する行政庁に対して、不服申立てがなされていること
④不服申立期間内に不服申立てがなされること
⑤形式と手続を遵守すること

*2
■参考データ
このことは訴訟についてもあてはまります。訴訟の場合、門前払いするかどうかの要件を「訴訟要件」といいます。

1 行政庁の処分等が存在すること

1 列記主義と概括主義

　どのような事項を不服申立ての対象とできるか、という点については、法律が**特に列記した事項**についてだけ不服申立てを認める列記主義と、法律に例外の定めのある場合を除き、**原則としてすべての処分**につき不服申立てを認める概括主義の考え方があります。

2 審査請求の場合

　行政不服審査法は、審査請求については、**原則としてすべての処分・不作為について審査請求が可能である**とする**一般概括主義**を採用しています（2条、3条）。列記主義は、立法技術上困難だからです。*3

　一般概括主義のもと、例外的に法律で除外された、審査請求が

*3
☑要チェック！
過去問題
全ての行政庁の処分は、行政不服審査法または個別の法律に特別の定めがない限り、行政不服審査法に基づく審査請求の対象となる。
→〇（H29-14-1）

できない処分には、次のものがあります。

① 行政不服審査法によって、審査請求をすることができないと規定されている処分及びその不作為（7条1項各号）

② 国の機関又は地方公共団体その他の公共団体若しくはその機関に対する処分で、これらの機関又は団体がその固有の資格において当該処分の相手方となるもの及びその不作為（同条2項）

③ 他の法律に特別の定めがある場合（1条2項）

3 再調査の請求の場合（5条1項）

再調査の請求については、**列記主義**が採用されています。なぜなら、処分について再調査する意義が特に認められる類型についてのみ、再調査の請求の手続を設ければよいからです。

4 再審査請求の場合（6条1項）

再審査請求については、**列記主義**が採用されています。なぜなら、審査請求の裁決に不服があれば、重ねて行政機関の判断を求めるよりは、行政とは無関係の第三者である裁判所に救済を求めるほうが権利救済にとって効果的だからです。*1

5 まとめ

審査請求については**法律で除外された「処分及び不作為」以外の処分及び不作為**、再調査の請求・再審査請求については**法律で定められた「処分」のみ**が、不服申立ての対象となります。

2 不服を申し立てる権限のある者によってなされること

1 不服を申し立てる権限のある者とは

法は、不服を申し立てる権限のある者について、**「行政庁の処分に不服がある者」**（2条）及び**「法令に基づき行政庁に対して処分についての申請をした者」**（3条）と規定しています。

「不服がある者」とは、**「不服申立てをする法律上の利益がある者」**として、行政事件訴訟法9条の定める原告適格を有する者の具体的範囲と同一と解されています（最判昭53.3.14）。したがって、処分とは無関係な第三者には、申立権限がありません。もっとも、行政庁の処分により直接自己の権利・利益を侵害された者であれば、処分の相手方に限らず、不服申立てをすることができます。*2

---

*1
■ **参考データ**

行政庁の審査は必ずしも中立公平でないために、複数回繰り返しても結論は変わらない可能性が大きいのです。それなら時間を無駄にせずに訴訟に移行したほうがよいでしょう。したがって、再審査請求は限定的にしか認められないとしても構わないのです。

*2
☑ **要チェック！過去問題**

処分について不服申立適格を有するのは、処分の相手方に限られ、それ以外の第三者は、法律に特別の定めがない限り、不服申立適格を有しない。
→✗（H22-14-4）

行政不服審査制度は行政権自身が自己の行為を見直すしくみであるので、行政権の活動に違法な点があると知った者は誰でも、当該違法について不服申立てを行うことができる。
→✗（H23-14-2）

> **判例** 不当景品類及び不当表示防止法の規定にいう一般消費者であるというだけでは、公正取引委員会による公正競争規約の認定に対し同法10条6項〔平成21年法律49号により削除された同法12条6項〕の規定に基づく不服申立てをする法律上の利益を有するとはいえない（最判昭53.3.14）。

2 不服を申し立てる権限のある者が多数いるとき*3

(1) 総代の選任 （11条1項、4項）

　　多数人が共同して審査請求をしようとするときは、**3人を**超えない**総代**を互選することができます（1項）。手続を簡潔にするためです。この趣旨をいかすため、総代が選任されたときは、共同審査請求人は総代を通じてのみ、審査請求に関する行為をすることができます（4項）。

(2) 総代の権限 （11条3項）

　　総代は、各自、他の共同審査請求人のために、**審査請求の取下げを除き、当該審査請求に関する一切の行為**をすることができます。

3 代理人による不服申立て （12条）

　審査請求は、**代理人**によってすることができます（1項）。

　代理人は、**各自、審査請求人のために、当該審査請求に関する一切の行為**をすることができます。ただし、**審査請求の取下げは、特別の委任を受けた場合**に限り、することができます（2項）。*4*5

4 参加人 （13条）

　審査請求においては、**参加人**の制度が定められています。*6

　利害関係人は、**審理員の許可**を得て、当該審査請求に参加することができます（1項）。審理員は、必要があると認める場合には、利害関係人に対し、当該審査請求に参加することを**求める**ことができます（2項）。*7

　審査請求への参加は、代理人によってすることができます（3項）。代理人は、**各自、当該審査請求に参加する者（参加人）のために、当該審査請求への参加に関する一切の行為**をすることができます。ただし、**審査請求への参加の取下げは、特別の委任を受けた場合**に限り、することができます（4項）。

---

*3
■ **参考データ**

再調査の請求、再審査請求については、審査請求の規定が準用されています（61条、66条1項）。

*4
■ **参考データ**

代理人は当事者以外の者が当事者に代わって不服申立てに関する行為を行います。これに対して、総代は自身も不服申立ての当事者である点が異なります。

*5
☑ **要チェック！過去問題**

代理人は、不服申立人のために、当該不服申立てに関する一切の行為をすることができるが、不服申立ての取下げについては特別の委任を要する。
➡️ ○（H22-14-3）

*6
■ **語句解説**

参加人とは、不服申立てに参加する者をいいます。

*7
■ **語句解説**

利害関係人とは、審査請求人以外の者であって審査請求に係る処分又は不作為に係る処分の根拠となる法令に照らし当該処分につき利害関係を有するものと認められる者をいいます。

3 権限を有する行政庁に対して不服申立てがなされること

不服申立ては、当該不服申立てを処理する権限を有する行政庁に対してなされなければなりません。

1 審査請求の場合

審査請求は、**審査請求をするべき行政庁**（p.605 の表参照）に対してします（4条）。

2 再調査の請求の場合

再調査の請求は、**処分庁**に対してします（5条1項）。

3 再審査請求の場合

再審査請求は、当該再審査請求をすることができる旨を規定する**個別の法律に定める行政庁**に対してします（6条2項）。

4 不服申立期間内に不服申立てがなされること

審査請求期間及び再調査の請求期間において、「処分があったことを知った日」とは、処分のあったことを**実際に知った日**をいいます。

そして、社会通念上、処分の内容を処分の相手方が知ることができる状態に置かれたときは、特別の理由がない限り知ったものと推定されます（最判昭 27.11.20）。

また、不服申立書を郵便で提出した場合には、郵送に要した日数は不服申立期間に算入されません（18条3項）。郵便事情によっては、不服申立期間を守ることができない場合が考えられるからです（大災害があった場合等をご想像ください）。

1 審査請求期間（18条）

(1) 主観的請求期間

処分についての審査請求は、**処分があったことを知った日の翌日から起算して3か月**を経過したときは、することができません。また、当該処分について再調査の請求をしたときは、当該再調査の請求についての**決定があったことを知った日の翌日から起算して1か月**を経過したときは、することができません。ただし、**正当な理由があるとき**は、この限りでないとされています（18条1項）。

(2) 客観的請求期間

　処分についての審査請求は、処分（当該処分について再調査の請求をしたときは、当該再調査の請求についての決定）があった日の翌日から起算して1年を経過したときは、することができません。ただし、正当な理由があるときは、この限りでないとされています（18条2項）。

2　再調査の請求期間（54条）

(1) 主観的請求期間

　再調査の請求は、処分があったことを知った日の翌日から起算して3か月を経過したときは、することができません。ただし、正当な理由があるときはこの限りでないとされています（54条1項）。

(2) 客観的請求期間

　再調査の請求は、処分があった日の翌日から起算して1年を経過したときは、することができません。ただし、正当な理由があるときは、この限りでないとされています（54条2項）。

3　再審査請求期間（62条）

(1) 主観的請求期間

　再審査請求は、原裁決があったことを知った日の翌日から起算して1か月を経過したときは、することができません。ただし、正当な理由があるときは、この限りでないとされています（62条1項）。[1]

(2) 客観的請求期間

　再審査請求は、原裁決があった日の翌日から起算して1年を経過したときは、することができません。ただし、正当な理由があるときは、この限りでないとされています（62条2項）。

4　不作為についての不服申立て

　不作為についての不服申立てについては、その性質上、不服申立期間の定めはありません。何もしないという状態が続くのが不作為なので、カウントを始める起点がないためです。[2]

　なお、不作為についての審査請求が「申請から相当の期間が経過しないでされた」場合には、不適法却下となることが明記されました（49条1項）。

---

[1]
☑要チェック！過去問題

再審査請求の再審査請求期間は、原裁決があった日ではなく、原処分があった日を基準として算定する。

➡❌（R2-15-5）

[2]
■ 参考データ

例えば、国民が許認可の申請を行ったのに、いつまでたっても許可・不許可の決定がなされない場合、不服申立てに期間制限はありません。

Chapter 6
行政不服審査法　611

〈不服申立期間のまとめ〉

	審査請求	再調査の請求	再審査請求
1か月以内	当該処分について再調査の請求をしたときは、当該再調査の請求についての決定があったことを知った日の翌日から起算		原裁決があったことを知った日の翌日から起算
3か月以内	処分があったことを知った日の翌日から起算	処分があったことを知った日の翌日から起算	
1年以内	処分（当該処分について再調査の請求をしたときは、当該再調査の請求についての決定）があった日の翌日から起算	処分があった日の翌日から起算	原裁決があった日の翌日から起算

※ なお、例外はいずれも「正当な理由があるとき」です。

5 形式と手続を遵守すること[1]

1 審査請求の方式 (19条1項)

審査請求は、他の法律（条例に基づく処分については、条例）に口頭ですることができる旨の定めがある場合を除き、政令で定めるところにより、**審査請求書**を提出してしなければなりません。不服申立ての存在や争点を明確にし、かつ、手続を慎重にするためです。

2 審査請求書の記載事項 (19条2項～4項)

審査請求書には、必要事項（審査請求人の氏名又は名称及び住所又は居所等）を記載しなければなりません。

3 補 正 (23条、24条)

審査請求書に不備がある場合、審査庁は、相当の期間を定め、その期間内に不備を補正すべきことを命じなければなりません（23条）。[2]

審査請求人が上記期間内に不備を補正しないときは、審査庁は、審理員による審理手続を経ないで、**裁決**で、当該審査請求を**却下**することができます（24条1項）。また、審査請求が不適法であって補正することができないことが明らかなときも、審査庁は、審理員による審理手続を経ないで、裁決で、当該審査請求を却下することができます（同条2項）。

*1
■ **参考データ**

再調査の請求、再審査請求については、審査請求の規定が準用されています（61条、66条1項）。

*2
■ **参考データ**

行政手続法7条において、申請書の記載の不備については補正をすることは義務とされていません。申請には期間制限はないから補正の必要性は少なく、また、申請は不服申立てに比較して数多くなされるがゆえに行政庁の負担が大きくなるからです。

5 審理手続

重要度 **A**

1 審理の対象

行政不服申立ての審理の対象には、**適法性**の問題（法律問題）のみならず、**当・不当**の問題（裁量問題）も含まれます。

2 審理手続

1 審査請求の場合

(1) 審理の準備

a 書面による場合*3

審査庁が処分庁・不作為庁と異なる場合には、**処分庁・不作為庁を経由**して審査請求をすることができます（21条1項）。この場合、処分庁・不作為庁は、審査請求書を審査庁に送付することになります（同条2項）。

b 口頭による場合

他の法律（条例に基づく処分については、条例）に口頭ですることができる旨の定めがある場合、審査請求は行政庁に対する陳述によって行い、陳述を受けた行政庁が内容を録取し、行政庁はこれを陳述人に読み聞かせて誤りがないかを確認します（20条）。この書面は**審査請求録取書**と呼ばれます。

(2) 審理の手続

a 審理員制度

2014年改正前の行政不服審査法の下では、原処分に関与した者が審理手続を行う可能性があるなど、審理手続の公正さに疑問があったほか、手続の進行に関する責任の所在も明らかではありませんでした。そこで、2014年改正では、**審理員制度**が導入されました。

審査請求の審理は、原則として、**審査庁が指名した審理員**が行います（9条1項）。

審理員制度の趣旨は、審理手続を行う責任者を明確にし、審理対象となる処分に関与しない審理員に中立的な立場で

---

*3 **要チェック！過去問題**

不服申立ては、他の法律や条例において書面でしなければならない旨の定めがある場合を除き、口頭ですることができる。

→✕（H22-14-1）

Chapter 6
行政不服審査法 **613**

計画的に手続を主宰させることで、審理の透明性を確保するとともに、迅速かつ公正な審理を実現することにあります。このため、法律上、審理員は審査庁から一定の独立性を有する機関として位置づけられています。

なお、行政委員会や審議会等が審査庁となる場合には、審理員制度は適用されません（同項但書）。

b　利害関係人の参加

利害関係人は、審理員の許可を得て、参加人として審査請求に参加することができます（13条1項）。自分の利益を守るために、言いたいことを言う機会を与える趣旨です。*1

また、審理員は、必要があると認めるときは、利害関係人に対し、参加人として審査請求に参加することを求めることができます。適切な判断をするために、利害関係人の意見を聴くことが必要な場合があるからです（同条2項）。

2014年改正では、参加人の手続的権利が拡充され、参加人は、弁明書・反論書の送付を受けて意見書を提出できるようになりました（30条2項）。

〈参加人の権限〉

認められている権限	認められていない権限
・弁明書・反論書の送付を受けること ・意見書の提出 ・口頭意見陳述の機会 ・証拠書類・証拠物の提出 ・物件の提出要求の申立権 ・参考人の陳述・鑑定の要求の申立権 ・検証の申立権 ・審理関係人への質問の申立権 ・提出書類等の閲覧等 ・審理員意見書の写しの送付を受けること ・行政不服審査会における口頭意見陳述	・審査請求の取下げ ・執行停止の申立て

c　弁明書の提出（29条）*2

審理員は、審査庁から指名されたときは、処分庁・不作為庁が審査庁である場合を除き、直ちに審査請求書又は審査請求録取書の写しを処分庁・不作為庁に送付しなければなりません（1項）。

また、審理員は、相当の期間を定めて、処分庁・不作為

---

*1
☑要チェック！
過去問題

一定の利害関係人は、審理員の許可を得て、参加人として当該審査請求に参加することができるが、参加人は、審査請求人と同様に、口頭で審査請求に係る事件に関する意見を述べる機会を与えられ、証拠書類または証拠物を提出することができる。
➡ ○（R2-14-エ）

*2
■ポイント

①審査庁が不服申立要件をチェック。審理員を指名
　↓
②審理員は、処分庁等へ審査請求書を送付、処分庁等から弁明書を受け取る
　↓
③審理員は、弁明書を審査請求人等へ送付、審査請求人から反論書等を受け取る
　↓
④審理員は、反論書等を処分庁等へ送付

庁に対し、**弁明書**の提出を求めます（2項）。審理員は、処分庁・不作為庁から弁明書の提出があったときは、これを**審査請求人及び参加人に送付**しなければなりません（5項）。

d　反論書等の提出（30条）

　審査請求人は、反論書（送付された弁明書に記載された事項に対する審査請求人の反論を記載した書面）を提出することができます（1項）。

　また、**参加人は、意見書**（審査請求に係る事件に関する参加人の意見を記載した書面）を提出することができます（2項）。

　審理員は、審査請求人から反論書の提出があったときはこれを参加人・処分庁・不作為庁に送付しなければならず、参加人から意見書の提出があったときはこれを審査請求人・処分庁・不作為庁に送付しなければなりません（3項）。

e　審理手続の終結

　審理員は、必要な審理を終えたと認めるときは、審理手続を終結します（41条1項）。

　また、弁明書・反論書・意見書等が提出期間内に提出されなかった場合や、申立人が正当な理由なく口頭意見陳述に出頭しない場合にも審理手続を終結することができます（同条2項）。

　審理員は、審理手続を終結したときは、遅滞なく**審理員意見書**（審査庁がすべき裁決に関する意見書）を作成し、これを**事件記録とともに、審査庁に提出**しなければなりません（42条）。

f　行政不服審査会等

　行政不服審査会等に対する諮問は、審査庁の審査請求についての判断が妥当かどうか、第三者の立場からチェックする手続です。審査庁は、審理員意見書の提出を受けたときは、既存の第三者機関が関与している場合等を除き、**行政不服審査会等**へ諮問する義務があります（43条1項）。*3*4

　行政不服審査会等では、簡易迅速な手続という行政不服審査法の趣旨にのっとり、審理員意見書及び事件記録に基づく書面審理が中心に行われます。

---

*3
■ **語句解説**

行政不服審査会は、総務省に置かれ（67条1項）、有識者の委員によって構成されます（68条、69条）。地方公共団体の長が審査庁の場合には、条例で同様の機関が設置されます（81条）。

*4
☑ **要チェック！過去問題**

審理員は、行政不服審査法が定める例外に該当する場合を除いて、審理手続を終結するに先立ち、行政不服審査会等に諮問しなければならない。
➡✗（H28-15-5）

行政不服審査会が、諮問に対する答申をしたときは、答申書の写しを**審査請求人・参加人に送付**するとともに、答申の**内容を公表**します（79条）。

（3）実体審理（内容の審理）

申立ての要件を満たしている審査請求については、実体審理がなされます。

a　書面審理主義と職権主義

審査請求の実体審理は、**書面審理**を中心とし、原則として審理員の職権で進められます。また、審理員は、申立人の主張にとらわれることなく、申立人の主張しない事項についても審査し、裁決することができます。

行政不服申立てによる救済には、手続の簡易性と迅速性が求められ、また、行政の自己統制を目的としているからです。

証拠調べ手続も、原則として**審理員の職権**により進められます。例えば、審理員は、職権で関係物件の提出を求め（33条）、参考人の陳述及び鑑定を要求し（34条）、検証を行い（35条）、更に審査請求人・参加人・処分庁・不作為庁（以下、「審理関係人」といいます）に質問することができます（36条）。

b　口頭意見陳述の手続（31条）

審査請求人又は参加人の申立てがあった場合（以下、申立てをした者を「申立人」といいます）、審理員は、原則として当該申立人に**口頭**で審査請求に係る事件に関する**意見を述べる機会を与えなければなりません**（1項本文）。手続の公正を実現するためには、言いたいことを言わせることが重要だからです。*[1]

この口頭意見陳述は、審理員がすべての審理関係人を招集して行われます（2項）。申立人は、**審理員の許可を得て、補佐人とともに出頭することができます**（3項）。

また、申立人は、**審理員の許可を得て**、審査請求に係る事件に関し、処分庁・不作為庁に対して**質問を発する**ことができます（5項）。

Festina lente

行政手続法20条の不利益処分を行う際の聴聞は、口頭で行うことが原則となっているよ。不服審査については訴訟という制度も後に控えてるから、ここでは迅速性をより重視して書面審理を原則としているよ。

---

*[1] ✅ **要チェック！過去問題**

審理員は、審査請求人の申立てがあった場合には、口頭意見陳述の機会を与えなければならないが、参加人がこれを申し立てることはできない。

➡ ❌（R1-15-4）

Part 4
行政法

2 再調査の請求の場合

　再調査の請求は、審査請求に比べ簡易な手続であることから、審理員による審理はなされず、行政不服審査会等への諮問の手続もありません。

　また、弁明書・反論書のやりとりもなく、処分庁への質問の制度（31条5項参照）も採用されていません（61条）。*2

3　執行不停止

1　執行不停止の原則（25条1項、61条、66条1項）

　不服申立ては、処分の効力、処分の執行、又は手続の続行を妨げません。要するに、**不服申立てがなされても行政活動は停止しません**。不服申立ての濫用によって、行政活動が停滞するのを回避する趣旨です。*3

2　執行不停止の例外

　もっとも、不服申立人の権利ないし地位を保全して、その救済を図る観点から、一定の要件を満たした場合（例えば、そのまま行政活動が続けられたならば、たとえ不服申立てが認容されたとしても回復できない損害が生じてしまう場合）には、執行停止をすることが認められています（執行停止が義務づけられている場合もあります）。

　なお、**執行停止の申立て**があったとき、又は審理員から40条に規定する執行停止をすべき旨の**意見書が提出**されたときは、審査庁は、**速やかに、執行停止をするかどうかを決定**しなければなりません（25条7項）。救済のタイミングを逸しないようにするためです。*4

(1)　任意的執行停止

　a　執行停止ができる場合　その1（25条2項）── 処分庁の上級行政庁又は処分庁である審査庁がする執行停止

　　処分庁の上級行政庁又は処分庁である審査庁は、必要があると認める場合には、**審査請求人の申立て**により又は**職権**で、**処分の効力、処分の執行又は手続の続行の全部又は一部の停止その他の措置**をとることができます。

　　その他の措置とは、原処分に代わる仮の処分等をすることによって、処分の効力の停止や処分の執行停止と同じ効

---

*2
■ ポイント
再調査の請求は処分を行った行政庁が審査を行うから、審査庁と処分庁との連絡関係についての条文は準用されていません。

*3
■ ポイント
行政事件訴訟法25条1項でも執行不停止の原則が採用されています。

*4
☑ 要チェック！ 過去問題
審理員は執行停止をすべき旨の意見書を審査庁に提出することができ、提出を受けた当該審査庁は、速やかに、執行停止をするかどうかを決定しなければならない。
➡ ○（R3-14-3）

Part **4**
行政法

Chapter 6
行政不服審査法

617

果を生ぜしめるための措置のことです。処分庁や上級行政庁は、当該処分にかかる行政事務につき、一般的に行政責任を有しているため、その他の措置をとり得ます。*1

　b　**執行停止ができる場合　その2**（25条3項）── 処分庁の上級行政庁又は処分庁のいずれでもない審査庁がする執行停止

処分庁の上級行政庁又は処分庁のいずれでもない審査庁は、必要があると認める場合には、**審査請求人の申立て**により、処分庁の意見を聴取した上、執行停止をすることができます。

ただし、処分の効力、処分の執行又は手続の続行の全部又は一部の停止以外の措置をとることはできません。つまり**停止しかできません**。*2

(2) 必要的執行停止（25条4項）

審査請求人の申立てがあった場合において、処分、処分の執行又は手続の続行により生ずる重大な損害を避けるために緊急の必要があると認めるときは、審査庁は、執行停止を**しなければなりません**。*3

ただし、**公共の福祉に重大な影響を及ぼすおそれがあるとき**、又は**本案について理由がないとみえるとき**は執行停止をしなくてもよいとされています。

(3) 任意的執行停止、必要的執行停止のいずれの場合も、**処分の効力の停止以外の措置によって目的を達することができるとき**は、処分の効力を停止することはできません（25条6項）。

3　執行停止の取消し（26条）

執行停止をした後において、**執行停止が公共の福祉に重大な影響を及ぼすことが明らかとなったとき、その他事情が変更したとき**は、審査庁は、その執行停止を取り消すことができます。*4

6　裁決及び決定

重要度 **A**

1　裁決及び決定の意義

裁決とは、審査請求又は再審査請求に対する審査庁の裁断行為

---

*1　ポイント
行政事件訴訟法25条2項では、申立てによってのみ裁判所に執行停止が認められています。

*2　ポイント
処分庁の上級行政庁又は処分庁のいずれでもない審査庁は、職権で執行停止をすることはできません。

*3　要チェック！過去問題
審査庁は、処分、処分の執行または手続の続行により生ずる重大な損害を避けるために緊急の必要があると認めるときは、審査請求人の申立てがなくとも、職権で執行停止をしなければならない。
➡ （H29-16-2）

をいいます。一方、**決定**とは、再調査の請求に対する処分庁の裁断行為をいいます。不服申立人が不服申立てを取り下げる場合（27条1項、61条、66条1項）のほかは、審査庁の裁決（再調査の請求の場合は処分庁の決定）によって審理手続が終了します。

なお、不服申立てを取り下げる場合には、**書面**でしなければなりません（27条2項、61条、66条1項）。

2 裁決（決定）の種類

1 却下裁決（却下決定）

却下裁決（却下決定）とは、不服申立てが不服申立要件を欠き**不適法**であるときに、本案審理を拒否する裁決（決定）をいいます（45条1項等）。[*5]

2 棄却裁決（棄却決定）

棄却裁決（棄却決定）とは、**不服申立てに理由がない**として不服申立てを退ける裁決（決定）をいいます（45条2項等）。

3 事情裁決

審査請求に理由があれば、それを認容し、処分を取り消すのが原則です。しかし、**処分を取り消すことにより公の利益に著しい障害を生ずる場合**においては、一定の要件の下に、審査庁は審査請求を**棄却**することができます。これを、**事情裁決**といいます（45条3項）。[*6]

事情裁決も棄却裁決の一種です。なお、事情裁決をする場合、審査庁は**当該処分が違法又は不当であることを裁決の主文で宣言**しなければなりません。裁決が確定すれば、処分の違法については、不可争力等の裁決の効力が生じることになり、処分の不当については、処分が不当であることを宣言することにより、事後における行政の自己統制を図ることができるからです。

再審査請求についても、事情裁決が認められています（64条4項）。

なお、再調査の請求は、審査請求より簡略な手続により改めて処分を見直す手続であり、その対象が限られることを考慮すると、事情裁決に相当する規定を設ける必要性は乏しいため、事情裁決に相当する規定は設けられていません。

[*4] ✅ **要チェック！過去問題**

審査庁は、いったんその必要性を認めて執行停止をした以上、<u>その後の事情の変更を理由として、当該執行停止を取り消すことはできない。</u>
➡ ✖（R3-14-2）

Part 4
行政法

[*5] ■ **参考データ**

例えば、不服申立期間の経過後になされた申立てであっても、裁決・決定によって却下しなくてはなりません。

[*6] ■ **参考データ**

行政事件訴訟法31条1項の定める事情判決と同様の趣旨です。

Festina lente

いくら事情裁決でOKといっても、審査庁はその処分が違法だったり、不当であることを宣言しなければならないのだ。棄却裁決ではあるけど、不服を申し立てた人の言い分には合理性があったんだから、そのことを明確に示すべきだね。将来の反省に活かされるね。

4　認容裁決（認容決定）

認容裁決（認容決定）とは、不服申立てに理由があるときに、不服申立てを認容する裁決（決定）をいいます。

(1) 審査請求の認容

a　処分（事実上の行為を除く）に対する審査請求の認容

処分（事実上の行為を除く）についての審査請求に理由がある場合（事情裁決をする場合を除く）には、**審査庁**は、**裁決で、当該処分の全部若しくは一部を取り消します**（46条1項）。[1]

そして、法令に基づく申請を却下し、又は棄却する処分の全部又は一部を取り消す場合において、当該申請に対して一定の処分をすべきものと認めるときは、処分庁の**上級行政庁である審査庁**は、**当該処分庁**に対し、**当該処分をすべき旨を命ずる措置**をとり、**処分庁である審査庁**は、**当該処分をする措置**をとります（同条2項1号、2号）。これは、裁決で単に違法又は不当な申請拒否処分を取り消すことにとどまらず、争訟の一回的解決の観点から、行政事件訴訟法の「申請満足型義務付け訴訟」を参考に、法令に基づく申請を認容する処分をすることにより申請に対する応答内容を確定させる措置をとり得るようにするための規定です。[2][3]

処分が取り消された場合には、処分は処分時に遡ってその効力を失い、申請に対する処分であれば、申請に対してその応答としての処分がされていない状態に戻ることになります。

さらに、**審査庁が処分庁の上級行政庁又は処分庁**であるときは、審査庁は、**裁決で当該処分を変更**することもできます。

---

[1]

■ 参考データ

違法又は不当な部分が一部にとどまる場合には、処分の全部を取り消すことはできないのが原則です。

[2]

■ 語句解説

申請満足型義務付け訴訟とは、行政庁に対し一定の処分又は裁決を求める旨の法令に基づく申請又は審査請求がされた場合において、当該行政庁がその処分又は裁決をすべきであるにかかわらずこれがされないときに、行政庁がその処分又は裁決をすべき旨を命ずることを求める訴訟をいいます（行政事件訴訟法3条6項2号）。

[3]

☑ 要チェック！過去問題

法令に基づく申請を却下し、または棄却する処分の全部または一部を取り消す場合において、審査庁が処分庁の上級行政庁である場合、当該審査庁は、当該申請に対して一定の処分をすべきものと認めるときは、自らその処分を行うことができる。

➡ ✖（H28-16-4）

ただし、審査請求人の不利益に当該処分を変更することはできません（48条）。*4

b　事実上の行為に対する審査請求の認容

事実上の行為についての審査請求に理由がある場合（事情裁決をする場合を除く）には、審査庁は、裁決で、当該事実上の行為が違法又は不当である旨を宣言します（47条）。そして、処分庁以外の審査庁は、当該処分庁に対し、当該事実上の行為の全部若しくは一部を撤廃すべき旨を命ずる措置をとり、処分庁である審査庁は、当該事実上の行為の全部若しくは一部を撤廃し、又はこれを変更する措置をとります（同条1号、2号）。*5

さらに、審査庁が、処分庁の上級行政庁であるときは、審査庁は、処分庁に対し当該事実上の行為を変更すべき旨を命ずることができます。ただし、審査請求人の不利益に当該事実上の行為を変更すべきことを命じ、若しくはこれを変更することはできません（48条）。

c　不作為に対する審査請求の認容

不作為についての審査請求に理由がある場合には、審査庁は、裁決で、当該不作為が違法又は不当である旨を宣言します（49条3項）。そして、この場合において、当該申請に対して一定の処分をすべきものと認めるときは、**不作為庁の上級行政庁である審査庁**は、当該不作為庁に対し、**当該処分をすべき旨を命ずる措置**をとり、**不作為庁である審査庁**は、**当該処分をする措置**をとります（同項1号、2号）。これも、行政事件訴訟法の「申請満足型義務付け訴訟」を参考にしたものです。*6

（2）再調査の請求の認容（59条）

a　処分（事実上の行為を除く）に対する再調査の請求の認容

処分（事実上の行為を除く）についての再調査の請求に理由がある場合には、処分庁は、決定で、当該処分の全部若しくは一部を取り消し、又はこれを変更します（1項）。

ただし、処分庁は、再調査の請求人の不利益に当該処分を変更することはできません（3項）。

---

*4
✓要チェック！過去問題

処分についての審査請求に理由があり、当該処分を変更する裁決をすることができる場合であっても、審査請求人の不利益に当該処分を変更することはできない。
➡ **○** (R3-16-ウ)

*5
■ **参考データ**

すでに起こってしまった過去の事実を取り消すことはできないために、取消しではなく、撤廃というのです。

*6
✓要チェック！過去問題

不作為についての審査請求について理由がある場合、不作為庁の上級行政庁ではない審査庁は、当該不作為庁に対し、当該処分をすべき旨を勧告しなければならない。
➡ **✗** (R2-16-エ)

Part 4 ■ 行政法

Chapter 6
行政不服審査法　**621**

b　事実上の行為に対する再調査の請求の認容

事実上の行為についての再調査の請求に理由がある場合には、処分庁は、決定で、当該事実上の行為が違法又は不当である旨を宣言するとともに、当該事実上の行為の全部若しくは一部を撤廃し、又はこれを変更します（2項）。

ただし、処分庁は、再調査の請求人の不利益に当該事実上の行為を変更することはできません（3項）。

〈裁決の種類〉

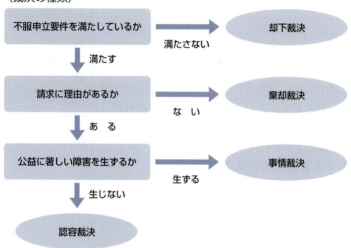

3　裁決（決定）の方式 (50条、60条、66条1項)

裁決（決定）は要式行為（法律で決められた方法により行わなければならない行為）であり、**書面**（**裁決書**又は**決定書**）によって行います。

裁決書（決定書）には、裁決（決定）に対する判断を主文として掲げ、判断に至った理由を明示し、かつ審査庁（処分庁）はこれに記名押印しなければなりません（50条1項等）。*1

また、審査請求の場合において、行政不服審査会等への諮問を要しないときは、裁決書には、**審理員意見書**を添付しなければなりません（同条2項）。*2

さらに、審査庁は、再審査請求をすることができる裁決をする場合には、裁決書に**再審査請求をすることができる旨**並びに**再審**

---

*1 要チェック！過去問題

審査請求の裁決は、書面でしなければならず、緊急を要する場合であっても、口頭ですることは認められていない。
→ ○ (H24-14-5)

*2 参考データ

これは、再審査請求について準用されています（66条1項）。

査請求をすべき行政庁及び再審査請求期間を記載して、これらを教示しなければなりません（50条3項）。

4 裁決（決定）の効力発生時期

　裁決（決定）は、不服申立人への送達によって効力を生じます（51条1項、61条、66条1項）。

　なお、送達は送達を受けるべき者に裁決書（決定書）の謄本（原本の内容をそのまま全部謄写した書面）を送付して行います（51条2項、61条、66条1項）。

　そして、不服申立てが処分の相手方以外の者から提起された場合には、不服申立人に送達するだけではなく、処分の相手方に対しても送達することが必要です（51条1項）。処分の相手方は、裁決（決定）によって直接影響を受ける者だからです。さらに、審査庁は、裁決書の謄本を参加人及び処分庁等（審査庁以外の処分庁等に限る）に送付しなければなりません（同条4項）。*3

*3
■参考データ
再審査請求の場合、参加人並びに処分庁及び裁決庁（処分庁以外の裁決庁に限る）に対して送付します（66条1項）。

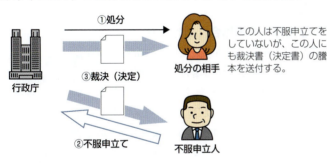

5 裁決（決定）の効力

　行政不服審査法は、裁決の効力として、拘束力に関する規定を置くのみです（52条1項）。

　しかし、裁決及び決定も行政行為の一種であるので、それが当然無効と認められる場合を除いて、一般の行政行為と同じく公定力、自力執行力、不可争力、そして準司法的作用であることから不可変更力を有します。

　もっとも、決定は処分庁がするものであることから、裁決の拘束力（52条）に相当する規定は設けられていません。

7 教示制度

重要度 A

1 教示制度の趣旨*1

　教示制度とは、行政庁から国民に対して不服申立ての方法を教える制度をいいます。いくら不服申立ての制度を用意したとしても、利用する側がその存在や仕組み、方法を知らなければ意味がありません。そこで、この制度を少しでも多くの国民に知らせ、違法・不当な行政庁の行為から国民の救済を図るべく、教示制度を設けました。

　なお、教示制度は、**地方公共団体その他の公共団体に対する処分で、当該公共団体がその固有の資格において処分の相手方となるもの**については、**適用しません**（7条2項参照）。

2 教示が必要な場合

1 不服申立てが可能な処分をする場合 (82条1項)

　行政庁は、審査請求若しくは再調査の請求又は他の法令に基づく不服申立てをすることができる処分をする場合には、処分の相手方に対し、当該処分につき「不服申立てをすることができる旨」並びに「不服申立てをすべき行政庁」及び「不服申立てをすることができる期間」を**書面で教示**しなければなりません（1項本文）。ただし、当該処分を口頭でする場合は、この限りではありません（同項但書）。*2

2 利害関係人から請求があった場合 (82条2項)

　行政庁は、利害関係人から、「当該処分が不服申立てをすることができる処分であるかどうか」並びに「当該処分が不服申立てをすることができるものである場合における不服申立てをすべき行政庁」及び「不服申立てをすることができる期間」につき教示を求められたときは、当該事項を教示しなければなりません。

3 教示の方法

1 不服申立てが可能な処分をする場合 (82条1項)

　教示は、原則として**書面**によらねばなりません。

---

*1 ■参考データ
2014年改正によって、情報の提供（84条）や公表（85条）についても規定が設けられました。

*2 ■参考データ
82条1項の反対解釈により、不服申立ての許されない処分を行うときは、教示する必要はありません。教示制度の趣旨は、不服申立ての方法を知らせる点にあるからです。

Festina lente
この教示制度は、行政事件訴訟法にも採り入れられているよ(46条)。行審法と行訴法とを比較する問題で聞かれるかもしれないから、ここで注意を喚起しておくね。

2 利害関係人から請求があった場合 (82条3項)

　利害関係人からの請求があった場合、原則として教示は**口頭**でよいとされています。しかし、利害関係人が書面による教示を求めた場合には、書面によらなければなりません。

4 教示を怠った場合 (83条)

　行政庁が82条の規定による教示をしなかった場合には、当該処分について不服がある者は、当該処分庁（教示義務に違反した行政庁）に不服申立書を提出することができます。教示義務を履行しなかった以上、不服申立てを受ける（信義則上の）義務があるといえるからです（1項）。*3

　不服申立書の提出があった場合、当該処分が処分庁以外の行政庁に対し審査請求をすることができる処分であるときは、処分庁は、速やかに、当該不服申立書を当該行政庁に送付しなければなりません。当該処分が他の法令に基づき、処分庁以外の行政庁に不服申立てをすることができる処分であるときも同様です（3項）。この場合、不服申立書が送付されたときは、**初めから当該行政庁に審査請求又は当該法令に基づく不服申立てがされたものとみなされます**（4項）。

　なお、教示を怠った場合でも処分の効力に影響はありません。教示を怠ったことと、処分の効力は別問題だからです。

5 誤った教示をした場合の措置

　不服を申し立てようとする者に誤った教示がなされた場合には、その誤った教示に従って不服申立てをしてしまってもやむを得ません。そこで、誤って教示されたとおりに不服申立てをした者に対して、不利益が生じないようにする制度が設けられています。具体的には次の3つです。

1 不服申立てのできない処分につき不服申立てができる旨の教示がなされた場合

　不服申立てができない処分でも、行政事件訴訟によってその効力を争うことは可能です。しかし、行政事件訴訟においても出訴期間の制限が設けられています。そのため、行政庁が不服申立てをすることができる旨を誤って教示した場合に、それに従って不

＊3
☑ 要チェック！
過去問題

処分をなすに際し、処分庁が行政不服審査法において必要とされる教示をしなかった場合、当該処分に不服がある者は、当該処分庁に不服申立書を提出することができる。

➡ **〇**(R4-16-4)

Part
4

行政法

Chapter 6
行政不服審査法　**625**

服申立てをしてしまい、その間に出訴期間が経過してしまう場合があり得ます。

そこで、行政事件訴訟法は、行政庁が誤って審査請求をすることができる旨を教示したときは、取消訴訟は、その審査請求をした者については、「処分」ではなく、「審査請求に対する裁決」があったことを知った日から6か月を経過したとき又は当該裁決の日から1年を経過したときは、提起することができないと規定され（行政事件訴訟法14条3項）、このような者の救済を図っています。

2 不服申立てをすべき行政庁を誤って教示した場合[*1]

審査請求をすることができる処分につき、処分庁が誤って審査請求をすべき行政庁でない行政庁を審査請求をすべき行政庁として教示した場合において、その教示された行政庁に書面で審査請求がされたときは、当該行政庁は、速やかに、審査請求書を処分庁又は審査庁となるべき行政庁に送付し、かつ、その旨を審査請求人に通知しなければなりません（22条1項）。

この場合、審査請求書が審査庁となるべき行政庁に送付されたときは、初めから審査庁となるべき行政庁に審査請求がされたものとみなされます（同条5項）。

3 不服申立てをすることができる処分につき不服申立てをすることができる旨を教示しなかった場合

再調査の請求をすることができる処分につき、処分庁が誤って審査請求をすることができる旨を教示しなかった場合において、当該処分庁に再調査の請求がされた場合であって、再調査の請求人から申立てがあったときは、処分庁は、速やかに、再調査の請求書又は再調査の請求録取書及び関係書類その他の物件を審査庁となるべき行政庁に送付しなければなりません。

この場合において、その送付を受けた行政庁は、速やかに、その旨を再調査の請求人及び当該再調査の請求に参加する者に通知しなければなりません（22条4項）。

そして、再調査の請求書若しくは再調査の請求録取書が審査庁となるべき行政庁に送付されたときは、初めから審査庁となるべき行政庁に審査請求がされたものとみなされます（同条5項）。

[*1] **要チェック！過去問題**

処分庁が誤って審査請求すべき行政庁でない行政庁を教示し、当該行政庁に審査請求書が提出された場合、当該行政庁は処分庁または本来の審査請求すべき行政庁に審査請求書を送付しなければならない。

→ ○（H26-15-イ）

ファイナルチェック　基礎知識の確認

問題1　行政庁の処分につき処分庁以外の行政庁に対して審査請求をすることができる場合において、法律に再調査の請求をすることができる旨の定めがあるときは、処分庁に対する再調査の請求をした後でなければ、審査請求をすることができないのが原則である。

問題2　審査請求の審理は、原則として書面によって行うので、審査請求人の申立てがあったとしても、審理員は、審査請求人に口頭で意見を述べる機会を与えることはできない。

問題3　法令に基づく申請を却下する処分を取り消す場合において、審査庁が処分庁の上級行政庁であるときは、当該審査庁は、処分庁に対し、当該申請に対して一定の処分をすべき旨を命ずることができる。

問題4　行政庁は、利害関係人から教示を求められたときは、必ず書面で教示をしなければならない。

問題1 ✗　不服申立人の選択により、再調査の請求をすることなく、直接審査請求をすることもできる（5条1項）。
問題2 ✗　この場合、口頭で意見を述べる機会を与えなければならない（31条1項）。　問題3 ⭕ （46条2項1号）
問題4 ✗　利害関係人が、書面による教示を求めた場合にのみ、書面によって教示をしなければならないとされている（82条3項）。

本試験レベルの問題にチャレンジ！ ▶▶▶

Chapter 7 行政事件訴訟法

重要度 A

イントロダクション　学習のポイント

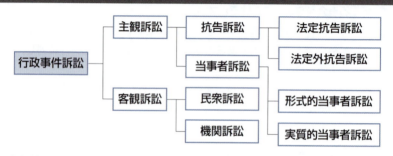

　行政事件訴訟法は、行政法の中でも、記述式での出題頻度が高く、大切なテーマです。

　処分などの行政作用に対して不服がある場合、裁判所に救済を求めることができます。

　行政事件訴訟には数多くの類型があり、まず、その体系を覚えなければなりません。その上で、まず、取消訴訟についてしっかりと勉強を進めていきましょう。行政事件訴訟法は、取消訴訟以外の訴訟については、それ固有の規定を設けるほか、取消訴訟の規定をいくつか準用するという体系をとっています。取消訴訟以外の訴訟ももちろん大切ですが、取消訴訟をしっかりと勉強しておかなければ、他の訴訟もまた得意になることはできません。

ベーシック　じっくり理解しよう！

1　総　説

重要度 B

　行政事件訴訟とは、行政上の法律関係に争いがある場合における訴訟をいいます。この行政事件訴訟の手続について定めた法律

を行政事件訴訟法といいます。

　行政庁に対する不服申立手続には、費用・時間のコストが少ないというメリットがありますが、行政内部の統制であるために判断の公平性・中立性に問題があります。

　憲法ではこのことを考慮して、適法か違法かの**最終的な判断権**を行政機関に与えることを禁じています（憲法76条2項）。このことにより、行政事件についても最終的には裁判所で判断されることになり、その手続法として、行政事件訴訟法が制定されたのです。

　行政事件訴訟法は、行政事件が民事上の争いとは違った特色を有しているため設けられた、**行政訴訟の一般法**です。そして、行政事件訴訟に関して行政事件訴訟法に定めがない事項については、訴訟全般についての一般法である民事訴訟法の規定を準用することになります（7条）。

Festina lente

　現在の行政事件訴訟法になったときの改正ポイントを整理しておくね。制度的に重要なところだよ。

（1）救済範囲の拡大

　①取消訴訟の原告適格の実質的拡大（9条2項）

　②義務付け訴訟の法定（3条6項、37条の2、37条の3）

　③差止訴訟の法定（3条7項、37条の4）

　④当事者訴訟の一類型としての確認訴訟の明記（4条）

（2）行政訴訟を利用しやすく、わかりやすくするための仕組み

　①抗告訴訟の被告を行政庁から行政主体に変更（11条1項）[*1]

　②抗告訴訟の管轄裁判所の拡大（12条）

　③取消訴訟の出訴期間の延長（14条1項本文）

　④教示制度の創設（46条）

（3）仮の救済制度の拡充

　①執行停止の要件を緩和（25条2項）

　②仮の義務付け制度の創設（37条の5第1項）

　③仮の差止め制度の創設（37条の5第2項）

*1

語句解説

抗告訴訟とは、行政庁の公権力の行使に関する不服の訴訟のことを指します。

Chapter 7
行政事件訴訟法

〈行政事件訴訟と行政不服申立ての比較〉

		行政事件訴訟	行政不服申立て
共通点		行政行為の効力を争う方法で、職権証拠調べが認められている
相違点	審理する機関	裁判所	行政庁、行政委員会
	審理の対象	違法な行政行為	違法・不当な行政行為
	行政行為を変更できるか	できない	できる
	職権で執行停止できる場合があるか	ない	ある
	手続の特徴	口頭での審理が原則	書面審理が原則

2 行政事件訴訟の種類

重要度 A

　行政事件訴訟法は、訴えの種類として数種類の形式を定めていますが、以下ではまず取消訴訟（処分の取消訴訟、裁決の取消訴訟）を中心に説明していくことにします。なぜなら、現実には訴えの大部分が取消訴訟だからです。*1*2

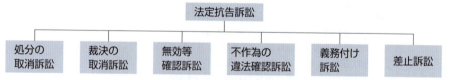

3 取消訴訟の対象

重要度 A

　行政不服審査と同様、すべての行政権の行為を取消訴訟の対象とすることはできません。では、どのような行政権の行為が、取消訴訟の対象となるのでしょうか。

1 行政庁の処分 (3条2項)

　行政事件訴訟法は、「行政庁の処分その他公権力の行使に当たる行為」（以下では、単に「処分」という）を取消訴訟の対象としています。

ここでいう「処分」とは、行政作用法で学んだ**行政行為**とほぼ同じです。したがって、命令の制定、行政契約、行政指導等は、行政行為にあたらず、処分に該当しません。これらの行為は、それだけでは、**国民に対して何ら不利益を与えるものではないから**です。

ただ、国民の自由を拘束する権力的・継続的な**事実行為**（直接強制・即時強制による身体・財産への強制行為等）は、「処分」に該当します。これらの行為は、**国民に対して不利益を与えるものとして、もはや見過ごすわけにはいかないからです。

この点で、「処分」は、行政作用法で学んだ行政行為とは異なります。

2 裁決・決定

行政事件訴訟法は、不服申立てに対する**裁決・決定**を取消訴訟の対象としています。憲法76条2項が、法の支配の見地から行政機関は終審として裁判を行うことができないとしていることを受けて、裁判所に最終判断権を与えたのです。

3 処分取消訴訟と裁決取消訴訟との関係

1 原則と例外

処分に対する審査請求に対して、審査請求人にとって不利な裁決が下された場合には、取消訴訟を提起し得る対象として、①原処分（審査請求の対象となった処分）と、②裁決の2つがあることになります。この2つの関係は、以下のとおりとなります。

原　則	どちらを提起してもよい。
例　外	特別法で裁決取消訴訟しか認めていない場合（公職選挙法203条2項、特許法178条6項など）。これらの場合には、裁決取消訴訟を提起しなければならない。

2 原処分主義 *3

処分の取消しの訴えと裁決の取消しの訴えとを提起できる場合には、裁決の取消しの訴えにおいては処分の違法を理由として裁決の取消しを求めることはできません（10条2項）。つまり、裁決の取消しを求める場合は、裁決の権限、手続、形式の瑕疵とい

---

*1

☑ 要チェック！
過去問題

建築基準法に基づき私法人たる指定確認検査機関が行った建築確認拒否処分の取消しを求める申請者の訴えは、抗告訴訟に当たる。
➡ ○（H22-16-ア改）

*2

■ 語句解説

取消訴訟とは、抗告訴訟のうち（すなわち行政庁の公権力に対する不服を申し立てる訴訟のうち）、行政行為その他の行政庁の公権力の行為により不利益を受けた者が、行政庁の権力行為の違法を主張してその取消しを求め、侵害された自由・財産の回復（又は予防）を目的とする訴訟です。行為を取り消した上で利益の回復を図る点で無効確認訴訟等と異なるわけです。

*3

■ 参考データ

処分取消しの訴えと、処分に関する審査請求を棄却した裁決の取消しの訴えとを両方提起できる場合、裁決に関する取消訴訟において処分の違法を争えますか？
答えはノーです。

Part 4
行政法

Chapter 7
行政事件訴訟法　**631**

った裁決固有の瑕疵を理由としなければなりません。そして、処分について争いたければ、処分取消訴訟を提起しなければなりません（これを、**原処分主義**といいます）。原処分と裁決とは、別個の行政処分だからです。*1

> *1 要チェック！過去問題
> 違法な処分に対する審査請求について、審査庁が誤って棄却する裁決をした場合、審査請求人は、裁決取消訴訟により、元の処分が違法であったことを理由として、棄却裁決の取消しを求めることができる。→✗
> （H26-14-2）

4 取消訴訟を提起するための要件　重要度 B

　実際に訴訟を提起したとしても、直ちに審理が始まるわけではありません。裁判所に審理してもらうためには、訴え自体が適法でなければなりません。ここに、訴えを適法ならしめるために要求される要件を**訴訟要件**といいます。

　訴訟要件を満たさない訴えは、その内容について審理されず**却下**されます。つまり門前払いです。

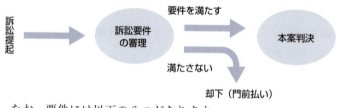

なお、要件には以下の6つがあります。

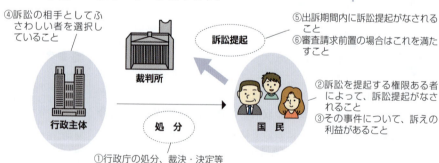

④訴訟の相手としてふさわしい者を選択していること

⑤出訴期間内に訴訟提起がなされること
⑥審査請求前置の場合はこれを満たすこと

②訴訟を提起する権限ある者によって、訴訟提起がなされること
③その事件について、訴えの利益があること

①行政庁の処分、裁決・決定等があること

1 行政庁の処分、裁決・決定等があること

すでに述べたように、行政事件訴訟法は、「処分」を取消訴訟の対象としています。したがって、取消訴訟の対象がなければ、訴訟要件を満たさないことになり、訴えは却下されます。

そこで、取消訴訟の対象（処分性）は、訴訟要件として重要なものになっています。

判例は、処分性について、「公権力の主体たる国又は公共団体がその行為によって、国民の権利義務を形成し、或はその範囲を確定することが法律上認められている」ものが「処分」であるという判断を示しています（最判昭30.2.24）。

〈処分性に関する判例〉

判例 ごみ焼却場の設置行為は、処分性が否定される（最判昭39.10.29）。

判例 道路交通法127条1項の規定に基づく反則金の納付の通告は、処分性が否定される（最判昭57.7.15）。

判例 市町村の施行に係る土地区画整理事業の事業計画の決定は、処分性が肯定される（最大判平20.9.10）。

判例 都市再開発法51条1項、54条1項に基づき地方公共団体により定められ公告された第二種市街地再開発事業の事業計画の決定は、処分性が肯定される（最判平4.11.26）。

処分性肯定	処分性否定
①行政行為 ②国民の自由を拘束する権力的・継続的な事実行為 ③不服申立てに対する裁決・決定 ④行政代執行法の戒告 ⑤（旧）関税定率法の輸入禁制品該当の通知（最判昭54.12.25） ⑥土地区画整理事業計画（最大判平20.9.10） ⑦第二種市街地再開発事業における事業計画決定（最判平4.11.26） ⑧供託官の供託金取戻請求に対する却下処分（最大判昭45.7.15） ⑨土地区画整理組合の設立の認可（最判昭60.12.17）	①法律・命令・条例の制定 ②行政契約 ③行政指導（原則） ④通達（最判昭43.12.24） ⑤ごみ焼却場の設置処分（最判昭39.10.29） ⑥国有財産の売渡し（最判昭35.7.12） ⑦道路交通法による反則金納付の通告（最判昭57.7.15） ⑧建築許可に対する消防長の同意拒否（最判昭34.1.29） ⑨運輸大臣（当時）が日本鉄道建設公団に対して行った成田新幹線工事実施計画の認可（最判昭53.12.8） ⑩都市計画法上の用途地域の指定（最判昭57.4.22）

Part
4

行政法

Chapter 7
行政事件訴訟法

⑩市町村営土地改良事業の施行の認可（最判昭 61.2.13） ⑪所得税法に基づく税務署長の納税の告知（最判昭 45.12.24） ⑫地方議会議員の除名処分	⑪住民票に世帯主との続柄を記載する行為（最判平 11.1.21） ⑫地区計画の決定（最判平 6.4.22） ⑬地方議会での議決 ⑭検察官の起訴・不起訴 ⑮都市計画法に基づく開発許可の前提としての公共施設管理者の同意の拒否（最判平 7.3.23） ⑯公営福祉施設の民間移管にかかる事業者選考の応募者に対する「決定に至らなかった」旨の通知（最判平 23.6.14）

2 訴訟を提起する権限のある者によって、訴訟提起がなされること

1 原告適格 （9条）

原告適格とは、取消訴訟において処分性が認められた場合にその処分の取消しを求めて出訴することのできる資格をいいます。法は原告適格を「法律上の利益」を有する者に絞っています。取消訴訟の主たる目的は権利・利益の侵害から国民を救済することにあり、救済されるべき利益を有しない者に出訴する資格を与える必要はないからです。

法律上の利益を有する者として争いがないのは、以下のような処分の相手方です。

① 不利益処分を受けた相手方。例えば、営業停止処分を受けた者。[1]

② 申請拒否処分を受けた者。例えば、営業免許申請を拒否された者や、補助金交付申請を拒否された者。

2 「法律上の利益」を有する者に含まれる者の範囲

処分の相手方以外の第三者（例えば、原子炉などの不快施設の設置が許可された場合の付近住民）や、形式上特定の相手方のない処分における付近住民など（例えば、道路の公用が廃止された場合の地域住民）にも「法律上の利益」が認められる場合があります。

「法律上の利益」の意味については、「実体法上保護された利益」と考えるもの（法律上保護された利益説）と、「裁判上の保護に値する利益」と考えるもの（法的な保護に値する利益説）

[1]
■ 参考データ

不利益処分を受ける者や、申請に対する処分を受ける者は行政手続法の対象となる者でもあります。事前手続の保護を受けられるような者は、処分の結果に違法がある場合には事後手続による救済も受けられるわけです。

と、2通りの解釈がありますが、判例・通説は前者の法律上保護された利益説に立っています。

ここで、「法律上の利益」にあたるかどうかの判断については、9条2項が次のように規定しています。

Festina lente

9条2項の原告適格の判断について説明するよ。
(1) まず、前提は9条1項の「法律上の利益」という言葉の解釈。判例・通説は、「法律上の利益」の意味については、法律上保護された利益としているよ。
(2) 何が「法律上の利益」にあたるかの判断は次の①・②の要素に留意する必要があるよ。すなわち、処分の根拠となった法律の文言のみではなく、①当該法令の趣旨及び目的並びに②当該処分において考慮されるべき利益の内容及び性質を考慮する。
(3) さらに、上記(2)で述べた①・②を考慮する際のガイドラインが定められているよ。つまり、
  ア　上記の①を考慮するにあたっては、当該法令と目的を共通する関連法規があるときはその趣旨及び目的をも参酌する。*2
  イ　上記の②を考慮するにあたっては、当該処分が処分の根拠となる法令に違反してされた場合に害されることになる利益の内容及び性質並びにこれが害される態様及び程度をも勘案する。
ってこと。
この3層構造がわかれば、原告適格は卒業だよ。

〈原告適格に関する判例〉*3

判例 公衆浴場法に基づく許可制度の適正な運用によって保護される既存業者の営業上の利益は、同法によって保護される法的利益であるから、既存業者は、新規業者に対する許可の取消しを求める法律上の利益を有する（最判昭37.1.19）。

判例 運輸大臣（当時）による航空運送事業免許に関して、航空機の騒音を理由として免許の取消しを求めた空港周辺の住民で航空機の騒音によって社会通念上著しい障害を受けることとなる者には、航空運送事業免許を争う原告適格がある（最判平元.2.17）。

判例 都市計画法上の開発許可によってがけ崩れなどの危険にさらされる者に、開発許可の取消しを求める原告適格を承認した（最判平9.1.28）。

*2
■ 参考データ

例えば、航空法に基づく航空運送事業の免許について、飛行機の騒音がうるさいことを理由に付近住民が免許の取消しを求めたとします。この場合、航空法のみでなく、「公共用飛行場周辺における航空機騒音による障害の防止などに関する法律」が関連法規にあたります。この結果、付近住民に原告適格が認められます。

*3
■ 参考データ

都市計画事業の事業地の周辺に居住する住民のうち事業が実施されることにより騒音・振動等による健康又は生活環境にかかる著しい被害を直接的に受けるおそれのある者は、同事業の認可の取消しを求める訴訟の原告適格を有するとされています（小田急高架化訴訟、最大判平17.12.7）。

Chapter 7
行政事件訴訟法　635

原告適格を認めた判例	原告適格を否定した判例
①公衆浴場業の新規許可の取消しを求める既存業者（最判昭37.1.19） ②航空運送事業の免許の取消しを求める空港周辺住民（新潟空港訴訟：最判平元.2.17） ③都市計画法に基づく開発許可によるマンション建設によって、がけ崩れの危険にさらされる付近住民（最判平9.1.28） ④保安林指定解除の取消しを求める下流住民（最判昭57.9.9） ⑤原子炉設置許可の取消しを求める周辺住民（もんじゅ原発訴訟：最判平4.9.22） ⑥放送局の開設免許が競願者に付与された場合には、自己の放送局免許拒否処分の取消しだけでなく、競願者への免許処分の取消しを求める点についても原告適格が認められる（東京12チャンネル事件：最判昭43.12.24） ⑦都市計画事業の事業地の周辺に居住する住民のうち事業が実施されることにより騒音、振動等による健康又は生活環境にかかる著しい被害を直接的に受けるおそれのある者は、同事業の認可の取消しを求める訴訟の原告適格を有する（小田急高架化事件：最大判平17.12.7）	①質屋営業の新規許可の取消しを求める既存業者（最判昭34.8.18） ②町名変更の取消しを求める住民（最判昭48.1.19） ③私鉄特急料金値上げの認可の取消しを求める利用者（最判平元.4.13） ④史跡指定解除処分の取消しを求める学術研究者（最判平元.6.20） ⑤風俗営業（パチンコ店）許可の取消しを求める周辺住民（最判平10.12.17） ⑥墓地経営許可の取消しを求める周辺住民（最判平12.3.17） 参考―不服申立適格を否定した判例 果実飲料等の表示に関する公正競争規約の認定の取消しを求める一般消費者（主婦連ジュース不当表示事件：最判昭53.3.14）

3 その事件について、訴えの利益があること

1 訴えの利益（9条）

　訴えの利益があるとは、処分が取り消された場合に、現実に**法律上の利益の回復**が得られる状態にあることをいいます。これも「法律上の利益」の問題です。たとえ取消判決が下されたとしても、それがもはや原告の救済にとって無意味であれば、訴えの利益は認められません。

2 訴えの利益に関する判例[1]

判例 自動車運転免許の効力停止処分を受けた者は、免許の効力停止期間を経過し、かつ、処分の日から無違反・無処分で1年を経過したときは、処分の取消しによって回復すべき法律上の利益は失われる（最判昭55.11.25）。

> [1]
> **✓ 要チェック！過去問題**
> 公文書の非公開決定の取消しを求める利益は、当該公文書が裁判所に書証として提出された場合でも失われない。
> → ◯ (H26-18-3)

判例 建築確認処分の取消しを求める利益は、建築物の建築工事の完了によって失われる（最判昭59.10.26）。

判例 皇居外苑使用許可申請の不許可処分の取消しを求める訴えの利益は、訴訟係属中に使用日が経過することによって失われる（最大判昭28.12.23）。

判例 生活保護法に基づく保護変更決定の取消しを求める利益は、原告の死亡によって消滅する（最大判昭42.5.24）。

判例 公務員は公職選挙に立候補すると辞職したものとみなされる（公職選挙法90条）から、免職処分後に立候補した公務員は、自己の地位の回復を求める訴訟につき訴えの利益を失う。もっとも、免職されることがなければ支払われるはずであった給料支払を請求する場合、処分取消しを求める訴えの利益は失われない（最大判昭40.4.28）。

　注意しなければならないのは、法が処分、又は裁決の効果が、期間の経過その他の理由によりなくなった後においても、なお処分、又は裁決の取消しによって**回復すべき法律上の利益**を有する者には、法律上の利益を認めていることです（9条1項かっこ書）。*2

> *2
> **要チェック！**
> **過去問題**
> 処分の取消訴訟は、処分の効果が期間の経過その他の理由によりなくなった後においても、なお、処分の取消しによって回復すべき法律上の利益を有する者であれば提起することができる。
> ➡ ○（H28-17-ウ）

Part 4 ■ 行政法

（狭義の）訴えの利益を認めた判例	（狭義の）訴えの利益を否定した判例
①免職された公務員が、免職処分の取消訴訟係属中に公職の候補者として届出をしたときは公務員としての職を辞したものとみなされ、公務員の地位の回復を求めることはできないが、公務員として有するはずであった給料請求権その他の権利・利益を回復する訴えの利益は認められる（最大判昭40.4.28） ②土地改良事業の施行認可処分に基づく工事及び換地処分がすべて完了したため、原状回復が社会的・経済的損失の観点からみて、社会通念上不可能であるとしても、右のような事情は、行政事件訴訟法31条の適用に関して考慮されるべき事柄であって、本件認可処分の取消しを求める訴えの利益は失われない（最判平4.1.24）	①建築確認処分の取消しを求める利益は、建築物の建築工事が完了することによって失われる（最判昭59.10.26） ②皇居外苑使用許可申請の不許可処分の取消しを求める訴えの利益は、訴訟係属中に使用日が経過することによって失われる（最大判昭28.12.23） ③生活保護法に基づく保護変更決定の取消しを求める利益は、原告の死亡によって消滅する（最大判昭42.5.24） ④運転免許停止処分から無違反・無事故で1年が経過した者には、停止処分の取消しを求める利益がない（最判昭55.11.25） ⑤保安林指定解除処分の取消訴訟係属中に、保安林の代替施設が設置された場合には、訴えの利益が失われる（最判昭57.9.9）

Chapter 7
行政事件訴訟法

4 訴訟の相手としてふさわしい者を選択していること（被告適格）

1 行政庁から行政主体へ

訴訟の相手としては、行政行為の事情を一番よく知っている者がふさわしいといえます。この観点から、従来は処分をした行政庁や裁決をした行政庁を被告として提起しなければならないとされていました（旧11条1項）。

しかし、実際には被告行政庁を特定することが困難な場合が少なくなく、被告を誤り、被告変更が許されない場合、出訴期間を過ぎてしまい、司法による救済を得られなくなってしまうこともありました。そこで、2004年改正により、処分の取消訴訟は、当該処分をした行政庁の所属する国又は公共団体を被告としました。また、裁決の取消訴訟は、当該裁決をした行政庁の所属する国又は公共団体を被告とすることに変更されました（11条1項）。*1

2 原告が被告とすべき者を誤った場合

被告を誤ったことについて原告に故意、又は重大な過失がなかったときは、裁判所は、原告の申立てにより、決定をもって、被告の変更を許すことができます（15条1項）。

逆に、原告に故意、又は重大な過失があったときは、訴えは却下されます。

5 出訴期間内に訴訟提起がなされること

取消訴訟は、処分、又は裁決があったことを知った日から6か月以内に提起しなければなりません（14条1項本文）。

ただし、正当な理由があるときはこの限りではありません（同項但書）。*2

また、取消訴訟は、処分、又は裁決の日から1年を経過したときは、正当な理由がある場合を除いては、提起することができません（同条2項）。

なお、出訴期間経過後、不可争力が発生します。

Festina lente

昔は、例えば、総務大臣の行った許認可処分の取消しを求める場合、総務大臣を被告としたよ。
それが今では、国を相手とすることになったということとなんだ。

---

*1 ✓ 要チェック！過去問題

処分をした行政庁が国または公共団体に所属する場合における処分取消訴訟は、当該処分をした行政庁を被告として提起しなければならない。

➡ ✗ （R3-18-1）

---

*2 ✓ 要チェック！過去問題

処分または裁決の取消しの訴えは、処分または裁決の日から6箇月を経過したときは提起することができないが、正当な理由があるときはこの限りでない。

➡ ✗ （R2-18-1）

6 審査請求前置の場合はこれを満たすこと

行政処分に対して不服申立てをすることが許されている場合には、国民にとっては、処分の効力を争う方法として、①不服申立てと、②行政事件訴訟との2つの手段が用意されていることになるため、両者の関係が問題となります。

原 則 (自由選択主義)	どちらでも好きなほうを選ぶことができる（8条1項本文）。これを**自由選択主義**という。又、必要があれば、同一の処分に対して両方を同時に選択することができる。
例 外 (審査請求前置主義)	不服申立てに対する裁決を経た後でなければ、訴訟を提起することができないとされている場合がある（8条1項但書）。これを**審査請求前置主義**という。最初に**行政による専門的な判断**を経てほしい場合（社会福祉や租税に関する処分の場合が多い）に審査請求前置主義がとられることが多い。

なお、審査請求前置主義がとられている場合でも、以下の場合には、裁決を経ることなく行政事件訴訟を提起することができます（審査請求前置主義の例外 8条2項）。

① 審査請求があった日から3か月を経ても裁決がないとき
② 処分、処分の執行、又は手続の続行により生ずる著しい損害を避けるため緊急の必要があるとき
③ その他裁決を経ないことについて正当な理由があるとき

5 審理手続

1 審理の種類

1 要件審理

取消訴訟が提起されると、裁判所は、まず、訴訟要件を具備しているかを審理します（要件審理）。訴訟要件を欠くときには、訴えは不適法として却下されます（**却下判決**）。

2 本案審理

訴えが訴訟要件を具備しているときは、裁判所は、処分の取消しを求める**請求の当否**について審理を行います（本案審理）。

2 審理の対象

取消訴訟では、処分の適法性のみが審理の対象となります。行政不服申立てとは異なり、裁量の当・不当は、審理の対象とはなりません。三権分立により、裁判所は行政庁の行った裁量が政策として適切だったか否かを判断する立場にないからです。

もっとも、行政庁の自由裁量処分についても、裁量権の範囲を超え、又はその濫用があった場合は、審理の対象となり、裁判所はその処分を取り消すことができます（30条）。この場合には、行政庁の処分は、不当であるにとどまらず、もはや違法といえるからです。*1

3 審理手続*2

原　則	行政事件訴訟では、原則として、当事者の主張と証拠に基づいて審理を行う。このような審理の仕方を弁論主義という。
例　外	「裁判所は、必要があると認めるときは、職権で、証拠調べをすることができる」としている（職権証拠調べ　24条本文）。

4 主張制限

取消訴訟では、当事者は、攻撃又は防御の方法として、処分の適法又は違法に関する一切の事由を主張し、これを証するすべての人的物的資料を証拠として提出することができます。しかし、次のような制限が存在します。

1 原告側の主張制限

原告は、自己の法律上の利益に関係のない違法を理由として取消しを求めることができません（自己利益関連性　10条1項）。

2 被告側の主張制限

被告側（行政主体）が当初の処分理由以外の理由を主張して処分の適法性を支持する抗弁をなし得るかという問題があります。これを理由の差換えといいます。

この点について、判例には、青色申告書による法人税の申告について不動産の取得価額が申告額より低額であることを更正の理由としてした更正処分の取消訴訟において、課税庁は、当該処分

*1
■ ポイント

行政庁の裁量が取消訴訟の対象となる場合もあることは試験で聞かれやすいので注意しましょう。

*2
■ 参考データ

裁判所は、行政庁に対し、①処分又は裁決の理由を明らかにする資料の提出を求めること（23条の2第1項）、②審査請求における事件の記録の提出を求めること（同条2項）ができます。これを釈明処分といいます。
これは、民事訴訟法151条の特則です。民事訴訟法においては訴訟において引用したものであって、かつ当事者が所持するものを提出させることができるにすぎませんが、この場合はそのような限定が付されていないため、当事者の引用・当事者の所持は不要です。その分、裁判所の権限が強化されているのです。
この制度の趣旨は、行政訴訟の審理の充実・促進を、訴訟資料の充実という側面から支えようという点にあります。

の適否に関する攻撃防御方法として、当該不動産の販売価額が申告額より多額であることを主張することができるとしたものがあります（最判昭 56.7.14）。

5 違法判断の基準時

処分の違法性を、裁判所がどの時点における法令及び事実状態を基準として判断するかについては、争いがあります。

判例は、行政処分の行われた後に法律が改正されたからといって、行政庁は改正法律によって行政処分をしたのではないから、裁判所が改正後の法律によって行政処分の当否を判断することはできないとして、処分時説に立ちます（最判昭 27.1.25）。

6 訴訟参加

訴訟参加とは、係属中の訴訟に第三者がその権利・利益を擁護するために参加することをいいます。以下のものがあります。

第三者の訴訟参加（22条）	行政庁の訴訟参加（23条）
訴訟の結果により権利を害される第三者がいるときには、訴訟に参加することができる。言いたいことを言わせることによって、第三者の利益を保護するためである。*3	訴訟対象となっている処分について関係を有する他の行政庁も、必要性が認められるときは、訴訟に参加する場合がある。関係行政庁を引き込んだ方が訴訟資料も豊富になり、適正な審理を実現できるからである。*4

7 訴えの併合・変更等

当事者間で複数の紛争が存在する場合、それぞれを別個の訴訟として提起することも可能です。しかし、相互に関連する紛争については別個の訴訟によるよりも、同一の訴訟手続を利用するほうがより便利であることが多いです。共通する証拠をいずれの請求に関する審判でも用いることができるなど、審理の重複を防ぎ、複数の裁判の矛盾といった弊害を避けることができるからです。

そこで法は訴えの併合や訴えの変更という制度を設けています。

なお、取消訴訟以外の抗告訴訟についても訴えの併合や訴えの変更の規定は準用されています（38条1項）。したがって、無効確認の訴えなどを損害賠償請求に変更することも可能です。

Part
4
■
行政法

*3
☑ 要チェック！
過去問題
裁判所は、訴訟の結果により権利を害される第三者があるときは、決定をもって、当該第三者を訴訟に参加させることができるが、この決定は、当該第三者の申立てがない場合であっても、職権で行うことができる。
➡○（R3-18-4）

*4
■ 語句解説
関係する行政庁とは、処分を行った行政庁に対して監督権を有する上級庁等です。

Chapter 7
行政事件訴訟法　**641**

1 訴えの併合 （16条、19条）

訴えの併合とは、1つの訴えによって複数の請求の審判を求める行為をいいます。取消訴訟には、関連請求にかかる訴えを併合することができます（16条1項）。関連請求という限定があるのは、訴えが併合されることによって、かえって審理を複雑にし、裁判を遅らせるという事態を防止するためです（13条参照）。

また、19条は訴訟の係属中に訴えを併合する場合です。

2 訴えの変更 （21条）

訴えの変更とは、訴訟の係属中に、当初からの手続を維持しつつ、当初の審判対象を変更することをいいます。このうち本条における訴えの変更は、取消訴訟を国又は公共団体に対する損害賠償請求に変更する場合を規定しています。その要件は「請求の基礎に変更がない」ことです（1項）。この要件も、審理を複雑にし、裁判を遅らせる事態を防止するためにあります。

8 執行不停止の原則

1 執行不停止の原則とは （25条1項）

取消訴訟が提起されても、処分の効力、処分の執行、又は手続の続行を妨げません。要するに、取消訴訟が提起されても、行政活動は停止しないのが原則です。濫訴によって行政活動が麻痺するのを回避する趣旨です。*1

2 執行不停止の原則の例外

例外的に、処分、処分の執行、手続の続行により生ずる「重大な損害」を避けるため緊急の必要があるときは、裁判所は、申立てにより、決定をもって、処分の効力、処分の執行、手続の続行の全部、又は一部の停止をすることができます（25条2項）。

「重大な損害」の解釈について、「損害の回復の困難の程度を考慮するものとし、損害の性質及び程度並びに処分の内容及び性質をも勘案する」という解釈指針が規定されています（同条3項）。

もっとも、執行停止は、公共の福祉に重大な影響を及ぼすおそれがあるとき、又は本案（訴えにおける請求の内容）について理由がないとみえるときは、することができません（同条4項）。*2

3 内閣総理大臣の異議制度

(1) 執行停止の申立てがあったときは、内閣総理大臣は、裁判

---

*1
■ 参考データ

同じ趣旨から、行政庁の処分その他公権力の行使にあたる行為に対しては、民事保全法上の仮処分をすることもできないとされています（44条）。

*2
■ 参考データ

2004年改正前までは「回復困難な損害を避けるため」と規定されていました。しかし、回復の困難性のみで執行停止を認めるか否かを判断するのは硬直的すぎるため、「重大な損害」というより柔軟な要件に改められました。

所に対し、執行停止の前後を問わず、**異議**を述べることができます（27条1項）。異議権が濫用されることを防ぐために、異議には理由を付さなければなりません（同条2項）。

(2) 内閣総理大臣の異議があったときは、裁判所は、**執行停止をすることができません**。すでに執行停止の決定をしているときは、これを**取り消さなければなりません**（27条4項）。つまり行政行為が続行されます。

Festina lente

つまり、執行停止をするかしないかの最終的な決定権が内閣総理大臣にあるということになるよ。

このように、内閣総理大臣の異議の制度は、内閣総理大臣が、裁判所の執行停止権限を奪うものだから、憲法で学んだ三権分立の観点から、違憲の疑いがあるという見解があることにも注意しよう。

6 判決

重要度 A

1 判決の意義

判決とは、訴えに対する裁判所の裁断行為をいいます。

2 判決の種類

*3
■ 参考データ
事情判決は、処分や裁決の取消しを求める訴訟についてのみ認められる制度です。

種類		意義
却下判決		訴えが訴訟要件を欠いている場合に、訴えを不適法として却下する判決 ※本案については何ら判断をしていないのであるから、これによって処分の適法性が確定するわけではない。
本案判決	棄却判決	処分の取消しを求める請求に理由がないとして、請求を排斥する判決
	事情判決	処分を取り消すことにより公の利益に著しい障害を生ずる場合において、一定の要件の下に、請求を棄却する判決（31条1項）*3 ※事情判決をする場合には、判決の主文において、当該処分又は裁決が違法であることを宣言しなければならない。 ※訴訟費用は、被告である行政側が負担する。 ※事情判決に不服がある場合には、原告・被告ともに上訴することができる。
	認容判決	処分の取消しを求める請求に理由があると認めて、処分を取り消す判決

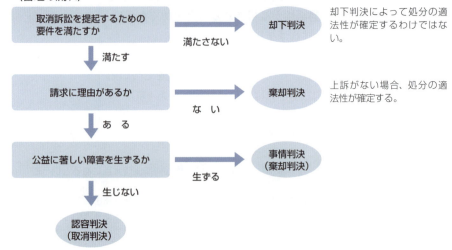

3 判決の効力

取消訴訟の判決が確定すると、以下の効力が生じます。

1 既判力

既判力とは、**裁判の蒸し返しを防ぐ**効力をいいます（7条、民事訴訟法114条参照）。判決が確定することで、すでに争った事項に関しては二度と争えなくなります。その結果、以下のようになります。

(1) 請求認容の判決（取消判決）があった場合

a 既判力によって、当該処分の**違法性が確定**します。

b **行政庁**は、後に当該処分の違法を理由とする国家賠償請求訴訟などが提起された場合において、処分が適法であったと主張することはできなくなります。つまり、後の訴訟においては、処分が違法であったことを前提として審理されることになります。

(2) 棄却判決があった場合

a 既判力によって、当該処分の**適法性が確定**します。

b **原告**は、他の違法事由を主張して再び処分の取消しを請求できません。なお、当該処分の違法を理由とする国家賠償請求訴訟を提起できるかについては争いがあります。

2 形成力

行政処分の取消判決があると、当該行政処分の効力は、処分当時に遡って消滅します。つまり、その処分が行われる前に戻ったということになります。この効力を形成力といいます。

3 拘束力

先で述べたように、行政処分の取消判決があると、その処分が行われる前に戻ったということになります。そこで、行政庁としては、処分をやり直すことになりますが、また同じ処分が繰り返されたら、何のための取消判決だったのかということになるでしょう。

そこで、取消判決は、その事件について、処分又は裁決をした行政庁その他の関係行政庁を拘束します（33条1項）。この効力を拘束力といいます。*1

4 対世的効力

取消判決の効力は、訴訟当事者のみならず、第三者に対しても及びます（32条1項）。この効力を対世的効力といいます。この効力があるため、訴訟の結果により権利を害される第三者のために、前述した訴訟参加の制度が設けられているのです。*2

> *1 要チェック！過去問題
> 実質的当事者訴訟における原告勝訴の判決は、その事件について、被告だけでなく、関係行政機関をも拘束する。
> ➡ ◯（H23-18-4）

> *2 要チェック！過去問題
> 申請を認める処分を取り消す判決は、原告および被告以外の第三者に対しても効力を有する。
> ➡ ◯（H30-17-1）

7 その他の行政事件訴訟

重要度 B

1 無効等確認訴訟（3条4項）

無効等確認訴訟とは、処分若しくは裁決の存否、又はその効力の有無の確認を求める訴訟をいいます。

無効な行政処分は国民に対して効力を有しませんが、実際上は行政庁が無効な行政処分をあくまでも有効なものとして行政活動を続行することもあります。

そこで、裁判所によって行政行為の無効を確認してもらい、さらなる行政活動の続行を防ぐ必要があります（予防的）。また、処分の存否等を前提とする現在の法律関係に関する訴えによって目的を達することができないときにも、無効等確認訴訟は提起できます（補充的）。

なお、取消訴訟とは異なり出訴期間の制限はありません（38条1項が14条を準用していません）。[1]

2 不作為の違法確認訴訟 (3条5項)

不作為の違法確認訴訟とは、許認可などを申請したのに対して、行政庁が不相当に長期にわたって申請を放置している場合に、その不作為状態の違法を確認し、事務処理の促進を図ることを目的とする訴訟をいいます。無効等確認訴訟と同様、出訴期間の制限はありません（38条1項が14条を準用していません）。

また、不作為の違法確認訴訟においては、判決内容は、不作為の違法を確認するにとどまります。それ以上の、例えば「○○という処分をせよ」という義務を行政庁に課すことはできません。三権分立に反するおそれがあり、また、不作為の違法確認さえできれば、申請の握りつぶしを防ぐことはできるからです。

3 義務付け訴訟 (3条6項)

1 意義

義務付け訴訟とは、一定の場合において公権力の行使の発動を求める訴訟です。不作為の違法確認が何らかの処分の発動を求めるのにとどまるのに対し、この訴訟は特定の公権力の行使を求めるものです。特定の処分を求めることができるため、国民の権利・利益の救済が迅速に図れるという利点があります。

義務付け訴訟は、①申請権を前提とせず、行政庁が一定の処分をすべき旨を命じることを求める類型（直接型義務付け訴訟　3条6項1号）と、②行政庁に対して申請した者が原告となって、行政庁が一定の処分をすべき旨を命じることを求める類型（申請満足型義務付け訴訟　同項2号）との2つの類型に分けられます。

2 要件

裁判所が特定の処分の発動を求めることは、処分の内容を決定する行政の権限を侵すことにもなりかねません。そこで、義務付け訴訟を提起するのはいかなる場合でも可能とするわけにはいかず、以下の要件を満たすことが必要となります（37条の2）。

[1]
■ 参考データ
瑕疵が重大な行政処分には公定力がはたらかないために、取消訴訟によることなしにその効力を否定することができるのです。

Festina lente

例えば、免許にかかる申請拒否処分の取消しを求めて出訴し勝訴しても、申請を行った時の状態に戻るだけ。免許が下りるかどうかはこれから決まるんだ。でも、義務付け訴訟なら免許処分を行うよう裁判所が求めることができるから、手っ取り早くていいね。

Part 4
行政法

(1) 直接型義務付け訴訟

直接型義務付け訴訟の訴訟要件は、①一定の処分がなされないことにより重大な損害を生じるおそれがあること、かつ②その損害を避けるために他に適当な方法がないとき（37条の2第1項）、③法律上の利益（原告適格　同条3項）です。*2

(2) 申請満足型義務付け訴訟

申請満足型義務付け訴訟の訴訟要件は、①(i)当該法令に基づく申請又は審査請求に対し相当の期間内に何らの処分又は裁決がされないこと、又は(ii)当該法令に基づく申請又は審査請求を却下し又は棄却する旨の処分又は裁決がされた場合において、当該処分又は裁決が取り消されるべきものであり、又は無効若しくは不存在であること、②(i)の場合、処分又は裁決にかかる不作為の違法確認の訴えを併合提起すること、又は(ii)の場合、処分又は裁決にかかる取消訴訟又は無効等確認の訴えを併合提起すること、③法令に基づく申請又は審査請求をした者の提起であること（37条の3第1項～3項）です。*3*4

4 差止訴訟 (3条7項)

差止訴訟とは、行政権の行使による違法な侵害を事前に予防するため、行政庁の侵害行為を禁止する訴訟をいいます。国民からしてみると、権利・利益が侵害される前に救済を得られるほうが望ましいからです。しかし、このような予防的な訴訟の場合、いまだ公権力の行使は何ら存在せず、行政庁の第一次判断権との関係で問題があります。そこで、①一定の処分又は裁決がされることにより重大な損害を生じるおそれがある場合で、②その損害を避けるために他に適当な方法がある場合でないこと、③法律上の利益（原告適格）、という要件を満たした場合に限定してこの訴訟を提起することが認められます（37条の4第1項、3項）。

5 仮の義務付け及び仮の差止め (37条の5)

義務付け訴訟や差止訴訟は時間がかかるため、訴訟終了以前に権利の救済を図るべき場合があります。これは取消訴訟における執行停止制度（25条2項）と同様です。そこで、仮の義務付け制度と仮の差止め制度とが設けられています。

---

*2
■ 参考データ

直接型義務付け訴訟が想定されるのは、原子力発電所の周辺住民が、行政庁に対して、電力会社に最新の科学的知見に基づく施設の改善命令を出すように求める場合等です。

*3
☑ 要チェック！過去問題

義務付け訴訟は、行政庁の判断を待たず裁判所が一定の処分を義務付けるものであるから、申請型・非申請型（直接型）のいずれの訴訟も、「重大な損害を生じるおそれ」がある場合のみ提起できる。
➡ ✕ (R2-19-5)

*4
■ 参考データ

申請満足型義務付け訴訟が想定されるのは、年金に関する給付を求める申請をして、それが拒否された場合等です。

Part 4
■ 行政法

なお、執行停止の場合と同様、公共の福祉に重大な影響を及ぼすおそれがあるときは仮の義務付け・差止めはともに許されません（37条の5第3項）。

1 仮の義務付け (37条の5第1項)

義務付け訴訟が提起された場合において、**訴訟の終了を待たず**に処分又は裁決があったのと同様の状態を**暫定的**に創出する制度です。*1

仮の義務付けが許される要件は以下のとおりです。*2

① 義務付けの訴えの提起があること
② 処分又は裁決がされないことにより、償うことができない損害を避けるため緊急の必要があること
③ 本案について理由があるとみえること（つまり、義務付け訴訟で勝訴する見込みがあること）

2 仮の差止め (37条の5第2項)

差止訴訟が提起された場合において、**訴訟の終了を待たずに暫定的**に処分、又は裁決をしてはならない状態を創出する制度です。

この仮の差止めが許される要件は、仮の義務付けの場合と同様です。

6 法定外（無名）抗告訴訟

抗告訴訟とは、公権力の行使に関する不満を争う訴訟をいいます。

これまで述べてきた取消訴訟、無効等確認訴訟、不作為の違法確認訴訟、義務付け訴訟、差止訴訟は法定の抗告訴訟ですが、法の規定はあくまで例示であって、これら以外の抗告訴訟を認めない趣旨ではありません。

このように**法定の場合の他に認められ得る**、公権力の行使に関する不満を争う訴訟を総称して、法定外（無名）抗告訴訟といいます。例として挙げられるのは、公共施設によってもたらされる侵害の除去などを目的とする不利益排除訴訟です。

7 当事者訴訟 (4条)

当事者訴訟は、抗告訴訟と異なり、権利主体が対等な立場で権

---

*1
☑ **要チェック！
過去問題**

仮の義務付けおよび仮の差止めは、それぞれ義務付け訴訟ないし差止め訴訟を提起しなければ申し立てることができない。
➡ **〇**(H21-17-2改)

*2
■ **参考データ**

執行停止（25条2項）の要件である「重大な損害」に比較して、仮の義務付けの場合は「償うことができない損害」という、より厳格な要件になっています。
これは、処分の効力を停止するのにとどまる場合と比べて、仮にせよ申請が許可される等、より積極的な効果を生むがゆえに判断に慎重さが求められるためです。

Part 4
行政法

利関係を争う訴訟形態です。通常の民事訴訟と基本的な構造を異にするものではありません。当事者訴訟には4条前段の形式的当事者訴訟と後段の実質的当事者訴訟とがあります。

1 形式的当事者訴訟 *3*4

当事者間の法律関係を確認し又は形成する処分又は裁決に関する訴訟で法令の規定によりその法律関係の当事者の一方を被告とするものをいいます。

2 実質的当事者訴訟

公法上の法律関係に関する確認の訴えその他の公法上の法律関係に関する訴訟をいいます。この場合、被告は行政主体です。

8 客観訴訟

これまで説明してきた様々な訴訟は、すべて当事者個人の利害に関する事柄を対象とするものでした。つまり、個人の主観的な利益が対象でした。そのため、それらをまとめて主観訴訟と呼びます。

これに対して、客観訴訟とは、個人的利益の保護にかかわりなく、社会の不正を正すために提起される訴訟です。その類型に属する代表的なものに以下の2つがあります。

1 民衆訴訟 （5条）

民衆訴訟とは、国、又は公共団体の機関の法規に適合しない行為の是正を求める訴訟で、選挙人たる資格その他自己の法律上の利益にかかわらない資格で提起するものをいいます。民衆訴訟は、法律に定める場合において、法律に定める者に限り、提起することができます（42条）。*5

2 機関訴訟 （6条）

機関訴訟とは、国、又は公共団体の機関相互間における権限の存否、又はその行使に関する紛争についての訴訟をいいます。

機関訴訟も、民衆訴訟と同じく、法律に定める場合において、法律に定める者に限り提起することができます（42条）。*6

---

*3 要チェック！過去問題

当事者間の法律関係を確認しまたは形成する処分に関する訴訟で法令の規定によりその法律関係の当事者の一方を被告とするものは、当事者訴訟である。
→ ◯（H21-18-1）

*4 参考データ

例えば、土地収用法133条によって、土地を収用する裁決を争う際に、土地の所有者が、その土地で事業を行おうとしている者を被告とする場合が形式的当事者訴訟です。

*5 参考データ

例えば、公職選挙法に基づく当選訴訟・選挙訴訟や地方自治法上の住民訴訟が民衆訴訟にあたります。

*6 参考データ

例えば、国の関与に対し、地方公共団体の機関がその取消しを求める訴訟が機関訴訟にあたります。

Part 4 行政法

Chapter 7
行政事件訴訟法　**649**

8 教示制度

重要度 **A**

1 教示制度の趣旨

　行政庁は、取消訴訟を提起することができる処分をする場合等においては、その相手方に対して、取消訴訟の被告とすべき者や出訴期間等、所定の事項を教示しなければなりません（46条）。

　この制度の趣旨は、国民が行政処分を争うために取消訴訟等を利用しようとする場合に、わかりやすさ、アクセスの容易さを高める点にあります。

2 教示が必要な場合

1 教示が必要な場合

教示が必要な場合	内　容
取消訴訟を提起することができる処分又は裁決を行う場合 （46条1項）	①被告とすべき者 ②出訴期間 ③審査請求に対する裁決を経なければ取消訴訟を提起できない場合にはその旨 ※処分を口頭でするときは教示する必要はない（同項柱書但書）。
原処分ではなく裁決に対してのみ取消訴訟を認める裁決主義の場合で、当該原処分を行うとき （46条2項）	裁決主義が採用されている旨 ※処分を口頭でするときは教示する必要はない（同項但書）。
形式的当事者訴訟の場合 （46条3項）	①被告とすべき者　　②出訴期間 ※処分を口頭でするときは教示する必要はない（同項柱書但書）。

2 行政不服審査法における教示制度との相違点

	行政事件訴訟法	行政不服審査法
教示の相手	当該処分又は裁決の相手方（46条）	①当該処分の相手方（82条1項） ②利害関係人（教示を求められたとき、82条2項、3項）
教示の誤り又は懈怠の場合の扱い	規定なし	救済措置の規定あり ①誤った教示をした場合（22条、55条） ②教示をしなかった場合（83条）

ファイナルチェック　基礎知識の確認

問題1　公衆浴場の既存営業者は、新規参入者への営業許可取消しを求める原告適格を有する。

問題2　取消訴訟は、処分があった日から1年を経過したときは、正当な理由がない限り提起できない。

問題3　問題となる処分について審査請求ができる場合は、取消訴訟を提起する前に審査請求を経ておかなければならない。

問題4　不利益処分の取消訴訟において原告勝訴判決（取消判決）が確定した場合、処分をした行政庁は、訴訟で争われた不利益処分を職権で取り消さなければならない。

問題5　駐車違反に際して行われる反則金納付通告は、通告自体の適否が後の公訴提起によって開始される刑事手続の中で争うべきものであるから、行政処分に該当しない。

問題1 ◯（最判昭37.1.19）　**問題2** ◯（14条2項）　**問題3** ✕　原則として、審査請求と取消訴訟は、自由に選択することができる。したがって、いきなり取消訴訟を提起することもできる。　**問題4** ✕　取消判決の形成力により、訴訟で争われた処分は、行政庁による取消しをするまでもなく、その効力を失う。　**問題5** ◯（最判昭57.7.15）

本試験レベルの問題にチャレンジ！ ▶▶▶

Chapter 8 国家賠償法

重要度 A

イントロダクション 学習のポイント

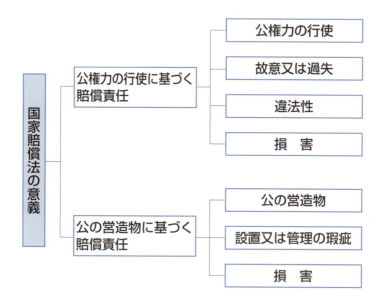

　違法な行政活動によって、国民が損害を被った場合、国又は公共団体に対して**損害賠償請求**をすることができます。国家賠償法は、①**公務員**の違法な活動によって起こった損害と、②**公の営造物（公物）**の設置又は管理の瑕疵によって起こった損害について、規定しています。それぞれの要件に関連して**判例**が多数出てくるところです。判例を1つひとつ覚えていくという意識を持つようにしましょう。

ベーシック じっくり理解しよう！

1 総説

重要度 C

1 国家賠償制度の意義

国家賠償制度とは、<u>公務員の不法行為</u>によって、国民が損害を受けた場合に、国民に生じた損害を金銭に見積もって、<u>国又は地方公共団体が補塡</u>する制度をいいます。

これは、憲法17条が規定し、国家賠償法が具体化しています。

2 国家賠償責任の法的性質

公務員によって不法行為がなされた場合、被害者は、<u>加害者である公務員に対して賠償責任を問うことはできません</u>。なぜなら、加害者である公務員個人への責任追及を認めるならば、公務員が損害賠償請求を恐れるあまりに、仕事に対して消極的になってしまうからです。また、加害者である公務員個人の財産状態によっては、十分な賠償金を払うことができず、被害者の救済にとって不十分となる場合があるからです。

その代わり、<u>国又は地方公共団体が賠償責任を負います</u>。本来加害者である公務員が負うべき賠償責任を、その使用者である国、又は地方公共団体が代わって負う責任ですから、<u>代位責任</u>と呼ばれます。＊1＊2＊3

3 民法との関係

国家賠償法は、不法行為制度について定める民法709条以下の特別法です。したがって、国や地方公共団体の不法行為については、まず国家賠償法が適用されます。民法を用いるよりも、国家賠償法を用いるほうが、責任追及が容易になっています。その趣旨は、国民の<u>基本的人権の保護</u>を図り、行政活動を<u>事後的に統制</u>しようという点に求められます。

なお、国家賠償法に規定のない事項に関しては、一般法である民法の規定が適用されます。例えば、過失相殺、時効期間（民法

＊1
■ 参考データ
民法の使用者責任も代位責任です（民法715条）。

＊2
■ ポイント
国家賠償請求訴訟において被告となるのは行政庁ではなく、国や地方公共団体（つまり行政主体）です。なお、行政事件訴訟法における抗告訴訟の被告も、行政主体とされています。

＊3
■ 要チェック！過去問題
国家賠償を請求する訴訟は、民事訴訟であるから、その訴訟手続について行政事件訴訟法が適用されることはない。
→ ○（H22-19-1）

Chapter 8 国家賠償法 　653

724条1号により短期では **3年** の時効期間）については、民法の規定が適用されます（4条）。

	民　法	国賠1条	国賠2条
関　係	一般法	民法の特別法	民法の特別法
民法が適用される場合	不法行為等により生じた債権を受働債権とする相殺の禁止（509条）、精神的損害に対する慰謝料（710条）、生命侵害に対する慰謝料（711条）、責任弁識能力を欠く者の責任（713条）、共同不法行為（719条）、金銭賠償の原則、過失相殺（722条）、損害賠償請求権の消滅時効（724条）		
使用者、国・公共団体の免責	免責される可能性あり	な　し	な　し
費用負担者の責任	規定なし	あ　り	あ　り

4 国家賠償法の内容

　国家賠償法は、公権力の行使に基づく損害賠償責任（1条）、公の営造物の設置管理の瑕疵に基づく損害賠償責任（2条）を2本柱としています。

2 公権力の行使に基づく賠償責任 (1条)

重要度 **A**

1 1条責任の成立要件

　国家賠償法1条1項は、①国又は公共団体の公権力の行使にあたる公務員が、②その職務を行うについて、③故意又は過失によって、④違法に他人に損害を加えたときは、国又は公共団体が、これを賠償する責に任ずるとしています。

1 国又は地方公共団体の公権力の行使にあたる公務員
(1) 公権力とは

　公権力には、**行政権力** だけではなく、**立法権**、**司法権** に属する権力も含まれます。

a　立法権について

判例 国会議員の立法行為（立法不作為も含む）は、立法の内容が憲法の一義的な文言に違反しているにもかかわらず国会があえて当該立法を行う場合のように、容易に想定しがたいような例外的な場合でない限り、国家賠償法上、違法とはならない（最判昭60.11.21）。

b　司法権について

判例 裁判官がした争訟の裁判に国家賠償責任が肯定されるためには、当該裁判に上訴などの訴訟法上の救済方法で是正されるべき瑕疵が存するだけでは足りず、当該裁判官が違法又は不当な目的をもって裁判をしたなど、裁判官がその付与された権限の趣旨に明らかに背いてこれを行使したものと認められるような特別の事情があることを要する（最判昭57.3.12）。

(2) 公権力の行使とは

公権力の行使とは、契約等の私経済活動と公の営造物の設置管理作用を除くすべての活動をいいます。つまり、国又は地方公共団体のすべての活動をいうのではありません。＊1

具体的には、行政行為、行政強制等の権力的作用（市民の意思に関係なく一方的になされる行為）のほか、行政指導や、国公立学校での教育活動のような公的事実行為等が公権力の行使にあたります。

また、作為だけでなく、不作為も含まれます。＊2

なお、公の営造物の設置作用については、2条によって国家賠償請求の対象となっています。

＊1 **参考データ**
判例は、公立学校における教師の教育活動も公権力の行使に含まれるとしています（最判昭62.2.6）。

＊2 **参考データ**
公権力の行使は、行政事件訴訟法等では、権力的作用のことと解されています。しかし、国家賠償法では国民の損害をできる限り救済するために、広い意味に取っています。

Festina lente

要するに、私的経済活動を除いたすべての行政活動が国家賠償請求の対象になるのだよ。

そのうち、公の営造物の設置や管理に問題があった場合を除いたのが1条の責任ということになる。

（3）公務員とは

　公務員とは、国家公務員、地方公務員はもちろん、**公庫、公団・公社**等のいわゆる**特殊法人の職員**を含む上に、戸籍事務を扱う機長や船長等のような民間人であっても、権力的な行政の権限を委任されている者を含みます。つまり、公権力の行使を委ねられたすべての者は、その権限を行使する限り、公務員に含まれます。

　なお、公務員の行う一連の過程のうち、どの行為によって被害が生じたか特定できなくとも、一連の行為のうちのいずれかに行為者の故意又は過失がなければ損害が生じなかったことが認められ、かつ、それがどの行為であるにせよ、これによる被害につき行為者の属する国又は公共団体が賠償責任を負うべき関係にある場合には、国又は地方公共団体に損害賠償責任が生じ得るというのが判例の立場です（最判昭57.4.1）。[*1]

2　職務を行うについて

　「職務を行うについて」とは、公務員が客観的に**職務執行の外形**を備えた行為を行っている場合をいい、公務員の主観的意図は問いません。このように判断することで、「実は、あのときは仕事中ではなかったので、国家賠償請求の要件を満たさないのだ」という言い訳を許さないようにするのです。[*2]

3　故意又は過失によって

　過失とは、一般的に注意義務に反することをいいますが、ここでの過失は、個々の公務員の能力に応じた注意義務違反ではなく、**当該公務員の職種において要求される標準的な注意義務**に違反することをいいます。[*3]

4　違法に他人に損害を加えた

（1）違法とは

　違法な行為には、厳密な法令違反行為だけではなく、**客観的に公正を欠く行為**も含まれます。

　なお、公務員の不作為は、一般的には違法となりませんが、法令上具体的な作為義務を持つ公務員による権限不行使が著しく不合理であると認められるときは、その不作為は違法となります。公務員の不作為は、最近は薬害訴訟、食品公害訴訟で問題となることが多くなっています。

＊1
☑️ **要チェック！過去問題**

同一の行政主体に属する複数の公務員のみによって一連の職務上の行為が行われ、その一連の過程で他人に損害が生じた場合、損害の直接の原因となった公務員の**違法行為が特定できないときには、当該行政主体は国家賠償法1条1項に基づく損害賠償責任を負うことはない。**
➡❌（R2-20-ア）

＊2
■ **参考データ**

判例は、警察官が非番の日、制服制帽で、強盗殺人を行った場合、非番であっても、職務執行の外形を備えているので、職務にあたるとしています（最判昭31.11.30）。

＊3
■ **参考データ**

加害者である公務員個人は、職務を行うについて故意又は重過失があったとしても、被害者に対して損害賠償責任を負いません（最判昭30.4.19）。もっとも、国又は地方公共団体は、加害公務員に対して懲戒処分（戒告、減給など）ができます。

> **判例** 水俣病関西訴訟最高裁判決（最判平 16.10.15）*4
>
> **事案** 国及び県が水俣病の発生及び損害拡大防止のため規制権限を行使することを怠ったことについて、国家賠償法1条1項に基づいて損害賠償責任を追及された（以下では、国の責任についてのみ、紹介します）。
>
> **争点** 国が水俣病による健康被害の拡大防止のためにいわゆる水質二法に基づく規制権限を行使しなかったことが国家賠償法1条1項の適用上違法となるか。
>
> **結論** 国が、多数の水俣病患者が発生し、死亡者も相当数に上っていると認識していたこと、水俣病の原因物質の排出源が特定の工場であることを高度の蓋然性をもって認識し得る状況にあったこと等の事情の下において、水俣病による深刻な健康被害の拡大防止のために、公共用水域の水質の保全に関する法律及び工場排水等の規制に関する法律に基づいて、指定水域の指定、水質基準及び特定施設の定めをし、上記製造施設からの工場排水についての処理方法の改善、同施設の使用の一時停止その他必要な措置を執ることを命ずるなどの規制権限を行使しなかったことは、規制権限を定めた水質二法の趣旨、目的や、その権限の性質等に照らし、著しく合理性を欠くものであって、国家賠償法1条1項の適用上違法となる。

(2) 損害とは

損害には、生命、健康、財産にかかわるもののほか、**精神的損害**も含まれます。

2　1条責任の効果

1　被害者による、国又は地方公共団体に対する責任追及

(1) 加害者である公務員の行為が、上記の各要件を満たすときは、被害者は、国又は地方公共団体に対して損害賠償請求をすることができます（1条1項）。

　なお、この場合、国又は地方公共団体は、当該公務員の選任監督につき相当の注意をしたことを理由として、損害賠償責任を免れることはできません。なぜなら、1条には、**民法715条1項但書のような免責規定がない**からです。

(2) 当該**行政行為について責任を持つ団体**（公務員の選任、若しくは、監督にあたる者）と当該行政行為の**費用負担団体**（公務員の給与その他の費用を負担する者）とが異なる場合には、被害者は、**いずれに対しても**損害賠償を請求することができます（3条）。*5

　これは被告の選択で国民が迷わなくていいようにしたためです。

---

*4 **要チェック！過去問題**
いわゆる水俣病による健康被害につき、一定の時点以降、健康被害の拡大防止のために、水質規制に関する当時の規制に基づき指定水域の指定等の規制権限を国が行使しなかったことは、国家賠償法1条1項の適用上違法とはならない。
→ ✗（R3-21-エ）

*5 **参考データ**
例えば、公立の小学校の教員は市町村の教育委員会が監督していますが、その給与は都道府県が負担します。したがって、教員の行為によって損害を受けた場合は市町村、又は都道府県に対して損害賠償を請求することができます。

2 国又は地方公共団体による、加害者である公務員に対する求償権の行使

国又は地方公共団体が被害者に賠償責任を果たした場合において、加害者である公務員に故意又は重過失があったときは、国又は地方公共団体は、**公務員に対し**、**求償権**を行使することができます（1条2項）。

なお、加害公務員に対する国又は地方公共団体からの**求償権については**、**民法の不法行為に関する規定**は**適用されません**（例えば、不法行為についての短期の消滅時効などが適用されません）。この理由は、国又は公共団体と加害者である公務員との間の求償関係は不法行為ではなく、公務員として遂行すべき職務に違反した債務不履行として、通常の債権の消滅時効（民法166条1項）にかかるという点にあります。

3 行政事件訴訟との関係

行政処分が違法であることを理由として国家賠償の請求をする際には、あらかじめ当該行政処分について**取消判決、又は無効確認判決を得ておく必要はありません**。国家賠償制度は、行政処分の効力自体を否定するものではないので、行政処分の効力を否定するためには取消訴訟によらなければならないとする取消訴訟の排他的管轄に服さないからです。[1]

> ***1**
> ☑**要チェック！過去問題**
>
> 行政処分が違法であることを理由として国家賠償請求をするに当たっては、あらかじめ当該行政処分について取消訴訟を提起し、取消判決を得ていなければならないものではない。
> ➡ **〇** (H28-10-ウ)

3 公の営造物に基づく賠償責任 （2条）

重要度 **A**

国家賠償法2条1項は、①道路、河川その他の公の営造物の、②設置又は管理に瑕疵があったために、③他人に損害を生じたときは、国又は公共団体は、これを賠償する責に任ずると規定しています。

国家賠償法2条1項は、民法717条の特別法であり、公共施設における危険発生については、国又は地方公共団体が損害賠償責任を負う旨を明確にするべく設けられた規定です。[2]

> ***2**
> ■ **参考データ**
>
> 2条をめぐる国家賠償請求は数多くあり、行政のあり方に与える影響も少なくありません。駅における点字ブロックの設置は、影響を与えた例の1つです（視覚障害者が当時の国鉄のホームから転落し負傷した事件がきっかけとなりました）。

Part 4
行政法

1 2条責任の成立要件

1 公の営造物

公の営造物とは、国又は地方公共団体が**公用**又は**公共の用**に供している有体物（公物）をいいます。不動産のほか、動産（例えば、ピストル、警察犬、公用車）も含まれます。また、**道路**等の人工公物（施設）のほか、**河川**、池沼等の**自然公物**も人工的に管理されている限り、公の営造物に含まれます。*3

2 設置又は管理の瑕疵

(1) **設置又は管理の瑕疵**とは、公の営造物の構造や性質等に欠陥があって、**通常有すべき安全性を欠く**状態にあることをいいます。

> ## Festina lente
> 　例えば、公道の上に故障を起こした自動車が長時間放置されている場合を考えてみよう。
> 　この場合、道路のアスファルトにキズがついたりしてるわけじゃないけど、放っておくと交通の安全を害する。だから、故障車撤去に要する合理的な時間を超えて自動車が放置されるなら、事故を起こしたのは運転手の責任であっても、やっぱり道路管理の瑕疵ってことになるよね。
> 　判例も、道路上に87時間にわたって故障車が放置されていることは、道路の安全性の著しい欠如にあたるとして、管理の瑕疵を認めているよ（最判昭50.7.25）。

(2) また、営造物本来の用法としては欠陥がなくても、第三者との関係で被害を発生させ得る場合には、設置又は管理の瑕疵が認められる場合があります（大阪国際空港事件：最大判昭56.12.16）。*4

(3) 瑕疵が存在しさえすれば、管理者の故意又は過失は問いません。つまり、2条の責任は**無過失責任**です。なお、予算が足りなくて瑕疵を直せないからといって、責任を逃れることはできません。もっとも、無過失責任とはいっても、損害が**不可抗力によって発生した場合には責任を負いません**。*5

　河川の改修は、時間がかかるため段階的改修が認められます。したがって、水害の発生した部分が未改修であるからと

---

*3
☑ 要チェック！過去問題
国家賠償法2条にいう「公の営造物」は、民法717条の「土地の工作物」を国家賠償の文脈において表現したものであるから、両者は同じ意味であり、動産はここに含まれないと解されている。
➡ **✕**（H23-19-1）

*4
■ 参考データ
例えば、空港の安全が確保されていて飛行機の利用者からしてみれば何らの欠陥もない場合でも、周囲の住民にとっては防音設備が不十分で欠陥が認められることがあります。

*5
☑ 要チェック！過去問題
公の営造物の設置又は管理の瑕疵とは、公の営造物が通常有すべき安全性を欠いていることをいうが、賠償責任が成立するのは、当該安全性の欠如について過失があった場合に限られる。
➡ **✕**（H21-19-2）

Part 4　行政法

Chapter 8
国家賠償法

いって、必ずしも河川管理に瑕疵があったとすることはできないとするのが判例です（最判昭59.1.26）。

判例　未改修の河川からの溢水　大東水害訴訟（最判昭59.1.26）

事案　改修計画に基づいて河川を改修していたところ、集中豪雨の際、未改修の部分から溢水し、損害をもたらした。

争点　未改修河川における安全性とは何か。

結論　河川の改修・整備の過程に対応する過渡的な安全性を意味する。すでに改修計画が定められ、これに基づいて現に改修中である河川は、この計画が格別不合理でない以上、改修がいまだ行われていないからといって、河川の管理に瑕疵があるということはできない。

※　大東水害訴訟最高裁判決では、財政的制約も考慮すべき一因であるとされている。道路管理の場合との違いは、河川は、道路とは異なり、もともと洪水等の危険を内包するものであることに求められる。

判例　改修済みの河川からの溢水　多摩川水害訴訟（最判平2.12.13）

事案　集中豪雨の際、改修済みの部分から溢水し、損害をもたらした。なお、本件溢水は、改修の際に定めた計画規模の洪水水量のもとで発生したものであった。

争点　改修済み河川における安全性とは何か。

結論　改修済みの河川においては、計画に定めた規模の洪水における流水の通常の作用から予測される災害の発生を防止できるものでなければならない。

※　改修済み河川においては、未改修河川よりも高度の安全性が必要であるということである。

3　損　害

損害には、生命、健康、財産にかかわるもののほか、**精神的損害**も含まれます。

2　2条責任の効果

1　国又は地方公共団体の責任

(1) 公の営造物の設置又は管理の瑕疵によって損害を被った者は、国又は地方公共団体に対して、**損害賠償請求**をすることができます（2条1項）。

(2) 公の営造物の**管理について責任を持つ団体**（公の営造物の

設置若しくは管理にあたる者）と当該行政の**費用負担団体**（公の営造物の設置若しくは管理の費用を負担する者）とが異なる場合には、被害者は、その**いずれに対しても**損害賠償を請求することができます（3条）。

なお、**国が**地方公共団体の公の営造物に対して**補助金を交付している**にすぎない場合でも、国は、当該公の営造物の設置又は管理の瑕疵による損害について、**3条に基づく賠償責任を負う**場合があります（最判昭50.11.28）。[1]

2　国又は地方公共団体による、他の責任者に対する求償権の行使

公の営造物の設置又は管理の瑕疵により生じた損害を賠償した国又は公共団体は、損害の原因について責に任ずべき者が他にいるときは、この者に対して求償権を行使することができます（2条2項）。

[1]
■ 参考データ

判例は、3条の費用負担義務者には、法律上負担義務を負う者のほか、この者と同等若しくはこれに近い設置費用を負担し、実質的にはこの者と当該営造物による事業を共同して執行していると認められる者であって当該営造物の瑕疵による危険を効果的に防止し得る者も含まれるとしています。

---

4 国家賠償法と他の法の適用関係等

重要度 **B**

1 民法等の適用

国又は公共団体の損害賠償の責任については、1条から3条までの規定のほか、**民法の規定**によります（4条）。すなわち、1条から3条に規定されていない事柄については民法の原則がそのまま適用されるということです。ここにいう民法には、火事を起こした場合の不法行為責任に関する特則である**失火責任法**も含まれます（最判昭53.7.17）。

また、**民法以外の法律に特別の規定**がある場合には、その規定によります（5条）。

2 相互保証主義 （6条）

原 則	被害者が外国人である場合、国家賠償請求ができない。
例 外	**相互の保証**があるとき（つまりその外国において日本人にも国家賠償請求が認められている場合）に限り国家賠償請求ができる。これを**相互保証主義**という（6条）。

Chapter 8
国家賠償法
661

ファイナルチェック　基礎知識の確認

問題1　公立学校における教師の教育活動は、私立学校の場合と性質上異なるところがないので、国家賠償法1条の「公権力の行使」には該当しない。

問題2　国家賠償法1条の「職務を行うについて」とは、職務執行の外形を備えればよく、公務員が主観的に権限行使の意思を持っている必要はない。

問題3　国家賠償法2条に基づく国又は公共団体の責任は、無過失責任であるから、不可抗力に対しても損害賠償責任を負う。

問題4　消防職員の消火ミスにより、一度鎮火したはずの火災が再燃し、家屋が全焼した場合、国又は公共団体の損害賠償責任については、失火責任法が適用され、当該職員に重過失のあることが必要となる。

問題1 ✗　公立学校における教師の教育活動も、「公権力の行使」にあたる（最判昭62.2.6）。　問題2 ○
問題3 ✗　無過失責任であっても、不可抗力についてまでは責任を負わない。　問題4 ○（最判昭53.7.17）

本試験レベルの問題にチャレンジ！▶▶▶

Chapter 9 損失補償制度

重要度 C

イントロダクション　学習のポイント

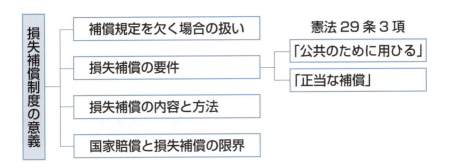

　適法な行政活動であったとしても、それによって国民に損失が生じる場合、その損失は補償すべきです。これが損失補償です。損失補償は出題可能性が低いところなので、効率よく勉強を進めるとよいでしょう。ポイントは、どのような損失について補償を受けることができるか。そして、補償を受けるとしても、完全な補償まで必要か、です。

ベーシック　じっくり理解しよう！

1 総説

1 損失補償制度の意義

　損失補償制度とは、適法な行政活動によって生じた損失を穴埋

めする制度をいいます。

憲法29条は、財産権の不可侵と同時に、財産権が公共の目的のために用いられる場合があることを規定しています。補償する理由は、**特定の個人の財産的損失**を国民全体で**公平に負担**するためです。

2 補償規定を欠く法律の合憲性

損失補償制度は憲法によって保障された制度ですが、国家賠償法に相当する「損失補償法」といった一般法は存在しません。財産権を制限する個々の法律に損失補償請求権の規定があれば、それに従って請求を行うことになります。

一方、法律に特別の規定がない場合には、**憲法29条3項を根拠として**直接に損失補償を請求できるというのが判例です。[*1]

> *1
> ### ■ ポイント
> 判例は、損失補償規定がない場合には、憲法の規定（29条3項）に基づいて損失補償を請求し得るとします。そして、憲法で損失補償を請求することができるのであれば、損失補償規定を欠く法律を違憲とする必要はないと解しています（最大判昭43.11.27）。

2 損失補償が必要なのはどのような場合か

重要度 **C**

憲法は私有財産を**「公共のために用ひる」**ときに補償を要求しています。「公共のために用ひる」とは、**広く公益目的のために**財産に損失が加えられる場合をいいます。例えば、土地を収用したり、利用を制限したりする場合です。

しかし、私有財産を公益目的で用いる場合に、常に損失補償が必要なわけではありません。**財産上特別の犠牲**が生じた場合に、補償が必要であるとされています。

1 要 件

では、財産上特別の犠牲が生じた場合とはどのような場合をいうのでしょうか。それを判断する基準は以下のとおりです。

2 具体例

1 損失が特定人にのみ生じているか

憲法14条の平等原則の要請から、損失が**一般的なもの**である場合には補償は不要であり、特定人にのみ損失が生じる場合にだけ補償が必要です。

Part 4
行政法

2 損失が受忍限度を超えているか

特定人にのみ損失が生じる場合のうち、**受忍限度**（社会の中で生きていく以上、我慢すべき限度）を超え、財産権の本質を侵害するほど強度の損失を与える場合にのみ補償が必要です。*2

3 損失補償の内容と方法

重要度 C

1 補償内容——正当な補償の意味（憲法29条3項）

「正当な補償」の意味について、当該財産の客観的な市場価格を**全額補償**すべきであると考える**完全補償説**と、当該財産について**合理的に算出された相当な額**であれば、市場価格を下回っても是認されると考える**相当補償説**の間で争いがあります。

判例は、終戦直後の農地改革における農地買収価格について、相当補償説を採用しました（最大判昭28.12.23）。

しかし、この判例については、終戦直後の農地改革における農地買収価格をめぐる特殊な事案についてのもので、判例は、常に相当補償説を採用するわけではないという指摘もあり、実際、土地収用法における補償の価格の算定について、完全補償説を採用したと評価されている判例もあります（最判昭48.10.18）。

このような状況の中、近時、土地収用法が合憲か否かを判断した判例が、相当補償説を採用したと考えられます（最判平14.6.11）。

先の昭和28年判例の判断が、当該事案限りの判断ではなく、現在でも維持されていると考えられます。

> 判例　憲法29条3項にいう「正当な補償」とは、その当時の経済状態において成立すると考えられる価格に基づき合理的に算出された相当な額をいうのであって、必ずしも常に上記の価格と完全に一致することを要するものではないことは、当裁判所の判例とするところである（最判平14.6.11）。

なお、経済的価値を欠く文化財的な価値は損失補償の対象にはなりません。

*2
■ 参考データ
ため池の破損、決壊を防ぐために堤とうでの耕作を禁止することは、災害を防止し、公共の福祉を保持するための社会生活上やむを得ない制約であるので、それは財産権を有する者が当然受忍しなければならない責務であり、損失補償は必要ないとされています（最大判昭38.6.26―奈良県ため池条例違反事件）。

2 補償の方法

1 金銭補償の原則
金銭補償が原則です。

2 補償の時期
憲法は補償の時期については明言していません。判例は、補償が財産の供与と交換的に同時履行される必要はないとしています（最判昭 24.7.13）。

3 収用目的の消滅と収用目的物の返還
収用目的が消滅した場合は、被収用者に収用目的物を返還するのが当然であるようにも思えます。

しかし、判例によれば、当然に被収用者に収用目的物を返還しなければならないわけではありません（最判昭 46.1.20）。

> **Festina lente**
> ただ、金銭による補償だけでは不十分な場合も多いよ。例えば、せっかく友達も多く、住みやすい土地に住んでたのに、お金をもらってそこを追い出されるんじゃ、困るね。そこで例外的に、金銭以外での補償が認められている場合があるよ。例えば、土地収用法は、付近の代替地の提供による補償を認めているよ。

ファイナルチェック　基礎知識の確認

問題 1　損失補償制度とは、違法な公権力の行使によって生じた私人の財産権の侵害に対して、その損失を社会全体で公平に分担するための制度である。

問題 2　財産権の制限を認める法律に損失補償の規定がない場合、憲法 29 条 3 項は国の責務を定めた規定に過ぎず、直接個々の国民に具体的権利を賦与したものではないから、損失補償を請求することはできないというのが判例である。

問題 3　ため池の決壊を防止するために、堤とうでの農作物の耕作を禁止する場合には、損失補償が必要だというのが判例である。

問題 1 ✗　損失補償は、「適法な」公権力の行使によって生じた損害を、国民全体で公平に分担するための制度である。
問題 2 ✗　憲法 29 条 3 項を直接の根拠として損失補償を請求できるとするのが判例である。　**問題 3 ✗**　堤とうの上で耕作する権利を制約されることは、受忍限度を超えないというのが判例である（奈良県ため池条例違反事件）。

本試験レベルの問題にチャレンジ！ ▶▶▶

Chapter 10 地方自治総論

重要度 B

イントロダクション　学習のポイント

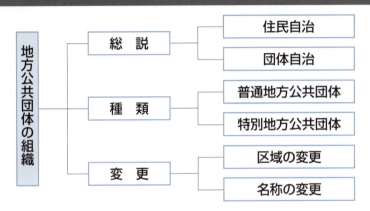

　いよいよ行政法最終のテーマ、地方自治法に入ります。地方自治法は範囲の広いところで、苦手にしている受験生が多いところです。深入りをするのではなく、浅く広く勉強していきましょう。この Chapter では、地方公共団体の種類が大切です。

ベーシック　じっくり理解しよう!

1　総　説

重要度 C

　地方自治法は、憲法 92 条が規定する地方自治の本旨を具体化したものです。そして、住民自治と団体自治の 2 つが地方自治の本旨の本質的要素とされています。*1

*1
■ 語句解説
地方自治の本旨とは、地方自治の本来のあり方や、基本精神を意味します。

Chapter 10
地方自治総論　**667**

1 住民自治

住民自治とは、地域住民が自らの意思と責任によって行政活動を行うことです。行政活動を住民の意思に基づかせることによって、地方の実情に合った行政活動がなされ、地域住民固有の利益を実現することが可能となります。

2 団体自治

団体自治とは、地方の行政が国から独立した地方公共団体に委ねられ、地方公共団体自らの意思と責任の下で行われることです。

> **Festina lente**
> 「地方自治」の「自治」という言葉は、自分で自分のことを処理するという意味だよ。
> だから、地方自治とは、地方のことは地方の人たち自身で処理するということになるよ。
> 住民自治は民主主義と、団体自治は自由主義と関連しているよ。

2 地方公共団体の種類　重要度 A

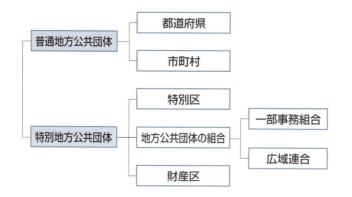

1 地方公共団体の意義

地方公共団体とは、地方自治の単位をいいます。
地方公共団体は、**法人**です。
地方公共団体には、普通地方公共団体と特別地方公共団体があります。

2 普通地方公共団体

普通地方公共団体とは、市町村と都道府県のことです。

> **Festina lente**
> 普通地方公共団体とは、言い方を変えれば、普遍的な地方公共団体という意味だよ。
> これに対して、特別地方公共団体とは、政策的見地から特定の目的を実現するために設置された地方公共団体といわれているよ。

1 市町村

(1) 意　義

　市町村とは、住民の日常生活に必要な公共役務を提供する基礎的な地方公共団体です。

(2) 市になるための要件（地方自治法 8 条 1 項）

　市となるべき普通地方公共団体は、次の要件を備えていなければなりません。[*1]

　① 　人口 5 万人以上を有すること

　② 　市の中心部を形成している区域にある戸数が、全戸数の 6 割以上であること

　③ 　商工業その他の都市的業態に従事する者、及びその者と同一世帯に属する者の数が、全人口の 6 割以上であること

　④ 　官公庁や学校、図書館等都道府県の条例で定める都市施設を備えていること

(3) 大都市に関する特例

　特例を受ける大都市には、指定都市と中核市があります。これらの違いは、①指定要件が異なることと、②権限委譲の範囲に差があることです。[*2]

> **Festina lente**
>
> 　権限委譲（「権限移譲」とも書く）とは、権限を譲り渡すことをいうよ。つまり、本来都道府県が行うべき事務が、これら大都市に委譲されるんだ。
> 　ちなみに、指定都市に委譲される事務は、児童福祉に関する事務など、全部で 19 種類あるよ。

〈大都市の比較〉

	指定都市	中核市
指定要件（※）	人口 **50 万人以上**を有すること	人口 **20 万人以上**を有すること（2006 年改正により、「当該市の人口が 50 万人未満の場合にあっては、面積 100km² 以上を有すること」の要件は廃止された）
行政区[*3]	**設置義務がある**[*4]	設置できない

※ 　なお、指定都市となった後に指定要件を欠くに至っても、一般の市には戻らず、指定都市のままである（この点は、中核市も同じ）。

[*1]
■ ポイント

町になるための要件は、都道府県の条例で定められます。ただし、市よりも厳しい要件ではないので、結局、市になるための要件を緩やかにした形で、条例によって定められることになります。
なお、村になるための要件は定められていません。すなわち、市と町の要件を満たさないものが村となります。

[*2]
■ 参考データ

このほか大都市には、「特例市」がありましたが、2014 年の改正により中核市制度と特例市制度が統合され、特例市制度は廃止されました。

[*3]
■ 語句解説

行政区とは、行政の便宜のために設けられた行政区画のことをいいます。
例えば、横浜市の中区や大阪市の北区等です。

[*4]
☑ 要チェック！過去問題

指定都市に置かれる区は、都に置かれる特別区と同様に、法人格が認められている。
➡ ✕（H22-22-2)

Part 4 ■ 行政法

Chapter 10
地方自治総論

2　都道府県

　都道府県とは、市町村を包括する広域的な地方公共団体をいいます。

3　市町村と都道府県との関係

（1）市町村優先の原則

　都道府県、及び市町村は、その事務を処理するにあたっては、相互に競合しないようにしなければなりません。そして、市町村が実施できる事務は、原則として市町村が行います。

Festina lente

　都道府県の事務は、地域における事務、及び法令により処理することとされる事務のうち、①広域にわたるもの、②市町村に関する連絡調整に関するもの、③規模、又は性質から一般の市町村が処理することが適当でないと認められるものだよ。

　そして、市町村の事務は、地域における事務、及び法令により処理することとされる事務のうち、都道府県が行う事務以外だよ。

　つまり、地方自治法は、都道府県の事務を限定することによって、原則として市町村が行える事務は、市町村に行わせるべきと考えているんだよ。

（2）都道府県が優位する場合

　都道府県と市町村は、法律上は原則として同格・同等の団体であり、上下・主従の関係に立つものではありません。しかし、都道府県内の行政の統一を図る観点から、事務処理において市町村より優位性が認められる場合があります。

3　特別地方公共団体

　特別地方公共団体とは、法律が定める特別の事務を処理するために設置される地方公共団体をいい、①特別区、②地方公共団体の組合、③財産区の3種類があります。

　以下では、特別区と地方公共団体の組合について説明します。

1　特別区

　特別区とは、東京都の23区のことです。市町村と同様の性格を持ち、基礎的な地方公共団体と位置づけられ、原則として市に関する規定が適用されます。

Festina lente

2014年の地方自治法の改正で、指定都市における区の役割の拡充を目的として、市長の権限に属する事務のうち主として総合区の区域内に関するものを処理させるため、区に代えて総合区を設け、議会の同意を得て選任される総合区長を置くことができることとされたよ（252条の20の2）。

Part 4
行政法

〈特別区と行政区の比較〉

	特別区	行政区
どこにあるか	都にある	指定都市にある
地方公共団体か否か	地方公共団体である（特別地方公共団体）	地方公共団体ではない（単なる区域割）
機能	市町村とほぼ同じ	市町村の事務を手伝うだけ
議会	直接選挙で選ばれた議員によって構成される	なし
区長	**直接選挙**で選ばれる	市長の任命による

2 地方公共団体の組合
(1) 意義

　地方公共団体の組合とは、複数の地方公共団体が一定の事務を共同して処理する等のために設ける団体をいい、**一部事務組合**と**広域連合**があります。

　なお、2011年の地方自治法改正によって、全部事務組合と役場事務組合は廃止されました。

　　a　一部事務組合

　　　一部事務組合とは、複数の地方公共団体が、その事務の一部を共同して処理するために設けられるものです。事務の一部について設置されるものですから、ゴミ処理であれば、ゴミ処理事務のみに限定して組合を設置することになります。*1

*1
■ 参考データ
一部事務組合の例として、学校事務組合、清掃事務組合等があります。

Festina lente

　市町村、又は特別区の共同処理しようとする事務が、他の市町村、又は特別区の共同処理しようとする事務と同一の種類のものでない場合でも、一部事務組合を設けることができるのだ。

	事務A	事務B	事務C
甲市	○	○	×
乙市	○	×	○
丙市	×	○	○

　このような一部事務組合は、**複合的一部事務組合**と呼ばれている。
　右上の表のようにイメージするとわかりやすいだろう。見てのとおり、すべての事務がすべての市で共通していなくても、一部事務組合を設けることはできるのだよ。

b 広域連合

　広域連合とは、広域計画を作成して必要な連絡調整や事務処理を行う組合です。広域連合は、一部事務組合制度では適切に対応しきれない広域的行政需要に適切かつ効率的に対応していくために設けられます。[1]

> **Festina lente**
> 例えば、市町村の一般廃棄物に関する事務と都道府県の産業廃棄物に関する事務を広域連合で実施すれば、広域的・総合的なゴミ処理行政を推進することができるね。

[1] 要チェック！過去問題

地方自治法の定める「地方公共団体の組合」には、一部事務組合のほか、広域連合がある。
➡ ◯ (H21-23-4改)

(2) 設立の方法

　一部事務組合と広域連合は、都道府県が加入するものについては総務大臣、その他のものについては都道府県知事の許可を得て設立されます。

	一部事務組合	広域連合
構　成	都道府県・市町村・特別区 ただし、複合的一部事務組合の場合は、市町村・特別区	
目　的	事務の一部の共同処理	①広域的行政需要に適切、かつ効率的に対応 ②国からの権限委譲の受け皿
事務権限の委任	できない	①国又は都道府県は、広域連合に対して権限・事務を委任できる ②都道府県の加入する広域連合は国に対して、その他の広域連合は都道府県知事に対して、権限・事務の委任を要請できる
直接請求直接選挙	できない	できる
設立の方法	都道府県が加入するものについては、総務大臣の許可、加入しないものについては、都道府県知事の許可を必要とする	
解散の方法	総務大臣等に届出	総務大臣等の許可

Part 4
行政法

4 地縁による団体

　地縁による団体とは、町、又は字の区域その他市町村内の一定の区域に住所を有する者の地縁に基づいて形成された団体（地方公共団体ではない）をいいます。具体例として、町内会、自治会等があります。これらの団体は、市町村長の認可により権利能力を得ることができるようになりました。

> **Festina lente**
> 従来は、法人として認められていなかった（権利能力なき社団）ことから、団体名で団体の所有する不動産の登記をすることができない等、いろいろな不都合があったんだよ。

ファイナルチェック　基礎知識の確認

問題 1　団体自治とは、地域住民が自らの意思と責任によって行政活動を行うことをいう。

問題 2　特別地方公共団体には、特別区、一部事務組合、財産区の３種類がある。

問題 3　現行法上、大都市等に関する特例として指定都市及び中核市があり、指定都市は政令で指定する人口 50 万以上の市、中核市は政令で指定する人口 20 万以上の市をいう。

問題1 ✕　これは、住民自治の説明である。　**問題2 ✕**　一部事務組合ではなく、地方公共団体の組合である。
問題3 ◯　(252条の19第1項、252条の22第1項)

本試験レベルの問題にチャレンジ！ ▶▶▶

Chapter 11 住民の直接参政制度

重要度 A

イントロダクション　学習のポイント

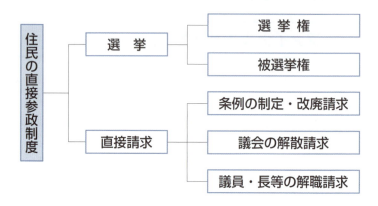

　国の政治と異なり、地方の政治では、住民が直接参政する制度がいくつか準備されています。
　直接請求は大切なテーマです。どのような種類があるのか、そして、その請求をするためにはどれだけの署名を集めなければならないのか、また、誰に対して請求するのか、こういった点に着目して勉強していきましょう。

ベーシック　じっくり理解しよう！

1　選挙

重要度 C

1　選挙権

　選挙権とは、選挙人となるための資格をいいます。
　満18歳以上の日本国民（日本国籍を有する者）で、引き続き

3か月以上市町村の区域内に住所を有する者は、その属する普通地方公共団体の議会の議員、及び長の選挙権を有します。

2015年6月に公職選挙法等の一部を改正する法律が成立し、公布されました（2016年6月19日施行）。これにより、年齢満18年以上満20年未満の者が選挙に参加することができることとされました。

2 被選挙権

被選挙権とは、公職の選挙に立候補できる資格をいいます。立候補する職種によって、被選挙権が与えられるための要件が異なります。

*1

要チェック！過去問題

都道府県知事の被選挙権は、当該都道府県の住民ではなくとも、法定の年齢以上の日本国籍を有する者であれば認められる。

➡ 〇（H22-23-ア）

〈選挙権と被選挙権についてのまとめ〉

		年齢要件	住所要件	日本国民である必要
議員・長の選挙権		18歳以上	あり（3か月）	あり
被選挙権	議会の議員	25歳以上	あり（3か月）	あり
	市町村長・特別区長	25歳以上	な　し	あり
	都道府県知事	30歳以上	な　し*1	あり

2 直接請求

重要度

A

地方の政治は、地域住民の利害に深くかかわるものが多く、住民の直接的なコントロールの余地を広く認める必要があります。そこで、直接請求制度が設けられました。直接請求には**6種類**あります。

次頁の表のとおりです。

Chapter 11
住民の直接参政制度　**675**

〈直接請求〉

要　件	種　類	請求先	請求後の対応
有権者の 50分の1以 上の連署	条例の制定・ 改廃請求（※1）	長	長は20日以内に議会を招集し、付議。（※2） 結果を代表者に通知し公表
	事務の監査請求（※3）	監査委員	監査後、結果を公表
有権者の 3分の1以上 の連署（※4）	議会の解散請求	選挙管理 委員会	選挙人の投票 ↓ 過半数の同意 ↓ 解散・失職
	議員の解職請求		
	長の解職請求		
	役員の解職請求（※5）	長	議会において3分の2以上の議員が出席 し、4分の3以上の同意により失職する

※1　地方税の賦課徴収、分担金・使用料・手数料の徴収に関する条例については、
　　請求できない。*1*2
※2　議会は、条例案を修正して議決することができる。
※3　原則としてすべての事務が、請求の対象となる。
※4　算定の基礎となる有権者総数が、40万人から80万人の部分については有
　　権者の6分の1以上、80万人を超える部分については8分の1以上と、本来
　　の有権者の3分の1以上という要件は緩和される。
※5　対象となる役員には、副知事、副市町村長、指定都市の総合区長、選挙管理
　　委員、監査委員、公安委員会の委員がある。

*1
■ 参考データ

地方税の賦課徴収等
について、請求することが
できないのは、負担
が軽くなる改正につ
いては、署名が集ま
りやすく、濫用され
た場合に、地方公共
団体の財政的基礎を
脅かすおそれがある
とされるためです。

*2
☑ 要チェック！
過去問題

選挙権を有する者
は、一定の者の連
署によって、条例
の制定及び改廃の
請求をすることが
できるが、その対
象となる条例の内
容については、明
文の制約はない。
➡✗（H26-23-
2）

Festina lente

　細かくなるけど、※4をもう少し補足するね。連署要件の具体的
な緩和の内容は、40万人を超える数に3分の1から緩和された数
を乗じて得た数と40万人に3分の1を乗じて得た数とを合算して
得た数以上の連署で足りるとなっているよ。
　つまり、例えば、有権者人口が80万人であった場合、連署の要
件を満たす人数は、
　（80万人－40万人）×1/6＋40万人×1/3＝20万人
となるね。

〈解散・解職請求の期間制限〉

	期間制限
議会の解散請求	議員の一般選挙があった日から **1年間**、解散投票のあった日から **1年間**は請求できない
議員・長の解職請求	就職の日から **1年間**、解職投票の日から **1年間**は請求することができない。ただし、**無投票当選者**については1年以内でも請求することができる
役員の解職請求 - 副知事、副市町村長、指定都市の総合区長	就職の日から **1年間**、解職に関する議会の議決の日から **1年間**は請求できない
役員の解職請求 - 選挙管理委員、監査委員、公安委員会の委員	就職の日から **6か月間**、解職に関する議会の議決の日から **6か月間**は、請求することができない

Festina lente

住民の直接請求に関連して、住民投票を制度化する「住民投票条例」が1982年の高知県窪川町の原子力発電所の立地を問う「原発住民投票条例」を皮切りに、日本各地で作られてきているんだよ。

ただ、あくまでも住民投票の制度化は、条例レベルで認められてきているにすぎず、法律（地方自治法）では認められていないよ。

ファイナルチェック　基礎知識の確認

問題1　直接請求として、地方税の賦課徴収、分担金、使用料、手数料の徴収に関する条例の制定改廃を求めることも可能である。

問題2　知事・市町村長のみならず、選挙管理委員、監査委員などの役員も、直接請求としての解職請求の対象となる。

問題3　事務監査請求については、当該事務の執行に特別の利害関係を有する者であれば、当該地方公共団体の住民以外でもすることができることとされている。

問題1 ✗ 条例の制定改廃請求の対象として、本問に関するものは除かれている（74条1項かっこ書）。　**問題2 ○**（81条、86条）　**問題3 ✗** 事務監査請求の請求権者は、選挙権を有する者であり、住民以外は請求することができない（75条1項）。

本試験レベルの問題にチャレンジ！ ▶▶▶

Chapter 11
住民の直接参政制度

Chapter 12 地方公共団体の機関

イントロダクション　学習のポイント

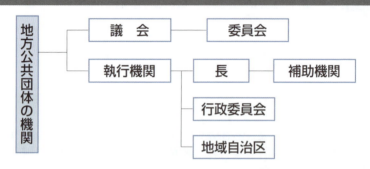

　この Chapter で大切なテーマとしてまず挙げられるのは、**議会**と**長**（都道府県知事・市町村長）になります。特に、この 2 つの機関が関係する長の**付再議権**、**専決処分**、**議会の解散**などは要注意のテーマになります。
　また、これ以上に試験的に大切なテーマが、**住民監査請求**と**住民訴訟**です。このテーマは毎年出題されるといっても過言ではないくらい頻出のテーマです。最終的には条文で見落としのないように勉強しなければなりませんが、ひとまず本書に記載されている基本事項を覚えるようにしていきましょう。

ベーシック　じっくり理解しよう!

1　議　会

　地方自治体が自律的に意思決定をし、実行するためには、機関の存在が不可欠です。地方自治法は、普通地方公共団体の議決機関として、議会に関する規定を設けています。
　なお、町村については、**条例**で、議会を置かず選挙権を有する

者の総会（町村総会）を設けることができます。*1

1 議会の性質

議会は、国会が国権の最高機関であるのとは異なり、地方公共団体の最高機関ではありません。*2

議会は、長と対等の関係にあります。

議会と長は、それぞれ法定された自己の権限を、自らの判断と責任の下に行使します。

2 議会の招集及び会期

1 招集

普通地方公共団体の議会は、長が招集します。なお、①議長が議会運営委員会の議決を経て、長に対し会議に付議すべき事件を示して臨時会の招集を請求したとき、②議員定数の4分の1以上の者が長に対し会議に付議すべき事件を示して臨時会の招集を請求したとき、長は請求のあった日から20日以内に臨時会を招集しなければなりません。*3

なお、2012年の法改正では、議長が請求をした日から20日以内に長が臨時会を招集しないときは、議長自ら臨時会を招集することができることとされました。*4

2 定例会及び臨時会、通年会期

議会には、定例会及び臨時会があります。

定例会は、毎年、条例で定める回数これを招集しなければなりません。

臨時会は、必要がある場合において、その事件に限り招集します。

なお、2012年の法改正により、議会について、条例により定例会・臨時会の区分を設けず、通年の会期とすることができることとされました。

3 委員会

議会における委員会の種類は、常任委員会、議会運営委員会、特別委員会の3つです。

これらは、地方公共団体の事務内容が専門的知識を問われるよ

---

*1
要チェック！過去問題
町村におかれる町村総会を構成するのは、当該町村の住民のうち選挙権を有する者である。
➡ ⭕（H22-23-オ）

*2
■ ポイント
地方議会は、唯一の立法機関でもありません。

Part 4
行政法

*3
要チェック！過去問題
議員は、法定数以上の議員により、長に対して臨時会の招集を請求することができるが、その場合における長の招集に関し、招集の時期などについて、地方自治法は特段の定めを置いていない。
➡ ❌（R1-22-2）

*4
要チェック！過去問題
普通地方公共団体の議会の議長が、議会運営委員会の議決を経て、臨時会の招集を請求した場合において、長が法定の期間内に臨時会を請求しないときは、議長がこれを請求することができる。
➡ ⭕（R3-24-ウ）

Chapter 12
地方公共団体の機関

うになってきていることから、本会議に先立って、事件を分科し
てそれぞれの専門的な見地から審査を行うために設けられています。
　常任委員会、議会運営委員会又は特別委員会は、議会の議決す
べき事件のうちその部門に属する事務に関するものにつき、議会
に議案を提出することができます。ただし、予算については除か
れます。

	常任委員会	議会運営委員会	特別委員会
権　限	その部門に属する事務に関する調査、議案・請願等の審査	議会の運営に関する事項等の調査、議案・請願等の審査	付議された事件の審査
設置方法	条例で設けることができる		
在任期間	条例で定める(※1)		
選任方法	条例で定める(※2)		
議会の意見聴取	①議会は、予算その他重要な議案、請願等について公聴会を開き、真に利害関係を有する者、又は学識経験を有する者等から意見を聴くことができる ②議会は、必要があると認めるときは、参考人の出頭を求め、その意見を聴取することができる		
委員会の議案提出権	議会の議決すべき事件のうちその部門に属する普通地方公共団体の事務に関するものにつき、議会に議案を提出することができる（予算を除く）		
閉会中の審査	議会の議決により付議された特定の事件については、閉会中もなお審査することができる		

※1　2012年の法改正により、議員の任期が在任期間となる、との規定は廃止された。
※2　2012年の法改正により、①議員は少なくとも１個の常任委員会の委員となるという規定や、②議会による選任方法の規定は、廃止された。

4 会　議

1　議員の議案提出権

　議員は、議員定数の12分の1以上の者の賛成により、文書
で、議会の議決すべき事件につき、議会に議案（例えば、条例
案）を提出することができます。ただし、予算については除かれ
ます。

2　定足数

　議会は、原則として議員定数の半数以上の議員が出席しなけれ
ば会議を開くことはできません。

3　議員の請求による開議
議長は、議員定数の半数以上の者から請求があるときは、その日の会議を開かなければなりません。

4　議事公開の原則、秘密会
議会の会議は、公開します。ただし、議長又は議員のうち3人以上の発議により、出席議員の3分の2以上の多数で議決したときは、秘密会を開くことができます。

5　表　決
議会の議事は、出席議員の過半数で決します。

なお、議長は、議員として議決に加わる権利を有しません。もっとも、可否同数の場合は、議長が決します。

6　会期不継続の原則
会期中に議決に至らなかった事件は、後会に継続しません。

Festina lente
会期不継続の原則の例外として、委員会の継続審査制度があるよ。

7　会議規則の設定
議会は、会議規則を設けなければなりません。

8　長及び委員等の議場出席義務
長、各行政委員会の委員等は、説明のため議長から出席を求められたときは、議場に出席しなければなりません。

ただし、出席すべき日時に議場に出席できないことについて正当な理由がある場合において、その旨を議長に届け出たときは、長、各行政委員会の委員等は議場への出席義務を負いません。

9　会議録
議長は、事務局長又は書記長に書面又は電磁的記録により会議録を作成させ、会議の次第及び出席議員の氏名を記載又は記録させなければなりません。[*1]

なお、議長は、会議録が書面をもって作成されているときはその写しを、電磁的記録をもって作成するときは当該電磁的記録に記録された事項を記載した書面又は当該事項を記録した電磁ディスクを添えて、会議の結果を長に報告しなければなりません。

[*1]
■ ポイント
会議録を作成するのは、公開原則を貫くためです。

5　議会の権限

1　議決権
議会は、地方自治法96条1項に列挙された事項、及び条例で追加された事項について地方公共団体の意思を決定します。

Festina lente

地方自治法96条1項の列挙事項は、例えば、条例の制定・改廃、予算の決定、決算の認定、負担付きの寄附又は贈与を受けること等、全部で15項目あるよ。

また、自治事務については、条例によって広く議決事項を定めることもできるんだ。そして、法定受託事務については、従来議決事項を定めることができなかったけど、2011年の地方自治法改正により、一定の例外を除いて議決事項を定めることができるようになったんだよ（96条2項）。

2　意見書の提出権

普通地方公共団体の議会は、当該普通地方公共団体の公益に関する事件につき、意見書を国会又は関係行政庁に提出することができます。

3　100条調査権

100条調査権は、国会の国政調査権に相当する権限で、議会の権限の中で最も強力なものといわれます。

これは、議会の監視権限の1つとして認められます。[1]

（1）調査対象

a　議案調査

議案調査とは、現に議題となっている事案や将来議題となるとみられる事案についての基礎資料を収集するために行う調査をいいます。

b　政治調査

政治調査とは、世論の焦点となっている事件の実情を明らかにするための調査をいいます。

c　事務調査

事務調査とは、地方公共団体の一般的な事務の執行状況に関する調査をいいます。

原則としてすべての事務が対象となります。

（2）調査手段

調査手段としては、出頭の請求、証言の請求、記録の提出の請求等があります。

ただし、これらの手段をとることができるのは「特に必要があると認めるとき」に限られます。

---

[1]

■ポイント

議会には、監視権限として、事務の管理、議決の執行及び出納に関する検査権も認められています。

Festina lente

100条調査権が及ばない事務には、自治事務にあっては地方労働委員会及び収用委員会の権限に属する事務で政令で定めるもの、法定受託事務にあっては国の安全を害するおそれがあることその他の事由により調査対象とすることが適当でないものとして政令で定めるものがあるよ。

Part 4
行政法

正当な理由がなく出頭しない者等については、6か月以下の禁錮、又は10万円以下の罰金が科されます。この場合、議会は原則として告発しなければなりません。

4 専門的知見の活用

議会は、議案の審査又は地方公共団体の事務に関する調査のために必要な専門的事項にかかる調査を学識経験を有する者等にさせることができます。

5 選挙権

議会は、権限に属する選挙（議長、副議長の選挙等）を行わなければなりません。なお、2002年改正により、地方議会において行う選挙を点字投票で行うことが許されることとなりました。

6 自律権

自律権とは、議会自身の意思で、その組織や運営を規律する権限をいいます。その代表は、懲罰権です。

（1）懲罰権の意義

議会は、法律、会議規則等に違反した議員に対し、議決により懲罰を科すことができます。

懲罰は、下記の4種類があります。

① 公開の議場における戒告

② 公開の議場における陳謝

③ 一定期間の出席停止

④ 除名

（2）懲罰を科す要件

懲罰の動議を議題とするには、議員の定数の8分の1以上の者の発議によらなければなりません。

そして、通常の議題と同様に、原則として、定足数は半数以上の議員の出席であり、表決は出席議員の過半数です。

ただし、懲罰のうち、除名については、当該普通地方公共団体の議会の議員の3分の2以上が出席し、その4分の3以上の者の同意がなければなりません。

6 議　員

1 議員定数と任期

議員定数は、条例で定められ、議員の任期は4年です。

> **Festina lente**
>
> 自律権としては、懲罰権のほかに規則制定権、紀律権等もあるんだ。紀律権の具体例には、議会における傍聴人に対する退場を命じる権限等が挙げられるよ。

Chapter 12
地方公共団体の機関

なお、2011年改正により、議員定数の上限を定めた規定が廃止されました。

2 兼職の禁止

議員は、衆議院議員又は参議院議員を兼ねることができません。また、他の地方公共団体の議員などを兼ねることもできません。[*1]

3 関係私企業からの隔離

議員は、当該普通地方公共団体に対し請負をする者又は主として同一の行為をする法人の無限責任社員、取締役等になることはできません。

4 報酬、期末手当

普通地方公共団体は、その議会の議員に対し報酬を支給しなければなりません。また、普通地方公共団体は、条例で、その議会の議員に対し期末手当を支給することができます。

なお、報酬、期末手当等の額並びにその支給方法は、条例で定めなければなりません。

5 議員の辞職

議員は、議会の許可を得て辞職することができます。ただし、閉会中の場合には、議長の許可を得て辞職することができます。

[*1]
■ ポイント
議員の兼職禁止規定は、公正な職務執行と議会の公正な運営を確保するために認められます。

Festina lente
地方公共団体の議会の議員には、国会議員のような免責特権、不逮捕特権はないよ。

2 執行機関

重要度 A

執行機関とは、地方公共団体の事務を、議会の意思に拘束されることなく自らの判断と責任において誠実に管理・執行する義務を負う機関のことです。普通地方公共団体の執行機関には、長と行政委員会（委員を含む）があります。

1 長

1 地位

(1) 都道府県知事と市町村長

都道府県に知事を置き、任期は4年です。
市町村に市町村長を置き、任期は4年です。

(2) 兼職の禁止

長は、衆議院議員、参議院議員、地方公共団体の議会の議員、並びに常勤の職員等を兼ねることができません。*2

(3) 関係私企業からの隔離

長は、当該普通地方公共団体に対し請負をする者又は主として同一の行為をする法人の無限責任社員、取締役等になることはできません。

(4) 退　職

長が退職しようとするときは、都道府県知事にあっては退職しようとする日の30日前までに、市町村長にあっては20日前までに、議長に申し出なければなりません。

ただし、議会の同意を得たときは、その期日前に退職することができます。

2　長の権限

(1) 長の規則制定権

長は、法令に違反しない限りにおいて、その権限に属する事務に関し規則を制定できます。そして、この規則制定について、法令・条例による授権を必要としません。

また、長は、法令に特別の定めがあるものを除くほか、規則において、規則に違反した者に対し5万円以下の過料を科する旨の罰則を設けることができます。*3

(2) 統轄・代表権

長は、当該普通地方公共団体を統轄し、これを代表します。

(3) 事務の管理・執行権

長は、当該普通地方公共団体の他の執行機関の権限とされていない事務を管理し、これを執行します。

(4) 予算調製権等

予算の調製権、予算案提出権、執行権は、長の専権です。

(5) 付再議権（拒否権）

長と議会の意見が分かれた場合に、それを調整する方法として、地方自治法は、長による付再議権（拒否権）を設けました。*4

付再議権とは、議会で議決した事項等についてもう一度審議をやり直させることです。そして、付再議権には、一般的付再

---

*2
■ ポイント

長の兼職禁止規定は、公正な職務執行を確保するために認められます。

Part
4
■
行政法

*3
☑ 要チェック！過去問題

普通地方公共団体の長は、その権限に属する事務に関し、規則を制定することができ、条例による委任のある場合には、規則で刑罰を規定することもできる。
→✕（R3-23-3）

*4
■ 参考データ

付再議権は、拒否権といわれることもあります。

Chapter 12
地方公共団体の機関　685

議権と**特別的付再議権**があります。

a 一般的付再議権

普通地方公共団体の議会の議決について異議があるときは、当該普通地方公共団体の長は、原則として、その議決の日（**条例の制定・改廃**又は**予算**に関する議決については、その送付を受けた日）から **10日以内**に理由を示してこれを再議に付することが**できます**。

そして、議会の議決が再議に付された議決と同じ議決であるときは、その議決は、**確定**します。

なお、この議決については、原則として、出席議員の過半数の同意がなければなりません。

b 特別的付再議権

ア 違法な議決又は選挙に対する付再議権

普通地方公共団体の議会の議決又は選挙がその権限を超え又は法令若しくは会議規則に違反すると認めるときは、当該普通地方公共団体の長は、理由を示してこれを再議に付し又は再選挙を**行わせなければなりません**。[*1]

そして、議会の議決又は選挙がなおその権限を超え又は法令若しくは会議規則に違反すると認めるときは、都道府県知事にあっては**総務大臣**、市町村長にあっては**都道府県知事**に対し、当該議決又は選挙があった日から **21日以内**に、**審査を申し立て**ることができます。[*2]

イ 一定事項の経費削減に関する議決に対する付再議権

議会において下記表①②に掲げる経費を削減し又は減額する議決をしたときは、その経費及びこれに伴う収入について、当該普通地方公共団体の長は、理由を示してこれを再議に**付さなければなりません**。

そして、下記表②についての再議において、議会の議決が、なおその経費を削減し又は減額したときは、長は、その議決を**不信任の議決**とみなすことができます。

①	**法令**により**負担**する経費、法律の規定に基づき当該行政庁の職権により命ずる経費その他の普通地方公共団体の義務に属する経費
②	**非常の災害**による**応急**、若しくは**復旧**の施設のために必要な経費、又は**感染症予防**のために必要な経費

---

*1
☑ **要チェック！過去問題**

普通地方公共団体の議会の議決が法令に違反していると認めた場合、長は裁量により、当該議決を再議に付すことができる。
➡✖ (R3-24-イ)

*2
■ **ポイント**

この申立てがあった場合において、総務大臣又は都道府県知事は、審査の結果、議会の議決又は選挙がその権限を超え又は法令若しくは会議規則に違反すると認めるときは、当該議決又は選挙を**取り消す旨の裁定**をすることができます。

なお、この裁定に不服があるときは、普通地方公共団体の議会又は長は、裁定のあった日から **60日以内**に、裁判所に出訴することができます。

Festina lente

　長の不信任議決とみなすことができることの意義は、不信任議決があった場合、長は、議会を解散できるところにあるよ。

　つまり、「そんな議決をしてしまう議会で本当にいいんですか。」と長は、住民に対して問うことができるんだ。

〈付再議権〉

	項　目	付再議の要否	再議の要件	再議において同じ議決がなされた場合の効果
一般的	議会の議決事件（※1）	任　意	出席議員の過半数（※2）	再議決が確定する
特別的	違法な議決・選挙	義　務	出席議員の過半数	知事・総務大臣への審査申立て
	法令負担経費・義務に属する経費等の削除・減額			長は、減額された経費を予算に計上して支出できる
	非常災害復旧費等の削除・減額			長の不信任の議決とみなすことができる

※1　2012年改正前までは、一般的付再議権の対象は、条例の制定・改廃及び予算の議決に限られていたが、同改正によりこれらの事項以外の議決事件に拡大された。

※2　条例の制定・改廃及び予算の議決については、出席議員の3分の2以上。

（6）議会の解散権

　議会が長の不信任の議決をしたときは、直ちに議長からその旨を長に通知しなければなりません。

　そして、長は、その通知を受けた日から10日以内に限り、議会を解散することができます。なお、内閣とは異なり、信任決議案の否決の場合の解散権はありません。*3

〈不信任議決の流れ〉

不信任議決（1回目—3分の2以上の出席で、4分の3以上の同意）

10日以内に議会を解散する　　議会を解散しない　→　10日経過したときに失職する

議会が招集され再び不信任議決（2回目—3分の2以上の出席で、過半数の同意）

不信任の議決があった旨、議長から長に通知され、通知された日に失職する

*3
■ 参考データ

長がその意に反して失職する場合としては、不信任議決を受けた場合と住民からの解職請求があった場合が考えられます。

Part 4 ■ 行政法

Chapter 12
地方公共団体の機関

（7）長の専決処分

　長の専決処分とは、法律上議会によって議決又は決定すべき事項とされているにもかかわらず、長が、議会の議決又は決定を経ないで、処分することをいいます。

　専決処分は大きく2種類に分けることができ、2006年改正により、要件が明確化されました。

　まず、長は、①議会が成立しないとき、②会議を開くことができないとき、③議会の議決すべき事件について特に緊急を要するため議会を招集する時間的余裕がないことが明らかであると認めるとき、④議会が議決すべき事件を議決しないときは、その議決すべき事件を処分することができます。[*1]

　専決処分をなし得る範囲は、原則として議決事件のすべて、例えば、条例の制定若しくは改廃、予算の制定等に及びます。

　ただし、副知事及び副市町村長の選任の同意については、専決処分をすることはできません。

　なお、この専決処分をした場合には、長は議会に報告し、その承認を求める必要があります。

　次に、議会の議決によって指定された軽易な議会の権限に属する事項についても、長は、専決処分をすることができます。

　なお、この専決処分をした場合には、長は議会に報告をしなければなりませんが、承認まで得る必要はありません。

> **[*1] 要チェック！過去問題**
> 議会の議決が法令に違反すると認められるときは、長は専決処分により、議決を適法なものとするための是正措置をとることができる。
> ➡ ✗（H24-23-4）

> **Festina lente**
> 仮に議会の事後の承認が得られなくとも、法律上その処分の効力には影響がないんだよ。

3　補助機関

〈各補助機関の比較〉

	副知事	都道府県の会計管理者（※1）	副市町村長	市町村の会計管理者（※1）
設置場所	都道府県		市町村	
職　務	知事の補佐等	会計事務をつかさどる	市町村長の補佐等	会計事務をつかさどる
人　数	条例で定める（※2）	必ず1人置く	条例で定める（※2）	必ず1人置く
任命手続	長が議会の同意を得て選任	（※3）	長が議会の同意を得て選任	（※3）
任　期	4年	―	4年	―
任期中の長による解職の可否	できる	―	できる	―

※1 長、副知事、副市町村長、監査委員と親子、夫婦、兄弟姉妹の関係にある者は、会計管理者になることができない。もし、その関係になった場合には、失職する。
※2 条例で全く置かないこともできる。
※3 普通地方公共団体の長の補助機関である職員のうちから、普通地方公共団体の長が命じる。

2 行政委員会・行政委員

1 意 義

行政委員会は、複数の委員からなる合議制の機関（執行機関）です。一方、行政委員は、原則として単独で職務を行う独任制の機関（執行機関）です。

なお、行政委員会の委員は、人事委員等を除き、非常勤であるのが原則です。

Festina lente

行政委員会・行政委員のうち、選挙管理委員会と監査委員は、その設置について地方自治法で規定されているよ。
つまり、その他の行政委員会は、別の法律でその設置について規定されているんだよ。

2 種 類

都道府県・市町村のどちらにも置く	都道府県にのみ置く	市町村にのみ置く
教育委員会 選挙管理委員会 人事委員会（公平委員会） 監査委員	公安委員会 労働委員会 収用委員会 海区漁業調整委員会 内水面漁場管理委員会	農業委員会 固定資産評価審査委員会

3 規則制定権

行政委員会は、法律の定めるところにより、法令や条例等に違反しない限りにおいて、規則その他の規程を定めることができます。ただし、違反者に過料を科す旨の規定を設けることはできません。*2

また、その効力は、長が定める規則に劣るので、長の規則に違反する行政委員会の規則は無効となります。

4 監査委員

地方公共団体の行政委員のうち、監査委員は最も重要なものの

---

*2 要チェック！
過去問題

執行機関として置かれる委員会は、法律の定めるところにより法令又は当該普通地方公共団体の条例若しくは規則に違反しない限りにおいて、規則その他の規程を定めることができる。
➡ ○（H23-22-3）

Part
4
■
行政法

Chapter 12
地方公共団体の機関　689

1つです。*1

（1）設置

　　普通地方公共団体に監査委員を置きます。その定数は、都道府県及び政令で定める市（人口25万人以上）にあっては4人とし、その他の市及び町村にあっては2人とします。

　　ただし、条例でその定数を増加することができます。

（2）選任、任期及び退職等

a　選任

　　監査委員は、長が議会の同意を得て、人格が高潔で、普通地方公共団体の財務管理、事業の経営管理、その他行政運営に関し優れた識見を有する者及び議員のうちから選任します。*2

　　この場合において、議員のうちから選任する監査委員の数は、都道府県及び政令で定める市にあっては2人又は1人、その他の市及び町村にあっては1人とします。

b　任期

　　監査委員の任期は、識見を有する者のうちから選任される者にあっては4年とし、議員のうちから選任される者にあってはその議員の任期によります。ただし、後任者が選任されるまでの間は、その職務を行うことができます。

c　退職等

　　監査委員は、退職しようとするときは長の承認を得なければなりません。

　　また、普通地方公共団体の長は、監査委員が心身の故障のため職務の遂行に堪えないと認めるとき、又は監査委員に職務上の義務違反その他監査委員たるに適しない非行があると認めるときは、議会の同意を得て、これを罷免することができます。

　　なお、普通地方公共団体の長又は副知事若しくは副市町村長と親子、夫婦又は兄弟姉妹の関係にある者は、監査委員となることができず、監査委員にこの関係が生じたときは、その者は、その職を失います。

（3）職務

　　監査委員は、普通地方公共団体の財務に関する事務の執行及

---

*1
■ 参考データ

行政委員会の中でも、委員会という組織になっていないものは、監査委員のみです。

*2
☑要チェック！
過去問題

普通地方公共団体の議会の議員は、条例に特に定めのない限り、当該普通地方公共団体の監査委員となることができない。
➡ ✘（R1-24-2）

---

690 | Part 4
行政法

び普通地方公共団体の経営にかかる事業の管理を監査します。

> **Festina lente**
> 監査委員は、原則として、自治事務・法定受託事務を問わず、監査することができるよ。

（4）外部監査制度

a 意義と趣旨

外部監査制度とは、弁護士、公認会計士等の外部の専門家に監査を依頼するものをいいます。

専門知識を有する外部の者による監査を取り入れることにより地方公共団体の監査の厳正・公正を徹底するため、1997年の改正で設けられました。

b 外部監査契約を締結できる者

普通地方公共団体が外部監査契約を締結できる者は、普通地方公共団体の財務管理、事業の経営管理、その他行政運営に関し優れた識見を有する者であって、以下のいずれかに該当する者とします。

①	**弁護士**（弁護士となる資格を有する者を含む）
②	**公認会計士**（公認会計士となる資格を有する者を含む）
③	**税理士**（税理士となる資格を有する者を含む）
④	国の行政機関において会計監査に関する行政事務に従事した者等であって、**監査に関する実務に精通**しているものとして政令で定めるもの

c 種類

外部監査制度には、**包括外部監査制度**と**個別外部監査制度**があります。

包括外部監査制度とは、**毎会計年度**、契約を締結し、外部監査人が自己の判断に基づき特定の事件を監査するものをいいます。なお、この契約は、**連続して4回以上**同一人と契約をしてはなりません。

一方、**個別外部監査制度**とは、個別事項ごとに契約を締結し、監査委員に代わって監査するものをいいます。この

契約は、直接請求があった場合、議会又は長からの監査請求があった場合、住民監査請求があった場合等に締結することができます。

d　包括外部監査人の設置

　　包括外部監査人は、**都道府県**、**指定都市**、**中核市**には置かなければなりません。

　　なお、上記以外の市、又は町村でも、**条例**で定めることにより、置くことができます。

e　包括外部監査制度と個別外部監査制度との関係

　　両者は異なる制度であり、**併存**できます。

f　外部監査制度と監査委員制度との関係

　　監査委員は必置機関ですから、外部監査制度を設けたからといって監査委員制度を廃止することはできません。

（5）住民監査請求と住民訴訟

a　住民監査請求制度

　　住民監査請求とは、その所属する普通地方公共団体の機関又は職員の**違法又は不当な財務会計上の行為**について、必要な措置を講ずべきことを請求することができる権利です。**住民1人**でも請求できます。

　　住民監査請求は、違法又は不当な財務会計上の行為のあった日から**1年**を経過したときは、正当な理由がある場合を除き、することができません。

b　住民訴訟 [1]

　　住民が監査請求をしても監査委員が監査・勧告を行わなかったり、あるいは、監査委員が勧告したにもかかわらず、議会、長その他の執行機関が勧告に従わないときは、住民の監査請求は無意味となります。そこで、地方自治法はこのような場合に備えて、監査請求した住民が更に裁判所に訴訟を提起することを認めました。これが住民訴訟です。

　　住民訴訟は、①監査の結果又は勧告に不服のある場合は、監査の結果又は勧告の通知があった日から**30日以内**、②監査委員の勧告を受けた機関又は職員の措置に不服がある場合は、監査委員よりその措置にかかる通知を受けてから**30日以内**に、提起しなければなりません。

---

[1] 要チェック！ 過去問題

自ら住民監査請求を行っていない住民であっても、当該普通地方公共団体の他の住民が住民監査請求を行っていれば、住民訴訟を提起することができる。
➡✗（H22-24-ア）

住民訴訟においては、住民監査請求と同様、公金支出の違法の問題のみならず不当の問題についても争うことができる。
➡✗（H22-24-イ）

ア　住民訴訟を提起できる者

　　住民訴訟は、当該地方公共団体の住民であれば１人で
　も提起することができます。また自然人でも法人でも提
　起できます。納税していることも要件ではありません。*2

イ　住民監査請求前置主義

　　住民訴訟を提起するには、その前に住民監査請求をし
　なければなりません（住民監査請求前置主義）。

ウ　住民訴訟の対象

　　住民訴訟の対象は、財務会計上の違法な行為（不当な
　行為は含まない）であり、かつ、公共団体の財政に損害
　を与える行為です。

> ***2　要チェック！過去問題**
>
> 住民訴訟は、当該普通地方公共団体の住民ではない者であっても、住民監査請求をした者であれば、提起することが許される。
> ➡✖ (H27-21-ア)

	事務の監査請求	住民監査請求	住民訴訟（※4）
誰　が	選挙権を有する者の総数の50分の１以上の者の連署	住民各自（※1）	住民各自（※5）
誰　に	監査委員	監査委員（※2）	裁判所
対象となる行為	違法・不当な事務（財務会計上の行為に限らない）	違法・不当な財務会計上の行為	違法な財務会計上の行為
請求期限	な　し	違法・不当な財務会計上の行為のあった日から１年を経過する前まで（※3）	監査の結果・勧告の通知から30日以内。措置にかかる通知から30日以内（※6）

※1　１人でよい。また、住民である限り、年齢、国籍、選挙権や納税義務の有無を問わず請求できる。法人も請求できる。*3

※2　監査委員による監査及び勧告は、監査請求があった日から60日以内に行わなければならない。

※3　正当な理由がある場合には、１年を経過した後でもすることができる。

※4　住民訴訟を提起するには、その前に住民監査請求をしておかなければならない（住民監査請求前置主義）。なお、住民訴訟の手続は、行政事件訴訟法に従う。

※5　住民監査請求をした者である。なお、訴訟において請求できる内容は、①差止め、②取消し又は無効確認、③違法確認、④損害賠償請求・不当利得返還請求である。ただし、差止めは、当該行為を差し止めることによって人の生命又は身体に対する重大な危害の発生の防止その他公共の福祉を著しく阻害するおそれがあるときは、することができない。

※6　正確には、①監査の結果又は勧告に不服のある場合は、監査の結果又は勧告の通知があった日から30日以内、②監査委員の勧告を受けた機関又は職員の措置に不服がある場合は、監査委員よりその措置にかかる通知を受けてから30日以内。

> ***3　要チェック！過去問題**
>
> 住民監査請求をするに当たって、住民は、当該地方公共団体の有権者のうち一定数以上の者とともに、これをしなければならない。
> ➡✖ (H29-24-3)

Chapter 12
地方公共団体の機関　　693

> **Festina lente**
> 地方自治法上、次のような暫定的停止勧告制度が設けられているよ。
> 住民監査請求があった場合において、当該行為が違法であると思料するに足りる相当な理由があり、当該行為によって当該普通地方公共団体に生ずる回復困難な損害を避けるための緊急の必要があり、かつ、当該行為を停止することによって人の生命又は身体に対する重大な危害の発生の防止その他公共の福祉を著しく阻害するおそれがないと認めるときは、監査委員は、当該普通地方公共団体の長、その他の執行機関、又は職員に対し、理由を付して勧告等の手続が終了するまでの間、当該行為を停止すべきことを勧告することができるという制度だよ。

3 地域自治区

重要度 C

2004年の法改正により、新たに住民自治の強化を目的とする地域自治区が創設されました。

地域自治区とは、地域の住民の意見を行政に反映させるとともに行政と住民との連携の強化を目的として、市町村の判断により設けられる区域で、その区域の住民のうちから選任された者によって構成される地域協議会及び市町村の事務を分掌させるための事務所を設けるものをいいます。

1 地域自治区の設置

市町村は、市町村長の権限に属する事務を分掌させ、及び地域の住民の意見を反映させつつこれを処理させるため、条例で、その区域を分けて定める区域ごとに地域自治区を設けることができます。

地域自治区には事務所を置くものとし、事務所の位置、名称及び所管区域は、条例で定めます。

2 地域協議会の設置及び構成員

地域自治区には、地域協議会を置きます。そして、地域協議会の構成員は、地域自治区の区域内に住所を有する者のうちから、市町村長が選任します。*1 *2

市町村長は、地域協議会の構成員の選任にあたっては、地域協議会の構成員の構成が、地域自治区の区域内に住所を有する者の多様な意見が適切に反映されるものとなるよう配慮しなければなりません。

*1
■ 参考データ
地域協議会には、会長及び副会長を置きます。なお、地域協議会の会長及び副会長の選任及び解任の方法は、条例で定めます。

*2
☑ 要チェック！過去問題
地域協議会の構成員は、地域自治区の区域内に住所を有する住民の中から市町村長によって選任される。
➡ ⭕ (H22-23-イ)

3 地域協議会の権限

地域協議会は、①地域自治区の事務所が所掌する事務に関する事項、②市町村が処理する地域自治区の区域にかかる事務に関する事項、③市町村の事務処理にあたっての地域自治区の区域内に住所を有する者との連携の強化に関する事項のうち、市町村長その他の市町村の機関により諮問されたもの又は必要と認めるものについて、審議し、市町村長その他の市町村の機関に意見を述べることができます。

ファイナルチェック　基礎知識の確認

問題1 普通地方公共団体の議会の議決について異議がある場合、当該普通地方公共団体の長は、当該議決が条例の制定・改廃又は予算に関するものであるときに限り、これを再議に付することができる。

問題2 普通地方公共団体の長は、議会の不信任の議決を受けて議会を解散した場合、その解散後初めて議会の招集があったときは、その職を失う。

問題3 普通地方公共団体の長は、専決処分をしたときは、これを議会に報告し、その承認を必ず求めなければならない。

問題4 都道府県と市町村に共通して置かれる委員会、及び委員は、教育委員会、選挙管理委員会、監査委員だけである。

問題5 住民訴訟は、住民監査請求を行った住民が提起することができる。

問題1 ✗ 長の一般的拒否権の対象は、条例の制定・改廃又は予算に関する議決以外の議決事件にも拡大された（176条1項）。　**問題2 ✗** 招集があっただけでは、職を失わない（178条2項）。　**問題3 ✗** 報告をするだけでよいものもある（180条参照）。　**問題4 ✗** 人事委員会（公平委員会）もそうである。　**問題5 ○** （監査請求前置主義）

本試験レベルの問題にチャレンジ！ ▶▶▶

Chapter 13 地方公共団体の権能

重要度 B

イントロダクション　学習のポイント

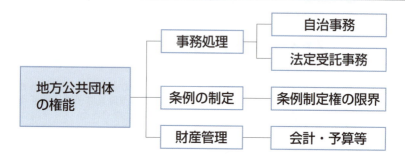

　地方公共団体の事務は、自治事務と法定受託事務の2種類に分けられます。この2つの共通点、相違点は表を利用して覚えるようにしましょう。特に、法定受託事務を国の事務を委任されたと勘違いする人がいます。法定受託事務も地方公共団体の事務であるということは忘れないようにしてください。
　また、議会の定める条例と長の定める規則の共通点、相違点も表を利用して効率よくクリアしていくようにしましょう。なお、公の施設も試験では比較的出題されるテーマです。

ベーシック　じっくり理解しよう!

1　事務処理

重要度 A

　1999年改正の結果、地方公共団体の事務は、大きく分けて、①自治事務と、②法定受託事務の2つとなりました。
　法定受託事務とは、国等が本来果たすべき役割にかかるものであって、国等においてその適正な処理を特に確保する必要がある

要チェック!
過去問題

地方自治法に定める「自治事務」とは、地方公共団体

ものとして、法律又は政令により、特に地方公共団体にその処理が委託される事務をいいます。

　自治事務とは、地方公共団体が処理する事務のうち、法定受託事務以外のものをいいます。*1

> が処理する事務のうち、法定受託事務以外のものをいう。
> ➡️⭕ (H21-21-1)

	自治事務	法定受託事務
意　義	地方公共団体が処理する事務のうち、法定受託事務以外のもの（※1）	国等が本来果たすべき役割にかかるものであって、国等においてその適正な処理を特に確保する必要があるものとして、法律、又は政令により、特に地方公共団体にその処理が委託される事務（※2）
具体例	都市計画の決定、飲食店営業の許可、病院・薬局の開設許可等	国政選挙、旅券の交付、国道の管理、戸籍事務等
議会の関与	①両事務に関する書類及び計算書を検閲できる ②監査委員に対して両事務に関する監査を求め、その結果の報告を請求できる ③当該地方公共団体の公益に関する事件につき意見書を国会、又は関係行政庁に提出することができる	
議決事項の追加（※3）	条例で広く議決事項を追加できる	国の安全に関することその他の事由により議会の議決すべきものとすることが適当でないものとして政令で定めるものを除き、条例で議決事項を追加できる
条例制定権	あ　り	
行政不服審査	原則として、国等に対する審査請求はできない	原則として、国等に対する審査請求ができる

※1　国は、普通地方公共団体が自治事務として処理している事務と同一内容の事務であっても、法令の定めるところにより国の事務として直轄的に処理することができる。なお、この場合には、原則として当該普通地方公共団体に対し通知をしなければならない。
※2　法定受託事務のうち、国から地方公共団体に委託される事務を第1号法定受託事務、都道府県から市町村に委託される事務を第2号法定受託事務という。なお、主務大臣は、法定受託事務の処理をするにあたり、よるべき基準を定めることができる。
※3　議会の議決事項は、原則として地方自治法96条1項の列挙事由に限られる。

2 条例の制定

重要度 B

1 条例制定権の限界

　条例とは、地方公共団体が制定する自主法です。

Chapter 13
地方公共団体の権能　697

条例は、地方公共団体の事務に関する限り、「法律の範囲内」で制定することができます（憲法94条）。

　条例が法律に違反するかどうかは、判例によれば、法律と条例の対象事項と規定文言を対比するのみではなく、それぞれの趣旨、目的、内容及び効果を比較し、両者の間に矛盾・抵触があるかどうかによって決しなければなりません。

　この観点では、条例でいわゆる上乗せ規制（国が定めている基準より厳しい基準を設けること）や横出し規制（国が定めていない基準を設けること）を定めることも許される場合があります。

2 条例と規則の比較

	条　例	規　則
意　義	地方公共団体が定立する自主法	長が定立する自主法
制定権の範囲	①地方公共団体の事務に関する事項であること ②法令に違反しないこと ③上乗せ規制、横出し規制も可能	
罰　則	①2年以下の懲役又は禁錮 ②100万円以下の罰金 ③拘留、科料 ④没収 ⑤5万円以下の過料	①5万円以下の過料
科罰手続	刑事訴訟法（国のルール）に基づく	規則（地方のルール）に基づく
制定手続	①条例案の提出権は、議員と長の双方にある ②議決は、原則として多数決で決する ③議決があったときは、その日から3日以内に議会の議長がこれを長に送付 ④長は、送付を受けた場合は、その日から20日以内にこれを公布しなければならない（※） ⑤原則として、公布の日から起算して10日を経過した日から施行	①議会の議決を経ずに、公布・施行 ②公布手続、施行期日などは、条例の場合と同様
両者の関係	原則：それぞれが独自の管轄領域を持ち、相互対等な関係にある 例外：競合領域では、条例が規則に優位する	

※　ただし、再議その他の措置を講じた場合、長の公布を要しない。

Part 4
行政法

3 財産管理

重要度 **B**

1 会 計

1 会計年度独立の原則

各会計年度における歳出は、その年度の歳入をもってこれにあてなければなりません。

2 会計年度、及び出納の閉鎖

普通地方公共団体の**会計年度**は、毎年**4月1日**に始まり翌年**3月31日**に終わります。

普通地方公共団体の**出納**は、翌年度の**5月31日**をもって閉鎖します。

2 予 算

1 総計予算主義の原則

一会計年度における一切の収入、及び支出は、すべてこれを歳入歳出予算に編入しなければなりません。

2 予算の調製、及び議決

長は、予算を調製（作成）し、会計年度開始前に議会の議決を経なければなりません。この予算調製権は、**長にのみ**認められています。

議会は、長が提出した予算を**否決**することができます。

また、否決することができる以上、**減額**もできます。さらに、長の予算の提出権限を侵さない限りにおいて、**増額**修正もできます。長が予定していなかった出費が必要な場合も考えられるからです。

3 予備費

予算外の支出、又は予算超過の支出にあてるため、歳入歳出予算に予備費を計上**しなければなりません**。ただし、**特別会計**には予備費を計上しないことができます。

なお、予備費は、議会の否決した費途にあてることができません。また、予備費の使用は、議会の議決を必要とせず、**長の権限**で行えます。

> **Festina lente**
> 会計年度と出納の閉鎖時期に2か月の違いがあるのは、現金の未納や未払いを整理するために、2か月間の猶予を設けているからだよ。

> **Festina lente**
> 議会に対する予算提出期限は、遅くとも年度開始前、都道府県及び指定都市にあっては30日まで、その他の市及び町村にあっては20日までだよ。

Part 4
行政法

Chapter 13
地方公共団体の権能　**699**

3 収　入

1　地方税

　普通地方公共団体は、法律の定めるところにより、地方税を賦課徴収することができます。

2　分担金等

　分担金、使用料、加入金及び手数料に関する事項については、条例で定めなければなりません。*1

（1）分担金

　分担金とは、特定の者に対し利益のある事件に関し、その必要な費用にあてるため、その者から徴収する金銭をいいます。

（2）使用料

　使用料とは、許可を受けて使用する行政財産の使用、又は公の施設の利用について徴収する金銭等をいいます。*2

（3）加入金

　加入金とは、旧来の慣行により市町村の住民中特に公有財産を使用する権利を有する者があるとき、この権利は保護されます（238条の6参照）が、市町村長が議会の議決を経て、新たに使用の許可を受けた者から徴収するものをいいます。

> **Festina lente**
>
> 公有財産と行政財産の違いについて説明するね。
> 　まず、公有財産とは、普通地方公共団体の所有に属する不動産、船舶、地上権、著作権、株券等をいうよ。そして、公有財産は、行政財産と普通財産に分けることができるよ。
> 　行政財産とは、普通地方公共団体において公用又は公共用に供し、又は供することと決定した財産をいい、普通財産とは、行政財産以外の一切の公有財産をいうんだよ。

（4）手数料

　普通地方公共団体の事務で特定の者のためにするものについて徴収する金銭をいいます。*3

3　地方債

　普通地方公共団体は、地方財政法その他の法律で定める場合において、予算の定めるところにより、地方債を起こすことができます。なお、地方債を起こす場合は、その起債の目的、限度額、起債の方法、利率及び償還の方法は、予算で定めなければなりま

---

*1
☑ 要チェック！過去問題

普通地方公共団体は、分担金、使用料、加入金および手数料を設ける場合、条例でこれを定めなければならない。

➡ **○** (H28-24-2)

*2
■ 参考データ

使用料とは、例えば、水道料金や公営住宅の使用料等があります。

*3
■ 参考データ

手数料とは、例えば、印鑑証明の交付を受けるときの手数料等のことです。

せん。

4　一時借入金

　長は、歳出予算内の支出をするため、一時借入金を借り入れることができます。なお、借入れの**最高額**は、**予算**で定めなければなりません。そして、一時借入金は、その会計年度の歳入をもって償還しなければなりません。

4　支　出

1　経費の支弁（支払）等

　普通地方公共団体は、事務を処理するために必要な経費、その他法律、又は政令により負担する経費を支弁するものとします。

2　寄附、又は補助

　普通地方公共団体は、その公益上必要がある場合においては、個別に議会の議決を経ることなく、寄附、又は補助をすることができます。

3　支出の方法

　会計管理者は、**政令で定めるところによる長の命令**がなければ、支出をすることができません。*4

5　決　算

　決算は、毎会計年度、**会計管理者**が調製し、出納の閉鎖後**3か月以内**に証書類等とあわせて普通地方公共団体の**長に提出**しなければなりません。

　また、長は、これを**監査委員の監査**に付し、その意見を付けて、次の通常予算を審議する会議までに**議会の認定**に付さなければなりません。

6　契　約

　売買、貸借、請負その他の契約は、**一般競争入札**、**指名競争入札**、**随意契約**、又は**せり売り**の方法により締結します。*5

7　金融機関の指定

　都道府県は、金融機関を指定して、都道府県の公金の収納、又は支払の事務を**取り扱わせなければなりません**。

Part
4
■
行
政
法

*4
■ **参考データ**

政令で定めるところにより一定の経費については、支出命令を簡素化し、例えば、毎月行っていたものを年度ごとに一括して行うことができます。

*5
■ **参考データ**

電気・ガス・水の供給を受ける契約、電気通信役務の提供を受ける契約、不動産を借りる契約のほか、OA機器のリース契約等も長期継続契約の対象となります。

Chapter 13
地方公共団体の権能

市町村は、金融機関を指定して、市町村の公金の収納、又は支払の事務を**取り扱わせることができます。**

8 金銭債権の消滅時効

金銭の給付を目的とする普通地方公共団体の権利、及び普通地方公共団体に対する権利で金銭の給付を目的とするものは、原則として**5年間**の消滅時効にかかります。

なお、これらの権利の時効消滅については、原則として、時効の援用を要せず、また、その利益を放棄することができません。

9 公の施設

1 公の施設の意義と利用

公の施設とは、**住民の福祉を増進**する目的をもって、その利用に供するための施設をいいます。[*1]

普通地方公共団体は、正当な理由がない限り、住民が公の施設を利用することを拒んではなりません。また、住民が公の施設を利用することについて不当な差別的取扱いをしてはなりません。

普通地方公共団体は、公の施設を利用させる場合、利用料金を徴収することができます。なお、利用料金に関する事項については、**条例**で定めなければなりません。

また、公の施設の利用につき、条例で**5万円以下の過料**を科す旨の規定を設けることもできます。

2 公の施設の設置・管理、及び廃止

普通地方公共団体は、法律、又は政令に特別の定めがあるものを除くほか、公の施設の設置、及びその管理に属する事項は、**条例**でこれを定めなければなりません。[*2]

なお、条例で定める重要な公の施設のうち、条例で定める特に重要なものについて、これを廃止し、又は、条例で定める長期かつ独占的な利用をさせようとするときは、議会において出席議員の**3分の2以上**の者の同意を得なければなりません。

また、普通地方公共団体は、公の施設の設置の目的を効果的に達成するために必要があると認めるときは、**条例**の定めるところにより、法人、その他の団体であって当該普通地方公共団体が指定するもの（**指定管理者**）に公の施設の管理を行わせることがで

---

*1
■ 参考データ

公の施設とは、例えば、公民館、公営体育館、公園等があります。これに対して、庁舎や留置場は、公の施設に該当しません。

---

*2
**☑ 要チェック！
過去問題**

公の施設の設置および管理に関する事項について、法律またはこれに基づく政令に特別の定めがない場合には、地方公共団体の長が規則でこれを定めなければならない。

➡ **✗** (H22-21-2)

---

702 | Part 4
行政法

きます。*3

　なお、普通地方公共団体は、適当と認めるときは、指定管理者にその管理する公の施設の利用にかかる料金（**利用料金**）を当該指定管理者の収入として収受させることができます。

　そして、この場合における利用料金は、公益上必要があると認める場合を除くほか、**条例**の定めるところにより、あらかじめ地方公共団体の承認を受け、**指定管理者が定める**ものとします。

3　公の施設の区域外設置、及び他の団体の公の施設の利用

　普通地方公共団体は、その区域外においても、関係普通地方公共団体との**協議**により、公の施設を設けることができます。また、普通地方公共団体は、他の普通地方公共団体との**協議**により、当該他の普通地方公共団体の公の施設を、自己の住民の利用に供させることができます。そして、前記の協議については、関係普通地方公共団体の議会の議決を経なければなりません。

4　公の施設の利用権に関する処分についての審査請求

　普通地方公共団体の長以外の機関（指定管理者を含む）がした公の施設を利用する権利に関する処分についての**審査請求**は、普通地方公共団体の長が当該機関の最上級行政庁でない場合においても、当該**普通地方公共団体の長**に対して行います。また、普通地方公共団体の長は、この処分についての審査請求があったときは、**議会に諮問**してこれを決定しなければなりません。*4

> *3 ✅**要チェック！過去問題**
> 普通地方公共団体が、公の施設の管理を指定管理者に行わせる場合には、指定管理者の指定の手続等の必要な事項を条例で定めなければならない。
> ➡ ○（H29-22-5）

> *4 ✅**要チェック！過去問題**
> 県知事は、公の施設を利用する権利に関する処分についての審査請求があった場合、議会に諮問してこれを決定しなければならない。
> ➡ ○（H22-21-5改）

ファイナルチェック　基礎知識の確認

問題1　条例は民主的基盤を有する地方議会によって制定されるものであるから、条例で刑罰を科すことに法律上の根拠を要しない。

問題2　公の施設の利用料金は、公益上必要があると認められる場合を除くほか、条例で定めるところにより、あらかじめ普通地方公共団体の承認を受け、指定管理者が定めるものとする。

問題1 ❌ 法律によって相当程度、具体的な委任が必要である。　問題2 ⭕（244条の2第9項）

本試験レベルの問題にチャレンジ！ ▶▶▶

Chapter 13
地方公共団体の権能

Chapter 14 国と地方公共団体及び地方公共団体相互の関係

重要度 B

イントロダクション　学習のポイント

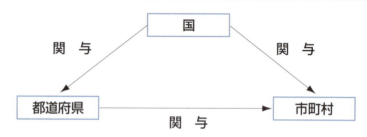

　これまで行政法で学んできてわかるとおり、行政機関は私たち市民に対して様々な作用を及ぼしました。同じように、国は地方公共団体に対して様々な作用を及ぼします。そもそも日本国憲法下において、地方は国の下部組織、出先機関ではなく、対等・独立した法人格を有します。そこで、国が地方に関与を及ぼす場合について、地方自治法は規定しています。また、この関与に対して地方が不服を持つ場合の手続についても規定しています。

ベーシック　じっくり理解しよう！

1 国と地方公共団体の関係

　明治憲法下では、中央集権国家体制がとられたため、地方は国の出先機関として考えられ、国と地方の関係は、主従・上下の関係でした。その後、明治憲法が改正され日本国憲法となると、理念的には、国と地方公共団体の関係も主従・上下の関係から対等な関係へと変わりました。
　しかし、事実上、また法律上、明治憲法下の主従・上下の関係は色濃く残っており、これに対しては抜本的な改革が望まれてい

ました。

これを受けて、1999年に地方分権一括法が制定され、この法律の施行に伴って、地方自治法も全面的に改正されるに至りました。

具体的には、機関委任事務制度が廃止され、新たに自治事務・法定受託事務へと事務配分が再構成され、国の地方公共団体に対する関与等についても大幅な見直し等がなされました。

1 地方公共団体に対する国の関与

1 国の関与に関する原則

(1) 法定主義の原則

地方公共団体の事務に対して国が関与を及ぼす場合には、法律、又は政令の根拠が必要です。[*1]

(2) 必要最小限度の原則

国が関与する場合には、目的を達成するために必要最小限度のものにしなければなりません。

また、地方公共団体の自主性、及び自立性に配慮しなければなりません。

(3) 一般法主義の原則

自治事務・法定受託事務ともに、できる限り「基本類型以外の関与」を設けることのないようにしなければなりません。

2 手続に関する公正・透明の原則

この原則は、国の地方公共団体への関与の客観化を図り、各地方公共団体に対する差別的・不利益的な取扱いを回避するための原則であり、行政手続法を参考とした次の規定で具体化されています。

(1) 書面主義の原則

国の行政機関、又は都道府県の機関は、地方公共団体に対し、助言、勧告、その他これらに類する行為を書面によらないで行った場合において、当該地方公共団体から書面の交付を求められたときは、原則としてこれを交付しなければなりません。

(2) 許認可等の判断基準の設定と公表

国の行政機関、又は都道府県の機関は、地方公共団体からの申出があった場合において、許可、認可、承認、同意（及び、これらの取消し）その他これらに類する行為をするかの判断基

[*1]
☑ **要チェック！過去問題**

自治事務とは異なり、法定受託事務に関する普通地方公共団体に対する国または都道府県の関与については、法律に基づかないでなすことも認められている。
➡✖ (H29-23-5)

Chapter 14
国と地方公共団体及び地方公共団体相互の関係

準を定め、かつ、原則としてこれを公表しなければなりません。

(3) 標準処理期間の設定と公表

国の行政機関、又は都道府県の機関は、申請等が当該事務所に到達してから許認可等をするまでに通常要すべき標準的な処理期間を定め、かつ、これを公表するように努力しなければなりません。

(4) 到達主義

国の行政機関、又は都道府県の機関は、申請等が法令により当該申請等の提出先とされている機関の事務所に到達したときは、遅滞なく、当該申請等にかかる事務を開始しなければなりません。

(5) 書面による理由の提示

国の行政機関、又は都道府県の機関は、普通地方公共団体に対して許認可等を拒否する処分や取消し等をするときは、拒否する処分、又は取消し等の内容、及び理由を記載した書面を交付しなければなりません。

2 国の関与の形態

普通地方公共団体に対する国、又は都道府県の関与とは、普通地方公共団体の事務の処理に関し、原則として国の行政機関、又は都道府県の機関が行う次に掲げる行為をいいます。

1 助言又は勧告

各大臣は、その担任する事務に関し、普通地方公共団体に対し、適切と認める技術的な助言、若しくは勧告をすることができます。

なお、普通地方公共団体の長その他の執行機関は、各大臣に対し、その担任する事務の管理、及び執行について技術的な助言若しくは勧告、又は必要な情報の提供を求めることができます。

2 資料の提出の要求

各大臣は、その担任する事務に関し、普通地方公共団体に対し、適切と認める技術的な助言若しくは勧告をするため、又は普通地方公共団体の事務の適正な処理に関する情報を提供するため、必要な資料の提出を求めることができます。

Festina lente
ここは、最初はかる〜く読むだけでいいよ。

3 指 示

各大臣は、その担任する事務に関し、都道府県知事その他の都道府県の執行機関に対し、必要な指示をすることができます。*1

4 是正の要求

是正の要求とは、普通地方公共団体の事務の処理が法令の規定に違反しているとき、又は著しく適正を欠き、かつ、明らかに公益を害しているときに当該普通地方公共団体に対して行われる当該違反の是正、又は改善のため必要な措置を講ずべきことの求めのことです。そして、当該求めを受けた普通地方公共団体がその違反の是正、又は改善のため必要な措置を講じなければならないとしています。

そして、各大臣は、その担任する事務に関し、都道府県の自治事務の処理が法令の規定に違反していると認めるとき、又は著しく適正を欠き、かつ、明らかに公益を害していると認めるときは、当該都道府県に対し、当該自治事務の処理について違反の是正、又は改善のため必要な措置を講ずべきことを求めることができます。*2

5 代執行

代執行とは、普通地方公共団体の事務の処理が法令の規定に違反しているとき、又は当該普通地方公共団体がその事務の処理を怠っているときに、その是正のための措置を当該普通地方公共団体に代わって行うことをいいます。

各大臣は、その所管する法令にかかる都道府県知事の法定受託事務の管理、若しくは執行が法令の規定、若しくは当該各大臣の処分に違反するものがある場合等において、代執行以外の方法によってその是正を図ることが困難であり、かつ、それを放置することにより著しく公益を害することが明らかであるときは、一定の手続をとることにより、当該都道府県知事に代わって当該事項を行うことができます。*3

6 その他

上記のほか、同意、許可、認可、又は承認、協議等、一定の行政目的を実現するため普通地方公共団体に対して具体的かつ個別的にかかわる行為があります。

---

*1
■ **参考データ**
各大臣は、市町村に対しても指示をすることができる場合があります。

Part
4
■
行政法

*2
■ **参考データ**
各大臣は、市町村に対しても是正の要求をすることができる場合があります。

*3
■ **参考データ**
都道府県知事が、市町村長に代わって法定受託事務を行うことができる場合があります。

Chapter 14
国と地方公共団体及び地方公共団体相互の関係

自治事務	法定受託事務
①助言、又は勧告　②資料の提出の要求　③協議	
④是正の要求	④同意 ⑤許可・認可・承認 ⑥指示 ⑦代執行 ただし、第2号法定受託事務については、是正の要求をすることもできる

3 国地方係争処理委員会

国と地方公共団体は対等な立場にあるので、国と地方公共団体との間で紛争が生じた場合には、対等な関係で解決が図られる必要があります。

そのためには、紛争を第三者の手に委ねざるを得ません。そのような考えから、地方分権改革に伴って新しく導入された紛争処理の仕組みが、国地方係争処理委員会です。

1 意義

国地方係争処理委員会とは、普通地方公共団体に対する国の関与についての争いを処理する組織をいいます。

〈国と普通地方公共団体の紛争処理システム〉

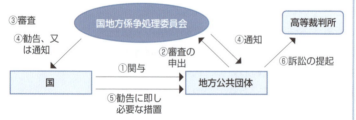

2 組織
(1) 設置

国地方係争処理委員会は、総務省に設置されます。

(2) 委員の任命と人数、任期等

委員は、両議院の同意を得て総務大臣が任命します。

委員会は、非常勤の委員5人をもって組織される合議制の機関です。

> **Festina lente**
> 2001年4月には、横浜市が、日本中央競馬会の場外馬券売り場売上に課税する勝馬投票券発売税が総務省の同意を得られなかったことを不服として、全国の自治体で初めて国地方係争処理委員会に審査を申し出たよ。

なお、委員の任期は**3年**で、5人のうち**2人**は、**常勤**の委員とすることができます。

3　審査の対象となる国の関与

① **是正の要求、許可の拒否その他国の公権力の行使としての関与**。ただし、代執行手続における指示や代執行行為等は対象外となる

② **国の不作為**

③ **国との協議が調わないとき**

4　審査の申出

長その他の執行機関は、国の関与に不服があるときは、その対象となる関与があった日から**30日以内**に、国地方係争処理委員会に対し、当該関与を行った国の行政庁を相手方として、**文書**で、審査の申出をすることができます。

5　審査方法

国地方係争処理委員会の審査は、関係行政機関を手続に参加させる、証拠調べ（参考人の意見陳述、検証、鑑定、書類等の提出等）をする等の方法で行います。

なお、国地方係争処理委員会による審査は、審査申出の日から**90日以内**に行わなければなりません。

6　審査後の手続

（1）関与が違法、又は不当であるとき

国の関与が①**自治事務**に関して**違法**、又は**不当**、②**法定受託事務**に関して**違法**であるときは、国地方係争処理委員会は、**国の行政庁**に対し、理由を付し、かつ、期間を示して、必要な措置を講ずべきことを**勧告又は通知**します。また、地方公共団体の**長その他執行機関**に**通知**し、**公表**します。[1]

なお、国の行政庁は、勧告で示された期間内に**勧告に即して**必要な措置をとらなければなりません。また、その旨を委員会に**通知**しなければなりません。

（2）関与が適法かつ正当であるとき

関与が適法かつ正当であるときは、国地方係争処理委員会は、**地方公共団体**と**国の行政庁**に対して、**理由を付して通知**し、**公表**します。

---

[1]
要チェック！
過去問題

A市の法定受託事務に関する国の関与が違法であると認めるときは、国地方係争処理委員会は、当該関与を行った国の行政庁に対して、理由を付し、期間を示した上で、必要な措置を講ずべきことを勧告することになる。

➡**○**（H24-21-2）

(3) 調　停

国地方係争処理委員会が、審査の過程で当該事実が調停によって解決できるものと判断した場合には、職権によって、調停案を作成し、両当事者に提示し、その受諾を勧告することもできます。

7　訴訟の提起

地方公共団体は、①国が勧告に即してとった措置に不満がある場合、②国地方係争処理委員会の審査の結果に不満がある場合には、措置の通知、審査の結果の通知があった日から30日以内に、高等裁判所に対して訴訟を提起することができます。

なお、審査申出前置主義が採用されています。

4　国等による違法確認訴訟制度の創設

国等が是正の要求等をした場合、地方公共団体がこれに応じた措置を講じず、かつ、国地方係争処理委員会への審査の申出もしないとき等に、国等は違法確認訴訟を提起することができます。

2　地方公共団体相互の関係

重要度 C

1　都道府県の市町村に対する関与

都道府県も、原則として国と同様に市町村に対して関与することができます。

2　自治紛争処理委員*1

自治紛争処理委員とは、市町村に対する都道府県の関与等についての争いを処理する機関をいいます。

*1 要チェック！過去問題
国と地方公共団体間の紛争等を処理する機関としては、自治紛争処理委員が廃止され、代わりに国地方係争処理委員会が設けられている。
➡✗(H25-23-2)

〈都道府県と市町村の紛争処理システム（審査の場合）〉

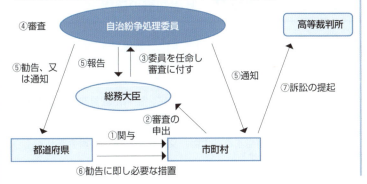

〈国地方係争処理委員会と自治紛争処理委員の比較〉

	国地方係争処理委員会	自治紛争処理委員
申立ての対象	国の地方公共団体に対する関与	都道府県の関与等、地方公共団体相互の関係
委員の任命方法	**両議院の同意**を得て**総務大臣**が任命	事件に関係ある事務を担任する各大臣、又は都道府県の委員会等に**協議**して**総務大臣**又は**都道府県知事**が任命
人数	**5人** なお、**非常勤**が原則だが、**2人**までは常勤とすることができる	**3人**
任期	**3年**	**事件ごと**

Chapter 14　国と地方公共団体及び地方公共団体相互の関係

ファイナルチェック　基礎知識の確認

問題1　普通地方公共団体は、その事務の処理に関し、法律又はこれに基づく政令によらなければ、普通地方公共団体に対する国又は都道府県の関与を受け、又は要することとされることはない。

問題2　自治紛争処理委員は、3人とし、事件ごとに、優れた識見を有する者のうちから、総務大臣、又は都道府県知事がそれぞれ任命する。この場合においては、総務大臣、又は都道府県知事は、あらかじめ当該事件に関係のある事務を担当する各大臣、又は都道府県の委員会若しくは委員に協議するものとする。

問題1 ○ （245条の2）　問題2 ○ （251条2項）

本試験レベルの問題にチャレンジ！▶▶▶

Part 5

基礎法学

学習進度チェック

学習した Chapter の日付を記入し、学習進度を確認しよう！

	学習予定日	日付①	日付②
Chapter 1　法学概論	／	／	／

効率よく学習することが大切！

基礎法学ガイダンス

本試験の傾向分析と対策

1 過去問データベース

		08	09	10	11	12	13	14	15	16	17	18	19	20	21	22
法学概論	法の効力	○			○										○	
	法の分類	○	○	○								○				
	法の解釈					○	○									
	基本原理	○	○	○				○	○	○	○		○	○		○

最新の試験対策は、伊藤塾のホームページやメルマガにて配信中

2 出題分析アドバイス

　基礎法学からは、例年2問出題されています。
　学習分野の幅を絞るのは難しく、伊藤塾のテキストでも過去問題に対応しきれていない部分があります。それだけ広い範囲から出題されているものと考えてください。
　近年は、裁判所・裁判官の制度、法令の適用範囲及び効力、法令特有の用語等が出題されており、法知識が広く問われています。これらのテーマの中には繰り返し出題されているものもありますので、試験対策としては、まずは過去問題をしっかりとマスターしておきましょう。

合理的学習法

1 得点計画

基礎法学は2問出題されますが、全問とも確実に答えられなくても大丈夫です。特に、得点しなければならない科目としておく必要はありません。

2 全体構造

基礎法学は、2問しか出題されないため、試験における重要度は低いといえます。

もちろん、基礎的な法律用語や条文を読み解く基本的なルール（解釈等）は知っておくべきですが、だからといって、基礎法学対策として学習時間を大きく取る必要はありません。

スタンスとしては、憲法や行政法、民法、商法を学習していく過程で、基礎法学対策も併せてやっていることになると考えておけばよいでしょう。

Part 5 基礎法学

ガイダンス | 715

Chapter 1 法学概論

重要度 C

イントロダクション　学習のポイント

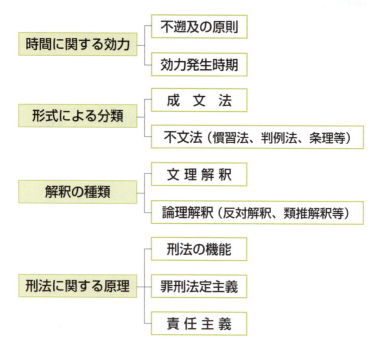

　基礎法学は配点も少なく、特段個別の対策に多くの時間を割くべき分野ではありません。ひとまずは憲法、行政法、民法、商法の延長として問題が解ければ十分なところです。
　そこで、この Chapter では、憲法、行政法、民法、商法にも役に立つ法学の基本的な知識について、簡潔にまとめました。

ベーシック　じっくり理解しよう！

1 法の効力

重要度
C

1 人に関する効力の範囲

1 属地主義の原則

　属地主義とは、法の適用・効力の範囲をその法が制定された国の領域内においてだけ認めようという考え方をいいます。

　我が国においては、日本国内にあるすべての人々に対して、その国籍のいかんを問わず、日本の法律が適用されます。このように、我が国は属地主義を原則としています。*1

2 属地主義の例外

(1) 属人主義

　属人主義とは、人が本来所属する国の法を、その人が国を離れても適用するという主義のことをいいます。

(2) 保護主義

　保護主義とは、自国又は自国民の利益を侵害する犯罪については、犯人の国籍、犯罪地のいかんを問わず自国の刑罰法規を適用する考え方をいいます。

2 場所に関する効力の範囲

　日本の法は、原則として日本の領土、領空、領海に及びます。なお、日本の船舶、航空機、外国における公館も、日本の領土です。*2

　例外的に、地方自治特別法や地方公共団体の条例、規則等は、領土の一部にしか適用されません。

3 時間に関する効力の範囲

1 不遡及の原則

　不遡及の原則とは、法は、その施行後の事柄についてのみ効力を有し、施行前の事柄にまで遡って効力を生じないという原則をいいます。

---

*1
■ 参考データ

例えば、東京で中国人がアメリカ人を殺した場合、日本の刑法が適用されます。

Part **5**

基礎法学

Festina lente

日本においても、国外において国益を著しく害するような重大犯罪（内乱罪・通貨偽造罪等）を犯した者は、日本国民、外国人を問わず、日本の刑法を適用するとして保護主義を採用しているよ（刑法2条）。

*2
☑ **要チェック！過去問題**

日本国の法令は、その領域内でのみ効力を有し、外国の領域内や公海上においては、日本国の船舶および航空機内であっても、その効力を有しない。

➡✗（R3-2-3）

Chapter 1
法学概論　**717**

2 効力発生時期

　法令は、その制定権限を有する機関が手続に従って、制定、公布、施行することにより、その効力が生じます。

　施行期日は、法令の附則に規定されているのが通例ですが、その定めがない場合は、公布の日より起算して、法律においては20日を経過した日（法の適用に関する通則法2条）から、条例においては10日を経過した日（地方自治法16条3項）から施行するものとされています。*1*2

*1
■ 参考データ
法令の公布は、慣行として官報によって行われています。

*2
要チェック！過去問題
法律が発効するためには、公布がされていることと施行期日が到来していることとの双方が要件となる。
➡ 〇（H23-1-3）

〈施行期日の定めがない法律の効力発生時期〉

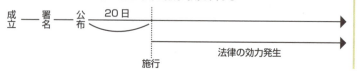

2 法の分類*3

重要度 C

1 一般法と特別法との関係

　一般法とは、人・地域・事柄等について、具体的に限定しないで、一般的に定めた法をいいます。これに対して、特別法とは、特定の人・地域・事柄等についてだけ限定的に適用される法をいいます。例えば、民法と商法では、民法が一般法、商法が特別法にあたります。そして、一般法と特別法との関係については、「特別法は一般法に優先する」という原則が適用されます。

　　　　　特別法　＞　一般法

2 前法と後法との関係

　法令が新たに制定され、又は改正された場合には、「後法は前法を破る」という原則が適用されます。

　　　　　後　法　＞　前　法

*3
要チェック！過去問題
法律と法律、条例と条例など、形式的な効力が同等の法規の間に矛盾抵触が生じる場合は、一般に、「特別法は一般法に優先する」「後法は前法に優先する」という原則に従って処理されることになる。
➡ 〇（H21-1-イ）

3 法の解釈

重要度 C

文理解釈	法文(条文)の言葉と文章に忠実に解釈する方法		
論理解釈	法文や文言の文法的意味に過度にとらわれることなく、法制定の沿革や法体系上の法文の位置等から法規範を解釈する方法	反対解釈	一定の法命題が明文で規定されているときに、その規定から反対命題を引き出す方法
		類推解釈[*4]	当該事項について明文の定めがないときに、類似する事項についての規定を借りてきて、その事項にあてはまるように、必要な修正を加えながら適用する方法
		勿論解釈	ある事実に関する法令の規定について、その趣旨・目的から、法令の規定がない他の事実に関して、条理から当然にその規定を適用すべきとする方法
		縮小解釈	法文の言葉を通常の意味よりも狭く解釈する方法
		拡張解釈 拡大解釈	法文の言葉を通常の意味よりも広く解釈する方法
		変更解釈 補正解釈	法文の文字を変更して解釈する方法

[*4] 要チェック!過去問題

甲の事件につき規定がなく、類似の乙の事件に関しては明文の規定がある場合、甲にも乙の規定を準用しようとするのは、「類推解釈」である。

➡ ◯ (H25-1-3)

Festina lente

刑罰法規については、拡張解釈は許されるけれど、類推解釈は一般的に許されないと解されていることに注意が必要だよ。

4 基本原理

重要度 B

法律基礎用語	働き	使い方
「又は」と「若しくは」	あるものを選択する際に用いる。	・単なる選択には「又は」を用いる。 ・選択的に並べられる語句に段階がある場合には、1番大きな意味の語句のつながりには「又は」を、2番目以下の意味の語句のつながりには「若しくは」を用いる。
「及び」と「並びに」	いくつかの事項を併合的に用いる。	・単なる併合には「及び」を用いる。 ・併合させる語句に段階がある場合には、1番小さな意味の語句のつながりには「及び」を、それよりも大きな意味の語句のつながりには「並びに」を用いる。

Part 5 基礎法学

Chapter 1 法学概論 719

「以上」と「超える」	数量を限定する場合に用いる。	・基準点となる数量を含む場合は「以上」を、含まない場合は「超える」を用いる。
「以下」と「未満」		・基準点となる数量を含む場合は「以下」を、含まない場合は「未満」を用いる。
「推定する」と「みなす」	異なるものを同一に扱う場合に用いる。	・両者とも、本来性質の異なる事柄を、一定の法律関係については同一視して取り扱う点では共通する。 ・異なる点は、「推定する」は、当事者間に別段の取決めや反対の証拠がある場合にはそれに従うことになるのに対し、「みなす」は反証を許さず、絶対的なものとして取り扱う点である。
「適用する」と「準用する」	特定の法令をそのままあてはめるか、修正してあてはめる場合に用いる。	・ある特定の法令の規定をそのままあてはめる場合は「適用する」を用いる。 ・本来Aという事実に適用する法令の規定を、Aに類似しているA'という事実に、多少の修正を加えてあてはめる場合は、「準用する」を用いる。

ファイナルチェック　基礎知識の確認

問題1　法と道徳には共通点がない。

問題2　日本の刑法は、属地主義を原則としている。

問題3　法律が発効するためには、施行期日が到来していることが必要となるが、施行期日の定めがない場合には、公布の日が施行期日とされる。

問題4　明確な規定がないことから、日本では慣習法を認めていない。

問題5　判例は、法律同様に国民に一定の行動の指針を与えることから、変更することは一切許されない。

問題6　類推解釈とは、法文の言葉を通常の意味よりも広く解釈する方法をいう。

問題7　「又は」と「若しくは」は、前後の語句を選択的に連結する接続語であり、選択される語句に段階がある場合には、一番大きな選択的連結にだけ「又は」を用い、他の小さな選択的連結には全て「若しくは」を用いる。

問題1 ✗ 行為規範という点では共通する。　**問題2 ○**（刑法1条1項）　**問題3 ✗** 施行期日の定めがない場合、法律は、公布の日から起算して20日を経過した日から施行される。　**問題4 ✗** 民事法の分野では慣習法も認められている。　**問題5 ✗** 判例変更も一定の場合に認められる。　**問題6 ✗** 本問は拡大解釈の説明である。　**問題7 ○**

本試験レベルの問題にチャレンジ！ ▶▶▶

Part 6
一般知識等

学習進度チェック

学習したChapterの日付を記入し、学習進度を確認しよう！

		学習予定日	日付①	日付②
Chapter 1	政治	/	/	/
Chapter 2	経済	/	/	/
Chapter 3	社会	/	/	/
Chapter 4	情報通信・個人情報保護	/	/	/

一般知識等ってけっこうおもしろい！

よし！自信が持てたぞ

一般知識等ガイダンス

本試験の傾向分析と対策

1 過去問データベース

	08	09	10	11	12	13	14	15	16	17	18	19	20	21	22
政　　　治	○	○	○	○	○	○	○	○	○	○	○	○	○	○	○
経　　　済	○	○	○	○	○	○	○	○	○	○	○	○	○	○	○
社　　　会	○	○	○	○	○	○	○	○	○	○	○	○	○	○	○
情報通信・個人情報保護	○	○	○	○	○	○	○	○	○	○	○	○	○	○	○
文　章　理　解	○	○	○	○	○	○	○	○	○	○	○	○	○	○	○

最新の試験対策は、伊藤塾のホームページやメルマガにて配信中

　なお、政治・経済・社会の分野からの過去の本試験出題実績（テーマ）は、下記のとおりです。本書は、出題実績を踏まえた上で、合格基準点突破を目標に重要テーマを厳選し掲載しています。

政　治

	2016年度	2017年度	2018年度	2019年度	2020年度	2021年度	2022年度
1	日本と核兵器の関係	各国の政治指導者	専門資格に関する事務をつかさどる省庁	日中関係	普通選挙	近代オリンピック大会と政治	ロシア・旧ソ連の外交・軍事
2	改正公職選挙法（2015年）			女性の政治参加	フランス人権宣言	新型コロナウイルス感染症対策と政治	ヨーロッパの国際組織
3	中央政府の庁			国の行政改革の取組み		公的役職の任命	軍備縮小（軍縮）
4						ふるさと納税	

経　済

	2016年度	2017年度	2018年度	2019年度	2020年度	2021年度	2022年度
1	TPP協定	ビットコイン	近年の日本の貿易及び対外直接投資	経済用語	日本のバブル経済とその崩壊	国際収支	GDP
2	日本の戦後復興期の経済	度量衡			日本の国債制度とその運用		

社　会

	2016 年度	2017 年度	2018 年度	2019 年度	2020 年度	2021 年度	2022 年度
1	日本社会の多様化	日本の公的年金制度	外国人技能実習制度	日本の雇用・労働	日本の子ども・子育て政策	エネルギー需給動向・エネルギー政策	郵便局
2	終戦後の日本で発生した自然災害	日本の農業政策	戦後日本の消費生活共同組合	元号制定の手続	新しい消費の形態	先住民族	日本の森林・林業
3		消費者問題・消費者保護	日本の墓地・埋葬等に関する法律	日本の廃棄物処理	地域再生・地域活性化等の政策や事業	ジェンダー・セクシュアリティ	アメリカ合衆国における平等と差別
4		山崎豊子の著作	地方自治体の住民等		日本の人口動態		地球環境問題に関する国際的協力体制
5			風適法による許可又は届出の対象				

2　出題分析アドバイス

　2006（平成 18）年度に現在の試験制度になってからは、政治・経済・社会、情報通信・個人情報保護、文章理解からの出題となりました。最初の 3 年間は、それぞれ 6 問・5 問・3 問、2009（平成 21）年度からの 5 年間は、それぞれ 7 問・4 問・3 問、2014（平成 26）年度は、それぞれ 9 問・2 問・3 問、2015（平成 27）年度からの 5 年間は、それぞれ 7 問・4 問・3 問出題されています。2020（令和 2）年度からの 3 年間は、それぞれ 8 問・3 問・3 問出題されました。

合理的学習法

1　得点計画

　現在の試験制度において、一般知識等の合格基準は満点の 40％以上です。上記の過去の本試験に出題されたテーマ一覧を見るとわかるように、法律科目と異なり様々なテーマが出題されていますので、一般知識等で高得点を取ることは難しい面があります。得点計画としては、14 問中 7 問正解を目指していただきたいと思います。

2　全体構造

　最も対策しづらいのが一般知識等でしょう。基本的なスタンスとしては、合否判定基準をクリアすること、すなわち、一般知識等の出題数 **14 題中 6 題を得点しなければなりません。**

　一般知識等は、①政治・経済・社会（通常 7 題）、②情報通信・個人情報保護（通常 4 題）、③文章理解（通常 3 題）から出題されます。

ガイダンス　723

まずは、過去問題を解いてみて、文章理解を3題中平均何題得点できるかを検討してください。そこで、例えば、文章理解は平均2題得点できたとします。そうすると、合否判定基準6題をクリアするためには、残り2分野で4題得点できればよいということになります。

　続いて、情報通信・個人情報保護についてですが、ここは「個人情報保護法」などの法律が主に出題されます。そこで、過去に頻出の法律についてはしっかりと知識を習得しておきましょう。目標としてはこのテーマが4題出題されたならば3題を得点したいところですが、必ずしも3題も得点できるとは限らないので、2題は確実に得点すると考えましょう。

　そうすると、残る政治・経済・社会から2題を得点すれば合否判定基準クリアとなります。

　さて、政治・経済・社会ですが、これが一番やっかいなのです。なぜなら、政治・経済・社会という言葉は、一見範囲を限定しているようでいて、ほぼ無限の意味を持っているからです。

　無限の出題範囲の中から2題得点するためにはどうすればよいでしょうか。そのためには、まず過去に頻出のテーマに絞り込むことです。その上で、苦手意識の低いものから攻略していきます。なお、一般的な受験生の場合は、政治の苦手意識は低く、経済の苦手意識が高い傾向があります。

　このようにして、確実に合否判定基準をクリアするような学習を心掛けてほしいと思います。

　一般知識等で合否判定基準に足らずに悔しい思いをする受験生は毎年度相当程度います。しかし、一般知識等を恐れるあまり、ここに学習時間を割いてしまい、結果的に法令等科目の勉強時間が減ってしまえば、合格することはできません。

　特定の科目への過度な恐れや不安は、試験勉強全体のバランスを失し、結果的に悪い方向にいってしまいます。このことを忘れずに試験勉強に取り組んでほしいと思います。

Chapter 1 政 治

重要度

イントロダクション　学習のポイント

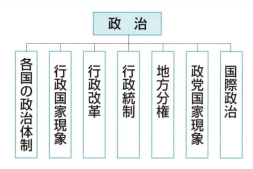

この Chapter では、政治について勉強します。

政治・経済・社会は膨大な試験範囲となりますが、過去問題を分析すると、比較的出題の多いテーマがみえてきます。

政治では、**議院内閣制と大統領制**、**行政改革**、**選挙制度**、**日本の近現代史**が特に大切になるでしょう。これらのテーマは憲法でも有益です。政治・経済・社会の中では、政治は一般的に攻略をしやすい分野なので、本書に記載されている内容はしっかりと勉強していきましょう。

ベーシック　じっくり理解しよう！

1　各国の政治体制

重要度

1　イギリスの政治体制

1　歴史的沿革

イギリスでは、絶対王政に市民が対抗して民主政治を勝ち取っ

たという歴史的沿革から、**議会に対する信頼**が強いのです。[*1]

2 政治制度

　このような議会に対する信頼から、**議院内閣制**が採用されており、内閣の存立は、議会の信任に基づきます。

　また、イギリスは**不文憲法**、**軟性憲法**の国であり、法の支配を基調としています。したがって、憲法改正も通常の法律の立法手続によってなされます。[*2]

3 国家機関

国　王	イギリスの国王は、「議会の中の王」といわれ、形式的な任命権を持つが、国政上の機能は持たない。「**君臨すれども統治せず**」という象徴的存在である。
議　会	イギリスの議会は、最高の立法機関である。また、二院制が採用されており、下院優越の原則が確立している。
内　閣	イギリスでは、議院内閣制が採用されており、内閣は、議会の信任の上に存立している。このため、内閣は、議会（下院）に対して連帯責任を負う。また、下院は、内閣不信任決議をすることができ、その場合、内閣は、総辞職するか下院を解散しなければならない。
裁判所	従来、上院で選出された法律貴族で構成する最高法院が最終審議として、すべての最終上告審を扱ってきたが、2005年の憲法改革法に基づき、常任上訴貴族の司法機能と枢密院司法委員会の機能の一部とを移管して、連合王国最高裁判所が設置された。

2 アメリカの政治体制

1 歴史的沿革

　アメリカは、イギリスから独立する過程で、イギリス議会から圧迫を受けたという歴史的沿革から、**議会に対する不信**が根強くあります。一方で、**裁判所への信頼**が厚いのです。

2 政治制度

(1) 大統領制[*3]

　このような、議会に対する不信から、アメリカでは議会よりも行政権が強大な権力を掌握し、**大統領制**が採用されています。アメリカの大統領は、権力分立を徹底させ、三権とりわけ行政権と立法権を相互に独立させている政治形態です。

[*1]
■ **参考データ**

どの機関に対する信頼と不信があるのか、という観点から英米の政治体制を押さえておきましょう。

[*2] ☑ **要チェック！ 過去問題**

イギリスでは、議院内閣制がとられ、首相は下院の第一党の指導者が就任することとされているが、議会が<u>上院または下院において不信任の議決</u>を行った場合には、内閣は自ら辞職するか、議決を行った議院を解散しなければならない。

➡ ✗（H23-47-ア）

[*3] ☑ **要チェック！ 過去問題**

アメリカでは、大統領制がとられ、大統領と議会は権力分立の原則が貫かれているため、議会は大統領の不信任を議決することができないし、大統領は議会の解散権、法案の提出権、<u>議会が可決した法案の拒否権</u>のいずれも有していない。

➡ ✗（H23-47-イ）

(2) 連邦制

　アメリカ合衆国は、50 の州が結合して 1 つの国家を形成する連邦国家です。各州が、独自の主権と憲法、議会、行政府、裁判所を有しており、それぞれ連邦政府から独立しています。

3　国家機関

連邦議会	アメリカの連邦議会は、最高の立法機関で、上院と下院からなる二院制である。そして、上院と下院の権限は、原則として対等である。
大統領	アメリカの大統領は、国民の間接選挙によって選ばれる。任期は 4 年で、3 選は憲法によって禁止されている。大統領は、国民に対して直接責任を負い、議会に対しては責任を負わない。よって、議会は、大統領の不信任決議権を持たず、大統領は議会の解散権を持たない。
連邦最高裁判所	アメリカの連邦最高裁判所は、判例によって確立された違憲審査権を持つ。これは、権力分立が確立しており、司法権の独立が保障されているからである。

3　議院内閣制と大統領制の比較

	議院内閣制	大統領制
イメージ		
具体例	イギリス	アメリカ
権力分立との関係	緩やかな分離	厳格な分離
民主主義との関係	内閣の中心となる首相は議会（下院）により選出される。	大統領は、選挙人を通じた国民の間接選挙により選出される。
議会との関係	内閣不信任制度あり 解散制度あり	不信任制度なし 解散制度なし
大臣の選出	大臣は議員の中から首相が任免	大臣（長官）は議員以外の者から大統領が任免
法案提出権	内閣に法案提出権あり	大統領に法案提出権なし。ただし、大統領は議会に教書を送り、必要な法案の審議の勧告が可能*4

*4
■ 参考データ
大統領には、議会が可決した法案の拒否権があります。

Chapter 1
政　治　　727

議院への出席	いつでも議院に出席して発言する権利・義務あり	議院に出席して発言する権利・義務なし	

4 主要各国の政治体制[*1]

国	形　態	立　法（議会）	行　政（の長）	司　法
フランス	大統領制と議院内閣制の混合形態（半大統領制）	元老院（上院）国民議会（下院）	大統領→任期5年・国民の直接選挙で選出・首相を任命	・地方裁判所・控訴院・破棄院・憲法評議会
ドイツ	大統領制と議院内閣制の混合形態	連邦参議院連邦議会	首相※大統領は国家元首であり、その権限は儀礼的なものである	・各種裁判所・州裁判所・連邦裁判所・憲法裁判所
中　国	一党独裁制	全国人民代表大会（全人代）	国家主席→任期5年・全人代で選挙・国務院総理を指名	・人民法院・最高人民法院
ロシア	大統領制	上院（連邦会議）下院（国家会議）	大統領→任期6年・国民が直接選挙・首相を任命	・最高裁判所・憲法裁判所・最高仲裁裁判所
韓　国	大統領制（議院内閣制の要素も加味）	一院制（国会）	大統領→再選なし・国民の直接選挙で選出・国務総理と国務委員（首相と閣僚に相当する）を任命	・最高裁判所（大法院）・高等法院・地方法院・家庭法院

2 行政国家現象

重要度 **B**

1 「近代国家」から「現代国家」へ

1 近代国家[*2]

　近代市民革命以前の絶対王政国家の時代には、国王とその官吏が経済活動に恣意的に関与し、国民に法外な税負担を課していました。市民階級は経済活動をより拡大し利益を自らのものにするために、国王の支配による旧体制（アンシャン・レジーム）を打ち破り政治的権利と経済的自由を勝ち取りました。

　したがって、旧体制を支えてきた統治機構の弱体化を図ること

[*1]
☑ **要チェック！過去問題**

フランスでは、基本的に議院内閣制がとられており、大統領のほかに内閣を代表する首相がおかれ、大統領は外交上の儀礼的な権能を有するだけで、広く行政権は内閣に属し、かつ議会の解散権も内閣が有している。
➡**✕**（H23-47-ウ）

中国では、最高権力をもつ一院制の全国人民代表大会（全人代）の下に、常設機関である常務委員会が設けられ、法令の制定、条約の批准など広範な権限をもつとともに、国務院が設けられ行政を担当している。
➡**◯**（H23-47-オ）

[*2]
■ **参考データ**

王権神授説に対して、**社会契約説**を主張した**ロック**や**ルソー**の思想は、民主主義の発展に大きな役割を果たしました。

こそが、当時の緊急かつ根本的な課題であり、18世紀に近代国家が成立した当時の政府は、国内外の社会・経済の秩序維持にかかわるような機能のみが期待されていました（夜警国家）。*3

2　現代国家

　しかし、19世紀半ば、資本主義が本格的に発達するようになると、政府に対する期待に変化が生じました。つまり、資本主義の発達に伴って生じる様々な社会的・経済的諸問題の解決のためには、もはや市場における自由な競争に任せておくことができないことが明らかになり、むしろ、政府が社会経済に対して積極的に関与し、自由な市場をある程度コントロールすることの必要性が認識されるようになりました。

3　夜警国家と福祉国家の比較

	夜警国家	福祉国家
時　代	18世紀～19世紀前半	19世紀後半～20世紀以降
国家観	消極・立法・自由主義国家（小さな政府）	積極・行政・社会主義国家（大きな政府）
政治面	国防・治安維持	不況・完全雇用政策　　社会保障政策
経済面	・自由放任主義（レッセ・フェール） ・「神の見えざる手」による市場コントロール	・有効需要管理 ・金融・財政政策による市場コントロール
経済学者	アダム・スミス（1723～90） 「国富論」	J・M・ケインズ（1883～1946） 「雇用・利子及び貨幣の一般理論」
問題点	・不況（1930年代の世界大恐慌） ・失業者問題 ↓ 福祉国家への転換	・行政（官僚）国家現象 ・財政赤字 ↓ 行政改革・財政改革（効率化とコスト削減）

*3
■ **参考データ**
夜警国家という言葉は、ドイツのラッサールが安上がりの国家を皮肉って言った言葉です。

Part 6 ■ 一般知識等

2　行政国家現象

1　行政国家現象とは

　こうして、積極国家、社会国家の要請に伴い行政権が肥大化し、法の執行機関である行政府が国の基本政策に事実上の中心的な役割を営むようになりました。このような現象を行政国家現象といいます。日本では官僚国家という言葉で表現されることもあります。

Chapter 1
政　治　729

2　行政国家現象のメリット・デメリット

　行政国家現象にはメリットもあります。行政権が力を持つことによって、国民に対する行政（福祉）サービスが充実するからです。しかし、行政権が肥大化することによって、国民の人権侵害の危険は大きくなります。特に、様々な規制によって国民の経済的自由が制約されるおそれがあります。昨今の規制緩和はまさにこの点において、行政権の介入を最小限にしようというものなのです。

> **Festina lente**
>
> 行政権自体は直接民主的な基盤を持たないので、我々は官僚が気に入らないからといって、彼らをクビにすることができないよね。このように民主的な基盤を持たない行政官僚が国家の基本政策を決定することは、民主主義の観点からすれば、問題がないとはいえず、この点でも、行政国家現象は問題が大きいんだよ。

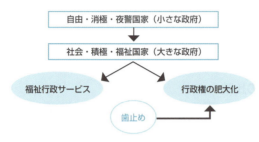

3　行政改革 *1*2*3　　重要度 A

1　中央省庁再編

　行政権の肥大化や複雑化は、国家の経費増大、仕事量の拡大、及び非効率を招きます。また、各府省が縦割り的な行政に陥り、政府全体が一体となった効率的なサービスの提供が困難となります。そこで、**中央省庁等改革基本法**（1998年6月成立）が制定され、行政の簡易化、効率化、コスト削減を目指して、旧体制の1府22省庁を**1府12省庁**としました。

〈省庁再編のポイント〉
① 任務が補完的又は重複する11省庁を4省に統合
　　郵政省、自治省、総務庁 ⇒ 総務省
　　文部省、科学技術庁 ⇒ 文部科学省
　　厚生省、労働省 ⇒ 厚生労働省
　　運輸省、建設省、北海道開発庁、国土庁 ⇒ 国土交通省
② 総理府、沖縄開発庁、経済企画庁 ⇒ 内閣府
③ 環境庁を環境省に格上げ
④ 他の7省についても、任務に応じて所掌事務を見直し名称変更
　　大蔵省 ⇒ 財務省

---

*1 **語句解説**

行政改革とは、社会状況や経済状況の変化に行政が適切に対応できるように、行政の役割を再検討し、行政の最もふさわしいあり方を確立しようとする試みです。

*2 要チェック！過去問題

2001年の省庁再編において、運輸省、建設省、北海道開発庁、国土庁の2省2庁を国土交通省に統合した。
➡ ○（H26-48-エ）

通商産業省 ⇒ 経済産業省

⑤ 内閣に内閣府を新設し、複数の省庁が関係する問題に対して、各省より一段高い立場から、政府内の政策の総合調整を行う。

2 独立行政法人化*4*5

1 独立行政法人とは

独立行政法人とは、行政のスリム化を図るため、省庁の部門や管理下にある組織（特殊法人等）を国から切り離し、法人格を持たせて予算や定員配置等を自主的に手がけることができるようにした組織をいいます。

2 独立行政法人の特徴

独立行政法人は、①主務大臣の定める中期目標に応じて中期計画を作成し、②会計は原則として複式簿記の企業型会計を導入するほか、③法人の実績、職員の業績を反映する給与システムの導入、④第三者機関による業績評価制度、⑤情報公開制度等を積極的に実施して、行政サービスの向上や業務運営の効率化を図ることにしています。

3 特殊法人の改革

特殊法人は、業務内容が民間と重複するものがあることや採算を度外視した放漫経営で巨額の国費を食いつぶし、官僚の天下り先として肥大化しているとの批判が多くありました。そこで、行政改革の一環として、特殊法人等の改革、公務員制度の改革、公益法人の改革及び規制改革の着実な推進という4つの分野を直接担当する行政改革担当大臣が置かれ、①廃止・統合、②民営化、③組織形態の見直し（独立行政法人化）を行うこととなりました。

4 郵政民営化*6

郵政事業とは、郵便、郵便貯金、簡易保険の3事業をいいます。2007年10月より、この郵政3事業の民営化が実施されました。郵政民営化の理由としては、以下の3点があります。

① 郵便貯金や簡易保険等国の制度と信用で集められた資金が財政投融資として、特殊法人等の資金調達源となっていること

② 巨大な官営事業が銀行や生命保険等の民間の事業を圧迫し

*3
■ 参考データ
2007年に防衛庁は防衛省に移行しました。また、2009年から内閣府の外局として消費者庁が設置されました。

*4
■ 参考データ
この制度は、英国のサッチャー元首相が導入したエージェンシー制度をモデルにしています。

*5
☑ 要チェック！
過去問題
造幣局や国立公文書館は、独立行政法人通則法による独立行政法人にあたる。
➡ ○ (H25-52)

Part
6
■
一般知識等

*6
■ 参考データ
郵政3事業を民営化することで、特殊法人の原資である財政投融資の制度改革が可能になります。詳しくは、財政投融資を参照。

Chapter 1
政　治　　731

ていること

③　事業の効率化のためには民営化して競争原理を導入すべきであることが問題となっていること

Festina lente

　2001年1月の中央省庁再編により、郵政3事業は、「郵政事業庁」として総務省の外部部局となり、情報通信部門は、自治省・総務庁と統合されて、総務省が発定したんだ。これにより郵政省は廃止されたよ。

　そして、民営化論者の小泉首相の登場で、郵政3事業を国営公社に引き継ぐ日本郵政公社法と、郵便事業への民間参入を認める信書便法が2002年7月に成立し、「郵政事業庁」は、2003年に日本郵政公社となり、2006年には日本郵政株式会社が設立され、2007年に民営化されたんだよ。

5 行政評価システム

　政策評価制度とは、各府省の政策を計画・実行・終了後の各段階で評価・点検する制度をいいます。

　2001年1月に、全政府的に導入されました。さらに、2001年6月には、政策評価に関する基本的事項を定めた「行政機関が行う政策の評価に関する法律（政策評価法）」が成立し、2002年4月から施行されました。*1

　行政評価の方法は、事務事業を対象とする「事業評価」、主要な施策の達成度を評価する「実績評価」、特定の行政課題に関連する政策についての「総合評価」の3種類です。

　評価の主体は、各府省と総務省です。各府省は、政策評価担当組織を設置し、必要性・効率性・有効性等の観点から政策の自己評価を行います。総務省は、政策評価制度の管理機関として、各府省が行う政策評価の総合性及び厳格な客観性を担保するための評価を行い、各府省に対して必要な勧告を行います。*2

*1
■ 参考データ

政策評価法の目的は、①行政の国民に対する説明責任の徹底、②効率的で質の高い行政の実現、③成果重視の行政への転換の3つです。余裕のある人は、目的条文も参照しておきましょう。

*2
■ 参考データ

評価内容は、すべてインターネットを通じて一般に公開されます。

Festina lente

　行政改革については、各省庁のホームページが参考になるよ。一般知識等では、インターネットによる学習も有効なので、時間のある人は、各省庁のホームページを閲覧してみるといいよ。

　それから、政策評価制度とは、簡単にいってしまえば、行政の政策実施過程を計画

（Plan）→実施（Do）→評価（See）という一連のサイクルに乗せて、効率化とコスト削減を図ろうとする制度だよ。

4 行政統制

重要度 B

1 情報公開法*3*4

　情報公開法とは、中央省庁の行政文書を対象に、原則公開を義務づけた法律をいいます。1999年5月に成立し、2001年4月に施行されました。その趣旨は、国民主権原理のもとで政府の説明責任（アカウンタビリティー）を全うさせ、行政の適正な運営を監視する点にあります。ただし、本法は「知る権利」の保障については明記していません。また、①個人情報、②国の安全や外交上不利益となるもの、③犯罪捜査に支障を及ぼすもの等は不開示項目とされています。

〈情報公開制度利用の仕組み〉

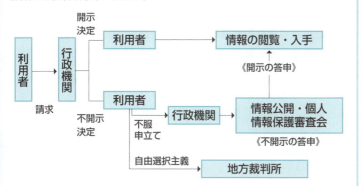

2 パブリックコメント*5

　パブリックコメントとは、欧米で広く実施され、行政機関が政策の立案等をする際にその案を公表し、これに対して広く国民が意見や情報を提出する機会を設け、行政機関は、提出された意見等を考慮して最終的な意思決定を行うというものです。

*3
■ポイント
情報公開法は、国民が行政情報にアクセスすることによって、行政権に対して民主的コントロールを及ぼす制度です。

*4
☑要チェック！過去問題
情報公開法は、国・地方公共団体を問わず、等しく適用される。
➡✗（H29-57-2改）

*5
■参考データ
パブリックコメント制度は、行政手続法によって規定されていない行政立法手続について、国民が行政過程へ参加する制度です。

行政機関等の意思決定過程において広く市民に素案を公表することで、その反響を行政運営に活かそうとするものです。

今までに制度化されていなかった市民の声を取り入れる仕組み、基本ルールとして注目されています。閣議決定により制定されたもので、1999年4月から実施されています。

なお、2005年の行政手続法の改正により、この制度は、「意見公募手続等」として立法化されました。

5 地方分権

重要度 **A**

1 総 論

第二次世界大戦後、地方自治制度の改革が行われ、地方自治の強化が図られました。

特に、日本国憲法で地方自治の保障が明言（第8章 地方自治）されるとともに、地方自治制度を包括的に規定した地方自治法が制定されたことの意義は大きいです。

また、内務省が解体されたことも、地方の自立化に大きく貢献しました。しかし、実際には事務権限や財政の面で中央政府の関与や規制を受け、自主・自立の運営体制にはなっていませんでした。

そして、行政国家現象のもと、行政権の肥大化・硬直化・非効率性が表面化し、国と地方の役割分担を進めることの必要性が認識されていました。そこで、1999年に地方分権一括法が制定され、中央政府と自治体の関係を対等・協力関係に改める改革が行われました。

地方分権とは、国に集中している権限や財源を県や市町村に移し、中央と地方の間に適切なバランスを持たせることで、権力の集中などの弊害を排除しようとすることをいいます。

地方分権一括法の主な内容は、①国と自治体の役割の明確化、②機関委任事務の廃止、③国の関与の見直し、④権限委譲の推進等です。[1]

*1
■ 参考データ
機関委任事務は廃止され、地方公共団体の事務は法定受託事務と自治事務に再編成されました。

2 市町村合併（平成の大合併）

　基礎自治体にふさわしい行財政基盤の確立を目的とし、1999年以来全国的に市町村合併が積極的に推進され、2000年には当時の与党行財政改革推進協議会において、「基礎的自治体の強化の視点で、市町村合併後の自治体数を1,000を目標とする。」との方針が示されました。平成の大合併推進の結果、1999年3月に3,232あった市町村は、2010年3月末には1,727になりました。*2

　平成の大合併の背景には、①地方分権の推進、②少子高齢化の進展、③広域的な行政需要の増大、④行政改革の推進、⑤昭和の大合併（昭和30年前後）から50年が経過し、時代が変化したことが挙げられています。

〈合併に関する障害除去の手段〉

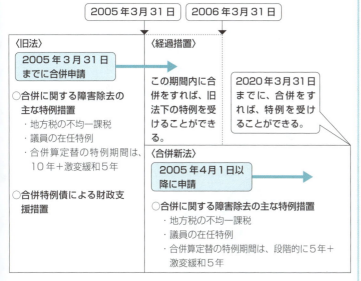

3 大都市に関する特例

　地方自治法は、広域自治体としての都道府県と、基礎的自治体としての市町村の二重構造を前提としています。しかし、市町村の中には、規模が大きく、行財政上の能力が府県に匹敵する大都市もあります。そこで、地方自治法では、大都市に関する特例を設けています。

Festina lente

地方自治については、憲法第8章の地方自治の章、及び地方自治法の学習と関連づけると、効率的に学習することができるよ。

*2
■ 参考データ

自治体の合併は、これまでも**明治の大合併**（「市制町村制」の施行に伴い行われた大合併。町村数は約5分の1になった）、**昭和の大合併**（戦後、行政事務の能率的処理のために行われた大合併。「町村はおおむね、8,000人以上の住民を有するのを標準」を目途にして、市町村数はほぼ3分の1になった）と行われてきました。

〈権限移譲を受けている大都市〉

名　称	指定要件	例
政令指定都市 *1	人口 50 万人以上 （実際には人口 70 万人以上が目安）	札幌市、仙台市、千葉市、横浜市、川崎市、名古屋市、京都市、大阪市、神戸市、広島市、北九州市、福岡市、さいたま市、静岡市、堺市、新潟市、浜松市、岡山市、相模原市等
中核市	人口 20 万人以上	旭川市、金沢市、長野市、奈良市、横須賀市、和歌山市、長崎市等
施行時特例市	人口 20 万人以上	小田原市、岸和田市等

※　2015 年 4 月 1 日より、中核市制度と特例市制度は統合され、特例市制度は廃止されました。特例市制度廃止の際、現に特例市であった市（施行時特例市）は、特例市としての事務を引き続き処理しています。

*1
■ 参考データ

政令指定都市には、都道府県の事務権限のうち、福祉、衛生、都市計画等の事務が一括して移譲されるほか、個別法により国道、県道の管理等の権限も移譲されます。そして、政令指定都市の事務を分掌させるため、市内をいくつかの区に分け、各区に区役所を置き、区長以下の市職員を配属させています。

4 地方財政計画

　地方財政計画とは、各地方公共団体の行財政運営の指針をいいます。内閣が毎年度策定し、各地方公共団体の歳入歳出予算の見積り総額と国の予算の関係を明らかにしています。この地方財政計画は、内閣から国会に提出されて、一般に公表されます。

〈2022 年度の地方財政計画（歳入）〉

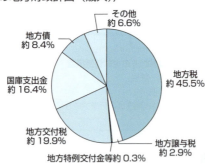

5 地方の予算

　地方の予算制度は、基本的には国の制度と同様に、一般会計と特別会計に分かれます。もっとも、地方の特別会計は、各地方が独自に設けているものもあるため、地方ごとにその範囲が異なっ

ています。そこで、地方財政を統一的に把握するため、①**普通会計**と②**公益事業会計**に区分する統一基準が設けられています。通常、地方財政といえば普通会計のことをいい、この普通会計の見積り額の合計が地方財政計画となります。

6 地方の財源*2

1 地方税

地方税とは、**地方が独自に課す税**をいいます。地方税は、課税徴収に関する基本的事項については、地方税法により税目と税率が定められていますが、具体的な細目については各地方公共団体がそれぞれの事情により条例で定めています。地方の歳入のうちおよそ **40%** を占めています。

2 地方交付税

地方交付税とは、**地方公共団体間の財源の水準維持と地方公共団体に必要な財源を確保**するため、**使途を限定せずに地方に交付**するものをいいます。国税である**所得税・法人税**の 33.1%、**酒税**の 50%、**消費税**の 19.5%、**地方法人税**の全額が地方公共団体の一般財源として配分されています。

地方交付税には、①普通交付税と、②特別交付税があります。**特別交付税**は、地方交付税の **6%** を占め、**災害など特別な財政需要がある地方公共団体のみ**に交付されます。なお、収入が財政需要よりも多い地方公共団体には、地方交付税は交付されません。このような地方交付税が交付されていない地方公共団体を、**不交付団体**といい、2022 年度普通交付税大綱によれば、都道府県レベルでは東京都のみが、市町村では 72 団体が不交付団体となっています。

3 国庫支出金

国庫支出金とは、公共事業等国が奨励する施策等に**使途を限定**して、国から地方に支出する補助金・負担金をいいます。国庫支出金は、地方の歳入のうちおよそ **16%** を占めます。地方財政法ではその内容等により、国庫負担金、国庫補助金、国庫委託金等に区分されています。

使途については地方公共団体にはほとんど裁量がないため、縦割り行政による無駄や非効率な側面も指摘されています。

*2
■ **参考データ**
地方自治体は、自主財源となる地方税収入が総収入の4割程度にすぎず、残り6割を配分される地方交付税交付金や国庫支出金に依存しているのが現状です。

Part
6

一般知識等

Chapter 1
政治

4 地方譲与税

地方譲与税とは、本来、地方の財源となる税を、一度国税として集め、その後一定の基準に基づき地方に譲与するものをいいます。**使途は限定されません。**

5 地方債

地方債とは、**地方公共団体がその経費を賄うために行う借金**のうち、債券を発行するものをいいます。地方債は、地方の歳入のうちおよそ **10%** を占めています。地方公共団体が地方債を発行してもよい事業を適債事業といいます。適債事業は交通・ガス等の公営企業や災害対策事業、学校・道路等の建設事業ですが、**2001 年度以降、一般財源の不足を補充するための財源対策債も発行されています。**

〈地方の財源のまとめ〉

	一般財源 （自由に使用できる財源）	特定財源 （使途が特定されている財源）
自主財源	地方税	使用料・手数料
依存財源	地方交付税交付金・ 地方譲与税	国庫支出金・地方債

7 税財源移譲

1 三位一体の改革[1]

三位一体の改革とは、①国の補助金を削減し、地方公共団体に対する影響力を弱める、②補助金を削減することで行政サービスの質が落ちないよう、必要な財源は税源を国から地方に移譲し、自治体が自由に使える一般財源にする、③国が配分している地方交付税の総額を抑制し、国の財政負担を軽減するとともに、地方公共団体の歳出削減、行政のスリム化を同時に進める、改革のことをいいます。

2 新たな財源

(1) 自治体の独自課税

具体的には、地方公共団体の自主課税権が拡大され、地方税法で定められた住民税、事業税、固定資産税等の各税目以外に条例で普通税（使途制限なし）を課税できる**法定外普通税**が、

[1]
■ **ポイント**

三位一体の改革とは、**①補助金の削減、②税源移譲、③地方交付税の見直し**を同時に進める改革です。

Festina lente

2006 年度には、補助金と地方交付税を削減する代わりに税源移譲として、所得税の一部を所得譲与税として、地方に配分したよ。

総務大臣の許可制から同意を要する**事前協議制**に変更になりました。また、特定の使用目的や事業の経費とするために、地方税法に定められていない税目を、各地方公共団体が条例を定めて設ける**法定外目的税**が新たに創設されました。

（2）地方債の発行の事前協議制

地方債の発行にあたっては、国の許可（市町村の場合は都道府県の許可）が必要とされてきましたが、2005年度をもって**許可制度は廃止**され、2006年度より**事前協議制度**に移行されました。その元利償還金については国の定める地方財政計画や国が地方公共団体に交付する地方交付税等により財源が保障されています。*2

3　公共事業
（1）第3セクター

第3セクターとは、**政府や自治体（第1セクター）と民間（第2セクター）とが共同出資して設立する経営組織体**のことをいいます。都市開発、公共施設管理等の業務を行うことを目的に設立されます。1986年、中曽根内閣の時に「民間事業者の能力による特定施設の整備の促進に関する臨時措置法」が施行され、これにより第3セクターの設立は活発になり、1991年の地方自治法の改正により、地方公共団体は公の施設の管理を第3セクターに委託できるようになりました。そして、2003年の同法の改正により、従来の管理委託制度が廃止され、**指定管理者制度**が導入されたことにより、公の施設の管理は第3セクターや公共団体等に限らず、**民間企業や公益法人等にも委託できる**ようになりました。

第3セクターの活動に対しては、知事、市町村長や監査委員等は、一定の条件の下でチェックすることができます。

（2）PFI（Private Finance Initiative）

PFIとは、公共サービスを、民間企業の資金やノウハウを導入することにより実施しようとする事業方式のことをいいます。1992年**イギリス・メージャー政権**によって初めて導入されました。PFIのメリットは、①事業費削減、②予算制約の範囲外での社会資本整備にあります。

第3セクターは公共と民間のリスク分担、役割分担が不明確

---

*2 要チェック！過去問題

都道府県や市区町村が地方債発行により財源を調達する際には、当該地方議会の議決に加えて、<u>国の許可を受けることが義務づけられている。</u>
➡**✗**（H26-50-エ）

Festina lente

第3セクターとPFIとの違いは、公共資本の民間所有を促すことにあるよ。つまり、従来の民間委託のみならず、公共施設の所有をも民間に委ね、行政は賃料を支払って借り受けることも視野に入れているんだよ。

であったことから経営不振に陥った反省を踏まえて、第3セクターにとって代わる新しい社会資本整備の手段として、日本でも1999年「PFI法」が成立しました。[*1]

(3) 市場化テスト [*2]

市場化テストとは、これまで「官」が独占してきた公共サービスについて、「官」と「民」が対等な立場で競争し、価格・質の両面で最も優れた者が、そのサービスの提供を担っていくこととする制度です。日本でも、2006年「市場化テスト法」が成立し、活用されています。

---

6 政党国家現象

重要度 **A**

1 政党国家現象とは

政党国家現象とは、国民と議会を媒介する組織として政党が発達し、政党が国家意思の形成に事実上主導的な役割を演ずる現象をいいます。

伝統的な議会と政府の関係は、政府・与党と野党の対抗関係へと機能的に変化しています。つまり、議会の第1党が内閣を組織するので議会と行政は緊張関係というより協力関係になり、抑制均衡が機能しなくなります。この結果、伝統的な議院内閣制を特徴づける政府の議会に対する連帯責任や国会による立法ないし行政監督の諸原則が持つ政治的意味は大きく変わり、規範と現実は必ずしも一致しなくなっていると指摘されます。

2 政党と圧力団体

1 政党の意義

政党とは、ある特定の主義、政治思想において一致した人々が、その主義、政治思想に基づいて結成し、政権の獲得を目指す政治集団をいいます。議会制民主主義においては、政党は議会と国民を媒介するものとして、重要な機能を持っています。

2 政党の歴史

第二次世界大戦後、日本の議会政治は日本自由党、日本進歩

[*1] **要チェック！過去問題**
PFIは、公共施設等の建設や運営に民間の資金やノウハウを活用する手法であり、日本でもこれを導入する法律が制定され、国や自治体で活用されている。
➡ ⭕（H21-48-ウ）

[*2] **要チェック！過去問題**
市場化テストは、民間企業と行政組織の間でサービスの質や効率性を競う入札を実施し、行政に勝る民間企業があれば、当該業務を民間企業に委託する制度であるが、日本ではまだ導入されていない。
➡ ❌（H21-48-オ）

党、日本協同党、日本社会党、日本共産党の5党体制で再出発しましたが、離合集散を繰り返しました。1947年5月から翌年10月まで、民主党、国民協同党と社会党が連立内閣を作りましたが、まとまりと執政能力に欠け、短命に終わりました。

その後、1955年に、左右に分裂していた**日本社会党が統一**され、次いで**日本民主党**と**自由党**も合同して**自由民主党**が誕生し、ここに**日本社会党**と**自由民主党**による**二大政党**が実現しました。この政党体制は「**55年体制**」と呼ばれ、自由民主党の一党独裁的な政権占有が、1993年の総選挙において日本新党を中心とする非自由民主党8党派による細川内閣が誕生するまで、38年間続きました。

3 政党に関する法律

(1) 政治資金規正法

政治資金規正法とは、政治資金の「入り」と「出」を明確にして、政治活動の公明性を確保する目的で制定された法律をいいます。同法では、政党や政治団体に、毎年1回、総務大臣か都道府県選挙管理委員会に収支報告を提出することを義務づけています。

また、同法は、2000年から政治家個人に対する企業、団体の政治献金を禁止しました。その結果、政治家が資金管理団体で企業、団体献金を受け取るのをやめた代わりに、自ら代表を務める政党支部で受け取るケースが増え、政党支部が法の抜け穴として活用する傾向が強まっています。*3

(2) 政党助成法

政党助成法とは、政党活動に国家援助を与える法律をいいます。同法は、政治腐敗の原因が、政治献金を企業、団体献金中心で集める仕組みにあると指摘されていたことを背景に、企業、団体献金の廃止・規制とセットで1995年1月から施行されました。

政党交付金の交付の対象となる政党は、①所属国会議員が**5人以上**いる政治団体、又は②直近の衆議院議員総選挙や参議院議員通常選挙などで全国得票率が**2%以上**であり、所属国会議員が1人以上いる政治団体です。

---

*3 要チェック！過去問題

政党への企業・団体献金は、政治腐敗防止のために禁止されているが、違法な政治献金が後を絶たない。

➡✗（H26-47-4）

4 圧力団体 [1][2]

圧力団体とは、選挙時の候補者の推薦や、選挙資金の提供等を背景に政治的圧力を加え、その団体の利益を実現しようとする団体をいいます。

〈政党と圧力団体〉

	政　党	圧力団体
定　義	思想、原則、政策等が、ある程度一致している人々が集まり、その集団に集約された意思や利益の実現を図る。	職能的利益等、特殊利益の達成を図るため、地域枠を超えた全国的組織を作り公権力に働き掛ける。
特　徴	①政権掌握を目的とする。②国民的利益を訴える。③国民全体に働き掛ける。	①政権掌握を目的としない。②自己団体の利益を訴える。③政府、議会、政党、議員、官僚に働き掛ける。

※　政党はイギリスで発達してきたのに対し、圧力団体はアメリカで発達してきたものである。

3 選挙制度

1 選挙区制

小選挙区とは、1人の議員を選出する選挙区をいいます。

大選挙区とは、2人以上の議員を選出する選挙区をいいます。

〈各選挙区制の長所と短所〉[3]

名　称	長　所	短　所
小選挙区	・二大政党となり政局が安定 ・選挙費用が節約できる。 ・候補者の情報を得やすい。	・死票が多くなる。 ・競争が熾烈になりやすい。 ・ゲリマンダリングが起こる可能性がある。
大選挙区	・死票が減少 ・広い視野を持った候補者が得やすくなる。	・選挙運動費用がかさむ。 ・小党分立により、政局が不安定になりやすい。 ・候補者についての情報を得にくい。
比例代表	・死票がなくなる。 ・民意を反映しやすい。	・小党分立になり政局が不安定になりやすい。 ・政党本位の投票がなされる。

---

[1] ■ ポイント

政党と圧力団体との大きな違いは、政党が政権掌握を目的とするのに対して、圧力団体が政権掌握を目的としない点にあります。

[2] ☑ 要チェック！過去問題

利益集団（または、利益団体・圧力団体）は、特定の利益の増進のため、政党や政府・各省庁に働きかけ、政治的決定に影響力を及ぼそうとする団体である。
➡ ◯（H25-47-1）

[3] ☑ 要チェック！過去問題

一般に小選挙区制は、政治が安定しやすいという長所がある反面、小政党の議席獲得が難しく、死票が多いという問題点が指摘されている。
➡ ◯（H21-47-ア）

一般に比例代表制は、有権者の意思を公正に反映できるという長所がある反面、小党分立になり、政治が不安定になりやすいという問題点が指摘されている。
➡ ◯（H21-47-イ）

※ **ゲリマンダリング**とは、選挙区を定める際に、時の有力政党が自党に有利になるように区画を定めることをいいます。19世紀初め、アメリカのマサチューセッツ州知事ゲリーが作った選挙区がサラマンダー（ギリシア神話のとかげ）に似ていたのでこういわれます。

2 代表制*4

選挙区	内　容
多数代表制	選挙区における議員定数を当該選挙区の多数派が独占する方式をいう。例えば、**小選挙区制**や**大選挙区完全連記制**がこれにあたる。
少数代表制	少数派にも代表選出の機会を与え、少数派の得票をも有効に役立たせようとする方式をいう。例えば、**大選挙区単記制**や**大選挙区制限連記制**がこれにあたる。
比例代表制	多数派と少数派が得票数に比例した議員を出す可能性を保障しようとする方式をいう。

3 我が国の選挙制度*5

(1) 衆議院の選挙制度

　　衆議院の選挙制度は、**小選挙区比例代表並立制**です。小選挙区比例代表並立制とは、小選挙区制と比例代表制とを組み合わせ、一定数の議員を、それぞれの制度で別個に選出する選挙制度をいいます。比例代表選挙では、候補者政党がブロックごとに順位付き名簿を提出し、有権者はその名簿を選択するという、**拘束名簿式**が採用されています。また、衆議院の選挙制度では、小選挙区と比例代表区に**重複立候補**することが認められており、一定の要件を満たせば小選挙区で落選しても比例区で**復活当選**できます。

〈拘束名簿式比例代表制と非拘束名簿式比例代表制の相違点〉*6

拘束名簿式	非拘束名簿式
衆議院の比例代表選挙の候補者名簿に用いられる仕組み 各党の当選者は、あらかじめ政党自身がつけた名簿順位の上位者から決定される。	参議院の比例代表選挙の候補者名簿に用いられる仕組み 各党の候補者には順位をつけず、当選者は各候補者が獲得した票数によって事後的に順位を決める。

*4
📙 語句解説

連記投票とは、大選挙区で、選挙人が候補者を複数記載する投票のことで、単記投票に対置される概念です。
定数と同数の候補者を記載できるものを**完全連記制**といい、複数ですが定数に達しない数の候補者を記載できるものを**制限連記制**といいます。

Part 6 一般知識等

*5
☑️ 要チェック! 過去問題

衆議院議員選挙では、小選挙区比例代表並立制がとられ、重複立候補が認められているが、小選挙区での得票順位と当落が逆転するなどの問題点があったため、重複候補の場合の比例区での当選の要件を厳しくした。
➡️ ⭕(H21-47-ウ)

*6
🟩 ポイント

拘束名簿式比例代表制では、政党にのみ投票しますが、非拘束名簿式比例代表制では、政党又は候補者に投票することができます。

Chapter 1 政治　**743**

(2) 参議院の選挙制度*1

　参議院議員の任期は6年であり、3年ごとに半数を改選します。

　参議院の選挙は、選挙区選挙と比例代表選挙（非拘束名簿式比例代表制）から構成されます。

　非拘束名簿式比例代表制では、各政党は順位を定めない候補者名簿を作成し、有権者は政党名か候補者名のいずれかを選択し投票します。そして、政党名及び候補者名の得票を合計し、その得票数に応じて各政党に議席数を比例配分した後に、その政党が獲得した議席数まで得票の多い候補者から順番に当選が決定します。

(3) 選挙に関する法律（公職選挙法）*2

　日本の国会議員、地方議員、地方公共団体の長の選挙の手続は、公職選挙法によって規定されています。同法は、選挙の公正と自由を確保するために、連座制について定めています。

　連座制とは、候補者と一定の関係にある者が、特定の違反行為で刑に処せられた場合、その候補者の当選が無効になる制度をいいます。1994年の改正により、総括主宰者、出納責任者、地域主宰者、候補者の親族といった従来の対象者に加え、候補者や立候補予定者の秘書で候補者等と意思を通じて選挙運動をした者、組織的選挙運動の管理者も連座制の対象となりました。これらの者が選挙違反で刑に処せられると、当該候補者の当選は無効になります。さらに、候補者は、先5年間、当該選挙区では立候補禁止となります。

4　選挙制度の歴史

　日本では、明治憲法時代には長く制限選挙が行われてきました。最初の選挙権は、直接国税15円以上を納入する25歳以上の男子にのみ選挙資格を付与していました。1925年の普通選挙法では納税要件が除かれ、1928年には男性の普通選挙が実施されましたが、性別要件は残りました。女性の選挙権が認められたのは、敗戦後、民主化が進められた1945年でした。*3

---

*1 要チェック！過去問題

参議院議員選挙では、都道府県を単位とする選挙区選挙と比例代表制選挙がとられており、比例代表制選挙では各政党の得票数によって議席数を決め、各政党が作成した名簿上の順位によって当選者を決めることとされている。
→✗（H21-47-エ）

*2 ■ポイント

2015年成立の改正公職選挙法により、参議院選挙区選出議員の選挙区と定数が改正されました。「一票の格差」是正のため、人口の少ない選挙区を隣接する選挙区と統合する2つの合区を含め、定数「10増10減」が適用されました。
また、2018年には、参議院議員定数を6増やす改正公職選挙法が議員立法により成立しました。

*3 要チェック！過去問題

日本の男女普通選挙の実現は第二次世界大戦後である。
→○（R2-47-3）

〈主な選挙法の改正〉

公布年	実施年	選挙権		衆議院の選挙区制
		直接国税	性別・年齢	
1889 年	1890 年	15 円以上	男　25 歳	小選挙区制
1900 年	1902 年	10 円以上	男　25 歳	大選挙区制
1919 年	1920 年	3 円以上	男　25 歳	小選挙区制
1925 年	1928 年	制限なし	男　25 歳	中選挙区制
1945 年	1946 年	制限なし	男女 20 歳	大選挙区制
1947 年	1947 年	制限なし	男女 20 歳	中選挙区制
1994 年	1996 年	制限なし	男女 20 歳	小選挙区比例代表並立制
2015 年	2016 年	制限なし	男女 18 歳	小選挙区比例代表並立制

*4
☑要チェック！過去問題

1972 年に佐藤栄作首相は中華人民共和国を訪れ、日中共同宣言を発表して、日中の国交を正常化したが、台湾の国民政府に対する外交関係をとめた。さらに、1978 年に田中角栄内閣は、日中平和友好条約を締結した。
➡✗ (R1-47-5)

4　戦後日本史*4

	内　閣	歴　史
1945 年	東久邇宮稔彦	ポツダム宣言受諾
1945〜46 年	幣原喜重郎	戦後初の総選挙・女性初の参政権行使
1946〜47 年	吉田　茂	日本国憲法公布
1947〜48 年	片山　哲	初の社会主義政党の政権
1948 年	芦田　均	昭和電工事件（昭和疑獄）
1948〜54 年	吉田　茂	サンフランシスコ平和条約調印、旧安保条約調印、自衛隊発足
1954〜56 年	鳩山一郎	日ソ共同宣言（国交回復）・国連へ加盟
1956〜57 年	石橋湛山	（3 か月で総辞職）
1957〜60 年	岸　信介	新安保条約調印
1960〜64 年	池田勇人	所得倍増計画、東京オリンピック開催
1964〜72 年	佐藤栄作	日韓基本条約調印、非核三原則を表明、小笠原諸島返還、沖縄返還協定調印
1972〜74 年	田中角栄	日中共同声明（国交回復）、日本列島改造論（狂乱物価）
1974〜76 年	三木武夫	ロッキード事件発覚（田中前首相逮捕）
1976〜78 年	福田赳夫	日中平和友好条約調印
1978〜80 年	大平正芳	初の衆参同日選挙
1980〜82 年	鈴木善幸	増税なき財政再建、中国残留孤児の正式来日開始

Part 6
■
一般知識等

Chapter 1
政　治　745

1982〜87 年	中曽根康弘	日本国有鉄道・日本専売公社・日本電信電話公社の民営化
1987〜89 年	竹下 登	消費税導入、リクルート事件発覚
1989 年	宇野宗佑	日米構造協議
1989〜91 年	海部俊樹	日米構造協議、ペルシャ湾へ自衛隊掃海艇派遣
1991〜93 年	宮澤喜一	自衛隊を PKO 活動でカンボジア派遣
1993〜94 年	細川護熙	非自民連立政権成立（55 年体制の崩壊）
1994 年	羽田 孜	ゼネコン汚職事件発覚
1994〜96 年	村山富市	阪神淡路大震災
1996〜98 年	橋本龍太郎	中央省庁改革法成立
1998〜2000 年	小渕恵三	周辺事態法制定
2000〜01 年	森 喜朗	三宅島噴火
2001〜06 年	小泉純一郎	郵政事業民営化、テロ対策特別措置法で自衛隊をインド洋へ、イラク復興支援特別措置法で自衛隊をイラクへ派遣
2006〜07 年	安倍晋三	「年金記録漏れ」判明
2007〜08 年	福田康夫	サブプライムローン不況
2008〜09 年	麻生太郎	リーマンショック不況
2009〜10 年	鳩山由紀夫	民主党政権誕生
2010〜11 年	菅 直人	東日本大震災
2011〜12 年	野田佳彦	消費税増税法成立
2012〜20 年	安倍晋三	自民党政権復活、集団的自衛権の行使容認を閣議決定、安全保障関連法成立
2020〜21 年	菅 義偉	新型コロナウイルス感染症、東京オリンピック・パラリンピック開催
2021 年〜	岸田文雄	記録的円安

7 国際政治

重要度 **A**

1 国際連合

1 国際連合とは

第二次世界大戦（1939～1945年）の連合国である**アメリカ・イギリス・中国・ソ連（現ロシア）**を中心にして練られた世界的な国際平和機構の計画が、1945年10月24日、**51か国**の署名による国際連合憲章として具体化され、**国際連合**が誕生しました。国際連合は、国際連盟と同様に、平和の維持を目的としています。

> *1
> ☑ **要チェック！**
> **過去問題**
> 国際連合では制裁手段は経済制裁に限られているが、国際連盟では制裁手段として経済制裁と並んで軍事制裁も位置づけられていた。
> ➡ ✗(H27-47-5)

Festina lente

国際連合は、国際連盟が第二次世界大戦の勃発を防ぐことができなかった反省から、①総会は、全会一致ではなく、多数決制を採用し、②制裁は、経済制裁だけでなく、軍事制裁も加えることができるようになっているよ。また、国際連盟では、アメリカが不参加、ソ連（現ロシア）が1939年に除名となったのに対して、国際連合では、アメリカ、ソ連（現ロシア）が常任理事国として成立時より加盟している点が、国際連盟と大きく異なっているよ。*1

Part 6 ■ 一般知識等

〈国際連盟と国際連合との相違点〉

	国際連盟	国際連合
時 期	第一次世界大戦後	第二次世界大戦後
契 機	米28代大統領ウィルソン提案の「平和原則14か条」	1941年米英（ルーズベルト、チャーチル）間で交わされた「大西洋憲章」にある、安全保障・国際協調構想
成立年	1920年	1945年
本 部	ジュネーブ（スイス）	ニューヨーク（アメリカ）
総 会	・1国1票、全会一致制 ・権限は勧告までで、執行権限なし	・1国1票、多数決制 ・権限は勧告までで、執行権限なし
制 裁	経済制裁のみ	経済制裁、国連軍による軍事強制
ポイント	・アメリカは上院共和党の反対で不参加 ・ソ連（現ロシア）は1934年加盟、1939年除名 ・日本は、原加盟国であり、理事会の常任理事国	・アメリカ、ソ連（現ロシア）は成立時より加盟 ・日本は1956年に加盟、旧東西ドイツは1973年に同時加盟

Chapter 1
政 治

747

2 本部・加盟国

国際連合は、**ニューヨーク**に本部を置いています。[*1]

また、2002年には、スイス、東ティモールが、2011年には南スーダンが加盟し、2022年4月現在**193か国**が加盟しています。

〈国連による人権保障〉

	内　容
1948年	世界人権宣言（法的拘束力なし）
1951年	難民の地位に関する条約
1965年	人権差別撤廃条約
1966年	国連人権規約A規約、B規約、B規約の実施方法と死刑廃止に関する2つの選択議定書（法的拘束力あり）
1979年	女子差別撤廃条約（1985年批准）→男女雇用機会均等法（1986年施行）
1989年	児童の権利条約（1994年批准）
1994年～	人間の安全保障
2000年	児童の売買、児童買春及び児童ポルノに関する児童の権利に関する条約の選択議定書（2005年批准）
2006年	障害者権利条約（2014年批准）

2 ヨーロッパの地域統合

EU（欧州連合）とは、1993年、**マーストリヒト条約（欧州連合条約）**によって発足した、欧州統合の包括的組織体のことをいいます。本部は、ベルギーの首都ブリュッセルにあります。[*2]

1 EUの歴史

	内　容
1993年	マーストリヒト条約（欧州連合条約）発効→EU発足
1994年	EEA（欧州経済地域）の発足（EFTA加盟〔スイス除く〕のヨーロッパ諸国との連携）

[*1] 要チェック！過去問題

国際連合ではアメリカのニューヨークに、国際連盟ではフランスのパリに、それぞれ本部が設置された。
→✕（H27-47-2）

[*2] 要チェック！過去問題

国際連合の下部組織としてヨーロッパの一部の国際連合加盟国が参加して形成された国際機関を欧州連合（EU）という。
→✕（R4-48-イ）

1999 年	経済・通貨統合実施（域内通貨ユーロの誕生）→市場取引のみ
2000 年	ニース条約調印→EU 機構・運営の改革を柱とする新 EU 基本条約
2002 年	ユーロ紙幣·硬貨の市場流通、中·東欧 10 か国の加盟を決定
2004 年	中·東欧諸国の EU 加盟（EU25 か国体制）
2009 年	リスボン条約（改正欧州連合条約）発効

2　EU の活動

　EU は、1986 年 2 月に、ローマ条約の最初の大改正である単一欧州議定書を採択し、1992 年末までに、モノ・サービスの両面で域内取引の障壁を撤廃して、1993 年 1 月より、欧州統合市場を発足させました。また、1999 年 1 月から 11 か国が参加して経済通貨同盟の最終段階に着手し、**単一通貨ユーロ**の導入に伴って、ヨーロッパ中央銀行制度が発足しました。そして、2002 年 1 月にユーロ（EURO）の紙幣・貨幣の流通が始まりました。[3]

現加盟国（27 か国）
〔当初の加盟国（EEC）〕
　フランス、旧西ドイツ、イタリア、オランダ、ベルギー、ルクセンブルク
〔1973 年加盟国〕
　イギリス、デンマーク、アイルランド
〔1981 年加盟国〕
　ギリシア
〔1986 年加盟国〕
　スペイン、ポルトガル
〔1995 年加盟国〕
　フィンランド、スウェーデン、オーストリア
〔2004 年 5 月、加盟国 10 か国〕
　チェコ、エストニア、キプロス、ラトヴィア、リトアニア、ハンガリー、マルタ、ポーランド、スロヴェニア、スロヴァキア
〔2007 年加盟国〕
　ルーマニア、ブルガリア
〔2013 年加盟国〕
　クロアチア

Part 6 ■ 一般知識等

[3]
■ 参考データ

EU 加盟国は、基本的に単一通貨ユーロを導入することが想定されていますが、EC 条約で適用除外が認められているイギリスとデンマーク、一定の経済収斂基準を満たしていない国は、ユーロを導入していません。

Festina lente

2016 年 6 月、イギリスで、EU 離脱の是非を問う国民投票が実施され、離脱支持側が僅差で勝利し、2020 年 1 月 31 日に正式に離脱したんだよ。

Chapter 1
政　治

3 アジアの地域統合

1 東南アジア諸国連合（ASEAN）

1967年、インドネシア、マレーシア、フィリピン、シンガポール、タイの5か国が、経済・文化・社会の各分野における協力推進を目的に設立しました。もっとも、現実的には、ベトナム戦争の激化を受けて東南アジアの資本主義諸国が社会主義に対抗するために結束し、西側先進国との協力による経済発展と大国の内政への干渉排除を目指したものでした。[1]

1993年には、ASEAN域内の関税撤廃などによる自由貿易圏づくりを目的として、ASEAN自由貿易地域（AFTA）を設立しました。

2 アジア太平洋経済協力会議（APEC）

1989年に設立された、アジア太平洋地域内各国間の経済協力のための政府間公式協議体です。急速に進行しつつある世界全域の経済ブロック化に対抗するには、アジア・太平洋圏の経済関係強化が緊急に必要と考えたオーストラリアのホーク元首相によって提唱されました。

経済共同体という点でEUと似ていますが、域内共通関税を導入しない点、共通経済政策を採用しない点でEUとは異なります。

〔当初の加盟国12か国〕
　日本、アメリカ、カナダ、オーストラリア、ニュージーランド、韓国、当時のASEAN加盟国（インドネシア、マレーシア、フィリピン、シンガポール、タイ、ブルネイ）
〔後の加盟国9か国（地域）〕
　中国、台湾、香港、メキシコ、チリ、パプアニューギニア、ベトナム、ペルー、ロシア

---

[1]
■ 参考データ

当初の加盟国のほか、現在では、ブルネイ、ベトナム、ラオス、ミャンマー、カンボジアが加盟しています。

ファイナルチェック　基礎知識の確認

問題1　イギリスの内閣は、議会に対して連帯責任を負い、議会は内閣不信任決議をなすことができ、その場合、内閣は総辞職するか議会を解散しなければならない。

問題2　アメリカの大統領は、議会に対して直接責任を負い、国民に対しては責任を負わないので、議会は大統領の不信任決議権を持たず、大統領は議会の解散権を持たない。

問題3　内閣府とは、中央省庁等改革基本法によって、内閣に設置され、複数の省庁が関係する問題に対して、政府内の政策の総合調整を行う機関をいう。

問題4　中央省庁再編によって、旧体制の1府22省庁が1府12省庁に再編されたことにより、権限集中や縦割り行政の問題が全くなくなった。

問題5　地方交付税とは、地方公共団体間の財源の水準維持と地方公共団体に必要な財源を確保するために、使途を限定して国から地方へ交付するものをいう。

問題6　国庫支出金とは、公共事業等国が奨励する施策等を行うため、使途を限定しないで、国から地方に支出する補助金・負担金をいう。

問題7　小選挙区では、一般的に、二大政党となり政局が安定するという長所がある反面、死票が多くなるという短所がある。

問題8　衆議院の選挙制度は、小選挙区制と比例代表制（非拘束名簿式）を組み合わせた小選挙区比例代表並立制を採用している。

問題9　国連総会では、5常任理事国のうち1か国でも反対票を投じた場合は、決議は否決される拒否権の制度がある。

問題1 ⭕　**問題2** ❌　アメリカの大統領は、議会に対してではなく、国民に対して直接責任を負う。　**問題3** ⭕
問題4 ❌　全くなくなったわけではない。　**問題5** ❌　使途を限定しない。　**問題6** ❌　使途を限定している。
問題7 ⭕　**問題8** ❌　拘束名簿式である。　**問題9** ❌　拒否権の制度があるのは、国連総会ではなく安全保障理事会である。

本試験レベルの問題にチャレンジ！ ▶▶▶

Chapter 1　政治

Chapter 2 経済

重要度 A

イントロダクション 学習のポイント

　経済は苦手にしている受験生の多い分野です。出題されても1問ないし2問なので、さほど得意にしなければならないという意識をする必要はないでしょう。
　財政と金融政策が比較的重要なテーマになっていますので、メリハリをつけて勉強を進めてください。

ベーシック じっくり理解しよう!

1 経済学説

重要度 C

1 古典派経済学*1

1 アダム・スミス（1723～1790・英）

　古典派経済学の祖であるアダム・スミスは、1776年に「国富論（諸国民の富）」を著しました。「国富論」の中でアダム・スミスは、重商主義が特権商人を保護している点及び重農主義が農業

*1
■ 語句解説
古典派経済学とは、自由主義経済の下、国内的には自由放任、国際的には自由貿易を行うことを重視する考え方をいいます。

生産にしか価値を認めない点を批判しました。

　また、アダム・スミスは、国家による経済介入のない自由競争市場でのみ「神の見えざる手」が作用し、資源の最適配分と予定調和が実現され、国富の増大がもたらされるという**自由放任主義（レッセ・フェール）**を主張しました。

2　デヴィッド・リカード（1772〜1823・英）

　アダム・スミスと並んでイギリスの古典派経済学の代表的な存在であるリカードは、1817年「経済学及び課税の原理」の中で、各国が得意なものを生産しそれを交換しあったほうが利益になるとする**比較生産費説**や**自由貿易論**を主張しました。

3　ジャン・バティスト・セイ（1767〜1832・仏）

　1803年に、セイは「経済学概論」を著し、「供給が需要を生み出す」販路説を主張しました（「**セイの法則**」）。この「セイの法則」は、別名「市場の法則」ともいわれています。

2　社会主義学派（マルクス経済学派）[*2]

1　カール・マルクス（1818〜1883・独）

　1867年、マルクスは「**資本論**」を著し、資本主義経済は、資本家が労働者から剰余価値を搾取する経済であるとしました。そこでは、資本家と労働者による階級対立が存在し、かつ、生産過剰により恐慌が発生し、結果的に資本主義経済は、革命という歴史的必然の下に崩壊し、社会主義経済に移行すると主張しました。

3　ケインズ経済学

1　ジョン・メイナード・ケインズ（1883〜1946・英）

　ケインズは、資本主義の深刻な不況と失業を打開するためには、アダム・スミス以来の自由放任主義を捨て、国家が財政・金融政策等の手段により積極的に有効需要を創り出す必要があるとしました。そのための手段として、**低金利政策**、公共事業支出のための**赤字国債の発行**、**管理通貨制度**の採用による通貨の弾力的発行等を主張しました。著作には、「**雇用・利子及び貨幣の一般理論**」があります。

[*2]
■ 語句解説

社会主義学派（マルクス経済学派）とは、19世紀半ば、マルクスによって体系化された経済学のことをいいます。

4 反ケインズ経済学

1 ミルトン・フリードマン（1912～2006・米）

それまでの経済界で支配的であったケインズ理論を、フリードマンは真っ向から批判し、経済を動かす最大の要因はマネーであり、マネーサプライ（通貨供給量）であると主張しました。*1

ケインズ理論では、国債を乱発することによって財政赤字になってしまいます。そこで、フリードマンは、国債で道路や橋を作るのではなく、支出を伴わない金利政策等で、通貨供給量を調整する景気対策を主張したのです。これを「マネタリズム」といい、「小さな政府」を目指す考え方です。*2

2 サプライサイド経済学

ケインズが需要側からの景気対策を主張したのに対して、フェルドシュタインやラッファーは、供給側からの経済分析をしました。サプライサイド経済学（SSE）とは、需要創出だけではなく、規制緩和や減税に伴って起こるベンチャービジネスや技術革新により、供給の拡大もあわせて実施するべきとの考えのことです。

*1
■ 参考データ
2008年に統計の見直しが行われ、マネーサプライはマネーストックに名称変更されました。

*2
■ 参考データ
この小さな政府を目指す考えを政策的に実行したのが1980年代に行われた「レーガノミクス」（米）、「サッチャリズム」（英）、中曽根内閣による「三公社の民営化」（日本）です。

2 財 政

重要度

1 財政の機能

財政とは、国及び地方公共団体がその活動に必要な資金を徴収し、支出する経済活動のことをいいます。国の財政の処理については、憲法83条により国会の議決に基づくと定められています。財政の機能は、次の3つとなります。

機　能	内　容
資源配分機能	福祉実現の観点から、政府が市場経済に介入し、国民の生活にとって必要な公共財、公共サービスを提供する機能をいう。
所得再分配機能	政府が市場経済に介入することにより、ある程度公平な所得の分配を実現する機能をいう。この機能を生かすための政策として、累進課税制度や社会保障制度がある。*3

*3
■ 参考データ
具体的には、高所得者から高率の税を徴収し、それを社会保障という形で低所得者に給付することによって、所得格差を是正します。

経済安定化機能	好況や不況等の景気変動に対して、政府が介入することにより問題を解決する機能をいう。この機能を発揮する方法として、①政府が景気動向に対応して政策的、裁量的に財政支出を伸縮させるフィスカルポリシーと、②あらかじめ設置した財政メカニズムが景気を自動的に調整するビルトインスタビライザーの2つがある。

2 財政政策

1 フィスカルポリシー（補整的財政政策）

フィスカルポリシーとは、経済状況に応じて、政府の裁量により行う財政政策をいいます。財政政策の方法として一般的に挙げられるのが、①<u>財政支出の調整</u>、②<u>納税額の調整</u>の2つです。

(1) 財政支出の増加について

財政支出の増加は、主に公共事業（国や地方公共団体が行う建設事業）を増やすことで行われますが、財政支出の増加によって**クラウディングアウト効果**が発生する場合があるため、その点を考慮して支出額を決定しなければなりません。*4

(2) 減税について

減税とは、政府の収入を減らすことを意味します。減税は、民間に残る資金を増やし、その増えた資金が消費に回されることによって、景気回復を図ることを目的としてなされます。

〈フィスカルポリシーのまとめ〉

	好況時	不況時
財政支出の調整	財政支出を減少させる。	財政支出を増加させる。
納税額の調整	増 税	減 税

2 ビルトインスタビライザー（財政の自動安定化装置）

好況期は所得環境がよいので、自動的に累進課税により増税となり、失業者が少ないので社会保障給付が減少します。逆に、不況期は、所得環境が悪いので自動的に累進課税により減税となり、失業者が多いので社会保障給付が増加します。このように景気変動に対応して、<u>自動的にマネーストックが調整</u>され景気が調整されるように財政構造そのものに組み込まれている仕組みのことを、<u>ビルトインスタビライザー</u>といいます。

Festina lente

不況下では、財政支出の増加や減税によって景気は改善するとされているよ。でも現実は……。

*4
■ 語句解説
クラウディングアウト効果とは、財政支出の増加による民間資金の押出し・締出し効果のことをいいます。詳しくは、5公債を参照。

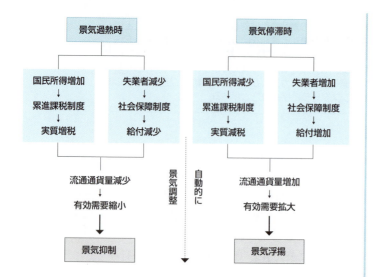

3 租税政策

1 租税法律主義

日本国憲法では、第7章 財政（83条～91条）で財政に関する基本原則が定められています。租税の徴収を法律に基づかせ、もって国民の財産権を国家権力から保障することとしています。

2 租税の種類

(1) 直接税

担税力の大きい者には高税率の、担税力の小さい者には低税率の累進課税を行うことにより、所得格差を是正し、負担の垂直的公平を図ることができます。例えば、**所得税**、**法人税**、**相続税**等があります。*1

(2) 間接税

担税力の大小にかかわらず、一定率の比例課税を採用することにより、負担の水平的公平を図ることができます。例えば、**消費税**、**たばこ税**、**酒税**等があります。

(3) 直間比率

直間比率とは、租税収入に占める直接税と間接税の比率のことです。戦前は、間接税が中心でした（直間比率3.5：6.5）が、1949年の**シャウプ税制勧告**により、戦後は、**直接税中心**

*1 ■ 語句解説
担税力とは、税金を負担する力のことをいいます。

となっています（直間比率７：３）。[2]

3 租税負担率と国民負担率

(1) 租税負担率

租税負担率とは、国民の租税負担額の対国民所得比のことをいいます。この指標は、一国の租税負担水準の時系列の比較や国際比較などには、それなりに有効性があります。しかし、あくまでもマクロ指標にすぎず、これだけで納税者の税負担水準や税制の適否を明らかにするものではありません。

$$租税負担率（\%）＝\frac{国民の租税負担（国税＋地方税）}{国民所得}×100$$

(2) 国民負担率

国民負担率とは、租税負担と社会保障負担の合計が国民所得に占める割合、あるいは対国民所得比であらわされる租税負担率と社会保障負担率の合計をいいます。社会保障負担の大半は、社会保険の保険料負担です。[3]

$$国民負担率（\%）＝\frac{国民の租税負担＋社会保障負担}{国民所得}×100$$

4 財政投融資

1 財政投融資とは

財政投融資とは、税負担に拠ることなく、財投債の発行などにより調達した資金を財源として、政策的な必要性があるものの、民間では対応が困難な長期・低利の資金供給や、大規模・超長期プロジェクトの実施を可能とするための投融資活動をいいます。

予算と異なるのは、財政投融資は、金利をつけて返さなければならないため、資金を受け取った者が資金を効率的に使うようになるというメリットがあります。

また、財政投融資は、その公共性にかんがみ、財政金融政策そ

---

[2] 要チェック！過去問題

近年の税収構造をみると、所得税や法人税などの直接税と、消費税や酒税などの間接税の税収の比率は、おおよそ <u>1：1</u> となっている。

➡ ✗（H21-52-イ）

[3] 参考データ

日本の現状は、租税負担率も国民負担率も外国に比べて低いので、福祉水準もやや低くなっています。今後は、高齢化が進み社会保障の財源確保の必要性が高まるため、20年後には、国民負担率は50％前後まで上昇するとみられています。

Part 6

一般知識等

Chapter 2
経済

の他の政策と整合性のとれた運用がなされる必要があります。そのため、財政投融資計画は、予算の編成作業とあわせて策定されています。

> **Festina lente**
>
> 　財政投融資計画額は、1999年度から連続して減少を続けて、2008年度の財政投融資計画額は、13兆円台となったよ。これは、ピーク時の3分の1程度の規模なんだ。ちなみに、当該計画額は、2020年度は新型コロナウイルス対策等のため66.5兆円となり、2019年度の約4.3倍の規模となったんだ。リーマン・ショックのあった2009年が23.9兆円、東日本大震災のあった2011年が20.6兆円で、その後2012年度から2019年度までは約15兆～19兆円で推移してきたんだよ。

2　財政投融資改革

　2000年に「資金運用部資金法等の一部を改正する法律」が成立したことにより、2001年度からは財政投融資制度の運用が改められたことに注意する必要があります。以前は、郵貯等の大量の資金が、特殊法人に自動的に財源として入ってくる仕組みとなっていたため、それに甘え、非効率な資金運用がなされていました。これに対し、2001年度以降は、特殊法人の施策に真に必要な資金を、自主運用によって市場から調達するようになっています。

〈財政投融資の仕組み〉

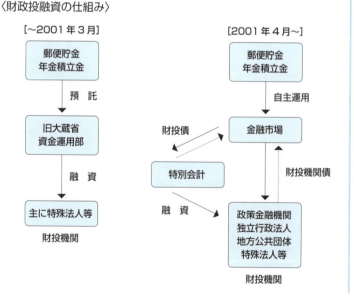

5 公　債

1　公債（国債）

　国債とは、広い意味では、国の債務、すなわち借金のことをいい、狭い意味では、国の借金のうち、証券を発行するものをいいます。償還期限が1年以内のものを**短期国債**（短期債）、2年〜5年程度のものを中期国債、10年程度のものを**長期国債**（長期債）、15年程度を超えるものを超長期国債といいます。

2　国債発行の原則

（1）建設国債の原則*1

　財政法4条1項の規定により、公共事業費、出資金及び貸付金の財源に充てる場合にのみ国債を発行できるとしていることを**建設国債の原則**といいます。

　ただし、建設国債の発行によっても歳入不足が見込まれる場合には、公共事業費等以外に充てる資金を調達することを目的として**特例国債（赤字国債）**を発行することができます。特例国債は、その都度単年度立法による法律に基づき発行されます。

（2）市中消化の原則

　財政法5条は、**国債の日本銀行引受けによる発行を原則禁止**しています。これは、日銀が国債を引き受けることにより、マネーストックが増加し、インフレが発生することを避けるためです。このことを**市中消化の原則**といいます。ただし、一度企業や個人が買った国債を日銀が買い取ることは可能である上、**政府短期証券**については、日銀も新規に引き受けることが可能です。さらに、特別な理由がある場合には、国会の議決を経た金額の範囲内で、日銀が保有している国債の償還分に対応する**借換債**の引受け（国債の乗換え）が認められています。*2

3　国債発行の問題点

（1）インフレの可能性

　市中消化の原則をとったとしても、国債償還のために通貨が増発される危険性は高いです。

（2）財政硬直化

　国債償還費の増加は、財政の弾力性を奪い、社会保障関係費等の本来の財政支出を圧迫しています。

＊1
☑ 要チェック！過去問題
財政法の規定では赤字国債の発行は認められていないが、特例法の制定により、政府は赤字国債の発行をしている。
→ ○（H26-50-ア）

＊2
■ 語句解説
借換債とは、国債の償還財源を調達するため新たに国債（借換債）を発行することをいいます。

Part 6
一般知識等

Chapter 2
経済　759

（3）クラウディングアウト効果（押しのけ効果）

クラウディングアウト効果とは、**財政支出の増加による民間資金の押出し・締出し効果**のことをいいます。公共事業の資金に充てるため、政府が国債を大量に発行して金融市場から資金を調達すると、金融機関の貸出金利が上昇し、民間の資金調達が阻害されます。これによって民間投資が減少するならば、全体として需要はあまり増加しないことになります。

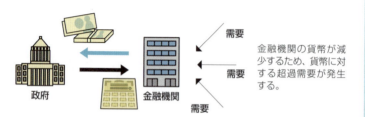

金融機関の貨幣が減少するため、貨幣に対する超過需要が発生する。

（4）将来世代への負担

将来世代に返済を負担させてしまうため、世代間により不公平を生じさせてしまいます。

4 国債発行の現実

昭和40年不況（1965年）に対処するため、1965年度に初の**赤字国債**が発行され、1966年度からは毎年、**建設国債**が発行されるようになりました。**石油危機（オイルショック）**後の1975年度には、赤字国債の大量発行が始まりました。1990年～1993年までは赤字国債発行はありませんでしたが、景気の低迷により1994年度から再び、赤字国債の発行が始まり現在に至っています。*1

1949年	ドッジ・ライン→均衡財政（緊縮財政）主義*2
1965年	建設国債の発行（初の赤字国債）
1966年	以降毎年、建設国債発行
1975年	1989年まで毎年、赤字国債発行
1994年	以降毎年、赤字国債発行

*1 要チェック！過去問題
第一次石油危機による原油価格の暴騰などにより、狂乱物価と呼ばれる激しいインフレが発生した。政府は円の切り下げのために変動為替相場制から固定為替相場制へ移行させ、輸出の拡大で不況を乗り切ることを目指した。
➡ ✗（H24-50-3）

*2 要チェック！過去問題
ドッジラインにより、景気回復に向けて国債発行を通じた積極的な公共事業が各地で実施されるとともに、賃金・物価統制を通じて、インフレの収束が図られた。
➡ ✗（H28-51-2）

6 プライマリーバランス（PB）

プライマリーバランス均衡とは、**利払い費及び債務償還費を除いた歳出が公債金収入（借金）以外の収入で賄われている状況**をいいます。この場合、その年の国民生活に必要な財政支出とその年の国民の税負担等がちょうど均衡していることになります。近年の我が国のPBは大幅な赤字となっています。

1 PBの意味

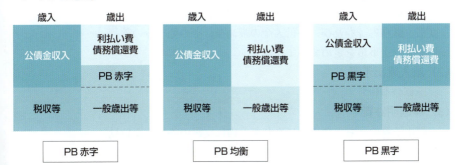

PBが黒字であれば、黒字分を過去の国債の利払いと償還に充て、債務は次第に減っていきますので、財政は破綻しません。これに対して、PBが赤字の場合、過去の国債の利払いができない上、新たに赤字分の借金をせざるを得なくなりますので、財政は破綻に向かってしまいます。

2 PB均衡の達成

PBを均衡させるためには、増税と歳出削減を組み合わせる考えが主流となっています。具体的には、公共事業の削減、社会保障費の削減、消費税の引上げ等です。

7 予算制度

1 会計年度

(1) 予算の単年度主義

予算の単年度主義とは、予算の対象とする会計年度を通常1年間とする原則のことをいいます。例外として、**継続費**や**国庫債務負担行為**があります。国の会計年度は毎年**4月1日**に始まり、翌年**3月31日**に終わるものとします。

（2）会計年度独立の原則

　会計年度独立の原則とは、**ある会計年度の歳出は、当該年度の歳入で賄わなければならない**という原則をいいます。

　しかし、この原則を徹底すると、予算の円滑かつ弾力的な執行の妨げとなることがあります。そこで例外として、歳出予算の繰越しや過年度収入及び過年度支出があります。

2　予算内容

（1）予算総則

　歳入歳出予算等に関する総括的な事項のほか、公債発行の限度額、財務省証券及び一時借入金の最高額、その他予算の執行に必要な諸事項を定めています。

（2）歳入歳出予算

　予算の本体です。

（3）繰越明許費

　歳出予算のうち、諸事情により年度内に支出の終わらない見込みの経費について、あらかじめ国会の議決を経て翌年度に繰り越して支出される経費のことです。

（4）継続費

　工事、製造その他の事業で、完成に数会計年度を要するものについて、経費の総額及び年割額（毎年度の支出見込額）を定め、あらかじめ国会の議決を経て、数年度にわたって支出するものです。継続費は予算の**単年度主義の例外**です。

　その支出は、当該各年度の歳入をもって充てられることになるため、後年度の財政を過度に拘束することのないよう、特に必要な場合に限定した上で認められ、かつ、年限も5か年度以内に限られています。

（5）国庫債務負担行為

　大規模な事業や工事等の発注契約の締結は、当該年度にする必要があるが、支出が翌年度以降に行われるような場合に用いられ、各事項ごとにその理由と後年度の債務負担の限度額を明らかにし、国会の議決を経ることとされています。この国庫債務負担行為は、**単年度主義の例外**です。

3 予算の種類
(1) 一般会計*1*2

一般会計予算は、政府の基本的な収入（歳入）と支出（歳出）を計上した会計で、予算の本体に該当します。一般会計の歳入は、約6割が租税印紙収入であり、約3～4割が公債金収入です。

〈2022年度一般会計予算歳入歳出の内訳〉

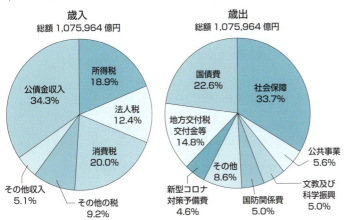

(2) 特別会計

財政法は、予算単一の原則の例外として特別会計を設置し、一般会計とは異なる歳入歳出予算の形式や財務処理の特例を認めています。従来は、31の特別会計が設置されていましたが、2007年に成立した特別会計に関する法律に基づいて、縮減されました。2022年現在では、2012年度に設置された東日本大震災復興特別会計を含め、「特別会計に関する法律」の本則では12（附則を含めると13）の特別会計が設置されています。

(3) 政府関係機関予算

政府関係機関予算とは、政府関係機関の収入と支出を定めた予算のことをいいます。政府関係機関とは、特別の法律によって設置され、政府が資本金の全額を出資する法人です。その予算については、国会の議決が必要です。現在では、沖縄振興開発金融公庫、日本政策金融公庫、国際協力銀行、独立行政法人国際協力機構有償資金協力部門があります。

---

*1 要チェック！過去問題
東日本大震災以降、政府一般会計当初予算では、歳入の4割以上が国債発行により調達されていた。
→ ○ (H26-50-イ改)

*2 要チェック！過去問題
増大する社会保障給付費等を賄う必要があることから、2014年度の消費税率の引上げ後も、毎年度の新規国債発行額は30兆円を超えている。
→ ○ (R2-50-オ)

4 本予算、補正予算、暫定予算
(1) 本予算

　　一般会計、特別会計、政府関係機関予算の各々の予算は、一体として国会の審議、議決を経て、通常当該年度開始（4月1日）前に成立します（事前議決の原則）。この本来の予算のことを本予算といいます。

〈予算の編成から決算まで〉

	内　容
調　製	①財務省主計局が各省庁から概算要求を受けて、9月初め頃から査定作業を開始する。 ②12月下旬には、財務原案が閣議に提出され、復活折衝ののち、政府案が閣議決定され予算案が国会に提出される。
審　議	③国会において審議、議決が行われるが、憲法60条2項の規定により、衆議院の優越が認められている。
執　行	④国会で予算が議決され、成立すると、次に予算に従って各省庁が支出を行う。
決　算	⑤会計年度が終了すると、各省庁において歳入歳出の決算報告書を作成し、会計検査院が検査を行った上で、内閣が国会に提出して国会で審議を受ける。

(2) 補正予算

　　補正予算とは、当初の本予算の内容を変更する予算のことをいいます。景気が悪化した場合に、景気回復に向けた公共事業を実施するための財政措置として補正予算が編成されることが多く、国会の議決を経て設けられます。補正予算には、新項目を付け加える追加予算及び特定項目から他項目への資金流用を行う修正予算があります。

(3) 暫定予算

　　予算の成立が、審議の遅れ等の理由から新年度の発足までに間に合わないことがしばしばみられます。その場合には、予算が成立するまでに必要な経費を賄うために、内閣は、会計年度のうちの一定期間にかかる暫定予算を作成し、国会に提出することができます。

（4）予備費

　予備費とは、予見しがたい予算の不足に充てるため、歳入歳出予算に計上される費用をいいます。予備費は、一度成立すれば内閣の責任で支出することができます。もっとも、事後に国会の承認を求めなければなりません。

3　日本銀行・金融政策

重要度 **A**

1　中央銀行（日本銀行）

1　日本銀行とは

　日本銀行（日銀）は、国の中央銀行として、金融政策を行います。その金融政策の1つに、民間金融機関への貨幣の貸出しがあります。日銀は日本の中央銀行であり、公的機関ではありますが、政府からは独立した、日本銀行法によって設立された認可法人です。*1*2

2　日本銀行の三大業務

業　務	内　容
発券銀行	日銀は、日本で唯一の発券銀行である。つまり、現金である紙幣を発行することができる。発行された紙幣は金と交換できない（不換紙幣）。
政府のための銀行	政府は、われわれが民間の銀行に口座を持っているのと同じように、日銀に口座を持っている。日銀は、国庫金出納の事務を行い、日銀が受け入れた国庫金は、国の預金として扱われる。
銀行のための銀行	日銀は、民間銀行との日々の取引を通じて、資金不足の銀行に貨幣を供給する等の方法で、支払不能等の金融システムの混乱を防ぐ役割を担う。

2　金融政策とは

　金融政策とは、中央銀行によって行われる、景気調整のために貨幣の供給量（マネーストック）を増減させる政策をいいます。マネーストックを調節することによって貨幣の需要と供給に影響

---

*1
■ **参考データ**

日銀の独立性が要求されるのは、政府に通貨発行権を与えると、政府が、政府の有する借金を帳消しにしようとして、通貨を大量に発行しかねないからです。

*2
☑ **要チェック！過去問題**

日本銀行は「発券銀行」として、日本銀行券を発行する。日本銀行券は法定通貨であり、金と交換できない不換銀行券である。
➡ **○**（H23-49-ウ）

Part 6
■
一般知識等

Chapter 2
経済

765

を与え、これにより金利を変動させることで景気を調整します。具体的な政策には、①**公開市場操作**、②**法定準備率（支払準備率）操作**、③**基準割引率および基準貸付利率（公定歩合）操作**の3つがあります。

3　三大金融政策

1　公開市場操作（オープン・マーケット・オペレーション）

　公開市場操作とは、国債等を市場で売買することによりマネーストックを調節し、日本の景気を調整する政策をいいます。公開市場操作によるマネーストックの調整方法には、**買いオペレーション**と**売りオペレーション**があります。

(1) 買いオペレーション

　買いオペレーション（略して「買いオペ」）とは、公開市場操作において、**日銀が銀行から国債等を買い取ること**、すなわち国債の代金として、日銀が銀行に貨幣を払うことで、銀行の貨幣の量を増やす操作をいいます。この買いオペによって**マネーストック**が増加することが期待できます。

(2) 売りオペレーション

　売りオペレーション（略して「売りオペ」）とは、公開市場操作において、**日銀が銀行へ国債等を売ること**、すなわち国債の代金として、銀行が日銀に貨幣を払うことで、銀行の貨幣の量を減らす操作をいいます。この売りオペによって**マネーストック**が減少することが期待できます。

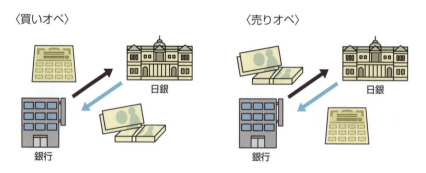

〈買いオペ〉　　〈売りオペ〉

2 法定準備率（支払準備率）操作

（1）法定準備率とは

法定準備率（支払準備率）とは、法令で定められている、銀行の預金のうち日銀に預けておく部分の比率のことをいいます。銀行の支払不能という事態を防止するための規定です。

（2）法定準備率操作とは

法定準備率操作とは、法定準備率を変更することによりマネーストックを調整する政策をいいます。法定準備率を引き下げることで銀行が自由に使える貨幣が増えるため、結果的に、マネーストックが増加します。反対に、法定準備率を引き上げることで銀行が自由に使える貨幣が減るため、結果的に、マネーストックが減少します。

3 基準割引率および基準貸付利率（公定歩合）

「公定歩合」とは、民間銀行が中央銀行から貨幣を借りる場合に支払う金利をいいます。もっとも、現在では、「公定歩合」という用語にかえて、「基準割引率および基準貸付利率」という用語が使われています。*1

Festina lente

日本銀行は従来、公定歩合操作により市場の通貨量を操作して物価の安定を図ってきたけれど、1994 年の金利の自由化等により公定歩合操作は行われなくなり、日本の政策金利は公定歩合から無担保コール翌日物の誘導目標金利に移行しているよ。

---

4 その他の金融政策

1 ゼロ金利政策

日本銀行は 1999 年、バブル崩壊後のデフレから脱却するために、従来の金利引下げから無担保コール翌日物金利を実質ゼロ％にする「ゼロ金利政策」を導入しました。

2 量的緩和政策

日本銀行は 2001 年に、金融市場調整の主たる操作目標を、これまでの無担保コール翌日物金利から日銀当座預金残高に変更し、日銀当座預金残高を拡大させることによって金融緩和を行う「量的緩和政策」を導入しました。

---

*1
☑ 要チェック！
　過去問題
日本銀行は「銀行の銀行」として市中銀行から預託を受け入れ、市中銀行に貸し出しを行う。日本銀行が市中銀行に貸し出す金利を<u>法定利息</u>と呼ぶ。
➡✖（H23-49-ア）

Part
6
■
一般知識等

Chapter 2
経済
767

3 量的・質的金融緩和政策

日本銀行は、2013年に、マネタリーベース（市場への資金供給量）や長期国債等の保有額の増大、長期国債買入れの平均残存期間の延長など、量・質ともに次元の違う金融緩和を実施する「量的・質的金融緩和政策」を導入しました。

4 マイナス金利政策

日本銀行は、2016年に、法定準備預金を超えて日本銀行に預け入れる預金の金利をマイナスにする「マイナス金利政策」を導入しました。

〈金融政策のまとめ〉

	好況期→過熱抑制策	不況期→景気刺激策
公開市場操作	売りオペレーションによって、銀行の貨幣の量を減らす。	買いオペレーションによって、銀行の貨幣の量を増やす。
法定準備率（支払準備率）操作	法定準備率の引上げによって、銀行が自由に使える貨幣を減らす（銀行の貨幣の量を減らす）。	法定準備率の引下げによって、銀行が自由に使える貨幣を増やす（銀行の貨幣の量を増やす）。

4 経済指標（GDPとGNP）

重要度 B

GDP（国内総生産）とは、ある国・地域において一定期間に新たに生み出された財・サービスの付加価値額の総額をいいます。以前は日本の景気を測る指標として、主としてGNP（国民総生産）が用いられていましたが、現在は国内の景気をより正確に反映する指標としてGDPが重視されています。*1

	GDP	GNP（GNI）
定　義	国内総生産と訳され、国内で1年間に生産された付加価値の合計額をあらわす経済指標であり、内閣府が算出して、3か月ごと、1年ごと、年度ごとに発表している。 ※ 付加価値：生産者がある期間に生産し	国民総生産と訳され、日本国民や日本企業が1年間に生産した付加価値の合計額をあらわす。 ※ 現在、GNPに代わって、GNI（国民総所得）という概念が用いられている。

*1 要チェック！過去問題
国内総生産（GDP）とは、一定期間に一国で産み出された付加価値の合計額をいうが、日本の名目GDPの水準は、おおよそ年間500兆円である。
➡ ◯（H27-50-1）

	た額から、その生産に投入した原材料や中間生産物の額を差し引いたもの	
日本国内で、日本人や日本企業によって生産された付加価値は含まれるか	含まれる	含まれる
日本国内で、外国人や外国企業によって生産された付加価値は含まれるか	含まれる	含まれない
海外で、日本人や日本企業によって生産された付加価値は含まれるか	含まれない	含まれる

5　貿　易

重要度 **A**

1　世界貿易機関（WTO）

　1995年、**ウルグアイ・ラウンド**での合意を受け、国家間貿易が自由・円滑に行われることを目的として、**関税及び貿易に関する一般協定（GATT）** に代わって発足した国際機関で加盟国間の貿易交渉に加えて、貿易をめぐる紛争処理や各国の貿易政策の審査といった役割を担う機関です。2022年11月現在、164の国と地域が加盟しています。本部は、スイスのジュネーブにあります。*2*3

　GATTとの大きな違いは、GATTが加盟国間の協定にすぎなかったのに対して、WTOは**法的拘束力を持つ国際機関**となったことです。また、GATTが農業分野を除くモノの貿易のみを対象としていたのに対して、WTOは**農業やサービス分野**、更には**貿易に関する特許や知的所有権等の新分野**も広くカバーしていることにあります。

*2
■ **参考データ**

2001年ドーハ会議で、中国・台湾のWTO加盟が正式に認められました。特に中国は、国際経済に占める地位も大きく、その加盟は貿易秩序の上からも望ましいものでした。

*3
☑ **要チェック！過去問題**

GATTのもとでは8回の関税引き下げ交渉がもたれたが、それは貿易拡大による国際経済発展に貢献するとともに、その後**WTO**の設立をもたらした。
➡（H26-52 空欄補充）

	GATT	WTO
成立年	1947年	1995年
成立経緯	大戦前の保護貿易政策に対する反省から自由で無差別な国際貿易の拡大を図ることを目的として設立	ウルグアイ・ラウンドでの合意を受け、GATTの機能を大幅に拡大・強化した国際機関として設立
法的地位	国際協定、国際機関として正式規定なし	正式な国際機関
対象範囲	モノの貿易のみ	サービス貿易や知的所有権を含む

2 FTA と EPA

WTOが、多数の加盟国の貿易自由化（すべての加盟国に対して同じ関税を適用）を行っているのに対して、**2国間ないしは複数国間**で、物品の関税やサービス貿易の障壁等を削減・撤廃することを目的とする協定を **FTA（自由貿易協定）** といいます。そして、FTAに加え、投資、人の移動、知的財産の保護や競争政策におけるルール作り、様々な分野での協力の要素等を含む、幅広い経済関係の強化を目的とする協定を **EPA（経済連携協定）** といいます。

3 TPP

TPP（環太平洋パートナーシップ）協定とは、環太平洋地域で高い水準の、包括的なバランスの取れた協定を目指し交渉が進められてきた経済連携協定です。[*1]

2016年2月にニュージーランドで署名され、日本は2017年1月に **TPP協定** を締結しました。しかし、2017年1月にアメリカが離脱を表明したことから、アメリカ以外の11か国の間で協定の早期発効を目指して協議が重ねられ、2018年3月にチリで「環太平洋パートナーシップに関する包括的及び先進的な協定（**TPP11協定**）」が署名され、2018年12月に発効しました。[*2]

4 地域的な包括的経済連携（RCEP）協定

2020年11月、**地域的な包括的経済連携（RCEP）協定** が、RCEP首脳会議で合意、署名されました。参加国は、ASEAN10

[*1]
☑ **要チェック！過去問題**

2016年2月に署名されたTPP協定は、日本、アメリカ、韓国などの環太平洋経済圏12か国によって自由貿易圏を構築することを目指すものである。

➡ ✗（H28-50-ア）

[*2]
■ **参考データ**

TPP協定は、オーストラリア、ブルネイ、カナダ、チリ、日本、マレーシア、メキシコ、ニュージーランド、ペルー、シンガポール、アメリカ、ベトナムの12か国で交渉が進められてきました。

か国（ブルネイ、カンボジア、インドネシア、ラオス、マレーシア、ミャンマー、フィリピン、シンガポール、タイ、ベトナム）、日本、中国、韓国、オーストラリア、ニュージーランドの15か国です。

　この協定は、世界の人口とGDPの約3割を占める経済連携協定であり、地域の貿易・投資の促進及びサプライチェーンの効率化に向けて、市場アクセスを改善し、多様な国々の間での知的財産、電子商取引等の幅広い分野のルールを整備しています。

ファイナルチェック　基礎知識の確認

問題1　フィスカルポリシーとは、経済状況に応じて政府の裁量により行う財政政策をいい、不況期には、財政支出の減少や減税によって景気は改善するとされる。

問題2　クラウディングアウト効果とは、政府が公共事業の資金に充てるために国債を大量に発行することにより、金融機関の貸出金利が上昇し、民間の資金調達が阻害されることをいう。

問題3　1949年に導入されたドッジ・ラインによって、赤字を許さない均衡予算、単一為替レートが設定され、歳入面でも、シャウプ税制勧告により、間接税を中心とする税制の骨格が決定された。

問題4　公開市場操作とは、国債等を市場で売買することにより、マネーストックを調整し、景気を調整する政策をいい、不況期には、売りオペによってマネーストックを増加させる操作を行う。

問題5　基準割引率および基準貸付利率（公定歩合）とは、民間銀行が日本銀行に預けることを義務づけられている預金の割合である。

問題1 ✗ 不況期には、財政支出の「増加」や減税によって景気は改善される。　**問題2 ○**　**問題3 ✗**「直接税」を中心とする税制である。　**問題4 ✗** 不況期には、買いオペによってマネーストックを増加させる。　**問題5 ✗** 本問は法定準備率（支払準備率）のことである。

本試験レベルの問題にチャレンジ！ ▶▶▶

Chapter 3 社 会

重要度 A

イントロダクション　学習のポイント

過去問題を分析すると、社会保障と環境が比較的出題可能性の高いテーマになります。社会保障では体系を意識しながら、環境では法律と条約を意識しながら勉強を進めてください。

ベーシック　じっくり理解しよう！

1 日本の社会保障制度

日本の社会保障は、憲法25条1項と、それを受けた2項の規定に基づき、①社会保険、②社会福祉、③公的扶助、④公衆衛生の4分野から構成されています。

〈社会保障制度の体系〉

制　度	意　味	具体例
社会保険	生活を脅かす様々な事故に対して給付を行う体系	①医療（健康保険・国民健康保険） ②年金（厚生年金・国民年金等） ③労働（雇用保険、労働者災害補償保険） ④介護（介護保険）
社会福祉	社会的弱者が安定した社会生活を送れるように援助を行う体系	児童福祉法、身体障害者福祉法、老人福祉法、母子及び父子並びに寡婦福祉法等

公的扶助	生活困窮者に対して最低限度の所得を保障する体系	生活保護法に基づく８つの扶助（生活・教育・住宅・医療・介護・出産・生業・葬祭）
公衆衛生	国民の保健・衛生を向上させるための体系	予防接種・公害対策・下水道の整備等

1 社会保険

〈社会保険の体系〉

	自営業者等	民間サラリーマン	公務員等
医療保険	国民健康保険	健康保険（業務外）	各種共済組合
年金保険	（国民年金基金）	厚生年金保険	
	国民年金（基礎年金）		
雇用保険	×	雇用保険	×
労災保険	×	労働者災害補償保険（業務上・通勤）	国家公務員災害補償保険等
介護保険	介護保険		

1 医療保険

医療保険は、病気になったり負傷した場合等に、診察、手術、看護等に必要な医療給付を提供する制度をいいます。

日本の医療保険は、**民間企業のサラリーマン**とその被扶養者を対象にした被用者保険（**健康保険**）などと、それ以外の**自営業者等**、一般の地域住民を対象とした地域保険（**国民健康保険**）とに、大別されます。また、**75歳以上**の高齢者は、後期高齢者医療制度の対象となっています。

	国民健康保険	健康保険
保険者	①市町村及び特別区 ②国民健康保険組合	全国健康保険協会・健康保険組合
被保険者	①健康保険法の被保険者等を除く市町村の区域内に住所を有する者 ②組合が行う国民健康保険の被保険者、退職被保険者	原則として、適用事業所に使用される被用者及びその被扶養者

保険給付	①法定必須給付 ②法定任意給付 ③任意給付	①疾病・負傷に関する保険給付 ②死亡・出産に関する保険給付 ③出産に関する保険給付
保険料	収入や世帯の被保険者数等に応じて徴収	・全国健康保険協会管掌健康保険は、被保険者と事業主が2分の1ずつ負担 ・組合管掌健康保険は、規約により、事業主が負担する割合を2分の1以上に増加することが可能
費用負担	国庫負担あり	
一部負担金	・6歳から69歳の者は療養・給付に要する費用の3割 ・70歳から74歳までの者は2割（一定所得以上の者は3割） ・75歳以上の者は1割（一定所得以上の者は3割） ・義務教育就学前の者は2割	

Festina lente

本試験では、①対象者（民間のサラリーマンか自営業者等か）、②保険料（誰がどのくらい支払うのか）、③一部負担金を中心に聞かれるので、まずは、この点をしっかり整理しておいてね。

2　公的年金

公的年金とは、老齢や死亡等の理由により、労働能力を喪失した場合に、金銭を給付する制度をいいます。日本の公的年金は、①**全国民（20歳以上60歳未満）**が加入して基礎的給付を受ける**国民年金**と、②**民間企業のサラリーマンと公務員**を対象にした**厚生年金保険**の2つに、大きく分けられます。*1*2

	国民年金	厚生年金保険
保険者	政　府	政　府
被保険者	①第1号被保険者 ②第2号被保険者 ③第3号被保険者	原則として、適用事業所に使用される被用者
年金給付	①老齢基礎年金 ②障害基礎年金 ③遺族基礎年金	①老齢厚生年金 ②障害厚生年金 ③遺族厚生年金
保険料	第1号被保険者のみ直接に負担。*3 ただし、法定免除、申請全額免除、学生保険料の納付特例等の各種免除制度あり・若年者納付猶予制度あり	報酬額に応じた保険料を事業主と被用者が2分の1ずつ負担
費用負担	国庫負担あり	

*1
■ 参考データ

2015年9月まで公務員は共済年金に加入していましたが、2012年に被用者年金制度一元化法が成立、2015年10月より共済年金は厚生年金に統一されました。

*2 要チェック！
☑ 過去問題

国民皆年金の考え方に基づき、満18歳以上の国民は公的年金に加入することが、法律で義務付けられている。
➡✕(H29-48-1)

*3
■ 参考データ

2022年度の国民年金保険料は月額16,590円となっています。

Part 6
一般知識等

〈我が国の年金制度の概観〉

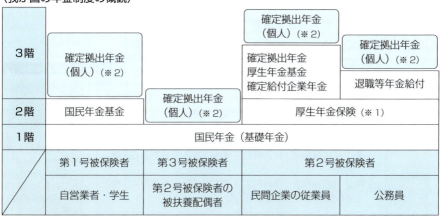

※1 厚生年金・共済年金は、2012年に閣議決定した被用者年金制度一元化法により、2015年10月から一元化されました。
※2 2017年1月から、第3号被保険者や公務員も、個人型確定拠出年金（iDeCo）に加入可能となりました。

3 労働保険

　労働保険とは、適用事業に雇用されている被保険者の失業及び雇用の継続が困難となる事由が生じた場合のほか、職業に関する教育訓練を受けた場合に必要な保険給付を行う**雇用保険**と、原則、適用事業に使用される労働者の業務上の事由又は通勤による負傷、疾病、障害、死亡等に関して、必要な保険給付を行う**労働者災害補償保険**をいいます。

Festina lente
年金については、まずは全体の体系（1階部分から3階部分まで）をしっかり押さえてね。「木を見て森を見ず」ということがないようにね。

	雇用保険	労働者災害補償保険
保険者	政府	政府
被保険者	原則として、適用事業に雇用される労働者	原則として、労働者を1人でも使用する事業
保険給付	①求職者給付[4] ②就職促進給付 ③教育訓練給付 ④雇用継続給付	①傷病に関する保険給付 ②障害に関する保険給付 ③死亡に関する保険給付 ④介護に関する保険給付
保険料	事業主と被用者が2分の1ずつ負担	事業主が全額負担
費用負担	国庫負担あり	

*4
■ 参考データ
求職者給付の中心は基本手当（いわゆる失業手当）となっています。

4　介護保険

　介護保険制度は、加入者が保険料を出し合い、介護が必要なときに認定を受けて、必要な介護サービスを利用する制度です。

	内　容
保 険 者	市町村及び特別区（都道府県は、市町村（特別区）の介護保険財政の安定化のための財政安定化基金を設ける（介護保険法147条以下))
被保険者	①第1号被保険者：市町村の区域内に住所を有する65歳以上の者 ②第2号被保険者：市町村の区域内に住所を有する40歳以上65歳未満の医療保険加入者
保険給付	①介護給付　②予防給付　③市町村特別給付
保 険 料	・保険料は、第1号被保険者から徴収する。 ・保険者は、第2号被保険者からは直接保険料を徴収しない。第2号被保険者が負担すべき費用は、社会保険診療報酬支払基金が市町村に対して交付する介護給付費交付金をもって充てる。
費用負担	国庫負担あり
一部負担金	所得に応じて費用の1割から3割負担

> **Festina lente**
>
> 第2号被保険者の保険料は、医療保険の保険者が医療保険の保険料とあわせて徴収するんだよ。例えば、民間のサラリーマン等健康保険に加入している人であれば、介護保険料の金額は原則として報酬比例で算定され、半分は会社が負担し、徴収も給与から天引きされるんだよ。

2　社会福祉[*1]

　社会福祉とは、児童、障害者、高齢者、母子家庭等特別に援助を必要とする人々が安心して社会生活を営んでいけるように公的な支援を行う制度をいいます。

　社会福祉制度は、あらかじめ制度に加入して保険料を拠出する社会保険とは異なり、原則として財源は公費負担となっていますが、公的扶助のように資産調査を行うことはありません。このため、社会福祉制度は、社会保険と公的扶助の中間に位置するといわれます。

3　公的扶助（生活保護）

　公的扶助とは、日本国憲法25条の理念に基づき、国の責任で、生活に困窮するすべての国民に対して、その困窮の程度に応じて

[*1]
■ 参考データ

かつて、障害者や高齢者を施設に隔離する政策がとられていましたが、今日では、若者や健常者と同じように社会に出て共に暮らす社会を目指すノーマライゼーションの考え方が定着してきています。

必要な保護を行い、健康で文化的な最低限度の生活を保障するとともに、その自立を援助する制度をいいます。

この公的扶助は、社会保険とは異なり、自己負担は課せられていません。しかし、生活困窮の事実を確認するための**資力調査（ミーンズテスト）**が受給要件となっています。*2

公的扶助を実現するために制定された生活保護法による保護の種類には、①生活扶助、②教育扶助、③住宅扶助、④医療扶助、⑤介護扶助、⑥出産扶助、⑦生業扶助、⑧葬祭扶助の8種類があります。このうち、医療扶助と介護扶助を除いては、原則として、**現金給付**が行われています。

4 公衆衛生

公衆衛生とは、社会的な対応が必要な医療制度の整備や環境対策的な予防的医療であり、直接個々人の医療ニーズに対応するものではなく、社会的な必要から公衆衛生の促進を図ろうとする制度です。

この公衆衛生には、予防接種・公害対策・伝染病予防・下水道の整備等があります。

5 社会保険と公的扶助の相違点

種　類	社会保険	公的扶助
給　付	定型的・集団的に、あらかじめ決定	非定型的・個別的に、具体的事情ごとに決定
資産調査	な　し	あ　り
負担のルール	利用したサービス・費用に応じる（応益負担）。	利用者の負担能力に応じる（応能負担）。
財　源	主に保険料	税　金
利用の抵抗感	小さい	大きい

> ***2**
> ☑ **要チェック！過去問題**
> 生活保護法では、保護の認定や程度については、あくまでも個人を単位として判断されることとなっており、仮に同一世帯のなかに所得が高額な親族がいる場合であっても、特定の個人が生活困窮状態にある場合には、保護の対象となる。
> ➡ ✕（H23-51-1）

Part 6 ■ 一般知識等

Chapter 3　社　会　777

6 日本の社会保障制度の問題点

1 少子化・高齢化

(1) 少子化[*1]

　1人の女性が一生のうちに産む子どもの数を示す合計特殊出生率は、1989年に過去最低だった1.58を下回る1.57となった後も下降傾向が続き、一時的に上昇したものの2005年には、1.26と過去最低を更新しました。2006年以降は再び上昇し始め、2015年には1.45に達し、2021年現在は **1.30** となっています。人口を一定に維持するためには、2.07程度が必要だといわれており、現在、この数値を大きく下回っています。少子化が続けば、将来的には労働力人口の減少による経済成長の制約、医療や年金等の社会保障費等の負担増が考えられます。

(2) 高齢化[*2][*3]

　2022年4月1日現在、日本の **65歳以上の人口** は約3,624万人、全人口に対する65歳以上の人口が占める割合は約 **29.0%** に達しています。高齢者は今後も増え続け、2065年には高齢化率は38.4%に達し、2.6人に1人が65歳以上になると予想されています。このまま高齢化が進めば、老人医療費や公的年金の社会保障費の多大な負担をもたらしたり、高齢者介護の問題等が生じることになります。

2 年金改革

(1) 年金財政の方式

	賦課方式	積立方式
内　　容	年金給付に必要な費用をその時々の現役加入者からの保険料で賄う方式（世代間扶養方式ともいう）	将来の年金給付に必要な原資をあらかじめ積み立てていく方式
保険料の決定要因	現役世代（被保険者）と老齢世代（受給者）の構成比	積立資産の運用利回り
採用している年金	基礎年金は賦課方式を採用厚生年金は賦課方式と積立方式の中間方式	企業年金
欠　　点	金利変動や経済変動の影響は受けにくいが、人口構成の影響を受けやすい。	金利変動の影響を受けやすく、過度のインフレや賃金上昇があった場合の年金額の維持が難しい。

[*1]
■ 参考データ

少子化の要因としては、晩婚化・非婚化、結婚しても仕事をしながらでは、子どもを育てにくい社会経済的な環境があります。

[*2]
☑ 要チェック！過去問題

生活保護世帯のうち、単身高齢者世帯の割合は高く、現在、保護世帯全体の4割以上を占めている。
➡ ○（H27-49-1改）

[*3]
☑ 要チェック！過去問題

平成25（2013）年10月1日現在の高齢者人口は、人口全体の4分の1を超えている。
➡ ○（H27-53-1）

(2) 企業年金

確定給付年金とは、厚生年金基金等、企業ごとに事業主と加入者から掛け金を積み立てて、厚生年金に上乗せして年金を支給するもので、**将来の年金支給額に応じて、月々決まった金額の年金がもらえる**年金をいいます。[*4]

これに対して、**確定拠出年金**とは、加入者が拠出する保険料を一定とし、**将来受け取れる年金額がその運用実績によって変動する**年金をいいます。

確定拠出年金では、加入者自身が自分の責任で積み立てた保険料を預金、国債や株式投資等で運用するので、将来受け取ることができる年金額を大幅に増やすこともできれば、資産運用に失敗して損をすることもあります。

[*4]
■ 参考データ

確定給付年金では、約束した給付額を支給するために、予定利率と呼ばれる運用利率が設定されています。日本の多くの企業では、予定利率を5.5%で設定していましたが、バブル崩壊後の株式市場の低迷と超低金利により予定利率を下回る運用実績しかあげられない「含み損」の状態が生じています。

---

2 環境問題

重要度 **A**

1 資源循環型社会

ゴミを埋め立てるという発想ではなく、できるだけ再利用していこうとするのが、循環型社会の発想です。すなわち、社会の営みを資源循環という視点で捉え、環境の重要な要素であるゴミなど廃棄物の減量、再資源化を優先する社会です。

1 環境基本法

環境基本法制定以前には、公害対策基本法（1967年制定）で公害対策を、自然環境保全法（1972年）で自然環境対策を行っていました。しかし、1992年の国連環境開発会議（地球サミット）を契機に、日本の環境政策の方向を示す新たな基本法として、1993年11月に環境基本法が制定されました。**環境基本法の施行**により、**公害対策基本法は廃止**され、自然環境保全法も環境基本法の趣旨に沿って改正されました。国際協調による地球環境保全を積極的に推進し、これらの施策を実現するにあたり、国、地方公共団体、事業者、国民の4者について、それぞれの責務を明示しています。

〈資源循環型社会の構築〉

```
              ┌──────────────┐
              │  環境基本法   │
              └──────────────┘
                    │
      ┌──────────────────────────────┐
      │ 循環型社会形成推進基本法       │
      │ 循環型社会形成推進基本計画     │
      └──────────────────────────────┘
                    │
   ┌──────────────┐      ┌──────────────────┐
   │ 廃棄物処理法  │      │ 資源有効利用促進法 │
   └──────────────┘      └──────────────────┘
            
            各種リサイクル法

┌────────┐ ┌────────┐ ┌────────┐ ┌────────┐ ┌────────┐
│容器包装 │ │ 家電  │ │ 食品  │ │ 建設  │ │ 自動車 │
│リサイクル│ │リサイクル│ │リサイクル│ │リサイクル│ │リサイクル│ 等
│   法   │ │  法  │ │  法  │ │  法  │ │  法  │
└────────┘ └────────┘ └────────┘ └────────┘ └────────┘
```

2 循環型社会形成推進基本法 *1

　大量生産、大量消費、大量廃棄社会から資源循環型社会に変えるため、それまで省庁ごとに個別に取り組まれてきた廃棄物処理及び再資源化関連法を統括する基本的枠組法として、2000年5月に制定されました。廃棄物処理の**優先順位**を、①**発生抑制**、②**再使用**、③**再生利用**、④**熱回収**、⑤**適正処分**と法定化し、国・地方公共団体・事業者・国民の公平な役割分担を明確にして、循環型社会実現の基本理念と施策を提示しています。*2

```
┌────────┐  ┌────────┐  ┌────────┐  ┌────────┐  ┌────────┐
│発生抑制 │──│ 再使用 │──│ 再生利用│──│ 熱回収 │──│ 適正処分│
└────────┘  └────────┘  └────────┘  └────────┘  └────────┘
```

3 廃棄物処理法

　ゴミがどのような経路をたどって処理され最終的に処分されているかを把握するマニフェスト制度等の仕組みや、問題のある処分場は排出者まで遡って責任を問い、原状回復を義務づける等、事業者の排出責任をより厳しく規定した法律です。*3

4 資源有効利用促進法

　1991年公布の再生資源利用促進法（通称、リサイクル法）が、循環型社会形成推進基本法の制定に対応して改正された法律です（名称も変更）。2001年4月から施行されています。

　2003年10月からは、家庭用パソコンのリサイクル制度が実施され、メーカーに使用済みパソコンの回収、再資源化が義務づけ

---

*1
☑ **要チェック！過去問題**

1991年には、廃棄物の増加を背景に、資源の有効利用を促進するために「再生資源の利用の促進に関する法律」（通称リサイクル法）が制定されていたが、新しい**循環型社会形成推進基本法**の下では、天然資源の消費を抑制し、環境への負荷をできるだけ抑制するために、一般に「3R」と言われているように、まずは**発生抑制**が、次いで**再使用**が、そして第三に**再生利用**が確保されるべきであり、さらに第四として熱回収、最後に適正処分という優先順位が明確に法定されたことが重要である。また国や地方公共団体の責務のほかに、事業者の責任については**拡大生産者責任**の考え方が採用された。
➡（H20-52 空欄補充）

*2
■ **参考データ**

この法律では、事業者や国民の「排出者責任」や、生産者が自ら生産する製品等について廃棄後まで一定の責任を負う「拡大生産者責任」などが明確化されました。

Part 6
一般知識等
780

られました。

5　各種リサイクル法

	内　容
容器包装リサイクル法	飲料や食品等の容器や包装材の資源化推進を目的とする法律。1997年4月より施行。増え続けるゴミと埋め立てによる最終処分場の限界に対し、ゴミの減量を目的に、容器を使う食品メーカー、包装販売する百貨店・スーパー、容器製造企業等の特定事業者に回収及び再商品化の義務を課している。
家電リサイクル法	廃家電製品のリサイクルを推進するため、メーカー、輸入事業者、販売店、自治体、消費者の役割分担とルールを定めた法律。2001年4月施行。対象はテレビ、エアコン、冷蔵庫、洗濯機、衣類乾燥機。
食品リサイクル法	事業系の有機性廃棄物の資源化推進を目的とする法律で、2001年4月より施行されている。この法律は、スーパー、レストラン、ホテル等食品を扱うすべての事業者を対象に、生ごみのリサイクル促進を義務づけている。
建設リサイクル法	一定規模以上の建築物や土木、工作物の解体、新築工事から排出される廃棄物について、コンクリート、アスファルト、木くずの3種類に分別、再資源化を義務づける法律で、2002年5月より施行されている。
自動車リサイクル法	自動車メーカーや輸入業者に廃車の回収、再利用、解体処理後のくずの資源化、エアコン等のフロン回収、エアバッグの引取りと処分を義務づける法律で、2005年1月より施行されている。
小型家電リサイクル法	デジタルカメラやゲーム機等の使用済小型家電に含まれる貴金属やレアメタル等の資源の有効利用や、有害物質の管理等の廃棄物の適正処理の確保を図ることで、循環型社会の形成を推進する法律。2013年4月施行。

---

*3 要チェック！過去問題

産業廃棄物の処理は、排出した事業者ではなく、都道府県が行うこととされており、排出量を抑制するために、産業廃棄物税を課す都道府県がある。
➡✘（R1-53-ウ）

Festina lente

家電リサイクル法は、消費者の費用負担義務とメーカーのリサイクル責任を明確にしているんだけど、費用負担を販売価格転嫁方式ではなく、排出時負担方式にしたことについて、不法投棄を招きやすくなるという批判もあるよ。

2　公　害

1　公害とは

　公害とは、企業の生産活動等に伴って生じる相当広範囲にわたる大気の汚染、水質の汚濁、土壌の汚染、騒音、振動、地盤の沈下、悪臭等によって人の健康又は生活環境にかかわる被害が生じることをいいます。

Part 6 ■ 一般知識等

Chapter 3
社　会　　781

2 公害・環境対策の歴史

西暦	内　容
1967年	新潟水俣病訴訟提訴・1971年原告勝訴確定 四日市大気汚染訴訟提訴・1972年原告勝訴確定 公害対策基本法制定
1968年	イタイイタイ病訴訟提訴・1972年原告勝訴確定
1969年	熊本水俣病訴訟提訴・1973年原告勝訴確定
1970年	公害対策基本法改正
1971年	環境庁設置
1973年	公害健康被害補償法制定
1993年	環境基本法制定
1997年	環境影響評価法（環境アセスメント法）制定
2000年	循環型社会形成推進基本法
2008年	生物多様性基本法制定

3 環境アセスメント

　環境アセスメントとは、事業の実施が環境に及ぼす影響について、大気、騒音等の環境の項目ごとに、調査、予測、評価を行い、その過程で環境の保全のための措置を検討し、その結果としての事業実施による環境影響を総合的に評価するものをいいます。1997年、それまで産業界や開発官庁等の抵抗で日の目を見なかった環境影響評価法が成立し、1999年から施行されています。

　環境影響評価法では、国が実施し、又は国が許認可等を行う等のかかわりを有する事業を対象として、環境アセスメントを義務づけています。*1

　アセスメントの対象となるのは、一定規模以上の道路、ダム、鉄道、空港、発電所等の事業（第一種事業）のほか、それ以外の事業でも、個別にスクリーニングにかけて、アセスメントの対象とする（第二種事業）ことが可能となっています。行政機関は、

＊1 ☑ 要チェック！過去問題

一定の開発事業を行う前に、環境に与える影響を事前に調査・予測・評価する仕組みが「環境影響評価」であり、1970年代以降、いくつかの自治体が環境影響評価条例を制定し、1990年代に国が環境影響評価法を制定した。
➡ ○ (H23-53-オ)

対象事業の免許等の審査にあたり、作成された「環境影響評価書」等に基づき当該事業につき環境保全に適正な配慮がなされているかを審査しなければなりません。審査の結果、免許等を拒否し、あるいは条件付きの免許等を付与することもあります。

4 地球環境問題

1 環境問題とその取組み

(1) 地球温暖化

定　義	光を通すが熱を通さない二酸化炭素などが大気中に増え、地球の気温が上昇する現象をいう。
原　因	二酸化炭素等の温室効果ガス
影　響	二酸化炭素等の濃度が高くなり、地球の平均気温が上昇する。
対　策	気候変動枠組条約　京都議定書　パリ協定

Festina lente

環境アセスメントの制度化は、行政計画手続が行政手続法の対象から外れていたのに対して、その計画手続の一端をなす手続の法制度としての意味も有し得るものなんだよ。

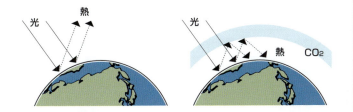

(2) オゾン層破壊

定　義	オゾン層とは、地上12kmから50kmの成層圏で濃く滞留しているオゾンの層である。太陽から降り注ぐ有害な紫外線はオゾン層で吸収され、地上の生態系を保護している。しかし、スプレーや冷蔵庫・クーラーのガスに使われているフロンが上空に運ばれると太陽光によってオゾンと反応してオゾンを破壊するため、年々オゾン層が薄くなっている。
原　因	フロン
影　響	オゾンが減少すると有害紫外線の地上到達量が増え、皮膚がんや白内障の増加、免疫力の低下等の健康被害のほか、農作物の収穫減少、生態系の基礎となるプランクトンの減少等の生物への被害も生じると予測されている。
対　策[*2]	ウィーン条約　モントリオール議定書　フロン回収破壊法

[*2]
■ 参考データ

オゾン層破壊物質が成層圏に達するには10年はかかります。オゾン層破壊物質の濃度は1990年代以降ピークを過ぎ緩やかに減少しているものの、依然として高い状態にあり、南極上空ではオゾン層の大規模な破壊が続いています。規制の効果が現れて1980年レベルの正常な状態に回復するのは2050年頃とみられています。

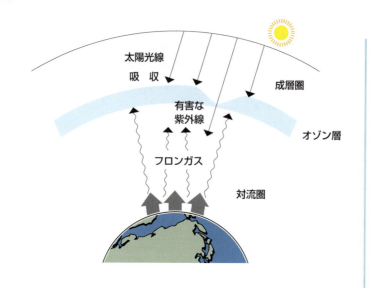

(3) ダイオキシン

原因	ダイオキシンとは、非常に強い毒性を持つ有機塩素化合物で、ポリ塩化ジベンゾパラダイオキシンとポリ塩化ジベンゾフランの総称をいう。
影響	動物実験では、ごく微量でもがんや胎児の奇形を生じさせるような性質を持っている。
対策	ダイオキシン対策特別措置法

2 環境問題に関する条約 *1

条約名	採択年	内容
ラムサール条約	1971年	水鳥の生息地として重要な湿地の保護
ロンドン条約	1972年	廃棄物の海洋投棄の規制
ワシントン条約	1973年	絶滅のおそれのある野生動物の取引規制
マルポール 73/78条約	1978年	海洋汚染防止のための包括的条約
ウィーン条約	1985年	オゾン層の研究、保護
バーゼル条約	1989年	有害廃棄物の輸出規制
気候変動枠組条約	1992年	温室効果ガスの排出規制

*1 要チェック！過去問題

地球環境問題に関しては、1971年には特に水鳥の生息地として国際的に重要な湿地に関して**ラムサール条約**が採択された。1997年の第3回**気候変動枠組条約**締約国会議（COP3）で**京都議定書**が採択され、さらに、2015年のCOP21で**パリ協定**が採択されるなど、取組が続けられている。
➡（R4-54 改、空欄補充）

生物多様性条約	1992 年	生物の多様性の保全
アジェンダ 21	1992 年	持続可能な開発のための人類の行動計画
京 都 議 定 書	1997 年	温室効果ガス排出量の削減計画
カルタヘナ議定書	2000 年	遺伝子組み換え生物（ＬＭＯ）による生物多様性の保全などへの悪影響を防止する国際的な枠組みを制定
ストックホルム条約	2001 年	残留性有機汚染物質の規制
水銀に関する水俣条約	2013 年	水銀及びその化合物の人為的な排出及び放出から人の健康及び環境を保護
パ リ 協 定	2015 年	地球温暖化対策の国際枠組み

*2 要チェック！過去問題

1997 年に開催された「気候変動に関する国際連合枠組条約」の第 3 回締約国会議では、京都議定書が採択された。この京都議定書は、ロシアが批准したことによって2005年に発効した。
→（H21−50 改、空欄補充）

Part 6

一般知識等

（1）アジェンダ 21

　アジェンダ 21 とは、環境と共生する持続可能な社会づくりを「21 世紀の課題」とし、市民生活や経済活動を消費・廃棄型から循環型に変換することを目指した人類の行動計画です。

Festina lente

　アジェンダ 21 を的確にフォローする目的で 1996 年に国際標準化機構（ISO）がISO14000 シリーズ「環境マネジメントシステム規格（EMS）」を定めたよ。これは環境という側面を取り扱う経営システムが備えるべき要素についての規格で、審査登録の基準となるものなんだ。この規格は世界中のすべての地域のあらゆる種類と規模の組織に適用できるよ（ISO14001 序文）。

（2）京都議定書 *2

　二酸化炭素等の温暖化ガス排出量の削減計画を定めた議定書です。気候変動枠組条約の内容を具体的に実施に移すため、1997 年、同条約の第 3 回締約国会議で採択されました。先進国に二酸化炭素等 6 種類の温室効果ガスの法的拘束力を持つ排出削減目標が定められ、日本の目標値は基準年に対して 6％減となりました。2001 年 1 月、アメリカが一方的に離脱を表明して問題となりましたが、ロシアが 2004 年 11 月に批准を決めたことにより、2005 年 2 月に議定書が発効されました。

Chapter 3
社　会　785

(3) パリ協定[1]

　パリ協定は、2015年に、京都議定書に代わる2020年以降の温室効果ガス排出削減等のための新たな国際枠組みとして、第21回気候変動枠組条約締約国会議で採択され、2016年11月に発効しました。歴史上初めて先進国・開発途上国の区別なく気候変動対策の行動をとることが義務づけられ、産業革命前からの気温上昇を2度より低く抑え、1.5度未満を努力目標とすることが掲げられています。

5 環境に関する国際会議

会議名	開催年	開催地	内　容
国連人間環境会議	1972年	ストックホルム（スウェーデン）	国連の場で初めて環境問題が議論された。
地球サミット	1992年	リオデジャネイロ（ブラジル）	・リオ宣言 ・アジェンダ21 ・森林原則声明
環境開発サミット	2002年	ヨハネスブルク（南アフリカ）	・世界実施文書 ・政治宣言
生物多様性条約第10回締約国会議（COP10）	2010年	名古屋市（日本）	・名古屋議定書

6 近年の動向等

　近年では、「**持続可能な開発目標（SDGs**：Sustainable Development Goals）」に関する様々な取組みが行われています。SDGs は、2030年までに持続可能でよりよい世界を目指す国際目標であり、2001年に策定されたミレニアム開発目標（MDGs）の後継として、2015年9月の国連サミットで加盟国の全会一致で採択された「持続可能な開発のための2030アジェンダ」に記載されました。

　17のゴール・169のターゲットから構成され、地球上の「誰一人取り残さない（leave no one behind）」ことを誓っており、発展途上国のみならず、先進国自身が取り組むユニバーサル（普遍的）なものと位置づけられています。

---

[1] 要チェック！過去問題

パリ協定に基づき、2050年までに温室効果ガスの80%排出削減を通じて「脱炭素社会」の実現を目指す長期戦略を日本政府はとりまとめた。

→ **○**（R3-52-ウ）

Festina lente

2017年にアメリカのトランプ大統領（当時）がパリ協定からの離脱を表明したけれども、2021年にバイデン大統領のもとで復帰したんだ。

ファイナルチェック　基礎知識の確認

問題1　国民健康保険は、原則として、適用事業所に使用されている被用者及びその被扶養者を対象とし、健康保険は、自営業者等被用者保険に加入していないものを対象としている。

問題2　公的年金とは、国その他の公的機関が運営し、強制加入を原則とする年金であり、国民年金・厚生年金がある。

問題3　雇用保険、労働者災害補償保険はともに、原則として民間企業のサラリーマンを対象にした労働保険であり、保険料はともに事業主と被用者が2分の1ずつ負担する。

問題4　確定給付年金とは、加入者が拠出する保険料を一定とし、将来受け取れる年金額がその運用実績によって変動する年金をいう。

問題5　日本の環境政策の方向を示す新たな基本法として、1993年に環境基本法が制定され、環境基本法の施行により、公害対策基本法は廃止された。

問題6　1967年、公害対策基本法の制定と同時に設置された環境庁は、中央省庁再編により、環境省に格上げされた。

問題7　京都議定書とは、二酸化炭素等の温暖化ガス排出量の削減計画を定めた議定書をいい、アメリカの批准により、すでに発効している。

問題1 ✕　国民健康保険と健康保険の説明が逆である。　**問題2 ◯**　**問題3 ✕**　労働者災害補償保険では、保険料は事業主が全額負担する。　**問題4 ✕**　将来の年金支給額に応じて、月々決まった金額の年金がもらえる年金である。　**問題5 ◯**　**問題6 ✕**　環境庁が設置されたのは1971年である。　**問題7 ✕**　アメリカは批准していない。

本試験レベルの問題にチャレンジ！ ▶▶▶

Chapter 4 情報通信・個人情報保護

重要度 A

イントロダクション　学習のポイント

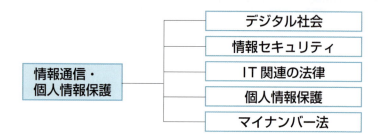

　情報通信・個人情報保護は、一般知識等で得点源にしなければならない分野です。この分野の中心となるのは、**個人情報保護法**です。例年、1～2問出題され、基本条文に関する事項が繰り返し問われています。法令等科目を学習するのと同様のイメージを持って、十分な準備をしておきましょう。**情報法**についても、本書に記載されている個別法律はしっかりと勉強し、覚えるようにしてください。

ベーシック　じっくり理解しよう!

1 デジタル社会

重要度 C

1 電子政府・電子自治体

　電子政府・**電子自治体**とは、行政内部や行政と国民・事業者との間で書類ベース、対面ベースで行われている業務をオンライン化し、情報ネットワークを通じて省庁横断的に、国・地方一体的に情報を瞬時に共有・活用する新たな行政を実現するものをいいます。その実現にあたっては、行政の既存業務をそのままオンラ

イン化するのではなく、IT化に向けた中長期にわたる計画的投資を行うとともに、業務改革、省庁横断的な類似業務・事業の整理及び制度・法令の見直し等を実施し、行政の簡素化・効率化、国民・事業者の負担の軽減を実現することが必要となります。

これにより、誰もが、国、地方公共団体が提供するすべてのサービスを時間的・地理的な制約なく活用することを可能とし、快適・便利な国民生活や産業活動の活性化を実現することができるのです。

*1 参考データ
住基ネットでは、氏名、住所、生年月日、性別の住民の「基本4情報」や個人番号等を確認することが可能です。

*2 参考データ
2013年7月から外国人住民についても住基ネットの運用が開始されました。

*3 参考データ
2016年1月からマイナンバーカードが発行されることに伴い、住基カードの発行は終了しました。

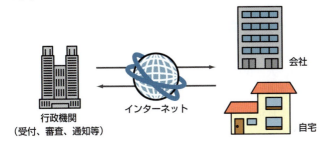

2 住基ネット *1*2*3

住民基本台帳に関する事務処理を、専用回線を通じたネットワークによって、市町村の区域を越えて行い、あるいは一定の個人情

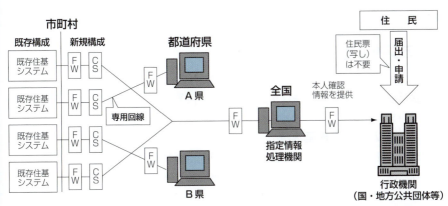

※ CS（コミュニケーションサーバ）：各市区町村にすでに設置されている住民基本台帳事務のためのコンピュータと住民基本台帳ネットワークシステムとの橋渡しをするために新たに設置するコンピュータ

※ FW（ファイアウォール）：不正侵入を防止する装置

報を国や他の自治体等に提供するためのシステムを**住民基本台帳ネットワークシステム**（以下、「住基ネット」という）といいます。

　住基ネットは、住民の利便の増進と行政の合理化に資することがその目的です。国や自治体は各種申請・届出の本人確認に住基ネットを利用できるため、申請者は、住民票を添付する必要がなくなります。政府は、このシステムを、申請・申告等すべての行政手続をインターネットで行う電子政府構想の基盤と位置づけています。

3 官民データ活用推進基本法

　急速な少子高齢化の進展への対応等などの課題を解決するため、国、自治体、独立行政法人、民間事業者などが管理するデータを活用し、新ビジネスの創出や、データに基づく行政、医療介護、教育などの効率化などを目指し2016年12月に施行されました。

　具体的な内容として、**行政手続のオンライン化**、国、自治体の有するデータの二次利用（オープンデータ）の推進、多様な分野にて横断的に官民データを活用できる基盤整備、官民データ利用における**デジタルデバイドの解消**、マイナンバーカードの普及・活用、国の施策と自治体の施策との整合性の確保などが挙げられます。また、**AI**（人工知能）や**IoT**（インターネット・オブ・シングス）をはじめて定義しました。

4 デジタル改革関連法

　デジタル改革関連法は、デジタル社会の実現に向け、「**デジタル社会形成基本法**」の制定や「**デジタル庁**」の設置等を主な内容としています。

1 デジタル社会形成基本法

　デジタル社会の形成に関し、基本理念及び施策の策定に係る基本方針、国、地方公共団体及び事業者の責務、デジタル庁の設置並びに重点計画の策定について規定しています（2021年9月1日施行）。

2 デジタル庁

　デジタル社会の形成に関する司令塔として、国の情報システ

ム、地方共通のデジタル基盤、マイナンバー、データ利活用等の業務を推進するものとして設置されました（デジタル庁設置法は2021年9月施行）。内閣直属の組織であり（長は内閣総理大臣）、デジタル大臣のほか、特別職のデジタル監等が置かれています。

2 情報セキュリティ

重要度 **B**

情報セキュリティには、物理的セキュリティとソフト的セキュリティがあります。[*1]

〈2つの情報セキュリティ〉

		具体例	対策例
物理的セキュリティ		盗難、破壊等	設置施設の施錠
		地震、落雷、火災、水害	耐震、耐火構造
		停電、システム障害	無停電電源装置、バックアップ
ソフト的セキュリティ		不正アクセス	ファイアウォール、パスワード
		盗聴、改ざん、なりすまし	暗号化、電子署名、電子認証
		ウイルス	対策ソフト、バックアップ

1 不正アクセス防止対策

1 不正アクセス

不正アクセスとは、正規に許可されたユーザー以外の利用者が、不正にコンピュータを操作することをいいます。[*2]

2 防止対策

(1) ファイアウォール[*3]

ファイアウォールとは、組織の内部ネットワークとインターネット（外部ネットワーク）を接続する部分に、情報の壁を設置して、インターネットからの不正アクセスを制限するシステムです。

(2) パスワード

パスワードとは、複数の利用者を持つシステムで、利用者が

[*1]
■ 語句解説

物理的セキュリティとは、盗難や災害、事故等の危険に対する防御策をいいます。これに対して、**ソフト的セキュリティ**とは、不正アクセスやコンピュータウイルス等の危険に対する防御策をいいます。一般にセキュリティという場合は、多くは後者を指します。

[*2]
■ 参考データ

不正アクセスを防止する法律として不正アクセス行為の禁止等に関する法律があります。

[*3]
☑ 要チェック！
過去問題

火事の際の延焼を防ぐ「防火壁」から取られた用語で、企業などが管理するサーバ・マシンを物理的に取り囲んで保護する装置をいう。
➡ ✗ (H27-55-5)

Part 6 一般知識等

Chapter 4
情報通信・個人情報保護 **791**

本人であることを確認するために入力する文字をいいます。パスワードの推知を防ぐために、無意味な文字列にすることが多いです。*1

2 盗聴、改ざん、なりすまし防止対策

1 盗聴、改ざん、なりすまし

盗聴とは、ネットワーク上の情報を盗み見ることをいいます。

改ざんとは、盗聴によって得たデータを書き換え、相手先に送ることをいいます。盗聴内容を改ざんしたデータを再びネットワーク上に戻す点が盗聴と異なります。*2

なりすましとは、他人のID（身分証明）やパスワードを何らかの方法で入手し、その本人になりすましてネットワークを使用することをいいます。

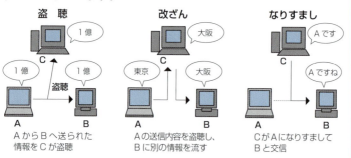

*1 参考データ
パスワード以外に、指紋や眼球の虹彩等の身体的特徴で本人を識別する、バイオメトリクス認証があります。暗証番号やパスワードに比べて紛失や盗難、偽造の危険性が低くなります。

*2 要チェック！過去問題
スパイウェアとは、パソコンを使うユーザーの行動や個人情報などを収集したり、パソコンの空き時間を借用して計算を行ったりするソフトのことで、それらの情報がスパイウェアの作成元に送られる仕組となっている。
→ ○（H17-57-2）

Festina lente

スパイウェアとは、ユーザーのアクセス履歴や個人情報等を、ユーザーに気付かれないように、あらかじめ設定した作成元に送信するソフトをいうよ。スパイウェアは、フリーソフト等に添付されていることが多く、そのソフトをインストールすることによって、スパイウェアも一緒にインストールされてしまうよ。

---

2 防止対策
（1）共通鍵暗号方式

共通鍵暗号方式とは、情報の暗号化と暗号化された情報を解読する復号の際に同じ秘密の鍵（暗号）を使う方式をいいま

す。かつての軍事や外交の分野のように、特定人間でのみ行われる秘密情報の交信においては、この方式を使うのが主流でした。

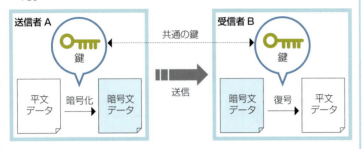

（2）公開鍵暗号方式

　公開鍵暗号方式とは、情報の暗号化と復号の際に、他人に知られてもいい**公開鍵**と、本人のみ知っている**秘密鍵**という別々の鍵を使う方式をいいます。*3

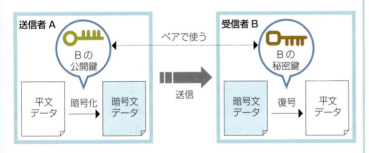

> *3
> **要チェック！過去問題**
> 公開鍵暗号とは、暗号化と復号のプロセスにそれぞれ別個の鍵（手順）を使って、片方の鍵を公開できるようにした暗号方式である。
> ➡ ◯（H27-55-4）

　例えば、AがBにデータを送信する場合、まず、受信者Bは秘密鍵と公開鍵のペアを生成します。秘密鍵は誰にも知られないように厳重に保管し、生成した公開鍵はネットワーク上で公開します。

　データを送信したい送信者Aは、公開されている受信者Bの公開鍵を取得し、取得した公開鍵で平文を暗号化して、受信者Bに送信します。暗号文を受信した受信者Bは、自分の秘密鍵を使用して、暗号文を復号します。

　公開鍵暗号方式では、公開鍵で暗号化した情報は、これとペアの秘密鍵でなければ復号できないという性質を持っています。したがって、秘密鍵が外部に漏れない限り、ネットワーク

上の離れた相手に安全に情報を送信することができます。

(3) 電子認証

a　電子認証とは

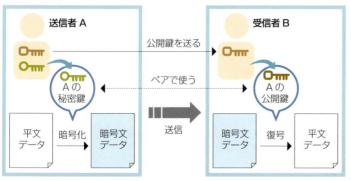

　　電子認証とは、ネットワーク上における本人確認のことをいいます。一般的には、IDやパスワードが用いられますが、これらは、受信者側も知っている仕組みであり、安全性のレベルが低いです。そこで、高度の安全性を保障できる認証方法が必要となりますが、現在最も信頼できるのが、前記の公開鍵暗号を使った電子署名です。[※1]

　　電子署名では、データが正しいものであると証明する公開鍵と、送信者がデータを暗号化する秘密鍵が使われます。送信者は相手に渡す情報を秘密鍵で暗号化し、公開鍵と電子証明書を添付して送信します。受信者は電子証明書が有効なものかどうかを認証局に確認し、有効性が確認できた上で公開鍵を使って情報を解読（復号）できれば、電子署名の本人からの電子文書であるということが確認できます。

b　電子証明書

　　送信者が秘密鍵を使って暗号化したデータに公開鍵を添付して送る時に、この公開鍵自体を何者かに盗聴され、この者が送信者になりすまして、代わりに自分の公開鍵を送ったような場合、受信者にはそれがわからないため、公開鍵の信頼性が問題となります。このような危険を避けるためには、交信の当事者間であらかじめ公開鍵を手渡ししておくのがよいのですが、これはネット社会においては非常

※1
■ 参考データ
公開鍵暗号は、そもそも本文を暗号化するために開発されたものですが、公開鍵と秘密鍵が対になっている特徴を利用して、逆方向に使ったのが電子署名です。

に不便です。

そこで、公開鍵を信頼できる**第三者機関（認証局）**に登録し、この機関に公開鍵を証明（認証）してもらう仕組みが用いられます。認証局が発行する公開鍵の**証明書（電子証明書）**は、役所で発行する印鑑証明書に相当します。

	共通鍵暗号方式	公開鍵暗号方式
メリット	・暗号化・復号の速度が速い。 ・暗号化手法が単純 ・暗号プログラムのコンパクト化	・鍵の受け渡しの際の盗難・盗聴の危険が少ない。 ・受信者ごとに異なる鍵を作る必要なし
デメリット	・鍵の受け渡しの際の盗難・盗聴の危険 ・送受信ごとに異なる鍵を用意する必要あり	・暗号化・復号の速度が遅い。 ・公開鍵の認証手続が必要となり、やりとりが複雑で費用がかかる。

Festina lente

2004年から、公的個人認証サービスが開始されているんだ。公的個人認証サービスとは、電子申請や届出を行う際に、申請者が本人であることの確認等を全国どこに住んでいる人に対しても安い費用で提供するサービスのことをいうのだ。

公的個人認証サービスの対象となる行政手続は、①社会保険関係（年金、医療保険等）手続、②国税（所得税、法人税等）の確定申告、③パスポートの申請手続等なのだ。

3 IT 関連の法律

重要度 A

1 電子署名及び認証業務に関する法律

1 概　要

電子署名及び認証業務に関する法律（通称、電子署名法）は、2000年5月に成立、公布され、2001年4月から施行されました。

この法律は、インターネットを活用した電子商取引等、ネットワークを通じた社会経済活動の円滑化を図ることが目的となっています。

電子署名とは、電磁的記録に記録することができる情報について

行われる措置であって、①情報がその措置を行った者の作成にかかるものであることを示すためのものであること、②情報について改変が行われていないかどうかを確認することができるものであることのいずれにも該当するものをいいます（電子署名法2条1項）。

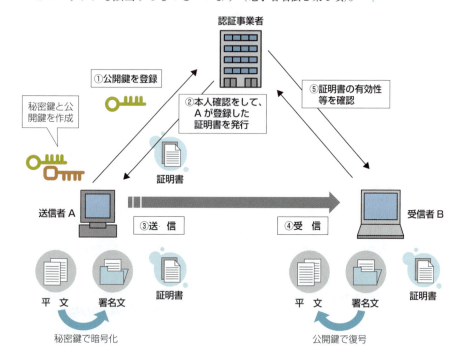

2　電磁的記録の真正な成立の推定

　公務員が職務上作成したもの以外で、電磁的記録であって情報をあらわすために作成されたものは、その電磁的記録に記録された情報について本人による電子署名（これを行うために必要な符号及び物件を適正に管理することにより、本人だけが行うことができることとなるものに限られます）が行われているときは、真正に成立したものと推定されます（電子署名法3条）。

　つまり、電子署名が行われている電磁的記録は、手書き署名や押印と同等に通用することになります。

2 電子消費者契約法

1 概　要

2001 年に成立した電子消費者契約法は、正式名称を「電子消費者契約に関する民法の特例に関する法律」といいます。

電子契約をめぐっては、①インターネット市場における取引ルールの明確化、②国際的なインターネット市場におけるルールとの調和、③インターネット上の消費者トラブルへの有効な救済措置の整備という必要性があります。

そこで、これを踏まえて取引の基本的なルールを定めた民法に特例措置を講じました。つまり、この法律は、消費者が行う電子消費者契約の申込み又はその承諾について特定の錯誤があった場合に関し民法の特例を定めたものです（電子消費者契約法 1 条）。

電子消費者契約とは、消費者と事業者との間で電磁的方法により電子計算機の映像面を介して締結される契約であって、事業者又はその委託を受けた者が、当該映像面に表示する手続に従って消費者がその使用する電子計算機を用いて送信することによって、その申込み又はその承諾の意思表示を行うものをいいます（同法 2 条 1 項）。[*1]

2 錯誤取消制度に関する特例

民法 95 条 3 項の規定は、消費者が行う電子消費者契約の申込み又はその承諾の意思表示について、その意思表示が民法 95 条 1 項 1 号に掲げる錯誤（意思表示に対応する意思を欠く錯誤）に基づくものであって、その錯誤が法律行為の目的及び取引上の社会通念に照らして重要なものであり、かつ、次のいずれかに該当するときは、原則として適用されません（電子消費者契約法 3 条）。[*2]

① 消費者がその使用する電子計算機を用いて送信した時に、当該事業者との間で電子消費者契約の申込み又はその承諾の意思表示を行う意思がなかったとき

② 消費者がその使用する電子計算機を用いて送信した時に、当該電子消費者契約の申込み又はその承諾の意思表示と異なる内容の意思表示を行う意思があったとき

本来、民法 95 条（錯誤）の規定を活用して、消費者は「著し

Part 6 一般知識等

[*1]
■ 参考データ

本法の「消費者」とは、個人（事業として又は事業のために契約の当事者となる場合におけるものを除く）をいい、「事業者」とは、法人その他の団体及び事業として又は事業のために契約の当事者となる場合における個人をいいます（電子消費者契約法 2 条 2 項）。

[*2]
✓ 要チェック！過去問題

電子消費者契約法は、インターネットを用いた契約などにおける消費者の操作ミスによる錯誤について、消費者保護の観点から民法の原則を修正する規定を置いている。
→ ⭕ (H21-56-5)

Chapter 4
情報通信・個人情報保護 | 797

い不注意（重過失）」がない場合には、事業者に対して契約の取消しを主張することができます。

しかし、操作ミスについては、消費者に重過失があったと事業者から反証されてしまい、結局、契約を取り消すことができない場合が多く、B2C（B to C）の電子商取引においては、消費者が操作ミスにより行った意図しない契約の申込みが生じるおそれがあります。

そこで、電子消費者契約に関しては、事業者が操作ミスを防止するための措置を講じていない場合には、たとえ消費者に重過失があったとしても、操作ミスにより行った意図しない契約を取り消すことができるような措置をとりました（民法95条の特例措置）。ただし、一定の例外規定が置かれています。

3 プロバイダ責任制限法

1 概　要

プロバイダ責任制限法は、正式名称を「特定電気通信役務提供者の損害賠償責任の制限及び発信者情報の開示に関する法律」といいます。2001年11月に公布、2002年5月に施行されました。

この法律では、特定電気通信による情報の流通によって権利の侵害があった場合、

① 権利侵害を受けた者及び発信者に対して特定電気通信役務提供者（プロバイダ）が負うべき損害賠償責任の制限

② 権利侵害を受けた者のプロバイダに対する発信者情報の開示を請求する権利

について規定しています。[*1]

2 情報の流通による権利の侵害

情報の流通とは、情報を「送り、伝え、受けること」の3面をあわせて表現したものです。そして、権利の侵害が問題となるのは、情報を作成した等の場合ではなく、情報を特定電気通信により不特定の者が受信できる状態に置いた場合です。

つまり、ここでいう権利の侵害は、「情報の流通」自体によって生じたものである場合が対象となります。ですから、流通している情報を閲読したことにより詐欺の被害にあった場合等は、通常、情報の流通と権利の侵害等の間に相当因果関係があるとはい

[*1] **要チェック！過去問題**

プロバイダ責任制限法は、インターネット上の情報流通によって権利侵害を受けたとする者が、プロバイダ等に対し、発信者情報の開示を請求できる権利を定めている。

➡ ⭕ (H21-56-2)

えないため、この法律によって保護されません。

Festina lente

改正プロバイダ責任制限法が、2022年10月から施行されたよ。近年、SNSなどでの匿名の投稿により誹謗中傷などの被害を受けるケースが社会問題になっているよね。その発信者に対して損害賠償請求などをする場合、発信者の氏名や住所が必要になるんだけど、その開示を求める手続について、従来よりも簡易・迅速に行うことができる新たな裁判手続が創設されたんだ。

3 定 義

（1）特定電気通信

　特定電気通信とは、不特定の者によって受信されることを目的とする電気通信の送信のことです。インターネット上のウェブページ、電子掲示板等の不特定の者によって受信されることを目的とする電気通信の送信において、他人の権利を侵害する情報の流通の問題が顕在化していることから、このような形態で行われる通信を特定電気通信として、この法律において必要な措置を講ずることとしました。不特定の者によって受信されることを目的としているか否かは、送信者の主観ではなく、客観的、外形的に判断されます。もっとも、電子メール等の1対1の通信や複数者に同時に送信する場合は、「特定電気通信」には含まれません。*2

（2）特定電気通信設備

　特定電気通信設備とは、特定電気通信の用に供される電気通信設備のことで、例えば、ウェブサーバー等がこれにあたり得ます。

（3）特定電気通信役務提供者

　特定電気通信役務提供者とは、特定電気通信設備を用いて他人の通信を媒介し、その他特定電気通信設備を他人の通信の用に供する者のことです。主に、プロバイダがこれにあたりますが、プロバイダだけに限定されるわけではありません。この定義に該当すれば、企業や大学、あるいは地方公共団体、電子掲示板を管理する個人も特定電気通信役務提供者となります。

---

*2
✓ 要チェック！過去問題

この法律では、情報の発信は不特定の者に対するものでなければならないので、特定人のみを相手とする通信は適用の対象とならず、ウェブサイトでの公開のような情報の発信が適用の対象となる。
➡ ◐ (H22-55-2)

（4）発信者

発信者とは、特定電気通信役務提供者の用いる特定電気通信設備の記録媒体（当該記録媒体に記録された情報が不特定の者に送信されるものに限ります）に情報を記録し、又は当該特定電気通信設備の送信装置（当該送信装置に入力された情報が不特定の者に送信されるものに限ります）に情報を入力した者、つまり、特定電気通信において情報を流通過程に置いた者のことです。発信者は、他人の権利を侵害した場合、不法行為責任などの私法上の責任を負います。

4 行政手続オンライン化関係3法

行政手続オンライン化関係3法とは、「行政手続等における情報通信の技術の利用に関する法律（行政手続オンライン化法）」、「行政手続等における情報通信の技術の利用に関する法律の施行に伴う関係法律の整備等に関する法律」、「電子署名等に係る地方公共団体情報システム機構の認証業務に関する法律（公的個人認証法）」の総称です。2002年12月に成立、公布され、その一部が2003年2月に施行されました。

1 目 的

行政手続オンライン化法は、行政機関等にかかる申請、届出その他の手続等に関し、電子情報処理組織を使用する方法その他の情報通信の技術を利用する方法により行うことができるようにするための共通する事項を定めた法律です。

そして、2019年12月には、「行政手続オンライン化法」を改正した「情報通信技術を活用した行政の推進等に関する法律」（デジタル行政推進法）が施行されました。この法律では、行政のデジタル化に関する基本原則及び行政手続の原則オンライン化のために必要な事項等が定められました。

2 公的個人認証法

公的個人認証サービスは、2004年1月29日から開始されました。

公的個人認証サービスとは、行政手続のオンライン化に必要なネット社会の課題（なりすまし、改ざん、送信否認など）を解決する本人確認サービスを、全国どこに住んでいる人に対しても安い費用で提供する、電子政府・電子自治体の基盤のことです。

Festina lente

最近、行政のデジタル化が話題になっているね。デジタル行政推進法では、個々の行政手続やサービスを一貫してデジタル（オンライン）で完結させることが基本原則として定められているよ。

Festina lente

マイナンバー制度の導入にあわせて、公的個人認証制度も改正されたんだ。認証の主体が、都道府県（知事）から「地方公共団体情報システム機構」に移管され、法律の名称も、従来の「電子署名に係る地方公共団体の認証業務に関する法律」から「電子署名等に係る地方公共団体情報システム機構の認証業務に関する法律」に変わったよ。

3　電子証明書

(1)　電子証明書の種類

電子証明書には、署名用電子証明書と、利用者証明用電子証明書の２種類があります。*1*2

(2)　署名用電子証明書・利用者証明用電子証明書の発行手続

住民基本台帳に記録されている者は、その者が記録されている住民基本台帳を備える市町村（特別区を含みます）の市町村長（特別区の区長を含みます）を経由して、地方公共団体情報システム機構（以下「機構」といいます）に対し、自己に係る署名用電子証明書の発行の申請をすることができます（公的個人認証法３条１項）。

住所地市町村長は、署名利用者確認をしたときは、当該申請者の署名利用者符号等を作成し、これらを当該申請者の個人番号カードその他の主務省令で定める電磁的記録媒体に記録します（同条４項）。*3*4

住所地市町村長は、この記録をしたときは、当該申請者に係る申請書の内容等を機構に通知します（同条５項）。

通知を受けた機構は、機構が電子署名を行った当該申請に係る署名用電子証明書を発行し、これを住所地市町村長に通知します（同条６項）。その後、通知を受けた住所地市町村長は、当該通知に係る署名用電子証明書を電磁的記録媒体に記録して申請者に提供します（同条７項）。

また、利用者証明用電子証明書の発行手続も同様の手続によって行います（同法22条）。

(3)　自己の認証業務情報の開示・訂正等

何人も、機構に対し、自己に係る認証業務情報について、その開示（自己に係る認証業務情報が存在しないときにその旨を知らせることを含みます）を請求することができます（公的個

---

*1

■語句解説

署名用電子証明書は、インターネットで電子文書を作成・送信する際など（例　e-Tax等の電子申請）に用いられ、「作成・送信した電子文書が、利用者が作成した真正なものであり、利用者が送信したものであること」を証明することができます。

*2

■語句解説

利用者証明用電子証明書は、インターネットサイトにログインする際などに用いられ、「ログインした者が、利用者本人であること」を証明することができます。

*3

■語句解説

署名利用者確認とは、申請者が当該市町村の備える住民基本台帳に記録されている者であることの確認のことです。

*4

■語句解説

個人番号カードとは、マイナンバー法２条７項に規定する個人番号カードのことです。

人認証法58条1項)。

　機構は、開示の請求があったときは、当該開示の請求をした者に対し、当該開示の請求に係る認証業務情報について開示をしなければなりません（同条2項）。

　機構は、開示を受けた者から、当該開示に係る認証業務情報についてその内容の全部又は一部の訂正、追加又は削除を求められた場合には、遅滞なく調査を行い、その結果に基づき、当該認証業務情報の内容の訂正等をしなければなりません（同法61条1項）。

5 不正アクセス禁止法

1 概　要

　不正アクセス禁止法は、正式名称を「不正アクセス行為の禁止等に関する法律」といいます。1999年8月に公布され、一部を除き、2000年2月に施行されました（同年7月全部施行）。

　この法律は、不正アクセス行為を禁止するとともに、これについての罰則等を定めています（不正アクセス禁止法1条）。

2 アクセス管理者

　アクセス管理者とは、電気通信回線に接続している電子計算機（以下、特定電子計算機という）の利用（当該電気通信回線を通じて行うものに限ります。以下、特定利用という）につき当該特定電子計算機の動作を管理する者のことです。

　管理の主たる内容は、特定電気計算機をコンピュータ・ネットワーク経由で他人に利用させるか否か等を決定することで、この決定権を持っている者がアクセス管理者となります。アクセス管理者は、法人・個人の別を問いません。

　例えば、サーバー・コンピュータを有していない個人であっても、プロバイダのサーバーの一部を利用してホームページを開設し、その閲覧を誰に認めるかということなどを管理する権限を有していれば、アクセス管理者となります。なお、企業内ＬＡＮのように外部から独立したネットワークを構築しているコンピュータも特定電子計算機にあたります。

3 識別符号

　識別符号とは、特定電子計算機の特定利用をすることについて

当該特定利用にかかるアクセス管理者の許諾を得た者（つまり、当該コンピュータのアカウントをそのコンピュータのアクセス管理者から付与されている利用者のことです。以下、利用権者といいます）及びアクセス管理者に、アクセス管理者が当該利用権者等を他の利用権者等と区別して識別することができるように付される符号であって、次のいずれかに該当するもの又は次のいずれかに該当する符号とその他の符号を組み合わせたものです。

① 当該アクセス管理者によってその内容をみだりに第三者に知らせてはならないものとされている符号 *1

② 当該利用権者等の身体の全部若しくは一部の影像又は音声を用いて当該アクセス管理者が定める方法により作成される符号 *2

③ 当該利用権者等の署名を用いて当該アクセス管理者が定める方法により作成される符号

4 アクセス制御機能

アクセス制御機能とは、特定電子計算機の特定利用を自動的に制御するために、その特定利用にかかるアクセス管理者によって当該特定電子計算機又は当該特定電子計算機に電気通信回線を介して接続された他の特定電子計算機に付加されている機能であって、その特定利用をしようとする者により当該機能を有する特定電子計算機に入力された符号が当該特定利用にかかる識別符号（識別符号を用いて当該アクセス管理者の定める方法により作成される符号と当該識別符号の一部を組み合わせた符号を含みます）であることを確認して、特定利用の制限の全部又は一部を解除するものをいいます。

5 不正アクセス行為の禁止

何人も、不正アクセス行為をしてはなりません（不正アクセス禁止法3条）。ここで、不正アクセス行為とは、アクセス制御機能による利用制限を免れて特定電子計算機の特定利用ができる状態にする行為をいいます。つまり、次のいずれかに該当する行為のことです。*3

なお、不正アクセス行為の禁止に違反した者は、3年以下の懲役又は100万円以下の罰金に処せられることとなっています（同法11条）。

参考データ

*1
パスワードのことです。なお、IDとパスワードがある場合、パスワードだけでは識別符号の役割を持たず、IDと組み合わせて初めて識別符号としての役割を持つ場合、IDは、「その他の符号」になります。

参考データ

*2
例えば、指紋や虹彩などがこれにあたります。

参考データ

*3
いずれの行為も電気通信回線を利用してなされます。つまり、ネットワークに接続されていないコンピュータを無断で使用する行為や、ネットワークに接続されているコンピュータであっても、無断でそのキーボードを直接操作してなされる行為は、不正アクセス行為には該当しません。

① アクセス制御機能を有する特定電子計算機に電気通信回線を通じて当該アクセス制御機能にかかる他人の識別符号を入力して当該特定電子計算機を作動させ、当該アクセス制御機能により制限されている特定利用をし得る状態にさせる行為（アクセス管理者がするもの及びアクセス管理者又は利用権者の承諾を得てするものは除かれます）*1

② アクセス制御機能を有する特定電子計算機に電気通信回線を通じて当該アクセス制御機能による特定利用の制限を免れることができる情報（識別符号であるものを除かれます）又は指令を入力して当該特定電子計算機を作動させ、その制限されている特定利用をし得る状態にさせる行為（当該アクセス制御機能を付加したアクセス管理者がするもの及び当該アクセス管理者の承諾を得てするものは除かれます）*2

③ 電気通信回線を介して接続された他の特定電子計算機が有するアクセス制御機能によりその特定利用を制限されている特定電子計算機に電気通信回線を通じてその制限を免れることができる情報又は指令を入力して当該特定電子計算機を作動させ、その制限されている特定利用をし得る状態にさせる行為 *2

6 アクセス管理者による防御措置

　アクセス制御機能を特定電子計算機に付加したアクセス管理者は、アクセス制御機能にかかる識別符号又はこれをアクセス制御機能により確認するために用いる符号の適正な管理に努めるとともに、常にそのアクセス制御機能の有効性を検証し、必要があると認めるときは速やかに機能の高度化その他その特定電子計算機を不正アクセス行為から防御するため必要な措置を講ずるよう努力義務が定められています。

　本来、アクセス管理者は不正アクセス行為が起きにくい環境を作らなければなりませんが、実際には、その実施状況が必ずしも十分ではなかったために、このような規定が置かれました。

*1
■ 参考データ
これは本来の利用権者等である他人の識別符号を無断で入力することで、利用制限を解除してしまう行為です。

*2
■ 参考データ
②、③はいずれもセキュリティ・ホールを攻撃する行為です。

Festina lente

　これら以外にも、新しいIT関連の法律で、私たちの生活と関連するものとして、2002年に成立した「迷惑メール防止法」（特定電子メールの送信の適正化等に関する法

律）があるよ。これは、一時に多数の者に対して送信される電子メール（いわゆる迷惑メールのことだね）を送受信する際の支障を防止し、適正化を図るための法律だよ。

4 個人情報保護

重要度 A

1 個人情報保護法制の背景

デジタル社会の進展に伴い個人情報の利用が著しく拡大し、これに対するセキュリティの重要性が高まってきました。

我が国の個人情報保護法制定の背景としては、主に次の3つの要因が挙げられます。*3*4

①住民基本台帳ネットワークシステムの稼動、②個人情報漏えい事件の多発、③ OECD プライバシーガイドラインと 1995 年 EU 個人データ保護指令への対応。

Festina lente

EU 個人データ保護指令とは、1995 年 EU 各国に対し 3 年内に個人情報保護のための法制化を求め、また、第三国への個人情報の移転についても第三国が十分なレベルの保護措置を講じている場合に限るとしたものだよ。これによりアメリカや日本でも早急な対応が必要となったんだね。

2 OECD プライバシーガイドライン

OECD プライバシーガイドラインとは、1980 年に OECD（経済協力開発機構）が採択した「プライバシー保護と個人データの流通についてのガイドラインに関する理事会勧告」に附属するガイドラインをいいます。本ガイドラインでは、「OECD8 原則」が示されています。

この原則自体は、法的拘束力を有するものではありませんが、これらの原則を加盟国が国内法で考慮する一方、プライバシー保護の名目で個人データの国際流通に対する不当な障害を除去、又はそのような障害の創設を回避することに努めること等が勧告されました。

---

*3 ☑ 要チェック！過去問題

この法律は、高度情報通信社会の進展に伴い個人情報の利用が著しく拡大していることを背景として制定された。
➡ ○（H22-56-ア）

*4 ■ 参考データ

百貨店や銀行等で、従業員による顧客データの持ち出し等、個人情報漏えい事件が相次ぎました。
例）百貨店の顧客名簿 6.5 万人分の漏えい。銀行の顧客データ 2 万人分の漏えい。消費者金融から顧客情報 116 万人分の漏えい。通販会社から顧客情報 30 万人分の漏えい。

Part 6 ■ 一般知識等

Chapter 4
情報通信・個人情報保護 805

3 個人情報保護法

1 個人情報保護法の構成

　個人情報保護法は全8章から成り立っています。第1章から第3章までは公的部門と民間部門共通（官民共通）の基本法部分です。そして、第4章は主に民間部門に適用される一般法部分、第5章は公的部門に適用される一般法部分です。また、第6章は、官民を対象とする監視監督機関（個人情報保護委員会）について、第7章と第8章は、雑則や罰則について規定しています。*1

> *1 要チェック！過去問題
> 個人情報保護法には、いわゆる基本法的な部分と民間部門等を規制する一般法としての部分がある。
> ➡ ○（H23-54-ア改）

Festina lente

　個人情報保護に関する法制度は、これまで、適用主体ごとに、「個人情報保護法」「行政機関個人情報保護法」「独立行政法人等個人情報保護法」の3つの法律によるという基本的枠組だったんだ。他方で、地方公共団体については、各地方公共団体が個別に制定した個人情報保護条例に委ねられてきたんだよ。
　2021年に、この法制度が抜本的に見直され、以下のような改正が行われたんだ。
①個人情報保護法、行政機関個人情報保護法、独立行政法人等個人情報保護法の3本の法律を1本の法律に統合するとともに、地方公共団体の個人情報保護制度についても統合後の法律において全国的な共通ルールを規定し、全体の所管を個人情報保護委員会に一元化
②医療分野・学術分野の規制を統一するため、国公立の病院、大学等には原則として民間の病院、大学等と同等の規律を適用
③学術研究分野を含めたGDPR（General Data Protection Regulation：EU一般データ保護規則）の十分性認定への対応を目指し、学術研究に係る適用除外規定について、一律の適用除外ではなく、義務ごとの例外規定として精緻化
④個人情報の定義等を国・民間・地方で統一するとともに、行政機関等での匿名加工情報の取扱いに関する規律を明確化

〈個人情報保護制度見直し後〉
個人情報保護委員会ウェブサイトより。図版内の丸数字はFestina lenteの番号と対応

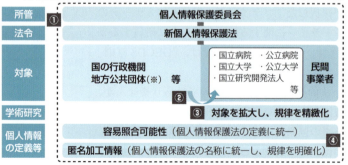

※　条例による必要最小限の独自の保護措置を許容

2　個人情報とは

　個人情報保護法における「個人情報」とは、生存する個人に関する情報であって、当該情報に含まれる氏名、生年月日その他の記述等により特定の個人を識別することができるもの、又は、個人識別符号が含まれるものをいいます。映像や音声であっても、特定の個人が識別可能であれば、個人情報にあたります。*2

　個人情報保護法が保護しようとしている「情報」は7つに区分することができ、「個人情報」のほか、「個人データ」「保有個人データ」「要配慮個人情報」「仮名加工情報」「匿名加工情報」「個人関連情報」がこれにあたります。

　「個人データ」とは、個人情報データベース等を構成する個人情報をいいます。個人情報データベース等とは、個人情報を含む情報の集合物であって、特定の個人情報をコンピュータを用いて検索することができるように体系的に構成したもの等をいいます。ただし、利用方法からみて個人の権利利益を害するおそれが少ないものを除きます。*3

　「保有個人データ」とは、個人情報取扱事業者が、開示、内容の訂正、追加又は削除、利用の停止、消去及び第三者への提供の停止を行うことのできる権限を有する個人データをいいます。

　「要配慮個人情報」とは、本人の人種、信条、社会的身分、病歴、犯罪の経歴、犯罪により害を被った事実その他本人に対する不当な差別、偏見その他の不利益が生じないようにその取扱いに特に配慮を要するものをいいます。*4

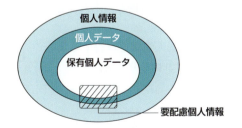

　「仮名加工情報」とは、個人情報に一定の仮名加工措置を施し、他の情報と照合しない限り、特定の個人を識別することができないように個人情報を加工して得られる個人に関する情報をいいます。

---

*2 **要チェック！過去問題**
個人情報保護法にいう「個人情報」は、生存する個人に関する情報であれば、日本国民のみならず外国人の個人情報も含む。
→○（H21-54-2）

*3 **参考データ**
〈個人情報データベース等に該当する例〉名刺の情報を検索できるよう五十音順に整理してファイルしている場合
〈個人情報データベース等に該当しない例〉電話帳、氏名等入りのカーナビ、電子住宅地図、政官要覧、市販の職員録、弁護士会名簿等が挙げられます。

*4 **要チェック！過去問題**
個人情報保護法の改正において、要配慮個人情報という概念が新たに設けられ、要配慮個人情報を個人情報取扱事業者が取り扱う場合、他の個人情報とは異なる取扱いを受けることになった。
→○（H30-56-3）

「匿名加工情報」とは、個人情報に一定の匿名化措置を講じて、特定の個人を識別することができないように個人情報を加工して得られる個人に関する情報であって、当該個人情報を復元することができないようにしたものをいいます。

「個人関連情報」とは、生存する個人に関する情報であって、個人情報、仮名加工情報及び匿名加工情報のいずれにも該当しないものをいいます。

3　個人情報取扱事業者・個人関連情報取扱事業者

個人情報保護法の枠組みでは、「個人情報取扱事業者」は個人情報保護法を遵守する義務を負います。「個人情報取扱事業者」とは、個人情報データベース等を事業の用に供している者をいいます。*1

「個人関連情報取扱事業者」とは、個人関連情報データベース等を事業の用に供している者をいいます。

4　個人情報取扱事業者・個人関連情報取扱事業者の義務

(1)　利用目的の特定（17条、18条）

個人情報を取り扱う場合は、その利用目的をできる限り特定し、利用目的を超えて個人情報を取り扱ってはなりません。

(2)　取　　得（20条、21条）*2

偽りその他不正の手段により個人情報を取得してはなりません。また、一定の場合を除き、あらかじめ本人の同意を得ずに、要配慮個人情報を取得することはできません。

個人情報を取得した場合は、あらかじめその利用目的を公表している場合を除き、速やかに、その利用目的を、本人に通知し、又は公表しなければなりません。

契約書その他の書面に記載された個人情報を取得する場合は、あらかじめ利用目的を明示しなければなりません。

(3)　適正管理

a　正確性の確保等（22条）

個人情報取扱事業者は、利用目的の達成に必要な範囲内において、個人データを正確かつ最新の内容に保つとともに、利用する必要がなくなったときは、当該個人データを遅滞なく消去するよう努めなければなりません。

---

*1　要チェック！過去問題

行政書士会、税理士会などの士業の団体は、営利事業を営むものではないので、この法律にいう「個人情報取扱事業者」に該当することはない。

➡✗（H21-54-5）

---

*2　要チェック！過去問題

個人情報取扱事業者は、個人情報の取得にあたって通知し、又は公表した利用目的を変更した場合は、変更した利用目的について、個人情報によって識別される特定の個人である本人に通知し、又は公表しなければならない。

➡○（R2-57-5）

b 安全管理措置 (23条)

個人データの漏えい、滅失又はき損の防止、その他の安全管理のために必要かつ適切な措置を講じなければなりません。

c 従業者の監督 (24条)

個人データの取扱いについて安全管理が図られるよう、従業者に対して必要かつ適切な監督を行わなければなりません。

d 委託先の監督 (25条)

個人データの取扱いを委託する場合は、安全管理が図られるよう、受託者に対する必要かつ適切な監督を行わなければなりません。

e 漏えい等の報告等 (26条)

個人情報取扱事業者は、その取り扱う個人データの漏えい、滅失、き損その他の個人データの安全の確保に係る事態であって個人の権利利益を害するおそれが大きいもの（重大な漏えい事故）が生じたときは、当該事態が生じた旨を個人情報保護委員会に報告しなければなりません。

(4) 第三者提供 (27条、28条)

原則として、あらかじめ本人の同意を得ないで、個人データを第三者に提供してはなりません。

例外として、同意が不要な場合として次のような類型があります。

法令に基づく場合
人の生命、身体又は財産の保護のために必要がある場合であって、本人の同意を得ることが困難であるとき
公衆衛生の向上又は児童の健全な育成の推進のために特に必要がある場合であって、本人の同意を得ることが困難であるとき

また、本人にオプトアウト（提供停止）を認めている場合にも、個人データを本人の同意なく第三者に提供することができます。

オプトアウト制度とは、本人の求めに応じて個人データの第三者提供を停止することをいいます。一定の事項をあらかじめ

本人に通知し、又は本人が容易に知り得る状態に置くとともに、個人情報保護委員会に届け出たときは、本人の事前同意なく、第三者提供が可能となります。

これは、ダイレクトメール用の名簿を作成して販売する業者や住宅地図業者のように、事前に本人全員の同意を得ることが極めて困難な業者に配慮して設けられた例外規定です。

もっとも、要配慮個人情報や外国にある第三者に個人データを提供する場合は、オプトアウトの方法で第三者に提供することはできません。

(5) 個人データの提供者・受領者の義務

a　提供時の記録の作成・保存 (29条)

個人情報取扱事業者は、個人データを第三者に提供したときは、一定の場合を除き、当該個人データを提供した年月日、当該第三者の氏名又は名称その他の事項に関する記録を作成しなければなりません。また、この記録を一定の期間、保存する必要があります。

b　確認義務 (30条1項)

個人情報取扱事業者は、第三者から個人データの提供を受けるに際しては、一定の場合を除き、①提供を受ける第三者の氏名（名称）及び住所、第三者が法人である場合にはその代表者の氏名（法人でない団体で代表者又は管理人の定めのあるものについては、その代表者又は管理人の氏名）、②第三者が個人データを取得した経緯、を確認する必要があります。

c　記録の作成・保存 (30条3項、4項)

個人情報取扱事業者は、上記の確認を行ったときは、当該個人データの提供を受けた年月日、当該確認に係る事項その他の事項に関する記録を作成しなければならず、この記録を一定の期間、保存する必要があります。

d　個人関連情報の第三者提供の制限等 (31条1項)

個人関連情報取扱事業者は、第三者が個人関連情報データベース等を構成する個人関連情報を個人データとして取得することが想定されるときは、次の①及び②の事項について、あらかじめ個人情報保護委員会規則で定めるところ

により確認しなければ、当該個人関連情報を当該第三者に提供することができません。

① 当該第三者が個人関連情報取扱事業者から個人関連情報の提供を受けて本人が識別される個人データとして取得することを認める旨の当該**本人の同意**が得られていること。

② 外国にある第三者への提供にあっては、①の本人の同意を得ようとする場合において、個人情報保護委員会規則で定めるところにより、あらかじめ、当該外国における個人情報の保護に関する制度、当該第三者が講ずる個人情報の保護のための措置その他当該本人に参考となるべき情報が当該**本人に提供**されていること。

(6) 公表等（32条）

個人情報取扱事業者は、保有個人データに関し、①個人情報取扱事業者の氏名又は名称、②すべての保有個人データの利用目的、③通知の求め、開示等の請求に応じる手続、④通知、開示にかかる手数料の額を定めたときはその額、⑤その他保有個人データの適正な取扱いの確保に関し必要な事項について、本人の知り得る状態に置かなければなりません。

(7) 本人関与の仕組み

a 開示・訂正・利用停止等（33条〜35条）

個人情報取扱事業者は、本人から保有個人データの開示請求を受けたときは、遅滞なく、**開示**しなければなりません。ただし、本人又は第三者の生命、身体、財産その他の権利利益を害するおそれがある場合等は、その全部又は一部を開示しないことができます。

個人情報取扱事業者は、本人から保有個人データの内容が事実でないという理由で訂正、追加又は削除の請求を受けた場合には、利用目的の達成に必要な範囲内において、**訂正等**を行い、遅滞なくその旨を通知しなければなりません。

個人情報取扱事業者は、本人から保有個人データが「利用目的による制限」、「適正な取得」、「第三者提供の制限」、「外国にある第三者への提供の制限」に違反しているため利

用の停止等又は第三者への提供の停止の請求を受けたとき
は、違反を是正するために利用停止等を行い、遅滞なくそ
の旨を通知しなければなりません。

b　開示等の請求等に応じる手続 (36条〜38条)

　本人から上記のように「開示」等の請求等を受けたにも
かかわらず、求められた措置をとらない場合又は異なる措
置をとる場合は、本人に対しその理由を説明するよう努め
なければなりません。

　個人情報取扱事業者は、本人からの通知の求め又は開示
等の請求を受け付ける方法を定めることができます。この
場合、本人はその手続に従って開示等の請求等を行わなけ
ればなりません。

　個人情報取扱事業者は、利用目的の通知の求め又は開示
の請求を受けたときは、当該措置の実施に関し手数料を徴
収することができます。

c　事前の請求 (39条)

　本人は、開示、訂正、利用停止等の請求に係る訴えを提
起しようとするときは、その訴えの被告となるべき者に対
し、あらかじめ、当該請求を行い、かつ、その到達した日
から2週間を経過した後でなければ、その訴えを提起する
ことができません。ただし、当該訴えの被告となるべき者
が開示請求等を拒絶した場合、本人は直ちに訴えを提起す
ることができます。

(8)　苦情処理 (40条)

　個人情報取扱事業者は、個人情報の取扱いに関する苦情の適
切かつ迅速な処理に努めなければなりません。また、その目的
を達成するため必要な体制の整備に努めなければなりません。

(9)　仮名加工情報に関する義務 (41条1項、2項)

個人情報取扱事業者は、仮名加工情報データベース等を構成す
る仮名加工情報を作成するときは、他の情報と照合しない限り
特定の個人を識別することができないようにするために必要な
ものとして個人情報保護委員会規則で定める基準に従い、個人
情報を加工しなければなりません。

　個人情報取扱事業者は、仮名加工情報を作成したとき、又は

仮名加工情報及び当該仮名加工情報に係る削除情報等を取得したときは、削除情報等の漏えいを防止するために必要なものとして個人情報保護委員会規則で定める基準に従い、削除情報等の安全管理のための措置を講じなければなりません。[1]

(10) 匿名加工情報に関する義務

a 適正加工義務 (43条1項)

個人情報取扱事業者は、匿名加工情報を作成するときは、特定の個人を識別すること及びその作成に用いる個人情報を復元することができないように、当該個人情報を加工しなければなりません。

b 加工方法に関する情報等の漏えい防止措置義務 (43条2項)

個人情報取扱事業者は、匿名加工情報を作成したときは、その作成に用いた個人情報から削除した記述等及び個人識別符号並びに上記の加工方法に関する情報の漏えいを防止するために、これらの情報の安全管理のための措置を講じなければなりません。

c 作成した匿名加工情報に関する公表義務等 (43条3項、4項)

個人情報取扱事業者は、匿名加工情報を作成したときは、当該匿名加工情報に含まれる個人に関する情報の項目を公表しなければなりません。

また、個人情報取扱事業者は、匿名加工情報を作成して当該匿名加工情報を第三者に提供するときは、あらかじめ、第三者に提供される匿名加工情報に含まれる個人に関する情報の項目及びその提供の方法について公表するとともに、当該第三者に対して、当該提供に係る情報が匿名加工情報である旨を明示しなければなりません。

d 識別行為の禁止 (43条5項)

個人情報取扱事業者は、匿名加工情報を作成して自ら当該匿名加工情報を取り扱うにあたっては、当該匿名加工情報の作成に用いられた個人情報に係る本人を識別するために、当該匿名加工情報を他の情報と照合してはなりません。

*1
■ 語句解説

削除情報等とは、仮名加工情報の作成に用いられた個人情報から削除された記述等及び個人識別符号並びに41条1項の規定により行われた加工の方法に関する情報をいいます。

Part 6 ■ 一般知識等

Chapter 4
情報通信・個人情報保護

e 　安全管理措置等 (43条6項)

　　個人情報取扱事業者は、匿名加工情報を作成したときは、当該匿名加工情報の安全管理のために必要かつ適切な措置、当該匿名加工情報の作成その他の取扱いに関する苦情の処理その他の当該匿名加工情報の適正な取扱いを確保するために必要な措置を自ら講じ、かつ、当該措置の内容を公表するよう努めなければなりません。

5　仮名加工情報取扱事業者

　「仮名加工情報取扱事業者」とは、①国の機関、②地方公共団体、③独立行政法人等、④地方独立行政法人を除いた、「仮名加工情報データベース等」を事業の用に供している者をいいます。

6　仮名加工情報取扱事業者の義務

(1) 利用目的の制限 (41条3項)

　　個人情報取扱事業者である仮名加工情報取扱事業者は、一定の場合を除き、特定された利用目的の達成に必要な範囲を超えて、仮名加工情報（個人情報であるものに限る）を取り扱ってはなりません。

　　この利用目的は、加工前の個人情報に関する利用目的が引き継がれるところ、これでは、内部分析によるイノベーションの促進を図るという仮名加工情報制度の存在意義が失われかねないため、取得後における利用目的変更の制限 (17条2項) の規定は、仮名加工情報には適用されません (41条9項)。

(2) 取得に際しての利用目的の公表 (41条4項)

　　仮名加工情報の取得後に、利用目的の事後的変更が認められるところ、変更後の利用目的については、公表しなければなりません。これによって、利用目的の透明性を図ることができます。

(3) 削除情報等の消去 (41条5項)

　　個人情報取扱事業者である仮名加工情報取扱事業者は、仮名加工情報である個人データ及び削除情報等を利用する必要がなくなったときは、当該個人データ及び削除情報等を遅滞なく消去するよう努めなければなりません。なお、この場合、正確性の確保 (22条) は不要です。

(4) 第三者提供の制限 (41条6項)

個人情報取扱事業者である仮名加工情報取扱事業者は、一定の場合を除き、**仮名加工情報である個人データを第三者に提供してはなりません**。誰が本人であるか単体識別性がない以上、本人同意による第三者提供も許されません（27条1項、2項、28条1項参照）。

(5) 識別行為の禁止 (41条7項)

個人情報取扱事業者である仮名加工情報取扱事業者は、仮名加工情報を取り扱うにあたっては、当該仮名加工情報の作成に用いられた個人情報に係る**本人を識別するために、当該仮名加工情報を他の情報と照合してはなりません**。

(6) 仮名加工情報に含まれる情報の電話連絡等のための利用禁止 (41条8項)

個人情報取扱事業者である仮名加工情報取扱事業者は、仮名加工情報に含まれる連絡先その他の情報（電話番号、メールアドレスなど）を利用し、**本人に連絡や接触などをしてはなりません**。これは、本人を識別できる記述等が削除された仮名加工情報であっても、それに含まれる電話番号などにより、本人の意思に反する連絡・接触が行われることによって、本人の利益が害されるおそれがあることから、これを防止するための規定です。

(7) 仮名加工情報の第三者提供の制限等 (42条)

仮名加工情報取扱事業者は、一定の場合を除き、**仮名加工情報（個人情報であるものを除く）を第三者に提供してはなりません**（同条1項）。委託、事業承継に伴う提供、共同利用については認められます（同条2項）。仮名加工情報取扱事業者は、安全管理措置義務を負い、苦情処理に努めます。また、識別行為及び仮名加工情報に含まれる情報を連絡等に利用することは認められません。

7 匿名加工情報取扱事業者

「**匿名加工情報取扱事業者**」とは、匿名加工情報データベース等を事業の用に供している者をいいます。匿名加工情報データベース等とは、匿名加工情報を含む情報の集合物であって、特定の匿名加工情報をコンピュータを用いて検索することができるよう

に体系的に構成したもの等をいいます。

8 匿名加工情報取扱事業者の義務

(1) 匿名加工情報の提供 (44条)

匿名加工情報取扱事業者は、匿名加工情報（自ら個人情報を加工して作成したものを除きます）を第三者に提供するときは、あらかじめ、第三者に提供される匿名加工情報に含まれる個人に関する情報の項目及びその提供の方法について公表するとともに、当該第三者に対して、当該提供に係る情報が匿名加工情報である旨を明示しなければなりません。

(2) 識別行為の禁止 (45条)

匿名加工情報取扱事業者は、匿名加工情報を取り扱うにあたっては、当該匿名加工情報の作成に用いられた個人情報に係る本人を識別するために、当該個人情報から削除された記述等若しくは個人識別符号若しくは匿名加工情報を作成するときの加工方法に関する情報を取得し、又は当該匿名加工情報を他の情報と照合してはなりません。

43条5項の場合と異なり、45条は、当該個人情報から削除された記述等若しくは個人識別符号、匿名加工情報を作成するときの加工方法に関する情報の取得についても禁止しています。自ら匿名加工情報を作成した個人情報取扱事業者はこれらの情報をはじめから保有しているため、このような個人情報取扱事業者について、これらの情報の取得を禁止することはできないことから、45条でのみ規定されることとなりました。

(3) 安全管理措置等 (46条)

匿名加工情報取扱事業者は、匿名加工情報の安全管理のために必要かつ適切な措置、匿名加工情報の取扱いに関する苦情の処理その他の匿名加工情報の適正な取扱いを確保するために必要な措置を自ら講じ、かつ、当該措置の内容を公表するよう努めなければなりません。

9 認定個人情報保護団体 (47条～56条)

個人情報保護委員会の認定を受けた認定個人情報保護団体の主な活動としては、個人情報に関してトラブルが起こった場合に、個人情報取扱事業者等と本人の間に立って、当事者間での自主的な解決を促すことです。

本人から苦情解決の申出があったときは、その相談に応じ、必要な助言をし、事情調査をするとともに、当該対象事業者に通知して、迅速な解決を求めます。必要があれば、対象事業者から説明を受け、資料の提出を求めることもできます。

なお、認定個人情報保護団体は、法人である必要はなく、代表者又は管理人の定めのある団体であれば認定を受けることができます。

10 行政機関等の義務等 （60条〜129条）

(1) 行政機関個人情報保護法の廃止

2021年の個人情報保護法の改正により、行政機関個人情報保護法が廃止され、個人情報保護法に統合されました。もっとも、従来の行政機関個人情報保護法の規定の大部分は、改正後の個人情報保護法においても踏襲されています。

1条においては、「行政機関等の事務及び事業の適正かつ円滑な運営を図り」、主眼としては「個人の権利利益を保護すること」を目的としています。個人の権利利益とは具体的には人格権やプライバシー権等を指します。*1

(2) 行政機関等の義務等の対象となる情報等

「保有個人情報」とは、行政機関等の職員が職務上作成し、取得した個人情報のうち、組織的に利用されることを目的として行政機関等が保有しているもので、行政文書等に記録されているものをいいます。

「個人情報ファイル」とは、特定の保有個人情報を検索できるように体系的に構成したものです。個人情報ファイルには、①電子計算機処理にかかるファイルと、②マニュアル処理にかかるファイルがあります。

(3) 保有個人情報の適切な取扱い

個人情報保護法は、行政機関が個人情報を保有すること自体を許さないものではありません。行政活動にとって必要でないのに個人情報を保有したり、本来の利用目的を超えて転用したりすること、あるいは不正確な情報を保有したり、外部に漏えいすること等、個人情報に関する不適切な取扱いこそが問題になってきます。

そこで、このような不適切な取扱いを防止し、国民の権利利益

---

*1 ✓ 要チェック！過去問題

この法律は、行政の適正かつ円滑な運営を図りつつ、個人の権利利益を保護することを目的とするが、ここでいう「個人の権利利益」は、公権力によるプライバシーの侵害から個人を守るという意味での人格的利益を意味し、財産的な利益を保護の対象とするものではない。

➡ ✗（H22-54-1）

が不当に侵害されないようにするために、本法第5章に規定が設けられています。*1

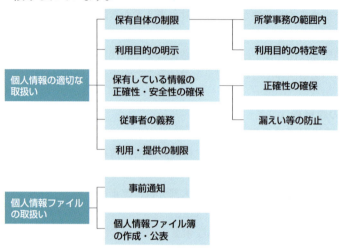

> *1 要チェック！過去問題
> 「行政機関等の義務等」の規定は、「保有個人情報」を保護の中心に置いており、保有個人情報について目的外利用や第三者提供の制限に関する規律が存在する一方、本人は保有個人情報を対象として、開示・訂正・利用停止の請求権を行使することができるという仕組みになっている。
> ➡ ○ (H22-54-3改)

(4) 本人の関与

　行政機関側の適正な取扱いについて義務が十分に果たされない場合には、本人の権利利益が侵害されるおそれが高まります。そこで、このような事態を解消するために、法は本人に対して開示請求権、訂正請求権、利用停止請求権の3つの方策を与えています。

〈本人関与手続の関連性〉

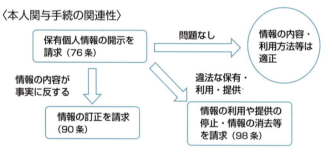

11　個人情報保護委員会 (130条〜170条)

　個人情報保護委員会は、個人情報の適正かつ効果的な活用が新たな産業の創出並びに活力ある経済社会及び豊かな国民生活の実現に資するものであることその他の個人情報の有用性に配慮しつつ、個人の権利利益を保護するため、個人情報の適正な取扱いの

> Festina lente
> 個人情報の保護と有用性の確保に関する制度改正として、2015年の個人情報保護法の改正で、個人情報の取扱いの監視監督権限を有する第三者機関（個人情報保護委員会）が設置されたんだよ。

確保を図ることを任務とする第三者機関です。独立して職権を行使し、個人情報取扱事業者等に対する報告の徴収、立入検査、指導、助言、勧告、命令等を行います。

個人情報保護委員会の所掌事務は、①個人情報保護に関する基本方針の策定・推進、②個人情報等の取扱いに関する監督、③苦情処理等、④認定個人情報保護団体に関する事項、⑤マイナンバー関連、⑥広報・啓発、⑦調査・研究、⑧国際協力などです。

その他の役割としては、個人情報取扱事業者がオプトアウト方式を利用するための要件として、個人情報取扱事業者は**オプトアウトに関する事項を個人情報保護委員会に届け出る**必要があります。また、個人情報保護委員会は、毎年、内閣総理大臣を経由して国会に対し所掌事務の処理状況を報告するとともに、その概要を公表しなければなりません。

個人情報保護委員会は、緊急かつ重点的に個人情報等の適正な取扱いの確保を図る必要等があるため、個人情報取扱事業者等に対し、勧告又は命令を効果的に行う上で必要があると認めるときは、報告徴収権限及び立入検査権限を事業所管大臣に委任することができます。[*2]

12 適用除外 (57条)

個人情報取扱事業者等及び個人関連情報取扱事業者のうち、次に掲げる者については、その個人情報等及び個人関連情報を取り扱う目的の全部又は一部がそれぞれに規定する目的であるときは、第4章（個人情報取扱事業者等の義務等）の規定は、適用されません。[*3]

① 放送機関、新聞社、通信社その他の**報道機関**（報道を業として行う個人を含む） 報道の用に供する目的

② **著述**を業として行う者 著述の用に供する目的

③ **宗教団体** 宗教活動（これに付随する活動を含む）の用に供する目的

④ **政治団体** 政治活動（これに付随する活動を含む）の用に供する目的

13 罰則 (176条以下)

個人情報保護委員会による命令に違反した者は、1年以下の懲役又は100万円以下の罰金に処せられます。

[*2]
■ **語句解説**

事業所管大臣とは、個人情報取扱事業者等が行う個人情報の取扱いのうち雇用管理に関するものについては、原則として厚生労働大臣、それ以外の場合は、個人情報取扱事業者等が行う事業を所管する大臣等をいいます。

[*3] ☑ **要チェック！ 過去問題**

「政治団体が、政治活動の用に供する目的で、個人情報を取扱う場合」は、個人情報保護法の義務規定の適用除外として定められていない。

➡ ✕ (H26-57-5)

個人情報取扱事業者若しくはその従業者又はこれらであった者が、その業務に関して取り扱った個人情報データベース等を自己若しくは第三者の不正な利益を図る目的で提供し、又は盗用したときは、1年以下の懲役又は50万円以下の罰金に処せられます。

個人情報保護委員会に対して、報告若しくは資料の提出をせず、若しくは虚偽の報告をし、若しくは虚偽の資料を提出し、又は職員の質問に対して答弁をせず、若しくは虚偽の答弁をし、若しくは検査を拒み、妨げ、若しくは忌避した者は、50万円以下の罰金に処せられます。

5 マイナンバー法

重要度 **B**

1 総　説

「マイナンバー法（行政手続における特定の個人を識別するための番号の利用等に関する法律）」は、2013年5月に公布され、2015年10月から段階的に施行されました。いわゆるマイナンバー制度が導入され、2016年1月からは個人番号（マイナンバー）の利用が開始されました。

> **Festina lente**
>
> 外国籍の者でも、中長期在留者、特別永住者などで住民票がある場合には、個人番号が付されるよ。

2 個人番号

1　個人番号とは

個人番号（マイナンバー）とは、国民一人ひとりが持つ12桁の番号のことであり、住民票を有するすべての者に1人1つの番号を付して、社会保障、税、災害対策等の分野で効率的に情報を管理し、複数の機関に存在する個人の情報が同一人の情報であることを確認するために活用されるものです。

個人番号は生涯にわたって利用する番号ですが、個人番号が漏えいして不正に用いられるおそれがあると認められる場合には、本人の申請又は市町村長の職権により変更することができます。

2　個人番号の利用範囲

個人番号の利用範囲は、次頁の表のとおりです。

	① 年金
社会保障分野	・年金の資格取得や確認、給付等
	② 労働
	・雇用保険の資格取得や確認、給付等
	・ハローワークの事務等
	③ 福祉・医療
	・医療保険の給付の請求等
	・福祉分野の給付
	・生活保護の決定実施に関する事務等
税分野	・税務当局に提出する確定申告書、届出書、調書等に記載 ・税務当局の内部事務等
災害対策分野	・被災者生活再建支援金の支給 ・被災者台帳の作成事務等
その他	社会保障、地方税、災害対策に関する事務やこれらに類する事務で、地方公共団体が条例で定める事務など

3 個人番号カード

市町村長は、申請により個人番号カード（マイナンバーカード）を交付します。

個人番号カード（ICチップ付き）に記録されるのは、①券面記載事項（氏名、住所、生年月日、性別、個人番号、本人の顔写真等）、②総務省令で定める事項（公的個人認証に係る「電子証明書」等、市町村が条例で定めた事項等）に限られます。

地方税関係情報や年金給付関係情報等のプライバシー性の高い個人情報は、記録されません。

4 特定個人情報

特定個人情報とは、個人番号（個人番号に対応し、当該個人番号に代わって用いられる番号、記号その他の符号であって、住民票コード以外のものを含む）をその内容に含む個人情報のことをいいます。

特定個人情報を保護するための措置として、マイナンバー法は次のような規定を置いています。

〈特定個人情報の保護措置〉

① マイナンバー法の規定によるものを除き、特定個人情報の収集・保管、特定個人情報ファイルの作成を禁止
② 個人情報保護委員会による監督等
③ 特定個人情報保護評価
④ 罰則の強化
⑤ マイナポータルによる情報提供等記録の確認

ファイナルチェック　基礎知識の確認

問題1　公開鍵暗号方式とは、情報の暗号化と復号の際に、他人に知られてもいい「公開鍵」と本人のみ知っている「秘密鍵」という別々の鍵を使う方式をいい、暗号化・復号の速度が速いというメリットがある。

問題2　電子申請における本人確認のための認証局は、国や地方公共団体が設立した認証局に限定される。

問題3　顧客のメールアドレスと電話番号10,000件が入ったCD-ROMを紛失しても、個人名が含まれていなければ規制の対象とはならない。

問題4　個人情報保護法は、情報公開法とは異なり、電子計算機により処理された個人情報についてもっぱら適用され、手書きの個人情報について適用されることはない。

問題5　マイナンバー制度は、18歳以上の国民の一人ひとりに個人番号を割り振り、行政機関が保有する当該個人情報を一元管理することにより、効率的な情報管理を行うものである。

問題1 ✗　公開鍵暗号方式には、暗号化・復号に時間がかかるというデメリットがある。　問題2 ✗　民間の認証局でもよい。　問題3 ✗　氏名以外でも特定の個人を識別することができれば「個人情報」にあたる。　問題4 ✗　データベース化されていない手書きのものでも、映像や音声でも構わない。　問題5 ✗　マイナンバーは、住民票に住民票コードを記載されている者すべてに付与される。

本試験レベルの問題にチャレンジ！ ▶▶▶

あとがき

『うかる！ 行政書士 総合テキスト』を初めて出版したのは、2004年のことです。

行政書士試験の受験を志したものの、諸事情により、伊藤塾などの受験指導校の講座を受けて勉強をすることができない受験生に対して、私たちに何かできることはないだろうか？

これが本書を出版するに至った当初の想いです。

それから20年近くが経ちました。おかげさまで、出版以来、数多くの受験生からご支持をいただくことができ、一定の貢献をすることができたものと自負しております。

ただ、この間にも社会は目まぐるしく変化し続けました。いわゆる法律系の資格試験だけを考えても、司法試験制度がまさに大きな渦の中にあり、そこから多くの司法試験受験生が行政書士試験を受験し、その結果、行政書士試験の受験生のレベルが上がりました。

一方、社会の変化の中で、**法律家"行政書士"に求められる役割も増え続けています**。役割が増えれば、責任も重くなり、また、その能力もより高いものが要求されます。

能力の担保という意味では、試験を難しくすることが最も容易であり、客観的な能力の有無の判断に適します。こうして、行政書士試験は年々、突破することがより困難な試験となってきました。

『うかる！ 行政書士 総合テキスト』は、こうした難化した現在の行政書士試験の対策テキストとして必要な情報量を掲載するとともに、より一層、使い易さを追求し、毎年度、版を新しくしています。2019年度版からは、**視覚的な見易さと学習の利便性を追求してフルカラーとし、赤シートを入れました。**

出版当初の想いは、私たちが歩んできた道のりとともに、そしてその間に増えた仲間たちの願いも加わり、ますます色濃いものとなりました。高い志を持たれる読者の方々が、ご自身の人生をより充実したものとするために、本書を役立てていただけることを願ってやみません。

2022年11月吉日

伊藤塾・行政書士試験科

志水　晋介（しみず　しんすけ）専任講師からのメッセージ

　行政書士試験受験勉強の参考書として本書を選んでいただき、ありがとうございます。

　本書の企画を最初にいただいたとき、伊藤塾で行政書士試験合格目標の講座を提供している立場としては、高い受講料を払い、一生懸命に講座を受講している受講生にどう説明できるであろうか？という葛藤がありました。しかし、一方で、経済的事情等、様々な事情によって講座を受講することを断念せざるを得ない受験生のために、私たちが力になりたいとも考え、本書の制作に踏み切りました。

　そこで、**一冊本として、合格を目指すに値するものにするというコンセプト**のもと、伊藤塾の法律初学者向けの講座のテキストをベースに、私が講義で話している内容を加え、本書の原型を作りました。原型を作った後は、まとめていく作業です。講義では重要なことは何度も繰り返し、また、テキストを行ったり来たりしながら、進めていきますが、1冊の書籍となるとそういうわけにもいきません。重複した箇所は削除し、多くの工夫をこらし、ようやく一冊本として自信を持てるものに仕上げることができました。

　また、**徐々に難化していく試験に対応するには、より正確な条文知識が要求されるため、別冊付録「ハンディ行政書士試験六法」を付ける**こととしました。

　このように作った本書ですから、無駄なことは一言も書いてありません。ですから、「このテキストには一言一句無駄なことは書かれていないのだから、全てをやりきろう」という心構えをもって、繰り返し読み込んでいただけることを願っています。

　さらに、ラインマーカーを引く、問題集等で入手した情報をどんどん書き込む、という作業を繰り返し、本書を自分だけのオリジナルテキストに仕立てていってください。そうすれば、私や伊藤塾スタッフ、そして**あなた自身も含め、大勢の受験生の『合格を確実なものにしたい』という気持ちが詰まっている本**になります。こういう気持ちで本書を利用してください。

　あなたの合格を最後まで応援しています。

法令等科目さくいん

あ

悪意 · 162, 171
アクセス権 · 68

い

異議申立て · 601
違憲審査権 · 118
意見陳述手続 · 586
遺言 · 425
遺産分割 · 421
意思能力 · 145
意思表示 · 161
遺贈 · 427
一部事務組合 · 671
一物一権主義 · 203
一般概括主義 · · · · · · · · · · · · · · · · · · 602, 607
委任契約 · 378
委任命令 · 576
違法確認訴訟 · 646
違法行為の転換 · 564
違法性の承継 · 563
遺留分 · 431
遺留分侵害額請求権 · · · · · · · · · · · · · · · · 432
姻族 · 400

う

請負契約 · 375
受取証書 · 322
上乗せ規制 · 698

え

営業的商行為 · 440
営業の自由 · 79
永小作権 · 232
縁組 · 409

お

公の営造物 · 659
公の施設 · 702
親子関係不存在確認の訴え · · · · · · · · · · 408

か

海外渡航の自由 · 81
概括主義 · 607
会計監査人 · 500
会計検査院 · · · · · · · · · · · · · · · · · · · 128, 545
会計参与 · 498
解除 · 340
解除条件 · 191, 566
外部監査制度 · 691
学習権 · 90
確定日付のある証書 · · · · · · · · · · · · · · · · 312
過失相殺 · 278
瑕疵の治癒 · 564
合併 · 519
加入金 · 700
株式 · 457, 461
株式移転 · 522
株式交換 · 522
株式譲渡の自由 · 473
株主 · 461
株主総会 · 481
株主平等の原則 · 463
下命 · 555
監査機関 · 545
監査等委員会設置会社 · · · · · · · · · · · · · · 501
監査役 · 498
監視権 · 548
間接強制 · 572
間接責任 · 451
間接選挙 · 93
間接適用説 · 49
間接有限責任 · 457

完全補償説 …………………… 665

き

議院規則制定権 ……………… 101
議員懲罰権 …………………… 101
議員定数不均衡 ………………… 56
議院内閣制 …………………… 104
議会運営委員会 ……………… 679
期間 …………………………… 192
機関 …………………………… 478
機関訴訟 ……………………… 649
期限 ……………………… 192, 566
期限の利益 …………………… 192
危険負担 ……………………… 337
寄託 …………………………… 381
既判力 ………………………… 644
基本的商行為 ………………… 440
基本的人権の尊重 ……………… 38
義務付け訴訟 ………………… 646
客観訴訟 ……………………… 649
求償権 ………………………… 658
教育権 ………………………… 90
教科書検定 …………………… 76
競業避止義務 …………… 445, 447
教示制度 ………………… 624, 650
行政委員会 …………………… 689
行政機関 ……………………… 543
行政規則 ……………………… 576
行政区 ………………………… 669
行政計画 ……………………… 577
行政契約 ……………………… 577
行政権 ………………………… 103
行政行為 ……………………… 554
行政裁量 ……………………… 567
行政指導 ………………… 577, 590
行政庁 ………………………… 543
行政罰 ………………………… 573
行政不服審査会等 …………… 615
行政立法 ……………………… 575
供託 …………………………… 322
共同抵当 ……………………… 266
共同不法行為 ………………… 397

強迫 …………………………… 171
共有 …………………………… 228
許可 …………………………… 555
許可使用 ……………………… 552
居住・移転の自由 ……………… 81
許認可権 ……………………… 548
緊急事務管理 ………………… 385
緊急集会 ……………………… 99
禁止 …………………………… 555
勤労の権利 …………………… 91

く

国地方係争処理委員会 ……… 708, 711
組合契約 ……………………… 381
訓令・通達権（指揮命令権）……… 548

け

刑事補償 ……………………… 86
刑事補償請求権 ……………… 88
形成的行為 …………………… 556
形成力 ………………………… 645
刑罰不遡及と二重処罰の禁止 ……… 86
契約自由の原則 ……………… 331
契約の原始的不能 …………… 334
結社の自由 …………………… 70
血族 …………………………… 400
決定 ……………………… 619, 631
検閲 …………………………… 75
権限争議決定権（裁定権）……… 548
原告適格 ……………………… 634
検索の抗弁権 ………………… 303
原始取得 ………………… 200, 228
原処分主義 …………………… 631
限定承認 ……………………… 423
顕名 …………………………… 180
権利能力 ………………… 145, 146
権利能力なき社団 …………… 156
権力的作用 …………………… 655
権利濫用の禁止 ……………… 144

こ

広域連合 ……………………… 671

法令等科目さくいん **827**

行為能力	149	婚姻	402
更改	295, 327	混同	296, 327
公開会社	459		

さ

交換契約	360	罪刑法定主義	86
公共団体	542	裁決	618, 631
公共の福祉	46	債権	268
公共用物	551	債権者代位権	280
拘禁	84	債権譲渡	309
公金支出の禁止	126	催告権	154, 183
公権力	654	催告の抗弁権	303
工作物責任	396	財産区	670
合資会社	450	財産権	81
公証	557	再審査請求	604
公序良俗	160	再調査の請求	603
公信力	206	裁判官の職権の独立	117
拘束力	623, 645	裁判所規則制定権	116
公聴会	584	裁判所による事前差止め	76
公定力	559	裁判の公開	116
合同会社	450	裁判を受ける権利	88
公道に至るための他の土地の通行権	226	歳費受領権	101
口頭の提供	318	債務引受け	314
幸福追求権	51	債務不履行	274
公物	550	裁量権の逸脱	568
公平な裁判所の迅速な公開裁判	85	裁量権の濫用	568
公法	538	詐害行為取消権	285
合名会社	450	詐欺	170
拷問・残虐刑の禁止	85	先取特権	248
公用物	552	錯誤	168
合理性の基準	79	差止訴訟	647
国事行為	120	参加人	588, 609
国政調査権	101	参与機関（議決機関）	544

し

告知と聴聞	83		
国民主権	38	資格争訟の裁判権	101
国民審査	115	指揮監督	547
個人根保証契約	308	敷金	368
国会単独立法の原則	96	時効	193
国会中心立法の原則	96	時効の援用	198
国家賠償請求権	88	時効の完成猶予	200
国家賠償制度	653	時効利益の放棄	199
個別外部監査制度	691	自己決定権	53
戸別訪問禁止規定	74		
雇用契約	381		

自己実現の価値・・・・・・・・・・・・・68	住民訴訟・・・・・・・・・・・・・692
自己統治の価値・・・・・・・・・・・・68	住民投票・・・・・・・・・・・・・96
自主占有・・・・・・・・・・・・・218	住民投票条例・・・・・・・・・・・677
事情裁決・・・・・・・・・・・・・619	主観訴訟・・・・・・・・・・・・・649
私人間効力・・・・・・・・・・・・49	授権代理・・・・・・・・・・・・・547
事前抑制の理論・・・・・・・・・・75	主宰者・・・・・・・・・・・・・588
質権・・・・・・・・・・・・・250	取材の自由・・・・・・・・・・・71
自治事務・・・・・・・・・・・・・696	受働債権・・・・・・・・・・323, 325
自治紛争処理委員・・・・・・・・・711	取得時効・・・・・・・・・・・・・194
執行機関・・・・・・・・・・544, 689	受任機関・・・・・・・・・・・・・546
執行罰・・・・・・・・・・・・・572	主物・・・・・・・・・・・・・158
執行不停止の原則・・・・・・・617, 642	受理・・・・・・・・・・・・・558
執行命令・・・・・・・・・・・・・576	受領遅滞・・・・・・・・・・・・・278
執行役・・・・・・・・・・・・・500	種類株式・・・・・・・・・・・・・467
実子・・・・・・・・・・・・・407	種類債権・・・・・・・・・・・・・271
失踪宣告・・・・・・・・・・・・・147	準正・・・・・・・・・・・・・409
指定管理者・・・・・・・・・・・・702	承役地・・・・・・・・・・・・・233
指定都市・・・・・・・・・・・・・669	常会・・・・・・・・・・・・・99
私的自治の原則・・・・・・・・・・141	商業使用人・・・・・・・・・・・446
自働債権・・・・・・・・・・323, 324	承継取得・・・・・・・・・・200, 228
支配人・・・・・・・・・・・・・446	条件・・・・・・・・・・・・191, 565
自白の証拠能力の制限・・・・・・・85	商号・・・・・・・・・・・・・444
私法・・・・・・・・・・・・・538	使用者責任・・・・・・・・・・・395
司法権・・・・・・・・・・・・・109	肖像権・・・・・・・・・・・・・53
司法権の独立・・・・・・・・・・116	使用貸借契約・・・・・・・・・・373
資本金・・・・・・・・・・・・・458	承諾・・・・・・・・・・・・・332
事務管理・・・・・・・・・・・・・384	譲渡制限特約・・・・・・・・・・310
指名委員会等設置会社・・・・・・・500	常任委員会・・・・・・・・・・・679
諮問機関・・・・・・・・・・・・・544	証人審問権・喚問権・・・・・・・85
社会学的代表・・・・・・・・・・95	消費貸借契約・・・・・・・・・・371
自由委任・・・・・・・・・・・・・95	消滅時効・・・・・・・・・・・・・195
集会の自由・・・・・・・・・・・69	条例の制定・改廃請求・・・・・・676
衆議院の解散・・・・・・・・・・105	職業選択の自由・・・・・・・・・78
住居等の不可侵・・・・・・・・・84	職務執行の外形・・・・・・・・・656
自由権・・・・・・・・・・・・・42	職権主義・・・・・・・・・・・・・616
私有財産制・・・・・・・・・・・81	処分・・・・・・・・・582, 602, 630
自由選挙・・・・・・・・・・・・・92	処分基準・・・・・・・・・・・・・586
自由選択主義・・・・・・・・・・604	書面審理主義・・・・・・・・・・616
従物・・・・・・・・・・・・・158	所有権・・・・・・・・・・・・・226
住民監査請求・・・・・・・・・・692	所有と経営の分離・・・・・・・・479
住民監査請求前置主義・・・・・・・693	自力執行力・・・・・・・・・・・560
住民自治・・・・・・・・・・130, 668	知る権利・・・・・・・・・・・・・68

法令等科目さくいん | **829**

信義則	143		
親権	411		
人権享有主体性	43		
親権者	150		
親権喪失の審判	412		
親権停止の審判	413		
審査基準	583		
審査請求	603		
審査請求期間	610		
審査請求書	612		
審査請求前置主義	605		
人身の自由	82		
親族	399		
審理員制度	613		
心裡留保	162		

す

随伴性	239, 302

せ

請願権	87
税関検査	75
政教分離の原則	63
政治的代表	95
生存権	89
政党	98
制度的保障	63
成年後見人	151
成年被後見人	151
精力分散防止義務	447
絶対的商行為	440
設置又は管理の瑕疵	659
善意	148
先願主義	555
善管注意義務	270, 272
選挙運動の自由	73
選挙権	92
専決	547
専決処分	688
占有	217
占有訴権	222

そ

総合区	670
相殺	296, 323
相続	414
相続欠格	417
相続人	415
相続分	419
相続放棄	422
総代	609
双務契約	330
贈与	358
相隣関係	226
即時取得	223
属人主義	717
属地主義	717
組織変更	487, 523
訴訟参加	641
訴訟要件	632
租税法律主義	125
損失補償	82, 665

た

代位責任	653
第1号法定受託事務	697
大学の自治	65
代価弁済	263
代決	547
第三者弁済	319
胎児	146
代執行	571, 707
代襲相続	415
対世的効力	645
第2号法定受託事務	697
代物弁済	322
代理	176, 557
代理商	447
代理人	176, 587
諾成契約	330
他主占有	218
弾劾裁判所	101
単純承認	423

団体自治‥‥‥‥‥‥‥‥‥‥‥130, 668

ち

地役権‥‥‥‥‥‥‥‥‥‥‥‥‥‥‥233
地上権‥‥‥‥‥‥‥‥‥‥‥‥‥‥‥232
秩序罰‥‥‥‥‥‥‥‥‥‥‥‥‥‥‥574
地方公共団体‥‥‥‥‥‥‥‥‥‥‥668
地方公共団体の組合‥‥‥‥‥‥‥671
地方債‥‥‥‥‥‥‥‥‥‥‥‥‥‥‥700
嫡出子‥‥‥‥‥‥‥‥‥‥‥‥‥‥‥407
嫡出否認の訴え‥‥‥‥‥‥‥‥‥407
中核市‥‥‥‥‥‥‥‥‥‥‥‥‥‥‥669
町村総会‥‥‥‥‥‥‥‥‥‥‥‥‥679
懲罰権‥‥‥‥‥‥‥‥‥‥‥‥‥‥‥683
聴聞‥‥‥‥‥‥‥‥‥‥‥‥‥‥‥‥587
聴聞調書‥‥‥‥‥‥‥‥‥‥‥‥‥589
直接強制‥‥‥‥‥‥‥‥‥‥‥‥‥573
直接請求‥‥‥‥‥‥‥‥‥‥‥‥‥675
直接責任‥‥‥‥‥‥‥‥‥‥‥‥‥451
直接選挙‥‥‥‥‥‥‥‥‥‥‥‥‥‥93
直接無限責任社員‥‥‥‥‥‥‥450
直接有限責任社員‥‥‥‥‥‥‥450
賃貸借契約‥‥‥‥‥‥‥‥‥‥‥361

つ

追認‥‥‥‥‥‥‥‥‥150, 175, 183
通知‥‥‥‥‥‥‥‥558, 587, 590
通謀虚偽表示‥‥‥‥‥‥‥‥‥‥163

て

定型約款‥‥‥‥‥‥‥‥‥‥‥‥‥333
停止条件‥‥‥‥‥‥‥‥‥‥191, 566
定足数‥‥‥‥‥‥‥‥‥‥‥‥‥‥‥100
抵当権‥‥‥‥‥‥‥‥‥‥‥‥‥‥‥253
抵当権消滅請求‥‥‥‥‥‥‥‥‥264
適正手続の保障‥‥‥‥‥‥‥‥‥‥83
撤回‥‥‥‥‥‥‥‥‥‥‥‥‥‥‥‥562
手付‥‥‥‥‥‥‥‥‥‥‥‥‥‥‥‥348
天然果実‥‥‥‥‥‥‥‥‥‥‥‥‥158

と

登記‥‥‥‥‥‥‥‥‥‥‥‥207, 210

動機の錯誤‥‥‥‥‥‥‥‥‥‥‥169
当事者訴訟‥‥‥‥‥‥‥‥‥‥‥648
同時履行の抗弁権‥‥‥‥‥‥‥335
到達主義‥‥‥‥‥‥172, 331, 332
統治行為論‥‥‥‥‥‥‥‥‥‥‥112
特殊法人‥‥‥‥‥‥‥‥‥‥‥‥‥542
特定物債権‥‥‥‥‥‥‥‥‥‥‥270
特別委員会‥‥‥‥‥‥‥‥‥‥‥679
特別会‥‥‥‥‥‥‥‥‥‥‥‥‥‥‥99
特別会計‥‥‥‥‥‥‥‥‥‥‥‥‥699
特別区‥‥‥‥‥‥‥‥‥‥‥‥‥‥‥670
特別地方公共団体‥‥‥‥‥‥‥670
特別な法律関係‥‥‥‥‥‥‥‥‥‥46
特別養子‥‥‥‥‥‥‥‥‥‥‥‥‥410
独立行政法人‥‥‥‥‥‥‥‥‥‥542
特例市‥‥‥‥‥‥‥‥‥‥‥‥‥‥‥669
特許‥‥‥‥‥‥‥‥‥‥‥‥‥‥‥‥556
特許使用‥‥‥‥‥‥‥‥‥‥‥‥‥552
取消し‥‥‥‥‥‥‥‥‥‥‥‥‥‥‥174
取消権‥‥‥‥‥‥‥‥‥‥‥150, 175
取消・停止権‥‥‥‥‥‥‥‥‥‥548
取消（撤回）権の留保‥‥‥‥‥566
取締役‥‥‥‥‥‥‥‥‥‥‥‥‥‥‥490
取締役会‥‥‥‥‥‥‥‥‥‥‥‥‥494
取締役会設置会社‥‥‥‥‥‥‥492
奴隷的拘束からの自由‥‥‥‥‥‥82

な

内閣総理大臣‥‥‥‥‥‥‥‥‥‥106
内閣不信任決議権‥‥‥‥‥97, 104

に

二院制‥‥‥‥‥‥‥‥‥‥‥‥‥‥‥‥97
二重の基準の理論‥‥‥‥‥‥‥‥‥74
二分論‥‥‥‥‥‥‥‥‥‥‥‥‥‥‥‥80
任意代位‥‥‥‥‥‥‥‥‥‥‥‥‥320
任意代理‥‥‥‥‥‥‥‥‥‥‥‥‥177
認可‥‥‥‥‥‥‥‥‥‥‥‥‥‥‥‥556
認知‥‥‥‥‥‥‥‥‥‥‥‥‥‥‥‥408

は

配偶者‥‥‥‥‥‥‥‥‥‥‥‥‥‥‥400

法令等科目さくいん **831**

配偶者居住権	429
廃除	416
背信的悪意者	208
売買契約	348
白紙委任	576
剥権	556
発信主義	172
反論権	68

ひ

被害者側の過失	392
被疑者の権利	84
引渡し	215
被告適格	638
被告人の権利	85
被選挙権	92
被相続人	414
非嫡出子	408
必要費	221
被保佐人	151
被補助人	153
秘密選挙	93
100条調査権	682
表決数	100
表見代理	187
標準処理期間	583
平等選挙	92

ふ

不可争力	559
不可分債権	292
不可分債務	292
不可分性	239
不可変更力	560
附款	565
不完全履行	276
複選制	93
復代理	182
不作為	602
付従性	238, 302
附属的商行為	441
不逮捕特権	100

負担	566
普通選挙	92
物権的請求権	203, 264
物上代位性	239
不当利得	386
不服申立要件	606
部分社会の法理	113
不法原因給付	388
不法行為	390
プライバシー権	52
不利益処分	585
分割債権	291
分割債務	291
分担金	700

へ

平和主義	39
弁護人依頼権	85
弁済	317
弁済による代位	320
弁済の提供	318
片務契約	330

ほ

包括委任	576
包括外部監査制度	691
法規命令	576
法人	155
法治主義	537
法定外（無名）抗告訴訟	648
法定果実	158
法定受託事務	696
法定代位	320
法定代理	177, 547
法定地上権	258
法定追認	175
報道の自由	70
法の支配	37
法律行為	159
法律効果	159
法律上の争訟	110
法律の優位の原則	537

法律の留保の原則 …………………… 537	**ゆ**
法律要件 …………………………… 159	有益費 ……………………………… 221
保護主義 …………………………… 717	有限責任 …………………………… 451
保佐人 ……………………………… 152	有償契約 …………………………… 330
補充性 ……………………………… 302	優先弁済的効力 …………………… 240
募集設立 …………………………… 506	**よ**
保証債務 …………………………… 301	
補助機関 ……………………… 544, 688	要役地 ……………………………… 233
補助人 ……………………………… 153	養子 ………………………………… 409
補正 …………………………… 583, 612	要物契約 …………………………… 330
発起設立 …………………………… 506	抑留 ………………………………… 84
発起人 ………………………… 507, 512	横出し規制 ………………………… 698
み	予算 ………………………………… 127
	予算先議権 ………………………… 97
未成年後見人 ……………………… 150	**り**
未成年者 …………………………… 149	
民衆訴訟 …………………………… 649	利益相反行為 ……………………… 411
む	利害関係人 ………………………… 609
	履行遅滞 …………………………… 274
無限責任 …………………………… 451	履行不能 …………………………… 275
無権代理 …………………………… 183	立法機関 …………………………… 96
無権代理と相続 …………………… 184	留置権 ……………………………… 241
無効 ………………………………… 174	留置的効力 …………………… 240, 245
無効確認判決 ……………………… 658	両罰規定 …………………………… 574
無効等確認訴訟 …………………… 645	臨時会 ……………………………… 99
無償契約 …………………………… 330	**れ**
め	
	令状主義 …………………………… 84
名誉権 ……………………………… 53	列記主義 …………………………… 607
命令的行為 ………………………… 555	連帯債権 …………………………… 293
免除 ………………………… 295, 327, 555	連帯債務 …………………………… 297
免責特権 …………………………… 101	連帯保証 …………………………… 306
も	**ろ**
申込み ……………………………… 331	労働基本権 ………………………… 91
目的効果基準 ……………………… 63	労働三権 …………………………… 91
黙秘権 ……………………………… 85	**わ**
持分会社 …………………………… 450	
や	和解契約 …………………………… 383
役員選任権 ………………………… 101	

法令等科目さくいん **833**

一般知識等科目さくいん

あ行

アクセス管理者‥‥‥‥‥‥‥‥‥‥802
アジア太平洋経済協力会議（APEC）‥750
アジェンダ21‥‥‥‥‥‥‥‥‥785, 786
ASEAN自由貿易地域（AFTA）‥‥‥750
アダム・スミス‥‥‥‥‥‥‥‥‥‥752
圧力団体‥‥‥‥‥‥‥‥‥‥‥‥‥742
EPA‥‥‥‥‥‥‥‥‥‥‥‥‥‥‥770
EU‥‥‥‥‥‥‥‥‥‥‥‥‥‥‥748
一般会計‥‥‥‥‥‥‥‥‥‥‥‥‥763
医療保険‥‥‥‥‥‥‥‥‥‥‥‥‥773
ウィーン条約‥‥‥‥‥‥‥‥‥‥‥784
売りオペレーション‥‥‥‥‥‥‥‥766
FTA‥‥‥‥‥‥‥‥‥‥‥‥‥‥770
オゾン層破壊‥‥‥‥‥‥‥‥‥‥‥783
オプトアウト‥‥‥‥‥‥‥‥809, 819

か行

カール・マルクス‥‥‥‥‥‥‥‥‥753
買いオペレーション‥‥‥‥‥‥‥‥766
会計年度独立の原則‥‥‥‥‥‥‥‥762
介護保険‥‥‥‥‥‥‥‥‥‥‥‥‥776
改ざん‥‥‥‥‥‥‥‥‥‥‥‥‥‥792
確定給付年金‥‥‥‥‥‥‥‥‥‥‥779
確定拠出年金‥‥‥‥‥‥‥‥‥‥‥779
仮名加工情報‥‥‥‥‥‥‥‥‥‥‥807
借換債‥‥‥‥‥‥‥‥‥‥‥‥‥‥759
環境アセスメント‥‥‥‥‥‥‥‥‥782
環境影響評価法‥‥‥‥‥‥‥‥‥‥782
環境基本法‥‥‥‥‥‥‥‥‥‥‥‥779
関税及び貿易に関する一般協定
　（GATT）‥‥‥‥‥‥‥‥‥‥‥769
間接税‥‥‥‥‥‥‥‥‥‥‥‥‥‥756
官僚国家‥‥‥‥‥‥‥‥‥‥‥‥‥729
議院内閣制‥‥‥‥‥‥‥‥‥‥‥‥726
気候変動枠組条約‥‥‥‥‥‥‥‥‥784

基準割引率および基準貸付利率
　（公定歩合）‥‥‥‥‥‥‥‥‥‥767
行政機関が行う政策の評価に関する
　法律（政策評価法）‥‥‥‥‥‥‥732
行政機関個人情報保護法‥‥‥‥‥‥817
行政国家現象‥‥‥‥‥‥‥‥‥‥‥729
行政手続オンライン化法‥‥‥‥‥‥800
行政評価システム‥‥‥‥‥‥‥‥‥732
行政文書‥‥‥‥‥‥‥‥‥‥‥‥‥733
共通鍵暗号方式‥‥‥‥‥‥‥‥‥‥792
京都議定書‥‥‥‥‥‥‥‥‥‥‥‥785
金融政策‥‥‥‥‥‥‥‥‥‥‥‥‥765
クラウディングアウト効果‥‥‥755, 760
繰越明許費‥‥‥‥‥‥‥‥‥‥‥‥762
継続費‥‥‥‥‥‥‥‥‥‥‥‥761, 762
ゲリマンダリング‥‥‥‥‥‥‥‥‥743
健康保険‥‥‥‥‥‥‥‥‥‥‥‥‥773
建設国債‥‥‥‥‥‥‥‥‥‥‥‥‥759
公開鍵暗号方式‥‥‥‥‥‥‥‥‥‥793
公開市場操作‥‥‥‥‥‥‥‥‥‥‥766
公害対策基本法‥‥‥‥‥‥‥779, 782
公衆衛生‥‥‥‥‥‥‥‥‥‥‥‥‥777
公職選挙法‥‥‥‥‥‥‥‥‥‥‥‥744
厚生年金保険‥‥‥‥‥‥‥‥773, 774
拘束名簿式比例代表制‥‥‥‥‥‥‥743
公的個人認証サービス‥‥‥‥‥‥‥800
公的個人認証法‥‥‥‥‥‥‥‥‥‥800
公的年金‥‥‥‥‥‥‥‥‥‥‥‥‥774
公的扶助（生活保護）‥‥‥‥‥‥‥776
高齢化‥‥‥‥‥‥‥‥‥‥‥‥‥‥778
国債‥‥‥‥‥‥‥‥‥‥‥‥‥‥‥759
国際連合‥‥‥‥‥‥‥‥‥‥‥‥‥747
国内総生産（GDP）‥‥‥‥‥‥‥‥768
国民健康保険‥‥‥‥‥‥‥‥‥‥‥773
国民年金‥‥‥‥‥‥‥‥‥‥‥773, 774
国民負担率‥‥‥‥‥‥‥‥‥‥‥‥757
55年体制‥‥‥‥‥‥‥‥‥‥‥‥741
個人関連情報‥‥‥‥‥‥‥‥‥‥‥808

個人情報 ・・・・・・・・・・・・・・・・・・ 807	政府関係機関予算 ・・・・・・・・・・・・ 763
個人情報ファイル ・・・・・・・・・・・・ 817	生物多様性条約 ・・・・・・・・・・・・・・ 785
個人情報保護委員会 ・・・・・・・・・・ 818	政令指定都市 ・・・・・・・・・・・・・・・・ 736
個人情報保護法 ・・・・・・・・・・・・・・ 806	世界貿易機関（WTO）・・・・・・・・ 769
個人データ ・・・・・・・・・・・・・・・・・・ 807	租税負担率 ・・・・・・・・・・・・・・・・・・ 757
個人番号（マイナンバー）・・・・・・ 820	

た行

個人番号カード	ダイオキシン ・・・・・・・・・・・・・・・・ 784
（マイナンバーカード）・・・・・・ 821	第三者機関（認証局）・・・・・・・・・・ 795
国庫債務負担行為 ・・・・・・・・・ 761, 762	第3セクター ・・・・・・・・・・・・・・・・ 739
国庫支出金 ・・・・・・・・・・・・・・・・・・ 737	大選挙区 ・・・・・・・・・・・・・・・・・・・・ 742
雇用保険 ・・・・・・・・・・・・・・・・・・・・ 775	大統領制 ・・・・・・・・・・・・・・・・・・・・ 726

さ行

	多数代表制 ・・・・・・・・・・・・・・・・・・ 743
財政投融資 ・・・・・・・・・・・・・・・・・・ 757	単一通貨ユーロ ・・・・・・・・・・・・・・ 749
歳入歳出予算 ・・・・・・・・・・・・・・・・ 762	短期国債 ・・・・・・・・・・・・・・・・・・・・ 759
サプライサイド経済学 ・・・・・・・・ 754	地域的な包括的経済連携（RCEP）
暫定予算 ・・・・・・・・・・・・・・・・・・・・ 764	協定 ・・・・・・・・・・・・・・・・・・・・・・ 770
三位一体の改革 ・・・・・・・・・・・・・・ 738	小さな政府 ・・・・・・・・・・・・・・・ 729, 754
資源循環型社会 ・・・・・・・・・・・・・・ 779	地球温暖化 ・・・・・・・・・・・・・・・・・・ 783
資源有効利用促進法 ・・・・・・・・・・ 780	地方交付税 ・・・・・・・・・・・・・・・・・・ 737
市場化テスト ・・・・・・・・・・・・・・・・ 740	地方債 ・・・・・・・・・・・・・・・・・・・・・・ 738
事前協議制 ・・・・・・・・・・・・・・・・・・ 739	地方財政計画 ・・・・・・・・・・・・・・・・ 736
持続可能な開発目標（SDGs）・・・・・ 786	地方譲与税 ・・・・・・・・・・・・・・・・・・ 738
市中消化の原則 ・・・・・・・・・・・・・・ 759	地方税 ・・・・・・・・・・・・・・・・・・・・・・ 737
社会福祉 ・・・・・・・・・・・・・・・・・・・・ 776	地方分権 ・・・・・・・・・・・・・・・・・・・・ 734
ジャン・バティスト・セイ ・・・・ 753	地方分権一括法 ・・・・・・・・・・・・・・ 734
住基ネット ・・・・・・・・・・・・・・・・・・ 790	中央省庁再編 ・・・・・・・・・・・・・・・・ 730
自由放任主義（レッセ・フェール）	中央省庁等改革基本法 ・・・・・・・・ 730
・・・・・・・・・・・・・・・・・・・・・・ 729, 753	中核市 ・・・・・・・・・・・・・・・・・・・・・・ 736
循環型社会形成推進基本法 ・・・・ 780	長期国債 ・・・・・・・・・・・・・・・・・・・・ 759
少子化 ・・・・・・・・・・・・・・・・・・・・・・ 778	重複立候補 ・・・・・・・・・・・・・・・・・・ 743
少数代表制 ・・・・・・・・・・・・・・・・・・ 743	直接税 ・・・・・・・・・・・・・・・・・・・・・・ 756
小選挙区 ・・・・・・・・・・・・・・・・・・・・ 742	直間比率 ・・・・・・・・・・・・・・・・・・・・ 756
小選挙区比例代表並立制 ・・・・・・ 743	TPP ・・・・・・・・・・・・・・・・・・・・・・・・ 770
情報公開法 ・・・・・・・・・・・・・・・・・・ 733	デジタル行政推進法 ・・・・・・・・・・ 800
ジョン・メイナード・ケインズ ・・ 753	デジタル社会形成基本法 ・・・・・・ 790
スパイウェア ・・・・・・・・・・・・・・・・ 792	デジタル庁 ・・・・・・・・・・・・・・・・・・ 790
政治資金規正法 ・・・・・・・・・・・・・・ 741	デヴィッド・リカード ・・・・・・・・ 753
政党 ・・・・・・・・・・・・・・・・・・・・・・・・ 740	電子消費者契約法 ・・・・・・・・・・・・ 797
政党国家現象 ・・・・・・・・・・・・・・・・ 740	電子自治体 ・・・・・・・・・・・・・・・・・・ 788
政党助成法 ・・・・・・・・・・・・・・・・・・ 741	電子証明書 ・・・・・・・・・・・・・・・ 794, 801
セイの法則 ・・・・・・・・・・・・・・・・・・ 753	電子署名 ・・・・・・・・・・・・・・・・・・・・ 794

一般知識等科目さくいん **835**

電子政府‥‥‥‥‥‥‥‥‥‥‥788
電子認証‥‥‥‥‥‥‥‥‥‥‥794
盗聴‥‥‥‥‥‥‥‥‥‥‥‥‥792
東南アジア諸国連合（ASEAN）‥‥‥750
特殊法人‥‥‥‥‥‥‥‥‥‥‥731
特定電気通信‥‥‥‥‥‥‥‥‥799
特別会計‥‥‥‥‥‥‥‥‥‥‥763
匿名加工情報‥‥‥‥‥‥‥‥‥808
独立行政法人‥‥‥‥‥‥‥‥‥731
特例国債（赤字国債）‥‥‥‥‥‥759
特例市‥‥‥‥‥‥‥‥‥‥‥‥736

な行

なりすまし‥‥‥‥‥‥‥‥‥‥792
日本銀行‥‥‥‥‥‥‥‥‥‥‥765

は行

バーゼル条約‥‥‥‥‥‥‥‥‥784
廃棄物処理法‥‥‥‥‥‥‥‥‥780
パスワード‥‥‥‥‥‥‥‥‥‥791
パブリックコメント‥‥‥‥‥‥733
パリ協定‥‥‥‥‥‥‥‥785, 786
PFI‥‥‥‥‥‥‥‥‥‥‥‥‥739
非拘束名簿式比例代表制‥‥‥743, 744
ビルトインスタビライザー‥‥‥‥755
比例代表制‥‥‥‥‥‥‥‥‥‥743
ファイアーウォール‥‥‥‥‥‥791
フィスカルポリシー‥‥‥‥‥‥755
福祉国家‥‥‥‥‥‥‥‥‥‥‥729
不交付団体‥‥‥‥‥‥‥‥‥‥737
不正アクセス‥‥‥‥‥‥‥‥‥791
不正アクセス行為の禁止‥‥‥‥‥803
普通選挙法‥‥‥‥‥‥‥‥‥‥744
プライマリーバランス（PB）‥‥‥‥761
プロバイダ責任制限法‥‥‥‥‥‥798
法定外普通税‥‥‥‥‥‥‥‥‥738

法定外目的税‥‥‥‥‥‥‥‥‥739
法定準備率（支払準備率）‥‥‥‥767
補正予算‥‥‥‥‥‥‥‥‥‥‥764
保有個人情報‥‥‥‥‥‥‥‥‥817
保有個人データ‥‥‥‥‥‥‥‥807
本予算‥‥‥‥‥‥‥‥‥‥‥‥764

ま行

マーストリヒト条約‥‥‥‥‥‥748
マイナンバー制度‥‥‥‥‥‥‥820
マネタリズム‥‥‥‥‥‥‥‥‥754
マルポール 73/78 条約‥‥‥‥‥784
ミルトン・フリードマン‥‥‥‥‥754
迷惑メール防止法‥‥‥‥‥‥‥804

や行

夜警国家‥‥‥‥‥‥‥‥‥‥‥729
郵政民営化‥‥‥‥‥‥‥‥‥‥731
要配慮個人情報‥‥‥‥‥‥‥‥807
予算総則‥‥‥‥‥‥‥‥‥‥‥762
予算の単年度主義‥‥‥‥‥‥‥761
予備費‥‥‥‥‥‥‥‥‥‥‥‥765

ら行

ラムサール条約‥‥‥‥‥‥‥‥784
ルソー‥‥‥‥‥‥‥‥‥‥‥‥728
連座制‥‥‥‥‥‥‥‥‥‥‥‥744
連邦制‥‥‥‥‥‥‥‥‥‥‥‥727
労働者災害補償保険‥‥‥‥‥‥775
労働保険‥‥‥‥‥‥‥‥‥‥‥775
ロック‥‥‥‥‥‥‥‥‥‥‥‥728
ロンドン条約‥‥‥‥‥‥‥‥‥784

わ行

ワシントン条約‥‥‥‥‥‥‥‥784

もっと合格力をつけたい人のための学習ガイド

1 合格に役立つ講義を聴いてみよう！

▶ YouTube 伊藤塾チャンネル

科目別の学習テクニックや重要な論点の解説、本試験の出題ポイントなど、定期的に伊藤塾講師陣が合格に役立つ講義を配信しています。また、伊藤塾出身の合格者や行政書士実務家のインタビューを多数掲載し、受験期間中のモチベーションアップやその維持にもお役立ていただけます。知識補充、理解力の向上、モチベーションコントロールのために、どうぞ有効活用してください。

行政書士試験 5分チェック！民法重要論点「抵当権」編

【無料で体験！】これから行政書士試験の合格を目指すあなたに〜2022年行政書士合格講座 速修生 憲法〜

2022年行政書士試験「うかる！行政書士24」超短期活用法

【行政法の重要論点は押さえられていますか？】Vol4 〜藤田講師と学ぶ「処分性」編〜

配信コンテンツの例

- 行政書士試験 5分チェック！民法重要論点「抵当権」編
- 【無料で体験！】これから行政書士試験の合格を目指すあなたに〜 2022年行政書士合格講座 速修生 憲法〜
- 2022年行政書士試験「うかる！行政書士24」超短期活用法
- 【行政法の重要論点は押さえられていますか？】Vol4 〜藤田講師と学ぶ「処分性」編〜　etc.

今すぐチェック ▶▶▶

2 合格に役立つテクニックを手に入れよう！

▶ 伊藤塾 行政書士試験科公式メールマガジン「かなえ〜る」

全国の行政書士試験受験生の夢を"かなえる"ために"エール"を贈る。それが、メールマガジン「かなえ〜る」です。

毎回、伊藤塾講師陣が、合格に役立つ学習テクニックや弱点克服法、問題の解き方から科目別対策、勉強のやり方まで持てるノウハウを出し惜しみなくお届けしています。

合格者や受験生から大変好評をいただいているメールマガジンです。登録は無料です。どうぞ、この機会にご登録ください。

内容の一例
- 平林講師の「思考と体系の館」セレクトver
- 藤田講師の苦手克服研究所 NIGALABO
- 行政書士試験ココが出るかも?! 一般知識等クイズ
- パーソナルトレーナー講師遠山利行の「合格者の習慣」etc.

今すぐチェック ▶▶▶

▶ 伊藤塾 行政書士試験科 Twitter

Twitterでも学習に役立つ内容から、試験情報、イベント情報など、役立つ情報を随時発信していますので、本書で学習を開始したら、ぜひフォローしてください！

▶ 伊藤塾 行政書士試験科 Facebook

Facebookにも行政書士試験の有益な情報をアップしています。随時新しい情報を更新しているので、活用しよう！

今すぐチェック ▶▶▶

3 伊藤塾講師陣の講義を体験してみよう！

➤ 無料公開講座等

その時期に応じたガイダンスや公開講座を、YouTube Live等を活用して随時開催し、行政書士受験生の学習をサポートしています。最新情報を手に入れて、学習に弾みをつけましょう！

2022年実施の無料公開イベントの一例	
2月	伊藤塾長特別講義
9月	秋桜会・受験生応援イベント
11月	行政書士本試験速報会、分析会
随時	明日の行政書士講座 （活躍中の実務家による"行政書士の今"を伝える講演会）

今すぐチェック ▶▶▶

4 あなたに合った合格プランを相談しよう！

➤ 講師・実務家カウンセリング

伊藤塾は、良質な講義に加えて、一人ひとりの学習進度に合わせて行う**個別指導**を大切にしています。

その1つとして、講師によるカウンセリング制度があります。あなたの学習環境や可処分時間に合わせて具体的で明確な解決方法を提案しています。

受講生以外でもご利用いただけますので、勉強方法などお悩みのときはお気軽にご活用ください。

今すぐチェック ▶▶▶

伊藤塾Webサイトをチェック
https://www.itojuku.co.jp/

伊藤塾 行政書士 🔍 検索

■ 編者紹介

伊藤塾（いとうじゅく）

毎年、行政書士、司法書士、司法試験など法律科目のある資格試験や公務員試験の合格者を
多数輩出している受験指導校。社会に貢献できる人材育成を目指し、司法試験の合格実績の
みならず、合格後を見据えた受験指導には定評がある。1995年5月3日憲法記念日に、法人
名を「株式会社 法学館」とし設立。憲法の心と真髄をあまねく伝えること、また、一人一票
を実現し、日本を真の民主主義国家にするための活動を行っている。
（一人一票実現国民会議：https://www2.ippyo.org/）

伊藤塾　〒 150-0031　東京都渋谷区桜丘町 17-5
https://www.itojuku.co.jp/

■ 正誤に関するお問い合わせ
　万一誤りと疑われる箇所がございましたら、まずは弊社ウェブサイト［https://bookplus.nikkei.com/
catalog/］で本書名を入力・検索いただき、正誤情報をご確認の上、下記までお問い合わせください。
https://nkbp.jp/booksQA
※正誤のお問い合わせ以外の書籍に関する解説や受験指導は、一切行っておりません。
※電話でのお問い合わせは受け付けておりません。
※回答は、土日祝日を除く平日にさせていただきます。お問い合わせの内容によっては、回答までに
　数日ないしはそれ以上の期間をいただく場合があります。
※本書は2023年度試験受験用のため、**お問い合わせ期限は2023年11月1日（水）**までとさせていただ
　きます。

うかる！ 行政書士 総合テキスト 2023 年度版

2022 年 12 月 22 日　1 刷

編　者	伊藤塾
	©Ito-juku, 2022
発行者	國分 正哉
発　行	株式会社日経 BP
	日本経済新聞出版
発　売	株式会社日経 BP マーケティング
	〒 105-8308　東京都港区虎ノ門 4-3-12
装　丁	斉藤 よしのぶ／組　版　マーリンクレイン
印刷・製本	シナノ印刷

ISBN978-4-296-11568-6
Printed in Japan

本書の無断複写・複製（コピー等）は著作権法上の例外を除き、禁じられています。購入者以外の第
三者による電子データ化および電子書籍化は、私的使用を含め一切認められておりません。

うかる！
2023年度版
総合テキスト

行政書士

別冊
ハンディ行政書士試験六法

矢印の方向に引くと
取り外せます

日本経済新聞出版

別冊
ハンディ行政書士試験六法

目　　次

日本国憲法 ……………………………………………………………… 4

民法 (抄) ………………………………………………………………… 11

行政手続法 ……………………………………………………………… 82

行政代執行法 …………………………………………………………… 93

行政不服審査法 ………………………………………………………… 94

行政事件訴訟法 ………………………………………………………… 110

国家賠償法 ……………………………………………………………… 119

地方自治法 (抄) ………………………………………………………… 120

個人情報の保護に関する法律 ………………………………………… 139

本書は、行政書士試験の学習に必要な条文を抜粋して収録しています。
民法及び地方自治法は、抄録のため、すべての条文は掲載していません。
法改正については、2023 (令和5) 年度行政書士試験に対応するた
めに、2023 (令和5) 年4月1日までに施行が見込まれる改正を織
り込みました。

日本国憲法

(昭和 21 年 11 月 3 日憲法)

日本国民は、正当に選挙された国会における代表者を通じて行動し、われらとわれらの子孫のために、諸国民との協和による成果と、わが国全土にわたつて自由のもたらす恵沢を確保し、政府の行為によつて再び戦争の惨禍が起ることのないやうにすることを決意し、ここに主権が国民に存することを宣言し、この憲法を確定する。そもそも国政は、国民の厳粛な信託によるものであつて、その権威は国民に由来し、その権力は国民の代表者がこれを行使し、その福利は国民がこれを享受する。これは人類普遍の原理であり、この憲法は、かかる原理に基くものである。われらは、これに反する一切の憲法、法令及び詔勅を排除する。

日本国民は、恒久の平和を念願し、人間相互の関係を支配する崇高な理想を深く自覚するのであつて、平和を愛する諸国民の公正と信義に信頼して、われらの安全と生存を保持しようと決意した。われらは、平和を維持し、専制と隷従、圧迫と偏狭を地上から永遠に除去しようと努めてゐる国際社会において、名誉ある地位を占めたいと思ふ。われらは、全世界の国民が、ひとしく恐怖と欠乏から免かれ、平和のうちに生存する権利を有することを確認する。

われらは、いづれの国家も、自国のことのみに専念して他国を無視してはならないのであつて、政治道徳の法則は、普遍的なものであり、この法則に従ふことは、自国の主権を維持し、他国と対等関係に立たうとする各国の責務であると信ずる。

日本国民は、国家の名誉にかけ、全力をあげてこの崇高な理想と目的を達成することを誓ふ。

第1章　天皇

第1条　天皇は、日本国の象徴であり日本国民統合の象徴であつて、この地位は、主権の存する日本国民の総意に基く。

第2条　皇位は、世襲のものであつて、国会の議決した皇室典範の定めるところにより、これを継承する。

第3条　天皇の国事に関するすべての行為には、内閣の助言と承認を必要とし、内閣が、その責任を負ふ。

第4条　天皇は、この憲法の定める国事に関する行為のみを行ひ、国政に関する権能を有しない。

2　天皇は、法律の定めるところにより、その国事に関する行為を委任することができる。

第5条　皇室典範の定めるところにより摂政を置くときは、摂政は、天皇の名でその国事に関する行為を行ふ。この場合には、前条第1項の規定を準用する。

第6条　天皇は、国会の指名に基いて、内閣総理大臣を任命する。

2　天皇は、内閣の指名に基いて、最高裁判所の長たる裁判官を任命する。

第7条　天皇は、内閣の助言と承認により、国民のために、左の国事に関する行為を行ふ。

①　憲法改正、法律、政令及び条約を公布すること。

②　国会を召集すること。

③　衆議院を解散すること。

④　国会議員の総選挙の施行を公示すること。

⑤　国務大臣及び法律の定めるその他の官吏の任免並びに全権委任状及び大使及び公使の信任状を認証すること。

⑥　大赦、特赦、減刑、刑の執行の免除及び復権を認証すること。

⑦　栄典を授与すること。

⑧　批准書及び法律の定めるその他の外交文書を認証すること。

⑨　外国の大使及び公使を接受すること。

⑩　儀式を行ふこと。

第8条　皇室に財産を譲り渡し、又は皇室が、財産を譲り受け、若しくは賜与することは、国会の議決に基かなければならない。

第2章　戦争の放棄

第9条　日本国民は、正義と秩序を基調とする国際平和を誠実に希求し、国権の発動たる戦争と、武力による威嚇又は武力の行使は、国際紛争を解決する手段としては、永久にこれを放棄する。

2　前項の目的を達するため、陸海空軍その他の戦力は、これを保持しない。国の交戦権は、これを認めない。

第3章　国民の権利及び義務

第10条　日本国民たる要件は、法律でこれを定める。

第11条　国民は、すべての基本的人権の享有を妨げられない。この憲法が国民に保障する基本的人権は、侵すことのできない永久の権利として、現在及び将来の国民に与へられる。

第12条　この憲法が国民に保障する自由及び権利は、国民の不断の努力によつて、これを保持しなければならない。又、国民は、これを濫用してはならないのであつて、常に公共の福祉のためにこれを利用する責任を負ふ。

第13条　すべて国民は、個人として尊重される。生命、自由及び幸福追求に対する国民の権利については、公共の福祉に反しない限り、立法その他の国政の上で、最大の尊重を必要とする。

第14条　すべて国民は、法の下に平等であつて、人種、信条、性別、社会的身分又は門地により、政治的、経済的又は社会的関係において、差別されない。

2　華族その他の貴族の制度は、これを認めない。

3　栄誉、勲章その他の栄典の授与は、いかなる特権も伴はない。栄典の授与は、現にこれを有し、又は将来これを受ける者の一代に限り、その効力を有する。

第15条　公務員を選定し、及びこれを罷免することは、国民固有の権利である。

2　すべて公務員は、全体の奉仕者であつて、一部の奉仕者ではない。

3　公務員の選挙については、成年者による普通選挙を保障する。

4　すべて選挙における投票の秘密は、これを侵してはならない。選挙人は、その選択に関し公的にも私的にも責任を問はれない。

第16条　何人も、損害の救済、公務員の罷免、法律、命令又は規則の制定、廃止又は改正その他の事項に関し、平穏に請願する権利を有し、何人も、かかる請願をしたためにいかなる差別待遇も受けない。

第17条　何人も、公務員の不法行為により、損害を受けたときは、法律の定めるところにより、国又は公共団体に、その賠償を求めることができる。

第18条　何人も、いかなる奴隷的拘束も受けない。又、犯罪に因る処罰の場合を除いては、その意に反する苦役に服させられない。

第19条　思想及び良心の自由は、これを侵してはならない。

第20条　信教の自由は、何人に対してもこれを保障する。いかなる宗教団体も、国から特権を受け、又は政治上の権力を行使してはならない。

2　何人も、宗教上の行為、祝典、儀式又は行事に参加することを強制されない。

3　国及びその機関は、宗教教育その他いかなる宗教的活動もしてはならない。

第21条　集会、結社及び言論、出版その他一切の表現の自由は、これを保障する。

2　検閲は、これをしてはならない。通信の秘密は、これを侵してはならない。

第22条　何人も、公共の福祉に反しない限り、居住、移転及び職業選択の自由を有する。

2　何人も、外国に移住し、又は国籍を離脱する自由を侵されない。

第23条　学問の自由は、これを保障する。

第24条　婚姻は、両性の合意のみに基いて成立し、夫婦が同等の権利を有することを基本として、相互の協力により、維持されなければならない。

2　配偶者の選択、財産権、相続、住居の選定、離婚並びに婚姻及び家族に関するその他の事項に関しては、法律は、個人の尊厳と両性の本質的平等に立脚して、制定されなければならない。

第25条　すべて国民は、健康で文化的な最低限度の生活を営む権利を有する。

2　国は、すべての生活部面について、社会福祉、社会保障及び公衆衛生の向上及び増進に努めなければならない。

第26条　すべて国民は、法律の定めるところにより、その能力に応じて、ひとしく教育を受ける権利を有する。

2　すべて国民は、法律の定めるところにより、その保護する子女に普通教育を受けさせる義務を負ふ。義務教育は、これを無償とする。

第27条　すべて国民は、勤労の権利を有し、義務を負ふ。

2　賃金、就業時間、休息その他の勤労条件に関する基準は、法律でこれを定める。

3　児童は、これを酷使してはならない。

第28条　勤労者の団結する権利及び団体交渉その他の団体行動をする権利は、これを保障

する。

第29条 財産権は、これを侵してはならない。

2 財産権の内容は、公共の福祉に適合するやうに、法律でこれを定める。

3 私有財産は、正当な補償の下に、これを公共のために用ひることができる。

第30条 国民は、法律の定めるところにより、納税の義務を負ふ。

第31条 何人も、法律の定める手続によらなければ、その生命若しくは自由を奪はれ、又はその他の刑罰を科せられない。

第32条 何人も、裁判所において裁判を受ける権利を奪はれない。

第33条 何人も、現行犯として逮捕される場合を除いては、権限を有する司法官憲が発し、且つ理由となつてゐる犯罪を明示する令状によらなければ、逮捕されない。

第34条 何人も、理由を直ちに告げられ、且つ、直ちに弁護人に依頼する権利を与へられなければ、抑留又は拘禁されない。又、何人も、正当な理由がなければ、拘禁されず、要求があれば、その理由は、直ちに本人及びその弁護人の出席する公開の法廷で示されなければならない。

第35条 何人も、その住居、書類及び所持品について、侵入、捜索及び押収を受けることのない権利は、第33条の場合を除いては、正当な理由に基いて発せられ、且つ捜索する場所及び押収する物を明示する令状がなければ、侵されない。

2 捜索又は押収は、権限を有する司法官憲が発する各別の令状により、これを行ふ。

第36条 公務員による拷問及び残虐な刑罰は、絶対にこれを禁ずる。

第37条 すべて刑事事件においては、被告人は、公平な裁判所の迅速な公開裁判を受ける権利を有する。

2 刑事被告人は、すべての証人に対して審問する機会を充分に与へられ、又、公費で自己のために強制的手続により証人を求める権利を有する。

3 刑事被告人は、いかなる場合にも、資格を有する弁護人を依頼することができる。被告人が自らこれを依頼することができないときは、国でこれを附する。

第38条 何人も、自己に不利益な供述を強要されない。

2 強制、拷問若しくは脅迫による自白又は不当に長く抑留若しくは拘禁された後の自白は、これを証拠とすることができない。

3 何人も、自己に不利益な唯一の証拠が本人の自白である場合には、有罪とされ、又は刑罰を科せられない。

第39条 何人も、実行の時に適法であつた行為又は既に無罪とされた行為については、刑事上の責任を問はれない。又、同一の犯罪について、重ねて刑事上の責任を問はれない。

第40条 何人も、抑留又は拘禁された後、無罪の裁判を受けたときは、法律の定めるところにより、国にその補償を求めることができる。

第4章　国会

第41条 国会は、国権の最高機関であつて、国の唯一の立法機関である。

第42条 国会は、衆議院及び参議院の両議院でこれを構成する。

第43条 両議院は、全国民を代表する選挙された議員でこれを組織する。

2 両議院の議員の定数は、法律でこれを定める。

第44条 両議院の議員及びその選挙人の資格は、法律でこれを定める。但し、人種、信条、性別、社会的身分、門地、教育、財産又は収入によつて差別してはならない。

第45条 衆議院議員の任期は、4年とする。但し、衆議院解散の場合には、その期間満了前に終了する。

第46条 参議院議員の任期は、6年とし、3年ごとに議員の半数を改選する。

第47条 選挙区、投票の方法その他両議院の議員の選挙に関する事項は、法律でこれを定める。

第48条 何人も、同時に両議院の議員たることはできない。

第49条 両議院の議員は、法律の定めるところにより、国庫から相当額の歳費を受ける。

第50条 両議院の議員は、法律の定める場合を除いては、国会の会期中逮捕されず、会期前に逮捕された議員は、その議院の要求があれば、会期中これを釈放しなければならない。

第51条 両議院の議員は、議院で行つた演説、討論又は表決について、院外で責任を問はれない。

第52条 国会の常会は、毎年1回これを召集する。

第53条　内閣は、国会の臨時会の召集を決定することができる。いづれかの議院の総議員の４分の１以上の要求があれば、内閣は、その召集を決定しなければならない。

第54条　衆議院が解散されたときは、解散の日から40日以内に、衆議院議員の総選挙を行ひ、その選挙の日から30日以内に、国会を召集しなければならない。

2　衆議院が解散されたときは、参議院は、同時に閉会となる。但し、内閣は、国に緊急の必要があるときは、参議院の緊急集会を求めることができる。

3　前項但書の緊急集会において採られた措置は、臨時のものであつて、次の国会開会の後10日以内に、衆議院の同意がない場合には、その効力を失ふ。

第55条　両議院は、各々その議員の資格に関する争訟を裁判する。但し、議員の議席を失はせるには、出席議員の３分の２以上の多数による議決を必要とする。

第56条　両議院は、各々その総議員の３分の１以上の出席がなければ、議事を開き議決することができない。

2　両議院の議事は、この憲法に特別の定のある場合を除いては、出席議員の過半数でこれを決し、可否同数のときは、議長の決するところによる。

第57条　両議院の会議は、公開とする。但し、出席議員の３分の２以上の多数で議決したときは、秘密会を開くことができる。

2　両議院は、各々その会議の記録を保存し、秘密会の記録の中で特に秘密を要すると認められるもの以外は、これを公表し、且つ一般に頒布しなければならない。

3　出席議員の５分の１以上の要求があれば、各議員の表決は、これを会議録に記載しなければならない。

第58条　両議院は、各々その議長その他の役員を選任する。

2　両議院は、各々その会議その他の手続及び内部の規律に関する規則を定め、又、院内の秩序をみだした議員を懲罰することができる。但し、議員を除名するには、出席議員の３分の２以上の多数による議決を必要とする。

第59条　法律案は、この憲法に特別の定のある場合を除いては、両議院で可決したとき法律となる。

2　衆議院で可決し、参議院でこれと異なつた議決をした法律案は、衆議院で出席議員の３分の２以上の多数で再び可決したときは、法律となる。

3　前項の規定は、法律の定めるところにより、衆議院が、両議院の協議会を開くことを求めることを妨げない。

4　参議院が、衆議院の可決した法律案を受け取つた後、国会休会中の期間を除いて60日以内に、議決しないときは、衆議院は、参議院がその法律案を否決したものとみなすことができる。

第60条　予算は、さきに衆議院に提出しなければならない。

2　予算について、参議院で衆議院と異なつた議決をした場合に、法律の定めるところにより、両議院の協議会を開いても意見が一致しないとき、又は参議院が、衆議院の可決した予算を受け取つた後、国会休会中の期間を除いて30日以内に、議決しないときは、衆議院の議決を国会の議決とする。

第61条　条約の締結に必要な国会の承認については、前条第２項の規定を準用する。

第62条　両議院は、各々国政に関する調査を行ひ、これに関して、証人の出頭及び証言並びに記録の提出を要求することができる。

第63条　内閣総理大臣その他の国務大臣は、両議院の一に議席を有すると有しないとにかかはらず、何時でも議案について発言するため議院に出席することができる。又、答弁又は説明のため出席を求められたときは、出席しなければならない。

第64条　国会は、罷免の訴追を受けた裁判官を裁判するため、両議院の議員で組織する弾劾裁判所を設ける。

2　弾劾に関する事項は、法律でこれを定める。

第５章　内閣

第65条　行政権は、内閣に属する。

第66条　内閣は、法律の定めるところにより、その首長たる内閣総理大臣及びその他の国務大臣でこれを組織する。

2　内閣総理大臣その他の国務大臣は、文民でなければならない。

3　内閣は、行政権の行使について、国会に対し連帯して責任を負ふ。

第67条　内閣総理大臣は、国会議員の中から国会の議決で、これを指名する。この指名は、他のすべての案件に先だつて、これを行

ふ。

2　衆議院と参議院とが異なつた指名の議決を
した場合に、法律の定めるところにより、両
議院の協議会を開いても意見が一致しないと
き、又は衆議院が指名の議決をした後、国会
休会中の期間を除いて10日以内に、参議院
が、指名の議決をしないときは、衆議院の議
決を国会の議決とする。

第68条　内閣総理大臣は、国務大臣を任命す
る。但し、その過半数は、国会議員の中から
選ばれなければならない。

2　内閣総理大臣は、任意に国務大臣を罷免す
ることができる。

第69条　内閣は、衆議院で不信任の決議案を
可決し、又は信任の決議案を否決したとき
は、10日以内に衆議院が解散されない限り、
総辞職をしなければならない。

第70条　内閣総理大臣が欠けたとき、又は衆
議院議員総選挙の後に初めて国会の召集があ
つたときは、内閣は、総辞職をしなければな
らない。

第71条　前2条の場合には、内閣は、あらた
に内閣総理大臣が任命されるまで引き続きそ
の職務を行ふ。

第72条　内閣総理大臣は、内閣を代表して議
案を国会に提出し、一般国務及び外交関係に
ついて国会に報告し、並びに行政各部を指揮
監督する。

第73条　内閣は、他の一般行政事務の外、左
の事務を行ふ。

①　法律を誠実に執行し、国務を総理するこ
と。

②　外交関係を処理すること。

③　条約を締結すること。但し、事前に、時
宜によつては事後に、国会の承認を経るこ
とを必要とする。

④　法律の定める基準に従ひ、官吏に関する
事務を掌理すること。

⑤　予算を作成して国会に提出すること。

⑥　この憲法及び法律の規定を実施するため
に、政令を制定すること。但し、政令に
は、特にその法律の委任がある場合を除い
ては、罰則を設けることができない。

⑦　大赦、特赦、減刑、刑の執行の免除及び
復権を決定すること。

第74条　法律及び政令には、すべて主任の国
務大臣が署名し、内閣総理大臣が連署するこ
とを必要とする。

第75条　国務大臣は、その在任中、内閣総理

大臣の同意がなければ、訴追されない。但
し、これがため、訴追の権利は、害されな
い。

第6章　司法

第76条　すべて司法権は、最高裁判所及び法
律の定めるところにより設置する下級裁判所
に属する。

2　特別裁判所は、これを設置することができ
ない。行政機関は、終審として裁判を行ふこ
とができない。

3　すべて裁判官は、その良心に従ひ独立して
その職権を行ひ、この憲法及び法律にのみ拘
束される。

第77条　最高裁判所は、訴訟に関する手続、
弁護士、裁判所の内部規律及び司法事務処理
に関する事項について、規則を定める権限を
有する。

2　検察官は、最高裁判所の定める規則に従は
なければならない。

3　最高裁判所は、下級裁判所に関する規則を
定める権限を、下級裁判所に委任することが
できる。

第78条　裁判官は、裁判により、心身の故障
のために職務を執ることができないと決定さ
れた場合を除いては、公の弾劾によらなけれ
ば罷免されない。裁判官の懲戒処分は、行政
機関がこれを行ふことはできない。

第79条　最高裁判所は、その長たる裁判官及
び法律の定める員数のその他の裁判官でこれ
を構成し、その長たる裁判官以外の裁判官
は、内閣でこれを任命する。

2　最高裁判所の裁判官の任命は、その任命後
初めて行はれる衆議院議員総選挙の際国民の
審査に付し、その後10年を経過した後初め
て行はれる衆議院議員総選挙の際更に審査に
付し、その後も同様とする。

3　前項の場合において、投票者の多数が裁判
官の罷免を可とするときは、その裁判官は、
罷免される。

4　審査に関する事項は、法律でこれを定め
る。

5　最高裁判所の裁判官は、法律の定める年齢
に達した時に退官する。

6　最高裁判所の裁判官は、すべて定期に相当
額の報酬を受ける。この報酬は、在任中、こ
れを減額することができない。

第80条　下級裁判所の裁判官は、最高裁判所
の指名した者の名簿によつて、内閣でこれを

任命する。その裁判官は、任期を10年とし、再任されることができる。但し、法律の定める年齢に達した時には退官する。

2 下級裁判所の裁判官は、すべて定期に相当額の報酬を受ける。この報酬は、在任中、これを減額することができない。

第81条 最高裁判所は、一切の法律、命令、規則又は処分が憲法に適合するかしないかを決定する権限を有する終審裁判所である。

第82条 裁判の対審及び判決は、公開法廷でこれを行ふ。

2 裁判所が、裁判官の全員一致で、公の秩序又は善良の風俗を害する虞があると決した場合には、対審は、公開しないでこれを行ふことができる。但し、政治犯罪、出版に関する犯罪又はこの憲法第3章で保障する国民の権利が問題となつてゐる事件の対審は、常にこれを公開しなければならない。

第7章　財政

第83条 国の財政を処理する権限は、国会の議決に基いて、これを行使しなければならない。

第84条 あらたに租税を課し、又は現行の租税を変更するには、法律又は法律の定める条件によることを必要とする。

第85条 国費を支出し、又は国が債務を負担するには、国会の議決に基くことを必要とする。

第86条 内閣は、毎会計年度の予算を作成し、国会に提出して、その審議を受け議決を経なければならない。

第87条 予見し難い予算の不足に充てるため、国会の議決に基いて予備費を設け、内閣の責任でこれを支出することができる。

2 すべて予備費の支出については、内閣は、事後に国会の承諾を得なければならない。

第88条 すべて皇室財産は、国に属する。すべて皇室の費用は、予算に計上して国会の議決を経なければならない。

第89条 公金その他の公の財産は、宗教上の組織若しくは団体の使用、便益若しくは維持のため、又は公の支配に属しない慈善、教育若しくは博愛の事業に対し、これを支出し、又はその利用に供してはならない。

第90条 国の収入支出の決算は、すべて毎年会計検査院がこれを検査し、内閣は、次の年度に、その検査報告とともに、これを国会に提出しなければならない。

2 会計検査院の組織及び権限は、法律でこれを定める。

第91条 内閣は、国会及び国民に対し、定期に、少くとも毎年1回、国の財政状況について報告しなければならない。

第8章　地方自治

第92条 地方公共団体の組織及び運営に関する事項は、地方自治の本旨に基いて、法律でこれを定める。

第93条 地方公共団体には、法律の定めるところにより、その議事機関として議会を設置する。

2 地方公共団体の長、その議会の議員及び法律の定めるその他の吏員は、その地方公共団体の住民が、直接これを選挙する。

第94条 地方公共団体は、その財産を管理し、事務を処理し、及び行政を執行する権能を有し、法律の範囲内で条例を制定することができる。

第95条 一の地方公共団体のみに適用される特別法は、法律の定めるところにより、その地方公共団体の住民の投票においてその過半数の同意を得なければ、国会は、これを制定することができない。

第9章　改正

第96条 この憲法の改正は、各議院の総議員の3分の2以上の賛成で、国会が、これを発議し、国民に提案してその承認を経なければならない。この承認には、特別の国民投票又は国会の定める選挙の際行はれる投票において、その過半数の賛成を必要とする。

2 憲法改正について前項の承認を経たときは、天皇は、国民の名で、この憲法と一体を成すものとして、直ちにこれを公布する。

第10章　最高法規

第97条 この憲法が日本国民に保障する基本的人権は、人類の多年にわたる自由獲得の努力の成果であつて、これらの権利は、過去幾多の試錬に堪へ、現在及び将来の国民に対し、侵すことのできない永久の権利として信託されたものである。

第98条 この憲法は、国の最高法規であつて、その条規に反する法律、命令、詔勅及び国務に関するその他の行為の全部又は一部は、その効力を有しない。

2 日本国が締結した条約及び確立された国際

第99条～第103条

法規は、これを誠実に遵守することを必要とする。

第99条 天皇又は摂政及び国務大臣、国会議員、裁判官その他の公務員は、この憲法を尊重し擁護する義務を負ふ。

第11章 補則

第100条 この憲法は、公布の日から起算して6箇月を経過した日から、これを施行する。

2 この憲法を施行するために必要な法律の制定、参議院議員の選挙及び国会召集の手続並びにこの憲法を施行するために必要な準備手続は、前項の期日よりも前に、これを行ふことができる。

第101条 この憲法施行の際、参議院がまだ成立してゐないときは、その成立するまでの間、衆議院は、国会としての権限を行ふ。

第102条 この憲法による第1期の参議院議員のうち、その半数の者の任期は、これを3年とする。その議員は、法律の定めるところにより、これを定める。

第103条 この憲法施行の際現に在職する国務大臣、衆議院議員及び裁判官並びにその他の公務員で、その地位に相応する地位がこの憲法で認められてゐる者は、法律で特別の定をした場合を除いては、この憲法施行のため、当然にはその地位を失ふことはない。但し、この憲法によつて、後任者が選挙又は任命されたときは、当然その地位を失ふ。

民　法（抄）

（明治 29 年 4 月 27 日法律第 89 号）

最終改正：令和 3 年 5 月 19 日法律第 37 号

第 1 編　総則

第 1 章　通則

【基本原則】

第 1 条　私権は、公共の福祉に適合しなければならない。

2　権利の行使及び義務の履行は、信義に従い誠実に行わなければならない。

3　権利の濫用は、これを許さない。

第 2 章　人

◆第 1 節　権利能力◆

第 3 条

1　私権の享有は、出生に始まる。

◆第 2 節　意思能力◆

第 3 条の 2　法律行為の当事者が意思表示をした時に意思能力を有しなかったときは、その法律行為は、無効とする。

◆第 3 節　行為能力◆

【成年】

第 4 条　年齢 18 歳をもって、成年とする。

【未成年者の法律行為】

第 5 条　未成年者が法律行為をするには、その法定代理人の同意を得なければならない。ただし、単に権利を得、又は義務を免れる法律行為については、この限りでない。

2　前項の規定に反する法律行為は、取り消すことができる。

3　第 1 項の規定にかかわらず、法定代理人が目的を定めて処分を許した財産は、その目的の範囲内において、未成年者が自由に処分することができる。目的を定めないで処分を許した財産を処分するときも、同様とする。

【未成年者の営業の許可】

第 6 条

1　1 種又は数種の営業を許された未成年者は、その営業に関しては、成年者と同一の行為能力を有する。

【後見開始の審判】

第 7 条　精神上の障害により事理を弁識する能力を欠く常況にある者については、家庭裁判所は、本人、配偶者、四親等内の親族、未成年後見人、未成年後見監督人、保佐人、保佐監督人、補助人、補助監督人又は検察官の請求により、後見開始の審判をすることができる。

【成年被後見人及び成年後見人】

第 8 条　後見開始の審判を受けた者は、成年被後見人とし、これに成年後見人を付する。

【成年被後見人の法律行為】

第 9 条　成年被後見人の法律行為は、取り消すことができる。ただし、日用品の購入その他日常生活に関する行為については、この限りでない。

【後見開始の審判の取消し】

第 10 条　第 7 条に規定する原因が消滅したときは、家庭裁判所は、本人、配偶者、四親等内の親族、後見人（未成年後見人及び成年後見人をいう。以下同じ。）、後見監督人（未成年後見監督人及び成年後見監督人をいう。以下同じ。）又は検察官の請求により、後見開始の審判を取り消さなければならない。

【保佐開始の審判】

第 11 条　精神上の障害により事理を弁識する能力が著しく不十分である者については、家庭裁判所は、本人、配偶者、四親等内の親族、後見人、後見監督人、補助人、補助監督人又は検察官の請求により、保佐開始の審判をすることができる。ただし、第 7 条に規定する原因がある者については、この限りでない。

【被保佐人及び保佐人】

第 12 条　保佐開始の審判を受けた者は、被保佐人とし、これに保佐人を付する。

【保佐人の同意を要する行為等】

第 13 条　被保佐人が次に掲げる行為をするには、その保佐人の同意を得なければならない。ただし、第 9 条ただし書に規定する行為については、この限りでない。

① 　元本を領収し、又は利用すること。

② 　借財又は保証をすること。

③ 　不動産その他重要な財産に関する権利の得喪を目的とする行為をすること。

④ 　訴訟行為をすること。

⑤ 　贈与、和解又は仲裁合意（仲裁法（平成 15 年法律第 138 号）第 2 条第 1 項に規定する仲裁合意をいう。）をすること。

⑥ 　相続の承認若しくは放棄又は遺産の分割をすること。

⑦　贈与の申込みを拒絶し、遺贈を放棄し、負担付贈与の申込みを承諾し、又は負担付遺贈を承認すること。

⑧　新築、改築、増築又は大修繕をすること。

⑨　第602条に定める期間を超える賃貸借をすること。

⑩　前各号に掲げる行為を制限行為能力者（未成年者、成年被後見人、被保佐人及び第17条第1項の審判を受けた被補助人をいう。以下同じ。）の法定代理人としてすること。

2　家庭裁判所は、第11条本文に規定する者又は保佐人若しくは保佐監督人の請求により、被保佐人が前項各号に掲げる行為以外の行為をする場合であってもその保佐人の同意を得なければならない旨の審判をすることができる。ただし、第9条ただし書に規定する行為については、この限りでない。

3　保佐人の同意を得なければならない行為について、保佐人が被保佐人の利益を害するおそれがないにもかかわらず同意をしないときは、家庭裁判所は、被保佐人の請求により、保佐人の同意に代わる許可を与えることができる。

4　保佐人の同意を得なければならない行為であって、その同意又はこれに代わる許可を得ないでしたものは、取り消すことができる。

【保佐開始の審判等の取消し】

第14条

1　第11条本文に規定する原因が消滅したときは、家庭裁判所は、本人、配偶者、四親等内の親族、未成年後見人、未成年後見監督人、保佐人、保佐監督人又は検察官の請求により、保佐開始の審判を取り消さなければならない。

【補助開始の審判】

第15条　精神上の障害により事理を弁識する能力が不十分である者については、家庭裁判所は、本人、配偶者、四親等内の親族、後見人、後見監督人、保佐人、保佐監督人又は検察官の請求により、補助開始の審判をすることができる。ただし、第7条又は第11条本文に規定する原因がある者については、この限りでない。

2　本人以外の者の請求により補助開始の審判をするには、本人の同意がなければならない。

3　補助開始の審判は、第17条第1項の審判

又は第876条の9第1項の審判とともにしなければならない。

【被補助人及び補助人】

第16条　補助開始の審判を受けた者は、被補助人とし、これに補助人を付する。

【補助人の同意を要する旨の審判等】

第17条　家庭裁判所は、第15条第1項本文に規定する者又は補助人若しくは補助監督人の請求により、被補助人が特定の法律行為をするにはその補助人の同意を得なければならない旨の審判をすることができる。ただし、その審判によりその同意を得なければならないものとすることができる行為は、第13条第1項に規定する行為の一部に限る。

2　本人以外の者の請求により前項の審判をするには、本人の同意がなければならない。

3　補助人の同意を得なければならない行為について、補助人が被補助人の利益を害するおそれがないにもかかわらず同意をしないときは、家庭裁判所は、被補助人の請求により、補助人の同意に代わる許可を与えることができる。

4　補助人の同意を得なければならない行為であって、その同意又はこれに代わる許可を得ないでしたものは、取り消すことができる。

【補助開始の審判等の取消し】

第18条

1　第15条第1項本文に規定する原因が消滅したときは、家庭裁判所は、本人、配偶者、四親等内の親族、未成年後見人、未成年後見監督人、補助人、補助監督人又は検察官の請求により、補助開始の審判を取り消さなければならない。

【審判相互の関係】

第19条　後見開始の審判をする場合において、本人が被保佐人又は被補助人であるときは、家庭裁判所は、その本人に係る保佐開始又は補助開始の審判を取り消さなければならない。

2　前項の規定は、保佐開始の審判をする場合において本人が成年被後見人若しくは被補助人であるとき、又は補助開始の審判をする場合において本人が成年被後見人若しくは被保佐人であるときについて準用する。

【制限行為能力者の相手方の催告権】

第20条　制限行為能力者の相手方は、その制限行為能力者が行為能力者（行為能力の制限を受けない者をいう。以下同じ。）となった後、その者に対し、1箇月以上の期間を定め

て、その期間内にその取り消すことができる行為を追認するかどうかを確答すべき旨の催告をすることができる。この場合において、その者がその期間内に確答を発しないときは、その行為を追認したものとみなす。

2　制限行為能力者の相手方が、制限行為能力者が行為能力者とならない間に、その法定代理人、保佐人又は補助人に対し、その権限内の行為について前項に規定する催告をした場合において、これらの者が同項の期間内に確答を発しないときも、同項後段と同様とする。

3　特別の方式を要する行為については、前2項の期間内にその方式を具備した旨の通知を発しないときは、その行為を取り消したものとみなす。

4　制限行為能力者の相手方は、被保佐人又は第17条第1項の審判を受けた被補助人に対しては、第1項の期間内にその保佐人又は補助人の追認を得るべき旨の催告をすることができる。この場合において、その被保佐人又は被補助人がその期間内にその追認を得た旨の通知を発しないときは、その行為を取り消したものとみなす。

【制限行為能力者の詐術】

第21条　制限行為能力者が行為能力者であることを信じさせるため詐術を用いたときは、その行為を取り消すことができない。

◆第4節　住所◆

◆第5節　不在者の財産の管理及び失踪の宣告◆

【失踪の宣告】

第30条　不在者の生死が7年間明らかでないときは、家庭裁判所は、利害関係人の請求により、失踪の宣告をすることができる。

2　戦地に臨んだ者、沈没した船舶の中に在った者その他死亡の原因となるべき危難に遭遇した者の生死が、それぞれ、戦争が止んだ後、船舶が沈没した後又はその他の危難が去った後1年間明らかでないときも、前項と同様とする。

【失踪の宣告の効力】

第31条　前条第1項の規定により失踪の宣告を受けた者は同項の期間が満了した時に、同条第2項の規定により失踪の宣告を受けた者はその危難が去った時に、死亡したものとみなす。

【失踪の宣告の取消し】

第32条　失踪者が生存すること又は前条に規定する時と異なる時に死亡したことの証明があったときは、家庭裁判所は、本人又は利害関係人の請求により、失踪の宣告を取り消さなければならない。この場合において、その取消しは、失踪の宣告後その取消し前に善意でした行為の効力に影響を及ぼさない。

2　失踪の宣告によって財産を得た者は、その取消しによって権利を失う。ただし、現に利益を受けている限度においてのみ、その財産を返還する義務を負う。

◆第6節　同時死亡の推定◆

第32条の2　数人の者が死亡した場合において、そのうちの1人が他の者の死亡後になお生存していたことが明らかでないときは、これらの者は、同時に死亡したものと推定する。

第3章　法人

【法人の能力】

第34条　法人は、法令の規定に従い、定款その他の基本約款で定められた目的の範囲内において、権利を有し、義務を負う。

【登記】

第36条　法人及び外国法人は、この法律その他の法令の定めるところにより、登記をするものとする。

第4章　物

【定義】

第85条　この法律において「物」とは、有体物をいう。

【不動産及び動産】

第86条　土地及びその定着物は、不動産とする。

2　不動産以外の物は、すべて動産とする。

【主物及び従物】

第87条　物の所有者が、その物の常用に供するため、自己の所有に属する他の物をこれに附属させたときは、その附属させた物を従物とする。

2　従物は、主物の処分に従う。

【天然果実及び法定果実】

第88条　物の用法に従い収取する産出物を天然果実とする。

2　物の使用の対価として受けるべき金銭その他の物を法定果実とする。

【果実の帰属】

第89条　天然果実は、その元物から分離する時に、これを収取する権利を有する者に帰属する。

2　法定果実は、これを収取する権利の存続期間に応じて、日割計算によりこれを取得する。

第5章　法律行為

◆第1節　総則◆

【公序良俗】

第90条　公の秩序又は善良の風俗に反する法律行為は、無効とする。

【任意規定と異なる意思表示】

第91条　法律行為の当事者が法令中の公の秩序に関しない規定と異なる意思を表示したときは、その意思に従う。

【任意規定と異なる慣習】

第92条　法令中の公の秩序に関しない規定と異なる慣習がある場合において、法律行為の当事者がその慣習による意思を有しているものと認められるときは、その慣習に従う。

◆第2節　意思表示◆

【心裡留保】

第93条　意思表示は、表意者がその真意ではないことを知ってしたときであっても、そのためにその効力を妨げられない。ただし、相手方がその意思表示が表意者の真意ではないことを知り、又は知ることができたときは、その意思表示は、無効とする。

2　前項ただし書の規定による意思表示の無効は、善意の第三者に対抗することができない。

【虚偽表示】

第94条　相手方と通じてした虚偽の意思表示は、無効とする。

2　前項の規定による意思表示の無効は、善意の第三者に対抗することができない。

【錯誤】

第95条　意思表示は、次に掲げる錯誤に基づくものであって、その錯誤が法律行為の目的及び取引上の社会通念に照らして重要なものであるときは、取り消すことができる。

①　意思表示に対応する意思を欠く錯誤

②　表意者が法律行為の基礎とした事情についてのその認識が真実に反する錯誤

2　前項第2号の規定による意思表示の取消しは、その事情が法律行為の基礎とされていることが表示されていたときに限り、することができる。

3　錯誤が表意者の重大な過失によるものであった場合には、次に掲げる場合を除き、第1項の規定による意思表示の取消しをすることができない。

①　相手方が表意者に錯誤があることを知り、又は重大な過失によって知らなかったとき。

②　相手方が表意者と同一の錯誤に陥っていたとき。

4　第1項の規定による意思表示の取消しは、善意でかつ過失がない第三者に対抗することができない。

【詐欺又は強迫】

第96条　詐欺又は強迫による意思表示は、取り消すことができる。

2　相手方に対する意思表示について第三者が詐欺を行った場合においては、相手方がその事実を知り、又は知ることができたときに限り、その意思表示を取り消すことができる。

3　前2項の規定による詐欺による意思表示の取消しは、善意でかつ過失がない第三者に対抗することができない。

【意思表示の効力発生時期等】

第97条　意思表示は、その通知が相手方に到達した時からその効力を生ずる。

2　相手方が正当な理由なく意思表示の通知が到達することを妨げたときは、その通知は、通常到達すべきであった時に到達したものとみなす。

3　意思表示は、表意者が通知を発した後に死亡し、意思能力の喪失し、又は行為能力の制限を受けたときであっても、そのためにその効力を妨げられない。

【意思表示の受領能力】

第98条の2　意思表示の相手方がその意思表示を受けた時に意思能力を有しなかったとき又は未成年者若しくは成年被後見人であったときは、その意思表示をもってその相手方に対抗することができない。ただし、次に掲げる者がその意思表示を知った後は、この限りでない。

①　相手方の法定代理人

②　意思能力を回復し、又は行為能力者となった相手方

◆第3節　代理◆

【代理行為の要件及び効果】

第99条　代理人がその権限内において本人のためにすることを示してした意思表示は、本人に対して直接にその効力を生ずる。

2 前項の規定は、第三者が代理人に対してした意思表示について準用する。

【本人のためにすることを示さない意思表示】

第100条 代理人が本人のためにすることを示さないでした意思表示は、自己のためにしたものとみなす。ただし、相手方が、代理人が本人のためにすることを知り、又は知ることができたときは、前条第1項の規定を準用する。

【代理行為の瑕疵】

第101条 代理人が相手方に対してした意思表示の効力が意思の不存在、錯誤、詐欺、強迫又はある事情を知っていたこと若しくは知らなかったことにつき過失があったことによって影響を受けるべき場合には、その事実の有無は、代理人について決するものとする。

2 相手方が代理人に対してした意思表示の効力が意思表示を受けた者がある事情を知っていたこと又は知らなかったことにつき過失があったことによって影響を受けるべき場合には、その事実の有無は、代理人について決するものとする。

3 特定の法律行為をすることを委託された代理人がその行為をしたときは、本人は、自ら知っていた事情について代理人が知らなかったことを主張することができない。本人が過失によって知らなかった事情についても、同様とする。

【代理人の行為能力】

第102条 制限行為能力者が代理人としてした行為は、行為能力の制限によっては取り消すことができない。ただし、制限行為能力者が他の制限行為能力者の法定代理人としてした行為については、この限りでない。

【権限の定めのない代理人の権限】

第103条 権限の定めのない代理人は、次に掲げる行為のみをする権限を有する。

① 保存行為

② 代理の目的である物又は権利の性質を変えない範囲内において、その利用又は改良を目的とする行為

【任意代理人による復代理人の選任】

第104条 委任による代理人は、本人の許諾を得たとき、又はやむを得ない事由があるときでなければ、復代理人を選任することができない。

【法定代理人による復代理人の選任】

第105条 法定代理人は、自己の責任で復代理人を選任することができる。この場合において、やむを得ない事由があるときは、本人に対してその選任及び監督についての責任のみを負う。

【復代理人の権限等】

第106条 復代理人は、その権限内の行為について、本人を代表する。

2 復代理人は、本人及び第三者に対して、その権限の範囲内において、代理人と同一の権利を有し、義務を負う。

【代理権の濫用】

第107条 代理人が自己又は第三者の利益を図る目的で代理権の範囲内の行為をした場合において、相手方がその目的を知り、又は知ることができたときは、その行為は、代理権を有しない者がした行為とみなす。

【自己契約及び双方代理等】

第108条 同一の法律行為について、相手方の代理人として、又は当事者双方の代理人としてした行為は、代理権を有しない者がした行為とみなす。ただし、債務の履行及び本人があらかじめ許諾した行為については、この限りでない。

2 前項本文に規定するもののほか、代理人と本人との利益が相反する行為については、代理権を有しない者がした行為とみなす。ただし、本人があらかじめ許諾した行為については、この限りでない。

【代理権授与の表示による表見代理等】

第109条 第三者に対して他人に代理権を与えた旨を表示した者は、その代理権の範囲内においてその他人が第三者との間でした行為について、その責任を負う。ただし、第三者が、その他人が代理権を与えられていないことを知り、又は過失によって知らなかったときは、この限りでない。

2 第三者に対して他人に代理権を与えた旨を表示した者は、その代理権の範囲内においてその他人が第三者との間で行為をしたとすれば前項の規定によりその責任を負うべき場合において、その他人が第三者との間でその代理権の範囲外の行為をしたときは、第三者がその行為についてその他人の代理権があると信ずべき正当な理由があるときに限り、その行為についての責任を負う。

【権限外の行為の表見代理】

第110条 前条第1項本文の規定は、代理人がその権限外の行為をした場合において、第三者が代理人の権限があると信ずべき正当な理由があるときについて準用する。

民法

第111条～第121条

【代理権の消滅事由】

第111条 代理権は、次に掲げる事由によって消滅する。

① 本人の死亡

② 代理人の死亡又は代理人が破産手続開始の決定若しくは後見開始の審判を受けたこと。

2 委任による代理権は、前項各号に掲げる事由のほか、委任の終了によって消滅する。

【代理権消滅後の表見代理等】

第112条 他人に代理権を与えた者は、代理権の消滅後にその代理権の範囲内においてその他人が第三者との間でした行為について、代理権の消滅の事実を知らなかった第三者に対してその責任を負う。ただし、第三者が過失によってその事実を知らなかったときは、この限りでない。

2 他人に代理権を与えた者は、代理権の消滅後に、その代理権の範囲内においてその他人が第三者との間で行為をしたとすれば前項の規定によりその責任を負うべき場合において、その他人が第三者との間でその代理権の範囲外の行為をしたときは、第三者がその行為についてその他人の代理権があると信ずべき正当な理由があるときに限り、その行為についての責任を負う。

【無権代理】

第113条 代理権を有しない者が他人の代理人としてした契約は、本人がその追認をしなければ、本人に対してその効力を生じない。

2 追認又はその拒絶は、相手方に対してしなければ、その相手方に対抗することができない。ただし、相手方がその事実を知ったときは、この限りでない。

【無権代理の相手方の催告権】

第114条 前条の場合において、相手方は、本人に対し、相当の期間を定めて、その期間内に追認をするかどうかを確答すべき旨の催告をすることができる。この場合において、本人がその期間内に確答をしないときは、追認を拒絶したものとみなす。

【無権代理の相手方の取消権】

第115条 代理権を有しない者がした契約は、本人が追認をしない間は、相手方が取り消すことができる。ただし、契約の時において代理権を有しないことを相手方が知っていたときは、この限りでない。

【無権代理行為の追認】

第116条 追認は、別段の意思表示がないと

きは、契約の時にさかのぼってその効力を生ずる。ただし、第三者の権利を害することはできない。

【無権代理人の責任】

第117条 他人の代理人として契約をした者は、自己の代理権を証明したとき、又は本人の追認を得たときを除き、相手方の選択に従い、相手方に対して履行又は損害賠償の責任を負う。

2 前項の規定は、次に掲げる場合には、適用しない。

① 他人の代理人として契約をした者が代理権を有しないことを相手方が知っていたとき。

② 他人の代理人として契約をした者が代理権を有しないことを相手方が過失によって知らなかったとき。ただし、他人の代理人として契約をした者が自己に代理権がないことを知っていたときは、この限りでない。

③ 他人の代理人として契約をした者が行為能力の制限を受けていたとき。

【単独行為の無権代理】

第118条 単独行為については、その行為の時において、相手方が、代理人と称する者が代理権を有しないで行為をすることに同意し、又はその代理権を争わなかったときに限り、第113条から前条までの規定を準用する。代理権を有しない者に対しその同意を得て単独行為をしたときも、同様とする。

◆**第4節 無効及び取消し**◆

【無効な行為の追認】

第119条 無効な行為は、追認によっても、その効力を生じない。ただし、当事者がその行為の無効であることを知って追認をしたときは、新たな行為をしたものとみなす。

【取消権者】

第120条 行為能力の制限によって取り消すことができる行為は、制限行為能力者（他の制限行為能力者の法定代理人としてした行為にあっては、当該他の制限行為能力者を含む。）又はその代理人、承継人若しくは同意をすることができる者に限り、取り消すことができる。

2 錯誤、詐欺又は強迫によって取り消すことができる行為は、瑕疵ある意思表示をした者又はその代理人若しくは承継人に限り、取り消すことができる。

【取消しの効果】

第121条 取り消された行為は、初めから無

効であったものとみなす。

【原状回復の義務】

第121条の2 無効な行為に基づく債務の履行として給付を受けた者は、相手方を原状に復させる義務を負う。

2 前項の規定にかかわらず、無効な無償行為に基づく債務の履行として給付を受けた者は、給付を受けた当時その行為が無効であること（給付を受けた後に前条の規定により初めから無効であったものとみなされた行為にあっては、給付を受けた当時その行為が取り消すことができるものであること）を知らなかったときは、その行為によって現に利益を受けている限度において、返還の義務を負う。

3 第1項の規定にかかわらず、行為の時に意思能力を有しなかった者は、その行為によって現に利益を受けている限度において、返還の義務を負う。行為の時に制限行為能力者であった者についても、同様とする。

【取り消すことができる行為の追認】

第122条 取り消すことができる行為は、第120条に規定する者が追認したときは、以後、取り消すことができない。

【取消し及び追認の方法】

第123条 取り消すことができる行為の相手方が確定している場合には、その取消し又は追認は、相手方に対する意思表示によってする。

【追認の要件】

第124条 取り消すことができる行為の追認は、取消しの原因となっていた状況が消滅し、かつ、取消権を有することを知った後にしなければ、その効力を生じない。

2 次に掲げる場合には、前項の追認は、取消しの原因となっていた状況が消滅した後にすることを要しない。

① 法定代理人又は制限行為能力者の保佐人若しくは補助人が追認をするとき。

② 制限行為能力者（成年被後見人を除く。）が法定代理人、保佐人又は補助人の同意を得て追認をするとき。

【法定追認】

第125条 追認をすることができる時以後に、取り消すことができる行為について次に掲げる事実があったときは、追認をしたものとみなす。ただし、異議をとどめたときは、この限りでない。

① 全部又は一部の履行

② 履行の請求

③ 更改

④ 担保の供与

⑤ 取り消すことができる行為によって取得した権利の全部又は一部の譲渡

⑥ 強制執行

【取消権の期間の制限】

第126条 取消権は、追認をすることができる時から5年間行使しないときは、時効によって消滅する。行為の時から20年を経過したときも、同様とする。

◆第5節　条件及び期限◆

【条件が成就した場合の効果】

第127条 停止条件付法律行為は、停止条件が成就した時からその効力を生ずる。

2 解除条件付法律行為は、解除条件が成就した時からその効力を失う。

3 当事者が条件が成就した場合の効果をその成就した時以前にさかのぼらせる意思を表示したときは、その意思に従う。

【条件の成就の妨害等】

第130条 条件が成就することによって不利益を受ける当事者が故意にその条件の成就を妨げたときは、相手方は、その条件が成就したものとみなすことができる。

2 条件が成就することによって利益を受ける当事者が不正にその条件を成就させたときは、相手方は、その条件が成就しなかったものとみなすことができる。

【随意条件】

第134条 停止条件付法律行為は、その条件が単に債務者の意思のみに係るときは、無効とする。

【期限の到来の効果】

第135条 法律行為に始期を付したときは、その法律行為の履行は、期限が到来するまで、これを請求することができない。

2 法律行為に終期を付したときは、その法律行為の効力は、期限が到来した時に消滅する。

【期限の利益及びその放棄】

第136条 期限は、債務者の利益のために定めたものと推定する。

2 期限の利益は、放棄することができる。ただし、これによって相手方の利益を害することはできない。

【期限の利益の喪失】

第137条 次に掲げる場合には、債務者は、期限の利益を主張することができない。

第140条〜第151条

① 債務者が破産手続開始の決定を受けたとき。
② 債務者が担保を滅失させ、損傷させ、又は減少させたとき。
③ 債務者が担保を供する義務を負う場合において、これを供しないとき。

第6章 期間の計算

【期間の起算】

第140条 日、週、月又は年によって期間を定めたときは、期間の初日は、算入しない。ただし、その期間が午前零時から始まるときは、この限りでない。

第7章 時効

◆第1節 総則◆

【時効の効力】

第144条 時効の効力は、その起算日にさかのぼる。

【時効の援用】

第145条 時効は、当事者（消滅時効にあっては、保証人、物上保証人、第三取得者その他権利の消滅について正当な利益を有する者を含む。）が援用しなければ、裁判所がこれによって裁判をすることができない。

【時効の利益の放棄】

第146条 時効の利益は、あらかじめ放棄することができない。

【裁判上の請求等による時効の完成猶予及び更新】

第147条 次に掲げる事由がある場合には、その事由が終了する（確定判決又は確定判決と同一の効力を有するものによって権利が確定することなくその事由が終了した場合にあっては、その終了の時から6箇月を経過する）までの間は、時効は、完成しない。
① 裁判上の請求
② 支払督促
③ 民事訴訟法第275条第1項の和解又は民事調停法若しくは家事事件手続法による調停
④ 破産手続参加、再生手続参加又は更生手続参加
2 前項の場合において、確定判決又は確定判決と同一の効力を有するものによって権利が確定したときは、時効は、同項各号に掲げる事由が終了した時から新たにその進行を始める。

【強制執行等による時効の完成猶予及び更新】

第148条 次に掲げる事由がある場合には、その事由が終了する（申立ての取下げ又は法律の規定に従わないことによる取消しによってその事由が終了した場合にあっては、その終了の時から6箇月を経過する）までの間は、時効は、完成しない。
① 強制執行
② 担保権の実行
③ 民事執行法第195条に規定する担保権の実行としての競売の例による競売
④ 民事執行法第196条に規定する財産開示手続又は同法第204条に規定する第三者からの情報取得手続
2 前項の場合には、時効は、同項各号に掲げる事由が終了した時から新たにその進行を始める。ただし、申立ての取下げ又は法律の規定に従わないことによる取消しによってその事由が終了した場合は、この限りでない。

【仮差押え等による時効の完成猶予】

第149条 次に掲げる事由がある場合には、その事由が終了した時から6箇月を経過するまでの間は、時効は、完成しない。
① 仮差押え
② 仮処分

【催告による時効の完成猶予】

第150条 催告があったときは、その時から6箇月を経過するまでの間は、時効は、完成しない。
2 催告によって時効の完成が猶予されている間にされた再度の催告は、前項の規定による時効の完成猶予の効力を有しない。

【協議を行う旨の合意による時効の完成猶予】

第151条 権利についての協議を行う旨の合意が書面でされたときは、次に掲げる時のいずれか早い時までの間は、時効は、完成しない。
① その合意があった時から1年を経過した時
② その合意において当事者が協議を行う期間（1年に満たないものに限る。）を定めたときは、その期間を経過した時
③ 当事者の一方から相手方に対して協議の続行を拒絶する旨の通知が書面でされたときは、その通知の時から6箇月を経過した時
2 前項の規定により時効の完成が猶予されている間にされた再度の同項の合意は、同項の規定による時効の完成猶予の効力を有する。

18

ただし、その効力は、時効の完成が猶予され
なかったとすれば時効が完成すべき時から通
じて5年を超えることができない。

3　催告によって時効の完成が猶予されている
間にされた第1項の合意は、同項の規定によ
る時効の完成猶予の効力を有しない。同項の
規定により時効の完成が猶予されている間に
された催告についても、同様とする。

4　第1項の合意がその内容を記録した電磁的
記録（電子的方式、磁気的方式その他人の知
覚によっては認識することができない方式で
作られる記録であって、電子計算機による情
報処理の用に供されるものをいう。以下同
じ。）によってされたときは、その合意は、
書面によってされたものとみなして、前3項
の規定を適用する。

5　前項の規定は、第1項第3号の通知につい
て準用する。

【承認による時効の更新】

第152条　時効は、権利の承認があったとき
は、その時から新たにその進行を始める。

2　前項の承認をするには、相手方の権利につ
いての処分につき行為能力の制限を受けてい
ないこと又は権限があることを要しない。

【時効の完成猶予又は更新の効力が及ぶ者の
範囲】

第153条　第147条又は第148条の規定によ
る時効の完成猶予又は更新は、完成猶予又は
更新の事由が生じた当事者及びその承継人の
間においてのみ、その効力を有する。

2　第149条から第151条までの規定による時
効の完成猶予は、完成猶予の事由が生じた当
事者及びその承継人の間においてのみ、その
効力を有する。

3　前条の規定による時効の更新は、更新の事
由が生じた当事者及びその承継人の間におい
てのみ、その効力を有する。

第154条　第148条第1項各号又は第149条
各号に掲げる事由に係る手続は、時効の利益
を受ける者に対してしないときは、その者に
通知をした後でなければ、第148条又は第
149条の規定による時効の完成猶予又は更新
の効力を生じない。

【未成年者又は成年被後見人と時効の完成猶
予】

第158条　時効の期間の満了前6箇月以内の
間に未成年者又は成年被後見人に法定代理人
がないときは、その未成年者若しくは成年被
後見人が行為能力者となった時又は法定代理

人が就職した時から6箇月を経過するまでの
間は、その未成年者又は成年被後見人に対し
て、時効は、完成しない。

2　未成年者又は成年被後見人がその財産を管
理する父、母又は後見人に対して権利を有す
るときは、その未成年者若しくは成年被後見
人が行為能力者となった時又は後任の法定代
理人が就職した時から6箇月を経過するまで
の間は、その権利について、時効は、完成し
ない。

【夫婦間の権利の時効の完成猶予】

第159条　夫婦の一方が他の一方に対して有
する権利については、婚姻の解消の時から6
箇月を経過するまでの間は、時効は、完成し
ない。

【相続財産に関する時効の完成猶予】

第160条　相続財産に関しては、相続人が確
定した時、管理人が選任された時又は破産手
続開始の決定があった時から6箇月を経過す
るまでの間は、時効は、完成しない。

【天災等による時効の完成猶予】

第161条　時効の期間の満了の時に当たり、
天災その他避けることのできない事変のため
第147条第1項各号又は第148条第1項各号
に掲げる事由に係る手続を行うことができな
いときは、その障害が消滅した時から3箇月
を経過するまでの間は、時効は、完成しな
い。

　　　◆第2節　取得時効◆

【所有権の取得時効】

第162条　20年間、所有の意思をもって、平
穏に、かつ、公然と他人の物を占有した者
は、その所有権を取得する。

2　10年間、所有の意思をもって、平穏に、
かつ、公然と他人の物を占有した者は、その
占有の開始の時に、善意であり、かつ、過失
がなかったときは、その所有権を取得する。

【所有権以外の財産権の取得時効】

第163条　所有権以外の財産権を、自己のた
めにする意思をもって、平穏に、かつ、公然
と行使する者は、前条の区別に従い20年又
は10年を経過した後、その権利を取得する。

【占有の中止等による取得時効の中断】

第164条　第162条の規定による時効は、占
有者が任意にその占有を中止し、又は他人に
よってその占有を奪われたときは、中断す
る。

第166条〜第186条

◆第3節　消滅時効◆

【債権等の消滅時効】

第166条　債権は、次に掲げる場合には、時効によって消滅する。

① 債権者が権利を行使することができることを知った時から5年間行使しないとき。

② 権利を行使することができる時から10年間行使しないとき。

2　債権又は所有権以外の財産権は、権利を行使することができる時から20年間行使しないときは、時効によって消滅する。

3　前2項の規定は、始期付権利又は停止条件付権利の目的物を占有する第三者のために、その占有の開始の時から取得時効が進行することを妨げない。ただし、権利者は、その時効を更新するため、いつでも占有者の承認を求めることができる。

【人の生命又は身体の侵害による損害賠償請求権の消滅時効】

第167条　人の生命又は身体の侵害による損害賠償請求権の消滅時効についての前条第1項第2号の規定の適用については、同号中「10年間」とあるのは、「20年間」とする。

【判決で確定した権利の消滅時効】

第169条

1　確定判決又は確定判決と同一の効力を有するものによって確定した権利については、10年より短い時効期間の定めがあるものであっても、その時効期間は、10年とする。

第2編　物権

第1章　総則

【物権の創設】

第175条　物権は、この法律その他の法律に定めるもののほか、創設することができない。

【物権の設定及び移転】

第176条　物権の設定及び移転は、当事者の意思表示のみによって、その効力を生ずる。

【不動産に関する物権の変動の対抗要件】

第177条　不動産に関する物権の得喪及び変更は、不動産登記法（平成16年法律第123号）その他の登記に関する法律の定めるところに従いその登記をしなければ、第三者に対抗することができない。

【動産に関する物権の譲渡の対抗要件】

第178条　動産に関する物権の譲渡は、その動産の引渡しがなければ、第三者に対抗することができない。

【混同】

第179条　同一物について所有権及び他の物権が同一人に帰属したときは、当該他の物権は、消滅する。ただし、その物又は当該他の物権が第三者の権利の目的であるときは、この限りでない。

2　所有権以外の物権及びこれを目的とする他の権利が同一人に帰属したときは、当該他の権利は、消滅する。この場合においては、前項ただし書の規定を準用する。

3　前2項の規定は、占有権については、適用しない。

第2章　占有権

◆第1節　占有権の取得◆

【占有権の取得】

第180条　占有権は、自己のためにする意思をもって物を所持することによって取得する。

【代理占有】

第181条　占有権は、代理人によって取得することができる。

【現実の引渡し及び簡易の引渡し】

第182条　占有権の譲渡は、占有物の引渡しによってする。

2　譲受人又はその代理人が現に占有物を所持する場合には、占有権の譲渡は、当事者の意思表示のみによってすることができる。

【占有改定】

第183条　代理人が自己の占有物を以後本人のために占有する意思を表示したときは、本人は、これによって占有権を取得する。

【指図による占有移転】

第184条　代理人によって占有をする場合において、本人がその代理人に対して以後第三者のためにその物を占有することを命じ、その第三者がこれを承諾したときは、その第三者は、占有権を取得する。

【占有の性質の変更】

第185条　権原の性質上占有者に所有の意思がないものとされる場合には、その占有者が、自己に占有をさせた者に対して所有の意思があることを表示し、又は新たな権原により更に所有の意思をもって占有を始めるのでなければ、占有の性質は、変わらない。

【占有の態様等に関する推定】

第186条　占有者は、所有の意思をもって、

善意で、平穏に、かつ、公然と占有をするものと推定する。

2 前後の両時点において占有をした証拠があるときは、占有は、その間継続したものと推定する。

【占有の承継】

第187条 占有者の承継人は、その選択に従い、自己の占有のみを主張し、又は自己の占有に前の占有者の占有を併せて主張することができる。

2 前の占有者の占有を併せて主張する場合には、その瑕疵をも承継する。

◆第2節 占有権の効力◆

【占有物について行使する権利の適法の推定】

第188条 占有者が占有物について行使する権利は、適法に有するものと推定する。

【善意の占有者による果実の取得等】

第189条 善意の占有者は、占有物から生ずる果実を取得する。

2 善意の占有者が本権の訴えにおいて敗訴したときは、その訴えの提起の時から悪意の占有者とみなす。

【悪意の占有者による果実の返還等】

第190条 悪意の占有者は、果実を返還し、かつ、既に消費し、過失によって損傷し、又は収取を怠った果実の代価を償還する義務を負う。

2 前項の規定は、暴行若しくは強迫又は隠匿によって占有をしている者について準用する。

【占有者による損害賠償】

第191条 占有物が占有者の責めに帰すべき事由によって滅失し、又は損傷したときは、その回復者に対し、悪意の占有者はその損害の全部の賠償をする義務を負い、善意の占有者はその滅失又は損傷によって現に利益を受けている限度において賠償をする義務を負う。ただし、所有の意思のない占有者は、善意であるときであっても、全部の賠償をしなければならない。

【即時取得】

第192条 取引行為によって、平穏に、かつ、公然と動産の占有を始めた者は、善意であり、かつ、過失がないときは、即時にその動産について行使する権利を取得する。

【盗品又は遺失物の回復】

第193条 前条の場合において、占有物が盗品又は遺失物であるときは、被害者又は遺失者は、盗難又は遺失の時から2年間、占有者に対してその物の回復を請求することができる。

第194条 占有者が、盗品又は遺失物を、競売若しくは公の市場において、又はその物と同種の物を販売する商人から、善意で買い受けたときは、被害者又は遺失者は、占有者が支払った代価を弁償しなければ、その物を回復することができない。

【占有者による費用の償還請求】

第196条 占有者が占有物を返還する場合には、その物の保存のために支出した金額その他の必要費を回復者から償還させることができる。ただし、占有者が果実を取得したときは、通常の必要費は、占有者の負担に帰する。

2 占有者が占有物の改良のために支出した金額その他の有益費については、その価格の増加が現存する場合に限り、回復者の選択に従い、その支出した金額又は増価額を償還させることができる。ただし、悪意の占有者に対しては、裁判所は、回復者の請求により、その償還について相当の期限を許与することができる。

【占有の訴え】

第197条 占有者は、次条から第202条までの規定に従い、占有の訴えを提起することができる。他人のために占有をする者も、同様とする。

【占有保持の訴え】

第198条 占有者がその占有を妨害されたときは、占有保持の訴えにより、その妨害の停止及び損害の賠償を請求することができる。

【占有保全の訴え】

第199条 占有者がその占有を妨害されるおそれがあるときは、占有保全の訴えにより、その妨害の予防又は損害賠償の担保を請求することができる。

【占有回収の訴え】

第200条 占有者がその占有を奪われたときは、占有回収の訴えにより、その物の返還及び損害の賠償を請求することができる。

2 占有回収の訴えは、占有を侵奪した者の特定承継人に対して提起することができない。ただし、その承継人が侵奪の事実を知っていたときは、この限りでない。

【占有の訴えの提起期間】

第201条 占有保持の訴えは、妨害の存する間又はその消滅した後1年以内に提起しなければならない。ただし、工事により占有物に

損害を生じた場合において、その工事に着手した時から1年を経過し、又はその工事が完成したときは、これを提起することができない。

2　占有保全の訴えは、妨害の危険の存する間は、提起することができる。この場合において、工事により占有物に損害を生ずるおそれがあるときは、前項ただし書の規定を準用する。

3　占有回収の訴えは、占有を奪われた時から1年以内に提起しなければならない。

【本権の訴えとの関係】

第202条　占有の訴えは本権の訴えを妨げず、また、本権の訴えは占有の訴えを妨げない。

2　占有の訴えについては、本権に関する理由に基づいて裁判をすることができない。

◆**第3節　占有権の消滅**◆
◆**第4節　準占有**◆

第3章　所有権

◆**第1節　所有権の限界**◆
第1款　所有権の内容及び範囲

【所有権の内容】

第206条　所有者は、法令の制限内において、自由にその所有物の使用、収益及び処分をする権利を有する。

第2款　相隣関係

【隣地の使用】

第209条　土地の所有者は、次に掲げる目的のため必要な範囲内で、隣地を使用することができる。ただし、住家については、その居住者の承諾がなければ、立ち入ることはできない。

①　境界又はその付近における障壁、建物その他の工作物の築造、収去又は修繕

②　境界標の調査又は境界に関する測量

③　第233条第3項の規定による枝の切取り

2　前項の場合には、使用の日時、場所及び方法は、隣地の所有者及び隣地を現に使用している者（以下この条において「隣地使用者」という。）のために損害が最も少ないものを選ばなければならない。

3　第1項の規定により隣地を使用する者は、あらかじめ、その目的、日時、場所及び方法を隣地の所有者及び隣地使用者に通知しなければならない。ただし、あらかじめ通知することが困難なときは、使用を開始した後、遅滞なく、通知することをもって足りる。

4　第1項の場合において、隣地の所有者又は隣地使用者が損害を受けたときは、その償金を請求することができる。

【公道に至るための他の土地の通行権】

第210条　他の土地に囲まれて公道に通じない土地の所有者は、公道に至るため、その土地を囲んでいる他の土地を通行することができる。

2　池沼、河川、水路若しくは海を通らなければ公道に至ることができないとき、又は崖があって土地と公道とに著しい高低差があるときも、前項と同様とする。

第211条　前条の場合には、通行の場所及び方法は、同条の規定による通行権を有する者のために必要であり、かつ、他の土地のために損害が最も少ないものを選ばなければならない。

2　前条の規定による通行権を有する者は、必要があるときは、通路を開設することができる。

第212条　第210条の規定による通行権を有する者は、その通行する他の土地の損害に対して償金を支払わなければならない。ただし、通路の開設のために生じた損害に対するものを除き、1年ごとにその償金を支払うことができる。

第213条　分割によって公道に通じない土地が生じたときは、その土地の所有者は、公道に至るため、他の分割者の所有地のみを通行することができる。この場合においては、償金を支払うことを要しない。

2　前項の規定は、土地の所有者がその土地の一部を譲り渡した場合について準用する。

【継続的給付を受けるための設備の設置権等】

第213条の2　土地の所有者は、他の土地に設備を設置し、又は他人が所有する設備を使用しなければ電気、ガス又は水道水の供給その他これらに類する継続的給付（以下この項及び次条第1項において「継続的給付」という。）を受けることができないときは、継続的給付を受けるため必要な範囲内で、他の土地に設備を設置し、又は他人が所有する設備を使用することができる。

2　前項の場合には、設備の設置又は使用の場所及び方法は、他の土地又は他人が所有する設備（次条において「他の土地等」という。）のために損害が最も少ないものを選ばなければならない。

3　第1項の規定により他の土地に設備を設置

し、又は他人が所有する設備を使用する者
は、あらかじめ、その目的、場所及び方法を
他の土地等の所有者及び他の土地を現に使用
している者に通知しなければならない。

4 第1項の規定による権利を有する者は、同
項の規定により他の土地に設備を設置し、又
は他人が所有する設備を使用するために当該
他の土地又は当該他人が所有する設備がある
土地を使用することができる。この場合にお
いては、第209条第1項ただし書及び第2項
から第4項までの規定を準用する。

5 第1項の規定により他の土地に設備を設置
する者は、その土地の損害（前項において準
用する第209条第4項に規定する損害を除
く。）に対して償金を支払わなければならな
い。ただし、1年ごとにその償金を支払うこ
とができる。

6 第1項の規定により他人が所有する設備を
使用する者は、その設備の使用を開始するた
めに生じた損害に対して償金を支払わなけれ
ばならない。

7 第1項の規定により他人が所有する設備を
使用する者は、その利益を受ける割合に応じ
て、その設置、改築、修繕及び維持に要する
費用を負担しなければならない。

第213条の3 分割によって他の土地に設備を
設置しなければ継続的給付を受けることがで
きない土地が生じたときは、その土地の所有
者は、継続的給付を受けるため、他の分割者
の所有地のみに設備を設置することができ
る。この場合においては、前条第5項の規定
は、適用しない。

2 前項の規定は、土地の所有者がその土地の
一部を譲り渡した場合について準用する。

【竹木の枝の切除及び根の切取り】

第233条 土地の所有者は、隣地の竹木の枝
が境界線を越えるときは、その竹木の所有者
に、その枝を切除させることができる。

2 前項の場合において、竹木が数人の共有に
属するときは、各共有者は、その枝を切り取
ることができる。

3 第1項の場合において、次に掲げるとき
は、土地の所有者は、その枝を切り取ること
ができる。

① 竹木の所有者に枝を切除するよう催告し
たにもかかわらず、竹木の所有者が相当の
期間内に切除しないとき。

② 竹木の所有者を知ることができず、又は
その所在を知ることができないとき。

③ 急迫の事情があるとき。

4 隣地の竹木の根が境界線を越えるときは、
その根を切り取ることができる。

【境界線付近の建築の制限】

第234条

1 建物を築造するには、境界線から50セン
チメートル以上の距離を保たなければならな
い。

◆第2節 所有権の取得◆

【無主物の帰属】

第239条 所有者のない動産は、所有の意思
をもって占有することによって、その所有権
を取得する。

2 所有者のない不動産は、国庫に帰属する。

【遺失物の拾得】

第240条 遺失物は、遺失物法（平成18年法
律第73号）の定めるところに従い公告をし
た後3箇月以内にその所有者が判明しないと
きは、これを拾得した者がその所有権を取得
する。

【埋蔵物の発見】

第241条 埋蔵物は、遺失物法の定めるとこ
ろに従い公告をした後6箇月以内にその所有
者が判明しないときは、これを発見した者が
その所有権を取得する。ただし、他人の所有
する物の中から発見された埋蔵物について
は、これを発見した者及びその他人が等しい
割合でその所有権を取得する。

【不動産の付合】

第242条 不動産の所有者は、その不動産に
従として付合した物の所有権を取得する。た
だし、権原によってその物を附属させた他人
の権利を妨げない。

【動産の付合】

第243条 所有者を異にする数個の動産が、
付合により、損傷しなければ分離することが
できなくなったときは、その合成物の所有権
は、主たる動産の所有者に帰属する。分離す
るのに過分の費用を要するときも、同様とす
る。

第244条 付合した動産について主従の区別
をすることができないときは、各動産の所有
者は、その付合の時における価格の割合に応
じてその合成物を共有する。

【混和】

第245条 前2条の規定は、所有者を異にす
る物が混和して識別することができなくなっ
た場合について準用する。

第 246 条〜第 252 条の 2

【加工】

第246条　他人の動産に工作を加えた者（以下この条において「加工者」という。）があるときは、その加工物の所有権は、材料の所有者に帰属する。ただし、工作によって生じた価格が材料の価格を著しく超えるときは、加工者がその加工物の所有権を取得する。

2　前項に規定する場合において、加工者が材料の一部を供したときは、その価格に工作によって生じた価格を加えたものが他人の材料の価格を超えるときに限り、加工者がその加工物の所有権を取得する。

【付合、混和又は加工の効果】

第247条　第242条から前条までの規定により物の所有権が消滅したときは、その物について存する他の権利も、消滅する。

2　前項に規定する場合において、物の所有者が、合成物、混和物又は加工物（以下この項において「合成物等」という。）の単独所有者となったときは、その物について存する他の権利は以後その合成物等について存し、物の所有者が合成物等の共有者となったときは、その物について存する他の権利は以後その持分について存する。

【付合、混和又は加工に伴う償金の請求】

第248条　第242条から前条までの規定の適用によって損失を受けた者は、第703条及び第704条の規定に従い、その償金を請求することができる。

◆第3節　共有◆

【共有物の使用】

第249条　各共有者は、共有物の全部について、その持分に応じた使用をすることができる。

2　共有物を使用する共有者は、別段の合意がある場合を除き、他の共有者に対し、自己の持分を超える使用の対価を償還する義務を負う。

3　共有者は、善良な管理者の注意をもって、共有物の使用をしなければならない。

【共有持分の割合の推定】

第250条　各共有者の持分は、相等しいものと推定する。

【共有物の変更】

第251条　各共有者は、他の共有者の同意を得なければ、共有物に変更（その形状又は効用の著しい変更を伴わないものを除く。次項において同じ。）を加えることができない。

2　共有者が他の共有者を知ることができず、又はその所在を知ることができないときは、裁判所は、共有者の請求により、当該他の共有者以外の他の共有者の同意を得て共有物に変更を加えることができる旨の裁判をすることができる。

【共有物の管理】

第252条　共有物の管理に関する事項（次条第1項に規定する共有物の管理者の選任及び解任を含み、共有物に前条第1項に規定する変更を加えるものを除く。次項において同じ。）は、各共有者の持分の価格に従い、その過半数で決する。共有物を使用する共有者があるときも、同様とする。

2　裁判所は、次の各号に掲げるときは、当該各号に規定する他の共有者以外の共有者の請求により、当該他の共有者以外の共有者の持分の価格に従い、その過半数で共有物の管理に関する事項を決することができる旨の裁判をすることができる。

①　共有者が他の共有者を知ることができず、又はその所在を知ることができないとき。

②　共有者が他の共有者に対し相当の期間を定めて共有物の管理に関する事項を決することについて賛否を明らかにすべき旨を催告した場合において、当該他の共有者がその期間内に賛否を明らかにしないとき。

3　前2項の規定による決定が、共有者間の決定に基づいて共有物を使用する共有者に特別の影響を及ぼすべきときは、その承諾を得なければならない。

4　共有者は、前3項の規定により、共有物に、次の各号に掲げる賃借権その他の使用及び収益を目的とする権利（以下この項において「賃借権等」という。）であって、当該各号に定める期間を超えないものを設定することができる。

①　樹木の栽植又は伐採を目的とする山林の賃借権等　10年

②　前号に掲げる賃借権等以外の土地の賃借権等　5年

③　建物の賃借権等　3年

④　動産の賃借権等　6箇月

5　各共有者は、前各項の規定にかかわらず、保存行為をすることができる。

【共有物の管理者】

第252条の2　共有物の管理者は、共有物の管理に関する行為をすることができる。ただし、共有者の全員の同意を得なければ、共有

第253条〜第262条の2

物に変更（その形状又は効用の著しい変更を伴わないものを除く。次項において同じ。）を加えることができない。

2　共有物の管理者が共有者を知ることができず、又はその所在を知ることができないときは、裁判所は、共有物の管理者の請求により、当該共有者以外の共有者の同意を得て共有物に変更を加えることができる旨の裁判をすることができる。

3　共有物の管理者は、共有者が共有物の管理に関する事項を決した場合には、これに従ってその職務を行わなければならない。

4　前項の規定に違反して行った共有物の管理者の行為は、共有者に対してその効力を生じない。ただし、共有者は、これをもって善意の第三者に対抗することができない。

【共有物に関する負担】

第253条　各共有者は、その持分に応じ、管理の費用を支払い、その他共有物に関する負担を負う。

2　共有者が1年以内に前項の義務を履行しないときは、他の共有者は、相当の償金を支払ってその者の持分を取得することができる。

【共有物についての債権】

第254条　共有者の1人が共有物について他の共有者に対して有する債権は、その特定承継人に対しても行使することができる。

【持分の放棄及び共有者の死亡】

第255条　共有者の1人が、その持分を放棄したとき、又は死亡して相続人がないときは、その持分は、他の共有者に帰属する。

【共有物の分割請求】

第256条　各共有者は、いつでも共有物の分割を請求することができる。ただし、5年を超えない期間内は分割をしない旨の契約をすることを妨げない。

2　前項ただし書の契約は、更新することができる。ただし、その期間は、更新の時から5年を超えることができない。

第257条　前条の規定は、第229条に規定する共有物については、適用しない。

【裁判による共有物の分割】

第258条　共有物の分割について共有者間に協議が調わないとき、又は協議をすることができないときは、その分割を裁判所に請求することができる。

2　裁判所は、次に掲げる方法により、共有物の分割を命ずることができる。

①　共有物の現物を分割する方法

②　共有者に債務を負担させて、他の共有者の持分の全部又は一部を取得させる方法

3　前項に規定する方法により共有物を分割することができないとき、又は分割によってその価格を著しく減少させるおそれがあるときは、裁判所は、その競売を命ずることができる。

4　裁判所は、共有物の分割の裁判において、当事者に対して、金銭の支払、物の引渡し、登記義務の履行その他の給付を命ずることができる。

第258条の2　共有物の全部又はその持分が相続財産に属する場合において、共同相続人間で当該共有物の全部又はその持分について遺産の分割をすべきときは、当該共有物又はその持分について前条の規定による分割をすることができない。

2　共有物の持分が相続財産に属する場合において、相続開始の時から10年を経過したときは、前項の規定にかかわらず、相続財産に属する共有物の持分について前条の規定による分割をすることができる。ただし、当該共有物の持分について遺産の分割の請求があった場合において、相続人が当該共有物の持分について同条の規定による分割をすることに異議の申出をしたときは、この限りでない。

3　相続人が前項ただし書の申出をする場合には、当該申出は、当該相続人が前条第1項の規定による請求を受けた裁判所から当該請求があった旨の通知を受けた日から2箇月以内に当該裁判所にしなければならない。

【分割における共有者の担保責任】

第261条　各共有者は、他の共有者が分割によって取得した物について、売主と同じく、その持分に応じて担保の責任を負う。

【所在等不明共有者の持分の取得】

第262条の2　不動産が数人の共有に属する場合において、共有者が他の共有者を知ることができず、又はその所在を知ることができないときは、裁判所は、共有者の請求により、その共有者に、当該他の共有者（以下この条において「所在等不明共有者」という。）の持分を取得させる旨の裁判をすることができる。この場合において、請求をした共有者が2人以上あるときは、請求をした各共有者に、所在等不明共有者の持分を、請求をした各共有者の持分の割合で按分してそれぞれ取得させる。

2　前項の請求があった持分に係る不動産につ

民法

25

第262条の3〜第264条の9

いて第258条第1項の規定による請求又は遺産の分割の請求があり、かつ、所在等不明共有者以外の共有者が前項の請求を受けた裁判所に同項の裁判をすることについて異議がある旨の届出をしたときは、裁判所は、同項の裁判をすることができない。

3 所在等不明共有者の持分が相続財産に属する場合（共同相続人間で遺産の分割をすべき場合に限る。）において、相続開始の時から10年を経過していないときは、裁判所は、第1項の裁判をすることができない。

4 第1項の規定により共有者が所在等不明共有者の持分を取得したときは、所在等不明共有者は、当該共有者に対し、当該共有者が取得した持分の時価相当額の支払を請求することができる。

5 前各項の規定は、不動産の使用又は収益をする権利（所有権を除く。）が数人の共有に属する場合について準用する。

【所在等不明共有者の持分の譲渡】

第262条の3 不動産が数人の共有に属する場合において、共有者が他の共有者を知ることができず、又はその所在を知ることができないときは、裁判所は、共有者の請求により、その共有者に、当該他の共有者（以下この条において「所在等不明共有者」という。）以外の共有者の全員が特定の者に対してその有する持分の全部を譲渡することを停止条件として所在等不明共有者の持分を当該特定の者に譲渡する権限を付与する旨の裁判をすることができる。

2 所在等不明共有者の持分が相続財産に属する場合（共同相続人間で遺産の分割をすべき場合に限る。）において、相続開始の時から10年を経過していないときは、裁判所は、前項の裁判をすることができない。

3 第1項の裁判により付与された権限に基づき共有者が所在等不明共有者の持分を第三者に譲渡したときは、所在等不明共有者は、当該譲渡をした共有者に対し、不動産の時価相当額を所在等不明共有者の持分に応じて按分して得た額の支払を請求することができる。

4 前3項の規定は、不動産の使用又は収益をする権利（所有権を除く。）が数人の共有に属する場合について準用する。

◆第4節 所有者不明土地管理命令及び所有者不明建物管理命令◆

【所有者不明土地管理命令】

第264条の2 裁判所は、所有者を知ることが

できず、又はその所在を知ることができない土地（土地が数人の共有に属する場合にあっては、共有者を知ることができず、又はその所在を知ることができない土地の共有持分）について、必要があると認めるときは、利害関係人の請求により、その請求に係る土地又は共有持分を対象として、所有者不明土地管理人（第4項に規定する所有者不明土地管理人をいう。以下同じ。）による管理を命ずる処分（以下「所有者不明土地管理命令」という。）をすることができる。

2 所有者不明土地管理命令の効力は、当該所有者不明土地管理命令の対象とされた土地（共有持分を対象として所有者不明土地管理命令が発せられた場合にあっては、共有物である土地）にある動産（当該所有者不明土地管理命令の対象とされた土地の所有者又は共有持分を有する者が所有するものに限る。）に及ぶ。

3 所有者不明土地管理命令は、所有者不明土地管理命令が発せられた後に当該所有者不明土地管理命令が取り消された場合において、当該所有者不明土地管理命令の対象とされた土地又は共有持分及び当該所有者不明土地管理命令の効力が及ぶ動産の管理、処分その他の事由により所有者不明土地管理人が得た財産について、必要があると認めるときも、することができる。

4 裁判所は、所有者不明土地管理命令をする場合には、当該所有者不明土地管理命令において、所有者不明土地管理人を選任しなければならない。

◆第5節 管理不全土地管理命令及び管理不全建物管理命令◆

【管理不全土地管理命令】

第264条の9 裁判所は、所有者による土地の管理が不適当であることによって他人の権利又は法律上保護される利益が侵害され、又は侵害されるおそれがある場合において、必要があると認めるときは、利害関係人の請求により、当該土地を対象として、管理不全土地管理人（第3項に規定する管理不全土地管理人をいう。以下同じ。）による管理を命ずる処分（以下「管理不全土地管理命令」という。）をすることができる。

2 管理不全土地管理命令の効力は、当該管理不全土地管理命令の対象とされた、土地にある動産（当該管理不全土地管理命令の対象とされた土地の所有者又はその共有持分を有する

26

者が所有するものに限る。）に及ぶ。

3　裁判所は、管理不全土地管理命令をする場合には、当該管理不全土地管理命令において、管理不全土地管理人を選任しなければならない。

第4章　地上権

【地上権の内容】

第265条　地上権者は、他人の土地において工作物又は竹木を所有するため、その土地を使用する権利を有する。

【地上権の存続期間】

第268条　設定行為で地上権の存続期間を定めなかった場合において、別段の慣習がないときは、地上権者は、いつでもその権利を放棄することができる。ただし、地代を支払うべきときは、1年前に予告をし、又は期限の到来していない1年分の地代を支払わなければならない。

2　地上権者が前項の規定によりその権利を放棄しないときは、裁判所は、当事者の請求により、20年以上50年以下の範囲内において、工作物又は竹木の種類及び状況その他地上権の設定当時の事情を考慮して、その存続期間を定める。

【工作物等の収去等】

第269条

1　地上権者は、その権利が消滅した時に、土地を原状に復してその工作物及び竹木を収去することができる。ただし、土地の所有者が時価相当額を提供してこれを買い取る旨を通知したときは、地上権者は、正当な理由がなければ、これを拒むことができない。

第5章　永小作権

【永小作権の内容】

第270条　永小作人は、小作料を支払って他人の土地において耕作又は牧畜をする権利を有する。

【永小作権の存続期間】

第278条　永小作権の存続期間は、20年以上50年以下とする。設定行為で50年より長い期間を定めたときであっても、その期間は、50年とする。

2　永小作権の設定は、更新することができる。ただし、その存続期間は、更新の時から50年を超えることができない。

3　設定行為で永小作権の存続期間を定めなかったときは、その期間は、別段の慣習がある

場合を除き、30年とする。

第6章　地役権

【地役権の内容】

第280条　地役権者は、設定行為で定めた目的に従い、他人の土地を自己の土地の便益に供する権利を有する。ただし、第3章第1節（所有権の限界）の規定（公の秩序に関するものに限る。）に違反しないものでなければならない。

【地役権の付従性】

第281条　地役権は、要役地（地役権者の土地であって、他人の土地から便益を受けるものをいう。以下同じ。）の所有権に従たるものとして、その所有権とともに移転し、又は要役地について存する他の権利の目的となるものとする。ただし、設定行為に別段の定めがあるときは、この限りでない。

2　地役権は、要役地から分離して譲り渡し、又は他の権利の目的とすることができない。

【地役権の不可分性】

第282条　土地の共有者の1人は、その持分につき、その土地のために又はその土地について存する地役権を消滅させることができない。

2　土地の分割又はその一部の譲渡の場合には、地役権は、その各部のために又はその各部について存する。ただし、地役権がその性質により土地の一部のみに関するときは、この限りでない。

【地役権の時効取得】

第283条　地役権は、継続的に行使され、かつ、外形上認識することができるものに限り、時効によって取得することができる。

第284条　土地の共有者の1人が時効によって地役権を取得したときは、他の共有者も、これを取得する。

2　共有者に対する時効の更新は、地役権を行使する各共有者に対してしなければ、その効力を生じない。

3　地役権を行使する共有者が数人ある場合には、その1人について時効の完成猶予の事由があっても、時効は、各共有者のために進行する。

【承役地の時効取得による地役権の消滅】

第289条　承役地の占有者が取得時効に必要な要件を具備する占有をしたときは、地役権は、これによって消滅する。

第290条　前条の規定による地役権の消滅時

効は、地役権者がその権利を行使することによって中断する。

【地役権の消滅時効】

第291条　第166条第2項に規定する消滅時効の期間は、継続的でなく行使される地役権については最後の行使の時から起算し、継続的に行使される地役権についてはその行使を妨げる事実が生じた時から起算する。

第292条　要役地が数人の共有に属する場合において、その1人のために時効の完成猶予又は更新があるときは、その完成猶予又は更新は、他の共有者のためにも、その効力を生ずる。

第293条　地役権者がその権利の一部を行使しないときは、その部分のみが時効によって消滅する。

第7章　留置権

【留置権の内容】

第295条　他人の物の占有者は、その物に関して生じた債権を有するときは、その債権の弁済を受けるまで、その物を留置することができる。ただし、その債権が弁済期にないときは、この限りでない。

2　前項の規定は、占有が不法行為によって始まった場合には、適用しない。

【留置権の不可分性】

第296条　留置権者は、債権の全部の弁済を受けるまでは、留置物の全部についてその権利を行使することができる。

【留置権者による果実の収取】

第297条　留置権者は、留置物から生ずる果実を収取し、他の債権者に先立って、これを自己の債権の弁済に充当することができる。

2　前項の果実は、まず債権の利息に充当し、なお残余があるときは元本に充当しなければならない。

【留置権者による留置物の保管等】

第298条　留置権者は、善良な管理者の注意をもって、留置物を占有しなければならない。

2　留置権者は、債務者の承諾を得なければ、留置物を使用し、賃貸し、又は担保に供することができない。ただし、その物の保存に必要な使用をすることは、この限りでない。

3　留置権者が前2項の規定に違反したときは、債務者は、留置権の消滅を請求することができる。

【留置権者による費用の償還請求】

第299条　留置権者は、留置物について必要費を支出したときは、所有者にその償還をさせることができる。

2　留置権者は、留置物について有益費を支出したときは、これによる価格の増加が現存する場合に限り、所有者の選択に従い、その支出した金額又は増価額を償還させることができる。ただし、裁判所は、所有者の請求により、その償還について相当の期限を許与することができる。

【留置権の行使と債権の消滅時効】

第300条　留置権の行使は、債権の消滅時効の進行を妨げない。

【担保の供与による留置権の消滅】

第301条　債務者は、相当の担保を供して、留置権の消滅を請求することができる。

第8章　先取特権

◆第1節　総則◆

【先取特権の内容】

第303条　先取特権者は、この法律その他の法律の規定に従い、その債務者の財産について、他の債権者に先立って自己の債権の弁済を受ける権利を有する。

【物上代位】

第304条　先取特権は、その目的物の売却、賃貸、滅失又は損傷によって債務者が受けるべき金銭その他の物に対しても、行使することができる。ただし、先取特権者は、その払渡し又は引渡しの前に差押えをしなければならない。

2　債務者が先取特権の目的物につき設定した物権の対価についても、前項と同様とする。

【先取特権の不可分性】

第305条　第296条の規定は、先取特権について準用する。

◆第2節　先取特権の種類◆
第1款　一般の先取特権

【一般の先取特権】

第306条　次に掲げる原因によって生じた債権を有する者は、債務者の総財産について先取特権を有する。

①　共益の費用

②　雇用関係

③　葬式の費用

④　日用品の供給

第2款 動産の先取特権

【動産の先取特権】

第311条 次に掲げる原因によって生じた債権を有する者は、債務者の特定の動産について先取特権を有する。

① 不動産の賃貸借
② 旅館の宿泊
③ 旅客又は荷物の運輸
④ 動産の保存
⑤ 動産の売買
⑥ 種苗又は肥料（蚕種又は蚕の飼養に供した桑葉を含む。以下同じ。）の供給
⑦ 農業の労務
⑧ 工業の労務

第3款 不動産の先取特権

【不動産の先取特権】

第325条 次に掲げる原因によって生じた債権を有する者は、債務者の特定の不動産について先取特権を有する。

① 不動産の保存
② 不動産の工事
③ 不動産の売買

◆第3節 先取特権の順位◆

【一般の先取特権の順位】

第329条 一般の先取特権が互いに競合する場合には、その優先権の順位は、第306条各号に掲げる順序に従う。

2 一般の先取特権と特別の先取特権とが競合する場合には、特別の先取特権は、一般の先取特権に優先する。ただし、共益の費用の先取特権は、その利益を受けたすべての債権者に対して優先する効力を有する。

【動産の先取特権の順位】

第330条

1 同一の動産について特別の先取特権が互いに競合する場合には、その優先権の順位は、次に掲げる順序に従う。この場合において、第2号に掲げる動産の保存の先取特権について数人の保存者があるときは、後の保存者が前の保存者に優先する。

① 不動産の賃貸、旅館の宿泊及び運輸の先取特権
② 動産の保存の先取特権
③ 動産の売買、種苗又は肥料の供給、農業の労務及び工業の労務の先取特権

【不動産の先取特権の順位】

第331条

1 同一の不動産について特別の先取特権が互いに競合する場合には、その優先権の順位

は、第325条各号に掲げる順序に従う。

◆第4節 先取特権の効力◆

【先取特権と第三取得者】

第333条 先取特権は、債務者がその目的である動産をその第三取得者に引き渡した後は、その動産について行使することができない。

【抵当権に関する規定の準用】

第341条 先取特権の効力については、この節に定めるもののほか、その性質に反しない限り、抵当権に関する規定を準用する。

第9章 質権

◆第1節 総則◆

【質権の内容】

第342条 質権者は、その債権の担保として債務者又は第三者から受け取った物を占有し、かつ、その物について他の債権者に先立って自己の債権の弁済を受ける権利を有する。

【質権の目的】

第343条 質権は、譲り渡すことができない物をその目的とすることができない。

【質権の設定】

第344条 質権の設定は、債権者にその目的物を引き渡すことによって、その効力を生ずる。

【質権設定者による代理占有の禁止】

第345条 質権者は、質権設定者に、自己に代わって質物の占有をさせることができない。

【質権の被担保債権の範囲】

第346条 質権は、元本、利息、違約金、質権の実行の費用、質物の保存の費用及び債務の不履行又は質物の隠れた瑕疵によって生じた損害の賠償を担保する。ただし、設定行為に別段の定めがあるときは、この限りでない。

【契約による質物の処分の禁止】

第349条 質権設定者は、設定行為又は債務の弁済期前の契約において、質権者に弁済として質物の所有権を取得させ、その他法律に定める方法によらないで質物を処分させることを約することができない。

【留置権及び先取特権の規定の準用】

第350条 第296条から第300条まで及び第304条の規定は、質権について準用する。

第352条～第375条

◆第2節　動産質◆

【動産質の対抗要件】

第352条　動産質権者は、継続して質物を占有しなければ、その質権をもって第三者に対抗することができない。

【質物の占有の回復】

第353条　動産質権者は、質物の占有を奪われたときは、占有回収の訴えによってのみ、その質物を回復することができる。

◆第3節　不動産質◆

【不動産質権者による使用及び収益】

第356条　不動産質権者は、質権の目的である不動産の用法に従い、その使用及び収益をすることができる。

【不動産質権者による管理の費用等の負担】

第357条　不動産質権者は、管理の費用を支払い、その他不動産に関する負担を負う。

【不動産質権者による利息の請求の禁止】

第358条　不動産質権者は、その債権の利息を請求することができない。

【設定行為に別段の定めがある場合等】

第359条　前3条の規定は、設定行為に別段の定めがあるとき、又は担保不動産収益執行（民事執行法第180条第2号に規定する担保不動産収益執行をいう。以下同じ。）の開始があったときは、適用しない。

【不動産質権の存続期間】

第360条　不動産質権の存続期間は、10年を超えることができない。設定行為でこれより長い期間を定めたときであっても、その期間は、10年とする。

2　不動産質権の設定は、更新することができる。ただし、その存続期間は、更新の時から10年を超えることができない。

【抵当権の規定の準用】

第361条　不動産質権については、この節に定めるもののほか、その性質に反しない限り、次章（抵当権）の規定を準用する。

◆第4節　権利質◆

【権利質の目的等】

第362条

1　質権は、財産権をその目的とすることができる。

【債権を目的とする質権の対抗要件】

第364条　債権を目的とする質権の設定（現に発生していない債権を目的とするものを含む。）は、第467条の規定に従い、第三債務者にその質権の設定を通知し、又は第三債務者がこれを承諾しなければ、これをもって第

三債務者その他の第三者に対抗することができない。

第10章　抵当権

◆第1節　総則◆

【抵当権の内容】

第369条　抵当権者は、債務者又は第三者が占有を移転しないで債務の担保に供した不動産について、他の債権者に先立って自己の債権の弁済を受ける権利を有する。

2　地上権及び永小作権も、抵当権の目的とすることができる。この場合においては、この章の規定を準用する。

【抵当権の効力の及ぶ範囲】

第370条　抵当権は、抵当地の上に存する建物を除き、その目的である不動産（以下「抵当不動産」という。）に付加して一体となっている物に及ぶ。ただし、設定行為に別段の定めがある場合及び債務者の行為について第424条第3項に規定する詐害行為取消請求をすることができる場合は、この限りでない。

第371条　抵当権は、その担保する債権について不履行があったときは、その後に生じた抵当不動産の果実に及ぶ。

【留置権等の規定の準用】

第372条　第296条、第304条及び第351条の規定は、抵当権について準用する。

◆第2節　抵当権の効力◆

【抵当権の順位】

第373条　同一の不動産について数個の抵当権が設定されたときは、その抵当権の順位は、登記の前後による。

【抵当権の順位の変更】

第374条　抵当権の順位は、各抵当権者の合意によって変更することができる。ただし、利害関係を有する者があるときは、その承諾を得なければならない。

2　前項の規定による順位の変更は、その登記をしなければ、その効力を生じない。

【抵当権の被担保債権の範囲】

第375条　抵当権者は、利息その他の定期金を請求する権利を有するときは、その満期となった最後の2年分についてのみ、その抵当権を行使することができる。ただし、それ以前の定期金についても、満期後に特別の登記をしたときは、その登記の時からその抵当権を行使することを妨げない。

2　前項の規定は、抵当権者が債務の不履行によって生じた損害の賠償を請求する権利を有

する場合におけるその最後の２年分についても適用する。ただし、利息その他の定期金と通算して２年分を超えることができない。

【抵当権の処分】

第376条 抵当権者は、その抵当権を他の債権の担保とし、又は同一の債務者に対する他の債権者の利益のためにその抵当権若しくはその順位を譲渡し、若しくは放棄することができる。

2 前項の場合において、抵当権者が数人のためにその抵当権の処分をしたときは、その処分の利益を受ける者の権利の順位は、抵当権の登記にした付記の前後による。

【抵当権の処分の対抗要件】

第377条 前条の場合には、第467条の規定に従い、主たる債務者に抵当権の処分を通知し、又は主たる債務者がこれを承諾しなければ、これをもって主たる債務者、保証人、抵当権設定者及びこれらの者の承継人に対抗することができない。

2 主たる債務者が前項の規定により通知を受け、又は承諾をしたときは、抵当権の処分の利益を受ける者の承諾を得ないでした弁済は、その受益者に対抗することができない。

【代価弁済】

第378条 抵当不動産について所有権又は地上権を買い受けた第三者が、抵当権者の請求に応じてその抵当権者にその代価を弁済したときは、抵当権は、その第三者のために消滅する。

【抵当権消滅請求】

第379条 抵当不動産の第三取得者は、第383条の定めるところにより、抵当権消滅請求をすることができる。

第380条 主たる債務者、保証人及びこれらの者の承継人は、抵当権消滅請求をすることができない。

第381条 抵当不動産の停止条件付第三取得者は、その停止条件の成否が未定である間は、抵当権消滅請求をすることができない。

【抵当権消滅請求の時期】

第382条 抵当不動産の第三取得者は、抵当権の実行としての競売による差押えの効力が発生する前に、抵当権消滅請求をしなければならない。

【抵当権消滅請求の手続】

第383条 抵当不動産の第三取得者は、抵当権消滅請求をするときは、登記をした各債権者に対し、次に掲げる書面を送付しなければ

ならない。

① 取得の原因及び年月日、譲渡人及び取得者の氏名及び住所並びに抵当不動産の性質、所在及び代価その他取得者の負担を記載した書面

② 抵当不動産に関する登記事項証明書（現に効力を有する登記事項のすべてを証明したものに限る。）

③ 債権者が２箇月以内に抵当権を実行して競売の申立てをしないときは、抵当不動産の第三取得者が第１号に規定する代価又は特に指定した金額を債権の順位に従って弁済し又は供託すべき旨を記載した書面

【債権者のみなし承諾】

第384条 次に掲げる場合には、前条各号に掲げる書面の送付を受けた債権者は、抵当不動産の第三取得者が同条第３号に掲げる書面に記載したところにより提供した同号の代価又は金額を承諾したものとみなす。

① その債権者が前条各号に掲げる書面の送付を受けた後２箇月以内に抵当権を実行して競売の申立てをしないとき。

② その債権者が前号の申立てを取り下げたとき。

③ 第１号の申立てを却下する旨の決定が確定したとき。

④ 第１号の申立てに基づく競売の手続を取り消す旨の決定（民事執行法第188条において準用する同法第63条第３項若しくは第68条の３第３項の規定又は同法第183条第１項第５号の謄本が提出された場合における同条第２項の規定による決定を除く。）が確定したとき。

【競売の申立ての通知】

第385条 第383条各号に掲げる書面の送付を受けた債権者は、前条第１号の申立てをするときは、同号の期間内に、債務者及び抵当不動産の譲渡人にその旨を通知しなければならない。

【抵当権消滅請求の効果】

第386条 登記をしたすべての債権者が抵当不動産の第三取得者の提供した代価又は金額を承諾し、かつ、抵当不動産の第三取得者がその承諾を得た代価又は金額を払い渡し又は供託したときは、抵当権は、消滅する。

【抵当権者の同意の登記がある場合の賃貸借の対抗力】

第387条 登記をした賃貸借は、その登記前に登記をした抵当権を有するすべての者が同

第388条〜第398条の3

意をし、かつ、その同意の登記があるとき
は、その同意をした抵当権者に対抗すること
ができる。

2　抵当権者が前項の同意をするには、その抵
当権を目的とする権利を有する者その他抵当
権者の同意によって不利益を受けるべき者の
承諾を得なければならない。

【法定地上権】

第388条　土地及びその上に存する建物が同
一の所有者に属する場合において、その土地
又は建物につき抵当権が設定され、その実行
により所有者を異にするに至ったときは、そ
の建物について、地上権が設定されたものと
みなす。この場合において、地代は、当事者
の請求により、裁判所が定める。

【抵当地の上の建物の競売】

第389条　抵当権の設定後に抵当地に建物が
築造されたときは、抵当権者は、土地ととも
にその建物を競売することができる。ただ
し、その優先権は、土地の代価についてのみ
行使することができる。

2　前項の規定は、その建物の所有者が抵当地
を占有するについて抵当権者に対抗すること
ができる権利を有する場合には、適用しな
い。

【抵当不動産の第三取得者による買受け】

第390条　抵当不動産の第三取得者は、その
競売において買受人となることができる。

【抵当不動産の第三取得者による費用の償還
請求】

第391条　抵当不動産の第三取得者は、抵当
不動産について必要費又は有益費を支出した
ときは、第196条の区別に従い、抵当不動産
の代価から、他の債権者より先にその償還を
受けることができる。

【共同抵当における代価の配当】

第392条　債権者が同一の債権の担保として
数個の不動産につき抵当権を有する場合にお
いて、同時にその代価を配当すべきときは、
その各不動産の価額に応じて、その債権の負
担を按分する。

2　債権者が同一の債権の担保として数個の不
動産につき抵当権を有する場合において、あ
る不動産の代価のみを配当すべきときは、抵
当権者は、その代価から債権の全部の弁済を
受けることができる。この場合において、次
順位の抵当権者は、その弁済を受ける抵当権
者が前項の規定に従い他の不動産の代価から
弁済を受けるべき金額を限度として、その抵

当権者に代位して抵当権を行使することがで
きる。

【抵当建物使用者の引渡しの猶予】

第395条　抵当権者に対抗することができな
い賃貸借により抵当権の目的である建物の使
用又は収益をする者であって次に掲げるもの
（次項において「抵当建物使用者」という。）
は、その建物の競売における買受人の買受け
の時から6箇月を経過するまでは、その建物
を買受人に引き渡すことを要しない。

①　競売手続の開始前から使用又は収益をす
る者

②　強制管理又は担保不動産収益執行の管理
人が競売手続の開始後にした賃貸借により
使用又は収益をする者

2　前項の規定は、買受人の買受けの時より後
に同項の建物の使用をしたことの対価につい
て、買受人が抵当建物使用者に対し相当の期
間を定めてその1箇月分以上の支払の催告を
し、その相当の期間内に履行がない場合に
は、適用しない。

◆第3節　抵当権の消滅◆

【抵当権の消滅時効】

第396条　抵当権は、債務者及び抵当権設定
者に対しては、その担保する債権と同時でな
ければ、時効によって消滅しない。

【抵当不動産の時効取得による抵当権の消滅】

第397条　債務者又は抵当権設定者でない者
が抵当不動産について取得時効に必要な要件
を具備する占有をしたときは、抵当権は、こ
れによって消滅する。

【抵当権の目的である地上権等の放棄】

第398条　地上権又は永小作権を抵当権の目
的とした地上権者又は永小作人は、その権利
を放棄しても、これをもって抵当権者に対抗
することができない。

◆第4節　根抵当◆

【根抵当権】

第398条の2

1　抵当権は、設定行為で定めるところによ
り、一定の範囲に属する不特定の債権を極度
額の限度において担保するためにも設定する
ことができる。

【根抵当権の被担保債権の範囲】

第398条の3

1　根抵当権者は、確定した元本並びに利息そ
の他の定期金及び債務の不履行によって生じ
た損害の賠償の全部について、極度額を限度
として、その根抵当権を行使することができ

32

る。

第3編　債権

第1章　総則

◆第1節　債権の目的◆

【債権の目的】

第399条　債権は、金銭に見積もることができないものであっても、その目的とすることができる。

【特定物の引渡しの場合の注意義務】

第400条　債権の目的が特定物の引渡しであるときは、債務者は、その引渡しをするまで、契約その他の債権の発生原因及び取引上の社会通念に照らして定まる善良な管理者の注意をもって、その物を保存しなければならない。

【種類債権】

第401条　債権の目的物を種類のみで指定した場合において、法律行為の性質又は当事者の意思によってその品質を定めることができないときは、債務者は、中等の品質を有する物を給付しなければならない。

2　前項の場合において、債務者が物の給付をするのに必要な行為を完了し、又は債権者の同意を得てその給付すべき物を指定したときは、以後その物を債権の目的物とする。

【法定利率】

第404条　利息を生ずべき債権について別段の意思表示がないときは、その利率は、その利息が生じた最初の時点における法定利率による。

2　法定利率は、年3パーセントとする。

3　前項の規定にかかわらず、法定利率は、法務省令で定めるところにより、3年を1期とし、1期ごとに、次項の規定により変動するものとする。

4　各期における法定利率は、この項の規定により法定利率に変動があった期のうち直近のもの（以下この項において「直近変動期」という。）における基準割合と当期における基準割合との差に相当する割合（その割合に1パーセント未満の端数があるときは、これを切り捨てる。）を直近変動期における法定利率に加算し、又は減算した割合とする。

5　前項に規定する「基準割合」とは、法務省令で定めるところにより、各期の初日の属する年の6年前の年の1月から前々年の12月

までの各月における短期貸付けの平均利率（当該各月において銀行が新たに行った貸付け（貸付期間が1年未満のものに限る。）に係る利率の平均をいう。）の合計を60で除して計算した割合（その割合に0.1パーセント未満の端数があるときは、これを切り捨てる。）として法務大臣が告示するものをいう。

【利息の元本への組入れ】

第405条　利息の支払が1年分以上延滞した場合において、債権者が催告をしても、債務者がその利息を支払わないときは、債権者は、これを元本に組み入れることができる。

【選択債権における選択権の帰属】

第406条　債権の目的が数個の給付の中から選択によって定まるときは、その選択権は、債務者に属する。

【選択権の行使】

第407条　前条の選択権は、相手方に対する意思表示によって行使する。

2　前項の意思表示は、相手方の承諾を得なければ、撤回することができない。

【不能による選択債権の特定】

第410条　債権の目的である給付の中に不能のものがある場合において、その不能が選択権を有する者の過失によるものであるときは、債権は、その残存するものについて存在する。

◆第2節　債権の効力◆
第1款　債務不履行の責任等

【履行期と履行遅滞】

第412条　債務の履行について確定期限があるときは、債務者は、その期限の到来した時から遅滞の責任を負う。

2　債務の履行について不確定期限があるときは、債務者は、その期限の到来した後に履行の請求を受けた時又はその期限の到来したことを知った時のいずれか早い時から遅滞の責任を負う。

3　債務の履行について期限を定めなかったときは、債務者は、履行の請求を受けた時から遅滞の責任を負う。

【履行不能】

第412条の2　債務の履行が契約その他の債務の発生原因及び取引上の社会通念に照らして不能であるときは、債権者は、その債務の履行を請求することができない。

2　契約に基づく債務の履行がその契約の成立の時に不能であったことは、第415条の規定によりその履行の不能によって生じた損害の

賠償を請求することを妨げない。

【受領遅滞】

第413条 債権者が債務の履行を受けることを拒み、又は受けることができない場合において、その債務の目的が特定物の引渡しであるときは、債務者は、履行の提供をした時からその引渡しをするまで、自己の財産に対するのと同一の注意をもって、その物を保存すれば足りる。

2 債権者が債務の履行を受けることを拒み、又は受けることができないことによって、その履行の費用が増加したときは、その増加額は、債権者の負担とする。

【履行遅滞中又は受領遅滞中の履行不能と帰責事由】

第413条の2 債務者がその債務について遅滞の責任を負っている間に当事者双方の責めに帰することができない事由によってその債務の履行が不能となったときは、その履行の不能は、債務者の責めに帰すべき事由によるものとみなす。

2 債権者が債務の履行を受けることを拒み、又は受けることができない場合において、履行の提供があった時以後に当事者双方の責めに帰することができない事由によってその債務の履行が不能となったときは、その履行の不能は、債権者の責めに帰すべき事由によるものとみなす。

【履行の強制】

第414条 債務者が任意に債務の履行をしないときは、債権者は、民事執行法その他強制執行の手続に関する法令の規定に従い、直接強制、代替執行、間接強制その他の方法による履行の強制を裁判所に請求することができる。ただし、債務の性質がこれを許さないときは、この限りでない。

2 前項の規定は、損害賠償の請求を妨げない。

【債務不履行による損害賠償】

第415条 債務者がその債務の本旨に従った履行をしないとき又は債務の履行が不能であるときは、債権者は、これによって生じた損害の賠償を請求することができる。ただし、その債務の不履行が契約その他の債務の発生原因及び取引上の社会通念に照らして債務者の責めに帰することができない事由によるものであるときは、この限りでない。

2 前項の規定により損害賠償の請求をすることができる場合において、債権者は、次に掲げるときは、債務の履行に代わる損害賠償の請求をすることができる。

① 債務の履行が不能であるとき。

② 債務者がその債務の履行を拒絶する意思を明確に表示したとき。

③ 債務が契約によって生じたものである場合において、その契約が解除され、又は債務の不履行による契約の解除権が発生したとき。

【損害賠償の範囲】

第416条 債務の不履行に対する損害賠償の請求は、これによって通常生ずべき損害の賠償をさせることをその目的とする。

2 特別の事情によって生じた損害であっても、当事者がその事情を予見すべきであったときは、債権者は、その賠償を請求することができる。

【損害賠償の方法】

第417条 損害賠償は、別段の意思表示がないときは、金銭をもってその額を定める。

【中間利息の控除】

第417条の2 将来において取得すべき利益についての損害賠償の額を定める場合において、その利益を取得すべき時までの利息相当額を控除するときは、その損害賠償の請求権が生じた時点における法定利率により、これをする。

2 将来において負担すべき費用についての損害賠償の額を定める場合において、その費用を負担すべき時までの利息相当額を控除するときも、前項と同様とする。

【過失相殺】

第418条 債務の不履行又はこれによる損害の発生若しくは拡大に関して債権者に過失があったときは、裁判所は、これを考慮して、損害賠償の責任及びその額を定める。

【金銭債務の特則】

第419条 金銭の給付を目的とする債務の不履行については、その損害賠償の額は、債務者が遅滞の責任を負った最初の時点における法定利率によって定める。ただし、約定利率が法定利率を超えるときは、約定利率による。

2 前項の損害賠償については、債権者は、損害の証明をすることを要しない。

3 第1項の損害賠償については、債務者は、不可抗力をもって抗弁とすることができない。

【賠償額の予定】
第420条 当事者は、債務の不履行について損害賠償の額を予定することができる。

2 賠償額の予定は、履行の請求又は解除権の行使を妨げない。

3 違約金は、賠償額の予定と推定する。

第421条 前条の規定は、当事者が金銭でないものを損害の賠償に充てるべき旨を予定した場合について準用する。

【損害賠償による代位】
第422条 債権者が、損害賠償として、その債権の目的である物又は権利の価額の全部の支払を受けたときは、債務者は、その物又は権利について当然に債権者に代位する。

【代償請求権】
第422条の2 債務者が、その債務の履行が不能となったのと同一の原因により債務の目的物の代償である権利又は利益を取得したときは、債権者は、その受けた損害の額の限度において、債務者に対し、その権利の移転又はその利益の償還を請求することができる。

第2款 債権者代位権

【債権者代位権の要件】
第423条 債権者は、自己の債権を保全するため必要があるときは、債務者に属する権利（以下「被代位権利」という。）を行使することができる。ただし、債務者の一身に専属する権利及び差押えを禁じられた権利は、この限りでない。

2 債権者は、その債権の期限が到来しない間は、被代位権利を行使することができない。ただし、保存行為は、この限りでない。

3 債権者は、その債権が強制執行により実現することのできないものであるときは、被代位権利を行使することができない。

【代位行使の範囲】
第423条の2 債権者は、被代位権利を行使する場合において、被代位権利の目的が可分であるときは、自己の債権の額の限度においてのみ、被代位権利を行使することができる。

【債権者への支払又は引渡し】
第423条の3 債権者は、被代位権利を行使する場合において、被代位権利が金銭の支払又は動産の引渡しを目的とするものであるときは、相手方に対し、その支払又は引渡しを自己に対してすることを求めることができる。この場合において、相手方が債権者に対してその支払又は引渡しをしたときは、被代位権利は、これによって消滅する。

【相手方の抗弁】
第423条の4 債権者が被代位権利を行使したときは、相手方は、債務者に対して主張することができる抗弁をもって、債権者に対抗することができる。

【債務者の取立てその他の処分の権限等】
第423条の5 債権者が被代位権利を行使した場合であっても、債務者は、被代位権利について、自ら取立てその他の処分をすることを妨げられない。この場合においては、相手方も、被代位権利について、債務者に対して履行をすることを妨げられない。

【被代位権利の行使に係る訴えを提起した場合の訴訟告知】
第423条の6 債権者は、被代位権利の行使に係る訴えを提起したときは、遅滞なく、債務者に対し、訴訟告知をしなければならない。

【登記又は登録の請求権を保全するための債権者代位権】
第423条の7 登記又は登録をしなければ権利の得喪及び変更を第三者に対抗することができない財産を譲り受けた者は、その譲渡人が第三者に対して有する登記手続又は登録手続をすべきことを請求する権利を行使しないときは、その権利を行使することができる。この場合においては、前3条の規定を準用する。

第3款 詐害行為取消権
第1目 詐害行為取消権の要件

【詐害行為取消請求】
第424条 債権者は、債務者が債権者を害することを知ってした行為の取消しを裁判所に請求することができる。ただし、その行為によって利益を受けた者（以下この款において「受益者」という。）がその行為の時において債権者を害することを知らなかったときは、この限りでない。

2 前項の規定は、財産権を目的としない行為については、適用しない。

3 債権者は、その債権が第一項に規定する行為の前の原因に基づいて生じたものである場合に限り、同項の規定による請求（以下「詐害行為取消請求」という。）をすることができる。

4 債権者は、その債権が強制執行により実現することのできないものであるときは、詐害行為取消請求をすることができない。

第 424 条の 2～第 424 条の 7

【相当の対価を得てした財産の処分行為の特則】

第 424 条の 2　債務者が、その有する財産を処分する行為をした場合において、受益者から相当の対価を取得しているときは、債権者は、次に掲げる要件のいずれにも該当する場合に限り、その行為について、詐害行為取消請求をすることができる。

①　その行為が、不動産の金銭への換価その他の当該処分による財産の種類の変更により、債務者において隠匿、無償の供与その他の債権者を害することとなる処分（以下この条において「隠匿等の処分」という。）をするおそれを現に生じさせるものであること。

②　債務者が、その行為の当時、対価として取得した金銭その他の財産について、隠匿等の処分をする意思を有していたこと。

③　受益者が、その行為の当時、債務者が隠匿等の処分をする意思を有していたことを知っていたこと。

【特定の債権者に対する担保の供与等の特則】

第 424 条の 3　債務者がした既存の債務についての担保の供与又は債務の消滅に関する行為について、債権者は、次に掲げる要件のいずれにも該当する場合に限り、詐害行為取消請求をすることができる。

①　その行為が、債務者が支払不能（債務者が、支払能力を欠くために、その債務のうち弁済期にあるものにつき、一般的かつ継続的に弁済することができない状態をいう。次項第 1 号において同じ。）の時に行われたものであること。

②　その行為が、債務者と受益者とが通謀して他の債権者を害する意図をもって行われたものであること。

2　前項に規定する行為が、債務者の義務に属せず、又はその時期が債務者の義務に属しないものである場合において、次に掲げる要件のいずれにも該当するときは、債権者は、同項の規定にかかわらず、その行為について、詐害行為取消請求をすることができる。

①　その行為が、債務者が支払不能になる前 30 日以内に行われたものであること。

②　その行為が、債務者と受益者とが通謀して他の債権者を害する意図をもって行われたものであること。

【過大な代物弁済等の特則】

第 424 条の 4　債務者がした債務の消滅に関する行為であって、受益者の受けた給付の価額がその行為によって消滅した債務の額より過大であるものについて、第 424 条に規定する要件に該当するときは、債権者は、前条第 1 項の規定にかかわらず、その消滅した債務の額に相当する部分以外の部分については、詐害行為取消請求をすることができる。

【転得者に対する詐害行為取消請求】

第 424 条の 5　債権者は、受益者に対して詐害行為取消請求をすることができる場合において、受益者に移転した財産を転得した者があるときは、次の各号に掲げる区分に応じ、それぞれ当該各号に定める場合に限り、その転得者に対しても、詐害行為取消請求をすることができる。

①　その転得者が受益者から転得した者である場合その転得者が、転得の当時、債務者がした行為が債権者を害することを知っていたとき。

②　その転得者が他の転得者から転得した者である場合その転得者及びその前に転得した全ての転得者が、それぞれの転得の当時、債務者がした行為が債権者を害することを知っていたとき。

第 2 目　詐害行為取消権の行使の方法等

【財産の返還又は価額の償還の請求】

第 424 条の 6　債権者は、受益者に対する詐害行為取消請求において、債務者がした行為の取消しとともに、その行為によって受益者に移転した財産の返還を請求することができる。受益者がその財産の返還をすることが困難であるときは、債権者は、その価額の償還を請求することができる。

2　債権者は、転得者に対する詐害行為取消請求において、債務者がした行為の取消しとともに、転得者が転得した財産の返還を請求することができる。転得者がその財産の返還をすることが困難であるときは、債権者は、その価額の償還を請求することができる。

【被告及び訴訟告知】

第 424 条の 7　詐害行為取消請求に係る訴えについては、次の各号に掲げる区分に応じ、それぞれ当該各号に定める者を被告とする。

①　受益者に対する詐害行為取消請求に係る訴え受益者

②　転得者に対する詐害行為取消請求に係る訴えその詐害行為取消請求の相手方である転得者

2 債権者は、詐害行為取消請求に係る訴えを提起したときは、遅滞なく、債務者に対し、訴訟告知をしなければならない。

【詐害行為の取消しの範囲】
第424条の8 債権者は、詐害行為取消請求をする場合において、債務者がした行為の目的が可分であるときは、自己の債権の額の限度においてのみ、その行為の取消しを請求することができる。
2 債権者が第424条の6第1項後段又は第2項後段の規定により価額の償還を請求する場合についても、前項と同様とする。

【債権者への支払又は引渡し】
第424条の9 債権者は、第424条の6第1項前段又は第2項前段の規定により受益者又は転得者に対して財産の返還を請求する場合において、その返還の請求が金銭の支払又は動産の引渡しを求めるものであるときは、受益者に対してその支払又は引渡しを、転得者に対してその引渡しを、自己に対してすることを求めることができる。この場合において、受益者又は転得者は、債権者に対してその支払又は引渡しをしたときは、債務者に対してその支払又は引渡しをすることを要しない。
2 債権者が第424条の6第1項後段又は第2項後段の規定により受益者又は転得者に対して価額の償還を請求する場合についても、前項と同様とする。

　　　第3目　詐害行為取消権の行使の効果
【認容判決の効力が及ぶ者の範囲】
第425条 詐害行為取消請求を認容する確定判決は、債務者及びその全ての債権者に対してもその効力を有する。

【債務者の受けた反対給付に関する受益者の権利】
第425条の2 債務者がした財産の処分に関する行為（債務の消滅に関する行為を除く。）が取り消されたときは、受益者は、債務者に対し、その財産を取得するためにした反対給付の返還を請求することができる。債務者がその反対給付の返還をすることが困難であるときは、受益者は、その価額の償還を請求することができる。

【受益者の債権の回復】
第425条の3 債務者がした債務の消滅に関する行為が取り消された場合（第424条の4の規定により取り消された場合を除く。）において、受益者が債務者から受けた給付を返還し、又はその価額を償還したときは、受益者

の債務者に対する債権は、これによって原状に復する。

【詐害行為取消請求を受けた転得者の権利】
第425条の4 債務者がした行為が転得者に対する詐害行為取消請求によって取り消されたときは、その転得者は、次の各号に掲げる区分に応じ、それぞれ当該各号に定める権利を行使することができる。ただし、その転得者がその前者から財産を取得するためにした反対給付又はその前者から財産を取得することによって消滅した債権の価額を限度とする。
① 第425条の2に規定する行為が取り消された場合その行為が受益者に対する詐害行為取消請求によって取り消されたとすれば同条の規定により生ずべき受益者の債務者に対する反対給付の返還請求権又はその価額の償還請求権
② 前条に規定する行為が取り消された場合（第424条の4の規定により取り消された場合を除く。）その行為が受益者に対する詐害行為取消請求によって取り消されたとすれば前条の規定により回復すべき受益者の債務者に対する債権

　　　第4目　詐害行為取消権の期間の制限
第426条 詐害行為取消請求に係る訴えは、債務者が債権者を害することを知って行為をしたことを債権者が知った時から2年を経過したときは、提起することができない。行為の時から10年を経過したときも、同様とする。

　◆第3節　多数当事者の債権及び債務◆
　　第1款　総則
【分割債権及び分割債務】
第427条 数人の債権者又は債務者がある場合において、別段の意思表示がないときは、各債権者又は各債務者は、それぞれ等しい割合で権利を有し、又は義務を負う。

　　第2款　不可分債権及び不可分債務
【不可分債権】
第428条 次款（連帯債権）の規定（第433条及び第435条の規定を除く。）は、債権の目的がその性質上不可分である場合において、数人の債権者があるときについて準用する。

【不可分債権者の1人との間の更改又は免除】
第429条 不可分債権者の1人と債務者との間に更改又は免除があった場合においても、他の不可分債権者は、債務の全部の履行を請求することができる。この場合においては、

第430条～第442条

その1人の不可分債権者がその権利を失わなければ分与されるべき利益を債務者に償還しなければならない。

【不可分債務】

第430条 第4款（連帯債務）の規定（第440条の規定を除く。）は、債務の目的がその性質上不可分である場合において、数人の債務者があるときについて準用する。

【可分債権又は可分債務への変更】

第431条 不可分債権が可分債権となったときは、各債権者は自己が権利を有する部分についてのみ履行を請求することができ、不可分債務が可分債務となったときは、各債務者はその負担部分についてのみ履行の責任を負う。

第3款　連帯債権

【連帯債権者による履行の請求等】

第432条 債権の目的がその性質上可分である場合において、法令の規定又は当事者の意思表示によって数人が連帯して債権を有するときは、各債権者は、全ての債権者のために全部又は一部の履行を請求することができ、債務者は、全ての債権者のために各債権者に対して履行をすることができる。

【連帯債権者の1人との間の更改又は免除】

第433条 連帯債権者の1人と債務者との間に更改又は免除があったときは、その連帯債権者がその権利を失わなければ分与されるべき利益に係る部分については、他の連帯債権者は、履行を請求することができない。

【連帯債権者の1人との間の相殺】

第434条 債務者が連帯債権者の1人に対して債権を有する場合において、その債務者が相殺を援用したときは、その相殺は、他の連帯債権者に対しても、その効力を生ずる。

【連帯債権者の1人との間の混同】

第435条 連帯債権者の1人と債務者との間に混同があったときは、債務者は、弁済をしたものとみなす。

【相対的効力の原則】

第435条の2 第432条から前条までに規定する場合を除き、連帯債権者の1人の行為又は1人について生じた事由は、他の連帯債権者に対してその効力を生じない。ただし、他の連帯債権者の1人及び債務者が別段の意思を表示したときは、当該他の連帯債権者に対する効力は、その意思に従う。

第4款　連帯債務

【連帯債務者に対する履行の請求】

第436条 債務の目的がその性質上可分である場合において、法令の規定又は当事者の意思表示によって数人が連帯して債務を負担するときは、債権者は、その連帯債務者の1人に対し、又は同時に若しくは順次に全ての連帯債務者に対し、全部又は一部の履行を請求することができる。

【連帯債務者の1人についての法律行為の無効等】

第437条 連帯債務者の1人について法律行為の無効又は取消しの原因があっても、他の連帯債務者の債務は、その効力を妨げられない。

【連帯債務者の1人との間の更改】

第438条 連帯債務者の1人と債権者との間に更改があったときは、債権は、全ての連帯債務者の利益のために消滅する。

【連帯債務者の1人による相殺等】

第439条 連帯債務者の1人が債権者に対して債権を有する場合において、その連帯債務者が相殺を援用したときは、債権は、全ての連帯債務者の利益のために消滅する。

2　前項の債権を有する連帯債務者が相殺を援用しない間は、その連帯債務者の負担部分の限度において、他の連帯債務者は、債権者に対して債務の履行を拒むことができる。

【連帯債務者の1人との間の混同】

第440条 連帯債務者の1人と債権者との間に混同があったときは、その連帯債務者は、弁済をしたものとみなす。

【相対的効力の原則】

第441条 第438条、第439条第1項及び前条に規定する場合を除き、連帯債務者の1人について生じた事由は、他の連帯債務者に対してその効力を生じない。ただし、債権者及び他の連帯債務者の1人が別段の意思を表示したときは、当該他の連帯債務者に対する効力は、その意思に従う。

【連帯債務者間の求償権】

第442条 連帯債務者の1人が弁済をし、その他自己の財産をもって共同の免責を得たときは、その連帯債務者は、その免責を得た額が自己の負担部分を超えるかどうかにかかわらず、他の連帯債務者に対し、その免責を得るために支出した財産の額（その財産の額が共同の免責を得た額を超える場合にあっては、その免責を得た額）のうち各自の負担部

分に応じた額の求償権を有する。

2　前項の規定による求償は、弁済その他免責があった日以後の法定利息及び避けることができなかった費用その他の損害の賠償を包含する。

【通知を怠った連帯債務者の求償の制限】

第443条　他の連帯債務者があることを知りながら、連帯債務者の1人が共同の免責を得ることを他の連帯債務者に通知しないで弁済をし、その他自己の財産をもって共同の免責を得た場合において、他の連帯債務者は、債権者に対抗することができる事由を有していたときは、その負担部分について、その事由をもってその免責を得た連帯債務者に対抗することができる。この場合において、相殺をもってその免責を得た連帯債務者に対抗したときは、その連帯債務者は、債権者に対し、相殺によって消滅すべきであった債務の履行を請求することができる。

2　弁済をし、その他自己の財産をもって共同の免責を得た連帯債務者が、他の連帯債務者があることを知りながらその免責を得たことを他の連帯債務者に通知することを怠ったため、他の連帯債務者が善意で弁済その他自己の財産をもって免責を得るための行為をしたときは、当該他の連帯債務者は、その免責を得るための行為を有効であったものとみなすことができる。

【償還をする資力のない者の負担部分の分担】

第444条　連帯債務者の中に償還をする資力のない者があるときは、その償還をすることができない部分は、求償者及び他の資力のある者の間で、各自の負担部分に応じて分割して負担する。

2　前項に規定する場合において、求償者及び他の資力のある者がいずれも負担部分を有しない者であるときは、その償還をすることができない部分は、求償者及び他の資力のある者の間で、等しい割合で分割して負担する。

3　前2項の規定にかかわらず、償還を受けることができないことについて求償者に過失があるときは、他の連帯債務者に対して分担を請求することができない。

【連帯債務者の1人との間の免除等と求償権】

第445条　連帯債務者の1人に対して債務の免除がされ、又は連帯債務者の1人のために時効が完成した場合においても、他の連帯債務者は、その1人の連帯債務者に対し、第442条第1項の求償権を行使することができ

る。

第5款　保証債務
第1目　総則

【保証人の責任等】

第446条　保証人は、主たる債務者がその債務を履行しないときは、その履行をする責任を負う。

2　保証契約は、書面でしなければ、その効力を生じない。

3　保証契約がその内容を記録した電磁的記録によってされたときは、その保証契約は、書面によってされたものとみなして、前項の規定を適用する。

【保証債務の範囲】

第447条　保証債務は、主たる債務に関する利息、違約金、損害賠償その他その債務に従たるすべてのものを包含する。

2　保証人は、その保証債務についてのみ、違約金又は損害賠償の額を約定することができる。

【保証人の負担と主たる債務の目的又は態様】

第448条　保証人の負担が債務の目的又は態様において主たる債務より重いときは、これを主たる債務の限度に減縮する。

2　主たる債務の目的又は態様が保証契約の締結後に加重されたときであっても、保証人の負担は加重されない。

【取り消すことができる債務の保証】

第449条　行為能力の制限によって取り消すことができる債務を保証した者は、保証契約の時においてその取消しの原因を知っていたときは、主たる債務の不履行の場合又はその債務の取消しの場合においてこれと同一の目的を有する独立の債務を負担したものと推定する。

【保証人の要件】

第450条　債務者が保証人を立てる義務を負う場合には、その保証人は、次に掲げる要件を具備する者でなければならない。

①　行為能力者であること。

②　弁済をする資力を有すること。

2　保証人が前項第2号に掲げる要件を欠くに至ったときは、債権者は、同項各号に掲げる要件を具備する者をもってこれに代えることを請求することができる。

3　前2項の規定は、債権者が保証人を指名した場合には、適用しない。

【他の担保の供与】

第451条　債務者は、前条第1項各号に掲げ

る要件を具備する保証人を立てることができないときは、他の担保を供してこれに代えることができる。

【催告の抗弁】

第452条　債権者が保証人に債務の履行を請求したときは、保証人は、まず主たる債務者に催告をすべき旨を請求することができる。ただし、主たる債務者が破産手続開始の決定を受けたとき、又はその行方が知れないときは、この限りでない。

【検索の抗弁】

第453条　債権者が前条の規定に従い主たる債務者に催告をした後であっても、保証人が主たる債務者に弁済をする資力があり、かつ、執行が容易であることを証明したときは、債権者は、まず主たる債務者の財産について執行をしなければならない。

【連帯保証の場合の特則】

第454条　保証人は、主たる債務者と連帯して債務を負担したときは、前2条の権利を有しない。

【催告の抗弁及び検索の抗弁の効果】

第455条　第452条又は第453条の規定により保証人の請求又は証明があったにもかかわらず、債権者が催告又は執行をすることを怠ったために主たる債務者から全部の弁済を得られなかったときは、保証人は、債権者が直ちに催告又は執行をすれば弁済を得ることができた限度において、その義務を免れる。

【数人の保証人がある場合】

第456条　数人の保証人がある場合には、それらの保証人が各別の行為により債務を負担したときであっても、第427条の規定を適用する。

【主たる債務者について生じた事由の効力】

第457条　主たる債務者に対する履行の請求その他の事由による時効の完成猶予及び更新は、保証人に対しても、その効力を生ずる。

2　保証人は、主たる債務者が主張することができる抗弁をもって債権者に対抗することができる。

3　主たる債務者が債権者に対して相殺権、取消権又は解除権を有するときは、これらの権利の行使によって主たる債務者がその債務を免れるべき限度において、保証人は、債権者に対して債務の履行を拒むことができる。

【連帯保証人について生じた事由の効力】

第458条　第438条、第439条第1項、第440条及び第441条の規定は、主たる債務者と連帯して債務を負担する保証人について生じた事由について準用する。

【主たる債務の履行状況に関する情報の提供義務】

第458条の2　保証人が主たる債務者の委託を受けて保証をした場合において、保証人の請求があったときは、債権者は、保証人に対し、遅滞なく、主たる債務の元本及び主たる債務に関する利息、違約金、損害賠償その他その債務に従たる全てのものについての不履行の有無並びにこれらの残額及びそのうち弁済期が到来しているものの額に関する情報を提供しなければならない。

【主たる債務者が期限の利益を喪失した場合における情報の提供義務】

第458条の3　主たる債務者が期限の利益を有する場合において、その利益を喪失したときは、債権者は、保証人に対し、その利益の喪失を知った時から2箇月以内に、その旨を通知しなければならない。

2　前項の期間内に同項の通知をしなかったときは、債権者は、保証人に対し、主たる債務者が期限の利益を喪失した時から同項の通知を現にするまでに生じた遅延損害金（期限の利益を喪失しなかったとしても生ずべきものを除く。）に係る保証債務の履行を請求することができない。

3　前2項の規定は、保証人が法人である場合には、適用しない。

【委託を受けた保証人の求償権】

第459条　保証人が主たる債務者の委託を受けて保証をした場合において、主たる債務者に代わって弁済、その他自己の財産をもって債務を消滅させる行為（以下「債務の消滅行為」という。）をしたときは、その保証人は、主たる債務者に対し、そのために支出した財産の額（その財産の額がその債務の消滅行為によって消滅した主たる債務の額を超える場合にあっては、その消滅した額）の求償権を有する。

2　第442条第2項の規定は、前項の場合について準用する。

【委託を受けた保証人が弁済期前に弁済等をした場合の求償権】

第459条の2　保証人が主たる債務者の委託を受けて保証をした場合において、主たる債務の弁済期前に債務の消滅行為をしたときは、その保証人は、主たる債務者に対し、主たる債務者がその当時利益を受けた限度において

求償権を有する。この場合において、主たる債務者が債務の消滅行為の日以前に相殺の原因を有していたことを主張するときは、保証人は、債権者に対し、その相殺によって消滅すべきであった債務の履行を請求することができる。

2　前項の規定による求償は、主たる債務の弁済期以後の法定利息及びその弁済期以後に債務の消滅行為をしたとしても避けることができなかった費用その他の損害の賠償を包含する。

3　第1項の求償権は、主たる債務の弁済期以後でなければ、これを行使することができない。

【委託を受けた保証人の事前の求償権】
第460条　保証人は、主たる債務者の委託を受けて保証をした場合において、次に掲げるときは、主たる債務者に対して、あらかじめ、求償権を行使することができる。
①　主たる債務者が破産手続開始の決定を受け、かつ、債権者がその破産財団の配当に加入しないとき。
②　債務が弁済期にあるとき。ただし、保証契約の後に債権者が主たる債務者に許与した期限は、保証人に対抗することができない。
③　保証人が過失なく債権者に弁済すべき旨の裁判の言渡しを受けたとき。

【主たる債務者が保証人に対して償還をする場合】
第461条　前条の規定により主たる債務者が保証人に対して償還をする場合において、債権者が全部の弁済を受けない間は、主たる債務者は、保証人に担保を供させ、又は保証人に対して自己に免責を得させることを請求することができる。

2　前項に規定する場合において、主たる債務者は、供託をし、担保を供し、又は保証人に免責を得させて、その償還の義務を免れることができる。

【委託を受けない保証人の求償権】
第462条　第459条の2第1項の規定は、主たる債務者の委託を受けないで保証をした者が債務の消滅行為をした場合について準用する。

2　主たる債務者の意思に反して保証をした者は、主たる債務者が現に利益を受けている限度においてのみ求償権を有する。この場合において、主たる債務者が求償の日以前に相殺

の原因を有していたことを主張するときは、保証人は、債権者に対し、その相殺によって消滅すべきであった債務の履行を請求することができる。

3　第459条の2第3項の規定は、前2項に規定する保証人が主たる債務の弁済期前に債務の消滅行為をした場合における求償権の行使について準用する。

【通知を怠った保証人の求償の制限等】
第463条　保証人が主たる債務者の委託を受けて保証をした場合において、主たる債務者にあらかじめ通知しないで債務の消滅行為をしたときは、主たる債務者は、債権者に対抗することができた事由をもってその保証人に対抗することができる。この場合において、相殺をもってその保証人に対抗したときは、その保証人は、債権者に対し、相殺によって消滅すべきであった債務の履行を請求することができる。

2　保証人が主たる債務者の委託を受けて保証をした場合において、主たる債務者が債務の消滅行為をしたことを保証人に通知することを怠ったため、その保証人が善意で債務の消滅行為をしたときは、その保証人は、その債務の消滅行為を有効であったものとみなすことができる。

3　保証人が債務の消滅行為をした後に主たる債務者が債務の消滅行為をした場合においては、保証人が主たる債務者の意思に反して保証をしたときのほか、保証人が債務の消滅行為をしたことを主たる債務者に通知することを怠ったため、主たる債務者が善意で債務の消滅行為をしたときも、主たる債務者は、その債務の消滅行為を有効であったものとみなすことができる。

【連帯債務又は不可分債務の保証人の求償権】
第464条　連帯債務者又は不可分債務者の1人のために保証をした者は、他の債務者に対し、その負担部分のみについて求償権を有する。

【共同保証人間の求償権】
第465条　第442条から第444条までの規定は、数人の保証人がある場合において、そのうちの1人の保証人が、主たる債務が不可分であるため又は各保証人が全額を弁済すべき旨の特約があるため、その全額又は自己の負担部分を超える額を弁済したときについて準用する。

2　第462条の規定は、前項に規定する場合

第 465 条の 2〜第 465 条の 5

を除き、互いに連帯しない保証人の1人が全額又は自己の負担部分を超える額を弁済したときについて準用する。

第2目　個人根保証契約

【個人根保証契約の保証人の責任等】

第 465 条の 2　一定の範囲に属する不特定の債務を主たる債務とする保証契約（以下「根保証契約」という。）であって保証人が法人でないもの（以下「個人根保証契約」という。）の保証人は、主たる債務の元本、主たる債務に関する利息、違約金、損害賠償その他その債務に従たる全てのもの及びその保証債務について約定された違約金又は損害賠償の額について、その全部に係る極度額を限度として、その履行をする責任を負う。

2　個人根保証契約は、前項に規定する極度額を定めなければ、その効力を生じない。

3　第 446 条第 2 項及び第 3 項の規定は、個人根保証契約における第 1 項に規定する極度額の定めについて準用する。

【個人貸金等根保証契約の元本確定期日】

第 465 条の 3　個人根保証契約であってその主たる債務の範囲に金銭の貸渡し又は手形の割引を受けることによって負担する債務（以下「貸金等債務」という。）が含まれるもの（以下「個人貸金等根保証契約」という。）において主たる債務の元本の確定すべき期日（以下「元本確定期日」という。）の定めがある場合において、その元本確定期日がその個人貸金等根保証契約の締結の日から 5 年を経過する日より後の日と定められているときは、その元本確定期日の定めは、その効力を生じない。

2　個人貸金等根保証契約において元本確定期日の定めがない場合（前項の規定により元本確定期日の定めがその効力を生じない場合を含む。）には、その元本確定期日は、その個人貸金等根保証契約の締結の日から 3 年を経過する日とする。

3　個人貸金等根保証契約における元本確定期日の変更をする場合において、変更後の元本確定期日がその変更をした日から 5 年を経過する日より後の日となるときは、その元本確定期日の変更は、その効力を生じない。ただし、元本確定期日の前 2 箇月以内に元本確定期日の変更をする場合において、変更後の元本確定期日が変更前の元本確定期日から 5 年以内の日となるときは、この限りでない。

4　第 446 条第 2 項及び第 3 項の規定は、個人

貸金等根保証契約における元本確定期日の定め及びその変更（その貸金等根保証契約の締結の日から 3 年以内の日を元本確定期日とする旨の定め及び元本確定期日より前の日を変更後の元本確定期日とする変更を除く。）について準用する。

【個人根保証契約の元本の確定事由】

第 465 条の 4　次に掲げる場合には、個人根保証契約における主たる債務の元本は、確定する。ただし、第 1 号に掲げる場合にあっては、強制執行又は担保権の実行の手続の開始があったときに限る。

①　債権者が、保証人の財産について、金銭の支払を目的とする債権についての強制執行又は担保権の実行を申し立てたとき。

②　保証人が破産手続開始の決定を受けたとき。

③　主たる債務者又は保証人が死亡したとき。

2　前項に規定する場合のほか、個人貸金等根保証契約における主たる債務の元本は、次に掲げる場合にも確定する。ただし、第 1 号に掲げる場合にあっては、強制執行又は担保権の実行の手続の開始があったときに限る。

①　債権者が、主たる債務者の財産について、金銭の支払を目的とする債権についての強制執行又は担保権の実行を申し立てたとき。

②　主たる債務者が破産手続開始の決定を受けたとき。

【保証人が法人である根保証契約の求償権】

第 465 条の 5　保証人が法人である根保証契約において、第 465 条の 2 第 1 項に規定する極度額の定めがないときは、その根保証契約の保証人の主たる債務者に対する求償権に係る債務を主たる債務とする保証契約は、その効力を生じない。

2　保証人が法人である根保証契約であってその主たる債務の範囲に貸金等債務が含まれるものにおいて、元本確定期日の定めがないとき、又は元本確定期日の定め若しくはその変更が第 465 条の 3 第 1 項若しくは第 3 項の規定を適用するとすればその効力を生じないものであるときは、その根保証契約の保証人の主たる債務者に対する求償権に係る債務を主たる債務とする保証契約は、その効力を生じない。主たる債務の範囲にその求償権に係る債務が含まれる根保証契約も、同様とする。

3　前 2 項の規定は、求償権に係る債務を主たる債務とする保証契約又は主たる債務の範囲

に求償権に係る債務が含まれる根保証契約の保証人が法人である場合には、適用しない。

第3目 事業に係る債務についての補償契約の特則

【公正証書の作成と保証の効力】

第465条の6 事業のために負担した貸金等債務を主たる債務とする保証契約又は主たる債務の範囲に事業のために負担する貸金等債務が含まれる根保証契約は、その契約の締結に先立ち、その締結の日前1箇月以内に作成された公正証書で保証人になろうとする者が保証債務を履行する意思を表示していなければ、その効力を生じない。

2 前項の公正証書を作成するには、次に掲げる方式に従わなければならない。

① 保証人になろうとする者が、次のイ又はロに掲げる契約の区分に応じ、それぞれ当該イ又はロに定める事項を公証人に口授すること。

　イ 保証契約（ロに掲げるものを除く。）主たる債務の債権者及び債務者、主たる債務の元本、主たる債務に関する利息、違約金、損害賠償その他その債務に従たる全てのものの定めの有無及びその内容並びに主たる債務者がその債務を履行しないときには、その債務の全額について履行する意思（保証人になろうとする者が主たる債務者と連帯して債務を負担しようとするものである場合には、債権者が主たる債務者に対して催告をしたかどうか、主たる債務者がその債務を履行することができるかどうか、又は他に保証人があるかどうかにかかわらず、その全額について履行する意思）を有していること。

　ロ 根保証契約 主たる債務の債権者及び債務者、主たる債務の範囲、根保証契約における極度額、元本確定期日の定めの有無及びその内容並びに主たる債務者がその債務を履行しないときには、極度額の限度において元本確定期日又は第465条の4第1項各号若しくは第2項各号に掲げる事由その他の元本を確定すべき事由が生ずる時までに生ずべき主たる債務の元本及び主たる債務に関する利息、違約金、損害賠償その他その債務に従たる全てのものの全額について履行する意思（保証人になろうとする者が主たる債務者と連帯して債務を負担しようとするものである場合には、債権者が主たる債務

者に対して催告をしたかどうか、主たる債務者がその債務を履行することができるかどうか、又は他に保証人があるかどうかにかかわらず、その全額について履行する意思）を有していること。

② 公証人が、保証人になろうとする者の口述を筆記し、これを保証人になろうとする者に読み聞かせ、又は閲覧させること。

③ 保証人になろうとする者が、筆記の正確なことを承認した後、署名し、印を押すこと。ただし、保証人になろうとする者が署名することができない場合は、公証人がその事由を付記して、署名に代えることができる。

④ 公証人が、その証書は前3号に掲げる方式に従って作ったものである旨を付記して、これに署名し、印を押すこと。

3 前2項の規定は、保証人になろうとする者が法人である場合には、適用しない。

【保証に係る公正証書の方式の特則】

第465条の7 前条第1項の保証契約又は根保証契約の保証人になろうとする者が口がきけない者である場合には、公証人の前で、同条第2項第1号イ又はロに掲げる契約の区分に応じ、それぞれ当該イ又はロに定める事項を通訳人の通訳により申述し、又は自書して、同号の口授に代えなければならない。この場合における同項第2号の規定の適用については、同号中「口述」とあるのは、「通訳人の通訳による申述又は自書」とする。

2 前条第1項の保証契約又は根保証契約の保証人になろうとする者が耳が聞こえない者である場合には、公証人は、同条第2項第2号に規定する筆記した内容を通訳人の通訳により保証人になろうとする者に伝えて、同号の読み聞かせに代えることができる。

3 公証人は、前2項に定める方式に従って公正証書を作ったときは、その旨をその証書に付記しなければならない。

【公正証書の作成と求償権についての保証の効力】

第465条の8 第465条の6第1項及び第2項並びに前条の規定は、事業のために負担した貸金等債務を主たる債務とする保証契約又は主たる債務の範囲に事業のために負担する貸金等債務が含まれる根保証契約の保証人の主たる債務者に対する求償権に係る債務を主たる債務とする保証契約について準用する。主たる債務の範囲にその求償権に係る債務が含まれる根保証契約も、同様とする。

2 前項の規定は、保証人になろうとする者が法人である場合には、適用しない。

【公正証書の作成と保証の効力に関する規定の適用除外】

第465条の9 前3条の規定は、保証人になろうとする者が次に掲げる者である保証契約については、適用しない。

① 主たる債務者が法人である場合のその理事、取締役、執行役又はこれらに準ずる者

② 主たる債務者が法人である場合の次に掲げる者

イ 主たる債務者の総株主の議決権（株主総会において決議をすることができる事項の全部につき議決権を行使することができない株式についての議決権を除く。以下この号において同じ。）の過半数を有する者

ロ 主たる債務者の総株主の議決権の過半数を他の株式会社が有する場合における当該他の株式会社の総株主の議決権の過半数を有する者

ハ 主たる債務者の総株主の議決権の過半数を他の株式会社及び当該他の株式会社の総株主の議決権の過半数を有する者が有する場合における当該他の株式会社の総株主の議決権の過半数を有する者

ニ 株式会社以外の法人が主たる債務者である場合におけるイ、ロ又はハに掲げる者に準ずる者

③ 主たる債務者（法人であるものを除く。以下この号において同じ。）と共同して事業を行う者又は主たる債務者が行う事業に現に従事している主たる債務者の配偶者

【契約締結時の情報の提供義務】

第465条の10 主たる債務者は、事業のために負担する債務を主たる債務とする保証又は主たる債務の範囲に事業のために負担する債務が含まれる根保証の委託をするときは、委託を受ける者に対し、次に掲げる事項に関する情報を提供しなければならない。

① 財産及び収支の状況

② 主たる債務以外に負担している債務の有無並びにその額及び履行状況

③ 主たる債務の担保として他に提供し、又は提供しようとするものがあるときは、その旨及びその内容

2 主たる債務者が前項各号に掲げる事項に関して情報を提供せず、又は事実と異なる情報を提供したために委託を受けた者がその事項

について誤認をし、それによって保証契約の申込み又はその承諾の意思表示をした場合において、主たる債務者がその事項に関して情報を提供せず又は事実と異なる情報を提供したことを債権者が知り又は知ることができたときは、保証人は、保証契約を取り消すことができる。

3 前2項の規定は、保証をする者が法人である場合には、適用しない。

◆第4節 債権の譲渡◆

【債権の譲渡性】

第466条 債権は、譲り渡すことができる。ただし、その性質がこれを許さないときは、この限りでない。

2 当事者が債権の譲渡を禁止し、又は制限する旨の意思表示（以下「譲渡制限の意思表示」という。）をしたときであっても、債権の譲渡は、その効力を妨げられない。

3 前項に規定する場合には、譲渡制限の意思表示がされたことを知り、又は重大な過失によって知らなかった譲受人その他の第三者に対しては、債務者は、その債務の履行を拒むことができ、かつ、譲渡人に対する弁済その他の債務を消滅させる事由をもってその第三者に対抗することができる。

4 前項の規定は、債務者が債務を履行しない場合において、同項に規定する第三者が相当の期間を定めて譲渡人への履行の催告をし、その期間内に履行がないときは、その債務者については、適用しない。

【譲渡制限の意思表示がされた債権に係る債務者の供託】

第466条の2 債務者は、譲渡制限の意思表示がされた金銭の給付を目的とする債権が譲渡されたときは、その債権の全額に相当する金銭を債務の履行地（債務の履行地が債権者の現在の住所により定まる場合にあっては、譲渡人の現在の住所を含む。次条において同じ。）の供託所に供託することができる。

2 前項の規定により供託をした債務者は、遅滞なく、譲渡人及び譲受人に供託の通知をしなければならない。

3 第1項の規定により供託をした金銭は、譲受人に限り、還付を請求することができる。

第466条の3 前条第1項に規定する場合において、譲渡人について破産手続開始の決定があったときは、譲受人（同項の債権の全額を譲り受けた者であって、その債権の譲渡を債務者その他の第三者に対抗することができる

ものに限る。）は、譲渡制限の意思表示がされたことを知り、又は重大な過失によって知らなかったときであっても、債務者にその債権の全額に相当する金銭を債務の履行地の供託所に供託させることができる。この場合においては、同条第2項及び第3項の規定を準用する。

【譲渡制限の意思表示がされた債権の差押え】

第466条の4 第466条第3項の規定は、譲渡制限の意思表示がされた債権に対する強制執行をした差押債権者に対しては、適用しない。

2 前項の規定にかかわらず、譲受人その他の第三者が譲渡制限の意思表示がされたことを知り、又は重大な過失によって知らなかった場合において、その債権者が同項の債権に対する強制執行をしたときは、債務者は、その債務の履行を拒むことができ、かつ、譲渡人に対する弁済その他の債務を消滅させる事由をもって差押債権者に対抗することができる。

【預金債権又は貯金債権に係る譲渡制限の意思表示の効力】

第466条の5 預金口座又は貯金口座に係る預金又は貯金に係る債権（以下「預貯金債権」という。）について当事者がした譲渡制限の意思表示は、第466条第2項の規定にかかわらず、その譲渡制限の意思表示がされたことを知り、又は重大な過失によって知らなかった譲受人その他の第三者に対抗することができる。

2 前項の規定は、譲渡制限の意思表示がされた預貯金債権に対する強制執行をした差押債権者に対しては、適用しない。

【将来債権の譲渡性】

第466条の6 債権の譲渡は、その意思表示の時に債権が現に発生していることを要しない。

2 債権が譲渡された場合において、その意思表示の時に債権が現に発生していないときは、譲受人は、発生した債権を当然に取得する。

3 前項に規定する場合において、譲渡人が次条の規定による通知をし、又は債務者が同条の規定による承諾をした時（以下「対抗要件具備時」という。）までに譲渡制限の意思表示がされたときは、譲受人その他の第三者がそのことを知っていたものとみなして、第466条第3項（譲渡制限の意思表示がされた

債権が預貯金債権の場合にあっては、前条第1項）の規定を適用する。

【債権の譲渡の対抗要件】

第467条 債権の譲渡（現に発生していない債権の譲渡を含む。）は、譲渡人が債務者に通知をし、又は債務者が承諾をしなければ、債務者その他の第三者に対抗することができない。

2 前項の通知又は承諾は、確定日付のある証書によってしなければ、債務者以外の第三者に対抗することができない。

【債権の譲渡における債務者の抗弁】

第468条 債務者は、対抗要件具備時までに譲渡人に対して生じた事由をもって譲受人に対抗することができる。

2 第466条第4項の場合における前項の規定の適用については、同項中「対抗要件具備時」とあるのは、「第466条第4項の相当の期間を経過した時」とし、第466条の3の場合における同項の規定の適用については、同項中「対抗要件具備時」とあるのは、「第466条の3の規定により同条の譲受人から供託の請求を受けた時」とする。

【債権の譲渡における相殺権】

第469条 債務者は、対抗要件具備時より前に取得した譲渡人に対する債権による相殺をもって譲受人に対抗することができる。

2 債務者が対抗要件具備時より後に取得した譲渡人に対する債権であっても、その債権が次に掲げるものであるときは、前項と同様とする。ただし、債務者が対抗要件具備時より後に他人の債権を取得したときは、この限りでない。

① 対抗要件具備時より前の原因に基づいて生じた債権

② 前号に掲げるもののほか、譲受人の取得した債権の発生原因である契約に基づいて生じた債権

3 第466条第4項の場合における前2項の規定の適用については、これらの規定中「対抗要件具備時」とあるのは、「第466条第4項の相当の期間を経過した時」とし、第466条の3の場合におけるこれらの規定の適用については、これらの規定中「対抗要件具備時」とあるのは、「第466条の3の規定により同条の譲受人から供託の請求を受けた時」とする。

◆第5節　債務の引受け◆
第1款　併存的債務引受
【併存的債務引受の要件及び効果】

第470条　併存的債務引受の引受人は、債務者と連帯して、債務者が債権者に対して負担する債務と同一の内容の債務を負担する。

2　併存的債務引受は、債権者と引受人となる者との契約によってすることができる。

3　併存的債務引受は、債務者と引受人となる者との契約によってもすることができる。この場合において、併存的債務引受は、債権者が引受人となる者に対して承諾をした時に、その効力を生ずる。

4　前項の規定によってする併存的債務引受は、第三者のためにする契約に関する規定に従う。

【併存的債務引受における引受人の抗弁等】

第471条　引受人は、併存的債務引受により負担した自己の債務について、その効力が生じた時に債務者が主張することができた抗弁をもって債権者に対抗することができる。

2　債務者が債権者に対して取消権又は解除権を有するときは、引受人は、これらの権利の行使によって債務者がその債務を免れるべき限度において、債権者に対して債務の履行を拒むことができる。

第2款　免責的債務引受
【免責的債務引受の要件及び効果】

第472条　免責的債務引受の引受人は債務者が債権者に対して負担する債務と同一の内容の債務を負担し、債務者は自己の債務を免れる。

2　免責的債務引受は、債権者と引受人となる者との契約によってすることができる。この場合において、免責的債務引受は、債権者が債務者に対してその契約をした旨を通知した時に、その効力を生ずる。

3　免責的債務引受は、債務者と引受人となる者が契約をし、債権者が引受人となる者に対して承諾をすることによってもすることができる。

【免責的債務引受における引受人の抗弁等】

第472条の2　引受人は、免責的債務引受により負担した自己の債務について、その効力が生じた時に債務者が主張することができた抗弁をもって債権者に対抗することができる。

2　債務者が債権者に対して取消権又は解除権を有するときは、引受人は、免責的債務引受がなければこれらの権利の行使によって債務者がその債務を免れることができた限度において、債権者に対して債務の履行を拒むことができる。

【免責的債務引受における引受人の求償権】

第472条の3　免責的債務引受の引受人は、債務者に対して求償権を取得しない。

【免責的債務引受による担保の移転】

第472条の4　債権者は、第472条第1項の規定により債務者が免れる債務の担保として設定された担保権を引受人が負担する債務に移すことができる。ただし、引受人以外の者がこれを設定した場合には、その承諾を得なければならない。

2　前項の規定による担保権の移転は、あらかじめ又は同時に引受人に対してする意思表示によってしなければならない。

3　前2項の規定は、第472条第1項の規定により債務者が免れる債務の保証をした者があるときについて準用する。

4　前項の場合において、同項において準用する第1項の承諾は、書面でしなければ、その効力を生じない。

5　前項の承諾がその内容を記録した電磁的記録によってされたときは、その承諾は、書面によってされたものとみなして、同項の規定を適用する。

◆第6節　債権の消滅◆
第1款　弁済
第1目　総則
【弁済】

第473条　債務者が債権者に対して債務の弁済をしたときは、その債権は、消滅する。

【第三者の弁済】

第474条　債務の弁済は、第三者もすることができる。

2　弁済をするについて正当な利益を有する者でない第三者は、債務者の意思に反して弁済をすることができない。ただし、債務者の意思に反することを債権者が知らなかったときは、この限りでない。

3　前項に規定する第三者は、債権者の意思に反して弁済をすることができない。ただし、その第三者が債務者の委託を受けて弁済をする場合において、そのことを債権者が知っていたときは、この限りでない。

4　前3項の規定は、その債務の性質が第三者の弁済を許さないとき、又は当事者が第三者の弁済を禁止し、若しくは制限する旨の意思表示をしたときは、適用しない。

【預金又は貯金の口座に対する払込みによる弁済】

第477条　債権者の預金又は貯金の口座に対する払込みによってする弁済は、債権者がその預金又は貯金に係る債権の債務者に対してその払込みに係る金額の払戻しを請求する権利を取得した時に、その効力を生ずる。

【受領権者としての外観を有する者に対する弁済】

第478条　受領権者（債権者及び法令の規定又は当事者の意思表示によって弁済を受領する権限を付与された第三者をいう。以下同じ。）以外の者であって取引上の社会通念に照らして受領権者としての外観を有するものに対してした弁済は、その弁済をした者が善意であり、かつ、過失がなかったときに限り、その効力を有する。

【受領権者以外の者に対する弁済】

第479条　前条の場合を除き、受領権者以外の者に対してした弁済は、債権者がこれによって利益を受けた限度においてのみ、その効力を有する。

【差押えを受けた債権の第三債務者の弁済】

第481条
1　差押えを受けた債権の第三債務者が自己の債権者に弁済をしたときは、差押債権者は、その受けた損害の限度において更に弁済をすべき旨を第三債務者に請求することができる。

【代物弁済】

第482条　弁済をすることができる者（以下「弁済者」という。）が、債権者との間で、債務者の負担した給付に代えて他の給付をすることにより債務を消滅させる旨の契約をした場合において、その弁済者が当該他の給付をしたときは、その給付は、弁済と同一の効力を有する。

【特定物の現状による引渡し】

第483条　債権の目的が特定物の引渡しである場合において、契約その他の債権の発生原因及び取引上の社会通念に照らしてその引渡しをすべき時の品質を定めることができないときは、弁済をする者は、その引渡しをすべき時の現状でその物を引き渡さなければならない。

【弁済の場所及び時間】

第484条　弁済をすべき場所について別段の意思表示がないときは、特定物の引渡しは債権発生の時にその物が存在した場所において、その他の弁済は債権者の現在の住所において、それぞれしなければならない。
2　法令又は慣習により取引時間の定めがあるときは、その取引時間内に限り、弁済をし、又は弁済の請求をすることができる。

【弁済の費用】

第485条　弁済の費用について別段の意思表示がないときは、その費用は、債務者の負担とする。ただし、債権者が住所の移転その他の行為によって弁済の費用を増加させたときは、その増加額は、債権者の負担とする。

【受取証書の交付請求等】

第486条　弁済をする者は、弁済と引換えに弁済を受領する者に対して受取証書の交付を請求することができる。
2　弁済をする者は、前項の受取証書の交付に代えて、その内容を記録した電磁的記録の提供を請求することができる。ただし、弁済を受領する者に不相当な負担を課するものであるときは、この限りでない。

【債権証書の返還請求】

第487条　債権に関する証書がある場合において、弁済をした者が全部の弁済をしたときは、その証書の返還を請求することができる。

【弁済の提供の効果】

第492条　債務者は、弁済の提供の時から、債務を履行しないことによって生ずべき責任を免れる。

【弁済の提供の方法】

第493条　弁済の提供は、債務の本旨に従って現実にしなければならない。ただし、債権者があらかじめその受領を拒み、又は債務の履行について債権者の行為を要するときは、弁済の準備をしたことを通知してその受領の催告をすれば足りる。

第2目　弁済の目的物の供託

【供託】

第494条　弁済者は、次に掲げる場合には、債権者のために弁済の目的物を供託することができる。この場合においては、弁済者が供託をした時に、その債権は、消滅する。
①　弁済の提供をした場合において、債権者がその受領を拒んだとき。
②　債権者が弁済を受領することができないとき。
2　弁済者が債権者を確知することができないときも、前項と同様とする。ただし、弁済者に過失があるときは、この限りでない。

第499条～第519条

第3目　弁済による代位
【弁済による代位の要件】

第499条　債務者のために弁済をした者は、債権者に代位する。

第500条　第467条の規定は、前条の場合（弁済をするについて正当な利益を有する者が債権者に代位する場合を除く。）について準用する。

【弁済による代位の効果】

第501条

1　前2条の規定により債権者に代位した者は、債権の効力及び担保としてその債権者が有していた一切の権利を行使することができる。

【一部弁済による代位】

第502条

1　債権の一部について代位弁済があったときは、代位者は、債権者の同意を得て、その弁済をした価額に応じて、債権者とともにその権利を行使することができる。

【債権者による債権証書の交付等】

第503条

1　代位弁済によって全部の弁済を受けた債権者は、債権に関する証書及び自己の占有する担保物を代位者に交付しなければならない。

第2款　相殺
【相殺の要件等】

第505条　2人が互いに同種の目的を有する債務を負担する場合において、双方の債務が弁済期にあるときは、各債務者は、その対当額について相殺によってその債務を免れることができる。ただし、債務の性質がこれを許さないときは、この限りでない。

2　前項の規定にかかわらず、当事者が相殺を禁止し、又は制限する旨の意思表示をした場合には、その意思表示は、第三者がこれを知り、又は重大な過失によって知らなかったときに限り、その第三者に対抗することができる。

【相殺の方法及び効力】

第506条　相殺は、当事者の一方から相手方に対する意思表示によってする。この場合において、その意思表示には、条件又は期限を付することができない。

2　前項の意思表示は、双方の債務が互いに相殺に適するようになった時にさかのぼってその効力を生ずる。

【時効により消滅した債権を自働債権とする相殺】

第508条　時効によって消滅した債権がその消滅以前に相殺に適するようになっていた場合には、その債権者は、相殺をすることができる。

【不法行為等により生じた債権を受働債権とする相殺の禁止】

第509条　次に掲げる債務の債務者は、相殺をもって債権者に対抗することができない。ただし、その債権者がその債務に係る債権を他人から譲り受けたときは、この限りでない。

①　悪意による不法行為に基づく損害賠償の債務

②　人の生命又は身体の侵害による損害賠償の債務（前号に掲げるものを除く。）

【差押禁止債権を受働債権とする相殺の禁止】

第510条　債権が差押えを禁じたものであるときは、その債務者は、相殺をもって債権者に対抗することができない。

【差押えを受けた債権を受働債権とする相殺の禁止】

第511条　差押えを受けた債権の第三債務者は、差押え後に取得した債権による相殺をもって差押債権者に対抗することができないが、差押え前に取得した債権による相殺をもって対抗することができる。

2　前項の規定にかかわらず、差押え後に取得した債権が差押え前の原因に基づいて生じたものであるときは、その第三債務者は、その債権による相殺をもって差押債権者に対抗することができる。ただし、第三債務者が差押え後に他人の債権を取得したときは、この限りでない。

第3款　更改
【更改】

第513条　当事者が従前の債務に代えて、新たな債務であって次に掲げるものを発生させる契約をしたときは、従前の債務は、更改によって消滅する。

①　従前の給付の内容について重要な変更をするもの

②　従前の債務者が第三者と交替するもの

③　従前の債権者が第三者と交替するもの

第4款　免除

第519条　債権者が債務者に対して債務を免除する意思を表示したときは、その債権は、消滅する。

48

第520条～第536条

第5款　混同

第520条　債権及び債務が同一人に帰属したときは、その債権は、消滅する。ただし、その債権が第三者の権利の目的であるときは、この限りでない。

◆第7節　有価証券◆
第1款　指図証券
【指図証券の譲渡】

第520条の2　指図証券の譲渡は、その証券に譲渡の裏書をして譲受人に交付しなければ、その効力を生じない。

第2款　記名式所持人払証券
【記名式所持人払証券の譲渡】

第520条の13　記名式所持人払証券（債権者を指名する記載がされている証券であって、その所持人に弁済をすべき旨が付記されているものをいう。以下同じ。）の譲渡は、その証券を交付しなければ、その効力を生じない。

第3款　その他の記名証券
第4款　無記名証券

第2章　契約

◆第1節　総則◆
第1款　契約の成立
【契約の締結及び内容の自由】

第521条　何人も、法令に特別の定めがある場合を除き、契約をするかどうかを自由に決定することができる。

2　契約の当事者は、法令の制限内において、契約の内容を自由に決定することができる。

【契約の成立と方式】

第522条　契約は、契約の内容を示してその締結を申し入れる意思表示（以下「申込み」という。）に対して相手方が承諾をしたときに成立する。

2　契約の成立には、法令に特別の定めがある場合を除き、書面の作成その他の方式を具備することを要しない。

【承諾の期間の定めのある申込み】

第523条　承諾の期間を定めてした申込みは、撤回することができない。ただし、申込者が撤回をする権利を留保したときは、この限りでない。

2　申込者が前項の申込みに対して同項の期間内に承諾の通知を受けなかったときは、その申込みは、その効力を失う。

【遅延した承諾の効力】

第524条　申込者は、遅延した承諾を新たな申込みとみなすことができる。

【承諾の期間の定めのない申込み】

第525条　承諾の期間を定めないでした申込みは、申込者が承諾の通知を受けるのに相当な期間を経過するまでは、撤回することができない。ただし、申込者が撤回をする権利を留保したときは、この限りでない。

2　対話者に対してした前項の申込みは、同項の規定にかかわらず、その対話が継続している間は、いつでも撤回することができる。

3　対話者に対してした第1項の申込みに対して対話が継続している間に申込者が承諾の通知を受けなかったときは、その申込みは、その効力を失う。ただし、申込者が対話の終了後もその申込みが効力を失わない旨を表示したときは、この限りでない。

【申込者の死亡等】

第526条　申込者が申込みの通知を発した後に死亡し、意思能力を有しない常況にある者となり、又は行為能力の制限を受けた場合において、申込者がその事実が生じたとすればその申込みは効力を有しない旨の意思を表示していたとき、又はその相手方が承諾の通知を発するまでにその事実が生じたことを知ったときは、その申込みは、その効力を有しない。

【承諾の通知を必要としない場合における契約の成立時期】

第527条　申込者の意思表示又は取引上の慣習により承諾の通知を必要としない場合には、契約は、承諾の意思表示と認めるべき事実があった時に成立する。

【申込みに変更を加えた承諾】

第528条　承諾者が、申込みに条件を付し、その他変更を加えてこれを承諾したときは、その申込みの拒絶とともに新たな申込みをしたものとみなす。

第2款　契約の効力
【同時履行の抗弁】

第533条　双務契約の当事者の一方は、相手方がその債務の履行（債務の履行に代わる損害賠償の債務の履行を含む。）を提供するまでは、自己の債務の履行を拒むことができる。ただし、相手方の債務が弁済期にないときは、この限りでない。

【債務者の危険負担等】

第536条　当事者双方の責めに帰することが

49

できない事由によって債務を履行することができなくなったときは、債権者は、反対給付の履行を拒むことができる。

2　債権者の責めに帰すべき事由によって債務を履行することができなくなったときは、債権者は、反対給付の履行を拒むことができない。この場合において、債務者は、自己の債務を免れたことによって利益を得たときは、これを債権者に償還しなければならない。

【第三者のためにする契約】

第537条　契約により当事者の一方が第三者に対してある給付をすることを約したときは、その第三者は、債務者に対して直接にその給付を請求する権利を有する。

2　前項の契約は、その成立の時に第三者が現に存しない場合又は第三者が特定していない場合であっても、そのためにその効力を妨げられない。

3　第1項の場合において、第三者の権利は、その第三者が債務者に対して同項の契約の利益を享受する意思を表示した時に発生する。

【第三者の権利の確定】

第538条　前条の規定により第三者の権利が発生した後は、当事者は、これを変更し、又は消滅させることができない。

2　前条の規定により第三者の権利が発生した後に、債務者がその第三者に対する債務を履行しない場合には、同条第1項の契約の相手方は、その第三者の承諾を得なければ、契約を解除することができない。

【債務者の抗弁】

第539条　債務者は、第537条第1項の契約に基づく抗弁をもって、その契約の利益を受ける第三者に対抗することができる。

第3款　契約上の地位の移転

第539条の2　契約の当事者の一方が第三者との間で契約上の地位を譲渡する旨の合意をした場合において、その契約の相手方がその譲渡を承諾したときは、契約上の地位は、その第三者に移転する。

第4款　契約の解除

【解除権の行使】

第540条　契約又は法律の規定により当事者の一方が解除権を有するときは、その解除は、相手方に対する意思表示によってする。

2　前項の意思表示は、撤回することができない。

【催告による解除】

第541条　当事者の一方がその債務を履行し

ない場合において、相手方が相当の期間を定めてその履行の催告をし、その期間内に履行がないときは、相手方は、契約の解除をすることができる。ただし、その期間を経過した時における債務の不履行がその契約及び取引上の社会通念に照らして軽微であるときは、この限りでない。

【催告によらない解除】

第542条　次に掲げる場合には、債権者は、前条の催告をすることなく、直ちに契約の解除をすることができる。

①　債務の全部の履行が不能であるとき。

②　債務者がその債務の全部の履行を拒絶する意思を明確に表示したとき。

③　債務の一部の履行が不能である場合又は債務者がその債務の一部の履行を拒絶する意思を明確に表示した場合において、残存する部分のみでは契約をした目的を達することができないとき。

④　契約の性質又は当事者の意思表示により、特定の日時又は一定の期間内に履行をしなければ契約をした目的を達することができない場合において、債務者が履行をしないでその時期を経過したとき。

⑤　前各号に掲げる場合のほか、債務者がその債務の履行をせず、債権者が前条の催告をしても契約をした目的を達するのに足りる履行がされる見込みがないことが明らかであるとき。

2　次に掲げる場合には、債権者は、前条の催告をすることなく、直ちに契約の一部の解除をすることができる。

①　債務の一部の履行が不能であるとき。

②　債務者がその債務の一部の履行を拒絶する意思を明確に表示したとき。

【債権者の責めに帰すべき事由による場合】

第543条　債務の不履行が債権者の責めに帰すべき事由によるものであるときは、債権者は、前2条の規定による契約の解除をすることができない。

【解除権の不可分性】

第544条　当事者の一方が数人ある場合には、契約の解除は、その全員から又はその全員に対してのみ、することができる。

2　前項の場合において、解除権が当事者のうちの1人について消滅したときは、他の者についても消滅する。

【解除の効果】

第545条　当事者の一方がその解除権を行使

したときは、各当事者は、その相手方を原状に復させる義務を負う。ただし、第三者の権利を害することはできない。

2 前項本文の場合において、金銭を返還するときは、その受領の時から利息を付さなければならない。

3 第1項本文の場合において、金銭以外の物を返還するときは、その受領の時以後に生じた果実をも返還しなければならない。

4 解除権の行使は、損害賠償の請求を妨げない。

【契約の解除と同時履行】

第546条 第533条の規定は、前条の場合について準用する。

【催告による解除権の消滅】

第547条 解除権の行使について期間の定めがないときは、相手方は、解除権を有する者に対し、相当の期間を定めて、その期間内に解除をするかどうかを確答すべき旨の催告をすることができる。この場合において、その期間内に解除の通知を受けないときは、解除権は、消滅する。

【解除権者の故意による目的物の損壊等による解除権の消滅】

第548条 解除権を有する者が故意若しくは過失によって契約の目的物を著しく損傷し、若しくは返還することができなくなったとき、又は加工若しくは改造によってこれを他の種類の物に変えたときは、解除権は、消滅する。ただし、解除権を有する者がその解除権を有することを知らなかったときは、この限りでない。

第5款 定型約款

【定型約款の合意】

第548条の2 定型取引（ある特定の者が不特定多数の者を相手方として行う取引であって、その内容の全部又は一部が画一的であることがその双方にとって合理的なものをいう。以下同じ。）を行うことの合意（次条において「定型取引合意」という。）をした者は、次に掲げる場合には、定型約款（定型取引において、契約の内容とすることを目的としてその特定の者により準備された条項の総体をいう。以下同じ。）の個別の条項についても合意をしたものとみなす。

① 定型約款を契約の内容とする旨の合意をしたとき。

② 定型約款を準備した者（以下「定型約款準備者」という。）があらかじめその定型

約款を契約の内容とする旨を相手方に表示していたとき。

2 前項の規定にかかわらず、同項の条項のうち、相手方の権利を制限し、又は相手方の義務を加重する条項であって、その定型取引の態様及びその実情並びに取引上の社会通念に照らして第1条第2項に規定する基本原則に反して相手方の利益を一方的に害すると認められるものについては、合意をしなかったものとみなす。

【定型約款の内容の表示】

第548条の3

1 定型取引を行い、又は行おうとする定型約款準備者は、定型取引合意の前又は定型取引合意の後相当の期間内に相手方から請求があった場合には、遅滞なく、相当な方法でその定型約款の内容を示さなければならない。ただし、定型約款準備者が既に相手方に対して定型約款を記載した書面を交付し、又はこれを記録した電磁的記録を提供していたときは、この限りでない。

【定型約款の変更】

第548条の4

1 定型約款準備者は、次に掲げる場合には、定型約款の変更をすることにより、変更後の定型約款の条項について合意があったものとみなし、個別に相手方と合意をすることなく契約の内容を変更することができる。

① 定型約款の変更が、相手方の一般の利益に適合するとき。

② 定型約款の変更が、契約をした目的に反せず、かつ、変更の必要性、変更後の内容の相当性、この条の規定により定型約款の変更をすることがある旨の定めの有無及びその内容その他の変更に係る事情に照らして合理的なものであるとき。

◆第2節 贈与◆

【贈与】

第549条 贈与は、当事者の一方がある財産を無償で相手方に与える意思を表示し、相手方が受諾をすることによって、その効力を生ずる。

【書面によらない贈与の解除】

第550条 書面によらない贈与は、各当事者が解除をすることができる。ただし、履行の終わった部分については、この限りでない。

【贈与者の引渡義務等】

第551条 贈与者は、贈与の目的である物又は権利を、贈与の目的として特定した時の状

態で引き渡し、又は移転することを約したものと推定する。

2　負担付贈与については、贈与者は、その負担の限度において、売主と同じく担保の責任を負う。

【定期贈与】

第552条　定期の給付を目的とする贈与は、贈与者又は受贈者の死亡によって、その効力を失う。

【負担付贈与】

第553条　負担付贈与については、この節に定めるもののほか、その性質に反しない限り、双務契約に関する規定を準用する。

【死因贈与】

第554条　贈与者の死亡によって効力を生ずる贈与については、その性質に反しない限り、遺贈に関する規定を準用する。

◆**第3節　売買**◆

第1款　総則

【売買】

第555条　売買は、当事者の一方がある財産権を相手方に移転することを約し、相手方がこれに対してその代金を支払うことを約することによって、その効力を生ずる。

【売買の一方の予約】

第556条

1　売買の一方の予約は、相手方が売買を完結する意思を表示した時から、売買の効力を生ずる。

【手付】

第557条　買主が売主に手付を交付したときは、買主はその手付を放棄し、売主はその倍額を現実に提供して、契約の解除をすることができる。ただし、その相手方が契約の履行に着手した後は、この限りでない。

2　第545条第4項の規定は、前項の場合には、適用しない。

【売買契約に関する費用】

第558条　売買契約に関する費用は、当事者双方が等しい割合で負担する。

【有償契約への準用】

第559条　この節の規定は、売買以外の有償契約について準用する。ただし、その有償契約の性質がこれを許さないときは、この限りでない。

第2款　売買の効力

【権利移転の対抗要件に係る売主の義務】

第560条　売主は、買主に対し、登記、登録その他の売買の目的である権利の移転につい

ての対抗要件を備えさせる義務を負う。

【他人の権利の売買における売主の義務】

第561条　他人の権利（権利の一部が他人に属する場合におけるその権利の一部を含む。）を売買の目的としたときは、売主は、その権利を取得して買主に移転する義務を負う。

【買主の追完請求権】

第562条　引き渡された目的物が種類、品質又は数量に関して契約の内容に適合しないものであるときは、買主は、売主に対し、目的物の修補、代替物の引渡し又は不足分の引渡しによる履行の追完を請求することができる。ただし、売主は、買主に不相当な負担を課するものでないときは、買主が請求した方法と異なる方法による履行の追完をすることができる。

2　前項の不適合が買主の責めに帰すべき事由によるものであるときは、買主は、同項の規定による履行の追完の請求をすることができない。

【買主の代金減額請求権】

第563条　前条第1項本文に規定する場合において、買主が相当の期間を定めて履行の追完の催告をし、その期間内に履行の追完がないときは、買主は、その不適合の程度に応じて代金の減額を請求することができる。

2　前項の規定にかかわらず、次に掲げる場合には、買主は、同項の催告をすることなく、直ちに代金の減額を請求することができる。

①　履行の追完が不能であるとき。

②　売主が履行の追完を拒絶する意思を明確に表示したとき。

③　契約の性質又は当事者の意思表示により、特定の日時又は一定の期間内に履行をしなければ契約をした目的を達することができない場合において、売主が履行の追完をしないでその時期を経過したとき。

④　前3号に掲げる場合のほか、買主が前項の催告をしても履行の追完を受ける見込みがないことが明らかであるとき。

3　第1項の不適合が買主の責めに帰すべき事由によるものであるときは、買主は、前2項の規定による代金の減額の請求をすることができない。

【買主の損害賠償請求及び解除権の行使】

第564条　前2条の規定は、第415条の規定による損害賠償の請求並びに第541条及び第542条の規定による解除権の行使を妨げない。

【移転した権利が契約の内容に適合しない場合における売主の担保責任】

第565条 前3条の規定は、売主が買主に移転した権利が契約の内容に適合しないものである場合（権利の一部が他人に属する場合においてその権利の一部を移転しないときを含む。）について準用する。

【目的物の種類又は品質に関する担保責任の期間の制限】

第566条 売主が種類又は品質に関して契約の内容に適合しない目的物を買主に引き渡した場合において、買主がその不適合を知った時から1年以内にその旨を売主に通知しないときは、買主は、その不適合を理由として、履行の追完の請求、代金の減額の請求、損害賠償の請求及び契約の解除をすることができない。ただし、売主が引渡しの時にその不適合を知り、又は重大な過失によって知らなかったときは、この限りでない。

【目的物の滅失等についての危険の移転】

第567条 売主が買主に目的物（売買の目的として特定したものに限る。以下この条において同じ。）を引き渡した場合において、その引渡しがあった時以後にその目的物が当事者双方の責めに帰することができない事由によって滅失し、又は損傷したときは、買主は、その滅失又は損傷を理由として、履行の追完の請求、代金の減額の請求、損害賠償の請求及び契約の解除をすることができない。この場合において、買主は、代金の支払を拒むことができない。

2 売主が契約の内容に適合する目的物をもって、その引渡しの債務の履行を提供したにもかかわらず、買主がその履行を受けることを拒み、又は受けることができない場合において、その履行の提供があった時以後に当事者双方の責めに帰することができない事由によってその目的物が滅失し、又は損傷したときも、前項と同様とする。

【抵当権等がある場合の買主による費用の償還請求】

第570条 買い受けた不動産について契約の内容に適合しない先取特権、質権又は抵当権が存していた場合において、買主が費用を支出してその不動産の所有権を保存したときは、買主は、売主に対し、その費用の償還を請求することができる。

【担保責任を負わない旨の特約】

第572条 売主は、第562条第1項本文又は第565条に規定する場合における担保の責任を負わない旨の特約をしたときであっても、知りながら告げなかった事実及び自ら第三者のために設定し又は第三者に譲り渡した権利については、その責任を免れることができない。

【代金の支払期限】

第573条 売買の目的物の引渡しについて期限があるときは、代金の支払についても同一の期限を付したものと推定する。

【代金の支払場所】

第574条 売買の目的物の引渡しと同時に代金を支払うべきときは、その引渡しの場所において支払わなければならない。

【果実の帰属及び代金の利息の支払】

第575条 まだ引き渡されていない売買の目的物が果実を生じたときは、その果実は、売主に帰属する。

2 買主は、引渡しの日から、代金の利息を支払う義務を負う。ただし、代金の支払について期限があるときは、その期限が到来するまでは、利息を支払うことを要しない。

【権利を取得することができない等のおそれがある場合の買主による代金の支払の拒絶】

第576条 売買の目的について権利を主張する者があることその他の事由により、買主がその買い受けた権利の全部若しくは一部を取得することができず、又は失うおそれがあるときは、買主は、その危険の程度に応じて、代金の全部又は一部の支払を拒むことができる。ただし、売主が相当の担保を供したときは、この限りでない。

【抵当権等の登記がある場合の買主による代金の支払の拒絶】

第577条 買い受けた不動産について契約の内容に適合しない抵当権の登記があるときは、買主は、抵当権消滅請求の手続が終わるまで、その代金の支払を拒むことができる。この場合において、売主は、買主に対し、遅滞なく抵当権消滅請求をすべき旨を請求することができる。

2 前項の規定は、買い受けた不動産について契約の内容に適合しない先取特権又は質権の登記がある場合について準用する。

【売主による代金の供託の請求】

第578条 前2条の場合においては、売主は、買主に対して代金の供託を請求することができる。

第3款　買戻し

【買戻しの特約】

第579条　不動産の売主は、売買契約と同時にした買戻しの特約により、買主が支払った代金（別段の合意をした場合にあっては、その合意により定めた金額。第583条第1項において同じ。）及び契約の費用を返還して、売買の解除をすることができる。この場合において、当事者が別段の意思を表示しなかったときは、不動産の果実と代金の利息とは相殺したものとみなす。

【買戻しの期間】

第580条　買戻しの期間は、10年を超えることができない。特約でこれより長い期間を定めたときは、その期間は、10年とする。

2　買戻しについて期間を定めたときは、その後にこれを伸長することができない。

3　買戻しについて期間を定めなかったときは、5年以内に買戻しをしなければならない。

【買戻しの特約の対抗力】

第581条

1　売買契約と同時に買戻しの特約を登記したときは、買戻しは、第三者に対抗することができる。

◆第4節　交換◆

第586条　交換は、当事者が互いに金銭の所有権以外の財産権を移転することを約することによって、その効力を生ずる。

2　当事者の一方が他の権利とともに金銭の所有権を移転することを約した場合におけるその金銭については、売買の代金に関する規定を準用する。

◆第5節　消費貸借◆

【消費貸借】

第587条　消費貸借は、当事者の一方が種類、品質及び数量の同じ物をもって返還をすることを約して相手方から金銭その他の物を受け取ることによって、その効力を生ずる。

【書面でする消費貸借等】

第587条の2　前条の規定にかかわらず、書面でする消費貸借は、当事者の一方が金銭その他の物を引き渡すことを約し、相手方がその受け取った物と種類、品質及び数量の同じ物をもって返還をすることを約することによって、その効力を生ずる。

2　書面でする消費貸借の借主は、貸主から金銭その他の物を受け取るまで、契約の解除をすることができる。この場合において、貸主は、その契約の解除によって損害を受けたときは、借主に対し、その賠償を請求することができる。

3　書面でする消費貸借は、借主が貸主から金銭その他の物を受け取る前に当事者の一方が破産手続開始の決定を受けたときは、その効力を失う。

4　消費貸借がその内容を記録した電磁的記録によってされたときは、その消費貸借は、書面によってされたものとみなして、前3項の規定を適用する。

【利息】

第589条　貸主は、特約がなければ、借主に対して利息を請求することができない。

2　前項の特約があるときは、貸主は、借主が金銭その他の物を受け取った日以後の利息を請求することができる。

【貸主の引渡義務等】

第590条　第551条の規定は、前条第1項の特約のない消費貸借について準用する。

2　前条第1項の特約の有無にかかわらず、貸主から引き渡された物が種類又は品質に関して契約の内容に適合しないものであるときは、借主は、その物の価額を返還することができる。

【返還の時期】

第591条　当事者が返還の時期を定めなかったときは、貸主は、返還の時期の定めの有無にかかわらず、相当の期間を定めて返還の催告をすることができる。

2　借主は、いつでも返還をすることができる。

3　当事者が返還の時期を定めた場合において、貸主は、借主がその時期の前に返還をしたことによって損害を受けたときは、借主に対し、その賠償を請求することができる。

【価額の償還】

第592条　借主が貸主から受け取った物と種類、品質及び数量の同じ物をもって返還をすることができなくなったときは、その時における物の価額を償還しなければならない。ただし、第402条第2項に規定する場合は、この限りでない。

◆第6節　使用貸借◆

【使用貸借】

第593条　使用貸借は、当事者の一方がある物を引き渡すことを約し、相手方がその受け取った物について無償で使用及び収益をして契約が終了したときに返還をすることを約す

第593条の2〜第605条の2

ることによって、その効力を生ずる。

【借用物受取り前の貸主による使用貸借の解除】

第593条の2　貸主は、借主が借用物を受け取るまで、契約の解除をすることができる。ただし、書面による使用貸借については、この限りでない。

【借主による使用及び収益】

第594条　借主は、契約又はその目的物の性質によって定まった用法に従い、その物の使用及び収益をしなければならない。

2　借主は、貸主の承諾を得なければ、第三者に借用物の使用又は収益をさせることができない。

3　借主が前2項の規定に違反して使用又は収益をしたときは、貸主は、契約の解除をすることができる。

【借用物の費用の負担】

第595条　借主は、借用物の通常の必要費を負担する。

2　第583条第2項の規定は、前項の通常の必要費以外の費用について準用する。

【貸主の引渡義務等】

第596条　第551条の規定は、使用貸借について準用する。

【期間満了等による使用貸借の終了】

第597条　当事者が使用貸借の期間を定めたときは、使用貸借は、その期間が満了することによって終了する。

2　当事者が使用貸借の期間を定めなかった場合において、使用及び収益の目的を定めたときは、使用貸借は、借主がその目的に従い使用及び収益を終えることによって終了する。

3　使用貸借は、借主の死亡によって終了する。

【借主による収去等】

第599条　借主は、借用物を受け取った後にこれに附属させた物がある場合において、使用貸借が終了したときは、その附属させた物を収去する義務を負う。ただし、借用物から分離することができない物又は分離するのに過分の費用を要する物については、この限りでない。

2　借主は、借用物を受け取った後にこれに附属させた物を収去することができる。

3　借主は、借用物を受け取った後にこれに生じた損傷がある場合において、使用貸借が終了したときは、その損傷を原状に復する義務を負う。ただし、その損傷が借主の責めに帰することができない事由によるものであると

きは、この限りでない。

【損害賠償及び費用の償還の請求権についての期間の制限】

第600条　契約の本旨に反する使用又は収益によって生じた損害の賠償及び借主が支出した費用の償還は、貸主が返還を受けた時から1年以内に請求しなければならない。

2　前項の損害賠償の請求権については、貸主が返還を受けた時から1年を経過するまでの間は、時効は、完成しない。

◆第7節　賃貸借◆
第1款　総則

【賃貸借】

第601条　賃貸借は、当事者の一方がある物の使用及び収益を相手方にさせることを約し、相手方がこれに対してその賃料を支払うこと及び引渡しを受けた物を契約が終了したときに返還することを約することによって、その効力を生ずる。

【短期賃貸借】

第602条　処分の権限を有しない者が賃貸借をする場合には、次の各号に掲げる賃貸借は、それぞれ当該各号に定める期間を超えることができない。契約でこれより長い期間を定めたときであっても、その期間は、当該各号に定める期間とする。

①　樹木の栽植又は伐採を目的とする山林の賃貸借　10年

②　前号に掲げる賃貸借以外の土地の賃貸借　5年

③　建物の賃貸借　3年

④　動産の賃貸借　6箇月

【賃貸借の存続期間】

第604条　賃貸借の存続期間は、50年を超えることができない。契約でこれより長い期間を定めたときであっても、その期間は、50年とする。

2　賃貸借の存続期間は、更新することができる。ただし、その期間は、更新の時から50年を超えることができない。

第2款　賃貸借の効力

【不動産賃貸借の対抗力】

第605条　不動産の賃貸借は、これを登記したときは、その不動産について物権を取得した者その他の第三者に対抗することができる。

【不動産の賃貸人たる地位の移転】

第605条の2　前条、借地借家法第10条又は第31条その他の法令の規定による賃貸借の

55

第605条の3〜第611条

対抗要件を備えた場合において、その不動産が譲渡されたときは、その不動産の賃貸人たる地位は、その譲受人に移転する。

2 前項の規定にかかわらず、不動産の譲渡人及び譲受人が、賃貸人たる地位を譲渡人に留保する旨及びその不動産を譲受人が譲渡人に賃貸する旨の合意をしたときは、賃貸人たる地位は、譲受人に移転しない。この場合において、譲渡人と譲受人又はその承継人との間の賃貸借が終了したときは、譲渡人に留保されていた賃貸人たる地位は、譲受人又はその承継人に移転する。

3 第1項又は前項後段の規定による賃貸人たる地位の移転は、賃貸物である不動産について所有権の移転の登記をしなければ、賃借人に対抗することができない。

4 第1項又は第2項後段の規定により賃貸人たる地位が譲受人又はその承継人に移転したときは、第608条の規定による費用の償還に係る債務及び第622条の2第1項の規定による同項に規定する敷金の返還に係る債務は、譲受人又はその承継人が承継する。

【合意による不動産の賃貸人たる地位の移転】

第605条の3 不動産の譲渡人が賃貸人であるときは、その賃貸人たる地位は、賃借人の承諾を要しないで、譲渡人と譲受人との合意により、譲受人に移転させることができる。この場合においては、前条第3項及び第4項の規定を準用する。

【不動産の賃借人による妨害の停止の請求等】

第605条の4 不動産の賃借人は、第605条の2第1項に規定する対抗要件を備えた場合において、次の各号に掲げるときは、それぞれ当該各号に定める請求をすることができる。

① その不動産の占有を第三者が妨害しているとき その第三者に対する妨害の停止の請求

② その不動産を第三者が占有しているとき その第三者に対する返還の請求

【賃貸人による修繕等】

第606条 賃貸人は、賃貸物の使用及び収益に必要な修繕をする義務を負う。ただし、賃借人の責めに帰すべき事由によってその修繕が必要となったときは、この限りでない。

2 賃貸人が賃貸物の保存に必要な行為をしようとするときは、賃借人は、これを拒むことができない。

【賃借人の意思に反する保存行為】

第607条 賃貸人が賃借人の意思に反して保存行為をしようとする場合において、そのために賃借人が賃借をした目的を達することができなくなるときは、賃借人は、契約の解除をすることができる。

【賃借人による修繕】

第607条の2 賃借物の修繕が必要である場合において、次に掲げるときは、賃借人は、その修繕をすることができる。

① 賃借人が賃貸人に修繕が必要である旨を通知し、又は賃貸人がその旨を知ったにもかかわらず、賃貸人が相当の期間内に必要な修繕をしないとき。

② 急迫の事情があるとき。

【賃借人による費用の償還請求】

第608条 賃借人は、賃借物について賃貸人の負担に属する必要費を支出したときは、賃貸人に対し、直ちにその償還を請求することができる。

2 賃借人が賃借物について有益費を支出したときは、賃貸人は、賃貸借の終了の時に、第196条第2項の規定に従い、その償還をしなければならない。ただし、裁判所は、賃貸人の請求により、その償還について相当の期限を許与することができる。

【減収による賃料の減額請求】

第609条 耕作又は牧畜を目的とする土地の賃借人は、不可抗力によって賃料より少ない収益を得たときは、その収益の額に至るまで、賃料の減額を請求することができる。

【減収による解除】

第610条 前条の場合において、同条の賃借人は、不可抗力によって引き続き2年以上賃料より少ない収益を得たときは、契約の解除をすることができる。

【賃借物の一部滅失等による賃料の減額等】

第611条 賃借物の一部が滅失その他の事由により使用及び収益をすることができなくなった場合において、それが賃借人の責めに帰することができない事由によるものであるときは、賃料は、その使用及び収益をすることができなくなった部分の割合に応じて、減額される。

2 賃借物の一部が滅失その他の事由により使用及び収益をすることができなくなった場合において、残存する部分のみでは賃借人が賃借をした目的を達することができないときは、賃借人は、契約の解除をすることができる。

56

第612条～第622条の2

【賃借権の譲渡及び転貸の制限】

第612条　賃借人は、賃貸人の承諾を得なければ、その賃借権を譲り渡し、又は賃借物を転貸することができない。

2　賃借人が前項の規定に違反して第三者に賃借物の使用又は収益をさせたときは、賃貸人は、契約の解除をすることができる。

【転貸の効果】

第613条　賃借人が適法に賃借物を転貸したときは、転借人は、賃貸人と賃借人との間の賃貸借に基づく賃借人の債務の範囲を限度として、賃貸人に対して転貸借に基づく債務を直接履行する義務を負う。この場合においては、賃料の前払をもって賃貸人に対抗することができない。

2　前項の規定は、賃貸人が賃借人に対してその権利を行使することを妨げない。

3　賃借人が適法に賃借物を転貸した場合には、賃貸人は、賃借人との間の賃貸借を合意により解除したことをもって転借人に対抗することができない。ただし、その解除の当時、賃貸人が賃借人の債務不履行による解除権を有していたときは、この限りでない。

【賃料の支払時期】

第614条　賃料は、動産、建物及び宅地については毎月末に、その他の土地については毎年末に、支払わなければならない。ただし、収穫の季節があるものについては、その季節の後に遅滞なく支払わなければならない。

【賃借人の通知義務】

第615条　賃借物が修繕を要し、又は賃借物について権利を主張する者があるときは、賃借人は、遅滞なくその旨を賃貸人に通知しなければならない。ただし、賃貸人が既にこれを知っているときは、この限りでない。

【賃借人による使用及び収益】

第616条　第594条第1項の規定は、賃貸借について準用する。

第3款　賃貸借の終了

【賃借物の全部滅失等による賃貸借の終了】

第616条の2　賃借物の全部が滅失その他の事由により使用及び収益をすることができなくなった場合には、賃貸借は、これによって終了する。

【期間の定めのない賃貸借の解約の申入れ】

第617条　当事者が賃貸借の期間を定めなかったときは、各当事者は、いつでも解約の申入れをすることができる。この場合においては、次の各号に掲げる賃貸借は、解約の申入

れの日からそれぞれ当該各号に定める期間を経過することによって終了する。

①　土地の賃貸借　1年

②　建物の賃貸借　3箇月

③　動産及び貸席の賃貸借　1日

2　収穫の季節がある土地の賃貸借については、その季節の後次の耕作に着手する前に、解約の申入れをしなければならない。

【賃貸借の更新の推定等】

第619条　賃貸借の期間が満了した後賃借人が賃借物の使用又は収益を継続する場合において、賃貸人がこれを知りながら異議を述べないときは、従前の賃貸借と同一の条件で更に賃貸借をしたものと推定する。この場合において、各当事者は、第617条の規定により解約の申入れをすることができる。

2　従前の賃貸借について当事者が担保を供していたときは、その担保は、期間の満了によって消滅する。ただし、第622条の2第1項に規定する敷金については、この限りでない。

【賃貸借の解除の効力】

第620条　賃貸借の解除をした場合には、その解除は、将来に向かってのみその効力を生ずる。この場合においては、損害賠償の請求を妨げない。

【賃借人の原状回復義務】

第621条　賃借人は、賃借物を受け取った後にこれに生じた損傷（通常の使用及び収益によって生じた賃借物の損耗並びに賃借物の経年変化を除く。以下この条において同じ。）がある場合において、賃貸借が終了したときは、その損傷を原状に復する義務を負う。ただし、その損傷が賃借人の責めに帰することができない事由によるものであるときは、この限りでない。

【使用貸借の規定の準用】

第622条　第597条第1項、第599条第1項及び第2項並びに第600条の規定は、賃貸借について準用する。

第4款　敷金

第622条の2　賃貸人は、敷金（いかなる名目によるかを問わず、賃料債務その他の賃貸借に基づいて生ずる賃借人の賃貸人に対する金銭の給付を目的とする債務を担保する目的で、賃借人が賃貸人に交付する金銭をいう。以下この条において同じ。）を受け取っている場合において、次に掲げるときは、賃借人に対し、その受け取った敷金の額から賃貸借に基づいて生じた賃借人の賃貸人に対する金

民法

57

銭の給付を目的とする債務の額を控除した残額を返還しなければならない。

① 賃貸借が終了し、かつ、賃貸物の返還を受けたとき。

② 賃借人が適法に賃借権を譲り渡したとき。

2 賃貸人は、賃借人が賃貸借に基づいて生じた金銭の給付を目的とする債務を履行しないときは、敷金をその債務の弁済に充てることができる。この場合において、賃借人は、賃貸人に対し、敷金をその債務の弁済に充てることを請求することができない。

◆第8節 雇用◆

【雇用】

第623条 雇用は、当事者の一方が相手方に対して労働に従事することを約し、相手方がこれに対してその報酬を与えることを約することによって、その効力を生ずる。

◆第9節 請負◆

【請負】

第632条 請負は、当事者の一方がある仕事を完成することを約し、相手方がその仕事の結果に対してその報酬を支払うことを約することによって、その効力を生ずる。

【報酬の支払時期】

第633条 報酬は、仕事の目的物の引渡しと同時に、支払わなければならない。ただし、物の引渡しを要しないときは、第624条第1項の規定を準用する。

【注文者が受ける利益の割合に応じた報酬】

第634条 次に掲げる場合において、請負人が既にした仕事の結果のうち可分な部分の給付によって注文者が利益を受けるときは、その部分を仕事の完成とみなす。この場合において、請負人は、注文者が受ける利益の割合に応じて報酬を請求することができる。

① 注文者の責めに帰することができない事由によって仕事を完成することができなくなったとき。

② 請負が仕事の完成前に解除されたとき。

【請負人の担保責任の制限】

第636条 請負人が種類又は品質に関して契約の内容に適合しない仕事の目的物を注文者に引き渡したとき（その引渡しを要しない場合にあっては、仕事が終了した時に仕事の目的物が種類又は品質に関して契約の内容に適合しないとき）は、注文者は、注文者の供した材料の性質又は注文者の与えた指図によって生じた不適合を理由として、履行の追完の請求、報酬の減額の請求、損害賠償の請求及

び契約の解除をすることができない。ただし、請負人がその材料又は指図が不適当であることを知りながら告げなかったときは、この限りでない。

【目的物の種類又は品質に関する担保責任の期間の制限】

第637条 前条本文に規定する場合において、注文者がその不適合を知った時から1年以内にその旨を請負人に通知しないときは、注文者は、その不適合を理由として、履行の追完の請求、報酬の減額の請求、損害賠償の請求及び契約の解除をすることができない。

2 前項の規定は、仕事の目的物を注文者に引き渡した時（その引渡しを要しない場合にあっては、仕事が終了した時）において、請負人が同項の不適合を知り、又は重大な過失によって知らなかったときは、適用しない。

【注文者による契約の解除】

第641条 請負人が仕事を完成しない間は、注文者は、いつでも損害を賠償して契約の解除をすることができる。

【注文者についての破産手続の開始による解除】

第642条 注文者が破産手続開始の決定を受けたときは、請負人又は破産管財人は、契約の解除をすることができる。ただし、請負人による契約の解除については、仕事を完成した後は、この限りでない。

2 前項に規定する場合において、請負人は、既にした仕事の報酬及びその中に含まれていない費用について、破産財団の配当に加入することができる。

3 第1項の場合には、契約の解除によって生じた損害の賠償は、破産管財人が契約の解除をした場合における請負人に限り、請求することができる。この場合において、請負人は、その損害賠償について、破産財団の配当に加入する。

◆第10節 委任◆

【委任】

第643条 委任は、当事者の一方が法律行為をすることを相手方に委託し、相手方がこれを承諾することによって、その効力を生ずる。

【受任者の注意義務】

第644条 受任者は、委任の本旨に従い、善良な管理者の注意をもって、委任事務を処理する義務を負う。

【復受任者の選任等】

第644条の2 受任者は、委任者の許諾を得た とき、又はやむを得ない事由があるときでなけ れば、復受任者を選任することができな い。

2　代理権を付与する委任において、受任者が 代理権を有する復受任者を選任したときは、 復受任者は、委任者に対して、その権限の範 囲内において、受任者と同一の権利を有し、 義務を負う。

【受任者による報告】

第645条 受任者は、委任者の請求があると きは、いつでも委任事務の処理の状況を報告 し、委任が終了した後は、遅滞なくその経過 及び結果を報告しなければならない。

【受任者による受取物の引渡し等】

第646条 受任者は、委任事務を処理するに 当たって受け取った金銭その他の物を委任者 に引き渡さなければならない。その収取した 果実についても、同様とする。

2　受任者は、委任者のために自己の名で取得 した権利を委任者に移転しなければならな い。

【受任者の金銭の消費についての責任】

第647条 受任者は、委任者に引き渡すべき 金額又はその利益のために用いるべき金額を 自己のために消費したときは、その消費した 日以後の利息を支払わなければならない。こ の場合において、なお損害があるときは、そ の賠償の責任を負う。

【受任者の報酬】

第648条 受任者は、特約がなければ、委任 者に対して報酬を請求することができない。

2　受任者は、報酬を受けるべき場合には、委 任事務を履行した後でなければ、これを請求 することができない。ただし、期間によって 報酬を定めたときは、第624条第2項の規 定を準用する。

3　受任者は、次に掲げる場合には、既にした 履行の割合に応じて報酬を請求することがで きる。

①　委任者の責めに帰することができない事 由によって委任事務の履行をすることがで きなくなったとき。

②　委任が履行の中途で終了したとき。

【成果等に対する報酬】

第648条の2 委任事務の履行により得られる 成果に対して報酬を支払うことを約した場合 において、その成果が引渡しを要するとき

は、報酬は、その成果の引渡しと同時に、支 払わなければならない。

2　第634条の規定は、委任事務の履行により 得られる成果に対して報酬を支払うことを約 した場合について準用する。

【受任者による費用の前払請求】

第649条 委任事務を処理するについて費用 を要するときは、委任者は、受任者の請求に より、その前払をしなければならない。

【受任者による費用等の償還請求等】

第650条 受任者は、委任事務を処理するのに 必要と認められる費用を支出したときは、委 任者に対し、その費用及び支出の日以後にお けるその利息の償還を請求することができる。

2　受任者は、委任事務を処理するのに必要と 認められる債務を負担したときは、委任者に 対し、自己に代わってその弁済をすることを 請求することができる。この場合において、 その債務が弁済期にないときは、委任者に対 し、相当の担保を供させることができる。

3　受任者は、委任事務を処理するため自己に 過失なく損害を受けたときは、委任者に対 し、その賠償を請求することができる。

【委任の解除】

第651条 委任は、各当事者がいつでもその 解除をすることができる。

2　前項の規定により委任の解除をした者は、 次に掲げる場合には、相手方の損害を賠償し なければならない。ただし、やむを得ない事 由があったときは、この限りでない。

①　相手方に不利な時期に委任を解除したと き。

②　委任者が受任者の利益（専ら報酬を得る ことによるものを除く。）をも目的とする 委任を解除したとき。

【委任の解除の効力】

第652条 第620条の規定は、委任について 準用する。

【委任の終了事由】

第653条 委任は、次に掲げる事由によって 終了する。

①　委任者又は受任者の死亡

②　委任者又は受任者が破産手続開始の決定 を受けたこと。

③　受任者が後見開始の審判を受けたこと。

◆**第11節　寄託**◆

【寄託】

第657条 寄託は、当事者の一方がある物を保 管することを相手方に委託し、相手方がこれ

を承諾することによって、その効力を生ずる。

【寄託物受取り前の寄託者による寄託の解除等】

第657条の2 寄託者は、受寄者が寄託物を受け取るまで、契約の解除をすることができる。この場合において、受寄者は、その契約の解除によって損害を受けたときは、寄託者に対し、その賠償を請求することができる。

2　無報酬の受寄者は、寄託物を受け取るまで、契約の解除をすることができる。ただし、書面による寄託については、この限りでない。

3　受寄者（無報酬で寄託を受けた場合にあっては、書面による寄託の受寄者に限る。）は、寄託物を受け取るべき時期を経過したにもかかわらず、寄託者が寄託物を引き渡さない場合において、相当の期間を定めてその引渡しの催告をし、その期間内に引渡しがないときは、契約の解除をすることができる。

【無報酬の受寄者の注意義務】

第659条 無報酬の受寄者は、自己の財産に対するのと同一の注意をもって、寄託物を保管する義務を負う。

【委任の規定の準用】

第665条 第646条から第648条まで、第649条並びに第650条第1項及び第2項の規定は、寄託について準用する。

【混合寄託】

第665条の2

1　複数の者が寄託した物の種類及び品質が同一である場合には、受寄者は、各寄託者の承諾を得たときに限り、これらを混合して保管することができる。

【消費寄託】

第666条

1　受寄者が契約により寄託物を消費することができる場合には、受寄者は、寄託された物と種類、品質及び数量の同じ物をもって返還しなければならない。

◆**第12節　組合**◆

【組合契約】

第667条 組合契約は、各当事者が出資をして共同の事業を営むことを約することによって、その効力を生ずる。

2　出資は、労務をその目的とすることができる。

【他の組合員の債務不履行】

第667条の2 第533条及び第536条の規定は、組合契約については、適用しない。

2　組合員は、他の組合員が組合契約に基づく債務の履行をしないことを理由として、組合契約を解除することができない。

【組合員の1人についての意思表示の無効等】

第667条の3 組合員の1人について意思表示の無効又は取消しの原因があっても、他の組合員の間においては、組合契約は、その効力を妨げられない。

【組合財産の共有】

第668条 各組合員の出資その他の組合財産は、総組合員の共有に属する。

【業務の決定及び執行の方法】

第670条 組合の業務は、組合員の過半数をもって決定し、各組合員がこれを執行する。

2　組合の業務の決定及び執行は、組合契約の定めるところにより、1人又は数人の組合員又は第三者に委任することができる。

3　前項の委任を受けた者（以下「業務執行者」という。）は、組合の業務を決定し、これを執行する。この場合において、業務執行者が数人あるときは、組合の業務は、業務執行者の過半数をもって決定し、各業務執行者がこれを執行する。

4　前項の規定にかかわらず、組合の業務については、総組合員の同意によって決定し、又は総組合員が執行することを妨げない。

5　組合の常務は、前各項の規定にかかわらず、各組合員又は各業務執行者が単独で行うことができる。ただし、その完了前に他の組合員又は業務執行者が異議を述べたときは、この限りでない。

【組合の代理】

第670条の2 各組合員は、組合の業務を執行する場合において、組合員の過半数の同意を得たときは、他の組合員を代理することができる。

2　前項の規定にかかわらず、業務執行者があるときは、業務執行者のみが組合員を代理することができる。この場合において、業務執行者が数人あるときは、各業務執行者は、業務執行者の過半数の同意を得たときに限り、組合員を代理することができる。

3　前2項の規定にかかわらず、各組合員又は各業務執行者は、組合の常務を行うときは、単独で組合員を代理することができる。

【委任の規定の準用】

第671条 第644条から第650条までの規定は、組合の業務を決定し、又は執行する組合員について準用する。

【組合員の組合の業務及び財産状況に関する検査】
第673条　各組合員は、組合の業務の決定及び執行をする権利を有しないときであっても、その業務及び組合財産の状況を検査することができる。

【組合の債権者の権利の行使】
第675条　組合の債権者は、組合財産についてその権利を行使することができる。
2　組合の債権者は、その選択に従い、各組合員に対して損失分担の割合又は等しい割合でその権利を行使することができる。ただし、組合の債権者がその債権の発生の時に各組合員の損失分担の割合を知っていたときは、その割合による。

【組合員の脱退】
第678条　組合契約で組合の存続期間を定めなかったとき、又はある組合員の終身の間組合が存続すべきことを定めたときは、各組合員は、いつでも脱退することができる。ただし、やむを得ない事由がある場合を除き、組合に不利な時期に脱退することができない。
2　組合の存続期間を定めた場合であっても、各組合員は、やむを得ない事由があるときは、脱退することができる。
第679条　前条の場合のほか、組合員は、次に掲げる事由によって脱退する。
①　死亡
②　破産手続開始の決定を受けたこと。
③　後見開始の審判を受けたこと。
④　除名

◆第13節　終身定期金◆
【終身定期金契約】
第689条　終身定期金契約は、当事者の一方が、自己、相手方又は第三者の死亡に至るまで、定期に金銭その他の物を相手方又は第三者に給付することを約することによって、その効力を生ずる。

◆第14節　和解◆
【和解】
第695条　和解は、当事者が互いに譲歩をしてその間に存する争いをやめることを約することによって、その効力を生ずる。

【和解の効力】
第696条　当事者の一方が和解によって争いの目的である権利を有するものと認められ、又は相手方がこれを有しないものと認められた場合において、その当事者の一方が従来その権利を有していなかった旨の確証又は相手方がこれを有していた旨の確証が得られたときは、その権利は、和解によってその当事者の一方に移転し、又は消滅したものとする。

第3章　事務管理

【事務管理】
第697条　義務なく他人のために事務の管理を始めた者（以下この章において「管理者」という。）は、その事務の性質に従い、最も本人の利益に適合する方法によって、その事務の管理（以下「事務管理」という。）をしなければならない。
2　管理者は、本人の意思を知っているとき、又はこれを推知することができるときは、その意思に従って事務管理をしなければならない。

【緊急事務管理】
第698条　管理者は、本人の身体、名誉又は財産に対する急迫の危害を免れさせるために事務管理をしたときは、悪意又は重大な過失があるのでなければ、これによって生じた損害を賠償する責任を負わない。

【委任の規定の準用】
第701条　第645条から第647条までの規定は、事務管理について準用する。

【管理者による費用の償還請求等】
第702条　管理者は、本人のために有益な費用を支出したときは、本人に対し、その償還を請求することができる。
2　第650第2項の規定は、管理者が本人のために有益な債務を負担した場合について準用する。
3　管理者が本人の意思に反して事務管理をしたときは、本人が現に利益を受けている限度においてのみ、前2項の規定を適用する。

第4章　不当利得

【不当利得の返還義務】
第703条　法律上の原因なく他人の財産又は労務によって利益を受け、そのために他人に損失を及ぼした者（以下この章において「受益者」という。）は、その利益の存する限度において、これを返還する義務を負う。

【悪意の受益者の返還義務等】
第704条　悪意の受益者は、その受けた利益に利息を付して返還しなければならない。この場合において、なお損害があるときは、その賠償の責任を負う。

第705条〜第717条

【債務の不存在を知ってした弁済】

第705条 債務の弁済として給付をした者は、その時において債務の存在しないことを知っていたときは、その給付したものの返還を請求することができない。

【期限前の弁済】

第706条 債務者は、弁済期にない債務の弁済として給付をしたときは、その給付したものの返還を請求することができない。ただし、債務者が錯誤によってその給付をしたときは、債権者は、これによって得た利益を返還しなければならない。

【他人の債務の弁済】

第707条 債務者でない者が錯誤によって債務の弁済をした場合において、債権者が善意で証書を滅失させ若しくは損傷し、担保を放棄し、又は時効によってその債権を失ったときは、その弁済をした者は、返還の請求をすることができない。

2 前項の規定は、弁済をした者から債務者に対する求償権の行使を妨げない。

【不法原因給付】

第708条 不法な原因のために給付をした者は、その給付したものの返還を請求することができない。ただし、不法な原因が受益者についてのみ存したときは、この限りでない。

第5章 不法行為

【不法行為による損害賠償】

第709条 故意又は過失によって他人の権利又は法律上保護される利益を侵害した者は、これによって生じた損害を賠償する責任を負う。

【財産以外の損害の賠償】

第710条 他人の身体、自由若しくは名誉を侵害した場合又は他人の財産権を侵害した場合のいずれであるかを問わず、前条の規定により損害賠償の責任を負う者は、財産以外の損害に対しても、その賠償をしなければならない。

【近親者に対する損害の賠償】

第711条 他人の生命を侵害した者は、被害者の父母、配偶者及び子に対しては、その財産権が侵害されなかった場合においても、損害の賠償をしなければならない。

【責任能力】

第712条 未成年者は、他人に損害を加えた場合において、自己の行為の責任を弁識するに足りる知能を備えていなかったときは、そ

の行為について賠償の責任を負わない。

第713条 精神上の障害により自己の行為の責任を弁識する能力を欠く状態にある間に他人に損害を加えた者は、その賠償の責任を負わない。ただし、故意又は過失によって一時的にその状態を招いたときは、この限りでない。

【責任無能力者の監督義務者等の責任】

第714条 前2条の規定により責任無能力者がその責任を負わない場合において、その責任無能力者を監督する法定の義務を負う者は、その責任無能力者が第三者に加えた損害を賠償する責任を負う。ただし、監督義務者がその義務を怠らなかったとき、又はその義務を怠らなくても損害が生ずべきであったときは、この限りでない。

2 監督義務者に代わって責任無能力者を監督する者も、前項の責任を負う。

【使用者等の責任】

第715条 ある事業のために他人を使用する者は、被用者がその事業の執行について第三者に加えた損害を賠償する責任を負う。ただし、使用者が被用者の選任及びその事業の監督について相当の注意をしたとき、又は相当の注意をしても損害が生ずべきであったときは、この限りでない。

2 使用者に代わって事業を監督する者も、前項の責任を負う。

3 前2項の規定は、使用者又は監督者から被用者に対する求償権の行使を妨げない。

【注文者の責任】

第716条 注文者は、請負人がその仕事について第三者に加えた損害を賠償する責任を負わない。ただし、注文又は指図についてその注文者に過失があったときは、この限りでない。

【土地の工作物等の占有者及び所有者の責任】

第717条 土地の工作物の設置又は保存に瑕疵があることによって他人に損害を生じたときは、その工作物の占有者は、被害者に対してその損害を賠償する責任を負う。ただし、占有者が損害の発生を防止するのに必要な注意をしたときは、所有者がその損害を賠償しなければならない。

2 前項の規定は、竹木の栽植又は支持に瑕疵がある場合について準用する。

3 前2項の場合において、損害の原因について他にその責任を負う者があるときは、占有者又は所有者は、その者に対して求償権を行

使することができる。

【動物の占有者等の責任】

第718条 動物の占有者は、その動物が他人に加えた損害を賠償する責任を負う。ただし、動物の種類及び性質に従い相当の注意をもってその管理をしたときは、この限りでない。

2 占有者に代わって動物を管理する者も、前項の責任を負う。

【共同不法行為者の責任】

第719条 数人が共同の不法行為によって他人に損害を加えたときは、各自が連帯してその損害を賠償する責任を負う。共同行為者のうちいずれの者がその損害を加えたかを知ることができないときも、同様とする。

2 行為者を教唆した者及び幇助した者は、共同行為者とみなして、前項の規定を適用する。

【正当防衛及び緊急避難】

第720条 他人の不法行為に対し、自己又は第三者の権利又は法律上保護される利益を防衛するため、やむを得ず加害行為をした者は、損害賠償の責任を負わない。ただし、被害者から不法行為をした者に対する損害賠償の請求を妨げない。

2 前項の規定は、他人の物から生じた急迫の危難を避けるためその物を損傷した場合について準用する。

【損害賠償請求権に関する胎児の権利能力】

第721条 胎児は、損害賠償の請求権については、既に生まれたものとみなす。

【損害賠償の方法、中間利息の控除及び過失相殺】

第722条 第417条及び第417条の2の規定は、不法行為による損害賠償について準用する。

2 被害者に過失があったときは、裁判所は、これを考慮して、損害賠償の額を定めることができる。

【名誉毀損における原状回復】

第723条 他人の名誉を毀損した者に対しては、裁判所は、被害者の請求により、損害賠償に代えて、又は損害賠償とともに、名誉を回復するのに適当な処分を命ずることができる。

【不法行為による損害賠償請求権の消滅時効】

第724条 不法行為による損害賠償の請求権は、次に掲げる場合には、時効によって消滅する。

① 被害者又はその法定代理人が損害及び加害者を知った時から3年間行使しないとき。

② 不法行為の時から20年間行使しないとき。

【人の生命又は身体を害する不法行為による損害賠償請求権の消滅時効】

第724条の2 人の生命又は身体を害する不法行為による損害賠償請求権の消滅時効についての前条第1号の規定の適用については、同号中「3年間」とあるのは、「5年間」とする。

第4編 親族

第1章 総則

【親族の範囲】

第725条 次に掲げる者は、親族とする。

① 六親等内の血族

② 配偶者

③ 三親等内の姻族

【縁組による親族関係の発生】

第727条 養子と養親及びその血族との間においては、養子縁組の日から、血族間におけるのと同一の親族関係を生ずる。

【離婚等による姻族関係の終了】

第728条 姻族関係は、離婚によって終了する。

2 夫婦の一方が死亡した場合において、生存配偶者が姻族関係を終了させる意思を表示したときも、前項と同様とする。

【離縁による親族関係の終了】

第729条 養子及びその配偶者並びに養子の直系卑属及びその配偶者と養親及びその血族との親族関係は、離縁によって終了する。

第2章 婚姻

◆第1節 婚姻の成立◆
第1款 婚姻の要件

【婚姻適齢】

第731条 婚姻は、18歳にならなければ、することができない。

【重婚の禁止】

第732条 配偶者のある者は、重ねて婚姻をすることができない。

【再婚禁止期間】

第733条 女は、前婚の解消又は取消しの日から起算して100日を経過した後でなければ、再婚をすることができない。

2 前項の規定は、次に掲げる場合には、適用

第734条～第760条

しない。

① 女が前婚の解消又は取消しの時に懐胎していなかった場合

② 女が前婚の解消又は取消しの後に出産した場合

【近親者間の婚姻の禁止】

第734条 直系血族又は三親等内の傍系血族の間では、婚姻をすることができない。ただし、養子と養方の傍系血族との間では、この限りでない。

2 第817条の9の規定により親族関係が終了した後も、前項と同様とする。

【直系姻族間の婚姻の禁止】

第735条 直系姻族の間では、婚姻をすることができない。第728条又は第817条の9の規定により姻族関係が終了した後も、同様とする。

【養親子等の間の婚姻の禁止】

第736条 養子若しくはその配偶者又は養子の直系卑属若しくはその配偶者と養親又はその直系尊属との間では、第729条の規定により親族関係が終了した後でも、婚姻をすることができない。

第737条 削除

【成年被後見人の婚姻】

第738条 成年被後見人が婚姻をするには、その成年後見人の同意を要しない。

【婚姻の届出】

第739条 婚姻は、戸籍法（昭和22年法律第224号）の定めるところにより届け出ることによって、その効力を生ずる。

2 前項の届出は、当事者双方及び成年の証人2人以上が署名した書面で、又はこれらの者から口頭で、しなければならない。

【婚姻の届出の受理】

第740条 婚姻の届出は、その婚姻が第731条から第736条まで及び前条第2項の規定その他の法令の規定に違反しないことを認めた後でなければ、受理することができない。

第2款 婚姻の無効及び取消し

【婚姻の無効】

第742条 婚姻は、次に掲げる場合に限り、無効とする。

① 人違いその他の事由によって当事者間に婚姻をする意思がないとき。

② 当事者が婚姻の届出をしないとき。ただし、その届出が第739条第2項に定める方式を欠くだけであるときは、婚姻は、そのためにその効力を妨げられない。

【婚姻の取消し】

第743条 婚姻は、次条から第747条までの規定によらなければ、取り消すことができない。

【不適法な婚姻の取消し】

第744条

1 第731条から第736条までの規定に違反した婚姻は、各当事者、その親族又は検察官から、その取消しを家庭裁判所に請求することができる。ただし、検察官は、当事者の一方が死亡した後は、これを請求することができない。

【婚姻の取消しの効力】

第748条

1 婚姻の取消しは、将来に向かってのみその効力を生ずる。

【離婚の規定の準用】

第749条 第728条第1項、第766条から769条まで、第790条第1項ただし書並びに第819条第2項、第3項、第5項及び第6項の規定は、婚姻の取消しについて準用する。

◆第2節 婚姻の効力◆

【夫婦の氏】

第750条 夫婦は、婚姻の際に定めるところに従い、夫又は妻の氏を称する。

【生存配偶者の復氏等】

第751条 夫婦の一方が死亡したときは、生存配偶者は、婚姻前の氏に復することができる。

2 第769条の規定は、前項及び第728条第2項の場合について準用する。

【同居、協力及び扶助の義務】

第752条 夫婦は同居し、互いに協力し扶助しなければならない。

第753条 削除

【夫婦間の契約の取消権】

第754条 夫婦間でした契約は、婚姻中、いつでも、夫婦の一方からこれを取り消すことができる。ただし、第三者の権利を害することはできない。

◆第3節 夫婦財産制◆

第1款 総則

第2款 法定財産制

【婚姻費用の分担】

第760条 夫婦は、その資産、収入その他一切の事情を考慮して、婚姻から生ずる費用を分担する。

【日常の家事に関する債務の連帯責任】

第761条　夫婦の一方が日常の家事に関して第三者と法律行為をしたときは、他の一方は、これによって生じた債務について、連帯してその責任を負う。ただし、第三者に対し責任を負わない旨を予告した場合は、この限りでない。

【夫婦間における財産の帰属】

第762条　夫婦の一方が婚姻前から有する財産及び婚姻中自己の名で得た財産は、その特有財産（夫婦の一方が単独で有する財産をいう。）とする。

2　夫婦のいずれに属するか明らかでない財産は、その共有に属するものと推定する。

◆第4節　離婚◆
第1款　協議上の離婚

【協議上の離婚】

第763条　夫婦は、その協議で、離婚をすることができる。

【婚姻の規定の準用】

第764条　第738条、第739条及び第747条の規定は、協議上の離婚について準用する。

【離婚後の子の監護に関する事項の定め等】

第766条　父母が協議上の離婚をするときは、子の監護をすべき者、父又は母と子との面会及びその他の交流、子の監護に要する費用の分担その他の子の監護について必要な事項は、その協議で定める。この場合においては、子の利益を最も優先して考慮しなければならない。

2　前項の協議が調わないとき、又は協議をすることができないときは、家庭裁判所が、同項の事項を定める。

3　家庭裁判所は、必要があると認めるときは、前2項の規定による定めを変更し、その他子の監護について相当な処分を命ずることができる。

4　前3項の規定によっては、監護の範囲外では、父母の権利義務に変更を生じない。

【離婚による復氏等】

第767条　婚姻によって氏を改めた夫又は妻は、協議上の離婚によって婚姻前の氏に復する。

2　前項の規定により婚姻前の氏に復した夫又は妻は、離婚の日から3箇月以内に戸籍法の定めるところにより届け出ることによって、離婚の際に称していた氏を称することができる。

【財産分与】

第768条

1　協議上の離婚をした者の一方は、相手方に対して財産の分与を請求することができる。

第2款　裁判上の離婚

【裁判上の離婚】

第770条　夫婦の一方は、次に掲げる場合に限り、離婚の訴えを提起することができる。

①　配偶者に不貞な行為があったとき。

②　配偶者から悪意で遺棄されたとき。

③　配偶者の生死が3年以上明らかでないとき。

④　配偶者が強度の精神病にかかり、回復の見込みがないとき。

⑤　その他婚姻を継続し難い重大な事由があるとき。

2　裁判所は、前項第1号から第4号までに掲げる事由がある場合であっても、一切の事情を考慮して婚姻の継続を相当と認めるときは、離婚の請求を棄却することができる。

第3章　親子

◆第1節　実子◆

【嫡出の推定】

第772条　妻が婚姻中に懐胎した子は、夫の子と推定する。

2　婚姻の成立の日から200日を経過した後又は婚姻の解消若しくは取消しの日から300日以内に生まれた子は、婚姻中に懐胎したものと推定する。

【父を定めることを目的とする訴え】

第773条　第733条第1項の規定に違反して再婚をした女が出産した場合において、前条の規定によりその子の父を定めることができないときは、裁判所が、これを定める。

【嫡出の否認】

第774条　第772条の場合において、夫は、子が嫡出であることを否認することができる。

【嫡出否認の訴え】

第775条　前条の規定による否認権は、子又は親権を行う母に対する嫡出否認の訴えによって行う。親権を行う母がないときは、家庭裁判所は、特別代理人を選任しなければならない。

【嫡出の承認】

第776条　夫は、子の出生後において、その嫡出であることを承認したときは、その否認権を失う。

第777条～第798条

【嫡出否認の訴えの出訴期間】

第777条　嫡出否認の訴えは、夫が子の出生を知った時から1年以内に提起しなければならない。

第778条　夫が成年被後見人であるときは、前条の期間は、後見開始の審判の取消しがあった後夫が子の出生を知った時から起算する。

【認知】

第779条　嫡出でない子は、その父又は母がこれを認知することができる。

【認知能力】

第780条　認知をするには、父又は母が未成年者又は成年被後見人であるときであっても、その法定代理人の同意を要しない。

【認知の方式】

第781条　認知は、戸籍法の定めるところにより届け出ることによってする。

2　認知は、遺言によっても、することができる。

【成年の子の認知】

第782条　成年の子は、その承諾がなければ、これを認知することができない。

【胎児又は死亡した子の認知】

第783条　父は、胎内に在る子でも、認知することができる。この場合においては、母の承諾を得なければならない。

2　父又は母は、死亡した子でも、その直系卑属があるときに限り、認知することができる。この場合において、その直系卑属が成年者であるときは、その承諾を得なければならない。

【認知の効力】

第784条　認知は、出生の時にさかのぼってその効力を生ずる。ただし、第三者が既に取得した権利を害することはできない。

【認知の訴え】

第787条　子、その直系卑属又はこれらの者の法定代理人は、認知の訴えを提起することができる。ただし、父又は母の死亡の日から3年を経過したときは、この限りでない。

【準正】

第789条　父が認知した子は、その父母の婚姻によって嫡出子の身分を取得する。

2　婚姻中父母が認知した子は、その認知の時から、嫡出子の身分を取得する。

3　前2項の規定は、子が既に死亡していた場合について準用する。

【子の氏】

第790条　嫡出である子は、父母の氏を称する。ただし、子の出生前に父母が離婚したときは、離婚の際における父母の氏を称する。

2　嫡出でない子は、母の氏を称する。

◆第2節　養子◆

第1款　縁組の要件

【養親となる者の年齢】

第792条　20歳に達した者は、養子をすることができる。

【尊属又は年長者を養子とすることの禁止】

第793条　尊属又は年長者は、これを養子とすることができない。

【後見人が被後見人を養子とする縁組】

第794条　後見人が被後見人（未成年被後見人及び成年被後見人をいう。以下同じ。）を養子とするには、家庭裁判所の許可を得なければならない。後見人の任務が終了した後、まだその管理の計算が終わらない間も、同様とする。

【配偶者のある者が未成年者を養子とする縁組】

第795条　配偶者のある者が未成年者を養子とするには、配偶者とともにしなければならない。ただし、配偶者の嫡出である子を養子とする場合又は配偶者がその意思を表示することができない場合は、この限りでない。

【配偶者のある者の縁組】

第796条　配偶者のある者が縁組をするには、その配偶者の同意を得なければならない。ただし、配偶者とともに縁組をする場合又は配偶者がその意思を表示することができない場合は、この限りでない。

【15歳未満の者を養子とする縁組】

第797条　養子となる者が15歳未満であるときは、その法定代理人が、これに代わって、縁組の承諾をすることができる。

2　法定代理人が前項の承諾をするには、養子となる者の父母でその監護をすべき者であるものが他にあるときは、その同意を得なければならない。養子となる者の父母で親権を停止されているものがあるときも、同様とする。

【未成年者を養子とする縁組】

第798条　未成年者を養子とするには、家庭裁判所の許可を得なければならない。ただし、自己又は配偶者の直系卑属を養子とする場合は、この限りでない。

【婚姻の規定の準用】

第799条 第738条及び第739条の規定は、縁組について準用する。

第2款 縁組の無効及び取消

【縁組の無効】

第802条 縁組は、次に掲げる場合に限り、無効とする。

① 人違いその他の事由によって当事者間に縁組をする意思がないとき。

② 当事者が縁組の届出をしないとき。ただし、その届出が第799条において準用する第739条第2項に定める方式を欠くだけであるときは、縁組は、そのためにその効力を妨げられない。

第3款 縁組の効力

【嫡出子の身分の取得】

第809条 養子は、縁組の日から、養親の嫡出子の身分を取得する。

【養子の氏】

第810条 養子は、養親の氏を称する。ただし、婚姻によって氏を改めた者については、婚姻の際に定めた氏を称すべき間は、この限りでない。

第4款 離縁

【協議上の離縁等】

第811条 縁組の当事者は、その協議で、離縁をすることができる。

2 養子が15歳未満であるときは、その離縁は、養子と養子の離縁後にその法定代理人となるべき者との協議でこれをする。

3 前項の場合において、養子の父母が離婚しているときは、その協議で、その一方を養子の離縁後にその親権者となるべき者と定めなければならない。

4 前項の協議が調わないとき、又は協議をすることができないときは、家庭裁判所は、同項の父若しくは母又は養親の請求によって、協議に代わる審判をすることができる。

5 第2項の法定代理人となるべき者がないときは、家庭裁判所は、養子の親族その他の利害関係人の請求によって、養子の離縁後にその未成年後見人となるべき者を選任する。

6 縁組の当事者の一方が死亡した後に生存当事者が離縁をしようとするときは、家庭裁判所の許可を得て、これをすることができる。

【裁判上の離縁】

第814条 縁組の当事者の一方は、次に掲げる場合に限り、離縁の訴えを提起することができる。

① 他の一方から悪意で遺棄されたとき。

② 他の一方の生死が3年以上明らかでないとき。

③ その他縁組を継続し難い重大な事由があるとき。

2 第770条第2項の規定は、前項第1号及び第2号に掲げる場合について準用する。

【離縁による復氏等】

第816条 養子は、離縁によって縁組前の氏に復する。ただし、配偶者とともに養子をした養親の一方のみと離縁をした場合は、この限りでない。

2 縁組の日から7年を経過した後に前項の規定により縁組前の氏に復した者は、離縁の日から3箇月以内に戸籍法の定めるところにより届け出ることによって、離縁の際に称していた氏を称することができる。

第5款 特別養子

【特別養子縁組の成立】

第817条の2 家庭裁判所は、次条から第817条の7までに定める要件があるときは、養親となる者の請求により、実方の血族との親族関係が終了する縁組（以下この款において「特別養子縁組」という。）を成立させることができる。

2 前項に規定する請求をするには、第794条又は第798条の許可を得ることを要しない。

【養親の夫婦共同縁組】

第817条の3 養親となる者は、配偶者のある者でなければならない。

2 夫婦の一方は、他の一方が養親とならないときは、養親となることができない。ただし、夫婦の一方が他の一方の嫡出である子（特別養子縁組以外の縁組による養子を除く。）の養親となる場合は、この限りでない。

【養親となる者の年齢】

第817条の4 25歳に達しない者は、養親となることができない。ただし、養親となる夫婦の一方が25歳に達していない場合においても、その者が20歳に達しているときは、この限りでない。

【養子となる者の年齢】

第817条の5 第817条の2に規定する請求の時に15歳に達している者は、養子となることができない。特別養子縁組が成立するまでに18歳に達した者についても、同様とする。

2 前項前段の規定は、養子となる者が15歳に達する前から引き続き養親となる者に監護されている場合において、15歳に達するまで

に第817条の2に規定する請求がされなかったことについてやむを得ない事由があるときは、適用しない。

3 養子となる者が15歳に達している場合においては、特別養子縁組の成立には、その者の同意がなければならない。

【父母の同意】

第817条の6 特別養子縁組の成立には、養子となる者の父母の同意がなければならない。ただし、父母がその意思を表示することができない場合又は父母による虐待、悪意の遺棄その他養子となる者の利益を著しく害する事由がある場合は、この限りでない。

【子の利益のための特別の必要性】

第817条の7 特別養子縁組は、父母による養子となる者の監護が著しく困難又は不適当であることその他特別の事情がある場合において、子の利益のため特に必要があると認めるときに、これを成立させるものとする。

【監護の状況】

第817条の8 特別養子縁組を成立させるには、養親となる者が養子となる者を6箇月以上の期間監護した状況を考慮しなければならない。

2 前項の期間は、第817条の2に規定する請求の時から起算する。ただし、その請求前の監護の状況が明らかであるときは、この限りでない。

【実方との親族関係の終了】

第817条の9 養子と実方の父母及びその血族との親族関係は、特別養子縁組によって終了する。ただし、第817条の3第2項ただし書に規定する他の一方及びその血族との親族関係については、この限りでない。

【特別養子縁組の離縁】

第817条の10 次の各号のいずれにも該当する場合において、養子の利益のため特に必要があると認めるときは、家庭裁判所は、養子、実父母又は検察官の請求により、特別養子縁組の当事者を離縁させることができる。

① 養親による虐待、悪意の遺棄その他養子の利益を著しく害する事由があること。

② 実父母が相当の監護をすることができること。

2 離縁は、前項の規定による場合のほか、これをすることができない。

【離縁による実方との親族関係の回復】

第817条の11 養子と実父母及びその血族との間においては、離縁の日から、特別養子縁

組によって終了した親族関係と同一の親族関係を生ずる。

第4章 親権

◆第1節 総則◆

【親権者】

第818条 成年に達しない子は、父母の親権に服する。

2 子が養子であるときは、養親の親権に服する。

3 親権は、父母の婚姻中は、父母が共同して行う。ただし、父母の一方が親権を行うことができないときは、他の一方が行う。

【離婚又は認知の場合の親権者】

第819条 父母が協議上の離婚をするときは、その協議で、その一方を親権者と定めなければならない。

2 裁判上の離婚の場合には、裁判所は、父母の一方を親権者と定める。

3 子の出生前に父母が離婚した場合には、親権は、母が行う。ただし、子の出生後に、父母の協議で、父を親権者と定めることができる。

4 父が認知した子に対する親権は、父母の協議で父を親権者と定めたときに限り、父が行う。

5 第1項、第3項又は前項の協議が調わないとき、又は協議をすることができないときは、家庭裁判所は、父又は母の請求によって、協議に代わる審判をすることができる。

6 子の利益のため必要があると認めるときは、家庭裁判所は、子の親族の請求によって、親権者を他の一方に変更することができる。

◆第2節 親権の効力◆

【利益相反行為】

第826条 親権を行う父又は母とその子との利益が相反する行為については、親権を行う者は、その子のために特別代理人を選任することを家庭裁判所に請求しなければならない。

2 親権を行う者が数人の子に対して親権を行う場合において、その1人と他の子との利益が相反する行為については、親権を行う者は、その一方のために特別代理人を選任することを家庭裁判所に請求しなければならない。

【財産の管理における注意義務】

第827条 親権を行う者は、自己のためにす

るのと同一の注意をもって、その管理権を行わなければならない。

◆第3節　親権の喪失◆

【親権喪失の審判】

第834条　父又は母による虐待又は悪意の遺棄があるときその他父又は母による親権の行使が著しく困難又は不適当であることにより子の利益を著しく害するときは、家庭裁判所は、子、その親族、未成年後見人、未成年後見監督人又は検察官の請求により、その父又は母について、親権喪失の審判をすることができる。ただし、2年以内にその原因が消滅する見込みがあるときは、この限りでない。

【親権停止の審判】

第834条の2　父又は母による親権の行使が困難又は不適当であることにより子の利益を害するときは、家庭裁判所は、子、その親族、未成年後見人、未成年後見監督人又は検察官の請求により、その父又は母について、親権停止の審判をすることができる。

2　家庭裁判所は、親権停止の審判をするときは、その原因が消滅するまでに要すると見込まれる期間、子の心身の状態及び生活の状況その他一切の事情を考慮して、2年を超えない範囲内で、親権を停止する期間を定める。

【管理権喪失の審判】

第835条　父又は母による管理権の行使が困難又は不適当であることにより子の利益を害するときは、家庭裁判所は、子、その親族、未成年後見人、未成年後見監督人又は検察官の請求により、その父又は母について、管理権喪失の審判をすることができる。

第5章　後見

◆第1節　後見の開始◆

◆第2節　後見の機関◆
第1款　後見人

【未成年後見人の指定】

第839条　未成年者に対して最後に親権を行う者は、遺言で、未成年後見人を指定することができる。ただし、管理権を有しない者は、この限りでない。

2　親権を行う父母の一方が管理権を有しないときは、他の一方は、前項の規定により未成年後見人の指定をすることができる。

第2款　後見監督人
◆第3節　後見の事務◆

【成年被後見人の居住用不動産の処分についての許可】

第859条の3　成年後見人は、成年被後見人に代わって、その居住の用に供する建物又はその敷地について、売却、賃貸、賃貸借の解除又は抵当権の設定その他これらに準ずる処分をするには、家庭裁判所の許可を得なければならない。

◆第4節　後見の終了◆

第6章　保佐及び補助

◆第1節　保佐◆

【保佐人に代理権を付与する旨の審判】

第876条の4　家庭裁判所は、第11条本文に規定する者又は保佐人若しくは保佐監督人の請求によって、被保佐人のために特定の法律行為について保佐人に代理権を付与する旨の審判をすることができる。

2　本人以外の者の請求によって前項の審判をするには、本人の同意がなければならない。

3　家庭裁判所は、第1項に規定する者の請求によって、同項の審判の全部又は一部を取り消すことができる。

◆第2節　補助◆

【補助人に代理権を付与する旨の審判】

第876条の9　家庭裁判所は、第15条第1項本文に規定する者又は補助人若しくは補助監督人の請求によって、被補助人のために特定の法律行為について補助人に代理権を付与する旨の審判をすることができる。

2　第876条の4第2項及び第3項の規定は、前項の審判について準用する。

第7章　扶養

【扶養義務者】

第877条　直系血族及び兄弟姉妹は、互いに扶養をする義務がある。

2　家庭裁判所は、特別の事情があるときは、前項に規定する場合のほか、三親等内の親族間においても扶養の義務を負わせることができる。

【扶養請求権の処分の禁止】

第881条　扶養を受ける権利は、処分することができない。

第5編　相続

第1章　総則

【相続開始の原因】

第882条　相続は、死亡によって開始する。

【相続回復請求権】

第884条　相続回復の請求権は、相続人又はその法定代理人が相続権を侵害された事実を知った時から5年間行使しないときは、時効によって消滅する。相続開始の時から20年を経過したときも、同様とする。

第2章　相続人

【相続に関する胎児の権利能力】

第886条　胎児は、相続については、既に生まれたものとみなす。

2　前項の規定は、胎児が死体で生まれたときは、適用しない。

【子及びその代襲者等の相続権】

第887条　被相続人の子は、相続人となる。

2　被相続人の子が、相続の開始以前に死亡したとき、又は第891条の規定に該当し、若しくは廃除によって、その相続権を失ったときは、その者の子がこれを代襲して相続人となる。ただし、被相続人の直系卑属でない者は、この限りでない。

3　前項の規定は、代襲者が、相続の開始以前に死亡し、又は第891条の規定に該当し、若しくは廃除によって、その代襲相続権を失った場合について準用する。

【直系尊属及び兄弟姉妹の相続権】

第889条　次に掲げる者は、第887条の規定により相続人となるべき者がない場合には、次に掲げる順序の順位に従って相続人となる。

① 被相続人の直系尊属。ただし、親等の異なる者の間では、その近い者を先にする。

② 被相続人の兄弟姉妹

2　第887条第2項の規定は、前項第2号の場合について準用する。

【配偶者の相続権】

第890条　被相続人の配偶者は、常に相続人となる。この場合において、第887条又は前条の規定により相続人となるべき者があるときは、その者と同順位とする。

【相続人の欠格事由】

第891条　次に掲げる者は、相続人となることができない。

① 故意に被相続人又は相続について先順位若しくは同順位にある者を死亡するに至らせ、又は至らせようとしたために、刑に処せられた者

② 被相続人の殺害されたことを知って、これを告発せず、又は告訴しなかった者。ただし、その者に是非の弁別がないとき、又は殺害者が自己の配偶者若しくは直系血族であったときは、この限りでない。

③ 詐欺又は強迫によって、被相続人が相続に関する遺言をし、撤回し、取り消し、又は変更することを妨げた者

④ 詐欺又は強迫によって、被相続人に相続に関する遺言をさせ、撤回させ、取り消させ、又は変更させた者

⑤ 相続に関する被相続人の遺言書を偽造し、変造し、破棄し、又は隠匿した者

【推定相続人の廃除】

第892条　遺留分を有する推定相続人（相続が開始した場合に相続人となるべき者をいう。以下同じ。）が、被相続人に対して虐待をし、若しくはこれに重大な侮辱を加えたとき、又は推定相続人にその他の著しい非行があったときは、被相続人は、その推定相続人の廃除を家庭裁判所に請求することができる。

【遺言による推定相続人の廃除】

第893条　被相続人が遺言で推定相続人を廃除する意思を表示したときは、遺言執行者は、その遺言が効力を生じた後、遅滞なく、その推定相続人の廃除を家庭裁判所に請求しなければならない。この場合において、その推定相続人の廃除は、被相続人の死亡の時にさかのぼってその効力を生ずる。

【推定相続人の廃除の取消し】

第894条　被相続人は、いつでも、推定相続人の廃除の取消しを家庭裁判所に請求することができる。

2　前条の規定は、推定相続人の廃除の取消しについて準用する。

第3章　相続の効力

◆第1節　総則◆

【相続の一般的効力】

第896条　相続人は、相続開始の時から、被相続人の財産に属した一切の権利義務を承継する。ただし、被相続人の一身に専属したものは、この限りでない。

【相続財産の保存】

第897条の2 家庭裁判所は、利害関係人又は検察官の請求によって、いつでも、相続財産の管理人の選任その他の相続財産の保存に必要な処分を命ずることができる。ただし、相続人が1人である場合においてその相続人が相続の単純承認をしたとき、相続人が数人ある場合において遺産の全部の分割がされたとき、又は第952条第1項の規定により相続財産の清算人が選任されているときは、この限りでない。

2 第27条から第29条までの規定は、前項の規定により家庭裁判所が相続財産の管理人を選任した場合について準用する。

【共同相続の効力】

第898条 相続人が数人あるときは、相続財産は、その共有に属する。

2 相続財産について共有に関する規定を適用するときは、第900条から第902条までの規定により算定した相続分をもって各相続人の共有持分とする。

第899条 各共同相続人は、その相続分に応じて被相続人の権利義務を承継する。

【共同相続における権利の承継の対抗要件】

第899条の2 相続による権利の承継は、遺産の分割によるものかどうかにかかわらず、次条及び第901条の規定により算定した相続分を超える部分については、登記、登録その他の対抗要件を備えなければ、第三者に対抗することができない。

2 前項の権利が債権である場合において、次条及び第901条の規定により算定した相続分を超えて当該債権を承継した共同相続人が当該債権に係る遺言の内容（遺産の分割により当該債権を承継した場合にあっては、当該債権に係る遺産の分割の内容）を明らかにして債務者にその承継の通知をしたときは、共同相続人の全員が債務者に通知をしたものとみなして、同項の規定を適用する。

◆**第2節　相続分**◆

【法定相続分】

第900条 同順位の相続人が数人あるときは、その相続分は、次の各号の定めるところによる。

① 子及び配偶者が相続人であるときは、子の相続分及び配偶者の相続分は、各2分の1とする。

② 配偶者及び直系尊属が相続人であるときは、配偶者の相続分は、3分の2とし、直系尊属の相続分は、3分の1とする。

③ 配偶者及び兄弟姉妹が相続人であるときは、配偶者の相続分は、4分の3とし、兄弟姉妹の相続分は、4分の1とする。

④ 子、直系尊属又は兄弟姉妹が数人あるときは、各自の相続分は、相等しいものとする。ただし、父母の一方のみを同じくする兄弟姉妹の相続分は、父母の双方を同じくする兄弟姉妹の相続分の2分の1とする。

【代襲相続人の相続分】

第901条 第887条第2項又は第3項の規定により相続人となる直系卑属の相続分は、その直系尊属が受けるべきであったものと同じとする。ただし、直系卑属が数人あるときは、その各自の直系尊属が受けるべきであった部分について、前条の規定に従ってその相続分を定める。

2 前項の規定は、第889条第2項の規定により兄弟姉妹の子が相続人となる場合について準用する。

【遺言による相続分の指定】

第902条 被相続人は、前2条の規定にかかわらず、遺言で、共同相続人の相続分を定め、又はこれを定めることを第三者に委託することができる。

2 被相続人が、共同相続人中の1人若しくは数人の相続分のみを定め、又はこれを第三者に定めさせたときは、他の共同相続人の相続分は、前2条の規定により定める。

【相続分の指定がある場合の債権者の権利の行使】

第902条の2 被相続人が相続開始の時において有した債務の債権者は、前条の規定による相続分の指定がされた場合であっても、各共同相続人に対し、第900条及び第901条の規定により算定した相続分に応じてその権利を行使することができる。ただし、その債権者が共同相続人の1人に対してその指定された相続分に応じた債務の承継を承認したときは、この限りでない。

【特別受益者の相続分】

第903条 共同相続人中に、被相続人から、遺贈を受け、又は婚姻若しくは養子縁組のため若しくは生計の資本として贈与を受けた者があるときは、被相続人が相続開始の時において有した財産の価額にその贈与の価額を加えたものを相続財産とみなし、第900条から第902条までの規定により算定した相続分の中からその遺贈又は贈与の価額を控除し

第904条～第908条

た残額をもってその者の相続分とする。

2 　遺贈又は贈与の価額が、相続分の価額に等しく、又はこれを超えるときは、受遺者又は受贈者は、その相続分を受けることができない。

3 　被相続人が前2項の規定と異なった意思を表示したときは、その意思に従う。

4 　婚姻期間が20年以上の夫婦の一方である被相続人が、他の一方に対し、その居住の用に供する建物又はその敷地について遺贈又は贈与をしたときは、当該被相続人は、その遺贈又は贈与について第1項の規定を適用しない旨の意思を表示したものと推定する。

第904条 　前条に規定する贈与の価額は、受贈者の行為によって、その目的である財産が滅失し、又はその価格の増減があったときであっても、相続開始の時においてなお原状のままであるものとみなしてこれを定める。

【寄与分】

第904条の2 　共同相続人中に、被相続人の事業に関する労務の提供又は財産上の給付、被相続人の療養看護その他の方法により被相続人の財産の維持又は増加について特別の寄与をした者があるときは、被相続人が相続開始の時において有した財産の価額から共同相続人の協議で定めたその者の寄与分を控除したものを相続財産とみなし、第900条から第902条までの規定により算定した相続分に寄与分を加えた額をもってその者の相続分とする。

2 　前項の協議が調わないとき、又は協議をすることができないときは、家庭裁判所は、同項に規定する寄与をした者の請求により、寄与の時期、方法及び程度、相続財産の額その他一切の事情を考慮して、寄与分を定める。

3 　寄与分は、被相続人が相続開始の時において有した財産の価額から遺贈の価額を控除した残額を超えることができない。

4 　第2項の請求は、第907条第2項の規定による請求があった場合又は第910条に規定する場合にすることができる。

【期間経過後の遺産の分割における相続分】

第904条の3 　前3条の規定は、相続開始の時から10年を経過した後にする遺産の分割については、適用しない。ただし、次の各号のいずれかに該当するときは、この限りでない。

① 　相続開始の時から10年を経過する前に、相続人が家庭裁判所に遺産の分割の請求を

したとき。

② 　相続開始の時から始まる10年の期間の満了前6箇月以内の間に、遺産の分割を請求することができないやむを得ない事由が相続人にあった場合において、その事由が消滅した時から6箇月を経過する前に、当該相続人が家庭裁判所に遺産の分割の請求をしたとき。

◆第3節 　遺産の分割◆

【遺産の分割の基準】

第906条 　遺産の分割は、遺産に属する物又は権利の種類及び性質、各相続人の年齢、職業、心身の状態及び生活の状況その他一切の事情を考慮してこれをする。

【遺産の分割前に遺産に属する財産が処分された場合の遺産の範囲】

第906条の2 　遺産の分割前に遺産に属する財産が処分された場合であっても、共同相続人は、その全員の同意により、当該処分された財産が遺産の分割時に遺産として存在するものとみなすことができる。

2 　前項の規定にかかわらず、共同相続人の1人又は数人により同項の財産が処分されたときは、当該共同相続人については、同項の同意を得ることを要しない。

【遺産の分割の協議又は審判】

第907条 　共同相続人は、次条第1項の規定により被相続人が遺言で禁じた場合又は同条第2項の規定により分割をしない旨の契約をした場合を除き、いつでも、その協議で、遺産の全部又は一部の分割をすることができる。

2 　遺産の分割について、共同相続人間に協議が調わないとき、又は協議をすることができないときは、各共同相続人は、その全部又は一部の分割を家庭裁判所に請求することができる。ただし、遺産の一部を分割することにより他の共同相続人の利益を害するおそれがある場合におけるその一部の分割については、この限りでない。

【遺産の分割の方法の指定及び遺産の分割の禁止】

第908条 　被相続人は、遺言で、遺産の分割の方法を定め、若しくはこれを定めることを第三者に委託し、又は相続開始の時から5年を超えない期間を定めて、遺産の分割を禁ずることができる。

2 　共同相続人は、5年以内の期間を定めて、遺産の全部又は一部について、その分割をし

ない旨の契約をすることができる。ただし、その期間の終期は、相続開始の時から10年を超えることができない。

3　前項の契約は、5年以内の期間を定めて更新することができる。ただし、その期間の終期は、相続開始の時から10年を超えることができない。

4　前条第2項本文の場合において特別の事由があるときは、家庭裁判所は、5年以内の期間を定めて、遺産の全部又は一部について、その分割を禁ずることができる。ただし、その期間の終期は、相続開始の時から10年を超えることができない。

5　家庭裁判所は、5年以内の期間を定めて前項の期間を更新することができる。ただし、その期間の終期は、相続開始の時から10年を超えることができない。

【遺産の分割の効力】

第909条　遺産の分割は、相続開始の時にさかのぼってその効力を生ずる。ただし、第三者の権利を害することはできない。

【遺産の分割前における預貯金債権の行使】

第909条の2　各共同相続人は、遺産に属する預貯金債権のうち相続開始の時の債権額の3分の1に第900条及び第901条の規定により算定した当該共同相続人の相続分を乗じた額（標準的な当面の必要生計費、平均的な葬式の費用の額その他の事情を勘案して預貯金債権の債務者ごとに法務省令で定める額を限度とする。）については、単独でその権利を行使することができる。この場合において、当該権利の行使をした預貯金債権については、当該共同相続人が遺産の一部の分割によりこれを取得したものとみなす。

【相続の開始後に認知された者の価額の支払請求権】

第910条　相続の開始後認知によって相続人となった者が遺産の分割を請求しようとする場合において、他の共同相続人が既にその分割その他の処分をしたときは、価額のみによる支払の請求権を有する。

【共同相続人間の担保責任】

第911条　各共同相続人は、他の共同相続人に対して、売主と同じく、その相続分に応じて担保の責任を負う。

第4章　相続の承認及び放棄

◆第1節　総則◆

【相続の承認又は放棄をすべき期間】

第915条　相続人は、自己のために相続の開始があったことを知った時から3箇月以内に、相続について、単純若しくは限定の承認又は放棄をしなければならない。ただし、この期間は、利害関係人又は検察官の請求によって、家庭裁判所において伸長することができる。

2　相続人は、相続の承認又は放棄をする前に、相続財産の調査をすることができる。

第916条　相続人が相続の承認又は放棄をしないで死亡したときは、前条第1項の期間は、その者の相続人が自己のために相続の開始があったことを知った時から起算する。

第917条　相続人が未成年者又は成年被後見人であるときは、第915条第1項の期間は、その法定代理人が未成年者又は成年被後見人のために相続の開始があったことを知った時から起算する。

【相続人による管理】

第918条　相続人は、その固有財産におけるのと同一の注意をもって、相続財産を管理しなければならない。ただし、相続の承認又は放棄をしたときは、この限りでない。

【相続の承認及び放棄の撤回及び取消し】

第919条　相続の承認及び放棄は、第915条第1項の期間内でも、撤回することができない。

2　前項の規定は、第1編（総則）及び前編（親族）の規定により相続の承認又は放棄の取消しをすることを妨げない。

3　前項の取消権は、追認をすることができる時から6箇月間行使しないときは、時効によって消滅する。相続の承認又は放棄の時から10年を経過したときも、同様とする。

◆第2節　相続の承認◆

第1款　単純承認

【単純承認の効力】

第920条　相続人は、単純承認をしたときは、無限に被相続人の権利義務を承継する。

【法定単純承認】

第921条　次に掲げる場合には、相続人は、単純承認をしたものとみなす。

①　相続人が相続財産の全部又は一部を処分したとき。ただし、保存行為及び第602条に定める期間を超えない賃貸をすること

民法

は、この限りでない。

② 相続人が第915条第1項の期間内に限定承認又は相続の放棄をしなかったとき。

③ 相続人が、限定承認又は相続の放棄をした後であっても、相続財産の全部若しくは一部を隠匿し、私にこれを消費し、又は悪意でこれを相続財産の目録中に記載しなかったとき。ただし、その相続人が相続の放棄をしたことによって相続人となった者が相続の承認をした後は、この限りでない。

第2款 限定承認

【限定承認】

第922条 相続人は、相続によって得た財産の限度においてのみ被相続人の債務及び遺贈を弁済すべきことを留保して、相続の承認をすることができる。

【共同相続人の限定承認】

第923条 相続人が数人あるときは、限定承認は、共同相続人の全員が共同してのみこれをすることができる。

【限定承認の方式】

第924条 相続人は、限定承認をしようとするときは、第915条第1項の期間内に、相続財産の目録を作成して家庭裁判所に提出し、限定承認をする旨を申述しなければならない。

【限定承認をしたときの権利義務】

第925条 相続人が限定承認をしたときは、その被相続人に対して有した権利義務は、消滅しなかったものとみなす。

【限定承認者による管理】

第926条 限定承認者は、その固有財産におけるのと同一の注意をもって、相続財産の管理を継続しなければならない。

2 第645条、第646条並びに第650条第1項及び第2項の規定は、前項の場合について準用する。

◆第3節 相続の放棄◆

【相続の放棄の方式】

第938条 相続の放棄をしようとする者は、その旨を家庭裁判所に申述しなければならない。

【相続の放棄の効力】

第939条 相続の放棄をした者は、その相続に関しては、初めから相続人とならなかったものとみなす。

【相続の放棄をした者による管理】

第940条

1 相続の放棄をした者は、その放棄の時に相続財産に属する財産を現に占有しているときは、相続人又は第952条第1項の相続財産の清算人に対して当該財産を引き渡すまでの間、自己の財産におけるのと同一の注意をもって、その財産を保存しなければならない。

第5章 財産分離

第6章 相続人の不存在

【特別縁故者に対する相続財産の分与】

第958条の2 前条の場合において、相当と認めるときは、家庭裁判所は、被相続人と生計を同じくしていた者、被相続人の療養看護に努めた者その他被相続人と特別の縁故があった者の請求によって、これらの者に、清算後残存すべき相続財産の全部又は一部を与えることができる。

2 前項の請求は、第952条第2項の期間の満了後3箇月以内にしなければならない。

【残余財産の国庫への帰属】

第959条 前条の規定により処分されなかった相続財産は、国庫に帰属する。この場合においては、第956条第2項の規定を準用する。

第7章 遺言

◆第1節 総則◆

【遺言の方式】

第960条 遺言は、この法律に定める方式に従わなければ、することができない。

【遺言能力】

第961条 15歳に達した者は、遺言をすることができる。

第962条 第5条、第9条、第13条及び第17条の規定は、遺言については、適用しない。

第963条 遺言者は、遺言をする時においてその能力を有しなければならない。

【包括遺贈及び特定遺贈】

第964条 遺言者は、包括又は特定の名義で、その財産の全部又は一部を処分することができる。

【相続人に関する規定の準用】

第965条 第886条及び第891条の規定は、受遺者について準用する。

【被後見人の遺言の制限】

第966条 被後見人が、後見の計算の終了前に、後見人又はその配偶者若しくは直系卑属の利益となるべき遺言をしたときは、その遺言は、無効とする。

2 前項の規定は、直系血族、配偶者又は兄弟姉妹が後見人である場合には、適用しない。

◆第2節　遺言の方式◆
第1款　普通の方式
【普通の方式による遺言の種類】

第967条　遺言は、自筆証書、公正証書又は秘密証書によってしなければならない。ただし、特別の方式によることを許す場合は、この限りでない。

【自筆証書遺言】

第968条　自筆証書によって遺言をするには、遺言者が、その全文、日付及び氏名を自書し、これに印を押さなければならない。

2　前項の規定にかかわらず、自筆証書にこれと一体のものとして相続財産（第997条第1項に規定する場合における同項に規定する権利を含む。）の全部又は一部の目録を添付する場合には、その目録については、自書することを要しない。この場合において、遺言者は、その目録の毎葉（自書によらない記載がその両面にある場合にあっては、その両面）に署名し、印を押さなければならない。

3　自筆証書（前項の目録を含む。）中の加除その他の変更は、遺言者が、その場所を指示し、これを変更した旨を付記して特にこれに署名し、かつ、その変更の場所に印を押さなければ、その効力を生じない。

【公正証書遺言】

第969条　公正証書によって遺言をするには、次に掲げる方式に従わなければならない。

① 証人2人以上の立会いがあること。

② 遺言者が遺言の趣旨を公証人に口授すること。

③ 公証人が、遺言者の口述を筆記し、これを遺言者及び証人に読み聞かせ、又は閲覧させること。

④ 遺言者及び証人が、筆記の正確なことを承認した後、各自これに署名し、印を押すこと。ただし、遺言者が署名することができない場合は、公証人がその事由を付記して、署名に代えることができる。

⑤ 公証人が、その証書は前各号に掲げる方式に従って作ったものである旨を付記して、これに署名し、印を押すこと。

【秘密証書遺言】

第970条　秘密証書によって遺言をするには、次に掲げる方式に従わなければならない。

① 遺言者が、その証書に署名し、印を押すこと。

② 遺言者が、その証書を封じ、証書に用いた印章をもってこれに封印すること。

③ 遺言者が、公証人1人及び証人2人以上の前に封書を提出して、自己の遺言書である旨並びにその筆者の氏名及び住所を申述すること。

④ 公証人が、その証書を提出した日付及び遺言者の申述を封紙に記載した後、遺言者及び証人とともにこれに署名し、印を押すこと。

2　第968条第3項の規定は、秘密証書による遺言について準用する。

【方式に欠ける秘密証書遺言の効力】

第971条　秘密証書による遺言は、前条に定める方式に欠けるものがあっても、第968条に定める方式を具備しているときは、自筆証書による遺言としてその効力を有する。

【成年被後見人の遺言】

第973条　成年被後見人が事理を弁識する能力を一時回復した時において遺言をするには、医師2人以上の立会いがなければならない。

2　遺言に立ち会った医師は、遺言者が遺言をする時において精神上の障害により事理を弁識する能力を欠く状態になかった旨を遺言書に付記して、これに署名し、印を押さなければならない。ただし、秘密証書による遺言にあっては、その封紙にその旨の記載をし、署名し、印を押さなければならない。

【証人及び立会人の欠格事由】

第974条　次に掲げる者は、遺言の証人又は立会人となることができない。

① 未成年者

② 推定相続人及び受遺者並びにこれらの配偶者及び直系血族

③ 公証人の配偶者、四親等内の親族、書記及び使用人

【共同遺言の禁止】

第975条　遺言は、2人以上の者が同一の証書ですることができない。

第2款　特別の方式

◆第3節　遺言の効力◆
【遺言の効力の発生時期】

第985条　遺言は、遺言者の死亡の時からその効力を生ずる。

2　遺言に停止条件を付した場合において、その条件が遺言者の死亡後に成就したときは、遺言は、条件が成就した時からその効力を生

第986条〜第1012条

ずる。

【遺贈の放棄】

第986条　受遺者は、遺言者の死亡後、いつでも、遺贈の放棄をすることができる。

2　遺贈の放棄は、遺言者の死亡の時にさかのぼってその効力を生ずる。

【受遺者に対する遺贈の承認又は放棄の催告】

第987条　遺贈義務者（遺贈の履行をする義務を負う者をいう。以下この節において同じ。）その他の利害関係人は、受遺者に対し、相当の期間を定めて、その期間内に遺贈の承認又は放棄をすべき旨の催告をすることができる。この場合において、受遺者がその期間内に遺贈義務者に対してその意思を表示しないときは、遺贈を承認したものとみなす。

【受遺者の相続人による遺贈の承認又は放棄】

第988条　受遺者が遺贈の承認又は放棄をしないで死亡したときは、その相続人は、自己の相続権の範囲内で、遺贈の承認又は放棄をすることができる。ただし、遺言者がその遺言に別段の意思を表示したときは、その意思に従う。

【遺贈の承認及び放棄の撤回及び取消し】

第989条　遺贈の承認及び放棄は、撤回することができない。

2　第919条第2項及び第3項の規定は、遺贈の承認及び放棄について準用する。

【包括受遺者の権利義務】

第990条　包括受遺者は、相続人と同一の権利義務を有する。

【負担付遺贈】

第1002条

1　負担付遺贈を受けた者は、遺贈の目的の価額を超えない限度においてのみ、負担した義務を履行する責任を負う。

◆第4節　遺言の執行◆

【遺言書の検認】

第1004条　遺言書の保管者は、相続の開始を知った後、遅滞なく、これを家庭裁判所に提出して、その検認を請求しなければならない。遺言書の保管者がない場合において、相続人が遺言書を発見した後も、同様とする。

2　前項の規定は、公正証書による遺言については、適用しない。

3　封印のある遺言書は、家庭裁判所において相続人又はその代理人の立会いがなければ、開封することができない。

【過料】

第1005条　前条の規定により遺言書を提出す

ることを怠り、その検認を経ないで遺言を執行し、又は家庭裁判所外においてその開封をした者は、5万円以下の過料に処する。

【遺言執行者の指定】

第1006条　遺言者は、遺言で、1人又は数人の遺言執行者を指定し、又はその指定を第三者に委託することができる。

2　遺言執行者の指定の委託を受けた者は、遅滞なく、その指定をして、これを相続人に通知しなければならない。

3　遺言執行者の指定の委託を受けた者がその委託を辞そうとするときは、遅滞なくその旨を相続人に通知しなければならない。

【遺言執行者の任務の開始】

第1007条　遺言執行者が就職を承諾したときは、直ちにその任務を行わなければならない。

2　遺言執行者は、その任務を開始したときは、遅滞なく、遺言の内容を相続人に通知しなければならない。

【遺言執行者に対する就職の催告】

第1008条　相続人その他の利害関係人は、遺言執行者に対し、相当の期間を定めて、その期間内に就職を承諾するかどうかを確答すべき旨の催告をすることができる。この場合において、遺言執行者が、その期間内に相続人に対して確答をしないときは、就職を承諾したものとみなす。

【遺言執行者の欠格事由】

第1009条　未成年者及び破産者は、遺言執行者となることができない。

【遺言執行者の選任】

第1010条　遺言執行者がないとき、又はなくなったときは、家庭裁判所は、利害関係人の請求によって、これを選任することができる。

【相続財産の目録の作成】

第1011条　遺言執行者は、遅滞なく、相続財産の目録を作成して、相続人に交付しなければならない。

2　遺言執行者は、相続人の請求があるときは、その立会いをもって相続財産の目録を作成し、又は公証人にこれを作成させなければならない。

【遺言執行者の権利義務】

第1012条　遺言執行者は、遺言の内容を実現するため、相続財産の管理その他遺言の執行に必要な一切の行為をする権利義務を有する。

76

2　遺言執行者がある場合には、遺贈の履行は、遺言執行者のみが行うことができる。

3　第644条、第645条から第647条まで及び第650条の規定は、遺言執行者について準用する。

【遺言の執行の妨害行為の禁止】

第1013条　遺言執行者がある場合には、相続人は、相続財産の処分その他遺言の執行を妨げるべき行為をすることができない。

2　前項の規定に違反してした行為は、無効とする。ただし、これをもって善意の第三者に対抗することができない。

3　前2項の規定は、相続人の債権者（相続債権者を含む。）が相続財産についてその権利を行使することを妨げない。

【特定財産に関する遺言の執行】

第1014条　前3条の規定は、遺言が相続財産のうち特定の財産に関する場合には、その財産についてのみ適用する。

2　遺産の分割の方法の指定として遺産に属する特定の財産を共同相続人の1人又は数人に承継させる旨の遺言（以下「特定財産承継遺言」という。）があったときは、遺言執行者は、当該共同相続人が第899条の2第1項に規定する対抗要件を備えるために必要な行為をすることができる。

3　前項の財産が預貯金債権である場合には、遺言執行者は、同項に規定する行為のほか、その預貯金又は貯金の払戻しの請求及びその預貯金又は貯金に係る契約の解約の申入れをすることができる。ただし、解約の申入れについては、その預貯金債権の全部が特定財産承継遺言の目的である場合に限る。

4　前2項の規定にかかわらず、被相続人が遺言で別段の意思を表示したときは、その意思に従う。

【遺言執行者の行為の効果】

第1015条　遺言執行者がその権限内において遺言執行者であることを示してした行為は、相続人に対して直接にその効力を生ずる。

【遺言執行者の復任権】

第1016条　遺言執行者は、自己の責任で第三者にその任務を行わせることができる。ただし、遺言者がその遺言に別段の意思を表示したときは、その意思に従う。

2　前項本文の場合において、第三者に任務を行わせることについてやむを得ない事由があるときは、遺言執行者は、相続人に対してその選任及び監督についての責任のみを負う。

【遺言執行者が数人ある場合の任務の執行】

第1017条　遺言執行者が数人ある場合には、その任務の執行は、過半数で決する。ただし、遺言者がその遺言に別段の意思を表示したときは、その意思に従う。

2　各遺言執行者は、前項の規定にかかわらず、保存行為をすることができる。

【遺言執行者の報酬】

第1018条　家庭裁判所は、相続財産の状況その他の事情によって遺言執行者の報酬を定めることができる。ただし、遺言者がその遺言に報酬を定めたときは、この限りでない。

2　第648条第2項及び第3項並びに第648条の2の規定は、遺言執行者が報酬を受けるべき場合について準用する。

【遺言執行者の解任及び辞任】

第1019条　遺言執行者がその任務を怠ったときその他正当な事由があるときは、利害関係人は、その解任を家庭裁判所に請求することができる。

2　遺言執行者は、正当な事由があるときは、家庭裁判所の許可を得て、その任務を辞することができる。

【委任の規定の準用】

第1020条　第654条及び第655条の規定は、遺言執行者の任務が終了した場合について準用する。

【遺言の執行に関する費用の負担】

第1021条　遺言の執行に関する費用は、相続財産の負担とする。ただし、これによって遺留分を減ずることができない。

◆第5節　遺言の撤回及び取消し◆

【遺言の撤回】

第1022条　遺言者は、いつでも、遺言の方式に従って、その遺言の全部又は一部を撤回することができる。

【前の遺言と後の遺言との抵触等】

第1023条　前の遺言が後の遺言と抵触するときは、その抵触する部分については、後の遺言で前の遺言を撤回したものとみなす。

2　前項の規定は、遺言が遺言後の生前処分その他の法律行為と抵触する場合について準用する。

【遺言書又は遺贈の目的物の破棄】

第1024条　遺言者が故意に遺言書を破棄したときは、その破棄した部分については、遺言を撤回したものとみなす。遺言者が故意に遺贈の目的物を破棄したときも、同様とする。

第1025条～第1033条

【撤回された遺言の効力】

第1025条 前3条の規定により撤回された遺言は、その撤回の行為が、撤回され、取り消され、又は効力を生じなくなるに至ったときであっても、その効力を回復しない。ただし、その行為が錯誤、詐欺又は強迫による場合は、この限りでない。

【遺言の撤回権の放棄の禁止】

第1026条 遺言者は、その遺言を撤回する権利を放棄することができない。

【負担付遺贈に係る遺言の取消し】

第1027条 負担付遺贈を受けた者がその負担した義務を履行しないときは、相続人は、相当の期間を定めてその履行の催告をすることができる。この場合において、その期間内に履行がないときは、その負担付遺贈に係る遺言の取消しを家庭裁判所に請求することができる。

第8章　配偶者の居住の権利

◆第1節　配偶者居住権◆

【配偶者居住権】

第1028条 被相続人の配偶者（以下この章において単に「配偶者」という。）は、被相続人の財産に属した建物に相続開始の時に居住していた場合において、次の各号のいずれかに該当するときは、その居住していた建物（以下この節において「居住建物」という。）の全部について無償で使用及び収益をする権利（以下この章において「配偶者居住権」という。）を取得する。ただし、被相続人が相続開始の時に居住建物を配偶者以外の者と共有していた場合にあっては、この限りでない。

① 遺産の分割によって配偶者居住権を取得するものとされたとき。

② 配偶者居住権が遺贈の目的とされたとき。

2 居住建物が配偶者の財産に属することとなった場合であっても、他の者がその共有持分を有するときは、配偶者居住権は、消滅しない。

3 第903条第4項の規定は、配偶者居住権の遺贈について準用する。

【審判による配偶者居住権の取得】

第1029条 遺産の分割の請求を受けた家庭裁判所は、次に掲げる場合に限り、配偶者が配偶者居住権を取得する旨を定めることができる。

① 共同相続人間に配偶者が配偶者居住権を取得することについて合意が成立しているとき。

② 配偶者が家庭裁判所に対して配偶者居住権の取得を希望する旨を申し出た場合において、居住建物の所有者の受ける不利益の程度を考慮してもなお配偶者の生活を維持するために特に必要があると認めるとき（前号に掲げる場合を除く。）。

【配偶者居住権の存続期間】

第1030条 配偶者居住権の存続期間は、配偶者の終身の間とする。ただし、遺産の分割の協議若しくは遺言に別段の定めがあるとき、又は家庭裁判所が遺産の分割の審判において別段の定めをしたときは、その定めるところによる。

【配偶者居住権の登記等】

第1031条 居住建物の所有者は、配偶者（配偶者居住権を取得した配偶者に限る。以下この節において同じ。）に対し、配偶者居住権の設定の登記を備えさせる義務を負う。

2 第605条の規定は配偶者居住権について、第605条の4の規定は配偶者居住権の設定の登記を備えた場合について準用する。

【配偶者による使用及び収益】

第1032条 配偶者は、従前の用法に従い、善良な管理者の注意をもって、居住建物の使用及び収益をしなければならない。ただし、従前居住の用に供していなかった部分について、これを居住の用に供することを妨げない。

2 配偶者居住権は、譲渡することができない。

3 配偶者は、居住建物の所有者の承諾を得なければ、居住建物の改築若しくは増築をし、又は第三者に居住建物の使用若しくは収益をさせることができない。

4 配偶者が第1項又は前項の規定に違反した場合において、居住建物の所有者が相当の期間を定めてその是正の催告をし、その期間内に是正がされないときは、居住建物の所有者は、当該配偶者に対する意思表示によって配偶者居住権を消滅させることができる。

【居住建物の修繕等】

第1033条 配偶者は、居住建物の使用及び収益に必要な修繕をすることができる。

2 居住建物の修繕が必要である場合において、配偶者が相当の期間内に必要な修繕をしないときは、居住建物の所有者は、その修繕

第1034条～第1041条

をすることができる。

3　居住建物が修繕を要するとき（第1項の規定により配偶者が自らその修繕をするときを除く。）、又は居住建物について権利を主張する者があるときは、配偶者は、居住建物の所有者に対し、遅滞なくその旨を通知しなければならない。ただし、居住建物の所有者が既にこれを知っているときは、この限りでない。

【居住建物の費用の負担】

第1034条　配偶者は、居住建物の通常の必要費を負担する。

2　第583条第2項の規定は、前項の通常の必要費以外の費用について準用する。

【居住建物の返還等】

第1035条　配偶者は、配偶者居住権が消滅したときは、居住建物の返還をしなければならない。ただし、配偶者が居住建物について共有持分を有する場合は、居住建物の所有者は、配偶者居住権が消滅したことを理由としては、居住建物の返還を求めることができない。

2　第599条第1項及び第2項並びに第621条の規定は、前項本文の規定により配偶者が相続の開始後に附属させた物がある居住建物又は相続の開始後に生じた損傷がある居住建物の返還をする場合について準用する。

【使用貸借及び賃貸借の規定の準用】

第1036条　第597条第1項及び第3項、第600条、第613条並びに第616条の2の規定は、配偶者居住権について準用する。

◆第2節　配偶者短期居住権◆

【配偶者短期居住権】

第1037条　配偶者は、被相続人の財産に属した建物に相続開始の時に無償で居住していた場合には、次の各号に掲げる区分に応じてそれぞれ当該各号に定める日までの間、その居住していた建物（以下この節において「居住建物」という。）の所有権を相続又は遺贈により取得した者（以下この節において「居住建物取得者」という。）に対し、居住建物について無償で使用する権利（居住建物の一部のみを無償で使用していた場合にあっては、その部分について無償で使用する権利。以下この節において「配偶者短期居住権」という。）を有する。ただし、配偶者が、相続開始の時において居住建物に係る配偶者居住権を取得したとき、又は第891条の規定に該当し若しくは廃除によってその相続権を失ったときは、この限りでない。

①　居住建物について配偶者を含む共同相続人間で遺産の分割をすべき場合遺産の分割により居住建物の帰属が確定した日又は相続開始の時から6箇月を経過する日のいずれか遅い日

②　前号に掲げる場合以外の場合第3項の申入れの日から6箇月を経過する日

2　前項本文の場合においては、居住建物取得者は、第三者に対する居住建物の譲渡その他の方法により配偶者の居住建物の使用を妨げてはならない。

3　居住建物取得者は、第1項第1号に掲げる場合を除くほか、いつでも配偶者短期居住権の消滅の申入れをすることができる。

【配偶者による使用】

第1038条　配偶者（配偶者短期居住権を有する配偶者に限る。以下この節において同じ。）は、従前の用法に従い、善良な管理者の注意をもって、居住建物の使用をしなければならない。

2　配偶者は、居住建物取得者の承諾を得なければ、第三者に居住建物の使用をさせることができない。

3　配偶者が前2項の規定に違反したときは、居住建物取得者は、当該配偶者に対する意思表示によって配偶者短期居住権を消滅させることができる。

【配偶者居住権の取得による配偶者短期居住権の消滅】

第1039条　配偶者が居住建物に係る配偶者居住権を取得したときは、配偶者短期居住権は、消滅する。

【居住建物の返還等】

第1040条　配偶者は、前条に規定する場合を除き、配偶者短期居住権が消滅したときは、居住建物の返還をしなければならない。ただし、配偶者が居住建物について共有持分を有する場合は、居住建物取得者は、配偶者短期居住権が消滅したことを理由としては、居住建物の返還を求めることができない。

2　第599条第1項及び第2項並びに第621条の規定は、前項本文の規定により配偶者が相続の開始後に附属させた物がある居住建物又は相続の開始後に生じた損傷がある居住建物の返還をする場合について準用する。

【使用貸借等の規定の準用】

第1041条　第597条第3項、第600条、第616条の2、第1032条第2項、第1033条及

民法

79

び第1034条の規定は、配偶者短期居住権について準用する。

第9章　遺留分

【遺留分の帰属及びその割合】

第1042条　兄弟姉妹以外の相続人は、遺留分として、次条第1項に規定する遺留分を算定するための財産の価額に、次の各号に掲げる区分に応じてそれぞれ当該各号に定める割合を乗じた額を受ける。

① 直系尊属のみが相続人である場合　3分の1

② 前号に掲げる場合以外の場合　2分の1

2　相続人が数人ある場合には、前項各号に定める割合は、これらに第900条及び第901条の規定により算定したその各自の相続分を乗じた割合とする。

【遺留分を算定するための財産の価額】

第1043条　遺留分を算定するための財産の価額は、被相続人が相続開始の時において有した財産の価額にその贈与した財産の価額を加えた額から債務の全額を控除した額とする。

2　条件付きの権利又は存続期間の不確定な権利は、家庭裁判所が選任した鑑定人の評価に従って、その価格を定める。

第1044条　贈与は、相続開始前の1年間にしたものに限り、前条の規定によりその価額を算入する。当事者双方が遺留分権利者に損害を加えることを知って贈与をしたときは、1年前の日より前にしたものについても、同様とする。

2　第904条の規定は、前項に規定する贈与の価額について準用する。

3　相続人に対する贈与についての第1項の規定の適用については、同項中「1年」とあるのは「10年」と、「価額」とあるのは「価額（婚姻若しくは養子縁組のため又は生計の資本として受けた贈与の価額に限る。）」とする。

第1045条　負担付贈与がされた場合における第1043条第1項に規定する贈与した財産の価額は、その目的の価額から負担の価額を控除した額とする。

2　不相当な対価をもってした有償行為は、当事者双方が遺留分権利者に損害を加えることを知ってしたものに限り、当該対価を負担の価額とする負担付贈与とみなす。

【遺留分侵害額の請求】

第1046条　遺留分権利者及びその承継人は、受遺者（特定財産承継遺言により財産を承継し又は相続分の指定を受けた相続人を含む。以下この章において同じ。）又は受贈者に対し、遺留分侵害額に相当する金銭の支払を請求することができる。

2　遺留分侵害額は、第1042条の規定による遺留分から第1号及び第2号に掲げる額を控除し、これに第3号に掲げる額を加算して算定する。

① 遺留分権利者が受けた遺贈又は第903条第1項に規定する贈与の価額

② 第900条から第902条まで、第903条及び第904条の規定により算定した相続分に応じて遺留分権利者が取得すべき遺産の価額

③ 被相続人が相続開始の時において有した債務のうち、第899条の規定により遺留分権利者が承継する債務（次条第3項において「遺留分権利者承継債務」という。）の額

【受遺者又は受贈者の負担額】

第1047条　受遺者又は受贈者は、次の各号の定めるところに従い、遺贈（特定財産承継遺言による財産の承継又は相続分の指定による遺産の取得を含む。以下この章において同じ。）又は贈与（遺留分を算定するための財産の価額に算入されるものに限る。以下この章において同じ。）の目的の価額（受遺者又は受贈者が相続人である場合にあっては、当該価額から第1042条の規定による遺留分として当該相続人が受けるべき額を控除した額）を限度として、遺留分侵害額を負担する。

① 受遺者と受贈者とがあるときは、受遺者が先に負担する。

② 受遺者が複数あるとき、又は受贈者が複数ある場合においてその贈与が同時にされたものであるときは、受遺者又は受贈者がその目的の価額の割合に応じて負担する。ただし、遺言者がその遺言に別段の意思を表示したときは、その意思に従う。

③ 受贈者が複数あるとき（前号に規定する場合を除く。）は、後の贈与に係る受贈者から順次前の贈与に係る受贈者が負担する。

2　第904条、第1043条第2項及び第1045条の規定は、前項に規定する遺贈又は贈与の目的の価額について準用する。

3　前条第1項の請求を受けた受遺者又は受贈者は、遺留分権利者承継債務について弁済そ

の他の債務を消滅させる行為をしたときは、消滅した債務の額の限度において、遺留分権利者に対する意思表示によって第1項の規定により負担する債務を消滅させることができる。この場合において、当該行為によって遺留分権利者に対して取得した求償権は、消滅した当該債務の額の限度において消滅する。

4　受遺者又は受贈者の無資力によって生じた損失は、遺留分権利者の負担に帰する。

5　裁判所は、受遺者又は受贈者の請求により、第1項の規定により負担する債務の全部又は一部の支払につき相当の期限を許与することができる。

【遺留分侵害額請求権の期間の制限】

第1048条　遺留分侵害額の請求権は、遺留分権利者が、相続の開始及び遺留分を侵害する贈与又は遺贈があったことを知った時から1年間行使しないときは、時効によって消滅する。相続開始の時から10年を経過したときも、同様とする。

【遺留分の放棄】

第1049条　相続の開始前における遺留分の放棄は、家庭裁判所の許可を受けたときに限り、その効力を生ずる。

2　共同相続人の1人のした遺留分の放棄は、他の各共同相続人の遺留分に影響を及ぼさない。

第10章　特別の寄与

第1050条　被相続人に対して無償で療養看護その他の労務の提供をしたことにより被相続人の財産の維持又は増加について特別の寄与をした被相続人の親族（相続人、相続の放棄をした者及び第891条の規定に該当し又は廃除によってその相続権を失った者を除く。以下この条において「特別寄与者」という。）は、相続の開始後、相続人に対し、特別寄与者の寄与に応じた額の金銭（以下この条において「特別寄与料」という。）の支払を請求することができる。

2　前項の規定による特別寄与料の支払について、当事者間に協議が調わないとき、又は協議をすることができないときは、特別寄与者は、家庭裁判所に対して協議に代わる処分を請求することができる。ただし、特別寄与者が相続の開始及び相続人を知った時から6箇月を経過したとき、又は相続開始の時から1年を経過したときは、この限りでない。

3　前項本文の場合には、家庭裁判所は、寄与の時期、方法及び程度、相続財産の額その他一切の事情を考慮して、特別寄与料の額を定める。

4　特別寄与料の額は、被相続人が相続開始の時において有した財産の価額から遺贈の価額を控除した残額を超えることができない。

5　相続人が数人ある場合には、各相続人は、特別寄与料の額に第900条から第902条までの規定により算定した当該相続人の相続分を乗じた額を負担する。

行政手続法

（平成 5 年 11 月 12 日法律第 88 号）

最終改正：令和 2 年 3 月 31 日法律第 8 号

第 1 章　総則

【目的等】

第 1 条　この法律は、処分、行政指導及び届出に関する手続並びに命令等を定める手続に関し、共通する事項を定めることによって、行政運営における公正の確保と透明性（行政上の意思決定について、その内容及び過程が国民にとって明らかであることをいう。第 46 条において同じ。）の向上を図り、もって国民の権利利益の保護に資することを目的とする。

2　処分、行政指導及び届出に関する手続並びに命令等を定める手続に関しこの法律に規定する事項について、他の法律に特別の定めがある場合は、その定めるところによる。

【定義】

第 2 条　この法律において、次の各号に掲げる用語の意義は、当該各号に定めるところによる。

① 法令　法律、法律に基づく命令（告示を含む。）、条例及び地方公共団体の執行機関の規則（規程を含む。以下「規則」という。）をいう。

② 処分　行政庁の処分その他公権力の行使に当たる行為をいう。

③ 申請　法令に基づき、行政庁の許可、認可、免許その他の自己に対し何らかの利益を付与する処分（以下「許認可等」という。）を求める行為であって、当該行為に対して行政庁が諾否の応答をすべきこととされているものをいう。

④ 不利益処分　行政庁が、法令に基づき、特定の者を名あて人として、直接に、これに義務を課し、又はその権利を制限する処分をいう。ただし、次のいずれかに該当するものを除く。

イ　事実上の行為及び事実上の行為をするに当たりその範囲、時期等を明らかにするために法令上必要とされている手続としての処分

ロ　申請により求められた許認可等を拒否する処分その他申請に基づき当該申請をした者を名あて人としてされる処分

ハ　名あて人となるべき者の同意の下にすることとされている処分

ニ　許認可等の効力を失わせる処分であって、当該許認可等の基礎となった事実が消滅した旨の届出があったことを理由としてされるもの

⑤ 行政機関　次に掲げる機関をいう。

イ　法律の規定に基づき内閣に置かれる機関若しくは内閣の所轄の下に置かれる機関、宮内庁、内閣府設置法（平成 11 年法律第 89 号）第 49 条第 1 項若しくは第 2 項に規定する機関、国家行政組織法（昭和 23 年法律第 120 号）第 3 条第 2 項に規定する機関、会計検査院若しくはこれらに置かれる機関又はこれらの機関の職員であって法律上独立に権限を行使することを認められた職員

ロ　地方公共団体の機関（議会を除く。）

⑥ 行政指導　行政機関がその任務又は所掌事務の範囲内において一定の行政目的を実現するため特定の者に一定の作為又は不作為を求める指導、勧告、助言その他の行為であって処分に該当しないものをいう。

⑦ 届出　行政庁に対し一定の事項の通知をする行為（申請に該当するものを除く。）であって、法令により直接に当該通知が義務付けられているもの（自己の期待する一定の法律上の効果を発生させるためには当該通知をすべきこととされているものを含む。）をいう。

⑧ 命令等　内閣又は行政機関が定める次に掲げるものをいう。

イ　法律に基づく命令（処分の要件を定める告示を含む。次条第 2 項において単に「命令」という。）又は規則

ロ　審査基準（申請により求められた許認可等をするかどうかをその法令の定めに従って判断するために必要とされる基準をいう。以下同じ。）

ハ　処分基準（不利益処分をするかどうか又はどのような不利益処分とするかについてその法令の定めに従って判断するために必要とされる基準をいう。以下同じ。）

ニ　行政指導指針（同一の行政目的を実現するため一定の条件に該当する複数の者

に対し行政指導をしようとするときにこれらの行政指導に共通してその内容となるべき事項をいう。以下同じ。）

【適用除外】

第3条　次に掲げる処分及び行政指導については、次章から第4章の2までの規定は、適用しない。

① 国会の両院若しくは一院又は議会の議決によってされる処分

② 裁判所若しくは裁判官の裁判により、又は裁判の執行としてされる処分

③ 国会の両院若しくは一院若しくは議会の議決を経て、又はこれらの同意若しくは承認を得た上でされるべきものとされている処分

④ 検査官会議で決すべきものとされている処分及び会計検査の際にされる行政指導

⑤ 刑事事件に関する法令に基づいて検察官、検察事務官又は司法警察職員がする処分及び行政指導

⑥ 国税又は地方税の犯則事件に関する法令（他の法令において準用する場合を含む。）に基づいて国税庁長官、国税局長、税務署長、国税庁、国税局若しくは税務署の当該職員、税関長、税関職員又は徴税吏員（他の法令の規定に基づいてこれらの職員の職務を行う者を含む。）がする処分及び行政指導並びに金融商品取引の犯則事件に関する法令（他の法令において準用する場合を含む。）に基づいて証券取引等監視委員会、その職員（当該法令においてその職員とみなされる者を含む。）、財務局長又は財務支局長がする処分及び行政指導

⑦ 学校、講習所、訓練所又は研修所において、教育、講習、訓練又は研修の目的を達成するために、学生、生徒、児童若しくは幼児若しくはこれらの保護者、講習生、訓練生又は研修生に対してされる処分及び行政指導

⑧ 刑務所、少年刑務所、拘置所、留置施設、海上保安留置施設、少年院、少年鑑別所又は婦人補導院において、収容の目的を達成するためにされる処分及び行政指導

⑨ 公務員（国家公務員法（昭和22年法律第120号）第2条第1項に規定する国家公務員及び地方公務員法（昭和25年法律第261号）第3条第1項に規定する地方公務員をいう。以下同じ。）又は公務員であった者に対してその職務又は身分に関してさ

れる処分及び行政指導

⑩ 外国人の出入国、難民の認定又は帰化に関する処分及び行政指導

⑪ 専ら人の学識技能に関する試験又は検定の結果についての処分

⑫ 相反する利害を有する者の間の利害の調整を目的として法令の規定に基づいてされる裁定その他の処分（その双方を名宛人とするものに限る。）及び行政指導

⑬ 公衆衛生、環境保全、防疫、保安その他の公益に関わる事象が発生し又は発生する可能性のある現場において警察官若しくは海上保安官又はこれらの公益を確保するために行使すべき権限を法律上直接に与えられたその他の職員によってされる処分及び行政指導

⑭ 報告又は物件の提出を命ずる処分その他その職務の遂行上必要な情報の収集を直接の目的としてされる処分及び行政指導

⑮ 審査請求、再調査の請求その他の不服申立てに対する行政庁の裁決、決定その他の処分

⑯ 前号に規定する処分の手続又は第3章に規定する聴聞若しくは弁明の機会の付与の手続その他の意見陳述のための手続において法令に基づいてされる処分及び行政指導

2 次に掲げる命令等を定める行為については、第6章の規定は、適用しない。

① 法律の施行期日について定める政令

② 恩赦に関する命令

③ 命令又は規則を定める行為が処分に該当する場合における当該命令又は規則

④ 法律の規定に基づき施設、区間、地域その他これらに類するものを指定する命令又は規則

⑤ 公務員の給与、勤務時間その他の勤務条件について定める命令等

⑥ 審査基準、処分基準又は行政指導指針であって、法令の規定により若しくは慣行として、又は命令等を定める機関の判断により公にされるもの以外のもの

3 第1項各号及び前項各号に掲げるもののほか、地方公共団体の機関がする処分（その根拠となる規定が条例又は規則に置かれているものに限る。）及び行政指導、地方公共団体の機関に対する届出（前条第7号の通知の根拠となる規定が条例又は規則に置かれているものに限る。）並びに地方公共団体の機関が命令等を定める行為については、次章から第

第4条～第6条

6章までの規定は、適用しない。

【国の機関等に対する処分等の適用除外】

第4条 国の機関又は地方公共団体若しくはその機関に対する処分（これらの機関又は団体がその固有の資格において当該処分の名あて人となるものに限る。）及び行政指導並びにこれらの機関又は団体がする届出（これらの機関又は団体がその固有の資格においてすべきこととされているものに限る。）については、この法律の規定は、適用しない。

2 次の各号のいずれかに該当する法人に対する処分であって、当該法人の監督に関する法律の特別の規定に基づいてされるもの（当該法人の解散を命じ、若しくは設立に関する認可を取り消す処分又は当該法人の役員若しくは当該法人の業務に従事する者の解任を命ずる処分を除く。）については、次章及び第3章の規定は、適用しない。

① 法律により直接に設立された法人又は特別の法律により特別の設立行為をもって設立された法人

② 特別の法律により設立され、かつ、その設立に関し行政庁の認可を要する法人のうち、その行う業務が国又は地方公共団体の行政運営と密接な関連を有するものとして政令で定める法人

3 行政庁が法律の規定に基づく試験、検査、検定、登録その他の行政上の事務について当該法律に基づきその全部又は一部を行わせる者を指定した場合において、その指定を受けた者（その者が法人である場合にあっては、その役員）又は職員その他の者が当該事務に従事することに関し公務に従事する職員とみなされるときは、その指定を受けた者に対し当該法律に基づいて当該事務に関し監督上される処分（当該指定を取り消す処分、その指定を受けた者が法人である場合におけるその役員の解任を命ずる処分又はその指定を受けた者の当該事務に従事する者の解任を命ずる処分を除く。）については、次章及び第3章の規定は、適用しない。

4 次に掲げる命令等を定める行為については、第6章の規定は、適用しない。

① 国又は地方公共団体の機関の設置、所掌事務の範囲その他の組織について定める命令等

② 皇室典範（昭和22年法律第3号）第26条の皇統譜について定める命令等

③ 公務員の礼式、服制、研修、教育訓練、表彰及び報償並びに公務員の間における競争試験について定める命令等

④ 国又は地方公共団体の予算、決算及び会計について定める命令等（入札の参加者の資格、入札保証金その他の国又は地方公共団体の契約の相手方又は相手方になろうとする者に係る事項を定める命令等を除く。）並びに国又は地方公共団体の財産及び物品の管理について定める命令等（国又は地方公共団体が財産及び物品を貸し付け、交換し、売り払い、譲与し、信託し、若しくは出資の目的とし、又はこれらに私権を設定することについて定める命令等であって、これらの行為の相手方又は相手方になろうとする者に係る事項を定めるものを除く。）

⑤ 会計検査について定める命令等

⑥ 国の機関相互間の関係について定める命令等並びに地方自治法（昭和22年法律第67号）第2編第11章に規定する国と普通地方公共団体との関係及び普通地方公共団体相互間の関係その他の国と地方公共団体との関係及び地方公共団体相互間の関係について定める命令等（第1項の規定によりこの法律の規定を適用しないこととされる処分に係る命令等を含む。）

⑦ 第2項各号に規定する法人の役員及び職員、業務の範囲、財務及び会計その他の組織、運営及び管理について定める命令等（これらの法人に対する処分であって、これらの法人の解散を命じ、若しくは設立に関する認可を取り消す処分又はこれらの法人の役員若しくはこれらの法人の業務に従事する者の解任を命ずる処分に係る命令等を除く。）

第2章　申請に対する処分

【審査基準】

第5条 行政庁は、審査基準を定めるものとする。

2 行政庁は、審査基準を定めるに当たっては、許認可等の性質に照らしてできる限り具体的なものとしなければならない。

3 行政庁は、行政上特別の支障があるときを除き、法令により申請の提出先とされている機関の事務所における備付けその他の適当な方法により審査基準を公にしておかなければならない。

【標準処理期間】

第6条 行政庁は、申請がその事務所に到達

第7条～第13条

してから当該申請に対する処分をするまでに通常要すべき標準的な期間（法令により当該行政庁と異なる機関が当該申請の提出先とされている場合は、併せて、当該申請が当該提出先とされている機関の事務所に到達してから当該行政庁の事務所に到達するまでに通常要すべき標準的な期間）を定めるよう努めるとともに、これを定めたときは、これらの当該申請の提出先とされている機関の事務所における備付けその他の適当な方法により公にしておかなければならない。

【申請に対する審査、応答】

第7条　行政庁は、申請がその事務所に到達したときは遅滞なく当該申請の審査を開始しなければならず、かつ、申請書の記載事項に不備がないこと、申請書に必要な書類が添付されていること、申請をすることができる期間内にされたものであることその他の法令に定められた申請の形式上の要件に適合しない申請については、速やかに、申請をした者（以下「申請者」という。）に対し相当の期間を定めて当該申請の補正を求め、又は当該申請により求められた許認可等を拒否しなければならない。

【理由の提示】

第8条　行政庁は、申請により求められた許認可等を拒否する処分をする場合は、申請者に対し、同時に、当該処分の理由を示さなければならない。ただし、法令に定められた許認可等の要件又は公にされた審査基準が数量的指標その他の客観的指標により明確に定められている場合であって、当該申請がこれらに適合しないことが申請書の記載又は添付書類その他の申請の内容から明らかであるときは、申請者の求めがあったときにこれを示せば足りる。

2　前項本文に規定する処分を書面でするときは、同項の理由は、書面により示さなければならない。

【情報の提供】

第9条　行政庁は、申請者の求めに応じ、当該申請に係る審査の進行状況及び当該申請に対する処分の時期の見通しを示すよう努めなければならない。

2　行政庁は、申請をしようとする者又は申請者の求めに応じ、申請書の記載及び添付書類に関する事項その他の申請に必要な情報の提供に努めなければならない。

【公聴会の開催等】

第10条　行政庁は、申請に対する処分であって、申請者以外の者の利害を考慮すべきことが当該法令において許認可等の要件とされているものを行う場合には、必要に応じ、公聴会の開催その他の適当な方法により当該申請者以外の者の意見を聴く機会を設けるよう努めなければならない。

【複数の行政庁が関与する処分】

第11条　行政庁は、申請の処理をするに当たり、他の行政庁において同一の申請者からされた関連する申請が審査中であることをもって自らすべき許認可等をするかどうかについての審査又は判断を殊更に遅延させるようなことをしてはならない。

2　一の申請又は同一の申請者からされた相互に関連する複数の申請に対する処分について複数の行政庁が関与する場合においては、当該複数の行政庁は、必要に応じ、相互に連絡をとり、当該申請者からの説明の聴取を共同して行う等により審査の促進に努めるものとする。

第3章　不利益処分

◆第1節　通則◆

【処分の基準】

第12条　行政庁は、処分基準を定め、かつ、これを公にしておくよう努めなければならない。

2　行政庁は、処分基準を定めるに当たっては、不利益処分の性質に照らしてできる限り具体的なものとしなければならない。

【不利益処分をしようとする場合の手続】

第13条　行政庁は、不利益処分をしようとする場合には、次の各号の区分に従い、この章の定めるところにより、当該不利益処分の名あて人となるべき者について、当該各号に定める意見陳述のための手続を執らなければならない。

①　次のいずれかに該当するとき　聴聞

イ　許認可等を取り消す不利益処分をしようとするとき。

ロ　イに規定するもののほか、名あて人の資格又は地位を直接にはく奪する不利益処分をしようとするとき。

ハ　名あて人が法人である場合におけるその役員の解任を命ずる不利益処分、名あて人の業務に従事する者の解任を命ずる不利益処分又は名あて人の会員である者

の除名を命ずる不利益処分をしようとするとき。

　　ニ　イからハまでに掲げる場合以外の場合であって行政庁が相当と認めるとき。

②　前号イからニまでのいずれにも該当しないとき　弁明の機会の付与

2　次の各号のいずれかに該当するときは、前項の規定は、適用しない。

①　公益上、緊急に不利益処分をする必要があるため、前項に規定する意見陳述のための手続を執ることができないとき。

②　法令上必要とされる資格がなかったこと又は失われるに至ったことが判明した場合に必ずすることとされている不利益処分であって、その資格の不存在又は喪失の事実が裁判所の判決書又は決定書、一定の職に就いたことを証する当該任命権者の書類その他の客観的な資料により直接証明されたものをしようとするとき。

③　施設若しくは設備の設置、維持若しくは管理又は物の製造、販売その他の取扱いについて遵守すべき事項が法令において技術的な基準をもって明確にされている場合において、専ら当該基準が充足されていないことを理由として当該基準に従うべきことを命ずる不利益処分であってその不充足の事実が計測、実験その他客観的な認定方法によって確認されたものをしようとするとき。

④　納付すべき金銭の額を確定し、一定の額の金銭の納付を命じ、又は金銭の給付決定の取消しその他の金銭の給付を制限する不利益処分をしようとするとき。

⑤　当該不利益処分の性質上、それによって課される義務の内容が著しく軽微なものであるため名あて人となるべき者の意見をあらかじめ聴くことを要しないものとして政令で定める処分をしようとするとき。

【不利益処分の理由の提示】

第14条　行政庁は、不利益処分をする場合には、その名あて人に対し、同時に、当該不利益処分の理由を示さなければならない。ただし、当該理由を示さないで処分をすべき差し迫った必要がある場合は、この限りでない。

2　行政庁は、前項ただし書の場合においては、当該名あて人の所在が判明しなくなったときその他処分後において理由を示すことが困難な事情があるときを除き、処分後相当の期間内に、同項の理由を示さなければならな

い。

3　不利益処分を書面でするときは、前2項の理由は、書面により示さなければならない。

◆第2節　聴聞◆

【聴聞の通知の方式】

第15条　行政庁は、聴聞を行うに当たっては、聴聞を行うべき期日までに相当な期間をおいて、不利益処分の名あて人となるべき者に対し、次に掲げる事項を書面により通知しなければならない。

①　予定される不利益処分の内容及び根拠となる法令の条項

②　不利益処分の原因となる事実

③　聴聞の期日及び場所

④　聴聞に関する事務を所掌する組織の名称及び所在地

2　前項の書面においては、次に掲げる事項を教示しなければならない。

①　聴聞の期日に出頭して意見を述べ、及び証拠書類又は証拠物（以下「証拠書類等」という。）を提出し、又は聴聞の期日への出頭に代えて陳述書及び証拠書類等を提出することができること。

②　聴聞が終結する時までの間、当該不利益処分の原因となる事実を証する資料の閲覧を求めることができること。

3　行政庁は、不利益処分の名あて人となるべき者の所在が判明しない場合においては、第1項の規定による通知を、その者の氏名、同項第3号及び第4号に掲げる事項並びに当該行政庁が同項各号に掲げる事項を記載した書面をいつでもその者に交付する旨を当該行政庁の事務所の掲示場に掲示することによって行うことができる。この場合においては、掲示を始めた日から2週間を経過したときに、当該通知がその者に到達したものとみなす。

【代理人】

第16条　前条第1項の通知を受けた者（同条第3項後段の規定により当該通知が到達したものとみなされる者を含む。以下「当事者」という。）は、代理人を選任することができる。

2　代理人は、各自、当事者のために、聴聞に関する一切の行為をすることができる。

3　代理人の資格は、書面で証明しなければならない。

4　代理人がその資格を失ったときは、当該代理人を選任した当事者は、書面でその旨を行政庁に届け出なければならない。

第17条〜第22条

【参加人】

第17条 第19条の規定により聴聞を主宰する者（以下「主宰者」という。）は、必要があると認めるときは、当事者以外の者であって当該不利益処分の根拠となる法令に照らし当該不利益処分につき利害関係を有するものと認められる者（同条第2項第6号において「関係人」という。）に対し、当該聴聞に関する手続に参加することを求め、又は当該聴聞に関する手続に参加することを許可することができる。

2 前項の規定により当該聴聞に関する手続に参加する者（以下「参加人」という。）は、代理人を選任することができる。

3 前条第2項から第4項までの規定は、前項の代理人について準用する。この場合において、同条第2項及び第4項中「当事者」とあるのは、「参加人」と読み替えるものとする。

【文書等の閲覧】

第18条 当事者及び当該不利益処分がされた場合に自己の利益を害されることとなる参加人（以下この条及び第24条第3項において「当事者等」という。）は、聴聞の通知があった時から聴聞が終結する時までの間、行政庁に対し、当該事案についてした調査の結果に係る調書その他の当該不利益処分の原因となる事実を証する資料の閲覧を求めることができる。この場合において、行政庁は、第三者の利益を害するおそれがあるときその他正当な理由があるときでなければ、その閲覧を拒むことができない。

2 前項の規定は、当事者等が聴聞の期日における審理の進行に応じて必要となった資料の閲覧を更に求めることを妨げない。

3 行政庁は、前2項の閲覧について日時及び場所を指定することができる。

【聴聞の主宰】

第19条 聴聞は、行政庁が指名する職員その他政令で定める者が主宰する。

2 次の各号のいずれかに該当する者は、聴聞を主宰することができない。

① 当該聴聞の当事者又は参加人

② 前号に規定する者の配偶者、四親等内の親族又は同居の親族

③ 第1号に規定する者の代理人又は次条第3項に規定する補佐人

④ 前3号に規定する者であった者

⑤ 第1号に規定する者の後見人、後見監督人、保佐人、保佐監督人、補助人又は補助

監督人

⑥ 参加人以外の関係人

【聴聞の期日における審理の方式】

第20条 主宰者は、最初の聴聞の期日の冒頭において、行政庁の職員に、予定される不利益処分の内容及び根拠となる法令の条項並びにその原因となる事実を聴聞の期日に出頭した者に対し説明させなければならない。

2 当事者又は参加人は、聴聞の期日に出頭して、意見を述べ、及び証拠書類等を提出し、並びに主宰者の許可を得て行政庁の職員に対し質問を発することができる。

3 前項の場合において、当事者又は参加人は、主宰者の許可を得て、補佐人とともに出頭することができる。

4 主宰者は、聴聞の期日において必要があると認めるときは、当事者若しくは参加人に対し質問を発し、意見の陳述若しくは証拠書類等の提出を促し、又は行政庁の職員に対し説明を求めることができる。

5 主宰者は、当事者又は参加人の一部が出頭しないときであっても、聴聞の期日における審理を行うことができる。

6 聴聞の期日における審理は、行政庁が公開することを相当と認めるときを除き、公開しない。

【陳述書等の提出】

第21条 当事者又は参加人は、聴聞の期日への出頭に代えて、主宰者に対し、聴聞の期日までに陳述書及び証拠書類等を提出することができる。

2 主宰者は、聴聞の期日に出頭した者に対し、その求めに応じて、前項の陳述書及び証拠書類等を示すことができる。

【続行期日の指定】

第22条 主宰者は、聴聞の期日における審理の結果、なお聴聞を続行する必要があると認めるときは、さらに新たな期日を定めることができる。

2 前項の場合においては、当事者及び参加人に対し、あらかじめ、次回の聴聞の期日及び場所を書面により通知しなければならない。ただし、聴聞の期日に出頭した当事者及び参加人に対しては、当該聴聞の期日においてこれを告知すれば足りる。

3 第15条第3項の規定は、前項本文の場合において、当事者又は参加人の所在が判明しないときにおける通知の方法について準用する。この場合において、同条第3項中「不利

行政手続法

第23条～第30条

益処分の名あて人となるべき者」とあるのは
「当事者又は参加人」と、「掲示を始めた日か
ら2週間を経過したとき」とあるのは「掲示
を始めた日から2週間を経過したとき（同一
の当事者又は参加人に対する2回目以降の通
知にあっては、掲示を始めた日の翌日）」と
読み替えるものとする。

【当事者の不出頭等の場合における聴聞の終
結】

第23条　主宰者は、当事者の全部若しくは一
部が正当な理由なく聴聞の期日に出頭せず、
かつ、第21条第1項に規定する陳述書若し
くは証拠書類等を提出しない場合、又は参加
人の全部若しくは一部が聴聞の期日に出頭し
ない場合には、これらの者に対し改めて意見
を述べ、及び証拠書類等を提出する機会を与
えることなく、聴聞を終結することができ
る。

2　主宰者は、前項に規定する場合のほか、当
事者の全部又は一部が聴聞の期日に出頭せ
ず、かつ、第21条第1項に規定する陳述書
又は証拠書類等を提出しない場合において、
これらの者の聴聞の期日への出頭が相当期間
引き続き見込めないときは、これらの者に対
し、期限を定めて陳述書及び証拠書類等の提
出を求め、当該期限が到来したときに聴聞を
終結することとすることができる。

【聴聞調書及び報告書】

第24条　主宰者は、聴聞の審理の経過を記載
した調書を作成し、当該調書において、不利
益処分の原因となる事実に対する当事者及び
参加人の陳述の要旨を明らかにしておかなけ
ればならない。

2　前項の調書は、聴聞の期日における審理が
行われた場合には各期日ごとに、当該審理が
行われなかった場合には聴聞の終結後速やか
に作成しなければならない。

3　主宰者は、聴聞の終結後速やかに、不利益
処分の原因となる事実に対する当事者等の主
張に理由があるかどうかについての意見を記
載した報告書を作成し、第1項の調書ととも
に行政庁に提出しなければならない。

4　当事者又は参加人は、第1項の調書及び前
項の報告書の閲覧を求めることができる。

【聴聞の再開】

第25条　行政庁は、聴聞の終結後に生じた事
情にかんがみ必要があると認めるときは、主
宰者に対し、前条第3項の規定により提出さ
れた報告書を返戻して聴聞の再開を命ずるこ

とができる。第22条第2項本文及び第3項
の規定は、この場合について準用する。

【聴聞を経てされる不利益処分の決定】

第26条　行政庁は、不利益処分の決定をする
ときは、第24条第1項の調書の内容及び同
条第3項の報告書に記載された主宰者の意見
を十分に参酌してこれをしなければならな
い。

【審査請求の制限】

第27条　この節の規定に基づく処分又はその
不作為については、審査請求をすることがで
きない。

【役員等の解任等を命ずる不利益処分をしよ
うとする場合の聴聞等の特例】

第28条　第13条第1項第1号ハに該当する
不利益処分に係る聴聞において第15条第1
項の通知があった場合におけるこの節の規定
の適用については、名あて人である法人の役
員、名あて人の業務に従事する者又は名あて
人の会員である者（当該処分において解任し
又は除名すべきこととされている者に限る。）
は、同項の通知を受けた者とみなす。

2　前項の不利益処分のうち名あて人である法
人の役員又は名あて人の業務に従事する者
（以下この項において「役員等」という。）の
解任を命ずるものに係る聴聞が行われた場合
においては、当該処分にその名あて人が従わ
ないことを理由として法令の規定によりされ
る当該役員等を解任する不利益処分について
は、第13条第1項の規定にかかわらず、行
政庁は、当該役員等について聴聞を行うこと
を要しない。

◆第3節　弁明の機会の付与◆

【弁明の機会の付与の方式】

第29条　弁明は、行政庁が口頭ですることを
認めたときを除き、弁明を記載した書面（以
下「弁明書」という。）を提出してするもの
とする。

2　弁明をするときは、証拠書類等を提出する
ことができる。

【弁明の機会の付与の通知の方式】

第30条　行政庁は、弁明書の提出期限（口頭
による弁明の機会の付与を行う場合には、そ
の日時）までに相当な期間をおいて、不利益
処分の名あて人となるべき者に対し、次に掲
げる事項を書面により通知しなければならない。

①　予定される不利益処分の内容及び根拠と
なる法令の条項

② 不利益処分の原因となる事実

③ 弁明書の提出先及び提出期限（口頭による弁明の機会の付与を行う場合には、その旨並びに出頭すべき日時及び場所）

【聴聞に関する手続の準用】

第31条 第15条第3項及び第16条の規定は、弁明の機会の付与について準用する。この場合において、第15条第3項中「第1項」とあるのは「第30条」と、「同項第3号及び第4号」とあるのは「同条第3号」と、第16条第1項中「前条第1項」とあるのは「第30条」と、「同条第3項後段」とあるのは「第31条において準用する第15条第3項後段」と読み替えるものとする。

第4章　行政指導

【行政指導の一般原則】

第32条 行政指導にあっては、行政指導に携わる者は、いやしくも当該行政機関の任務又は所掌事務の範囲を逸脱してはならないこと及び行政指導の内容があくまでも相手方の任意の協力によってのみ実現されるものであることに留意しなければならない。

2 行政指導に携わる者は、その相手方が行政指導に従わなかったことを理由として、不利益な取扱いをしてはならない。

【申請に関連する行政指導】

第33条 申請の取下げ又は内容の変更を求める行政指導にあっては、行政指導に携わる者は、申請者が当該行政指導に従う意思がない旨を表明したにもかかわらず当該行政指導を継続すること等により当該申請者の権利の行使を妨げるようなことをしてはならない。

【許認可等の権限に関連する行政指導】

第34条 許認可等をする権限又は許認可等に基づく処分をする権限を有する行政機関が、当該権限を行使することができない場合又は行使する意思がない場合においてする行政指導にあっては、行政指導に携わる者は、当該権限を行使し得る旨を殊更に示すことにより相手方に当該行政指導に従うことを余儀なくさせるようなことをしてはならない。

【行政指導の方式】

第35条 行政指導に携わる者は、その相手方に対して、当該行政指導の趣旨及び内容並びに責任者を明確に示さなければならない。

2 行政指導に携わる者は、当該行政指導をする際に、行政機関が許認可等をする権限又は許認可等に基づく処分をする権限を行使し得

る旨を示すときは、その相手方に対して、次に掲げる事項を示さなければならない。

① 当該権限を行使し得る根拠となる法令の条項

② 前号の条項に規定する要件

③ 当該権限の行使が前号の要件に適合する理由

3 行政指導が口頭でされた場合において、その相手方から前2項に規定する事項を記載した書面の交付を求められたときは、当該行政指導に携わる者は、行政上特別の支障がない限り、これを交付しなければならない。

4 前項の規定は、次に掲げる行政指導については、適用しない。

① 相手方に対しその場において完了する行為を求めるもの

② 既に文書（前項の書面を含む。）又は電磁的記録（電子的方式、磁気的方式その他人の知覚によっては認識することができない方式で作られる記録であって、電子計算機による情報処理の用に供されるものをいう。）によりその相手方に通知されている事項と同一の内容を求めるもの

【複数の者を対象とする行政指導】

第36条 同一の行政目的を実現するため一定の条件に該当する複数の者に対し行政指導をしようとするときは、行政機関は、あらかじめ、事案に応じ、行政指導指針を定め、かつ、行政上特別の支障がない限り、これを公表しなければならない。

【行政指導の中止等の求め】

第36条の2 法令に違反する行為の是正を求める行政指導（その根拠となる規定が法律に置かれているものに限る。）の相手方は、当該行政指導が当該法律に規定する要件に適合しないと思料するときは、当該行政指導をした行政機関に対し、その旨を申し出て、当該行政指導の中止その他必要な措置をとることを求めることができる。ただし、当該行政指導がその相手方について弁明その他意見陳述のための手続を経てされたものであるときは、この限りでない。

2 前項の申出は、次に掲げる事項を記載した申出書を提出してしなければならない。

① 申出をする者の氏名又は名称及び住所又は居所

② 当該行政指導の内容

③ 当該行政指導がその根拠とする法律の条項

第36条の3〜第39条

④ 前号の条項に規定する要件
⑤ 当該行政指導が前号の要件に適合しないと思料する理由
⑥ その他参考となる事項

3 当該行政機関は、第1項の規定による申出があったときは、必要な調査を行い、当該行政指導が当該法律に規定する要件に適合しないと認めるときは、当該行政指導の中止その他必要な措置をとらなければならない。

第4章の2 処分等の求め

第36条の3 何人も、法令に違反する事実がある場合において、その是正のためにされるべき処分又は行政指導（その根拠となる規定が法律に置かれているものに限る。）がされていないと思料するときは、当該処分をする権限を有する行政庁又は当該行政指導をする権限を有する行政機関に対し、その旨を申し出て、当該処分又は行政指導をすることを求めることができる。

2 前項の申出は、次に掲げる事項を記載した申出書を提出してしなければならない。
① 申出をする者の氏名又は名称及び住所又は居所
② 法令に違反する事実の内容
③ 当該処分又は行政指導の内容
④ 当該処分又は行政指導の根拠となる法令の条項
⑤ 当該処分又は行政指導がされるべきであると思料する理由
⑥ その他参考となる事項

3 当該行政庁又は行政機関は、第1項の規定による申出があったときは、必要な調査を行い、その結果に基づき必要があると認めるときは、当該処分又は行政指導をしなければならない。

第5章 届出

【届出】
第37条 届出が届出書の記載事項に不備がないこと、届出書に必要な書類が添付されていることその他の法令に定められた届出の形式上の要件に適合している場合は、当該届出が法令により当該届出の提出先とされている機関の事務所に到達したときに、当該届出をすべき手続上の義務が履行されたものとする。

第6章 意見公募手続等

【命令等を定める場合の一般原則】
第38条 命令等を定める機関（閣議の決定により命令等が定められる場合にあっては、当該命令等の立案をする各大臣。以下「命令等制定機関」という。）は、命令等を定めるに当たっては、当該命令等がこれを定める根拠となる法令の趣旨に適合するものとなるようにしなければならない。

2 命令等制定機関は、命令等を定めた後においても、当該命令等の規定の実施状況、社会経済情勢の変化等を勘案し、必要に応じ、当該命令等の内容について検討を加え、その適正を確保するよう努めなければならない。

【意見公募手続】
第39条 命令等制定機関は、命令等を定めようとする場合には、当該命令等の案（命令等で定めようとする内容を示すものをいう。以下同じ。）及びこれに関連する資料をあらかじめ公示し、意見（情報を含む。以下同じ。）の提出先及び意見の提出のための期間（以下「意見提出期間」という。）を定めて広く一般の意見を求めなければならない。

2 前項の規定により公示する命令等の案は、具体的かつ明確な内容のものであって、かつ、当該命令等の題名及び当該命令等を定める根拠となる法令の条項が明示されたものでなければならない。

3 第1項の規定により定める意見提出期間は、同項の公示の日から起算して30日以上でなければならない。

4 次の各号のいずれかに該当するときは、第1項の規定は、適用しない。
① 公益上、緊急に命令等を定める必要があるため、第1項の規定による手続（以下「意見公募手続」という。）を実施することが困難であるとき。
② 納付すべき金銭について定める法律の制定又は改正により必要となる当該金銭の額の算定の基礎となるべき金額及び率並びに算定方法についての命令等その他当該法律の施行に関し必要な事項を定める命令等を定めようとするとき。
③ 予算の定めるところにより金銭の給付決定を行うために必要となる当該金銭の額の算定の基礎となるべき金額及び率並びに算定方法その他の事項を定める命令等を定めようとするとき。

④ 法律の規定により、内閣府設置法第49条第1項若しくは第2項若しくは国家行政組織法第3条第2項に規定する委員会又は内閣府設置法第37条若しくは第54条若しくは国家行政組織法第8条に規定する機関（以下「委員会等」という。）の議を経て定めることとされている命令等であって、相反する利害を有する者の間の利害の調整を目的として、法律又は政令の規定により、これらの者及び公益をそれぞれ代表する委員をもって組織される委員会等において審議を行うこととされているものとして政令で定める命令等を定めようとするとき。

⑤ 他の行政機関が意見公募手続を実施して定めた命令等と実質的に同一の命令等を定めようとするとき。

⑥ 法律の規定に基づき法令の規定の適用又は準用について必要な技術的読替えを定める命令等を定めようとするとき。

⑦ 命令等を定める根拠となる法令の規定の削除に伴い当然必要とされる当該命令等の廃止をしようとするとき。

⑧ 他の法令の制定又は改廃に伴い当然必要とされる規定の整理その他の意見公募手続を実施することを要しない軽微な変更として政令で定めるものを内容とする命令等を定めようとするとき。

【意見公募手続の特例】

第40条 命令等制定機関は、命令等を定めようとする場合において、30日以上の意見提出期間を定めることができないやむを得ない理由があるときは、前条第3項の規定にかかわらず、30日を下回る意見提出期間を定めることができる。この場合においては、当該命令等の案の公示の際その理由を明らかにしなければならない。

2 命令等制定機関は、委員会等の議を経て命令等を定めようとする場合（前条第4項第4号に該当する場合を除く。）において、当該委員会等が意見公募手続に準じた手続を実施したときは、同条第1項の規定にかかわらず、自ら意見公募手続を実施することを要しない。

【意見公募手続の周知等】

第41条 命令等制定機関は、意見公募手続を実施して命令等を定めるに当たっては、必要に応じ、当該意見公募手続の実施について周知するよう努めるとともに、当該意見公募手続の実施に関連する情報の提供に努めるものとする。

【提出意見の考慮】

第42条 命令等制定機関は、意見公募手続を実施して命令等を定める場合には、意見提出期間内に当該命令等制定機関に対し提出された当該命令等の案についての意見（以下「提出意見」という。）を十分に考慮しなければならない。

【結果の公示等】

第43条 命令等制定機関は、意見公募手続を実施して命令等を定めた場合には、当該命令等の公布（公布をしないものにあっては、公にする行為。第5項において同じ。）と同時期に、次に掲げる事項を公示しなければならない。

① 命令等の題名

② 命令等の案の公示の日

③ 提出意見（提出意見がなかった場合にあっては、その旨）

④ 提出意見を考慮した結果（意見公募手続を実施した命令等の案と定めた命令等との差異を含む。）及びその理由

2 命令等制定機関は、前項の規定にかかわらず、必要に応じ、同項第3号の提出意見に代えて、当該提出意見を整理又は要約したものを公示することができる。この場合においては、当該公示の後遅滞なく、当該提出意見を当該命令等制定機関の事務所における備付けその他の適当な方法により公にしなければならない。

3 命令等制定機関は、前2項の規定により提出意見を公示し又は公にすることにより第三者の利益を害するおそれがあるとき、その他正当な理由があるときは、当該提出意見の全部又は一部を除くことができる。

4 命令等制定機関は、意見公募手続を実施したにもかかわらず命令等を定めないこととした場合には、その旨（別の命令等の案について改めて意見公募手続を実施しようとする場合にあっては、その旨を含む。）並びに第1項第1号及び第2号に掲げる事項を速やかに公示しなければならない。

5 命令等制定機関は、第39条第4項各号のいずれかに該当することにより意見公募手続を実施しないで命令等を定めた場合には、当該命令等の公布と同時期に、次に掲げる事項を公示しなければならない。ただし、第1号に掲げる事項のうち命令等の趣旨については、同項第1号から第4号までのいずれかに

第44条〜第46条

該当することにより意見公募手続を実施しなかった場合において、当該命令等自体から明らかでないときに限る。

① 命令等の題名及び趣旨

② 意見公募手続を実施しなかった旨及びその理由

【準用】

第44条 第42条の規定は第40条第2項に該当することにより命令等制定機関が自ら意見公募手続を実施しないで命令等を定める場合について、前条第1項から第3項までの規定は第40条第2項に該当することにより命令等制定機関が自ら意見公募手続を実施しないで命令等を定めた場合について、前条第4項の規定は第40条第2項に該当することにより命令等制定機関が自ら意見公募手続を実施しないで命令等を定めないこととした場合について準用する。この場合において、第42条中「当該命令等制定機関」とあるのは「委員会等」と、前条第1項第2号中「命令等の案の公示の日」とあるのは「委員会等が命令等の案について公示に準じた手続を実施した日」と、同項第4号中「意見公募手続を実施した」とあるのは「委員会等が意見公募手続

に準じた手続を実施した」と読み替えるものとする。

【公示の方法】

第45条 第39条第1項並びに第43条第1項（前条において読み替えて準用する場合を含む。）、第4項（前条において準用する場合を含む。）及び第5項の規定による公示は、電子情報処理組織を使用する方法その他の情報通信の技術を利用する方法により行うものとする。

2 前項の公示に関し必要な事項は、総務大臣が定める。

第7章　補則

【地方公共団体の措置】

第46条 地方公共団体は、第3条第3項において第2章から前章までの規定を適用しないこととされた処分、行政指導及び届出並びに命令等を定める行為に関する手続について、この法律の規定の趣旨にのっとり、行政運営における公正の確保と透明性の向上を図るため必要な措置を講ずるよう努めなければならない。

行政代執行法

(昭和 23 年 5 月 15 日法律第 43 号)

最終改正：昭和 37 年 9 月 15 日法律第 161 号

第 1 条　行政上の義務の履行確保に関しては、別に法律で定めるものを除いては、この法律の定めるところによる。

第 2 条　法律（法律の委任に基く命令、規則及び条例を含む。以下同じ。）により直接に命ぜられ、又は法律に基き行政庁により命ぜられた行為（他人が代つてなすことのできる行為に限る。）について義務者がこれを履行しない場合、他の手段によつてその履行を確保することが困難であり、且つその不履行を放置することが著しく公益に反すると認められるときは、当該行政庁は、自ら義務者のなすべき行為をなし、又は第三者をしてこれをなさしめ、その費用を義務者から徴収することができる。

第 3 条　前条の規定による処分（代執行）をなすには、相当の履行期限を定め、その期限までに履行がなされないときは、代執行をなすべき旨を、予め文書で戒告しなければならない。

2　義務者が、前項の戒告を受けて、指定の期限までにその義務を履行しないときは、当該行政庁は、代執行令書をもつて、代執行をなすべき時期、代執行のために派遣する執行責任者の氏名及び代執行に要する費用の概算による見積額を義務者に通知する。

3　非常の場合又は危険切迫の場合において、当該行為の急速な実施について緊急の必要があり、前 2 項に規定する手続をとる暇がないときは、その手続を経ないで代執行をすることができる。

第 4 条　代執行のために現場に派遣される執行責任者は、その者が執行責任者たる本人であることを示すべき証票を携帯し、要求があるときは、何時でもこれを呈示しなければならない。

第 5 条　代執行に要した費用の徴収については、実際に要した費用の額及びその納期日を定め、義務者に対し、文書をもつてその納付を命じなければならない。

第 6 条　代執行に要した費用は、国税滞納処分の例により、これを徴収することができる。

2　代執行に要した費用については、行政庁は、国税及び地方税に次ぐ順位の先取特権を有する。

3　代執行に要した費用を徴収したときは、その徴収金は、事務費の所属に従い、国庫又は地方公共団体の経済の収入となる。

行政不服審査法

（平成 26 年 6 月 13 日法律第 68 号）

最終改正：令和 3 年 5 月 19 日法律第 37 号

行政不服審査法（昭和 37 年法律第 160 号）の全部を改正する。

第 1 章　総則

【目的等】

第 1 条　この法律は、行政庁の違法又は不当な処分その他公権力の行使に当たる行為に関し、国民が簡易迅速かつ公正な手続の下で広く行政庁に対する不服申立てをすることができるための制度を定めることにより、国民の権利利益の救済を図るとともに、行政の適正な運営を確保することを目的とする。

2　行政庁の処分その他公権力の行使に当たる行為（以下単に「処分」という。）に関する不服申立てについては、他の法律に特別の定めがある場合を除くほか、この法律の定めるところによる。

【処分についての審査請求】

第 2 条　行政庁の処分に不服がある者は、第 4 条及び第 5 条第 2 項の定めるところにより、審査請求をすることができる。

【不作為についての審査請求】

第 3 条　法令に基づき行政庁に対して処分についての申請をした者は、当該申請から相当の期間が経過したにもかかわらず、行政庁の不作為（法令に基づく申請に対して何らの処分をもしないことをいう。以下同じ。）がある場合には、次条の定めるところにより、当該不作為についての審査請求をすることができる。

【審査請求をすべき行政庁】

第 4 条　審査請求は、法律（条例に基づく処分については、条例）に特別の定めがある場合を除くほか、次の各号に掲げる場合の区分に応じ、当該各号に定める行政庁に対してするものとする。

① 処分庁等（処分をした行政庁（以下「処分庁」という。）又は不作為に係る行政庁（以下「不作為庁」という。）をいう。以下同じ。）に上級行政庁がない場合又は処分庁等が主任の大臣若しくは宮内庁長官若しくは内閣府設置法（平成 11 年法律第 89 号）第 49 条第 1 項若しくは第 2 項若しくは国家行政組織法（昭和 23 年法律第 120 号）第 3 条第 2 項に規定する庁の長である場合　当該処分庁等

② 宮内庁長官又は内閣府設置法第 49 条第 1 項若しくは第 2 項若しくは国家行政組織法第 3 条第 2 項に規定する庁の長が処分庁等の上級行政庁である場合　宮内庁長官又は当該庁の長

③ 主任の大臣が処分庁等の上級行政庁である場合（前 2 号に掲げる場合を除く。）　当該主任の大臣

④ 前 3 号に掲げる場合以外の場合　当該処分庁等の最上級行政庁

【再調査の請求】

第 5 条　行政庁の処分につき処分庁以外の行政庁に対して審査請求をすることができる場合において、法律に再調査の請求をすることができる旨の定めがあるときは、当該処分に不服がある者は、処分庁に対して再調査の請求をすることができる。ただし、当該処分について第 2 条の規定により審査請求をしたときは、この限りでない。

2　前項本文の規定により再調査の請求をしたときは、当該再調査の請求についての決定を経た後でなければ、審査請求をすることができない。ただし、次の各号のいずれかに該当する場合は、この限りでない。

① 当該処分につき再調査の請求をした日（第 61 条において読み替えて準用する第 23 条の規定により不備を補正すべきことを命じられた場合にあっては、当該不備を補正した日）の翌日から起算して 3 月を経過しても、処分庁が当該再調査の請求につき決定をしない場合

② その他再調査の請求についての決定を経ないことにつき正当な理由がある場合

【再審査請求】

第 6 条　行政庁の処分につき法律に再審査請求をすることができる旨の定めがある場合には、当該処分についての審査請求の裁決に不服がある者は、再審査請求をすることができる。

2　再審査請求は、原裁決（再審査請求をすることができる処分についての審査請求の裁決をいう。以下同じ。）又は当該処分（以下「原裁決等」という。）を対象として、前項の

法律に定める行政庁に対してするものとする。

【適用除外】

第7条　次に掲げる処分及びその不作為については、第2条及び第3条の規定は、適用しない。

① 国会の両院若しくは一院又は議会の議決によってされる処分

② 裁判所若しくは裁判官の裁判により、又は裁判の執行としてされる処分

③ 国会の両院若しくは一院若しくは議会の議決を経て、又はこれらの同意若しくは承認を得た上でされるべきものとされている処分

④ 検査官会議で決すべきものとされている処分

⑤ 当事者間の法律関係を確認し、又は形成する処分で、法令の規定により当該処分に関する訴えにおいてその法律関係の当事者の一方を被告とすべきものと定められているもの

⑥ 刑事事件に関する法令に基づいて検察官、検察事務官又は司法警察職員がする処分

⑦ 国税又は地方税の犯則事件に関する法令（他の法令において準用する場合を含む。）に基づいて国税庁長官、国税局長、税務署長、国税庁、国税局若しくは税務署の当該職員、税関長、税関職員又は徴税吏員（他の法令の規定に基づいてこれらの職員の職務を行う者を含む。）がする処分及び金融商品取引の犯則事件に関する法令（他の法令において準用する場合を含む。）に基づいて証券取引等監視委員会、その職員（当該法令においてその職員とみなされる者を含む。）、財務局長又は財務支局長がする処分

⑧ 学校、講習所、訓練所又は研修所において、教育、講習、訓練又は研修の目的を達成するために、学生、生徒、児童若しくは幼児若しくはこれらの保護者、講習生、訓練生又は研修生に対してされる処分

⑨ 刑務所、少年刑務所、拘置所、留置施設、海上保安留置施設、少年院、少年鑑別所又は婦人補導院において、収容の目的を達成するためにされる処分

⑩ 外国人の出入国又は帰化に関する処分

⑪ 専ら人の学識技能に関する試験又は検定の結果についての処分

⑫ この法律に基づく処分（第5章第1節第1款の規定に基づく処分を除く。）

2 国の機関又は地方公共団体その他の公共団体若しくはその機関に対する処分で、これらの機関又は団体がその固有の資格において当該処分の相手方となるもの及びその不作為については、この法律の規定は、適用しない。

【特別の不服申立ての制度】

第8条　前条の規定は、同条の規定により審査請求をすることができない処分又は不作為につき、別に法令で当該処分又は不作為の性質に応じた不服申立ての制度を設けることを妨げない。

第2章　審査請求

◆第1節　審査庁及び審理関係人◆

【審理員】

第9条　第4条又は他の法律若しくは条例の規定により審査請求がされた行政庁（第14条の規定により引継ぎを受けた行政庁を含む。以下「審査庁」という。）は、審査庁に所属する職員（第17条に規定する名簿を作成した場合にあっては、当該名簿に記載されている者）のうちから第3節に規定する審理手続（この節に規定する手続を含む。）を行う者を指名するとともに、その旨を審査請求人及び処分庁等（審査庁以外の処分庁等に限る。）に通知しなければならない。ただし、次の各号のいずれかに掲げる機関が審査庁である場合若しくは条例に基づく処分について条例に特別の定めがある場合又は第24条の規定により当該審査請求を却下する場合は、この限りでない。

① 内閣府設置法第49条第1項若しくは第2項又は国家行政組織法第3条第2項に規定する委員会

② 内閣府設置法第37条若しくは第54条又は国家行政組織法第8条に規定する機関

③ 地方自治法（昭和22年法律第67号）第138条の4第1項に規定する委員会若しくは委員又は同条第3項に規定する機関

2 審査庁が前項の規定により指名する者は、次に掲げる者以外の者でなければならない。

① 審査請求に係る処分若しくは当該処分に係る再調査の請求についての決定に関与した者又は審査請求に係る不作為に係る処分に関与し、若しくは関与することとなる者

② 審査請求人

③ 審査請求人の配偶者、四親等内の親族又

第10条～第15条

は同居の親族
④　審査請求人の代理人
⑤　前2号に掲げる者であった者
⑥　審査請求人の後見人、後見監督人、保佐人、保佐監督人、補助人又は補助監督人
⑦　第13条第1項に規定する利害関係人
3　審査庁が第1項各号に掲げる機関である場合又は同項ただし書の特別の定めがある場合においては、別表第1の上欄に掲げる規定の適用については、これらの規定中同表の中欄に掲げる字句は、それぞれ同表の下欄に掲げる字句に読み替えるものとし、第17条、第40条、第42条及び第50条第2項の規定は、適用しない。
4　前項に規定する場合において、審査庁は、必要があると認めるときは、その職員（第2項各号（第1項各号に掲げる機関の構成員にあっては、第1号を除く。）に掲げる者以外の者に限る。）に、前項において読み替えて適用する第31条第1項の規定による審査請求人若しくは第13条第4項に規定する参加人の意見の陳述を聴かせ、前項において読み替えて適用する第34条の規定による参考人の陳述を聴かせ、同項において読み替えて適用する第35条第1項の規定による検証をさせ、前項において読み替えて適用する第36条の規定による第28条に規定する審理関係人に対する質問をさせ、又は同項において読み替えて適用する第37条第1項若しくは第2項の規定による意見の聴取を行わせることができる。

【法人でない社団又は財団の審査請求】
第10条　法人でない社団又は財団で代表者又は管理人の定めがあるものは、その名で審査請求をすることができる。

【総代】
第11条　多数人が共同して審査請求をしようとするときは、3人を超えない総代を互選することができる。
2　共同審査請求人が総代を互選しない場合において、必要があると認めるときは、第9条第1項の規定により指名された者（以下「審理員」という。）は、総代の互選を命ずることができる。
3　総代は、各自、他の共同審査請求人のために、審査請求の取下げを除き、当該審査請求に関する一切の行為をすることができる。
4　総代が選任されたときは、共同審査請求人は、総代を通じてのみ、前項の行為をするこ

とができる。
5　共同審査請求人に対する行政庁の通知その他の行為は、2人以上の総代が選任されている場合においても、1人の総代に対してすれば足りる。
6　共同審査請求人は、必要があると認める場合には、総代を解任することができる。

【代理人による審査請求】
第12条　審査請求は、代理人によってすることができる。
2　前項の代理人は、各自、審査請求人のために、当該審査請求に関する一切の行為をすることができる。ただし、審査請求の取下げは、特別の委任を受けた場合に限り、することができる。

【参加人】
第13条　利害関係人（審査請求人以外の者であって審査請求に係る処分又は不作為に係る処分の根拠となる法令に照らし当該処分につき利害関係を有するものと認められる者をいう。以下同じ。）は、審理員の許可を得て、当該審査請求に参加することができる。
2　審理員は、必要があると認める場合には、利害関係人に対し、当該審査請求に参加することを求めることができる。
3　審査請求への参加は、代理人によってすることができる。
4　前項の代理人は、各自、第1項又は第2項の規定により当該審査請求に参加する者（以下「参加人」という。）のために、当該審査請求への参加に関する一切の行為をすることができる。ただし、審査請求への参加の取下げは、特別の委任を受けた場合に限り、することができる。

【行政庁が裁決をする権限を有しなくなった場合の措置】
第14条　行政庁が審査請求がされた後法令の改廃により当該審査請求につき裁決をする権限を有しなくなったときは、当該行政庁は、第19条に規定する審査請求書又は第21条第2項に規定する審査請求録取書及び関係書類その他の物件を新たに当該審査請求につき裁決をする権限を有することとなった行政庁に引き継がなければならない。この場合において、その引継ぎを受けた行政庁は、速やかに、その旨を審査請求人及び参加人に通知しなければならない。

【審理手続の承継】
第15条　審査請求人が死亡したときは、相続

人その他法令により審査請求の目的である処分に係る権利を承継した者は、審査請求人の地位を承継する。

2　審査請求人について合併又は分割（審査請求の目的である処分に係る権利を承継させるものに限る。）があったときは、合併後存続する法人その他の社団若しくは財団若しくは合併により設立された法人その他の社団若しくは財団又は分割により当該権利を承継した法人は、審査請求人の地位を承継する。

3　前2項の場合には、審査請求人の地位を承継した相続人その他の者又は法人その他の社団若しくは財団は、書面でその旨を審査庁に届け出なければならない。この場合には、届出書には、死亡若しくは分割による権利の承継又は合併の事実を証する書面を添付しなければならない。

4　第1項又は第2項の場合において、前項の規定による届出がされるまでの間において、死亡者又は合併前の法人その他の社団若しくは財団若しくは分割をした法人に宛ててされた通知が審査請求人の地位を承継した相続人その他の者又は合併後の法人その他の社団若しくは財団若しくは分割により審査請求人の地位を承継した法人に到達したときは、当該通知は、これらの者に対する通知としての効力を有する。

5　第1項の場合において、審査請求人の地位を承継した相続人その他の者が2人以上あるときは、その1人に対する通知その他の行為は、全員に対してされたものとみなす。

6　審査請求の目的である処分に係る権利を譲り受けた者は、審査庁の許可を得て、審査請求人の地位を承継することができる。

【標準審理期間】

第16条　第4条又は他の法律若しくは条例の規定により審査庁となるべき行政庁（以下「審査庁となるべき行政庁」という。）は、審査請求がその事務所に到達してから当該審査請求に対する裁決をするまでに通常要すべき標準的な期間を定めるよう努めるとともに、これを定めたときは、当該審査庁となるべき行政庁及び関係処分庁（当該審査請求の対象となるべき処分の権限を有する行政庁であって当該審査庁となるべき行政庁以外のものをいう。次条において同じ。）の事務所における備付けその他の適当な方法により公にしておかなければならない。

【審理員となるべき者の名簿】

第17条　審査庁となるべき行政庁は、審理員となるべき者の名簿を作成するよう努めるとともに、これを作成したときは、当該審査庁となるべき行政庁及び関係処分庁の事務所における備付けその他の適当な方法により公にしておかなければならない。

◆**第2節　審査請求の手続**◆

【審査請求期間】

第18条　処分についての審査請求は、処分があったことを知った日の翌日から起算して3月（当該処分について再調査の請求をしたときは、当該再調査の請求についての決定があったことを知った日の翌日から起算して1月）を経過したときは、することができない。ただし、正当な理由があるときは、この限りでない。

2　処分についての審査請求は、処分（当該処分について再調査の請求をしたときは、当該再調査の請求についての決定）があった日の翌日から起算して1年を経過したときは、することができない。ただし、正当な理由があるときは、この限りでない。

3　次条に規定する審査請求書を郵便又は民間事業者による信書の送達に関する法律（平成14年法律第99号）第2条第6項に規定する一般信書便事業者若しくは同条第9項に規定する特定信書便事業者による同条第2項に規定する信書便で提出した場合における前2項に規定する期間（以下「審査請求期間」という。）の計算については、送付に要した日数は、算入しない。

【審査請求書の提出】

第19条　審査請求は、他の法律（条例に基づく処分については、条例）に口頭ですることができる旨の定めがある場合を除き、政令で定めるところにより、審査請求書を提出してしなければならない。

2　処分についての審査請求書には、次に掲げる事項を記載しなければならない。

① 審査請求人の氏名又は名称及び住所又は居所

② 審査請求に係る処分の内容

③ 審査請求に係る処分（当該処分について再調査の請求についての決定を経たときは、当該決定）があったことを知った年月日

④ 審査請求の趣旨及び理由

⑤ 処分庁の教示の有無及びその内容

第20条～第22条

⑥　審査請求の年月日
3　不作為についての審査請求書には、次に掲げる事項を記載しなければならない。
①　審査請求人の氏名又は名称及び住所又は居所
②　当該不作為に係る処分についての申請の内容及び年月日
③　審査請求の年月日
4　審査請求人が、法人その他の社団若しくは財団である場合、総代を互選した場合又は代理人によって審査請求をする場合には、審査請求書には、第2項各号又は前項各号に掲げる事項のほか、その代表者若しくは管理人、総代又は代理人の氏名及び住所又は居所を記載しなければならない。
5　処分についての審査請求書には、第2項及び前項に規定する事項のほか、次の各号に掲げる場合においては、当該各号に定める事項を記載しなければならない。
①　第5条第2項第1号の規定により再調査の請求についての決定を経ないで審査請求をする場合　再調査の請求をした年月日
②　第5条第2項第2号の規定により再調査の請求についての決定を経ないで審査請求をする場合　その決定を経ないことについての正当な理由
③　審査請求期間の経過後において審査請求をする場合　前条第1項ただし書又は第2項ただし書に規定する正当な理由

【口頭による審査請求】
第20条　口頭で審査請求をする場合には、前条第2項から第5項までに規定する事項を陳述しなければならない。この場合において、陳述を受けた行政庁は、その陳述の内容を録取し、これを陳述人に読み聞かせて誤りのないことを確認しなければならない。

【処分庁等を経由する審査請求】
第21条　審査請求をすべき行政庁が処分庁等と異なる場合における審査請求は、処分庁等を経由してすることができる。この場合において、審査請求人は、処分庁等に審査請求書を提出し、又は処分庁等に対し第19条第2項から第5項までに規定する事項を陳述するものとする。
2　前項の場合には、処分庁等は、直ちに、審査請求書又は審査請求録取書（前条後段の規定により陳述の内容を録取した書面をいう。第29条第1項及び第55条において同じ。）を審査庁となるべき行政庁に送付しなければ

ならない。
3　第1項の場合における審査請求期間の計算については、処分庁に審査請求書を提出し、又は処分庁に対し当該事項を陳述した時に、処分についての審査請求があったものとみなす。

【誤った教示をした場合の救済】
第22条　審査請求をすることができる処分につき、処分庁が誤って審査請求をすべき行政庁でない行政庁を審査請求をすべき行政庁として教示した場合において、その教示された行政庁に書面で審査請求がされたときは、当該行政庁は、速やかに、審査請求書を処分庁又は審査庁となるべき行政庁に送付し、かつ、その旨を審査請求人に通知しなければならない。
2　前項の規定により処分庁に審査請求書が送付されたときは、処分庁は、速やかに、これを審査庁となるべき行政庁に送付し、かつ、その旨を審査請求人に通知しなければならない。
3　第1項の処分のうち、再調査の請求をすることができない処分につき、処分庁が誤って再調査の請求をすることができる旨を教示した場合において、当該処分庁に再調査の請求がされたときは、処分庁は、速やかに、再調査の請求書（第61条において読み替えて準用する第19条に規定する再調査の請求書をいう。以下この条において同じ。）又は再調査の請求録取書（第61条において準用する第20条後段の規定により陳述の内容を録取した書面をいう。以下この条において同じ。）を審査庁となるべき行政庁に送付し、かつ、その旨を再調査の請求人に通知しなければならない。
4　再調査の請求をすることができる処分につき、処分庁が誤って審査請求をすることができる旨を教示しなかった場合において、当該処分庁に再調査の請求がされた場合であって、再調査の請求人から申立てがあったときは、処分庁は、速やかに、再調査の請求書又は再調査の請求録取書及び関係書類その他の物件を審査庁となるべき行政庁に送付しなければならない。この場合において、その送付を受けた行政庁は、速やかに、その旨を再調査の請求人及び第61条において読み替えて準用する第13条第1項又は第2項の規定により当該再調査の請求に参加する者に通知しなければならない。

5　前各項の規定により審査請求書又は再調査の請求書若しくは再調査の請求録取書が審査庁となるべき行政庁に送付されたときは、初めから審査庁となるべき行政庁に審査請求がされたものとみなす。

【審査請求書の補正】

第23条　審査請求書が第19条の規定に違反する場合には、審査庁は、相当の期間を定め、その期間内に不備を補正すべきことを命じなければならない。

【審理手続を経ないでする却下裁決】

第24条　前条の場合において、審査請求人が同条の期間内に不備を補正しないときは、審査庁は、次節に規定する審理手続を経ないで、第45条第1項又は第49条第1項の規定に基づき、裁決で、当該審査請求を却下することができる。

2　審査請求が不適法であって補正することができないことが明らかなときも、前項と同様とする。

【執行停止】

第25条　審査請求は、処分の効力、処分の執行又は手続の続行を妨げない。

2　処分庁の上級行政庁又は処分庁である審査庁は、必要があると認める場合には、審査請求人の申立てにより又は職権で、処分の効力、処分の執行又は手続の続行の全部又は一部の停止その他の措置（以下「執行停止」という。）をとることができる。

3　処分庁の上級行政庁又は処分庁のいずれでもない審査庁は、必要があると認める場合には、審査請求人の申立てにより、処分庁の意見を聴取した上、執行停止をすることができる。ただし、処分の効力、処分の執行又は手続の続行の全部又は一部の停止以外の措置をとることはできない。

4　前2項の規定による審査請求人の申立てがあった場合において、処分、処分の執行又は手続の続行により生ずる重大な損害を避けるために緊急の必要があると認めるときは、審査庁は、執行停止をしなければならない。ただし、公共の福祉に重大な影響を及ぼすおそれがあるとき、又は本案について理由がないとみえるときは、この限りでない。

5　審査庁は、前項に規定する重大な損害を生ずるか否かを判断するに当たっては、損害の回復の困難の程度を考慮するものとし、損害の性質及び程度並びに処分の内容及び性質をも勘案するものとする。

6　第2項から第4項までの場合において、処分の効力の停止は、処分の効力の停止以外の措置によって目的を達することができるときは、することができない。

7　執行停止の申立てがあったとき、又は審理員から第40条に規定する執行停止をすべき旨の意見書が提出されたときは、審査庁は、速やかに、執行停止をするかどうかを決定しなければならない。

【執行停止の取消し】

第26条　執行停止をした後において、執行停止が公共の福祉に重大な影響を及ぼすことが明らかとなったとき、その他事情が変更したときは、審査庁は、その執行停止を取り消すことができる。

【審査請求の取下げ】

第27条　審査請求人は、裁決があるまでは、いつでも審査請求を取り下げることができる。

2　審査請求の取下げは、書面でしなければならない。

◆第3節　審理手続◆

【審理手続の計画的進行】

第28条　審査請求人、参加人及び処分庁等（以下「審理関係人」という。）並びに審理員は、簡易迅速かつ公正な審理の実現のため、審理において、相互に協力するとともに、審理手続の計画的な進行を図らなければならない。

【弁明書の提出】

第29条　審理員は、審査庁から指名されたときは、直ちに、審査請求書又は審査請求録取書の写しを処分庁等に送付しなければならない。ただし、処分庁等が審査庁である場合には、この限りでない。

2　審理員は、相当の期間を定めて、処分庁等に対し、弁明書の提出を求めるものとする。

3　処分庁等は、前項の弁明書に、次の各号の区分に応じ、当該各号に定める事項を記載しなければならない。

①　処分についての審査請求に対する弁明書　処分の内容及び理由

②　不作為についての審査請求に対する弁明書　処分をしていない理由並びに予定される処分の時期、内容及び理由

4　処分庁が次に掲げる書面を保有する場合には、前項第1号に掲げる弁明書にこれを添付するものとする。

①　行政手続法（平成5年法律第88号）第

第30条～第37条

24条第1項の調書及び同条第3項の報告書

② 行政手続法第29条第1項に規定する弁明書

5 審理員は、処分庁等から弁明書の提出があったときは、これを審査請求人及び参加人に送付しなければならない。

【反論書等の提出】

第30条 審査請求人は、前条第5項の規定により送付された弁明書に記載された事項に対する反論を記載した書面（以下「反論書」という。）を提出することができる。この場合において、審理員が、反論書を提出すべき相当の期間を定めたときは、その期間内にこれを提出しなければならない。

2 参加人は、審査請求に係る事件に関する意見を記載した書面（第40条及び第42条第1項を除き、以下「意見書」という。）を提出することができる。この場合において、審理員が、意見書を提出すべき相当の期間を定めたときは、その期間内にこれを提出しなければならない。

3 審理員は、審査請求人から反論書の提出があったときはこれを参加人及び処分庁等に、参加人から意見書の提出があったときはこれを審査請求人及び処分庁等に、それぞれ送付しなければならない。

【口頭意見陳述】

第31条 審査請求人又は参加人の申立てがあった場合には、審理員は、当該申立てをした者（以下この条及び第41条第2項第2号において「申立人」という。）に口頭で審査請求に係る事件に関する意見を述べる機会を与えなければならない。ただし、当該申立人の所在その他の事情により当該意見を述べる機会を与えることが困難であると認められる場合には、この限りでない。

2 前項本文の規定による意見の陳述（以下「口頭意見陳述」という。）は、審理員が期日及び場所を指定し、全ての審理関係人を招集してさせるものとする。

3 口頭意見陳述において、申立人は、審理員の許可を得て、補佐人とともに出頭することができる。

4 口頭意見陳述において、審理員は、申立人のする陳述が事件に関係のない事項にわたる場合その他相当でない場合には、これを制限することができる。

5 口頭意見陳述に際し、申立人は、審理員の許可を得て、審査請求に係る事件に関し、処分庁等に対して、質問を発することができる。

【証拠書類等の提出】

第32条 審査請求人又は参加人は、証拠書類又は証拠物を提出することができる。

2 処分庁等は、当該処分の理由となる事実を証する書類その他の物件を提出することができる。

3 前2項の場合において、審理員が、証拠書類若しくは証拠物又は書類その他の物件を提出すべき相当の期間を定めたときは、その期間内にこれを提出しなければならない。

【物件の提出要求】

第33条 審理員は、審査請求人若しくは参加人の申立てにより又は職権で、書類その他の物件の所持人に対し、相当の期間を定めて、その物件の提出を求めることができる。この場合において、審理員は、その提出された物件を留め置くことができる。

【参考人の陳述及び鑑定の要求】

第34条 審理員は、審査請求人若しくは参加人の申立てにより又は職権で、適当と認める者に、参考人としてその知っている事実の陳述を求め、又は鑑定を求めることができる。

【検証】

第35条 審理員は、審査請求人若しくは参加人の申立てにより又は職権で、必要な場所につき、検証をすることができる。

2 審理員は、審査請求人又は参加人の申立てにより前項の検証をしようとするときは、あらかじめ、その日時及び場所を当該申立てをした者に通知し、これに立ち会う機会を与えなければならない。

【審理関係人への質問】

第36条 審理員は、審査請求人若しくは参加人の申立てにより又は職権で、審査請求に係る事件に関し、審理関係人に質問することができる。

【審理手続の計画的遂行】

第37条 審理員は、審査請求に係る事件について、審理すべき事項が多数であり又は錯綜しているなど事件が複雑であることその他の事情により、迅速かつ公正な審理を行うため、第31条から前条までに定める審理手続を計画的に遂行する必要があると認める場合には、期日及び場所を指定して、審理関係人を招集し、あらかじめ、これらの審理手続の申立てに関する意見の聴取を行うことができ

る。

2　審理員は、審理関係人が遠隔の地に居住している場合その他相当と認める場合には、政令で定めるところにより、審理員及び審理関係人が音声の送受信により通話をすることができる方法によって、前項に規定する意見の聴取を行うことができる。

3　審理員は、前２項の規定による意見の聴取を行ったときは、遅滞なく、第31条から前条までに定める審理手続の期日及び場所並びに第41条第１項の規定による審理手続の終結の予定時期を決定し、これらを審理関係人に通知するものとする。当該予定時期を変更したときも、同様とする。

【審査請求人等による提出書類等の閲覧等】

第38条　審査請求人又は参加人は、第41条第１項又は第２項の規定により審理手続が終結するまでの間、審理員に対し、提出書類等（第29条第４項各号に掲げる書面又は第32条第１項若しくは第２項若しくは第33条の規定により提出された書類その他の物件をいう。次項において同じ。）の閲覧（電磁的記録（電子的方式、磁気的方式その他人の知覚によっては認識することができない方式で作られる記録であって、電子計算機による情報処理の用に供されるものをいう。以下同じ。）にあっては、記録された事項を審査庁が定める方法により表示したものの閲覧）又は当該書面若しくは当該書類の写し若しくは当該電磁的記録に記録された事項を記載した書面の交付を求めることができる。この場合において、審理員は、第三者の利益を害するおそれがあると認めるとき、その他正当な理由があるときでなければ、その閲覧又は交付を拒むことができない。

2　審理員は、前項の規定による閲覧をさせ、又は同項の規定による交付をしようとするときは、当該閲覧又は交付に係る提出書類等の提出人の意見を聴かなければならない。ただし、審理員が、その必要がないと認めるときは、この限りでない。

3　審理員は、第１項の規定による閲覧について、日時及び場所を指定することができる。

4　第１項の規定による交付を受ける審査請求人又は参加人は、政令で定めるところにより、実費の範囲内において政令で定める額の手数料を納めなければならない。

5　審理員は、経済的困難その他特別の理由があると認めるときは、政令で定めるところに

より、前項の手数料を減額し、又は免除することができる。

6　地方公共団体（都道府県、市町村及び特別区並びに地方公共団体の組合に限る。以下同じ。）に所属する行政庁が審査庁である場合における前２項の規定の適用については、これらの規定中「政令」とあるのは、「条例」とし、国又は地方公共団体に所属しない行政庁が審査庁である場合におけるこれらの規定の適用については、これらの規定中「政令で」とあるのは、「審査庁が」とする。

【審理手続の併合又は分離】

第39条　審理員は、必要があると認める場合には、数個の審査請求に係る審理手続を併合し、又は併合された数個の審査請求に係る審理手続を分離することができる。

【審理員による執行停止の意見書の提出】

第40条　審理員は、必要があると認める場合には、審査庁に対し、執行停止をすべき旨の意見書を提出することができる。

【審理手続の終結】

第41条　審理員は、必要な審理を終えたと認めるときは、審理手続を終結するものとする。

2　前項に定めるもののほか、審理員は、次の各号のいずれかに該当するときは、審理手続を終結することができる。

①　次のイからホまでに掲げる規定の相当の期間内に、当該イからホまでに定める物件が提出されない場合において、更に一定の期間を示して、当該物件の提出を求めたにもかかわらず、当該提出期間内に当該物件が提出されなかったとき。

イ　第29条第２項　　弁明書
ロ　第30条第１項後段　反論書
ハ　第30条第２項後段　意見書
ニ　第32条第３項　証拠書類若しくは証拠物又は書類その他の物件
ホ　第33条前段　書類その他の物件

②　申立人が、正当な理由なく、口頭意見陳述に出頭しないとき。

3　審理員が前２項の規定により審理手続を終結したときは、速やかに、審理関係人に対し、審理手続を終結した旨並びに次条第１項に規定する審理員意見書及び事件記録（審査請求書、弁明書その他審査請求に係る事件に関する書類その他の物件のうち政令で定めるものをいう。同条第２項及び第43条第２項において同じ。）を審査庁に提出する予定時

期を通知するものとする。当該予定時期を変更したときも、同様とする。

【審理員意見書】

第42条　審理員は、審理手続を終結したときは、遅滞なく、審査庁がすべき裁決に関する意見書（以下「審理員意見書」という。）を作成しなければならない。

2　審理員は、審理員意見書を作成したときは、速やかに、これを事件記録とともに、審査庁に提出しなければならない。

◆第4節　行政不服審査会等への諮問◆

第43条　審査庁は、審理員意見書の提出を受けたときは、次の各号のいずれかに該当する場合を除き、審査庁が主任の大臣又は宮内庁長官若しくは内閣府設置法第49条第1項若しくは第2項若しくは国家行政組織法第3条第2項に規定する庁の長である場合にあっては行政不服審査会に、審査庁が地方公共団体の長（地方公共団体の組合にあっては、長、管理者又は理事会）である場合にあっては第81条第1項又は第2項の機関に、それぞれ諮問しなければならない。

① 審査請求に係る処分をしようとするときに他の法律又は政令（条例に基づく処分については、条例）に第9条第1項各号に掲げる機関若しくは地方公共団体の議会又はこれらの機関に類するものとして政令で定めるもの（以下「審議会等」という。）の議を経るべき旨又は経ることができる旨の定めがあり、かつ、当該議を経て当該処分がされた場合

② 裁決をしようとするときに他の法律又は政令（条例に基づく処分については、条例）に第9条第1項各号に掲げる機関若しくは地方公共団体の議会又はこれらの機関に類するものとして政令で定めるものの議を経るべき旨又は経ることができる旨の定めがあり、かつ、当該議を経て裁決をしようとする場合

③ 第46条第3項又は第49条第4項の規定により審議会等の議を経て裁決をしようとする場合

④ 審査請求人から、行政不服審査会又は第81条第1項若しくは第2項の機関（以下「行政不服審査会等」という。）への諮問を希望しない旨の申出がされている場合（参加人から、行政不服審査会等に諮問しないことについて反対する旨の申出がされている場合を除く。）

⑤ 審査請求が、行政不服審査会等によって、国民の権利利益及び行政の運営に対する影響の程度その他当該事件の性質を勘案して、諮問を要しないものと認められたものである場合

⑥ 審査請求が不適法であり、却下する場合

⑦ 第46条第1項の規定により審査請求に係る処分（法令に基づく申請を却下し、又は棄却する処分及び事実上の行為を除く。）の全部を取り消し、又は第47条第1号若しくは第2号の規定により審査請求に係る事実上の行為の全部を撤廃すべき旨を命じ、若しくは撤廃することとする場合（当該処分の全部を取り消すこと又は当該事実上の行為の全部を撤廃すべき旨を命じ、若しくは撤廃することについて反対する旨の意見書が提出されている場合及び口頭意見陳述においてその旨の意見が述べられている場合を除く。）

⑧ 第46条第2項各号又は第49条第3項各号に定める措置（法令に基づく申請の全部を認容すべき旨を命じ、又は認容するものに限る。）をとることとする場合（当該申請の全部を認容することについて反対する旨の意見書が提出されている場合及び口頭意見陳述においてその旨の意見が述べられている場合を除く。）

2　前項の規定による諮問は、審理員意見書及び事件記録の写しを添えてしなければならない。

3　第1項の規定により諮問をした審査庁は、審理関係人（処分庁等が審査庁である場合にあっては、審査請求人及び参加人）に対し、当該諮問をした旨を通知するとともに、審理員意見書の写しを送付しなければならない。

◆第5節　裁決◆

【裁決の時期】

第44条　審査庁は、行政不服審査会等から諮問に対する答申を受けたとき（前条第1項の規定による諮問を要しない場合（同項第2号又は第3号に該当する場合を除く。）にあっては審理員意見書が提出されたとき、同項第2号又は第3号に該当する場合にあっては同項第2号又は第3号に規定する議を経たとき）は、遅滞なく、裁決をしなければならない。

【処分についての審査請求の却下又は棄却】

第45条　処分についての審査請求が法定の期間経過後にされたものである場合その他不適

法である場合には、審査庁は、裁決で、当該審査請求を却下する。

2 処分についての審査請求が理由がない場合には、審査庁は、裁決で、当該審査請求を棄却する。

3 審査請求に係る処分が違法又は不当ではあるが、これを取り消し、又は撤廃することにより公の利益に著しい障害を生ずる場合において、審査請求人の受ける損害の程度、その損害の賠償又は防止の程度及び方法その他一切の事情を考慮した上、処分を取り消し、又は撤廃することが公共の福祉に適合しないと認めるときは、審査庁は、裁決で、当該審査請求を棄却することができる。この場合には、審査庁は、裁決の主文で、当該処分が違法又は不当であることを宣言しなければならない。

【処分についての審査請求の認容】

第46条 処分（事実上の行為を除く。以下この条及び第48条において同じ。）についての審査請求が理由がある場合（前条第3項の規定の適用がある場合を除く。）には、審査庁は、裁決で、当該処分の全部若しくは一部を取り消し、又はこれを変更する。ただし、審査庁が処分庁の上級行政庁又は処分庁のいずれでもない場合には、当該処分を変更することはできない。

2 前項の規定により法令に基づく申請を却下し、又は棄却する処分の全部又は一部を取り消す場合において、次の各号に掲げる審査庁は、当該申請に対して一定の処分をすべきものと認めるときは、当該各号に定める措置をとる。

① 処分庁の上級行政庁である審査庁 当該処分庁に対し、当該処分をすべき旨を命ずること。

② 処分庁である審査庁 当該処分をすること。

3 前項に規定する一定の処分に関し、第43条第1項第1号に規定する議を経るべき旨の定めがある場合において、審査庁が前項各号に定める措置をとるために必要があると認めるときは、審査庁は、当該定めに係る審議会等の議を経ることができる。

4 前項に規定する定めがある場合のほか、第2項に規定する一定の処分に関し、他の法令に関係行政機関との協議の実施その他の手続をとるべき旨の定めがある場合において、審査庁が同項各号に定める措置をとるために必要があると認めるときは、審査庁は、当該手続をとることができる。

第47条 事実上の行為についての審査請求が理由がある場合（第45条第3項の規定の適用がある場合を除く。）には、審査庁は、裁決で、当該事実上の行為が違法又は不当である旨を宣言するとともに、次の各号に掲げる審査庁の区分に応じ、当該各号に定める措置をとる。ただし、審査庁が処分庁の上級行政庁以外の審査庁である場合には、当該事実上の行為を変更すべき旨を命ずることはできない。

① 処分庁以外の審査庁 当該処分庁に対し、当該事実上の行為の全部若しくは一部を撤廃し、又はこれを変更すべき旨を命ずること。

② 処分庁である審査庁 当該事実上の行為の全部若しくは一部を撤廃し、又はこれを変更すること。

【不利益変更の禁止】

第48条 第46条第1項本文又は前条の場合において、審査庁は、審査請求人の不利益に当該処分を変更し、又は当該事実上の行為を変更すべき旨を命じ、若しくはこれを変更することはできない。

【不作為についての審査請求の裁決】

第49条 不作為についての審査請求が当該不作為に係る処分についての申請から相当の期間が経過しないでされたものである場合その他不適法である場合には、審査庁は、裁決で、当該審査請求を却下する。

2 不作為についての審査請求が理由がない場合には、審査庁は、裁決で、当該審査請求を棄却する。

3 不作為についての審査請求が理由がある場合には、審査庁は、裁決で、当該不作為が違法又は不当である旨を宣言する。この場合において、次の各号に掲げる審査庁は、当該申請に対して一定の処分をすべきものと認めるときは、当該各号に定める措置をとる。

① 不作為庁の上級行政庁である審査庁 当該不作為庁に対し、当該処分をすべき旨を命ずること。

② 不作為庁である審査庁 当該処分をすること。

4 審査請求に係る不作為に係る処分に関し、第43条第1項第1号に規定する議を経るべき旨の定めがある場合において、審査庁が前項各号に定める措置をとるために必要がある

第50条～第55条

と認めるときは、審査庁は、当該定めに係る審議会等の議を経ることができる。

5　前項に規定する定めがある場合のほか、審査請求に係る不作為に係る処分に関し、他の法令に関係行政機関との協議の実施その他の手続をとるべき旨の定めがある場合において、審査庁が第3項各号に定める措置をとるために必要があると認めるときは、審査庁は、当該手続をとることができる。

【裁決の方式】

第50条　裁決は、次に掲げる事項を記載し、審査庁が記名押印した裁決書によりしなければならない。

① 主文

② 事案の概要

③ 審理関係人の主張の要旨

④ 理由（第1号の主文が審理員意見書又は行政不服審査会等若しくは審議会等の答申書と異なる内容である場合には、異なることとなった理由を含む。）

2　第43条第1項の規定による行政不服審査会等への諮問を要しない場合には、前項の裁決書には、審理員意見書を添付しなければならない。

3　審査庁は、再審査請求をすることができる裁決をする場合には、裁決書に再審査請求をすることができる旨並びに再審査請求をすべき行政庁及び再審査請求期間（第62条に規定する期間をいう。）を記載して、これらを教示しなければならない。

【裁決の効力発生】

第51条　裁決は、審査請求人（当該審査請求が処分の相手方以外の者のしたものである場合における第46条第1項及び第47条の規定による裁決にあっては、審査請求人及び処分の相手方）に送達された時に、その効力を生ずる。

2　裁決の送達は、送達を受けるべき者に裁決書の謄本を送付することによってする。ただし、送達を受けるべき者の所在が知れない場合その他裁決書の謄本を送付することができない場合には、公示の方法によってすることができる。

3　公示の方法による送達は、審査庁が裁決書の謄本を保管し、いつでもその送達を受けるべき者に交付する旨を当該審査庁の掲示場に掲示し、かつ、その旨を官報その他の公報又は新聞紙に少なくとも1回掲載してするものとする。この場合において、その掲示を始め

た日の翌日から起算して2週間を経過した時に裁決書の謄本の送付があったものとみなす。

4　審査庁は、裁決書の謄本を参加人及び処分庁等（審査庁以外の処分庁等に限る。）に送付しなければならない。

【裁決の拘束力】

第52条　裁決は、関係行政庁を拘束する。

2　申請に基づいてした処分が手続の違法若しくは不当を理由として裁決で取り消され、又は申請を却下し、若しくは棄却した処分が裁決で取り消された場合には、処分庁は、裁決の趣旨に従い、改めて申請に対する処分をしなければならない。

3　法令の規定により公示された処分が裁決で取り消され、又は変更された場合には、処分庁は、当該処分が取り消され、又は変更された旨を公示しなければならない。

4　法令の規定により処分の相手方以外の利害関係人に通知された処分が裁決で取り消され、又は変更された場合には、処分庁は、その通知を受けた者（審査請求人及び参加人を除く。）に、当該処分が取り消され、又は変更された旨を通知しなければならない。

【証拠書類等の返還】

第53条　審査庁は、裁決をしたときは、速やかに、第32条第1項又は第2項の規定により提出された証拠書類若しくは証拠物又は書類その他の物件及び第33条の規定による提出要求に応じて提出された書類その他の物件をその提出人に返還しなければならない。

第3章　再調査の請求

【再調査の請求期間】

第54条　再調査の請求は、処分があったことを知った日の翌日から起算して3月を経過したときは、することができない。ただし、正当な理由があるときは、この限りでない。

2　再調査の請求は、処分があった日の翌日から起算して1年を経過したときは、することができない。ただし、正当な理由があるときは、この限りでない。

【誤った教示をした場合の救済】

第55条　再調査の請求をすることができる処分につき、処分庁が誤って再調査の請求をすることができる旨を教示しなかった場合において、審査請求がされた場合であって、審査請求人から申立てがあったときは、審査庁は、速やかに、審査請求書又は審査請求録取

104

書を処分庁に送付しなければならない。ただし、審査請求人に対し弁明書が送付された後においては、この限りでない。

2 前項本文の規定により審査請求書又は審査請求録取書の送付を受けた処分庁は、速やかに、その旨を審査請求人及び参加人に通知しなければならない。

3 第1項本文の規定により審査請求書又は審査請求録取書が処分庁に送付されたときは、初めから処分庁に再調査の請求がされたものとみなす。

【再調査の請求についての決定を経ずに審査請求がされた場合】

第56条 第5条第2項ただし書の規定により審査請求がされたときは、同項の再調査の請求は、取り下げられたものとみなす。ただし、処分庁において当該審査請求がされた日以前に再調査の請求に係る処分（事実上の行為を除く。）を取り消す旨の第60条第1項の決定書の謄本を発している場合又は再調査の請求に係る事実上の行為を撤廃している場合は、当該審査請求（処分（事実上の行為を除く。）の一部を取り消す旨の第59条第1項の決定がされている場合又は事実上の行為の一部が撤廃されている場合にあっては、その部分に限る。）が取り下げられたものとみなす。

【3月後の教示】

第57条 処分庁は、再調査の請求がされた日（第61条において読み替えて準用する第23条の規定により不備を補正すべきことを命じた場合にあっては、当該不備が補正された日）の翌日から起算して3月を経過しても当該再調査の請求が係属しているときは、遅滞なく、当該処分について直ちに審査請求をすることができる旨を書面でその再調査の請求人に教示しなければならない。

【再調査の請求の却下又は棄却の決定】

第58条 再調査の請求が法定の期間経過後にされたものである場合その他不適法である場合には、処分庁は、決定で、当該再調査の請求を却下する。

2 再調査の請求が理由がない場合には、処分庁は、決定で、当該再調査の請求を棄却する。

【再調査の請求の認容の決定】

第59条 処分（事実上の行為を除く。）についての再調査の請求が理由がある場合には、処分庁は、決定で、当該処分の全部若しくは一部を取り消し、又はこれを変更する。

2 事実上の行為についての再調査の請求が理由がある場合には、処分庁は、決定で、当該事実上の行為が違法又は不当である旨を宣言するとともに、当該事実上の行為の全部若しくは一部を撤廃し、又はこれを変更する。

3 処分庁は、前2項の場合において、再調査の請求人の不利益に当該処分又は当該事実上の行為を変更することはできない。

【決定の方式】

第60条 前2条の決定は、主文及び理由を記載し、処分庁が記名押印した決定書によりしなければならない。

2 処分庁は、前項の決定書（再調査の請求に係る処分の全部を取り消し、又は撤廃する決定に係るものを除く。）に、再調査の請求に係る処分につき審査請求をすることができる旨（却下の決定である場合にあっては、当該却下の決定が違法な場合に限り審査請求をすることができる旨）並びに審査請求をすべき行政庁及び審査請求期間を記載して、これらを教示しなければならない。

【審査請求に関する規定の準用】

第61条 第9条第4項、第10条から第16条まで、第18条第3項、第19条（第3項並びに第5項第1号及び第2号を除く。）、第20条、第23条、第24条、第25条（第3項を除く。）、第26条、第27条、第31条（第5項を除く。）、第32条（第2項を除く。）、第39条、第51条及び第53条の規定は、再調査の請求について準用する。この場合において、別表第2の上欄に掲げる規定中同表の中欄に掲げる字句は、それぞれ同表の下欄に掲げる字句に読み替えるものとする。

第4章　再審査請求

【再審査請求期間】

第62条 再審査請求は、原裁決があったことを知った日の翌日から起算して1月を経過したときは、することができない。ただし、正当な理由があるときは、この限りでない。

2 再審査請求は、原裁決があった日の翌日から起算して1年を経過したときは、することができない。ただし、正当な理由があるときは、この限りでない。

【裁決書の送付】

第63条 第66条第1項において読み替えて準用する第11条第2項に規定する審理員又は第66条第1項において準用する第9条第1項各号に掲げる機関である再審査庁（他の

行政不服審査法

法律の規定により再審査請求がされた行政庁（第66条第1項において読み替えて準用する第14条の規定により引継ぎを受けた行政庁を含む。）をいう。以下同じ。）は、原裁決をした行政庁に対し、原裁決に係る裁決書の送付を求めるものとする。

【再審査請求の却下又は棄却の裁決】

第64条　再審査請求が法定の期間経過後にされたものである場合その他不適法である場合には、再審査庁は、裁決で、当該再審査請求を却下する。

2　再審査請求が理由がない場合には、再審査庁は、裁決で、当該再審査請求を棄却する。

3　再審査請求に係る原裁決（審査請求を却下し、又は棄却したものに限る。）が違法又は不当である場合において、当該審査請求に係る処分が違法又は不当のいずれでもないときは、再審査庁は、裁決で、当該再審査請求を棄却する。

4　前項に規定する場合のほか、再審査請求に係る原裁決等が違法又は不当ではあるが、これを取り消し、又は撤廃することにより公の利益に著しい障害を生ずる場合において、再審査請求人の受ける損害の程度、その損害の賠償又は防止の程度及び方法その他一切の事情を考慮した上、原裁決等を取り消し、又は撤廃することが公共の福祉に適合しないと認めるときは、再審査庁は、裁決で、当該再審査請求を棄却することができる。この場合には、再審査庁は、裁決の主文で、当該原裁決等が違法又は不当であることを宣言しなければならない。

【再審査請求の認容の裁決】

第65条　原裁決等（事実上の行為を除く。）についての再審査請求が理由がある場合（前条第3項に規定する場合及び同条第4項の規定の適用がある場合を除く。）には、再審査庁は、裁決で、当該原裁決等の全部又は一部を取り消す。

2　事実上の行為についての再審査請求が理由がある場合（前条第4項の規定の適用がある場合を除く。）には、裁決で、当該事実上の行為が違法又は不当である旨を宣言するとともに、処分庁に対し、当該事実上の行為の全部又は一部を撤廃すべき旨を命ずる。

【審査請求に関する規定の準用】

第66条　第2章（第9条第3項、第18条（第3項を除く。）、第19条第3項並びに第5項第1号及び第2号、第22条、第25条第2

項、第29条（第1項を除く。）、第30条第1項、第41条第2項第1号イ及びロ、第4節、第45条から第49条まで並びに第50条第3項を除く。）の規定は、再審査請求について準用する。この場合において、別表第3の上欄に掲げる規定中同表の中欄に掲げる字句は、それぞれ同表の下欄に掲げる字句に読み替えるものとする。

2　再審査庁が前項において準用する第9条第1項各号に掲げる機関である場合には、前項において準用する第17条、第40条、第42条及び第50条第2項の規定は、適用しない。

第5章　行政不服審査会等

◆第1節　行政不服審査会◆
第1款　設置及び組織

【設置】

第67条　総務省に、行政不服審査会（以下「審査会」という。）を置く。

2　審査会は、この法律の規定によりその権限に属させられた事項を処理する。

【組織】

第68条　審査会は、委員9人をもって組織する。

2　委員は、非常勤とする。ただし、そのうち3人以内は、常勤とすることができる。

【委員】

第69条　委員は、審査会の権限に属する事項に関し公正な判断をすることができ、かつ、法律又は行政に関して優れた識見を有する者のうちから、両議院の同意を得て、総務大臣が任命する。

2　委員の任期が満了し、又は欠員を生じた場合において、国会の閉会又は衆議院の解散のために両議院の同意を得ることができないときは、総務大臣は、前項の規定にかかわらず、同項に定める資格を有する者のうちから、委員を任命することができる。

3　前項の場合においては、任命後最初の国会で両議院の事後の承認を得なければならない。この場合において、両議院の事後の承認が得られないときは、総務大臣は、直ちにその委員を罷免しなければならない。

4　委員の任期は、3年とする。ただし、補欠の委員の任期は、前任者の残任期間とする。

5　委員は、再任されることができる。

6　委員の任期が満了したときは、当該委員は、後任者が任命されるまで引き続きその職

務を行うものとする。

7　総務大臣は、委員が心身の故障のために職務の執行ができないと認める場合又は委員に職務上の義務違反その他委員たるに適しない非行があると認める場合には、両議院の同意を得て、その委員を罷免することができる。

8　委員は、職務上知ることができた秘密を漏らしてはならない。その職を退いた後も同様とする。

9　委員は、在任中、政党その他の政治的団体の役員となり、又は積極的に政治運動をしてはならない。

10　常勤の委員は、在任中、総務大臣の許可がある場合を除き、報酬を得て他の職務に従事し、又は営利事業を営み、その他金銭上の利益を目的とする業務を行ってはならない。

11　委員の給与は、別に法律で定める。

【会長】

第70条　審査会に、会長を置き、委員の互選により選任する。

2　会長は、会務を総理し、審査会を代表する。

3　会長に事故があるときは、あらかじめその指名する委員が、その職務を代理する。

【専門委員】

第71条　審査会に、専門の事項を調査させるため、専門委員を置くことができる。

2　専門委員は、学識経験のある者のうちから、総務大臣が任命する。

3　専門委員は、その者の任命に係る当該専門の事項に関する調査が終了したときは、解任されるものとする。

4　専門委員は、非常勤とする。

【合議体】

第72条　審査会は、委員のうちから、審査会が指名する者3人をもって構成する合議体で、審査請求に係る事件について調査審議する。

2　前項の規定にかかわらず、審査会が定める場合においては、委員の全員をもって構成する合議体で、審査請求に係る事件について調査審議する。

【事務局】

第73条　審査会の事務を処理させるため、審査会に事務局を置く。

2　事務局に、事務局長のほか、所要の職員を置く。

3　事務局長は、会長の命を受けて、局務を掌理する。

第2款　審査会の調査審議の手続

【審査会の調査権限】

第74条　審査会は、必要があると認める場合には、審査請求に係る事件に関し、審査請求人、参加人又は第43条第1項の規定により審査会に諮問をした審査庁（以下この款において「審査関係人」という。）にその主張を記載した書面（以下この款において「主張書面」という。）又は資料の提出を求めること、適当と認める者にその知っている事実の陳述又は鑑定を求めることその他必要な調査をすることができる。

【意見の陳述】

第75条　審査会は、審査関係人の申立てがあった場合には、当該審査関係人に口頭で意見を述べる機会を与えなければならない。ただし、審査会が、その必要がないと認める場合には、この限りでない。

2　前項本文の場合において、審査請求人又は参加人は、審査会の許可を得て、補佐人とともに出頭することができる。

【主張書面等の提出】

第76条　審査関係人は、審査会に対し、主張書面又は資料を提出することができる。この場合において、審査会が、主張書面又は資料を提出すべき相当の期間を定めたときは、その期間内にこれを提出しなければならない。

【委員による調査手続】

第77条　審査会は、必要があると認める場合には、その指名する委員に、第74条の規定による調査をさせ、又は第75条第1項本文の規定による審査関係人の意見の陳述を聴かせることができる。

【提出資料の閲覧等】

第78条　審査関係人は、審査会に対し、審査会に提出された主張書面若しくは資料の閲覧（電磁的記録にあっては、記録された事項を審査会が定める方法により表示したものの閲覧）又は当該主張書面若しくは当該資料の写し若しくは当該電磁的記録に記録された事項を記載した書面の交付を求めることができる。この場合において、審査会は、第三者の利益を害するおそれがあると認めるとき、その他正当な理由があるときでなければ、その閲覧又は交付を拒むことができない。

2　審査会は、前項の規定による閲覧をさせ、又は同項の規定による交付をしようとするときは、当該閲覧又は交付に係る主張書面又は資料の提出人の意見を聴かなければならな

い。ただし、審査会が、その必要がないと認めるときは、この限りでない。

3　審査会は、第1項の規定による閲覧について、日時及び場所を指定することができる。

4　第1項の規定による交付を受ける審査請求人又は参加人は、政令で定めるところにより、実費の範囲内において政令で定める額の手数料を納めなければならない。

5　審査会は、経済的困難その他特別の理由があると認めるときは、政令で定めるところにより、前項の手数料を減額し、又は免除することができる。

【答申書の送付等】

第79条　審査会は、諮問に対する答申をしたときは、答申書の写しを審査請求人及び参加人に送付するとともに、答申の内容を公表するものとする。

　　　　第3款　雑則

【政令への委任】

第80条　この法律に定めるもののほか、審査会に関し必要な事項は、政令で定める。

　　◆第2節　地方公共団体に置かれる機関◆

第81条　地方公共団体に、執行機関の附属機関として、この法律の規定によりその権限に属させられた事項を処理するための機関を置く。

2　前項の規定にかかわらず、地方公共団体は、当該地方公共団体における不服申立ての状況等に鑑み同項の機関を置くことが不適当又は困難であるときは、条例で定めるところにより、事件ごとに、執行機関の附属機関として、この法律の規定によりその権限に属させられた事項を処理するための機関を置くこととすることができる。

3　前節第2款の規定は、前2項の機関について準用する。この場合において、第78条第4項及び第5項中「政令」とあるのは、「条例」と読み替えるものとする。

4　前3項に定めるもののほか、第1項又は第2項の機関の組織及び運営に関し必要な事項は、当該機関を置く地方公共団体の条例（地方自治法第252条の7第1項の規定により共同設置する機関にあっては、同項の規約）で定める。

第6章　補則

【不服申立てをすべき行政庁等の教示】

第82条　行政庁は、審査請求若しくは再調査の請求又は他の法令に基づく不服申立て（以

下この条において「不服申立て」と総称する。）をすることができる処分をする場合には、処分の相手方に対し、当該処分につき不服申立てをすることができる旨並びに不服申立てをすべき行政庁及び不服申立てをすることができる期間を書面で教示しなければならない。ただし、当該処分を口頭でする場合は、この限りでない。

2　行政庁は、利害関係人から、当該処分が不服申立てをすることができる処分であるかどうか並びに当該処分が不服申立てをすることができるものである場合における不服申立てをすべき行政庁及び不服申立てをすることができる期間につき教示を求められたときは、当該事項を教示しなければならない。

3　前項の場合において、教示を求めた者が書面による教示を求めたときは、当該教示は、書面でしなければならない。

【教示をしなかった場合の不服申立て】

第83条　行政庁が前条の規定による教示をしなかった場合には、当該処分について不服がある者は、当該処分庁に不服申立書を提出することができる。

2　第19条（第5項第1号及び第2号を除く。）の規定は、前項の不服申立書について準用する。

3　第1項の規定により不服申立書の提出があった場合において、当該処分が処分庁以外の行政庁に対し審査請求をすることができる処分であるときは、処分庁は、速やかに、当該不服申立書を当該行政庁に送付しなければならない。当該処分が他の法令に基づき、処分庁以外の行政庁に不服申立てをすることができる処分であるときも、同様とする。

4　前項の規定により不服申立書が送付されたときは、初めから当該行政庁に審査請求又は当該法令に基づく不服申立てがされたものとみなす。

5　第3項の場合を除くほか、第1項の規定により不服申立書が提出されたときは、初めから当該処分庁に審査請求又は当該法令に基づく不服申立てがされたものとみなす。

【情報の提供】

第84条　審査請求、再調査の請求若しくは再審査請求又は他の法令に基づく不服申立て（以下この条及び次条において「不服申立て」と総称する。）につき裁決、決定その他の処分（同条において「裁決等」という。）をする権限を有する行政庁は、不服申立てをしよ

第85条～第87条

うとする者又は不服申立てをした者の求めに応じ、不服申立書の記載に関する事項その他の不服申立てに必要な情報の提供に努めなければならない。

【公表】

第85条 不服申立てにつき裁決等をする権限を有する行政庁は、当該行政庁がした裁決等の内容その他当該行政庁における不服申立ての処理状況について公表するよう努めなけれ

ばならない。

【政令への委任】

第86条 この法律に定めるもののほか、この法律の実施のために必要な事項は、政令で定める。

【罰則】

第87条 第69条第8項の規定に違反して秘密を漏らした者は、1年以下の懲役又は50万円以下の罰金に処する。

行政不服審査法

行政事件訴訟法

（昭和 37 年 5 月 16 日法律第 139 号）

最終改正：令和 4 年 5 月 27 日法律第 54 号

第 1 章　総則

【この法律の趣旨】

第 1 条　行政事件訴訟については、他の法律に特別の定めがある場合を除くほか、この法律の定めるところによる。

【行政事件訴訟】

第 2 条　この法律において「行政事件訴訟」とは、抗告訴訟、当事者訴訟、民衆訴訟及び機関訴訟をいう。

【抗告訴訟】

第 3 条　この法律において「抗告訴訟」とは、行政庁の公権力の行使に関する不服の訴訟をいう。

2　この法律において「処分の取消しの訴え」とは、行政庁の処分その他公権力の行使に当たる行為（次項に規定する裁決、決定その他の行為を除く。以下単に「処分」という。）の取消しを求める訴訟をいう。

3　この法律において「裁決の取消しの訴え」とは、審査請求その他の不服申立て（以下単に「審査請求」という。）に対する行政庁の裁決、決定その他の行為（以下単に「裁決」という。）の取消しを求める訴訟をいう。

4　この法律において「無効等確認の訴え」とは、処分若しくは裁決の存否又はその効力の有無の確認を求める訴訟をいう。

5　この法律において「不作為の違法確認の訴え」とは、行政庁が法令に基づく申請に対し、相当の期間内に何らかの処分又は裁決をすべきであるにかかわらず、これをしないことについての違法の確認を求める訴訟をいう。

6　この法律において「義務付けの訴え」とは、次に掲げる場合において、行政庁がその処分又は裁決をすべき旨を命ずることを求める訴訟をいう。

①　行政庁が一定の処分をすべきであるにかかわらずこれがされないとき（次号に掲げる場合を除く。）。

②　行政庁に対し一定の処分又は裁決を求める旨の法令に基づく申請又は審査請求がされた場合において、当該行政庁がその処分又は裁決をすべきであるにかかわらずこれがされないとき。

7　この法律において「差止めの訴え」とは、行政庁が一定の処分又は裁決をすべきでないにかかわらずこれがされようとしている場合において、行政庁がその処分又は裁決をしてはならない旨を命ずることを求める訴訟をいう。

【当事者訴訟】

第 4 条　この法律において「当事者訴訟」とは、当事者間の法律関係を確認し又は形成する処分又は裁決に関する訴訟で法令の規定によりその法律関係の当事者の一方を被告とするもの及び公法上の法律関係に関する確認の訴えその他の公法上の法律関係に関する訴訟をいう。

【民衆訴訟】

第 5 条　この法律において「民衆訴訟」とは、国又は公共団体の機関の法規に適合しない行為の是正を求める訴訟で、選挙人たる資格その他自己の法律上の利益にかかわらない資格で提起するものをいう。

【機関訴訟】

第 6 条　この法律において「機関訴訟」とは、国又は公共団体の機関相互間における権限の存否又はその行使に関する紛争についての訴訟をいう。

【この法律に定めがない事項】

第 7 条　行政事件訴訟に関し、この法律に定めがない事項については、民事訴訟の例による。

第 2 章　抗告訴訟

◆第 1 節　取消訴訟◆

【処分の取消しの訴えと審査請求との関係】

第 8 条　処分の取消しの訴えは、当該処分につき法令の規定により審査請求をすることができる場合においても、直ちに提起することを妨げない。ただし、法律に当該処分についての審査請求に対する裁決を経た後でなければ処分の取消しの訴えを提起することができない旨の定めがあるときは、この限りでない。

2　前項ただし書の場合においても、次の各号の一に該当するときは、裁決を経ないで、処分の取消しの訴えを提起することができる。

①　審査請求があつた日から 3 箇月を経過し

ても裁決がないとき。

②　処分、処分の執行又は手続の続行により生ずる著しい損害を避けるため緊急の必要があるとき。

③　その他裁決を経ないことにつき正当な理由があるとき。

3　第1項本文の場合において、当該処分につき審査請求がされているときは、裁判所は、その審査請求に対する裁決があるまで（審査請求があつた日から3箇月を経過しても裁決がないときは、その期間を経過するまで）、訴訟手続を中止することができる。

【原告適格】

第9条　処分の取消しの訴え及び裁決の取消しの訴え（以下「取消訴訟」という。）は、当該処分又は裁決の取消しを求めるにつき法律上の利益を有する者（処分又は裁決の効果が期間の経過その他の理由によりなくなつた後においてもなお処分又は裁決の取消しによつて回復すべき法律上の利益を有する者を含む。）に限り、提起することができる。

2　裁判所は、処分又は裁決の相手方以外の者について前項に規定する法律上の利益の有無を判断するに当たつては、当該処分又は裁決の根拠となる法令の規定の文言のみによることなく、当該法令の趣旨及び目的並びに当該処分において考慮されるべき利益の内容及び性質を考慮するものとする。この場合において、当該法令の趣旨及び目的を考慮するに当たつては、当該法令と目的を共通にする関係法令があるときはその趣旨及び目的をも参酌するものとし、当該利益の内容及び性質を考慮するに当たつては、当該処分又は裁決がその根拠となる法令に違反してされた場合に害されることとなる利益の内容及び性質並びにこれが害される態様及び程度をも勘案するものとする。

【取消しの理由の制限】

第10条　取消訴訟においては、自己の法律上の利益に関係のない違法を理由として取消しを求めることができない。

2　処分の取消しの訴えとその処分についての審査請求を棄却した裁決の取消しの訴えとを提起することができる場合には、裁決の取消しの訴えにおいては、処分の違法を理由として取消しを求めることができない。

【被告適格等】

第11条　処分又は裁決をした行政庁（処分又は裁決があつた後に当該行政庁の権限が他の

行政庁に承継されたときは、当該他の行政庁。以下同じ。）が国又は公共団体に所属する場合には、取消訴訟は、次の各号に掲げる訴えの区分に応じてそれぞれ当該各号に定める者を被告として提起しなければならない。

①　処分の取消しの訴え　当該処分をした行政庁の所属する国又は公共団体

②　裁決の取消しの訴え　当該裁決をした行政庁の所属する国又は公共団体

2　処分又は裁決をした行政庁が国又は公共団体に所属しない場合には、取消訴訟は、当該行政庁を被告として提起しなければならない。

3　前2項の規定により被告とすべき国若しくは公共団体又は行政庁がない場合には、取消訴訟は、当該処分又は裁決に係る事務の帰属する国又は公共団体を被告として提起しなければならない。

4　第1項又は前項の規定により国又は公共団体を被告として取消訴訟を提起する場合には、訴状には、民事訴訟の例により記載すべき事項のほか、次の各号に掲げる訴えの区分に応じてそれぞれ当該各号に定める行政庁を記載するものとする。

①　処分の取消しの訴え　当該処分をした行政庁

②　裁決の取消しの訴え　当該裁決をした行政庁

5　第1項又は第3項の規定により国又は公共団体を被告として取消訴訟が提起された場合には、被告は、遅滞なく、裁判所に対し、前項各号に掲げる訴えの区分に応じてそれぞれ当該各号に定める行政庁を明らかにしなければならない。

6　処分又は裁決をした行政庁は、当該処分又は裁決に係る第1項の規定による国又は公共団体を被告とする訴訟について、裁判上の一切の行為をする権限を有する。

【管轄】

第12条　取消訴訟は、被告の普通裁判籍の所在地を管轄する裁判所又は処分若しくは裁決をした行政庁の所在地を管轄する裁判所の管轄に属する。

2　土地の収用、鉱業権の設定その他不動産又は特定の場所に係る処分又は裁決についての取消訴訟は、その不動産又は場所の所在地の裁判所にも、提起することができる。

3　取消訴訟は、当該処分又は裁決に関し事案の処理に当たつた下級行政機関の所在地の裁

判所にも、提起することができる。

4　国又は独立行政法人通則法（平成11年法律第103号）第2条第1項に規定する独立行政法人若しくは別表に掲げる法人を被告とする取消訴訟は、原告の普通裁判籍の所在地を管轄する高等裁判所の所在地を管轄する地方裁判所（次項において「特定管轄裁判所」という。）にも、提起することができる。

5　前項の規定により特定管轄裁判所に同項の取消訴訟が提起された場合であつて、他の裁判所に事実上及び法律上同一の原因に基づいてされた処分又は裁決に係る抗告訴訟が係属している場合においては、当該特定管轄裁判所は、当事者の住所又は所在地、尋問を受けるべき証人の住所、争点又は証拠の共通性その他の事情を考慮して、相当と認めるときは、申立てにより又は職権で、訴訟の全部又は一部について、当該他の裁判所又は第1項から第3項までに定める裁判所に移送することができる。

【関連請求に係る訴訟の移送】

第13条　取消訴訟と次の各号の一に該当する請求（以下「関連請求」という。）に係る訴訟とが各別の裁判所に係属する場合において、相当と認めるときは、関連請求に係る訴訟の係属する裁判所は、申立てにより又は職権で、その訴訟を取消訴訟の係属する裁判所に移送することができる。ただし、取消訴訟又は関連請求に係る訴訟の係属する裁判所が高等裁判所であるときは、この限りでない。

① 当該処分又は裁決に関連する原状回復又は損害賠償の請求

② 当該処分とともに1個の手続を構成する他の処分の取消しの請求

③ 当該処分に係る裁決の取消しの請求

④ 当該裁決に係る処分の取消しの請求

⑤ 当該処分又は裁決の取消しを求める他の請求

⑥ その他当該処分又は裁決の取消しの請求と関連する請求

【出訴期間】

第14条　取消訴訟は、処分又は裁決があつたことを知つた日から6箇月を経過したときは、提起することができない。ただし、正当な理由があるときは、この限りでない。

2　取消訴訟は、処分又は裁決の日から1年を経過したときは、提起することができない。ただし、正当な理由があるときは、この限りでない。

3　処分又は裁決につき審査請求をすることができる場合又は行政庁が誤つて審査請求をすることができる旨を教示した場合において、審査請求があつたときは、処分又は裁決に係る取消訴訟は、その審査請求をした者については、前2項の規定にかかわらず、これに対する裁決があつたことを知つた日から6箇月を経過したとき又は当該裁決の日から1年を経過したときは、提起することができない。ただし、正当な理由があるときは、この限りでない。

【被告を誤つた訴えの救済】

第15条　取消訴訟において、原告が故意又は重大な過失によらないで被告とすべき者を誤つたときは、裁判所は、原告の申立てにより、決定をもつて、被告を変更することを許すことができる。

2　前項の決定は、書面でするものとし、その正本を新たな被告に送達しなければならない。

3　第1項の決定があつたときは、出訴期間の遵守については、新たな被告に対する訴えは、最初に訴えを提起した時に提起されたものとみなす。

4　第1項の決定があつたときは、従前の被告に対しては、訴えの取下げがあつたものとみなす。

5　第1項の決定に対しては、不服を申し立てることができない。

6　第1項の申立てを却下する決定に対しては、即時抗告をすることができる。

7　上訴審において第1項の決定をしたときは、裁判所は、その訴訟を管轄裁判所に移送しなければならない。

【請求の客観的併合】

第16条　取消訴訟には、関連請求に係る訴えを併合することができる。

2　前項の規定により訴えを併合する場合において、取消訴訟の第1審裁判所が高等裁判所であるときは、関連請求に係る訴えの被告の同意を得なければならない。被告が異議を述べないで、本案について弁論をし、又は弁論準備手続において申述をしたときは、同意したものとみなす。

【共同訴訟】

第17条　数人は、その数人の請求又はその数人に対する請求が処分又は裁決の取消しの請求と関連請求とである場合に限り、共同訴訟人として訴え、又は訴えられることができ

る。

2　前項の場合には、前条第２項の規定を準用する。

【第三者による請求の追加的併合】

第18条　第三者は、取消訴訟の口頭弁論の終結に至るまで、その訴訟の当事者の一方を被告として、関連請求に係る訴えをこれに併合して提起することができる。この場合において、当該取消訴訟が高等裁判所に係属しているときは、第16条第２項の規定を準用する。

【原告による請求の追加的併合】

第19条　原告は、取消訴訟の口頭弁論の終結に至るまで、関連請求に係る訴えをこれに併合して提起することができる。この場合において、当該取消訴訟が高等裁判所に係属しているときは、第16条第２項の規定を準用する。

2　前項の規定は、取消訴訟について民事訴訟法（平成８年法律第109号）第143条の規定の例によることを妨げない。

第20条　前条第１項前段の規定により、処分の取消しの訴えをその処分についての審査請求を棄却した裁決の取消しの訴えに併合して提起する場合には、同項後段において準用する第16条第２項の規定にかかわらず、処分の取消しの訴えの被告の同意を得ることを要せず、また、その提起があつたときは、出訴期間の遵守については、処分の取消しの訴えは、裁決の取消しの訴えを提起した時に提起されたものとみなす。

【国又は公共団体に対する請求への訴えの変更】

第21条　裁判所は、取消訴訟の目的たる請求を当該処分又は裁決に係る事務の帰属する国又は公共団体に対する損害賠償その他の請求に変更することが相当であると認めるときは、請求の基礎に変更がない限り、口頭弁論の終結に至るまで、原告の申立てにより、決定をもつて、訴えの変更を許すことができる。

2　前項の決定には、第15条第２項の規定を準用する。

3　裁判所は、第１項の規定により訴えの変更を許す決定をするには、あらかじめ、当事者及び損害賠償その他の請求に係る訴えの被告の意見をきかなければならない。

4　訴えの変更を許す決定に対しては、即時抗告をすることができる。

5　訴えの変更を許さない決定に対しては、不服を申し立てることができない。

【第三者の訴訟参加】

第22条　裁判所は、訴訟の結果により権利を害される第三者があるときは、当事者若しくはその第三者の申立てにより又は職権で、決定をもつて、その第三者を訴訟に参加させることができる。

2　裁判所は、前項の決定をするには、あらかじめ、当事者及び第三者の意見をきかなければならない。

3　第１項の申立てをした第三者は、その申立てを却下する決定に対して即時抗告をすることができる。

4　第１項の規定により訴訟に参加した第三者については、民事訴訟法第40条第１項から第３項までの規定を準用する。

5　第１項の規定により第三者が参加の申立てをした場合には、民事訴訟法第45条第３項及び第４項の規定を準用する。

【行政庁の訴訟参加】

第23条　裁判所は、処分又は裁決をした行政庁以外の行政庁を訴訟に参加させることが必要であると認めるときは、当事者若しくはその行政庁の申立てにより又は職権で、決定をもつて、その行政庁を訴訟に参加させることができる。

2　裁判所は、前項の決定をするには、あらかじめ、当事者及び当該行政庁の意見をきかなければならない。

3　第１項の規定により訴訟に参加した行政庁については、民事訴訟法第45条第１項及び第２項の規定を準用する。

【釈明処分の特則】

第23条の2　裁判所は、訴訟関係を明瞭にするため、必要があると認めるときは、次に掲げる処分をすることができる。

①　被告である国若しくは公共団体に所属する行政庁又は被告である行政庁に対し、処分又は裁決の内容、処分又は裁決の根拠となる法令の条項、処分又は裁決の原因となる事実その他処分又は裁決の理由を明らかにする資料（次項に規定する審査請求に係る事件の記録を除く。）であつて当該行政庁が保有するものの全部又は一部の提出を求めること。

②　前号に規定する行政庁以外の行政庁に対し、同号に規定する資料であつて当該行政庁が保有するものの全部又は一部の送付を嘱託すること。

第24条～第31条

2　裁判所は、処分についての審査請求に対する裁決を経た後に取消訴訟の提起があつたときは、次に掲げる処分をすることができる。

① 　被告である国若しくは公共団体に所属する行政庁又は被告である行政庁に対し、当該審査請求に係る事件の記録であつて当該行政庁が保有するものの全部又は一部の提出を求めること。

② 　前号に規定する行政庁以外の行政庁に対し、同号に規定する事件の記録であつて当該行政庁が保有するものの全部又は一部の送付を嘱託すること。

【職権証拠調べ】

第24条　裁判所は、必要があると認めるときは、職権で、証拠調べをすることができる。ただし、その証拠調べの結果について、当事者の意見をきかなければならない。

【執行停止】

第25条　処分の取消しの訴えの提起は、処分の効力、処分の執行又は手続の続行を妨げない。

2　処分の取消しの訴えの提起があつた場合において、処分、処分の執行又は手続の続行により生ずる重大な損害を避けるため緊急の必要があるときは、裁判所は、申立てにより、決定をもつて、処分の効力、処分の執行又は手続の続行の全部又は一部の停止（以下「執行停止」という。）をすることができる。ただし、処分の効力の停止は、処分の執行又は手続の続行の停止によつて目的を達することができる場合には、することができない。

3　裁判所は、前項に規定する重大な損害を生ずるか否かを判断するに当たつては、損害の回復の困難の程度を考慮するものとし、損害の性質及び程度並びに処分の内容及び性質をも勘案するものとする。

4　執行停止は、公共の福祉に重大な影響を及ぼすおそれがあるとき、又は本案について理由がないとみえるときは、することができない。

5　第2項の決定は、疎明に基づいてする。

6　第2項の決定は、口頭弁論を経ないですることができる。ただし、あらかじめ、当事者の意見をきかなければならない。

7　第2項の申立てに対する決定に対しては、即時抗告をすることができる。

8　第2項の決定に対する即時抗告は、その決定の執行を停止する効力を有しない。

【事情変更による執行停止の取消し】

第26条　執行停止の決定が確定した後に、その理由が消滅し、その他事情が変更したときは、裁判所は、相手方の申立てにより、決定をもつて、執行停止の決定を取り消すことができる。

2　前項の申立てに対する決定及びこれに対する不服については、前条第5項から第8項までの規定を準用する。

【内閣総理大臣の異議】

第27条　第25条第2項の申立てがあつた場合には、内閣総理大臣は、裁判所に対し、異議を述べることができる。執行停止の決定があつた後においても、同様とする。

2　前項の異議には、理由を附さなければならない。

3　前項の異議の理由においては、内閣総理大臣は、処分の効力を存続し、処分を執行し、又は手続を続行しなければ、公共の福祉に重大な影響を及ぼすおそれのある事情を示すものとする。

4　第1項の異議があつたときは、裁判所は、執行停止をすることができず、また、すでに執行停止の決定をしているときは、これを取り消さなければならない。

5　第1項後段の異議は、執行停止の決定をした裁判所に対して述べなければならない。ただし、その決定に対する抗告が抗告裁判所に係属しているときは、抗告裁判所に対して述べなければならない。

6　内閣総理大臣は、やむをえない場合でなければ、第1項の異議を述べてはならず、また、異議を述べたときは、次の常会において国会にこれを報告しなければならない。

【執行停止等の管轄裁判所】

第28条　執行停止又はその決定の取消しの申立ての管轄裁判所は、本案の係属する裁判所とする。

【執行停止に関する規定の準用】

第29条　前4条の規定は、裁決の取消しの訴えの提起があつた場合における執行停止に関する事項について準用する。

【裁量処分の取消し】

第30条　行政庁の裁量処分については、裁量権の範囲をこえ又はその濫用があつた場合に限り、裁判所は、その処分を取り消すことができる。

【特別の事情による請求の棄却】

第31条　取消訴訟については、処分又は裁決

が違法ではあるが、これを取り消すことにより公の利益に著しい障害を生ずる場合において、原告の受ける損害の程度、その損害の賠償又は防止の程度及び方法その他一切の事情を考慮したうえ、処分又は裁決を取り消すことが公共の福祉に適合しないと認めるときは、裁判所は、請求を棄却することができる。この場合には、当該判決の主文において、処分又は裁決が違法であることを宣言しなければならない。

2　裁判所は、相当と認めるときは、終局判決前に、判決をもって、処分又は裁決が違法であることを宣言することができる。

3　終局判決に事実及び理由を記載するには、前項の判決を引用することができる。

【取消判決等の効力】

第32条　処分又は裁決を取り消す判決は、第三者に対しても効力を有する。

2　前項の規定は、執行停止の決定又はこれを取り消す決定に準用する。

第33条　処分又は裁決を取り消す判決は、その事件について、処分又は裁決をした行政庁その他の関係行政庁を拘束する。

2　申請を却下し若しくは棄却した処分又は審査請求を却下し若しくは棄却した裁決が判決により取り消されたときは、その処分又は裁決をした行政庁は、判決の趣旨に従い、改めて申請に対する処分又は審査請求に対する裁決をしなければならない。

3　前項の規定は、申請に基づいてした処分又は審査請求を認容した裁決が判決により手続に違法があることを理由として取り消された場合に準用する。

4　第1項の規定は、執行停止の決定に準用する。

【第三者の再審の訴え】

第34条　処分又は裁決を取り消す判決により権利を害された第三者で、自己の責めに帰することができない理由により訴訟に参加することができなかつたため判決に影響を及ぼすべき攻撃又は防御の方法を提出することができなかつたものは、これを理由として、確定の終局判決に対し、再審の訴えをもって、不服の申立てをすることができる。

2　前項の訴えは、確定判決を知つた日から30日以内に提起しなければならない。

3　前項の期間は、不変期間とする。

4　第1項の訴えは、判決が確定した日から1年を経過したときは、提起することができない。

【訴訟費用の裁判の効力】

第35条　国又は公共団体に所属する行政庁が当事者又は参加人である訴訟における確定した訴訟費用の裁判は、当該行政庁が所属する国又は公共団体に対し、又はそれらの者のために、効力を有する。

◆第2節　その他の抗告訴訟◆

【無効等確認の訴えの原告適格】

第36条　無効等確認の訴えは、当該処分又は裁決に続く処分により損害を受けるおそれのある者その他当該処分又は裁決の無効等の確認を求めるにつき法律上の利益を有する者で、当該処分若しくは裁決の存否又はその効力の有無を前提とする現在の法律関係に関する訴えによつて目的を達することができないものに限り、提起することができる。

【不作為の違法確認の訴えの原告適格】

第37条　不作為の違法確認の訴えは、処分又は裁決についての申請をした者に限り、提起することができる。

【義務付けの訴えの要件等】

第37条の2　第3条第6項第1号に掲げる場合において、義務付けの訴えは、一定の処分がされないことにより重大な損害を生ずるおそれがあり、かつ、その損害を避けるため他に適当な方法がないときに限り、提起することができる。

2　裁判所は、前項に規定する重大な損害を生ずるか否かを判断するに当たつては、損害の回復の困難の程度を考慮するものとし、損害の性質及び程度並びに処分の内容及び性質をも勘案するものとする。

3　第1項の義務付けの訴えは、行政庁が一定の処分をすべき旨を命ずることを求めるにつき法律上の利益を有する者に限り、提起することができる。

4　前項に規定する法律上の利益の有無の判断については、第9条第2項の規定を準用する。

5　義務付けの訴えが第1項及び第3項に規定する要件に該当する場合において、その義務付けの訴えに係る処分につき、行政庁がその処分をすべきであることがその処分の根拠となる法令の規定から明らかであると認められ又は行政庁がその処分をしないことがその裁量権の範囲を超え若しくはその濫用となると認められるときは、裁判所は、行政庁がその処分をすべき旨を命ずる判決をする。

第37条の3～第37条の5

第37条の3 第3条第6項第2号に掲げる場合において、義務付けの訴えは、次の各号に掲げる要件のいずれかに該当するときに限り、提起することができる。

① 当該法令に基づく申請又は審査請求に対し相当の期間内に何らの処分又は裁決がされないこと。

② 当該法令に基づく申請又は審査請求を却下し又は棄却する旨の処分又は裁決がされた場合において、当該処分又は裁決が取り消されるべきものであり、又は無効若しくは不存在であること。

2 前項の義務付けの訴えは、同項各号に規定する法令に基づく申請又は審査請求をした者に限り、提起することができる。

3 第1項の義務付けの訴えを提起するときは、次の各号に掲げる区分に応じてそれぞれ当該各号に定める訴えをその義務付けの訴えに併合して提起しなければならない。この場合において、当該各号に定める訴えに係る訴訟の管轄について他の法律に特別の定めがあるときは、当該義務付けの訴えに係る訴訟の管轄は、第38条第1項において準用する第12条の規定にかかわらず、その定めに従う。

① 第1項第1号に掲げる要件に該当する場合 同号に規定する処分又は裁決に係る不作為の違法確認の訴え

② 第1項第2号に掲げる要件に該当する場合 同号に規定する処分又は裁決に係る取消訴訟又は無効等確認の訴え

4 前項の規定により併合して提起された義務付けの訴え及び同項各号に定める訴えに係る弁論及び裁判は、分離しないでしなければならない。

5 義務付けの訴えが第1項から第3項までに規定する要件に該当する場合において、同項各号に定める訴えに係る請求に理由があると認められ、かつ、その義務付けの訴えに係る処分又は裁決につき、行政庁がその処分若しくは裁決をすべきであることがその処分若しくは裁決の根拠となる法令の規定から明らかであると認められ又は行政庁がその処分若しくは裁決をしないことがその裁量権の範囲を超え若しくはその濫用となると認められるときは、裁判所は、その義務付けの訴えに係る処分又は裁決をすべき旨を命ずる判決をする。

6 第4項の規定にかかわらず、裁判所は、審理の状況その他の事情を考慮して、第3項各号に定める訴えについてのみ終局判決をすることがより迅速な争訟の解決に資すると認めるときは、当該訴えについてのみ終局判決をすることができる。この場合において、裁判所は、当該訴えについてのみ終局判決をしたときは、当事者の意見を聴いて、当該訴えに係る訴訟手続が完結するまでの間、義務付けの訴えに係る訴訟手続を中止することができる。

7 第1項の義務付けの訴えのうち、行政庁が一定の裁決をすべき旨を命ずることを求めるものは、処分についての審査請求がされた場合において、当該処分に係る処分の取消しの訴え又は無効等確認の訴えを提起することができないときに限り、提起することができる。

【差止めの訴えの要件】

第37条の4 差止めの訴えは、一定の処分又は裁決がされることにより重大な損害を生ずるおそれがある場合に限り、提起することができる。ただし、その損害を避けるため他に適当な方法があるときは、この限りでない。

2 裁判所は、前項に規定する重大な損害を生ずるか否かを判断するに当たつては、損害の回復の困難の程度を考慮するものとし、損害の性質及び程度並びに処分又は裁決の内容及び性質をも勘案するものとする。

3 差止めの訴えは、行政庁が一定の処分又は裁決をしてはならない旨を命ずることを求めるにつき法律上の利益を有する者に限り、提起することができる。

4 前項に規定する法律上の利益の有無の判断については、第9条第2項の規定を準用する。

5 差止めの訴えが第1項及び第3項に規定する要件に該当する場合において、その差止めの訴えに係る処分又は裁決につき、行政庁がその処分若しくは裁決をすべきでないことがその処分若しくは裁決の根拠となる法令の規定から明らかであると認められ又は行政庁がその処分若しくは裁決をすることがその裁量権の範囲を超え若しくはその濫用となると認められるときは、裁判所は、行政庁がその処分又は裁決をしてはならない旨を命ずる判決をする。

【仮の義務付け及び仮の差止め】

第37条の5 義務付けの訴えの提起があつた場合において、その義務付けの訴えに係る処分又は裁決がされないことにより生ずる償う

116

ことのできない損害を避けるため緊急の必要
があり、かつ、本案について理由があるとみ
えるときは、裁判所は、申立てにより、決定
をもつて、仮に行政庁がその処分又は裁決を
すべき旨を命ずること（以下この条において
「仮の義務付け」という。）ができる。

2　差止めの訴えの提起があつた場合におい
て、その差止めの訴えに係る処分又は裁決が
されることにより生ずる償うことのできない
損害を避けるため緊急の必要があり、かつ、
本案について理由があるとみえるときは、裁
判所は、申立てにより、決定をもつて、仮に
行政庁がその処分又は裁決をしてはならない
旨を命ずること（以下この条において「仮の
差止め」という。）ができる。

3　仮の義務付け又は仮の差止めは、公共の福
祉に重大な影響を及ぼすおそれがあるとき
は、することができない。

4　第25条第5項から第8項まで、第26条か
ら第28条まで及び第33条第1項の規定は、
仮の義務付け又は仮の差止めに関する事項に
ついて準用する。

5　前項において準用する第25条第7項の即
時抗告についての裁判又は前項において準用
する第26条第1項の決定により仮の義務付
けの決定が取り消されたときは、当該行政庁
は、当該仮の義務付けの決定に基づいてした
処分又は裁決を取り消さなければならない。

【取消訴訟に関する規定の準用】

第38条　第11条から第13条まで、第16条か
ら第19条まで、第21条から第23条まで、
第24条、第33条及び第35条の規定は、取
消訴訟以外の抗告訴訟について準用する。

2　第10条第2項の規定は、処分の無効等確
認の訴えとその処分についての審査請求を棄
却した裁決に係る抗告訴訟とを提起すること
ができる場合に、第20条の規定は、処分の
無効等確認の訴えをその処分についての審査
請求を棄却した裁決に係る抗告訴訟に併合し
て提起する場合に準用する。

3　第23条の2、第25条から第29条まで及
び第32条第2項の規定は、無効等確認の訴
えについて準用する。

4　第8条及び第10条第2項の規定は、不作
為の違法確認の訴えに準用する。

第3章　当事者訴訟

【出訴の通知】

第39条　当事者間の法律関係を確認し又は形

成する処分又は裁決に関する訴訟で、法令の
規定によりその法律関係の当事者の一方を被
告とするものが提起されたときは、裁判所
は、当該処分又は裁決をした行政庁にその旨
を通知するものとする。

【出訴期間の定めがある当事者訴訟】

第40条　法令に出訴期間の定めがある当事者
訴訟は、その法令に別段の定めがある場合を
除き、正当な理由があるときは、その期間を
経過した後であつても、これを提起すること
ができる。

2　第15条の規定は、法令に出訴期間の定め
がある当事者訴訟について準用する。

【抗告訴訟に関する規定の準用】

第41条　第23条、第24条、第33条第1項
及び第35条の規定は当事者訴訟について、
第23条の2の規定は当事者訴訟における処
分又は裁決の理由を明らかにする資料の提出
について準用する。

2　第13条の規定は、当事者訴訟とその目的
たる請求と関連請求の関係にある請求に係る
訴訟とが各別の裁判所に係属する場合におけ
る移送に、第16条から第19条までの規定
は、これらの訴えの併合について準用する。

第4章　民衆訴訟及び機関訴訟

【訴えの提起】

第42条　民衆訴訟及び機関訴訟は、法律に定
める場合において、法律に定める者に限り、
提起することができる。

【抗告訴訟又は当事者訴訟に関する規定の準
用】

第43条　民衆訴訟又は機関訴訟で、処分又は
裁決の取消しを求めるものについては、第9
条及び第10条第1項の規定を除き、取消訴
訟に関する規定を準用する。

2　民衆訴訟又は機関訴訟で、処分又は裁決の
無効の確認を求めるものについては、第36
条の規定を除き、無効等確認の訴えに関する
規定を準用する。

3　民衆訴訟又は機関訴訟で、前2項に規定す
る訴訟以外のものについては、第39条及び
第40条第1項の規定を除き、当事者訴訟に
関する規定を準用する。

第5章　補則

【仮処分の排除】

第44条　行政庁の処分その他公権力の行使に
当たる行為については、民事保全法（平成元

第45条・第46条

年法律第91号）に規定する仮処分をすることができない。

【処分の効力等を争点とする訴訟】

第45条　私法上の法律関係に関する訴訟において、処分若しくは裁決の存否又はその効力の有無が争われている場合には、第23条第1項及び第2項並びに第39条の規定を準用する。

2　前項の規定により行政庁が訴訟に参加した場合には、民事訴訟法第45条第1項及び第2項の規定を準用する。ただし、攻撃又は防御の方法は、当該処分若しくは裁決の存否又はその効力の有無に関するものに限り、提出することができる。

3　第1項の規定により行政庁が訴訟に参加した後において、処分若しくは裁決の存否又はその効力の有無に関する争いがなくなつたときは、裁判所は、参加の決定を取り消すことができる。

4　第1項の場合には、当該争点について第23条の2及び第24条の規定を、訴訟費用の裁判について第35条の規定を準用する。

【取消訴訟等の提起に関する事項の教示】

第46条　行政庁は、取消訴訟を提起することができる処分又は裁決をする場合には、当該処分又は裁決の相手方に対し、次に掲げる事項を書面で教示しなければならない。ただし、当該処分を口頭でする場合は、この限りでない。

① 当該処分又は裁決に係る取消訴訟の被告とすべき者

② 当該処分又は裁決に係る取消訴訟の出訴期間

③ 法律に当該処分についての審査請求に対する裁決を経た後でなければ処分の取消しの訴えを提起することができない旨の定めがあるときは、その旨

2　行政庁は、法律に処分についての審査請求に対する裁決に対してのみ取消訴訟を提起することができる旨の定めがある場合において、当該処分をするときは、当該処分の相手方に対し、法律にその定めがある旨を書面で教示しなければならない。ただし、当該処分を口頭でする場合は、この限りでない。

3　行政庁は、当事者間の法律関係を確認し又は形成する処分又は裁決に関する訴訟で法令の規定によりその法律関係の当事者の一方を被告とするものを提起することができる処分又は裁決をする場合には、当該処分又は裁決の相手方に対し、次に掲げる事項を書面で教示しなければならない。ただし、当該処分を口頭でする場合は、この限りでない。

① 当該訴訟の被告とすべき者

② 当該訴訟の出訴期間

118

国家賠償法

(昭和 22 年 10 月 27 日法律第 125 号)

第 1 条　国又は公共団体の公権力の行使に当る公務員が、その職務を行うについて、故意又は過失によつて違法に他人に損害を加えたときは、国又は公共団体が、これを賠償する責に任ずる。

2　前項の場合において、公務員に故意又は重大な過失があつたときは、国又は公共団体は、その公務員に対して求償権を有する。

第 2 条　道路、河川その他の公の営造物の設置又は管理に瑕疵があつたために他人に損害を生じたときは、国又は公共団体は、これを賠償する責に任ずる。

2　前項の場合において、他に損害の原因について責に任ずべき者があるときは、国又は公共団体は、これに対して求償権を有する。

第 3 条　前 2 条の規定によつて国又は公共団体が損害を賠償する責に任ずる場合において、公務員の選任若しくは監督又は公の営造物の設置若しくは管理に当る者と公務員の俸給、給与その他の費用又は公の営造物の設置若しくは管理の費用を負担する者とが異なるときは、費用を負担する者もまた、その損害を賠償する責に任ずる。

2　前項の場合において、損害を賠償した者は、内部関係でその損害を賠償する責任ある者に対して求償権を有する。

第 4 条　国又は公共団体の損害賠償の責任については、前 3 条の規定によるの外、民法の規定による。

第 5 条　国又は公共団体の損害賠償の責任について民法以外の他の法律に別段の定があるときは、その定めるところによる。

第 6 条　この法律は、外国人が被害者である場合には、相互の保証があるときに限り、これを適用する。

国家賠償法

地方自治法（抄）

（昭和22年4月17日法律第67号）

最終改正：令和4年5月27日法律第53号

第1編　総則

第1条　この法律は、地方自治の本旨に基いて、地方公共団体の区分並びに地方公共団体の組織及び運営に関する事項の大綱を定め、併せて国と地方公共団体との間の基本的関係を確立することにより、地方公共団体における民主的にして能率的な行政の確保を図るとともに、地方公共団体の健全な発達を保障することを目的とする。

第1条の2

1　地方公共団体は、住民の福祉の増進を図ることを基本として、地域における行政を自主的かつ総合的に実施する役割を広く担うものとする。

第1条の3　地方公共団体は、普通地方公共団体及び特別地方公共団体とする。

2　普通地方公共団体は、都道府県及び市町村とする。

3　特別地方公共団体は、特別区、地方公共団体の組合及び財産区とする。

第2条　地方公共団体は、法人とする。

2　普通地方公共団体は、地域における事務及びその他の事務で法律又はこれに基づく政令により処理することとされるものを処理する。

3　市町村は、基礎的な地方公共団体として、第5項において都道府県が処理するものとされているものを除き、一般的に、前項の事務を処理するものとする。

4　市町村は、前項の規定にかかわらず、次項に規定する事務のうち、その規模又は性質において一般の市町村が処理することが適当でないと認められるものについては、当該市町村の規模及び能力に応じて、これを処理することができる。

5　都道府県は、市町村を包括する広域の地方公共団体として、第2項の事務で、広域にわたるもの、市町村に関する連絡調整に関するもの及びその規模又は性質において一般の市町村が処理することが適当でないと認められるものを処理するものとする。

6　都道府県及び市町村は、その事務を処理するに当つては、相互に競合しないようにしなければならない。

8　この法律において「自治事務」とは、地方公共団体が処理する事務のうち、法定受託事務以外のものをいう。

9　この法律において「法定受託事務」とは、次に掲げる事務をいう。

①　法律又はこれに基づく政令により都道府県、市町村又は特別区が処理することとされる事務のうち、国が本来果たすべき役割に係るものであつて、国においてその適正な処理を特に確保する必要があるものとして法律又はこれに基づく政令に特に定めるもの（以下「第1号法定受託事務」という。）

②　法律又はこれに基づく政令により市町村又は特別区が処理することとされる事務のうち、都道府県が本来果たすべき役割に係るものであつて、都道府県においてその適正な処理を特に確保する必要があるものとして法律又はこれに基づく政令に特に定めるもの（以下「第2号法定受託事務」という。）

11　地方公共団体に関する法令の規定は、地方自治の本旨に基づき、かつ、国と地方公共団体との適切な役割分担を踏まえたものでなければならない。

12　地方公共団体に関する法令の規定は、地方自治の本旨に基づいて、かつ、国と地方公共団体との適切な役割分担を踏まえて、これを解釈し、及び運用するようにしなければならない。この場合において、特別地方公共団体に関する法令の規定は、この法律に定める特別地方公共団体の特性にも照応するように、これを解釈し、及び運用しなければならない。

13　法律又はこれに基づく政令により地方公共団体が処理することとされる事務が自治事務である場合においては、国は、地方公共団体が地域の特性に応じて当該事務を処理することができるよう特に配慮しなければならない。

14　地方公共団体は、その事務を処理するに当つては、住民の福祉の増進に努めるとともに、最少の経費で最大の効果を挙げるようにしなければならない。

15　地方公共団体は、常にその組織及び運営の

合理化に努めるとともに、他の地方公共団体に協力を求めてその規模の適正化を図らなければならない。

16　地方公共団体は、法令に違反してその事務を処理してはならない。なお、市町村及び特別区は、当該都道府県の条例に違反してその事務を処理してはならない。

17　前項の規定に違反して行つた地方公共団体の行為は、これを無効とする。

第2編　普通地方公共団体

第1章　通則

第5条　普通地方公共団体の区域は、従来の区域による。

2　都道府県は、市町村を包括する。

第8条　市となるべき普通地方公共団体は、左に掲げる要件を具えていなければならない。

①　人口5万以上を有すること。

②　当該普通地方公共団体の中心の市街地を形成している区域内に在る戸数が、全戸数の6割以上であること。

③　商工業その他の都市的業態に従事する者及びその者と同一世帯に属する者の数が、全人口の6割以上であること。

④　前各号に定めるものの外、当該都道府県の条例で定める都市的施設その他の都市としての要件を具えていること。

2　町となるべき普通地方公共団体は、当該都道府県の条例で定める町としての要件を具えていなければならない。

第2章　住民

第12条　日本国民たる普通地方公共団体の住民は、この法律の定めるところにより、その属する普通地方公共団体の条例（地方税の賦課徴収並びに分担金、使用料及び手数料の徴収に関するものを除く。）の制定又は改廃を請求する権利を有する。

2　日本国民たる普通地方公共団体の住民は、この法律の定めるところにより、その属する普通地方公共団体の事務の監査を請求する権利を有する。

第13条　日本国民たる普通地方公共団体の住民は、この法律の定めるところにより、その属する普通地方公共団体の議会の解散を請求する権利を有する。

2　日本国民たる普通地方公共団体の住民は、

この法律の定めるところにより、その属する普通地方公共団体の議会の議員、長、副知事若しくは副市町村長、第252条の19第1項に規定する指定都市の総合区長、選挙管理委員若しくは監査委員又は公安委員会の委員の解職を請求する権利を有する。

3　日本国民たる普通地方公共団体の住民は、法律の定めるところにより、その属する普通地方公共団体の教育委員会の教育長又は委員の解職を請求する権利を有する。

第3章　条例及び規則

第14条　普通地方公共団体は、法令に違反しない限りにおいて第2条第2項の事務に関し、条例を制定することができる。

2　普通地方公共団体は、義務を課し、又は権利を制限するには、法令に特別の定めがある場合を除くほか、条例によらなければならない。

3　普通地方公共団体は、法令に特別の定めがあるものを除くほか、その条例中に、条例に違反した者に対し、2年以下の懲役若しくは禁錮、100万円以下の罰金、拘留、科料若しくは没収の刑又は5万円以下の過料を科する旨の規定を設けることができる。

第15条　普通地方公共団体の長は、法令に違反しない限りにおいて、その権限に属する事務に関し、規則を制定することができる。

2　普通地方公共団体の長は、法令に特別の定めがあるものを除くほか、普通地方公共団体の規則中に、規則に違反した者に対し、5万円以下の過料を科する旨の規定を設けることができる。

第16条　普通地方公共団体の議会の議長は、条例の制定又は改廃の議決があつたときは、その日から3日以内にこれを当該普通地方公共団体の長に送付しなければならない。

2　普通地方公共団体の長は、前項の規定により条例の送付を受けた場合は、その日から20日以内にこれを公布しなければならない。ただし、再議その他の措置を講じた場合は、この限りでない。

3　条例は、条例に特別の定があるものを除く外、公布の日から起算して10日を経過した日から、これを施行する。

4　当該普通地方公共団体の長の署名、施行期日の特例その他条例の公布に関し必要な事項は、条例でこれを定めなければならない。

5　前2項の規定は、普通地方公共団体の規則

並びにその機関の定める規則及びその他の規程で公表を要するものにこれを準用する。但し、法令又は条例に特別の定があるときは、この限りでない。

第4章　選挙

第18条　日本国民たる年齢満18年以上の者で引き続き3箇月以上市町村の区域内に住所を有するものは、別に法律の定めるところにより、その属する普通地方公共団体の議会の議員及び長の選挙権を有する。

第19条　普通地方公共団体の議会の議員の選挙権を有する者で年齢満25年以上のものは、別に法律の定めるところにより、普通地方公共団体の議会の議員の被選挙権を有する。

2　日本国民で年齢満30年以上のものは、別に法律の定めるところにより、都道府県知事の被選挙権を有する。

3　日本国民で年齢満25年以上のものは、別に法律の定めるところにより、市町村長の被選挙権を有する。

第5章　直接請求

◆第1節　条例の制定及び監査の請求◆

第74条　普通地方公共団体の議会の議員及び長の選挙権を有する者(以下この編において「選挙権を有する者」という。)は、政令で定めるところにより、その総数の50分の1以上の者の連署をもつて、その代表者から、普通地方公共団体の長に対し、条例(地方税の賦課徴収並びに分担金、使用料及び手数料の徴収に関するものを除く。)の制定又は改廃の請求をすることができる。

2　前項の請求があつたときは、当該普通地方公共団体の長は、直ちに請求の要旨を公表しなければならない。

3　普通地方公共団体の長は、第1項の請求を受理した日から20日以内に議会を招集し、意見を付けてこれを議会に付議し、その結果を同項の代表者(以下この条において「代表者」という。)に通知するとともに、これを公表しなければならない。

4　議会は、前項の規定により付議された事件の審議を行うに当たつては、政令で定めるところにより、代表者に意見を述べる機会を与えなければならない。

5　第1項の選挙権を有する者とは、公職選挙法(昭和25年法律第100号)第22条第1項又は第3項の規定による選挙人名簿の登録が

行われた日において選挙人名簿に登録されている者とし、その総数の50分の1の数は、当該普通地方公共団体の選挙管理委員会において、その登録が行われた日後直ちに告示しなければならない。

6　選挙権を有する者のうち次に掲げるものは、代表者となり、又は代表者であることができない。

①　公職選挙法第27条第1項又は第2項の規定により選挙人名簿にこれらの項の表示をされている者(都道府県に係る請求にあつては、同法第9条第3項の規定により当該都道府県の議会の議員及び長の選挙権を有するものとされた者(同法第11条第1項若しくは第252条又は政治資金規正法(昭和23年法律第194号)第28条の規定により選挙権を有しなくなつた旨の表示をされている者を除く。)を除く。)

②　前項の選挙人名簿の登録が行われた日以後に公職選挙法第28条の規定により選挙人名簿から抹消された者

③　第1項の請求に係る普通地方公共団体(当該普通地方公共団体が、都道府県である場合には当該都道府県の区域内の市町村並びに第252条の19第1項に規定する指定都市(以下この号において「指定都市」という。)の区及び総合区を含み、指定都市である場合には当該市の区及び総合区を含む。)の選挙管理委員会の委員又は職員である者

第75条　選挙権を有する者(道の方面公安委員会については、当該方面公安委員会の管理する方面本部の管轄区域内において選挙権を有する者)は、政令で定めるところにより、その総数の50分の1以上の者の連署をもつて、その代表者から、普通地方公共団体の監査委員に対し、当該普通地方公共団体の事務の執行に関し、監査の請求をすることができる。

2　前項の請求があつたときは、監査委員は、直ちに当該請求の要旨を公表しなければならない。

3　監査委員は、第1項の請求に係る事項につき監査し、監査の結果に関する報告を決定し、これを同項の代表者(第5項及び第6項において「代表者」という。)に送付し、かつ、公表するとともに、これを当該普通地方公共団体の議会及び長並びに関係のある教育委員会、選挙管理委員会、人事委員会若しく

は公平委員会、公安委員会、労働委員会、農業委員会その他法律に基づく委員会又は委員に提出しなければならない。

4　前項の規定による監査の結果に関する報告の決定は、監査委員の合議によるものとする。

◆第2節　解散及び解職の請求◆

第76条

1　選挙権を有する者は、政令の定めるところにより、その総数の3分の1（その総数が40万を超え80万以下の場合にあつてはその40万を超える数に6分の1を乗じて得た数と40万に3分の1を乗じて得た数とを合算して得た数、その総数が80万を超える場合にあつてはその80万を超える数に8分の1を乗じて得た数と40万に6分の1を乗じて得た数と40万に3分の1を乗じて得た数とを合算して得た数）以上の者の連署をもつて、その代表者から、普通地方公共団体の選挙管理委員会に対し、当該普通地方公共団体の議会の解散の請求をすることができる。

第78条　普通地方公共団体の議会は、第76条第3項の規定による解散の投票において過半数の同意があつたときは、解散するものとする。

第80条

1　選挙権を有する者は、政令の定めるところにより、所属の選挙区におけるその総数の3分の1（その総数が40万を超え80万以下の場合にあつてはその40万を超える数に6分の1を乗じて得た数と40万に3分の1を乗じて得た数とを合算して得た数、その総数が80万を超える場合にあつてはその80万を超える数に8分の1を乗じて得た数と40万に6分の1を乗じて得た数と40万に3分の1を乗じて得た数とを合算して得た数）以上の者の連署をもつて、その代表者から、普通地方公共団体の選挙管理委員会に対し、当該選挙区に属する普通地方公共団体の議会の議員の解職の請求をすることができる。この場合において選挙区がないときは、選挙権を有する者の総数の3分の1（その総数が40万を超え80万以下の場合にあつてはその40万を超える数に6分の1を乗じて得た数と40万に3分の1を乗じて得た数とを合算して得た数、その総数が80万を超える場合にあつてはその80万を超える数に8分の1を乗じて得た数と40万に6分の1を乗じて得た数と40万に3分の1を乗じて得た数とを合算

して得た数）以上の者の連署をもつて、議員の解職の請求をすることができる。

第81条

1　選挙権を有する者は、政令の定めるところにより、その総数の3分の1（その総数が40万を超え80万以下の場合にあつてはその40万を超える数に6分の1を乗じて得た数と40万に3分の1を乗じて得た数とを合算して得た数、その総数が80万を超える場合にあつてはその80万を超える数に8分の1を乗じて得た数と40万に6分の1を乗じて得た数と40万に3分の1を乗じて得た数とを合算して得た数）以上の者の連署をもつて、その代表者から、普通地方公共団体の選挙管理委員会に対し、当該普通地方公共団体の長の解職の請求をすることができる。

第83条　普通地方公共団体の議会の議員又は長は、第80条第3項又は第81条第2項の規定による解職の投票において、過半数の同意があつたときは、その職を失う。

第86条

1　選挙権を有する者（第252条の19第1項に規定する指定都市（以下この項において「指定都市」という。）の総合区長については当該総合区の区域内において選挙権を有する者、指定都市の区又は総合区の選挙管理委員については当該区又は総合区の区域内において選挙権を有する者、道の方面公安委員会の委員については当該方面公安委員会の管理する方面本部の管轄区域内において選挙権を有する者）は、政令の定めるところにより、その総数の3分の1（その総数が40万を超え80万以下の場合にあつてはその40万を超える数に6分の1を乗じて得た数と40万に3分の1を乗じて得た数とを合算して得た数、その総数が80万を超える場合にあつてはその80万を超える数に8分の1を乗じて得た数と40万に6分の1を乗じて得た数と40万に3分の1を乗じて得た数とを合算して得た数）以上の者の連署をもつて、その代表者から、普通地方公共団体の長に対し、副知事若しくは副市町村長、指定都市の総合区長、選挙管理委員若しくは監査委員又は公安委員会の委員の解職の請求をすることができる。

第87条

1　前条第1項に掲げる職に在る者は、同条第3項の場合において、当該普通地方公共団体の議会の議員の3分の2以上の者が出席し、その4分の3以上の者の同意があつたとき

第90条〜第97条

は、その職を失う。

第6章　議会

◆第1節　組織◆

第90条

1　都道府県の議会の議員の定数は、条例で定める。

第91条

1　市町村の議会の議員の定数は、条例で定める。

第92条　普通地方公共団体の議会の議員は、衆議院議員又は参議院議員と兼ねることができない。

2　普通地方公共団体の議会の議員は、地方公共団体の議会の議員並びに常勤の職員及び地方公務員法（昭和25年法律第261号）第22条の4第1項に規定する短時間勤務の職を占める職員（以下「短時間勤務職員」という。）と兼ねることができない。

第92条の2　普通地方公共団体の議会の議員は、当該普通地方公共団体に対し請負をする者及びその支配人又は主として同一の行為をする法人の無限責任社員、取締役、執行役若しくは監査役若しくはこれらに準ずべき者、支配人及び清算人たることができない。

第93条

1　普通地方公共団体の議会の議員の任期は、4年とする。

第94条　町村は、条例で、第89条の規定にかかわらず、議会を置かず、選挙権を有する者の総会を設けることができる。

◆第2節　権限◆

第96条　普通地方公共団体の議会は、次に掲げる事件を議決しなければならない。

① 条例を設け又は改廃すること。

② 予算を定めること。

③ 決算を認定すること。

④ 法律又はこれに基づく政令に規定するものを除くほか、地方税の賦課徴収又は分担金、使用料、加入金若しくは手数料の徴収に関すること。

⑤ その種類及び金額について政令で定める基準に従い条例で定める契約を締結すること。

⑥ 条例で定める場合を除くほか、財産を交換し、出資の目的とし、若しくは支払手段として使用し、又は適正な対価なくしてこれを譲渡し、若しくは貸し付けること。

⑦ 不動産を信託すること。

⑧ 前2号に定めるものを除くほか、その種類及び金額について政令で定める基準に従い条例で定める財産の取得又は処分をすること。

⑨ 負担付きの寄附又は贈与を受けること。

⑩ 法律若しくはこれに基づく政令又は条例に特別の定めがある場合を除くほか、権利を放棄すること。

⑪ 条例で定める重要な公の施設につき条例で定める長期かつ独占的な利用をさせること。

⑫ 普通地方公共団体がその当事者である審査請求その他の不服申立て、訴えの提起（普通地方公共団体の行政庁の処分又は裁決（行政事件訴訟法第3条第2項に規定する処分又は同条第3項に規定する裁決をいう。以下この号、第105条の2、第192条及び第199条の3第3項において同じ。）に係る同法第11条第1項（同法第38条第1項（同法第43条第2項において準用する場合を含む。）又は同法第43条第1項において準用する場合を含む。）の規定による普通地方公共団体を被告とする訴訟（以下この号、第105条の2、第192条及び第199条の3第3項において「普通地方公共団体を被告とする訴訟」という。）に係るものを除く。）、和解（普通地方公共団体の行政庁の処分又は裁決に係る普通地方公共団体を被告とする訴訟に係るものを除く。）、あつせん、調停及び仲裁に関すること。

⑬ 法律上その義務に属する損害賠償の額を定めること。

⑭ 普通地方公共団体の区域内の公共的団体等の活動の総合調整に関すること。

⑮ その他法律又はこれに基づく政令（これらに基づく条例を含む。）により議会の権限に属する事項

2　前項に定めるものを除くほか、普通地方公共団体は、条例で普通地方公共団体に関する事件（法定受託事務に係るものにあつては、国の安全に関することその他の事由により議会の議決すべきものとすることが適当でないものとして政令で定めるものを除く。）につき議会の議決すべきものを定めることができる。

第97条

2　議会は、予算について、増額してこれを議決することを妨げない。但し、普通地方公共

団体の長の予算の提出の権限を侵すことはできない。

第100条 普通地方公共団体の議会は、当該普通地方公共団体の事務（自治事務にあつては労働委員会及び収用委員会の権限に属する事務で政令で定めるものを除き、法定受託事務にあつては国の安全を害するおそれがあることその他の事由により議会の調査の対象とすることが適当でないものとして政令で定めるものを除く。次項において同じ。）に関する調査を行うことができる。この場合において、当該調査を行うため特に必要があると認めるときは、選挙人その他の関係人の出頭及び証言並びに記録の提出を請求することができる。

3 第1項後段の規定により出頭又は記録の提出の請求を受けた選挙人その他の関係人が、正当の理由がないのに、議会に出頭せず若しくは記録を提出しないとき又は証言を拒んだときは、6箇月以下の禁錮又は10万円以下の罰金に処する。

14 普通地方公共団体は、条例の定めるところにより、その議会の議員の調査研究その他の活動に資するため必要な経費の一部として、その議会における会派又は議員に対し、政務活動費を交付することができる。この場合において、当該政務活動費の交付の対象、額及び交付の方法並びに当該政務活動費を充てることができる経費の範囲は、条例で定めなければならない。

15 前項の政務活動費の交付を受けた会派又は議員は、条例の定めるところにより、当該政務活動費に係る収入及び支出の報告書を議長に提出するものとする。

16 議長は、第14項の政務活動費については、その使途の透明性の確保に努めるものとする。

◆第3節 招集及び会期◆

第101条 普通地方公共団体の議会は、普通地方公共団体の長がこれを招集する。

2 議長は、議会運営委員会の議決を経て、当該普通地方公共団体の長に対し、会議に付議すべき事件を示して臨時会の招集を請求することができる。

3 議員の定数の4分の1以上の者は、当該普通地方公共団体の長に対し、会議に付議すべき事件を示して臨時会の招集を請求することができる。

4 前2項の規定による請求があつたときは、当該普通地方公共団体の長は、請求のあつた日から20日以内に臨時会を招集しなければならない。

5 第2項の規定による請求のあつた日から20日以内に当該普通地方公共団体の長が臨時会を招集しないときは、第1項の規定にかかわらず、議長は、臨時会を招集することができる。

6 第3項の規定による請求のあつた日から20日以内に当該普通地方公共団体の長が臨時会を招集しないときは、第1項の規定にかかわらず、議長は、第3項の規定による請求をした者の申出に基づき、当該申出のあつた日から、都道府県及び市にあつては10日以内、町村にあつては6日以内に臨時会を招集しなければならない。

第102条 普通地方公共団体の議会は、定例会及び臨時会とする。

2 定例会は、毎年、条例で定める回数これを招集しなければならない。

3 臨時会は、必要がある場合において、その事件に限りこれを招集する。

第102条の2 普通地方公共団体の議会は、前条の規定にかかわらず、条例で定めるところにより、定例会及び臨時会とせず、毎年、条例で定める日から翌年の当該日の前日までを会期とすることができる。

2 前項の議会は、第4項の規定により招集しなければならないものとされる場合を除き、前項の条例で定める日の到来をもって、普通地方公共団体の長が当該日にこれを招集したものとみなす。

6 第1項の議会は、条例で、定期的に会議を開く日（以下「定例日」という。）を定めなければならない。

7 普通地方公共団体の長は、第1項の議会の議長に対し、会議に付議すべき事件を示して定例日以外の日において会議を開くことを請求することができる。この場合において、議長は、当該請求のあつた日から、都道府県及び市にあつては7日以内、町村にあつては3日以内に会議を開かなければならない。

◆第4節 議長及び副議長◆

◆第5節 委員会◆

第109条 普通地方公共団体の議会は、条例で、常任委員会、議会運営委員会及び特別委員会を置くことができる。

2 常任委員会は、その部門に属する当該普通

地方自治法

125

第112条～第129条

地方公共団体の事務に関する調査を行い、議案、請願等を審査する。

3　議会運営委員会は、次に掲げる事項に関する調査を行い、議案、請願等を審査する。
　①　議会の運営に関する事項
　②　議会の会議規則、委員会に関する条例等に関する事項
　③　議長の諮問に関する事項

4　特別委員会は、議会の議決により付議された事件を審査する。

5　第115条の2の規定は、委員会について準用する。

6　委員会は、議会の議決すべき事件のうちその部門に属する当該普通地方公共団体の事務に関するものにつき、議会に議案を提出することができる。ただし、予算については、この限りでない。

7　前項の規定による議案の提出は、文書をもつてしなければならない。

8　委員会は、議会の議決により付議された特定の事件については、閉会中も、なお、これを審査することができる。

9　前各項に定めるもののほか、委員の選任その他委員会に関し必要な事項は、条例で定める。

　　◆第6節　会議◆

第112条　普通地方公共団体の議会の議員は、議会の議決すべき事件につき、議会に議案を提出することができる。但し、予算については、この限りでない。

2　前項の規定により議案を提出するに当たつては、議員の定数の12分の1以上の者の賛成がなければならない。

第113条　普通地方公共団体の議会は、議員の定数の半数以上の議員が出席しなければ、会議を開くことができない。但し、第117条の規定による除斥のため半数に達しないとき、同一の事件につき再度招集してもなお半数に達しないとき、又は招集に応じても出席議員が定数を欠き議長において出席を催告してもなお半数に達しないとき若しくは半数に達してもその後半数に達しなくなつたときは、この限りでない。

第115条
1　普通地方公共団体の議会の会議は、これを公開する。但し、議長又は議員3人以上の発議により、出席議員の3分の2以上の多数で議決したときは、秘密会を開くことができる。

第115条の2　普通地方公共団体の議会は、会議において、予算その他重要な議案、請願等について公聴会を開き、真に利害関係を有する者又は学識経験を有する者等から意見を聴くことができる。

2　普通地方公共団体の議会は、会議において、当該普通地方公共団体の事務に関する調査又は審査のため必要があると認めるときは、参考人の出頭を求め、その意見を聴くことができる。

第116条　この法律に特別の定がある場合を除く外、普通地方公共団体の議会の議事は、出席議員の過半数でこれを決し、可否同数のときは、議長の決するところによる。

2　前項の場合においては、議長は、議員として議決に加わる権利を有しない。

第119条　会期中に議決に至らなかつた事件は、後会に継続しない。

第121条　普通地方公共団体の長、教育委員会の教育長、選挙管理委員会の委員長、人事委員会の委員長又は公平委員会の委員長、公安委員会の委員長、労働委員会の委員、農業委員会の会長及び監査委員その他法律に基づく委員会の代表者又は委員並びにその委任又は嘱託を受けた者は、議会の審議に必要な説明のため議長から出席を求められたときは、議場に出席しなければならない。ただし、出席すべき日時に議場に出席できないことについて正当な理由がある場合において、その旨を議長に届け出たときは、この限りでない。

2　第102条の2第1項の議会の議長は、前項本文の規定により議場への出席を求めるに当たつては、普通地方公共団体の執行機関の事務に支障を及ぼすことのないよう配慮しなければならない。

　　◆第7節　請願◆

　　◆第8節　議員の辞職及び資格の決定◆

第126条　普通地方公共団体の議会の議員は、議会の許可を得て辞職することができる。但し、閉会中においては、議長の許可を得て辞職することができる。

　　◆第9節　紀律◆

第129条
1　普通地方公共団体の議会の会議中この法律又は会議規則に違反しその他議場の秩序を乱す議員があるときは、議長は、これを制止し、又は発言を取り消させ、その命令に従わないときは、その日の会議が終るまで発言を禁止し、又は議場の外に退去させるができ

きる。

◆第10節　懲罰◆

第134条

1　普通地方公共団体の議会は、この法律並びに会議規則及び委員会に関する条例に違反した議員に対し、議決により懲罰を科することができる。

第135条　懲罰は、左の通りとする。

① 公開の議場における戒告

② 公開の議場における陳謝

③ 一定期間の出席停止

④ 除名

2　懲罰の動議を議題とするに当つては、議員の定数の8分の1以上の者の発議によらなければならない。

3　第1項第4号の除名については、当該普通地方公共団体の議会の議員の3分の2以上の者が出席し、その4分の3以上の者の同意がなければならない。

第7章　執行機関

◆第1節　通則◆

第138条の4　普通地方公共団体にその執行機関として普通地方公共団体の長の外、法律の定めるところにより、委員会又は委員を置く。

2　普通地方公共団体の委員会は、法律の定めるところにより、法令又は普通地方公共団体の条例若しくは規則に違反しない限りにおいて、その権限に属する事務に関し、規則その他の規程を定めることができる。

◆第2節　普通地方公共団体の長◆

　　第1款　地位

第139条　都道府県に知事を置く。

2　市町村に市町村長を置く。

第140条

1　普通地方公共団体の長の任期は、4年とする。

第141条　普通地方公共団体の長は、衆議院議員又は参議院議員と兼ねることができない。

2　普通地方公共団体の長は、地方公共団体の議会の議員並びに常勤の職員及び短時間勤務職員と兼ねることができない。

第142条　普通地方公共団体の長は、当該普通地方公共団体に対し請負をする者及びその支配人又は主として同一の行為をする法人（当該普通地方公共団体が出資している法人で政令で定めるものを除く。）の無限責任社

員、取締役、執行役若しくは監査役若しくはこれらに準ずべき者、支配人及び清算人たることができない。

第145条　普通地方公共団体の長は、退職しようとするときは、その退職しようとする日前、都道府県知事にあつては30日、市町村長にあつては20日までに、当該普通地方公共団体の議会の議長に申し出なければならない。但し、議会の同意を得たときは、その期日前に退職することができる。

　　第2款　権限

第147条　普通地方公共団体の長は、当該普通地方公共団体を統轄し、これを代表する。

第148条　普通地方公共団体の長は、当該普通地方公共団体の事務を管理し及びこれを執行する。

第149条　普通地方公共団体の長は、概ね左に掲げる事務を担任する。

① 普通地方公共団体の議会の議決を経べき事件につきその議案を提出すること。

② 予算を調製し、及びこれを執行すること。

③ 地方税を賦課徴収し、分担金、使用料、加入金又は手数料を徴収し、及び過料を科すること。

④ 決算を普通地方公共団体の議会の認定に付すること。

⑤ 会計を監督すること。

⑥ 財産を取得し、管理し、及び処分すること。

⑦ 公の施設を設置し、管理し、及び廃止すること。

⑧ 証書及び公文書類を保管すること。

⑨ 前各号に定めるものを除く外、当該普通地方公共団体の事務を執行すること。

　　第3款　補助機関

第161条　都道府県に副知事を、市町村に副市町村長を置く。ただし、条例で置かないことができる。

2　副知事及び副市町村長の定数は、条例で定める。

第162条　副知事及び副市町村長は、普通地方公共団体の長が議会の同意を得てこれを選任する。

第163条　副知事及び副市町村長の任期は、4年とする。ただし、普通地方公共団体の長は、任期中においてもこれを解職することができる。

第168条　普通地方公共団体に会計管理者1

第176条～第179条

人を置く。

2 会計管理者は、普通地方公共団体の長の補助機関である職員のうちから、普通地方公共団体の長が命ずる。

第4款　議会との関係

第176条　普通地方公共団体の議会の議決について異議があるときは、当該普通地方公共団体の長は、この法律に特別の定めがあるものを除くほか、その議決の日（条例の制定若しくは改廃又は予算に関する議決については、その送付を受けた日）から10日以内に理由を示してこれを再議に付することができる。

2 前項の規定による議会の議決が再議に付された議決と同じ議決であるときは、その議決は、確定する。

3 前項の規定による議決のうち条例の制定若しくは改廃又は予算に関するものについては、出席議員の3分の2以上の者の同意がなければならない。

4 普通地方公共団体の議会の議決又は選挙がその権限を超え又は法令若しくは会議規則に違反すると認めるときは、当該普通地方公共団体の長は、理由を示してこれを再議に付し又は再選挙を行わせなければならない。

5 前項の規定による議会の議決又は選挙がなおその権限を超え又は法令若しくは会議規則に違反すると認めるときは、都道府県知事にあつては総務大臣、市町村長にあつては都道府県知事に対し、当該議決又は選挙があつた日から21日以内に、審査を申し立てることができる。

6 前項の規定による申立てがあつた場合において、総務大臣又は都道府県知事は、審査の結果、議会の議決又は選挙がその権限を超え又は法令若しくは会議規則に違反すると認めるときは、当該議決又は選挙を取り消す旨の裁定をすることができる。

7 前項の裁定に不服があるときは、普通地方公共団体の議会又は長は、裁定のあつた日から60日以内に、裁判所に出訴することができる。

第177条　普通地方公共団体の議会において次に掲げる経費を削除し又は減額する議決をしたときは、その経費及びこれに伴う収入について、当該普通地方公共団体の長は、理由を示してこれを再議に付さなければならない。

① 法令により負担する経費、法律の規定に

基づき当該行政庁の職権により命ずる経費その他の普通地方公共団体の義務に属する経費

② 非常の災害による応急若しくは復旧の施設のために必要な経費又は感染症予防のために必要な経費

2 前項第1号の場合において、議会の議決がなお同号に掲げる経費を削除し又は減額したときは、当該普通地方公共団体の長は、その経費及びこれに伴う収入を予算に計上してその経費を支出することができる。

3 第1項第2号の場合において、議会の議決がなお同号に掲げる経費を削除し又は減額したときは、当該普通地方公共団体の長は、その議決を不信任の議決とみなすことができる。

第178条　普通地方公共団体の議会において、当該普通地方公共団体の長の不信任の議決をしたときは、直ちに議長からその旨を当該普通地方公共団体の長に通知しなければならない。この場合においては、普通地方公共団体の長は、その通知を受けた日から10日以内に議会を解散することができる。

2 議会において当該普通地方公共団体の長の不信任の議決をした場合において、前項の期間内に議会を解散しないとき、又はその解散後初めて招集された議会において再び不信任の議決があり、議長から当該普通地方公共団体の長に対しその旨の通知があつたときは、普通地方公共団体の長は、同項の期間が経過した日又は議長から通知があつた日においてその職を失う。

3 前2項の規定による不信任の議決については、議員数の3分の2以上の者が出席し、第1項の場合においてはその4分の3以上の者の、前項の場合においてはその過半数の者の同意がなければならない。

第179条　普通地方公共団体の議会が成立しないとき、第113条ただし書の場合においてなお会議を開くことができないとき、普通地方公共団体の長において議会の議決すべき事件について特に緊急を要するため議会を招集する時間的余裕がないことが明らかであると認めるとき、又は議会において議決すべき事件を議決しないときは、当該普通地方公共団体の長は、その議決すべき事件を処分することができる。ただし、第162条の規定による副知事又は副市町村長の選任の同意及び第252条の20の2第4項の規定による第252

128

条の19第1項に規定する指定都市の総合区長の選任の同意については、この限りでない。

2 議会の決定すべき事件に関しては、前項の例による。

3 前2項の規定による処置については、普通地方公共団体の長は、次の会議においてこれを議会に報告し、その承認を求めなければならない。

4 前項の場合において、条例の制定若しくは改廃又は予算に関する処置について承認を求める議案が否決されたときは、普通地方公共団体の長は、速やかに、当該処置に関して必要と認める措置を講ずるとともに、その旨を議会に報告しなければならない。

第180条 普通地方公共団体の議会の権限に属する軽易な事項で、その議決により特に指定したものは、普通地方公共団体の長において、これを専決処分にすることができる。

2 前項の規定により専決処分をしたときは、普通地方公共団体の長は、これを議会に報告しなければならない。

◆**第3節 委員会及び委員**◆
第1款 通則

第180条の5 執行機関として法律の定めるところにより普通地方公共団体に置かなければならない委員会及び委員は、左の通りである。

① 教育委員会
② 選挙管理委員会
③ 人事委員会又は人事委員会を置かない普通地方公共団体にあつては公平委員会
④ 監査委員

2 前項に掲げるもののほか、執行機関として法律の定めるところにより都道府県に置かなければならない委員会は、次のとおりである。

① 公安委員会
② 労働委員会
③ 収用委員会
④ 海区漁業調整委員会
⑤ 内水面漁場管理委員会

3 第1項に掲げるものの外、執行機関として法律の定めるところにより市町村に置かなければならない委員会は、左の通りである。

① 農業委員会
② 固定資産評価審査委員会

第5款 監査委員

第195条 普通地方公共団体に監査委員を置く。

2 監査委員の定数は、都道府県及び政令で定める市にあつては4人とし、その他の市及び町村にあつては2人とする。ただし、条例でその定数を増加することができる。

第196条 監査委員は、普通地方公共団体の長が、議会の同意を得て、人格が高潔で、普通地方公共団体の財務管理、事業の経営管理その他行政運営に関し優れた識見を有する者（議員である者を除く。以下この款において「識見を有する者」という。）及び議員のうちから、これを選任する。ただし、条例で議員のうちから監査委員を選任しないことができる。

2 識見を有する者のうちから選任される監査委員の数が2人以上である普通地方公共団体にあつては、少なくともその数から1を減じた人数以上は、当該普通地方公共団体の職員で政令で定めるものでなかつた者でなければならない。

6 議員のうちから選任される監査委員の数は、都道府県及び前条第2項の政令で定める市にあつては2人又は1人、その他の市及び町村にあつては1人とする。

第197条 監査委員の任期は、識見を有する者のうちから選任される者にあつては4年とし、議員のうちから選任される者にあつては議員の任期による。ただし、後任者が選任されるまでの間は、その職務を行うことを妨げない。

第198条 監査委員は、退職しようとするときは、普通地方公共団体の長の承認を得なければならない。

第199条 監査委員は、普通地方公共団体の財務に関する事務の執行及び普通地方公共団体の経営に係る事業の管理を監査する。

2 監査委員は、前項に定めるもののほか、必要があると認めるときは、普通地方公共団体の事務（自治事務にあつては労働委員会及び収用委員会の権限に属する事務で政令で定めるものを除き、法定受託事務にあつては国の安全を害するおそれがあることその他の事由により監査委員の監査の対象とすることが適当でないものとして政令で定めるものを除く。）の執行について監査をすることができる。この場合において、当該監査の実施に関し必要な事項は、政令で定める。

6 監査委員は、当該普通地方公共団体の長から当該普通地方公共団体の事務の執行に関し

監査の要求があつたときは、その要求に係る事項について監査をしなければならない。

◆第4節　地域自治区◆

【地域自治区の設置】

第202条の4　市町村は、市町村長の権限に属する事務を分掌させ、及び地域の住民の意見を反映させつつこれを処理させるため、条例で、その区域を分けて定める区域ごとに地域自治区を設けることができる。

2　地域自治区に事務所を置くものとし、事務所の位置、名称及び所管区域は、条例で定める。

【地域協議会の設置及び構成員】

第202条の5　地域自治区に、地域協議会を置く。

2　地域協議会の構成員は、地域自治区の区域内に住所を有する者のうちから、市町村長が選任する。

【地域協議会の権限】

第202条の7

1　地域協議会は、次に掲げる事項のうち、市町村長その他の市町村の機関により諮問されたもの又は必要と認めるものについて、審議し、市町村長その他の市町村の機関に意見を述べることができる。

① 　地域自治区の事務所が所掌する事務に関する事項

② 　前号に掲げるもののほか、市町村が処理する地域自治区の区域に係る事務に関する事項

③ 　市町村の事務処理に当たつての地域自治区の区域内に住所を有する者との連携の強化に関する事項

第8章　給与その他の給付

第9章　財務

◆第1節　会計年度及び会計の区分◆

【会計年度及びその独立の原則】

第208条　普通地方公共団体の会計年度は、毎年4月1日に始まり、翌年3月31日に終わるものとする。

2　各会計年度における歳出は、その年度の歳入をもつて、これに充てなければならない。

◆第2節　予算◆

【総計予算主義の原則】

第210条　1会計年度における一切の収入及び支出は、すべてこれを歳入歳出予算に編入しなければならない。

【予算の調製及び議決】

第211条

1　普通地方公共団体の長は、毎会計年度予算を調製し、年度開始前に、議会の議決を経なければならない。この場合において、普通地方公共団体の長は、遅くとも年度開始前、都道府県及び第252条の19第1項に規定する指定都市にあつては30日、その他の市及び町村にあつては20日までに当該予算を議会に提出するようにしなければならない。

【予備費】

第217条

1　予算外の支出又は予算超過の支出に充てるため、歳入歳出予算に予備費を計上しなければならない。ただし、特別会計にあつては、予備費を計上しないことができる。

◆第3節　収入◆

◆第4節　支出◆

【支出の方法】

第232条の4

1　会計管理者は、普通地方公共団体の長の政令で定めるところによる命令がなければ、支出をすることができない。

◆第5節　決算◆

◆第6節　契約◆

【契約の締結】

第234条　売買、貸借、請負その他の契約は、一般競争入札、指名競争入札、随意契約又はせり売りの方法により締結するものとする。

2　前項の指名競争入札、随意契約又はせり売りは、政令で定める場合に該当するときに限り、これによることができる。

【長期継続契約】

第234条の3　普通地方公共団体は、第214条の規定にかかわらず、翌年度以降にわたり、電気、ガス若しくは水の供給若しくは電気通信役務の提供を受ける契約又は不動産を借りる契約その他政令で定める契約を締結することができる。この場合においては、各年度におけるこれらの経費の予算の範囲内においてその給付を受けなければならない。

◆第7節　現金及び有価証券◆

【出納の閉鎖】

第235条の5　普通地方公共団体の出納は、翌年度の5月31日をもつて閉鎖する。

第236条～第242条

◆**第8節　時効**◆

【金銭債権の消滅時効】

第236条　金銭の給付を目的とする普通地方公共団体の権利は、時効に関し他の法律に定めがあるものを除くほか、これを行使することができる時から5年間行使しないときは、時効によつて消滅する。普通地方公共団体に対する権利で、金銭の給付を目的とするものについても、また同様とする。

2　金銭の給付を目的とする普通地方公共団体の権利の時効による消滅については、法律に特別の定めがある場合を除くほか、時効の援用を要せず、また、その利益を放棄することができないものとする。普通地方公共団体に対する権利で、金銭の給付を目的とするものについても、また同様とする。

◆**第9節　財産**◆

◆**第10節　住民による監査請求及び訴訟**◆

【住民監査請求】

第242条　普通地方公共団体の住民は、当該普通地方公共団体の長若しくは委員会若しくは委員又は当該普通地方公共団体の職員について、違法若しくは不当な公金の支出、財産の取得、管理若しくは処分、契約の締結若しくは履行若しくは債務その他の義務の負担がある（当該行為がなされることが相当の確実さをもつて予測される場合を含む。）と認めるとき、又は違法若しくは不当に公金の賦課若しくは徴収若しくは財産の管理を怠る事実（以下「怠る事実」という。）があると認めるときは、これらを証する書面を添え、監査委員に対し、監査を求め、当該行為を防止し、若しくは是正し、若しくは当該怠る事実を改め、又は当該行為若しくは怠る事実によつて当該普通地方公共団体の被つた損害を補塡するために必要な措置を講ずべきことを請求することができる。

2　前項の規定による請求は、当該行為のあつた日又は終わつた日から1年を経過したときは、これをすることができない。ただし、正当な理由があるときは、この限りでない。

3　第1項の規定による請求があつたときは、監査委員は、直ちに当該請求の要旨を当該普通地方公共団体の議会及び長に通知しなければならない。

4　第1項の規定による請求があつた場合において、当該行為が違法であると思料するに足りる相当な理由があり、当該行為により当該

普通地方公共団体に生ずる回復の困難な損害を避けるため緊急の必要があり、かつ、当該行為を停止することによつて人の生命又は身体に対する重大な危害の発生の防止その他公共の福祉を著しく阻害するおそれがないと認めるときは、監査委員は、当該普通地方公共団体の長その他の執行機関又は職員に対し、理由を付して次項の手続が終了するまでの間当該行為を停止すべきことを勧告することができる。この場合において、監査委員は、当該勧告の内容を第1項の規定による請求人（以下この条において「請求人」という。）に通知するとともに、これを公表しなければならない。

5　第1項の規定による請求があつた場合には、監査委員は、監査を行い、当該請求に理由がないと認めるときは、理由を付してその旨を書面により請求人に通知するとともに、これを公表し、当該請求に理由があると認めるときは、当該普通地方公共団体の議会、長その他の執行機関又は職員に対し期間を示して必要な措置を講ずべきことを勧告するとともに、当該勧告の内容を請求人に通知し、かつ、これを公表しなければならない。

6　前項の規定による監査委員の監査及び勧告は、第1項の規定による請求があつた日から60日以内に行わなければならない。

7　監査委員は、第5項の規定による監査を行うに当たつては、請求人に証拠の提出及び陳述の機会を与えなければならない。

8　監査委員は、前項の規定による陳述の聴取を行う場合又は関係のある当該普通地方公共団体の長その他の執行機関若しくは職員の陳述の聴取を行う場合において、必要があると認めるときは、関係のある当該普通地方公共団体の長その他の執行機関若しくは職員又は請求人を立ち会わせることができる。

9　第5項の規定による監査委員の勧告があつたときは、当該勧告を受けた議会、長その他の執行機関又は職員は、当該勧告に示された期間内に必要な措置を講ずるとともに、その旨を監査委員に通知しなければならない。この場合において、監査委員は、当該通知に係る事項を請求人に通知するとともに、これを公表しなければならない。

10　普通地方公共団体の議会は、第1項の規定による請求があつた後に、当該請求に係る行為又は怠る事実に関する損害賠償又は不当利得返還の請求権その他の権利の放棄に関する

地方自治法

131

議決をしようとするときは、あらかじめ監査委員の意見を聴かなければならない。

11 第4項の規定による勧告、第5項の規定による監査及び勧告並びに前項の規定による意見についての決定は、監査委員の合議によるものとする。

【住民訴訟】

第242条の2 普通地方公共団体の住民は、前条第1項の規定による請求をした場合において、同条第5項の規定による監査委員の監査の結果若しくは勧告若しくは同条第9項の規定による普通地方公共団体の議会、長その他の執行機関若しくは職員の措置に不服があるとき、又は監査委員が同条第5項の規定による監査若しくは勧告を同条第6項の期間内に行わないとき、若しくは議会、長その他の執行機関若しくは職員が同条第9項の規定による措置を講じないときは、裁判所に対し、同条第1項の請求に係る違法な行為又は怠る事実につき、訴えをもって次に掲げる請求をすることができる。

① 当該執行機関又は職員に対する当該行為の全部又は一部の差止めの請求

② 行政処分たる当該行為の取消し又は無効確認の請求

③ 当該執行機関又は職員に対する当該怠る事実の違法確認の請求

④ 当該職員又は当該行為若しくは怠る事実に係る相手方に損害賠償又は不当利得返還の請求をすることを当該普通地方公共団体の執行機関又は職員に対して求める請求。ただし、当該職員又は当該行為若しくは怠る事実に係る相手方が第243条の2の2第3項の規定による賠償の命令の対象となる者である場合には、当該賠償の命令をすることを求める請求

2 前項の規定による訴訟は、次の各号に掲げる場合の区分に応じ、当該各号に定める期間内に提起しなければならない。

① 監査委員の監査の結果又は勧告に不服がある場合 当該監査の結果又は当該勧告の内容の通知があつた日から30日以内

② 監査委員の勧告を受けた議会、長その他の執行機関又は職員の措置に不服がある場合 当該措置に係る監査委員の通知があつた日から30日以内

③ 監査委員が請求をした日から60日を経過しても監査又は勧告を行わない場合 当該60日を経過した日から30日以内

④ 監査委員の勧告を受けた議会、長その他の執行機関又は職員が措置を講じない場合 当該勧告に示された期間を経過した日から30日以内

3 前項の期間は、不変期間とする。

4 第1項の規定による訴訟が係属しているときは、当該普通地方公共団体の他の住民は、別訴をもって同一の請求をすることができない。

5 第1項の規定による訴訟は、当該普通地方公共団体の事務所の所在地を管轄する地方裁判所の管轄に専属する。

6 第1項第1号の規定による請求に基づく差止めは、当該行為を差し止めることによって人の生命又は身体に対する重大な危害の発生の防止その他公共の福祉を著しく阻害するおそれがあるときは、することができない。

7 第1項第4号の規定による訴訟が提起された場合には、当該職員又は当該行為若しくは怠る事実の相手方に対して、当該普通地方公共団体の執行機関又は職員は、遅滞なく、その訴訟の告知をしなければならない。

8 前項の訴訟告知があつたときは、第1項第4号の規定による訴訟が終了した日から6月を経過するまでの間は、当該訴訟に係る損害賠償又は不当利得返還の請求権の時効は、完成しない。

9 民法第153条第2項の規定は、前項の規定による時効の完成猶予について準用する。

10 第1項に規定する違法な行為又は怠る事実については、民事保全法（平成元年法律第91号）に規定する仮処分をすることができない。

11 第2項から前項までに定めるもののほか、第1項の規定による訴訟については、行政事件訴訟法第43条の規定の適用があるものとする。

12 第1項の規定による訴訟を提起した者が勝訴（一部勝訴を含む。）した場合において、弁護士又は弁護士法人に報酬を支払うべきときは、当該普通地方公共団体に対し、その報酬額の範囲内で相当と認められる額の支払を請求することができる。

第10章 公の施設

【公の施設】

第244条 普通地方公共団体は、住民の福祉を増進する目的をもってその利用に供するための施設（これを公の施設という。）を設け

るものとする。

2　普通地方公共団体（次条第3項に規定する指定管理者を含む。次項において同じ。）は、正当な理由がない限り、住民が公の施設を利用することを拒んではならない。

3　普通地方公共団体は、住民が公の施設を利用することについて、不当な差別的取扱いをしてはならない。

【公の施設の設置、管理及び廃止】

第244条の2　普通地方公共団体は、法律又はこれに基づく政令に特別の定めがあるものを除くほか、公の施設の設置及びその管理に関する事項は、条例でこれを定めなければならない。

2　普通地方公共団体は、条例で定める重要な公の施設のうち条例で定める特に重要なものについて、これを廃止し、又は条例で定める長期かつ独占的な利用をさせようとするときは、議会において出席議員の3分の2以上の者の同意を得なければならない。

3　普通地方公共団体は、公の施設の設置の目的を効果的に達成するため必要があると認めるときは、条例の定めるところにより、法人その他の団体であつて当該普通地方公共団体が指定するもの（以下本条及び第244条の4において「指定管理者」という。）に、当該公の施設の管理を行わせることができる。

8　普通地方公共団体は、適当と認めるときは、指定管理者にその管理する公の施設の利用に係る料金（次項において「利用料金」という。）を当該指定管理者の収入として収受させることができる。

【公の施設の区域外設置及び他の団体の公の施設の利用】

第244条の3　普通地方公共団体は、その区域外においても、また、関係普通地方公共団体との協議により、公の施設を設けることができる。

2　普通地方公共団体は、他の普通地方公共団体との協議により、当該他の普通地方公共団体の公の施設を自己の住民の利用に供させることができる。

【公の施設を利用する権利に関する処分についての審査請求】

第244条の4　普通地方公共団体の長以外の機関（指定管理者を含む。）がした公の施設を利用する権利に関する処分についての審査請求は、普通地方公共団体の長が当該機関の最上級行政庁でない場合においても、当該普通

地方公共団体の長に対してするものとする。

第11章　国と普通地方公共団体との関係及び普通地方公共団体相互間の関係

◆第1節　普通地方公共団体に対する国又は都道府県の関与等◆
第1款　普通地方公共団体に対する国又は都道府県の関与等

【関与の意義】

第245条　本章において「普通地方公共団体に対する国又は都道府県の関与」とは、普通地方公共団体の事務の処理に関し、国の行政機関（内閣府設置法（平成11年法律第89号）第4条第3項に規定する事務をつかさどる機関たる内閣府、宮内庁、同法第49条第1項若しくは第2項に規定する機関、国家行政組織法（昭和23年法律第120号）第3条第2項に規定する機関、法律の規定に基づき内閣の所轄の下に置かれる機関又はこれらに置かれる機関をいう。以下本章において同じ。）又は都道府県の機関が行う次に掲げる行為（普通地方公共団体がその固有の資格において当該行為の名あて人となるものに限り、国又は都道府県の普通地方公共団体に対する支出金の交付及び返還に係るものを除く。）をいう。

① 普通地方公共団体に対する次に掲げる行為

イ　助言又は勧告

ロ　資料の提出の要求

ハ　是正の要求（普通地方公共団体の事務の処理が法令の規定に違反しているとき又は著しく適正を欠き、かつ、明らかに公益を害しているときに当該普通地方公共団体に対して行われる当該違反の是正又は改善のため必要な措置を講ずべきことの求めであつて、当該求めを受けた普通地方公共団体がその違反の是正又は改善のため必要な措置を講じなければならないものをいう。）

ニ　同意

ホ　許可、認可又は承認

ヘ　指示

ト　代執行（普通地方公共団体の事務の処理が法令の規定に違反しているとき又は当該普通地方公共団体がその事務の処理を怠つているときに、その是正のための措置を当該普通地方公共団体に代わつて

行うことをいう。)

② 普通地方公共団体との協議

③ 前2号に掲げる行為のほか、一定の行政目的を実現するため普通地方公共団体に対して具体的かつ個別的に関わる行為（相反する利害を有する者の間の利害の調整を目的としてされる裁定その他の行為（その双方を名あて人とするものに限る。）及び審査請求その他の不服申立てに対する裁決、決定その他の行為を除く。）

【関与の法定主義】

第245条の2 普通地方公共団体は、その事務の処理に関し、法律又はこれに基づく政令によらなければ、普通地方公共団体に対する国又は都道府県の関与を受け、又は要することとされることはない。

【関与の基本原則】

第245条の3 国は、普通地方公共団体が、その事務の処理に関し、普通地方公共団体に対する国又は都道府県の関与を受け、又は要することとする場合には、その目的を達成するために必要な最小限度のものとするとともに、普通地方公共団体の自主性及び自立性に配慮しなければならない。

2 国は、できる限り、普通地方公共団体が、自治事務の処理に関しては普通地方公共団体に対する国又は都道府県の関与のうち第245条第1号ト及び第3号に規定する行為を、法定受託事務の処理に関しては普通地方公共団体に対する国又は都道府県の関与のうち同号に規定する行為を受け、又は要することとすることのないようにしなければならない。

【代執行等】

第245条の8 各大臣は、その所管する法律若しくはこれに基づく政令に係る都道府県知事の法定受託事務の管理若しくは執行が法令の規定若しくは当該各大臣の処分に違反するものがある場合又は当該法定受託事務の管理若しくは執行を怠るものがある場合において、本項から第8項までに規定する措置以外の方法によってその是正を図ることが困難であり、かつ、それを放置することにより著しく公益を害することが明らかであるときは、文書により、当該都道府県知事に対して、その旨を指摘し、期限を定めて、当該違反を是正し、又は当該怠る法定受託事務の管理若しくは執行を改めるべきことを勧告することができる。

2 各大臣は、都道府県知事が前項の期限まで

に同項の規定による勧告に係る事項を行わないときは、文書により、当該都道府県知事に対し、期限を定めて当該事項を行うべきことを指示することができる。

3 各大臣は、都道府県知事が前項の期限までに当該事項を行わないときは、高等裁判所に対し、訴えをもって、当該事項を行うべきことを命ずる旨の裁判を請求することができる。

6 当該高等裁判所は、各大臣の請求に理由があると認めるときは、当該都道府県知事に対し、期限を定めて当該事項を行うべきことを命ずる旨の裁判をしなければならない。

8 各大臣は、都道府県知事が第6項の裁判に従い同項の期限までに、なお、当該事項を行わないときは、当該都道府県知事に代わって当該事項を行うことができる。この場合においては、各大臣は、あらかじめ当該都道府県知事に対し、当該事項を行う日時、場所及び方法を通知しなければならない。

◆第2節　国と普通地方公共団体との間並びに普通地方公共団体相互間及び普通地方公共団体の機関相互間の紛争処理◆

第1款　国地方係争処理委員会

【設置及び権限】

第250条の7

1 総務省に、国地方係争処理委員会（以下本節において「委員会」という。）を置く。

第2款　国地方係争処理委員会による審査の手続

【国の関与に関する審査の申出】

第250条の13 普通地方公共団体の長その他の執行機関は、その担任する事務に関する国の関与のうち是正の要求、許可の拒否その他の処分その他公権力の行使に当たるもの（次に掲げるものを除く。）に不服があるときは、委員会に対し、当該国の関与を行った国の行政庁を相手方として、文書で、審査の申出をすることができる。

① 第245条の8第2項及び第13項の規定による指示

② 第245条の8第8項の規定に基づき都道府県知事に代わって同条第2項の規定による指示に係る事項を行うこと。

③ 第252条の17の4第2項の規定により読み替えて適用する第245条の8第12項において準用する同条第2項の規定による指示

④　第252条の17の4第2項の規定により読み替えて適用する第245条の8第12項において準用する同条第8項の規定に基づき市町村長に代わつて前号の指示に係る事項を行うこと。

2　普通地方公共団体の長その他の執行機関は、その担任する事務に関する国の不作為（国の行政庁が、申請等が行われた場合において、相当の期間内に何らかの国の関与のうち許可その他の処分その他公権力の行使に当たるものをすべきにかかわらず、これをしないことをいう。以下本節において同じ。）に不服があるときは、委員会に対し、当該国の不作為に係る国の行政庁を相手方として、文書で、審査の申出をすることができる。

3　普通地方公共団体の長その他の執行機関は、その担任する事務に関する当該普通地方公共団体の法令に基づく協議の申出が国の行政庁に対して行われた場合において、当該協議に係る当該普通地方公共団体の義務を果たしたと認めるにもかかわらず当該協議が調わないときは、委員会に対し、当該協議の相手方である国の行政庁を相手方として、文書で、審査の申出をすることができる。

4　第1項の規定による審査の申出は、当該国の関与があつた日から30日以内にしなければならない。ただし、天災その他同項の規定による審査の申出をしなかつたことについてやむを得ない理由があるときは、この限りでない。

【審査及び勧告】

第250条の14　委員会は、自治事務に関する国の関与について前条第1項の規定による審査の申出があつた場合においては、審査を行い、相手方である国の行政庁の行つた国の関与が違法でなく、かつ、普通地方公共団体の自主性及び自立性を尊重する観点から不当でないと認めるときは、理由を付してその旨を当該審査の申出をした普通地方公共団体の長その他の執行機関及び当該国の行政庁に通知するとともに、これを公表し、当該国の行政庁の行つた国の関与が違法又は普通地方公共団体の自主性及び自立性を尊重する観点から不当であると認めるときは、当該国の行政庁に対し、理由を付し、かつ、期間を示して、必要な措置を講ずべきことを勧告するとともに、当該勧告の内容を当該普通地方公共団体の長その他の執行機関に通知し、かつ、これを公表しなければならない。

2　委員会は、法定受託事務に関する国の関与について前条第1項の規定による審査の申出があつた場合においては、審査を行い、相手方である国の行政庁の行つた国の関与が違法でないと認めるときは、理由を付してその旨を当該審査の申出をした普通地方公共団体の長その他の執行機関及び当該国の行政庁に通知するとともに、これを公表し、当該国の行政庁の行つた国の関与が違法であると認めるときは、当該国の行政庁に対し、理由を付し、かつ、期間を示して、必要な措置を講ずべきことを勧告するとともに、当該勧告の内容を当該普通地方公共団体の長その他の執行機関に通知し、かつ、これを公表しなければならない。

3　委員会は、前条第2項の規定による審査の申出があつた場合においては、審査を行い、当該審査の申出に理由がないと認めるときは、理由を付してその旨を当該審査の申出をした普通地方公共団体の長その他の執行機関及び相手方である国の行政庁に通知するとともに、これを公表し、当該審査の申出に理由があると認めるときは、当該国の行政庁に対し、理由を付し、かつ、期間を示して、必要な措置を講ずべきことを勧告するとともに、当該勧告の内容を当該普通地方公共団体の長その他の執行機関に通知し、かつ、これを公表しなければならない。

4　委員会は、前条第3項の規定による審査の申出があつたときは、当該審査の申出に係る協議について当該協議に係る普通地方公共団体がその義務を果たしているかどうかを審査し、理由を付してその結果を当該審査の申出をした普通地方公共団体の長その他の執行機関及び相手方である国の行政庁に通知するとともに、これを公表しなければならない。

5　前各項の規定による審査及び勧告は、審査の申出があつた日から90日以内に行わなければならない。

第3款　自治紛争処理委員

【自治紛争処理委員】

第251条　自治紛争処理委員は、この法律の定めるところにより、普通地方公共団体相互の間又は普通地方公共団体の機関相互の間の紛争の調停、普通地方公共団体に対する国又は都道府県の関与のうち都道府県の機関が行うもの（以下この節において「都道府県の関与」という。）に関する審査、第252条の2第1項に規定する連携協約に係る紛争を処理

するための方策の提示及び第143条第3項
（第180条の5第8項及び第184条第2項
において準用する場合を含む。）の審査請求又
はこの法律の規定による審査の申立て若しく
は審決の申請に係る審理を処理する。

2　自治紛争処理委員は、3人とし、事件ごと
に、優れた識見を有する者のうちから、総務
大臣又は都道府県知事がそれぞれ任命する。
この場合において、総務大臣又は都道府県
知事は、あらかじめ当該事件に関係のある事
務を担任する各大臣又は都道府県の委員会若
しくは委員に協議するものとする。

第5款　普通地方公共団体に対する国又は都道府県の関与に関する訴え

【国の関与に関する訴えの提起】

第251条の5

1　第250条の13第1項又は第2項の規定に
よる審査の申出をした普通地方公共団体の長
その他の執行機関は、次の各号のいずれかに
該当するときは、高等裁判所に対し、当該審
査の申出の相手方となつた国の行政庁（国の
関与があつた後又は申請等が行われた後に当
該行政庁の権限が他の行政庁に承継されたと
きは、当該他の行政庁）を被告として、訴え
をもつて当該審査の申出に係る違法な国の関
与の取消し又は当該審査の申出に係る国の不
作為の違法の確認を求めることができる。た
だし、違法な国の関与の取消しを求める訴え
を提起する場合において、被告とすべき行政
庁がないときは、当該訴えは、国を被告とし
て提起しなければならない。

① 　第250条の14第1項から第3項までの
規定による委員会の審査の結果又は勧告に
不服があるとき。

② 　第250条の18第1項の規定による国の
行政庁の措置に不服があるとき。

③ 　当該審査の申出をした日から90日を経
過しても、委員会が第250条の14第1項
から第3項までの規定による審査又は勧告
を行わないとき。

④ 　国の行政庁が第250条の18第1項の規
定による措置を講じないとき。

【普通地方公共団体の不作為に関する国の訴
えの提起】

第251条の7

1　第245条の5第1項若しくは第4項の規定
による是正の要求又は第245条の7第1項若
しくは第4項の規定による指示を行つた各大
臣は、次の各号のいずれかに該当するとき

は、高等裁判所に対し、当該是正の要求又は
指示を受けた普通地方公共団体の不作為（是
正の要求又は指示を受けた普通地方公共団体
の行政庁が、相当の期間内に是正の要求に応
じた措置又は指示に係る措置を講じなければ
ならないにもかかわらず、これを講じないこ
とをいう。以下この項、次条及び第252条の
17の4第3項において同じ。）に係る普通地
方公共団体の行政庁（当該是正の要求又は指
示があつた後に当該行政庁の権限が他の行政
庁に承継されたときは、当該他の行政庁）を
被告として、訴えをもつて当該普通地方公共
団体の不作為の違法の確認を求めることがで
きる。

① 　普通地方公共団体の長その他の執行機関
が当該是正の要求又は指示に関する第250
条の13第1項の規定による審査の申出を
せず（審査の申出後に第250条の17第1
項の規定により当該審査の申出が取り下げ
られた場合を含む。）、かつ、当該是正の要
求に応じた措置又は指示に係る措置を講じ
ないとき。

② 　普通地方公共団体の長その他の執行機関
が当該是正の要求又は指示に関する第250
条の13第1項の規定による審査の申出を
した場合において、次に掲げるとき。

イ 　委員会が第250条の14第1項又は第
2項の規定による審査の結果又は勧告の
内容の通知をした場合において、当該普
通地方公共団体の長その他の執行機関が
第251条の5第1項の規定による当該是
正の要求又は指示の取消しを求める訴え
の提起をせず（訴えの提起後に当該訴え
が取り下げられた場合を含む。ロにおい
て同じ。）、かつ、当該是正の要求に応じ
た措置又は指示に係る措置を講じないと
き。

ロ 　委員会が当該審査の申出をした日から
90日を経過しても第250条の14第1項
又は第2項の規定による審査又は勧告を
行わない場合において、当該普通地方公
共団体の長その他の執行機関が第251条
の5第1項の規定による当該是正の要求
又は指示の取消しを求める訴えの提起を
せず、かつ、当該是正の要求に応じた措
置又は指示に係る措置を講じないとき。

第12章　大都市等に関する特例

◆第1節　大都市に関する特例◆

【指定都市の権能】

第252条の19

1　政令で指定する人口50万以上の市（以下「指定都市」という。）は、次に掲げる事務のうち都道府県が法律又はこれに基づく政令の定めるところにより処理することとされているものの全部又は一部で政令で定めるものを、政令で定めるところにより、処理することができる。

① 児童福祉に関する事務
② 民生委員に関する事務
③ 身体障害者の福祉に関する事務
④ 生活保護に関する事務
⑤ 行旅病人及び行旅死亡人の取扱に関する事務
⑤の2 社会福祉事業に関する事務
⑤の3 知的障害者の福祉に関する事務
⑥ 母子家庭及び父子家庭並びに寡婦の福祉に関する事務
⑥の2 老人福祉に関する事務
⑦ 母子保健に関する事務
⑦の2 介護保険に関する事務
⑧ 障害者の自立支援に関する事務
⑧の2 生活困窮者の自立支援に関する事務
⑨ 食品衛生に関する事務
⑨の2 医療に関する事務
⑩ 精神保健及び精神障害者の福祉に関する事務
⑪ 結核の予防に関する事務
⑪の2 難病の患者に対する医療等に関する事務
⑫ 土地区画整理事業に関する事務
⑬ 屋外広告物の規制に関する事務

【区の設置】

第252条の20

1　指定都市は、市長の権限に属する事務を分掌させるため、条例で、その区域を分けて区を設け、区の事務所又は必要があると認めるときはその出張所を置くものとする。

【総合区の設置】

第252条の20の2

1　指定都市は、その行政の円滑な運営を確保するため必要があると認めるときは、前条第1項の規定にかかわらず、市長の権限に属する事務のうち特定の区の区域内に関するものを第8項の規定により総合区長に執行させる

ため、条例で、当該区に代えて総合区を設け、総合区の事務所又は必要があると認めるときはその出張所を置くことができる。

◆第2節　中核市に関する特例◆

【中核市の権能】

第252条の22

1　政令で指定する人口20万以上の市（以下「中核市」という。）は、第252条の19第1項の規定により指定都市が処理することができる事務のうち、都道府県がその区域にわたり一体的に処理することが中核市が処理することに比して効率的な事務その他の中核市において処理することが適当でない事務以外の事務で政令で定めるものを、政令で定めるところにより、処理することができる。

第13章　外部監査契約に基づく監査

第14章　補則

第3編　特別地方公共団体

第1章　削除

第2章　特別区

【特別区】

第281条　都の区は、これを特別区という。

2　特別区は、法律又はこれに基づく政令により都が処理することとされているものを除き、地域における事務並びにその他の事務で法律又はこれに基づく政令により市が処理することとされるもの及び法律又はこれに基づく政令により特別区が処理することとされるものを処理する。

第3章　地方公共団体の組合

◆第1節　総則◆

【組合の種類及び設置】

第284条　地方公共団体の組合は、一部事務組合及び広域連合とする。

2　普通地方公共団体及び特別区は、その事務の一部を共同処理するため、その協議により規約を定め、都道府県の加入するものにあつては総務大臣、その他のものにあつては都道府県知事の許可を得て、一部事務組合を設けることができる。この場合において、一部事務組合内の地方公共団体につきその執行機関の権限に属する事項がなくなつたときは、その執行機関は、一部事務組合の成立と同時に

第284条

消滅する。

3 普通地方公共団体及び特別区は、その事務で広域にわたり処理することが適当であると認めるものに関し、広域にわたる総合的な計画（以下「広域計画」という。）を作成し、その事務の管理及び執行について広域計画の実施のために必要な連絡調整を図り、並びにその事務の一部を広域にわたり総合的かつ計画的に処理するため、その協議により規約を

定め、前項の例により、総務大臣又は都道府県知事の許可を得て、広域連合を設けることができる。この場合においては、同項後段の規定を準用する。

第4章　財産区

第4編　補則

個人情報の保護に関する法律

（平成 15 年 5 月 30 日法律第 57 号）

最終改正：令和 3 年 5 月 19 日法律第 37 号

第 1 章　総則

【目的】

第 1 条　この法律は、デジタル社会の進展に伴い個人情報の利用が著しく拡大していることに鑑み、個人情報の適正な取扱いに関し、基本理念及び政府による基本方針の作成その他の個人情報の保護に関する施策の基本となる事項を定め、国及び地方公共団体の責務等を明らかにし、個人情報を取り扱う事業者及び行政機関等についてこれらの特性に応じて遵守すべき義務等を定めるとともに、個人情報保護委員会を設置することにより、行政機関等の事務及び事業の適正かつ円滑な運営を図り、並びに個人情報の適正かつ効果的な活用が新たな産業の創出並びに活力ある経済社会及び豊かな国民生活の実現に資するものであることその他の個人情報の有用性に配慮しつつ、個人の権利利益を保護することを目的とする。

【定義】

第 2 条　この法律において「個人情報」とは、生存する個人に関する情報であって、次の各号のいずれかに該当するものをいう。

①　当該情報に含まれる氏名、生年月日その他の記述等（文書、図画若しくは電磁的記録（電磁的方式（電子的方式、磁気的方式その他人の知覚によっては認識することができない方式をいう。次項第 2 号において同じ。）で作られる記録をいう。以下同じ。）に記載され、若しくは記録され、又は音声、動作その他の方法を用いて表された一切の事項（個人識別符号を除く。）をいう。以下同じ。）により特定の個人を識別することができるもの（他の情報と容易に照合することができ、それにより特定の個人を識別することができることとなるものを含む。）

②　個人識別符号が含まれるもの

2　この法律において「個人識別符号」とは、次の各号のいずれかに該当する文字、番号、記号その他の符号のうち、政令で定めるものをいう。

①　特定の個人の身体の一部の特徴を電子計算機の用に供するために変換した文字、番号、記号その他の符号であって、当該特定の個人を識別することができるもの

②　個人に提供される役務の利用若しくは個人に販売される商品の購入に関し割り当てられ、又は個人に発行されるカードその他の書類に記載され、若しくは電磁的方式により記録された文字、番号、記号その他の符号であって、その利用者若しくは購入者又は発行を受ける者ごとに異なるものとなるように割り当てられ、又は記載され、若しくは記録されることにより、特定の利用者若しくは購入者又は発行を受ける者を識別することができるもの

3　この法律において「要配慮個人情報」とは、本人の人種、信条、社会的身分、病歴、犯罪の経歴、犯罪により害を被った事実その他本人に対する不当な差別、偏見その他の不利益が生じないようにその取扱いに特に配慮を要するものとして政令で定める記述等が含まれる個人情報をいう。

4　この法律において個人情報について「本人」とは、個人情報によって識別される特定の個人をいう。

5　この法律において「仮名加工情報」とは、次の各号に掲げる個人情報の区分に応じて当該各号に定める措置を講じて他の情報と照合しない限り特定の個人を識別することができないように個人情報を加工して得られる個人に関する情報をいう。

①　第 1 項第 1 号に該当する個人情報　当該個人情報に含まれる記述等の一部を削除すること（当該一部の記述等を復元することのできる規則性を有しない方法により他の記述等に置き換えることを含む。）。

②　第 1 項第 2 号に該当する個人情報　当該個人情報に含まれる個人識別符号の全部を削除すること（当該個人識別符号を復元することのできる規則性を有しない方法により他の記述等に置き換えることを含む。）。

6　この法律において「匿名加工情報」とは、次の各号に掲げる個人情報の区分に応じて当該各号に定める措置を講じて特定の個人を識別することができないように個人情報を加工して得られる個人に関する情報であって、当該個人情報を復元することができないように

139

第3条～第6条

したものをいう。

① 第1項第1号に該当する個人情報　当該個人情報に含まれる記述等の一部を削除すること（当該一部の記述等を復元することのできる規則性を有しない方法により他の記述等に置き換えることを含む。）。

② 第1項第2号に該当する個人情報　当該個人情報に含まれる個人識別符号の全部を削除すること（当該個人識別符号を復元することのできる規則性を有しない方法により他の記述等に置き換えることを含む。）。

7　この法律において「個人関連情報」とは、生存する個人に関する情報であって、個人情報、仮名加工情報及び匿名加工情報のいずれにも該当しないものをいう。

8　この法律において「行政機関」とは、次に掲げる機関をいう。

① 法律の規定に基づき内閣に置かれる機関（内閣府を除く。）及び内閣の所轄の下に置かれる機関

② 内閣府、宮内庁並びに内閣府設置法（平成11年法律第89号）第49条第1項及び第2項に規定する機関（これらの機関のうち第4号の政令で定める機関が置かれる機関にあっては、当該政令で定める機関を除く。）

③ 国家行政組織法（昭和23年法律第120号）第3条第2項に規定する機関（第5号の政令で定める機関が置かれる機関にあっては、当該政令で定める機関を除く。）

④ 内閣府設置法第39条及び第55条並びに宮内庁法（昭和22年法律第70号）第16条第2項の機関並びに内閣府設置法第40条及び第56条（宮内庁法第18条第1項において準用する場合を含む。）の特別の機関で、政令で定めるもの

⑤ 国家行政組織法第8条の2の施設等機関及び同法第8条の3の特別の機関で、政令で定めるもの

⑥ 会計検査院

9　この法律において「独立行政法人等」とは、独立行政法人通則法（平成11年法律第103号）第2条第1項に規定する独立行政法人及び別表第1に掲げる法人をいう。

10　この法律において「地方独立行政法人」とは、地方独立行政法人法（平成15年法律第118号）第2条第1項に規定する地方独立行政法人をいう。

11　この法律において「行政機関等」とは、次

に掲げる機関をいう。

① 行政機関

② 地方公共団体の機関（議会を除く。次章、第3章及び第69条第2項第3号を除き、以下同じ。）

③ 独立行政法人等（別表第2に掲げる法人を除く。第16条第2項第3号、第63条、第78条第1項第7号イ及びロ、第89条第4項から第6項まで、第119条第5項から第7項まで並びに第125条第2項において同じ。）

④ 地方独立行政法人（地方独立行政法人法第21条第1号に掲げる業務を主たる目的とするもの又は同条第2号若しくは第3号（チに係る部分に限る。）に掲げる業務を目的とするものを除く。第16条第2項第4号、第63条、第78条第1項第7号イ及びロ、第89条第7項から第9項まで、第119条第8項から第10項まで並びに第125条第2項において同じ。）

【基本理念】

第3条　個人情報は、個人の人格尊重の理念の下に慎重に取り扱われるべきものであることに鑑み、その適正な取扱いが図られなければならない。

第2章　国及び地方公共団体の責務等

【国の責務】

第4条　国は、この法律の趣旨にのっとり、国の機関、地方公共団体の機関、独立行政法人等、地方独立行政法人及び事業者等による個人情報の適正な取扱いを確保するために必要な施策を総合的に策定し、及びこれを実施する責務を有する。

【地方公共団体の責務】

第5条　地方公共団体は、この法律の趣旨にのっとり、国の施策との整合性に配慮しつつ、その地方公共団体の区域の特性に応じて、地方公共団体の機関、地方独立行政法人及び当該区域内の事業者等による個人情報の適正な取扱いを確保するために必要な施策を策定し、及びこれを実施する責務を有する。

【法制上の措置等】

第6条　政府は、個人情報の性質及び利用方法に鑑み、個人の権利利益の一層の保護を図るため特にその適正な取扱いの厳格な実施を確保する必要がある個人情報について、保護のための格別の措置が講じられるよう必要な法制上の措置その他の措置を講ずるととも

140

に、国際機関その他の国際的な枠組みへの協
力を通じて、各国政府と共同して国際的に整
合のとれた個人情報に係る制度を構築するた
めに必要な措置を講ずるものとする。

第3章　個人情報の保護に関する施策等

◆第1節　個人情報の保護に関する基本方針◆

第7条　政府は、個人情報の保護に関する施
策の総合的かつ一体的な推進を図るため、個
人情報の保護に関する基本方針（以下「基本
方針」という。）を定めなければならない。

2　基本方針は、次に掲げる事項について定め
るものとする。

① 　個人情報の保護に関する施策の推進に関
する基本的な方向

② 　国が講ずべき個人情報の保護のための措
置に関する事項

③ 　地方公共団体が講ずべき個人情報の保護
のための措置に関する基本的な事項

④ 　独立行政法人等が講ずべき個人情報の保
護のための措置に関する基本的な事項

⑤ 　地方独立行政法人が講ずべき個人情報の
保護のための措置に関する基本的な事項

⑥ 　第16条第2項に規定する個人情報取扱
事業者、同条第5項に規定する仮名加工情
報取扱事業者及び同条第6項に規定する匿
名加工情報取扱事業者並びに第51条第1
項に規定する認定個人情報保護団体が講ず
べき個人情報の保護のための措置に関する
基本的な事項

⑦ 　個人情報の取扱いに関する苦情の円滑な
処理に関する事項

⑧ 　その他個人情報の保護に関する施策の推
進に関する重要事項

3　内閣総理大臣は、個人情報保護委員会が作
成した基本方針の案について閣議の決定を求
めなければならない。

4　内閣総理大臣は、前項の規定による閣議の
決定があったときは、遅滞なく、基本方針を
公表しなければならない。

5　前2項の規定は、基本方針の変更について
準用する。

◆第2節　国の施策◆

【国の機関等が保有する個人情報の保護】

第8条　国は、その機関が保有する個人情報の
適正な取扱いが確保されるよう必要な措置
を講ずるものとする。

2　国は、独立行政法人等について、その保有

する個人情報の適正な取扱いが確保されるよ
う必要な措置を講ずるものとする。

【地方公共団体等への支援】

第9条　国は、地方公共団体が策定し、又は
実施する個人情報の保護に関する施策及び国
民又は事業者等が個人情報の適正な取扱いの
確保に関して行う活動を支援するため、情報
の提供、地方公共団体又は事業者等が講ずべ
き措置の適切かつ有効な実施を図るための指
針の策定その他の必要な措置を講ずるものと
する。

【苦情処理のための措置】

第10条　国は、個人情報の取扱いに関し事業
者と本人との間に生じた苦情の適切かつ迅速
な処理を図るために必要な措置を講ずるもの
とする。

【個人情報の適正な取扱いを確保するための
措置】

第11条　国は、地方公共団体との適切な役割
分担を通じ、次章に規定する個人情報取扱事
業者による個人情報の適正な取扱いを確保す
るために必要な措置を講ずるものとする。

2　国は、第5章に規定する地方公共団体及び
地方独立行政法人による個人情報の適正な取
扱いを確保するために必要な措置を講ずるも
のとする。

◆第3節　地方公共団体の施策◆

【地方公共団体の機関等が保有する個人情報
の保護】

第12条　地方公共団体は、その機関が保有す
る個人情報の適正な取扱いが確保されるよう
必要な措置を講ずるものとする。

2　地方公共団体は、その設立に係る地方独立
行政法人について、その保有する個人情報の
適正な取扱いが確保されるよう必要な措置を
講ずるものとする。

【区域内の事業者等への支援】

第13条　地方公共団体は、個人情報の適正な
取扱いを確保するため、その区域内の事業者
及び住民に対する支援に必要な措置を講ずる
よう努めなければならない。

【苦情の処理のあっせん等】

第14条　地方公共団体は、個人情報の取扱い
に関し事業者と本人との間に生じた苦情が適
切かつ迅速に処理されるようにするため、苦
情の処理のあっせんその他必要な措置を講ず
るよう努めなければならない。

◆第4節　国及び地方公共団体の協力◆

第15条　国及び地方公共団体は、個人情報の

第16条～第18条

保護に関する施策を講ずるにつき、相協力するものとする。

第4章 個人情報取扱事業者等の義務等

◆第1節 総則◆

【定義】

第16条 この章及び第8章において「個人情報データベース等」とは、個人情報を含む情報の集合物であって、次に掲げるもの（利用方法からみて個人の権利利益を害するおそれが少ないものとして政令で定めるものを除く。）をいう。

① 特定の個人情報を電子計算機を用いて検索することができるように体系的に構成したもの

② 前号に掲げるもののほか、特定の個人情報を容易に検索することができるように体系的に構成したものとして政令で定めるもの

2 この章及び第6章から第8章までにおいて「個人情報取扱事業者」とは、個人情報データベース等を事業の用に供している者をいう。ただし、次に掲げる者を除く。

① 国の機関

② 地方公共団体

③ 独立行政法人等

④ 地方独立行政法人

3 この章において「個人データ」とは、個人情報データベース等を構成する個人情報をいう。

4 この章において「保有個人データ」とは、個人情報取扱事業者が、開示、内容の訂正、追加又は削除、利用の停止、消去及び第三者への提供の停止を行うことのできる権限を有する個人データであって、その存否が明らかになることにより公益その他の利益が害されるものとして政令で定めるもの以外のものをいう。

5 この章、第6章及び第7章において「仮名加工情報取扱事業者」とは、仮名加工情報を含む情報の集合物であって、特定の仮名加工情報を電子計算機を用いて検索することができるように体系的に構成したものその他特定の仮名加工情報を容易に検索することができるように体系的に構成したものとして政令で定めるもの（第41条第1項において「仮名加工情報データベース等」という。）を事業の用に供している者をいう。ただし、第2項各号に掲げる者を除く。

6 この章、第6章及び第7章において「匿名加工情報取扱事業者」とは、匿名加工情報を含む情報の集合物であって、特定の匿名加工情報を電子計算機を用いて検索することができるように体系的に構成したものその他特定の匿名加工情報を容易に検索することができるように体系的に構成したものとして政令で定めるもの（第43条第1項において「匿名加工情報データベース等」という。）を事業の用に供している者をいう。ただし、第2項各号に掲げる者を除く。

7 この章、第6章及び第7章において「個人関連情報取扱事業者」とは、個人関連情報を含む情報の集合物であって、特定の個人関連情報を電子計算機を用いて検索することができるように体系的に構成したものその他特定の個人関連情報を容易に検索することができるように体系的に構成したものとして政令で定めるもの（第31条第1項において「個人関連情報データベース等」という。）を事業の用に供している者をいう。ただし、第2項各号に掲げる者を除く。

8 この章において「学術研究機関等」とは、大学その他の学術研究を目的とする機関若しくは団体又はそれらに属する者をいう。

◆第2節 個人情報取扱事業者及び個人関連情報取扱事業者の義務◆

【利用目的の特定】

第17条 個人情報取扱事業者は、個人情報を取り扱うに当たっては、その利用の目的（以下「利用目的」という。）をできる限り特定しなければならない。

2 個人情報取扱事業者は、利用目的を変更する場合には、変更前の利用目的と関連性を有すると合理的に認められる範囲を超えて行ってはならない。

【利用目的による制限】

第18条 個人情報取扱事業者は、あらかじめ本人の同意を得ないで、前条の規定により特定された利用目的の達成に必要な範囲を超えて、個人情報を取り扱ってはならない。

2 個人情報取扱事業者は、合併その他の事由により他の個人情報取扱事業者から事業を承継することに伴って個人情報を取得した場合は、あらかじめ本人の同意を得ないで、承継前における当該個人情報の利用目的の達成に必要な範囲を超えて、当該個人情報を取り扱ってはならない。

3 前2項の規定は、次に掲げる場合について

142

は、適用しない。

① 法令（条例を含む。以下この章において同じ。）に基づく場合

② 人の生命、身体又は財産の保護のために必要がある場合であって、本人の同意を得ることが困難であるとき。

③ 公衆衛生の向上又は児童の健全な育成の推進のために特に必要がある場合であって、本人の同意を得ることが困難であるとき。

④ 国の機関若しくは地方公共団体又はその委託を受けた者が法令の定める事務を遂行することに対して協力する必要がある場合であって、本人の同意を得ることにより当該事務の遂行に支障を及ぼすおそれがあるとき。

⑤ 当該個人情報取扱事業者が学術研究機関等である場合であって、当該個人情報を学術研究の用に供する目的（以下この章において「学術研究目的」という。）で取り扱う必要があるとき（当該個人情報を取り扱う目的の一部が学術研究目的である場合を含み、個人の権利利益を不当に侵害するおそれがある場合を除く。）。

⑥ 学術研究機関等に個人データを提供する場合であって、当該学術研究機関等が当該個人データを学術研究目的で取り扱う必要があるとき（当該個人データを取り扱う目的の一部が学術研究目的である場合を含み、個人の権利利益を不当に侵害するおそれがある場合を除く。）。

【不適正な利用の禁止】

第19条 個人情報取扱事業者は、違法又は不当な行為を助長し、又は誘発するおそれがある方法により個人情報を利用してはならない。

【適正な取得】

第20条 個人情報取扱事業者は、偽りその他不正の手段により個人情報を取得してはならない。

2 個人情報取扱事業者は、次に掲げる場合を除くほか、あらかじめ本人の同意を得ないで、要配慮個人情報を取得してはならない。

① 法令に基づく場合

② 人の生命、身体又は財産の保護のために必要がある場合であって、本人の同意を得ることが困難であるとき。

③ 公衆衛生の向上又は児童の健全な育成の推進のために特に必要がある場合であっ

て、本人の同意を得ることが困難であるとき。

④ 国の機関若しくは地方公共団体又はその委託を受けた者が法令の定める事務を遂行することに対して協力する必要がある場合であって、本人の同意を得ることにより当該事務の遂行に支障を及ぼすおそれがあるとき。

⑤ 当該個人情報取扱事業者が学術研究機関等である場合であって、当該要配慮個人情報を学術研究目的で取り扱う必要があるとき（当該要配慮個人情報を取り扱う目的の一部が学術研究目的である場合を含み、個人の権利利益を不当に侵害するおそれがある場合を除く。）。

⑥ 学術研究機関等から当該要配慮個人情報を取得する場合であって、当該要配慮個人情報を学術研究目的で取得する必要があるとき（当該要配慮個人情報を取得する目的の一部が学術研究目的である場合を含み、個人の権利利益を不当に侵害するおそれがある場合を除く。）（当該個人情報取扱事業者と当該学術研究機関等が共同して学術研究を行う場合に限る。）。

⑦ 当該要配慮個人情報が、本人、国の機関、地方公共団体、学術研究機関等、第57条第1項各号に掲げる者その他個人情報保護委員会規則で定める者により公開されている場合

⑧ その他前各号に掲げる場合に準ずるものとして政令で定める場合

【取得に際しての利用目的の通知等】

第21条 個人情報取扱事業者は、個人情報を取得した場合は、あらかじめその利用目的を公表している場合を除き、速やかに、その利用目的を、本人に通知し、又は公表しなければならない。

2 個人情報取扱事業者は、前項の規定にかかわらず、本人との間で契約を締結することに伴って契約書その他の書面（電磁的記録を含む。以下この項において同じ。）に記載された当該本人の個人情報を取得する場合その他本人から直接書面に記載された当該本人の個人情報を取得する場合は、あらかじめ、本人に対し、その利用目的を明示しなければならない。ただし、人の生命、身体又は財産の保護のために緊急に必要がある場合は、この限りでない。

3 個人情報取扱事業者は、利用目的を変更し

た場合は、変更された利用目的について、本人に通知し、又は公表しなければならない。

4 前3項の規定は、次に掲げる場合については、適用しない。

① 利用目的を本人に通知し、又は公表することにより本人又は第三者の生命、身体、財産その他の権利利益を害するおそれがある場合

② 利用目的を本人に通知し、又は公表することにより当該個人情報取扱事業者の権利又は正当な利益を害するおそれがある場合

③ 国の機関又は地方公共団体が法令の定める事務を遂行することに対して協力する必要がある場合であって、利用目的を本人に通知し、又は公表することにより当該事務の遂行に支障を及ぼすおそれがあるとき。

④ 取得の状況からみて利用目的が明らかであると認められる場合

【データ内容の正確性の確保等】

第22条 個人情報取扱事業者は、利用目的の達成に必要な範囲内において、個人データを正確かつ最新の内容に保つとともに、利用する必要がなくなったときは、当該個人データを遅滞なく消去するよう努めなければならない。

【安全管理措置】

第23条 個人情報取扱事業者は、その取り扱う個人データの漏えい、滅失又は毀損の防止その他の個人データの安全管理のために必要かつ適切な措置を講じなければならない。

【従業者の監督】

第24条 個人情報取扱事業者は、その従業者に個人データを取り扱わせるに当たっては、当該個人データの安全管理が図られるよう、当該従業者に対する必要かつ適切な監督を行わなければならない。

【委託先の監督】

第25条 個人情報取扱事業者は、個人データの取扱いの全部又は一部を委託する場合は、その取扱いを委託された個人データの安全管理が図られるよう、委託を受けた者に対する必要かつ適切な監督を行わなければならない。

【漏えい等の報告等】

第26条 個人情報取扱事業者は、その取り扱う個人データの漏えい、滅失、毀損その他の個人データの安全の確保に係る事態であって個人の権利利益を害するおそれが大きいものとして個人情報保護委員会規則で定めるもの

が生じたときは、個人情報保護委員会規則で定めるところにより、当該事態が生じた旨を個人情報保護委員会に報告しなければならない。ただし、当該個人情報取扱事業者が、他の個人情報取扱事業者又は行政機関等から当該個人データの取扱いの全部又は一部の委託を受けた場合であって、個人情報保護委員会規則で定めるところにより、当該事態が生じた旨を当該他の個人情報取扱事業者又は行政機関等に通知したときは、この限りでない。

2 前項に規定する場合には、個人情報取扱事業者（同項ただし書の規定による通知をした者を除く。）は、本人に対し、個人情報保護委員会規則で定めるところにより、当該事態が生じた旨を通知しなければならない。ただし、本人への通知が困難な場合であって、本人の権利利益を保護するため必要なこれに代わるべき措置をとるときは、この限りでない。

【第三者提供の制限】

第27条 個人情報取扱事業者は、次に掲げる場合を除くほか、あらかじめ本人の同意を得ないで、個人データを第三者に提供してはならない。

① 法令に基づく場合

② 人の生命、身体又は財産の保護のために必要がある場合であって、本人の同意を得ることが困難であるとき。

③ 公衆衛生の向上又は児童の健全な育成の推進のために特に必要がある場合であって、本人の同意を得ることが困難であるとき。

④ 国の機関若しくは地方公共団体又はその委託を受けた者が法令の定める事務を遂行することに対して協力する必要がある場合であって、本人の同意を得ることにより当該事務の遂行に支障を及ぼすおそれがあるとき。

⑤ 当該個人情報取扱事業者が学術研究機関等である場合であって、当該個人データの提供が学術研究の成果の公表又は教授のためやむを得ないとき（個人の権利利益を不当に侵害するおそれがある場合を除く。）。

⑥ 当該個人情報取扱事業者が学術研究機関等である場合であって、当該個人データを学術研究目的で提供する必要があるとき（当該個人データを提供する目的の一部が学術研究目的である場合を含み、個人の権利利益を不当に侵害するおそれがある場合

を除く。）（当該個人情報取扱事業者と当該第三者が共同して学術研究を行う場合に限る。）。

⑦　当該第三者が学術研究機関等である場合であって、当該第三者が当該個人データを学術研究目的で取り扱う必要があるとき（当該個人データを取り扱う目的の一部が学術研究目的である場合を含み、個人の権利利益を不当に侵害するおそれがある場合を除く。）。

2　個人情報取扱事業者は、第三者に提供される個人データについて、本人の求めに応じて当該本人が識別される個人データの第三者への提供を停止することとしている場合であって、次に掲げる事項について、個人情報保護委員会規則で定めるところにより、あらかじめ、本人に通知し、又は本人が容易に知り得る状態に置くとともに、個人情報保護委員会に届け出たときは、前項の規定にかかわらず、当該個人データを第三者に提供することができる。ただし、第三者に提供される個人データが要配慮個人情報又は第20条第1項の規定に違反して取得されたもの若しくは他の個人情報取扱事業者からこの項本文の規定により提供されたもの（その全部又は一部を複製し、又は加工したものを含む。）である場合は、この限りでない。

①　第三者への提供を行う個人情報取扱事業者の氏名又は名称及び住所並びに法人にあっては、その代表者（法人でない団体で代表者又は管理人の定めのあるものにあっては、その代表者又は管理人。以下この条、第30条第1項第1号及び第32条第1項第1号において同じ。）の氏名

②　第三者への提供を利用目的とすること。

③　第三者に提供される個人データの項目

④　第三者に提供される個人データの取得の方法

⑤　第三者への提供の方法

⑥　本人の求めに応じて当該本人が識別される個人データの第三者への提供を停止すること。

⑦　本人の求めを受け付ける方法

⑧　その他個人の権利利益を保護するために必要なものとして個人情報保護委員会規則で定める事項

3　個人情報取扱事業者は、前項第1号に掲げる事項に変更があったとき又は同項の規定による個人データの提供をやめたときは遅滞な

く、同項第3号から第5号まで、第7号又は第8号に掲げる事項を変更しようとするときはあらかじめ、その旨について、個人情報保護委員会規則で定めるところにより、本人に通知し、又は本人が容易に知り得る状態に置くとともに、個人情報保護委員会に届け出なければならない。

4　個人情報保護委員会は、第2項の規定による届出があったときは、個人情報保護委員会規則で定めるところにより、当該届出に係る事項を公表しなければならない。前項の規定による届出があったときも、同様とする。

5　次に掲げる場合において、当該個人データの提供を受ける者は、前各項の規定の適用については、第三者に該当しないものとする。

①　個人情報取扱事業者が利用目的の達成に必要な範囲内において個人データの取扱いの全部又は一部を委託することに伴って当該個人データが提供される場合

②　合併その他の事由による事業の承継に伴って個人データが提供される場合

③　特定の者との間で共同して利用される個人データが当該特定の者に提供される場合であって、その旨並びに共同して利用される個人データの項目、共同して利用する者の範囲、利用する者の利用目的並びに当該個人データの管理について責任を有する者の氏名又は名称及び住所並びに法人にあっては、その代表者の氏名について、あらかじめ、本人に通知し、又は本人が容易に知り得る状態に置いているとき。

6　個人情報取扱事業者は、前項第3号に規定する個人データの管理について責任を有する者の氏名、名称若しくは住所又は法人にあっては、その代表者の氏名に変更があったときは遅滞なく、同号に規定する利用する者の利用目的又は当該責任を有する者を変更しようとするときはあらかじめ、その旨について、本人に通知し、又は本人が容易に知り得る状態に置かなければならない。

【外国にある第三者への提供の制限】

第28条　個人情報取扱事業者は、外国（本邦の域外にある国又は地域をいう。以下この条及び第31条第1項第2号において同じ。）（個人の権利利益を保護する上で我が国と同等の水準にあると認められる個人情報の保護に関する制度を有している外国として個人情報保護委員会規則で定めるものを除く。以下この条及び同号において同じ。）にある第三

第29条〜第31条

者（個人データの取扱いについてこの節の規定により個人情報取扱事業者が講ずべきこととされている措置に相当する措置（第3項において「相当措置」という。）を継続的に講ずるために必要なものとして個人情報保護委員会規則で定める基準に適合する体制を整備している者を除く。以下この項及び次項並びに同号において同じ。）に個人データを提供する場合には、前条第1項各号に掲げる場合を除くほか、あらかじめ外国にある第三者への提供を認める旨の本人の同意を得なければならない。この場合においては、同条の規定は、適用しない。

2　個人情報取扱事業者は、前項の規定により本人の同意を得ようとする場合には、個人情報保護委員会規則で定めるところにより、あらかじめ、当該外国における個人情報の保護に関する制度、当該第三者が講ずる個人情報の保護のための措置その他当該本人に参考となるべき情報を当該本人に提供しなければならない。

3　個人情報取扱事業者は、個人データを外国にある第三者（第1項に規定する体制を整備している者に限る。）に提供した場合には、個人情報保護委員会規則で定めるところにより、当該第三者による相当措置の継続的な実施を確保するために必要な措置を講ずるとともに、本人の求めに応じて当該必要な措置に関する情報を当該本人に提供しなければならない。

【第三者提供に係る記録の作成等】

第29条　個人情報取扱事業者は、個人データを第三者（第16条第2項各号に掲げる者を除く。以下この条及び次条（第31条第3項において読み替えて準用する場合を含む。）において同じ。）に提供したときは、個人情報保護委員会規則で定めるところにより、当該個人データを提供した年月日、当該第三者の氏名又は名称その他の個人情報保護委員会規則で定める事項に関する記録を作成しなければならない。ただし、当該個人データの提供が第27条第1項各号又は第5項各号のいずれか（前条第1項の規定による個人データの提供にあっては、第27条第1項各号のいずれか）に該当する場合は、この限りでない。

2　個人情報取扱事業者は、前項の記録を、当該記録を作成した日から個人情報保護委員会規則で定める期間保存しなければならない。

【第三者提供を受ける際の確認等】

第30条　個人情報取扱事業者は、第三者から個人データの提供を受けるに際しては、個人情報保護委員会規則で定めるところにより、次に掲げる事項の確認を行わなければならない。ただし、当該個人データの提供が第27条第1項各号又は第5項各号のいずれかに該当する場合は、この限りでない。

①　当該第三者の氏名又は名称及び住所並びに法人にあっては、その代表者の氏名

②　当該第三者による当該個人データの取得の経緯

2　前項の第三者は、個人情報取扱事業者が同項の規定による確認を行う場合において、当該個人情報取扱事業者に対して、当該確認に係る事項を偽ってはならない。

3　個人情報取扱事業者は、第1項の規定による確認を行ったときは、個人情報保護委員会規則で定めるところにより、当該個人データの提供を受けた年月日、当該確認に係る事項その他の個人情報保護委員会規則で定める事項に関する記録を作成しなければならない。

4　個人情報取扱事業者は、前項の記録を、当該記録を作成した日から個人情報保護委員会規則で定める期間保存しなければならない。

【個人関連情報の第三者提供の制限等】

第31条　個人関連情報取扱事業者は、第三者が個人関連情報（個人関連情報データベース等を構成するものに限る。以下この章及び第6章において同じ。）を個人データとして取得することが想定されるときは、第27条第1項各号に掲げる場合を除くほか、次に掲げる事項について、あらかじめ個人情報保護委員会規則で定めるところにより確認することをしないで、当該個人関連情報を当該第三者に提供してはならない。

①　当該第三者が個人関連情報取扱事業者から個人関連情報の提供を受けて本人が識別される個人データとして取得することを認める旨の当該本人の同意が得られていること。

②　外国にある第三者への提供にあっては、前号の本人の同意を得ようとする場合において、個人情報保護委員会規則で定めるところにより、あらかじめ、当該外国における個人情報の保護に関する制度、当該第三者が講ずる個人情報の保護のための措置その他当該本人に参考となるべき情報が当該本人に提供されていること。

第32条〜第34条

2　第28条第3項の規定は、前項の規定により個人関連情報取扱事業者が個人関連情報を提供する場合について準用する。この場合において、同条第3項中「講ずるとともに、本人の求めに応じて当該必要な措置に関する情報を当該本人に提供し」とあるのは、「講じ」と読み替えるものとする。

3　前条第2項から第4項までの規定は、第1項の規定により個人関連情報取扱事業者が確認する場合について準用する。この場合において、同条第3項中「の提供を受けた」とあるのは、「を提供した」と読み替えるものとする。

【保有個人データに関する事項の公表等】

第32条　個人情報取扱事業者は、保有個人データに関し、次に掲げる事項について、本人の知り得る状態（本人の求めに応じて遅滞なく回答する場合を含む。）に置かなければならない。

①　当該個人情報取扱事業者の氏名又は名称及び住所並びに法人にあっては、その代表者の氏名

②　全ての保有個人データの利用目的（第21条第4項第1号から第3号までに該当する場合を除く。）

③　次項の規定による求め又は次条第1項（同条第5項において準用する場合を含む。）、第34条第1項若しくは第35条第1項、第3項若しくは第5項の規定による請求に応じる手続（第38条第2項の規定により手数料の額を定めたときは、その手数料の額を含む。）

④　前3号に掲げるもののほか、保有個人データの適正な取扱いの確保に関し必要な事項として政令で定めるもの

2　個人情報取扱事業者は、本人から、当該本人が識別される保有個人データの利用目的の通知を求められたときは、本人に対し、遅滞なく、これを通知しなければならない。ただし、次の各号のいずれかに該当する場合は、この限りでない。

①　前項の規定により当該本人が識別される保有個人データの利用目的が明らかな場合

②　第21条第4項第1号から第3号までに該当する場合

3　個人情報取扱事業者は、前項の規定に基づき求められた保有個人データの利用目的を通知しない旨の決定をしたときは、本人に対し、遅滞なく、その旨を通知しなければなら

ない。

【開示】

第33条　本人は、個人情報取扱事業者に対し、当該本人が識別される保有個人データの電磁的記録の提供による方法その他の個人情報保護委員会規則で定める方法による開示を請求することができる。

2　個人情報取扱事業者は、前項の規定による請求を受けたときは、本人に対し、同項の規定により当該本人が請求した方法（当該方法による開示に多額の費用を要する場合その他の当該方法による開示が困難である場合にあっては、書面の交付による方法）により、遅滞なく、当該保有個人データを開示しなければならない。ただし、開示することにより次の各号のいずれかに該当する場合は、その全部又は一部を開示しないことができる。

①　本人又は第三者の生命、身体、財産その他の権利利益を害するおそれがある場合

②　当該個人情報取扱事業者の業務の適正な実施に著しい支障を及ぼすおそれがある場合

③　他の法令に違反することとなる場合

3　個人情報取扱事業者は、第1項の規定による請求に係る保有個人データの全部若しくは一部について開示しない旨の決定をしたとき、当該保有個人データが存在しないとき、又は同項の規定により本人が請求した方法による開示が困難であるときは、本人に対し、遅滞なく、その旨を通知しなければならない。

4　他の法令の規定により、本人に対し第2項本文に規定する方法に相当する方法により当該本人が識別される保有個人データの全部又は一部を開示することとされている場合には、当該全部又は一部の保有個人データについては、第1項及び第2項の規定は、適用しない。

5　第1項から第3項までの規定は、当該本人が識別される個人データに係る第29条第1項及び第30条第3項の記録（その存否が明らかになることにより公益その他の利益が害されるものとして政令で定めるものを除く。第37条第2項において「第三者提供記録」という。）について準用する。

【訂正等】

第34条　本人は、個人情報取扱事業者に対し、当該本人が識別される保有個人データの内容が事実でないときは、当該保有個人デー

147

タの内容の訂正、追加又は削除（以下この条において「訂正等」という。）を請求することができる。

2　個人情報取扱事業者は、前項の規定による請求を受けた場合には、その内容の訂正等に関して他の法令の規定により特別の手続が定められている場合を除き、利用目的の達成に必要な範囲内において、遅滞なく必要な調査を行い、その結果に基づき、当該保有個人データの内容の訂正等を行わなければならない。

3　個人情報取扱事業者は、第1項の規定による請求に係る保有個人データの内容の全部若しくは一部について訂正等を行ったとき、又は訂正等を行わない旨の決定をしたときは、本人に対し、遅滞なく、その旨（訂正等を行ったときは、その内容を含む。）を通知しなければならない。

【利用停止等】

第35条　本人は、個人情報取扱事業者に対し、当該本人が識別される保有個人データが第18条若しくは第19条の規定に違反して取り扱われているとき、又は第20条の規定に違反して取得されたものであるときは、当該保有個人データの利用の停止又は消去（以下この条において「利用停止等」という。）を請求することができる。

2　個人情報取扱事業者は、前項の規定による請求を受けた場合であって、その請求に理由があることが判明したときは、違反を是正するために必要な限度で、遅滞なく、当該保有個人データの利用停止等を行わなければならない。ただし、当該保有個人データの利用停止等に多額の費用を要する場合その他の利用停止等を行うことが困難な場合であって、本人の権利利益を保護するため必要なこれに代わるべき措置をとるときは、この限りでない。

3　本人は、個人情報取扱事業者に対し、当該本人が識別される保有個人データが第27条第1項又は第28条の規定に違反して第三者に提供されているときは、当該保有個人データの第三者への提供の停止を請求することができる。

4　個人情報取扱事業者は、前項の規定による請求を受けた場合であって、その請求に理由があることが判明したときは、遅滞なく、当該保有個人データの第三者への提供を停止しなければならない。ただし、当該保有個人デー

タの第三者への提供の停止に多額の費用を要する場合その他の第三者への提供を停止することが困難な場合であって、本人の権利利益を保護するため必要なこれに代わるべき措置をとるときは、この限りでない。

5　本人は、個人情報取扱事業者に対し、当該本人が識別される保有個人データを当該個人情報取扱事業者が利用する必要がなくなった場合、当該本人が識別される保有個人データに係る第26条第1項本文に規定する事態が生じた場合その他当該本人が識別される保有個人データの取扱いにより当該本人の権利又は正当な利益が害されるおそれがある場合には、当該保有個人データの利用停止等又は第三者への提供の停止を請求することができる。

6　個人情報取扱事業者は、前項の規定による請求を受けた場合であって、その請求に理由があることが判明したときは、本人の権利利益の侵害を防止するために必要な限度で、遅滞なく、当該保有個人データの利用停止等又は第三者への提供の停止を行わなければならない。ただし、当該保有個人データの利用停止等又は第三者への提供の停止に多額の費用を要する場合その他の利用停止等又は第三者への提供の停止を行うことが困難な場合であって、本人の権利利益を保護するため必要なこれに代わるべき措置をとるときは、この限りでない。

7　個人情報取扱事業者は、第1項若しくは第5項の規定による請求に係る保有個人データの全部若しくは一部について利用停止等を行ったとき若しくは利用停止等を行わない旨の決定をしたとき、又は第3項若しくは第5項の規定による請求に係る保有個人データの全部若しくは一部について第三者への提供を停止したとき若しくは第三者への提供を停止しない旨の決定をしたときは、本人に対し、遅滞なく、その旨を通知しなければならない。

【理由の説明】

第36条　個人情報取扱事業者は、第32条第3項、第33条第3項（同条第5項において準用する場合を含む。）、第34条第3項又は前条第7項の規定により、本人から求められ、又は請求された措置の全部又は一部について、その措置をとらない旨を通知する場合又はその措置と異なる措置をとる旨を通知する場合には、本人に対し、その理由を説明するよう努めなければならない。

【開示等の請求等に応じる手続】

第37条 個人情報取扱事業者は、第32条第2項の規定による求め又は第33条第1項（同条第5項において準用する場合を含む。次条第1項及び第39条において同じ。）、第34条第1項若しくは第35条第1項、第3項若しくは第5項の規定による請求（以下この条及び第54条第1項において「開示等の請求等」という。）に関し、政令で定めるところにより、その求め又は請求を受け付ける方法を定めることができる。この場合において、本人は、当該方法に従って、開示等の請求等を行わなければならない。

2 個人情報取扱事業者は、本人に対し、開示等の請求等に関し、その対象となる保有個人データ又は第三者提供記録を特定するに足りる事項の提示を求めることができる。この場合において、個人情報取扱事業者は、本人が容易かつ的確に開示等の請求等をすることができるよう、当該保有個人データ又は当該第三者提供記録の特定に資する情報の提供その他本人の利便を考慮した適切な措置をとらなければならない。

3 開示等の請求等は、政令で定めるところにより、代理人によってすることができる。

4 個人情報取扱事業者は、前3項の規定に基づき開示等の請求等に応じる手続を定めるに当たっては、本人に過重な負担を課するものとならないよう配慮しなければならない。

【手数料】

第38条 個人情報取扱事業者は、第32条第2項の規定による利用目的の通知を求められたとき又は第33条第1項の規定による開示の請求を受けたときは、当該措置の実施に関し、手数料を徴収することができる。

2 個人情報取扱事業者は、前項の規定により手数料を徴収する場合は、実費を勘案して合理的であると認められる範囲内において、その手数料の額を定めなければならない。

【事前の請求】

第39条 本人は、第33条第1項、第34条第1項又は第35条第1項、第3項若しくは第5項の規定による請求に係る訴えを提起しようとするときは、その訴えの被告となるべき者に対し、あらかじめ、当該請求を行い、かつ、その到達した日から2週間を経過した後でなければ、その訴えを提起することができない。ただし、当該訴えの被告となるべき者がその請求を拒んだときは、この限りでな

い。

2 前項の請求は、その請求が通常到達すべきであった時に、到達したものとみなす。

3 前2項の規定は、第33条第1項、第34条第1項又は第35条第1項、第3項若しくは第5項の規定による請求に係る仮処分命令の申立てについて準用する。

【個人情報取扱事業者による苦情の処理】

第40条 個人情報取扱事業者は、個人情報の取扱いに関する苦情の適切かつ迅速な処理に努めなければならない。

2 個人情報取扱事業者は、前項の目的を達成するために必要な体制の整備に努めなければならない。

◆**第3節　仮名加工情報取扱事業者等の義務**◆

【仮名加工情報の作成等】

第41条 個人情報取扱事業者は、仮名加工情報（仮名加工情報データベース等を構成するものに限る。以下この章及び第6章において同じ。）を作成するときは、他の情報と照合しない限り特定の個人を識別することができないようにするために必要なものとして個人情報保護委員会規則で定める基準に従い、個人情報を加工しなければならない。

2 個人情報取扱事業者は、仮名加工情報を作成したとき、又は仮名加工情報及び当該仮名加工情報に係る削除情報等（仮名加工情報の作成に用いられた個人情報から削除された記述等及び個人識別符号並びに前項の規定により行われた加工の方法に関する情報をいう。以下この条及び次条第3項において読み替えて準用する第7項において同じ。）を取得したときは、削除情報等の漏えいを防止するために必要なものとして個人情報保護委員会規則で定める基準に従い、削除情報等の安全管理のための措置を講じなければならない。

3 仮名加工情報取扱事業者（個人情報取扱事業者である者に限る。以下この条において同じ。）は、第18条の規定にかかわらず、法令に基づく場合を除くほか、第17条第1項の規定により特定された利用目的の達成に必要な範囲を超えて、仮名加工情報（個人情報であるものに限る。以下この条において同じ。）を取り扱ってはならない。

4 仮名加工情報についての第21条の規定の適用については、同条第1項及び第3項中「、本人に通知し、又は公表し」とあるのは「公表し」と、同条第4項第1号から第3号

第42条・第43条

までの規定中「本人に通知し、又は公表する」とあるのは「公表する」とする。

5 仮名加工情報取扱事業者は、仮名加工情報である個人データ及び削除情報等を利用する必要がなくなったときは、当該個人データ及び削除情報等を遅滞なく消去するよう努めなければならない。この場合においては、第22条の規定は、適用しない。

6 仮名加工情報取扱事業者は、第27条第1項及び第2項並びに第28条第1項の規定にかかわらず、法令に基づく場合を除くほか、仮名加工情報である個人データを第三者に提供してはならない。この場合において、第27条第5項中「前各項」とあるのは「第41条第6項」と、同項第3号中「、本人に通知し、又は本人が容易に知り得る状態に置いて」とあるのは「公表して」と、同条第6項中「、本人に通知し、又は本人が容易に知り得る状態に置かなければ」とあるのは「公表しなければ」と、第29条第1項ただし書中「第27条第1項各号又は第5項各号のいずれか（前条第1項の規定による個人データの提供にあっては、第27条第1項各号のいずれか）」とあり、及び第30条第1項ただし書中「第27条第1項各号又は第5項各号のいずれか」とあるのは「法令に基づく場合又は第27条第5項各号のいずれか」とする。

7 仮名加工情報取扱事業者は、仮名加工情報を取り扱うに当たっては、当該仮名加工情報の作成に用いられた個人情報に係る本人を識別するために、当該仮名加工情報を他の情報と照合してはならない。

8 仮名加工情報取扱事業者は、仮名加工情報を取り扱うに当たっては、電話をかけ、郵便若しくは民間事業者による信書の送達に関する法律（平成14年法律第99号）第2条第6項に規定する一般信書便事業者若しくは同条第9項に規定する特定信書便事業者による同条第2項に規定する信書便により送付し、電報を送達し、ファクシミリ装置若しくは電磁的方法（電子情報処理組織を使用する方法その他の情報通信の技術を利用する方法であって個人情報保護委員会規則で定めるものをいう。）を用いて送信し、又は住居を訪問するために、当該仮名加工情報に含まれる連絡先その他の情報を利用してはならない。

9 仮名加工情報、仮名加工情報である個人データ及び仮名加工情報である保有個人データについては、第17条第2項、第26条及び第32条から第39条までの規定は、適用しない。

【仮名加工情報の第三者提供の制限等】

第42条 仮名加工情報取扱事業者は、法令に基づく場合を除くほか、仮名加工情報（個人情報であるものを除く。次項及び第3項において同じ。）を第三者に提供してはならない。

2 第27条第5項及び第6項の規定は、仮名加工情報の提供を受ける者について準用する。この場合において、同条第5項中「前各項」とあるのは「第42条第1項」と、同項第1号中「個人情報取扱事業者」とあるのは「仮名加工情報取扱事業者」と、同項第3号中「、本人に通知し、又は本人が容易に知り得る状態に置いて」とあるのは「公表して」と、同条第6項中「個人情報取扱事業者」とあるのは「仮名加工情報取扱事業者」と、「、本人に通知し、又は本人が容易に知り得る状態に置かなければ」とあるのは「公表しなければ」と読み替えるものとする。

3 第23条から第25条まで、第40条並びに前条第7項及び第8項の規定は、仮名加工情報取扱事業者による仮名加工情報の取扱いについて準用する。この場合において、第23条中「漏えい、滅失又は毀損」とあるのは「漏えい」と、前条第7項中「ために、」とあるのは「ために、削除情報等を取得し、又は」と読み替えるものとする。

◆第4節　匿名加工情報取扱事業者等の義務◆

【匿名加工情報の作成等】

第43条 個人情報取扱事業者は、匿名加工情報（匿名加工情報データベース等を構成するものに限る。以下この章及び第6章において同じ。）を作成するときは、特定の個人を識別すること及びその作成に用いる個人情報を復元することができないようにするために必要なものとして個人情報保護委員会規則で定める基準に従い、当該個人情報を加工しなければならない。

2 個人情報取扱事業者は、匿名加工情報を作成したときは、その作成に用いた個人情報から削除した記述等及び個人識別符号並びに前項の規定により行った加工の方法に関する情報の漏えいを防止するために必要なものとして個人情報保護委員会規則で定める基準に従い、これらの情報の安全管理のための措置を講じなければならない。

3 個人情報取扱事業者は、匿名加工情報を作

成したときは、個人情報保護委員会規則で定めるところにより、当該匿名加工情報に含まれる個人に関する情報の項目を公表しなければならない。

4　個人情報取扱事業者は、匿名加工情報を作成して当該匿名加工情報を第三者に提供するときは、個人情報保護委員会規則で定めるところにより、あらかじめ、第三者に提供される匿名加工情報に含まれる個人に関する情報の項目及びその提供の方法について公表するとともに、当該第三者に対して、当該提供に係る情報が匿名加工情報である旨を明示しなければならない。

5　個人情報取扱事業者は、匿名加工情報を作成して自ら当該匿名加工情報を取り扱うに当たっては、当該匿名加工情報の作成に用いられた個人情報に係る本人を識別するために、当該匿名加工情報を他の情報と照合してはならない。

6　個人情報取扱事業者は、匿名加工情報を作成したときは、当該匿名加工情報の安全管理のために必要かつ適切な措置、当該匿名加工情報の作成その他の取扱いに関する苦情の処理その他の当該匿名加工情報の適正な取扱いを確保するために必要な措置を自ら講じ、かつ、当該措置の内容を公表するよう努めなければならない。

【匿名加工情報の提供】

第44条　匿名加工情報取扱事業者は、匿名加工情報（自ら個人情報を加工して作成したものを除く。以下この節において同じ。）を第三者に提供するときは、個人情報保護委員会規則で定めるところにより、あらかじめ、第三者に提供される匿名加工情報に含まれる個人に関する情報の項目及びその提供の方法について公表するとともに、当該第三者に対して、当該提供に係る情報が匿名加工情報である旨を明示しなければならない。

【識別行為の禁止】

第45条　匿名加工情報取扱事業者は、匿名加工情報を取り扱うに当たっては、当該匿名加工情報の作成に用いられた個人情報に係る本人を識別するために、当該個人情報から削除された記述等若しくは個人識別符号若しくは第43条第1項若しくは第116条第1項（同条第2項において準用する場合を含む。）の規定により行われた加工の方法に関する情報を取得し、又は当該匿名加工情報を他の情報と照合してはならない。

【安全管理措置等】

第46条　匿名加工情報取扱事業者は、匿名加工情報の安全管理のために必要かつ適切な措置、匿名加工情報の取扱いに関する苦情の処理その他の匿名加工情報の適正な取扱いを確保するために必要な措置を自ら講じ、かつ、当該措置の内容を公表するよう努めなければならない。

◆第5節　民間団体による個人情報の保護の推進◆

【認定】

第47条　個人情報取扱事業者、仮名加工情報取扱事業者又は匿名加工情報取扱事業者（以下この章において「個人情報取扱事業者等」という。）の個人情報、仮名加工情報又は匿名加工情報（以下この章において「個人情報等」という。）の適正な取扱いの確保を目的として次に掲げる業務を行おうとする法人（法人でない団体で代表者又は管理人の定めのあるものを含む。次条第3号ロにおいて同じ。）は、個人情報保護委員会の認定を受けることができる。

① 業務の対象となる個人情報取扱事業者等（以下この節において「対象事業者」という。）の個人情報等の取扱いに関する第53条の規定による苦情の処理

② 個人情報等の適正な取扱いの確保に寄与する事項についての対象事業者に対する情報の提供

③ 前2号に掲げるもののほか、対象事業者の個人情報等の適正な取扱いの確保に関し必要な業務

2　前項の認定は、対象とする個人情報取扱事業者等の事業の種類その他の業務の範囲を限定して行うことができる。

3　第1項の認定を受けようとする者は、政令で定めるところにより、個人情報保護委員会に申請しなければならない。

4　個人情報保護委員会は、第1項の認定をしたときは、その旨（第2項の規定により業務の範囲を限定する認定にあっては、その認定に係る業務の範囲を含む。）を公示しなければならない。

【欠格条項】

第48条　次の各号のいずれかに該当する者は、前条第1項の認定を受けることができない。

① この法律の規定により刑に処せられ、その執行を終わり、又は執行を受けることが

なくなった日から2年を経過しない者

② 第155条第1項の規定により認定を取り消され、その取消しの日から2年を経過しない者

③ その業務を行う役員（法人でない団体で代表者又は管理人の定めのあるものの代表者又は管理人を含む。以下この条において同じ。）のうちに、次のいずれかに該当する者があるもの

イ 禁錮以上の刑に処せられ、又はこの法律の規定により刑に処せられ、その執行を終わり、又は執行を受けることがなくなった日から2年を経過しない者

ロ 第155条第1項の規定により認定を取り消された法人において、その取消しの日前30日以内にその役員であった者でその取消しの日から2年を経過しない者

【認定の基準】

第49条 個人情報保護委員会は、第47条第1項の認定の申請が次の各号のいずれにも適合していると認めるときでなければ、その認定をしてはならない。

① 第47条第1項各号に掲げる業務を適正かつ確実に行うに必要な業務の実施の方法が定められているものであること。

② 第47条第1項各号に掲げる業務を適正かつ確実に行うに足りる知識及び能力並びに経理的基礎を有するものであること。

③ 第47条第1項各号に掲げる業務以外の業務を行っている場合には、その業務を行うことによって同項各号に掲げる業務が不公正になるおそれがないものであること。

【変更の認定等】

第50条 第47条第1項の認定（同条第2項の規定により業務の範囲を限定する認定を含む。次条第1項及び第155条第1項第5号において同じ。）を受けた者は、その認定に係る業務の範囲を変更しようとするときは、個人情報保護委員会の認定を受けなければならない。ただし、個人情報保護委員会規則で定める軽微な変更については、この限りでない。

2 第47条第3項及び第4項並びに前条の規定は、前項の変更の認定について準用する。

【廃止の届出】

第51条 第47条第1項の認定（前条第1項の変更の認定を含む。）を受けた者（以下この節及び第6章において「認定個人情報保護団体」という。）は、その認定に係る業務

（以下この節及び第6章において「認定業務」という。）を廃止しようとするときは、政令で定めるところにより、あらかじめ、その旨を個人情報保護委員会に届け出なければならない。

2 個人情報保護委員会は、前項の規定による届出があったときは、その旨を公示しなければならない。

【対象事業者】

第52条 認定個人情報保護団体は、認定業務の対象となることについて同意を得た個人情報取扱事業者等を対象事業者としなければならない。この場合において、第54条第4項の規定による措置をとったにもかかわらず、対象事業者が同条第1項に規定する個人情報保護指針を遵守しないときは、当該対象事業者を認定業務の対象から除外することができる。

2 認定個人情報保護団体は、対象事業者の氏名又は名称を公表しなければならない。

【苦情の処理】

第53条 認定個人情報保護団体は、本人その他の関係者から対象事業者の個人情報等の取扱いに関する苦情について解決の申出があったときは、その相談に応じ、申出人に必要な助言をし、その苦情に係る事情を調査するとともに、当該対象事業者に対し、その苦情の内容を通知してその迅速な解決を求めなければならない。

2 認定個人情報保護団体は、前項の申出に係る苦情の解決について必要があると認めるときは、当該対象事業者に対し、文書若しくは口頭による説明を求め、又は資料の提出を求めることができる。

3 対象事業者は、認定個人情報保護団体から前項の規定による求めがあったときは、正当な理由がないのに、これを拒んではならない。

【個人情報保護指針】

第54条 認定個人情報保護団体は、対象事業者の個人情報等の適正な取扱いの確保のために、個人情報に係る利用目的の特定、安全管理のための措置、開示等の請求等に応じる手続その他の事項又は仮名加工情報若しくは匿名加工情報に係る作成の方法、その情報の安全管理のための措置その他の事項に関し、消費者の意見を代表する者その他の関係者の意見を聴いて、この法律の規定の趣旨に沿った指針（以下この節及び第6章において「個人

情報保護指針」という。）を作成するよう努めなければならない。

2　認定個人情報保護団体は、前項の規定により個人情報保護指針を作成したときは、個人情報保護委員会規則で定めるところにより、遅滞なく、当該個人情報保護指針を個人情報保護委員会に届け出なければならない。これを変更したときも、同様とする。

3　個人情報保護委員会は、前項の規定による個人情報保護指針の届出があったときは、個人情報保護委員会規則で定めるところにより、当該個人情報保護指針を公表しなければならない。

4　認定個人情報保護団体は、前項の規定により個人情報保護指針が公表されたときは、対象事業者に対し、当該個人情報保護指針を遵守させるため必要な指導、勧告その他の措置をとらなければならない。

【目的外利用の禁止】

第55条　認定個人情報保護団体は、認定業務の実施に際して知り得た情報を認定業務の用に供する目的以外に利用してはならない。

【名称の使用制限】

第56条　認定個人情報保護団体でない者は、認定個人情報保護団体という名称又はこれに紛らわしい名称を用いてはならない。

◆第6節　雑則◆

【適用除外】

第57条　個人情報取扱事業者等及び個人関連情報取扱事業者のうち次の各号に掲げる者については、その個人情報等及び個人関連情報を取り扱う目的の全部又は一部がそれぞれ当該各号に規定する目的であるときは、この章の規定は、適用しない。

① 放送機関、新聞社、通信社その他の報道機関（報道を業として行う個人を含む。）報道の用に供する目的

② 著述を業として行う者　著述の用に供する目的

③ 宗教団体　宗教活動（これに付随する活動を含む。）の用に供する目的

④ 政治団体　政治活動（これに付随する活動を含む。）の用に供する目的

2　前項第1号に規定する「報道」とは、不特定かつ多数の者に対して客観的事実を事実として知らせること（これに基づいて意見又は見解を述べることを含む。）をいう。

3　第1項各号に掲げる個人情報取扱事業者等は、個人データ、仮名加工情報又は匿名加工

情報の安全管理のために必要かつ適切な措置、個人情報等の取扱いに関する苦情の処理その他の個人情報等の適正な取扱いを確保するために必要な措置を自ら講じ、かつ、当該措置の内容を公表するよう努めなければならない。

【適用の特例】

第58条　個人情報取扱事業者又は匿名加工情報取扱事業者のうち次に掲げる者については、第32条から第39条まで及び第4節の規定は、適用しない。

① 別表第2に掲げる法人

② 地方独立行政法人のうち地方独立行政法人法第21条第1号に掲げる業務を主たる目的とするもの又は同条第2号若しくは第3号（チに係る部分に限る。）に掲げる業務を目的とするもの

2　次の各号に掲げる者が行う当該各号に定める業務における個人情報、仮名加工情報又は個人関連情報の取扱いについては、個人情報取扱事業者、仮名加工情報取扱事業者又は個人関連情報取扱事業者による個人情報、仮名加工情報又は個人関連情報の取扱いとみなして、この章（第32条から第39条まで及び第4節を除く。）及び第6章から第8章までの規定を適用する。

① 地方公共団体の機関　医療法（昭和23年法律第205号）第1条の5第1項に規定する病院（次号において「病院」という。）及び同条第2項に規定する診療所並びに学校教育法（昭和22年法律第26号）第1条に規定する大学の運営

② 独立行政法人労働者健康安全機構　病院の運営

【学術研究機関等の責務】

第59条　個人情報取扱事業者である学術研究機関等は、学術研究目的で行う個人情報の取扱いについて、この法律の規定を遵守するとともに、その適正を確保するために必要な措置を自ら講じ、かつ、当該措置の内容を公表するよう努めなければならない。

第5章　行政機関等の義務等

◆第1節　総則◆

【定義】

第60条　この章及び第8章において「保有個人情報」とは、行政機関等の職員（独立行政法人等及び地方独立行政法人にあっては、その役員を含む。以下この章及び第8章におい

第60条

て同じ。）が職務上作成し、又は取得した個人情報であって、当該行政機関等の職員が組織的に利用するものとして、当該行政機関等が保有しているものをいう。ただし、行政文書（行政機関の保有する情報の公開に関する法律（平成11年法律第42号。以下この章において「行政機関情報公開法」という。）第2条第2項に規定する行政文書をいう。）、法人文書（独立行政法人等の保有する情報の公開に関する法律（平成13年法律第140号。以下この章において「独立行政法人等情報公開法」という。）第2条第2項に規定する法人文書（同項第4号に掲げるものを含む。）をいう。）又は地方公共団体等行政文書（地方公共団体の機関又は地方独立行政法人の職員が職務上作成し、又は取得した文書、図画及び電磁的記録であって、当該地方公共団体の機関又は地方独立行政法人の職員が組織的に用いるものとして、当該地方公共団体の機関又は地方独立行政法人が保有しているもの（行政機関情報公開法第2条第2項各号に掲げるものに相当するものとして政令で定めるものを除く。）をいう。）（以下この章において「行政文書等」という。）に記録されているものに限る。

2　この章及び第8章において「個人情報ファイル」とは、保有個人情報を含む情報の集合物であって、次に掲げるものをいう。

①　一定の事務の目的を達成するために特定の保有個人情報を電子計算機を用いて検索することができるように体系的に構成したもの

②　前号に掲げるもののほか、一定の事務の目的を達成するために氏名、生年月日、その他の記述等により特定の保有個人情報を容易に検索することができるように体系的に構成したもの

3　この章において「行政機関等匿名加工情報」とは、次の各号のいずれにも該当する個人情報ファイルを構成する保有個人情報の全部又は一部（これらの一部に行政機関情報公開法第5条に規定する不開示情報（同条第1号に掲げる情報を除き、同条第2号ただし書に規定する情報を含む。以下この項において同じ。）、独立行政法人等情報公開法第5条に規定する不開示情報（同条第1号に掲げる情報を除き、同条第2号ただし書に規定する情報を含む。）又は地方公共団体の情報公開条例（地方公共団体の機関又は地方独立行政法

人の保有する情報の公開を請求する住民等の権利について定める地方公共団体の条例をいう。以下この章において同じ。）に規定する不開示情報（行政機関情報公開法第5条に規定する不開示情報に相当するものをいう。）が含まれているときは、これらの不開示情報に該当する部分を除く。）を加工して得られる匿名加工情報をいう。

①　第75条第2項各号のいずれかに該当するもの又は同条第3項の規定により同条第1項に規定する個人情報ファイル簿に掲載しないこととされるものでないこと。

②　行政機関情報公開法第3条に規定する行政機関の長、独立行政法人等情報公開法第2条第1項に規定する独立行政法人等、地方公共団体の機関又は地方独立行政法人に対し、当該個人情報ファイルを構成する保有個人情報が記録されている行政文書等の開示の請求（行政機関情報公開法第3条、独立行政法人等情報公開法第3条又は情報公開条例の規定による開示の請求をいう。）があったとしたならば、これらの者が次のいずれかを行うこととなるものであること。

イ　当該行政文書等に記録されている保有個人情報の全部又は一部を開示する旨の決定をすること。

ロ　行政機関情報公開法第13条第1項若しくは第2項、独立行政法人等情報公開法第14条第1項若しくは第2項又は情報公開条例（行政機関情報公開法第13条第1項又は第2項の規定に相当する規定を設けているものに限る。）の規定により意見書の提出の機会を与えること。

③　行政機関等の事務及び事業の適正かつ円滑な運営に支障のない範囲内で、第116条第1項の基準に従い、当該個人情報ファイルを構成する保有個人情報を加工して匿名加工情報を作成することができるものであること。

4　この章において「行政機関等匿名加工情報ファイル」とは、行政機関等匿名加工情報を含む情報の集合物であって、次に掲げるものをいう。

①　特定の行政機関等匿名加工情報を電子計算機を用いて検索することができるように体系的に構成したもの

②　前号に掲げるもののほか、特定の行政機関等匿名加工情報を容易に検索することが

できるように体系的に構成したものとして政令で定めるもの

5　この章において「条例要配慮個人情報」とは、地方公共団体の機関又は地方独立行政法人が保有する個人情報（要配慮個人情報を除く。）のうち、地域の特性その他の事情に応じて、本人に対する不当な差別、偏見その他の不利益が生じないようにその取扱いに特に配慮を要するものとして地方公共団体が条例で定める記述等が含まれる個人情報をいう。

◆第2節　行政機関等における個人情報等の取扱い◆

【個人情報の保有の制限等】

第61条　行政機関等は、個人情報を保有するに当たっては、法令（条例を含む。第66条第2項第3号及び第4号、第69条第2項第2号及び第3号並びに第4節において同じ。）の定める所掌事務又は業務を遂行するため必要な場合に限り、かつ、その利用目的をできる限り特定しなければならない。

2　行政機関等は、前項の規定により特定された利用目的の達成に必要な範囲を超えて、個人情報を保有してはならない。

3　行政機関等は、利用目的を変更する場合には、変更前の利用目的と相当の関連性を有すると合理的に認められる範囲を超えて行ってはならない。

【利用目的の明示】

第62条　行政機関等は、本人から直接書面（電磁的記録を含む。）に記録された当該本人の個人情報を取得するときは、次に掲げる場合を除き、あらかじめ、本人に対し、その利用目的を明示しなければならない。

①　人の生命、身体又は財産の保護のために緊急に必要があるとき。

②　利用目的を本人に明示することにより、本人又は第三者の生命、身体、財産その他の権利利益を害するおそれがあるとき。

③　利用目的を本人に明示することにより、国の機関、独立行政法人等、地方公共団体又は地方独立行政法人が行う事務又は事業の適正な遂行に支障を及ぼすおそれがあるとき。

④　取得の状況からみて利用目的が明らかであると認められるとき。

【不適正な利用の禁止】

第63条　行政機関の長（第2条第8項第4号及び第5号の政令で定める機関にあっては、その機関ごとに政令で定める者をいう。以下

この章及び第174条において同じ。）、地方公共団体の機関、独立行政法人等及び地方独立行政法人（以下この章及び次章において「行政機関の長等」という。）は、違法又は不当な行為を助長し、又は誘発するおそれがある方法により個人情報を利用してはならない。

【適正な取得】

第64条　行政機関の長等は、偽りその他不正の手段により個人情報を取得してはならない。

【正確性の確保】

第65条　行政機関の長等は、利用目的の達成に必要な範囲内で、保有個人情報が過去又は現在の事実と合致するよう努めなければならない。

【安全管理措置】

第66条　行政機関の長等は、保有個人情報の漏えい、滅失又は毀損の防止その他の保有個人情報の安全管理のために必要かつ適切な措置を講じなければならない。

2　前項の規定は、次の各号に掲げる者が当該各号に定める業務を行う場合における個人情報の取扱いについて準用する。

①　行政機関等から個人情報の取扱いの委託を受けた者　当該委託を受けた業務

②　指定管理者（地方自治法（昭和22年法律第67号）第244条の2第3項に規定する指定管理者をいう。）　公の施設（同法第244条第1項に規定する公の施設をいう。）の管理の業務

③　第58条第1項各号に掲げる者　法令に基づき行う業務であって政令で定めるもの

④　第58条第2項各号に掲げる者　同項各号に定める業務のうち法令に基づき行う業務であって政令で定めるもの

⑤　前各号に掲げる者から当該各号に定める業務の委託（2以上の段階にわたる委託を含む。）を受けた者　当該委託を受けた業務

【従事者の義務】

第67条　個人情報の取扱いに従事する行政機関等の職員若しくは職員であった者、前条第2項各号に定める業務に従事している者若しくは従事していた者又は行政機関等において個人情報の取扱いに従事している派遣労働者（労働者派遣事業の適正な運営の確保及び派遣労働者の保護等に関する法律（昭和60年法律第88号）第2条第2号に規定する派遣労働者をいう。以下この章及び第176条にお

第68条〜第71条

いて同じ。）若しくは従事していた派遣労働者は、その業務に関して知り得た個人情報の内容をみだりに他人に知らせ、又は不当な目的に利用してはならない。

【漏えい等の報告等】

第68条　行政機関の長等は、保有個人情報の漏えい、滅失、毀損その他の保有個人情報の安全の確保に係る事態であって個人の権利利益を害するおそれが大きいものとして個人情報保護委員会規則で定めるものが生じたときは、個人情報保護委員会規則で定めるところにより、当該事態が生じた旨を個人情報保護委員会に報告しなければならない。

2　前項に規定する場合には、行政機関の長等は、本人に対し、個人情報保護委員会規則で定めるところにより、当該事態が生じた旨を通知しなければならない。ただし、次の各号のいずれかに該当するときは、この限りでない。

①　本人への通知が困難な場合であって、本人の権利利益を保護するため必要なこれに代わるべき措置をとるとき。

②　当該保有個人情報に第78条第1項各号に掲げる情報のいずれかが含まれるとき。

【利用及び提供の制限】

第69条　行政機関の長等は、法令に基づく場合を除き、利用目的以外の目的のために保有個人情報を自ら利用し、又は提供してはならない。

2　前項の規定にかかわらず、行政機関の長等は、次の各号のいずれかに該当すると認めるときは、利用目的以外の目的のために保有個人情報を自ら利用し、又は提供することができる。ただし、保有個人情報を利用目的以外の目的のために自ら利用し、又は提供することによって、本人又は第三者の権利利益を不当に侵害するおそれがあると認められるときは、この限りでない。

①　本人の同意があるとき、又は本人に提供するとき。

②　行政機関等が法令の定める所掌事務又は業務の遂行に必要な限度で保有個人情報を内部で利用する場合であって、当該保有個人情報を利用することについて相当の理由があるとき。

③　他の行政機関、独立行政法人等、地方公共団体の機関又は地方独立行政法人に保有個人情報を提供する場合において、保有個人情報の提供を受ける者が、法令の定める

事務又は業務の遂行に必要な限度で提供に係る個人情報を利用し、かつ、当該個人情報を利用することについて相当の理由があるとき。

④　前3号に掲げる場合のほか、専ら統計の作成又は学術研究の目的のために保有個人情報を提供するとき、本人以外の者に提供することが明らかに本人の利益になるとき、その他保有個人情報を提供することについて特別の理由があるとき。

3　前項の規定は、保有個人情報の利用又は提供を制限する他の法令の規定の適用を妨げるものではない。

4　行政機関の長等は、個人の権利利益を保護するため特に必要があると認めるときは、保有個人情報の利用目的以外の目的のための行政機関等の内部における利用を特定の部局若しくは機関又は職員に限るものとする。

【保有個人情報の提供を受ける者に対する措置要求】

第70条　行政機関の長等は、利用目的のために又は前条第2項第3号若しくは第4号の規定に基づき、保有個人情報を提供する場合において、必要があると認めるときは、保有個人情報の提供を受ける者に対し、提供に係る個人情報について、その利用の目的若しくは方法の制限その他必要な制限を付し、又はその漏えいの防止その他の個人情報の適切な管理のために必要な措置を講ずることを求めるものとする。

【外国にある第三者への提供の制限】

第71条　行政機関の長等は、外国（本邦の域外にある国又は地域をいう。以下この条において同じ。）（個人の権利利益を保護する上で我が国と同等の水準にあると認められる個人情報の保護に関する制度を有している外国として個人情報保護委員会規則で定めるものを除く。以下この条において同じ。）にある第三者（第16条第3項に規定する個人データの取扱いについて前章第2節の規定により同条第2項に規定する個人情報取扱事業者が講ずべきこととされている措置に相当する措置（第3項において「相当措置」という。）を継続的に講ずるために必要なものとして個人情報保護委員会規則で定める基準に適合する体制を整備している者を除く。以下この項及び次項において同じ。）に利用目的以外の目的のために保有個人情報を提供する場合には、法令に基づく場合及び第69条第2項第4号

に掲げる場合を除くほか、あらかじめ外国にある第三者への提供を認める旨の本人の同意を得なければならない。

2 行政機関の長等は、前項の規定により本人の同意を得ようとする場合には、個人情報保護委員会規則で定めるところにより、あらかじめ、当該外国における個人情報の保護に関する制度、当該第三者が講ずる個人情報の保護のための措置その他当該本人に参考となるべき情報を当該本人に提供しなければならない。

3 行政機関の長等は、保有個人情報を外国にある第三者（第1項に規定する体制を整備している者に限る。）に利用目的以外の目的のために提供した場合には、法令に基づく場合及び第69条第2項第4号に掲げる場合を除くほか、個人情報保護委員会規則で定めるところにより、当該第三者による相当措置の継続的な実施を確保するために必要な措置を講ずるとともに、本人の求めに応じて当該必要な措置に関する情報を当該本人に提供しなければならない。

【個人関連情報の提供を受ける者に対する措置要求】

第72条 行政機関の長等は、第三者に個人関連情報を提供する場合（当該第三者が当該個人関連情報を個人情報として取得することが想定される場合に限る。）において、必要があると認めるときは、当該第三者に対し、提供に係る個人関連情報について、その利用の目的若しくは方法の制限その他必要な制限を付し、又はその漏えいの防止その他の個人関連情報の適切な管理のために必要な措置を講ずることを求めるものとする。

【仮名加工情報の取扱いに係る義務】

第73条 行政機関の長等は、法令に基づく場合を除くほか、仮名加工情報（個人情報であるものを除く。以下この条及び第128条において同じ。）を第三者（当該仮名加工情報の取扱いの委託を受けた者を除く。）に提供してはならない。

2 行政機関の長等は、その取り扱う仮名加工情報の漏えいの防止その他仮名加工情報の安全管理のために必要かつ適切な措置を講じなければならない。

3 行政機関の長等は、仮名加工情報を取り扱うに当たっては、法令に基づく場合を除き、当該仮名加工情報の作成に用いられた個人情報に係る本人を識別するために、削除情報等

（仮名加工情報の作成に用いられた個人情報から削除された記述等及び個人識別符号並びに第41条第1項の規定により行われた加工の方法に関する情報をいう。）を取得し、又は当該仮名加工情報を他の情報と照合してはならない。

4 行政機関の長等は、仮名加工情報を取り扱うに当たっては、法令に基づく場合を除き、電話をかけ、郵便若しくは民間事業者による信書の送達に関する法律第2条第6項に規定する一般信書便事業者若しくは同条第9項に規定する特定信書便事業者による同条第2項に規定する信書便により送付し、電報を送達し、ファクシミリ装置若しくは電磁的方法（電子情報処理組織を使用する方法その他の情報通信の技術を利用する方法であって個人情報保護委員会規則で定めるものをいう。）を用いて送信し、又は住居を訪問するために、当該仮名加工情報に含まれる連絡先その他の情報を利用してはならない。

5 前各項の規定は、行政機関の長等から仮名加工情報の取扱いの委託（2以上の段階にわたる委託を含む。）を受けた者が受託した業務を行う場合について準用する。

◆第3節 個人情報ファイル◆

【個人情報ファイルの保有等に関する事前通知】

第74条 行政機関（会計検査院を除く。以下この条において同じ。）が個人情報ファイルを保有しようとするときは、当該行政機関の長は、あらかじめ、個人情報保護委員会に対し、次に掲げる事項を通知しなければならない。通知した事項を変更しようとするときも、同様とする。

① 個人情報ファイルの名称

② 当該機関の名称及び個人情報ファイルが利用に供される事務をつかさどる組織の名称

③ 個人情報ファイルの利用目的

④ 個人情報ファイルに記録される項目（以下この節において「記録項目」という。）及び本人（他の個人の氏名、生年月日その他の記述等によらないで検索し得る者に限る。次項第9号において同じ。）として個人情報ファイルに記録される個人の範囲（以下この節において「記録範囲」という。）

⑤ 個人情報ファイルに記録される個人情報（以下この節において「記録情報」とい

第75条

う。）の収集方法

⑥　記録情報に要配慮個人情報が含まれるときは、その旨

⑦　記録情報を当該機関以外の者に経常的に提供する場合には、その提供先

⑧　次条第3項の規定に基づき、記録項目の一部若しくは第5号若しくは前号に掲げる事項を次条第1項に規定する個人情報ファイル簿に記載しないこととするとき、又は個人情報ファイルを同項に規定する個人情報ファイル簿に掲載しないこととするときは、その旨

⑨　第76条第1項、第90条第1項又は第98条第1項の規定による請求を受理する組織の名称及び所在地

⑩　第90条第1項ただし書又は第98条第1項ただし書に該当するときは、その旨

⑪　その他政令で定める事項

2　前項の規定は、次に掲げる個人情報ファイルについては、適用しない。

①　国の安全、外交上の秘密その他の国の重大な利益に関する事項を記録する個人情報ファイル

②　犯罪の捜査、租税に関する法律の規定に基づく犯則事件の調査又は公訴の提起若しくは維持のために作成し、又は取得する個人情報ファイル

③　当該機関の職員又は職員であった者に係る個人情報ファイルであって、専らその人事、給与若しくは福利厚生に関する事項又はこれらに準ずる事項を記録するもの（当該機関が行う職員の採用試験に関する個人情報ファイルを含む。）

④　専ら試験的な電子計算機処理の用に供するための個人情報ファイル

⑤　前項の規定による通知に係る個人情報ファイルに記録されている記録情報の全部又は一部を記録した個人情報ファイルであって、その利用目的、記録項目及び記録範囲が当該通知に係るこれらの事項の範囲内のもの

⑥　1年以内に消去することとなる記録情報のみを記録する個人情報ファイル

⑦　資料その他の物品若しくは金銭の送付又は業務上必要な連絡のために利用する記録情報を記録した個人情報ファイルであって、送付又は連絡の相手方の氏名、住所その他の送付又は連絡に必要な事項のみを記録するもの

⑧　職員が学術研究の用に供するためその発意に基づき作成し、又は取得する個人情報ファイルであって、記録情報を専ら当該学術研究の目的のために利用するもの

⑨　本人の数が政令で定める数に満たない個人情報ファイル

⑩　第3号から前号までに掲げる個人情報ファイルに準ずるものとして政令で定める個人情報ファイル

⑪　第60条第2項第2号に係る個人情報ファイル

3　行政機関の長は、第1項に規定する事項を通知した個人情報ファイルについて、当該行政機関がその保有をやめたとき、又はその個人情報ファイルが前項第9号に該当するに至ったときは、遅滞なく、個人情報保護委員会に対しその旨を通知しなければならない。

【個人情報ファイル簿の作成及び公表】

第75条　行政機関の長等は、政令で定めるところにより、当該行政機関の長等の属する行政機関等が保有している個人情報ファイルについて、それぞれ前条第1項第1号から第7号まで、第9号及び第10号に掲げる事項その他政令で定める事項を記載した帳簿（以下この章において「個人情報ファイル簿」という。）を作成し、公表しなければならない。

2　前項の規定は、次に掲げる個人情報ファイルについては、適用しない。

①　前条第2項第1号から第10号までに掲げる個人情報ファイル

②　前項の規定による公表に係る個人情報ファイルに記録されている記録情報の全部又は一部を記録した個人情報ファイルであって、その利用目的、記録項目及び記録範囲が当該公表に係るこれらの事項の範囲内のもの

③　前号に掲げる個人情報ファイルに準ずるものとして政令で定める個人情報ファイル

3　第1項の規定にかかわらず、行政機関の長等は、記録項目の一部若しくは前条第1項第5号若しくは第7号に掲げる事項を個人情報ファイル簿に記載し、又は個人情報ファイルを個人情報ファイル簿に掲載することにより、利用目的に係る事務又は事業の性質上、当該事務又は事業の適正な遂行に著しい支障を及ぼすおそれがあると認めるときは、その記録項目の一部若しくは事項を記載せず、又はその個人情報ファイルを個人情報ファイル簿に掲載しないことができる。

第76条〜第78条

個人情報の保護に関する法律

4　地方公共団体の機関又は地方独立行政法人についての第1項の規定の適用については、同項中「定める事項」とあるのは、「定める事項並びに記録情報に条例要配慮個人情報が含まれているときは、その旨」とする。

5　前各項の規定は、地方公共団体の機関又は地方独立行政法人が、条例で定めるところにより、個人情報ファイル簿とは別の個人情報の保有の状況に関する事項を記載した帳簿を作成し、公表することを妨げるものではない。

◆第4節　開示、訂正及び利用停止◆
　第1款　開示

【開示請求権】

第76条　何人も、この法律の定めるところにより、行政機関の長等に対し、当該行政機関の長等の属する行政機関等の保有する自己を本人とする保有個人情報の開示を請求することができる。

2　未成年者若しくは成年被後見人の法定代理人又は本人の委任による代理人（以下この節において「代理人」と総称する。）は、本人に代わって前項の規定による開示の請求（以下この節及び第127条において「開示請求」という。）をすることができる。

【開示請求の手続】

第77条　開示請求は、次に掲げる事項を記載した書面（第3項において「開示請求書」という。）を行政機関の長等に提出してしなければならない。

①　開示請求をする者の氏名及び住所又は居所

②　開示請求に係る保有個人情報が記録されている行政文書等の名称その他の開示請求に係る保有個人情報を特定するに足りる事項

2　前項の場合において、開示請求をする者は、政令で定めるところにより、開示請求に係る保有個人情報の本人であること（前条第2項の規定による開示請求にあっては、開示請求に係る保有個人情報の本人の代理人であること）を示す書類を提示し、又は提出しなければならない。

3　行政機関の長等は、開示請求書に形式上の不備があると認めるときは、開示請求をした者（以下この節において「開示請求者」という。）に対し、相当の期間を定めて、その補正を求めることができる。この場合において、行政機関の長等は、開示請求者に対し、

補正の参考となる情報を提供するよう努めなければならない。

【保有個人情報の開示義務】

第78条　行政機関の長等は、開示請求があったときは、開示請求に係る保有個人情報に次の各号に掲げる情報（以下この節において「不開示情報」という。）のいずれかが含まれている場合を除き、開示請求者に対し、当該保有個人情報を開示しなければならない。

①　開示請求者（第76条第2項の規定により代理人が本人に代わって開示請求をする場合にあっては、当該本人をいう。次号及び第3号、次条第2項並びに第86条第1項において同じ。）の生命、健康、生活又は財産を害するおそれがある情報

②　開示請求者以外の個人に関する情報（事業を営む個人の当該事業に関する情報を除く。）であって、当該情報に含まれる氏名、生年月日その他の記述等により開示請求者以外の特定の個人を識別することができるもの（他の情報と照合することにより、開示請求者以外の特定の個人を識別することができることとなるものを含む。）若しくは個人識別符号が含まれるもの又は開示請求者以外の特定の個人を識別することはできないが、開示することにより、なお開示請求者以外の個人の権利利益を害するおそれがあるもの。ただし、次に掲げる情報を除く。

イ　法令の規定により又は慣行として開示請求者が知ることができ、又は知ることが予定されている情報

ロ　人の生命、健康、生活又は財産を保護するため、開示することが必要であると認められる情報

ハ　当該個人が公務員等（国家公務員法（昭和22年法律第120号）第2条第1項に規定する国家公務員（独立行政法人通則法第2条第4項に規定する行政執行法人の職員を除く。）、独立行政法人等の職員、地方公務員法（昭和25年法律第261号）第2条に規定する地方公務員及び地方独立行政法人の職員をいう。）である場合において、当該情報がその職務の遂行に係る情報であるときは、当該情報のうち、当該公務員等の職及び当該職務遂行の内容に係る部分

③　法人その他の団体（国、独立行政法人等、地方公共団体及び地方独立行政法人を

159

第79条

除く。以下この号において「法人等」という。）に関する情報又は開示請求者以外の事業を営む個人の当該事業に関する情報であって、次に掲げるもの。ただし、人の生命、健康、生活又は財産を保護するため、開示することが必要であると認められる情報を除く。

イ　開示することにより、当該法人等又は当該個人の権利、競争上の地位その他正当な利益を害するおそれがあるもの

ロ　行政機関等の要請を受けて、開示しないとの条件で任意に提供されたものであって、法人等又は個人における通例として開示しないこととされているものその他の当該条件を付することが当該情報の性質、当時の状況等に照らして合理的であると認められるもの

④　行政機関の長が第82条各項の決定（以下この節において「開示決定等」という。）をする場合において、開示することにより、国の安全が害されるおそれ、他国若しくは国際機関との信頼関係が損なわれるおそれ又は他国若しくは国際機関との交渉上不利益を被るおそれがあると当該行政機関の長が認めることにつき相当の理由がある情報

⑤　行政機関の長又は地方公共団体の機関（都道府県の機関に限る。）が開示決定等をする場合において、開示することにより、犯罪の予防、鎮圧又は捜査、公訴の維持、刑の執行その他の公共の安全と秩序の維持に支障を及ぼすおそれがあると当該行政機関の長又は地方公共団体の機関が認めることにつき相当の理由がある情報

⑥　国の機関、独立行政法人等、地方公共団体及び地方独立行政法人の内部又は相互間における審議、検討又は協議に関する情報であって、開示することにより、率直な意見の交換若しくは意思決定の中立性が不当に損なわれるおそれ、不当に国民の間に混乱を生じさせるおそれ又は特定の者に不当に利益を与え若しくは不利益を及ぼすおそれがあるもの

⑦　国の機関、独立行政法人等、地方公共団体又は地方独立行政法人が行う事務又は事業に関する情報であって、開示することにより、次に掲げるおそれその他当該事務又は事業の性質上、当該事務又は事業の適正な遂行に支障を及ぼすおそれがあるもの

イ　独立行政法人等、地方公共団体の機関又は地方独立行政法人が開示決定等をする場合において、国の安全が害されるおそれ、他国若しくは国際機関との信頼関係が損なわれるおそれ又は他国若しくは国際機関との交渉上不利益を被るおそれ

ロ　独立行政法人等、地方公共団体の機関（都道府県の機関を除く。）又は地方独立行政法人が開示決定等をする場合において、犯罪の予防、鎮圧又は捜査その他の公共の安全と秩序の維持に支障を及ぼすおそれ

ハ　監査、検査、取締り、試験又は租税の賦課若しくは徴収に係る事務に関し、正確な事実の把握を困難にするおそれ又は違法若しくは不当な行為を容易にし、若しくはその発見を困難にするおそれ

ニ　契約、交渉又は争訟に係る事務に関し、国、独立行政法人等、地方公共団体又は地方独立行政法人の財産上の利益又は当事者としての地位を不当に害するおそれ

ホ　調査研究に係る事務に関し、その公正かつ能率的な遂行を不当に阻害するおそれ

ヘ　人事管理に係る事務に関し、公正かつ円滑な人事の確保に支障を及ぼすおそれ

ト　独立行政法人等、地方公共団体が経営する企業又は地方独立行政法人に係る事業に関し、その企業経営上の正当な利益を害するおそれ

2　地方公共団体の機関又は地方独立行政法人についての前項の規定の適用については、同項中「掲げる情報（」とあるのは、「掲げる情報（情報公開条例の規定により開示することとされている情報として条例で定めるものを除く。）又は行政機関情報公開法第5条に規定する不開示情報に準ずる情報であって情報公開条例において開示しないこととされているもののうち当該情報公開条例との整合性を確保するために不開示とする必要があるものとして条例で定めるもの（」とする。

【部分開示】

第79条　行政機関の長等は、開示請求に係る保有個人情報に不開示情報が含まれている場合において、不開示情報に該当する部分を容易に区分して除くことができるときは、開示請求者に対し、当該部分を除いた部分につき開示しなければならない。

2　開示請求に係る保有個人情報に前条第1項
　第2号の情報（開示請求者以外の特定の個人
　を識別することができるものに限る。）が含
　まれている場合において、当該情報のうち、
　氏名、生年月日その他の開示請求者以外の特
　定の個人を識別することができることとなる
　記述等及び個人識別符号の部分を除くことに
　より、開示しても、開示請求者以外の個人の
　権利利益が害されるおそれがないと認められ
　るときは、当該部分を除いた部分は、同号の
　情報に含まれないものとみなして、前項の規
　定を適用する。

【裁量的開示】
第80条　行政機関の長等は、開示請求に係る
　保有個人情報に不開示情報が含まれている場
　合であっても、個人の権利利益を保護するた
　め特に必要があると認めるときは、開示請求
　者に対し、当該保有個人情報を開示すること
　ができる。

【保有個人情報の存否に関する情報】
第81条　開示請求に対し、当該開示請求に係
　る保有個人情報が存在しているか否かを答え
　るだけで、不開示情報を開示することとなる
　ときは、行政機関の長等は、当該保有個人情
　報の存否を明らかにしないで、当該開示請求
　を拒否することができる。

【開示請求に対する措置】
第82条　行政機関の長等は、開示請求に係る
　保有個人情報の全部又は一部を開示するとき
　は、その旨の決定をし、開示請求者に対し、
　その旨、開示する保有個人情報の利用目的及
　び開示の実施に関し政令で定める事項を書面
　により通知しなければならない。ただし、第
　62条第2号又は第3号に該当する場合にお
　ける当該利用目的については、この限りでな
　い。
2　行政機関の長等は、開示請求に係る保有個
　人情報の全部を開示しないとき（前条の規定
　により開示請求を拒否するとき、及び開示請
　求に係る保有個人情報を保有していないとき
　を含む。）は、開示をしない旨の決定をし、
　開示請求者に対し、その旨を書面により通知
　しなければならない。

【開示決定等の期限】
第83条　開示決定等は、開示請求があった日
　から30日以内にしなければならない。ただ
　し、第77条第3項の規定により補正を求め
　た場合にあっては、当該補正に要した日数
　は、当該期間に算入しない。

2　前項の規定にかかわらず、行政機関の長等
　は、事務処理上の困難その他正当な理由があ
　るときは、同項に規定する期間を30日以内
　に限り延長することができる。この場合にお
　いて、行政機関の長等は、開示請求者に対
　し、遅滞なく、延長後の期間及び延長の理由
　を書面により通知しなければならない。

【開示決定等の期限の特例】
第84条　開示請求に係る保有個人情報が著し
　く大量であるため、開示請求があった日から
　60日以内にその全てについて開示決定等を
　することにより事務の遂行に著しい支障が生
　ずるおそれがある場合には、前条の規定にか
　かわらず、行政機関の長等は、開示請求に係
　る保有個人情報のうちの相当の部分につき当
　該期間内に開示決定等をし、残りの保有個人
　情報については相当の期間内に開示決定等を
　すれば足りる。この場合において、行政機関
　の長等は、同条第1項に規定する期間内に、
　開示請求者に対し、次に掲げる事項を書面に
　より通知しなければならない。
①　この条の規定を適用する旨及びその理由
②　残りの保有個人情報について開示決定等
　　をする期限

【事案の移送】
第85条　行政機関の長等は、開示請求に係る
　保有個人情報が当該行政機関の長等が属する
　行政機関等以外の行政機関等から提供された
　ものであるとき、その他他の行政機関の長等
　において開示決定等をすることにつき正当な
　理由があるときは、当該他の行政機関の長等
　と協議の上、当該他の行政機関の長等に対
　し、事案を移送することができる。この場合
　においては、移送をした行政機関の長等は、
　開示請求者に対し、事案を移送した旨を書面
　により通知しなければならない。
2　前項の規定により事案が移送されたとき
　は、移送を受けた行政機関の長等において、
　当該開示請求についての開示決定等をしなけ
　ればならない。この場合において、移送をし
　た行政機関の長等が移送前にした行為は、移
　送を受けた行政機関の長等がしたものとみな
　す。
3　前項の場合において、移送を受けた行政機
　関の長等が第82条第1項の決定（以下この
　節において「開示決定」という。）をしたと
　きは、当該行政機関の長等は、開示の実施を
　しなければならない。この場合において、移
　送をした行政機関の長等は、当該開示の実施

第86条〜第89条

に必要な協力をしなければならない。

【第三者に対する意見書提出の機会の付与等】

第86条 開示請求に係る保有個人情報に国、独立行政法人等、地方公共団体、地方独立行政法人及び開示請求者以外の者（以下この条、第105条第2項第3号及び第107条第1項において「第三者」という。）に関する情報が含まれているときは、行政機関の長等は、開示決定等をするに当たって、当該情報に係る第三者に対し、政令で定めるところにより、当該第三者に関する情報の内容その他政令で定める事項を通知して、意見書を提出する機会を与えることができる。

2 行政機関の長等は、次の各号のいずれかに該当するときは、開示決定に先立ち、当該第三者に対し、政令で定めるところにより、開示請求に係る当該第三者に関する情報の内容その他政令で定める事項を書面により通知して、意見書を提出する機会を与えなければならない。ただし、当該第三者の所在が判明しない場合は、この限りでない。

① 第三者に関する情報が含まれている保有個人情報を開示しようとする場合であって、当該第三者に関する情報が第78条第1項第2号ロ又は同項第3号ただし書に規定する情報に該当すると認められるとき。

② 第三者に関する情報が含まれている保有個人情報を第80条の規定により開示しようとするとき。

3 行政機関の長等は、前2項の規定により意見書の提出の機会を与えられた第三者が当該第三者に関する情報の開示に反対の意思を表示した意見書を提出した場合において、開示決定をするときは、開示決定の日と開示を実施する日との間に少なくとも2週間を置かなければならない。この場合において、行政機関の長等は、開示決定後直ちに、当該意見書（第105条において「反対意見書」という。）を提出した第三者に対し、開示決定をした旨及びその理由並びに開示を実施する日を書面により通知しなければならない。

【開示の実施】

第87条 保有個人情報の開示は、当該保有個人情報が、文書又は図画に記録されているときは閲覧又は写しの交付により、電磁的記録に記録されているときはその種別、情報化の進展状況等を勘案して行政機関等が定める方法により行う。ただし、閲覧の方法による保有個人情報の開示にあっては、行政機関の長

等は、当該保有個人情報が記録されている文書又は図画の保存に支障を生ずるおそれがあると認めるとき、その他正当な理由があるときは、その写しにより、これを行うことができる。

2 行政機関等は、前項の規定に基づく電磁的記録についての開示の方法に関する定めを一般の閲覧に供しなければならない。

3 開示決定に基づき保有個人情報の開示を受ける者は、政令で定めるところにより、当該開示決定をした行政機関の長等に対し、その求める開示の実施の方法その他の政令で定める事項を申し出なければならない。

4 前項の規定による申出は、第82条第1項に規定する通知があった日から30日以内にしなければならない。ただし、当該期間内に当該申出をすることができないことにつき正当な理由があるときは、この限りでない。

【他の法令による開示の実施との調整】

第88条 行政機関の長等は、他の法令の規定により、開示請求者に対し開示請求に係る保有個人情報が前条第1項本文に規定する方法と同一の方法で開示することとされている場合（開示の期間が定められている場合にあっては、当該期間内に限る。）には、同項本文の規定にかかわらず、当該保有個人情報については、当該同一の方法による開示を行わない。ただし、当該他の法令の規定に一定の場合には開示をしない旨の定めがあるときは、この限りでない。

2 他の法令の規定に定める開示の方法が縦覧であるときは、当該縦覧を前条第1項本文の閲覧とみなして、前項の規定を適用する。

【手数料】

第89条 行政機関の長に対し開示請求をする者は、政令で定めるところにより、実費の範囲内において政令で定める額の手数料を納めなければならない。

2 地方公共団体の機関に対し開示請求をする者は、条例で定めるところにより、実費の範囲内において条例で定める額の手数料を納めなければならない。

3 前2項の手数料の額を定めるに当たっては、できる限り利用しやすい額とするよう配慮しなければならない。

4 独立行政法人等に対し開示請求をする者は、独立行政法人等の定めるところにより、手数料を納めなければならない。

5 前項の手数料の額は、実費の範囲内におい

て、かつ、第1項の手数料の額を参酌して、独立行政法人等が定める。

6 独立行政法人等は、前2項の規定による定めを一般の閲覧に供しなければならない。

7 地方独立行政法人に対し開示請求をする者は、地方独立行政法人の定めるところにより、手数料を納めなければならない。

8 前項の手数料の額は、実費の範囲内において、かつ、第2項の条例で定める手数料の額を参酌して、地方独立行政法人が定める。

9 地方独立行政法人は、前2項の規定による定めを一般の閲覧に供しなければならない。

第2款 訂正

【訂正請求権】

第90条 何人も、自己を本人とする保有個人情報（次に掲げるものに限る。第98条第1項において同じ。）の内容が事実でないと思料するときは、この法律の定めるところにより、当該保有個人情報を保有する行政機関の長等に対し、当該保有個人情報の訂正（追加又は削除を含む。以下この節において同じ。）を請求することができる。ただし、当該保有個人情報の訂正に関して他の法令の規定により特別の手続が定められているときは、この限りでない。

① 開示決定に基づき開示を受けた保有個人情報

② 開示決定に係る保有個人情報であって、第88条第1項の他の法令の規定により開示を受けたもの

2 代理人は、本人に代わって前項の規定による訂正の請求（以下この節及び第127条において「訂正請求」という。）をすることができる。

3 訂正請求は、保有個人情報の開示を受けた日から90日以内にしなければならない。

【訂正請求の手続】

第91条 訂正請求は、次に掲げる事項を記載した書面（第3項において「訂正請求書」という。）を行政機関の長等に提出してしなければならない。

① 訂正請求をする者の氏名及び住所又は居所

② 訂正請求に係る保有個人情報の開示を受けた日その他当該保有個人情報を特定するに足りる事項

③ 訂正請求の趣旨及び理由

2 前項の場合において、訂正請求をする者

は、政令で定めるところにより、訂正請求に係る保有個人情報の本人であること（前条第2項の規定による訂正請求にあっては、訂正請求に係る保有個人情報の本人の代理人であること）を示す書類を提示し、又は提出しなければならない。

3 行政機関の長等は、訂正請求書に形式上の不備があると認めるときは、訂正請求をした者（以下この節において「訂正請求者」という。）に対し、相当の期間を定めて、その補正を求めることができる。

【保有個人情報の訂正義務】

第92条 行政機関の長等は、訂正請求があった場合において、当該訂正請求に理由があると認めるときは、当該訂正請求に係る保有個人情報の利用目的の達成に必要な範囲内で、当該保有個人情報の訂正をしなければならない。

【訂正請求に対する措置】

第93条 行政機関の長等は、訂正請求に係る保有個人情報の訂正をするときは、その旨の決定をし、訂正請求者に対し、その旨を書面により通知しなければならない。

2 行政機関の長等は、訂正請求に係る保有個人情報の訂正をしないときは、その旨の決定をし、訂正請求者に対し、その旨を書面により通知しなければならない。

【訂正決定等の期限】

第94条 前条各項の決定（以下この節において「訂正決定等」という。）は、訂正請求があった日から30日以内にしなければならない。ただし、第91条第3項の規定により補正を求めた場合にあっては、当該補正に要した日数は、当該期間に算入しない。

2 前項の規定にかかわらず、行政機関の長等は、事務処理上の困難その他正当な理由があるときは、同項に規定する期間を30日以内に限り延長することができる。この場合において、行政機関の長等は、訂正請求者に対し、遅滞なく、延長後の期間及び延長の理由を書面により通知しなければならない。

【訂正決定等の期限の特例】

第95条 行政機関の長等は、訂正決定等に特に長期間を要すると認めるときは、前条の規定にかかわらず、相当の期間内に訂正決定等をすれば足りる。この場合において、行政機関の長等は、同条第1項に規定する期間内に、訂正請求者に対し、次に掲げる事項を書面により通知しなければならない。

① この条の規定を適用する旨及びその理由
② 訂正決定等をする期限

【事案の移送】

第96条 行政機関の長等は、訂正請求に係る保有個人情報が第85条第3項の規定に基づく開示に係るものであるとき、その他他の行政機関の長等において訂正決定等をすることにつき正当な理由があるときは、当該他の行政機関の長等と協議の上、当該他の行政機関の長等に対し、事案を移送することができる。この場合においては、移送をした行政機関の長等は、訂正請求者に対し、事案を移送した旨を書面により通知しなければならない。

2 前項の規定により事案が移送されたときは、移送を受けた行政機関の長等において、当該訂正請求についての訂正決定等をしなければならない。この場合において、移送をした行政機関の長等が移送前にした行為は、移送を受けた行政機関の長等がしたものとみなす。

3 前項の場合において、移送を受けた行政機関の長等が第93条第1項の決定(以下この項及び次条において「訂正決定」という。)をしたときは、移送をした行政機関の長等は、当該訂正決定に基づき訂正の実施をしなければならない。

【保有個人情報の提供先への通知】

第97条 行政機関の長等は、訂正決定に基づく保有個人情報の訂正の実施をした場合において、必要があると認めるときは、当該保有個人情報の提供先に対し、遅滞なく、その旨を書面により通知するものとする。

第3款 利用停止

【利用停止請求権】

第98条 何人も、自己を本人とする保有個人情報が次の各号のいずれかに該当すると思料するときは、この法律の定めるところにより、当該保有個人情報を保有する行政機関の長等に対し、当該各号に定める措置を請求することができる。ただし、当該保有個人情報の利用の停止、消去又は提供の停止(以下この節において「利用停止」という。)に関して他の法令の規定により特別の手続が定められているときは、この限りでない。

① 第61条第2項の規定に違反して保有されているとき、第63条の規定に違反して取り扱われているとき、第64条の規定に違反して取得されたものであるとき、又は

第69条第1項及び第2項の規定に違反して利用されているとき 当該保有個人情報の利用の停止又は消去

② 第69条第1項及び第2項又は第71条第1項の規定に違反して提供されているとき 当該保有個人情報の提供の停止

2 代理人は、本人に代わって前項の規定による利用停止の請求(以下この節及び第127条において「利用停止請求」という。)をすることができる。

3 利用停止請求は、保有個人情報の開示を受けた日から90日以内にしなければならない。

【利用停止請求の手続】

第99条 利用停止請求は、次に掲げる事項を記載した書面(第3項において「利用停止請求書」という。)を行政機関の長等に提出してしなければならない。

① 利用停止請求をする者の氏名及び住所又は居所

② 利用停止請求に係る保有個人情報の開示を受けた日その他当該保有個人情報を特定するに足りる事項

③ 利用停止請求の趣旨及び理由

2 前項の場合において、利用停止請求をする者は、政令で定めるところにより、利用停止請求に係る保有個人情報の本人であること(前条第2項の規定による利用停止請求にあっては、利用停止請求に係る保有個人情報の本人の代理人であること)を示す書類を提示し、又は提出しなければならない。

3 行政機関の長等は、利用停止請求書に形式上の不備があると認めるときは、利用停止請求をした者(以下この節において「利用停止請求者」という。)に対し、相当の期間を定めて、その補正を求めることができる。

【保有個人情報の利用停止義務】

第100条 行政機関の長等は、利用停止請求があった場合において、当該利用停止請求に理由があると認めるときは、当該行政機関の長等の属する行政機関等における個人情報の適正な取扱いを確保するために必要な限度で、当該利用停止請求に係る保有個人情報の利用停止をしなければならない。ただし、当該保有個人情報の利用停止をすることにより、当該保有個人情報の利用目的に係る事務又は事業の性質上、当該事務又は事業の適正な遂行に著しい支障を及ぼすおそれがあると認められるときは、この限りでない。

【利用停止請求に対する措置】

第101条 行政機関の長等は、利用停止請求に係る保有個人情報の利用停止をするときは、その旨の決定をし、利用停止請求者に対し、その旨を書面により通知しなければならない。

2 行政機関の長等は、利用停止請求に係る保有個人情報の利用停止をしないときは、その旨の決定をし、利用停止請求者に対し、その旨を書面により通知しなければならない。

【利用停止決定等の期限】

第102条 前条各項の決定（以下この節において「利用停止決定等」という。）は、利用停止請求があった日から30日以内にしなければならない。ただし、第99条第3項の規定により補正を求めた場合にあっては、当該補正に要した日数は、当該期間に算入しない。

2 前項の規定にかかわらず、行政機関の長等は、事務処理上の困難その他正当な理由があるときは、同項に規定する期間を30日以内に限り延長することができる。この場合において、行政機関の長等は、利用停止請求者に対し、遅滞なく、延長後の期間及び延長の理由を書面により通知しなければならない。

【利用停止決定等の期限の特例】

第103条 行政機関の長等は、利用停止決定等に特に長期間を要すると認めるときは、前条の規定にかかわらず、相当の期間内に利用停止決定等をすれば足りる。この場合において、行政機関の長等は、同条第1項に規定する期間内に、利用停止請求者に対し、次に掲げる事項を書面により通知しなければならない。

① この条の規定を適用する旨及びその理由
② 利用停止決定等をする期限

第4款 審査請求

【審理員による審理手続に関する規定の適用除外等】

第104条 行政機関の長等（地方公共団体の機関又は地方独立行政法人を除く。次項及び次条において同じ。）に対する開示決定等、訂正決定等、利用停止決定等又は開示請求、訂正請求若しくは利用停止請求に係る不作為に係る審査請求については、行政不服審査法（平成26年法律第68号）第9条、第17条、第24条、第2章第3節及び第4節並びに第50条第2項の規定は、適用しない。

2 行政機関の長等に対する開示決定等、訂正

決定等、利用停止決定等又は開示請求、訂正請求若しくは利用停止請求に係る不作為に係る審査請求についての行政不服審査法第2章の規定の適用については、同法第11条第2項中「第9条第1項の規定により指名された者（以下「審理員」という。）」とあるのは「第4条（個人情報の保護に関する法律（平成15年法律第57号）第107条第2項の規定に基づく政令を含む。）の規定により審査請求がされた行政庁（第14条の規定により引継ぎを受けた行政庁を含む。以下「審査庁」という。）」と、同法第13条第1項及び第2項中「審理員」とあるのは「審査庁」と、同法第25条第7項中「あったとき、又は審理員から第40条に規定する執行停止をすべき旨の意見書が提出されたとき」とあるのは「あったとき」と、同法第44条中「行政不服審査会等」とあるのは「情報公開・個人情報保護審査会（審査庁が会計検査院長である場合にあっては、別に法律で定める審査会。第50条第1項第4号において同じ。）」と、「受けたとき（前条第1項の規定による諮問を要しない場合（同項第2号又は第3号に該当する場合を除く。）にあっては審理員意見書が提出されたとき、同項第2号又は第3号に該当する場合にあっては同項第2号又は第3号に規定する議を経たとき）」とあるのは「受けたとき」と、同法第50条第1項第4号中「審理員意見書又は行政不服審査会等若しくは審議会等」とあるのは「情報公開・個人情報保護審査会」とする。

【審査会への諮問】

第105条 開示決定等、訂正決定等、利用停止決定等又は開示請求、訂正請求若しくは利用停止請求に係る不作為について審査請求があったときは、当該審査請求に対する裁決をすべき行政機関の長等は、次の各号のいずれかに該当する場合を除き、情報公開・個人情報保護審査会（審査請求に対する裁決をすべき行政機関の長等が会計検査院長である場合にあっては、別に法律で定める審査会）に諮問しなければならない。

① 審査請求が不適法であり、却下する場合
② 裁決で、審査請求の全部を認容し、当該審査請求に係る保有個人情報の全部を開示することとする場合（当該保有個人情報の開示について反対意見書が提出されている場合を除く。）
③ 裁決で、審査請求の全部を認容し、当該

第106条

審査請求に係る保有個人情報の訂正をする
こととする場合
④ 裁決で、審査請求の全部を認容し、当該
審査請求に係る保有個人情報の利用停止を
することとする場合
2 前項の規定により諮問をした行政機関の長
等は、次に掲げる者に対し、諮問をした旨を
通知しなければならない。
① 審査請求人及び参加人（行政不服審査法
第13条第4項に規定する参加人をいう。
以下この項及び第107条第1項第2号にお
いて同じ。）
② 開示請求者、訂正請求者又は利用停止請
求者（これらの者が審査請求人又は参加人
である場合を除く。）
③ 当該審査請求に係る保有個人情報の開示
について反対意見書を提出した第三者（当
該第三者が審査請求人又は参加人である場
合を除く。）
3 前2項の規定は、地方公共団体の機関又は
地方独立行政法人について準用する。この場
合において、第1項中「情報公開・個人情報
保護審査会（審査請求に対する裁決をすべき
行政機関の長等が会計検査院長である場合に
あっては、別に法律で定める審査会）」とあ
るのは、「行政不服審査法第81条第1項又は
第2項の機関」と読み替えるものとする。
【地方公共団体の機関等における審理員によ
る審理手続に関する規定の適用除外等】
第106条 地方公共団体の機関又は地方独立
行政法人に対する開示決定等、訂正決定等、
利用停止決定等又は開示請求、訂正請求若し
くは利用停止請求に係る不作為に係る審査請
求については、行政不服審査法第9条第1項
から第3項まで、第17条、第40条、第42
条、第2章第4節及び第50条第2項の規定
は、適用しない。
2 地方公共団体の機関又は地方独立行政法人
に対する開示決定等、訂正決定等、利用停止
決定等又は開示請求、訂正請求若しくは利用
停止請求に係る不作為に係る審査請求につい
ての次の表の上欄に掲げる行政不服審査法の
規定の適用については、これらの規定中同表
の中欄に掲げる字句は、それぞれ同表の下欄
に掲げる字句とするほか、必要な技術的読替
えは、政令で定める。

第9条第4項	前項に規定する場合において、審査庁	第4条又は個人情報の保護に関する法律（平成15年法律第57号）第107条第2項の規定に基づく条例の規定により審査請求がされた行政庁（第14条の規定により引継ぎを受けた行政庁を含む。以下「審査庁」という。）
	前項において読み替えて適用する第31条第1項	同法第106条第2項において読み替えて適用する第31条第1項
	前項において読み替えて適用する第34条	同法第106条第2項において読み替えて適用する第34条
	前項において読み替えて適用する第36条	同法第106条第2項において読み替えて適用する第36条
第11条第2項	第9条第1項の規定により指名された者（以下「審理員」という。）	審査庁
第13条第1項及び第2項、第28条、第30条、第31条、第32条第3項、第33条から第37条まで、第38条第1項から第3項まで及び第5項、第39条並びに第41条第1項及び第2項	審理員	審査庁
第25条第7項	執行停止の申立てがあったとき、又は審理員から第40条に規定する執行停止をすべき旨の意見書が提出されたとき	執行停止の申立てがあったとき

第29条第1項	審理員は、審査庁から指名されたときは、直ちに	審査庁は、審査請求がされたときは、第24条の規定により当該審査請求を却下する場合を除き、速やかに
第29条第2項	審理員は	審査庁は、審査庁が処分庁等以外である場合にあっては
	提出を求める	提出を求め、審査庁が処分庁等である場合にあっては、相当の期間内に、弁明書を作成する
第29条第5項	審理員は	審査庁は、第2項の規定により
	提出があったとき	提出があったとき、又は弁明書を作成したとき
第30条第3項	参加人及び処分庁等	参加人及び処分庁等（処分庁等が審査庁である場合にあっては、参加人）
	審査請求人及び処分庁等	審査請求人及び処分庁等（処分庁等が審査庁である場合にあっては、審査請求人）
第31条第2項	審理関係人	審理関係人（処分庁等が審査庁である場合にあっては、審査請求人及び参加人。以下この節及び第50条第1項第3号において同じ。）
第41条第3項	審理員が	審査庁が
	終結した旨並びに次条第1項に規定する審理員意見書及び事件記録（審査請求書、弁明書その他審査請求に係る事件に関する書類その他の物件のうち政令で定めるものをいう。同条第2項及び第43条第2項において同じ。）を審査庁	終結した旨を通知するものとする
	に提出する予定時期を通知するものとする。当該予定時期を変更したときも、同様とする	
第44条	行政不服審査会等	第81条第1項又は第2項の機関
	受けたとき（前条第1項の規定による諮問を要しない場合（同項第2号又は第3号に該当する場合を除く。）にあっては審理員意見書が提出されたとき、同項第2号又は第3号に該当する場合にあっては同項第2号又は第3号に規定する議を経たとき）	受けたとき
第50条第1項第4号	審理員意見書又は行政不服審査会等若しくは審議会等	第81条第1項又は第2項の機関
第81条第3項において準用する第74条	第43条第1項の規定により審査会に諮問をした審査庁	審査庁

【第三者からの審査請求を棄却する場合等における手続等】

第107条 第86条第3項の規定は、次の各号のいずれかに該当する裁決をする場合について準用する。

① 開示決定に対する第三者からの審査請求を却下し、又は棄却する裁決

② 審査請求に係る開示決定等（開示請求に係る保有個人情報の全部を開示する旨の決定を除く。）を変更し、当該審査請求に係る保有個人情報を開示する旨の裁決（第三者である参加人が当該第三者に関する情報の開示に反対の意思を表示している場合に限る。）

2 開示決定等、訂正決定等、利用停止決定等又は開示請求、訂正請求若しくは利用停止請求に係る不作為についての審査請求については、政令（地方公共団体の機関又は地方独立行政法人にあっては、条例）で定めるところにより、行政不服審査法第4条の規定の特例を設けることができる。

第108条～第112条

第5款　条例との関係

第108条　この節の規定は、地方公共団体が、保有個人情報の開示、訂正及び利用停止の手続並びに審査請求の手続に関する事項について、この節の規定に反しない限り、条例で必要な規定を定めることを妨げるものではない。

◆第5節　行政機関等匿名加工情報の提供等◆

【行政機関等匿名加工情報の作成及び提供等】

第109条　行政機関の長等は、この節の規定に従い、行政機関等匿名加工情報（行政機関等匿名加工情報ファイルを構成するものに限る。以下この節において同じ。）を作成することができる。

2　行政機関の長等は、次の各号のいずれかに該当する場合を除き、行政機関等匿名加工情報を提供してはならない。

① 法令に基づく場合（この節の規定に従う場合を含む。）

② 保有個人情報を利用目的のために第三者に提供することができる場合において、当該保有個人情報を加工して作成した行政機関等匿名加工情報を当該第三者に提供するとき。

3　第69条の規定にかかわらず、行政機関の長等は、法令に基づく場合を除き、利用目的以外の目的のために削除情報（保有個人情報に該当するものに限る。）を自ら利用し、又は提供してはならない。

4　前項の「削除情報」とは、行政機関等匿名加工情報の作成に用いた保有個人情報から削除した記述等及び個人識別符号をいう。

【提案の募集に関する事項の個人情報ファイル簿への記載】

第110条　行政機関の長等は、当該行政機関の長等の属する行政機関等が保有している個人情報ファイルが第60条第3項各号のいずれにも該当すると認めるときは、当該個人情報ファイルについては、個人情報ファイル簿に次に掲げる事項を記載しなければならない。この場合における当該個人情報ファイルについての第75条第1項の規定の適用については、同項中「第10号」とあるのは、「第10号並びに第110条各号」とする。

① 第112条第1項の提案の募集をする個人情報ファイルである旨

② 第112条第1項の提案を受ける組織の名称及び所在地

【提案の募集】

第111条　行政機関の長等は、個人情報保護委員会規則で定めるところにより、定期的に、当該行政機関の長等の属する行政機関等が保有している個人情報ファイル（個人情報ファイル簿に前条第1号に掲げる事項の記載があるものに限る。以下この節において同じ。）について、次条第1項の提案を募集するものとする。

【行政機関等匿名加工情報をその用に供して行う事業に関する提案】

第112条　前条の規定による募集に応じて個人情報ファイルを構成する保有個人情報を加工して作成する行政機関等匿名加工情報をその事業の用に供しようとする者は、行政機関の長等に対し、当該事業に関する提案をすることができる。

2　前項の提案は、個人情報保護委員会規則で定めるところにより、次に掲げる事項を記載した書面を行政機関の長等に提出してしなければならない。

① 提案をする者の氏名又は名称及び住所又は居所並びに法人その他の団体にあっては、その代表者の氏名

② 提案に係る個人情報ファイルの名称

③ 提案に係る行政機関等匿名加工情報の本人の数

④ 前号に掲げるもののほか、提案に係る行政機関等匿名加工情報の作成に用いる第116条第1項の規定による加工の方法を特定するに足りる事項

⑤ 提案に係る行政機関等匿名加工情報の利用の目的及び方法その他当該行政機関等匿名加工情報がその用に供される事業の内容

⑥ 提案に係る行政機関等匿名加工情報を前号の事業の用に供しようとする期間

⑦ 提案に係る行政機関等匿名加工情報の漏えいの防止その他当該行政機関等匿名加工情報の適切な管理のために講ずる措置

⑧ 前各号に掲げるもののほか、個人情報保護委員会規則で定める事項

3　前項の書面には、次に掲げる書面その他個人情報保護委員会規則で定める書類を添付しなければならない。

① 第1項の提案をする者が次条各号のいずれにも該当しないことを誓約する書面

② 前項第5号の事業が新たな産業の創出又は活力ある経済社会若しくは豊かな国民生活の実現に資するものであることを明らか

にする書面

【欠格事由】

第113条 次の各号のいずれかに該当する者は、前条第1項の提案をすることができない。

① 未成年者

② 心身の故障により前条第1項の提案に係る行政機関等匿名加工情報をその用に供して行う事業を適正に行うことができない者として個人情報保護委員会規則で定めるもの

③ 破産手続開始の決定を受けて復権を得ない者

④ 禁錮以上の刑に処せられ、又はこの法律の規定により刑に処せられ、その執行を終わり、又は執行を受けることがなくなった日から起算して2年を経過しない者

⑤ 第120条の規定により行政機関等匿名加工情報の利用に関する契約を解除され、その解除の日から起算して2年を経過しない者

⑥ 法人その他の団体であって、その役員のうちに前各号のいずれかに該当する者があるもの

【提案の審査等】

第114条 行政機関の長等は、第112条第1項の提案があったときは、当該提案が次に掲げる基準に適合するかどうかを審査しなければならない。

① 第112条第1項の提案をした者が前条各号のいずれにも該当しないこと。

② 第112条第2項第3号の提案に係る行政機関等匿名加工情報の本人の数が、行政機関等匿名加工情報の効果的な活用の観点からみて個人情報保護委員会規則で定める数以上であり、かつ、提案に係る個人情報ファイルを構成する保有個人情報の本人の数以下であること。

③ 第112条第2項第3号及び第4号に掲げる事項により特定される加工の方法が第116条第1項の基準に適合するものであること。

④ 第112条第2項第5号の事業が新たな産業の創出又は活力ある経済社会若しくは豊かな国民生活の実現に資するものであること。

⑤ 第112条第2項第6号の期間が行政機関等匿名加工情報の効果的な活用の観点からみて個人情報保護委員会規則で定める期間

を超えないものであること。

⑥ 第112条第2項第5号の提案に係る行政機関等匿名加工情報の利用の目的及び方法並びに同項第7号の措置が当該行政機関等匿名加工情報の本人の権利利益を保護するために適切なものであること。

⑦ 前各号に掲げるもののほか、個人情報保護委員会規則で定める基準に適合するものであること。

2 行政機関の長等は、前項の規定により審査した結果、第112条第1項の提案が前項各号に掲げる基準のいずれにも適合すると認めるときは、個人情報保護委員会規則で定めるところにより、当該提案をした者に対し、次に掲げる事項を通知するものとする。

① 次条の規定により行政機関の長等との間で行政機関等匿名加工情報の利用に関する契約を締結することができる旨

② 前号に掲げるもののほか、個人情報保護委員会規則で定める事項

3 行政機関の長等は、第1項の規定により審査した結果、第112条第1項の提案が第1項各号に掲げる基準のいずれかに適合しないと認めるときは、個人情報保護委員会規則で定めるところにより、当該提案をした者に対し、理由を付して、その旨を通知するものとする。

【行政機関等匿名加工情報の利用に関する契約の締結】

第115条 前条第2項の規定による通知を受けた者は、個人情報保護委員会規則で定めるところにより、行政機関の長等との間で、行政機関等匿名加工情報の利用に関する契約を締結することができる。

【行政機関等匿名加工情報の作成等】

第116条 行政機関の長等は、行政機関等匿名加工情報を作成するときは、特定の個人を識別することができないように及びその作成に用いる保有個人情報を復元することができないようにするために必要なものとして個人情報保護委員会規則で定める基準に従い、当該保有個人情報を加工しなければならない。

2 前項の規定は、行政機関等から行政機関等匿名加工情報の作成の委託(2以上の段階にわたる委託を含む。)を受けた者が受託した業務を行う場合について準用する。

【行政機関等匿名加工情報に関する事項の個人情報ファイル簿への記載】

第117条 行政機関の長等は、行政機関等匿

第118条～第120条

名加工情報を作成したときは、当該行政機関等匿名加工情報の作成に用いた保有個人情報を含む個人情報ファイルについては、個人情報ファイル簿に次に掲げる事項を記載しなければならない。この場合における当該個人情報ファイルについての第110条の規定により読み替えて適用する第75条第1項の規定の適用については、同項中「並びに第110条各号」とあるのは、「、第110条各号並びに第117条各号」とする。

① 行政機関等匿名加工情報の概要として個人情報保護委員会規則で定める事項
② 次条第1項の提案を受ける組織の名称及び所在地
③ 次条第1項の提案をすることができる期間

【作成された行政機関等匿名加工情報をその用に供して行う事業に関する提案等】

第118条 前条の規定により個人情報ファイル簿に同条第1号に掲げる事項が記載された行政機関等匿名加工情報をその事業の用に供しようとする者は、行政機関の長等に対し、当該事業に関する提案をすることができる。当該行政機関等匿名加工情報について第115条の規定により行政機関等匿名加工情報の利用に関する契約を締結した者が、当該行政機関等匿名加工情報をその用に供する事業を変更しようとするときも、同様とする。

2 第112条第2項及び第3項並びに第113条から第115条までの規定は、前項の提案について準用する。この場合において、第112条第2項中「次に」とあるのは「第1号及び第4号から第8号までに」と、同項第4号中「前号に掲げるもののほか、提案」とあるのは「提案」と、「の作成に用いる第116条第1項の規定による加工の方法を特定する」とあるのは「を特定する」と、同項第8号中「前各号」とあるのは「第1号及び第4号から前号まで」と、第114条第1項中「次に」とあるのは「第1号及び第4号から第7号までに」と、同項第7号中「前各号」とあるのは「第1号及び前3号」と、同条第2項中「前項各号」とあるのは「前項第1号及び第4号から第7号まで」と、同条第3項中「第1項各号」とあるのは「第1項第1号及び第4号から第7号まで」と読み替えるものとする。

【手数料】

第119条 第115条の規定により行政機関等

匿名加工情報の利用に関する契約を行政機関の長と締結する者は、政令で定めるところにより、実費を勘案して政令で定める額の手数料を納めなければならない。

2 前条第2項において準用する第115条の規定により行政機関等匿名加工情報の利用に関する契約を行政機関の長と締結する者は、政令で定めるところにより、前項の政令で定める額を参酌して政令で定める額の手数料を納めなければならない。

3 第115条の規定により行政機関等匿名加工情報の利用に関する契約を地方公共団体の機関と締結する者は、条例で定めるところにより、実費を勘案して政令で定める額を標準として条例で定める額の手数料を納めなければならない。

4 前条第2項において準用する第115条の規定により行政機関等匿名加工情報の利用に関する契約を地方公共団体の機関と締結する者は、条例で定めるところにより、前項の政令で定める額を参酌して政令で定める額を標準として条例で定める額の手数料を納めなければならない。

5 第115条の規定（前条第2項において準用する場合を含む。第8項及び次条において同じ。）により行政機関等匿名加工情報の利用に関する契約を独立行政法人等と締結する者は、独立行政法人等の定めるところにより、利用料を納めなければならない。

6 前項の利用料の額は、実費を勘案して合理的であると認められる範囲内において、独立行政法人等が定める。

7 独立行政法人等は、前2項の規定による定めを一般の閲覧に供しなければならない。

8 第115条の規定により行政機関等匿名加工情報の利用に関する契約を地方独立行政法人と締結する者は、地方独立行政法人の定めるところにより、手数料を納めなければならない。

9 前項の手数料の額は、実費を勘案し、かつ、第3項又は第4項の条例で定める手数料の額を参酌して、地方独立行政法人が定める。

10 地方独立行政法人は、前2項の規定による定めを一般の閲覧に供しなければならない。

【行政機関等匿名加工情報の利用に関する契約の解除】

第120条 行政機関の長等は、第115条の規定により行政機関等匿名加工情報の利用に関

第121条〜第125条

する契約を締結した者が次の各号のいずれか
に該当するときは、当該契約を解除すること
ができる。
① 偽りその他不正の手段により当該契約を
締結したとき。
② 第113条各号（第118条第2項において
準用する場合を含む。）のいずれかに該当
することとなったとき。
③ 当該契約において定められた事項につい
て重大な違反があったとき。

【識別行為の禁止等】

第121条 行政機関の長等は、行政機関等匿
名加工情報を取り扱うに当たっては、法令に
基づく場合を除き、当該行政機関等匿名加工
情報の作成に用いられた個人情報に係る本人
を識別するために、当該行政機関等匿名加工
情報を他の情報と照合してはならない。

2 行政機関の長等は、行政機関等匿名加工情
報、第109条第4項に規定する削除情報及び
第116条第1項の規定により行った加工の方
法に関する情報（以下この条及び次条におい
て「行政機関等匿名加工情報等」という。）
の漏えいを防止するために必要なものとして
個人情報保護委員会規則で定める基準に従
い、行政機関等匿名加工情報等の適切な管理
のために必要な措置を講じなければならな
い。

3 前2項の規定は、行政機関等から行政機関
等匿名加工情報等の取扱いの委託（2以上の
段階にわたる委託を含む。）を受けた者が受
託した業務を行う場合について準用する。

【従事者の義務】

第122条 行政機関等匿名加工情報等の取扱
いに従事する行政機関等の職員若しくは職員
であった者、前条第3項の委託を受けた業務
に従事している者若しくは従事していた者又
は行政機関等において行政機関等匿名加工情
報等の取扱いに従事している派遣労働者若し
くは従事していた派遣労働者は、その業務に
関して知り得た行政機関等匿名加工情報等の
内容をみだりに他人に知らせ、又は不当な目
的に利用してはならない。

【匿名加工情報の取扱いに係る義務】

第123条 行政機関等は、匿名加工情報（行
政機関等匿名加工情報を除く。以下この条に
おいて同じ。）を第三者に提供するときは、
法令に基づく場合を除き、個人情報保護委員
会規則で定めるところにより、あらかじめ、
第三者に提供される匿名加工情報に含まれる

個人に関する情報の項目及びその提供の方法
について公表するとともに、当該第三者に対
して、当該提供に係る情報が匿名加工情報で
ある旨を明示しなければならない。

2 行政機関等は、匿名加工情報を取り扱うに
当たっては、法令に基づく場合を除き、当該
匿名加工情報の作成に用いられた個人情報に
係る本人を識別するために、当該個人情報か
ら削除された記述等若しくは個人識別符号若
しくは第43条第1項の規定により行われた
加工の方法に関する情報を取得し、又は当該
匿名加工情報を他の情報と照合してはならな
い。

3 行政機関等は、匿名加工情報の漏えいを防
止するために必要なものとして個人情報保護
委員会規則で定める基準に従い、匿名加工情
報の適切な管理のために必要な措置を講じな
ければならない。

4 前2項の規定は、行政機関等から匿名加工
情報の取扱いの委託（2以上の段階にわたる
委託を含む。）を受けた者が受託した業務を
行う場合について準用する。

◆**第6節 雑則**◆

【適用除外等】

第124条 第4節の規定は、刑事事件若しく
は少年の保護事件に係る裁判、検察官、検察
事務官若しくは司法警察職員が行う処分、刑
若しくは保護処分の執行、更生緊急保護又は
恩赦に係る保有個人情報（当該裁判、処分若
しくは執行を受けた者、更生緊急保護の申出
をした者又は恩赦の上申があった者に係るも
のに限る。）については、適用しない。

2 保有個人情報（行政機関情報公開法第5
条、独立行政法人等情報公開法第5条又は情
報公開条例に規定する不開示情報を専ら記録
する行政文書等に記録されているものに限
る。）のうち、まだ分類その他の整理が行わ
れていないもので、同一の利用目的に係るも
のが著しく大量にあるためその中から特定の
保有個人情報を検索することが著しく困難で
あるものは、第4節（第4款を除く。）の規
定の適用については、行政機関等に保有され
ていないものとみなす。

【適用の特例】

第125条 第58条第2項各号に掲げる者が行
う当該各号に定める業務における個人情報、
仮名加工情報又は個人関連情報の取扱いにつ
いては、この章（第1節、第66条第2項
（第4号及び第5号（同項第4号に係る部分

171

に限る。）に係る部分に限る。）において準用する同条第1項、第75条、前2節、前条第2項及び第127条を除く。）の規定、第176条及び第180条の規定（これらの規定のうち第66条第2項第4号及び第5号（同項第4号に係る部分に限る。）に定める業務に係る部分を除く。）並びに第181条の規定は、適用しない。

2　第58条第1項各号に掲げる者による個人情報又は匿名加工情報の取扱いについては、同項第1号に掲げる者を独立行政法人等と、同項第2号に掲げる者を地方独立行政法人と、それぞれみなして、第1節、第75条、前2節、前条第2項、第127条及び次章から第8章まで（第176条、第180条及び第181条を除く。）の規定を適用する。

3　第58条第1項各号及び第2項各号に掲げる者（同項各号に定める業務を行う場合に限る。）についての第98条の規定の適用については、同条第1項第1号中「第61条第2項の規定に違反して保有されているとき、第63条の規定に違反して取り扱われているとき、第64条の規定に違反して取得されたものであるとき、又は第69条第1項及び第2項の規定に違反して利用されているとき」とあるのは「第18条若しくは第19条の規定に違反して取り扱われているとき、又は第20条の規定に違反して取得されたものであるとき」と、同項第2号中「第69条第1項及び第2項又は第71条第1項」とあるのは「第27条第1項又は第28条」とする。

【権限又は事務の委任】

第126条　行政機関の長は、政令（内閣の所轄の下に置かれる機関及び会計検査院にあっては、当該機関の命令）で定めるところにより、第2節から前節まで（第74条及び第4節第4款を除く。）に定める権限又は事務を当該行政機関の職員に委任することができる。

【開示請求等をしようとする者に対する情報の提供等】

第127条　行政機関の長等は、開示請求、訂正請求若しくは利用停止請求又は第112条第1項若しくは第118条第1項の提案（以下この条において「開示請求等」という。）をしようとする者がそれぞれ容易かつ的確に開示請求等をすることができるよう、当該行政機関の長等の属する行政機関等が保有する保有個人情報の特定又は当該提案に資する情報の提供その他開示請求等をしようとする者の利便を考慮した適切な措置を講ずるものとする。

【行政機関等における個人情報等の取扱いに関する苦情処理】

第128条　行政機関の長等は、行政機関等における個人情報、仮名加工情報又は匿名加工情報の取扱いに関する苦情の適切かつ迅速な処理に努めなければならない。

【地方公共団体に置く審議会等への諮問】

第129条　地方公共団体の機関は、条例で定めるところにより、第3章第3節の施策を講ずる場合その他の場合において、個人情報の適正な取扱いを確保するため専門的な知見に基づく意見を聴くことが特に必要であると認めるときは、審議会その他の合議制の機関に諮問することができる。

第6章　個人情報保護委員会

◆第1節　設置等◆

【設置】

第130条　内閣府設置法第49条第3項の規定に基づいて、個人情報保護委員会（以下「委員会」という。）を置く。

2　委員会は、内閣総理大臣の所轄に属する。

【任務】

第131条　委員会は、行政機関等の事務及び事業の適正かつ円滑な運営を図り、並びに個人情報の適正かつ効果的な活用が新たな産業の創出並びに活力ある経済社会及び豊かな国民生活の実現に資するものであることその他の個人情報の有用性に配慮しつつ、個人の権利利益を保護するため、個人情報の適正な取扱いの確保を図ること（個人番号利用事務実施者（行政手続における特定の個人を識別するための番号の利用等に関する法律（平成25年法律第27号。以下「番号利用法」という。）第12条に規定する個人番号利用事務実施者をいう。）に対する指導及び助言その他の措置を講ずることを含む。）を任務とする。

【所掌事務】

第132条　委員会は、前条の任務を達成するため、次に掲げる事務をつかさどる。

①　基本方針の策定及び推進に関すること。

②　個人情報取扱事業者における個人情報の取扱い、個人情報取扱事業者及び仮名加工情報取扱事業者における仮名加工情報の取扱い、個人情報取扱事業者及び匿名加工情

報取扱事業者における匿名加工情報の取扱い並びに個人関連情報取扱事業者における個人関連情報の取扱いに関する監督、行政機関等における個人情報、仮名加工情報、匿名加工情報及び個人関連情報の取扱いに関する監視並びに個人情報、仮名加工情報及び匿名加工情報の取扱いに関する苦情の申出についての必要なあっせん及びその処理を行う事業者への協力に関すること（第4号に掲げるものを除く。）。

③　認定個人情報保護団体に関すること。

④　特定個人情報（番号利用法第2条第8項に規定する特定個人情報をいう。）の取扱いに関する監視又は監督並びに苦情の申出についての必要なあっせん及びその処理を行う事業者への協力に関すること。

⑤　特定個人情報保護評価（番号利用法第27条第1項に規定する特定個人情報保護評価をいう。）に関すること。

⑥　個人情報の保護及び適正かつ効果的な活用についての広報及び啓発に関すること。

⑦　前各号に掲げる事務を行うために必要な調査及び研究に関すること。

⑧　所掌事務に係る国際協力に関すること。

⑨　前各号に掲げるもののほか、法律（法律に基づく命令を含む。）に基づき委員会に属させられた事務

【職権行使の独立性】

第133条　委員会の委員長及び委員は、独立してその職権を行う。

【組織等】

第134条　委員会は、委員長及び委員8人をもって組織する。

2　委員のうち4人は、非常勤とする。

3　委員長及び委員は、人格が高潔で識見の高い者のうちから、両議院の同意を得て、内閣総理大臣が任命する。

4　委員長及び委員には、個人情報の保護及び適正かつ効果的な活用に関する学識経験のある者、消費者の保護に関して十分な知識と経験を有する者、情報処理技術に関する学識経験のある者、行政分野に関する学識経験のある者、民間企業の実務に関して十分な知識と経験を有する者並びに連合組織（地方自治法第263条の3第1項の連合組織で同項の規定による届出をしたものをいう。）の推薦する者が含まれるものとする。

【任期等】

第135条　委員長及び委員の任期は、5年とす

る。ただし、補欠の委員長又は委員の任期は、前任者の残任期間とする。

2　委員長及び委員は、再任されることができる。

3　委員長及び委員の任期が満了したときは、当該委員長及び委員は、後任者が任命されるまで引き続きその職務を行うものとする。

4　委員長又は委員の任期が満了し、又は欠員を生じた場合において、国会の閉会又は衆議院の解散のために両議院の同意を得ることができないときは、内閣総理大臣は、前条第3項の規定にかかわらず、同項に定める資格を有する者のうちから、委員長又は委員を任命することができる。

5　前項の場合においては、任命後最初の国会において両議院の事後の承認を得なければならない。この場合において、両議院の事後の承認が得られないときは、内閣総理大臣は、直ちに、その委員長又は委員を罷免しなければならない。

【身分保障】

第136条　委員長及び委員は、次の各号のいずれかに該当する場合を除いては、在任中、その意に反して罷免されることがない。

①　破産手続開始の決定を受けたとき。

②　この法律又は番号利用法の規定に違反して刑に処せられたとき。

③　禁錮以上の刑に処せられたとき。

④　委員会により、心身の故障のため職務を執行することができないと認められたとき、又は職務上の義務違反その他委員長若しくは委員たるに適しない非行があると認められたとき。

【罷免】

第137条　内閣総理大臣は、委員長又は委員が前条各号のいずれかに該当するときは、その委員長又は委員を罷免しなければならない。

【委員長】

第138条　委員長は、委員会の会務を総理し、委員会を代表する。

2　委員会は、あらかじめ常勤の委員のうちから、委員長に事故がある場合に委員長を代理する者を定めておかなければならない。

【会議】

第139条　委員会の会議は、委員長が招集する。

2　委員会は、委員長及び4人以上の委員の出席がなければ、会議を開き、議決をすること

ができない。

3　委員会の議事は、出席者の過半数でこれを決し、可否同数のときは、委員長の決するところによる。

4　第136条第4号の規定による認定をするには、前項の規定にかかわらず、本人を除く全員の一致がなければならない。

5　委員長に事故がある場合の第2項の規定の適用については、前条第2項に規定する委員長を代理する者は、委員長とみなす。

【専門委員】

第140条　委員会に、専門の事項を調査させるため、専門委員を置くことができる。

2　専門委員は、委員会の申出に基づいて内閣総理大臣が任命する。

3　専門委員は、当該専門の事項に関する調査が終了したときは、解任されるものとする。

4　専門委員は、非常勤とする。

【事務局】

第141条　委員会の事務を処理させるため、委員会に事務局を置く。

2　事務局に、事務局長その他の職員を置く。

3　事務局長は、委員長の命を受けて、局務を掌理する。

【政治運動等の禁止】

第142条　委員長及び委員は、在任中、政党その他の政治団体の役員となり、又は積極的に政治運動をしてはならない。

2　委員長及び常勤の委員は、在任中、内閣総理大臣の許可のある場合を除くほか、報酬を得て他の職務に従事し、又は営利事業を営み、その他金銭上の利益を目的とする業務を行ってはならない。

【秘密保持義務】

第143条　委員長、委員、専門委員及び事務局の職員は、職務上知ることのできた秘密を漏らし、又は盗用してはならない。その職務を退いた後も、同様とする。

【給与】

第144条　委員長及び委員の給与は、別に法律で定める。

【規則の制定】

第145条　委員会は、その所掌事務について、法律若しくは政令を実施するため、又は法律若しくは政令の特別の委任に基づいて、個人情報保護委員会規則を制定することができる。

◆第2節　監督及び監視◆
　第1款　個人情報取扱事業者等の監督
【報告及び立入検査】

第146条　委員会は、第4章（第5節を除く。次条及び第151条において同じ。）の規定の施行に必要な限度において、個人情報取扱事業者、仮名加工情報取扱事業者、匿名加工情報取扱事業者又は個人関連情報取扱事業者（以下この款において「個人情報取扱事業者等」という。）その他の関係者に対し、個人情報、仮名加工情報、匿名加工情報又は個人関連情報（以下この款及び第3款において「個人情報等」という。）の取扱いに関し、必要な報告若しくは資料の提出を求め、又はその職員に、当該個人情報取扱事業者等その他の関係者の事務所その他必要な場所に立ち入らせ、個人情報等の取扱いに関し質問させ、若しくは帳簿書類その他の物件を検査させることができる。

2　前項の規定により立入検査をする職員は、その身分を示す証明書を携帯し、関係人の請求があったときは、これを提示しなければならない。

3　第1項の規定による立入検査の権限は、犯罪捜査のために認められたものと解釈してはならない。

【指導及び助言】

第147条　委員会は、第4章の規定の施行に必要な限度において、個人情報取扱事業者等に対し、個人情報等の取扱いに関し必要な指導及び助言をすることができる。

【勧告及び命令】

第148条　委員会は、個人情報取扱事業者が第18条から第20条まで、第21条（第1項、第3項及び第4項の規定を第41条第4項の規定により読み替えて適用する場合を含む。）、第23条から第26条まで、第27条（第4項を除き、第5項及び第6項の規定を第41条第6項の規定により読み替えて適用する場合を含む。）、第28条、第29条（第1項ただし書の規定を第41条第6項の規定により読み替えて適用する場合を含む。）、第30条（第2項を除き、第1項ただし書の規定を第41条第6項の規定により読み替えて適用する場合を含む。）、第32条、第33条（第1項（第5項において準用する場合を含む。）を除く。）、第34条第2項若しくは第3項、第35条（第1項、第3項及び第5項を除く。）、第38条第2項、第41条（第4項及

び第5項を除く。）若しくは第43条（第6項を除く。）の規定に違反した場合、個人関連情報取扱事業者が第31条第1項、同条第2項において読み替えて準用する第28条第3項若しくは第31条第3項において読み替えて準用する第30条第3項若しくは第4項の規定に違反した場合、仮名加工情報取扱事業者が第42条第1項、同条第2項において読み替えて準用する第27条第5項若しくは第6項若しくは第42条第3項において読み替えて準用する第23条から第25条まで若しくは第41条第7項若しくは第8項の規定に違反した場合又は匿名加工情報取扱事業者が第44条若しくは第45条の規定に違反した場合において個人の権利利益を保護するため必要があると認めるときは、当該個人情報取扱事業者等に対し、当該違反行為の中止その他違反を是正するために必要な措置をとるべき旨を勧告することができる。

2　委員会は、前項の規定による勧告を受けた個人情報取扱事業者等が正当な理由がなくてその勧告に係る措置をとらなかった場合において個人の重大な権利利益の侵害が切迫していると認めるときは、当該個人情報取扱事業者等に対し、その勧告に係る措置をとるべきことを命ずることができる。

3　委員会は、前2項の規定にかかわらず、個人情報取扱事業者が第18条から第20条まで、第23条から第26条まで、第27条第1項、第28条第1項若しくは第3項、第41条第1項から第3項まで若しくは第6項から第8項まで若しくは第43条第1項、第2項若しくは第5項の規定に違反した場合、個人関連情報取扱事業者が第31条第1項若しくは同条第2項において読み替えて準用する第28条第3項の規定に違反した場合、仮名加工情報取扱事業者が第42条第1項若しくは同条第3項において読み替えて準用する第23条から第25条まで若しくは第41条第7項若しくは第8項の規定に違反した場合又は匿名加工情報取扱事業者が第45条の規定に違反した場合において個人の重大な権利利益を害する事実があるため緊急に措置をとる必要があると認めるときは、当該個人情報取扱事業者等に対し、当該違反行為の中止その他違反を是正するために必要な措置をとるべきことを命ずることができる。

4　委員会は、前2項の規定による命令をした場合において、その命令を受けた個人情報取

扱事業者等がその命令に違反したときは、その旨を公表することができる。

【委員会の権限の行使の制限】

第149条　委員会は、前3条の規定により個人情報取扱事業者等に対し報告若しくは資料の提出の要求、立入検査、指導、助言、勧告又は命令を行うに当たっては、表現の自由、学問の自由、信教の自由及び政治活動の自由を妨げてはならない。

2　前項の規定の趣旨に照らし、委員会は、個人情報取扱事業者等が第57条第1項各号に掲げる者（それぞれ当該各号に定める目的で個人情報等を取り扱う場合に限る。）に対して個人情報等を提供する行為については、その権限を行使しないものとする。

【権限の委任】

第150条　委員会は、緊急かつ重点的に個人情報等の適正な取扱いの確保を図る必要があることその他の政令で定める事情があるため、個人情報取扱事業者等に対し、第148条第1項の規定による勧告又は同条第2項若しくは第3項の規定による命令を効果的に行う上で必要があると認めるときは、政令で定めるところにより、第26条第1項、第146条第1項、第162条において読み替えて準用する民事訴訟法（平成8年法律第109号）第99条、第101条、第103条、第105条、第106条、第108条及び第109条、第163条並びに第164条の規定による権限を事業所管大臣に委任することができる。

2　事業所管大臣は、前項の規定により委任された権限を行使したときは、政令で定めるところにより、その結果について委員会に報告するものとする。

3　事業所管大臣は、政令で定めるところにより、第1項の規定により委任された権限及び前項の規定による権限について、その全部又は一部を内閣府設置法第43条の地方支分部局その他の政令で定める部局又は機関の長に委任することができる。

4　内閣総理大臣は、第1項の規定により委任された権限及び第2項の規定による権限（金融庁の所掌に係るものに限り、政令で定めるものを除く。）を金融庁長官に委任する。

5　金融庁長官は、政令で定めるところにより、前項の規定により委任された権限について、その一部を証券取引等監視委員会に委任することができる。

6　金融庁長官は、政令で定めるところによ

第151条～第159条

り、第4項の規定により委任された権限（前項の規定により証券取引等監視委員会に委任されたものを除く。）の一部を財務局長又は財務支局長に委任することができる。

7　証券取引等監視委員会は、政令で定めるところにより、第5項の規定により委任された権限の一部を財務局長又は財務支局長に委任することができる。

8　前項の規定により財務局長又は財務支局長に委任された権限に係る事務に関しては、証券取引等監視委員会が財務局長又は財務支局長を指揮監督する。

9　第5項の場合において、証券取引等監視委員会が行う報告又は資料の提出の要求（第7項の規定により財務局長又は財務支局長が行う場合を含む。）についての審査請求は、証券取引等監視委員会に対してのみ行うことができる。

【事業所管大臣の請求】

第151条　事業所管大臣は、個人情報取扱事業者等に第4章の規定に違反する行為があると認めるときその他個人情報取扱事業者等による個人情報等の適正な取扱いを確保するために必要があると認めるときは、委員会に対し、この法律の規定に従い適当な措置をとるべきことを求めることができる。

【事業所管大臣】

第152条　この款の規定における事業所管大臣は、次のとおりとする。

①　個人情報取扱事業者等が行う個人情報等の取扱いのうち雇用管理に関するものについては、厚生労働大臣（船員の雇用管理に関するものについては、国土交通大臣）及び当該個人情報取扱事業者等が行う事業を所管する大臣、国家公安委員会又はカジノ管理委員会（次号において「大臣等」という。）

②　個人情報取扱事業者等が行う個人情報等の取扱いのうち前号に掲げるもの以外のものについては、当該個人情報取扱事業者等が行う事業を所管する大臣等

第2款　認定個人情報保護団体の監督

【報告の徴収】

第153条　委員会は、第4章第5節の規定の施行に必要な限度において、認定個人情報保護団体に対し、認定業務に関し報告をさせることができる。

【命令】

第154条　委員会は、第4章第5節の規定の

施行に必要な限度において、認定個人情報保護団体に対し、認定業務の実施の方法の改善、個人情報保護指針の変更その他の必要な措置をとるべき旨を命ずることができる。

【認定の取消し】

第155条　委員会は、認定個人情報保護団体が次の各号のいずれかに該当するときは、その認定を取り消すことができる。

①　第48条第1号又は第3号に該当するに至ったとき。

②　第49条各号のいずれかに適合しなくなったとき。

③　第55条の規定に違反したとき。

④　前条の命令に従わないとき。

⑤　不正の手段により第47条第1項の認定又は第50条第1項の変更の認定を受けたとき。

2　委員会は、前項の規定により認定を取り消したときは、その旨を公示しなければならない。

第3款　行政機関等の監視

【資料の提出の要求及び実地調査】

第156条　委員会は、前章の規定の円滑な運用を確保するため必要があると認めるときは、行政機関の長等（会計検査院長を除く。以下この款において同じ。）に対し、行政機関等における個人情報等の取扱いに関する事務の実施状況について、資料の提出及び説明を求め、又はその職員に実地調査をさせることができる。

【指導及び助言】

第157条　委員会は、前章の規定の円滑な運用を確保するため必要があると認めるときは、行政機関の長等に対し、行政機関等における個人情報等の取扱いについて、必要な指導及び助言をすることができる。

【勧告】

第158条　委員会は、前章の規定の円滑な運用を確保するため必要があると認めるときは、行政機関の長等に対し、行政機関等における個人情報等の取扱いについて勧告をすることができる。

【勧告に基づいてとった措置についての報告の要求】

第159条　委員会は、前条の規定により行政機関の長等に対し勧告をしたときは、当該行政機関の長等に対し、その勧告に基づいてとった措置について報告を求めることができる。

第160条～第167条

個人情報の保護に関する法律

【委員会の権限の行使の制限】

第160条　第149条第1項の規定の趣旨に照らし、委員会は、行政機関の長等が第57条第1項各号に掲げる者（それぞれ当該各号に定める目的で個人情報等を取り扱う場合に限る。）に対して個人情報等を提供する行為については、その権限を行使しないものとする。

　　◆第3節　送達◆

【送達すべき書類】

第161条　第146条第1項の規定による報告若しくは資料の提出の要求、第148条第1項の規定による勧告若しくは同条第2項若しくは第3項の規定による命令、第153条の規定による報告の徴収、第154条の規定による命令又は第155条第1項の規定による取消しは、個人情報保護委員会規則で定める書類を送達して行う。

2　第148条第2項若しくは第3項若しくは第154条の規定による命令又は第155条第1項の規定による取消しに係る行政手続法（平成5年法律第88号）第15条第1項又は第30条の通知は、同法第15条第1項及び第2項又は第30条の書類を送達して行う。この場合において、同法第15条第3項（同法第31条において読み替えて準用する場合を含む。）の規定は、適用しない。

【送達に関する民事訴訟法の準用】

第162条　前条の規定による送達については、民事訴訟法第99条、第101条、第103条、第105条、第106条、第108条及び第109条の規定を準用する。この場合において、同法第99条第1項中「執行官」とあるのは「個人情報保護委員会の職員」と、同法第108条中「裁判長」とあり、及び同法第109条中「裁判所」とあるのは「個人情報保護委員会」と読み替えるものとする。

【公示送達】

第163条　委員会は、次に掲げる場合には、公示送達をすることができる。

①　送達を受けるべき者の住所、居所その他送達をすべき場所が知れない場合

②　外国（本邦の域外にある国又は地域をいう。以下同じ。）においてすべき送達について、前条において読み替えて準用する民事訴訟法第108条の規定によることができず、又はこれによっても送達をすることができないと認めるべき場合

③　前条において読み替えて準用する民事訴

訟法第108条の規定により外国の管轄官庁に嘱託を発した後6月を経過してもその送達を証する書面の送付がない場合

2　公示送達は、送達をすべき書類を送達を受けるべき者にいつでも交付すべき旨を委員会の掲示場に掲示することにより行う。

3　公示送達は、前項の規定による掲示を始めた日から2週間を経過することによって、その効力を生ずる。

4　外国においてすべき送達についてした公示送達にあっては、前項の期間は、6週間とする。

【電子情報処理組織の使用】

第164条　委員会の職員が、情報通信技術を活用した行政の推進等に関する法律（平成14年法律第151号）第3条第9号に規定する処分通知等であって第161条の規定により書類を送達して行うこととしているものに関する事務を、同法第7条第1項の規定により同法第6条第1項に規定する電子情報処理組織を使用して行ったときは、第162条において読み替えて準用する民事訴訟法第109条の規定による送達に関する事項を記載した書面の作成及び提出に代えて、当該事項を当該電子情報処理組織を使用して委員会の使用に係る電子計算機（入出力装置を含む。）に備えられたファイルに記録しなければならない。

　　◆第4節　雑則◆

【施行の状況の公表】

第165条　委員会は、行政機関の長等に対し、この法律の施行の状況について報告を求めることができる。

2　委員会は、毎年度、前項の報告を取りまとめ、その概要を公表するものとする。

【地方公共団体による必要な情報の提供等の求め】

第166条　地方公共団体は、地方公共団体の機関、地方独立行政法人及び事業者等による個人情報の適正な取扱いを確保するために必要があると認めるときは、委員会に対し、必要な情報の提供又は技術的な助言を求めることができる。

2　委員会は、前項の規定による求めがあったときは、必要な情報の提供又は技術的な助言を行うものとする。

【条例を定めたときの届出】

第167条　地方公共団体の長は、この法律の規定に基づき個人情報の保護に関する条例を定めたときは、遅滞なく、個人情報保護委員

177

会規則で定めるところにより、その旨及びその内容を委員会に届け出なければならない。

2　委員会は、前項の規定による届出があったときは、当該届出に係る事項をインターネットの利用その他適切な方法により公表しなければならない。

3　前2項の規定は、第1項の規定による届出に係る事項の変更について準用する。

【国会に対する報告】

第168条　委員会は、毎年、内閣総理大臣を経由して国会に対し所掌事務の処理状況を報告するとともに、その概要を公表しなければならない。

【案内所の整備】

第169条　委員会は、この法律の円滑な運用を確保するため、総合的な案内所を整備するものとする。

【地方公共団体が処理する事務】

第170条　この法律に規定する委員会の権限及び第150条第1項又は第4項の規定により事業所管大臣又は金融庁長官に委任された権限に属する事務は、政令で定めるところにより、地方公共団体の長その他の執行機関が行うこととすることができる。

第7章　雑則

【適用範囲】

第171条　この法律は、個人情報取扱事業者、仮名加工情報取扱事業者、匿名加工情報取扱事業者又は個人関連情報取扱事業者が、国内にある者に対する物品又は役務の提供に関連して、国内にある者を本人とする個人情報、当該個人情報として取得されることとなる個人関連情報又は当該個人情報を用いて作成された仮名加工情報若しくは匿名加工情報を、外国において取り扱う場合についても、適用する。

【外国執行当局への情報提供】

第172条　委員会は、この法律に相当する外国の法令を執行する外国の当局（以下この条において「外国執行当局」という。）に対し、その職務（この法律に規定する委員会の職務に相当するものに限る。次項において同じ。）の遂行に資すると認める情報の提供を行うことができる。

2　前項の規定による情報の提供については、当該情報が当該外国執行当局の職務の遂行以外に使用されず、かつ、次項の規定による同意がなければ外国の刑事事件の捜査（その対象たる犯罪事実が特定された後のものに限る。）又は審判（同項において「捜査等」という。）に使用されないよう適切な措置がとられなければならない。

3　委員会は、外国執行当局からの要請があったときは、次の各号のいずれかに該当する場合を除き、第1項の規定により提供した情報を当該要請に係る外国の刑事事件の捜査等に使用することについて同意をすることができる。

①　当該要請に係る刑事事件の捜査等の対象とされている犯罪が政治犯罪であるとき、又は当該要請が政治犯罪について捜査等を行う目的で行われたものと認められるとき。

②　当該要請に係る刑事事件の捜査等の対象とされている犯罪に係る行為が日本国内において行われたとした場合において、その行為が日本国の法令によれば罪に当たるものでないとき。

③　日本国が行う同種の要請に応ずる旨の要請国の保証がないとき。

4　委員会は、前項の同意をする場合においては、あらかじめ、同項第1号及び第2号に該当しないことについて法務大臣の確認を、同項第3号に該当しないことについて外務大臣の確認を、それぞれ受けなければならない。

【国際約束の誠実な履行等】

第173条　この法律の施行に当たっては、我が国が締結した条約その他の国際約束の誠実な履行を妨げることがないよう留意するとともに、確立された国際法規を遵守しなければならない。

【連絡及び協力】

第174条　内閣総理大臣及びこの法律の施行に関係する行政機関の長（会計検査院長を除く。）は、相互に緊密に連絡し、及び協力しなければならない。

【政令への委任】

第175条　この法律に定めるもののほか、この法律の実施のため必要な事項は、政令で定める。

第8章　罰則

第176条　行政機関等の職員若しくは職員であった者、第66条第2項各号に定める業務若しくは第73条第5項若しくは第121条第3項の委託を受けた業務に従事している者若しくは従事していた者又は行政機関等におい

第 177 条～第 185 条

て個人情報、仮名加工情報若しくは匿名加工情報の取扱いに従事している派遣労働者若しくは従事していた派遣労働者が、正当な理由がないのに、個人の秘密に属する事項が記録された第 60 条第 2 項第 1 号に係る個人情報ファイル（その全部又は一部を複製し、又は加工したものを含む。）を提供したときは、2 年以下の懲役又は 100 万円以下の罰金に処する。

第 177 条　第 143 条の規定に違反して秘密を漏らし、又は盗用した者は、2 年以下の懲役又は 100 万円以下の罰金に処する。

第 178 条　第 148 条第 2 項又は第 3 項の規定による命令に違反した場合には、当該違反行為をした者は、1 年以下の懲役又は 100 万円以下の罰金に処する。

第 179 条　個人情報取扱事業者（その者が法人（法人でない団体で代表者又は管理人の定めのあるものを含む。第 184 条第 1 項において同じ。）である場合にあっては、その役員、代表者又は管理人）若しくはその従業者又はこれらであった者が、その業務に関して取り扱った個人情報データベース等（その全部又は一部を複製し、又は加工したものを含む。）を自己若しくは第三者の不正な利益を図る目的で提供し、又は盗用したときは、1 年以下の懲役又は 50 万円以下の罰金に処する。

第 180 条　第 176 条に規定する者が、その業務に関して知り得た保有個人情報を自己若しくは第三者の不正な利益を図る目的で提供し、又は盗用したときは、1 年以下の懲役又は 50 万円以下の罰金に処する。

第 181 条　行政機関等の職員がその職権を濫用して、専らその職務の用以外の用に供する目的で個人の秘密に属する事項が記録された文書、図画又は電磁的記録を収集したときは、1 年以下の懲役又は 50 万円以下の罰金に処する。

第 182 条　次の各号のいずれかに該当する場合には、当該違反行為をした者は、50 万円以下の罰金に処する。

① 第 146 条第 1 項の規定による報告若しくは資料の提出をせず、若しくは虚偽の報告をし、若しくは虚偽の資料を提出し、又は当該職員の質問に対して答弁をせず、若しくは虚偽の答弁をし、若しくは検査を拒み、妨げ、若しくは忌避したとき。

② 第 153 条の規定による報告をせず、又は虚偽の報告をしたとき。

第 183 条　第 176 条、第 177 条及び第 179 条から第 181 条までの規定は、日本国外においてこれらの条の罪を犯した者にも適用する。

第 184 条　法人の代表者又は法人若しくは人の代理人、使用人その他の従業者が、その法人又は人の業務に関して、次の各号に掲げる違反行為をしたときは、行為者を罰するほか、その法人に対して当該各号に定める罰金刑を、その人に対して各本条の罰金刑を科する。

① 第 178 条及び第 179 条　1 億円以下の罰金刑

② 第 182 条　同条の罰金刑

2　法人でない団体について前項の規定の適用がある場合には、その代表者又は管理人が、その訴訟行為につき法人でない団体を代表するほか、法人を被告人又は被疑者とする場合の刑事訴訟に関する法律の規定を準用する。

第 185 条　次の各号のいずれかに該当する者は、10 万円以下の過料に処する。

① 第 30 条第 2 項（第 31 条第 3 項において準用する場合を含む。）又は第 56 条の規定に違反した者

② 第 51 条第 1 項の規定による届出をせず、又は虚偽の届出をした者

③ 偽りその他不正の手段により、第 85 条第 3 項に規定する開示決定に基づく保有個人情報の開示を受けた者

矢印の方向に引くと、取り外せます

うかる！行政書士 総合テキスト 2023年度版　別冊　ハンディ行政書士試験六法
日本経済新聞出版　©Ito-juku, 2022